U0853952

Advertising and Promotion: An Integrated Marketing Communications Perspective

工商管理经典译丛·市场营销系列

Business Administration Classics·*Marketing*

广告与促销：整合营销传播视角

〔**第11版**〕

Eleventh Edition

乔治·贝尔奇（George E. Belch）
迈克尔·贝尔奇（Michael A. Belch） / 著

郑苏晖　林薇　陈宇　杨瑞　王晋 / 译

中国人民大学出版社

·北京·

图书在版编目（CIP）数据

广告与促销：整合营销传播视角：第 11 版/乔治·贝尔奇，迈克尔·贝尔奇著；郑苏晖等译．—北京：中国人民大学出版社，2019.4
（工商管理经典译丛．市场营销系列）
ISBN 978-7-300-26921-4

Ⅰ.①广… Ⅱ.①乔… ②迈… ③郑… Ⅲ.①广告-市场营销学 Ⅳ.①F713.8

中国版本图书馆 CIP 数据核字（2019）第 074039 号

工商管理经典译丛·市场营销系列
广告与促销：整合营销传播视角（第 11 版）
乔治·贝尔奇
迈克尔·贝尔奇 著
郑苏晖 林薇 陈宇 杨瑞 王晋 译
Guanggao yu Cuxiao：Zhenghe Yingxiao Chuanbo Shijiao

出版发行	中国人民大学出版社		
社　　址	北京中关村大街 31 号	**邮政编码**	100080
电　　话	010－62511242（总编室）		010－62511770（质管部）
	010－82501766（邮购部）		010－62514148（门市部）
	010－62515195（发行公司）		010－62515275（盗版举报）
网　　址	http://www.crup.com.cn		
经　　销	新华书店		
印　　刷	涿州市星河印刷有限公司		
规　　格	185 mm×260 mm　16 开本	**版　　次**	2019 年 4 月第 1 版
印　　张	39.5 插页 1	**印　　次**	2021 年 11 月第 3 次印刷
字　　数	1 072 000	**定　　价**	109.00 元

工商管理经典译丛·市场营销系列

出 版 说 明

随着我国市场经济的不断深化，市场营销在企业中的地位日益突出，高素质的市场营销人才也成为企业的迫切需要。中国人民大学出版社早在1998年就开始组织策划了“工商管理经典译丛·市场营销系列”丛书，这是国内第一套引进版市场营销类丛书，一经推出，便受到国内营销学界和企业界的普遍欢迎。

本丛书力图站在当代营销学教育的前沿，总结国际上营销学的最新理论和实践发展的成果，所选图书均为美国营销学界有影响的专家学者所著，被美国乃至世界各国（地区）的高校师生和企业界人士广泛使用。在内容上，涵盖了营销管理的各个重要领域，既注意与国内营销学相关课程配套，又兼顾企业营销的实际需要。

市场营销学是实践性很强的应用学科，随着我国企业营销实践的日渐深入和营销学教育的快速发展，本丛书也不断更新版本，增加新的内容，形成了今天呈现在读者面前的这一较为完善的体系。今后，随着营销学的发展和实践的积累，本丛书还将进行补充和更新。

在本丛书选择和论证过程中，我们得到了国内营销学界著名专家学者的大力支持和帮助，原我社策划编辑闻洁女士在早期的总体策划中付出了大量的心血，谨在此致以崇高的敬意和衷心的感谢。最后，还要特别感谢为本丛书提供版权的培生教育出版集团、约翰威立公司、麦格劳-希尔教育出版公司、圣智学习出版公司等国际著名出版公司。

希望本丛书对推动我国营销人才的培养和企业营销能力的提升继续发挥应有的作用。

中国人民大学出版社

译者序

历经《广告与促销：整合营销传播视角》第8版和第9版的引进，这是译者第三次参与这本书的翻译工作。

回望过去的五年，移动互联网以纵横捭阖之势席卷而来，它的兴起和被营销商应用的方式贯穿商业世界。技术进步以不可思议的速度渗透到生活的方方面面，每个人的消费形态、媒体接触习惯都发生了颠覆性的改变。如今，大多数人的生活都与移动设备紧密相连，几乎每个人都身不由己地被裹挟进这个移动互联的时代。营销商与消费者之间主要通过数字和社交媒体来沟通。大量品牌以社交媒体为基础开展革新式推广活动，这类活动非常倚重网络用户自制并上传的内容。而大数据、人工智能、区块链等新技术的发展将会进一步改变我们对世界的认知，广告与促销的内涵与外延也在这股时代洪流中被不断改写、刷新。

诚如本书作者所言，“在很多方面我们永远都是学生，因为我们仍在不断地努力学习和理解广告与促销是如何运作的”。这本教材之所以能保持长久的生命力，也在于作者始终保持学习的热忱，不断地记录与更新，使更多的学生、教师或从业者能够通过本书透视变化的世界，把握时代的脉动，寻找沟通的应对之道。本书一如既往地整合了广告与促销理论及其在实践中的应用。作者收集整理了大量境外媒体上广告与促销的实例，使读者更易于理解单调枯燥的理论如何在实践中付诸实施。同时，第11版新增了“数字与社交媒体视点”专栏，这些内容将注意力聚焦于数字与社交媒体技术的变革与进步如何冲击整合营销传播实践。

在翻译过程中，我们对原著第11章至第13章中与中国媒体发展情况相去甚远的美国媒体现状（印刷媒体、广电媒体及辅助媒体）酌情做了删减。实际上，中国媒体行业拥有着独特格局与变革努力，在移动互联时代新媒体的应用创新也为营销商的实践提供了一个独特的平台，是展现中国式营销的别具一格的舞台。

本书的翻译工作由郑苏晖（前言、第14～17章、术语表以及协调统筹工作）、林薇（第3～6章）、陈宇（第7～10章）、杨瑞（第1～2章和第11～13章）、王晋（第18～21章）共同承担。感谢在前两版中参与翻译工作的合作者付出的艰辛劳动，他们的努力为本版翻译工作奠定了良好的基础。感谢中国人民大学出版社工商管理出版分社石岩老师的信任。

作为译者，我们的责任在于忠实地还原原著的本意，使读者跨越语言的障碍，更便捷地了解来自异域的营销新知。由于水平有限，译文中如有不妥之处，敬请读者赐教。

郑苏晖

前 言

变革中的广告与促销世界

在现代世界，几乎每个人都在一定程度上受到广告和其他促销方式的影响。无论是私人部门还是公共部门，都意识到高效、有效地与目标客户沟通的能力对它们的成功至关重要。广告和其他类型的促销方式不仅用于销售产品和服务，而且用于促进公共事业、宣传政治候选人以及处理酗酒或药物滥用等社会问题。消费者发现自己越来越难以避开营销商的攻势——它们不断地寻求同消费者进行沟通的新途径。

绝大多数从事广告与促销的人会告诉你，没有其他任何一个领域在实践和研究方面能如此富有活力和魅力。然而他们也会告诉你，这个领域正在经历巨大的变革，这些变革将会对广告与促销产生深远长久的影响。这些变革来自四面八方——要求广告与促销支出能带来更大效益的客户；收入不丰但富于创造力的小型广告公司；销售促进公司、直复营销公司以及意欲在广告主每年产品和服务方面的数十亿美元的宣传投入中分得更大一杯羹的互动广告公司；不再理会传统形式广告的消费者；那些彻底改变了营销商和消费者沟通模式的新媒体和新技术。我们或许正在经历营销史以及广告与促销史上前所未有的、变化最快的、最具革命性的变革。技术的革新以及数字媒体（特别是互联网、社交媒体和移动设备）带来的沟通方式的快速发展引领着这些变革。

许多不属于传统广告业的外部公司正在迅速改变广告信息的制作和向消费者传播的过程。营销商不得不在传统大众媒体广告之外寻求更多更新的与目标顾客沟通的有效途径。它们认识到，触及它们既有和潜在的顾客并让这些人与自己的产品或服务建立联系的方式不计其数。许多营销商将互联网广告视作到达特定目标市场以及衡量营销效果性价比更高的方法。营销商使用互联网营销的方式正在发生变化，包括新的应用正在促进互动信息的分享、协作与双向（而不是单向）沟通。Web 2.0 的发展意味着互联网使用者不再局限于被动地浏览信息，他们能够与其他人以及公司或组织互动。这些应用已经在社交网站、视频分享网站、博客与在线交流中广泛存在，它们都经历了爆炸式的增长。十余年前脸书（Facebook）、推特（Twitter）、YouTube、Instagram 和领英（LinkedIn）甚至还不存在。然而，脸书如今在全世界范围内拥有 16 亿用户，推特自称有 3 亿用户，在 YouTube 上每年被浏览的视频接近 50 亿个，包括许多电视广告和其他由营销商创作的促销性视频。几乎每个组织和公司都拥有一个脸书、Instagram 和推特主页可以用来与顾客保持长期沟通，而且许多营销商开始使用 Snapchat 和更年轻的消费者接触。这些工具与其他类型的社交媒体已经成为大多数营销商营销沟通计划不可分割的一部分。不过，这些互联网和社交媒体应用的增长只是公司在策划、制订和执行其营销传播计划时所发生的一些基础变化中最新的一部分。

几十年来，广告业一直被大型的、综合性的麦迪逊大道类型的广告公司所主导。一个全国性品牌的广告策略包括制作一两个在电视网播出的商业广告，设计一些在大众杂志上发布的平面广告，以及提供一些促销支持，如优惠券或赠品等。然而在当今世界，有无数的媒体渠道，印刷媒体、广播媒体、有线电视和卫星电视、移动互联网等都在争夺消费者的注意力。营销商开始在传统媒体之外寻求新的与消费者沟通的更好方式，因为它们开始对传统媒体上常规广告的价值失去信心。大型营销商逐渐减少它们对大众媒体的依赖，开始将更多的营销传播预算花费在能够对准特定市场的专业媒体上。广告主开始在其他方面，比如事件营销、赞助活动、公益营销和病毒式营销等方面投入更多的资金。广告代理公司逐渐认识到，它们必须改变业务操作模式。

营销商除了重新定义它们的广告代理公司的角色和性质，也改变了它们与消费者沟通的方式。它们知道自己所处的环境充斥着各种广告信息，消费者不断更换频道跳过大多数商业广告，用传统方式进行宣传的品牌往往以失败告终。新时代的广告主重新定义了一些概念，包括什么是广告和在哪里发布广告。隐喻信息被融入文化、电影和电视节目中，或者被制作成自己独特的娱乐形式。许多专家都认为“品牌化的内容”是未来的潮流，将广告和其他营销传播的形式改造得更接近于娱乐的运动将愈演愈烈。广告主们纷纷使用品牌化的娱乐作为其与消费者沟通的方式，它们制作可在其网站上播放的电影短片，通过产品植入或者将品牌整合进电影或电视节目中等各种方式宣传产品和服务。

许多因素影响着营销商与消费者之间的沟通方式。营销商寻求的受众正趋于碎片化，而与他们接触的媒介和手段也随之逐渐多样化。广告与促销努力日益更具目标性，常常针对互联网上特定的人群。零售商日益壮大，且权力日益膨胀，这使得营销商将广告预算转移到销售促进上。营销商希望它们的促销支出能够立即产生收入，并且要求代理公司承担更多的责任。互联网革命充满活力，与消费者沟通的方式在持续发展。许多企业协调所有的沟通努力以向顾客传递整合统一的信息。一些企业仅运用少量甚至不用传统媒体广告，而依靠数字和社交媒体取而代之来树立品牌。许多广告代理公司已经兼并、建立或加入销售促进公司、直复营销公司、交互式广告公司或公共关系公司，以更好地为客户的营销传播需求服务。这些客户已经成为“媒体中立者”，它们表示会考虑每一种营销传播形式，只要这种形式对瞄准目标细分市场最为有效，且能够创造短期销售和长期声誉。

本书将向同学们介绍这个瞬息万变的广告与促销世界。尽管广告是本书关注的焦点，但这不单纯是一本针对广告的介绍性图书，因为它更多地谈到了组织的各种促销计划而非单独的广告活动。因为如今的营销商在其传播策略中已经改变传统媒体和新媒体的组合，本书的焦点也随之改变，将额外关注新媒体。前面提及的变革使营销商及其代理公司从一个整合营销传播的角度来执行广告与促销，而这种整合营销传播的概念要求建立一个“全局图”来策划营销和促销方案，并且对多种传播工具加以协调。为了理解广告与促销在当今商界扮演的角色，我们必须了解一个公司该如何利用所有的促销工具来实现与顾客之间的沟通。本书第 11 版将解决这一问题，提供一个比之前的各版更加宽广的整合营销传播视角。

致学生：为广告与促销的新世界做好准备

你们之中的一些人学习这门课程是为了更多地了解这个充满吸引力的领域；你们之中会有许多人希望从事广告、数字/社交媒体或其他促销领域的工作。这个行业正在经历的变革对学生接受培训和教育的方式有深远的影响。你不可能在一家与多年前的情况保持一致的传播代理公司工作。如果你在客户方工作，那么你会发现它们执行广告与促销的方式也在发生翻天覆地的变化。

当今的学生应该理解所有主要的营销传播工具：广告、直复营销、销售促进、公共关系、人员推销，当然还包括互联网以及快速发展的社交媒体和移动营销等领域。你也应该知道如何研究和评估一个公司的营销和促销状况，以及如何运用各种不同的工具制定有效的传播策略和方案。营销商开始越来越关注各种整合营销传播工具投资收益（ROI）的测定以及它们在评估过程中会遇到的问题。本书将帮助你应对这些挑战。

身为教授的我们当然也曾经是学生。在很多方面我们永远都是学生，因为我们仍在不断地努力学习和理解整合营销传播领域持续发生的变化。我们与你们有许多相同的兴趣和关注点，也经常因为同样的事情而异常亢奋（或者兴趣索然）。我们在广告与促销领域任教的时间合计超过 80 年，已经明白在这个领域的相关书籍中有哪些内容是能够吸引学生的。在撰写本书的过程中，我们试图记录下这些年里对各种不同教材的感受，把好的东西整合、整理出来，摒弃觉得无用的部分。我们尽量避免让概念给你们带来重负，但仍然对那些有助于你们理解材料的重要概念做了强调。

我们还记得学生时代的自己也厌倦理论。但是为了能充分理解整合营销传播的运作方式，构建一些理论基础是很有必要的。对事物运行的规律掌握得越多，就越容易理解它们在操作过程中为什么会契合或者偏离计划。

也许学生们最常问的问题是：我如何把这些理论应用于现实世界？为了回答这个问题，书中提供了大量的将理论和概念应用于实践的例子。本书的特殊优势便在于它整合了理论及其在实践中的应用。我们几乎每天都能在媒体上找到广告与促销的实例。我们拥有很多资料来源（如《广告时代》（*Advertising Age*）、《广告周刊》（*Adweek*）、《华尔街日报》（*The Wall Street Journal*）、《彭博商业周刊》（*Bloomberg Businessweek*）、《经济学人》（*The Economist*）、《财富》（*Fortune*）、《福布斯》（*Forbes*）、《销售与营销管理》（*Sales & Marketing Management*）、《快公司》（*Fast Company*），以及大量的在线网站，如 eMarketer，Mashable，MediaPost. com，ClickZ News 等），从中可找出与书中内容相匹配的实例。我们已经与营销和广告人员就我们所引用的案例中的广告和其他类型促销手段背后所蕴含的战略和原理进行讨论。每章都以开篇案例开始，它讲述了一个广告、促销活动或者某个有趣的观点。"整合营销传播视点"专栏就与本章材料有关的特殊问题进行深层次的探讨，同时也展示了公司是如何具体运用整合营销传播的。"环球观察"专栏反映了国际营销的日渐重要性、广告与促销面临的挑战以及它们在多元化营销商的国际营销中担当的角色。"伦理思考"专栏关注重要的社会问题，并且阐明营销商在广告与促销方案的计划和实施阶段必须将伦理因素纳入考虑之中。"数字与社交媒体视点"专栏集中反映了社交媒体运用领域的变革与/或进步是如何冲击整合营销传播的。

本书的另一特色是配有漂亮的插图，这些插图展示了全球当下最成功的整合营销传播实例。我们精心挑选了一些广告和其他促销类型的实例来展示具体的概念、理论或者实际应用。希望读者能够花一些时间阅读每章的开篇案例、整合营销传播视点、环球观察、伦理思考和数字与社交媒体视点等专栏，以及丰富多样的插图。我们相信它们会激发你的兴趣，并与你的日常生活联系起来，因为你本身也是一个消费者，也是广告与促销的目标受众。

致教师：一本反映广告与促销世界变革的教材

我们出版《广告与促销：整合营销传播视角》第 11 版的主要目的是继续为教师提供一本

营销学领域从整合营销传播角度出发讲授广告与促销的最全面且最具时效性的教材。这一版关注许多发生在营销传播领域的变革，以及它们如何影响公司广告与促销的战略和战术。我们将从整合营销传播视角持续加以探讨。越来越多的公司开始从整合营销传播的角度出发实施广告与促销方案，对各种不同的营销组合元素加以协调，同时利用其他一些与顾客进行沟通的营销活动。许多广告代理公司也在直复营销、销售促进、事件营销、互联网、社交媒体、移动互联网以及其他一些领域发挥专长以满足客户整合营销传播的各种需求——当然，它们也得以生存下来。

本书基于一个整合营销传播计划过程模型，指出了协调所有促销组合元素对于制定与实施一个有效的传播方案的重要性。尽管传统和新媒体广告是企业促销方案中最常见的部分，但我们还应该关注直复营销、销售促进、公共关系、辅助媒体和人员推销等。本书也整合理论与实践。为了有效地策划、实施和评估整合营销传播方案，读者必须理解营销的整体流程、消费者行为和传播理论。我们通过对广告、消费者行为、传播、营销、销售促进和其他领域进行的广泛研究的结果加以提炼，为学生们理解营销传播过程、它如何影响消费者的决策制定以及如何制定促销策略打下基础。

尽管这是一本知识介绍性的教材，但我们对每个话题的探讨都尽量达到一定的深度。我们相信，当今营销和广告专业的学生需要的不仅是对术语和话题的简单介绍。本书主要定位于商业或市场营销专业培养课程中广告概论、营销传播或促销等课程，同时也适用于整合营销传播视角的新闻或传播课程。许多学校也把本书用于研究生教学。除了全面涵盖广告领域，本书的一些章节还涉及销售促进、直复营销、互联网营销（包括社交媒体和移动互联网营销）、辅助媒体（比如户外广告）、产品植入和整合以及公共关系等。这些章节的内容强调了广告与其他促销组合元素之间的整合，同时强调了理解它们各自在完整的营销计划中作用和贡献的必要性。

本书的构架

本书共分为七篇。

第Ⅰ篇考察了广告与促销在营销活动中的作用，介绍了整合营销传播的概念。第1章概述了广告与促销活动以及它们在现代营销中担当的角色。我们对整合营销传播的概念及影响其发展的因素进行了探讨，给出了每种促销组合元素的定义，并且提出了整合营销传播计划过程的模型，展示了促销计划过程的不同实施步骤。这个模型提供了一个制定整合营销传播方案的框架，并且贯穿全书。第2章考察了广告与促销在整体营销方案中的角色，着重分析了不同的营销组合元素以及它们是如何同广告与促销策略相互作用的。我们也介绍了市场细分、目标市场营销和定位的相关知识，这样学生就能够理解这些概念是如何应用到整体营销方案中的，以及它们在广告与促销活动中发挥的作用。

第Ⅱ篇进行整合营销传播方案的情境分析。第3章描述了公司是如何组织广告与促销活动的，同时考察了广告代理公司及其他公司在提供营销和促销服务中扮演的角色。讨论了如何选择广告代理公司、如何对其进行评估以及如何支付佣金，同时也讨论了代理业务中发生的一些变化。另外，还关注了其他类型的营销传播组织，如直复营销、销售促进和数字代理公司以及公共关系公司。同时，我们思考了整合多种传播功能的责任究竟在客户还是代理公司。第4章涉及消费者决策制定过程的各个阶段以及影响消费者行为的内在心理因素和外部因素。该章主要关注广告主是如何通过对购买者行为的理解来开发有效的广告及其他促销形式的。

第Ⅲ篇分析了传播过程。第 5 章考察了不同的传播理论和消费者对广告信息及其他形式营销传播的反应模型。第 6 章详细地探讨了信源、信息和信道等因素。

第Ⅳ篇讨论了公司如何为整合营销传播方案设定目标，以及如何决定为实现这些目标所需支付的费用。第 7 章强调了如何对广告与促销的效果进行预期、广告和传播目标之间的区别、良好目标的特性以及在设定目标过程中可能遇到的问题等方面的重要性。这一章也对如何决定和分配促销预算的若干方法进行了综合讨论。

本书的前四篇为学生们在营销学、消费者行为学、传播、计划、目标设定以及预算等领域打下了扎实的基础，这些背景知识案为接下来讨论制定整合营销传播方案做了铺垫。

第Ⅴ篇主要考察了构成整合营销传播方案基础的各种不同的促销组合元素。第 8 章讨论了创意策略以及广告活动的设计和制定并且对创意过程进行了分析。第 9 章关注的是执行创意策略的方式和一些评价创意工作的标准。第 10～13 章覆盖了媒体策划和策略以及各种不同的广告媒体。第 10 章介绍了媒体策划和策略的主要原则，考察了媒体策划是如何进行的。第 11 章讨论了广电媒体（电视和广播）的优势和劣势，以及有关广播和电视时段的购买与受众测量等相关问题。第 12 章对印刷媒体（杂志和报纸）进行了类似的分析。第 13 章考察了传统辅助媒体（如户外广告与交通工具广告、电影院线广告）的作用，以及非传统的品牌化娱乐策略（如产品植入、产品整合、游戏内置广告）的大量使用。第 14～17 章继续着重讨论整合营销传播，考察了其他应用于整合营销传播过程的促销工具。第 14 章关注直复营销，分析了公司与目标顾客进行直接沟通所运用的媒介形式，如直邮、信息型广告、直接反应电视广告及电子商务。第 15 章详细地讨论了营销商对互联网、数字和社交媒体的使用，探讨了博客、移动媒体、付费搜索以及社交媒体运用的持续增长。同时更加关注互联网如何用于执行各种整合营销传播活动，包括 Web 1.0 和 Web 2.0 的策略及移动营销等。第 16 章研究了销售促进领域，包括消费者导向销售促进和交易导向销售促进（针对零售商、批发商和其他中间商）。第 17 章讨论公共宣传和公共关系在整合营销传播和企业广告活动中的地位以及企业广告。

第Ⅵ篇由第 18 章组成，讨论了整合营销传播方案中各种不同元素的效果衡量方式，包括对传统媒体和新媒体的广告信息和运动的前测与后测方法。

第Ⅶ篇把注意力转向现代营销学中重要性与日俱增的一些特殊的市场、话题和观念。第 19 章分析了国际市场以及广告与其他促销组合要素（如销售促进、公共关系和数字媒体）在国际市场中的作用。本书还对影响广告与促销活动操作的人口、社会和经济环境等进行了分析。第 20 章分析了行业自律和诸如联邦贸易委员会等政府机构对广告行业的管制，也涉及一些管理销售促进、直复营销和互联网营销的规则和条例。广告在社会中的角色是不断变化的，如果不理会那些批评，讨论就是不完整的，因此第 21 章对广告与促销从社会、伦理和经济等角度进行了讨论。

章节特色

下面列出的各章栏目及其内容特色可以增强学生对教材的理解，提高他们的阅读兴趣。

学习目标

在每章的开始列出学习目标是为了明确该章涉及的主要领域和要点，从而指导读者有的放矢地学习。

开篇案例

每一章都由一个开篇案例开始。开篇案例或者展示某广告主或广告代理公司如何有效运用整合营销传播，或者讨论一个与本章相关的有趣问题。设置这些开篇案例的目的是以一个与本章材料相关的生动的实例、进程或者问题带领学生进入本章的学习，其中涉及的一些公司或品牌包括魅力（Charmin）、安德玛（Under Armour）、别克（Buick）、Always、TurboTax、达萨尼（DASANI）、好时（Hershey）以及可口可乐（Coca-Cola）等。此外，在一些开篇案例中还讨论了当前冲击整合营销传播的热门话题和难题，如程序化媒体购买的快速增长与流行；数字革命对广告公司、广告与促销信息以及媒体效果的测量的影响；电视、杂志、报纸等传统媒体的变化及其如何影响广告主对它们的使用；营销商支持的公共活动（如世界水日）；公司和各类公共事务运动（如女性平权运动）所面对的公共关系问题与机遇。

整合营销传播视点

该专栏深入讨论了那些与该章材料和整合营销传播的实际运用相关的有趣问题。每章都包含了一些对整合营销传播的深入思考。文章对于一些公司或者品牌的整合营销传播方案进行了讨论，涉及阿贝克隆比 & 费奇（Abercrombie & Fitch）、美国服饰（American Apparel）、七喜（7UP）、塔可钟（Taco Bell）、政府雇员保险公司（GEICO）、音乐电视频道（MTV）、花花公子（Playboy）以及底特律活塞队（Detroit Pistons）。这部分讨论了一些话题，如公司内部广告代理公司运用的持续增长、神经科学在研究广告信息处理过程中的角色、电视广告受众测量方法的变化、政治宣传活动中攻击性广告运用的持续增长、公司如何利用购买漏斗模型来管理和指导自身的整合营销传播方案以及运动队运用直复营销来推广自身等。

环球观察

该专栏提供了类似于整合营销传播视点的信息，主要关注的是广告与促销的国际化方面。这部分讨论了一些推行跨国广告项目的公司或品牌，如宝洁（Procter & Gamble）、百事（PepsiCo）和脸书。关于在国外广告中出现的名人在美国如何维护他们的形象、国际广告中的传播问题等也在这部分做了相关探讨。

伦理思考

该专栏讨论了关于营销商实践中的伦理道德问题，并与各章节的材料相关。伦理思考涉及的问题包括广告实践中女性形象描述的争论、原生广告的相关问题、互联网营销商的不道德做法以及是否该允许播放直接面向消费者的处方药广告等。

数字与社交媒体视点

该专栏对数字与社交媒体的变革与进步如何冲击整合营销传播实践进行了细致探讨。数字与社交媒体视点专栏中的话题包括：与数字革命和发展相关的技术正在以各种方式冲击整合营销传播的实践；数字广告牌的使用持续增长；数字媒体如何冲击报纸等印刷媒体；社交媒体对电视收视行为的冲击；营销商如何将数字与社交媒体作为整合营销传播方案的一部分，并常常以削减传统媒体使用为代价，持续增加对其的使用；等等。

关键术语

书中重要的术语都用黑体字突出。这些术语能够帮助学生将注意力集中在那些重要的思想、概念和定义上，有助于回顾学习的过程。

本章小结

小结是对每一章涉及的一些重要话题的快速回顾，能够起到学习指南的作用。

讨论题

每一章结尾处的讨论题让学生能够有机会检验他们对于内容的理解和运用程度。这些问题也可以用于课堂讨论或作为课后作业。这些讨论题与每章的学习目标相关联。

插图

主要是指平面广告、照片等。

第 11 版的变动之处

我们在第 11 版做了许多变动，目的是尽可能增加相关性和时效性，同时也让学生学习起来更感兴趣。

- **更新了整合营销传播新兴领域的内容篇幅**

第 11 版继续强调从整合营销传播视角来学习广告与促销。整合营销传播已随着研究的深入与理论的发展而向前演进，因此在本书中我们对其当今视角进行了阐述。我们也总结了影响营销商与消费者之间沟通方式的发展，特别是通过数字与社交媒体来进行沟通。书中重点介绍了大量品牌以社交媒体为基础的革新式推广活动，这类活动非常倚重网络用户自制上传的内容；同时，本版从始至终关注营销商使用脸书和推特、Instagram 和 Snapchat 及其他社交媒体工具的方法。新技术如电视、电脑、移动设备与互联网的融合正在改变公司运用广告和其他营销工具同顾客进行沟通的方式。在本版中，我们分析了这些前沿发展如何影响营销商的整合营销传播方案。

- **注重数字与社交媒体的变化**

第 11 版包括关于互联网和其他形式的互动媒体的最新信息以及它们是如何被营销商采用的。随着商业世界减少了对传统媒体的关注而扩大了数字与社交媒体的应用，我们也在书中做了重要的调整来反映这一举动。在有关互联网的章节中更新了上一版与 Web 1.0 相关的信息，并修订了有关 Web 2.0 的发展以反映其影响，章的标题也改为“互联网：数字和社交媒体”来更好地反映相关方面的内容。我们讨论了包括社交媒体和视频、博客、播客在内的用户生成内容等各种 Web 2.0 工具的应用，这些应用促进了互动信息的分享和协作。我们也扩大了关于移动互联网应用的讨论以反映这一重要工具的发展。书中提供了许多公司在整合营销传播方案中使用这些工具的独特案例，还讨论了营销商所使用的许多基于数字技术的工具与战略（如展示广告、付费搜索和移动媒体的使用）。本书还讨论了一些领域（如受众测量和决定数字广告及社交媒体效果的方法）的最新发展情况。作为整合营销传播的重要工具和营销商应用的广泛方式，关于数字与社交媒体的角色讨论将融合贯穿在第 11 版中。

- **第 11 版新增的“数字与社交媒体视点”专栏**

我们在新一版中引入了一个新的特色专栏，称为“数字与社交媒体视点”。设计这些内容是为了将我们的注意力聚焦于数字与社交媒体技术上的变革与进步如何冲击整合营销传播实践。在过去十年中，技术经历了重大的进步。如今，大多数消费者在生活中都拥有第三屏幕，即以不同形式呈现的移动设备，如智能手机或平板电脑。移动设备已经成为许多消费者生活中不可或缺的一部分，报纸、杂志等传统媒体开始发行数字版以挽留读者获得生存。对于大多数营销商来说，诸如脸书、Instagram和推特等社交媒体工具已经成为它们整合营销传播方案的一个基本组成部分。多元化的数字与社交媒体视点为学生提供了解技术演进如何影响营销的洞察。

- **全新的开篇案例**

第11版中所有的开篇案例都是全新的，紧扣现实，与学生的关联度较高。它们揭示了不同的公司和广告代理机构是如何运用广告和其他整合营销传播工具的，同时也从一些有趣的视角洞悉了当前广告界的趋势和发展。

- **全新的、实时更新的“整合营销传播视点”专栏**

该专栏中关于公司及其传播代理商应用整合营销传播的所有案例或者是更新过的或者是全新的，洞悉了当前营销商所从事的最为前沿和流行的广告与促销活动。“整合营销传播视点”专栏也阐述了与广告、销售促进、直复营销、互联网营销和人员推销等相关的有趣话题。

- **全新的、实时更新的“环球观察”和“伦理思考”专栏**

这两个专栏中几乎所有关于广告与促销的全球化和伦理问题都是全新的，那些从第10版中继承过来的也都进行了更新。“环球观察”专栏分析了广告的角色以及国际市场上其他促销区域。营销商在开发和实施广告与促销方案过程中的决策被质疑存在伦理问题，“伦理思考”专栏探讨了与之相关的特别议题、发展阶段与困难。

- **当前的实例**

广告与促销领域的发展可谓日新月异，我们努力持续地与它保持同步，因此尽可能地更新了本书图表中的所有统计数据。我们同时检索了最新的学术与商贸文献，以确保本书能够反映广告与促销方面最新的观念和理论，以及整合营销传播领域的最新进展。我们也更新了书中大多数的案例和广告。因此，本书依然是在市场上最有时效性的读本，尽可能及时地为学生提供最前沿的观念和知识。

支持性材料

第11版拥有一些高质量的补充指导材料，这些补充材料几乎都是由本书的作者编写的，这样就确保了它们与本书的内容相匹配。我们为教师提供了一个支持性工具包，以使教材的使用更加便捷，同时能够强化学生的学习效果。以下是其中的部分材料。

教师指南

教师指南是一个很有价值的教学资源，包括学习目标、章节和讲授概要、每章讨论题的答案、幻灯片操作以及对进一步学习和教学的建议。另外还有一些针对各个章节的讨论题，这些题目可以用于课堂讨论或者在考试中作为简答题。

测验指南

我们为本书开发了一个有1 500多道选择题的测试题库，这些问题完全覆盖了本书的材料，包括开篇案例以及整合营销传播视点、环球观察、数字与社交媒体视点和伦理思考等专栏。

计算机测试题库

计算机测试题库主要供测验使用。

乔治·贝尔奇
迈克尔·贝尔奇

目 录

第Ⅰ篇 整合营销传播简介

第1章 整合营销传播简介 …… 003
广告与促销的发展 …… 006
市场营销的作用 …… 007
整合营销传播 …… 008
促销组合：整合营销传播的工具 …… 014
整合营销传播中的受众接触 …… 022
整合营销传播计划的过程 …… 025
本书观点和编排 …… 031
第2章 整合营销传播在营销过程中的作用 …… 034
营销策略和分析 …… 036
目标营销过程 …… 040
定位策略的制定 …… 048
营销计划方案的制定 …… 049
广告与促销的作用 …… 053

第Ⅱ篇 整合营销传播方案情境分析

第3章 组织广告与促销工作：广告代理公司及其他营销传播组织的角色 …… 057
整合营销传播过程的参与者：概述 …… 059
组织公司的广告与促销工作：客户的角色 …… 060
广告代理公司 …… 067
广告代理公司的酬金 …… 075
对广告代理公司的评估 …… 079
专门服务 …… 083
附加服务 …… 085
整合营销传播服务 …… 086
第4章 消费者行为透视 …… 090
消费者行为综述 …… 092
消费者的决策制定过程 …… 093

消费者的学习过程 …… 105
环境因素对消费者行为的影响 …… 109
消费者行为的其他模型 …… 113

第Ⅲ篇 传播过程分析

第5章 传播过程 …… 117
传播的本质 …… 119
传播的基本模型 …… 121
接收者分析 …… 130
反应过程 …… 132
传播的认知过程 …… 140
反应过程及广告效果概述 …… 144
第6章 信源、信息和信道因素 …… 147
运用说服矩阵编制促销方案 …… 149
信源因素 …… 150
信源的可靠性 …… 151
明星代言人的选择 …… 163
信息因素 …… 166
信道因素 …… 174

第Ⅳ篇 整合营销传播方案的目标与预算

第7章 促销方案的目标与预算 …… 181
目标的价值 …… 183
整合营销传播目标的确定 …… 183
销售目标和传播目标 …… 184
DAGMAR：一种确定目标的方法 …… 190
目标设定的问题 …… 192
制定和分配促销预算 …… 196

第Ⅴ篇 开发整合营销传播方案

第8章 创意策略：策划与制定 …… 219
创意在广告中的重要性 …… 221
广告创意 …… 224
创意策略策划 …… 227
创意过程 …… 230
创意策略的制定 …… 236
第9章 创意策略：实施与评价 …… 248
诉求和执行方式 …… 250
创意技巧 …… 263
客户对创意工作的评价与批准 …… 273

第 10 章 媒体策划与策略 …… 278
媒体策划综述 …… 280
制订媒体计划 …… 285
市场分析及目标市场的确认 …… 285
确定媒体目标 …… 293
制定和实施媒体策略 …… 293
评估与跟踪 …… 307
媒体特性 …… 309
第 11 章 媒体评估：电视和广播 …… 313
电视 …… 315
购买电视广告时间 …… 322
广播 …… 328
第 12 章 媒体评估：杂志和报纸 …… 336
杂志和报纸的作用 …… 338
杂志 …… 339
报纸 …… 351
第 13 章 辅助媒体 …… 359
辅助媒体的范围 …… 361
传统辅助媒体 …… 361
促销产品营销 …… 369
其他传统辅助媒体 …… 371
非传统辅助媒体 …… 373
第 14 章 直复营销 …… 381
直复营销 …… 382
直接销售 …… 394
直复营销的效果测量 …… 395
第 15 章 互联网：数字和社交媒体 …… 398
互联网的发展 …… 400
互联网和整合营销传播 …… 402
移动互联网 …… 415
互联网效果测量 …… 417
互联网和数字、社交媒体的优势和劣势 …… 420
第 16 章 销售促进 …… 423
销售促进的范围和作用 …… 425
销售促进的发展 …… 426
消费者导向销售促进 …… 433
消费者导向销售促进方法 …… 435
交易导向销售促进 …… 448
通过广告及其他整合营销传播工具进行协作的销售促进 …… 454
销售促进的滥用 …… 456
第 17 章 公共关系、公共宣传和企业广告 …… 460
公共关系 …… 462
公共关系的实施过程 …… 466

企业广告 …… 476

第Ⅵ篇 监控、评估与控制

第18章 测量促销活动的效果 …… 487
关于效果测量的争论 …… 489
通过调研完成广告效果测量 …… 493
测试过程 …… 497
广告效果测量方案的制订 …… 511
其他方案要素的效果测量 …… 513

第Ⅶ篇 特别话题和观点

第19章 国际广告与促销 …… 521
国际市场的重要性 …… 523
国际广告与促销的作用 …… 524
国际环境 …… 525
广告的全球化与本土化 …… 533
国际广告中的决策领域 …… 537
其他促销组合要素在国际营销中的作用 …… 543
第20章 广告与促销监管 …… 550
行业自律 …… 553
联邦政府对广告的监管 …… 560
州政府对广告的监管 …… 576
其他促销领域的监管 …… 577
第21章 从社会、伦理和经济角度评估广告与促销 …… 585
广告与促销伦理 …… 587
对广告的社会及伦理批评 …… 589
广告的经济影响 …… 606

第Ⅰ篇　整合营销传播简介

第1章 整合营销传播简介

学习目标

1. 介绍营销中广告及其他促销要素的作用。
2. 讨论整合营销传播概念的发展演变。
3. 分析广告及促销计划中整合营销视角日趋增加的价值。
4. 介绍促销组合中的不同要素。
5. 介绍营销者与目标受众之间的接触点。
6. 介绍整合营销传播计划的实施步骤。

开篇案例

魅力：社交媒体中最时髦的品牌

如果你让消费者说出一两个社交媒体上最具创意和吸引力的品牌，他们不太可能会想到魅力（Charmin）牌厕纸。许多消费者一提到魅力，可能就会想到“请不要捏魅力”的广告。这则广告已经播出超过20年了，被认为是20世纪最好的广告之一。对于营销商来说，想要在实际上毫无魅力可言、与不那么清新的生活必需品有关的产品上找到令人感兴趣和兴奋的点，是件充满挑战的事，更别说这个东西还常被人拿来开玩笑，而且它也不是大多数日常对话中的热门话题。然而，消费者一年在厕纸上会花费90多亿美元，魅力通过运用整合营销策略，也可以说是靠直觉的策略，成为同类产品中的领军者。

说到魅力的故事，我们得回到将近一百年前，也就是1928年威斯康星州的霍博格纸业公司（Hoberg Paper Company）第一次生产厕纸的时候。这个产品的设计初衷是为了反映那个时代被一个职员称为“充满魅力”的女性时尚风潮，“魅力”这个名称便由此而来。1950年，公司改名为魅力纸业公司（Charmin Paper Company）。几年后，公司将一个宝宝的照片加在产品外包装上，以表现产品的柔软和高品质。1957年宝洁公司收购了魅力纸业，将之视为与包括斯科特纸业（Scott Paper）、金佰利-克拉克（Kimberly-Clark）等纸业巨头在内的对手竞争的绝佳利器。

由于柔软度是厕纸类产品最重要的属性，本顿与鲍尔斯公司（Benten and Bowles）——宝洁公司的广告代理商——最初一直在想办法说服消费者接受这样的理念：魅力厕纸比那些同样拿柔软度做文章的竞争品牌产品更加柔软。然而在1964年，本顿与鲍尔斯公司突然想出了发起一个广告运动的创意，内容是由于想要感受其柔软度，顾客总喜欢捏一捏魅力厕纸，而略微神经质的超市经理因此感到不安。他们设计了一个叫作惠普尔先生（Mr. Whipple）的角色来推广魅力厕纸“令人忍不住想捏”的柔软度。在广告中，惠普尔先生先责令顾客不要再捏魅力厕纸，但随后自己却悄悄地捏了一下。这条“请不要再捏魅力”的广告播了20多年，惠普尔先生则出现在了500多则电视及报刊广告中。他成了广告史上最成功的人物形象，位列美国总统理查德·尼克松（Richard Nixon）及葛培理牧师（Reverend Billy Graham）之后，被誉为20世纪70年代第三著名的美国人。其他的纸业巨头都没能想出更好的方式来表现厕纸的柔软度，而这一广告帮助魅力纸业成为行业领军者，产品销量巨大。

宝洁公司继续围绕魅力这一品牌做产品创新，推出了诸如魅力无香型（不含香精）及魅力无添加（不含油墨、着色剂）等副线产品。1999年，在广告停播14年后，宝洁公司重新起用了惠普尔先生来推广该品牌的一款重要改良产品。而2000年初，宝洁公司及其广告代理商——纽约阳狮广告（Publicis New York）——通过发起一项名为“自然呼唤”（Call of Nature）的新款动画广告，将魅力产品的广告制作引到新的方向。在这则广告中，一只住在树林中的熊在体验着魅力厕纸给它带来的舒适感。这则广告首先在英国播出，之后进入美国；一年后，魅力品牌的动画熊家里迎来三只小熊。

过去20年间，这些可爱又笨拙的动画熊一直是魅力品牌广告的标志性角色。与此同时，整合营销传播式的广告运动已迈向新的发展方向，而这可能会令在惠普尔先生时代长大的一代人感到不适。纽约阳狮广告发起了一项以“享受通畅”（Enjoy the go）为标语的整合广告运动，包括由动画熊们主演的广告，以及一个小型网站、移动端应用、社交媒体、冠名卫生间、慈善性营销。宝洁公司在节假日期间将由魅力冠名的公共卫生间搭建在纽约的时代广场上。而网站则进行了新年倒计时活动，消费者还能通过网站与“魅力通畅团”（Charmin Go Team）互动，这个团队由一群演员组成，他们会在这个公共卫生间里为人们表演。这个卫生间里有可供人合影的巨型马桶、电子涂鸦墙、专业视频制作展位，还有拳击及音乐等主题马桶盖。该广告运动可以让消费者一边“上厕所”一边做慈善，因为魅力厕纸会代表每一位参与活动的消费者捐赠一美元给慈善组织，如美国青少年俱乐部（Boys & Girls Club of America），“哈莱姆儿童地带”（The Harlem Children's Zone）以及“天使在等待”（Angels in Waiting）。宝洁公司还发起了一个叫作“魅力救助计划”（Charmin Relief Project）的慈善营销项目，该项目组织消费者推荐并选择国内100个消防站，为这些消防站提供一年的厕纸。

魅力是社交媒体上最活跃的品牌之一，有超过100万脸书粉丝和7万推特粉丝，也常出现在YouTube和Vine等视频播放平台。魅力品牌社交媒体工作组由来自宝洁品牌管理部的5位员工和来自经销部门的8位员工组成，他们通过各大平台收集粉丝反馈意见，进而了解消费者的情感，调整其宣传内容。魅力品牌的社交媒体策略随着社交媒体行业的发展而演变，并建立了参与度最高的品牌社区之一，其内容既有相关度又有趣味性，以幽默为招牌。通过社交媒体，魅力品牌使消费者不仅关注厕纸本身，还关注与卫生间有关的一切体验。魅力品牌“享受通畅”广告活动最核心的内容是大热的#tweetfromtheseat标签讨论，粉丝可以在讨论区贴出各种奇思妙想。阳狮广告公司的高级副总裁兼创意总监丹·科恩（Dan Cohen）在提到魅力品牌进军社交媒体时表示：“我们相信魅力品牌有权发起有关卫生间的更大型更广泛的公众讨论……而且品牌在社交媒体上活跃的时机刚刚好。”

魅力品牌在运用社交媒体方面挑战甚至超越极限的另一个例子是由纽约阳狮广告设计的“魅力幕间休息”（Charmin Intermissions）系列广告。“魅力幕间休息”是时长60秒或30秒的系列电视广告，建议消费者利用并享受在卫生间的时间，而不是看一段传统的电视广告。每一段“魅力幕间休息”广告都被贴上标签并在社交媒体上推广，令全美上百万的消费者感受到惊喜和舒适。迄今为止，该品牌已经在许多特殊活动中播放过这些有趣的广告，包括奥运会期间、圣诞节和新年前夕以及《周六电影之夜》（Saturday Movie Night）。

魅力品牌通过资助进而收购SitOrSquat应用进军移动市场。这一应用能帮助全世界的消费者找到最干净的公共卫生间，并能提供由用户生成的有关卫生间位置、使用频率、开放时间以及其他信息的清单。这一应用被近100万消费者下载，还获得了无数社交媒体博主的免费推送以及传统媒体的新闻报道。

魅力品牌团队及纽约阳狮广告公司都清楚，在社交媒体上发布有趣且切题的内容来与消费者建立联结是十分重要的。他们继续运用各种渠道推广整合营销传播项目，增加消费者对魅力品牌的兴趣，使该品牌与其他产品区别开来。他们的努力没有白费；基于一组社交媒体以及对最会在推特上进行讽刺挖苦和攻击的品牌进行评估的营销专家们的推荐，《时代》杂志将魅力选为2014“推特最厚颜品牌”。对许多人来说，设计创意活动来销售厕纸也许不是营销领域最令人向往的工作，但这话可不要对不断设计出充满创意的方式让消费者“享受通畅”的魅力品牌营销商们说哦！

资料来源：Charmin Story，www. charmin. com/en-us/about-us/ charmin-history；Chris Syme，“How Charmin Became the Sassiest Brand on Twitter，” *SocialMediaToday*，March 4，2014，www. socialmediatoday. com/content/how-charminbecame-sassiest-brand-twitter；Allan Ripp，“Charmin ‘Rolls Out’ Bold New Native Ad Campaign，” *Adweek*，February 28，2014，www. adweek. com/news/advertising-branding/charmin-rolls-out-bold-new-native-ad-campaign-156016.

开篇案例展示了宝洁公司是如何调整其魅力品牌的营销策略来应对营销商与消费者之间沟通方式的变化，并提供了一个最佳案例来说明现代营销行业中广告及其他形式的营销传播角色的改变。过去，做广告是一个相对简单的过程，因为大多数企业主要通过在大众媒体上播放广告来向在看电视、听广播、看杂志和读报纸的广大消费者传播其营销信息。然而营销商们如今都明白，飞速变化的媒体环境正在使接触目标受众和传播有效信息变得越来越困难。大众媒体的观众、听众和读者正在向高度碎片化但针对性更强的数字媒体转移，后者可以使消费者更积极地参与到传播过程中。消费者已不再是被动的信息接收者，坐在那里接收营销商指定的未经筛选的广告信息。他们想要有权选择自己从媒体那里接收到的内容，他们也在从海量来源中搜索信息和娱乐性内容。

宝洁公司的魅力品牌所使用的各种营销传播手段表明，企业正在运用整合营销传播来到达它们的受众。宝洁公司仍在使用诸如电视、杂志和报纸以及户外媒体等传统大众媒体做广告，提高品牌知名度、传播品牌信息并提高魅力产品线销售额。宝洁公司也通过这些线下渠道引导消费者访问魅力品牌的网站（www. charmin. com）来影响线上消费行为，该网站上有关于各类魅力产品的信息、优惠券以及其他促销活动、奖金、奖品以及品牌通过“魅力救助计划”资助的各类慈善营销活动。各类社交媒体平台已经成为许多公司数字营销活动的重要组成部分，魅力品牌也借此得到了推广。魅力品牌鼓励消费者通过脸书和推特与品牌建立联系，在YouTube和Vine上也有品牌的广告和趣味视频。魅力品牌还通过赞助SitOrSquat应用进行移动营销，通过智能手机与消费者建立联系。魅力的广告宣传和各类营销传播是通过社交媒体及公关活动进行的。其促销活动延伸至零售店，品牌通过购买点展示和其他方式鼓励零售商进货并推广其产品线的各种品牌。

宝洁以及其他数千家企业都认为，它们与消费者及其他潜在受众沟通并推销其产品和服务的方式正在飞速变化，它们必须紧跟变化，将各类传播途径融合进其营销计划中。

大众市场的碎片化、互联网及其他数字新媒体的飞速发展、全球市场的出现、经济的不确定性、人们不断变化的生活方式以及消费者的媒体消费习惯都在改变企业营销计划的开展——尤其是广告与促销活动。[1]* 对于任何一家企业来说，制订符合这些变化的营销传播计划至关重要。

---

* 本书注释和术语表见中国人民大学出版社网站，http：//www. crup. com. cn。

广告与促销的发展

广告与促销是社会经济体系中不可或缺的内容之一。在复杂的社会活动中，广告是商家和消费者重要的沟通桥梁。广告与促销因其承担着向目标受众传递精确信息的功能，在大多数组织的营销活动中扮演着重要的角色。从跨国公司到小型零售商都更加依赖广告与促销活动来推广产品和服务。在市场经济中，消费者已经学会依赖广告与促销活动来获取信息，进而做出购买决策。

1980 年，大多数公司已经将广告与促销作为主要的营销传播工具。在美国，这两项开支超过 1 000 亿美元，其中广告开支为 530 亿美元，用于促销的开支达 490 亿美元（包括样品展示、赠券、竞赛、抽奖、奖金、打折以及给予零售商的折扣和补贴等）。到 2016 年，全美在营销传播上合计开支预估近 5 710 亿美元，其中传统媒体（电视、广播、杂志、户外、影院）广告投放 1 270 亿美元，数字/线上广告投放 680 亿美元，有 510 亿美元用于诸如电邮营销等直邮或其他形式的直复营销，有 250 亿美元用于赞助和体验/事件营销，其余3 000亿美元用于消费者和商业促销。[2]

尤其值得注意的是，广告费用总额已开始从广电媒体及印刷媒体这样的传统媒体转投线上数字广告形式（包括搜索、展示、视频广告以及社交媒体）。到 2020 年，美国营销商的数字广告花费总额预期达到 1 000 亿美元，占全部媒体广告总花费的 45%。[3] 在搜索引擎（如谷歌、雅虎和必应）上的付费搜索广告是第一大互联网广告类别，占全部在线广告花费的近一半。在线展示广告紧随其后，主要驱动力为在线视频广告量的增长。未来几年，在社交媒体平台（如脸书、推特、Instagram 及 Snapchat）上的广告花费将会是增速最快的数字广告花费类型。电子广告量的增长主要靠移动营销，即将广告、短信及促销信息直接发送至智能手机和平板电脑这样的移动设备上。消费者花费更多的时间在他们的移动设备而非传统媒体上，从而带来了向移动营销转移的趋势。据估计，成年美国人每天在移动设备上花费近 3 小时，其中有超过一半的时间花在智能手机上。[4] 因此，尽管传统媒体和折扣促销活动的开支依然占据公司营销传播开支的主要份额，但是越来越多的预算被分配给非传统媒体，这一数字预计将会持续迅速增长，尤其是数字类广告。传统“线下”促销（如优惠券、竞赛、抽奖、会员计划、贸易性营销）的开支在向能够为营销商带来更高效和结果显著的数字营销方案转变，而传播投资的大部分增长将来自这一转变。

过去几十年间，国际市场的营销传播开支同样在增长。美国以外的广告开支从 1980 年的 550 亿美元上升到 2017 年的约 3 820 亿美元。[5] 美国仍然占据了全球广告开支的近 1/3，还有将近一半的开支发生在西欧、亚太以及拉美地区。排在美国之后的广告开支大国有中国、日本、英国、德国以及巴西。外国公司和本国公司在销售促进、人员推销、直复营销、事件赞助和公关活动以及各种非传统媒体上的企业营销传播项目的所有重要部分都增加了数十亿美元的开支。譬如在美国，互联网广告开支（包括移动广告、社交广告、展示广告、搜索类广告）正在全球范围内飞速增长，到 2019 年，此类广告开支预计将占据整个广告市场的 41%。[6]

广告与促销开支预计将保持增长，因为世界各地的营销商都意识到了广告与促销的价值和重要性。整合营销传播在与顾客建立联系和推销产品时发挥着重要作用。要了解广告与促销在营销过程中的角色，首先要明确市场营销的作用。

市场营销的作用

今天，营销的重要性与渗透度远胜以往。无论是跨国公司还是初创小店抑或本地企业都意识到营销是一项重要的商业功能，在市场上发挥着重要作用。近 20 年来，美国市场营销协会（AMA）——代表美国和加拿大地区市场营销专业水平的行业协会——将市场营销定义为：市场营销是对产品、服务和创意的建立、定价、促销和分销进行计划和实施，以满足个人和组织目标，实现交换的过程。[7]这个定义将市场营销聚焦于**交换**（exchange），将其作为市场营销的核心概念。市场营销活动的基本作用就是创造和保持与消费者之间的关系。[8]为了实现交换，必须有两个或两个以上的群体参加，它们拥有对彼此有价值的东西，拥有交换的意愿和能力以及相互沟通的渠道。广告与促销在交换过程中扮演了重要角色，它们向消费者传递一个组织产品或服务的信息，使他们相信这些东西能够满足他们的需求和需要。

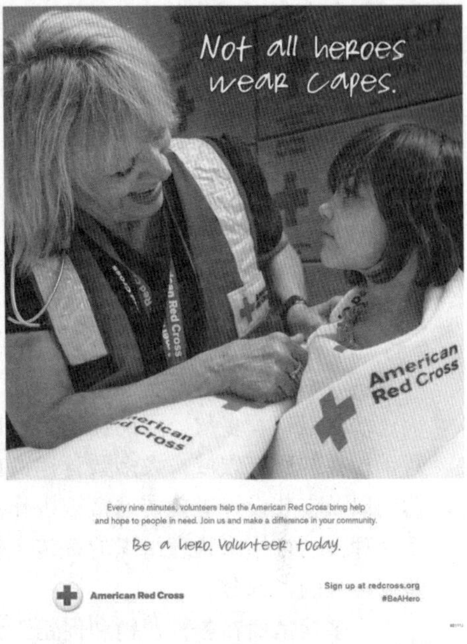

插图 1-1　非营利组织利用广告劝募

资料来源：American Red Cross.

并非所有的营销行为都涉及钱物交换。各种事业团体、慈善机构、宗教团体、艺术机构和高校（或许你就是其中一员）等非营利组织每年都接受上百万美元的捐助。非营利组织利用如插图 1-1所示的广告向公众劝募（图中的美国红十字会每年需要对全美将近 7 万次灾害负责，这些灾害包括对成千上万民众产生影响的洪水、火灾、龙卷风、飓风以及地震等）。捐赠人通常不会因为自己的捐赠获得物质回报，而是通过捐赠换来助人为乐、回报社会的无形的心理满足感。

当许多人仍然将"交换"作为市场营销的主要现象或者学术研究领域时，大多数学者和从业者同样也形成了这个学科正在迅速改变的共识。为了反映这些变化，2007 年 AMA 采用了修订后的**市场营销**（marketing）定义：

> 市场营销既是一种活动和一系列制度，也是为了向消费者、合作伙伴以及所有利益相关者创造、传播、传递和交换价值的一系列过程。[9]

这个修订的定义不仅被认为更多地反映了非市场营销商在市场营销过程中的角色，同时也认识到市场营销不仅是向消费者，同样也是向所有的利益相关者创造、传播和传递价值的过程。今天，绝大多数营销商试图与顾客进行非一次性的交换和交易。市场导向的公司聚焦于如何与消费者建立和维系良好的关系。成功的公司意识到向它们的消费者创造、传播和传递价值是极其重要的一件事。**价值**（value）是一个顾客获得和消费某一产品或服务而取得收益的所有心理感知，其比照的衡量依据是为此付出的所有成本。[10]收益可以是功能性的（产品的性能）、体验性的（使用产品的感受）和/或心理性的（拥有某一特殊的品牌带来的身份尊崇感或自得的感觉）。成本包括为某一产品或服务所付出的金钱，以及信息搜寻、交易达成、学习使用、保养和布置等其他要素。

营销组合

进行市场营销需要细致地研究消费者的需求，据此开发满足这些需求的产品与服务，提供合适的价格，开发便利的分销渠道，并通过制定促销或传播方案来创造产品的知名度以促进交换的过程，并建立客户关系。产品、价格、渠道（分销）、促销（4P）是**营销组合**（marketing mix）的基本要素。市场营销的基本任务就是将这些要素进行组合以促进市场中消费者潜在的交换。

然而，正确的营销组合并不容易实现。营销商必须了解营销中的问题所在以及组合中每个要素可提供的选择性。它们也必须知道如何组合这些要素以形成有效的营销计划，通过消费者调查来了解市场，并在这些信息的基础上制定完整的营销策略与组合。

本书主要集中探讨营销组合的一个要素：促销的多样性。然而，促销只是可执行的营销计划的一部分，必须与其他营销活动相配合。如果一个公司的产品对消费者来说质量低劣、价格昂贵、购买不便，那么即使在广告与促销方面投入大笔资金也难以取得成功。营销商早已了解到形成强效的营销策略需要发挥营销组合中各要素的合力的重要性。许多公司还意识到整合多种营销传播形式的必要性，如媒体广告、直复营销、销售促进、互联网营销、事件赞助及公共关系等，以取得更好的营销传播效果。

整合营销传播

多年以来，多数公司的促销活动以大众媒体广告为主。公司主要依赖广告代理公司来掌控营销传播的所有领域。大多数营销商虽然也使用其他营销和促销推广工具，但销售促进、直复营销以及包装设计等公司通常被视作只能提供辅助的服务，常常局限于单一业务环节。公共关系代理公司被用来管理组织的宣传工作和公众形象，处理相关的公共事务，却没有被视为整体营销过程的一部分。

许多营销商在各种营销和促销工具间建立了区隔，通过制定不同的预算、树立不同的营销理念和营销目标来进行单独的计划和管理。这些公司都没有意识到只有将这些不同的营销和促销工具进行广泛结合，才能向目标市场进行有效的传播，建立起一致的形象。

整合营销传播的演进

20世纪80年代，众多公司从长远的战略性视角出发，开始意识到整合促销工具的必要性。这十年是销售促进、直复营销、公共关系等领域迅速发展的时期，这些营销工具的发展开始挑战广告在营销传播过程中的优势地位。这些公司开始推进**整合营销传播**（integrated marketing communication，IMC），即整合与公司的消费者相沟通的各种促销元素和其他营销活动。[11]营销商接受了整合营销传播的概念，开始要求广告代理公司整合各种营销工具，而不仅仅依赖媒体广告。一些公司还开始越过传统的广告代理公司，起用其他类型的促销专业人士策划实施多样化的促销计划。

许多广告代理公司为了应对变化，收购了公共关系、销售促进和其他直复营销公司，以期与传统的营销工具协同运用，建立满足客户全部促销需求的提供一站式服务的整合营销传播代理公司。[12]还有一些广告代理公司开始涉足非广告领域以争取获得客户促销业务和预算，同时努力提供广告创意以外的有价值的服务。然而，广告业很快意识到整合营销传播并非一股风潮，诸如**新型广告**（new advertising）、**协同式管理**（orchestration）、**无缝隙沟通**（seamless communication）等名词被用来形容整合的概念。[13]来自美国广告代理公司协会（American Association of Advertising Agencies）的一个研究小组给出了整合营销传播最早的一个定义：

> 营销传播计划的概念是指在评估如大众广告、直接反应广告、销售促进以及公共关系等多种传播工具的重要作用时，更充分认识到将这些工具综合运用所带来的附加价值，即整合运用后所带来的信息的清晰度、持续性和传播影响力的最大化。[14]

美国广告代理公司协会的定义强调了使用各种促销工具以达到传播影响力最大化的过程。而整合营销传播概念的提倡者则认为，整合营销传播是一个更广泛的概念，即现有和潜在的顾客能获得的有关产品和服务的品牌及公司的所有信息接触点。[15]他们指出，整合营销传播需要一种"全景图"式的方法去制定营销方案、促销方案以及协调多样化的传播工具。它要求公司制订一个全面营销传播计划，并且清楚地认识到应该如何使公司所有的营销活动而不只是促销活动能与消费者进行沟通。

消费者对一个公司及/或其旗下的多种品牌的认知来源于他们所接收和接触到的各种信息的综合印象（如媒体广告、价格、包装设计、直复营销、公共宣传、销售促进、网站、终端展示，甚至包括销售产品或服务的商店类型）。整合营销传播的方法努力寻求将公司所有的营销和促销活动在市场中投射出一个统一的形象。这一方法认为，公司或品牌每一次通过多种连接方式与顾客进行的互动，都代表着一次传递品牌承诺、强化顾客关系及深化忠实度的机会。它要求有一个核心信息使公司所说所做的都传播一个共同的主题和定位。比如，万宝龙（Montblanc）使用经典的设计、与众不同的品牌名称和高昂的价格来定位它的手表产品，将其塑造成为高品质和备受尊崇的产品。公司还通过只在高档时装店、珠宝店、自营店及其他高档商店销售来强化产品的高端形象。万宝龙有时也会在广告中聘用演员休·杰克曼（Hugh Jackman）这样的名人。

许多公司开始采用这一广义的整合营销传播观点。它们将其视为协调和管理市场营销传播计划的方式，以确保能够向顾客传播公司及品牌的一致的信息。对这些公司而言，整合代表着对于传统观念的改进，过去常将各种营销和促销元素当作独立的活动。然而，基于强调将各种营销工具进行战术性协调以使其看起来或听起来像整合营销传播的做法已使这一整合营销传播的观点受到挑战。[16]有批评指出，这种"由内而外的营销"思路是相对简单地将促销组合元素进行集合以使其拥有一致的形象和一致的声音。[17]整合营销传播仍然在发展，学者和业界的一线人员都意识到需要以更宽广的战略性视角来考察这一做法。

整合营销传播新视角

营销商越来越精于世故，并对整合营销传播概念有了进一步深入的理解。它们意识到这一概念并不仅仅是将各种营销传播元素交叉搭配在一起形成"同一种形象，同一个声音"的步骤。整合营销传播如今被视为一种商业流程，帮助公司确定最合适和有效的方法与顾客及其他利益相关者进行沟通，建立关系。美国西北大学（Northwestern University）的唐·舒尔茨（Don Schultz）梳理出被认为更恰当的有关整合营销传播的定义：

> 整合营销传播是一种战略性的商业流程，用来规划、开拓、执行和评估具备可协调性、可测量性和说服性的品牌沟通计划，该计划的目标是建立与消费者、顾客、潜在消费者、雇员、合作伙伴及其他相关的内部和外部的目标受众的沟通，产生短期的收益回报，并建立长期的品牌与股东价值。[18]

这一定义有几个重要的方面。首先，它将整合营销传播视为一种进行中的战略性商业流程而不是战术上的多种沟通活动的整合。它认识到一系列相关人员是这一过程的重要组成部分，从外部来讲这些相关人员包括顾客、潜在消费者、供应商、投资者、利益群体和普通大众，它同样也将内部群体如雇员视作整合营销传播过程的一个重要组成部分。同时，舒尔茨指出，这一定义也反映了如通常所指的市场营销一样，营销商日益强调对整合营销传播计划承担责任的要求及其结果的可评估性。

许多公司认识到与顾客和其他利益相关者建立有效的沟通并不只是传统市场营销传播工具的战术性的使用。这些公司及其广告代理公司正在接受整合营销传播的理念并将其付诸营销及商业实践。然而，并不是所有的公司都跨越了将促销组合元素简单集合的阶段并使组织产生转变，将投资用于真正的整合所需。而且，一些学者和一线实践者质疑整合营销传播可能是另一股短暂的“管理潮流”。[19]整合营销传播理论的批评者指出这一概念只不过是重新改造和命名了现有的想法和概念，并质疑其对营销和广告的理念和实践的重要性。[20]

有关整合营销传播的价值和实用性的争论可能还会持续，这一概念的支持者数量远超过批评者数量。整合营销传播向营销商提供了一个持久的重要价值观，使它们能够在21世纪应对快速变化的传播环境。整合营销传播被形容为“新一代”营销途径之一，许多公司采用这一理念以更好地了解、保持、发展与顾客和其他利益相关者的关系。[21]我们接下来将讨论整合营销传播日益重要的原因。

整合营销传播日益重要的原因

通过整合营销传播来营销传播战略和规划的观念已被各大营销商接受，用于在消费者和企业间营销产品和服务。营销商接受这一观念的原因众多，一个基本原因是它们了解到战略性地整合多种传播工具而不是任其自发运作的价值所在。通过统筹安排营销传播事务，公司可以避免重复劳动，发挥各种促销工具的合力，并制订更高效的营销传播计划。整合营销传播的支持者认为这是实现营销及促销投资收益最大化的捷径之一。[22]

向整合营销转移的趋势也反映了营销商对变化的环境，尤其是消费者、技术和媒体的适应。几十年来，对于营销商而言，接触消费者是相对容易的事。因为营销商可以通过大众媒体（之所以获此称谓就在于它们能够到达大众）比如电视、广播、杂志和报纸来做广告。规则真的很简单，因为大众媒体与大众产品的营销商（如汽车公司、快速消费品公司与其他公司等）是一种共生的关系。媒体会开发和传播高质高价的内容产品以吸引大众。营销商则支付巨额费用给电视台、电台及/或报刊出版商以触及能够接收产品资讯并因此购买产品和服务的普通民众。媒体公司通过获得的广告收入得以支撑高质高价的节目生产并将其传播给营销者所渴望触及的观众、听众和读者，如此循环往复。

然而，在过去的十年中，媒体环境发生了革命性的快速变化，对传统媒体和支撑其发展的经营模式产生了冲击。由网络电视和其他大众媒体聚集起来并不断增加的大众正在加速碎片化，如同发生了一场可称为“微营销”的革命。[23]观众正在从传统的主流广播电视网（美国广播公司（ABC）、哥伦比亚广播公司（CBS）、美国全国广播公司（NBC）以及福克斯公司（Fox））转向播放窄众化节目的有线电视频道，如体育频道（ESPN）、音乐频道（VH1）和流行音乐频道（MTV）以及其他娱乐方式，如奈飞（Netflix）、Hulu、亚马逊金牌服务（Amazon Prime）及按需点播视频（VOD）。许多年轻消费者在YouTube或Vimeo上浏览视频所花的时间和看电视一样多。互联网已经成为重要的广告媒体，几乎每一家电视台、报纸、杂志都拥有在线版本。原始的网络旗帜广告和弹出式广告已经被付费搜索等更为精准的广告形式替代，搜索广告已成为在线广告中增长最快的广告形式。

比起传统媒体，广告主在互联网上可以更加精确地瞄准目标市场。它们可以在受众范围很窄的网站发布更有针对性的广告，或者当人们在搜索产品或服务的信息时，使自己的广告出现在谷歌、雅虎以及必应（Bing）这类搜索引擎上。例如，谷歌通过“Adwords”关键词付费搜索广告解决方案成为独霸在线搜索的广告营销商。在互联网空间中，像脸书、Snapchat、推特、领英、Instagram 及 YouTube 等社交网站已经无处不在，它们的出现使人们能够分享有关公司、品牌和各种话题的内容、观点、感悟和经验，了解彼此。[24]

为了应对媒体的分化，营销商在更有针对性的媒体上增加投入以到达更加精确的细分市场。许多营销商开始向互联网媒体投入更多的广告预算，而在线广告开支在全美广告开支中的占比预计将从 2016 年的 32%增至 2020 年的 45%。同时，传统平面广告每年预计将会减少 2%。互联网广告已超越报纸和杂志广告，并有望在 2018 年赶上电视广告。[25]消费者市场的分化与媒体领域的扩散看来不会停止前进的步伐。成功的营销传播计划将依赖于公司怎样从衰落的大众营销时代向微营销转换。许多公司不再考虑如何弄明白向大多数人发布广告信息的省钱方法，它们更希望寻找到说服少数人的有效途径。

除了媒体的扩散与受众的分化，营销商还要面对消费者不再对传统广告有所反应的挑战。许多消费者已经烦透广告和其他营销传播形式，他们被销售信息轰炸得疲惫不堪。[26]营销商必须关注千禧一代（包括许多大学生），这一代人对传统广告抱着相当怀疑的态度。与父辈相比，他们成长在充斥着媒体与品牌的世界，对于广告有着迥然不同的态度。他们更希望从不同的地方、不同的来源获得营销信息。营销商意识到，要向充满怀疑的千禧一代群体渗透营销信息并获得他们的注意力，需要不同寻常的方式，如将品牌融入电视节目及电影中。例如，百事公司为电影《回到未来 2》（Back to the Future Part Ⅱ）设计了一款新的周边产品，公司制作了 6 500 瓶叫作“完美百事”（Perfect Pepsi）的限量版软饮，并在电影中播出。[27]许多营销商也在将它们的广告费用转向电视节目领域，因为消费者似乎更喜欢收看直播节目，如高校及美国国家橄榄球联盟（NFL）比赛，而不是那些录制好的、可以通过快进键跳过广告的非实时节目。[28]消费者们在积极地寻找躲避广告信息的方式，不仅针对电视广告，还有在上网时在他们的台式电脑、平板电脑以及智能手机上弹出的广告。数字与社交媒体视点 1-1 讨论的就是屏蔽广告软件对于电子广告的影响，而后者是电子出版商、网站以及社交媒体的商业模式的核心。

数字与社交媒体视点 1-1

一个没有数字广告的世界：想清楚你想要什么

消费者常被广告困扰，而其中绝大多数想完全屏蔽广告。事实上，多年以来消费者通过在电视节目的广告时间用遥控器更换频道或者驾车时在音乐结束和广告开始时调台来屏蔽广告消息。1999 年，由 TiVO 推出的数字视频录像机（DVR）已经进入 50%的美国家庭。DVR 给观众提供了另一种屏蔽广告的方式，让观众在观看录制的节目时能够快进（包括广告）。研究表明，55%的电视收看现在通过节目订阅和 DVR 的延迟播放以及点播完成，在千禧一代的调查中该比例上升到了 72%。据估计，一半观看录制电视节目的观众经常跳过广告。据调查，有 2/3 的观众在观看电视的时候会有第二块屏幕的介入，如果不是因为大部分观众在看电视时忙于浏览手机内容以至于无法快进，这一比例将会更高。一些消费者通过付费订阅无广告的奈飞、Showtime、HBO 或 Hulu 网上的无广告计划来完全屏蔽电视广告。

营销商认识到，让消费者观看或关注它们的电视广告已变得更加困难。它们也知道人们花在线上的时间比花在传统媒体上的多，因此它们将更多的媒体支出转移到各种形式的数字广告上。营销商用在数字广告上的花销已经超过了报纸和杂志这些传统媒体，预计到 2019 年将超过电视，将会占所有广告支出的近 40%。然而，随着营销商把重心放到了在线广告上，它们将面临另一种消费者用来避免观看广告的武器——广告屏蔽软件。当大多数消费者在他们的台式电脑、笔记本电脑、移动设备（手机和平板电脑）上安装广告屏蔽插件以避免观看广告时，这场广告轰炸移动端战争的天平就偏向了消费者这一边。在 2015 年的秋季，苹果宣布将会在 iOS 9 系统的 Safari 浏览器中加装“内容屏蔽”功能。几个月之后，广告屏蔽功能在安卓系统的手机中成为标配，例如受欢迎的三星 Galaxy 手机和平板电脑。

如果你和很多人一样在网上花了很多时间，那么广告拦截听起来是一个很好的选择，因为它可以使你不会被你不感兴趣的广告骚扰。尽管如此，广告行业、新闻网站、杂志网站、博客以及无数的线上网站仍然在顾虑广告屏蔽软件对它们广告生意的冲击。它们顾虑的原因在于，广告屏蔽软件拥有破坏互联网核心商业模式的潜力。这个模式真的非常简单，公司在网上提供内容，然后出售上网者会浏览的软件、网页、社交媒体上的广告位来变现。它们的收入基于总计有多少人点击或者浏览了这一条广告。对于大部分的网站，10%～50%的访客使用广告拦截插件，这就意味着公司本应得到的收入消失了。千禧一代是现在广告商最垂涎的对象，可他们却是最有可能使用广告屏蔽软件的人群。问卷调查表明，在这个年龄群体，41%的人安装了广告屏蔽插件。

大多数消费者很高兴他们手机上的内容并没有被广告弄得混乱不堪，并且很开心能够快进电视广告。然而，那些把广告视为应当屏蔽的东西的人可能会设想如果生活在一个没有广告的世界将会怎样。电视网以及地方电视台，在失去了广告收入之后，它们的收入来源将会完全依附于观众。对于那些现在已经月付 100 美元在电视订阅费上的家庭，月账单将会上涨 50%，可选择的频道也会变得更少。几乎所有的社交媒体（如脸书、Instagram 和 Snapchat）都要特别向年轻群体投放广告来获得收入，因为年轻人的大多数时间都花在了社交媒体上。你要问问自己，每年愿意支付多少钱来换取一个无广告的脸书账号，以及是否愿意资助居住在脸书所谓的世界其他地区（除美国、加拿大、欧洲和亚太地区之外）并且支付不起哪怕是最低的订阅费的 4.5 亿用户。

如果失去了广告收入，不只是电视行业，社交媒体以及网络出版商都会陷入困境，杂志和报纸行业也会变得满目疮痍。现在，大多数受众已经可以在网上免费阅读杂志及报纸，因为出版商在用户付费订阅网络内容上的尝试并不成功，并且人们总能找到方法突破它们的防火墙来获得信息。因此，数字广告对于它们的生存至关重要。下一次当你用谷歌搜索家庭作业答案，或者关于特定信息的题目、产品或者服务时，一定要记住谷歌基本上是一家为广告而服务的公司，其 90%的收入来源于广告销售。

所以如果你像大多数消费者一样，不喜欢广告，觉得它令人讨厌、使人恼火并有干扰性，你可能得好好想想，如果没有它，世界会是什么样子。也许《广告时代》的作家西蒙·杜门科（Simon Dumenco）最好地描述了这一点：“对所有厌恶广告的人和广告拦截软件来说，应牢记这一点：‘当众神想惩罚我们时，他们会回应我们的祈祷（著名编剧奥斯卡·王尔德（Oscar Wilde））’。”

资料来源：Jack Neff, “The Big Agenda: What Lies Ahead for Marketing in an Increasingly Ad-Free Future,” *Advertising Age*, January 11, 2016, http: // adage. com/article/print-edition/big-agenda-ad-industry-2016/302067/; Simon Dumenco, “Imagine a World without Ads,” *Advertising Age*, September 28, 2015, pp. 28 - 32; Maureen Morrison and Tim Peterson, “The War on Advertising,” *Advertising Age*, pp. 10 - 12; Adam Satariano, “If You Blocked This Ad, We Wouldn't Get Paid,” *Bloomberg Businessweek*, September 27, 2015.

驱动整合营销传播运动的另一个原因是公司推广产品和服务方式的根本转变，而正在发生的一场革命则在改变营销的作用。[29]这些变化影响了营销和促销过程中的每一个主体。公司不能再局限于某种特定的传播工具（如媒体广告）；相反，要利用一切能向目标受众传递信息的途径以获得最佳的接触效果。广告代理公司也继续将自己定位为不仅提供广告，而且可以满足客户的任何整合传播需求的公司。大多数广告代理公司意识到未来的成功取决于是否有能力了

解如何发展及发布广告信息，这对于传统媒体以及包括社交媒体和移动设备在内的飞速进化的数字营销领域来说都适用。

整合营销传播在品牌塑造中的作用

整合营销传播近十年来日渐重要的原因之一是它在建立和保持品牌识别与品牌资产上扮演了重要的角色。正如品牌专家凯文·凯勒（Kevin Keller）所指出的，“建立和合理地管理品牌资产已经成为所有公司、所有行业、所有市场都必须优先考虑的事情”。[30]市场上可供选择的产品和服务越来越多，可消费者制定购买决策的时间越来越少，知名的品牌在现今市场竞争上的优势越来越明显。建立和保持品牌资产需要在消费者心目中树立一种良好的、强大的、独特的品牌概念。[31]公司已经意识到品牌资产就像厂房、专利、现金一样重要，因为强大的品牌拥有使消费者和投资者对产品支付溢价的能力。尽管竞争者可以复制它们的产品设计及生产流程，但想要复制已经嵌入消费者思维的品牌信仰、形象、印象以及品牌所唤起的情感是十分困难的。图表1-1展示了全球十大最具价值的品牌（评估数据由领先的品牌咨询公司Interbrand提供）。

图表1-1 **全球十大最具价值品牌**

排名	品牌	品牌价值（10亿美元）	排名	品牌	品牌价值（10亿美元）
1	苹果	170 276	6	丰田	49 048
2	谷歌	120 314	7	三星	45 297
3	可口可乐	78 423	8	通用电气	42 267
4	微软	67 670	9	麦当劳	39 809
5	IBM	69 095	10	亚马逊	37 948

资料来源：“Interbrand's Best Global Brands 2015” is a look at financial performance of the brand, role of brand in the purchase decision process, and the brand strength. Go to http://interbrand.com/best-brands/best-global-brands/2015/ for more information.

品牌识别是产品或服务的名称、标识、商标、设计、包装、产品或服务的性能以及消费者对其印象等许多因素的综合。它包括消费者对品牌的认知、理解、品牌形象及品牌所属的公司等一系列内容，以及消费者品牌接触、品牌体验和使用品牌所需付出成本的总和。公司的诸多整合营销传播活动，如大众媒体广告、销售促进、文体活动赞助、网站建设、社交媒体、直邮广告（包括广告信、优惠券、销售目录以及视频材料）等都可以实现与消费者的接触。消费者还可以通过终端售点、媒体报道、公司代表（如销售人员）接触品牌信息。对于许多公司来说，大众媒体广告长久以来一直是其建立品牌的奠基石，然而，聪明的营销商们意识到，消费者接触品牌的方式正在转变，它们不能再仅仅凭借在媒体广告及其他营销传播方式上花大笔钱来建立和维持品牌资本。品牌越来越无关实际产品或服务，而是人们如何与之产生关联。如今的消费者需要的不仅仅是产品/服务质量或表现，许多消费者将品牌视作一种自我表达的方式。同样众所周知的是，如今营销已身处关系时代，公司必须基于信任度、透明度、参与度以及真实度来与消费者建立联结。正如一位首席市场总监所言：“营销的未来不在于让人们买你的品牌，而在于走进你的品牌。”[32]

品牌与其消费者间的关系越来越复杂。原因之一是，相比之前，如今的消费者太了解品牌和其母公司了。公司的价值链越来越明显，消费者常常基于品牌公司的社会、经济及环境记录及政策来选择品牌。**可持续性**（sustainability）是指既满足当代人需求又不会危害下一代人满足其需求的能力的发展方式，对于消费者和公司双方来说，这已成为一个非常重要的议题。[33]

公司通过仔细地检验其营销策略的社会环境影响来提出其可持续性，这意味着需要重新评估它们的产品及服务系列，以及这些产品和服务的设计、生产及营销方式。

金融危机后，对公司的不信任风潮持续走高，而许多公司必须继续努力获得消费者的信任和信心。公司也发现掌控品牌形象变得更加困难，因为互联网给消费者提供了大量很容易获得和分享的关于其产品和服务的信息。消费者可以利用互联网比较价格和质量，了解其他消费者对各类品牌的看法、体验或满意度。社交媒体的普及以最快的速度将信息由传统的"口口相传"变成了"网网相传"，在脸书、推特、YouTube或Yelp上广为传播。消费者对品牌的热情没有减退的迹象，实际上也许正不断增强。消费者联结公司与其品牌的方式已在转变。

在现代市场营销中，营销商意识到有许多使企业和/或品牌信息与既有和潜在的顾客相接触的不同机会和方式。挑战在于如何利用整合营销传播工具有效并高效地实现品牌接触，传递品牌信息。一个成功的整合营销传播计划需要营销商寻找传播工具与技巧的正确组合，明确它们的作用，发挥并协调其功能。为了实现这个目的，公司营销传播负责人必须对可利用的整合营销传播工具及如何使用它们做到心中有数。

促销组合：整合营销传播的工具

促销（promotion）指的是充分协调各种营销努力，建立信息和劝服渠道以销售产品或传播观念。[34]虽然在营销组合的各要素中，随意的传播时有发生，但大多数组织与市场的沟通都是一个仔细策划和严格控制的促销计划的一部分。组织用来达成传播目标的工具称为**促销组合**（promotion mix）（见图表1-2）。

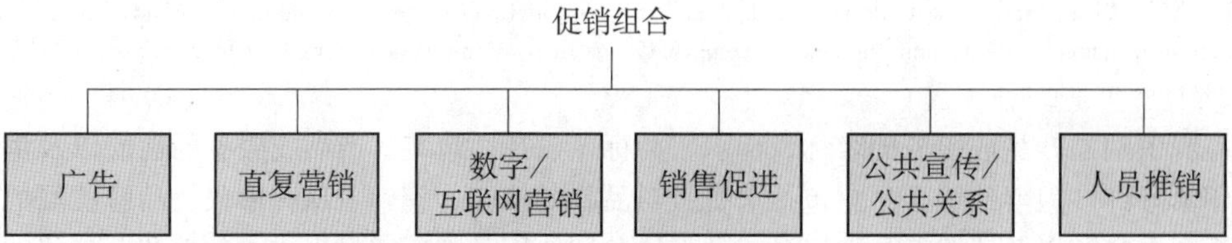

图表1-2 促销组合要素

传统意义上，促销组合包括四个要素：广告、销售促进、公共宣传/公共关系、人员推销。本书把直复营销和在线进行的数字/互联网营销列为主要的促销组合要素，因为如今的营销商经常将它们用于与目标消费者进行沟通。每个促销组合中的要素都被视为营销传播的工具并在整合营销传播计划中发挥独一无二的作用，每种工具都形式多样，各有所长。

广　告

广告（advertising）是由可辨识的广告主付费的关于组织、产品、服务和观念的非人际传播。[35]付费表明用来传播广告信息的版面和时段通常是需要购买的。公益广告是一个特例，其版面和时段通常由媒体赞助给非政府组织或机构。

非人际传播表明广告凭借的是能同时向大规模群体传递某种信息的大众媒体（如电视、广播、杂志、报纸），同时也意味着很难得到广告信息接收者的即时反馈（直接反应广告除外）。因此，在发出信息前，广告主必须考虑受众如何理解和反馈。

也许是因其广泛性，广告已经成为最为人熟知和广泛讨论的促销形式。它也是重要的促销工具，对诸如汽车、快速消费品以及药品等拥有广大消费群体的公司而言更是如此。美国每年有200多家公司在媒体上的广告投入超过20亿美元，包括标准媒体（电视、广播、报纸、杂志、户外宣传栏以及互联网页面广告）和非标准媒体（直复营销、销售促进、在线搜索引擎、社交媒体及其他形式）。图表1-3列举了在美国广告投入名列前25的广告主。

图表1-3　在美国广告投入最多的25家广告主（2015年）

排名	广告主	广告开支（百万美元）	排名	广告主	广告开支（百万美元）
1	宝洁	4 265	14	欧莱雅	1 994
2	AT&T	3 866	15	辉瑞制药	1 926
3	通用汽车	3 495	16	丰田汽车	1 802
4	康卡斯特	3 436	17	迪士尼	1 798
5	威瑞森通信	2 749	18	时代华纳	1 690
6	福特汽车	2 678	19	伯克希尔·哈撒韦	1 683
7	美国运通	2 349	20	百威英博	1 682
8	菲亚特克莱斯勒汽车	2 250	21	第一资本金融	1 651
9	亚马逊	2 198	22	21世纪福克斯	1 633
10	三星电子	2 123	23	德国电信	1 600
11	沃尔玛	2 090	24	梅西百货	1 587
12	摩根大通	2 063	25	美国银行	1 573
13	强生	2 009			

资料来源："200 Leading National Advertisers," *Advertising Age*, June 27, 2016, p. 16. Copyright © Crain Communications 2016.

广告成为众多营销商整合营销传播计划重要组成部分的原因很多。首先，媒体广告仍然是到达大规模受众最具性价比的方式，其中电视是营销商接触大众市场的一种极好的方式。例如，每晚在四大主要电视网黄金时段（晚8点至晚11点）的30秒广告平均到达500万个家庭，每千户成本在2015年平均为23.81美元。[36]热门电视节目如《海军罪案调查处》(NCIS)、《生活大爆炸》(The Big Bang Theory) 和《美国之声》(The Voice) 每周可到达1 500万～2 000万观众。尽管像娱乐与体育节目电视网（ESPN）、美国有线电视新闻网（CNN）、音乐电视（MTV）这样的有线电视网受众人数少于主要电视网，但它们的节目吸引了许多营销商都想触及的特定受众。像《时代》(*Time*)、《体育画报》(*Sport Illustrated*)、《人物》(*People*) 之类的杂志每周发行量超过300万份，在重复阅读的情况下，其到达人群超过1 000万人。因此，对于想要建立或保持品牌知名度，并在一定时期内到达大规模受众的营销商来说，还没有任何其他更具性价比的形式可以替代媒体广告。[37]

广告同样是一种塑造公司或品牌资产的有价值的工具，也是向消费者提供信息并可以影响其感觉的强效途径。广告所具有的创造愉悦性、独特性和关联性的品牌形象的功能，对于销售那些在功能属性上难以形成差异化的产品或服务的公司而言至关重要。品牌形象在产品或服务购买的过程中扮演着重要的角色，而广告一直被认为是建立品牌最好的手段之一。插图 1－2 展示了美国广告联盟（American Advertising Federation）发起的“宣传广告价值”活动的一则广告。

插图 1－2　美国广告联盟宣传广告的价值

资料来源：American Advertising Federation.

广告的本质和目的因行业不同而有所区别。向消费者市场、零售商与本地经销商销售产品或服务的公司非常依赖广告来进行与目标消费市场的沟通。然而，广告同样也可以被一个行业用来促进产品类别的需求，比如牛肉和牛奶行业。广告还可以被公司用在企业间市场及专业市场上来接触既有和潜在的客户。比如，企业间（B2B）市场的营销商使用广告来实现重要的功能，包括建立公司和产品的知名度，引导销售力，强化客户购买的信心，或者是建立令人喜欢的公司形象。企业间市场的营销商通常将其他公司的重要决策者作为其广告的目标对象，并常常将其广告刊登在杂志及报纸这样的商业出版物上，尽管电视和互联网是 B2B 广告花费的最主要媒体门类。许多产品（如个人电脑、平板电脑、智能手机及打印机）及服务（如金融及银行、电信及保险）同时向企业客户及消费者出售，因此，营销商有时会设计出服务于这两者的广告运动。[38] B2B 龙头营销商包括微软、AT&T、IBM 以及通用电气（GE）等大公司。[39] 图表 1－4 描述了最常见的广告类型。

直复营销

直复营销（direct marketing）是美国经济增长最快的部分之一，组织通过这种方式与目标受众直接沟通，取得反馈，实现交易。传统上并未将直复营销列入促销组合要素，但鉴于许多组织都将它作为整合营销传播计划的一部分，经常为其设定单独的目标、预算和策略，因此我们也将其视为促销组合的一个要素。

直复营销不仅是直邮或者邮寄目录。它包括许多活动，如数据库管理、直销、电话营销和直接反应广告（通过直邮、网络及各种广电媒体和印刷媒体）。特百惠（Tupperware）、雅芳（Avon）、玫琳凯（Mary Kay）、康宝莱（Herbalife）和安利（Amway）等公司没有使用分销渠道而直接让雇员向消费者销售产品。宾永（L. L. Bean）、兰斯恩得（Lands End）和 J. Crew 等公司通过直复营销销售旗下的服装产品获得了巨大的成功。FTD 花业公司有一系列多样化的品牌，包括 Pro 系列（ProFlowers）、私人创意系列（Personal Creations）、樱月农场（Cherry Moon Farms）、飞行系列（Flying Flowers）、直达系列（Flowers Direct）、致意系列（Sincerely）以及礼品网站（Gifts. com），主要通过直复营销方式进行销售。戴尔公司通过直复营销销售全线的个人电脑产品，成为电脑行业的市场领导者。

消费市场广告

全国性广告

由大公司制作的覆盖全国或全国大部分地区的广告。这类广告一般是由知名公司和品牌在电视黄金时段或者在其他全国性、地区性主要媒体上播出的广告。全国性广告的目的在于告知或使消费者记起该公司或品牌，宣传其特点、好处、优势以及使用方法，以建立和强化其品牌形象，使消费者更倾向于购买其产品。

零售/本地性广告

由零售商或本地商业公司制作，鼓励消费者在特定商店购物、使用当地服务或惠顾特定的店家。零售广告或本地性广告倾向于强调特有的优惠措施，包括价格、营业时间、服务、环境、形象、可供选择的货物品类等。零售商注重商店的客流量。因此它们经常采用直接刺激购买式的广告以便在短时间内提升商店的客流量和销售额。

基本性需求广告与选择性需求广告

基本性需求广告用于刺激整个行业或某一类产品的需求。选择性需求广告着力建立对某一特定公司品牌的需求。大多数产品或服务的广告属于刺激选择性需求，强调购买特定品牌的理由。

当某一品牌掌控大部分的市场份额，能够从整体市场的增长中获益最多时，广告主要集中精力刺激基本性需求。基本性需求广告通常作为促销策略的一部分以帮助新产品被市场接受，这种广告的挑战在于它不只是销售特定的品牌，更是向消费者推销某一类产品的概念。行业贸易协会也会努力刺激市场对其成员产品的需求，这些产品包括棉花、牛奶、橙汁、猪肉和牛肉。

企业间广告和专业市场广告

企业间广告

广告目标是那些购买或影响公司购买行业产品或服务的个人。行业产品是指用于生产其他产品（如机器）的其他物质性产品（如原材料或元器件），或者用于公司业务的其他产品（如办公用品、电脑等）。商业性服务如保险、旅行及医疗保障也属于此类范畴。

专业性广告

广告目标为专业人士，如医生、律师、工程师、教授等，以鼓励他们在业务中使用公司的产品。这类广告也可以用于鼓励专业人士向最终用户推荐或指定使用广告中的产品。

交易性广告

广告目标为营销渠道成员，如批发商、渠道商、零售商。其目的是鼓励渠道成员储存或者向其客户促销、转售制造商的品牌产品。

图表 1-4　广告类型

直接反应广告（direct-response advertising）是直复营销的重要工具之一，它是指一种鼓励消费者直接向制造商购买产品的广告形式。尽管电视和杂志媒体日益重要，但传统上直邮被认为是直接反应广告的主要媒介。在过去的 20 年中，直接反应广告和其他直复营销形式广受欢迎，因为人们的生活方式变了，尤其是双职工家庭增多，这意味着收入的增加及购物时间的减少。信用卡和免费订购电话的应用使消费者在看到直接反应广告后进行产品购买更加方便。近来，互联网的快速发展也为直复营销提供了助力。许多消费者直接使用智能手机或平板电脑搜索关于产品或服务的信息，他们很愿意通过移动设备进行购买。对消费者来说，通过目录或网站购物下订单的便利极具吸引力。营销商意识到这种方式也是除传统零售渠道之外扩大销量的有效方式。例如，高性能运动装备领先公司安德玛（Under Armour）除了在运动用品零售店售货外，其网站贡献了非常大的销量。

以传统分销渠道或自有销售队伍出售产品的公司也开始使用直复营销工具和技巧。过去十年间，营销领域的一个主要趋势是**多渠道零售**（omnichannel retailing），这种方式是指公司通过多种分销渠道（包括零售商店、网络、目录、移动应用）销售它们的产品。但这又不仅仅是通过多种渠道提供产品或服务。所谓多渠道策略，是指将实体或线下渠道及电子或线上渠道结合起来，通过售前咨询和售后服务来影响顾客的购物体验。[40]对于消费市场和企业间市场的营销商来说，直复营销已成为整合营销传播计划中很重要的一部分。它们采用电话营销直接致电消费者进行产品和服务的销售或使他们取得销售导购的资格。营销商同时还直接邮寄信件和广告传单以及彩页、优惠券、销售目录和录像带，将产品或服务的信息告知顾客。直复营销的技巧同样适用于派发样品。

许多公司现在已拥有庞大的数据库，内容包括：顾客姓名；地址及电邮；其地理、统计及心理特征分析概况；购买模式、媒体偏好、信用度及其他财务信息；其他相关客户特征。营销商通过各类直复营销方式（例如直邮、电邮营销、电话营销及其他）来使用这些信息去定位老顾客及潜在客户。这些数据库是公司的客户关系管理项目必不可少的一部分，而这一项目还包括对客户偏好和行为的系统追踪，以及为满足个体需求而对某一产品或服务进行的调整。[41]

数字/互联网营销

在过去的十年中，我们也许经历了营销史上比任何时代都具有激情和革命性的变化，这些变化也包括广告与促销。这些由先进的技术所驱动的变化和发展带来了交互式媒体（尤其是互联网媒体）在传播领域引人注目的增长。**交互式媒体**（interactive media）能够实现信息的双向流动。使用者可以即时参与信息交流过程，随时修改他们接收到的信息形式和内容。与传统的单向营销传播（如传统媒体广告）不同，新媒体允许使用者实现一系列的功能，如接收、修改和分享信息及图像，进行询问，回答问题，当然还包括实现在线购买。互联网以及近期的社交媒体的迅速增长正在改变公司运营及与消费者交流互动的本质。全球每天都会有越来越多的消费者使用万维网（World Wide Web）。目前全球有超过36亿互联网用户，其中美国有2.81亿用户。在美国，有78%的家庭使用互联网，这些家庭中有87%使用宽带。[42]几乎所有的营销商都在将互联网变成它们营销传播及整体商业战略的一部分。

互联网事实上是一种具有多面性特征的促销工具。一方面，互联网是一种广告媒体，许多公司在其他公司或组织的网站上刊登广告，或者付费给谷歌、微软必应和雅虎等搜索引擎以将自己的广告放在基于关键词的搜索结果中。付费搜索已成为互联网广告的最广泛使用形式。另一方面，凭借着自身的特质，互联网在被视为营销传播工具的同时，也可以用来实现促销组合的所有要素。除了可以在网络上投放广告，营销商还可以提供优惠券、竞赛、在线彩票等促销激励，它们还可以进行更加高效实用的直复营销、人员推销以及公共关系等活动。

我们已经完全进入互联网革命的第二阶段（通常称为网络2.0时代），其核心在于互联网用户间的合作与共享。在这一阶段，**社交媒体**（social media）得到了发展。社交媒体指的是人们用来创造、分享和交流内容（包括信息、观察、经历、观点甚至媒体本身）的在线沟通与互动方式。据估计，近1/3的美国人拥有一个社交网络账户，加入一个或者更多的社交媒体平台，如脸书、推特、谷歌+、领英、Instagram、YouTube以及Pinterest。青少年及青年（18～29岁）社交媒体使用者人数尤其多，有90%的人在使用社交网络平台。[43]社交媒体改变了企业与顾客间的交流、倾听与学习方式，并已成为大多数企业的主要营销工具。企业与组织也正在使用社交媒体，它们或创建了脸书及Instagram网页、YouTube渠道以及推特账户，或在YouTube、Vimeo及其他网站上播放其广告和视频。[44]

多年来，消费者接触互联网和社交媒体主要是通过个人电脑，包括台式电脑及手提电脑。然而，随着智能手机和平板电脑的发展，人们上网的方式发生了巨大转变：大多数拥有移动设备的人倾向于使用这些设备上网。智能手机和平板电脑的广泛使用，以及通信运营商 Sprint、威瑞森无线、美国电话电报公司（AT&T）和 T-Mobile 开放手机广告及其他形式促销活动的决定，将为营销商与消费者建立联系开创新的途径。[45]广告已经统治了大多数消费者生活中的前两块屏幕——电视和电脑，而越来越多的广告和各类促销信息将有可能出现在手机或平板电脑这第三块屏幕上。这带来了**移动营销**（mobile marketing）的爆炸性增长。移动营销是指为将信息传递到移动电话、智能手机、平板电脑及其他手持设备而设计的促销活动，包括应用下载、信息传递、商务活动以及顾客关系管理等。虽然移动互联广告还在起步阶段，但预计2018年在这一媒体上的开支将会达到近610亿美元，其占美国媒体广告开支总额的比例从2014年的10%增长到目前的近30%。[46]

营销商对移动媒体营销感兴趣的是交互式信息可以精确地根据消费者的位置传递特定的消费信息。[47]驱动这一媒体发展的最主要因素之一是移动互联消费服务和应用软件的发展，消费者通过这些应用可以消费得更实惠、更高效、更具创造性和娱乐性。目前已经可以提供直接向消费者的手机发送电子优惠券的服务，这种优惠券可以在终端售点进行兑换。其他移动互联应用包括价格比较应用软件（比如 ShopSavvy、Purchx 或者 Red Laser），这类软件允许消费者在特定地点同附近的竞争品牌进行价格比较；社交资源应用（比如 Fashism 或者 Bazzarvoice），这类应用可以帮助消费者通过移动手持设备在购买商品前获得外界的观点和反馈。营销商已经开发出许多创意性的通过移动互联设备连接消费者的方式，包括游戏、视频和广告。例如，星巴克开发了一款支持 iPhone 和安卓移动设备的应用，帮助消费者寻找星巴克店铺地址、搜寻营养信息、提前预订和领取饮品来节省排队时间，以及管理自己的星享俱乐部账户。

互动性是互联网及社交媒体的主要优点之一。这种特质使营销商能够从现有和潜在的顾客中收集有价值的信息，并可以在某些情况下根据信息即时调整其营销尝试。例如，一些公司会基于诸如网页浏览历史及位置（这包含了这些顾客与其竞争者之间的亲密度）等一系列消费者特性来调整价格及尝试不同的产品销售方式。[48]互联网的另一个主要优点是能够精确测量广告和其他促销形式的效果。当消费者访问网络时会产生一些量化指标，凭借这些指标，营销商可以判断消费者对促销活动的反应以及它们从这些活动中获得的投资收益。

公司已经了解了互联网的优势，许多公司也在不断加重各类数字及社交媒体在它们的整合营销传播计划中的角色。它们正在开发能够将它们的网站、社交媒体、移动市场与其整合营销传播计划的其他方面内容（比如媒体广告）整合在一起的活动。数字与社交媒体视点 1-2讨论了21世纪以来数字革命对整合营销传播产生的影响，以及给社交媒体和移动市场带来的增长。

数字与社交媒体视点 1-2

数字革命对于整合营销的冲击

21世纪伊始，科技只是刚刚开始影响整合营销传播实践。互联网仍受限于带宽之类的技术瓶颈。大多数消费者通过网络接入服务商美国在线（AOL）、NetZero 和 EarthLink 提供的电话拨号服务上网。谷歌、雅虎和 MSN 等搜索引擎尚在襁褓之中，黑莓手机和苹果公司的 iPod 之类的产品刚刚开始上市。2000年，消费者每天平均在线时间不到30分钟，而如今是近4小时。当为一个客户策划一个新的整合营销传播活动时，广告公司主要是考虑和制作大众媒体渠道的广告，如广电媒体和印刷媒体。网络只是附加性的，扮演着支持性角色，如提供公司/品牌信息、促销提示或者是一处可以看到商业广告或平面广告及手册的窗口。许多专家仍然将互联网泡沫的破裂以及互联网公司的失败作为一种证明互联网被过度渲染的证据，要真正发挥网络的潜力可能还需要许多年。

不过，2005 年之后，互联网开始进行更新换代，新的互联网形态初现轮廓。“Web 2.0”一词常被用来形容这一已经发生的变化，包括各种促进互动信息分享、双边协作而不是单向交流的应用软件。在 Web 2.0 网站上，用户不再限于被动地浏览信息，还可以彼此互动，交流网站内容。这些应用软件给社交网站、视频分享网站、维基百科、博客和各类在线沟通方式带来爆炸性增长。

2004 年，脸书、推特、YouTube、Hulu 和领英还未兴起，MySpace 也才出现一年。脸书于 2004 年初由在哈佛大学就读的马克·扎克伯格发起，其成员最初仅限于哈佛大学的学生，之后迅速扩展到美国和加拿大的其他大学。到 2006 年年底，这个社交网站已经向 13 岁以上的所有人开放。到 2010 年，脸书拥有超过 5 亿会员，两年后的 2012 年 9 月，其每月活跃用户达到 10 亿。到 2016 年，脸书在全球拥有 16 亿活跃用户，并在许多国家开展业务。2012 年，脸书收购了 Instagram，目前该软件用户已超过 4 亿，其中近 3/4 在美国以外的地区，其中一半在欧洲和亚洲。两年后，该公司收购了拥有超过 7 亿用户的世界上最流行的即时消息平台 WhatsApp。推特于 2006 年 7 月上线。截至 2015 年年底，推特拥有超过 5 亿注册用户，其中超过 3 亿是活跃用户，每天发送近 5 亿条推文。

YouTube 是由三名前 PayPal 员工于 2005 年推出的，仅仅一年后，YouTube 被谷歌以 16 亿美元收购，并迅速成为全球最大的视频分享网站。每天在 YouTube 上有超过 40 亿个视频被观看，这使 YouTube 成为访问量最大的网站之一。许多公司都认识到 YouTube 作为营销工具的价值，并开发了 YouTube 品牌频道，将其作为吸引消费者并向他们提供内容的一种方式。Snapchat 成立于 2012 年，由埃文·斯皮格尔（Evan Spiegel）和其斯坦福的同学创立，以“阅后即焚”的照片以及视频作为亮点推向市场，现在有 1 亿活跃用户。上线一年后，Snapchat 拒绝了脸书提供的 30 亿美元的收购要约，现在估值为 150 亿～200 亿美元，营销商认为它是通过短视频和其他内容接触年轻消费者的有效方式。

手机已成为我们生活中的重要组成部分。如今，有 90%的美国成年人拥有手机，大多数人都认为手机不可或缺。超过一半的美国成年人现在拥有智能手机，而其在千禧一代（18～34 岁）的拥有率达到了 90%。苹果 2007 年推出了第一款 iPhone；一年后，使用谷歌安卓操作系统的智能手机上市，如今安卓成了这个市场上最受欢迎的手机操作系统。两年后，当苹果推出使用与 iPhone 相同的专有操作系统的 iPad 平板电脑时，一种新的便携式移动设备出现了。苹果的主要竞争对手迅速推出基于谷歌安卓操作系统的平板电脑，如三星 Galaxy，亚马逊 Kindle Fire 和微软 Surface。尽管第一款 iPhone 可用的软件 App（应用程序）非常少，但现在有将近 160 万款应用程序可供 Apple 智能手机和平板电脑以及安装安卓操作系统的移动设备使用。

来自世界各地的人们使用智能手机和平板电脑来接入网络，并且将超过一半的时间用于应用程序。千禧一代将近 70%的在线时间花在智能手机上，而老年消费者将 30%的在线时间用在智能手机上，在平板电脑上则花费 18%。智能手机和平板电脑的快速增长引发了一种全新的营销方式，通常被称为移动营销，其中涉及旨在传递到这些设备的促销活动。包括电视网和地方电视台、杂志和报纸在内的许多媒体已经开发出数字平台来提供其内容，这些内容包括全屏和全彩互动广告以及观看广告和其他视频的性能。许多移动应用程序旨在促进购买流程，包括用于对比购物、产品和服务评论的应用程序，或直接向手机发送优惠券。许多营销商可以向消费者的移动设备直接提供基于特定的地点和消费情况的数字广告信息和促销优惠。这导致营销商将注意力集中在响应式网页设计上，使其在各种类型设备（如台式机、笔记本电脑、平板电脑和手机）上便于查看、阅读以及导航。

快节奏的技术变革不仅对日常生活产生了巨大的影响，对营销商来说也是一个重大挑战，因为它们必须调整其整合营销传播战略和策略，否则将面临被淘汰的风险。营销顾问阿维·丹（Avi Dan）通过指出这一点很好地描述了这一挑战：“10 年前，营销商大概只需要了解 100 件事就能变得高效：定位方面的知识、媒体方面的知识、一些媒体研究、一些定价和一些分销渠道等。现在这个数字已经上千了。过去技术的发展是循序渐进，现在它呈指数级增长。”与未来10年内将会出现的技术相比，21世纪前20年发生的技术进步很可能会显得苍白。然而，营销商除了接受这些改变之外别无选择，只能将其视为机遇而不是威胁。

资料来源：Max Chafkin and Sarah Frier，“If You Don't Know It by Now，You'll Never Make Millions on Snapchat，” *Bloomberg Businessweek*，March 7－13，2016，pp. 50－55；Aaron Smith，“U. S. Smartphone Use in 2015，” Pew Research Center，April 1，2015，www. pewinternet. org/2015/04/01/us-smartphone-use-in-2015/；Giselle Abramovich，“15 Mind-Blowing Stats about Mobile Marketing，” *Advertising Age*，July 30，2015，http：//adage. com/article/adobe-marketing-cloud/15-mind-blowing-statsmobile-marketing/299574/；Avi Dan，“Why Brands Should Embrace Technological Change，” *Advertising Age*，January 10，2010，http：//adage. com/article/cmo-strategy/marketing-brands-embrace-technological-change/141478/.

销售促进

促销组合中的下一个变量是**销售促进**（sales promotion），通常被定义为向销售人员、中间商、最终消费者提供附加价值和激励的营销活动。它一般可分为两类：消费者导向的销售促进活动和中间商导向的销售促进活动。

消费者导向的销售促进以产品和服务的最终使用者为目标，内容包括优惠券、样品试用、奖金、折扣、竞赛、抽奖以及各种售点资料等。这些促销工具可以鼓励消费者立即购买，以促进短期销售。中间商导向的销售促进以营销活动的中间商，包括批发商、分销商、零售商等为目标，内容包括购买补贴、价格优惠、销售竞赛、商业展示等，以激励中间商进货和推广公司的产品。

许多消费品公司的销售促进费用在促销预算中的比例可以达到60%～70%。[49]许多公司已将其促销重心从广告转向销售促进。造成这种转变的原因包括品牌忠诚度的下降以及消费者对促销优惠敏感度的上升。还有一个重要原因是零售商日益强大，要求公司给予更多的促销支持。

促销（promotion）和销售促进是广告营销领域经常混淆的两个术语。如前所述，促销是营销商与消费者进行沟通的营销组合中的一个要素，它包括所有我们已经谈到的促销组合要素。然而，许多营销和广告业人士更常将其用于狭义的促销活动概念（面对消费者或是面对中间商）。在本书中，促销是指广义概念上组织实行的各种营销传播活动。

公共宣传/公共关系

促销组合中的另一个重要部分是公共宣传/公共关系。

公共宣传

公共宣传（publicity）是指非直接收费或非明确的赞助运作，是关于组织、产品、服务或观念的非人际传播。它通常表现为关于组织或其产品/服务的新闻报道、评论或声明。与广告类似，公共宣传同样也是借助非人际的传播方式与大众进行沟通；而两者的不同点在于，公共宣传不是直接由公司付费。公司或组织试图让媒体对其产品、服务、事业或活动进行正面报道，以影响消费者的注意、认知、观念和行为。宣传的方式包括新闻报道、新闻发布会、专栏文章、照片、影片和录像带等。

比起其他促销方式，公共宣传的优势之一是可信度。消费者很少对从他们认为的公正的信息源获得的关于产品和服务的正面信息表示怀疑。例如，一部影片的成败很大程度上受影评人评论的影响，因为很多电影爱好者认为他们是客观的评论者。公共宣传的另一个优势是低成本，因为公司不用为大众媒体（如电视、广播、报纸）的时段或版面付费。尽管组织需要为公共宣传的内容策划或所雇人员付费，但这些费用远低于其他促销计划的开支。

公共宣传通常是组织难以控制的，有时可能是不利的。关于组织及产品的负面报道极具破坏力。如近来包装食品由于其产品的营养价值问题和它们的营销活动（特别是针对年轻人的）饱受诟病。卡夫食品、通用磨坊、百事、可口可乐以及其他一些公司已经成为一些激进消费者的抨击目标，他们认为这些公司通过广告向儿童传递不健康食品的信息导致了美国的肥胖症问题。[50] 2015年年底，Chipotle墨西哥烤肉餐厅被大量负面宣传：有九个州的民众在其餐厅用餐后患上了大肠杆菌类疾病。[51]这一食品健康问题受到了媒体的广泛关注，导致该餐厅连续几个月有15%的销售额下滑。除了在食品安全方面做出大量改进外，Chipotle餐厅还通过社交媒体对该事件进行危机公关，就出现的问题向忠实客户做出解释，为吸引顾客重新回到该店用餐，延长了提供免费餐食及折扣优惠券的期限。[52]

公共关系

分清公共宣传与公共关系的区别十分重要。当一个组织系统地计划和发布信息试图控制和管理其在公众中的形象并包含有公共宣传的特质时，可以认为这种活动就是公共关系。**公共关系**（public relation）的定义是：在机构和其公众之间建立互利关系的策略性传播过程。[53]公共关系通常比公共宣传目标更广泛，它的目的是建立和保持组织在公众中的良好形象。因此，它包括一些重要受众的关系管理，这些受众包括投资者、雇主、供货商、社区、政府（联邦、州及地方政府）以及消费者。

公共关系运用公共宣传和其他多种工具（包括专刊、参加社区活动、募集基金、赞助特殊事件以及各种公共事务活动）来强化组织的形象。公司也会将广告作为一个公共关系工具。

传统上，公共宣传和公共关系在营销和促销的过程中被认为是支持性的工具而非基础性的工具。然而，许多公司已经将公共关系作为整合营销和促销的必要环节。公共关系公司正在竭力推广，使公共关系成为一种能替代常规广告和营销多种功能的传播工具。[54]

人员推销

促销组合中的最后一个要素是**人员推销**（personal selling）。这是一种人际沟通方式，推销人员试图协助或劝服潜在消费者购买公司的产品或服务，或接受某种观念。与广告不同，人员推销是买卖双方的直接接触，可以是面对面的，也可以通过通信设备（如电话）来进行。这种人际交流所具有的互动性使营销商的沟通更灵活，卖方可以听见或看见潜在购买者的反应并据此调整信息。人员推销这种人际个性化沟通使卖方可以根据顾客的特定需要提供信息。

人员推销还可以及时获取更准确的反馈，因为从顾客的反应中可以直接获得人员陈述的影响力。如果反馈不佳，销售人员可以调整信息。人员推销还可以针对特定的市场以及对公司产品和服务而言最具潜力的顾客类型进行销售。

虽然人员推销是促销组合的重要构成部分之一，但在本书中没有涉及，因为在绝大多数公司中，它不是整合营销传播计划中必不可少的部分。而且，在大多数组织中，人员推销是独立管理的，并不在广告或营销传播经理的管辖范围内。不过，在本书中，我们将介绍诸如媒体广告、数字营销以及销售促进等各种整合营销传播工具与人员推销工具协作配合的多种方式和情形。

整合营销传播中的受众接触

各种促销组合要素是营销商用来与现有和潜在的消费者以及其他相关受众沟通的主要工

具。不过，每个促销组合工具都是多层面的，比如各种形式的媒体广告（印刷、广电、户外）和销售促进，以及营销商使用互联网的方式（网站、社交媒体、在线广告）。而且，公司还有许多额外的方式与现有或潜在的消费者进行沟通，而这些方式远不止传统的促销组合。图表1－5展示了消费者能够接触一个公司或品牌的方式。

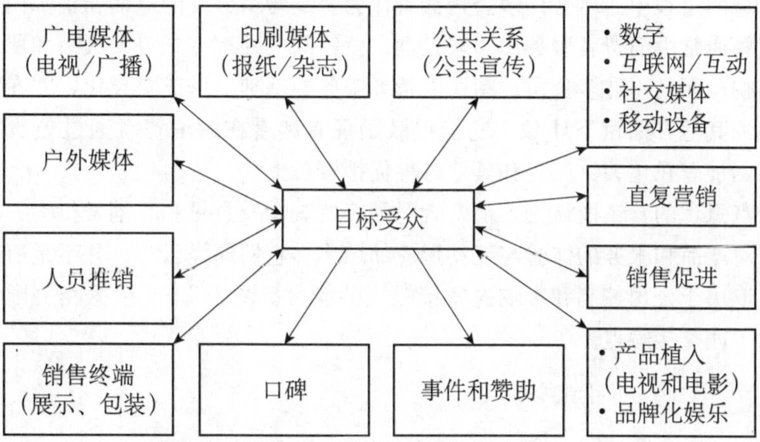

图表1－5　整合营销传播受众接触管理工具

目前许多公司正在从受众接触的角度来策划整合营销传播方案，由此它们可以仔细考虑所有能够到达目标受众的潜在方法并以容易接受的方式来介绍公司或品牌。**接触点**（touch point）指的是消费者每一次看到或听到、遇到或体验到公司或者其品牌的机会。这些接触点的范围从简单地收看或收听一则品牌广告到真正有机会在交易期间或者接受服务期间与公司互动或在零售店使用、体验一个品牌的产品。汤姆·杜肯（Tom Duncan）指出了接触点的四个基础类别。[55]包括：

● 公司创造的接触点。它是由公司创造的计划性的营销传播信息，如广告、网站及社交媒体站点、新闻/媒体发布会、包装、手册或附属材料、销售促进、售点展示以及各种店内装饰。公司创造的接触点占据了整合营销传播计划中的大部分，具有能够为营销商所掌控的优势。

● 固有的接触点。它是在购买或使用产品或服务的过程中，与公司或品牌发生的互动。如在交易过程中出现的与零售人员或消费者服务代表的讨论。固有的接触点通常不在整合营销传播计划或营销部门的直接掌控中。然而，杜肯指出，营销商应就管理和提升互动提出建议，使消费者能够接收更多关于公司或品牌的正面信息。同样有许多固有的接触点能够被营销经理或整合营销传播经理掌控，至少会受他们影响。包括公司和/或品牌网站的设计和功能，以及包含产品信息的外包装，这同样能够影响消费者使用产品的体验。之前也讨论过营销商利用一些移动互联营销的技巧寻找与消费者在购买过程中的沟通方式。

● 不可预测的接触点。它是消费者预期中收到的与公司或品牌有关的，不受组织控制、不可预测的参照或信息。也许不可预测的接触点中最具影响力的形式就是口碑信息，它指的是与朋友、同事、邻居、合作者或家庭成员之间进行的人际传播。不可预测的信息来源也包括媒体（刊登或播出有关公司及品牌的信息）、对产品或服务发表意见的专家等其他信息来源。还有一种不可预测的信息也具有相当的影响力，即提供各种产品或服务评论信息的网站。有些网站提供专家的观点，有些则提供其他消费者的评论。例如，CNET网站是消费者寻找消费电子产品特定品牌评价的知名网站。TripAdvisor网站每年提供近200万条全球各地旅游者的相关评论和观点。需要着重指出的是，从不可预测的接触点接收的信息可能是正面的也可能是负面的。

大多数人或许都是通过 Yelp 上的评论找到当地各种餐厅、酒吧、零售店及专业服务的。Yelp 的平均月访问用户为 1.42 亿，其网站上发布的评论对消费者来说是十分重要的信息来源。

● 消费者发起的接触点。它是消费者或潜在消费者接触公司时发生的互动。这类接触大多是有关消费者在使用产品或服务中的质询或抱怨。它一般发生在直接致电公司、通过电邮或网站指向特定区域的过程中。尽管许多公司拥有作为直复营销分支的电话营销部门，但许多由消费者发起的接触通常由消费者服务部门来处理。营销商的处理方式对其吸引和留住消费者的能力具有重要影响。而且，许多公司试图在消费者服务的基础上形成差异化，并在其广告和整合营销传播计划的其他方面留下印象。它们也鼓励现有和潜在的消费者通过免费电话与公司联系，并将公司网址登在包装、广告和其他各种促销资料上。

具有接触点意识的营销商认为，消费者对品牌的观念及意见和其消费行为一样，都是他们接收的信息、对产品和服务的体验与互动形成的结果。它们同样认为，并不是所有的接触点都同样有效，这取决于公司控制和影响这些接触点的能力。图表 1－6 根据相关影响和营销商控制的能力展示了四类接触点。

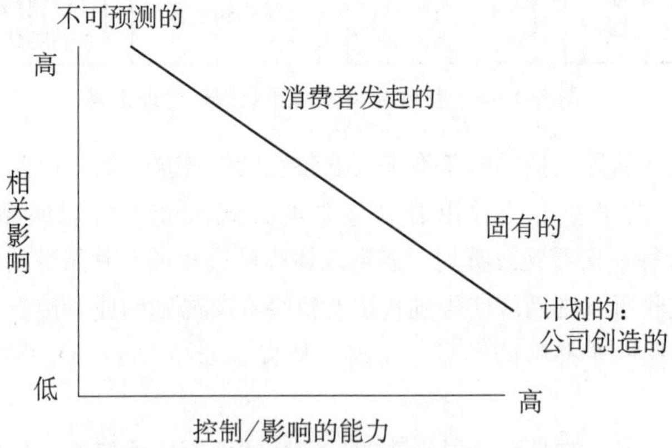

图表 1－6　整合营销传播接触点：控制与影响

正如我们从图表 1－6 中看到的，公司创造的接触点最易掌控，但其影响力也是最低的。营销商可以控制它们想传达给目标受众的广告和其他促销形式的性质和类型，但消费者经常忽略这些，因为他们收到的这类信息太多了。他们也意识到了潜藏在这些信息背后的劝服性意图。在另一极，不可预测的信息影响力最大却最难以掌控。杜肯指出，不可预测的信息如此具有冲击力是因为来自第三方信用度的权威，这些提供信息的人比起公司来源更可信，因为他们同公司或品牌的成败没有既定的利益关系。[56]根据相关影响和营销商控制的能力两个维度来衡量，消费者发起的信息和固有的信息介于其他两类信息之间。

付费媒体、自有媒体和赢得媒体

如图表 1－7 所示，消费者接触点的另一种十分流行的分类方法是：付费媒体、自有媒体和赢得媒体。[57]**付费媒体**（paid media）是指由营销商付费使用的渠道，包括传统广告媒体（包括电视、广播、印刷、户外以及直邮）以及各种数字广告形式（如付费搜索、线上展示以及视频广告）。**自有媒体**（owned media）是指由企业管控的营销传播渠道，如其网站、博客、移动应用以及社交媒体渠道（包括脸书、推特、Instagram 和 YouTube）。**赢得媒体**（earned media）是指企业或品牌的曝光渠道，企业或品牌并不需要支付费用，且这种曝光源自外部实体（如媒体或公众）。赢得媒体通常被认为是源自企业或品牌的公关/宣传或口碑带来的曝光度。然而，随着数字及社交媒体的发展，赢得媒体的曝光开始通过社交媒体在网上进行，而这是病毒式营销尝试的结果，营销商努力使消费者和媒体分享关于该企业和/或品牌的信息。这种曝光可通过以下方式进行：推特上的推文或转发推文，脸书或Instagram上的帖子，产品评论，博文，视频分享，以及线上社区的讨论。

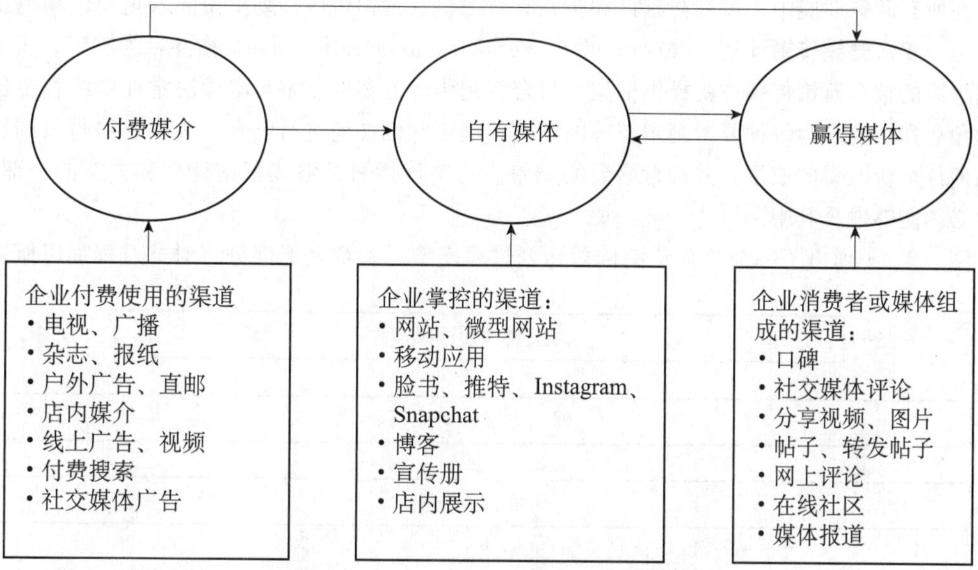

图表1-7 付费媒体、自有媒体和赢得媒体

那些有效利用了整合营销传播的营销商现在将会综合使用这三种媒体。举例来说，付费媒体广告仍是带来企业或品牌知名度和兴趣点的有效方式，尤其是在大众市场中；而媒体互联网广告也可以促使消费者关注自有媒体互联网的内容，如某企业或品牌的脸书、Instagram主页和/或网站，从而提高参与度。付费媒体与自有媒体的有效运行和结合，也能催生出赢得媒体。当媒体和/或消费者认为某企业或品牌的信息或内容足够有趣或有价值时，他们就会想要撰写评论或将之分享出去。有关赢得媒体十分重要的一点是，通过媒体发布的故事或通过社交媒体分享的企业或品牌信息通常被认为比付费广告信息更加可信和真实，也因此对消费者更有影响力。

营销商必须确定每种接触工具与现有及潜在的顾客进行沟通时的价值所在以及它们如何能够形成一个有效的整合营销传播方案。通常这些工作从确定目标受众开始，接着是确定哪种整合营销传播工具能够最有效地到达、告知、劝服目标受众并最终影响他们的行为。参与营销传播流程的人有责任确定如何使用各种接触工具来到达目标受众以帮助达成公司的营销目标。一个组织的整合营销传播计划通常要有明确的目的和目标，并最终形成详尽的营销和促销计划过程。下面将介绍一种过程模型，以及公司如何通过这一模型制订和实施整合营销传播计划。

整合营销传播计划的过程

在制定整合营销传播策略的过程中，公司需要结合各种促销组合要素，平衡每个要素的优势和劣势以产生最有效的传播计划。**整合营销传播管理**（integrated marketing communication management）是与目标受众进行有效传播的过程，包括策划、执行、评估和控制各种促销组合要素。营销商必须考虑使用哪一种促销工具及如何整合它们以完成营销和传播的目标。公司也必须决定如何在各种促销组合要素中分配整体的营销传播预算。预算中应分别有多少比例该分配给广告、销售促进、互联网、赞助和人员推销？

在所有商务职能中，策划在制订和实施有效的整合营销传播计划中扮演着重要的角色。这一过程由**整合营销传播计划**（integrated marketing communication plan）指导，为制定、实施和控制组织的整合营销传播方案提供框架。整合营销传播方案的制定者必须决定促销组合中各要素的角色和功能，为每种要素制定正确的策略，确定它们如何进行整合，为实施进行策划，考虑如何评估所取得的成果，并进行必要的调整。营销传播只是整体营销计划和方案的一部分，因此必须能够融合其中。

图表 1－8 列出了一个整合营销传播计划过程模型。本章余下部分将对此过程加以概述。

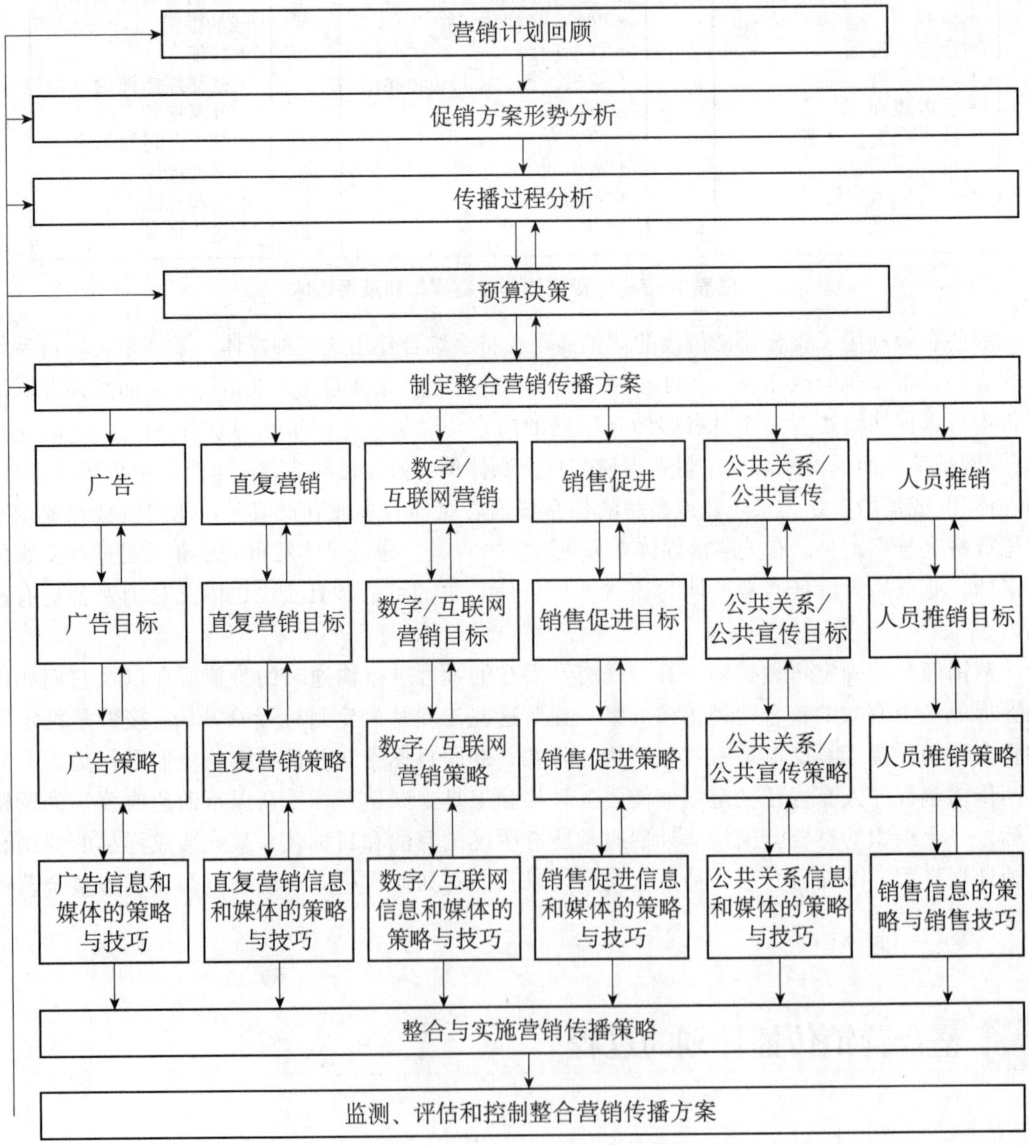

营销计划回顾
考察整体营销计划和目标
广告与促销的角色
竞争分析
评估环境影响

促销方案形势分析
内部分析
- 促销部门组织
- 公司执行促销方案的能力
- 代理公司的评估与选择
- 前期方案执行结果回顾

外部分析
- 消费者行为分析
- 市场细分和目标营销
- 市场定位

传播过程分析
分析接收者反应过程
分析信源、信息、信道因素
确定传播目标和任务

预算决策
确定尝试性营销传播预算
对尝试性预算进行分配

制定整合营销传播方案
广告
- 设定广告目标
- 确定广告预算
- 确定广告信息
- 制定广告媒体策略

直复营销
- 设定直复营销目标
- 确定直复营销预算
- 确定直复营销信息
- 制定直复营销媒体策略

数字/互联网营销
- 设定数字/互联网营销目标
- 确定数字/互联网营销预算
- 确定数字/互联网营销信息
- 制定数字/互联网营销媒体策略

销售促进
- 设定销售促进目标
- 确定销售促进预算
- 确定销售促进工具和建立信息
- 制定销售促进媒体策略

公共关系/公共宣传
- 设定公共关系/公共宣传目标
- 确定公共关系/公共宣传预算
- 确定公共关系/公共宣传信息
- 制定公共关系/公共宣传媒体策略

人员推销
- 设定人员推销目标
- 确定人员推销预算
- 制定销售信息
- 制定销售角色和责任

整合与实施营销传播策略
整合促销组合策略
创作和制作广告
购买媒体时段、版面等
设计和实施直复营销方案
设计和分配销售促进资料
设计和实施公共关系/公共宣传方案
设计和实施数字/互联网营销方案

监测、评估和控制整合营销传播方案
评估促销方案的效果/有效性
采取措施控制和调整促销策略

图表 1-8 整合营销传播计划过程模型

营销计划回顾

整合营销传播计划过程的第一步是回顾营销计划和目标。在制订一个促销计划前，营销商必须了解公司（或品牌）的现状，在市场上的现有位置，想要达到的目标，计划如何达到这一目标。**营销计划**（marketing plan）是为组织、特定的产品线或品牌制订全面的营销策略和方案的书面文件，必须涵盖以上信息。营销计划有多种形式，但通常包括以下五个基本要素：

1. 详尽的形势分析，包括内部的营销审核和回顾以及外部市场竞争态势和环境分析。
2. 明确的营销目标，为营销活动的开展提供方向、制订时间框架和衡量标准。
3. 营销策略和方案，包括目标市场的选择和营销组合四要素的规划和决策。
4. 实施营销策略的方案，包括明确实现特定的任务和责任。
5. 监测、评估实施情况以提供反馈的过程，从而确保对整个营销策略与技巧进行有效的控制和必要的改进。

对于大多数企业而言，促销计划是营销策略的一个组成部分。因此，促销计划的制订者必须了解广告和其他促销组合要素在整个营销方案中的作用。促销计划的制订要与营销计划一致，并充分利用其信息。促销计划的制订者要关注营销计划中与促销策略相关的信息。

促销方案形势分析

在回顾了整体的营销计划之后，制订促销计划的下一步是进行形势分析。在整合营销传播方案中，形势分析关注的是与促销策略制定相关的或影响策略制定的要素。与整体营销形势分析类似，促销方案形势分析由内部分析和外部分析组成。

内部分析

内部分析（internal analysis）评价的范围包括公司自身及提供的产品/服务。分析过程需要考察公司的生产能力、制定和实施成功促销方案的能力、促销部门的组织架构以及对以往方案成败的检视。分析还包括评估公司内部设立促销职能部门及雇用外部代理公司的优劣。假如内部分析显示公司不具备单独制定、实施和管理促销方案的能力，那么寻求广告代理公司及其他促销专业人士的帮助是一个明智之举。如果组织已经使用了广告代理公司，那么事情的焦点就是代理商的工作质量以及其以往和目前的工作成果如何。

本书将考察广告代理公司的职能，广告代理公司的选择过程、薪酬水平和代理公司表现评估的考虑因素。我们还将探讨其他促销专业机构，如数字/互动机构、销售促进公司、直复营销公司、公共关系公司、市场和媒体调查公司等的角色和功能。

内部分析着眼于从形象角度考察公司和品牌的优劣。通常，企业在市场中的估值和形象对于广告与促销自身的方式以及企业的产品和服务具有重要影响。全新的或不具备良好形象的公司或者品牌不仅要强调特定产品或服务的利益点或品质，而且要注重自身的形象。拥有强大的声誉和良好形象的公司在推销其产品或服务时占尽先机。比如，星巴克除了对咖啡和其他产品的品质保证外，更因其积极履行企业社会责任而获得了良好的声誉。因为在社区、雇员、供应商关系建立以及环境问题方面的表现，星巴克被视为优秀的企业公民。公司每年都发布企业社会责任年度报告，阐述公司给其业务所在地区带来的社会、环境和经济影响。

内部分析还要评估产品或服务的优劣势，有利和不利之处，所具备的独特卖点或利益点，以及包装、价格和设计等。这些信息对于为品牌制定广告信息的创意人来说至关重要。

图表1-9列举了分析促销计划目标时所要考虑的领域。分析内部领域可能需要公司不会提供的信息，因此必须像外部分析一样收集这些信息。

图表1-9 **形势分析涉及的领域**

内部因素	外部因素
公司的促销组织及能力评估	**顾客分析**
促销部门的组织	谁购买我们的产品或服务?
公司设计和实施促销方案的能力	谁做出了购买我们产品的决策?
广告代理公司和其他促销专业机构的角色和功能的确定	谁影响购买决策的做出?
公司以往促销方案和结果的回顾	购买决策是怎样做出的? 谁承担什么角色?
回顾以往的促销目标	顾客买什么? 必须满足什么需求?
回顾以往的促销预算及其分配	顾客为何购买某一特定品牌?
回顾以往的促销组合策略和方案	顾客到何处寻找、购买产品?
回顾以往促销方案的结果	何时购买? 是否有季节因素?
评估公司或品牌形象与促销的含义	顾客对本产品或服务的态度如何?
评估产品或服务的相关优劣势	哪种社会因素能影响购买决策?
产品或服务的优劣势分别是什么?	顾客的生活方式影响他们的决策吗?
关键的利益点是什么?	顾客对本产品或服务感觉如何?
它是否有独特的卖点?	人口因素如何影响购买决策?
评估包装、商标、品牌形象	**竞争分析**
我们的产品或服务与竞争对手相比如何?	谁是我们的直接竞争对手和间接竞争对手?
	我们的竞争对手使用了什么关键利益点和定位?
	我们在竞争中所处的位置如何?
	竞争对手的广告预算为多少?
	竞争对手使用什么样的信息和媒体策略?
	环境分析
	哪些流行趋势或发展可能会影响促销方案?

外部分析

外部分析(external analysis)关注企业的顾客特征、市场细分、定位策略和竞争对手(见图表1-9)。外部分析的重点是对顾客特征、购买模式、决策过程以及影响购买决策的因素进行考察,同时还要考虑消费者的感受和态度、生活方式及购买决策标准等。通常,可通过市场调查研究来解决这些问题。

外部分析的关键要素是市场评估。各种细分市场的吸引力和增长潜力需要仔细评估并明确目标细分市场。一旦选择了目标市场,就要考虑如何进行产品定位,在消费者的心中应该确立什么样的形象和位置。

促销方案的外部分析还包括对直接竞争对手和间接竞争对手的深入考察。尽管在整体市场营销形势分析中已对竞争对手做过分析,但在促销方面更有深入分析的必要。焦点应放在企业的主要竞争对手上,包括它们的优劣势、细分市场、定位策略以及促销策略,促销预算费用规模和分配,媒体策略及向外部市场发布的信息等,都应在思考范围之内。

外部分析同样还包括分析营销环境和当前发展趋势对促销方案可能带来的影响。营销商必须考虑到相关的人口、经济、社会文化因素以及它们对市场的影响。比如,消费者愈发关注健康和营养,这对软饮料业产生了较大影响。十多年来,碳酸饮料的销售额一直在下降,而这是因消费者担心其营养价值、饮料中所添加的糖分或无糖苏打水中的人工增甜剂含有高热量所致。这种担忧使许多消费者转而购买诸如茶、果汁、瓶装水、加味水及运动型饮料等替代性饮品。对于已经研发了定位为更加健康、更有营养价值的新型饮品的营销商来说,这是一次机遇。

传播过程分析

促销计划过程的这一阶段考察的是公司如何与目标市场的消费者进行有效的沟通。促销计划人员必须考虑消费者对营销传播做出反应的过程。消费者对产品或服务做出购买决策的反应过程常被描述得很重要，而这一过程会因为涉入度高低以及是否为常规购买而有很大的差异，并影响促销策略。

传播决策必须考虑各种信源、信息、信道等因素，促销计划人员必须认识到不同的广告信息对消费者的影响以及对产品或品牌是否有效。同时，也应该考虑名人代言是否必要以及费用多少。媒体组合选择（如印刷品、广播、数字媒体、直复营销）将如何用于到达目标市场的初步方案以及实施费用也需要在这一阶段制定。

这一阶段的重要任务是制定传播目标和任务。在本书中，我们着重分析传播目标和营销目标的区别。**营销目标**（marketing objectives）是指整个营销方案所要完成的目标，通常以销售额、市场占有率和利润率表示。

传播目标（communication objectives）是指公司促销计划所要完成的目标，通常以所要传播的信息特质或所要达到的传播效果来表示。传播目标包括建立对一个产品品质或利益的认知和了解，塑造形象，培养好感、偏好和购买意向。传播目标应成为制定整体营销传播策略的指引和每一个促销组合领域的目标。

预算决策

确定传播目标之后，我们将注意力转向促销预算。在此需要注意两个基本问题：促销方案的费用是多少？该如何在不同媒体、区位市场和时段中分配资金？在理想情况下，公司所需的广告和促销费用应由完成传播目标必需的工作决定。但在现实中，一般以简单的方式来分配预算，比如有多少可用的资金或者根据公司或品牌销售收入的百分比来确定。在这一阶段，预算通常是不确定的，最终取决于促销组合策略细节的制定。

制定与实施整合营销传播方案

制定整合营销传播方案是整个促销计划最不可或缺也是最细致的一部分。如前所述，每个促销组合要素各有优势和局限。在计划过程的这一阶段，决策的制定需要考虑每个要素的角色和重要性以及相互间的协调。如图表1-8所示，每个促销组合要素都必须有自身的目标和与其相一致的预算和策略。实施促销方案需要进行决策并开展活动。评估绩效和进行必要的修改需要制定相应的程序。

例如，广告方案有自身的目标，通常指向目标受众以传播信息或诉求。有必要制定预算，使广告经理和广告代理公司知道用于信息发布的广告活动计划和媒体购买的预算有多少。

信息策划和媒体策略是广告方案的两个重要组成部分。信息策划通常是指创意策略，包括广告主决定向目标受众传达的基本信息和诉求。这一过程及最终形成的广告是许多学生认为最有吸引力的部分。媒体策略涉及选取何种传播渠道向目标受众传递信息、使用何种媒体（例如报纸、杂志、广播、电视、户外、数字媒体）以及选择具体的媒体（例如特定的杂志或电视节目）。这一任务需要对所选媒体的优势和局限、费用以及向目标市场传递信息的有效性进行仔细评估。

一旦确定了信息和媒体策略，就要采取措施将其付诸实施。多数大公司雇用广告代理公司来策划和制作广告，并评估和购买媒体投放广告。不过，大多数广告代理公司在制作广告和选择媒体时，都需要广告客户的密切协作，因为广告主是广告创意和媒体策划最终的决定者并为此付费。

其他整合营销传播方案要素的实现过程与此相似，从确定目标开始，制定整体策略，确定信息和媒体策略，然后实施。营销商会雇用广告代理公司来实现整合营销传播方案中的部分功能，它们也可能会雇用其他的专业传播机构，如直复营销、互动营销和促销代理机构以及公关公司等。

监测、评估和控制

整合营销传播计划过程的最后一个阶段是监测、评估和控制促销方案。确认整合营销传播方案是否符合传播目标，对协助公司完成整体营销目标而言非常重要。整合营销传播计划者不仅需要知道促销方案如何做，而且需要知道为什么这么做。比如，广告方案的问题在于信息性质或媒体策划无法有效到达目标受众。管理者必须知道这一结果的原因并采取正确的步骤来修正方案。

过程的最后一个阶段是设计用来向管理者提供有关整合营销传播方案有效性的持续反馈，这些将反过来作用于计划过程。如图表 1-8 所示，从结果获得的信息可用于整合营销传播方案后续促销计划和策略的制定。

本书观点和编排

在传统的教学中，广告学、促销策略和营销传播课程将促销组合中的各种要素视为独立的变量。因此，许多从事广告、销售促进、直复营销、数字/互联网营销和公共关系的人员都仅从个体角度解决营销传播中的问题：广告人员认为通过使用媒体广告就能够很好地完成营销传播目标；促销人员认为应当使用促销方案促进消费者购买；公关人员倡导使用公关活动解决问题。这些倾向并不奇怪，因为每个人都从自己的角度看问题。

然而，在当今的商业世界，在营销、广告和其他促销领域工作的人应该尽量了解和使用多种营销传播工具，而不只限于他们所擅长的那一种工具。许多广告代理公司不再将业务范围局限于广告领域，开始涉足销售促进、公共关系、直复营销、事件赞助、数字/互动营销以及其他营销传播领域。客户或广告主方的品牌主管、产品主管、促销主管也开始制定包含多种营销传播方法的营销方案。

本书从整合营销传播的角度来审视广告与促销，我们将在组织的整合营销传播成果中考察所有促销组合要素和它们的角色。尽管媒体广告也许是传播方案中最显眼的部分，但要了解其在当代营销中的作用仍需要考虑其他促销领域，如互联网及数字营销、直复营销、销售促进、公共关系。不是所有的促销组合领域都直接由广告或营销传播经理掌控。同样，对公关宣传和公共关系通常也会设置单独的部门。但是，这些部门必须互相沟通以组织协调所有的营销传播工具。

本书旨在为读者提供一种对于广告和企业促销组合的其他要素的全面认识，并展示如何将它们组合形成一套整合营销传播方案。要策划、制定和实施有效的整合营销传播方案，涉及对营销、消费者行为、沟通过程的理解。本书的第Ⅰ篇为考察广告和其他促销形式在营销过程中的作用奠定了基础。我们将考察市场细分或定位的过程，在制定整合营销传播策略时需要考虑它们的作用，还将探讨公司为促进整合营销传播如何进行组织建构及如何选择提供营销和促销服务的广告代理公司或其他机构。

然后，我们会关注消费者行为，分析传播过程。不仅探讨各种对促销策划者来说在制定广告和其他传播促销形式的策略及目标时有价值的传播模型，还会考虑公司如何确定并分配营销传播预算。

在建立促销方案的基础上，本书将会按照图表1-8所展示的整合营销传播模型，从广告开始，逐一考察促销组合的每个变量。对广告的详尽考察包括对创意策略和广告信息建立过程的探讨、媒体策略概述、各类媒体（印刷媒体、广电媒体和辅助媒体）的评估。接下来将探讨促销组合的其他部分，即直复营销、数字/互联网营销、销售促进、公共关系/公共宣传。我们对整合营销传播计划过程的考察还包括如何进行监测、评估和控制，特别关注对广告和其他促销形式效果的衡量。

本书的最后一篇考察一些专门的话题以及在当代营销中日渐重要的趋势。我们将探讨国际广告与促销、企业在全球市场及各国进行整合营销传播所遇到的挑战，还将考察整合营销传播的运作环境，包括法规、社会、经济等与一个组织的广告与促销计划相互影响的因素。

本章小结

广告和其他促销形式是大多数组织市场营销活动中不可或缺的部分。过去的十年中，美国和国外市场投入广告、销售促进、直复营销和其他营销方式的费用猛涨。在借助互联网及各类非传统媒体形式（如在21世纪伊始并不存在的社交媒体）完成的数字广告方面，开支也有巨大增长。为了理解广告与促销在营销方案中的角色，必须明确营销在组织中的任务和职能。营销的基本任务就是连接营销组合中的四个可控要素，使之成为一个有助于目标市场进行交换的综合方案。营销组合的四要素包括产品（服务）、价格、渠道和促销。

多年来，在大多数公司的促销工作中，大众媒体广告占据主导地位。然而，越来越多的公司意识到整合营销传播的重要性，并协调各种营销和促销要素以获得效率更高、效果更好的传播方案。许多因素促使营销商、广告主和其他促销专业机构更倾向于整合营销传播。整合营销传播逐渐上升的重要性也归因于由消费者、技术、媒体等组成的营销环境的快速变化，同时也受到公司营销方式转变的影响。营销经费由传统媒体广告转向其他促销形式（如非传统媒体），互联网和社交媒体快速增长，市场的主导力量由制造商向经销商转移，数据库营销快速发展，对广告代理公司和其他营销传播机构更多的责任要求，媒体市场细分和媒体消费模式改变，这些都是正在发生的关键变化。

促销被认为是市场营销中具备传播沟通功能的要素。它由包括广告、人员推销、公共关系/公共宣传、销售促进、直复营销和数字/互联网营销等在内的一种促销组合构成。这些促销组合固有的优劣势无疑对它们在整体营销方案中的作用有所影响。在制定整合营销传播方案时，营销商必须决定使用哪些工具以及如何配合使其实现组织的营销和传播目标。许多公司正在从受众接触的角度来策划整合营销传播方案，由此它们可以仔细考虑所有能够到达目标受众的潜在方法并以令人接受的方式来介绍公司或品牌。主要的四类接触点包括公司创造的接触点、固有的接触点、不可预测的接触点、消费者发起的接触点。这些接触点的差别取决于公司控制和影响这些接触点的能力以及它们对消费者的影响。消费者接触点的另一种分类方法是付费媒体、自有媒体和赢得媒体。

促销管理涉及营销组合要素间的协调以建立一个有效的整合营销传播方案。图表1-8中的整合营销传播计划过程包括一系列步骤：营销计划回顾，促销方案形势分析，传播过程分析，预算决策，制定整合营销传播方案，整合与实施营销传播策略，监测、评估和控制整合营销传播方案。

讨论题

1. 讨论整合营销传播在诸如魅力纸业这类品牌的营销计划中的角色。宝洁公司如何使用多种不同的整合营销传播工具对魅力品牌进行营销并维持其在厕纸行业的领先地位?

2. 宝洁公司在为魅力品牌制订整合营销传播计划时将数字与社交媒体作为非常重要的部分，请评价这一做法。你认为宝洁公司在魅力品牌的整合营销传播计划中成功运用社交媒体的原因是什么?

3. 讨论整合营销传播在企业和组织的营销计划中所扮演的角色。讨论过去十年间各种促销组合工具使用方式的变化，以及带来这些变化的原因。

4. 讨论技术帮助消费者屏蔽广告信息的方式以及这些方式给广告业和媒体带来的影响。

5. 讨论数字革命是如何影响营销商制订和实施其整合营销传播计划的。请识别三种特定的技术发展，并讨论每一种技术对企业的整合营销传播计划带来的影响。

6. 讨论营销商采用移动营销所面临的机遇和挑战。营销商将移动营销作为其整合营销传播计划一部分的方式有哪些?

7. 消费者接触点是指什么?选择一个特定的企业或品牌，讨论该企业或品牌如何运用文中所述的四类接触点。

8. 将消费者接触点分为付费媒体、自有媒体和赢得媒体的意义是什么?选择一家企业或品牌，讨论该企业或品牌是如何使用这三类媒体的。

9. 找出一个减少其传统大众媒体广告开支并增加其数字媒体的整合营销传播计划预算的企业或品牌。你是否同意这样的做法?你是否认为该企业或品牌应维持其传统媒体广告开支?

10. 为什么对于从事营销的人来说，理解并重视所有整合营销传播工具非常重要?应该如何有效地使用它们?

第2章 整合营销传播在营销过程中的作用

学习目标

1. 理解广告与促销在组织的整合营销计划中的角色。
2. 理解目标营销的概念。
3. 认识在整合营销传播计划中市场细分的角色。
4. 理解定位和重新定位策略的运用。
5. 了解会对广告与促销策略产生影响的营销组合元素的决策领域。

开篇案例

为别克重塑新形象

你会考虑买一辆别克汽车吗？也许不会。当提到别克时，人们首先想到的是“老”——老式的、年纪大的人拥有的、你会想让爷爷来开的车。而且，别克汽车肯定不会是你一毕业就想买的东西。但别克现在想要改变这一形象。这个有 116 年历史的汽车企业想要吸引年轻受众，向他们多卖些车。为了实现这一目标，别克开始尝试重新定位其企业形象，以对年轻受众——包括千禧一代——更具吸引力。

2014 年，别克约 53%的顾客年龄在 55 岁以上。与它的通用汽车合作伙伴——奥兹莫比尔（Oldsmobile）一样，别克很担心会歇业（奥兹莫比尔汽车的顾客也都较为年长，这个有 107 年历史的品牌在 2004 年宣布倒闭）。不过别克并没有默默地离开，而是改头换面。

别克开始推出新的紧缺车型。考虑到 2015 年大约 50 万辆正在使用的别克车中有 80%已停产——包括笨重的别克世纪（Buick Century）和马刀（Le Sabre）——或者（正如通用汽车市场副总裁所说）停放在废料厂或游戏厅门口，这样的形象很明显无法吸引年轻人。是时候做出改变了。重新设计的新车型包括新式运动型多功能车昂科雷（Enclave）、小型酷越昂科拉（Encore）、宝马三系别克君威（Regal）以及近 25 年来推出的首款敞篷车卡斯卡达（Cascada）。这些设计都是为了吸引千禧一代市场。通过重新装修展销店铺、提升客户服务和普及“快乐”服务准则，别克汽车销售量大增并且持续增长。

但也许给别克带来最大成功的是一项强有效的整合营销传播计划，该计划的主要内容是“这是辆别克?”（That's a Buick?）的广告运动，拿品牌形象开了个小玩笑。广告中，老年人和千禧一代在第一次看到一辆新别克汽车时，都不相信这真的是别克车。其中一段广告是一位老奶奶不相信她孙子的新车是辆别克。在另一则广告中，一位代客泊车的小伙子找不到客户的别克车，因为很显然他是在找一辆不那么时髦的车。（他是通过摁车钥匙开关打开车灯才找到的。）找到车的时候，他感到难以置信。其他广告主题也都是“如此有型的别克车让人感到吃惊”。别克的各种广告以及短片合集吸引并抓住了观众的眼球。广告播出两年后，仍势头不减。

另一项叫作“快乐别克”的广告运动更多地针对千禧一代。这项活动强调的是驾驶乐趣，试图通过“全天候驾驶乐趣测试”来表达该企业行为中包含的幸福感。除了传统广告形式外，该广告运动的改进还体现在一系列线上视频、播客、数字图像、无数媒体报道和包括一段视频在内的其他消费者接触点上（视频中，以色列超模及瑜伽教练芭儿·莱法莉（Bar Refaeli）在别克昂科拉车前摆拍，“快乐研究者”好莱坞按摩师肖恩·安可（Shawn Anchor）博士也展示了可以帮助驾驶员减轻驾驶压力的自我放松技巧）。该广告运动的目的是触及更多的千禧一代和“婴儿潮”一代，试图为这些新车型在整体上营造好感，进一步扩大“这是辆别克?”广告运动的影响，同时再一次展示品牌的新定位。

在2016年的第50届超级碗比赛中，别克有史以来第一次播出了25年来首次推出的新车型——卡斯卡达的广告。在广告中，纽约巨人队（New York Giants）外接手奥德尔·贝克汉姆（Odell Beckham）模仿演员艾米丽·拉塔科夫斯基（Emily Ratajkowski）的杂技动作去抢一束手捧花，这个动作能让人联想到他闻名世界的接球动作（奥德尔在那次接球中令人难以置信地触地得分了）。艾丽·坎伯尔（Ellie Kemper）出现在一个完全数字媒体化的活动中，其他名人也在网上热火朝天地聊天。众所周知，超级碗是播放广告的最佳赛事，也能引起网上热议。2015年的超级碗比赛有2 500万条推文，每分钟39.5万条，而脸书上有6 500万用户在讨论这场比赛，发布了2.65亿个帖子、评论和点赞。贝克汉姆的360万Instagram粉丝和拉塔科夫斯基的470万粉丝也在社交媒体上掀起热议潮，而且这些消费者都不是“爷爷”辈。显然，别克在通过其媒体策略向年轻受众拓展。

别克希望这些活动能持续下去，同时它也在制定新的策略。新的策略大都针对千禧一代和/或“婴儿潮”一代，而它们又全都是为了改变产品线形象——或在那些还未拥有别克车的人面前塑造一个新形象。这一重新定位了的“老”品牌能变得时髦吗？别克当然希望如此。

资料来源：Michelle Castillo, “Odell Beckham Jr. Helps Buick Catch Super Bowl Glory in New Ad,” February 7, 2016, www.cnbc.com; Dale Buss, “Buick Touts Happiness and Zen to Engage Chilled Out Car Buyers,” August 25, 2015, www.brandchannel.com; Drew Singer, “Buick to Extend Run of Successful ‘That's a Buick? ’ Ad Campaign, but Focus Will Shift,” May 25, 2015, www.gmauthority.com; “Global Powers of Luxury Goods 2016: Engaging the Future Luxury Consumer,” 2015, www.deloitte.com.

营销商十分清楚，如果想要成功，就必须了解买家和潜在顾客，并制定特殊的策略以更好地接触到他们。这些营销策略包括识别市场机会、细分市场、确定目标市场和定位以及开发营销方案。正如本章的开篇案例所示，这通常充满挑战。

本章将详细讨论营销策略如何影响促销的角色，以及促销决策为何必须与营销组合中的其他要素相协调。相应地，所有的营销组合要素必须在策略性的规划下具有一致性，以获得整合营销传播方案。我们将以图表2-1中的模型为框架，分析促销如何与组织的营销策略和方案相适应。

这个模型主要由四部分组成：组织的营销策略和分析、目标营销过程、营销计划方案制定（包括促销组合）和目标市场。如图表2-1中的模型所示，营销过程以营销策略的制定和分析为起点，公司必须决定产品和服务所在的领域以及参与竞争的特定市场。接着公司必须协调各种市场营销组合要素组成具有凝聚力的营销方案以有效到达目标市场。需要明确的是，公司的促销方案不仅针对最终消费者，而且包括分销渠道或者是把产品销售给最终消费者的“交易者”。必须使这些渠道成员坚信消费者对公司产品需求的存在，这样它们才会积极运送、销售

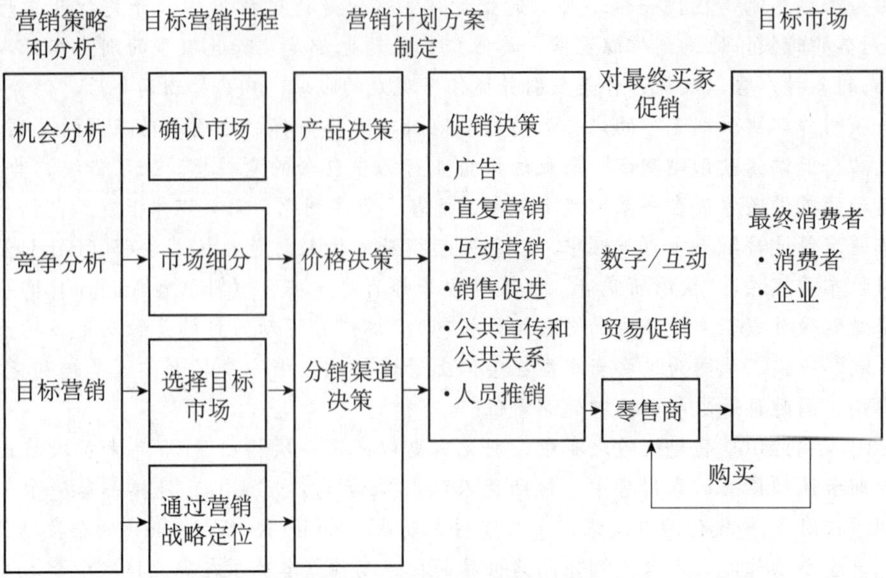

图表 2-1 营销和促销过程模型

并向消费者推销产品。促销在营销方案中扮演着重要的角色，它在最终消费者中，同时也在贸易伙伴中建立并维持产品的需求。

如第1章所述，所有的营销组合要素——价格、产品、分销（渠道）和促销必须整合运用，才能实现持续、最大化的传播影响力。营销计划方案的制定是取得这一目标的有力工具。

图表2-1表明，制定营销计划方案需要对市场进行深入分析。这使市场调查得以广泛应用，以便为计划过程提供数据信息。这些数据信息同样也为营销策略中的产品、价格、分销和促销决策的制定提供了基础。计划的每一步都需要详尽的分析，因为计划是实现营销目标的指南。一旦完成了详尽的市场分析并确定了营销目标，营销组合中的每一个要素就都要为完整的整合营销方案服务。同样，促销方案要素（本书的中心）也必须以同样的方式与其他要素结合，以获得最大的影响力。

营销策略和分析

任何想在市场上成功交换其产品和服务的组织，都必须以一个**战略性营销计划**（strategic marketing plan）来指导其资源配置。战略性营销计划通常由组织的整体公司战略演变而来，并成为特定的营销方案和政策的指导。如前所述，营销策略以形势分析为基础，是对公司的营销现状、产品线或单个品牌所做的详尽评估。通过形势分析，公司得以了解市场和各种机会、竞争情况、**市场细分**（market segments）或公司希望进入的目标市场。我们将考察营销策略和计划的每一个阶段。

机会分析

一项细致的市场分析可以为既有产品线在现有市场和新市场中、新产品在现有市场中以及新产品在新市场中指明可供选择的机会。**市场机会**（market opportunities）是指一些领域所具备的有利需求趋势，使公司认为市场中存在未被满足的顾客需求或机会，可以开展有效竞争。

以色列甜葡萄酒公司 Manischewitz——你也许听过该公司的广告语："男人——哦——Manischewitz！多么美妙的红酒！"——是一家犹太食品营销商，它利用营销机会使其多年来一直沿用的广告语历久弥新。调查数据显示，4/5 的犹太食品购买者并不是传统的犹太消费者，Manischewitz 公司因此增强了在主流市场上的营销攻势，试图占领更多的市场份额。人们对民族风味食品兴趣的增加、健康意识的提高以及经济萧条带来的更多人在家吃饭的趋势，使公司希望接触到更多的消费者。公司新的整合营销传播计划包括数百万美元的广告预算、网络节目、店内促销、烹饪比赛以及公共关系活动，用以推广旗下的犹太食品系列。[1]

一家公司通常通过仔细考察市场和研究细分市场中的需求趋势和竞争来明确市场机会。一个市场不能被简单地认为是一个庞大的同质消费群体，它是由许多不同群体或细分部分组成的。近年来，许多公司已经意识到调整自身营销策略适应不同细分市场需要和需求趋势的重要性。

例如，个人电脑细分市场包括家庭、政府、教育、科研和企业市场。这些细分市场还可以进一步细分。企业市场包括大公司和小公司；教育市场的范围从小学到大学等各级教育机构。在汽车行业开拓市场的公司必须决定要在哪些特定的细分市场竞争，这一决策的依据是产品在特定市场中所面临的竞争者的数量和性质。许多汽车公司目前都在参与混合动力汽车市场的竞争，并提供了多种模式。梅赛德斯目前正在竞争轻型卡车市场。整合营销传播视点 2-1 讨论了最受营销商欢迎的一个群体——千禧一代。

竞争分析是制定市场营销策略的重要部分，将为进一步思考提供保证。

整合营销传播视点 2-1

接近千禧一代——真正的营销挑战

人们可能会认为，一个由 8 000 万人口组成并且拥有 1 720 亿美元消费力的人群，肯定是美国公司理想的目标市场。其实不然，千禧一代，也叫作 Y 世代，是指那些在 1982 年到 2000 年之间出生的人，这群人已经向营销人员证明了，他们是在这几十年中所有的细分市场里最难被覆盖到的。营销人员用"抠门""吝啬""不感兴趣"等并不讨人喜欢的词来形容这群人的购买行为。看起来，这群人是真的什么都不想买。但这群人的数量以及强大的购买力又让人难以忽视。因此，许多公司选择去理解他们，并且制订可以吸引这个群体的营销计划。

不幸的是，千禧一代并没有想象中那么好理解。也许他们对于购物的抗拒是因为他们的大部分人生是在不景气的经济中度过的。工作不好找，工资也不涨，房子又贵得离谱。结果就是大部分(甚至包括已经从大学毕业的）千禧一代仍然同他们的父母住在一起，搭乘公共交通、拼车或者走路上班，他们并没有足够的收入用作额外花销，很多人仍然背负着大学的贷款。也许他们承受着信息爆炸带来的影响，大部分千禧一代在社交联系上最为紧密，他们中的大多数经常要同时负责多个任务，他们是历史上移动最方便、受教育程度最高、技术水平最强的一代。或者他们只是与上一代的消费理念不同，数据表明近年来千禧一代的旅行花销相较过去有了较大的提升，新车的购买率降低。有些千禧一代宁愿选择为提升手机服务付费而不会买一辆车。毋庸置疑，千禧一代的媒体习惯更加复杂，使得他们可以更便捷地接收信息，但要获得他们的注意力也更难了。这或许是因为媒体令消费者更容易与他人沟通，分享诸如产品评价等许多事情。

自第二次世界大战以来，美国的经济发展是通过汽车和房屋销售来达成的。现在看来，千禧一代在买东西时似乎对于这两样都不感兴趣。他们宁愿成为"共享经济"的主体，从衣服、房屋到汽车在内的所有东西，只要能共享就不买。car2Go 和 Zipcar（世界最大的共享汽车公司，拥有超过 70 万会员）等公司的规模还在快速扩大。Zipcar 的发展速度之快使其在 2013 年被安飞士汽车租赁公司（Avis）以 5 亿美元收购。共享房屋的公司爱彼迎（Airbnb）也在快速扩张。优步（Uber）和 Lyft（网约车）也在继续扩展自己的业务到新的市场。

美国通用汽车一直在尝试理解千禧一代。通用汽车公司的一项调查结果表明，21～34岁年龄段群体的新车购买率相较1985年下降了35%。青少年和20多岁年龄段群体的驾照申请率也在下降。尽管这会对经济产生一定影响，但并不是最终结果。由于这些群体的高社交性以及较高的教育水平，通用汽车相信千禧一代仍然有很强的市场潜力还未被汽车生产商挖掘出来。通用汽车试图通过做出调整来迎合千禧一代，而不是强调老一代的价值观念。雪佛兰（Chevrolet）已经与RelayRides达成伙伴关系。RelayRides是一家可以让会员把自己的汽车通过平台租给别人的公司。作为这一新篇章的领头品牌，通用汽车的别克分部在细分市场中重新设计并重新定位了它的汽车来吸引千禧一代。通用汽车31岁的"青年使者"约翰·麦克法兰（John McFarland）认为，吸引千禧一代的关键在于"只提供他们所需要的东西，其他什么都不需要"。目前来看，通用汽车似乎已取得成功。

Wawanesa是另一家试图与千禧一代做生意的公司，虽然它是一家创立于1896年的保险公司，可是其知名度远低于其他竞争者（如州立农业保险公司（State Farm）、好事达保险公司（Allstate）、政府雇员保险公司（GEICO））。Wawanesa近期发现，千禧一代不愿意用传统的纸质方式来填保险表。（好事达保险公司似乎更早地发现了这一点，所以推出了Esurance电子保险这个产品。）为了回应这个问题，Wawanesa增加了其网页互动，提供在线估价、在线付款甚至在线索赔申报服务。另外，Wawanesa增加了对于这一特定人群的针对性投放。其他的保险公司现在也开始提供移动端应用程序，供客户登录其保险账户。

虽然许多公司正在增加对在线产品、社交媒体和数字应用的使用以吸引这一特定人群，但提供强大的网络互动并不是拿下千禧一代必须采取的唯一策略。许多研究表明，千禧一代并不完全一样，这一细分的市场还需进一步细分。一份针对美国及全球千禧一代的报告显示，这里至少有四个细分市场需要营销者以不同的方式接触。以一篇在emarketer.com上的报告为例，年龄较小的千禧一代跟年龄较大的千禧一代在购物习惯上存在不同。毋庸置疑，由于收入不同，年龄较大的千禧一代（25～34岁）把更多的钱花在家具、医保、宠物以及娱乐上。25岁以下的群体更在意个人债务，并且愿意把钱花在与慈善相关的品牌上。就像埃林·马利根·尼尔森（Erin Mulligan Nelson）在《广告时代》杂志上所指出的那样，如果公司认为只需要利用一些社交软件就能触及这个群体，那它可能会错失良机。尼尔森认为，要触及千禧一代，营销商必须利用那些含有品牌内容的博客、网站以及应用程序，甚至是完全不认识的陌生人的点评。千禧一代把自己的手机看得比其他物品更重要。他们期望获得信息，期望他们的声音被听到。艾玛·巴兹利安（Emma Bazilian）在一份调查了1 000名18～34岁消费者的报告中表示，虽然社交媒体是触及千禧一代最好的办法，但传统媒体的重要性也不能被忽视。这项由MPA和GfK MRI联合开展的调查发现，在脸书是使用率最高的社交站点的同时，93%的被调查者表明他们还是会读杂志，竞赛和优惠券以及口碑（尤其来自他们朋友的评价）都会影响他们的购买决定。

虽然在营销者看来千禧一代是下一片完美的拓荒之地，但触及他们可能并不像看起来那么容易或有利可图。尽管如此，至少短期来看，各大公司仍然决定关注这一市场，并且在未来几年中投入超过其他年龄群体五倍的资金到这一细分市场中。

资料来源："How Younger and Older Millennial Shoppers Differ," January 18, 2016, www.emarketer.com; "The Millennial Lens Needs Focus," November 19, 2015, www.warc.com; Andrew Martin, "Car Sharing Catches on as Zipcar Sells to Avis," January 2, 2013, www.nytimes.com; Emma Bazilian, "Study: Millennials Engage with Magazines via Social Media," August 23, 2012, www.adweek.com; Jordan Weissmann, "How Do You Sell a Car to a Millennial?" April 4, 2012, www.theatlantic.com.

竞争分析

在为公司的产品和服务制定营销策略的过程中，经理们必须仔细分析市场上即将面临的竞争，包括直接的品牌竞争（也包括自己的品牌）和更多的间接竞争形式（比如替代品）。例如，瓶装水市场的发展使许多公司参与到竞争中，提供不同的产品种类。

普遍而言，营销商必须认识到它们是在争夺消费者的可支配收入，因此它们必须了解潜在消费者的各种花钱方式。全球性的经济衰退迫使奢侈品品牌制造商重新思考它们的营销策略。奢侈品的销量在2008年的经济衰退中有所下降，2009年继续下降。然而，到2013年，排名前100位的奢侈品品牌销量实现了8.2%的增长率。[2]

制定营销策略的一个重要方面是寻找**竞争优势**（competitive advantage），即公司所做的一些特别的事情或者公司拥有与竞争对手相比具有优势的资源。取得竞争优势的途径包括：具有高议价能力的高品质产品，提供优质的顾客服务，拥有最低的产品成本和价格，拥有控制分销渠道的能力。通过广告来建立和保持产品的差异化和品牌资产同样也可以获得竞争优势。如长期投放广告的米其林（Michelin）就强调其轮胎产品兼顾性能和安全性。其他品牌如苹果（Apple）、三星（Samsung）、耐克（Nike）、宝马（BMW）和麦当劳（McDonald）都以强大的品牌形象在各自的市场上占据竞争优势。

近来，令人关注的是一些营销商不再以大手笔投放广告来维系品牌的领导地位。广告拥护者呼吁营销商应当更多地投资于广告而不是用成本高昂的交易促销手段来保护品牌资产和特权。一些公司也认识到了强势品牌带来的竞争优势，增加了广告投入。金宝汤公司就发起一场新的广告运动试图复兴旗下具有80年历史的V8蔬菜汁品牌。广告再现了20世纪70年代获得空前成功的老广告片，片中人们高呼风靡一时的广告语“我总算有一瓶V8了”。新的推广活动还强调了产品的健康元素，同时扩张了产品线，使销量自推广活动开展以来增长了两位数。[3]

竞争者的营销方案会对本公司的营销方案产生重要影响，所以营销者必须时刻关注和分析竞争对手的策略。竞争对手对于公司的营销和促销策略的反应也同样重要。竞争者可能降价、增加促销投入、开发新的品牌或者通过比较广告相互攻击。可口可乐和百事之间的对抗是竞争最激烈的案例之一。其他市场上也存在这样的竞争，包括赫兹汽车租赁公司（Hertz）与安飞士汽车租赁公司，威瑞森与美国电话电报公司，以及苹果公司与三星公司。

最后一个需要关注的竞争因素是数量与日俱增的外国公司正在渗透到美国市场，争夺本土公司的份额。从啤酒到汽车再到电子产品，进口产品正成为美国公司必须面对的强有力的竞争对手。在全球化的背景下，美国公司不仅要捍卫国内市场，也需要学会如何在国际市场上更有效地参与竞争。

目标市场选择

评估完多个细分市场的市场机会（包括详细的竞争分析），公司会选择一个或多个细分市场。目标市场将成为公司营销努力的核心，公司目标的设定取决于进入的市场以及希望在这一市场上所取得的成果。如第1章所述，这些目标通常由特定的绩效变量来定义，如销售额、市场份额和盈利能力。目标市场（或市场）的选择是公司营销策略的重要组成部分，同公司的广告与促销努力息息相关。

回顾我们对于整合营销传播计划方案的讨论，可知形势分析是促销计划过程的开始。特定目标——包括营销目标和传播目标——都是从形势分析中获得的，促销组合策略则用来实现这些目标。营销商几乎不会只为整个市场提供一种产品、品牌或服务。相反，它们追求不同的策略，将市场分为不同的部分，以其中的一个或几个作为目标市场开展营销和促销。这意味着目标不同，预算不同，促销组合策略也将有所改变，所有这些都取决于营销方式的使用。

目标营销过程

因为极少有产品能满足所有消费者的需求，所以公司通常会制定不同的营销策略以满足不同的消费者。这个过程（见图表 2－2）通常称为**目标营销**（target marketing），分为四个基础阶段：识别需求尚未被满足的市场，进行市场细分，选择目标市场，以及通过营销策略对产品或服务进行定位。

识别需求尚未被满足的市场 → 进行市场细分 → 选择目标市场 → 通过营销策略进行定位

图表 2－2 目标营销过程

识别市场

在使用目标营销策略时，营销商需要明确某些人群（或细分市场）的特殊需求，然后选择一个或多个目标市场，制定针对性的营销方案。这一方法被市场广泛采用的原因很多，包括：市场的变化（消费者的需求、态度和生活方式越来越多样化）；市场细分日益被竞争者所采用；越来越多的经理人接受过市场细分的培训，了解这一策略的优势。不过，最好的解释也许是回归到基本前提，即你必须竭尽所能地了解消费者，以设计出能最有效地满足其需求的营销方案。

目标市场识别区分出了具有相似生活方式、需求和爱好的消费者，这有助于我们了解他们特定的需要。营销商越能与消费者保持一致立场，就越能根据这些需要制定更有效的营销传播方案，以告知或说服潜在消费者这些产品或服务能够满足他们的需求。

以啤酒业为例。多年以前，啤酒就是啤酒，差异很小，有许多地方性的分销商，很少有真正全国性的品牌。后来，企业开始合并，许多品牌被大厂商兼并或停产。随着竞争者数量的减少，几大主要厂商间的竞争开始加剧。为了有效地开展竞争，啤酒酿造商开始注意到啤酒饮用者不同的口味、生活方式及其他信息，并在策略中使用这些信息。这个过程最终识别出许多细分市场，每一个细分市场都与不同消费者的需求、生活方式和其他特征相一致。

过去几年里，啤酒市场发生了巨大变化，国产品牌和进口品牌加快了行业合并过程。其中增长最快的一个细分市场——精酿啤酒市场——现在所包含的四个细分市场（见图表 2－3）中各自有众多可出售的产品。大多数大型酿酒商在每一个细分市场都有产品出售，就像微型精酿啤酒企业一样彼此竞争。迎合需求的诉求元素不尽相同，口味无疑是其中之一，其他元素还包括形象、价格和卡路里含量。其他购买原因是操作层面上的，包括消费者的社会阶层、生活方式和经济地位。

微型酿酒企业
自酿酒馆
合约酿酒公司
地区性精酿啤酒企业

图表 2－3 美国精酿啤酒市场

几乎所有在产品和服务上进行竞争的营销商都在不断寻求细分市场的方法，以期更好地满足消费者需求。以下将讨论实现这一目标的方法。

市场细分

为每个消费者都制定一套营销策略是不切实际的。因此，营销商把具有相同需求、对营销活动做出相似反应的消费者归为一个类别。**市场细分**（market segmentation）就是把市场划分为不同的群体，这些群体：(1) 具有相同的需求；(2) 会对营销措施做出相似的反应。

营销商对细分市场划分得越细，对市场的了解就越精准；但市场分割得越细，每个细分市场覆盖的消费者就越少。因此，决策的关键在于将市场细分到何种程度。从啤酒行业的具体实施策略来看，市场的确可以分得很细。

在计划促销方案时，经理们会考虑细分市场本身能否支持单独的策略。具体来说，他们要考虑这一市场的可进入度，传播方案是否可达到预期的效果，等等。例如，由第 10 章内容可知，在有些场合，任何媒体都不能有效地影响特定目标群体。或者，促销经理也许确认了几个细分市场，却不能制定相应方案影响它们。公司也许没有充足的资金来运作广告运动，没有足够的销售人员覆盖所有地区，或者其他促销方面存在不足。所以，在依序明确细分策略之后，营销商必须对将要进入的市场建立细分的基础。接下来的部分将探讨一些市场细分的基础以及广告与促销的应用。

细分的基础

图表 2-4 展示了一些市场细分的方法，营销商可以使用其中一个或综合使用多个细分变量。以滑雪板市场的细分策略为例，消费者的个性特征——活泼好动、喜欢玩乐、享受户外运动——当然很重要，还有其他因素如年龄（30 岁是参加速降滑雪运动的重要分水岭）、收入（你看到最近的缆车票价了吗?）以及婚姻状况也需要考虑。让我们看看市场细分的基础和相应的促销策略。

图表 2-4　　**市场细分的主要依据**

主要范围	细分变量	典型划分
顾客特征		
地理	地区	东北部；西北中部；南部；西部；等等
	城市规模	10 000 人以下；10 000～24 999 人；25 000～49 999 人；50 000～99 999人；100 000～249 999 人；250 000～499 999 人；500 000～999 999人；1 000 000 人及以上
	大都市地区	大都市统计区域（MSA）
	居住密度	城市；郊区；小城镇；农村
人口	性别	男性；女性
	年龄	6 岁以下；6～11 岁；12～17 岁；18～24 岁；25～34 岁；35～44 岁；45～54 岁；55～64 岁；65～74 岁；75 岁及以上
	种族	非洲裔；亚洲裔；拉丁裔；白人/高加索裔；等等
	生命阶段	婴儿；学龄前；儿童；少年；大学生；成年人；老年人
	出生时期	“婴儿潮”一代（1946—1964 年）；X 世代（1965—1976 年）；繁荣期/Y 世代（1977 年至今）
	家庭规模	1 人；2 人；3～4 人；5 人及以上
	住房情况	自有房屋；租赁房屋
	婚姻状况	未婚；已婚；分居；离异；寡居

续前表

主要范围	细分变量	典型划分
社会经济	收入	15 000 美元以下；15 000～24 999 美元；25 000～34 999 美元；35 000～49 999 美元；50 000～74 999 美元；75 000～99 999 美元；100 000 美元及以上
	教育	高中及以下；高中毕业（或具有高中同等学力）；其他
	职业	管理或专业人士；技术人员；销售人员；行政管理；服务业；农业；林业；渔业；其他
心理	性格	社交型；冲动型；内向型；进取型；野心勃勃型；其他
	价值观（VALS）	现实者；圆满者；成功者；经历者；坚信者；奋斗者；创业者；挣扎者
	生活方式（Claritas 公司开发）	安居者；隐居者；其他 46 种家庭细分
购买环境		
售卖形式	店内销售	百货商店；专卖店；折扣店；便利店；超市；大卖场；目录销售
	直复营销	直接邮寄/目录销售；门到门销售；直接反应销售；互联网销售
利益寻求	产品特征	独特的；普通的
	需求	品质；服务；价格/价值；信贷支持；售后保障；其他
使用状况	使用频率	轻度使用者；中度使用者；重度使用者
	使用者状态	未使用者；曾使用者；潜在使用者；初次使用者；经常使用者
知名度和购买意图	产品知识	未注意；注意；了解；感兴趣；有意购买；购买；拒绝
行为	涉入度	投入精力较少；投入精力较多；专门投入精力

地理细分 在**地理细分**（geographic segmentation）的方法中，市场被分为不同的地理单元，包括国家、州、县甚至居民区。不同地区的消费者通常有不一样的购买习惯。例如，通用汽车和其他汽车制造商一样将加利福尼亚州看作一个不同于美国其他州的市场，并为其制定了特别的营销方案。其他公司也会针对特别地区制定方案。插图 2-1 展示了 Cheerwine 饮料的一则广告。它与 Jackson Hole Huckleberry（怀俄明州）、Vernors（密歇根州）和 Moxie（新英格兰地区）都是风靡一时的区域品牌。该品牌在地区市场开展了成功的营销（这里是指南部地区）。Olde Brooklyn 饮料公司甚至针对纽约城的布鲁克林促销品牌，以“布鲁克林的态度”的产品口号区别于其他大品牌来进行产品推广。

插图 2-1 Cheerwine 在特定地区更受欢迎

资料来源：Cheerwine is a registered trademark of the Carolina Beverage Corporation.

人口细分　以人口变量，如年龄、性别、家庭规模、受教育程度、收入和社会阶层来划分市场的方法，叫作**人口细分**（demographic segmentation）。如 Secret 牌除臭剂和舒适（Schick）牌女用剃刀都是以性别人口变量为基础细分市场并取得成功的。WomensHealth.com 是以女性为目标市场的最成功网站之一。有趣的是，排名前 10 位的女性网站还在年龄、生活方式等方面进行了进一步细分。

虽然以人口为细分基础是易于理解的，但公司发现需要对某一特定人群加倍关注。例如，宜家家居公司（IKEA）发现其产品购买者中女性的比例超过 70%，便在环境布置上提高了“女性舒适度”。家得宝（Home Depot）和沃尔玛也采取了类似措施。戴尔电脑（Dell Computers）和威瑞森等企业发现，这并不像看起来那么容易，因为它们近期的努力并未取得理想的结果。[4],[5]正如整合营销传播视点 2-1 所示，企业较难到达千禧一代市场。于是，越来越多的企业开始关注“婴儿潮”一代——大约 7 600 万生于 1946—1964 年的美国人——的市场。考虑到他们巨大的消费力，这一年龄细分市场已经对许多公司具有越来越大的吸引力，如旅行社和制药厂以及其他一些公司。考虑到他们退休计划的需求，美联银行（Wachovia）已经在这一细分市场加大了营销推广力度。[6]《美国退休人员协会杂志》（*AARP*）有超过 4 700 万读者，将目标市场定位于占人口 34%的 50 岁以上的成人。[7]整合营销传播视点 2-2 介绍了一些公司尝试到达另一个更受欢迎且不断增长的市场——拉丁裔市场——的情况。

其他成功运用人口细分策略的产品还包括：多芬（Dove）产品（性别），Doan's 药丸（年龄），可口可乐（族裔），梅赛德斯-奔驰汽车、雷克萨斯（Lexus）汽车和宝马汽车（收入），Banquet 半成品预包装食物（家庭规模）。

虽然人口细分是最常用的市场细分方式，但是要注意其他因素也可能是消费群体一致性和/或消费者行为的潜在基础。机敏的营销商会考虑其他细分基础，并认识到人口细分的局限性。正如媒体战略家杰米·贝克兰德（Jamie Beckland）所说，现在许多营销商越来越少依靠人口细分法，而更多地依靠心理细分基础。[8]

整合营销传播视点 2-2

拉丁裔市场的发展给营销商带来了挑战

美国的拉丁裔市场对于营销者有多重要？请考虑这几个因素：(1) 拉丁裔拥有 5 000 万人口，占美国总人口的 17%；(2) 他们每年有 15 000 亿美元的购买力；(3) 拉丁裔风味食品市场的数量在 2005—2010 年期间翻了一番，并且在 2015 年贡献了 25%的总食物零售量；(4) 拉丁裔总人口在 2020 年将会达到美国总人口的 20%，在 2060 年达到 28.6%；(5) 拉丁裔比美国剩下的常见人口都要年轻。这是个好消息，拉丁裔以后毫无疑问将会成为一个极具吸引力的细分市场。

但不好的消息是，因为拉丁裔的多样性，以及其购物行为与普通人群明显不同，他们对于产品的态度更为谨慎，针对性更强，并且对于产品的理解更深入，他们愿意花更多的时间考虑各种选项。拉丁裔在其他方面也体现出了自己的不同。拉丁裔的生活水平高于平均贫困水平，更有可能说两种语言，并且更有可能住在郊区。同时他们被认为比普通人群更精通科技，并且更有可能通过移动设备比较价格——但是他们不太会下载优惠券、应用程序或者使用二维码。与一般的市场行为不同，拉丁裔很少进行一站式便捷购物来节省时间，他们宁愿去逛街，直至找到价格最优的东西。他们还喜欢在家附近购物，喜欢同家人、朋友以及同伴做交易。虽然他们曾被认为是品牌忠诚度很高的人群，但现在情况有所不同。拉丁裔购物时，对家庭的价值是首要考虑因素。

拉丁文化之间也有差异。《文化营销策略日报》（*Journal of Cultural Marketing Strategy*）

对于美籍拉丁裔三个年龄层不同的媒体行为的调查表明，营销商想要理解和触及这一市场，仅熟练掌握语言是不够的。比如，调查中发现西班牙语环球电视台（Univision）和特莱蒙多电视台（Telemundo）在第一代拉丁裔群体中的收视率分别位列第一和第二，但环球电视台在第三代中仅位列第五。在这个市场中，收视率排名前五的电视台竟然大都是英文电视台。此外，第一代移民在美国的时间越长，其收看英文电视节目的比例就会增加，高至20%～30%。多元文化科学中心（Center for Multicultural Science）的执行主任杰克·本尼弗拉（Jake Beniflah）博士表示，这是一种"典范转移"，对于希望通过电视来触及拉丁裔受众的营销商来说具有重要意义。本尼弗拉指出，移民代级和年龄是预测拉丁裔所观看的节目类别的有效因素。

考虑到这种多样性（除了这里所讨论的，还有很多差异性），营销商需要做些什么来触及这个有利可图的人群？广告开支排名前50的广告主中，有很多大幅增加了拉丁语广告的投入，为这一领域分配了超过34亿美元的资金，其中宝洁公司开支最高，其次是美国电话电报公司。塔吉特公司（Target）首次推出了名为"＃SinTraduccion"或"无翻译"的新电视宣传活动——该公司首次以拉丁裔为重点来进行推广，依靠文化差异而不是仅仅将英语广告翻译成西班牙语。这项新推广是通过使用没有英语翻译的语言来吸引更多拉丁裔市场的整体努力的一部分。这些广告将出现在黄金时段剧集中，包括联合电视网（CW）的《处女情缘》（Jane the Virgin）、美国有线广播网（USA）的《摩登家庭》（Modern Family）以及哥伦比亚广播公司（CBS）的《生活大爆炸》。塔吉特公司同时也以拉丁裔千禧一代为目标。研究表明，这一细分市场有54%的人认为塔吉特是他们最喜欢的品牌。为了触及这个群体，这家零售商正在将社交媒体加入组合策略中，使用推特和脸书寻求千禧一代购物者。

另一家百货连锁店彭尼（JCPenney）也瞄准了这一细分市场，高调开展了与2014年世界杯相关的活动。这些广告专注于女性体育迷，全部使用西班牙语，并配有英文字幕。通过采用综合双语策略触及拉丁裔母亲，雀巢大获成功。"给你的生活加点水"（Echale Agua a Tu Vida）活动针对其"纯粹生活"（Pure Life）品牌的水饮品强调了健康补水和积极的生活方式对妈妈们及其家人的重要性。在其他策略中，雀巢与美国足球基金会（U. S. Soccer Foundation）联手，为美国多个城市的5～12岁的儿童提供免费的足球指导、互动和教育性的培训班。（足球显然是拉丁裔美国人的首选运动。）雀巢聘请电视名人克里斯蒂娜·萨拉莱吉（Cristina Saralegui）作为其代言人，并致力于通过网站鼓励母亲们通过将水融入日常生活来使自己变得更加健康。

唐恩都乐（Dunkin' Donuts）也推出了专门针对这个细分市场的活动。这项活动的主题"你在喝什么？"（Que estas tomando?）运用的也是整合战略，采用了西班牙语电视台、广播台、社交媒体、公关和店内促销以及西班牙语网站。唐恩都乐品牌首席全球市场营销和创新官约翰·卡斯特罗（John Castello）表示，该活动的主要目标是"反映拉丁裔消费者的重要性和忠诚度"。唐恩都乐一直在使用的标语——"美国靠唐恩来驱动"也将首次以西班牙语的方式呈现（America se Mueve con Dunkin）。

各大企业已经清楚地发现了拉丁裔市场的价值和重要性。它们似乎也都制定了策略以到达这个市场。

资料来源：Samantha Masunaga, "Target Takes Aim at Latinos in New Marketing Campaign," *Los Angeles Times*, April 18, 2015, pp. C1, C5; "Look Beyond Language to Reach Hispanics," October 20, 2015, www.warc.com; Laura Wood, "Marketing to US Hispanics-Social, Demographic, Economic and Cultural Intricacies," *Business Wire*, July 19, 2012; Terry Mangano, "Aas Hispanic Population Grows, So Too Do Challenges for Marketers-5 Insights," *Promo* (online), January 23, 2012; Karlene Lukovitz, "Dunkin' Launches Multi-Platform Hispanic Campaign," *Marketing Daily*, March 29, 2012; Allison Cerra, "Nestlé Pure Llife Centers 'Echale Agua a Tu Vida' Campaign around Moms," August 16, 2011, www.drugstorenews.com.

心理细分　以个性和/或生活方式作为市场细分基础的就是**心理细分**（psychographic segmentation）。尽管有人不同意个性是有用的市场细分基础，但生活方式因素确实在被有效地运用。很多人还认为生活方式是市场细分最有效的标准。

对消费者活动、兴趣和观点（AIO）的分析是生活方式判定的基础。生活方式与消费者对产品、品牌和媒体的使用都有关联。对于某些产品和服务而言，生活方式可能就是用与不用最佳的判别标准。在大量的消费者行为中，不同的生活方式造就了食品、服装和汽车选择上的区别。[9]

价值和生活方式方案（VALS）出现后，心理细分被广泛接受。尽管早在 VALS 出现前，营销商已经运用生活方式细分市场，并且还有诸如 PRIZM 等方法可供选择，VALS 还是成为最受欢迎的方案之一。VALS 2 系统将美国市场划分为八种不同的生活方式，分别具有不同的态度、行为和决策模式，它也同样适用于日本和英国市场（二者均可细分为六种不同的生活方式）。[10] VALS 2 系统是消费者行为出色的预言者，现在许多公司采用生活方式细分来定位自己的品牌、决定价值主题以及媒体选择。

心理分析的另一种形式来源于多种数据，包括社交剖画数据（通过几乎所有社交网络提供）、行为数据（追踪用户的网络行为）、人生阶段数据（消费者的人生阶段，如买尿布、高中毕业等）。亚马逊曾多次成功地运用这一策略，其他平台也开始发现这一策略相较于传统人口统计分析所带来的更多优势。[11]

行为细分　根据消费者对产品的使用情况、忠诚度或对产品的购买反应将其分组就是**行为细分**（behavioristic segmentation）。例如，将产品或品牌的使用程度（重度或轻度）、品牌忠诚度与人口或心理标准相结合，可以描绘一个细分市场的特征。在考察品牌使用方面，营销商认为与具有和购买者不同特征的非使用者相比，具有和购买者相同特征的非购买者更具购买潜力。正如将在第 15 章中看到的，许多公司通过脸书之类的社交媒体瞄准消费者就是基于行为细分。

使用程度与一些消费者可能购买数量不相称的商品这一现实有关。行业营销商通常采用 **80－20 法则**（80－20 rule），即 20％的购买者贡献了 80％的销量。如果明确了这些购买者的特征，以他们为目标市场可以使营销力度更加集中，时间和金钱浪费也更少。这一重度使用者策略也适用于消费品市场。许多产品（如肥皂、清洁剂、洗发水、蛋糕、啤酒、狗粮、可乐、波本威士忌和卫生纸等）的大部分生意通常依赖于一小部分人。也许你还可以想到其他例子。

利益细分　消费者购买产品是为了满足某种特殊的需要或需求。他们寻找一种能够提供特定利益的产品满足自己的需要。根据所寻求产品的特质对消费者进行划分的方法称为**利益细分**（benefit segmentation），这种方法应用广泛。

以购买手表为例。你购买手表所寻求的特定利益可能是走时精准、防水或款式别致，而其他人寻求的可能是别的利益。手表经常被作为生日礼物、圣诞礼物或毕业礼物。人们在购买礼物时无疑会有一些相同的利益考虑，但购买者和使用者所获得的利益不尽相同。在宣传购买手表作为礼物时，广告中会强调进行购买决策所考虑的不同标准。下一次当你看到手表广告时想想它的基本诉求和所提供的利益。

市场细分的过程

市场细分的过程不断发展，成为形势分析的一个组成部分。在这一阶段，营销商需要对市场做出尽可能多的判断：哪些需要尚未被满足？哪些利益正在被市场所追求？寻求这些产品和服务的群体有哪些特征？该过程可以采用多种细分市场策略。一旦明确了一个特定市场，营销商就需要收集相关信息以加深对该群体的了解。

例如，一旦按市场所寻求的利益明确特定的细分市场，营销商就会根据生活方式特征和人口特征来概括市场，并进一步深入了解这一市场。行为细分标准同样也被考虑在内。如在滑雪靴的购买中，不同的购买者可能会寻求不同的利益点——弹性或者硬度，这取决于购买者选择的滑雪运动的类型。所有信息将被综合在一起以完整描述滑雪者的特点。

许多公司提供调查服务以协助营销经理明确他们的市场并制定相应的市场策略。先前讨论的 VALS 和 PRIZM 系统就属于这类服务。还有一些方法则是使用人口、社会、地理资料数据将消费者家庭分为多个清晰的“微观地理区域”细分市场。美国消费者行为分析公司 Nielsen Claritas 作为这些公司中的一个代表，提供了基于人口追踪、社区群体或邮政编码等地理分区方式的人口和心理特征分布图（插图 2－2）。这一系统的使用者包括 AceHardware、沃尔玛、美国在线等公司。

（PRIZM 社会群体）

收入（高→低）	都市	城郊	中小城市	乡镇
高	U1 上城群体 04 年轻的数码精英 07 富人与高知 16 波希米亚式群体 26 国际化群体 29 美国梦群体	S1 城郊精英群体 01 上层群体 02 贵族地产商 03 权贵群体 06 成功人士圈	C1 中小城市社会群体 10 中小城市精英 12 小城市人群体 13 上进群体	T1 乡村贵族群体 05 乡绅群体 09 鹤立鸡群群体 11 世外桃源群体 20 野心勃勃家庭群体 25 乡镇暂居群体
		S2 权贵群体 08 行政套房级群体 14 新空巢群体 15 泳池露台级群体 17 环城公路安家群体 18 有孩子和住胡同群体 19 我爱我家群体		T2 乡镇舒适群体 23 绿化地带运动爱好者群体 28 传统群体 32 新一代自耕农群体 33 户外活动家庭群体 37 梅伯利城群体
收入	U2 中心混合群体 31 都市成功人士 40 恩爱夫妻 54 多元文化群体	S3 普通城郊群体 21 灰色权力老人群体 22 有影响力的年轻群体 30 城郊扩张群体 36 优质蓝领群体 39 顾家二人组	C2 城市中心群体 24 精力旺盛群体 27 中层经理群体 34 白色围栏群体 35 新兴城市单身群体 41 小城市蓝领	T3 中立美国人群体 38 满足现状群体 42 红领、白领和蓝领群体 43 中心地带群体 45 蓝色公路群体 50 美国儿童村群体 51 打猎和顺风车爱好者群体
低	U3 都市核心群体 59 都市老年群体 61 老城市人群体 65 大城市蓝领群体 66 底层生活群体	S4 城郊中心群体 44 白手起家群体 46 日落西山群体 49 老美国群体 52 城郊拓荒者群体	C3 微型城市蓝领群体 47 小城市创业者 53 移动蓝领群体 60 公园长椅上的老人群体 62 返乡退休群体 63 勤俭持家群体	T4 乡村生活群体 48 年轻村民群体 55 金色池塘群体 56 十字路口村民群体 57 没落工业城群体 58 返乡群体 64 底层美国人群体

插图 2－2 Nielsen Claritas 为营销者提供群体描绘

选择目标市场

市场细分的分析结果可展示市场机会。目标营销过程的下一阶段包括两个步骤：（1）确定进入哪些细分市场；（2）判断哪个细分市场最具潜力。

确定进入哪些细分市场

有三种市场覆盖方案可供选择。**无差异营销**（undifferentiated marketing）不考虑细分市场的区别，只向整个市场提供一种产品或服务。例如，当亨利·福特（Henry Ford）建立第一条汽车流水线时，只向所有的潜在消费者提供一种基本产品：黑色福特车。多年来，可口可乐也只提供单一的产品。尽管这种标准化策略能够为公司节省开支，却无法为不同的市场提供不同的产品。

差异化营销（differentiated marketing）为每个细分市场分别制定单独的营销策略。例如，万豪集团（Marriott）为各类旅行者提供了多元化的顾客服务，包括度假顾客、商务顾客、长期或短期停留客人以及其他类型的顾客。

聚焦型营销（concentrated marketing）可运用于公司选择一个细分市场并想在这一市场占据较大市场份额时。20世纪50年代，大众汽车公司作为当时美国经济型汽车市场上的唯一营销商采用的就是这一策略。尽管大众汽车现在更多地运用差异化营销，但是其他公司已经发现了聚焦型营销的有效性。比如，劳斯莱斯公司（Rolls Royce）就将汽车业务集中在专属的高收入人群细分市场；欧莱雅公司（L'oreal）则在化妆品和美容细分市场上参与竞争。

判断哪个细分市场最具潜力

选择市场的第二步是判断哪个市场最具吸引力。公司必须考察细分市场的销售潜力、成长机会、竞争情况以及公司自身的竞争能力，然后决定是否在这一市场进行推广。公司因缺乏资金或专门技术而在新市场失败的案例比比皆是。在选择目标市场并明确可竞争的市场后，公司可以进行图表2-2中的最后一步：市场定位。

市场定位

定位的方式

定位策略通常聚焦于消费者或竞争者。这两种方法都是要建立产品利益和消费者的关联。前者将产品与消费者能获得的利益关联或建立有利的品牌形象。后者通过将产品及所能提供的利益与竞争者相比较来定位，如Scope漱口水（其持续时间是竞争者的5倍）和小蜜蜂润唇膏（Burt's Bees，与竞争对手相比，它的定位是性价比更高）就成功地运用了此种策略。

许多广告从业者认为定位是在市场上建立品牌的最重要因素。戴维·艾克（David Aaker）和约翰·迈尔斯（John Myers）指出定位这一术语用于说明产品或品牌在市场中的形象。[12]杰克·特劳特（Jack Trout）和阿尔·里斯（Al Ries）建议建立品牌形象必须和竞争者进行比较。他们说："在今天的市场上，竞争者的形象与你自身的形象同样重要，有时甚至更重要。"[13]杰克·特劳特认为，一个良好的品牌形象没有定位是不可能存在的。特劳特进一步指出，品牌化是建立品牌的过程，而定位则是将品牌植入消费者的脑海中。[14]因此，本处所使用的定位，代表与竞争产品或品牌相关的产品或品牌形象。定位是传播产品或品牌利益使其在竞争中形成差异的关键因素。下面让我们看看营销商在定位产品时所用的策略。

定位（positioning）的定义是：科学和艺术地运用某种方法，使产品或服务适合广阔市场中的一个或几个细分市场，使产品或服务有效地远离竞争。[15]由此可知，产品、服务甚或商店的定位就是消费者头脑中的形象和与之相关的特质。这种传播可通过针对目标市场的媒体策略和信息本身（阐述种种利益点）来进行。请花一点时间想想某些产品是如何定位并如何把它们的定位传达给你的。比如，当你听到奔驰、胡椒博士（Dr Pepper）或苹果时，你的脑海中浮现的是什么？若是内曼·马库斯（Neiman Marcus）、西尔斯、彭尼这样的百货商店又会如何？现在想想这些产品和公司的广告，它们的宣传方式与竞争者有何不同？这些广告是在何时何地展示的？它们想传递什么信息？

定位策略的制定

制定促销方案可能会使用许多定位策略。戴维·艾克和J.加里·珊丝柏（J. Gary Shansby）提出了六种定位策略：产品属性定位、价格/质量定位、用途定位、产品品类定位、使用者定位和竞争者定位。[16]后来，艾克和迈尔斯增加了一种：文化符号定位。[17]

产品属性和利益定位

一种常见的将品牌与竞争者区分开的定位方式是以某些属性或利益为基础，有时产品定位不是只着眼于品牌的一个利益点。营销商尝试确定**显著属性**（salient attribute）（即对消费者而言很重要，是购买决策的基础）。例如，当苹果公司首次推出电脑时，强调的关键利益点是易于使用——对于当时市场上复杂的电脑而言，这是有效的策略。苹果公司仍然保持这一定位，此外消费者还认为苹果意味着创新。近来许多新饮料产品定位于提高补水作用，激活身体内在动力，增强免疫力等。

价格/质量定位

营销商经常使用价格/质量特性定位品牌。一种方式是在广告中宣传品牌具有一流的品质和二流的价格。市场上顶尖的优质产品常采用此策略。

另一种使用价格/质量来定位品牌的方法是强调产品或价值拥有极具竞争力的价格。比如，科尔百货公司（Kohl's）定位为面向家庭的专业百货公司，能够提供有价值的商品。记住，虽然价格是一个重要的考虑因素，但产品必须物有所值甚至物超所值，与竞争品牌性价比的比较是有效的定位策略。

插图2-3 财捷公司专门针对小企业主提供产品

资料来源：Intuit，Inc. Reprinted with permission. All Rights Reserved.

用途定位

还有一种定位将传播特定品牌形象或品牌定位的方式与其特定用途相联系。插图2-3所显示的财捷（Intuit）公司公告就明确针对小企业主和公司。

这一策略通常用于产品以某种特定用途进入市场时，同时它也是拓展产品用途的有效方式。比如，艾禾美（Arm & Hammer）苏打粉不仅可以用于烘焙食品，还可以用于减轻胃部烧灼感，也可以用于去除地毯和冰箱中的异味。

产品品类定位

通常产品的竞争也会来自产品品类之外的竞争。例如，航空公司知道自己不仅要与其他航空公司竞争，还要与火车和汽车竞争。美铁公司（Amtrak）就将自己定位为飞机的替代者，具有节省成本、带来旅行乐趣等多种优势。都乐（Dole）果汁鼓励消费者“喝水果”，声称 8 盎司果汁相当于两个水果。V8 饮料则推销“喝蔬菜”。除了定位于其他品牌的对立面，还有一种做法就是将产品定位于另一产品品类的对立面。加利福尼亚鳄梨委员会（California Avocado Commission）近来发起了一场重要的整合营销传播活动，更加强调将产品定位于一种水果（而不是一种蔬菜）。在印刷媒体、广电媒体、户外媒体和在线媒体的推广活动中使用幽默的方式将鳄梨定位为一种“有趣的水果”，同时介绍了有益健康的其他蔬果，并将鳄梨作为奶油干酪、黄油和蘸汁等许多食品的可替代选择。近来，Mountain High 酸乳酪广告将产品定位为其他烘焙配料的替代品。

使用者定位

将一个或一群特定的使用者与产品定位相联系是另一种方法。Globe 鞋就是一个例子。它的广告强调产品与特定群体，即滑板爱好者的认同或联系。

竞争者定位

对定位策略而言，竞争者可能和公司自身的产品和服务同样重要。广告主过去认为在广告中提到竞争者是大忌。在今天的市场上，一个有效的产品或品牌定位策略可以是针对特定的竞争者。这种方法与产品品类定位相似，不过在这种情况下竞争是在同一类产品的范围内。也许使用这一策略最知名的例子就是安飞士汽车租赁公司，它针对汽车租赁业的领头羊赫兹公司进行定位，广告语为：“我们是老二，所以我们更努力。”使用竞争者定位时，营销商还必须经常使用其他定位策略以使品牌差异化。

文化符号定位

艾克和迈尔斯提出了另外一种定位策略：文化符号可用来区分品牌。通过将品牌和有意义的符号相关联，品牌更易于被识别并与其他品牌区分开。例如品牌卡通形象欢乐绿巨人（Jolly Green Giant）、奇宝小精灵（Keebler elves）、Alka-Seltzer 药片速效宝贝（Speedy Alka-Seltzer）、贝氏堡面团宝宝（Pillsbury Doughboy）、富国银行马车（Wells Fargo stagecoach）、罗纳德·麦当劳叔叔、迟吉塔香蕉（Chiquita Banana）和花生先生（Mr. Peanut）等。每一个符号都将所代表的产品成功地与竞争者区分开来。

重新定位

最后一种定位策略涉及产品或品牌的变更或改变。对某种产品进行**重新定位**（repositioning）通常是因为产品销售额下滑或停滞，也可能是因为预测到其他市场定位所带来的机会。重新定位通常难以成功，原因在于消费者对某一产品或品牌的印象和态度已根深蒂固。本章开头讨论了老品牌别克重新定位的例子。其他试图重新定位的如彭尼、La-Z-Boy 以及 MTV 等，分别取得了不同程度的成功。

在结束本部分之前，你需要停下来思考一下不同公司所追求的有关定位（和重新定位）的策略。任何能进入消费者脑海的成功产品可能都占据了一个独特的市场定位。

营销计划方案的制定

营销策略的制定和目标市场的选择有助于营销部门确定应该集中于哪些顾客以及满足何种需要。营销过程的下一阶段包括将营销组合中的各个要素组成有效的营销方案。每一个营销组合要素都是多维的并包括多个决策领域。而且，每个要素都必须考虑到整个整合营销方案。现在让我们来看看产品、价格和分销渠道在促销方案中是如何相互作用和影响的。

产品决策

一个组织之所以存在，是因为它向消费者提供产品、服务或理念，通常是以金钱作为交换。所提供的东西可以是有形产品（如软饮料、牛仔裤或汽车）、服务（如银行服务、航空服务或法律援助）、一种社会公益事业（如特殊奥运会（Special Olympics）、美国癌症协会（American Cancer Society））或者一个人（如政治候选人）。产品是可以营销的任何东西，是被使用或被支持时，可以满足个人需求的东西。

产品不单纯是一种物体，还是一种满足消费者需要的利益和价值的集合体。这种需要可能纯粹是功能性的，也可能是社会性和心理上的满足。比如，米其林轮胎不仅强调轮胎的优质（价值），还强调其耐用性（功能）。**产品象征**（product symbolism）一词指的是产品或品牌对消费者意味着什么以及他们在购买或使用过程中的感受。[18]对许多产品而言，强烈的象征意义和社会心理意义比其他功能性应用更为重要。[19]比如，消费者对设计师品牌服装范思哲（Versace）、古驰（Gucci）和普拉达（Prada）的购买更多是基于象征意义和形象，对年轻人而言更是如此。广告在建立和维系这些品牌形象中扮演着重要的角色。

产品计划涉及的决策不仅包括产品本身，如设计和品质，还包括服务、担保以及品牌名称和包装设计等因素。消费者对产品的关注不仅是产品及其成分，产品的质量、品牌、包装甚至产品背后的公司等因素都会影响消费者认知。[20]在一个有效的整合营销方案中，广告、品牌和包装都可用于描绘产品形象，而不只是一系列附属物。所有的元素都被结合起来运用于为产品建立一个超出物理属性的形象和定位。

品牌塑造

品牌塑造是在消费者心目中建立和保持公司及其产品或服务的良好识别形象的有关过程。品牌塑造的目标是：(1) 建立和保持品牌知名度和吸引力；(2) 培养和提升消费者对公司、产品或服务的好感；(3) 建立和促进消费者与品牌间的关系。**品牌资产**（brand equity）由名称、商标、象征符号、设计、包装以及消费者的品牌联想组合构成。想想耐克的广告，通常它都不会提及产品的利益和属性，但有关品牌的信息却能够被有效地传播。

广告在品牌策略中的一个重要职责是建立和保持**品牌资产**（brand equity），品牌资产可视为由产品的良好印象、差异化形象以及消费者对公司名称、品牌名称、商标的偏好所带来的附加价值和信誉等无形资产。品牌资产能使品牌比没有名称时获得更多的销售额以及更多的边际收益，为公司提供一种竞争优势。公司或其品牌拥有的强大品牌资产定位常可通过广告得以强化。比如，高品质的劳力士通过广告建立了高端强大的品牌资产，当然，其手表价格也是高昂的。

包装设计

包装设计是产品策略中日益重要的一个因素。传统上，包装只提供一些功能性的利益，比如经济实用、保护商品和便于储存等。如今许多商店强调自选购物，越来越多的购买决策是在售卖终端做出的，包装的意义和功能已经改变。箭牌口香糖（Wrigley's gum）认识到其超市消费者 2/3 的购买行为都是临时起意，已经采取更多手段在收银台吸引消费者。这家公司正在仔细研究消费者如何及为何在收银台购买冲动消费型物品以及公司如何才能更有效地吸引消费者的注意力，进而增加销量。[21]包装通常是消费者对产品的第一印象，留下良好的第一印象至关重要。典型的超市中有超过 3 万种商品在争夺消费者的注意力。包装不仅要吸引并抓住消费者的注意力，而且要传递产品的使用信息，说明产品的构成和内容以及符合法律的要求。另外，许多公司还在产品包装上传递如竞赛、抽奖和奖金等信息。

许多公司将包装视为与消费者沟通以及在他们心目中塑造品牌形象的重要途径。在某些情况下，包装还可以为品牌提供新的用途。产品包装的大小、形状、颜色和文字等设计元素共同形成了包装的吸引力，在促使消费者决定将产品从货架放入购物车中发挥着与广告一样重要的作用。许多产品使用包装建立了独特的品牌形象和包装识别。下次经过香水柜台时，请留意那些独特的包装设计（见插图 2-4）。

插图 2-4　迪奥香水的包装塑造了其品牌形象

资料来源：Keith Jackson/Alamy.

价格决策

价格变量是指消费者购买产品和服务所必须付出的金钱。虽然购买产品的价格以所交换的金钱数量来衡量，但消费者所花费的还包括时间、精力和体力。[22]营销经理通常只关心确定价格水平，制定价格政策，监测竞争者的行动和消费者对市场价格的反应。一个公司在决定产品和服务的价格时必须考虑一系列因素，包括成本、需求、竞争以及可感知的价值。从整合营销传播视角来看，价格必须与产品给人的感觉以及传播策略相联系。高价当然传递着高质的信息，低价则反映物美价廉和物有所值的感觉。一个产品如果具有高品质定价却低于竞争对手，就会让消费者感到困惑。换言之，价格、广告和分销渠道必须以一致的声音来传递产品的定位。

将价格与广告以及促销相联系

产品质量、竞争和广告在公司的定价过程中是相互作用的影响因素。已有研究成果表明，定价和广告策略是同步的。较高的广告支出常伴随高溢价，较低的广告投入则配合低价策略。这些结论显然支持了整合营销传播的观点：用一致的声音传递信息。在最近的一项综合性研究中，结果显示电视广告高曝光度将降低消费者对价格变化反应的可能性。研究进一步表明，产品品类的重度使用者最可能降低其价格敏感度。[23]

分销渠道决策

作为消费者，我们通常不会太在意中间商或渠道成员。如果我们需要 6 瓶装的苏打水或者一盒清洁剂，可以去超市、便利店甚至杂货店购买。制造商清楚地了解这些中间商的重要性和价值。

营销商必须做出的最重要的营销决策之一就是如何使产品和服务便于购买。如果一个公司的产品质优价廉，却没有适当的支持系统和售后服务体系使消费者在需要时可以买到，这个产品就毫无价值。**营销渠道**（marketing channels）——营销组合中的渠道因素，就是“保证产品或服务可供使用或消费过程正常运转的各种相互依存的组织”。[24]

渠道决策涉及选择、管理和激励中间商（包括批发商、分销商、代理商和零售商），它们帮助公司将产品或服务提供给消费者。这些中间商，有时又称为转售商，对公司营销方案的成功至关重要。

分销策略还需要考虑传播目标和渠道策略对整合营销传播方案的影响。斯图尔特（Stewart）及其同事讨论了"整合渠道管理"的必要性，认为它"反映了传播和分销目标边界的模糊性"。[25] 与产品和定价策略一致，产品在何处销售也将传播相关信息。产品在凯马特（Kmart）和沃尔玛超市出售与在内曼·马库斯百货或萨克斯百货（Saks）出售所传递的信息是否有所不同？仔细想想，你会发现产品在这些渠道出售留给你的印象。斯图尔特还举例说明了渠道要素如何影响传播——比如，杂货店的展示方式、终端的产品促销、货架的长度都会对其形象产生影响。在一个整合良好的营销方案中，分销渠道可以作为广告的一种提示形式。消费者看到品牌名称时，会回忆起广告。（想想你上次经过麦当劳连锁店时，是否想起了它的广告？）

公司也可以不使用任何中间商，而通过**直接渠道**（direct channel）向顾客销售产品。有时，消费者市场中的直销公司，如雅芳、特百惠和玫琳凯，会采用这种渠道，采用直接反应广告、电话销售或者互联网销售的公司也会使用这种渠道安排。工业品制造商和服务商也经常使用这种直接渠道，因为它们的产品往往性能复杂、价格昂贵，需要在售前进行大量的谈判和销售努力，在售后还需要跟踪服务和电话沟通。

第15章探讨了互联网在整合营销传播方案中的作用。正如将要介绍的，许多公司通过官方网站提供产品和服务，它们将互联网作为直接销售的渠道。亚马逊和巴诺（Barnesandnoble.com）是其中的两例。

大多数消费品营销商通过**间接渠道**（indirect channel）来分销，通常采用批发商（向其他中间商销售产品的机构）和/或零售商（主要面向最终消费者）网络。

促销策略的制定：推式还是拉式

大多数人对于针对最终消费者和企业客户的广告与促销形式都或多或少地了解一些。我们常作为促销目标受众的一分子在各种媒体上看到这些广告。除了要制定消费者营销组合，公司还必须制定激励渠道成员的方案。用来促进储存、购买和推销制造商产品的方案称为**推式促销策略**（promotional push strategy）。这一策略的目标是通过积极地向中间商或贸易商推广和销售，推动产品在分销渠道流转。

交易促销包括促销组合中的所有要素。公司的销售代表可以致电中间商进行产品说明，探讨公司建立最终消费者需求的计划，解释为交易提供的优惠条件，比如折扣、促销津贴以及广告配合方案。公司也会用**贸易性广告**（trade advertising）来吸引批发商和零售商，推动它们购买产品，转售给顾客。贸易性广告通常发布在特定的行业刊物上。

推式促销策略试图让中间商确信可以从制造商的产品销售中获利，鼓励它们订货并推向顾客。公司还可以选择**拉式促销策略**（promotional pull strategy），即将资金投入以最终消费者为目标的广告与促销活动。这一策略的目标是建立消费者需求，鼓励消费者向零售商要求产品。了解到消费者的需求后，零售商就会向批发商（如果使用的话）订货，从而促进批发商向制造商订货。这样，刺激最终用户的需求就可以拉动产品在分销渠道中的流动。

到底是强调拉式还是推式促销策略取决于许多因素，包括公司与贸易商之间的关系、促销预算以及对公司产品的需求。与渠道关系较好的公司可能更倾向于使用推式促销策略，并与渠道成员紧密合作，鼓励它们储存和推销产品。促销预算有限的公司可能没有推行拉式策略所需的广告与促销资金，它们会发现与中间商密切合作更经济有效。如果对于产品的需求可观，产品本身又具有独特的竞争优势，并广受消费者欢迎，拉式策略可能更适用。公司通常会根据产品生命周期的变化将两种策略结合使用。

广告与促销的作用

正如图表 2－1 的模型所示，营销方案的对象包括贸易商（渠道成员）和最终消费者。营销商使用多种促销组合要素，如广告、销售促进、直复营销、公共宣传/公共关系、数字/网络营销及人员推销向消费者宣传产品、价格和产品购买渠道。每个促销要素都协助营销商实现促销目标，所有的要素必须相互配合以实现整合营销传播方案。

到目前为止，我们探讨了作为整合营销传播方案基础的各个营销计划要素。整合营销传播方案的制定和执行必须建立在市场分析、目标营销和定位以及各种营销组合要素相互配合的坚实基础上。接下来的章节将探讨各种整合营销传播要素在协助实现营销目标中的作用。

本章小结

促销在组织向客户销售产品、服务或观念中扮演的角色十分重要。图表 2－1 展示的模型介绍了促销应当如何与公司的营销方案相配合。这个模型涉及营销策略和分析、目标营销、方案制定及目标市场。营销过程始于以详尽的形势分析为基础的营销策略，也是目标市场选择和公司营销方案制定的向导。

在计划过程中，做形势分析时需要对营销策略进行假设。促销方案的制定也需要以这一策略为指导。关键决策之一是与目标营销过程相匹配，包括确认市场、市场细分、选择目标市场以及通过营销战略定位。有多种进行市场细分和定位的方式。

一旦完成了目标营销策略过程，接下来就必须做出有关产品、定价、分销和促销的营销方案决策。所有的过程都要整合成为一个完整的整合营销传播方案，使定位策略以一致的声音传播。因此，所有的产品策略、定价策略和分销渠道策略的选择都要有利于产品或品牌的整体形象。同样，广告与促销决策必须与其他营销组合决策整合以实现这一目标。

讨论题

1. 本章开篇讨论了别克公司如何针对更年轻消费者群体进行产品重新定位，分析该策略是否有效及原因所在。

2. 很多公司在一系列细分市场进行竞争。选择一家公司，讨论它如何与不同细分市场的消费者进行沟通。

3. 讨论整合营销传播在营销组合元素中的作用，及其如何与定价、分销和产品功能配合发挥作用。

4. 分析媒体环境变化如何影响广告与促销的作用。为何现在的整合营销传播过程与 20 年前大不相同？

5. 讨论地理细分和心理细分的不同。试举例说明公司如何应用每一种细分策略。

6. 整合营销传播视点 2－1 讨论了千禧一代。分析这一细分市场与其前一年龄段群体有何不同。

7. 整合营销传播视点 2－2 讨论了拉丁裔市场的重要性。这一亚文化群体有何不同，营销商应该如何成功针对该市场进行营销？

8. 重新定位意味着什么？讨论一些成功实施这一战略的公司。

9. 一些公司长期使用同一商标、包装等，另外一些公司则会做出一些改变。分别举例说明上述两种类型公司并讨论其实施效果。

10. 一些营销商认为将消费者按照年龄分类，如千禧一代、“婴儿潮”一代等并不可靠，因此该战略并不成功。就该观点给出正反两方面的理由。

第Ⅱ篇　整合营销传播方案情境分析

第3章 组织广告与促销工作：广告代理公司及其他营销传播组织的角色

学习目标

1. 描述公司如何组织广告与整合营销传播功能。
2. 比较公司组织广告与促销工作所采用的各种方式的优缺点。
3. 确定广告代理公司的类型以及它们所扮演的角色。
4. 解释如何选择、评价广告代理公司并付酬。
5. 阐述专业营销传播组织的角色与职能。
6. 比较使用整合营销服务的利弊。

开篇案例

广告代理公司能在数字变革中存活下来吗？

2007年7月，有线网络AMC播出了一部名为《广告狂人》（Mad Men）的连续剧，故事背景设定在20世纪60年代的纽约麦迪逊大道上的一家虚构的斯特林·库帕广告公司（Sterling Cooper），讲述了在该公司工作的男男女女的故事。故事的主角叫唐·德雷柏（Don Draper），他是该公司创意总监，才华横溢。他和他的上司在一次不必要的收购之前离开该公司，成为新公司的创始合伙人之一。唐·德雷柏的原型是芝加哥李奥贝纳广告公司（Leo Burnett）的创意总监德雷珀·丹尼尔斯（Draper Daniels），他帮助创造了传奇的万宝路男人运动广告，使这个标志性品牌成为世界领先的卷烟品牌。《广告狂人》共7季，获得了16次艾美奖和5次金球奖。同时，在很长的一段时期内，该剧对麦迪逊大道内部运作模式的描绘和演绎广受赞誉，这段时期被称为广告行业的辉煌岁月。

自《广告狂人》时代以来，广告业发生了极大变化，当时各广告代理公司主营业务创意广告开发，并通过电视广告或杂志和报纸的平面广告的形式投放。在20世纪八九十年代，影响代理业务的许多变化都发生在业务和管理方面。最重要的变化之一是三家顶级广告公司（天联广告（BBDO）、恒美广告（DDB）和Needham Harper）合并为一家新的控股公司，名为奥姆尼康集团（Omnicom Group）。《广告时代》（*Advertising Age*）把这一合并称为“大爆炸”，因为它是一系列并购的催化剂，促成了代理业务的合并以及今天主导业界的四大代理控股公司的成立。控股公司意识到，广告业务正在发生变化，传统上由大型全方位服务机构提供的诸多服务正在成为诸如媒体、研究和公共关系等非捆绑式的业务。它们成立了大型媒体专业公司，作为其代理网络的一部分，利用它们的规模和影响力，为客户谋取更好的媒体价格以节约成本。它们也开始收购许多著名的公关、直复营销、销售促进和事件营销公司，这样它们就可以鼓吹自己有能力在同一平台下为所有其他客户的整合营销传播需求提供服务。

在21世纪的头十年，各公司认识到，互联网和数字媒体正在成为其向客户提供的整合营销传播方案的日益重要的组成部分。许多机构通过扩大其内部能力和收购数字与社交媒体公司来进行应对。然而，许多公司发现，营销传播行业瞬息万变，无法通过扩大其数字能力或进行收购来跟上前进的步伐。过去五年，广告与促销服务领域发生了巨变，越来越复杂。这主要与数字媒体以及影响营销商与消费者沟通方式的其他新兴技术的复杂性和挑战有关。营销商正在寻求新的更好的方式与客户联系，许多人正在利用来自数字媒体和其他工具的详细分析来评估他们工作的有效性。

数字革命导致的混乱正全方位地对广告公司造成压力。媒体购买正在向自动化发展，人们可以通过软件完成购买。特别是数字和社交信息，大数据为营销商使用的广告策略的规划和评估提供了导向。提供数字广告平台的公司（如谷歌和脸书）正在成为营销传播生态系统中的强大一员，数据/客户关系营销公司（如Epsilon，Axciom和Experian Marketing）亦是如此。除了广告代理公司之外，营销商还在使用众多的供应商和技术提供商。一份报告发现，营销商使用多达30种工具来帮助其规划、管理和评估整合营销传播活动及相关数据。

许多公司面临的挑战是如何应对影响广告业及其业务模式的各类因素。它们在面临日益增长的创造性挑战和工作量的同时，也面对着想方设法来削减营销开支和与代理商争夺补偿费的客户。此外，更多的营销商开始在公司内部制作广告，而不是使用外部机构或限制它们提供的服务。许多公司不再寻求传统的记录关系机构，这类机构在整合营销传播项目中起着主导作用，而且希望与具有不同领域专业知识的一流营销伙伴合作。

有专家对广告代理业务的前景表示悲观。行业顾问迈克尔·法默（Michael Farmer）在其新书《麦迪逊大道的过失杀人罪》（*Madison Avenue Manslaughter*）中指出，广告代理公司正在走向自我毁灭。他认为，它们所面临的是代理业务分化的结果，他将其描述为将一个国家或地区划分成敌对或不合作的更小部分的过程。法默认为，机构固守短视的专业化信念，而不是整合诸如数字广告、直接广告和传统广告等。他还批评机构缺乏管理、分析和从大数据中获取真知灼见的能力。

市场营销和广告领域的变化给广告公司带来了巨大的挑战，并要求它们如果想要生存和繁荣，就必须自我转型。一些机构很可能会抵制变革，并希望能够回到《广告狂人》所描绘的广告辉煌时代。正如一位广告公司营销主管所指出的："广告狂人让人们怀念那个时代，在某一频道发布一条好看的广告，就可以吸引全国的关注，并导致大量的人改变自己的行为。"然而，大多数人都认识到，这种日子早已一去不复返，那些无法适应的广告代理公司可能会发现，当自己还沉浸于《广告狂人》的再现，向往那美好的广告时代时，它们的客户早已投入了新代理公司的怀抱。

资料来源：Alexandra Bruell，"Agency of the Future，" *Advertising Age*，May 2，2016，pp. 232－35；Patrick Coffee，"Why Today's Ad Agencies Are Reluctant to Call Themselves 'AdAgencies，'" *Adweek*，November 10，2015，www. adweek. com/news/advertising-branding/why-todays-ad-agencies-arereluctant-call-themselves-ad-agencies-167971；Rance Crain，"Did Agencies Specialize Themselves to Death?" *Advertising Age*，September 14，2015，p. 58；Terence Kawaja，"Back to 'Mad Men'—What the Future Holds for Ad Agencies，" *Advertising Age*，September 3，2015，http：//adage. com/article/guest-columnists/back-mad-men-future-holdsad-agencies/300195/；Jami Oetting，"What Does the Ad Agency of the 2020 Look Like?" January 11，2016，http：//blog. hubspot. com/agency/agency-2020.

制定和实施一项整合营销传播方案通常是一件复杂而琐碎的、需要许多人共同努力的工作。作为消费者，我们通常很少关注那些设计出吸引我们眼球的精妙广告、我们访问的网站、在线观看的视频或我们想要获胜的比赛或博彩活动的个人或组织。但是对于从事市场营销的人而言，了解该行业的性质及其组织结构与功能是极其重要的。正如前两章所述，营销商开始寻求更好的与客户沟通的方式，广告与促销业务也随之发生变化。这些变化影响了营销商的营销传播方式及其与广告代理公司和其他传播专家的关系。

本章将考察参与整合营销传播环节的各个组织的角色和功能，以及它们之间的关系。我们将探讨公司怎样在内部组织广告与促销工作。对于大多数公司而言，广告通常由一家外部的广告代理公司进行策划与执行。许多大型代理公司提供丰富多样的整合营销传播服务，包括公共关系、数字/互联网、销售促进、直复营销等。因此，我们将特别关注广告代理公司的角色以及企业与代理公司之间的整体关系。

随着越来越多的公司开始在销售促进中采用整合营销传播方法，参与促销过程的其他方（如直复营销代理公司、销售促进代理公司、数字/互动广告代理及公共关系公司等）也日益凸显其重要性。我们将考察这些专业营销传播组织在促销过程中扮演的角色。在本章的最后，我们将探讨由一家大型代理公司提供的整合服务与多家传播专业公司提供的单独服务，何者为营销商的最佳选择。

整合营销传播过程的参与者：概述

在探讨这一行业的具体情况之前，我们首先对整个行业系统以及一些行业参与者加以概述。如图表3-1所示，整合营销传播过程的参与者大致分为五类：广告主（客户）、广告代理公司、媒介组织、专业营销传播服务组织以及配套服务公司。每一类别在销售促进过程中各司其职。

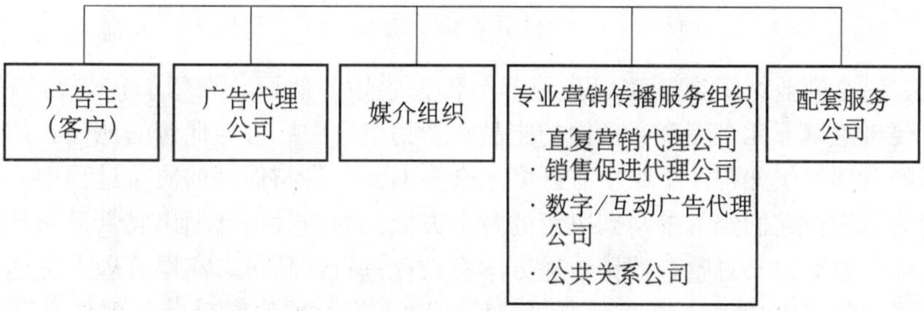

图表3-1　整合营销传播过程中的主要参与者

广告主，或称**客户**（clients），是该过程的主要参与者。它们有要推销的产品、服务或其他营销理由，同时它们为整合营销传播活动提供资金。它们还担负着制订营销计划以及对最终采用的广告与促销计划做出决定的主要职责。通过自己的广告部门，或者通过建立自营式广告代理公司，广告主可以在组织内部就完成绝大部分工作。

然而，许多广告主选择使用**广告代理公司**（advertising agency）。广告代理公司是专门致力于传播信息的创建、生产和（或）投放以及提供其他一些推进营销和促销过程服务的外部公司。许多大型广告主使用多家代理公司为其服务，尤其是当它们所营销产品的种类数量众多时。例如，卡夫食品公司旗下各品牌的广告代理公司多达八家。通用汽车则使用七家主要的代理公司以及一家大型媒介购买公司为其不同的汽车品牌服务，其中包括别克、凯迪拉克、雪佛兰和 GMC。通用汽车还使用一家公关公司，一些数字、销售促进和体验营销公司，一家娱乐营销公司，零售营销公司，以及专门从事体育营销的公司。许多大型广告主还经常使用专门为多元文化市场设计广告的其他代理公司。例如，丰田汽车在与其主要代理公司——盛世长城广告公司（Saatchi & Saatchi，L. A.）合作的基础上，在美国还另外使用一家代理公司专门为其非洲裔、拉丁裔及亚洲裔市场策划广告。广告代理公司开始越来越多地扮演起广告主的合作伙伴的角色，并在营销和促销活动中担负起更多的责任。

媒介组织（media organization）是广告与促销过程的另一个主要参与者。大多数媒体的首要职能是向其订阅户、观众或读者提供信息或消遣。但从促销计划者的角度来看，媒体的功能是为企业的营销传播信息提供平台。媒体必须有能够吸引消费者的栏目或节目内容，广告主及其代理公司才会愿意购买时段或者版面。尽管媒体承载着帮助广告主了解市场和消费者的其他功能，首要目标却是将自己作为帮助企业高效地承载信息进入目标市场的工具推销出去。

另一组参与者是提供**专业营销传播服务**（specialized marketing communications services）的组织，包括直复营销代理公司、销售促进代理公司、数字/互动广告代理公司以及公共关系公司等。这些组织在各自的专业领域内提供服务。直复营销代理公司负责制订和实施直复营销计划；销售促进代理公司制订销售促进计划，比如竞赛和抽奖、奖金提供、样品派送等；数字/互动广告代理公司则负责开发网站，并在营销商深入互动媒体领域的过程中起辅助作用；公共关系公司则负责企业及其产品和服务的宣传工作，同时也致力于处理企业与其他相关公众之间的关系与沟通。

销售促进过程中的最后一个参与者是提供**附加服务**（collateral services）的公司（如图表 3-1所示），它们为广告主、代理公司、媒介组织和专业营销传播服务组织提供广泛的支持。在其他参与者策划执行广告和其他促销活动的工作中，这些个人或公司行使相应的具体职能。接下来我们将详细地考察每个参与者所扮演的角色。（第 10～14 章将考察媒介组织。）

组织公司的广告与促销工作：客户的角色

实际上，每个商业组织都在使用某种营销传播手段。然而，在组织广告与销售促进工作时，企业需要考虑以下几个因素：营销的产品、营销组合中广告与促销的地位、广告与促销预算以及公司的营销组织架构。组织中有许多人会参与到广告与促销的决策过程中。营销商与广告的关系最为密切，它们经常参与到决策的各个方面，如为营销计划出谋划策、选择广告代理公司、制定媒体策略以及对整合营销传播方案有效性进行评估等。高层管理人员通常比较关心广告及其他形式的营销传播如何展示公司形象，这也预示着他们会参与到整合营销传播决策中，即使这些决策并不属于他们日常工作的范畴。

尽管组织内外有许多人参与到广告与促销过程中，但是管理项目的直接责任必须由公司内部人员来承担。许多公司都设有广告部门，由广告经理领导，并对营销总监负责。在一些公司，这个部门可能被称为营销传播部（公关部）。另一种方式是选择分权型营销体系，即品类管理体系。这种方式在产品种类众多的大型企业中较为常见。还有一种方式是在公司内部设立一个独立的广告代理机构，即自营式广告代理公司。以下将对这些方式逐一进行详尽的考察。

集权型体系

许多组织按照职能线来划分营销活动。在这种情况下，广告与如销售、市场调查、产品规划等具体的营销活动并列在一起，如图表 3-2 所示。**广告经理**（advertising manager）（有的公司称为营销传播经理）负责除销售以外的所有促销工作。在最典型的**集权型体系**（centralized system）中，广告经理控制着整个销售促进活动，包括控制预算、协调广告创意与制作、策划媒体排期以及监管公司所有产品和服务的销售促进计划。

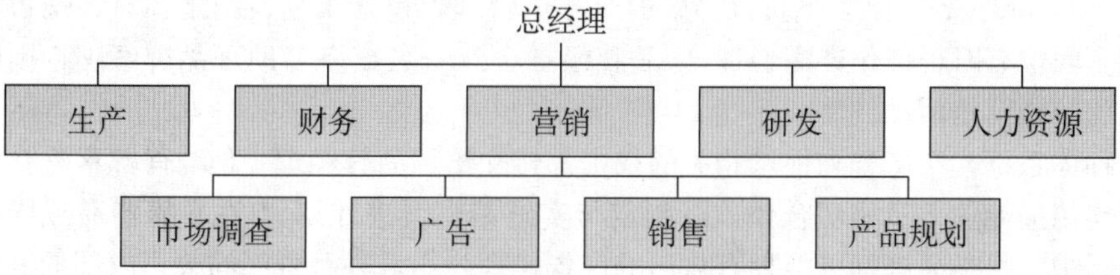

图表 3-2　集权型体系下的广告部门

广告经理或营销传播经理的具体职责取决于公司的规模以及公司对促销工作的重视程度。经理与员工的基本职责包括以下几个方面：

管理和执行

经理必须管理广告部门并监控其活动，监督其下属和（或）广告代理公司对计划的执行状况。这需要与产品、媒体、美工、文案、印刷、数字/互动和销售促进等部门协作。如果使用一家外部代理公司，广告部门虽可以免除大部分的执行责任，但仍然需要审查和批准代理公司的计划。

与其他部门合作

经理必须协调广告部门与其他部门的活动，尤其是那些参与营销活动的部门。例如，广告部门需要与市场调查部门和（或）销售部门沟通，以确定哪一种产品属性对顾客更为重要，并应在公司的内部沟通中加以强调。市场调查还可以通过提供产品使用者与非使用者的大致情况，为媒体部门选择电视、广播或印刷媒体提供参考。广告部门可能还需负责为销售团队准备招揽顾客时所需的材料，如宣传册、销售促进工具、广告材料和售点展示等。

与外部代理公司和服务机构合作

许多公司虽然设有广告或营销传播部门，但仍要借助广告代理公司以及其他外部服务，如数字代理公司。例如，公司会自行制订广告计划，但同时聘用媒介购买公司安排广告排期和（或）利用配套服务公司编写宣传册和准备售点材料等。广告部门是公司和外部服务供应商之间的桥梁，有权决定使用哪些外部服务供应商。一旦借力外部服务公司，广告经理将同其他营销经理合作，以协调彼此的工作并评估他们的业绩。

在公司部门不多、产品或服务线不长、亟待宣传的品牌不多的时候，公司通常采用集权型组织体系。例如，美国西南航空、美国航空和捷蓝航空等航空公司，以及塔吉特、沃尔玛和百思买等大型零售商都设置了集权型的广告部门。公司之所以倾向于设置集权型广告部门，是因为从一个中心启动和协调广告与营销方案能够更为顺畅地推进促销计划的沟通，管理高层也更容易参与到决策制定中来。集权型体系还使得活动流程更有效率，因为参与决策制定的人少了，而随着决策者经验的增加，过程将会变得更加简单。

同时，集权型运作模式也有其与生俱来的问题。首先，广告部门的工作人员很难了解到品牌的整体营销战略，尤其是在他们没有参与规划过程的时候。其次，广告部门可能对产品或品牌的具体需求或问题反应迟钝。随着公司的不断发展壮大，或新产品、新服务、新品牌的开发乃至新部门的成立，集权型体系将不再能适应现实需要。

分权型体系

在拥有众多部门和诸多类别产品的大企业中，依靠一个集权部门管理所有的广告、促销和其他职能工作是十分困难的。这些类型的公司通常采用**分权型体系**（decentralized system），即不同的分支领域、产品线或业务都拥有各自独立的生产、研发、销售及营销部门。许多采用分权型体系的公司，如宝洁、联合利华、百事、谷歌和雀巢，为每一个产品或品牌配备一个**品牌经理**（brand manager），全权负责该品牌的全方位管理，包括策划、制定预算、销售以及利润获取（这一职位有时也称作产品经理）。品牌经理会有一名或多名助理品牌经理，同时负责策划、实施和控制营销活动。[1]

在这种体系下，与广告和促销相关的权责都转交给了品牌经理，他与外部广告代理公司以及其他营销传播专业人员密切合作，以制定与实施销售促进计划。[2]在一家产品或服务种类丰富的大公司中，每一品牌都可能拥有自己的广告代理公司，并且可能同公司内部的其他品牌竞争，而不仅限于外部品牌。

如图表3-3所示，广告部门是营销服务的一部分，并且为品牌经理提供支持。营销服务的作用是协助品牌经理策划与协调整合营销传播方案。在一些公司中，营销服务团队也涉及销售促进工作。品牌经理会与销售促进人员一起工作，共同为企业促销和消费者促销制定预算、草拟战略以及执行具体战略。营销服务还可提供其他辅助性服务，如包装设计和商品销售等。

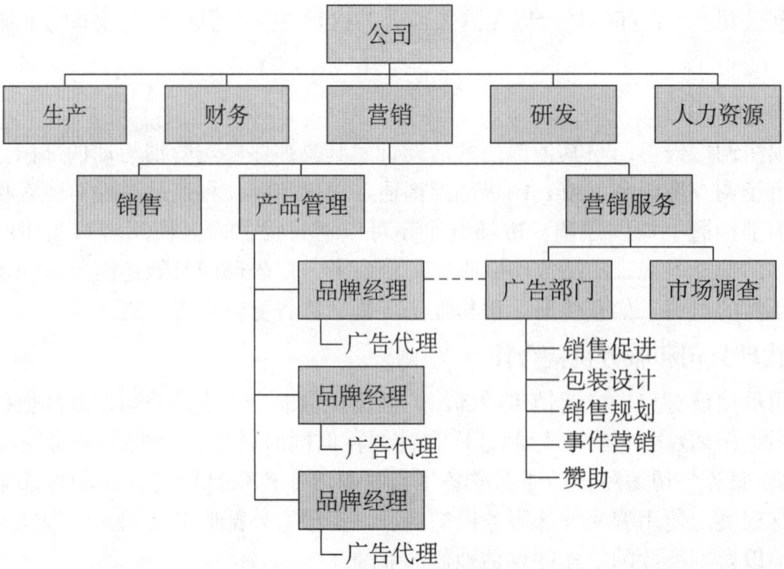

图表3-3 分权型品类管理体系

有些公司还在品牌经理之上设立一个管理层，协调相关产品类别的所有品牌经理的工作。这种体系——通常叫作**品类管理体系**（category management system）——在品牌经理和广告经理之上加设一个品类经理，其主要职责是监督与管理整个产品品类，专注于各品牌角色的战略定位以争夺利润与市场份额。[3]每个品类经理都有一个或多个品牌经理及一个广告经理向其汇报。

广告或公关经理会对整合营销传播项目中的各个环节进行审视和评估，并就一些问题向品牌经理提出意见和咨询。他可能有权直接推翻品牌经理关于广告或其他促销形式的决策。在一些产品种类丰富且广告预算庞大的公司中，广告经理会协调各个代理公司的工作，以便在大量的媒介购买中获得折扣价格。品类管理体系往往被产品种类丰富、部门庞杂的大公司采用。例如，宝洁公司的10个产品类别包含了65种品牌（其中的21种品牌每年为公司带来超过10亿美元的收益），它们被分为四大板块：美容；织物与家居护理；健康与洗护；婴儿、女性与家庭护理。每一板块都包含了众多的产品品类，每一品牌都被归入不同的产品品类以便于管理。例如，健康与洗护板块有口腔护理、个人保健和剃须护理这三个产品品类，每个产品品类又包含多个子类别。

这种分权体系的一大优点是每个品牌都能在管理上获得足够重视，从而在面对问题与机会时能够做出更为迅捷的反应。品牌经理对营销活动全权负责，包括确定目标市场以及开发可以实现品牌差异化的整合营销传播方案。[4]这种品类管理体系弹性更大，对广告与促销过程中各个环节（如创意大纲、媒体、销售促进计划等）的调整也简便得多。[5]

分权型体系也存在缺陷。品牌经理常常缺乏培训及经验。他们可能并未真正理解广告或销售促进能做什么、不能做什么以及如何使用，却要制订品牌的销售促进计划。他们还可能投入过多精力关注短期计划和行政管理而忽视项目的长期发展。

还有一个问题就是品牌经理常常为了博取管理层的重视、争夺营销资金和其他资源而导致徒劳的不良竞争和潜在的资金分配不当。品牌经理的说服能力而非品牌长期的盈利潜力可能成为决定预算的重要因素。这类问题是宝洁公司做出向品类管理体系转型决策的关键因素。

最后，品类管理体系因为剥夺了品牌经理在实施与控制他们制订的计划时所需的权威而遭到指责。[6]一些公司通过扩大广告和销售促进经理及其下属专员的职权和责任来解决这个问题。专员为每个品牌经理提供参考意见，广告经理和（或）销售促进经理、品牌经理以及营销总监一起参与制定广告和销售促进决策。例如，美国最大的广告主之一——通用汽车公司决定放弃品类管理体系，而给予各产品分支营销总监更多的权力以控制产品的广告与销售促进。[7]传统的品类管理体系近年来频频遭到抨击，批评者认为品牌经理在诸如制订计划与预算等公司内部事务方面浪费了太多时间，却没有将足够的精力放在外部事务或创新和解决问题上。[8]

品类管理体系面临的一个新挑战是对品牌经理加以培训，以跟上瞬息万变的数字营销世界的步伐，并在各种社交媒体平台上管理品牌形象。品牌经理可能参与决定：使用哪些社交平台以及如何使用，在创建内部社交媒体指南时需要考虑什么，是将社交媒体业务交由内部运作即自营还是外包，以及用于评估各种社交媒体工具有效性和投资回报的度量标准。品牌经理经常参与开发社交媒体策略，其中包括脸书、Google+、Pinterest、Instagram、YouTube 和 Foursquare 等各种社交媒体网站。[9]

自营式广告代理公司

一些企业为了减少成本并维持对代理公司的更大控制权，在内部成立了自己的广告代理公司。**自营式广告代理公司**（in-house agency）是由广告主创建、拥有和操控的广告代理公司。一些自营式广告代理公司与广告部门差别不大，不过在某些公司，它们具有独立身份并对大笔广告预算负责。使用自营式广告代理公司的大广告主包括现代/起亚、雅芳、露华浓、路虎和贝纳通等。有些企业只依靠自营式广告代理公司，也有一些同时聘用外部广告代理公司。例如零售巨头塔吉特拥有内部创意部门，负责设计周刊、直邮信件、店内展示、销售促进及其他营销材料。该公司同时也使用外部广告代理公司为其打造大部分的品牌形象广告以及专门的电视与平面广告。其他零售商如贝纳通和香蕉共和国也同样设置内部广告部门，与外部广告代理公司协同工作。

节省广告与促销开支是使用自营式广告代理公司的一个主要原因。拥有巨额广告预算的公司以媒介佣金或议价的形式向外部广告代理公司支付巨额费用。如在公司内部设立，这些佣金便流向了自营式广告代理公司，而自营式广告代理公司同样可以提供相应的服务，如销售材料的生产、数字媒体、包装设计和公共关系等，而且费用通常低于外部广告代理公司。

另外，自营式广告代理公司在功能上也与管理高层保持更加紧密的联系。弗里斯特研究公司的一项研究显示，近60%的自营式广告代理公司直接向公司首席执行官或首席营销官报告。[10]还有一个原因是自营式广告代理公司的稳定性。外部广告代理公司人员流动率极高，这可能对客户与广告代理公司之间的关系造成损害。自营式广告代理公司则以人员稳定著称，流动率低于5%。[11]

省钱并非企业使用自营式广告代理公司的唯一原因。节省时间、与外部广告代理公司不愉快的合作经历、因长期的广告与促销工作而对市场日益加深的认识和理解等都是原因。此外，公司可以对广告过程进行更严格的把控，且更容易平衡促销与公司整体营销方案的关系。

还有一些企业使用自营式广告代理公司仅是因为它们相信自营式广告代理公司可以比外部广告代理公司更出色。[12]例如，谷歌在2007年组建了自营式广告代理公司负责其广告业务。谷歌在发展的最初十年里几乎不做广告，因为它主要依靠其他公司对其搜索引擎的提及就可以获得广泛的宣传。然而，随着推出的产品和服务越来越多，谷歌已经意识到对更广泛的受众进行宣传的必要性，并认为凭借自己的内部力量就可以成功实现这一目的。[13]因此，该公司创立了一家名为谷歌创意实验室（Google Creative Lab）的自营式代理公司，该公司开发了大量广告，并聘请了几位广告代理公司前高管负责其运营工作。近年来，随着谷歌不断发展壮大，除在线搜索外，它还推出了Chrome浏览器、Nexus平板电脑、安卓操作系统等新产品和服务，因此，它也开始使用外部代理公司。谷歌聘用了大型广告代理公司，如为Chrome浏览器和谷歌应用商店制作广告的Bartle Bogle Hagarty，以及一些与公司文化相契合的小型独立广告代理公司。[14]

自营式广告代理公司的反对者认为这类公司不能给广告主带来外部广告代理公司的经验和客观立场，也不能提供更广泛的服务。他们认为，外部广告代理公司拥有更多高水平的专业人士及顶尖创意人才，具备更大的灵活性且能给予公司看待广告问题的多维视角。此外，外部广告代理公司具备更强的战略策划能力，对客户的外部视角及与某些媒体如电视媒体打交道的更具创造性的体验。[15]自营式广告代理公司的工作人员在常年为同一种产品线工作的过程中会变得目光短浅、思想陈旧，外部广告代理公司拥有背景多元、思想各异的各类人才。更大的灵活性体现在：当一家公司对外部广告代理公司不满意时可以解雇它，自营式广告代理公司的变革却可能更为缓慢且混乱。

自营式广告代理公司的成本节约必须依据以上的考虑才能做出评估。对于许多公司而言，高质量的广告对其市场营销的成功至关重要，理应成为决定是否采用自营式广告代理公司的主要标准。近年来，像乐步（Rockport）和丽得康（Redken Laboratories）这样的公司已经将广告业务从自营转向外包。丽得康认为，这样做的理由是基于对新视野和客观性的要求。它表示，管理层会因为与产品太过接近而难以产生别具一格的创意。随着公司的发展及其广告预算和整合营销传播需求的增长，它们更倾向于使用外部广告代理公司。例如，安德玛在运动鞋和服装市场发展迅速，预计到2020年收入将达到100亿美元。随着公司的发展壮大并扩展到新的产品类别，安德玛的管理层意识到在公司内部处理所有的广告业务是十分困难的。2015年年末，安德玛将广告业务外包给Droga5，这是该公司有史以来首次与外部广告代理公司进行合作。[16]它首先聘用Droga5来处理其女性产品的广告业务。它为安德玛开发了多个获奖广告，其中就包括由吉赛尔·邦辰（Gisele Bundchen）和芭蕾舞女演员米斯迪·科普兰（Misty Copeland）参与拍摄的病毒式营销广告《做我想要的》（I Will What I Want）（见插图3-1）。[17] Droga5现在几乎包揽了安德玛的所有广告业务，包括训练、跑步、篮球、足球和健身系列。不过，安德玛仍采用自营式广告代理公司为其制作足球系列广告。

插图 3－1　Droga5 几乎包揽安德玛的所有广告

资料来源：Under Armour，Inc.

最终决定采用哪种广告组织类型取决于何种安排对公司最有利。正如数字与社交媒体视点 3－1所讨论的那样，使用内部广告代理公司来处理广告和其他整合营销传播职能的公司数量不断上升，部分原因是数字广告工具的爆炸式增长，这些工具要求营销商提供更多的内容，并且做得更快。图表 3－4 总结了前面提到的三种体系的优缺点。我们现在将注意力转向考察外部广告代理公司的功能及其在促销过程中扮演的角色。

图表 3－4　广告组织体系的比较

组织体系	优点	缺点
集权型	● 易于沟通 ● 较少的人员需求 ● 员工连续性 ● 允许管理高层的更多参与	● 对整体营销目标缺少参与和理解 ● 较长的反应时间 ● 处理多产品线的能力欠缺
分权型	● 管理层面上的注意力集中 ● 对问题和机会反应快速 ● 灵活性较强	● 无效的决策制定 ● 内部冲突 ● 资金分配不当 ● 权威缺失 ● 内部聚焦而不是外部聚焦
自营式广告代理公司	● 节约成本 ● 控制力更强 ● 增进协作 ● 稳定 ● 可接触高层管理者	● 经验缺乏 ● 客观性不足 ● 灵活性不足 ● 获得顶级创造性人才的机会少

数字与社交媒体视点 3－1

越来越多的广告主开始使用自营式广告代理公司

传统意义上，大多数大广告主都使用外部广告代理公司来规划、开发和实施它们的广告运动，而非由公司内部的广告部门或自营式广告代理公司来进行。许多营销商认为，外部代理公司带来了宝贵的外部视角，因为它们具有为不同行业的各类公司服务的优势。这往往使它们能够更好地了解市场趋势和发展，改变消费者的行为方式和消费媒体的方式，以及其他重要因素。广告代理公司也被认为拥有最优秀的创意人才，从而成为突破性广告运动与重要创意的良好来源。

营销和广告行业的观点通常是，各广告主使用自营式广告代理公司主要是为了节约资金，避免向外部广告代理公司的服务付费，或想要保有对其广告与促销方案的控制权。例如，营销预算有限的小公司通常在其发展的早期阶段使用自营式广告代理机构，随着收入和营销预算的增加再转移到外部代理公司。在一些行业，如金融服务业或零售业，使用自营式广告代理公司也被视为一种更可取的模式。在这些行业中，需要创建和分销大量的营销产品，包括销售资料、直邮、销售促进、视频，以及事件营销和销售促进活动的支撑材料。

最近的几项研究结果表明，对自营式广告代理公司的使用正扩展到小型公司和（或）特定行业之外，在许多大公司中也变得越来越普遍。根据全美广告主协会发布的《自营式广告代理公司的崛起》报告，使用自营式广告代理公司的比例由2008年的42%上升到5年后的近60%。报告将自营式广告代理公司定义为一个部门群体或个体，其职责通常由外部广告代理公司或其他营销传播公司承担，但不包括内部公关职能。该研究结果并不能表明使用自营式广告代理公司的广告主已经停止使用外部代理公司，因为许多企业同时使用这两种广告代理公司。然而，数字代理机构协会（Society of Digital Agencies）最近的一份报告表明，在2015年，不依赖任何外部代理机构的公司比例达到了27%，高于几年前的13%。

广告主采用自营式广告代理公司来推进广告及其他整合营销传播职能的原因众多。成本节约被认为是增加对自营式代理公司使用的原因之一，另一个主要因素是新型数字广告工具（如社交媒体）的爆炸式增长，它们要求公司更快速灵活地开发出更多的创意产品。许多公司认为，它们有能力处理大量的信息并进行快速转换，以跟上随时在线的消费者的步伐。广告主还希望从对各种数据源的分析和管理中获得更多的信息，而外部代理公司在这些领域的能力则被认为是相对有限的。

采用自营式广告代理公司的另一个原因是，各广告代理公司的行动过于迟缓，跟不上客户快速变化的需求。许多代理公司的员工需要对太多的广告案负责，工作起来十分吃力，这使得他们很难及时对客户的需求做出反应。一些专家还认为，许多公司过于关注传统广告，而客户则更倾向于采用整合营销模式，通过社交媒体和内容营销等新方式与客户建立联系。

将广告交由自营式广告代理公司制作的趋势可能会不断持续下去。为这一不断壮大的群体服务的自营式广告代理公司论坛（IHAF）的成员数量急剧增加，其中也包括美国运通、可口可乐、麦当劳和雀巢等大公司。IHAF前主席马尔塔·斯蒂格林（Marta Stiglin）认为，自营式广告代理公司可以吸引并留住与外部广告代理公司同等水平的战略性和创造性人才。他还指出，自营式广告代理公司的一个主要优势是，它有无限的向公司内部学习的机会，因为在公司内部工作的员工对于公司文化与品牌有更直观的感受与了解，这对外部广告代理公司来说是很难做到的。

重要的是，广告主要密切关注自营式广告代理公司日益增多的趋势，并考虑如何应对客户将越来越多的广告和其他整合营销传播职能交由自营式广告代理公司处理的问题。对于外部广告代理公司的使用和需求不太可能消失，但这些公司必须找到能更好地服务于客户需求的办法，否则客户就有可能在自营式广告代理公司内部消化更多业务。

资料来源：David Gianatasio，"What the In-House Agency Boom Means for CMOs and Outside Shops，" *Adweek*，December 16，2015，www.adweek.com/news/advertising-branding/what-house-agency-boom-means-cmos-and-outside-shops-168593；Mark W. Schaefer，"6 Reasons Marketing Is Moving In-House，" *Harvard Business Review*，July 30，2015，https：//hbr.org/2015/07/6-reasonsmarketing-is-moving-in-house；Jennifer Rooney，"The Rise of the In-House Agency：CMOs，Industry Respond to ANA Report，" October 21，2013，*Forbes*，www.forbes.com/sites/jenniferrooney/2013/10/21/the-rise-of-the-in-houseagency-cmos-industry-respond-to-ana-report/#2d296c15c671.

广告代理公司

许多大型企业都借助广告代理公司来帮助它们制订、准备与执行其促销计划。广告代理公司是致力于为客户制订与执行广告计划的专业服务机构。在美国《广告代理公司标准名录》(*Standard Directory of Advertising Agencies*)（亦称为“红宝书”）中有超过1万家美国及国际广告代理公司登记在册，不过其中大多是员工在5人以下的小型私人公司。美国广告代理公司的业务高度集中，近2/3的国内**广告支出**（billings）（广告代理公司在媒介购买和其他活动上支出的客户经费）掌控在排名前500的代理公司手中。实际上，仅10家广告代理公司就掌握了排名前900的代理公司全部广告业务的30%。这些顶级广告公司同时也拥有带来巨大广告支出与收入的海外业务。图表3-5反映了按收益总额排名前10的美国广告代理公司。

图表3-5　2015年美国十大广告代理公司

排名	公司	总部所在地	在美国的收入（百万美元）
1	天联广告（BBDO Worldwide，隶属于奥姆尼康集团(Omnicom)）	纽约	603
2	麦肯（McCann，隶属于IPG集团（Interpublic））	纽约	562
3	J. Walter Thompson Co.（隶属于WPP集团）	纽约	504
4	扬·罗必凯（Y&R，隶属于WPP集团）	纽约	455
5	TBWA Worldwide（隶属于奥姆尼康集团）	纽约	362
6	葛瑞集团（Grey，隶属于WPP集团）	纽约	336
7	恒美广告（DDB Worldwide，隶属于奥姆尼康集团）	纽约	320
8	李奥贝纳/APC（Leo Burnett Worldwide/ARC，隶属于阳狮集团（Publicis））	芝加哥	289
9	阳狮环球（Publicis Worldwide，隶属于阳狮集团）	巴黎	288
10	盛世长城（隶属于阳狮集团）	纽约	282

资料来源：*Advertising Age*，2016 Agency Report，May 2，2016，p. 20.

图表3-5同样反映了广告业务在地区上的集中，10家广告公司中有8家总部设在纽约，将近40%的美国广告代理公司业务由以纽约为总部的公司控制。美国国内其他的广告中心还包括波士顿、芝加哥、洛杉矶、底特律、达拉斯以及明尼阿波利斯。显而易见，纽约已成为美国的广告业中心，排名前100位的广告代理公司中有近半数的总部设在纽约或周边地区。除广告代理公司外，10家顶级媒体专业公司中的7家以及众多从事直复营销、数字、促销和营销服务的机构亦将总部设在纽约。[18]纽约成为美国整合营销服务中心的原因很多。许多拥有庞大广告与促销预算的大型公司扎根在这座城市或者其周边地区。2015年，《财富》500强中，有48家公司总部设在纽约市，还有约40家公司总部设在纽约市郊、康涅狄格州或新泽西州的部分城市。由于几乎所有主要的广播电视网以及众多的杂志和新闻机构都设在纽约，纽约也理所当然地成为世界主要的媒体中心。[19]

广告代理公司的整合

20世纪80年代末至90年代，广告业经历了大型广告代理公司合并、收购其他广告代理公司或扶持一些组织机构以形成大型或超级广告代理公司的一系列变化。这些**超级广告代理公司**（superagencies）是为了向客户提供全球范围的整合营销传播服务而形成的。但一些广告主对超级广告代理公司不再抱有希望，转而青睐较小型的代理公司，因为这些公司相对更灵活，反应迅速。[20]然而在 90 年代中期，广告代理业又经历了一波合并浪潮，大量中等规模的代理公司被诸如奥姆尼康集团、WPP 集团、IPG 集团等大型广告公司收购。这些代理公司之所以被大型广告公司并购或与之结盟，原因在于它们的客户需要的是一家有能力进行全球传播的代理公司，它们与大型广告代理公司建立统一战线便可以为它们与世界各地的代理公司合作提供平台。进入 21 世纪，广告代理业的这一并购浪潮仍在继续。法国控股巨头阳狮集团先后收购了 Fallon Worldwide、李奥贝纳、盛世长城以及 Kaplan Thaler 等大型广告代理公司。2009 年，控股集团四巨头——WPP、奥姆尼康、IPG、阳狮掌握了全美广告代理公司总收入的一半以上。第五大控股公司是总部位于东京的电通公司（Dentsu），它控制着日本近 30%的媒体广告业务，并在其他几个亚洲市场上占有一席之地。

开启整合营销传播模式后，广告代理公司的大部分收入来自传统的广告服务之外，目前，传统广告服务收入仅占全美广告总收入的不到 30%。2015 年，广告代理公司的其他收入涵盖了数字和媒介购买（41%）、公共关系（9%）、客户关系管理/直复营销（15%）、医疗保健（10%）和促销（10%）。[21]许多广告机构和大型代理公司收购了一些从事数字/互动传播、公共关系、客户关系管理、直复营销、医疗保健和销售促进的专业公司，以期为客户提供更广泛的整合营销传播服务。在这些数据中，特别值得关注的是由数字媒体带来的代理公司收入所占的百分比。总体而言，目前美国广告代理公司的收入超过 40%来自数字媒体，而 2009 年该比例仅为 25%。其中约 60%的收入来自专业的数字媒体公司，这些公司专注于数字媒体业务，如搜索营销、社交媒体和移动营销。数字媒体的快速发展并不仅限于美国。阳狮集团（52%）和 WPP 集团（37%）等大型代理公司的全球收入也大多来自各种形式的数字媒体活动。[22]

广告代理公司的角色

广告主可以通过本章前面讨论的某种组织形式来自我行使广告代理公司的职能，但大多数大型公司还是选择聘用外部代理公司。本节将探讨广告主使用外部广告代理公司的若干原因。

聘用外部广告代理公司的原因

聘用外部广告代理公司的首要原因或许就是它们能凭借其所从事领域内的顶尖专业人才为客户提供服务。广告代理公司的员工可能包括艺术家、作家、媒体分析师、研究人员，以及具有其他特定技能、知识或经验，能够帮助客户推销产品或服务的人才。许多广告代理公司都专长于某一特定行业，它们利用自己的行业知识来帮助客户进行战略营销和品牌推广。例如，Lambesis 专长于通过整合营销传播服务来帮助客户建立强大的品牌形象。

外部广告代理公司可以提供不受公司内部政策、偏见或其他制约干扰的关于市场及其业务的客观观点。它还可以利用其在为各种客户解决营销问题的过程中积累起来的广泛经验。例如，一家经营旅游相关业务的广告代理公司的员工可能拥有在航空公司、游轮公司、旅行社、酒店或其他一些相关行业的工作经验。该公司可能在此领域富有经验，甚至可能为该客户的竞争对手服务过。因此，外部广告代理公司可以为客户提供对行业（以及某些情况下的竞争）的深刻见解。

广告代理公司的类型

广告代理公司的员工规模可以从一两个人到上千人不等，其所提供的服务和发挥的功能也千差万别。本部分将探讨广告代理公司的不同类型、它们为客户提供的服务以及它们的组织模式。

综合性广告代理公司

许多企业选择聘用**综合性广告代理公司**（full-service agency），此类公司为客户提供全方位的营销、传播及促销服务，其中包括广告策划、广告创意、广告制作、市场调查和媒体选择等。综合性广告代理公司也可以提供非广告性质的服务，如制订战略性营销计划、销售促进、直复营销、数字/互动营销、包装设计、公共关系及公共宣传等。

综合性广告代理公司一般由执行不同广告职能，为客户提供相应服务的多个部门组成，如图表 3-6 所示。

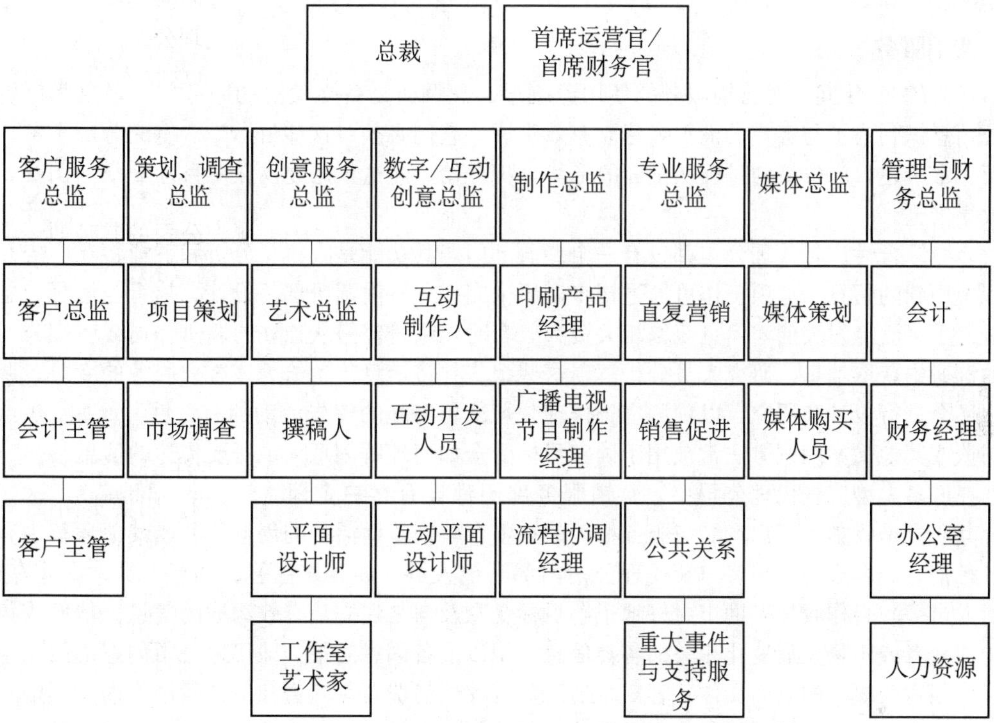

图表 3-6　综合性广告代理公司的组织结构图

客户服务

客户服务或客户管理是连接广告代理公司与客户的纽带。根据客户的规模及其广告预算的不同，客户主管可有一到多名不等。**客户主管**（account executive）负责了解客户的营销和促销需要，并将此传达给广告代理公司。他同时要协调广告代理公司的广告策划、创意与制作工作。此外，客户主管将广告代理公司的想法呈现给客户并获得其认可。

作为广告代理公司与客户关系的联结点，客户主管必须充分了解客户的业务并能将信息转达给广告代理公司中为该客户服务的专员。[23]理想的客户主管应当拥有深厚的市场营销背景并了解广告制作的全过程。营销、广告等专业的本科或硕士毕业生常常从客户主管的职位开始其客户管理的职业生涯。然而，随着广告业发生的一系列深刻变革，客户代表的角色发生了巨大变化，他们艰难地维护着自己的地位。[24]近几年来，营销商对于成本的大幅削减使得曾经臃肿不堪的客户管理人员的数量降幅达 30%。此外，对于那些收入得以保持不变的人而言，他们面对的期望与要求也在发生变化。广告代理公司需要客户主管具备优秀的战略思维和广泛的业务敏锐度，而不仅仅是广告从业经验。同时，随着其他整合营销传播工具如直复营销、数字营销、社交媒体的重要性日益凸显，广告代理公司也需要他们了解并有能力协调这些领域中的工作与关系。他们还希望这些人才具备解决复杂的沟通问题、能在成熟语境中沟通、能推销广告代理公司及其业务以及懂得与客户讨价还价的时机等技能。

一些代理公司针对客户主管开展客户服务培训项目，旨在从各方面训练他们，包括代理业基本问题、战略营销、斡旋过程以及关系构建等。一些广告代理公司和客户开始携手解决这一问题，它们为广告代理公司员工打造沟通与指导项目，帮助他们全面了解客户商业目标、营销战略及财务/预算状况等。这有助于使他们确保创意方案行之有效而不至于离题。[25]客户主管这一职位不可能消失，因为他们在管理广告代理公司与客户之间的关系上发挥着重要作用。然而，身着灰色羊毛套装的旧的客户主管时代已经一去不复返，因为广告代理公司对那些与客户关系最密切的人总有着更高的要求。

营销服务

过去的 20 年间，对营销服务的使用急剧增长。调研是备受关注的服务之一，因为广告代理公司意识到为了与客户的消费者建立有效沟通，它们必须对这些目标受众有充分的了解。正如第 1 章所述，广告策划过程从全面的形势分析开始，而这正是建立在对目标受众的调查和信息收集之上。

多数综合性广告代理公司都设有一个调研部门，其功能是收集、分析和解释将在广告开发过程中用到的信息。这项工作可通过初步调研来完成——由调研部门设计、执行与解释，也可通过二手（已经发表的）信息获取相关资料。有时，调研部门从独立的调研公司或咨询公司开展的调研中获取信息，研究人员分析解释这些报告并将信息传达给为该客户服务的专员。调研部门还会进行设计和研究，以预测广告代理公司准备实施的广告活动的有效性。例如，焦点小组访谈或其他文案测试方法常被用于确定目标受众如何理解创意人员所要传达的信息。

在许多大型广告代理公司中，营销服务部门都设有**客户企划**（account planners）这一职位，其职责是收集和客户产品与服务相关的在整合营销传播活动的创意环节或其他环节中有用的各种信息。客户企划与客户及代理公司内部其他人员（如客户主管、创意人员、媒体专员、调研人员等）合作收集有助于更好地了解目标受众及与之建立最有效沟通的信息。他们收集整理与消费者或市场发展变化相关的各类信息，用以准备创意简报，即代理公司创意部门用于指导广告创意与概念的书面文件。客户企划还负责评估消费者对广告和整合营销传播方案中其他因素的反应，并将此反馈给创意人员和公司其他相关人员。

客户企划在广告代理公司中发挥重要作用，因为他们为创意团队和公司其他相关人员提供了关于消费者的以及如何运用广告和其他整合营销传播工具与消费者沟通的更多视角。[26]然而，随着营销传播渠道及消费者接触方式的增多，客户对企划工作的要求日益苛刻。客户企划也日益发觉他们与营销传播体系中各类人群都有着密切的互动，他们必须跟进所有这些领域的发展。以客户企划闻名的代理公司 Goodby Silverstein & Partners 的品牌战略经理约翰·索普（John Thorpe）指出："企划人员不能只擅长战略制定。企划是一个涉及范围甚广的活动。他们必须擅长广告流程中的各项事务。在这个职位上，需要一心多用。"[27]

插图 3-2　表彰优秀客户企划的杰伊·恰特奖

资料来源：American Association of Advertising Agencies.

广告业已经认识到了客户企划在开发成功的整合营销传播运动中所扮演的重要角色。例如，代表美国广告代理公司的顶级行业协会美国广告代理公司协会，每年都会将杰伊·恰特奖（Jay Chiat Awards）授予各类广告代理公司。这些奖项表彰的是优秀的战略思维和客户企划，其策划者和其他机构专业人士通过创造性的广告运动，开发出了创新的见解和想法（见插图 3-2）。此前，该奖项被称为美国广告代理公司协会"客户策划奖"，2004 年更名，以纪念"广告界传奇"杰伊·恰特（Jay Chiat），他为美国的广告代理公司引入了广告规划原则。[28]

广告代理公司的媒体部门对承载客户广告信息的媒体的版面或时段进行分析、选择并与之签约。它们负责制订能够到达目标市场并实现有效传播的媒体计划。由于客户的大部分广告预算都流向媒体时段或版面的购买，媒体部门制订的计划就必须实现与准确受众的有效沟通并具有成本效益。

媒体专家必须了解媒体的受众情况、到达率及其与目标市场受众的匹配度。媒体部门在考察人口统计数据、报刊读者群、电台听众群以及消费者的互联网/社交媒体使用以及电视收看情况等信息的基础上制订有效的媒体计划。然后媒介购买人员再通过对具体版面和时段的购买实施该计划。

媒体策划与购买正成为广告代理业务中非常重要的组成部分。代理公司对广大媒体及其他消费者接触手段的议价能力和有效运用能力正日益变得与广告创意能力同等重要。一些较大的代理公司和（或）它们的控股公司成立了独立的媒体服务代理公司以更好地为客户服务。这些专业媒体公司，主要为其控股公司旗下的广告代理公司服务，也为其他客户提供媒体服务。

调研和媒体部门发挥了综合性广告代理公司策划和执行其客户广告项目过程中的大部分职能。一些广告代理公司在其他促销领域为客户提供额外的营销服务。广告代理公司可以设立销售促进部门或销售规划部门，由其负责开发竞赛、奖金、销售促进、售点材料和其他销售材料。它还可以设有直复营销专员、包装设计师、公关或宣传部门。许多广告代理公司还设置了数字/互动媒体部门，专门为其客户建设网站。整合营销传播的日益普及推动了综合性广告代理公司拓展业务，在其他销售促进领域提供服务。传统广告代理公司意识到，它们必须拓展整合营销能力，不能只满足于媒体广告。

创意服务

创意服务部门负责广告的创意与执行。那些构思广告创意，写作标题、小标题和广告文案（构成信息的文字）的人，称为**文案人员**（copywriters）。他们可能也会参与确定广告运动的诉求或主题，且常常要为平面广告或电视广告准备初步的视觉展示。

文案人员负责广告信息的内容，美术部门负责广告的外观。对于平面广告，美术指导和图案设计师准备版面设计，即展示广告作品外观的图样，它也是最终广告的底稿。对于电视广告来说，该版面设计称为“故事板”，由一系列静态的故事框架或嵌板组成。

创意部门的成员协同合作，创作能传递要点（即客户产品或服务创意战略的基础）的广告。文案和美工在创意总监的指导下工作，后者监管公司制作的所有广告。总监为部门创意理念定下基调，也可以直接参与公司最大客户的广告创作。

一旦文案、版面、插图以及技术细节都已经完成并获得批准，广告便会移交到制作部门。大多数广告代理公司实际上并不制作广告的最终成品，它们借助专门的印刷、雕刻、摄影、排版和其他服务提供者来完成这一工作。对于广电广告，获得批准的故事板需要转化为成品广告。制作部门需要监管广告演员的演出、广告场景的设置以及独立制作工作室的选择。制作部门也可能会从外部寻找导演来将创意概念转化为最终的商业广告。例如，耐克公司聘请电影导演如大卫·芬奇（David Fincher）和斯派克·李（Spike Lee）来拍摄广告；宝马公司也在一些广告和网络视频短片中起用了著名的电影导演，比如盖·里奇（Guy Ritchie）和李安等。文案、美工、客户经理、调研和策划人员以及客户方代表都可以参与决策制定，尤其是在涉及大笔资金投入的情况下。

一则广告的创作常涉及众多人员并且耗时数月。在拥有众多客户的大型广告代理公司中，协调创作和制作的过程可能是一个大问题。可通过流程协调部门来协调制作过程中的各个环节，确保广告按时完工并赶上既定的媒体排期。流程协调部门可以设在代理公司的创意服务领域，也可以作为媒体或客户管理的一部分，还可以单独设置。

管理和财务

与其他所有行业一样，必须有人来管理广告代理公司，负责基本的运营和行政工作，如会计、财务、人力资源管理等。他们还需要努力拓展新业务。大型广告代理公司聘用专门的行政人员、管理人员和其他文员来履行具体职能。广告代理公司的大部分收入（64%左右）以工资和津贴的形式支付给员工。因此，广告代理公司必须精于人力资源管理，在员工身上实现最大化的劳动生产率。

广告代理公司的组织和架构

综合性广告代理公司必须建立一种可以满足其客户需求和自己内部需求的组织结构。大多数大中型广告代理公司采用职能部门制或小组制。在**职能部门制**（departmental system）中，每个职能都由一个独立的部门负责，这些部门各司其职，为公司的所有客户服务。创意部门负责广告设计、文案及制作；营销部门负责市场调查、媒体选择及购买，客户服务部门则负责接洽客户。某些广告代理公司偏爱职能部门制，因为员工在服务各类客户的过程中可以充分发挥所长，积累专业经验。

也有许多大型广告代理公司采用**小组制**（group system），即由来自不同部门的人员组成一个小组，为特定的客户服务。每个小组由一个客户主管或总监牵头，有一个或多个媒体专员，包括媒介购买和策划人员；一个创意团队，包括广告文案、美编、美工和制作人员；还有一个或多个客户主管。小组还可能包括来自市场调查、直复营销或销售促进等其他部门的人员。小组的规模和构成视客户预算及其对广告代理公司的重要性而有所不同。对于非常重要的客户，可以由一个小组专门为其服务。在某些广告代理公司中，一个小组会同时为若干小型客户服务。许多广告代理公司采用小组制的原因在于员工能非常熟悉他们所服务客户的业务，可持续为客户服务。

其他类型的广告代理公司和服务

并非所有的广告代理公司都是大型的综合性广告代理公司。许多较小的广告代理公司希望其员工能处理各类事务。例如，客户主管可能需要自己进行调查，确定媒体排期，协助创意部门撰稿和制作广告。许多广告主，包括一些大公司，对综合性广告代理公司并不感兴趣，反而青睐那些可以提供某些专门服务的广告代理公司。在过去的几十年中，除综合性广告代理公司外的各类其他广告代理公司不断涌现，其中包括创意工作室和媒介购买公司。

创意工作室

创意工作室（creative boutique）指的是仅提供创意服务的小型广告代理公司。它长期以来一直是广告业的重要组成部分。这些专业广告代理公司拥有包括文案、美工在内的各种创意人才，却往往不提供媒体、调查或者客户企划等相关业务。一些广告主希望在引进外部广告代理公司创意服务的同时，能够对内部其他营销传播手段保持有效控制，对此创意工作室已经逐渐摸索出了相应对策。大多数创意工作室直接服务于广告主，也有一些从综合性广告代理公司那里承接业务，尤其是当这些综合性广告代理公司处在业务旺季或是不愿意增加全职员工时。承包计酬方式一般为按项目或者按时间收费。

创意工作室通常由综合性广告代理公司的创意人员组建，他们离开原来的公司并带走了那些愿意继续倚重他们创意才能的客户。这些小型代理公司的一大优点就是它们的创意工作迅捷且极富创造力，没有大型广告代理公司的繁冗官僚作风和政治斗争。许多广告主也愿意直接与创意工作室合作，因为与大型广告代理公司相比，它们能从这些创意工作室获得更多的关注，与创意人员的接触也更直接。

创意工作室仍将是广告业的重要组成部分。但是，它们面临与大型广告代理公司竞争的巨大压力，尤其是广告行业预算减少的时候。此外，许多客户需要的是大型广告代理公司能够提供的广泛服务，因为它们寻求的是战略和商业构建的想法，而不仅仅是创意。许多创意工作室随着发展壮大并获得更多的客户，开始提供额外服务，并成为成功的独立广告代理公司。整合营销传播视点3-1讨论了Droga5，这是一家独立的广告代理公司，由于其出色的创意和战略规划而获得了广泛认可，并获得了无数的行业奖项。[29]

整合营销传播视点3-1

Droga5——创造性领导力、战略性驱动力

如果要问那些从事广告工作的人，他们对广告行业最热门和（或）最欣赏的广告代理公司的看法，他们很可能会提到Droga5，并且理由充分。Droga5成立于2006年，最初是纽约市的一家小型创意工作室。在过去十年里，它曾九次获得包括戛纳国际创意奖、金铅笔奖、艾菲奖以及广告界主要出版物《广告周刊》和《广告时代》以及其他行业组织颁发的年度大奖。Droga5是唯一一家连续六年入选《广告时代》年度榜单的广告代理公司，2016年更被评选为年度最佳广告代理公司，同时收获年度最佳创意部门奖，成为第四家同年获得两项殊荣的广告代理公司。对于Droga5的认可已经超越了广告行业，《快公司》（*Fast Company*）杂志将其评为2013年度全球最具创新力的公司之一。

该公司由大卫·德罗加（David Droga）创立，他在澳大利亚的一个滑雪胜地长大，梦想成为滑雪教练环游世界。然而，长大后的他并没有成为滑雪教练，而是在悉尼的OMON广告代理公司开始了其广告生涯，并在22岁时成为该公司的合伙人和执行创意总监。他于1996年移居新加坡，成为盛世长城的创意总监。三年后，他被提升为该公司伦敦办事处的执行创意总监。2003年，他来到纽约，成为阳狮集团第一任全球首席创意总监。在帮助阳狮集团下属广告代理公司发展壮大的十年后，大卫决定成立自己的广告代理公司，并将其命名为Droga5（这是他母亲为这个排行老五的儿子的校服做标签时所用的名字）。

当被问及公司成功的秘诀和最大的优势时，大卫将其描述为对工作的关注与执着，这是独树一帜，能够推动事业发展，并影响整个现实世界的。他指出，公司渴望以不同的方式开展业务，并在帮助客户提升的同时拓宽创意领域。尽管公司以创造性思维而闻名，但其战略思维也毫不逊色。摩根大通（JPMorgan Chase）和佐治亚太平洋（Georgia Pacific）等客户对Droga5的研究能力、分析能力及其综合利用信息来开拓创造性见解和确定发展方向等领域的能力都大为赞赏。

Droga5将自己描述为有创造性领导力、战略性驱动力和数字本土化的，痴迷于人性的广告公司，所有这些都是其获得巨大成功和赞誉的原因。该公司是名副其实的创意巨头，它为纽卡斯尔棕啤（New Castle Brown Ale）、谷歌和安德玛等客户或品牌开发的广告无疑证明了这一点。该公司凭借其为纽卡斯尔制作的“如果我们成功了”（If We Made It）的广告获得了脸书的大奖。它通过社交媒体和文案吸引人们在线观看了一支从未播出过的超级碗广告。该广告由演员安娜·肯德里克（Ana Kendrick）出演，她在广告中吐槽纽卡斯尔邀请她参与广告拍摄，但拍摄前却被放了鸽子。这支恶搞广告在超级碗的一众营销广告中独树一帜，在社交媒体上吸引了超过500万的点击量。Droga5还为谷歌的安卓系统制作了名为《永远的好朋友》（Friends Furever）的广告。在广告中，许多跨类别动物和谐共处，迪士尼电影《罗宾汉》（Robinhood）的插曲作为其背景音乐。这支广告广获赞誉，也是有史以来最受大众欢迎的广告之一。

Droga5为安德玛制作的系列广告《做我想要的》获得2015年戛纳国际广告节评审团大奖。

其中一支由超模吉赛尔·邦辰出演。广告描绘了一个社交媒体网站将邦辰环绕的场景，不断有各种言论对她进行实时攻击，而她用自己的力量将那些最讨厌的批评者的声音一一击碎。Droga5还为安德玛制作了名为《自律》(Rule Yourself) 的系列广告，讲述了美国职业篮球联赛 (NBA) 球星斯蒂芬·库里 (Stephen Curry)、高尔夫球手乔丹·斯皮思 (Jordan Spieth) 和芭蕾舞女演员米斯特·柯普兰 (Misty Copeland) 等如何通过努力而获得成功的故事。该广告广受好评，帮助安德玛将业务扩展到足球以外的其他运动项目，并涉足女性运动领域。

Droga5在过去十年间经历了飞速发展，并被公认为独立广告代理公司的翘楚之一。除了所有的奖项之外，它在业绩上创下的纪录还包括自成立以来最低31%的年增长率。当然，伴随着高速发展而来的是诸多挑战，如雇佣新员工以及保持使之变得如此独特和成功的企业文化。大多数广告业者都希望Droga5能够继续为其客户提供伟大的创意，因为在大卫·德罗加的领导下，Droga5似乎每年都能得到更好的发展。滑雪行业的损失换来的显然是广告业的巨大收获。

资料来源：Ann-Christine Diaz, "Agency of the Year," *Advertising Age*, January 25, 2016, pp. 6-7; Tim Nudd, "Droga5's Gisele Campaign for Under Armour Scores the Cyber Grand Prix at Cannes," *Adweek*, June 24, 2015, www. adweek. com/news/advertising-branding/droga5s-gisele-campaignunder-armour-scores-cyber-grand-prix-cannes-165541; Christopher Heine, "Droga5 Nabs Top Facebook Studio Award for Newcastle Brown Ale Work," *Adweek*, April 29, 2014, www. adweek. com/news/technology/droga5-nabs-topfacebook-studio-award-newcastle-brown-ale-work-157337. urce.

媒介购买公司

媒介购买公司 (media specialist companies) 是专门从事媒体（特别是电视和数字广告）购买服务的公司。随着媒体受众的分散化和数字媒体的发展，购买广告媒体的任务日益繁重。基于此，媒介购买公司专门致力于开发广告时段和版面的分析与购买这一利基市场。广告代理公司和客户通常自己制定媒体战略，然后交由媒介购买公司具体执行。然而，一些媒介购买公司也帮助广告主规划其媒体战略，因为它们通常会因为购买大量时段和版面而获得较大的折扣，从而能够帮助较小的广告代理公司或客户在媒介购买上节省开支。近年来，广告媒介购买的一个重大发展是**程序化购买** (programmatic buying) 的快速增长，其中涉及大量技术，使得广告媒介的购买、投放和优化趋向自动化。[30]程序化购买源于对数字广告空间的购买，在这里有无数可供营销商选择的选项，购买流程是自动化的，且通常基于实时竞价。但是，程序化购买已经超越了数字媒体，因为它也被用于购买电视广告时间。[31]媒介购买公司通常根据其服务向广告主收取酬劳或佣金。

近年来，媒介购买公司迅猛发展，因为客户开始在与综合性广告代理公司的合作之外寻找新的合作关系。有些广告主将代理公司所能提供的服务分门别类，并不断加强媒介购买在广告预算中的比重，以最大化其投入带来的产出。耐克、露华浓和现代/起亚汽车便是典型的将部分或者全部媒介购买业务从综合性广告代理公司转向独立媒介购买公司的企业。如前所述，许多大型广告代理公司组建独立的媒体服务公司来专门负责媒介策划和购买，为希望在媒体策划、研究和（或）购买方面更专业和更有针对性的客户单独提供服务。许多大型广告主把媒介购买业务交给这些大型媒介购买公司以节约成本并提高媒体效率。很多公司，如百事、联合利华、可口可乐和欧莱雅等大型广告主都雇佣媒介购买公司来负责其全球性媒介购买，以帮助它们在各国实现规模经济和更加均衡的媒体策略和执行。

近年来，广告业的两个最显著变化就是在传统广告代理公司媒体部门之外运作的独立的媒介购买服务的兴起以及这些部门从代理系统的剥离。全美广告主协会 (Association of National Advertisers) 的一项调查显示，只有很少的企业仍使用综合性广告代理公司来负责其媒介策划与购买，绝大多数已经转向专业的媒介代理公司。这些代理公司常常与为广告主（尤其是大型广告主）提供创意服务的主要代理公司同属一家控股集团。不过，也有 1/3 的媒介购买公司与该主要代理公司毫无关联。[32]随着媒体变得愈加复杂，诸如程序性购买、大数据及分析技术等因素将在媒介策划和购买过程中更加重要。这将驱使营销商仔细审查它们的媒介策划和购买流程，并可能导致它们更多地使用媒介购买公司。[33]

广告代理公司的酬金

广告代理公司提供的服务类型和数量随着客户的不同而有所区别。因此，广告代理公司计酬的方式也种类多样。其中有三种最为典型：佣金制、某种形式的酬金制和百分比加成制。

来自媒体的佣金

广告代理公司获取酬金的传统方式是**佣金制**（commission system）。在这种方式下，广告代理公司通常按照其为客户购买的广告时段或版面，从媒体那里收取佣金（一般是 15%，户外广告的佣金为 16.67%）。如下面的例子所示，这种方式提供了一种计算报酬的简便方法。

假设一家广告代理公司准备了一则整版的杂志广告，计划将该广告以 10 万美元的成本发布在一份杂志的封底上。该广告代理公司负责对版面下订单并将广告发给杂志。一旦广告正式发布，该杂志就会向广告代理公司收取 10 万美元，并返给 15%的佣金（1.5 万美元）。此外，媒体可能对先期付款给予 2%的现金折扣，广告代理公司会将该折扣返还给客户。如图表 3－7 所示，广告代理公司向客户收取 10 万美元，再返还 2%的现金折扣，或直接收取 98 300 美元。1.5 万美元则为广告代理公司提供服务得到的佣金。

图表 3－7　　佣金制支付模式示例　　单位：美元

媒体向广告代理公司收取的费用		广告代理公司向广告主收取的费用	
杂志版面费	100 000	杂志版面费	100 000
减去 15%的佣金	－15 000	减去 2%的现金折扣	－1 700
媒体版面费	85 000	广告主支付给广告代理公司	98 300
减去 2%的现金折扣	－1 700		
广告代理公司支付给媒体	83 300	广告代理公司收入	15 000

对佣金制的评价

佣金制作为给广告代理公司付酬的主要方式一直备受争议。批评者认为，佣金制会导致广告代理公司向客户推荐价格昂贵的媒体，因为这样一来广告代理公司就可以提高佣金水平。对佣金制的另外一种质疑是它将代理报酬与媒体成本挂钩，而媒体成本近十年来大幅上涨。其备受指责的另一点是，佣金制会导致广告代理公司向客户推荐大众广告媒体，而回避其他不收取佣金的整合营销传播工具，比如直邮、销售促进、公共关系或赞助等，除非客户自己要求这样做。

佣金制的支持者则认为它便于管理，并且将计酬的重点集中在诸如广告质量等非价格因素上。他们认为广告代理公司的服务同佣金规模成正比，大客户给广告代理公司带来高额收入，因此广告代理公司会在它们身上投入更多的时间和精力。他们还认为这种方式实际上比看上去更灵活，因为代理公司愿意在不收取额外费用的情况下为客户提供附加服务，以证明它们收到大额佣金的合理性。

20世纪90年代，广告主开始弃用佣金制，大多数公司现在已不再将这一方式作为基本付酬方式。由全美广告主协会发起的最新广告代理公司计酬方式调查发现，继续采用佣金制的大型广告主比例从2007年的16%下降到6%。[34]而在这些广告主中，多数支付的佣金比例也不再是传统上的15%。许多企业采用**协议佣金制**（negotiated commission），佣金比例平均为8%～10%，或随着客户媒体投入的增加而逐步下调。广告代理公司也在逐步减少对媒体佣金的依赖，因为客户越来越多地采用其他的整合营销传播促销方式，减少了在传统大众媒体上的广告支出。广告代理公司的佣金收入在逐步减少，更多的收入来自酬金或基于效果的激励补偿。全美广告主协会的这一调查是对全球广告代理公司薪酬的首次调研。研究发现在美国以外的国家，依赖佣金制是一种更为常见的做法，因为全球超过1/3的营销商仍然通过传统媒体佣金来支付它们的广告代理公司。佣金制采用频率较高的一个原因是，在巴西和日本等国家，使用佣金支付广告代理公司这一做法是由法律规定的或者是一种惯例。[35]

费用、成本和激励补偿制

因为很多人都认为佣金制并非对各方都公平，许多广告代理公司及其客户开始采用某种酬金制或成本加成制作为计酬模式。还有一些广告代理公司使用激励补偿制，这是佣金制和酬金制的一种组合形式。

酬金制

酬金制有两种基本类型。一种是**固定酬金制**（fixed-fee method），广告代理公司对其提供的所有服务按月收取固定费用，其间返还的媒体佣金归客户所有。代理公司需要就其负责的具体工作及应得报酬与客户达成一致。有时广告代理公司通过**费用-佣金组合制**（fee-commission combination）收取报酬。在这种制度下，广告代理公司支付的媒体佣金与酬金是相对的。如果佣金少于协议酬金，客户需补足差额。如果广告代理公司为客户在不收取佣金的媒体上做了大量工作，那么酬金就要在应支付佣金的基础上收取。

这两种类型的酬金方式都要求广告代理公司细致评估在特定时期或特定项目上的客户成本以及在此基础上所期望的利润。为了避免纠纷，酬金制应当注明广告代理公司对客户提供的服务范围。全美广告主协会的调查显示，通过固定酬金或劳务补偿形式来偿付服务的酬金制如今已经成为广告主对广告代理公司付酬的主要形式。57%的广告主在使用此种方式，也有37%的受调查广告主采用佣金制与酬金制混合的计酬方式。

成本加成制

在**成本加成制**（cost-plus system）下，客户按照广告代理公司所提供服务的成本加上一定的协商利润（通常是总成本的一定百分比）来向广告代理公司付酬。这种方式需要广告代理公司对每项服务所产生的成本进行详细记录。直接成本（员工时间与实付费用）加上管理经费以及一定比例的利润组成了广告代理公司向客户收取的费用。

酬金制和成本加成制通常与佣金制一起使用。以酬金制为基础的计酬方式需要考虑客户规模、广告预算、媒体使用状况和所需提供的服务等，它对客户和广告代理公司都是有利的。许多客户喜欢酬金制或成本加成制，因为它们可以获得关于广告与促销预算的具体去向的详细清单。不过这种计酬方式对广告代理公司来说通常难以实现，因为它们需要进行详细的成本核算并且在争取广告主的业务时通常难以做出准确的成本评估。很多代理公司也不愿意让客户看到它们的内部成本数据。

激励补偿制

如今许多客户希望广告代理公司更加尽责，于是采用某种类型的**激励补偿制**（incentive-based system）将广告代理公司的报酬与其业绩联系起来。近来这一机制以价值补偿制这一新形式出现。当代理公司达到或超额完成既定目标时，它们可以据此获得多于基础成本的补偿。[36]成本的多少则由代理公司将要执行的任务、人员配备和小时工资率决定。尽管变数很多，但基本理念就是广告代理公司的最终报酬水平取决于它与预定的业绩目标的契合度。这些目标包括诸如销售额或市场份额等客观测量指标，也包括很多主观测量指标（如对广告代理公司创意工作的质量评估）。采用激励补偿制的公司通过媒体佣金、酬金、奖金或这些形式的组合来确定广告代理公司的报酬。激励补偿制的使用取决于客户规模的大小，大公司更喜欢这种方式。图表 3－8 展示了基于激励补偿制的多种业绩评价标准。

图表 3－8　　基于激励补偿制的业绩评价标准（%）

业绩总评	82
销售目标	53
品牌或广告认知	51
实现活动目标	44
品牌感知	33
文案测试结果	24
市场份额目标	24
利润目标	24
其他标准	13
激励的基础	
广告代理公司的业绩	27
公司的业绩	13
广告代理公司和公司的综合业绩	53

资料来源：Association of National Advertisers，*Trends in Agency Compensation*，14th ed.，2007.

在认可激励补偿制的前提下，很多广告代理公司同意将其报酬与业绩挂钩。广告代理公司的管理者认为，当他们能够完全操控一项广告运动时，计酬效果是最好的。因此，即使广告运动不能促进产品或服务的销售，他们也愿意承担全部责任并减少报酬。反之，如果销量上升，广告代理公司就可以多收酬金。

百分比加成

广告代理公司计酬的另一种方法是对它向外部供应商购买的各类服务增收一个额外的**百分比加成**（percentage charges）。这些服务可能包括市场调查、美术设计、印刷、摄影或其他服务和材料。额外费用的比例通常为 17.65%～20%，计入客户的总费用。因为这些服务的提供者并不向代理公司支付佣金，所以百分比加成就被用来弥补管理成本，同时也能给代理公司带来一笔适当的利润。（在初始成本中增加 17.65%的额外费用将产生 15%的佣金。如调研成本为 10 万美元，乘以 17.65%即为 17 650 美元，10 万美元加上 17 650 美元总计 117 650 美元，而 17 650 美元的百分比加成费用大致相当于 117 650 美元的 15%。）

广告代理公司的计酬前景

如你所见，没有一种计酬方式能令所有人满意。近十年来，广告主对广告代理公司的付酬方式在不断调整，包括采用激励补偿制。全美广告主协会调查发现，在所调查的广告主中，将激励补偿制写入代理计酬协议的占 49%，并有相当数量的广告主正在考虑这样做。[37]

越来越多的公司采用整合营销传播手段，它们正日益减少对传统媒体广告的依赖，并因此改变了计酬方式。计酬方式的改变也受经济因素的驱动。在经济衰退时期，各公司纷纷削减了广告与促销预算，它们试图从营销策划的各方面寻求减少开支的方法。大多数广告主并没有增加它们的营销预算，而是继续保持在广告和其他形式的营销传播上的支出。许多客户虽然意识到广告代理公司应该有所盈利，但仍会继续讨价还价以减少内部支出，确定成本削减的部分，并严格控制其开支。[38]

广告主也在让广告代理公司对其服务收费更加尽责，并要求广告代理公司在组织、决定和佣金比例方面增加透明度。[39]全美广告主协会调查最重要的发现之一就是，公司采购部门越来越多地参与到广告代理公司计酬的管理与谈判中。75%的全球受访者表示他们的采购部门参与了与广告代理公司的计酬谈判，近一半的受访者表示这一流程是以采购为主导以市场为支撑的，仅有 28%的受访者表示这一过程以市场为主导。整合营销传播视点 3－2 讨论了采购专家的介入如何影响广告代理公司的酬金，以及对于这可能导致媒体回扣的担忧，即媒介购买的折扣不会由代理公司返还给客户。

整合营销传播视点 3－2

面对采购专家和与客户进行回扣谈判的广告代理公司

多年来，麦迪逊大道一直是一个独立的世界。广告代理公司根据它们为客户提供的媒介购买服务收取 15%的佣金作为报酬：随着广告在电视、广播或者杂志里频繁出现，现金源源不断涌向麦迪逊大道。创意者主导着广告代理公司，他们构想出能够转化为电视广告、平面广告、广播广告或公告牌广告的伟大创意，然后这些广告通过大众媒体到达大众市场的广大消费者。

20 世纪 90 年代末，广告行业蓬勃发展，许多广告代理公司仍能说服其客户同意按照媒体支出的固定比例支付服务报酬。然而在 21 世纪的头十年，许多大型广告主彻底放弃了佣金制。绝大多数客户基于广告代理公司的人工成本向广告代理公司以酬金的形式支付报酬。更复杂的是，现在一些公司让采购人员与广告代理公司谈合同，而不是由营销经理或广告经理出面。许多广告代理公司发现，在劳动力成本分配、员工薪水、管理经费以及合理利润等方面与这些采购人员协商问题要困难得多。它们认为采购部门的人根本不懂广告业务，也不了解自己在品牌建立中所扮演的角色。一些广告代理公司对客户将其视为倒卖者而非营销伙伴表示抗议，但其他一些广告代理公司仍愿意以较低的利润换取新业务，这导致许多广告代理公司丧失议价权力。

许多营销主管对于采购人员介入广告过程嗤之以鼻。他们认为广告创意与为制造业采购原材料的过程截然不同，对采购主管与首席财务官尝试介入广告代理公司选择过程表示担忧。他们认为，客户与代理机构的关系和广告的财务问题被过分强调，而代理酬金却又被认为是支出而非投资。许多营销主管和广告代理公司方的大多数人都感觉到，根据广告代理公司在客户身上耗费的时间来评价代理公司的工作是十分困难的，但他们也意识到这已逐渐成为他们需要接受的新模式。

在不断强调通过采购推动费用削减的时候，一个新的问题出现了：媒体回扣，这一做法被粗略地定义为一个广告代理公司从媒介购买中获得了批量返利或佣金，而没有返还给客户。许多控股公司将自己的媒体业务剥离出来，建立独立的媒介购买公司。这些大型媒介购买公司可以凭借其规模与影响力获得更优惠的媒体价格从而为客户节约成本。然而，问题在于节约的开支最终是回到客户手里还是流向媒介购买公司。在美国以外的国家，媒体回扣是一种遭人唾骂但却可以容忍的做法。全美广告主协会的一项调查显示，这种做法在美国变得越来越普遍。该协会共有近 700 家成员公司，这些公司每年在市场营销和广告上的总支出达 2.5 亿美元。该协会发布的一份报告显示，近 1/3 的营销商知道媒介购买公司提供的回扣和奖金不会被返还给广告主。该报告还指出，绝大多数接受调查的营销商认为，广告代理公司应该把它们收到的所有回扣返还给它们的客户，因为保留回扣可能会影响客户在媒体选择上的客观性。营销商担心，媒体回扣可能会影响广告代理公司的媒介购买决策，导致它们的营销预算分配不理想。

营销商和广告代理公司都认为公开回扣并将其返还给客户并不难。然而，随之而来的问题是，如何定义媒体回扣以及哪些返利应该返还给客户。因为当销售量达到一定目标时，媒介购买者向广告代理公司提供的回扣很少以简单的现金形式支付。业内专家指出，他们经常采取更具创造性的形式，如先期付款的返利、广告代理公司就调研或其他服务向媒介购买公司收取的费用、媒介购买公司向客户提供的不需要发票的津贴储备等。返利也可能流入代理公司所属的控股集团，在那里资金的走向很难被追踪。

全美广告主协会的报告建议，代理合同中关于返利的内容应完全公开和记录，并要求将所有返利返还给客户。然而，即使是那些对返利持批评态度的业内人士也认为，这是营销商努力压缩代理成本和采购流程的自然结果，它已经将利润率降到了营销商预期的最低值。许多营销商的回应是，它们关心的不仅仅是成本节约，同时也在寻求从媒体支出中获得更多效益，尤其是在数字媒体支出和程序化购买不断增加的情况下。

尽管广告代理公司高层对全球广告业正经历的变化好感寥寥，但大多数人都意识到他们别无选择，只能适应这些变化。客户采购部门的介入已成事实，而对于仍有抱怨的人，一位前广告代理公司高管这样回应："欢迎来到现实世界。"他指出，负责客户工作的人从工作的第一天起就必须与采购部门或者难缠的买主打交道。对媒体回扣的担忧正影响着这个行业，因为一些营销商正在审查它们的媒体业务，许多业内专家指出，这是谈判的结果。全美广告主协会也在持续关注这一问题，并在2015年下半年聘请了两家咨询公司来审查未公开的返利是否会影响媒介购买公司的客户工作。

许多广告业人士认为双方应寻找一个恰当的合作途径。营销商必须认识到，如果广告代理公司几乎无法盈利，那么它们与广告代理公司的关系就不可能长久，应尊重广告代理公司赚取合理利润的权利，而广告代理公司必须设法继续降低成本，接受更小的利润空间。然而，他们也指出，客户在财务上对于广告代理公司的过度紧缩最终将伤害自己。因为当广告代理公司屈服于客户的要求时，服务质量必定会打折扣。

资料来源：Alexandra Bruell, "In Unilateral Decision, ANA Hires Two Firms to Probe Agency Rebates," *Advertising Age*, October 26, 2015, pp. 2, 4; Alexandra Bruell, "Unprecedented Wave of Media Reviews Partly Driven by Rebate Debate," *Advertising Age*, June 1, 2015, p. 8; Jack Neff, "The Great Rebate Debate: Are Media Buyers Getting Cash Back?" *Advertising Age*, September 10, 2012, pp. 52-54; Bob Liodice, "Transparency Is the Only Way to Avoid Abuse of Media Rebates and Incentives," *Advertising Age*, October 1, 2012, p. 49; Chris Ingram, "Time for Ad World to Meet the Real World," *Advertising Age*, July 2, 2006, p. 14; Rupal Parekh, "Fed-Up Shops Pitch a Fit at Procurement," *Advertising Age*, October 26, 2009, pp. 1, 17.

对广告代理公司的评估

鉴于广告与促销需要花费大量资金，对于支出问责制的要求与日俱增。因此，定期考察广告代理公司的业绩十分必要。对广告代理公司的评估通常包括两种类型：一类是财务和运营评估；另一类是质量评估。**财务审计**（financial audit）主要评估广告代理公司如何开展业务，以确保成本和支出、员工花费在客户上的时间和对媒体及外部供应商所付费用等的合理性；**质量**

审计（qualitative audit）主要评估广告代理公司在规划、开发和实施客户广告项目的过程中所做出的努力，同时也考察实施的结果。

对广告代理公司的评估通常是在主观、非正式的基础上开展，广告预算低或广告职能与营销业绩关系不明显的小公司更是如此。然而，也有一些公司开发了正规的系统性评估体系，尤其是在一些预算庞大、广告职能受重视的公司。这些公司的高管希望确保资金花费有效且得到有效利用。随着广告和其他形式的促销成本的上升，越来越多的公司开始采用正规程序来评估其广告代理公司的绩效。例如，全美广告主协会的一项调查显示，76%的营销商会对传统的创意代理公司进行正规的评估，而有 68%的营销商会对传统的媒体代理公司进行正规评估。同时，调查还发现，广告代理公司完成的业务质量的权重远远高于定量因素。调查中列举的最主要的质量因素包括创新、创意、团队合作、协商的最后期限、策略和实施。该调查的一项有趣发现是，正规的评估通常不会用于数字、公共关系、直复营销和跨文化代理公司。[40]

评估广告代理公司的一个重要考量因素就是能为客户带来的价值。美国广告代理公司协会和全美广告主协会开展了一项大型调查，以研究广告代理公司与客户如何定义所谓的价值，以及广告代理公司的哪些行为能够为客户带来最大价值。[41]图表 3－9 展示了广告主认为的能够为其创造价值的广告代理公司行为的七个主要维度。该研究还考察了客户如何在客户与广告代理公司的关系中增值，并发现创造价值的核心驱动力，包括对品牌问题与机会的了解、给予广告代理公司开展工作必要的时间和资源、对广告代理公司提出明确的要求以及给予广告代理公司建设性的反馈等。[42]

图表 3－9　　广告代理公司如何为客户创造价值

1. 开发与产生新鲜合理的创意。
2. 确保广告代理公司的理念与职能的高度整合，以及广告代理公司的各团队与分支之间在为客户服务时合作融洽。
3. 创造互相尊重的合作环境。
4. 开发适合多种传播渠道的创意和方案。
5. 分配最好的员工为客户服务，且管理高层在需要的时候能够出面。
6. 评估品牌驱动力，如知名度、关注度及购买意图。
7. 提出有关新媒体与新技术的指导和解决方案。

资料来源："Report on the Agency-Advertiser Value Survey," American Association of Advertising Agencies and Association of National Advertisers, August 2007.

获得客户与失去客户

以上所述的评估过程为客户和广告代理公司提供了有价值的反馈，如指出广告代理公司需做的调整和（或）督促客户做出改善，使客户与广告代理公司的关系更富有成效。许多广告代理公司都与其客户保持持久的合作关系。例如，通用电气公司（GE）已经与天联广告公司合作了近一个世纪。[43]其他 43 家拥有持久关系的知名公司或品牌包括万宝路与李奥贝纳（约 60 年）、麦当劳与恒美广告（约 50 年）以及雪佛兰与坎贝尔·埃瓦尔德（Campbell Ewald）（约 90 年）。

尽管许多广告代理公司与客户关系成功维持多年，但专一于某个广告代理公司的情况却越来越少，因为营销商在不断寻求与消费者联系的新途径。[44]近年来，许多长期维持的客户关系都已终止。例如，当能源巨头埃克森美孚公司（ExxonMobil）将其广告代理商由麦肯转为天联广告，史上最长的一段广告合作关系宣告结束。在标准石油（Standard Oil）帝国于 1911 年解体后，麦肯开始了与埃克森美孚近 100 年的代理合作关系。[45]2016 年，橄榄园连锁餐厅（Olive Garden restaurant）与葛瑞集团分道扬镳，开始了与麦利博文（Mcgarrybowen）的合作关系，证明了这家年轻的广告代理公司在各渠道出色的创新业绩。玩偶匣快餐（Jack In the Box）也结束了与Secret Weapon Marketing长达20年的合作关系。

企业频繁更换广告代理公司可能是为了寻求更好的创意，也可能是因为企业高层变动引发的重组，或者营销或广告战略有所调整，抑或客户或广告代理公司在兼并过程中产生了矛盾。一家企业更换广告代理公司还可能是为了巩固其在一家广告代理公司的所有广告和营销工作。许多全球性的营销商（如三星、IBM、高露洁、微软等），近年来都纷纷减少合作的广告代理公司数量以获得对营销传播更多的控制权，建立全球统一的品牌形象。[46]

2009年，现代汽车（美国）将其所有的创意业务交给Innocean（美国）。Innocean（美国）是总部位于首尔的Innocean代理公司在美国的分公司，而Innocean（韩国）又是现代汽车集团下属子公司。此举在一定程度上是由于现代汽车需要一个有凝聚力和统一的全球品牌形象。在过去的五年里，Innocean表现出色，它帮助现代汽车成为美国市场上增长最快的汽车品牌之一。[47]该公司为伊兰特和索纳塔等车型开发了广告和数字活动，并帮助现代公司进军高端豪华轿车市场，为捷恩斯（Genesis）和雅科仕（Equus）这两款豪华轿车制作了广告。

导致客户变更广告代理公司的原因很多，了解这些能够帮助广告代理公司避免客户流失。[48]此外，了解广告代理公司争取新客户的流程也十分必要。

广告代理公司为什么会失去客户

广告代理公司失去客户的常见原因如下：

● 低劣的业绩或服务。客户对广告代理公司提供的广告或服务质量不满意。

● 沟通不畅。客户和广告代理公司员工间没有建立或保持必要的沟通以维系一个良好的工作关系。

● 客户不切实际的需求。客户对广告代理公司提出的要求超过了广告代理公司收取报酬的业务范围，降低了广告代理公司的盈利能力。

● 人事变动。不管是广告代理公司还是广告主，任何一方的人员调整都可能带来问题。新任经理可能希望继续雇佣与他建立了联系的广告代理公司；广告代理公司的职员在跳槽到其他公司或创办自己的广告代理公司时也可能会把客户带走。

● 客户或广告代理公司规模变化。客户规模扩大后，原来的广告代理公司可能无法满足其需求，客户会找一家更大的广告代理公司来处理自己的业务。反之，如果广告代理公司规模扩大，客户的业务量在其总业务中可能只占一个很小的比例，这样客户就得不到应有的重视。

● 利益冲突。当两家广告代理公司合并，或者当客户是收购或兼并对象的一部分时，矛盾就可能产生。在美国，一个广告代理公司不能同时为两个有直接竞争关系的客户服务。在某些情况下，即使是间接竞争的客户也不允许。

● 客户公司合作和（或）营销战略变化。客户可能改变其营销战略并决定雇佣一家新的广告代理公司来执行新战略。越来越多的公司采用整合营销传播手段，它们开始寻找不仅能处理媒体广告，而且还拥有整合能力的广告代理公司。近来，许多公司变更了它们的广告代理公司，将业务转移到拥有强大数字营销能力的广告代理公司。

● 销量下滑。当客户产品或服务的销量停滞或下滑时，广告代理公司可能被认为应对此负责。为了寻求新的创意方法，寻找一家新的广告代理公司势在必行。例如，近年来，安海斯-布希（Anheuser Busch）曾数次为其两款百威啤酒（Budweiser与Bud Light）更换广告代理公司，试图扭转这两个品牌销售额和市场份额下滑的趋势。[49]

● 报酬理念的冲突。报酬的水平或方式不是一个能够轻易达成一致的问题。随着越来越多的公司引入激励补偿制，有关报酬的争议变得越来越普遍。

● 政策上的变化。当某一方重新评估关系的重要性，广告代理公司获得一个新的（而且是更大的）客户，或者某一方经历了一次兼并或收购时，政策上都可能发生很大的变动。

● 营销和（或）创意战略上的分歧。有时广告代理公司与客户在营销战略上的意见并不一致。对于客户认为对品牌最有收益的创意手段，广告代理公司也可能不以为然。例如，CP+B广告代理公司就因为在营销和创意战略上的分歧与多家客户（包括捷威（Gateway）和米勒酿酒（Miller Brewing Co.））终止了合作。

● 整合营销能力的缺乏。许多客户更换广告代理公司是为了寻找具备更广泛整合营销传播能力或者在某些特殊领域（如数字营销）有专长的广告代理公司。在某些情况下，客户希望能找到可以独立提供完整的整合营销传播服务的广告代理公司。然而，许多营销商正向开放的合作模式调整，它们以项目为基础雇佣不同的广告代理公司和其他营销传播合作伙伴，使它们各司其职，各取所长。[50]

如果广告代理公司意识到这些预警信号，就可以调整其方案和政策以确保客户满意。这里探讨的一些情形是不可避免的，还有些情况是在广告代理公司控制范围之外。但是为了维系客户，广告代理公司对其控制范围内的问题必须倍加重视。

当广告代理公司认为继续为客户服务不符合其最大利益时，就到了关系终止的时刻。人事冲突、管理理念的改变和（或）不充分的财务激励只是这一决定的部分原因。广告代理公司的离开也可能是为了寻找更好的商机，继续成长并赚取更大的利润。当广告代理公司因出色的服务和高效的整合营销传播能力而闻名时，它们往往有机会去追求更大的客户，其中可能包括一家同行业的公司。利益政策冲突排除了一家广告代理公司为一个产品或服务类别中多个公司服务的可能性。[51]

广告代理公司如何获得客户

广告代理公司抢夺客户的竞争十分激烈，因为大多数企业本身已经完成了其广告职能的相关组织工作，所以每年只有数量有限的新客户需要广告代理公司提供服务。虽然小型广告公司很愿意同一个新企业合作并与之共同成长，但是较大型的广告公司通常对这种每年广告支出低于100万美元的小企业不感兴趣。许多顶级广告代理公司一般不会接受每年开支少于500万美元的客户。而一旦达到这种费用水平，广告代理公司之间的客户之争就会加剧。

在大型广告代理公司中，大多数新业务都来自那种已经有广告代理公司但决定改变其关系的客户。因此，广告代理公司必须经常寻求并争取新客户。通常采用的方法如下：

推荐 许多优秀的广告代理公司通过既有客户、媒体代表甚至其他广告代理公司的推荐得到新客户。这些广告代理公司通常同客户、媒体及与它们有合作业务的外部团体保持良好的工作关系。

征求 获得新业务最常见的方式之一是直接征求。在小型的广告代理公司中，总经理可能会亲自招揽新客户。在大多数大型广告代理公司中，由新业务拓展小组探索并联系新客户。该小组负责起草征求信函、打行销电话以及做后续工作。近年来的经济衰退导致广告投入减少，这使得许多广告代理公司主动为对自己的服务表示满意的客户提供服务。广告代理公司的高管都认识到新业务是广告代理公司的命脉，他们甚至要求业务拓展团队拉拢那些尚未考虑做广告的广告主。[52]

展示 新业务拓展团队的一个基本目标是接受某企业的邀请来进行工作展示。这给广告代理公司提供了展示自己的机会——介绍其经验、人员、能力及业务操作流程，同时也可以展示以前的工作成果。

广告代理公司可能会被要求拟定一个前瞻性的工作展示，对客户的市场营销状况进行考察并尝试提出一个包含创意的传播计划。工作展示需要投入大量的时间和精力来准备，而且会耗费广告代理公司一大笔资金，却没有获得业务的足够保证，因此一些广告代理公司拒绝参与这样的“创意之争”。它们认为选择广告代理公司应该考察的是广告代理公司的经验和它们曾经为客户提供的服务和广告方案。批评者还指出，为争取一个主要客户，工作展示的成本投入可能达到数万美元。此外，为这种前瞻性展示所进行的创意工作最后常常不被采纳，而且它们并不总是能真实反映出广告代理公司是如何与客户一起工作的。[53]不过，许多营销商认为前瞻性展示是选择一家新广告代理公司并继续使用它的重要环节。因此，大多数广告代理公司还是加入了这种类型的征求，它们要么是主动选择，要么是因为只有这样才能赢得客户。

对前瞻性工作展示的重视在一定程度上催生了一个重要角色——广告代理公司审核顾问，专门负责帮助客户挑选广告代理公司。他们从一种客观的视角考察、审视广告代理公司，帮助缺乏资源、经验和组织内部统一意见的客户做出正确的评估。调查显示，审核顾问越来越受欢迎，在评估广告代理公司时，30%～40%的评估工作由这些专业的审核顾问来完成。这些客户的广告预算投入达1 000万美元甚至更多。[54]由于客户尊重他们的意见，对于广告代理公司的整个考察过程都可能按照他们制定的准则来建构。然而也有调查表明，尽管许多公司使用调查顾问公司来协助它们进行评估，这些顾问公司却并不能直接影响它们的最终决策。[55]

公共关系　广告代理公司也可能通过宣传或公共关系寻求新的业务。它们经常参与到市民和社会团体活动中，并与慈善组织一起进行公益服务（志愿者），以此在社区赢得尊重。加入诸如美国广告代理公司协会和广告研究基金会（Advertising Research Foundation）等行业组织也能带来新的业务机会。成功的广告代理公司经常在整个行业和大众媒体获得免费的宣传机会。

形象和声誉　良好的声誉也许是广告代理公司获得新业务的最好方法。能不断在广告或整合营销传播的其他领域打造优秀创意活动的广告代理公司，其口碑在广告和营销行业会迅速地传播开来。广告代理公司可以通过参与大奖赛来展示作品并获得认同。例如，艾菲奖每年颁发一次，褒奖最有成就和创意策略的整合营销传播活动。还有许多其他奖项用以表彰杰出的广告创意，以及在媒体策划和战略、数字媒体、公共关系和销售促进等特定领域的成就。例如，戛纳国际广告节每年都会颁发戛纳狮子奖，它已成为营销传播行业最具声望的奖项之一。CLIO奖也是世界上最受认可的国际广告、设计和传播大赛的奖项之一，奖励各种类别和媒体类型的卓越创意。

行业主流杂志《广告时代》和《广告周刊》每年也会根据创意作品的质量来评选顶级的广告代理公司。[56]得到这些出版物以及其他行业团体和协会的认可能够提高广告代理公司的声誉和形象。

专门服务

许多公司将制定和实施促销方案的工作交给广告代理公司去做，但同时也存在很多其他类型的组织提供专门服务，与广告代理公司形成互补。直复营销代理公司、销售促进代理公司和公共关系公司，无论对于美国国内市场还是国际市场，在制定和实施整合营销传播方案方面都扮演着重要角色。让我们逐一考察这些组织的职能。

直复营销代理公司

整合营销传播中成长最快的领域当属直复营销（公司通过电话、直邮、电视、互联网和其他直复广告形式与消费者沟通）。随着该行业的发展，众多直复营销代理公司也成长起来，它们在消费者市场和企业市场为客户提供专业服务。许多顶尖的直复营销代理公司，如Rapp，

Wunderman和OgilvyOne等，都是大型控股公司的子公司。也有一些独立的直复营销代理公司，它们服务于大型公司，也服务于那些满足地方需求的小公司。这些公司大多将数字能力作为直复营销手段，利用互联网和其他数字渠道来到达目标受众。

直复营销代理公司（direct-marketing agency）提供多样化的服务，包括数据库分析和管理、直邮、调研、媒体服务、创意与制作能力等。虽然在传统上直邮是最主要的服务方式，但同时许多直复营销代理公司开始将其业务拓展到电视广告制作、数字营销、分析和数据库管理等领域。数据库开发和管理逐渐成为直复营销代理公司最主要的服务之一。许多公司开始使用数据库营销来识别新客户并在老客户中建立良好关系和培养忠诚度。

一家典型的直复营销代理公司通常有三个主要部门：客户管理部门、创意部门和媒体部门。有的广告代理公司还设有专门为客户开发和管理数据库的部门。客户经理与客户合作，制定直复营销战略并确定该战略在整合营销传播中的作用。创意部门包括广告文案、美工和制作人员，他们负责开发直复营销信息，媒体部门负责排期。

与广告代理公司一样，直复营销代理公司需要寻求新业务，同时，其工作业绩要接受老客户审查（通常是通过正规的评估方案）。大多数直复营销代理公司以酬金制为基础获取报酬。

销售促进代理公司

制订和管理销售促进计划（如竞赛、抽奖、返现和折扣、奖金和激励提供，以及样品试用）是很复杂的。大多数公司使用**销售促进代理公司**（sales promotion agency）来制定和管理这些方案。一些大型的广告代理公司创立了自己的销售促进部门或收购一家销售促进公司。不过大多数销售促进代理公司是致力于计划、制订和执行各种销售促进计划等服务的独立公司。

销售促进代理公司经常同客户的广告代理公司或（和）直复营销代理公司合作，以协调它们在广告和直复营销规划中的工作。大型销售促进代理公司提供的服务有：销售促进计划、创意调查、关系协调、具体执行、奖金设置和开发、目录制作以及竞赛和抽奖管理等。许多销售促进代理公司还致力于直复营销、数据库营销和电话营销以拓展其在整合营销传播服务上的能力。销售促进代理公司通常按照酬金制获取报酬。

公共关系公司

很多大公司同时使用广告代理公司和公共关系公司。**公共关系公司**（public relations firm）负责制定和实施项目以管理组织的宣传、形象以及处理与消费者和其他利益相关者（如员工、供应商、股东、政府、工会、民间组织以及公众）的关系。公共关系公司分析客户与这些不同群体之间的关系，确定客户的政策和行为与不同群体的关联及影响，制订公共关系战略和计划，利用各种公共关系工具执行这些计划并评估其绩效。

公共关系公司的活动还包括策划公共关系战略与活动，进行公共宣传，进行游说及开展公共事务，参与社区活动和事务，准备新闻稿和其他传播内容，进行调研，管理与宣传特殊事件，以及管理危机事件等。随着公司将整合营销传播方法引入销售促进计划，它们正在不断地通过广告和其他促销活动来协调自己的公共关系活动。许多公司将公共关系与宣传整合到营销传播组合中，以增加信息可信度并节约媒体开支。[57]公共关系公司一般以酬金或预付金的形式获取报酬，我们将在第17章中详细考察其作用。

数字/互动广告代理公司

随着互联网及其他互动媒体的迅速发展，一种新型的专业营销传播组织——互动广告代理公司日益壮大。许多营销商正在使用擅长开发和利用互动媒体的**数字/互动广告代理公司**（digital/interactive agencies），这些互动媒体包括互联网、横幅广告、搜索引擎优化、移动营销和社交媒体宣传等。营销商认识到成功的互动营销需要精通数字技术、网络创意与设计、数据库营销、数字媒体以及客户关系管理等领域。除了广告代理公司，许多营销商现在选择与专门从事数字媒体的代理公司合作。这促使许多大型广告代理公司开发了自己的数字工作室，并在公司中独立运作。如 Digital@Ogilvy 和 Arc 从属于李奥贝纳集团。此外，许多其他的大型数字代理公司，如 AKQA、Razorfish、Digitas 和 R/GA 等也都隶属于大型控股公司，这些代理公司为其网络中的其他代理公司提供数字资源。许多传统的广告代理公司已经拓展了其数字/互动能力，从仅仅拥有几个专员到设置一个完整的数字部门。这些部门与代理公司内的其他部门紧密合作，为客户打造整合营销活动。例如，Deutsch 广告公司的数字部门为其客户（包括大众汽车、塔可钟（Tacobell）和塔吉特等）设计和管理网站、社交媒体和线上活动。插图 3－3 展示了 Deutsch 广告公司通过约会网站的创意重新设计大众汽车网站。该网站使用配对功能来帮助购物者根据他们感兴趣的各类标准，包括特定的模型、某种功能、心仪的颜色或价格等，找到属于自己的大众汽车。然后在本地区内将它们与全新的或二手的大众车配对。每辆车都有自己的配置文件页面，包含图像、功能、规格和价格估算器。[58]

插图 3－3　Deutsch 广告公司负责大众汽车整合营销传播活动的数字/互动部分

资料来源：Volkswagen® Group of America，Inc.

许多广告代理公司已经拥有或正在拓展交互能力。与此同时，大量的营销商正在寻求更专业化的互动代理公司来开发网站和互动媒体。它们认为这些公司在设计、开发和管理维护网站上更为专业。互动广告代理公司涵盖从专门设计网站的小公司到提供数字/互动营销全方位服务的综合性公司。这些服务包括在线品牌传播、互联网应用、技术知识、系统整合和电子商务等方面的战略咨询。

综合性的数字广告代理公司（如 AKQA）已经为许多公司成功开展了互联网营销活动，这些公司包括耐克、奥迪、百威和盖璞（Gap）等。随着互联网日益成为重要的营销工具，越来越多的企业将借助数字代理公司来开展互动营销活动。社交媒体的发展以及越来越多的营销商开始采用社交媒体，使得一些专门为脸书、推特、Instagram、Snapchat 和其他社交平台开发应用程序和活动的公司迅速发展起来。例如，有许多公司帮助营销商建立、监控、管理和评估它们在各种社交和移动平台上的社交媒体工作。这些公司与营销商合作，开发各种形式的营销活动来吸引消费者，包括各种类型的促销活动，以及让用户上传照片、文章和视频进行比赛。数字代理公司，以及专门从事社交媒体和移动媒体宣传活动的代理公司的数量将会持续增加，而营销商也将更多的整合营销传播工作从传统媒体转向数字媒体。

附加服务

销售促进过程的最后一个参与者是提供各种配套服务的公司，包括市场调研公司、包装设计公司、咨询公司、摄影服务公司、平面设计公司、经纪公司、视频制作工作室和事件营销服务公司。营销调研公司是被广泛使用的配套服务组织之一。营销商越来越多地借助市场营销调研来帮助它们了解目标受众，收集对设计和评估它们的广告与促销方案有价值的信息。即使是拥有自己的营销调研部门的公司，也常常借助外部的调查机构来提供某些服务。营销调研公司提供专业的服务，能够收集对广告主的促销方案有价值的客观信息。它们进行深度访谈和焦点小组等定性研究，以及市场调查等定量研究。

整合营销传播服务

如你所见，有大量专业组织可供营销商选择，以帮助它们规划、制定和实施整合营销传播方案。但它们必须决定是分别针对每一项营销传播职能使用不同的机构，还是使用一个能够同时提供所有服务的具备全方位服务能力的综合性广告代理公司来执行这些职能。许多大型的广告代理公司以网罗不同领域专业人员的方式来拓展自己的整合营销传播能力。我们也看到许多公司通过自营式广告代理公司来推进它们的整合营销传播活动，不仅为了省钱，还出于更好地控制公司数字营销活动的需求。

整合服务的优点和缺点

关于整合营销传播活动的控制权是应该掌握在客户手中，还是应该归广告代理公司所有，已争论多年。有人认为整合营销的概念毫无新意可言，对于那些多年来一直在同时使用各种销售促进工具的小型公司及广告传播公司而言更是如此。同时，在过去的20年间，较大的广告代理公司也一直在向客户争取更多的销售促进业务。然而不同的是，过去不同的服务被当作独立的盈利中心来经营，每一种服务都被激励着发挥自己的专长、追求自己的目标而不是去开展真正意义上的整合营销活动。

整合营销服务的支持者认为，过去的问题正在得到解决，而且广告代理公司及其子公司的各类人员都在学习相互合作，以向客户的消费者传递统一的信息。他们认为保持对整个整合营销传播过程的控制能更好地协调每个传播活动因素，以起到更大的协同作用。他们还指出，通过一家广告代理公司来协调各种营销工作（包括媒体广告、直复营销、数字/社交、事件、销售促进和公共关系）对客户而言更为便利。一家具备整合营销能力的广告代理公司能够为产品或服务塑造统一的形象，并且用同一种声音向从批发商到消费者的所有主体进行宣传。

但并非每一家公司都想将整个整合营销传播方案交给一家广告代理公司负责。反对者表示，供应商将卷入抢夺预算的纷争中，而不会尽其所能地进行沟通，这样就难以发挥协同作用。他们还声称广告代理公司在控制销售促进计划所有方面所做的努力不过是一种“肥水不流外人田”的思想在作怪，因为这样它们就能留住那些可能会被独立供应商拿走的业务。他们还指出，协同作用和规模经济尽管在理论上很美妙，在现实中却难以实现，其中一个主要问题在于广告代理公司附属机构之间的竞争与冲突。[59]

许多公司使用可以实现传播职能的各种供应商，即选择它们认为最适合每一项销售促进任务（不论是广告、销售促进还是公共关系）的专业公司来为自己服务。在许多广告代理公司学习掌握整合营销能力并相互竞争之时，它们还需要与其他提供专业服务的公司竞争。正如营销咨询专家杰克·特劳特（Jack Trout）所言：“只要众多的专业玩家还在，整合一家代理公司就会变得十分棘手。专业人士走进来说：‘这是我们所做的和所擅长的’，这又使争论变得更加激烈。一个在内部配套完整营销服务的广告代理公司绝不会被视为最好的选择。”[60]

许多公司在大幅削减营销预算的同时也希望降低整合营销传播活动的成本。与此同时，对社交媒体、移动营销及其他非传统传播方式的使用呈大幅增长趋势。这些因素使得原本就复杂的客户与代理公司之间的关系雪上加霜。弗里斯特研究公司的一项名为“代理关系的未来”（The Future of Agency Relationship）的研究显示，当今营销商面临的最大挑战是当它们想要改变广告和（或）整合营销传播策略时，它们应该选择哪家代理公司。研究指出，许多大型代理公司都试图将所有传统和非传统的服务捆绑起来，并标榜自己能够提供一切类型的服务。[61]然而更可能的情况是，营销商会从不同领域选择多家代理公司为它们服务，那么最重要的就是如何让这些代理公司相互合作。营销商还必须决定由谁来负责管理和协调整合营销传播项目。一些企业，特别是那些在电子商务领域有大量业务，或者在它们的业务中拥有主要技术组件的企业，现在选择让数字代理公司来负责它们的整合营销传播项目。例如，包括 Travelocity、英特尔和喜来登在内的多家公司均指定阳狮集团下属的 Razorfish 作为其项目的牵头代理公司。[62]

整合营销传播的责任：广告代理公司与客户

对广告主和广告代理公司高管的调查显示，双方都相信整合营销对于本公司的成功是非常重要的，而且这种重要性会愈加显著。[63]然而，在关于谁主导整合营销传播过程方面，广告主和广告代理公司高管却有着非常不一致的意见。许多广告主喜欢自己为整个营销传播活动制定战略并组织协调，而大多数广告代理公司高管却将这视为他们专业领域范围内的事。

尽管广告代理公司高管认为他们能够控制整个营销活动所涉及的各个要素，但是许多广告主，尤其是大公司，对此并不认可。市场营销主管认为，实施整合营销传播的最大障碍是缺少具备广阔视野和良好技能的人才。内部的派系争斗、广告代理公司的以自我为中心以及对预算削减的恐惧都被认为是成功进行整合营销传播活动的主要障碍。[64]企业执行委员会（Corporate Executive Board，CEB）的广告与营销传播圆桌会议开展了一项针对全球性企业的广告与营销传播部门主管以及广告代理公司高管的有关多代理使用的调查。调查发现：“依赖单一广告代理公司或固定几家广告代理公司的传统静态模式正被更加动态与开放的操作模式取代。在这种新模式下，营销商常常同时与多个完全相同的营销伙伴合作——有时以项目为基础——以充分利用它们需要的各组织的专业才干与技能。”[65]CEB 的研究报告指出，越来越多的客户将其主要代理公司定义为品牌管理者与协调者，它将营销传播各领域的专业机构整合在一个工作网络内来为客户服务。

许多广告代理公司并不认可它们必须作为专业机构的管理者和协调者这一前提。这些代理公司仍然视自己为战略与执行合作伙伴，并不断投入更多的资源以向其客户提供全方位的服务。它们正在拓展自己在数字/互动、多媒体广告、数据库营销、直复营销、公共关系和销售促进方面的能力。然而，许多营销商仍然想独自为整合营销传播活动制定战略并通过使用多个服务供应商来寻求更专业的技能、更好的质量与创意以及更高的控制和成本效率。本田汽车（美国）前首席营销官史蒂文·森特（Steven Center）的观点或许代表了大多数高级营销主管的共同立场。他表示：“广告代理公司的接触面比我们广得多，它们能带来原始想法、市场勘察和情报。但它们不会告诉我们怎样去组织我们的公司来完成营销任务，这个责任总要落在品牌所有者的肩上。”[66]

为未来做好准备

正如本章所述，在过去的 20 年里，客户与代理机构的关系发生了很大的变化。传统的广告代理公司正面临来自各种专业公司的竞争，尤其是在数字营销和信息技术领域，以及那些将更多的整合营销传播功能引入公司内部的客户。代理商必须能够向客户证明自己的价值，并展示它们如何为客户的营销传播问题提供解决方案，而不仅仅是提供服务。顶级广告代理咨询公司 Ignition 咨询集团的创始人蒂姆·威廉斯（Tim Williams）创建了一个框架，该框架概述了各代理公司自我改善并为未来做好准备而必须努力实现的基本要素。威廉斯将这些要素称为

2020 年广告代理公司的基本要素，并将其分为八大领域，如图表 3-10 所示。这些要素不涉及简单的修改，如增加额外的服务和功能，而是要求广告代理公司对商业模式及服务客户的方式进行根本性改变。威廉斯认为，代理公司需要考虑如何让客户重新聚焦并向客户重新定义自己的服务，以使自己变得不可或缺，这将要求他们仔细审视自己的服务模式和业务运作模式。[67]

图表 3-10　　2020 年广告代理公司的基本要素

领域	基本要素
问责制	■ 对结果负责，而不仅仅是对产出负责 ■ 关注成功指标与仅关注服务成本 ■ 衡量要素：客户得到的结果而非代理时间
灵活性	■ 工作流程中的灵活哲学 ■ 原型和最低可行性产品 ■ 综合专家小组与部门
合作	■ 重视合作而非时间管理的文化 ■ 参与者团队，而不仅仅是接受者 ■ 作为和平竞争者的代理公司合作伙伴
数字适应性	■ 拥有高数字智商的个体 ■ 数字作为跨机构的能力，而不仅仅是跨部门的 ■ 深度理解数据和个性化
效力	■ 提供解决方案，而不仅仅是提供服务 ■ 真正的项目管理与时间追踪 ■ 关注对客户的有效性，而不仅仅是关注代理机构的效率
专业知识	■ 特定市场或受众知识 ■ 一流的商业模式与全面服务 ■ 卓越和最佳实践中心
创新	■ 收益源来自知识产权，而不仅仅是来自受雇佣 ■ 作为独立业务单元的实验室 ■ 发明型业务营销，而不仅仅是服务型业务
定价	■ 作为核心竞争力而非成本核算的定价 ■ 调整对客户和代理公司的经济激励 ■ 专业卖家与专业买家谈判

本章小结

一项广告与促销方案的制定、实施和管理需要公司内外部人员的共同参与。整合营销传播过程的参与者包括广告主或客户、广告代理公司、媒介组织、专业营销传播服务组织以及配套服务公司。

公司内部有三种基本体系用于组织广告与促销工作。集权型体系具有沟通便利、对工作人员要求较低、员工稳定性强以及允许管理高层的更多参与等优势。其不足之处包括较少考虑到整体营销目标、反应时间较长以及处理多产品线比较困难等。尽管分权型体系存在决策制定效率低下、内部冲突、资金分配不当和缺乏权威等问题，但是它具有集中的管理性关注、对问题反应更迅速和灵活性更强等优势。自营式广告代理公司一方面具有节约成本、强化控制和便于协调等优点，另一方面又存在经验、客观性和灵活性不足等缺陷。然而，越来越多的公司采用自营式广告代理公司来处理它们全部或至少部分的整合营销传播活动。对于数字营销方式的采用急速增长，由此催生出大量的自营式广告代理公司，这就要求广告主开发更多的整合营销传播产品，并及时做到这一点。

许多公司利用广告代理公司协助其开发和实施营销活动。这些广告代理公司类型不同，包括综合性广告代理公司、创意工作室和媒介购买公司。三者中的第一个为客户提供全方位的服务（包括创意服务、客户服务、营销服务以及管理和财务服务）；另外两个分别专注于创意服务和媒介购买。广告代理公司的取酬方式主要有佣金制、酬金制和百分比加成制。最近，对广告代理公司的问责制备受关注。通常对广告代理公司的评估从财务和质量两个方面入手，一些公司开始使用激励补偿制，将广告代理公司收取的报酬与销售和市场份额等业绩指标挂钩。

除了广告代理公司，许多企业还借助其他各种营销传播专业服务机构。这些专业机构包括直复营销代理公司、销售促进代理公司、公共关系公司和数字/互动广告代理公司。广告主必须决定是针对每一项销售促进职能分别使用一个专业机构，还是将所有整合营销传播工作交给可以提供所有这些服务的综合性广告代理公司处理。

最近的研究发现，大多数广告主都视制定和协调整合营销传播项目为己任，而非广告代理公司的责任。缺乏对非广告领域的宽广视野和专业技能，被视为限制广告代理公司更多地参与整合营销传播活动的主要瓶颈。代理公司必须能够向客户证明它们的价值，并展示它们如何为客户的营销传播问题提供解决方案。本章提出了一个框架，概述了代理公司为了自我改进和为未来做好准备而必须努力做到的基本要素。

讨论题

1. 讨论数字革命造成的破坏如何影响广告代理公司。广告代理公司需要做出什么样的改变来应对数字技术的影响？

2. 整合营销传播领域的变化将会为传统的综合性广告代理公司带来哪些挑战？有人认为，主导型的综合性广告代理公司的传统模式已经过时，你是否同意这一观点？

3. 整合营销传播过程有哪些参与者？简要讨论每个参与者的角色与职责，以及它们是如何随着市场环境的变化而变化。

4. 讨论采用品牌经理制的公司在组织广告和促销过程中所遭遇的挑战。营销商要怎样解决这些问题才能同时保证它们的品牌经理能够跟上外部市场变化的步伐？

5. 讨论使用自营式广告代理公司的利弊。企业从自营式广告代理公司转向外部广告代理公司的原因有哪些？

6. 讨论数字和社交媒体技术和新兴角色如何对品牌经理的角色产生影响。在当下，成为一名成功的品牌经理需要具备何种技能？企业如何培训品牌经理才能跟上数字和社交媒体的变化？

7. 整合营销传播视点3-1讨论了Droga5广告公司的优秀创意作品。以Droga5为谷歌、安德玛、纽卡斯尔啤酒等公司或品牌制作的某一获奖广告作品为例，探讨该作品为什么能因其卓越的创意而获得认可。

8. 讨论当采购部门介入广告代理公司与客户对计酬构架的协商时，广告代理公司面临的挑战。当客户要求在协商过程中考虑劳动力成本、开销和利润率时，广告代理公司该如何回应？

9. 对比福特和本田等汽车营销商和消费品零售商（如宝洁公司）在评价其广告代理公司时使用的多重标准。哪种评价标准效果最佳？为什么？

10. 讨论专业营销传播机构（如销售促进、公共关系及数字广告代理公司）在整合营销传播过程中发挥的作用。为什么营销商可能会聘用这些专业代理公司，而不是综合性广告代理公司？

11. 讨论广告代理公司失去客户的原因。找出一个更换广告代理公司的企业的例子，并探讨导致它做出更换决定的影响因素。

12. 营销商会选择一家广告代理公司为其提供全方位的整合营销传播服务，也可能聘用不同的专业营销传播公司来分别负责其营销活动的一部分，讨论二者的利弊。

第4章 消费者行为透视

学习目标

1. 讨论为什么了解消费者行为对于开发广告与促销方案是有价值的。
2. 了解消费者的决策制定过程。
3. 解释感知和动机等心理过程对消费者行为的影响。
4. 讨论行为学习理论和认知学习理论。
5. 解释文化、亚文化等外部因素的影响。
6. 鉴别研究消费者行为的新方法。

开篇案例

成功的品牌仅仅与情感、色彩和表情符号相关吗？

多年来，营销商一直在研究，试图确定品牌成功的关键因素。大量的文章和书籍对这一问题进行了探讨，虽然它们提供了许多极有价值的见解，但尚未有人真正提出品牌的“制胜宝典”。生理学研究、态度研究以及社会学和文化人类学只是试图探寻真相的众多方法中的一小部分。这些研究得出的结论是，没有任何一个因素能够确保一个品牌的成功。

但这或许并没有那么复杂！是否可能仅仅与情绪、肤色和表情有关？也许不，但它们似乎的确有助于品牌的成功。请思考以下几点：

情感

德国乌帕塔尔大学（University of Wuppertal）市场营销学教授托拜厄斯·兰纳（Tobias Langner）在《心理学与营销》（*Psychology and Marketing*）杂志上发表了一篇关于线上钟爱品牌的研究报告，得出结论：“一些人对自己钟爱的品牌感觉比对亲密朋友更温暖。”兰纳和他的研究伙伴要求受访者仔细察看一系列照片，包括密友、恋人以及他们声称自己钟爱的品牌（包括宝马和阿迪达斯），研究人员通过视觉评价量表和生理指标对他们的反应进行评测。受访者对另一半表现出比对品牌更多的爱。然而，当谈到他们的朋友时，他们对品牌表现出更多的积极情绪和更强烈的生理反应。

在对品牌产业的探索中，卢卡斯·康利（Lucas Conley）探讨了与高端时尚产业相关的强迫性品牌失调（OBD）。康利称，像路易威登这样的高端时装品牌在日本女性中非常受欢迎，有些人甚至承认自己为了更便于拥有钟爱的品牌而放弃了做母亲的权利。他总结说，品牌正在取代现实生活中的闺蜜，分享她们的价值观，并且从不与她们意见相左。因此，品牌与情感相联结？

色彩

研究色彩对市场营销的影响就像研究天气一样——“每个人都必须应对它，但没有人能对它做任何事。”换句话说，虽然我们都相信色彩会影响我们对品牌的感知，但个人经历会阻碍我们将这种影响转化为具体感受的能力。然而，最近的一些研究为色彩如何影响品牌和购买提供了一些重要的见解。这些研究得出如下结论：(1) 对于某些产品而言，90%关于产品的快速判断是仅仅基于色彩而做出的；(2) 色彩与品牌“匹配”（如合适）十分重要；(3) 色彩影响了对品牌“个性”的感知；(4) 消费者喜欢辨识度高的品牌，这使得色彩在创建品牌标识以及其他可行性结论中有着非常重要的作用。

斯坦福大学教授詹妮弗·艾克（Jennifer Aaker）花了数年时间研究色彩适宜性与产品之间的关系。她在品牌个性维度研究中得出结论：品牌个性包括五个关键维度：真诚、刺激、胜任、教养、强壮，色彩确实符合这些特定的特征（例如，棕色代表强壮，红色代表刺激）。虽然这项研究并没有规定如何为一个品牌选择色彩，但它清楚地表明，色彩-品牌互动所产生的情感、情绪和形象将会影响其说服能力。

一些关于色彩的其他研究得出的结论是：(1) 性别影响色彩偏好；(2) 不存在能够影响网站转换率的单一最佳色彩；(3) 色彩的名字很重要——花哨的名字更受欢迎（摩卡色比棕色更受欢迎），不寻常和独特的名字可以增加购买意图。所有这些研究都得出了相同的结论——色彩会影响品牌认知。

表情符号

这些研究和消费者行为中的许多其他研究提升了我们的认知：如果一个品牌具有情感价值，它便会更加成功。因此，正如你所预料的那样，营销商一直试图通过广告与消费者建立情感联系。问题是它们只有几秒钟的时间。表情符号可以成为另一个答案吗？广告主开始这么想。

Emogi就是这样一家公司，它率先将象形符号和数据科学相结合，创造出情感广告。根据Emogi的创始人兼首席执行官特拉维斯·蒙塔古（Travis Montaque）的说法，包含表情符号的品牌传播可使平均响应率提高到10倍，参与度提高到6倍，同时保持率翻一番。其信条是广告驱动情感，情感驱动购买行为。表情符号让广告主在宝贵的短短几秒钟内与消费者建立起情感联系。

2016年，脸书在“喜好”按钮下添加了五个新的“反应”表情符号。据马克·扎克伯格介绍，新的表情符号为脸书用户在回帖时提供了一个更好的方式来表达他们的情绪。为了确定添加哪些表情符号，脸书聘请了加州大学伯克利分校的社会心理学教授达契尔·克特纳（Dacher Keitner）进行全球性研究，分析了最常用的贴纸、表情符号和单字评论。最终，脸书增加了“爱”“哈哈”“哇”“悲伤”“愤怒”这五个表情符号。

一些公司（如可口可乐），已经在情感创建方面表现抢眼。多年来，可口可乐一直在“传播微笑”，希望将幸福与品牌联系起来。可口可乐公司向消费者推出了十步幸福指南，这是一款能在推特上分析与情感相关词汇的幸福度量表。该公司最近还发起了一项“选择幸福”活动，包括视频、户外广告、汽车车身广告以及社交媒体上的“最幸福的自拍”比赛。可口可乐认为，将幸福的情感与品牌联系起来，对品牌来说有百利而无一害。

可口可乐的竞争对手百事也加入了这股情感营销浪潮。该公司新推出的“用百事来交流”（Say It with Pepsi）宣传活动已经在全球100多个市场使用了70多个设计独特的表情符号。百事发言人表示，“百事表情”（PepsiMoji）旨在以“形象、快速、可靠”的方式传递营销信息，并将成为新一轮广告运动的核心内容。这项活动以数字和传统广告为支持，其表情符号将被拓展至百事表情系列太阳镜。同时，百事在欧洲推广足球主题活动，推出皇家马德里球员詹姆斯·罗德里格斯（James Rodriguez）等足球明星的系列足球表情。其他相关战略也已经在制定过程中。

百事似乎一直在进行关于情感、品牌个性和表情符号的研究，并将它们整合起来。

资料来源：E. J. Schultz and Jessica Wohl，"Pepsi Preps Global Emoji Can and Bottle Campaign，" February 19，2016，www. adage. com；Nathan Bomey，"Emojis to Grace Pepsi Products in Summer Campaign，" February 19，2016，www. usatoday；Chris Perez，"People Have Mixed Emojis over Facebook's New 'Likes，'" February 25，2016，ny-post. com；Tessa Wegert，"Emotion in Ads：Does Sentiment Sell?" July 30，2015，www. clickz. com；"Does Your Wife Win Out over Your Favorite Brand?" July 30，2015，www. ozy. com；"The Psychology of Color in Marketing and Branding，" www. entrepreneur. com.

本章的开篇案例仅仅展示了一些试图揭示消费者如何做出购买决定的研究，以及这一过程可能有多复杂。消费者研究是帮助管理者设计营销策略的重要环节。营销商已经意识到许多因素会直接或间接地影响消费者的决策。它们需要关注的重点是：这些需要是如何产生的？为什么会产生这些需要？谁有可能使用它们的产品或服务？具体来说，营销商要研究消费者的行为，以努力了解影响消费者购买决策的因素。通常情况下，为了获得更准确的见解，营销商会借用一些其他学科的相关研究手法。心理学、人类学、社会学和神经系统学的一些研究方法开始在商界广受欢迎，因为企业管理者努力想要了解消费者的购买动机。在制定一个有效的营销战略之前，充分了解消费者的购买动机、态度及生活方式是十分必要的。

这些只是促销规划者在开发整合营销传播方案时必须考虑的消费者行为的一些方面。如你所见，消费者的选择过程受多种因素的影响。

对消费者行为的深入考察超出了本章的范围，但是促销规划者仍然需要对消费者的决策制定过程、影响因素以及如何将这些知识应用于制定促销战略与执行促销方案等方面有一个基本的了解。下面就从消费者行为综述开始我们的讨论。

消费者行为综述

所有营销商都会面临的一个挑战就是如何影响消费者的购买行为，使其乐于接受自己推出的产品或服务。对于像 Visa 这样的公司而言，就是指需要消费者更多地使用它的信用卡刷卡消费；对于宝马公司来说，意味着让消费者购买或租赁它的汽车；对于联合包裹速递（UPS）或联邦快递（FedEx）这种 B2B 营销商来说，则希望集团买主更多地购买它们的产品或使用它们的服务。虽然它们的最终目标都是影响消费者的购买行为，但大多数营销商也已经认识到实际购买行为仅仅是消费者行为全过程的一部分。

消费者行为（consumer behavior）可以定义为人们为满足需要和欲望而寻找、选择、购买、使用、评价及处理产品和服务时所参与的过程和活动。对于许多产品和服务而言，购买决策是一个漫长而细致的过程的结果，其中包括信息的广泛收集、品牌的对比和评价以及其他活动。其他一些购买决策则更具偶然性，可能仅仅是因为消费者看到商店中一个正在展示的打折商品。想一想你自己有多少次因为冲动而购买的经历。

营销商影响购买行为的成功与否很大程度上依赖于它们对消费者行为的了解程度。它们要知道消费者希望被满足的具体需要，以及这些需要如何体现在消费者的购买标准中；要了解消费者如何收集关于各种选择的信息以及如何利用这些信息在相互竞争的品牌中进行选择；还要清楚消费者如何做出购买决策：消费者喜欢在哪里购买？他们在购买时又是如何受营销刺激的影响？营销商还必须了解不同类型的消费者在其决策过程及购买原因上有何不同。例如，购买决策可能受到消费者个性或生活方式的影响。

图表 4－1 给出的概念模型可以作为分析消费者决策过程的框架。我们首先将探讨此模型中各个阶段出现的情况，以及广告与促销如何影响消费者决策的制定；其次，考察各种心理因素的影响，诸如动机、知觉、态度及整合过程；再次，探索消费者决策制定过程中的变化因素，以及消费者学习及其他外部因素对决策过程的影响；最后，对消费者行为的各种研究方法进行了考量。

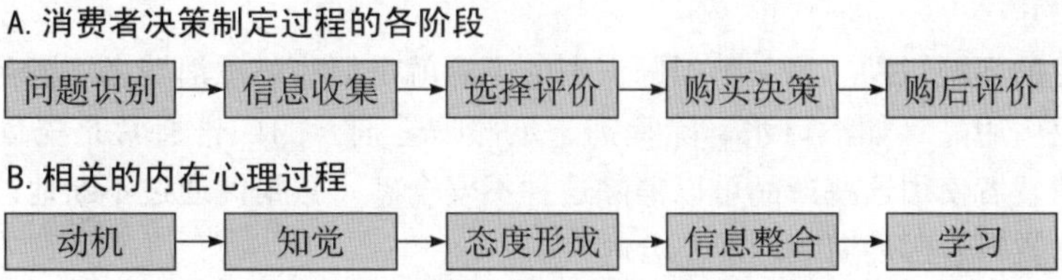

图表 4－1　消费者决策制定过程的基本模型

消费者的决策制定过程

如图表 4－1 所示，消费者的购买决策过程通常被认为是消费者在购买产品或服务的过程中所经历的各个步骤。该模型表明消费者的决策制定包含了大量的内部心理过程。动机、知觉、态度形成、信息整合、学习等对促销规划者而言是十分重要的，因为它们影响消费者的整个决策制定过程。我们将会考察消费者购买决策模型中的各个阶段，探讨各个阶段中消费者行为如何受到影响，还将讨论促销规划者如何影响消费者购买这一过程。

问题识别

图表 4－1 显示，消费者决策制定过程的第一个阶段是**问题识别**（problem recognition），即消费者意识到了某种需要并且有动力去解决这一问题。问题识别阶段引导着后面的决策过程。

问题识别是由消费者理想状态和现实状态间的差距引起的。消费者的希望情境与实际情境之间往往存在某种差异。（注意：问题并不总是意味着不好的情况。消费者希望实现的目标可能是达到一种更好的状态。）

问题识别的来源

问题识别的来源可能非常简单或者非常复杂，也可能源于消费者当前和（或）期望状态的变化。这些来源同时受到内外部因素的影响。

缺货　当消费者使用了自己的囤货并需要补充库存时，问题识别就出现了。这时的购买决策通常是一种简单和常规行为，解决这个问题通常是选择一个熟悉的品牌或者消费者忠诚的品牌。

不满意　问题识别源于消费者对正在使用的产品或服务不满意，或者对现实状态的不满意。例如，消费者可能认为他的雪地靴不合脚或不时尚了。广告可以帮助他们识别问题和（或）购买需要的东西。

新需要/欲望　消费者生活中的变化常常导致新的需要和欲望。例如，财务状况、工作状态、生活方式等的改变都有可能产生新的需要并由此引起问题识别。比如，当你大学毕业并开始职业生涯，你的新工作必然会改变你的衣橱。(告别蓝色牛仔裤和 T 恤，换上西装和领带。)生孩子可能意味着需要购买一辆家用轿车。

并非所有的产品购买都建立在需要的基础上。消费者追求的某些产品或服务并非必要，却是其渴望得到的。**欲望**（want）就是指一个人想要得到他不曾拥有的东西。许多卖给消费者的产品满足的都是他们的欲望而不是基本需要。

相关产品/购买 问题识别也可以由对一种产品的购买引起。例如，购买一部新苹果手机可能导致对其配件的购买，如充电器、耳机或者手机膜和应用程序。购买 iPad 可能会导致购买屏幕保护膜和清洁剂。对个人电脑的购买可能会推动对软件程序、升级服务及打印产品等的需要。

营销商诱发的问题识别 另一个问题识别的来源就是那些怂恿消费者不满足于现状的营销商举措。个人卫生用品（如漱口水、除臭剂、足部喷雾剂）的广告通常是先创造一种不安全感，然后告知消费者使用这些产品可以消除这种不安全感。营销商通过不断地改变时尚和服装设计，使消费者觉得自己的着装已经不合时宜。

营销商还利用消费者的猎奇行为倾向引导他们尝试不同的品牌。即使消费者对自己常用的品牌基本满意，他们还是会经常尝试新的产品或品牌。营销商通过将新品牌推入已饱和的市场，运用诸如免费样品、新品优惠价格、优惠券等广告与促销手段，引导消费者改用新的品牌。

新产品 当市场中引入新产品并引起消费者注意时，问题识别也可能出现。营销商不断推出新的产品和服务，并且告诉消费者这些新产品和服务都会解决哪些类型的问题。例如，对大多数人来说，智能手机已经不仅仅是电话，越来越多手机软件的开发使得人们可以用手机做任何事情。苹果的应用商店为其智能手机和 iPad 提供了超过 100 万个免费和付费应用程序。手机提供的应用程序越多，就越吸引消费者。

营销商发起的消费者问题识别的尝试并不总会成功。对于营销商出售的商品，消费者有时并不能看到其问题或需要。以智能手机为例，有些人并不需要手机软件——他们只需要手机能够通话，收发短信和（或）电子邮件。

消费者动机研究

营销商意识到，虽然问题识别通常是一个基础的、简单的过程，但消费者感知一个问题并积极地去解决它的方式将会影响接下来的决策过程。例如，一个消费者可能从功能性、可靠性、价格高低的角度意识到自己想买一块手表的需要。另一个消费者可能会把购买新手表当成对时尚的追求，并关注各种品牌的设计和形象。为了更好地理解消费者购买背后的原因，营销商非常注重研究消费者的**动机**（motives)，即那些驱使消费者采取具体行动的因素。

需要层次

理解消费者动机的最常用方法之一就是基于心理学家亚伯拉罕·马斯洛（Abraham Maslow）的关于人类动机的经典理论。他的**需要层次理论**（hierarchy of needs）假定人类的需要有五个层次，并且依照其重要性以金字塔的形式将这五个层次进行排列。如图表 4－2所示，这五个需要层次分别为：(1) 生理需要——维持生命的基本需要，如食物、居所、衣服及性；(2) 安全需要——安全保障和避免身体受伤害的需要；(3) 社会/爱和归属需要——与别人建立积极关系，并感受到爱、情感、归属感和被接受的需要；(4) 尊重需要——获得成就感的需要，获得他人认同、地位和尊重的需要；(5) 自我实现需要——自我完善的需要和实现自我潜能的渴望。

根据马斯洛的理论，必须先满足较低层次的生理和安全需要，然后再实现更高层次的需要

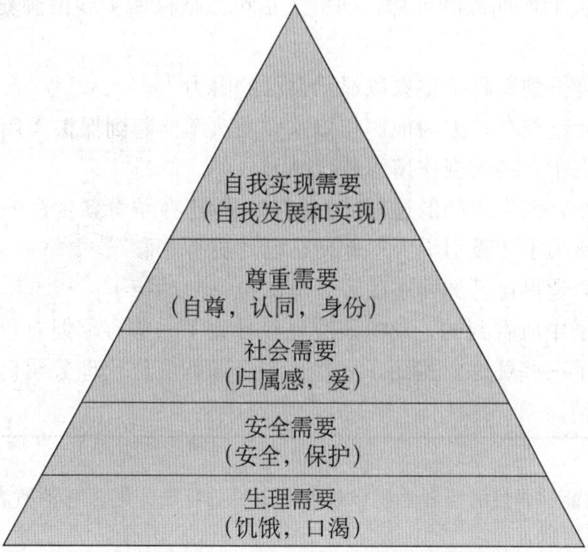

图表 4-2　马斯洛的需要层次理论

才是有意义的。一旦这些基本需要得到满足，人们就会继续尝试满足诸如自尊等更高层次的需要。实际上，人们不太可能以一种层层递进的方式来满足各个层次的需要。较低层次的需要是消费者购买行为源源不断的动机来源。然而，在大多数发达国家，因为基本的生理需要都已经得到了满足，营销商经常需要靠刺激消费者高层次的需要来销售那些满足基本生活需要的产品。

虽然马斯洛的需要层次理论存在缺陷，但是它却为营销商提供了一个框架，用于确定它们希望自己的产品和服务满足何种需要。广告运动正是在此基础上策划设计，以展示一个品牌如何满足这些需要。营销商也认识到不同的细分市场的需要层次不尽相同。例如，一个年轻的单身男子买车或许是为了满足其社会或自尊的需要，而一个有孩子的家庭则会更多地考虑安全需要。

精神分析理论

由西格蒙德·弗洛伊德（Sigmund Freud）倡导的**精神分析理论**（psychoanalytic theory）是消费者动机研究方法中颇有争议的方法之一。尽管弗洛伊德的研究重点是人格的结构和发展，但是他也研究人类行为的潜在动机。精神分析理论对现代心理学的发展以及动机和人格的阐释等都有深远的影响。营销商也利用这一理论研究消费者行为，用以深入探究购买决策背后的深层动机。

那些试图将精神分析理论应用于消费者行为研究的人认为，消费者的购买动机对于漫不经心的旁观者甚至消费者来说通常是复杂而模糊的。许多购买和（或）消费动机也许是被某种深层次动机所驱使，人们只有通过挖掘潜意识才能确定这种动机。

欧内斯特·迪希特（Ernest Dichter）和詹姆斯·维卡里（James Vicary）是最早将这种研究方法应用于营销领域的学者，许多大公司聘请他们运用精神分析技术确定消费者的购买动机。这类研究者和其他继续沿用这种方法的人所从事的工作被称为**动机研究**（motivation research）。

营销中的动机研究

动机研究人员使用各种方法来探究消费者行为背后的原因。他们所使用的方法包括深度访谈、投射技术、联想测验以及焦点小组访谈等，鼓励消费者将与产品和品牌的关联展示出来

（见图表 4－3）。正如人们所期许的那样，研究人员可以从这些关联中洞察到人们购买行为的有趣见解。例如：

- 一名男子为其妻子购买高价皮衣以显示自己的财力。[1]
- 消费者更喜欢大型汽车，因为他们相信这样的汽车能起到保护作用。[2]
- 男人购买敞篷汽车，将其视作情人替代品。
- 女人喜欢烤蛋糕，因为烤制的过程使她们有一种正在孕育新生命的感觉。
- 女人使用香水是为了“吸引男人”并使自己“更有光彩”。
- 淋浴时，人们会觉得自己的罪恶随着肥皂沫被一起冲掉了。[3]

正如你从这些例子中所看到的，动机研究已经导致了一些有趣但有争议的发现，这也使得许多营销管理者产生了一些疑虑。然而，一些大型企业和广告代理公司仍然继续使用动机研究帮助它们进行产品营销。

深度访谈

采访者用事前设计好的能够洞察消费者动机、观点或意见的特殊问题，与消费者进行一种不受约束的面谈，从而使其能够畅所欲言。

投射技术

让消费者将其内心深处难以表达或难以识别的想法投射在外部事物上，从中探寻其真实的价值观、动机、态度或需要。

联想测验

该测验要求被测试者在受到某种刺激时，说出第一个在脑海中浮现的事物，该刺激可能是一个单词、一幅画或一则广告等。

焦点小组访谈

一小批具有相似背景或兴趣的人被组织起来讨论一个独特的产品、观点或问题。

图表 4－3 用来探索消费者心理的一些市场研究方法

精神分析理论和动机研究的问题与贡献

批评者认为，精神分析理论过于模糊，对外界环境反应迟钝，过于依赖个人的早期发展。同时，它只使用很小的样本量就得出结论。由于强调潜意识，要证明其结果，即使可能做到，也是一件很困难的事。这也导致动机研究在得出结论和缺乏实证两方面同时受到批判。动机研究一般使用的被测试者数量很少，所以就存在这样的疑虑：这种研究方法确实揭示了一些人的特质，但是这些发现并不一定适用于所有人。

不过，在进一步理解消费者行为时，精神分析方法的作用并不能被忽视。因为这些研究的发现往往可以作为广告信息的基础，而这些信息针对的正是购买者深层次的感受、希望、渴望及恐惧。这些策略常常比理性诉求更有效。

一些企业和广告代理公司使用动机研究来进一步了解消费者的想法。例如：

- 克莱斯勒公司让消费者像孩子一样坐在地板上，用剪刀从杂志上剪下一些单词用来描绘汽车。[4]
- 麦肯广告公司请一些女性画出蟑螂，并描绘她们对蟑螂的感受。该公司得出结论，许多女性都将蟑螂与抛弃她们的男人联系起来。这也是女性偏爱那些让她们眼见蟑螂死去的灭蟑剂的原因。
- 盛世长城广告公司利用精神分析得出结论，与汉堡王相比，麦当劳营造了一种更令人愉快的氛围，而汉堡王则更强势，因而使消费者产生了距离感。
- 博达大桥广告公司在消费者面前展示了一系列人脸图片，让他们将这些人脸与可能会使用某种产品的人联系起来。

● 马库斯托马斯公司（Marcus Thomas）利用一对一深度访谈和投射技术来挖掘人们选择某种心血管保健设备的潜在动机。

尽管动机研究经常受到批评，但它对市场营销学仍有一定的贡献。该研究在评价消费者的购买方式和购买原因方面的定性分析十分重要。焦点小组访谈和深度访谈是获得消费者深层感受的有效方法，而投射技术常常是避开老套或社会预期回应的唯一方式。另外，动机研究还是消费心理学的先驱（在第2章中已讨论过）。

最后，我们知道，消费者在购买决策过程中受到功能性驱动的同时，还受到象征性驱动力的推动。有些人认为随着广告费用的增加，电视节目中情色内容的数量和开放程度在不断上升，许多节目和广告也将开放程度推到了可接受的极限。[5]同时，一些公司正在广告中使用隐晦的情色内容。

信息收集

消费者决策制定过程的第二步就是信息收集。消费者一旦意识到某个问题或需要能够通过购买某种产品或服务得到解决，便开始寻找制定购买决策所需的信息。最开始的搜索工作通常包括对记忆里的信息进行扫描，回忆过去有关各种购买选择的经验和（或）知识。这种信息的重新获得称为**内部搜寻**（internal search）。对于许多惯例性、重复性的购买来说，对存储在记忆里的以前所获得的信息（比如过去使用一个品牌的表现和结果）进行比较选择和做出决定就足够了。

如果内部搜寻没有获得足够的信息，消费者便会通过**外部搜寻**（external search）寻找更多的信息。信息的外部来源包括：

● 互联网信息来源，例如通过公司网站、消费者发帖以及 Angie's List、Yelp 等点评网站提供的系统和赞助信息。

● 个人来源，如朋友、亲戚或同事。

● 营销商控制的（商业性）来源，如广告、销售人员、售点展示和包装信息。

● 公共来源，包括杂志、报纸上的文章或电视报道等。

● 个人经验，如实际操作、研究或测试产品。

决定使用多少外部信息和哪些来源取决于很多因素，包括购买决策的重要性、获取信息的难易程度、过去相关经验的累积、购买风险的感知程度以及可支配的时间等。例如，挑选一部周五晚上观看的电影，只需与朋友稍做讨论或上网查一下电影指南就够了。比较复杂的购买，如购买一辆新车，也许就会用到大量的信息来源——可能要看《公路与轨迹》（*Road & Track*）、《汽车潮流》（*Motor Trend*）或《消费者报告》（*Consumer Reports*）等杂志；同家人或朋友讨论；在线搜索相关信息；试驾汽车；等等。在购买决策的这一点上，提供大量信息的广告显得极为重要。

知觉

了解消费者如何从外部来源获得并利用信息，对营销商制定传播策略十分重要。营销商尤其感兴趣的是：（1）消费者如何感知外部信息；（2）他们如何选择和处理各种信息来源；（3）信息如何被解释和赋予意义。这些过程都是**知觉**（perception）的一部分，即通过个人接收、选择、组织以及解释信息来创建对于世界的意义深远的图景。知觉是个人对信息进行加工的过程，它取决于内部因素，如一个人的信仰、经验、需要、情绪以及期望。知觉过程还受到刺激物特征（如大小、颜色和密度）和所看到的或听到的内容的影响。

感觉

知觉包括三个不同的过程。其中，**感觉**（sensation）是对某种刺激物（比如广告、包装、品牌名称或售点陈列）产生的即时的、直接的感知（味觉、触觉、视觉、嗅觉和听觉）。知觉就是在这些感知的基础上构造出对刺激物的再现。营销商已经认识到了解消费者对营销刺激物的生理反应是十分重要的。例如，一则广告或一种包装设计的视觉元素必须能够引起消费者的关注，并从众多竞争者中脱颖而出。

营销商有时会试图增强对消费者感官的刺激程度，目的是使其广告信息得到关注。例如，布鲁明戴尔百货公司（Bloomingdales）纽约店把唐娜·凯伦（Donna Karan）的 DNKY 新款香水喷洒在店外的人行道上，以此向消费者介绍这款香水。卡夫食品公司在店内使用香味带卡片宣传其新款 DiGiorno 蒜蓉面包，雅芳也在其各种产品（从香水到泡泡浴剂）中广泛使用香味带。香味带这种形式早已在杂志中大量使用。《魅力》（*Allure*）杂志的读者研究显示，86%的读者表示他们曾试用过香味带，有 72%的读者后来购买了该产品。[6]

选择信息

感官刺激固然重要，但它只是知觉过程的一部分。消费者是否注意到营销刺激，如何看待营销刺激还受到其他一些决定性因素，包括消费者个性、需要、动机、期望以及经验等心理因素的影响。这些心理因素解释了为什么消费者会注意某些事物而忽略其他事物。不同的人对同样的刺激会有完全不同的感知，原因在于他们对于刺激物的选择、关注以及理解不同。个人的知觉过程通常会集中考虑那些同自身需要相关的情境元素，而剔除不相关的刺激物。想一想当你要购买智能手机、汽车或电子产品的时候，你会比平常更多地关注这些产品的广告吗？

解释信息

一旦消费者选择和关注了某一种刺激，知觉过程就集中在组织、分类和解释信息上。知觉过程的这一阶段因人而异，受内部心理因素的影响。同时，一个人对刺激的解释和理解也部分取决于刺激的性质。例如，许多广告都是客观的，其信息是清晰明了的，有些广告则模棱两可，其意义很大程度上依赖于消费者的个人理解。

选择行为出现于消费者知觉过程的各个阶段。知觉可以被视为一个过滤过程，在此过程中，内部因素和外部因素影响信息的获得及进一步的加工和解释。一个人每天都要接触大量复杂的营销刺激，这时往往需要对各种刺激进行过滤。**选择性感知**（selective perception）可以出现在知觉的接触、注意、理解或记忆等各个阶段（如图表 4－4 所示）。

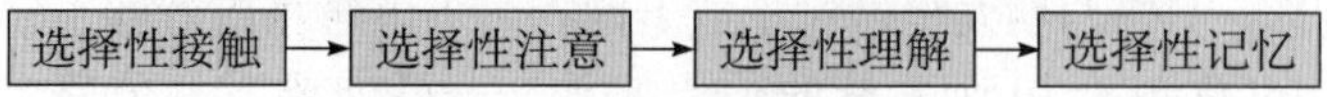

图表 4－4　选择性感知的过程

选择性感知

当消费者选择是否使自己接受信息影响的时候，**选择性接触**（selective exposure）就出现了。例如，电视节目的观众可能会在广告时段换频道或离开房间。

选择性注意（selective attention）发生在当消费者选择对某种刺激物全神贯注而排斥其他刺激物的时候。一项关于选择性注意的研究显示，一般消费者每天会接触到将近 1 500 条广告，然而他们只会注意到其中的大约 76 条。[7]还有研究认为，消费者每天接触到的广告最多达 4 000 条。[8]这就意味着若想使广告信息得到注意，营销商必须付出巨大努力。广告主往往利用广告创意来吸引消费者的注意。例如，某些广告在黑白背景中展示彩色产品，凭借这种方式与其他广告区别开来。这种创意战术已经被运用到许多产品的广告中，其中包括樱桃七喜（Cherry 7UP）饮料、Nuprin 止痛片、Pepto-Bismol 胃药和纯果乐（Tropicana）饮料等。

即使消费者确实注意到了广告主的信息，也无法保证信息能按照广告主的意图得到解释。

因为消费者会进行**选择性理解**（selective comprehension），即根据他们自己的态度、信仰、动机和经验，并且通常以支持自己立场的方式来解释信息。例如，一则贬低消费者钟爱品牌的广告，可能被认为是存在偏见或不真实的，因此广告的主张也不会被接受。

图表4-4中描述的最后一个过程是**选择性记忆**（selective retention），这意味着消费者对于他们所见、所闻或所读的所有信息并不能全部记得，即使他们确实注意并理解了这些信息。广告主必须努力确保信息会保留在消费者的记忆中，以便在购买时能够随时提取这些信息。标识、旋律、联想以及形象等**提示物**（mnemonics）有助于学习和记忆过程。许多广告主使用能拼出公司名字且易记忆的电话号码（例如，1-800-GOFEDEX）。

阈下知觉

广告主知道消费者会使用选择性感知过滤掉不相关或不想要的广告信息，因此它们会使用各种创意技巧使其广告信息受到关注。一种备受争议的广告策略就是广告主对于消费者潜意识的利用。**阈下知觉**（subliminal perception）是指对有意识知晓层次以下刺激的感知能力。心理学家普遍认为人们甚至能够在自己都没有意识到的情况下感知到某些事物。

你可以想象到，使用诸如阈下听觉信息或视觉暗示等隐蔽的说服手段来影响消费者，也许对广告主充满诱惑，却不受消费者欢迎。营销商在潜意识层次上影响消费者具有强烈的伦理寓意。整合营销传播视点4-1讨论了研究人员在动机研究和阈下知觉广告中是否有可能有效影响消费者行为的不同观点。

整合营销传播视点4-1

阈下知觉广告：也许确实有用！

万斯·帕卡德（Vance Packard）那本惊世名著《隐藏的说客》（*The Hidden Persuaders*）面世已有半个世纪之久。在书中，帕卡德指责广告主使用深度访谈和动机研究等研究技巧来传递影响消费者潜意识的信息。这些信息诱导消费者购买产品，而消费者却不知道自己为什么会做这样的决定。几乎是同时，动机研究者詹姆斯·维卡里（James Vicary）引入了“阈下知觉广告”的概念，称自己通过在屏幕上播放“吃爆米花”和“喝可口可乐”等画面，将这些信息植入消费者的潜意识，从而提高了爆米花和可乐的销量。威尔森·布莱恩·基（Wilson Bryan Key）更是添砖加瓦，他在自己的书中声称阈下知觉广告就是在操纵消费者的行为。

为确定这些技术的真实性，一大批探索动机研究和阈下知觉广告的研究项目、论文和著作相继面世。在对这一话题进行了一系列的广泛研究（1982，1988）后，蒂莫西·穆尔（Timothy Moore）总结说，没有证据证明阈下知觉信息能影响消费者的动机、观点和态度。乔尔·塞加特（Joel Saegart）和杰克·哈勃斯特罗（Jack Haberstroh）的研究也支持穆尔的结论。在此后很长的一段时间内，阈下知觉广告、动机研究和利用精神分析理论来左右消费者行为的研究似乎销声匿迹了，无论是普通百姓还是学术界人士显然都对此失去了兴趣。可是，尽管研究处于风平浪静状态，它们却从来没有真正消失过。

20世纪90年代，大量研究成果面世，这些研究成果证明阈下知觉广告是奏效的。在2000年布什（Bush）与戈尔（Gore）的美国总统竞选中，共和党人被指责插入“老鼠”（rats）字样作为阈下刺激，让人们把“老鼠”与戈尔联系起来。该广告在被刊登过约4 000次后才被发现这一点，并被提出抗议。八年之后，政治学家乔尔·温伯格（Joel Weinberger）受广告争议的启发，进行了一项实验，他发现在电视广告中闪现“老鼠”这个词可能会增加对政客的负面评价。就这样，动机研究又一次被推到了风口浪尖。

最近，英国伦敦大学学院的科学家声称，他们最终证明了人们可以感知阈下知觉信息的情感价值。另一位研究人员也声称他的一系列研究证明了音乐、原产国甚至产品重量都会对消费者产生潜意识影响。在另一项实验中，受测试者眼前闪过“立顿冰茶”四个字，实验结束后，有85%的人在三种备选饮料中选择了立顿冰茶；而在未接受阈下视觉刺激的人中，仅有20%选择了该款饮料。在《实验社会心理学》（*Journal of Experimental Social Psychology*）和《消费者心理学》（*Journal of Consumer Psychology*）杂志上发表的研究提供的证据表明，在某些条件下，如果在广告与目标相关（例如，当接收者口渴时提前准备好软饮料品牌），同时消费者没有被提醒存在阈下知觉信息的情况下，阈下知觉广告可能会产生影响。

可是这一次，似乎没有人感到惊慌，尽管在加利福尼亚理工学院任教的畅销书作家列纳德·蒙洛迪诺（Leonard Mlodinow）认为他们理应如此。蒙洛迪诺认为，使用阈下知觉信息更有效的方法之一可能是通过植入式广告。他以胡椒博士在电影《蜘蛛侠》（Spiderman），以及百事在电影《小鬼当家》（Spider Man and Pepsi）中的植入式广告为例来证明他的观点，即阈下知觉植入是有用的并且正在被使用。50年后，消费者和研究人员对于他们需要担心阈下知觉广告这件事似乎并不以为然，但这绝不意味着他们已经失去兴趣。

资料来源：Thjs Verwijmeren, Stefan F. Bernitter, Wolfgang Stroebe, and Daniel H. J. Wgboldus, “Warning: You Are Being Primed! The Effect of a Warning on the Impact of Subliminal Ads,” *Journal of Experimental Social Psychology* 40, no. 6 (November 2013), pp. 1124-29; Thjs Verwijmeren, Stefan F. Bernitter, Wolfgang Stroebe, and Daniel H. J. Wgboldus, “The Workings and Limits of Subliminal Advertising: The Role of Habits,” *Journal of Consumer Psychology* 21, no. 2 (April 2011), pp 206-13; Johan C. Karremans and Martin Lindstrom, “How Subliminal Advertising Works,” January 4, 2009, www.parade.com; “Hypnosis Reveals Ad Effects,” *Adweek Asia*, January 29, 1999, p. 4; “Breaking French Connection,” *Advertising Age*, March 22, 1999, p. 52; Kathryn Theus, “Subliminal Advertising and the Psychology of Processing Unconscious Stimuli: A Review of Research,” *Psychology & Marketing* 11, no. 3 (1994), pp. 271-90; Timothy Moore, “Subliminal Advertising: What You See Is What You Get,” *Journal of Marketing* 46, no. 2 (Spring 1982), pp. 38-47; Timothy Moore, “The Case against Subliminal Manipulation,” *Psychology and Marketing* 5, no. 4 (Winter 1988), pp. 297-316; Kalpana Srinivasan, “FCC Ends Probe on Republican Ad,” March 12, 2001, www.individual.com; George E. Condon Jr. and Toby Eckert, “Flap over ‘RATS’ Latest to Plague Bush's Drive,” *San Diego Tribune*, September 13, 2000, p. A1; Richard Alleyne, “Subliminal Advertising Really Does Work, Claim Scientists,” September 2009, www.telegraph.co.uk.

选择评价

在决策过程的信息收集阶段获得信息后，消费者便进入选择评价阶段。在这一阶段，消费者将对能够解决消费问题并满足发起这一消费决策的需要或动机的各种品牌或产品及服务进行比较。选择评价过程中被消费者认为值得作为购买选择考虑的各种品牌称为消费者的唤起集合。

唤起集合

唤起集合总的来说只是消费者知道的所有品牌的一个子集。在选择评价阶段，消费者把可以考虑的品牌精简到容易权衡的数量。唤起集合（有时称为考虑集合）的实际规模因消费者的不同而有所不同，同时还依赖其他因素，如购买的重要性，或者消费者能花费多少时间和精力用于比较和选择品牌。

大部分广告与促销的目标是使一个品牌纳入消费者的唤起集合，并在选择评价过程中被考虑到。营销商通过广告在消费者中提高品牌的“首要提及”知晓度，从而使自己的品牌成为目标受众唤起集合的一部分。那些拥有巨额广告预算的流行品牌常常使用提示性广告以维持高知晓度，同时增加它们在该产品市场中被消费者考虑到的可能性。而那些正打造新品牌或拥有较低市场份额品牌的营销商往往需要提高在消费者中的知名度，并打破原有格局，使自己的品牌挤入消费者的唤起集合。插图 4－1 中的广告将得克萨斯州描绘为一个适宜生活与经商的地方，显示了该策略被应用于不同产品与品牌的背景下。这则广告展示了得克萨斯州的诸多好处，并鼓励潜在企业将其考虑在内，帮助确定其选址或搬迁的地点。

广告是创造、保持品牌知名度并确保一种品牌被包含在唤起集合中的重要促销工具。此外，营销商也努力在实际购买决策环境中推广自己的品牌，通过售点广告和诸如店内样品、货架陈列或特价标签等促销技巧，鼓励消费者考虑原本不在其唤起集合里的品牌。

插图 4－1　得克萨斯州想要进入商业选址的唤起合集

资料来源：Texas Economic Development and Tourism Division.

评价标准和结果

一旦消费者明确了一个唤起集合并有一系列可供选择的品牌，他们就会开始评价各品牌。这往往根据消费者认为重要的具体标准进行比较选择。**评价标准**（evaluative criteria）指的是用来比较不同品牌的产品或服务所使用的维度或属性特征。该标准可能是客观的，也可能是主观的。例如，在购买汽车的时候，消费者会考虑诸如价格、保修及耗油量等客观属性，同时也会使用诸如形象、风格及表现等主观属性作为标准。

评价标准通常被视作产品或服务属性。许多营销商将它们的产品或服务看作一组属性，但消费者倾向于根据使用产品或服务的实际结果进行考虑和选择。他们将结果划分为两种主要类型：功能性结果和心理性结果。**功能性结果**（functional consequences）是指在产品和服务使用过程中有形的且消费者能直接感受到的具体效果。软饮料或薯条的味道、汽车的加速以及网络服务提供商的速度都属于功能性结果的例子。**心理性结果**（psychosocial consequences）是指那些令人比较难以捉摸的、主观的以及个性化的抽象结果，比如一个产品带给你的感觉，或者你认为当你购买或使用某种产品时其他人可能会如何看待你。

产品/服务的属性以及消费者认为能从某一品牌中体验的结果是非常重要的，因为它们经常是形成态度和购买意图并在各种选择中做出决定的基础。有两个子过程在选择评价阶段非常重要：(1) 消费者态度建立、巩固和改变的过程；(2) 消费者用以比较品牌和做出购买决定的决策标准或综合策略。我们将更加详细地考察每一个过程。

态　度

态度是习得的对客体做出反应的倾向，是消费者行为研究中的重点概念之一。[9] 近来有更多的观点认为态度是一种总结性建构，反映个人对某个事物的整体感觉或评价。[10] 消费者对各种事物持有的特定态度对营销商来说十分重要，涉及人物（明星代言人如诺瓦克·德约科维奇（Novak Djokovic）、丹妮卡·帕特里克（Danica Patrick））、品牌（Cheerios、Special K）、公司（美国电话电报公司（AT&T）、美国银行（Bank of America））、产品类别（牛肉、猪肉、金枪鱼）、零售店（沃尔玛、塔吉特）甚至广告（耐克）。

态度对营销商而言十分重要，因为它从理论上概括了消费者对某一事物（品牌或公司）的评价，代表消费者积极的或消极的感觉和行为倾向。营销商之所以对消费者的态度如此感兴趣，就是因为它们相信消费者的态度与其购买行为密切相关。但是态度对营销商来说非常重要。营销商利用广告与促销建立人们对新产品/服务或品牌的积极态度，巩固已有的积极态度，并（或）改变消极态度。多属性态度模型是一种研究和测量与广告紧密相关的态度的方法。

多属性态度模型

消费者研究者和营销实践者利用多属性态度模型研究消费者的态度已有 20 年之久。**多属性态度模型**（multiattribute attitude model）将态度客体（如某一产品或品牌）视作拥有大量属性，这些属性是消费者形成态度的基础。根据这个模型，消费者信任某些特定品牌属性，并对这些属性给予不同程度的重视。使用这种方法，可以将人们对某种特定品牌的态度表述为：

$$A_B=\sum_{i=1}^{n}B_i\times E_i$$

式中，A_B 为针对某一品牌的态度；B_i 为对于品牌在属性 i 上所表现出的信念；E_i 为对属性 i 的重视程度；n 为所考虑的属性数目。

例如，消费者可能在某种特定属性上对各种不同品牌的牙膏都具有信念（B_i）。他们可能知道一种品牌的产品含有氟化物，因此认为它可以预防龋齿且味道较好，并有助于控制牙垢。另一种品牌的产品也许没有这些属性，但消费者可能认为它在其他属性方面表现良好，如清新口气、亮白牙齿等。

为了预测态度，研究者必须知道消费者对每种属性给予多大程度的重视（E_i）。例如，父母为孩子购买牙膏时，可能更喜欢在预防龋齿方面效果良好的品牌，因此更有可能购买上面提到的前一种品牌。而十几岁、二十几岁的年轻人则可能喜欢使其口气清新、牙齿洁白的品牌，因而倾向于购买后一种品牌。

消费者对任何一类产品或服务的品牌都持有许多不同的信念。然而，并非所有的信念都会最终形成态度。那些专注于某一特定属性和结果并能积极形成态度的信念称为**显著信念**（salient beliefs）。营销商应该识别并理解这些显著信念，并且能够认识到信念的显著性会在不同的细分市场、不同的时间段以及不同的消费情境中有所区别。

态度改变策略

多属性态度模型可以帮助营销商理解与分析构成消费者态度的潜在基础。通过了解构成消费者对某一品牌评价基础的信念，以及不同属性和结果的重要性，营销商可以更好地制定传播策略以建立、改变或加强品牌态度。多属性态度模型提供了关于营销商影响消费者态度的几种策略，包括：

- 增加或改变一个品牌某种重要属性的强度或信念级别（高露洁光感白牙膏具有最好的美白功效）。
- 改变消费者对某种属性重要性或价值的知觉（米其林轮胎强调汽油行驶里程与安全性）。
- 在态度形成过程中增加一个新属性（高乐氏绿色环保系列（Clorox Green）产品具有环保性）。
- 改变对竞争品牌的信任评级的看法（通用汽车标榜自己的车可以与任何品牌的汽车较量）。

广告主用得比较多的是第一种策略。它们首先确定一种重要的属性或结果，然后提醒消费者注意它们的品牌在该属性上的表现有多么优秀。如果消费者不认为营销商的品牌具有某种重要属性或信念强度较低，那么广告策略一般就以改变信念级别为目标。即使信念强度很高，广告仍可用以提高该品牌在重要属性上的评级。宝马的“终极驾驶机器”（Ultimate Driving Machine）广告策略就是一个很好的例子，它建立了一种信念并通过广告得以巩固。

营销商往往试图通过改变某种属性的相对重要性来影响消费者的态度。这种策略旨在使消费者在形成对某个品牌的态度的过程中，对某种属性给予更多的关注。使用这种策略的营销商往往希望增强自己品牌特有属性的重要性。

影响消费者态度的第三种策略是在消费者评价某一品牌的过程中增加或强调一种新属性。营销商通过以下两种方法实现这一点：一是改进产品；二是增加与使用该品牌相关的附加利益和结果。汤姆布鞋（Tom's Shoes）每卖出一双新鞋便会向一位穷人捐赠一双鞋。

营销商使用的最后一种策略是改变消费者对竞争品牌或产品品类的信念。这种策略随着比较广告的增加而变得越来越普遍。在比较广告中，营销商将自己的品牌就某个具体的产品属性与同类竞争者的品牌进行比较。

信息整合过程和决策准则

选择评价过程的另一个重要方面就是消费者如何通过综合有关品牌特征的信息做出购买决策。**信息整合过程**（integration process）是将产品的信息、意义和信念结合起来，对两个或更多的选择方案进行评价的方式。[11]整合过程的分析主要集中于消费者做出购买选择的不同类型的决策准则或策略上。

消费者往往通过正式的整合策略或决策准则来做出购买选择，他们会对不同选择的具体属性进行研究和比较。该过程需要对选择方案进行非常细致的评估，对各个属性进行逐一比较。当消费者使用如此正式的决策准则时，营销商需要知道哪些属性是消费者考虑的因素，从而为消费者提供他们需要的信息。

有时消费者会使用比较简单的决策准则做出购买决策，这种准则称为**启发式原则**（heuristics）。对于经常购买的比较熟悉的产品，消费者可以使用以价格为基础的启发式原则（买最便宜的）或以促销为基础的启发式原则（选择可以得到赠券、折扣或特价的品牌）。

感性决策原则（affect referral decision rule）是启发式原则的一种。在该原则下，消费者在各种备选方案中以整体印象或总结性评价为基础做出选择。这种决策原则假设消费者对某种品牌有好感，在购买时这种印象能够被及时唤起。

销售熟悉或流行品牌的营销商一般通过加强其产品的好感度或印象来实现感性决策原则的诉求。拥有强大整体品牌形象的市场领导者通常使用广告来吸引消费者的关注，提升影响力。好事达保险公司的“好事达天下”（The Good Hands People）、吉列公司的“男人的选择”（The Best a Man Can Get）、Nationwide保险公司的“Nationwide就在你身边”（Nationwide is on your side）等都是这一策略的范例。

购买决策

在购买过程中的某一时刻，消费者一定会停止搜索和评价唤起集合中可选品牌的信息，并做出购买决策。作为选择评价阶段的结果，消费者可能形成购买某种品牌的意图或倾向。**购买意图**（purchase intention）通常建立在购买动机与备选品牌的属性特征相匹配的基础上。它的形成依赖于许多本章中讨论过的个人决策的子过程，如动机、知觉、态度形成和信息整合。

购买决策并不等同于实际购买。一旦消费者选择了将要购买的品牌，他就必须执行这个决策，进行实际购买。这就需要消费者做出额外的决策，如什么时候购买，在哪里购买，花多少钱等。通常从形成购买意图或决策到实施真正的购买行为二者之间存在时间上的延迟，对于重大和复杂的购买情况更是如此，如对汽车、个人电脑和耐用消费品等的购买。

对于非耐用消费品，包括那些购买过程相对简单的产品，如快速消费品，决策与实际购买之间的时间间隔就可能短一些。在离开家以前，消费者可能会草拟一个包含特定品牌名字的购物清单，因为消费者已经有了**品牌忠诚**（brand loyalty）——对某一特定品牌的偏爱并由此产生重复购买。

当然，品牌忠诚并不局限于非耐用消费品，消费者会对许多产品和服务产生忠诚。营销商努力在消费者中建立和维持品牌忠诚。它们使用提醒式广告保证其品牌名称经常出现在消费者面前，保持其产品在商店货架或展示中处于显著位置，并进行定期促销以防止消费者转换品牌。

维持消费者的品牌忠诚并非易事。在短短的一年内，美国银行在银行品牌忠诚度排名中就从第一位降到了最后一位。竞争者使用各种手段鼓励消费者试用它们的品牌，其中包括引入新产品和提供免费样品。如图表 4－5 所示，一些品牌已经实现了这个目标。因此，营销商必须在争夺转换品牌的消费者的同时，维持自己的忠实顾客。

图表 4－5　　拥有最高品牌忠诚度的品牌

行业	赢家[a]
航空	捷蓝航空
运动鞋	耐克/新百伦（并列）
汽车	福特/现代
银行	富国银行（Wells Fargo）
汽车租赁	安飞士租车
咖啡	唐恩都乐（Dunkin' Donuts）/星巴克
电脑（笔记本）	苹果
信用卡	Discover
电子书	Kindle
晚间新闻节目	哥伦比亚广播公司
平板电视	三星
酒店（豪华）	丽思卡尔顿酒店
保险	前进保险（Progressive）
在线旅游网站	猫途鹰（TripAdvisor）
软饮料（经典/无糖）	百事可乐/轻怡百事；可口可乐/健怡可乐
牙膏	高露洁
伏特加酒	诗凡卡（Svedka）
无线电话服务	AT&T

a. 这些品牌在 Brand Keys 公司 2016 年度顾客忠诚度与参与度指数调查中忠诚度均名列前茅。

资料来源：www. brandkeys. com/awards，2016.

如前所述，对于非耐用、便利型产品的购买决策有时就发生在店内，差不多与购买同时进行。营销商必须保证消费者对它们的品牌具有“首要提及”知晓度，以保证该品牌能够迅速被识别并且被考虑。这一类型的决策直接受卖场情境的影响。产品包装、货架展示、售点材料以及包括附在包装上的赠券或优惠券等在内的促销工具都可以在消费者购买时影响其决策。

购后评价

消费者购买决策并不因购买的结束而结束。在使用了产品或服务以后，消费者会将其实际表现与之前的预期进行比较，来决定对其满意还是不满意。当实际表现满足或超出消费者的期望时，他就会感到满意；而当实际表现低于期望时，就会产生不满意。购后评价过程是十分重要的，因为消费者对产品使用的真实感受会影响其未来的购买行为。积极结果意味着该品牌会留在唤起集合中，被再次购买的可能性也会增大。但如果消费者对结果不满意，就可能产生消极态度，再次购买的可能性也将大大降低，甚至该品牌会被剔除出消费者的唤起集合。

购买的另一种可能结果是**认知失调**（cognitive dissonance），即消费者做出某项艰难的购买选择之后，体验到的心理不安或购后怀疑的感觉。当消费者所做决策较为重要而备选方案又较为类似的时候，认知失调就可能出现（尤其当未入选的方案具有所选方案所不具备的独一无二或令人满意的特点时）。

产生认知失调的消费者可能会想办法减少这种失调感。他们可以从其他人那里寻求意见和观点来确认自己的购买决策是英明的，贬低对未选方案的态度或看法，否定或歪曲任何不支持他们所做决策的信息，或寻求支持他们所做决策的信息。广告就是这种支持性信息的一个重要来源，消费者对自己所选品牌的广告会更为关注。[12]因此，借助广告巩固消费者对自己品牌的购买，对于营销商来说十分重要。

营销商已经认识到，购后沟通是十分重要的。一些公司寄出追踪信件和宣传册让消费者放心，肯定他们做出的英明决策；许多公司为消费者设立热线电话或发电子邮件以提供产品资讯或者处理投诉；营销商还推出无条件退货退款政策并延长保修期以确保消费者满意；有些甚至把消费者对购买产品的不满意视作获得新业务的机会并加以利用。

消费者决策制定过程中的变化

前面描述了消费者决策制定的一般模型，但是消费者的购买决策过程并不总是涉及所有这五个步骤，也不一定总是按照这五个步骤顺序进行。如果消费者对某产品或服务已有购买经验，或者该购买决策对个人、社会或经济方面的重要性不大，他们可能会尽可能简化步骤，甚至跳过一个或多个步骤。为了制定有效的促销策略和计划，营销商需要了解目标消费者在制定购买决策时解决问题的过程。

消费者制定的许多购买决策都是以习惯性或例行性的选择过程为基础。对于许多经常购买的低价产品而言，决策过程包含的环节不外乎确认问题，迅速进行内部搜寻和购买。消费者通常花费很少的精力进行外部搜寻或选择评价，甚至根本不会做这些。

如果营销商的产品属于常规购买的产品，就需要使其品牌进入和（或）保留在消费者的唤起集合里，并且避免出现任何可能导致其被放弃的状况。那些已经得到肯定的、有较大市场份额的品牌可能已经存在于多数消费者的唤起集合中。这些品牌的营销商需要的是消费者遵循例行选择过程，继续购买它们的产品。这就需要它们通过提醒式广告、定期促销以及零售店中显著的货架陈列等策略来维持其高水平的品牌知名度。

新品牌或市场份额较小的营销商则面临不同的挑战。它们必须想方设法打破消费者的常规选择过程，使之考虑不同的备选方案。为鼓励消费者尝试并进行品牌转换，它们可能会投入大量的广告，配以相应的促销手段，包括免费样品、特价、高额赠券及其他类似形式。

如果消费者对某一特定产品或服务的购买经验有限，对可供选择的品牌知之甚少，对购买决策的衡量标准没有概念，那么该购买过程将更为复杂。他们必须了解做出购买决策必须考虑的属性或标准，以及各种备选方案在这些方面的表现如何。如果产品或服务是用以解决某一问题的，不论要解决的问题是个别的还是共有的，营销商都应该向消费者提供有助于其做出决策的信息。向消费者提供品牌详细信息以及解释该品牌可以怎样满足其购买动机和目的的广告十分重要。营销商还会通过在售点进行展示或发放小册子的方式向消费者提供信息。在分销渠道中也应该有内行的销售人员，他们负责说明所提供产品或服务的特征、好处以及其优于竞争品牌的原因。

消费者的学习过程

对于决策过程的讨论说明，消费者做出购买决策的方式受到各种因素的影响。这些因素包括产品或服务的性质、消费者对该产品的熟悉程度以及购买的重要性。在问题解决阶段涉及的一个因素就是消费者对产品或品牌的涉入。第 5 章将考察涉入的含义、低涉入度和高涉入度决策制定的区别以及涉入对制定广告与促销策略的启示。

到目前为止，我们对消费者行为的研究是从认知导向的角度来看待决策制定过程。五阶段决策过程模型将消费者看作问题解决者和信息处理者，他们在评价备选方案并衡量其满足需要或购买动机的程度时需要经历各种心理过程。此外，该模型对于消费者如何获得他们在购买决策制定过程中所需的知识和经验也进行了相应的考察。为此，我们将研究各种学习方法及它们对广告与促销的启示。

消费者学习是指“个人为了未来的购买和消费行为而获得相关知识及经验的过程”。[13] 行为学习和认知学习是两种基本的学习方法。

行为学习理论

行为学习理论强调引起行为的外部的、情境的刺激作用，而将内部心理过程的重要性最小化。行为学习理论以刺激-反应导向（S-R）为基础，其前提是，学习的出现是对情境中的外部刺激做出反应的结果。行为学习理论家认为，学习产生于刺激和反应之间的关联作用。我们接下来将研究两种行为学习方法的基本原理：古典反射学习和操作性学习。

古典反射学习

古典反射学习（classical conditioning）认为学习是基于刺激和反应之间既存关系的一种联想过程。这种类型最著名的例子可能来自心理学家巴甫洛夫（Pavlov）利用动物进行的研究。巴甫洛夫注意到，每次喂食的时候，狗一见食物就会分泌唾液。食物和分泌唾液之间的联系不是习得的，而是一种先天反射活动，因为这种关系在训练之前就存在，食物属于非条件刺激，分泌唾液则是非条件反射。为了解唾液分泌是否会在其他中性刺激条件下产生，巴甫洛夫在喂食的同时配以铃声。经过多次尝试以后，狗只要听到铃声就会分泌唾液。这样，铃声就属于一种**条件刺激**（conditioned stimulus），它诱发了与原始的非条件反射相似的**条件反射**（conditioned response）。

插图 4-2　玛利亚·凯莉（Mariah Carey）代言的新香水广告将产品与棒棒糖的外观和香甜联系起来

资料来源：Mariah Carey Beauty and EA Fragrances Co.

对于通过联想过程来学习而言，有两个因素十分重要。第一，邻近性。这就要求非条件刺激与条件刺激必须在时间和空间上都比较接近。在巴甫洛夫的实验中，因为两种刺激连续出现，狗才将铃声与食物联系起来。第二，重复性或者联系的频繁性。这也是十分重要的一个原则。非条件刺激和条件刺激一起出现的次数越频繁，它们之间的联系就越紧密。

古典反射学习的应用　古典反射学习在市场营销中发挥着重要作用。消费者在刺激作用下会通过联想过程对不同品牌形成偏好印象。广告主努力将它们的产品和服务与消费者的感知、印象和情感联系起来，以刺激消费者产生积极的行动。许多产品通过形象广告进行宣传，因为在这类广告中，品牌和那些能引发愉悦情绪的非条件刺激同时表现出来。当品牌与这种非条件刺激同时出现，品牌自身就成了引起同样有利反应的条件刺激。

图表 4-6 形象地描绘了此过程，而插图 4-2 所示的 Lollipop Splash 香水广告则展示了这一策略的具体应用。注意该广告如何将产品与棒棒糖可爱的外观与香甜联系在一起，该品牌的定位便在这种联系中凸显出来。

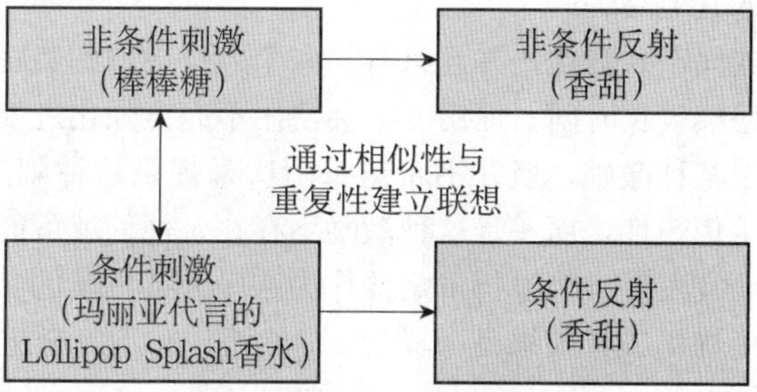

图表 4-6　古典反射学习过程

古典反射学习还可以将产品或服务与一种有利情绪联系起来。杰拉尔德·格恩（Gerald Gorn）的一项研究就是使用这种方法测试广告的背景音乐如何影响产品选择。[14]格恩发现，在分别用听众喜欢的音乐与不喜欢的音乐做背景乐时，听众更倾向于在前者的情况下购买产品。这些结果表明，广告调动起来的情绪是十分重要的，因为通过古典反射学习，消费者会将这些情绪与被宣传的产品联系起来。其他研究也表明，同广告信息相协调的音乐能够提高广告的回想率和认同感[15]，音乐也可以作为增强广告语记忆率的有效辅助工具。广告主经常让中性的产品或服务刺激配以那些能够引起积极情绪的事件或情境（如幽默、紧张刺激的体育项目或流行音乐等）。

操作性学习

古典反射学习将个人看作学习过程的被动参与者，他们只是简单地接受刺激。学习过程产生于刺激作用，而这种刺激作用先于条件反射存在。在**操作性学习**（operant conditioning）方法中，个人为了学习必须对情境的某些方面主动做出反应。操作性学习有时也称为工具性学习，因为个体反应可得到一种积极强化（奖励）或消极强化（由于预期行为的实施避免了消极结果发生而得到的一种奖励形式）。

强化（reinforcement），即与某种特定反应相联系的奖励或有利结果，是操作性学习的一个重要元素。如果行为得到强化，刺激和反应间的联系也会随之加强。因此，如果消费者对某则广告做出反应，购买了该产品并得到积极的结果，该消费者再次使用这种产品的可能性就会增加。若其结果是不利的，再次购买该产品的可能性就会降低。

操作性学习的原理可适用于市场营销，如图表4-7所示。企业努力为其客户提供能够满足他们需要的产品和服务，从而提高重复购买的可能性。强化同样可以暗含在广告中，许多广告强调消费者使用某种产品或服务可以获得的利益或回报。当一则广告鼓励消费者通过使用某一特定产品或品牌以避免不愉快的结果时，这也是一种强化。

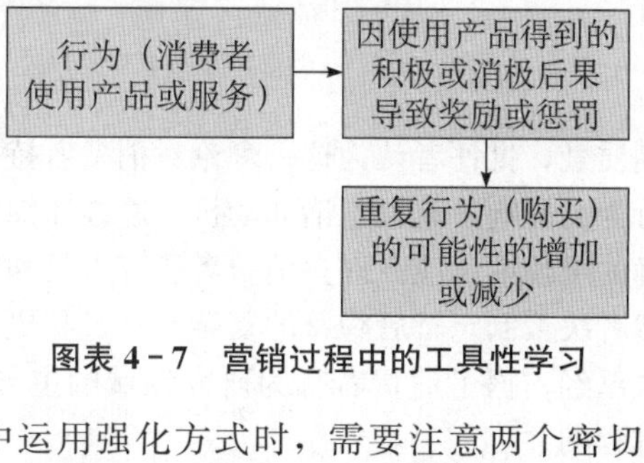

图表 4-7　营销过程中的工具性学习

当营销商在促销策略中运用强化方式时，需要注意两个密切相关的概念，即**强化进度**（schedules of reinforcement）和**塑形**（shaping）。不同的强化进度产生不同形式的学习和行为模式。在一个连续强化进度下，学习进行得非常迅速，每个反应都会得到奖励——但是当强化停止时，这种行为也有可能停止。营销商必须向消费者提供连续的强化，否则消费者就有可能转向能够提供连续强化的其他品牌。

当使用的是不完全或间断式强化，并且只有某些个人反应得到奖励的时候，学习过程就会进行得比较缓慢，但会持续较长时间。促销方案会使用不完全强化进度。企业为鼓励消费者使用自己的产品可能会给予某种激励，但并不希望每一次都提供这种刺激（连续强化），因为消费者可能会对该激励产生依赖性，而一旦这种激励不存在，他们就可能放弃购买。一项对于乘坐公共汽车强化效果的研究发现，当以折价赠券作为乘坐公共汽车的奖励手段时，按照不完全进度提供和按照连续进度提供二者效果是一样的。[16]然而，在不完全进度下提供折价赠券的成本相对而言要小得多。

强化进度还可以通过一个称为塑形的过程来影响消费者的学习和行为，**塑形**（shaping）即对能够引发理想行为或反应的连续行动的强化。

在促销情境中，塑形过程经常用于新产品的引入阶段。图表 4-8 提供了一个范例，介绍了免费样品和折价赠券是怎样用于介绍新产品，并使消费者从试用发展到重复购买的。营销商在使用塑形过程时必须注意：如果它们过早停止了激励措施，消费者也许还没有建立起它们预期的理想行为；如果它们过度使用激励，消费者的购买又会变得依赖于激励而不是产品或服务本身。

最终目标：重复购买行为

渐近顺序	塑形过程	所使用的强化
引诱产品试用	免费样品；大额折价赠券	产品表现；赠券
诱导购买（消费者花较少的钱）	折价赠券以低成本促进购买；含少量折扣的、有利于下次购买的赠券	产品表现；赠券
诱导购买（消费者花适度的钱）	在适度成本下的小额折价赠券促进购买	产品表现
诱导购买（消费者没有折扣）	在没有赠券支持时购买行为的出现	产品表现

图表 4-8　营销中塑形过程的应用

认知学习理论

行为学习理论一直遭到质疑，批评者认为这一理论对消费者持一种机械的观点，且过于强调外部刺激因素对消费者行为的影响，忽视了诸如动机、思维和知觉等内部心理过程，而认定外部刺激情境能够引起明确的可预期反应。许多消费者研究人员和营销商不赞同行为学习理论的简单化解释，他们对消费者决策制定背后隐藏的复杂心理过程更感兴趣。近年来，研究学习行为和决策制定的认知方法已经占据了消费者行为研究领域的主导地位。图表 4-9 指出了认知理论家是如何看待学习过程的。

目标 → 有目的的行为 → 洞察 → 目标实现

图表 4-9　认知学习过程

由于消费者行为通常涉及选择和决策制定，因此认知视角特别吸引营销商，尤其当营销商的产品或服务的购买决策需要慎重考虑和高度参与时，该理论显得更为重要。诸如知觉、品牌信念的形成、态度的养成和变化以及心理整合等认知过程，对于理解许多不同类型的购买中的决策制定过程都很重要。我们之前讨论的五阶段决策过程模型的各个子过程与消费者行为的认知学习方法都是相关的。

环境因素对消费者行为的影响

消费者不会孤立地做出购买决策，其购买决策的制定往往受许多外部因素的影响。图表 4－10 将这些因素一一列出，它们会在接下来的内容中得到详细的考察。

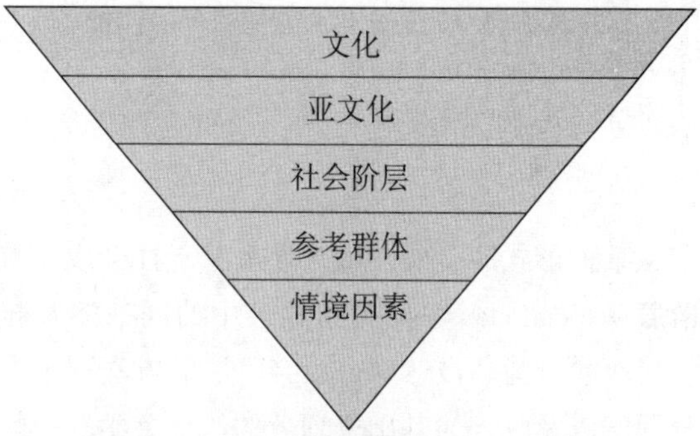

图表 4－10　对消费者行为的外部影响

文　化

影响消费者行为的最广泛也最抽象的外部因素是**文化**（culture），即由社会成员共享的后天学习的内涵、价值观、规范和习俗的集合。文化规范和价值观在生活的各个方面（包括消费行为）为社会成员提供方向和指南。随着营销商在国际营销方面的投入增加，研究文化对消费者行为的影响日益重要。每个国家都有特定的文化传统、习俗和价值观，营销商在策划执行营销方案时必须了解这些因素。

营销商必须了解某一特定文化中可能发生的变化，并且注意这些变化对企业的广告与促销策略和方案的影响。美国文化在持续变化，这些变化对广告有着直接的意义和影响。市场营销研究人员必须了解这些变化以及这些变化对公司产品或服务的营销方式的影响。

虽然营销商认识到文化对消费者有明显的影响，但它们经常发现要对不同市场中的文化差异做出反应并非易事。各种文化的细微差别往往是难以理解与把握的。尽管如此，营销商还是必须要了解这些影响消费者决策的文化背景，并据此制定相应的广告与促销方案。

亚文化

在一个给定的文化中，我们通常可以发现这样一群人或一部分人，他们的信仰、价值观、行为规范及行为方式与主流文化有所区别。这些建立在年龄、地理、宗教、种族以及民族差别基础上的文化称为**亚文化**（subculture）。美国存在大量的亚文化，最大的三个族裔亚文化分别是非洲裔美国人、拉丁裔美国人和各亚洲裔群体。这些族裔亚文化对营销商而言十分重要，它们具有一定的规模、增长速度、购买力以及不同的购买模式。营销商需要针对这些不同的目标市场开发相应的有关产品和服务的特殊营销方案。插图 4－3 中的广告示例只是针对美国各类亚文化设计的广告方案中的两种——埃塞俄比亚裔和拉丁裔。其他以青少年、X 世代、Y 世代和老年人等为营销目标的广告随处可见。

插图 4－3　以亚文化为营销目标的广告

资料来源：Liya Kebede @ Viva Paris for L'Oréal Paris；Estée Lauder Inc.

社会阶层

实际上所有社会都存在某种形式的阶层，每个人都基于社会成员重要性的标准被划分到特定的社会类别中。**社会阶层**（social class）就是指社会中的同一类人群，这类人群有相近的生活方式、价值观、规范、兴趣和行为。虽然确定社会阶层的方法有很多，但美国的阶层结构一般是以职业地位、受教育程度以及收入为基础来划分的。社会学家一般认为美国存在三个广义的社会阶层：上层（14%）、中层（70%）、下层（16%）。

社会阶层对营销商而言是一个十分重要的概念，因为每个社会阶层的消费者都有相似的价值观、生活方式和购买行为，这为市场细分提供了一个天然基础。不同社会阶层中的消费者在产品和服务的使用程度、休闲活动、购买模式、媒体习惯等很多方面都存在差异。针对这些差异，营销商推出了不同的产品和服务定位，制定能够到达不同社会阶层的媒体策略，并采取不同类型的广告诉求。

参考群体

回想一下你上次参加聚会时的情景。当你为聚会选择服装时，你可能会问自己（或其他人）别人都会穿什么。你对服装的选择可能会受到那些出席者的影响。这个简单的例子反映了群体对你的行为的一种影响。

群体是指"两个或两个以上的人组成的具有一套相似的规范、价值观或信仰，并且具有某种隐含的或直接的相互关系的集合，集合内的人的行为彼此依赖"。[17] 群体是影响学习过程和社会化的首要因素之一，群体情境对我们的许多购买决策有直接影响。

参考群体（reference group）是"一个群体，该群体中的个人把群体对事物的看法、价值观作为自己判断事物、形成观点、指导行动的基础"。消费者用三种参考群体（联合群体、渴望群体和疏离群体）作为特定行为的指导，即使这些群体并不存在。例如，在聚会中与你相同身份的人——即使他们不在场——提供了你在服装挑选中所参考的着装标准。同样，你的大学同学、家庭、同事，甚至你渴望加入的某个群体都可以作为参考，而你的消费模式将遵从你认为对你而言最重要的那个群体的期望。营销商在制定广告与促销策略时往往利用参考群体的影响。

家庭决策制定：群体影响的一个例子

在一些例子中，某个群体也许会更直接地涉入而不是作为相关的参考群体。家庭成员之间可以相互影响，有时候甚至会实际参与到购买决策过程中——作为一个购买单位。如图表4－11所示，家庭成员在决策制定过程中可以承担多种角色，而每种角色对营销商来说都有影响。

图表4－11　　家庭决策制定过程中的角色

发起者。发起购买决策流程的人。例如，决定要购买一辆新车的母亲。
信息提供者。负责收集用来制定决策的信息的人。例如，年轻汽车迷，他们知道在哪些专业杂志能找到有关产品的信息，或可以从经销商那里收集产品信息。
影响者。影响选择标准的人。家庭所有成员都有可能成为影响者。母亲可能有她的标准，而其他人也可能有自己的想法。
决策制定者。实际制定决策的人。在我们的例子里，也许是母亲一个人，也许是她和家庭成员一起做决策。
购买代理。执行购买行动的人。在购买汽车这个例子中，丈夫和妻子也许会一起挑选并签订购买协议。
消费者。产品的实际用户。在家庭汽车购买的例子中，所有家庭成员都是消费者。对于一辆私人汽车而言，也许只有母亲是消费者。

首先，营销商必须确定谁负责决策制定过程，进而可以针对那个人（或那些人）发布信息。由于营销商会使用合适的杂志、报纸、电视或广播电台，因此这些角色同样会影响媒体策略。其次，营销商要了解决策制定过程和个体家庭成员对信息的使用情况，这一点对于信息设计和促销方案元素的选择至关重要。总之，为了制定一个有效的促销方案，营销商必须全面了解决策制定过程是如何进行的，以及每个家庭成员所扮演的角色。

情境因素

最后一个外部因素是购买和使用时的情境。消费者所计划的使用某产品或品牌的特定情境将会直接影响他们的知觉、偏好和购买行为。有效的**情境因素**（situational determinants）有三种类型：使用情境、购买情境和沟通情境。

使用情境指的是产品实际使用的情境。例如，私人消费品的购买和公共物品的购买会有显著不同。购买情境更直接地指向实际购买操作时的情境。时间限制、店铺环境以及其他因素都有可能产生影响。沟通情境是广告出现时的情境（如在汽车里听广播，和朋友聊天，等等）。这或许与促销策略的制定最为相关，因为其对消费者的影响会因为消费者所处的特定环境而有所不同。例如，较之于与朋友在一起、工作或处于其他有干扰因素的环境，消费者可能更多地关注独自在家时听到的商业广告。如果广告主能开辟出一个消费者最有可能集中精力收听广告的时段，它们就最有可能赢得消费者的关注。

总的来说，情境因素可以提高或降低信息成功传递的潜在可能性。根据对可能存在的情境因素影响的程度进行评估，广告主可以极大提高与目标受众成功沟通的可能性。

整合营销传播视点4－2

神经营销学：从消费者大脑中获得宝贵见解，还是越界？

数十年前，当营销商开始试图了解消费者行为时，首先涉及的领域之一便是社会心理学。

欧内斯特·狄克特（Ernest Dichter）和詹姆斯·维卡里（James Vicary）等心理学家以弗洛伊德的精神分析理论和潜意识需求作为决策的驱动因素，研究了消费者购买背后的潜在动机。许多入选《财富》500强的企业都使用了他们的研究，结果很令人感兴趣。

出于种种原因，营销商不再试图寻找潜意识的购买动机，而是转向其他理论，从更有意识的信息处理和解决问题的方向来检验消费者。自那以后，这种方法就一直主导着市场研究的方向，焦点小组和调查方法论成为确定消费者购买原因的主要工具。（据估计，每年全球仅在定性研究方面的花费就超过45亿美元。）

但是，请稍等。突然之间，市场研究的新“趋势”又变了！消费者研究再一次（你猜对了！）开始趋于强调消费者行为背后的潜意识动机——尽管采用了不同的研究方法。这种新的方法——神经科学——其实并不新颖。它借鉴自医学领域，许多公司雇佣了神经学家和放射学家，并开始相互竞争，声称自己在研究大脑功能和消费者行为之间关系的方法上处于领先地位。著名的《广告研究杂志》（*Journal of Advertising Research*）专门开辟了一个名为“神经科学如何在广告中起作用”的版块来探讨这一话题，该板块包含四部分。两种最流行的方法是使用功能性磁共振成像（fMRI——对血液流动的扫描）和脑电图（EEG——脑电活动）。正如一位作者所述，“侵入你的大脑”。虽然各个方法的支持者在哪种方法更好的问题上无法取得一致，但他们都认为，神经科学比传统的研究方法（如焦点小组和调查方法）更优秀。发表在《广告研究杂志》上的一篇文章也同意这一观点，它提供的研究表明，心理生理学在确定消费者对信息的情绪反应方面更为有效。另一篇刊登在《广告时代》上的文章认为，传统的方法“有时大错特错”。看起来一些大公司已经认同了这一观点。

宝洁、麦当劳、维亚康姆（Viacom）、欧莱雅和星传媒体（Starcom）都是使用功能性磁共振成像技术的公司。营销大师马丁·林兹（Martin Linds）在他的《纽约时报》畅销书《买》（*Buyology*）中称赞了这一方法，电影制作人摩根·史柏路克（Morgan Spurlock）在他的纪录片《有史以来卖得最好的电影》（POM Wonderful：The Greatest Movie Ever Sold）中甚至出现在功能性磁共振成像里。菲多利（Frito-Lay）、哥伦比亚广播公司、娱乐与体育节目电视网（ESPN）、英特尔、eBay和贝宝（PayPal）等则使用了脑电图技术。苹果公司使用脑电图来判定人们为什么喜欢iPad。

研究机构NeuroFocus获得了广告研究基金会颁发的“大奥美奖”（该基金会在广告研究方面的最高奖项），以表彰其与奇多（Cheetos）的合作成果，它们“展示了在强大、稳定和可投射的样本量中对于研究成果最成功的应用”。道格拉斯·范·普莱特（Douglas Van Praet）在他的著作《无意识的品牌：神经科学如何强化（和激励）营销》（*Unconscious Branding：How Neuroscience Can Empower（and Inspire）Marketing*）一书中指出，“虽然定量调查具有更加强大、稳定和可投射的样本规模，但这些工具在目前的结构下往往无法到达更深层次的情感潜意识。”他的书讨论了神经科学研究相对于传统方法的整体优势。

但并非所有人都支持这种做法。由于神经科学研究是一门相对较新的科学，而且大部分研究都由私人公司资助，因此研究人员很快就对神经科学研究提出了批评。社交媒体顾问雷·波因特（Ray Poynter）认为，这远比科学炒作更有噱头，而神经营销者“严重夸大”了他们的成功故事。波因特等人希望在引入该方法之前看到更多的研究结果。同样，合作作者杜安·瓦兰（Duane Varan）、史蒂文·贝尔曼（Steven Bellman）、安妮·朗（Annie Lang）、帕特里克·巴韦斯（Patrick Barwise）和雷内·韦伯（Rene Weber）也如此认为。他们的文章——刊登在《广告研究杂志》同一版块——指出，“新的神经营销法或许可以预测到，广告的有效性将会面临一个艰巨的过程”，“并没有共同的真相，也没有任何一个科学事实暴露在这些新方法之下”。显然，他们并没有采用这一生理学方法论。

那么，从寻求潜意识购买动机开始的消费者行为准则是否已经回归本源了呢？这种新的方法是否与动机研究存在同样的弱点？一家神经营销研究公司的创始人、加州大学洛杉矶分校精神病学和行为科学教授马科·亚科博奈（Marco Iacoboni）博士似乎给出了肯定的回答。亚科博奈博士在评论神经科学研究时说道："哇哦，这听起来就像是一百年前弗洛伊德所说的那样！"

资料来源："Cautious Eye Cast on Neuromarketing," June 26, 2015, www. warc. com; "Neuroscience Links Messages to Purchase," July 7, 2015, www. warc. com; "Marketers: Stop Asking Consumers 'Why' Market Research Needs to Catch Up to Neuroscience." April 15, 2015, www. adage. com; Douglas Van Praet, *Unconscious Branding: How Neuroscience Can Empower (and Inspire) Marketing* (New York: Palgrave Macmillan, 2012); Adam Penenberg, "They Have Hacked Your Brain," *Fast Company*, September 2011, pp. 85 - 89, 123 - 124; Chip Bayers, "This Is Your Brain on Marketing," *Adweek*, October 3, 2011, pp. 31 - 33.

消费者行为的其他模型

除了上述已经讨论过的视角，消费者研究人员还从其他学科（如经济学、社会学、人类学、哲学、符号学、神经科学和历史）的视角对这些心理学方法进行了补充。这些跨学科的观点拓宽了研究消费者行为的方法，同时也给消费者决策过程研究带来了新的启示。此外，新技术为探索消费者的行为提供了新的手段。

新方法论

心理学家经常研究消费者对广告及其他传播方式在约束条件下的反应。在这些环境中，那些环境变量可以保持恒定。而社会学家和人类学家则研究环境中的消费者行为。因此，他们常常使用一些定性方法，如个人访谈、参与性观察研究和（或）民族志方法等。这些方法能够捕捉影响消费者行为的社会因素、文化因素以及环境因素，甚至可能比传统和（或）在线调查方法更有效地帮助我们理解。人文学科也成为一种研究消费者行为的新方法。历史学家和符号学家将他们的分析集中于广告信息和其他沟通方式本身。他们从语言和历史的角度探讨沟通的意义。符号和结构分析的研究方法被用于考察广告的象征意义和消费的各个层面。

新观点

这些不同的视角和研究方法给消费者研究带来了新的启示，开阔了我们关于消费者认识的视野。例如，我们现在能够更好地理解广告信息在塑造文化和引起共鸣方面的重要性。同样，营销商现在也能更好地理解广告运动怎样深入人心并融入我们的文化。也正是由于近年来对广告作品的诸多分析和解释，我们才更加了解广告形象对社会的影响。

一些消费者研究人员认为跨学科研究更适用于消费者行为研究，因为这些研究考虑到了消费者的复杂性和多面性。这些新方法与心理学研究方法相结合，能够帮助我们更好地理解沟通的效果和影响。

本章小结

本章旨在关注消费者行为领域及其与促销策略的关联性。消费者行为指的是人们为满足需要和欲望而寻找、购买、使用、评价及处理产品和服务时所参与的过程和活动。消费者决策制定过程的五阶段模型包括问题识别、信息收集、选择评价、购买决策和购后评价这五个阶段。影响消费者决策制定的内部心理过程包括动机、知觉、态度形成和改变以及信息整合等。

决策过程模型主要从认知导向角度看待消费者行为。本章通过研究消费者学习的各种方法及其对广告与促销的意义对其他视角进行了讨论，还探讨了诸如古典反射学习和操作性学习等行为学习理论，并提到了行为学习理论存在的问题，以及对认知学习的其他看法。此外，本章还涉及对新技术的讨论，如使用神经科学来确定你所购买的东西以及你为什么要购买它。

本章还研究了影响消费者决策制定的相关外部因素。对文化、亚文化、社会阶层、参考群体和情境因素都做了探讨，其中还包括它们对促销策略和方案发展的意义。最后以对消费者行为研究的其他几种视角的介绍结束全章。

讨论题

1. 神经科学被许多人攻击为侵犯隐私。描述营销商如何利用神经科学研究，并讨论这个伦理论点的利与弊。

2. 本章讨论了营销商对多属性态度模型的应用。解释什么是多属性态度模型，以及营销商如何利用它来接近消费者。

3. 解释什么是认知失调。为什么这个概念对营销商来说十分重要？

4. 营销商往往会在亚文化的基础上进行市场细分。以本章为例，说明该策略的优点和潜在缺陷。

5. 图表4-1展示了消费者决策制定过程的基本模型。描述该模型，并详细解释这个过程的每个步骤。

6. 消费者经历了各种形式的问题识别。试对每一种问题识别进行解释，并分别给出一个购买案例。

7. 本章讨论了考察消费者行为的各种研究方法。讨论其中的某些方法，重点讨论每种方法的优缺点。

8. 一个人的社会阶层如何影响他的消费行为？举例说明可能受社会地位影响的产品和（或）服务。

9. 解释功能性结果和心理性结果的不同。请举例说明这两种类型的广告。

10. 营销商认识到亚文化对消费者行为的影响。举例说明不同的亚文化如何影响一个人的购买决策。

第Ⅲ篇　传播过程分析

第5章 传播过程

学习目标

1. 描述传播过程及传播在市场营销中扮演的角色。
2. 描述传播过程的基本模型。
3. 讨论口碑传播的影响和病毒式营销的作用。
4. 分析受众对营销传播的反应及其对促销计划和策略的影响。
5. 描述社交媒体对消费决策过程的影响。
6. 讨论消费者对营销传播的认知处理。

开篇案例

一场病毒式运动如何改变了“像女孩一样”这一短语的含义?

宝洁公司近30年来一直是世界领先的女性卫生和护理用品品牌之一。尽管该品牌一直致力于支持各种有助于改善女性生活的产品创新，但其营销传播活动始终专注于业绩提升。然而，许多竞争对手已经开始行动，尤其是以更感性的方式与女性及年轻女孩交流。因此，营销的挑战始终来自如何寻找一种新的、有意义的方式与新生代女性建立联系，她们才是品牌的未来。护舒宝品牌团队要求其代理公司李奥贝纳开展一场营销运动，利用该品牌的传统帮助女孩从青春期过渡到年轻女性。调查表明，超过一半的受访女性表示，她们在青春期的自信度有所下降，而这一时期也是年轻女孩首次接触护舒宝及其竞争品牌的时候。因此，在信心低落的关键时刻赋予女孩更多权力，这被视为加强护舒宝关联性的一次机会，并有助于将其定位为能够理解女孩在青春期时所面临的社会问题和挑战的品牌。

当李奥贝纳的创意团队开始讨论这场运动的想法时，他们探讨了在这个脆弱阶段影响女孩自信的各个因素。李奥贝纳首席创意官朱迪·约翰(Judy John)指出，在会议期间，有人将一张写着“像女孩一样”的纸粘贴在一块板子上，大家立刻都被吸引住了。该小组讨论了这个短语如何一直存在，并且通常以贬义的方式被使用，例如操场上人们受到“像女孩一样”跑步、投掷或打架的嘲讽。这句话是推动这场运动背后的巨大创意动力。这项社交实验旨在重新定义年轻女孩的信心，并将“女孩”这个词的含义从被许多女性内化为软弱与虚荣的侮辱转变为一种赋权。这场运动的开端是一段三分钟的视频，展示了各个年龄段的人们如何解读“像女孩一样”这一短语，以及它对社会和年轻女孩造成的负面影响。这段视频由获奖的纪录片导演劳伦·格林菲尔德(Lauren Greenfield)执导，片中一群年龄各异的男女被要求描述他们认为的“像女孩一样”的含义。它清楚地说明了这句话是如何唤起消极和软弱的刻板印象。当青春期女孩、老年妇女和男孩被要求示范如何像女孩一样跑步或打架时，他们挥舞着手臂奔跑，或表现出笨拙地打了一下，而不是猛挥拳头。然而，当青春期前的女孩被要求做同样的事情时，她们竭尽全力地奔跑和击打，刻意表现出动作敏捷的样子。视频中接着问道："什么时候'像女孩一样'做事成了一种侮辱？"其他人很快意识到他们的错误，以及这么做可能导致年轻女性的自尊危机。

视频制作完成后，李奥贝纳在其视频周边展开了一场病毒式宣传活动来传播该信息，并引发了一场对话，以改变人们对"像女孩一样"这一概念的理解。其目标是证明"像女孩一样"应该是所有女性都接受的一种有意义、有力量的宣言，并以此赋予女性力量。约翰指出，引入社交媒体标签"像女孩一样"（#LikeAGirl）是为了鼓励人们通过表明它可能意味着令人惊奇的事情，从而改变该短语的含义。该视频于2014年夏季在YouTube和脸书上发布，并邀请著名女演员和其他有影响力的女性在其社交媒体账号上分享。在最初的四天里，这段视频的点击量累计达到850万次，有近25万次的脸书互动，而"像女孩一样"标签在近15 000条推文中被提及。这一病毒式运动才刚刚开始；截至2014年年底，这段视频在全球的浏览量已超过8 500万次，其中英文版本的浏览量达到5 400万次，成为年度热门视频之一。它在社交媒体上被分享了150万次，在全球产生了超过44亿次观看量。此外，这段视频做到的不仅是吸引观众和被分享。调研小组在2014年年底进行的一项调查发现，在16～24岁的女孩中，76%的人在看完视频后不再说"像女孩一样"是一种侮辱。这项研究还发现，2/3的男性在看完视频后表示，他们不会再以贬义的方式使用这个短语或将三思而后行。

虽然宝洁公司对"像女孩一样"的病毒式回应感到非常兴奋，但还是决定乘势更进一步，制作一个60秒版本的视频，在2015年超级碗期间播放。护舒宝全球副总裁指出，超级碗是一年中收视率最高的电视直播赛事，仅在美国就有超过1.1亿观众。他解释说："在美国只有一半的女孩和不到一半的男孩与成年男性接触到了我们的信息，所以我认为，在知道它已经产生影响和改变观念的前提下，没有比超级碗更好的平台来传达这么一个强有力的信息。"护舒宝广告的播放是超级碗期间第一次宣传女性护理产品，这也被证明是另一个英明的决策。《今日美国》的广告调查显示，该广告是在大赛期间播出的第二大最受欢迎的广告。宝洁公司因推出撼动人心、打破成见的商业广告，以及持续探讨"像女孩一样"跑步、投掷或进行任何活动的意义而获得赞誉。

"像女孩一样"广告赢得了广告界的无数赞誉。它获得了艾美奖、大克里奥奖最佳广告奖，以及威比奖的最高奖项，并多次荣获戛纳国际创意节金狮奖。除了产生病毒式的轰动效应外，"像女孩一样"运动的视频和系列广告在品牌认知度和购买意向等关键指标上为护舒宝品牌带来了极好的效果。在整个竞争过程中，护舒宝的品牌资产评级始终呈现双倍增长趋势，而其大部分竞争对手则略有下滑。护舒宝品牌团队和李奥贝纳正在继续努力，赋予年轻女孩力量以建立自信。《像女孩一样》视频之后又出现了另一段名为《势不可当》的商业广告（视频），视频中一群女孩和年轻妇女正在谈论她们由于社会规范和刻板印象而受到的限制。宝洁也与致力于传播理念的非营利组织TED合作，通过其教育平台开发和传播鼓舞人心的信息。宝洁不仅把"像女孩一样"视作一场成功的病毒式营销活动，更视其为一场伟大的社会实验的开始，它改变了年轻女孩看待自己的方式，并改变了这个短语的含义——从侮辱到最终的赞美。

资料来源：Gabriel Beltrone, "Ad of the Day: Girls Are Unstoppable in Next Phase of Always 'Like a Girl' Campaign," *Adweek*, July 8, 2015, www.adweek.com/news/advertisingbranding/ad-day-girls-are-unstoppable-next-phase-alwaysgirl-campaign-165784; Jack Neff, "P&G Always Takes #LikeAGirl Viral Video to the Super Bowl," *Advertising Age*, January 29, 2015, http://adage.com/article/special-reportsuper-bowl/p-g-s-takes-likeagirl-super-bowl/296879/; Kelly Wallace, "How to Super Bowl #LikeAGirl," CNN, January 31, 2015, www.cnn.com/2015/01/29/living/feat-likeagirl-superbowl-ad/; Case Study: Always #LikeAGirl, D&AD Awards 2015, www.dandad.org/en/case-study-always-likeagirl/.

整合营销传播方案中的每个要素都具备传播的功能。组织的整合营销传播战略需要通过现有或潜在的消费者以及其他相关公众的传播才能实现。组织可以通过不同的方式进行传播与信息发布，这些方式包括广告、品牌名称、商标和图形系统、网站、新闻报道、包装设计、促销以及视觉图像。正如本章开篇所述，像宝洁这样的公司一直致力于开发更多新方式来与消费者进行交流，并传递它们的营销信息，因为想要通过传统媒体来做到这一点已经越来越困难。

营销商对目标市场传播所采用的方式取决于许多因素，其中包括消费者和（或）潜在消费者对企业或品牌的了解程度和看法，以及企业对品牌的设想。那些参与整合营销项目的策划与执行的人员需要对传播过程有一定的了解，同时，也需要厘清涉及企业与企业品牌的相关信息是如何形成、传递、管理与评价的。开发一个高效的营销传播方案比简单地选择产品的某一特征或属性并加以强调要复杂得多。营销商必须懂得消费者将如何解读信息，而消费者的这些反应又将如何形成他们对企业和（或）产品与服务的认识。随着社交媒体的盛行，了解消费者之间如何进行交流，以及如何参与到交流中甚至影响这些对话，对于营销商来说尤为重要。

本章将介绍传播的基本原理，对各类涉及消费者如何回应广告与促销信息的观点与模型进行解读。本章的目标是证明传播过程对于营销方案的计划、执行以及评估是何等关键。

传播的本质

传播（communication）有多种定义，比如信息传递、意见交换、信息发送者与接收者之间达成共识的过程。[1]这些定义说明，传播的实现是以一些条件为前提的，双方必须有一个统一的想法，信息必须从一个人传递到另一个人（或者从一个群体传递到另一个群体）。正如你将在本章中了解到的那样，达成共识并不像看起来那么容易，实际上许多传播都没有成功实现目标。

传播的过程往往非常复杂。成功与否取决于诸如信息本质、受众解读以及接收环境等因素。同时，接收者对信源以及用来传递信息的媒介的相应感知也会影响传播效果。不同受众会对文字、图像、声音以及色彩赋予不同的含义，同时，解读也会相应发生变化。举例来说，如果你在美国东海岸或西海岸要一杯碳酸饮料，你将得到可口可乐或百事可乐这样的软饮料。但是，如果在美国中西部或南部，软饮料被称为汽水，而如果你想要一杯碳酸饮料，你得到的将会是一杯加了冰激凌的汽水。营销商必须理解文字或符号代表的意义，以及它们将如何影响消费者对产品与信息的解读。

语言是众多阻碍有效传播的障碍之一。不同国家有不同的语言，同一个国家也会有不同的语言或方言。此外，这里还存在更多的敏感问题，比如语言上的微妙差异与方言等。正如我们在环球观察 5－1 中讨论的，这些问题对企业在其他国家进行产品营销提出了挑战。双语义、多元文化族裔市场的发展也为美国本土营销商带来挑战。比如，许多营销商在认识到拉丁裔市场的重要性时，也发现同这个快速增长的细分市场进行沟通是件麻烦事。是使用西班牙语和西班牙风格的广告，还是为普通广告加上西班牙语配音？或者使用原有的英语广告，希望这些广告能被会双语的拉丁裔接受。营销商必须做出自己的判断。许多公司都单独为拉丁裔市场设计广告。

环球观察 5-1

国际营销中的传播问题

传播一直是各公司在国外市场面对的主要问题。语言是影响有效传播的主要障碍之一；一个国家内可以有不同的语言或方言，更不用说那些语言学上的微妙差异与方言等敏感问题了。比如说，中国有许多不同的语言和方言，差异非常大，不同地方的人甚至听不懂对方在说什么。来看另一个例子，大约40%的加拿大人并不把英语作为首选语言。在这些非英语使用人群中，有40%说法语，剩余的人则说约12种其他语言。

翻译失误与词语选择不当经常为企业在国外市场以及那些在国内市场上向越来越多样化和拥有更多元文化的受众推销其产品和服务的公司的营销制造麻烦。国际营销商必须弄清在各种促销活动中所展示的公司品牌名称或商标的内在含义。同时，广告图片、广告语以及标记符号等经常翻译得不恰当。这不仅影响到传播效果，在某些情况下甚至会引发一系列尴尬错误，损害企业或品牌的信誉或形象，对客户的利益造成损失。

这里有一些被广泛引用的例子。当可口可乐进军中国市场时，Coca-Cola音译后在汉语中大概是“蝌蚪啃蜡”。在一位语言专家的帮助下，公司用“可口可乐”四个汉字代替原有名字，大意为“可以喝得很开心”，新名字也保留了可口可乐的英语发音。1986年，肯德基在进入中国市场时也遭遇了翻译上的尴尬。它的经典广告语“好吃得让你直舔手指”（finger-lickin good）被错误地翻译为“吃掉你的手指”。还有一个经典案例是关于通用汽车的。通用与雪佛兰一起向拉丁美洲推介它们的Nova牌汽车，进展却十分不顺利，这是因为Nova在西班牙语中是“不走”的意思。通用汽车公司并不认同这个命名错误，认为自己的品牌在拉丁美洲市场还是表现良好的，况且语法层面也没什么大不了的问题，而Nova车也并不是西班牙语中所描述的“死车”。不过，通用最终还是将这款车在西班牙语市场上的名字改为“卡利比”(Caribe)。

国际营销商有时会尝试将其营销方案的各个组成部分（如包装、商标和广告信息）国际化，以消除为国际市场调整或本地化产品或品牌所需的时间、精力和成本。这样做的一种方式是依赖图像而不是可能更容易被误译的文本或副本。但是，图像的使用也会带来问题，也可能会被误解。例如，当宝洁公司开始在日本销售其帮宝适纸尿裤时，在包装上使用了婴儿骑鹳而来的形象。虽然广告在美国很奏效，它却没能迎合日本父母。经过一番调查了解到，顾客对包装上鹳的形象感到担忧和困惑，因为日本民间传说中并没有鹳将婴儿带到父母身边的故事。在日本，传说是这样的：婴儿，尤其是那些特别的、生命和命运会与其他人不同的人，来自一个巨大的桃子，它沿河流而下，漂向父母。

营销商还必须了解人们在创建广告时如何使用不同的语言阅读和处理信息。据报道，瑞典的Cederroth公司在一份阿拉伯语报纸上刊登了一则萨马林（Samarin）牌抗酸药的广告，仅使用了三张图片和产品名称。这些图片是为了讲述故事而设计的：第一张图片中一个男人看起来好像病了，第二张图片中他喝了一杯萨马林，在第三张图片中，他看起来很高兴。然而，该广告没有考虑到阿拉伯语读者从右到左阅读的习惯，而是以惯常的方式处理广告图片，因此给消费者留下了这样的印象：这个人在食用该产品后就生病了。

另一家在国际市场上因广告信息而遇到问题的公司是汉堡王（Burger King）。汉堡王在英国和西班牙推出的“Texican Whopper”奶酪汉堡包广告中，一名墨西哥摔跤手披着一件类似于墨西哥国旗的斗篷，旁边站着一个瘦高的美国牛仔，广告标语是“得州的味道，带着一点辣的墨西哥风味的得克萨斯味道”。墨西哥驻西班牙大使表示，该广告不恰当地展示了墨西哥国旗，而国旗形象受到国家法律的保护，他要求停止播放这些广告。在美国，许多墨西哥人以及拉丁裔消费者也对此持批评态度，认为这些广告冒昧无礼。汉堡王表示，这些广告旨在展示美国西南部地区和墨西哥是如何相互影响和融合的，并不是想取笑墨西哥文化。然而，最后汉堡王还是致歉并撤销了广告。

许多跨国公司都致力于开发全球性品牌，这样可以在国际营销中使用同样的品牌名称和广告推广活动。但是，它们必须对品牌名称、广告语、商标及营销传播中的其他的使用形式保持谨慎，避免在翻译环节出现失误。这里有一些建议可以帮助国际营销商避免十大语言尴尬失误。第一道安全线是雇佣专业的翻译人员来检查素材确保没有问题。但专家也指出，仅依靠翻译人员并不能一劳永逸，因为翻译人员有可能对当前的俗语或微妙变化把握不足。专家建议将翻译后的材料交由语言学专家团参谋，同时也要咨询当地市场上熟悉方言和俗语的人，以确保翻译无误。例如，基于互联网的全球翻译公司 inWhatlanguage 在全球各地拥有5 000多名翻译人员，他们生活在各自的国家，与他们的同胞以及当地的国家和地区媒体保持经常性的联系。

翻译人员或母语者的核查能够帮助公司识别语言问题，但这无法解决另一个问题，即一项广告运动如何能够在其他文化环境里顺利推广。Infocore 数据公司直复营销副总裁指出，一项广告运动的创意是永远无法在另一个文化环境中得到完美诠释的，这也是营销商不愿承认的。他指出了两个基本问题：其一，跨国广告代理公司是受限制的，其管理者不愿意向外国市场的陌生人缴械投降；其二，“别去招惹创意”是顶在营销商头上的魔咒，他们往往存在主观臆断，认为广告运动可以嫁接到不同的文化中。

品牌名称、广告语以及视觉标志和符号错误频频出现，哪怕是最好的营销商也难免会犯这类错误。正如英国品牌营销专家西蒙·安霍尔特（Simon Anholt）所言：“在许多方面，语言只不过是个愚蠢的小问题，但也足以迫使营销领导者们屈服，这才是恐惧之所在。”

资料来源：Chad Brooks, “Lost in Translation: 8 International Marketing Fails,” *Business News Daily*, October 7, 2013, www.businessnewsdaily.com/5241-international-marketing-fails.html; Adam Wooten, “International Business: The Wrong Marketing Picture Can Be a Thousand Words Lost in Translation,” *Desert News*, March 26, 2011, www.desertnews.com/article/705369323; Rupal Parekh and Emily Bryson, “BK to Revise Ad after Complaint,” *Advertising Age*, April 14, 2009, http://adage.com/article/global-news/burger-king-revisead-complaints-Mexican-official/135989/; Mark Laswell, “Lost in Translation,” *Business 2.0*, August 2004, pp. 68-70; Deborah L. Venice, “Proper Message, Design in Global Markets Requires Tests,” *Marketing News*, September 1, 2006, pp. 18, 24-25; Emily Maltby, “Expanding Abroad? Avoid Cultural Gaffes,” *The Wall Street Journal*, January 19, 2010, p. B5.

传播的基本模型

如图表5-1所示[2]，多年来，传播的基本模型在不断演变。传播过程中主要的两个参与者是发送者和接收者。主要的传播工具有两个——信息和信道。其他四个元素代表主要的传播功能和过程：编码、解码、反应、反馈。最后一个元素——噪声，则是指干扰传播过程并且损害传播效果的外部因素。

信源编码

传播过程中的发送者或者说**信源**（source）是指可以与另一个人或群体共享信息的人或

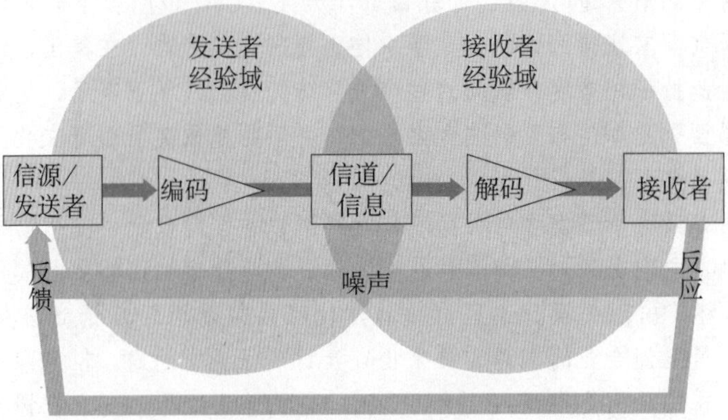

图表 5-1 传播过程模型

组织。信源可以是个人（销售人员或聘请的发言人，例如公司广告中出现的名人），也可以是非个人的实体（公司或组织本身）。举例来讲，许多广告的信源是公司本身，因为没有专门的代言人展示。然而，许多公司还是在广告中使用代言人来传递广告信息。在一些案例中，一位知名的代言人可以在吸引公众关注广告、传递信息以及影响目标受众对信息的接受度方面扮演重要角色。例如，西铁城手表公司（Citizen Watch Company）的光动能系列（Eco-Drive）手表上市以来，已有众多运动员与名人出现在其“现在是更好的开始”（Better Starts Now）全球广告运动中为其代言。由于接收者对于信源的感知可以影响传播的接收方式，因此，营销商必须非常谨慎地进行选择。在接收者眼中，传播者必须知识渊博、诚实可信，或者能够在一定程度上得到接收者的认同或关联。（在第6章，我们将着重介绍这些特征对接收者反应的影响。）

当信源选择单词、商标、图像等来代表它将要传递给接收者的信息时，传播过程就开始了。这个过程被称为**编码**（encoding），需要将想法、主意或者信息转化为一个象征性符号。发送者的目的是最终能够按照接收者可以理解的方式进行编码。这也意味着，发送者要使用目标受众熟悉的语言、符号、商标等。许多符号有着世界通行的意义，举例来讲，禁止吸烟或停车的符号是一个圆圈里面加一道斜线。许多公司的商标也很容易识别，比如麦当劳的金色拱门、耐克的对钩符号、可口可乐的商标等在全球都很流行。营销商必须密切关注与它们的公司或品牌相关的符号，例如商标，因为它们往往是消费者识别公司或品牌的一种简单方式。在某些情况下，营销商可能会改变自己的商标，以向消费者传递不同的信息。例如，2011年，星巴克改变了它的商标，将带着“星巴克咖啡”字样的绿色戒指图案去掉，以更醒目地显示其标志性的星巴克女神塞壬（Siren）的形象。这一改变是为了帮助消费者在看到星巴克标志时“考虑的不仅仅是咖啡”，因为该公司正在扩大其战略重点，以涵盖其他产品类别。[3]在某些情况下，消费者可能会非常依恋公司的商标，当商标改变时，他们会做出消极反应。几年前，盖璞就经历了这种情况，当其零售连锁店推出重新设计的更具现代感的商标时，社交媒体对新商标的反应非常消极，在短短四天之后，盖璞就回归了原来的设计。[4]

信　息

编码的过程导致**信息**（message）的形成，这里的信息包含了信源希望传达的意义和内容。信息可以是用语言表述的或非语言形式的，可以是口头的或书面的，或者是象征性的。信息的传递必须采用适合的信道传播。在做广告时，我们既可以简单地写一些文字或文本，通过广播电台播放，也可以制作昂贵的商业广告片在电视台播出。对于许多产品而言，决定广告效果的并非信息里的文字，而是广告留给人的印象或形象。在插图5-1中，我们可以看到蔻驰（Coach）的这则广告如何使用简单的图像来传达信息。然而，对品牌名称与图像的使用对于传达蔻驰励志传统与城市态度这些潜在信息十分有效。这则广告是1941年新款蔻驰奢侈品类手袋、服饰和鞋类宣传活动的一部分，它被描述为重塑新一代的奢华与真实感。[5]

营销商必须决定它们传递给消费者信息的内容、架构和设计。内容是指信息内包含的信息和（或）含义。架构和设计是指为了传递信息或意图而进行信息组织的方式。我们将在下一章探讨信息诉求和结构问题，并在第8章和第9章的创意策略中探讨信息设计问题。

插图5-1　广告图像传播的信息胜过文字

资料来源：Coach，Inc.

信　道

信道（channel）是指传播从信源或发送者到达接收者所经过的通道。从最广泛的层面来看，传播信道有两种形式：人员信道与非人员信道。非人员信道是指在发送者和接收者之间没有直接的人际接触的情况下传递消息的渠道。非人员信道通常称为**大众媒体**（mass media）或大众传媒，因为它们包含的信息是针对多人的，并且通常在同一时间向许多人进行传递。例如，在黄金时段播出的电视广告可能会在某个特定夜晚被1 000万人收看，而在一本流行杂志上刊登的广告可能会在一周或一个月的时间里被数百万读者看到。

传播的非人员信道包括两种主要形式：印刷媒体和广电媒体。印刷媒体包括报纸、杂志、直邮和广告牌；广电媒体包括广播和电视。网络媒体同时具有非人员信道和人员信道的特点。它已成为大众传媒的一种载体，因为现在对于大多数消费者来说，它是信息的最主要来源。许多广告信息通过各种形式的在线广告，包括横幅广告、付费搜索和社交媒体网站上的广告等进行传递。许多时候网络都属于非人员信道，因为消费者往往只是在消费网络信息或内容，他们与在网站上提供这些信息的公司和组织并没有私人联系。然而，网络正逐渐成为个人交流的一种形式，因为消费者可以通过各类社交媒体与他人交流和分享信息。

传播的人员信道是指目标个人或群体进行人与人的直接沟通（面对面沟通）。当销售人员将销售信息传递给一个买家或潜在客户时，他们就是传播中的人员传播信道。人员信道的一个主要优势是，信息或陈述可以针对个人或受众量身定制，而发送者可以从他们那里得到直接的反馈。个人的社交网络成员，如朋友、邻居、同事、同伴、家庭成员等都是人员信道。这也被称为是消费者获得信息的有效途径。他们通常代表了**口碑传播**（word-of-mouth communication，WOM）的影响，也就是消费者之间关于产品和服务的非正式沟通，这是一个非常强大的信息来源。[6]

许多公司都在使用各种蜂鸣营销技术来为品牌或公司本身制造正面的口碑舆论。**蜂鸣营销**（buzz marketing）是过去被统称为口碑传播的新名词之一，“消费者自发营销”和“病毒式营销”也常用来描述这一传播过程。[7]事实上，口碑营销并不是什么新鲜事物。营销商早就开始派发产品样品，向具备影响力的人群提供产品并鼓励他们向他人推荐该品牌。例如，长久以来，啤酒推销员深谙此道，他们常常通过酒保和侍者大肆宣传自己的啤酒品牌；制药商则常常鼓励名医与同行谈论自己的产品。

蜂鸣营销与传统口碑传播的不同之处在于，它包含了系统性的、有组织的努力，鼓励人们对一个公司、品牌、组织或问题畅所欲言，并经常在社交网络中向其他人推荐。与以往不同的是，现在有越来越多的公司开始使用蜂鸣营销，并且运用得十分老练得法。营销商利用各种技术来宣传品牌口碑，如举办竞赛来鼓励消费者分享使用感受（比如照片、视频、菜谱和产品使用理念），并通过社交媒体传播出去。在某些情况下，消费者可能会被要求对这些内容进行投票，与朋友和同事分享，并鼓励他们投票。例如，菲多利休闲食品公司（Frito Lay）在过去11年中一直赞助"冲击超级碗"（Crash the Super Bowl）在线商业广告作品比赛，鼓励消费者为其多力多滋（Doritos）薯片创作广告。[8]该公司的广告代理公司和营销团队选出五个最终的入围者，然后在网站上进行为期一个月的公众投票。菲多利在2013年将比赛转移至脸书，在过去四年中，社交媒体网站帮助该比赛迅速蹿红，五部入围影片获得每年近1亿次的点击量。在菲多利举办比赛的11年中，有三个商业广告在在线投票中获胜并在大赛期间播出，被选为《今日美国》AD Meter比赛中最受欢迎的广告，该比赛评估的是消费者对超级碗广告的反应。[9]

病毒式营销

"冲击超级碗"比赛和本章开头讨论的"像女孩一样"广告运动都是**病毒式营销**（viral marketing）的绝佳案例。病毒式营销指的是通过个体消费者的帮助和合作传播市场相关信息的行为。[10]许多营销商和它们的广告和（或）数字代理公司现在使用各种各样的工具和技术来生成关于它们的品牌的病毒式蜂鸣营销，其中许多都利用了如脸书、推特、Pinterest、Instagram、Snapchat和YouTube等在线社区和社交媒体。然而，成功的病毒式营销可能很难实现，因为结果受许多因素影响，往往超出了营销商的控制范围。

研究人员已经确定了影响病毒式营销方案成功与否的三个主要因素，包括信息特征、个体发送者或接收者特征以及社交网络特征。[11]信息特征与病毒信息的内容和创意设计相关，包括信息是否具有娱乐性、吸引力、新奇性、幽默性和（或）信息性。例如，许多视频和广告都有一种强大的病毒性功能，这使得它们很受欢迎，刺激消费者观看并分享它们。2015年最受欢迎的广告是谷歌安卓的"永远的好朋友"广告。它不仅在当年广受好评，也成为有史以来最受欢迎的广告。这则广告展示了现实中不太可能共处的动物在一起玩耍的情景，同时也是安卓"在一起，不一样"（Be Together. Not the Same）广告运动的一部分，共被分享了640多万次。在社交媒体上，以动物为主题的商业广告通常是最受欢迎的。2015年，还有三个以狗为主角的动物广告排名年度广告前十位。其中包括由普瑞纳宠物食品（Purina Puppy Chow）和BuzzFeed制作的《小狗时代》（Puppyhood）视频。在视频中，一名男子收养了一只小狗，并以典型的室友方式生活在一起。另两个广告分别为百威的《迷途狗》（Lost Dog）超级碗广告，以及一段名为《不太可能的好友》（Unlikely Best Friends）的视频。后者讲述了一只可爱的小狗在被车撞伤后失去了后肢的功能，现在它靠车轮来帮助四处走动。这只狗被一个残疾人收养，并被拴在轮椅上。[12]

除信息外，个体消费者的特征在病毒式营销过程中也扮演着重要角色。诸如人口统计学、个性特征、分享和接收内容和信息的动机等因素都会影响病毒式营销的有效性。[13]例如，比起男性和年长的消费者，女性和年轻消费者对目标受众的影响更大，更容易受到病毒式营销的影响，而外向、创新和利他等特征则与分享信息的倾向有关。[14]对社会分享动机的洞察来自广告营销技术公司Unruly的研究，该公司专门研究在线观看和分享的内容。它对超过4 300亿的视频浏览量和1万个消费者数据点的分析显示，病毒式营销成功的两个最强大的驱动因素是心理反应（内容如何让你产生感触）和社会动机（为什么你想要分享它）。[15]如图表5－2所示，Unruly已经识别了社交分享的十个动机。

图表 5-2　**视频社交分享动机**

意见征求	我想看看我的朋友怎么想
激情分享	让我和朋友们因共同兴趣产生联系
开始对话	我想开始一个在线对话
社会效用	这可能对我的朋友有用
自我表达	它说了一些关于我的事
现实生活中的社交	会帮助我与朋友在线下交往
社会公益	这是一件善事，我想帮些忙
时代潮流	与当前趋势或事件有关
收获赞誉：建立权威	我想证明我的学识
收获赞誉：追求酷感	我想成为第一个告诉我朋友的人

资料来源：Adapted from "Why Some Videos Go Viral" from *Harvard Business Review*, September 2015. https://hbr.org/2015/09/why-some-videos-go-viral.

就社会网络特征而言，信息传播的网络结构以及消费者在社会网络中的地位（通过与他人的关系来定义）可以影响病毒信息的传播。许多营销商试图找出在各种社交媒体领域具有极高影响力的人，比如博主和拥有大量脸书或推特粉丝的人；营销商努力将信息传递给他们，希望他们能在自己的社交网络中把这些信息传递出去。

病毒式营销的另一个重要方面就是我们通常所说的**品牌播种**（seeding），它包括识别和选择最初的消费者群体，这些消费者将被用来传播信息。[16]采用病毒式营销的公司必须制定一个播种策略，其中包括确定需要多少初始消费者或"种子"，并选择合适的消费者来启动病毒式营销过程。例如，福特汽车公司于2010年通过名为"嘉年华运动"（Fiesta Movement）的社交媒体活动在美国市场推出了新款嘉年华小型汽车，该活动招募了一支由100名"代理人"组成的团队，在六个月的时间里，团队成员可以驾驶这款新车参与月度挑战，并通过社交媒体与他们的朋友分享有趣的信息。嘉年华品牌团队及其广告代理商Team Detroit根据他们的创业精神、社交网络的粉丝数量、社交活力和创造性愿景来选择代理人。[17]该社交媒体活动帮助福特在美国市场成功推出了嘉年华汽车。其后，该公司重返社交媒体，围绕重新设计的2014款车型展开了"嘉年华运动：社交混响"（Fiesta Motion: A Social Remix）活动并引发热议。福特再次招募了100名活跃于社会的代理人，让他们在社交媒体上分享开车兜风的信息。

有些广告代理公司和其他公司专门与客户合作开发病毒式营销方案。也有一些公司建立了网络社区，为顾客分享产品使用感受提供平台。2005年，全球最大的广告主宝洁公司发起了新一轮的口碑营销计划Vocalpoint，对象是美国最具影响力的购物群体——母亲。后来，宝洁公司扩大了该计划的关注范围，将28～45岁的女性纳入其中，已有超过67万名女性参与了该营销活动。这些女性通过脸书、推特以及各种博客等社交媒体，在特定的日子与大量其他女性交谈或互动。宝洁还利用Vocalpoint的成功开发了一个名为Orgullosa的新品牌社区，其目标群体是在美国讲西班牙语的女性。Vocalpoint和Orgullosa是宝洁的旗舰品牌社区，很可能被用作未来接触其他目标受众的模型。

将口碑营销融入整合营销传播

当病毒传播技术日益成为品牌制造蜂鸣效应的流行之道时，一家关注口碑传播的美国调查公司Keller Fay的研究表明，90%关于产品、服务和品牌的传播是在线下进行的。[18]在品牌口碑传播中，面对面的互动传播所占比例最大（75%），电话传播位列第二（15%），而通过电子邮件、短信、博客和聊天室等在线方式的口碑传播只占总量的10%。同时，研究也表明，近一半的口碑传播涉及多种整合营销传播工具，其中包括平面广告、电视广告、网站主页，以及卖点展示和促销等其他营销工具。

另一个重要的发现是，与其他由口碑传播引发的关于品牌的讨论相比，受广告影响的口碑对话更可能涉及购买或尝试品牌的建议。此外，这些口碑讨论非常有力，因为消费者认为他们从他人那里获得的信息有很高的可信度；50%的受访者表示他们很可能会因这些对话而进行购买。[19]

Keller Fay的后续研究发现，广告在口碑传播中的作用更强，因为有关品牌的所有消费者对话中有1/4涉及对广告的讨论。在消费者谈论品牌广告的对话中，电视广告是最普遍的形式，这一点并不奇怪，因为电视广告的费用比任何其他媒体的都要高。然而，综合来看，包括杂志、报纸、互联网、广播和户外广告在内的其他形式广告在生成关于广告的对话的概率上大致相同，这表明可以使用各种整合营销传播工具来驱动口碑传播。[20]

从整合营销传播的角度来看，这些发现非常重要，主要表现在以下几个方面。首先，它们表明，消费者带有倾向性地谈论一个品牌并参考其整合营销传播方案的各个要素，就可以带来强有力的"传递"效应。然而，由于消费者每天都被无数不相关的营销信息轰炸，要让他们谈论这些信息是非常困难的。因此，营销商必须开发出能够触发对话并值得分享的创意广告和其他形式的沟通方式。它们也强调了所有的整合营销传播元素的共同作用就是影响消费者对品牌的认知并由此产生口碑效应，认识到这一点对于营销来说非常重要。与周围人的讨论对消费者的影响最大，这表明营销商需要找到一条行之有效的途径来影响这些互动。然而，正如Keller Fay所指出的，由于大多数口碑对话是以离线的方式进行，营销商不能只依靠社交媒体来推动这些对话。它们需要部署一套更强大的整合营销传播工具来推动品牌宣传。[21]

然而，当营销商采用蜂鸣营销技术时，它们应谨慎地做出假设。例如，戴维·戈德斯（David Godes）和黛安娜·麦子琳（Diane Mayzlin）完成了一项关于连锁店口碑传播效果的研究。研究对最为成功的"媒介"的特质进行解读，这样一来，公司就能够更好地理解谁会成为它们进行蜂鸣营销的对象。[22]研究发现，与那些商店的忠实消费者相比，商店的非忠实消费者更容易通过口碑传播推动销售。这些反直觉的发现说明忠实消费者早已将产品信息透露给身边的亲戚朋友，从而产生了积极的口碑影响。非忠实消费者或许更容易对蜂鸣营销这一鼓励顾客传播产品信息的营销方式产生共鸣。但是，营销商依然需要在忠实消费者和非忠实消费者当中寻找最佳口碑传播者，比如那些被同龄人视为意见领袖的人或更倾向于结交新朋友、与朋友联络的"社交达人"。

蜂鸣营销和病毒式营销越来越流行，同时也有更多的人开始关心它的实际应用以及这些传播产品信息的人是否应当将自己加入营销活动的身份公开。美国口碑营销协会（Word of Mouth Marketing Association，WOMMA）成立于2004年，致力于推广口碑营销、保护消费者以及为企业提供口碑营销的使用规范。该协会开发出一套规则和指导方针，要求营销商必须确保消费者在谈论产品或服务时公开自己的身份。非营利的消费者维权组织Commercial Alert的前执行官加里·拉斯金（Gary Ruskin）认为，如果不公开身份，"当朋友们互相将对方看作广告主的爪牙时，社会信任将会瓦解，人际关系便存在商业化的危险"。[23]

专家们认为，蜂鸣营销的手段不易受到控制，因此营销商必须对使用这种营销手段的方式保持谨慎。不少公司在进行蜂鸣营销后被消费者发现人为地为其品牌制造舆论，最终适得其反。一些人认为，蜂鸣营销的日益普及也预示了它的衰落，因为当消费者认识到每个人都试图为某个品牌散布信息时，很可能就会不再受这种传播手段的影响。[24]然而，随着社交媒体和消费者对传统媒体广告的关注和兴趣日益衰减，营销商很可能会继续寻找其他途径来开发和传递品牌内容和信息，以便消费者彼此分享。这将扩大其营销信息的覆盖面和影响力，并可能增加隐性的消费者认可。

有效使用蜂鸣营销要求营销商在开发和实施营销运动时采取具有强大口碑传播和病毒式营

这是篇不错的文章，但在配图里，你站在你的家庭办公室里，拿着象征你职业生涯辉煌过往的《奥美广告》，这并不合适。你需要让自己置身于2012年，而不是20世纪80年代。'我想，你说得对。在文章里，我是一位定位专家，而在这张照片中，我似乎是在为过去而不是未来定位自己。"

大多数专家还建议年长的广告从业人士好好照照镜子，以确定他们的数字技能有哪些欠缺。与过去的传统媒体广告一同成长起来的广告专业人士必须跟上数字时代的最新趋势，并能够展示他们的新知识。通过个人网站或在领英、脸书和推特上建立广泛的公众形象来建立"数字存在"也是必不可少的。他们还应该考虑使用在线教程，这些教程可以自我教育，并在数字和社交媒体的各个方面保持最新状态。例如，谷歌提供在线课程和培训模块，可以学习如何使用谷歌广告和网络营销工具。它还为谷歌分析、AdWords和其他在线工具提供认证测试。脸书现在拥有Instagram，该网站为如何在每个平台投放广告提供了深入的诠释。推特还为那些对使用流行的社交媒体工具感兴趣的人提供了一个最佳实践指南；Snapchat也提供了类似的信息。

随着年龄的增长，从事广告和营销工作的年长者可能会发现，在一个日渐年轻化的行业中获得就业机会变得愈发困难。因此，中年经理和高管们要让自己沉浸在数字媒体中，以保持自身的相关性，这一点十分重要。而更重要的或许是，他们能获得有报酬的就业机会。然而，广告公司和它们的客户也必须认识到，需要有人培训它们正在招聘的年轻人，其中许多人有待开发的潜力和对知识的渴求，但缺乏在行业中取得成功所需的一些技能，这对他们来说同样重要。正如《广告时代》的作家肯·惠顿（Ken Wheaton）所指出的，"谁能比'婴儿潮'一代和失落的一代（X世代）更有资格教导他们，那些人曾是行业的顶尖高手，出于热爱和忠诚对公司不离不弃，对公司内内外外的业务都了如指掌。"

资料来源：Judann Pollack, "How One Man Beat the Odds," *Advertising Age*, March 21, 2016, p. 24; Ken Wheaton, "Think Twice Before You Kick All Those Middle Managers to the Curb," *Advertising Age*, March 21, 2016, p. 34; Rupel Parekh, "Aging in Adland: The Gray-Hair Phobia That's Hindering Older Execs," *Advertising Age*, January 30, 2012, pp. 1, 8-9.

噪　声

在信息传播过程中，外部的不相关因素常常会扭曲或干扰信息的接收。这些计划外的干扰或扭曲称为**噪声**（noise）。在信息编码过程中出现的错误或者问题、广播或电视信号失真、接收时的偏差都属于噪声。如果你正在收看或收听广告，信号传输却出现了问题，信息的传送就会受到干扰，广告效果也会因此受到影响。在过去的十年里，在电视观看环境中出现了一种新型噪声，这就是笔记本电脑、平板电脑和手机或智能手机等技术的干扰。现在许多人在看电视的同时也在进行多项工作：他们可能在上网、使用应用程序、参与社交媒体，或者发短信。图表5-3展示了TiVo进行的一项调查的结果，该调查研究了美国电视观众在商业广告中的多任务频率。调查发现，仅有5%的受访者表示在插播广告时段他们从来没有，或几乎不进行多任务处理。而超过80%的受访者表示他们在插播广告时段几乎每次都或有时是一心多用。TiVo进行的另一项调查发现，当电视直播时，受访者最有可能进行多任务处理（53%）；在回放录制的节目时这一比率则较低（28%）。[28]

噪声也可能因为发送者的经验域与接收者不相重叠而产生。缺乏共同背景也会导致错误的信息编码——发送者使用了接收者陌生的或有不同意义的符号、象征或文字。双方的共同背景越多，发生这类错误的可能性就越小。

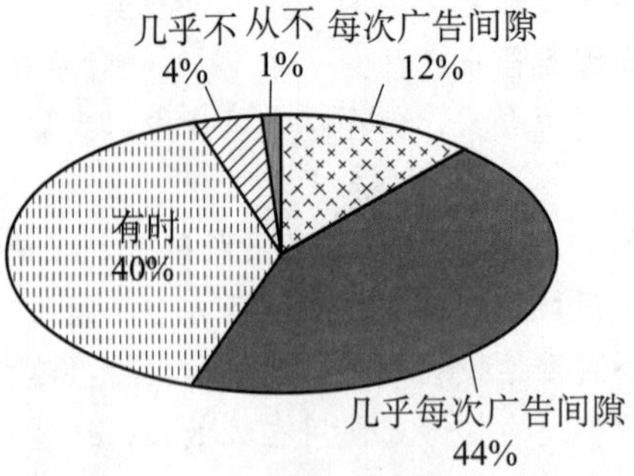

图表 5－3　电视观众的多任务处理频率

资料来源：TiVO，"Second Annual Social Media & Multitasking，" October 16，2014.

反应/反馈

反应（response）是指接收者在看到、听到或读到信息之后的一系列举动。反应的范围很广，可以是无法观察到的行为过程，比如将信息存储在记忆中；也可以是即时反应，如点击在线广告，浏览营销商的登录页面或网站，或者拨打免费电话订购电视广告中的产品。营销商对**反馈**（feedback）很感兴趣，反馈是指接收者发回发送者的那部分信息。信息反馈有多种形式，它是传播流环形的终点，并使发送者能够监控所发出信息的解码与接收。

举例来说，在一个个人推销案例中，消费者可以通过非语言反应（如打手势和皱眉）来表示怀疑、赞同或否定。[29]这样一来，销售人员就可以获得接收者的即时反馈。但大众媒体往往很难做到这一点。这是因为广告主并不直接与消费者接触，它们必须使用其他方式来确定信息的接收状况。虽然购买是最终的反馈方式，但它通常很难显示广告和购买行为之间的直接关系。因此，营销商使用其他方法来获得消费者反馈意见，其中包括消费者信息调查、店铺调查、赠券回收率分析、反馈卡等。基于调研的信息反馈，营销商能够分析广告的阅读人数及回想率、信息理解、态度变化以及其他形式的反应。有了这些信息，广告主就能够确定传播过程的成败原因，并据此做出调整。

成功的传播需要营销商选择恰当的信源，开发有效的信息或被正确编码的诉求，然后选择能够到达目标受众的最佳信道或媒介，从而使得信息能够被有效解码与传递。在第 6 章，我们将讨论信源、信息、信道的决策，了解促销计划者如何利用这些可控变量来制定传播策略。在这些决策中，营销商必须考虑到目标受众将如何对促销信息做出反应。本章余下部分将探讨接收者以及消费者对广告和其他形式的营销传播的反应过程。

接收者分析

为了实现与消费者的有效沟通，营销商必须了解何为目标受众、目标受众（如果存在的话）对于企业产品与服务的感知，以及如何通过传播来影响消费者的购买决策。营销商还必须知道市场对于各种传播信源以及不同形式的信息做出的反应。在营销商选择信源、信息以及信道之前，它们必须理解每个要素潜在的影响。本节将重点探讨营销传播中的信息接收者，考察目标受众如何被确定，以及目标受众如何对促销信息做出反应。这也是下一章对传播可控变量决策进行评价的基础。

确定目标受众

营销传播过程的真正起点是目标受众的确定，公司的广告与促销努力都是围绕目标受众进行的。目标受众包括个体、群体、利基市场、细分市场或一般大众（见图表5-4）。营销商会有针对性地接触不同类型的目标受众。

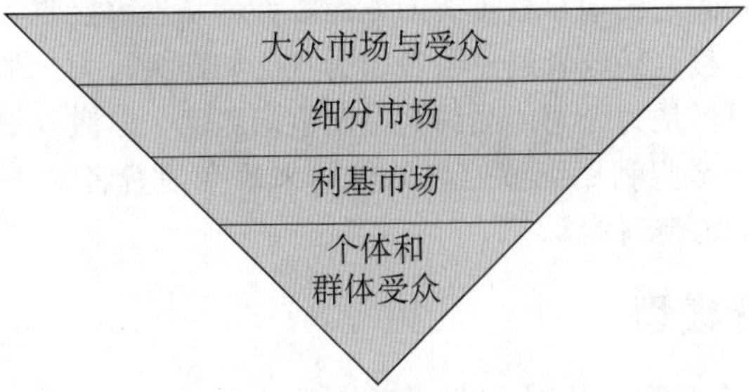

图表5-4 受众群体的层次划分

当目标市场中包含了有特殊需求的个体时，针对这些人的传播就必须进行特别调整。这种情况常常需要面对面的人际沟通，通过人员推销来完成。其他一些传播形式，比如广告用于吸引对公司的关注，传播的细节信息则由销售人员进行传递，他们能够对个体消费者的特殊需要做出回应。寿险、理财服务、房地产等产品与服务都是用这种方式进行推销的实例。

受众集合的第二个层次是群体。营销商常常必须与群体进行沟通，而这些群体是能够做出购买行为或影响他人做出购买行为的人群。比如说，组织性购买涉及不同规模和性质的采购中心或委员会。企业在向组织营销自身的产品或服务时，必须了解采购委员会的成员组成、各自对决策的影响以及对产品的评价标准等。这时，企业可以通过针对购买中心各个成员的特点制作广告，或使用多层次的人员推销与那些能影响决策或真正具备决策能力的人建立联系。

营销商会寻找那些能够代表细分市场类型的拥有类似需求的消费者，这样一来，营销商就能够用相同的基本传播战略到达这一细分市场。规模很小且清晰可辨的消费者群体称为利基市场，它们通常可以通过人员推销或高目标性的媒体（如直邮）等途径接触到。受众集合的下一层次就是细分市场，即既有类似需求又能够用相似信息到达的更为广泛的消费者集合。正如我们在第2章所见，接触这些细分市场的消费者有许多不同方法。当细分市场扩大时，营销商常常转而使用覆盖面更大的媒体（比如报纸、杂志、电视）来接触消费者。

大多数消费类产品的营销商试图通过大众传播（比如广告或宣传）来吸引现有或潜在市场（大众市场）消费者的注意力。大众传播是一种营销商面对消费者的单向信息传播。因此，受众对于信息的反馈往往是非直接的，也很难测量。

例如，营销商能够利用电视广告在同一时间内向成千上万的消费者传递信息，但这并不一定是有效的传播。这条信息或许只是消费者当天收到的数百条信息中的一条而已，没人可以保证信息被注意、加工、理解或为日后回想起来而将之存储在记忆里。即使广告信息被加工过了，它也未必能够引起消费者的兴趣，甚至还可能被消费者误读。雅各布·雅各比（Jacob Jacoby）和韦恩·D. 霍耶（Wayne D. Hoyer）的一项研究表明，近20%的平面广告被消费者曲解，电视广告被曲解的比例更高。[30]

与人际传播或面对面传播不同，大众传播并没有为营销商提供机会进行解释或澄清信息以使传播更有效。进入传播情境时，营销商必须了解目标受众，并且了解消费者对信息的可能反应。这意味着营销商必须了解信息接收者的反应过程以及对促销活动与战略的影响。

反应过程

在开发有效传播计划的过程中，最重要的方面或许就是理解接收者的反应过程以及促销活动对消费者反应的影响过程。接收者通过各种行为（比如购买行为）来完成反应过程。在某些情况下，营销商的唯一目标是为公司或品牌名称制造知名度，以激发消费者对产品的兴趣。在其他情况下，营销商可能希望利用细节信息的传达来改变消费者对于公司或品牌的认知和态度，从而最终改变他们的消费行为。

传统的反应层级模型

已有许多模型描述了消费者从对企业、产品或品牌的一无所知到最终购买的过程。图表 5－5展示了四种最常见的模型。尽管反应模型看起来很相似，其产生的原因却各不相同。

	模型			
阶段	AIDA模型	效果层级模型	创新采用模型	信息处理模型
认知阶段	注意	认知 了解	认知	展示 注意 理解
情感阶段	兴趣 期待	喜爱 偏爱 确定	兴趣 评价	认可 记忆
行为阶段	行动	购买	试用 采用	行为

图表 5－5　反应层级模型

AIDA 模型（AIDA model）反映了销售人员在人员推销过程中必须让消费者接受的各个阶段。[31]在这一模型中，购买者需要经历一系列阶段，包括注意、兴趣、期待以及行动。销售人员必须首先能够吸引信息消费者，让消费者对产品或服务感兴趣。强烈的兴趣能够使消费者产生使用或拥有产品的欲望。AIDA 模型中的行动阶段包括使消费者做出购买承诺以及完成交易行为。对于营销商而言，这是销售过程中最重要的环节，同时也是最难完成的一步。企业对销售人员的成交技巧进行培训，从而帮助他们完成销售过程。多年来，有更多细节的个人销售过程模型被开发出来，它超越了 AIDA 模型的基本步骤，专注于诸如“解决方案销售”和“洞察力销售”等方法。[32]

在这些反应模型中，最广为人知的当属罗伯特·拉维奇（Robert Lavidge）与加里·斯坦纳（Gary Steiner）为确定与测量广告目标而共同开发的效果层级模型。[33]**效果层级模型**（hierarchy of effects model）描述了广告的运作过程，它认为消费者从最初的对产品服务的认知到实际购买之间有一系列步骤。该模型的基本假设是广告效果要在一段时间后才能显现。广告传播不会产生即时的行为反应或购买；消费者只有在上一层级得到满足之后才会进入下一层级。这个模型也是经典的购买漏斗隐喻的基础，经常被用来描述消费者所经历的决策过程。消费者从漏斗顶部开始，将多个品牌列入考察范畴，随着他不断熟悉并评估这些选项，选项数量开始系统性地减少，直至出现最终购买的品牌。[34]我们将在第7章中看到，效果层级模型与购买漏斗已经成为许多企业确定广告及其他整合营销传播工具目标与衡量广告效果的理论基础。

创新采用模型（innovation adoption model）由创新扩散的研究衍生而来。[35]这一模型描述了消费者采纳一项新产品或服务所需经历的过程。与其他模型一样，创新采用模型也认为潜在消费者在采取实质行动（这里是指决定采用某种新产品）之前需要经历一系列步骤。实质行动之前的具体步骤包括认知、兴趣、评价以及试用。营销商在引入新产品时面临的挑战是制造知名度、引起兴趣和引发正面评价。评价产品的最佳途径是实际使用它，只有这样产品的表现才能得到评价。营销商常常通过演示、样品分发甚至让消费者短时间使用产品等方式鼓励消费者试用产品。试用之后消费者要么接受产品，要么拒绝产品。

当采用整合营销传播手段的公司有新产品上市时，创新采用模型对于它们尤为重要。这些营销商发现，某些对新产品有兴趣并具有影响他人的能力的消费者特别让他们感兴趣。[36]这个有影响力的群体通常被称为“早期用户”，他们在决定新产品的成败方面起着关键作用，因为许多消费者密切关注他们的言行。高科技产业尤其对所谓的“数字用户”感兴趣，他们是第一批使用各种新数字产品和服务（如智能手机、移动应用、平板电脑、视频游戏控制台、软件和应用程序）的消费者群体 。销售这些高科技产品的公司认识到，它们能推出的最有效的方法之一就是专注于早期的数字用户。这一群体的消费者不仅更有可能购买新产品，也会因为自己的意见而受到尊重，从而影响其他人的购买决策。研究还显示，与普通消费者相比，他们传播新产品和新服务的可能性要高出2～5倍。[37]营销商一直在想办法寻找早期用户，并与他们沟通，鼓励他们向其他消费者传递信息。

图表5-5所示的最后一个层级模型是由威廉·麦奎尔（William McGuire）为衡量广告效果而提出的**信息处理模型**（information process model）。[38]这一模型认为在说服性传播环境（如广告）中，接收者是一个信息处理者或问题解决者。麦奎尔认为，接收者在被说服的过程中需要经历一系列阶段，从而形成一个反应层级。这一模型的阶段设置同效果层级模型很相似，模型中的注意与理解类似于认知与了解，认可类似于喜爱。麦奎尔的模型包括了一个其他模型没有的阶段：记忆或者说接收者有能力将其认为有效或有关的部分复杂信息保留。这个阶段十分重要，因为许多促销活动并不一定要让消费者即刻采取行动，而是为他们之后的购买决策提供信息。

反应层级的每个阶段都是一个必须实现的因变量，并且可能作为传播过程的目标。正如图表5-6所示，每个阶段都能被测量，为广告主提供反馈，从而了解各类为促成购买而制定的策略的效果。信息处理模型为促销活动的设计与效果评价提供了可行的理论框架。

传统反应层级模型的应用

传播的反应层级模型为促销计划者提供了多方面的便利。首先，它划分了潜在购买者从对产品与服务不了解到产生购买意愿再到最终购买所必然经历的几个阶段。其次，潜在购买者或许处于层级的不同阶段，因此广告主将面对一系列不同的传播问题。举例来说，当一家公司推出创新产品（如微软Surface平板电脑）时，需要通过媒体广告使其产品特性与优点为人们所知。为了让消费者更好地了解产品，微软公司不仅在广告中提供信息，还鼓励消费者登录企业网站或直接去零售商店深入了解。在反应层级上，登录微软公司网站或去实体店了解产品的消费者比那些只收看广告的消费者更接近购买环节。拥有大量忠实消费者的成熟品牌的营销商只需要提供支持性广告以维持或强化消费者对产品的积极感知，并保持品牌知名度。

层级模型也可以用作传播效果的中间措施。营销商需要了解观众处于哪一个反应层级。例

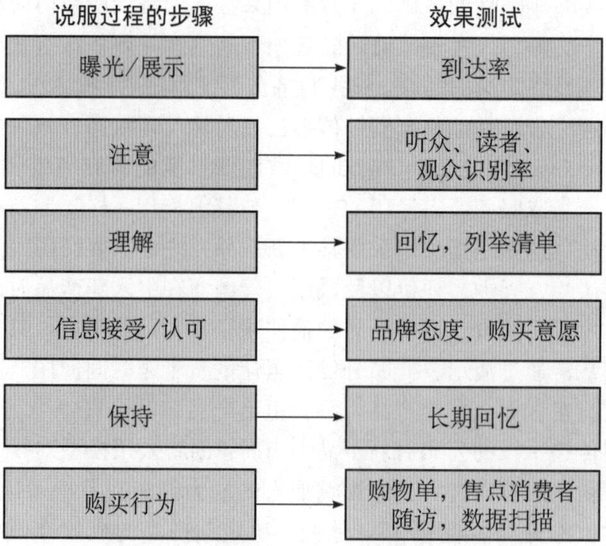

图表 5-6　在反应层级中获得反馈的途径

如，研究可能显示广告主的品牌在某个目标段的细分市场的知名度较低，而在另一个细分市场则具有较高的品牌及其特性的知名度，只是喜爱的水平较低或具有品牌偏好。对于第一个细分市场，传播任务是提高品牌的知名度。广告量可以增加，或者可以采用产品试用方案。对于第二个细分市场，因为已经有了一定知名度，只是消费者对品牌的喜好度还比较低，广告主必须找出负面感知的原因，从而在未来的广告中解决这一问题。

如果调研或其他数据显示企业或品牌在某些特质或业绩指标上得到认可，企业就会在广告中对此大做文章。可以通过增加广告预算和（或）制作广告来说明公司或品牌的知名度或良好的口碑。

对传统反应层级模型的评价

正如图表 5-5 所示，这四个模型是将三个基本阶段按一定的序列排列而成，从而将组成反应过程的所有活动展现出来。其中，认知阶段是指接收者对于特定产品或品牌的感知内容。这一阶段包括了对品牌存在的感知，对品牌属性、优势、特点的了解或理解。情感阶段涉及接收者对特定品牌的喜好程度（喜欢或不喜欢）。这一阶段也包括了较强程度的喜好，比如强烈的渴望、偏爱或者确信。意图或行为阶段是指对品牌采取具体行动，比如试用、购买、采用或者放弃。

这四个模型对三个阶段的顺序假设都很相似：认知先于情感，情感先于行为。人们可以假定消费者先意识到一个品牌的存在，然后对它有所认知、产生好感，接着形成欲望或者偏好，最后形成购买。虽然在逻辑上这个顺序是成立的，但在实际生活中却并非总是依此行事。

在过去的 20 年中，市场营销学、社会心理学、传播学等研究都对传统的“认知—情感—行为”的反应顺序提出质疑。其他一些反应层级模型中有几个已经实现了理论化。

其他的反应层级模型

迈克尔·雷（Michael Ray）开发了一个信息处理模型，根据产品感知差异与产品的涉入度来确定上述三个阶段的不同次序。[39]根据不同次序，这些反应层级模型分别对应标准学习模型、失调/归因模型以及低涉入度模型（见图表 5-7）。

标准学习模型

在许多购物情境中，消费者按照传统的传播模型描述的次序，即学习—感受—行为来经历

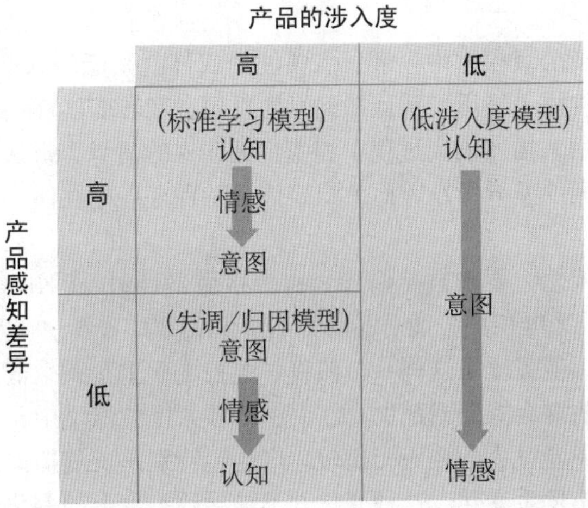

表 5-7　其他反应层级模型：信息处理的三阶段模型

整个反应过程，雷称之为**标准学习模型**（standard learning model）。在这一标准模型中，消费者首先获得或学习到的是各种品牌信息与知识，在此基础上形成感觉或情感，并以此指导消费行为（如试用或购买）。在该层级模型中，消费者被看作传播过程的积极参与者，通过主动学习收集信息。

雷认为，当消费者高度涉入购买过程并且该品牌与竞争品牌有很大差别时，标准学习模型更适用。对于高涉入度的购买决策，比如购买工业产品或服务，以及个人电脑、打印机、照相机、家用电器、汽车等耐用消费品时，就有可能发生标准的学习层级反应过程。这些领域的广告通常都非常详尽，总是力图向消费者提供大量信息，帮助消费者对品牌进行评估并做出购买决策。它们还可能专注于特定的产品属性或特性，这对它们所瞄准的细分市场的消费者来说是非常重要的。

失调/归因模型

雷提出的另一个反应层级模型是**失调/归因模型**（dissonance/attribution model），即消费者行为—感受—学习。整个过程如下：消费者首先做出反应，然后在此行为基础上形成态度或感受，最后学习或处理支持此行为的信息。该模型适用于以下情境：消费者购买产品可能是基于非媒体信源的推荐。购买以后，他会想办法证明自己的决策是正确的。为此，他会努力对该品牌形成积极的态度，甚至对放弃产品形成消极态度。这样就减少了由对购买决策的怀疑所引起的购买后的认知失调或者焦虑。改善认知失调包括进行选择性学习，即消费者寻求支持所选择的信息，而避开会对促进决策提出质疑的信息。

根据这一模型，营销商需要认识到有些时候态度是在购买之后才形成的，而学习也可以通过大众媒体形成。雷认为，这时候大众媒体的主要作用就是通过提高顾客的购买技巧或提供支持信息来减少认知失调而不是强化既有的选择行为以及态度转变。

与标准学习模型一样，失调/归因模型在消费者涉入购买情境中也有可能发生，尤其适用于购后环境。例如，一位消费者可能因为朋友推荐而购买一种轮胎，事后为了减少认知失调，就会对该公司形成友好态度，并密切关注该公司的广告。

有些营销商反对这种模型，因为它们不能接受该模型关于大众媒体对消费者首次购买决策没有任何影响的观点。其实，这一模型并没有说大众媒体不起任何作用，只是认为其发挥作用是在购买行为之后。营销传播计划者必须明白，不能仅仅为了鼓励品牌选择而开展广告与促销活动，而要通过广告与促销强化消费者做出的选择，以确保购买模式可以延续下去。

低涉入度模型

在雷提出的三个反应层级模型中，最引人关注的或许就是**低涉入度模型**（low-involvement model），在该模型中，接收者经历了从认知到行为再到态度转变这样一个过程。这一“学习—行为—感受”的顺序被用来描述购买过程中消费者低涉入的情境。雷认为，如果购买决策的涉入度很低，备选品牌之间的差异很小，而大众媒体（特别是广电媒体）的影响很大，这种反应层级就可能发生。

低涉入度模型这个概念主要来自赫伯特·克鲁格曼（Herbert Krugman）的电视广告效果理论。[40]他希望探明为什么电视广告能对品牌知名度和回想率产生如此强烈的影响，却很难改变消费者对产品的态度。他提出了这样一个假设：电视本质上是一个低涉入度媒体，而且在收看广告时，人们的直觉防御会减弱或消失。在一个低涉入度的情境中，消费者并不会将信息与以前获得的信念、需要或者过去的经历相比较。广告，特别是反复播出的广告，能够使消费者的知识结构在潜移默化中发生变化。这种变化并不能导致态度上的变化，却可以使受众学到有关广告中品牌的一些东西，比如品牌名称、广告主题或口号等。于是，他认为，当消费者进入购买情境时，这一信息就足以触发一次购买行为。有了对该品牌的购买经验之后，消费者就可以形成态度。所以，在低涉入度情境中，反应是按如下顺序发生的：低涉入度情况下的信息展露→认知结构的转变→购买→积极或消极的体验→态度形成。

在低涉入度模型中，消费者完全是在被动地学习和随机获取信息，而不是主动收集信息。广告主必须认识到，消极、被动、缺乏兴趣的消费者会更多地注意那些非信息因素，如广告音乐、人物、标语或歌曲，而非信息本身。广告无须任何有意义的信息处理过程就可以被存储在消费者的记忆中，而一旦消费者进入真正的购买情境，这种信息就会被激活。

低涉入度产品的广告主也可以不断重复简单的主张，如关键的文案主题或明显的产品优势。由斯科特·霍金斯（Scott Hawkins）和斯蒂芬·霍克（Stephen Hoch）进行的一项研究发现，在低涉入度情况下不断重复简单诉求会增强消费者的记忆与信任。[41]他们得出结论，低涉入度产品广告采取高重复度策略要好于冗长详细的信息策略。比如，亨氏食品公司之所以能雄踞番茄酱市场 30 多年，就是因为它不断告诉消费者亨氏番茄酱是最醇厚和浓郁的。多年来，亨氏推出了大量的广告运动，但它们都在传递同一个基本理念，就是亨氏品牌是最好的，亨氏番茄酱是消费者的首选。

在我们所见的绝大多数日用消费品广告中，低涉入度广告随处可见：绿箭双层薄荷口香糖邀请消费者“倍享欢乐”（Double your pleasure）；Bounty 牌纸巾自称“最麻利的快洁能手”；奥斯卡·梅耶（Oscar Mayer）香肠则推出迷人的广告歌“我希望我是一根奥斯卡梅耶小香肠”。所有这些都是为了帮助消费者形成一种品牌联想，而不是试图形成或改变某种态度。

另一种低涉入度产品广告所采取的流行创意策略就是广告分析专家哈里·麦克马汉（Harry McMahan）提出的视觉形象拟人化象征（visual image personality，VIP）。[42]广告主常常使用象征物，如皮尔斯伯里面团宝宝、莫里斯（Morris）小猫、托尼老虎（Tony the Tiger）、清洁先生（Mr. Clean），来树立视觉形象以引导消费者辨别和记忆广告。从 1989 年开始，永备电池公司（Eveready）的劲量（Energizer）电池广告中都会出现一只粉红色的兔子，它帮助该品牌销售额持续增长了近 30 年。劲量兔甚至拥有自己的脸书页面以及超过 40 万粉丝。

其他反应层级模型的暗示

广告和消费者研究人员都认为，无论是传统的反应层级模型还是其他反应层级模型，都无法对所有的反应次序与行为做出准确解释。广告只是消费者在形成态度和做出决策时的信息来源之一。消费者在对某一品牌做出评价时，可能会将从广告、其他信源以及直接经验中得到的信息加以整合。比如，罗伯特·史密斯（Robert Smith）近期的一项研究表明，如果消费者在使用产品前看过广告，不愉快的使用经历对品牌评价的负面影响会降低。但是，如果消费者在看广告之前就已经有过一次不愉快的使用经历，对于广告的认知评价就会更加不利。[43]最近的研究表明，广告可以影响消费者对品牌体验的客观感受，以及他们对品牌的印象。[44]

这些反应层级模型能为消费者对广告及其他营销传播的反应方式提供一个有趣的视角，同时也解释了营销商在各种环境中应该采取的促销策略。对这些反应模型加以回顾，我们就会发现，传统的标准学习模型并不总是适用。在某些购买情境之下，那种所谓的高涉入度消费者（即主动进行信息处理和学习，直接建立高度信任并形成了坚决的态度之后才会采取行动的人）并不存在。有时，消费者做出一个购买决策只是因为广告的重复出现给他留下了一个笼统的认识，至于态度，则要等到购买之后才会有所发展。广告和其他促销手段的作用是引导消费者试用，所以消费者可以直接在产品经验的基础上建立起品牌偏好。

从促销活动方案的角度来看，营销商的一个重要任务就是详细考察产品或服务的传播环境，并判定哪些类型的反应过程最可能发生。它们应该分析产品和服务的涉入过程、差异程度、消费者对各种信源的使用情况以及他们使用产品或服务的经验水平。最有可能发生的反应次序一经判定，项目经理就可以设计整合营销传播方案来影响反应过程，从而使其朝有利于公司产品或服务的方向发展。许多模型都考虑到了消费者涉入程度及其他因素，其中包括反应顺序以及动机（态度形成和品牌选择的基础）。[45]对于营销商而言，这些模型在制定整合营销传播策略时很有价值。因为它们意识到，由于涉及的产品类型和消费者可能遵循的决策过程顺序不同，广告与其他促销工具的运作方式是有区别的。

社交消费者决策过程

上一小节中探讨的其他反应层级模型在很大程度上是关于消费者如何响应广告和其他整合营销传播工具的理论、研究和计划。然而，在过去十年中，消费者评估品牌并做出购买决策的环境已经发生了巨大变化，因为数字内容（包括社交媒体）在我们的日常生活中无处不在，并影响着消费者行为。随着社交网络工具的出现和智能手机与平板电脑等数字设备的普及，消费者比以往任何时候都更具备检索和获取信息的能力，与他人联系，分享信息，讨论产品、服务和品牌，并与营销商快速、轻松地进行互动。

广告研究基金会（ARF）委托进行的一项主要研究调查了数字和社交媒体在购买决策过程中的使用情况，以及消费者如何和何时通过它们来管理这一过程。这项研究的主要发现之一是，"实际上，消费者总是在不断地考虑潜在的购买和评估各种产品和服务的提供者"，他们既可以是主动的，也可以是被动的。[46]当消费者处于"被动"购买模式时，他们所需的购买信息和建议会不请自来，比如社交媒体网站上的一条评论；在电视节目、杂志或网站上看到的广告；或者观察他人使用产品或服务。在其他时候，消费者则处于"积极"购买模式，他们有目的地寻求信息和（或）帮助，以自信地做出明智的购买决策。处于积极购买模式的消费者可以访问公司或品牌的网站或脸书页面，访问谷歌、雅虎、必应等搜索引擎，前往零售商店，或与朋友或同事（在线或面对面）交谈。

这项研究的另一个重要结论，以及麦肯锡全球数字营销策略实践小组的研究表明，消费者不会以传统的反映层级和购买漏斗模型的线性方式来做出购买决策，即从漏斗顶部开始，将大量品牌纳入考量范畴，并逐渐缩小到最终的选择。[47]麦肯锡以及广告研究基金会的研究表明，消费者经历更少迭代和还原过程，他们可以在不同的时间点进入购买路径，这取决于他们首先做的是接触一个品牌，还是研究一个产品或服务，抑或通过社交网络听说一个产品。基于这些发现，大卫·爱德曼（David Edelman）和他在麦肯锡的同事提出了一个"消费决策过程"框架，以了解消费者在购买决策过程中如何与公司和品牌进行互动。决策过程有四个基本阶段：

考虑、评估、购买和享受-分享-忠诚。[48]这个框架将消费者决策过程看作一个有多个反馈循环的曲折过程，而不是一个基于主动购买的线性、单一的统一购买路径，并受到营销商主导和控制的接触点（如媒体广告）的影响。

爱德曼和他的同事认识到社交媒体对消费者行为的重要性和影响力在不断增强，他们将消费者决策过程框架扩展到涵盖社交媒体，如图表5-8所示。社交消费者决策过程框架说明，消费者通过数字和社交媒体渠道与大量品牌建立联系，这些渠道往往超出了营销商或零售商的控制范围，他们评估一系列品牌组合，并在缩小范围之前扩大品牌范畴。在购买之后，消费者往往可能通过数字和社交媒体对他们购买的产品或服务进行积极和公开的宣传或贬低。[49]麦肯锡集团指出，“社交媒体是消费决策过程中的一个独特的组成部分，从购买后的品牌和产品评价阶段开始，社交媒体是唯一一个在各个阶段都能触及消费者的营销方式，因为消费者的体验会影响他们的偏爱品牌，而他们的潜在宣传又会影响其他人。”[50]从图表5-8可以看出，各种数字和社交媒体工具，如YouTube、推特、脸书和Foursquare，可以在决策过程的各个阶段影响消费者。

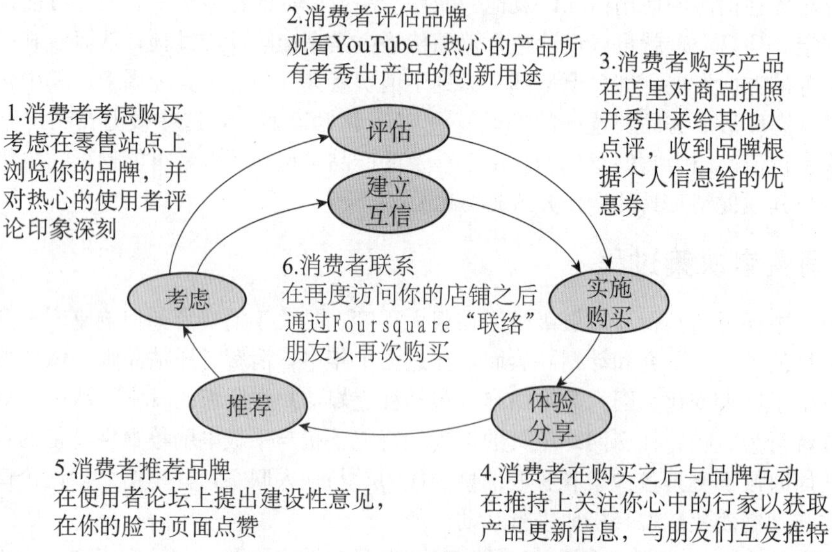

图表5-8 社交消费者决策过程

消费者决策过程框架对营销商开发整合营销传播方案有一定的影响。爱德曼指出，营销商不应该决定如何在各种各样的整合营销传播工具（如各种媒体广告）中分配支出，而应该将目标锁定在决策过程的各个阶段。营销商通常花费大量的整合营销传播预算用于影响消费者考虑和购买阶段的广告与促销活动。然而，消费者在评价和享受-分享-忠诚的阶段往往会受到更多的影响。对许多消费者来说，购买的最重要动机可能是另一个人的分享或建议。他指出，对于营销商来说，不仅要关注它们分配给付费媒体的预算，或者有时被称为“工作媒体支出”的部分，也要考虑到自有媒体的作用，即品牌控制（如网站和脸书粉丝页面）以及赢得媒体（客户在博客、论坛和社交媒体平台上发表的内容）。

来自广告研究基金会委托研究的一些发现也与社交和数字媒体在消费者决策过程中的作用有关。这项研究发现，消费者喜欢以购买者的身份吹嘘自己的效率和能力，这意味着营销商可以利用这种心理需求，通过提供论坛让消费者与他人分享他们的故事和经历。该研究还发现，在购买产品后会产生大量的在线活动，这表明营销商有机会与消费者展开对话，让他们参与讨论，加深他们对品牌的忠诚度和亲密感。该研究指出，消费者的购买过程因产品或服务类别的不同而有所区别，因为高风险（高涉入类）产品的周期比低风险（低涉入类）产品的周期长。

同样重要的是，该研究表明，品牌认知和线下广告在整个周期中仍然是重要的驱动因素。因此，建立和维护强大的品牌形象，并在整个决策过程中保持其可见性和普及性，对营销商来说十分重要。数字与社交媒体视点5-2讨论了包括包装消费品在内的许多低涉入类产品营销商正在将更多的营销预算从传统媒体转向数字媒体。

数字与社交媒体视点5-2

包装消费品营销商转向数字媒体

联合利华、雀巢、通用磨坊、卡夫食品、亿滋国际（Mondelēz International）等包装消费品（CPG）公司传统上依靠在电视、杂志和报纸等大众媒体上做广告推销其产品。在美国，约13%的广告支出来自CPG营销商，其数量占全球前100位广告客户的近一半，在美国前100位广告客户中占1/3。对媒体广告的依赖并不令人意外，因为许多包装消费品都属于低风险/回报型产品，其特点是采购周期较短，参与消费者决策过程的水平较低。为建立和保持品牌知名度，CPG营销商传统上将大部分整合营销传播预算花在电视和印刷品，以及消费者和商业促销活动上，为消费者提供优惠券、折扣或某种其他类型的额外购买激励。然而，毫无疑问的是，数字营销时代已经到来，许多CPG营销商正在将它们的媒体分配从电视和印刷媒体转向数字媒体。

据美国互动广告局（Interactive Advertising Bureau）估计，2012年，包装消费品公司在数字广告方面的营销预算仅占其营销总预算的5%左右。到2015年，这一比例上升到8.5%，仍远低于汽车、电信和金融服务等行业的12%。然而，虽然CPG行业的这一比例较低，但一些大型营销商正在大幅增加它们的数字支出。联合利华、宝洁、卡夫食品、好时和金宝汤等公司正在或计划将其媒体预算的25%～40%用于数字技术。金宝汤公司旗下品牌包括金宝汤、Prego特式意粉酱、V8蔬菜汁和非凡农庄（Pepperidge Farm），该公司将其数字广告支出增加到40%，而电视广告支出则下降到50%。拥有奥利奥（Oreos）和清至（Trident）等品牌的亿滋国际集团计划到2016年将其北美媒体预算的一半用于数字媒体。

一些业内专家预测，由于种种原因，CPG公司的数字支出将继续增加。许多公司认为，数字广告媒体的投资回报率可能与电视或印刷品差不多。其中一个原因是传统观点认为数字媒体比传统媒体更便宜，因为广泛的库存供应和数字显示空间相对便宜，尤其是通过在广告交易平台上进行实时招标，以程序化方式购买的广告。目前，宝洁70%的数字广告是通过程序化购买获得的。许多CPG营销商正在削减或试图控制其广告支出的规模和增长速度，它们认为数字广告是到达特定细分市场的更有效方式。当然，营销商也认识到消费者在网络上花费的时间更多，特别是在移动设备上，因此数字化是与消费者建立联系的最佳媒介。

CPG公司开始接受数字媒体并使其成为整合营销传播方案的重要组成部分还有其他原因。首先，尼尔森（Nielsen）和ComScore等公司正在开发用于数字显示和视频观看的测量系统，它们使用了一些与电视相关的指标，而CPG营销商与它们的广告代理公司也已经习惯于使用这些指标。第二个原因是现在可以从数字媒体上获得高级分析技术，它允许CPG营销商（其中多数为高度数据驱动的）根据购买或其他行为来确定目标受众。例如，2012年，脸书推出了一项针对CPG营销商的"客户受众"计划，允许它们在社交媒体网站上传客户关系管理（CRM）数据库，并更好地将消息定位到社交媒体网站上的消费者。2013年年初，脸书与几家数据挖掘公司建立合作关系，根据用户的线下购物习惯和最近在店内的购买情况，向用户投放广告。

包装消费品市场也开始认识到使用数字和社交媒体建立品牌宣传的价值，以及当消费者处于购买过程的考虑阶段时，它们就会成为与消费者沟通的重要工具，而不仅仅是建立品牌意识的一种方式。例如，金宝汤的首席执行官丹尼斯·莫里森（Denise Morrison）指出："我们正在从品牌营销转向赢得消费者信任的品牌体验。"她补充道，即使使用传统广告，它也将得到由数据驱动的动态、实时、个性化的通信的补充。金宝汤不是唯一一个认识到将数字媒体与传统媒体整合的价值的 CPG 营销商。虽然许多营销商将数字媒体的使用视为扩大其线下广告覆盖面和频率的一种方式，但其他营销商则认识到，这两者可以互补，不仅仅是在接触更多消费者方面，还可以作为以不同方式吸引消费者的一种途径。尤其是社交媒体，它是 CPG 营销商让消费者向朋友和同事推荐其品牌的一种方式。

CPG 营销商更加关注数字媒体的另一个原因是，数字媒体是价格促销的渠道。平均来说，CPG 公司约 2/3 的营销预算用于促销活动，其中大部分用于商业促销。传统的传播媒介是通过报纸和传单里的独立插页来传递价格与促销信息。然而，随着报纸读者群的减少，CPG 营销商正在寻找其他方式来为有兴趣的消费者提供促销优惠。许多营销商利用脸书、Instagram 和推特等社交媒体平台为消费者提供促销激励，并通过竞赛和其他促销手段吸引消费者。

传统媒体广告仍然是大多数 CPG 营销商的整合营销传播方案的关键组成部分。然而，CPG 营销商和品牌经理正在从汽车、零售、电信、旅游和其他行业的同行那里学习数字和社交媒体的价值以及投资回报（ROI）潜力，并经常与他们分享成功的实战经验。因此，对于销售多类别包装消费品品牌的公司来说，数字技术很有可能在其整合营销传播方案中扮演越来越重要的角色。

资料来源：E. J. Schultz, "Campbell Dives Deeper into Digital with Major Spending Hike," *Advertising Age*, July 23, 2015, http://adage.com/article/cmo-strategy/campbell-dives-deeper-digital-major-spending-hike/299631/; Jack Neff and E. J. Schultz, "Overdose?" *Advertising Age*, February 9, 2015, pp. 14-15; Jack Neff, "Why Digital Is Grabbing a Bigger of Consumer Product Budgets," *Advertising Age*, February 14, 2014, http://adage.com/article/news/cpg-execs-cagnyefficiency-digital-dollars/291814/; Jack Neff, "Does Digital Sell Soap?" *Advertising Age*, June 18, 2012, pp. 120-21.

传播的认知过程

许多年来，反应层级模型一直都是研究接收者对营销传播反应方式的首选理论工具。研究重点主要是确定特定的可控变量（如信源和信息因素）与传播效果或反应方式变量（如注意、理解、态度、购买目的）之间的关系。如今，人们对这种方法提出了不少质疑，比如它的"黑箱"性质，因为它无法解释这些反应为何发生。[51]为了解决这些问题，研究人员开始尝试理解说服性信息的认知过程的本质，并且找到了几种可以用来研究消费者对广告信息的认知过程本质的方法。

认知反应法

最常用的一种研究消费者对广告信息的认知过程的方法就是对他们的**认知反应**（cognitive response，即当他们读到、看到、听到某个传播信息时所涌现出来的想法）进行评价。[52]这些想法一般是通过消费者的书面记录或者对信息反应的口头陈述来衡量的。我们假设这些方法反映了接收者的认知过程或认知反应，并且有助于最终形成对信息的接受和摒弃。

认知反应法已经被学术界和广告界在研究中广泛应用。其核心是确定广告信息的反应类型，以及这些反应同广告、品牌态度、购买意图之间的关系。图表 5-9 描述了研究者提出的认知反应的三个基本类别——产品/信息、信源导向和广告表现，以及这些因素同态度、意图之间的关系。

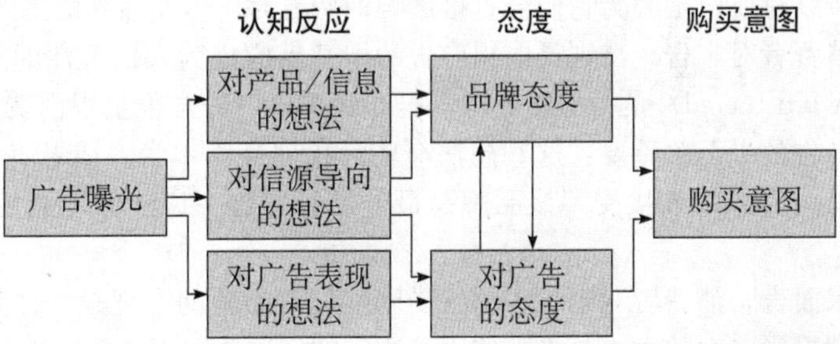

图表 5-9　认知反应模型

对产品/信息的想法

第一类想法包括那些针对产品、服务和（或）传播过程中所提出的主张。其中最受人们重视的是两种特定的反应类型：反对观点和支持观点。

反对观点（counter arguments）是指接收者对信息中所采取的立场持反对意见。举例来说，对于插图 5-2 所示的汰渍洗衣粉广告，消费者或许会对广告的陈述表示怀疑或反对。（“我不相信有任何洗涤用品能将那个污渍洗掉。”）但其他消费者在看了广告后，可能持**支持观点**（support arguments），或者想法与广告一致。（“汰渍看起来不错——我也想试试。”）

如果广告信息的诉求与接收者的信念相悖，那么接收者采取反对观点的可能性就更大。例如，消费者看到一则广告正对他喜欢的品牌大肆攻击，就可能反对该广告。反对观点与信息接受负相关；反对越多，接受信息中所宣传的观点的可能性越小。[53]支持观点则与信息接受正相关。所以，营销商在制作广告或其他促销信息时要尽量把反对观点减到最少，同时要引导消费者采取支持观点。

插图 5-2　品质优良的广告常常能诱导消费者做出支持观点

资料来源：Tide by Procter & Gamble.

对信源导向的想法

另一种认知反应类型是直接针对传播信源的。其中最重要的一个反应就是**信源贬值**（source derogations），即消费者对于产品代言人或信源机构的负面想法。这些想法通常会导致信息接受程度降低。如果消费者认为某个代言人十分讨厌或者不可信，就不太可能接受这个信源所传播的内容。

当然，信源导向的想法并不总是负面的。接收者如果对信源十分满意，就会产生对信息有利的想法，又称**信源强化**（source bolsters）。你可以猜到，大多数广告主之所以都想聘用目标受众喜欢的人物做代言人，就是为了能够传递出这种效应，在第 6 章，我们将会讨论如何选择合适的信源或代言人。

对广告表现的想法

图表 5-7 中所示的第三类认知反应是个人关于广告本身的想法。接收者在阅读或观看广告时产生的许多想法与产品和信息诉求并没有直接关系。恰恰相反，它们都是情感反应，是消

费者对广告的具体感受，与对广告表现要素（广告创意、视觉效果、色彩、声音等）的反应一样。**对广告表现的想法**（ad execution-related thoughts）可能是有利的，也可能是不利的，无论如何，它们之所以重要，是因为它们会直接影响消费者对广告及品牌的态度。

最近几年，消费者对广告，特别是电视广告的情感反应成为人们关注的重点。[54]**对广告的态度**（attitude toward the ad）是指接收者对广告的好恶。广告主很重视消费者对广告的想法，因为情感反应对广告效果至关重要：这些想法会转而指向品牌本身，或者直接影响购买意图。研究发现，喜欢某一广告的人接受“该品牌是最佳品牌”这一说法的可能性是态度中立者的两倍。[55]

对于广告效果而言，消费者对于广告的感受同他们对品牌的态度是一样重要的。[56]情感反应与感受对广告效果影响力的大小是由一些因素决定的，这些因素包括广告的性质、接收者采取的信息加工类型等。[57]现在，许多广告主都使用感性广告来激发消费者的态度以及情感反应，并将其作为一个基本的创意策略。这一策略的成功部分取决于消费者的品牌涉入度以及参与信息加工的可能性。营销商激发消费者情感反应的另一种方式是在广告中使用幽默。这种幽默可以让消费者产生积极的情绪，并增加他们对广告本身和品牌的喜爱。例如，每年在超级碗期间播放的许多广告都会使用幽默来吸引观众的注意力，因为营销商知道消费者会密切关注这些广告，并在比赛期间和之后与他人进行讨论。

我们通过研究一种流行的模型来结束对接收者的分析，该模型考虑了参与和其他因素如何影响说服消费者的路径以及他们对信息的认知处理过程。

详尽可能性模型

对于说服性信息，消费者有多种不同的反应和加工方式。**详尽可能性模型**（elaboration likelihood model，ELM）列举了这些方法之间的区别（见图表 5－10）。[58]它由理查德·佩蒂（Richard Petty）和约翰·卡乔波（John Cacioppo）提出，用来解释说服过程，即说服性传播信息（如广告）如何通过影响态度最终达到其说服目的。该模型认为，将对说服性信息做出反应的相关信息进行推敲或加工的数量和性质是态度形成或改变的决定因素。高度详尽意味着接收者对信息内容或观点进行周密的考察和谨慎的评价。低度详尽则意味着接收者不进行积极主动的信息加工或思考，而是根据一些简单线索（正面或负面的）对信息中提出的观点进行演绎推理。

这一模型表明详尽可能性模型是有两个自变量的函数：加工信息的动机与能力。加工信息的动机取决于涉入度、个人相关性、个人需求以及唤起程度等。加工信息的能力则取决于个人知识、智力、加工信息的机会等。例如，人们在收看一则幽默广告或一则由名模主演的广告时，就很可能无心加工广告产品信息了。

该模型认为，说服或态度的改变有两个基本途径。在**中央说服路径**（central route to persuasion）下，接收者被视为传播过程的一个非常积极的参与者，其参与、理解、评价信息的能力与动机都很高。当广告信息发生中央加工处理时，消费者就会密切关注信息内容，并且认真阅读信息参数。由此产生的是高水平的认知反应活动和处理过程，而广告的说服能力则主要取决于接收者对信息中观点的评价。尤其是有利的认知反应（支持性观点和有说服力的信源），会使认知结构朝有利的方向改变，进而导致积极的态度改变或被说服。

反之，如果认知过程非常不利，甚至引发了反对观点或信源说服力减损，那么认知结构的改变就会相当不利，导致自食其果，或者造成态度的恶化。在中央路径加工过程中形成的态度相对持久稳定，日后的其他活动也较难改变这种态度。

在**周边说服路径**（peripheral route to persuasion）下，如图表 5－10 右侧所示，接收者若被视为缺乏信息加工的动机或能力，也就无从开展详尽、认真的认知过程。接收者并不对信息所

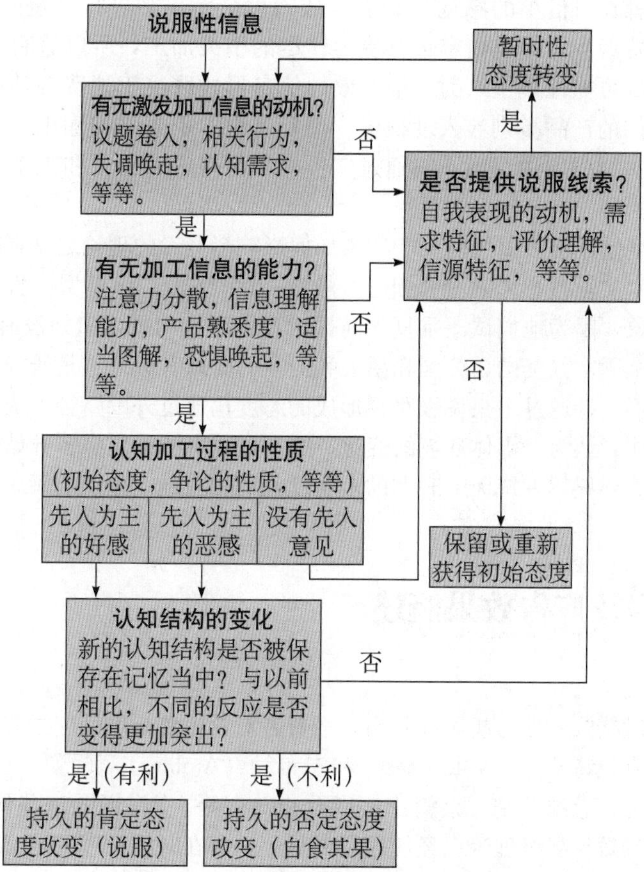

图表 5－10　说服过程的详尽可能性模型

提供的内容加以评价，而是拿出一些与主要观点没有关系的周边线索，然后在对这些线索做出评价的基础上对信息做出反应。

消费者可能会利用某些类型的周边线索或认知途径，而不是谨慎地评价广告中提出的信息。[59]如果消费者认为广告代言人是专家或极具个人魅力，或者喜欢广告某些方面体现出的风格（如制作手法、音乐、画面），肯定态度也就应运而生了。即使消费者并未对广告信息进行加工，这些线索也会帮助其形成对品牌的积极态度。

周边线索也可能导致信息被拒绝。比如，如果广告夸大其词，使用的代言人不招人喜爱或者声誉不佳，广告本身粗制滥造（如那些地方广告主制作的低成本广告），消费者可能对其中的信息或观点连想都不想就抛诸脑后。如图表 5－10 所示，详尽可能性模型认为经周边路径加工过程所形成的态度转变只是暂时性的。因此，良好的态度必须通过保持周边线索的持续曝光方能得到维护与巩固，比如广告的反复播放。

详尽可能性模型的应用

详尽可能性模型对于营销传播有着非常重要的作用，特别是在产品涉入方面。例如，如果消费者涉入度过高，广告或销售手册就应当包含信息接收者难以反驳的有力论点。如果消费者涉入度低，周边线索比详尽信息更管用。

有关这一模型的有趣测试表明，广告中的名人代言效果取决于涉入程度。[60]当涉入程度较低时，名人代言对于态度有着非常重要的影响。然而当涉入程度较高时，使用名人代言对品牌态度就没有任何影响，在广告中使用质量做论点的策略更为有效。

对于这些发现，我们可以这样解释：在低涉入度的情况下，名人是一个重要的周边线索，可以使得接收者在对信源的感觉基础上形成态度，而不必进行大量的信息加工。然而，一个高度涉入的消费者会对信息内容进行更为详尽的中央加工，所以这时信息质量比代言人的身份更重要。详尽可能性模型认为，最有效的信息形式取决于消费者遵循的说服路径。许多营销商认识到它们的产品类别涉入度很低，消费者根本不想详细加工广告信息，所以它们经常依靠创新手段去加强周边线索，并通过广告的反复播放来树立和维系消费者对品牌的积极态度。

详尽可能性模型是最常被引用的关于广告如何影响消费者的理论之一，被认为是对广告和其他说服形式的学术文献最有影响力的理论贡献之一。[61]然而，该模型一直是一些学术研究人员争论和批评的对象，因为他们试图重复先前探讨过的研究结果，却并没有取得成功。[62]最近的一项对于来自三个国家（美国、英国和澳大利亚）的受试者进行重复研究的努力只取得了部分成功，并且它并不支持通过中央说服路径形成的态度比通过外围路径形成的态度更能预测行为这一关键发现。作者认为，媒体环境的变化，特别是数字和社交媒体开始占主导地位这一转变，使人们对传统大众媒体一统天下时期的广告理论的相关性产生了质疑。[63]

反应过程及广告效果概述

从前文中我们对接收者的分析可以看出，消费者对营销传播的反应过程可以从多个角度进行考察。最近，瓦克拉特萨斯（Vakratsas）和安布勒（Ambler）为了进一步理解广告如何运作及影响消费者行为，总结了 250 余篇论文以及相关书籍。[64]在回顾这些研究文献的基础上，他们得出结论：虽然效果层级理论已经使用了近百年，但在时间次序的意义上，效果层级的概念并没有得到太多支持。他们认为，要理解消费者及其在广告运作中的反应过程以及行为习惯，就必须考虑到在广告和购买之间存在的三个十分重要的媒介变量（见图表 5-11）。这三个变量包括：认知，消费者反应的"思考"维度；情感，"感觉"维度；经历，基于商品购买和使用的反馈维度。他们得出结论，个体对广告的反应还受到情绪以及处理信息能力等因素的调整或过滤，这些因素能从根本上改变个体对广告的反应。他们建议广告的效果应该从这三个维度来进行评价，在不同的情况下一些中间变量会比其他变量更重要，比如产品的类别、产品在生命周期中所处的阶段、目标受众、竞争者以及其他营销组合成分的影响。

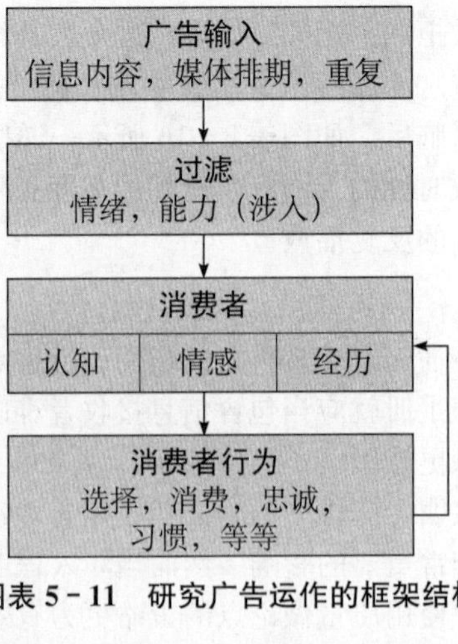

图表 5-11　研究广告运作的框架结构

还有一些研究人员也反对层级理论模型。比如，霍尔（Hall）提醒广告商要停止对效果层级模型的依赖，并开发出一个新模型，在广告过程的中心融入情感和经验因素。[65]这些批评意味着：营销商需要将认知、情感和经历看作影响广告效果的重要因素。然而，它们不应当假定反应顺序，而是应当集中精力分析和研究广告和其他促销活动在不同的产品或市场情境中如何影响这些因素，并对其进行更深入的理解。

关于效果层级模型的诸多议论和考虑我们均已一一列出，许多人相信这些内容对广告的实际操作和研究都很有价值。例如，托马斯·巴里（Thomas Barry）指出，效果层级模型是有局限性的，但对行为预测确实有帮助。他认为，这些模型都为广告策略是否需要关注基于受众或细分市场的个人经历而产生的认知、情感以及（或）行为提供了真知灼见，同时，这些模型也提供了有价值的策划、培训和概念框架。[66]

策划整合营销传播项目的负责人需要尽可能多地了解目标受众以及他们对广告和其他营销传播活动的反应。例如，威廉·韦尔巴彻（William Weilbacher）曾提出营销传播活动包括的不只是广告。[67]消费者通过一系列活动融入品牌传播中，这些活动范围极广，包括公共关系、销售促进、官方网站、直复营销、事件营销，在电影或电视节目中的产品植入以及其他营销传播活动。他认为，层级模型不应当只用来解释广告效果，还应当考虑消费者如何从各类整合营销传播行为中合成信息，以及产生何种效果。

本章讨论的各类模型都十分重要，它们既展示了基本的传播元素和整合营销传播工具，又为消费者接收信息与响应信息的过程提供了不少思考。理解传播过程至关重要，因为过程本身能够为研究和评估整合营销传播提供基础。这些涉及整合营销传播不同方面的内容表明，理解传播过程能够帮助营销商在策划、完成以及评估营销传播活动时做出明智决策。

本章小结

整合营销传播组合中的所有元素都是服务于传播的，因此促销计划者必须了解传播过程。整个过程可能非常复杂，成功的营销传播取决于多个因素，如信息的性质、受众对信息的解释、信息的接收环境等。要实现有效传播，发送者必须对信息进行恰当编码，以保证接收方能按预定方式进行解码。接收方的反馈可以帮助发送者确定解码是否成功，或噪声是否对传播过程造成干扰。

非人员信道是指那些在发送者和接受者之间没有直接的人际接触的信息渠道，通常被称为大众媒体。人员信道包括两个或更多人之间的直接沟通，可以通过人际接触（面对面）或电子邮件及社交媒体等其他方式进行。一个人的社交网络成员，如朋友、邻居、同事或家庭成员等也是个人沟通的渠道，代表着口碑营销的影响力，这可能是一个非常强大的信息来源。营销商往往通过病毒式营销来生成口碑传播，病毒式营销是指通过个体消费者的帮助与合作来传播营销相关信息的行为。

促销策划开始于信息接收方或目标受众。营销商必须了解受众将对信源或信息类型做出何种反应。同时，促销计划者不仅要分析信息接收方的构成（个体、群体或大众），还要分析其所经历的反应过程。传统的反应层级模型包括标准学习模型、失调/归因模型、低涉入度模型。

当数字技术（包括社交媒体）在我们的日常生活中不断普及并开始影响消费者行为时，消费者评估品牌和做出购买决定的环境就会发生巨大变化。社交消费者决策过程框架认识到消费者可以在不同的点进入购买路径，这取决于他们是第一次接触品牌、研究产品或服务，还是通过他们的社交网络了解它。

认知反应法考察了信息引发的各类想法，以及这些想法如何决定接收方最终接收还是拒绝传播。研究态度的形成和变化的详尽可能性模型认为信息有两种加工方法：中央说服路径和周边说服路径，它们都是接收方的信息处理动机和信息处理能力的函数。在广告和购买之间存在三个重要的中间变量：认知、情感、经历。策划整合营销传播方案的负责人需要尽可能多地了解目标受众及其对广告和其他营销传播活动的反应。

讨论题

1. 本章开篇讨论了由李奥贝纳为宝洁公司开发的“像女孩一样”获奖广告。为什么这场广告运动获得了极大成功，并导致消费者对病毒式营销如此强烈的反应？

2. 环球观察5－1讨论了营销商在开发不同语言和文化的广告信息时可能遇到的问题。探讨营销商处理这一问题，以及避免误译和其他沟通问题的方法。

3. 什么是编码？讨论不同类型的广告信息，如广播广告、电视广告、平面广告和数字（在线）广告在编码上的不同。

4. 解释病毒式营销的概念以及它与口碑传播的关系。举一个成功使用病毒式营销，并在使用这种技术时遇到了问题的公司的例子。

5. 本章讨论了福特公司在美国市场推出新款嘉年华汽车的社交媒体活动。讨论该项目的利弊，并评估福特允许代理商通过社交媒体与它们的追随者交流嘉年华的行为是否有风险。你是否同意福特将“嘉年华运动：社交混响”活动作为新上市的2014款车型的整合营销传播方案的一部分？为什么？

6. 数字与社交媒体视点5－1讨论了广告和数字代理公司对年长者的年龄偏见，他们可能不像年轻人那样精通数字技术。你认为代理公司在招聘过程中更青睐年轻人是合理的吗？年长者如何解决年龄歧视问题？

7. 在营销传播过程中，导致噪声的因素是什么？讨论诸如笔记本电脑、平板电脑和智能手机等移动设备如何导致电视广告的噪声问题，广告商可以通过哪些方式来处理这些设备带来的噪声干扰。

8. 讨论低涉入度产品（如软饮料、纸巾）营销商所使用的整合营销传播工具与高涉入度产品（如个人电脑）营销商之间存在的差异。

9. 讨论CPG营销商将它们的整合营销传播预算更多地分配给数字与社交媒体，而不是传统媒体（如电视和印刷品）的原因。你认为营销商这么做会有风险吗？

10. 讨论使用认知反应法来分析消费者对广告信息的反应和处理的价值。选择一个平面广告或电视广告，讨论它采用图表5－7中的模型可能产生的认知反应类型。

11. 解释使用中央说服路径的意义。说明在消费者对广告或其他营销传播形式的反应过程中，决定其使用中央说服路径的因素有哪些。

第6章 信源、信息和信道因素

学习目标

1. 研究传播系统内的主要变量，以及它们对消费者处理促销信息过程的影响。
2. 确定为促销信息选择信源所涉及的决定性因素。
3. 比较不同类型的信息结构和诉求。
4. 解释不同类型的信道对营销传播过程的影响。

开篇案例

安德玛通过明智地投资代言人来“保护这块地盘”

安德玛公司成立于1996年，其创办者是前马里兰大学橄榄球明星凯文·普兰克（Kevin Plank）。他最初利用汽车后备厢向大学运动队售卖“吸汗”轻薄T恤。普兰克不喜欢在他的垫肩下穿棉质T恤，因为运动衫会被汗水湿透，这不仅让人不舒服，而且额外的重量也阻碍了运动员的发挥。从一开始，安德玛的价值主张就是基于销售具有功能性与舒适性，同时能够提高运动员成绩的运动服装。然而，作为一名企业家，普兰克所面临的挑战是如何提高自己创新产品的知名度，并让运动员穿上它。普兰克作为一名前高中和大学球员，他的朋友效力于十几个国家橄榄球联盟（NFL）球队，他将球衣赠送给他们，并鼓励他们推荐给自己的队友。作为其草根方针的一部分，他强调说，如果身穿安德玛T恤能帮助队员提高成绩，哪怕只是一点点，安德玛公司就能赚到更多的钱。由此，他把销售策略定位为帮助运动员，而不是请求他们帮自己忙。因此，即使是在公司刚刚起步阶段，凯文·普兰克也在学习如何与运动员交涉，让他们认可安德玛的产品。

普兰克的第一次重大机遇出现在1997年，迈阿密海豚橄榄球队（Miami Dolphins NFL）在一场全国电视直播比赛中穿着他的产品，在每件T恤的衣领上都可见安德玛的商标。次年，以橄榄球为主题的电影《挑战星期天》（Any Given Sunday）在安德玛公司所在的巴尔的摩拍摄。电影制作人当时正在寻找一种能代表电影的运动特性，并且在拍摄过程中穿着舒适的服装。安德玛公司同意为整个摄制过程和影片提供服装，这使得该品牌在美国声名鹊起。2003年也出现了类似的情况。体育有线电视巨头ESPN致电安德玛公司，邀请其参加关于橄榄球运动员的连续剧《组织者》（Playmakers）的拍摄。ESPN认为，更衣室里的每位球员似乎都穿着安德玛球服，因此如果电影里所有球员都身着安德玛品牌服装会显得更加真实。

安德玛公司取得了巨大的成功，并在最初几年迅速成长，形成了一种与原始情感及充满肌肉感的橄榄球运动和其他主流男子团体运动相关的品牌标识。该公司通过2003年开始的电视广告宣传活动打造了一个独特的品牌形象，并提出了“保护这块地盘”（Protect This House）

口号。在广告中，状态良好的橄榄球运动员身着安德玛服装训练，最后队员们齐声高呼，“我们必须保护这块地盘！”就好像他们的生命依赖于此。标语性口号成为安德玛公司代表性品牌的象征。几年前，“我愿意”这句话被加入标语中，作为对于运动员的行动号召。

安德玛公司于2005年上市，股票价格在交易第一日几乎翻了一番。自上市以来，该公司的年增长率超过25%，并于2016年达到年收入40亿美元，预计在2018年将达到70亿美元。安德玛公司成功的关键在于高质量的产品、强大的品牌与定位，以及一份令人惊叹的运动员代言人名单。与耐克、阿迪达斯等主要竞争对手相比，安德玛公司许多代言人的签约金要少得多。即使安德玛公司正以令人难以置信的速度成长，但是其销售额仍然只有耐克的1/8。2016年，其销售额超过300亿美元，不到阿迪达斯全球销售额的1/4，而阿迪达斯在当年的全球总收入高达近200亿美元。耐克每年在代言费上的投资近10亿美元，而根据阿迪达斯最近发布的规划，该公司仅在北美地区就签下500名运动员作为代言人。耐克的代言人包括篮球传奇迈克尔·乔丹、NBA球员勒布朗·詹姆斯和凯文·杜兰特（Kevin Durant）、高尔夫球手泰格·伍兹（Tiger Woods）和罗里·麦克罗伊（Rory Mcllroy），以及足球运动员克里斯蒂亚诺·罗纳尔多（Cristiano Ronaldo）。阿迪达斯顶级代言人包括足球运动员莱昂内尔·梅西（Lionel Messi）和为NBA纽约尼克斯队效力的德里克·罗斯（Derrick Rose）。

虽然安德玛可能无法像其大型竞争对手那样花巨额代言费，但大多数业内专家认为，该公司的资金投入更为明智。目前安德玛的代言人包括职业橄榄球、篮球和棒球中的三名最佳球员和最重量级球员：卡罗来纳黑豹队（Carolina Panthers）的四分卫坎顿·牛顿（Cam Newton），金州勇士队的控球后卫史蒂芬·库里（Stephen Curry）和华盛顿国民队（Washington Nationals）的外野手布莱斯·哈珀（Bryce Harper）。坎顿·牛顿曾是海斯曼奖杯（Heisman）得主，他在2015年带领他的球队打入超级碗。

史蒂芬·库里是安德玛能够在耐克主导的篮球鞋市场获得一席之地的关键。2013年，在库里与耐克的合同即将到期时，安德玛与他取得了联系。耐克公司开始考虑是否值得为了库里与安德玛竞价。最后公司决定既不解约，也不为他提供人人向往的签名球鞋生产线。与安德玛签约之后，库里逐渐成为NBA最闪耀的人物之一，并获得了2015年度和2016年度联盟最有价值球员奖。此外，他还带领勇士队在2015年度赢得NBA总冠军。安德玛利用库里的成功打造了其第一款“安德玛库里一代”（UA Curry One）签名球鞋。它成为安德玛的最畅销球鞋，并在帮助公司获得近8亿美元鞋类收入方面发挥了关键作用。

安德玛对代言人的关注不仅仅局限于团队运动。2010年，该公司与巴尔的摩游泳名将迈克尔·菲尔普斯（Michael phelps）签署代言合同。菲尔普斯是有史以来最受欢迎的奥运选手，获得了22枚奖牌，其中包括18枚金牌。2013年，安德玛签下了高尔夫球手乔丹·斯皮思（Jordan Spieth），他在职业生涯之初知名度并不高。但到2015年，他赢得了包括大师赛和美国公开赛在内的两项大满贯赛冠军后，成为世界排名第一的高尔夫球手。

安德玛的代言人名单也不仅仅限于男运动员。其发展战略的一个重要部分是超越诸如橄榄球、棒球和篮球等男性主导的运动，将更多的女性引入品牌。其女运动员名单包括：奥运会摘得四次金牌的滑雪运动员林赛·冯（Lindsey Vonn），她从2006年起一直为该公司代言；蒸蒸日上的网球选手斯隆·斯蒂芬斯（Sloane Stephens）；凯利·奥哈拉（Kelly O'Hara），她曾代领美国女子国家足球队赢得国际足联世界杯（FIFA World Cup）和奥运会金牌。然而，安德玛最有影响力的两位女性代言人并不是职业运动员，而是芭蕾舞女演员和超级模特。这些女性正在帮助安德玛努力将自身定位为一个能够赋予女性运动员力量的品牌，并在服装市场中快速增长的运动休闲领域与露露柠檬（Lululemon）和耐克展开竞争。

2014年，安德玛与芭蕾舞女演员米斯迪·科普兰签署了代言协议。她后来成为美国芭蕾舞剧院历史上第三位非洲裔美国女性独舞者。该公司还签下了吉赛尔·邦辰，她是世界上收入最高的模特之一，也是安德玛代言人，新英格兰爱国者队（New England Patriots）的四分卫汤姆·布雷迪（Tom Brady）的妻子。这两位女性都参与了屡获殊荣的“做我想要的”女性广告宣传活动。这一活动仅在一周内就吸引了超过 400 万次观看，并帮助安德玛女性服装收入占到公司总收入的 30%。

安德玛认识到，拥有合适的运动员和其他名人为其产品代言是运动鞋和服装市场成功的关键因素。他们不仅帮助打造品牌，同时也是销售的催化剂。凯文·普兰克指出，公司的成功与库里、斯皮思和科普兰的成功密切相关，他们给公司带来了值得思考的宝贵经验，因为他们都超越了各自的运动项目领域，仅仅通过他们的名字就能让品牌知名。2015 年，安德玛超越了拥有锐步（Reebok）的阿迪达斯公司，成为美国第二大最受欢迎的运动服装生产商。此外，该公司还将目光投向了世界其他地区。耐克，请保持警觉！

资料来源：James Ellis and Dimitra Kessenides, “Under Armour’s Most Valuable Players,” *Bloomberg Businessweek*, February 14, 2016, pp. 20 - 21; Richard Feloni, “The Athlete Endorsements That Are Turning Under Armour into Nike’s Strongest Competitor,” *Business Insider*, June 16, 2015, www.businessinsider.com/the-athlete-endorsementshelping-under-armour-compete-with-nike-2015-6; Kevin Plank, “Under Armour’s Founder on Learning to Leverage Celebrity Endorsements,” *Harvard Business Review* 90, no. 5 (May 2012), pp. 45 - 48.

本章将对传播系统的主要变量：信源、信息和信道展开分析。我们将考察信源的特征及其如何影响接收者对促销信息的反应，以及为什么某一类传播方式会比其他方式更有效。之后将重点讨论信息，以及信息结构和诉求方式如何对传播效果产生影响。最后，我们将考察与信道或媒介相关的因素对传播过程的影响。

运用说服矩阵编制促销方案

要开展有效的广告与促销活动，公司就必须选择合适的代言人，通过适当的信道或媒体来传递引人注目的信息。信源、信息和信道是传播模型中的可控因素。**说服矩阵**（persuasion matrix）（见图表 6 - 1）帮助营销商了解每个可控因素与消费者反应过程之间是如何相互作用的。[1]该矩阵有两类变量：传播过程中的可控成分是自变量，在第 5 章中已作概述；接收者经历的被说服阶段是因变量。营销商既能够选择信源或个人来完成信息的传递，也可以选择所传递信息的诉求类型、信道或媒介。虽然它无法控制接收者，却可以选择目标受众。信息的初始接收者可以通过口头传播的形式把信息传递给其他人，诸如朋友或同事，所以说，因变量中也包含目标变量。

促销计划者必须了解每一个自变量的相关决策将如何对反应层级中各个阶段产生影响，这可以让营销商避免过于重视某一阶段而忽视其他阶段。幽默信息能够引发消费者注意，但若消费者无法理解信息内涵，则会导致认识的片面性与不足。许多广告采用幽默、性诉求或者名人来抓取消费者的注意力，结果却使得他们对于品牌名称或信息印象并不深刻。下面的几个例子分别对应图表 6 - 1 中所列数字，说明了如何使用说服矩阵来评价决策。

（1）接收者/理解：接收者能否理解广告？营销商必须对目标市场有充分的理解才能确保信息清晰易懂。受教育程度较低的人对专业术语不熟悉，更难解读复杂信息。许多接收者并不熟悉行业术语。营销商对于目标市场了解得越多，对消费者如何看待这些文字、象征符号与表达的理解也就越深入。

（2）信道/信息呈现：何种媒介能够增加信息呈现？一个受欢迎的黄金时段的电视节目，

如《生活大爆炸》，每周的收看人数多达 1 800 万，《时代》（*Time*）和《人物》（*People*）等杂志每周都有超过 300 万读者，数字版读者人数更是超过印刷版人数上百万。但关键在于其中究竟有多少是营销商的目标受众。像《与卡戴珊姐妹同行》（Keeping Up with the Kardashians）这样的节目，在E！有线电视网每周吸引约 200 万观众，其观众主要是年龄在 18～24 岁的年轻男女。这些人时尚意识强烈，也很懂技术。虽然近来该节目的收视率有所下降，但许多公司仍然认为这是吸引这类观众的一种方式。这是许多广告主所垂涎的，因为这类人群是流行服装、电子消费品和许多其他产品的主要市场。[2]

（3）信息/认可：什么样的信息能够产生良好的态度或感受？营销商通常试图构思令人愉悦的信息，希望借此让接收者对产品或服务持肯定态度。幽默的信息常常能为消费者带来愉悦的心情，并能唤起与广告品牌相关的积极情绪。音乐使消费者的情绪更适合接收信息。许多广告主运用明确的性诉求来刺激消费者的购买欲望，暗示产品能够增强他们对异性的吸引力。一些营销商也拿自身品牌与竞争品牌做比较。

（4）信源/注意：谁能够有效地吸引消费者的注意力？我们每天都要忍受无数广告的轰炸，一则广告要想在如此混乱的局面中脱颖而出绝非易事。营销商常常使用诸如演员、运动员或名模等能够抓人眼球的信源。

	自变量：传播过程各个要素				
因变量：说服过程的各个阶段	信源	信息	信道	接收者	目的地
信息呈现			(2)		
注意	(4)				
理解				(1)	
认可		(3)			
保持					
行动					

图表 6-1　说服矩阵

信源因素

信源的组成是多方面的。在蒂娜·菲（Tina Fey）为美国运通公司（American Express）所做的广告里，信源究竟是菲还是美国运通公司？或者说是二者的结合？当然，消费者的信源也可以是朋友、亲戚或邻居。事实上，个人信源常常是购买决定中最具影响力的因素。与广告这样的正式营销渠道相比，从一人向另一人传播的口头信息通常更加可信。营销商利用蜂鸣营销或隐匿营销为其产品或服务制造有利的口碑讨论与推荐。[3]

我们使用**信源**（source）来表示那些间接或直接涉及信息传播的人。直接信源是传递信息和（或）展示产品或服务的代言人。比如，乡村音乐人米兰达·兰伯特（Miranda Lambert）出现在“牛奶加工者教育计划”（Milk Processor Education Program）赞助的《早餐计划》（The Breakfast Project）广告中，推广了牛奶的营养价值和喝奶有益的理念。间接信源，比如模特，并没有传达实际信息，但他们可以吸引人们的注意力和（或）增强广告的表现效果。一些广告既不使用直接信源也不使用间接信源，它们的信源就是传播信息的机构。大多数研究都将个体作为信源，因此我们对于信源因素的考察也将沿用此法。

在选择传播销售信息的人员时，企业往往十分谨慎。许多企业花费巨资只为邀请身份显赫的人来宣传产品或企业本身。同时，企业也会投资数百万美元，用来招募、筛选、培训销售人员，使其成为企业代表和销售信息传递者。企业已经认识到信源特征可以给销售和广告信息带来不可忽视的影响。

营销商试图选用那些能最大限度地提高信息影响力的人。信源可以是博学、极受欢迎和（或）身材迷人的人，也可以是目标受众的典型代表，或者有权以某种方式奖惩接收者的人。赫伯特·凯尔曼（Herbert Kelman）将信源的特征分为三大类：可信度、吸引力和感染力。[4]每种特征对接收者态度或行为的影响过程各不相同（见图表 6-2）。

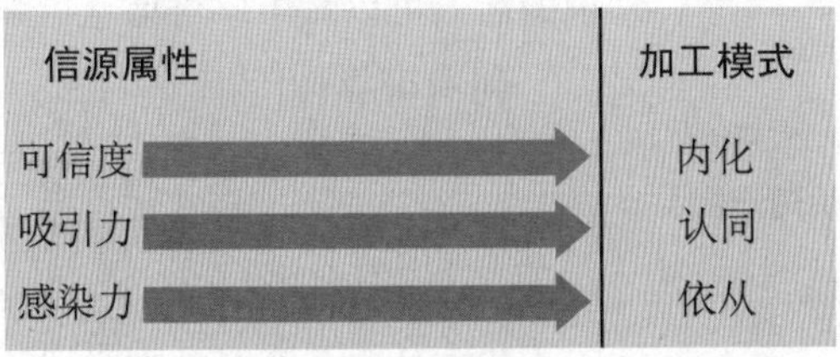

图表 6-2　信源特征和接收者信息处理模式

信源的可靠性

可靠性（credibility）是指信息接收者领会信源所具备的相关知识、技能或经验的程度，以及对信源提供公正客观信息的信任程度。对于可信度来说有两个关键点：专业性和可靠性。

一个知识渊博——具备极高专业素养的传播者——比那些相对缺乏专业知识的人更具说服力。但是，信源必须是可信的——诚实、道德和可靠。如果接收者认为这种知识技术含量高的信源存在偏见或是其主张的立场具有潜在个人动机，他的影响力就会降低（如有偿代言某产品）。

传播研究中最可信的结论之一是：专家和（或）值得信任的信源比非专家或可靠性较低的人更具说服力。[5]来自可靠信源的信息通过被称为**内化**（internalization）的过程影响接收者的信念、观点、态度和行为。当接收者采纳可信的传播者的意见时，她们就会相信来自这个信源的信息是准确的。一旦接收者内化了某一观点或态度，它就将融入接收者的个人信任系统，这种情况甚至可以持续到信源被遗忘之后。

当接收者对某种产品、服务、公司或促销活动持消极态度时，高度可信的传播者就显得尤为重要，因为可靠的信源可以抑制反对观点。反对意见越少，信源越易被接受，说服力也越强。

利用专业知识

由于通过内化过程形成的态度和观点将成为个人信念系统的一个部分，营销商往往希望能够采用可信度高的传播者。企业采用各种可行的办法来表达信源专业性。销售人员接受产品线培训，以增加消费者对其专业知识的认知。高科技产品的营销商所招募的销售代表都具备工程、计算机等领域的专业技术背景，以确保产品的专业性。

代言人一般是根据他们所在某一特定产品或服务领域的知识、经验和专业水平所挑选而来。我们常常能在广告中看到像外科医生或牙医一样被公认的专家或专家团体。例如，多芬

插图 6-1 多芬宣称其皮肤护理产品是由专家推荐的

资料来源：Dove by Unilever.

(Dove）宣传称其皮肤清洁产品是60多年来所有广告品牌中皮肤科医生最推荐的产品（见插图6-1）。萝奥比娜·瓦尼安（Roobina Ohanian）研究发现，专家信源的使用十分重要。她认为，在解释购买意图的过程中，人们对于明星代言人专业水平的了解比其个人吸引力或可信度更加重要。她建议，在选择名人代言时，挑选那些知识渊博、经验丰富、有资格谈论代言产品的人最有效。[6]其他许多研究表明，被视为具有产品或服务专业知识的名人可以赋予广告信息更强的说服力。[7]

利用可靠性

专业性固然重要，但目标受众也必须能够发觉信源的可靠性。要找到具备可信形象的名人或其他人物往往很难。许多值得信任的公众人物对产品代言都很犹豫，因为代言的产品会对其声誉或形象产生潜在影响。E-Poll市场调查公司通过消费者跟踪调查来评估名人的受欢迎程度和市场价值。公司让受调查消费者对名人的46种不同人格属性进行评价，包括可信度、真诚度、潮流度和影响度等。该公司每年都会发布一份《电子评分名人报告》（E-Score Celebrity Report），其中包括反映名人可信度和权威的代言人指数评分，表明他们作为代言人的潜力。[8]在最近的名单中，得分最高的名人包括演员摩根·弗里曼（Morgan Freeman）、导演罗恩·霍华德（Ron Howard）、HGTV节目主持人迈克·霍姆斯（Mike Holmes）、托尼·邓吉（Tony Dungy）（前美国橄榄球联盟教练兼美国全国广播公司《橄榄球之夜》栏目分析员）、迈克尔·J. 福克斯（Michael J. Fox）、桑德拉·布洛克（Sandra Bullock）、贝蒂·怀特（Betty White）和汤姆·汉克斯（Tom Hanks）。娱乐节目制作人暨脱口秀主持人奥普拉·温弗瑞（Oprah Winfrey）多年来一直是非常值得信赖的信源，而她"最喜欢的物品"列表成为许多消费者可信产品的推荐源。虽然许多顶级名人都可以通过代言和宣传获得丰厚报酬，但他们之中却很少有人这么做，因为他们常常担心自己的形象是否会受到影响。环球观察6-1中讨论了一些美国名人保护个人形象的办法，他们在日本或其他国家而不是在美国代言产品。

环球观察 6-1

名人外销——仅在国外

尽管许多名人都通过代言产品并成为广告代言人赚取了高额收益，但是一些名人却不愿在美国的本土广告里露面，因为他们不希望粉丝们认为他们出卖了自己。长期以来，演员们都有这样一种认识，在商业广告中频频露面会降低他们在好莱坞知名制作人和导演心目中的形象。然而，近年来这一现象有所转变，甚至娱乐界一些顶级大腕也开始利用名人效应从商业广告中谋利。例如，好莱坞重量级人物斯嘉丽·约翰逊（Scarlett Johansson）和马修·麦康纳（Matthew McConaughey）是杜嘉班纳（Dolce & Gabanna）"唯一"（The One）系列香水的长期代言人。麦康纳还与福特林肯汽车旗下分公司（Lincoln Motor Company）签署了一份利润丰厚的代言协议，以帮助这家奢侈品牌吸引更年轻、更有文化追求的消费者。妮可·基德曼（Nicole Kidman）以800万美元代言费出现在香奈儿5号（Chanel No. 5）香水系列广告中。2012年，香奈儿聘请布拉德·皮特（Brad Pitt）作为其招牌香水的第一位男性代言人。聘用皮特代言对于香奈儿来说可能不是一个明智的决定，因为在YouTube上和《周六夜现场》等节目中，皮特漫谈旅行和命运的这则电视广告遭到了广泛的批评和嘲讽。

一些一线明星仍然在抵制着美国本土的金钱诱惑，但是他们很乐意出现在其他国家的广告中。没有哪个国家能比日本更流行由美国名人主演的广告。即使是美国富人和名人也很难对日本广告主说“不”，他们只需为10秒广告工作数小时，便可收入100万～300万美元，更何况太平洋彼岸的粉丝们永远都不会看到这些广告。在日本，美国名人工作时间少且收入丰厚，并且这些商业广告永远不会在美国播出。因此他们既可以赚钱，又不用担心出卖自己的艺术灵魂。

奥斯卡奖得主莱昂纳多·迪卡普里奥（Leonardo DiCaprio）是世界上最著名的演员之一，他出现在占边波本（Jim Beam bourbon）威士忌的15秒广告中，说了一句“酷炫的波本，占边威士忌”（cool bourbon, Jim Beam）。该公司表示，这则广告只会在日本播放，但一经播出就通过YouTube传到了美国和其他国家。

诸如查理兹·塞隆（Charlize Theron）、布拉德·皮特、肖恩·康纳利（Sean Connery）、基弗·萨瑟兰（Kiefer Sutherland）、凯文·科斯特纳（Kevin Costner）以及哈里森·福特（Harrison Ford）这样的名人都出现在了日本广告中，且收入颇丰。塞隆为本田汽车和力士洗浴产品代言；哈里森·福特代言麒麟（Kirin）啤酒的电视广告和平面广告，收入达数百万美元；皮特出现在罐装咖啡和牛仔裤广告中。有些时候，名人也需要为日本广告公司的广告类型和日本受众的品位改变形象或个性。日本的商业广告同欧美商业广告有着截然不同的感觉。按照西方的标准，日本的广告通常被视为“俗气的”或“廉价的”。例如，在日本玩具制造商Takara的广告中，麦当娜身着和服，挥着一把剑说“我很纯洁”，另一名演员肖恩·康纳利则拿着火腿摆出詹姆斯·邦德的造型。

有几个原因可以解释为何日本公司愿意向名人们支付巨额代言酬劳。许多日本人都痴迷于美国文化，崇拜美国名人。同时，由美国明星代言的品牌被赋予了一定的国际知名度。而且，日本广告重视风格和情调而不是内容，形式大过本质。消费者希望获得娱乐讯息而不是乏味的产品信息和产品证明书。超过80%的日本商业广告长度为10秒或15秒，大约85%的广告使用名人来吸引观众的注意力。

日本并不是唯一一个聘用好莱坞明星代言产品的国家。演员乌玛·瑟曼（Uma Thurman）和杰夫·布里奇斯（Jeff Bridges）出现在德国时尚连锁品牌马可波罗（Marc O'Polo）在欧洲和亚洲的广告中。

一些名人在国外签下代言协议时依旧努力维持自己在国内的形象，避免被认为出卖自己来谋取利益。许多明星在合同中都签有保密条款，规定广告不得在日本之外的地方播出，有时甚至不能被讨论。他们仍认为在电视广告中抛头露面可能会损害自己在国内的声誉。但是，随着互联网的飞速发展，很难将广告观看限制在一个国家。许多商业广告都可以在YouTube等热门网站上找到。卡普兰泰勒集团（Kaplan Thaler Group）首席执行官琳达·泰勒（Linda Thaler）认为：“早些年，布拉德·皮特认为美国人不会看到他代言的日本商业广告。但现在，那样的日子一去不复返了。”但是她也指出，随着好莱坞在商业广告中出现的势利感逐渐下降，那种将名人拍商业广告视为耻辱的偏见也渐渐淡化。

尽管许多名人仍不愿出现在国内广告中，但有些人在这个问题上的立场有所弱化。例如，演员乔治·克鲁尼（George Clooney）在美国本土外的雀巢奈斯派索（Nestlé Nespresso）咖啡系列的广告中出现多年。然而，2015年他同意利用自己的明星影响力帮助奈斯派索竞争美国市场。事实证明，美国市场排斥小分量咖啡，因为消费者更喜欢在星巴克（Starbucks）、唐恩都乐（Dunkin Donuts）等地方购买咖啡。在克鲁尼和演员丹尼·德维托（Danny DeVito）共同主演的幽默商业广告中，克鲁尼不断训练德维托的高品位艺术鉴赏力。克鲁尼的代言工作还包括一个在线电影，在影片中他探讨了雀巢公司是如何帮助饱受战争摧残的南苏丹农民的。

雪城大学（Syracuse）教授、电视和流行文化领域专家罗伯特·汤普森（Robert Thompson）认为，在商业广告中亮相不再是好莱坞明星的耻辱。汤普森说："电视广告比十年前更吸引人，也更为酷炫。我不认为人们感到有责任去隐藏它。"然而，名人已经习惯了自己的方式，并且大多数名人并不愿意改变他们对于海外代言的固有看法。这真让人感到遗憾。

资料来源：Corine Gretler, "Nespresso to Bring George Clooney Coffee Ads to U. S. Market," *Bloomberg News*, October 20, 2015, www. bloomberg. com/news/articles/2015 - 10 - 29/nespresso-to-bring-george-clooney-coffee-ads-tous-market; Bradford Wernie, "Lincoln Signs Matthew McConaughey to Help Win Younger Car Buyers," *Advertising Age*, August 21, 2014, http://adage. com/article/news/matthew-mcconaughey-signs-lincoln-boost-mkc/294661/; Jeff Labrecque, "Leonardo DiCaprio and the Easy Money of Foreign Commercials," *EW. com*, February 19, 2013, http://popwatch. ew. com/2013/02/19/leonardo-dicaprio-celebrity-foreign-commercials/; Rupal Parekh, "Brad Pitt Endorsing Chanel No. 5? Just Another Pretty Face," *Advertising Age*, May 9, 2012, http://adage. com/article/adages/brad-pitt-endorsing-chanel-5-prettyface/234653/; James Parsons, "Japan's Ads Are Far from Being Lost in Translation," *Campaign*, September 14, 2007, p. 21; Louise Story, "Seeing Stars," *The New York Times*, October 12, 2006, p. C1.

广告主采用各种办法来增加信源的可信度。它们用偷拍手法来说明广告中出现的消费者是对其产品做出客观评价的人，而不是拿了钱的托儿。又或者故意将品牌名称遮起来让消费者进行比较。（当然，赞助商的品牌往往都会比消费者知道的常规品牌效果要好，镜头中的消费者通常也会表现出惊讶。）广告主也会使用无意中听到产品评论这种方式来提高可信度。例如，广告主经常在广告中制造这样一个场景：无意中听到消费者赞扬某种产品或服务。其实，大部分消费者对这种伎俩持怀疑态度，因此，这些方法对提高产品可信度的效果有限。

营销商也会使用如公关等其他整合营销手段来增加信源可信度。来自新闻播音员的信息往往更容易被接受，因为这些人被认为是公正可信的，即使他们呈现的故事往往出自新闻稿件。有时，名人出现在新闻或脱口秀节目中，他们会宣传一些即将上市的新电影或发行的新唱片等。随着隐匿营销技术的广泛使用，许多消费者对于脱口秀和新闻节目中的名人代言产品变得更加谨慎。例如《纽约时报》（*New York Times*）的一篇文章曾经爆料，制药企业向名人或他们中意的慈善机构付费，来换取这些名人在脱口秀和新闻节目上兜售本公司的药品。由于这篇文章所引起的争议，美国有线电视新闻网（CNN）以及其他主要广播电视网络宣称，将在访谈节目中披露所有有关这些金融交易的细节。[9]

在兜售产品或服务的过程中，潜在不公正的担忧不仅仅局限于名人。一些所谓的消费者维权人士或产品专家也会受到谴责。这些人在地方及全国性电视新闻和其他综艺节目中给予产品有利的评论和（或）促销特定产品，却隐瞒了他们有偿推荐那些企业品牌的事实。公众对于大多数电视节目中所呈现的由潮流时尚大师，或诸如电子消费产品等领域的专家提出的信息十分关注，因为这些信息被认为是公正无偏的，并且完全基于其专业知识。但是，如果专家也是有偿宣传，那么这些信息同样也会误导消费者。[10]

随着社交媒体的发展，另一个被关注的领域也随之出现，即关于信源的可信度。这些信源支持企业和品牌，在脸书和推特等网站上通过在线评论或博客提出推荐性建议。2009年，美国联邦贸易委员会（Federal Trade Commission）通过了一套指导方针，要求在线代言人和博主披露他们可能会与某些公司产生的任何实质性联系。美国联邦贸易委员会之所以制定这套方针，是因为研究显示多达30%的在线评论是捏造的，都来自拿了钱的炒作者，或者隐瞒了自己与某家公司或品牌有联系的人。[11]

利用公司领导者做代言人

另一个提高信源可信性的方法就是让公司的总裁或CEO来做广告代言人。许多公司认为，总裁或CEO的作用在于向消费者做出质量和服务的最终承诺。对于一些公司而言，广告中使用总裁或CEO的形象能够为公司和（或）品牌带来身份和个性化特征。比如，理查德·布兰森（Richard Branson）的特立独行及其对待生活的热忱，帮助维珍公司（Virgin）旗下的商业帝国、航空公司、手机和软饮料营造了极具个性化的产品形象。他不时出现在维珍品牌的不同广告中。电视广告调研公司Ace Metrix的一项研究发现，目前最有效的CEO代言人是棒约翰（Papa Johns）比萨连锁店CEO约翰·施奈特（John Schnatter）和波士顿啤酒公司老板吉姆·科赫（Jim Koch），后者推销了广受欢迎的塞缪尔·亚当斯（Samuel Adams）品牌。[12]施奈特出现在棒约翰的50多个广告中，并被认为是真实、可信的，这是能够在广告中有效利用CEO形象的两个重要特征。使用公司创始人、所有者和总裁作为企业形象代言人的做法十分流行，尤其在中小企业中，例如那些为本地市场服务的零售商和汽车经销商。

许多营销专家和广告专家质疑这种使用公司CEO或所有者拍摄广告的策略，他们认为，企业这么做通常是出于自负而非逻辑性。[13]专家指出，这些商人只有展现出信服度，并让观众感受到温暖舒适的无形特质，他们才适合在镜头前亮相。例如，微软公司总裁比尔·盖茨为本公司拍摄过多则电视广告，来帮助公司树立更加强大的品牌形象。广告中，盖茨与喜剧演员杰瑞·宋飞（Jerry Seinfeld）搭档，试图通过古怪的幽默让消费者从全新的角度看待微软。然而，广告只播放了很短一段时间。许多广告评论家指出，盖茨在广告中的表现不尽如人意。[14]

另一个需要关注的点是，如果这些CEO不慎卷入任何形式的争议，诸如劳资纠纷、政治问题或其他个人麻烦，围绕CEO所创建的形象或文化环境就会使公司品牌脆弱许多。评论家还指出，如果作为代言人的CEO过于受欢迎，人们就会更关注他本人，而不是其所宣传的产品、服务或广告信息。此外，如果一家公司的形象过于依赖某个受欢迎的领导者，一旦此人离开公司就会遇到大麻烦。例如，温蒂（Wendy）快餐店的创始人戴夫·托马斯（Dave Thomas）曾经是最受欢迎的公司代言人之一。托马斯去世前，于1989年至2002年初期间出现在超过800个广告中。[15]托马斯已经成为温蒂公司的广告招牌，被视为公司的代表。在他离世后，温蒂公司曾经历过一段相当困难的时期来弥补失去的托马斯的影响力。[16]还有人认为，近来的金融危机以及一些涉及公司高管的丑闻侵蚀了人们对企业高管的信任，他们无法再像几年前那样展现出值得信赖的形象。此外，在社交媒体的新纪元，批判那些不被视为可信可靠的公司领导者易如反掌。[17]

大公司可能会继续使用高管来做广告，特别是当这些人具有帮助公司深化形象的名人效应时。一些研究表明，用公司CEO或总裁作为代言人不仅可以改善公众态度，还能提高消费者咨询其产品或服务的可能性。[18]一些支持这一观点的人认为，广告中使用CEO或总裁是突出企业信任及诚信形象的有效方式。更重要的一点在于，你可以从中知道这家公司是由什么样的人在经营管理。正如一位专家所言："这些人每晚都进入人们的起居室，在数周或数年的历程里，他似乎成了家庭的一员。当你要买某类产品时，你总会想起在电视中一直出现的那个人，然后想起那个品牌。"[19]

可信信源的局限性

一些研究表明，高可信度的信源并不是一直能带来收益，而低可信度的信源也不是总带来负担。当信源所持有的观点与其自身最高利益相冲突时，无论信源可信度高低，效果都相差无几。[20]当信息接收者不赞成广告信息中的观点时，可信度高的信源效果更好。[21]但是，当接收者对信息持中立态度时，信源的可信性就没那么重要了。此外，在接收者对信息的初始态度是赞同的情况下，高可信度信源的效果甚至有可能还不如一般可信度信源。[22]

还有一个原因也可用于解释为何低可信度信源可以与高可信度信源具备类似效果：**睡眠效应**（sleeper effect），即信息的说服力会随着时间推移而增强。说服性信息的即时影响可能会由于其与低可信度信源的关联而受到抑制。但是随着时间的推移，信息与信源的关联度逐渐降低，接收者的注意力更多地集中在信源所提供的有利信息上，从而产生更多的认同。但是，许多研究都未能证明睡眠效应的存在。[23]许多广告主也对睡眠效应持怀疑态度，因为它们认为可信信源还是更为保险的策略。[24]

信源的吸引力

吸引力（attractiveness）是指广告主通常采用的信源特征，包括相似性、熟悉度和喜爱度。[25]相似性是指信源与信息接收者之间一种假定的相似点；熟悉度则是接收者通过曝光对信源的了解；喜爱度是指信源通过外表、行为或其他个人品质所引发的一种被喜爱的情感。即使这些信源不是体育明星或电影明星，消费者也常常会认可他们的外部特征、才干和（或）品格。

通过**认同**（identification）过程，信源吸引力转化为说服力，即为了激励接收者去寻求与信源建立的某种联系，从而采取与信源相似的信念、态度、偏好或行为。这种状况的维持取决于信源对该状况的持续支持以及接收者对信源的持续认同。如果信源发生变化，接收者也会产生变化。与内化不同，认同过程通常不会将有吸引力的信源信息纳入接收者信任体系之中。因此，只有在由信源支持这一观点或行为，或者信源吸引力能够持久的情况下，接收者才会持续地支持这种观点或行为。

营销商认识到，说服性传播的接收者更喜欢关注和认同他们喜欢的或认为与自己相似的人。当营销商选择传播者的时候，它们往往会搜寻相似性和喜好度这两大信源特征。

利用相似性

营销商认为，当人们察觉到自己与某人有相似之处时，就更容易受到其所传播信息的影响。[26]如果说接收者与传播者有相同的需求、目标、兴趣以及生活方式，那么信源所持的观点就更容易得到理解和接受。在营销传播中，相似性有多种应用方式。公司会选择那些同消费者性格相似的销售人员，把特定地区的销售职位留给那些与消费者背景相似、情趣相投的当地人。国际营销商往往会雇佣外国当地人做销售代理，以与消费者更好地沟通。公司也可能试图雇佣退役运动员代言体育用品或啤酒，因为它们的顾客往往对体育运动有着浓厚的兴趣。多项研究表明，当消费者发现销售人员同自身有相似之处时，他们往往更容易被销售人员所传递的信息影响。[27]

通过制造相似情境，可以使消费者对广告中出现的人物产生共鸣。在生活片类型的广告中，广告商通常先展现出一个事件或一种困境，希望消费者联想到“我也曾处于这种情境之下”。这有助于在传播者和接收者之间建立相似性的联系，增强信源的说服力。营销商热衷于在它们的商业广告中使用演员来扮演角色，以帮助消费者注意、识别、认同和记住广告，以区别于其他的产品和服务。在某些情况下，这些角色尝试为公司或品牌创造出一个令消费者喜爱的个性形象。例如，近年来最受欢迎的广告人物之一莉莉（Lily）。她是美国电话电报公司移动服务广告中的零售店雇员。她的活泼热情、机灵古怪、个人魅力以及她向顾客展示移动方案的方式，都使广告深受消费者欢迎。[28]选角导演在为商业广告选演员时，会考虑相似性，以及观众将如何产生共鸣等因素。

许多公司发现，与消费者建立联系的最佳方法就是使用那些相貌普通的人，因为这类人较容易为大众所认同。比如，多年来最受欢迎的商业广告之一，百威啤酒的《怎么样?》（Whassup?）广告中就有这么一群人。恒美广告公司在广告中使用了一群来自费城的现实生活中的朋友，而非专业演员。当他们在电话里交谈，或聚在一起观看比赛并享用百威淡啤时，互相用俚语“Whassup?”来问候。《广告时代》提名该广告为21世纪最佳广告片之一，并分析广告是如何高效地利用流行文化、年轻人实际喜好以及他们之间的交谈方式的。[29]

利用喜爱度：使用名人

广告主已经意识到使用那些备受崇拜的代言人的价值，这些代言人包括电视和电影明星、运动员、音乐家以及其他公众人物。据估计，在美国所有的电视广告中，名人的比例占14%～20%，但在黄金时段这一比例仅为9%。[30]杂志广告中名人的流行度与电视相似；一项针对38种不同杂志中广告内容的分析研究发现，有10%的广告使用名人。名人在时尚类、运动类和青少年类杂志广告中使用率最高，而新闻和商业类杂志的广告中则使用率最低。至于产品类别，使用名人最多的是体育用品、时装（服饰）和化妆品。[31]据市场研究公司华通明略（Millward Brown）估计，在全球有18%的广告使用名人代言。[32]在韩国、日本等国家，电视广告中名人的使用率更高。[33]

2015年，美国顶级明星代言人瑞士网球明星罗杰·费德勒（Roger Federer）获得了5 800万美元代言费；紧随其后的是职业高尔夫球手泰格·伍兹和菲尔·迈克尔森（Phil Michelson），代言费分别为5 000万美元和4 400万美元。其他顶级体育代言人还包括NBA球星勒布朗·詹姆斯、凯文·杜兰特和科比·布莱恩特（Kobe Bryant）。顶级的国际代言人则包括足球明星克里斯蒂亚诺·罗纳尔多（Cristiano Ronaldo）、莱昂内尔·梅西，以及网球明星诺瓦克·德约科维奇（Novak Djekovic）和拉斐尔·纳达尔（Rafael Nadal）。[34]

在女性方面，2015年顶级运动代言人是网球明星玛利亚·莎拉波娃（Maria Sharapova），她每年为耐克、蒂芙尼（Tiffany）、依云、三星、海德（Head）、泰格豪雅（Tag Heuer）和可汗（Cole Haan）代言的代言费近3 000万美元。其他顶级女性代言人包括网球明星塞雷娜·威廉姆斯（Serena Williams）和卡洛琳·沃兹尼亚奇（Caroline Wozniack），演员兼歌手詹妮弗·洛佩兹（Jennifer Lopez），歌手碧昂斯（Beyoncé）、泰勒·斯威夫特（Taylor Swift）和凯蒂·佩里（Katy Perry）。在本章后面，我们将讨论莎拉波娃在2016年澳大利亚网球公开赛上未能通过药检，并损失数百万美元代言合同的案例。

为什么这些公司愿意斥巨资请名人在广告中露面并代言它们的产品？许多营销商认为，名人有"驻停力"。也就是说，名人可以在非常混乱的媒体环境中把公众的注意力吸引到广告信息中来。此外，深受欢迎的名人能够对消费者的情感、态度以及购买行为产生积极影响。他们相信，名人能够提高目标消费者对产品形象和（或）性能方面的认识。例如，一位著名运动员能够让潜在消费者相信产品能够提高自己的运动表现。

当一个公司决定用名人做代言人时，必须考虑许多因素。其中包括喧宾夺主和产品过度曝光的隐患，目标受众的接受程度，以及广告主的风险。

喧宾夺主 名人如何影响目标受众对广告信息的处理过程？消费者或许会更关注名人，而没有注意或回想起品牌本身或者广告信息。卡斯滕·厄夫根（Carsten Erfgen）和他的同事将其称为"吸血鬼效应"。他们还指出，当名人代言人的个性品格掩盖了他所做广告的品牌时，就会产生负面效果而无助于产品的销售。[35]广告主应该选择一位名人代言人来吸引人们的注意力并提高销售信息，但不能掩盖品牌的光芒。例如，高端服装品牌圣·约翰（St. John）在几年后决定，最好将演员安吉丽娜·朱莉（Angelina Jolie）从广告中撤下来。公司认为她的光芒盖过了这个品牌。朱莉曾被认为是非常适合圣·约翰的代言人，其中的一个原因是她是儿童慈善组织的代言人——她因慈善而闻名。然而，该公司认为她名气太大，决定在其广告中换用英国顶级时装模特。[36]最近的一项研究发现，当消费者对名人好感度低或不感兴趣时，名人的喧宾夺主问题显得尤为突出。[37]

过度曝光 消费者经常会对代言持怀疑态度，这是因为他们知道名人都是有偿代言。[38]当一个名人代言过多产品或公司时，就会过度曝光。举例来讲，自行车手兰斯·阿姆斯特朗（Lance Armstrong）曾同时与近20家公司签订代言合同，包括耐克、PowerBar、通用磨坊、欧克利（Oakley）等。他不得不限制自己的代言，使自己不被过度曝光。[39] 足球明星大卫·贝克汉姆也与许多公司（品牌），包括吉列、百事、三星、阿迪达斯、阿玛尼、H&M和百年灵（Breitling）等签订了代言合同。广告主往往会在双方合同中添加限制条款，限制名人代言数量，避免过度曝光。然而，这些条款的代价通常是高昂的，而且多数名人也都同意不代言同类产品。许多名人深知自己的名气转瞬即逝，因此他们尽可能多地赚取代言费。但他们也必须十分谨慎，以防代言过多产品而损害自己的信誉。例如，歌影双栖的雪儿（Cher）就曾因为代言过多产品而使自己信誉受损。当她意识到自己在商业广告片里出现过多并影响到她的演艺事业时，终止了所有广告合约。[40]

目标受众的接受程度 选择名人代言人的过程中最重要的因素就是代言人与目标受众的匹配程度以及目标受众对其接受程度。许多退役运动员，例如佩顿·曼宁（Peyton Manning）、布雷特·法弗尔（Brett Favre）和迈克尔·乔丹仍然是有影响力的代言人，因为他们在“婴儿潮”一代和X世代（指20世纪60—70年代初出生的美国人）消费者中都有良好的形象。NBA篮球明星勒布朗·詹姆斯是耐克、三星和可口可乐等多家公司的代言人。因为他知名度极高，并且在以运动鞋和软饮料为主要目标市场的年轻消费者中非常受欢迎。麦当劳与詹姆斯签下一份长期代言合同，公司认为其个人特质非常适合麦当劳。同时詹姆斯深受年轻男性喜爱，而这一群体正是快餐的忠实用户。然而，在2015年，随着詹姆斯开始将精力更多地投入自己投资的业务上，这一代言协议宣告结束。[41]

与持中立态度或者对产品知之甚少的消费者相比，那些非常了解某一产品或服务，抑或对品牌态度已经根深蒂固的消费者受名人的影响较小。一项研究表明，与年长的消费者相比，大学生更倾向于对名人代言的产品持积极态度。[42] 青少年市场通常很容易接受名人代言，这可以从那些针对这一消费群体的产品，如服装、化妆品以及饮料广告中频繁使用体育明星或娱乐明星作为代言人的现象中得到证明。但是，许多营销商发现，青少年消费者对名人代言人更具怀疑与批判态度。他们更倾向于接受幽默、嘲讽与质朴的广告。一些针对年轻消费者的营销商已经意识到了这一点，它们开始避免在广告中使用名人，甚至对名人代言进行嘲讽。

有些公司从不使用名人代言，因为它们发现目标市场实际上不受名人代言的影响。例如，新百伦（New Balance）就是在没有任何名人代言的情况下成为运动鞋主要品牌之一的。新百伦公司多年来的一项政策就是，禁止雇佣运动员为自己的产品代言。公司甚至还推出多项广告运动，略带嘲讽地挖苦其竞争对手花费巨资只为让运动员穿上自己的产品。然而，2013年新百伦也开始使用运动员代言人，因为它已经将业务范围扩展到如棒球和足球等其他市场领域。该公司目前已与300多名美国职业棒球大联盟（Major League Baseball）球员签约，并在2015年进军足球市场时签下了多位国际球星。[43]

广告主的风险 名人的一举一动都可能为公司带来风险。[44] 许多明星和运动员卷入丑闻的同时，也会让他们的赞助商跟着陷入困境。2003年，篮球明星科比·布莱恩特（Kobe Bryant）被指控性骚扰，麦当劳、可口可乐、斯伯丁（Spalding）和能多益（Nutella）等几家公司纷纷中止了与他的广告代言合约。其他与科比有着长期合约的公司，如耐克、美国著名球星卡制作公司Upper Deck在很多年里也都限制了科比的广告代言。尽管对科比的指控最终被撤销，科比还是在花费数年时间来修复自己的形象后才再次成为有市场的代言人。[45] 泰格·伍兹一度从各种代言合同中赚取超过1亿美元。然而，在2009年年底，一些公司在他的丑闻被公开后终止了与他的合作。整合营销传播视点6-1讨论了营销商在使用知名运动员作代言人时所面临的风险，以及耐克等公司与它们的代言人发生争端时会做出怎样的回应。

关于代言人的危机情况并不仅仅局限于运动员，其他类型的名人也会出现问题。例如，在食物网络（Food Network）上主持流行烹饪节目的名厨宝拉·迪恩（Paula Deen）卷入了一场关于种族与性别歧视的诉讼，法庭文件显示，她承认使用了种族歧视的字眼。文件一经公布立即引发争议。随着彭尼、西尔斯（Sears）、塔吉特和沃尔玛（Walmart）等公司相继将她代言的厨房和炊具产品从门店撤走，迪恩在代言、商品销售和许可协议方面损失了超过 1 200 万美元。食物网络也终止了她的工作。[46]那些以广告代言人的身份而出名的人也会面临这些问题。2015 年，赛百味终止了与贾里德·福格尔（Jared Fogle）的合作。福格尔在过去超过 15 年的时间里一直是该公司广受欢迎的代言人，直至他被逮捕，并对儿童色情和性行为的指控供认不讳。[47]

营销商意识到，名人代言是一项价格昂贵且风险很高的策略，因为名人在个人生活中的所作所为会影响公司的形象以及公众看待他们的方式。一些公司在选择代言人时可能会陷入两难境地：既希望名人是正直诚实的，也希望他们能有一些锐气甚至稍有叛逆，以更好地与消费者相联系。对于那些面向青少年和年轻消费者市场的公司来说，这一点尤为适用。为了避免麻烦，公司常常对名人的个人生活和背景进行调查。此外，许多代言合同都包含了一个道德条款，允许公司在代言人陷入争议时终止合约。超级名模凯特·莫斯（Kate Moss）吸食可卡因的照片被英国小报曝光之后，奢侈品牌博柏利（Burberry）、香奈儿（Chanel）以及时尚零售商 H&M 等几家公司终止了与这位超模的代言合约。[48]但营销商应该知道，这种附加道德条款的方式只是可以帮助企业脱离麻烦，并不能阻止问题的发生。因此，广告主应当审慎考察名人代言人的品质，清楚认识到代言人可能给品牌或公司带来的潜在风险。[49]

整合营销传播视点 6-1

营销商遇到的运动员代言人问题

多年来，企业一直聘请受欢迎的运动员来代言和推销它们的产品和服务。营销商认识到了被目标受众认可并推崇的运动员的价值，请运动员代言可以作为一种吸引人们关注广告信息的方式。当体育明星常常被用来提高体育用品（如鞋子、服饰和体育器材）的销量时，高知名度运动员的受欢迎程度则往往超越了体育运动，他们被请来代言各种各样的产品和服务，包括汽车、快餐、软饮料、服装、航空公司、手表和消费类电子产品。举例来说，像劳力士（Rolex）、欧米茄（Omega）和泰格豪雅等公司都曾聘请泰格·伍兹、玛利亚·莎拉波娃、林赛·沃恩（Lindsey Vonn）、罗杰·费德勒等知名体育明星担任品牌大使，而三星公司则在其 Galaxy 智能手机广告中使用了 NBA 球员勒布朗·詹姆斯。

营销商利用运动员推销产品的原因众多。消费者倾向于将运动员视为专家，他们能向自己保证运动用品或品牌的质量，尤其是当产品被认为与运动员发挥水平相关时。另一个原因是，许多运动员因为自己的知名度以及体育迷的喜爱而获得了名人的地位。他们被偶像化，粉丝把他们代言的品牌作为一种偶像识别的方式。狂热的体育爱好者通常会经历一种心理过程，即大众熟知的“狐假虎威”（BIRGing）。他们将自己与成功人士联系在一起，这样他人的成功就成为他们自身的成功。

但是，当一名运动员出现争议时，对他正在代言并与之密切相关的公司或品牌会产生怎样的影响？最近，几位知名运动员由于其个人行为损失了高额的代言费。其中涉及费用最高，也最令人惊讶的是网球明星玛利亚·莎拉波娃。在过去几年中，她一直是世界上收入最高的女运动员，并在 2014 年和 2015 年获得了近 3 000 万美元的奖金和代言收入。这位魅力四射、人气颇高的网球明星赢得了五次大满贯赛冠军，她也是仅有的 10 位获得大满贯赛事冠军的女性之一。然而，莎拉波娃在 2016 年 1 月的澳大利亚网球公开赛上未能通过药检，当时她被检测出兴奋剂米屈肼（Meldonium，一种用于治疗心脏并可以提高耐力的药物）。世界反兴奋剂机构于 2016 年初将该药物列入违禁药物名单，但是莎拉波娃声称她未能及时了解新规。国际网球联合会（ITF）花费数月调查此案，她最终还是在 2016 年 6 月被禁赛两年。

虽然国际网球联合会花了一段时间调查情况才最终做出决定，但是莎拉波娃的赞助商们很快就离她而去。德国汽车公司保时捷宣布暂停与莎拉波娃的合作，而瑞士手表制造商泰格豪雅也宣布将不再与这位28岁的明星续约。莎拉波娃与其他许多营销商也签订了代言合约，包括雅芳和依云，它们都在重新审视与她的关系。然而，她的球拍赞助商海德公司宣布将与其续约。莎拉波娃签下的最大的代言合同之一是为耐克公司代言。该公司最初宣布将暂停与她签订的价值1 250万美元的年度代言合同。该合同预计8年价值1亿美元，是该公司与女性运动员签订的金额最大的合约。但是，几个月后，这家运动服装巨头宣布支持莎拉波娃。耐克指出，国际网球联合会调查发现，她“并没有故意违反规定”，并已经为自己的错误道歉。

从泰格豪雅和保时捷迅速采取行动暂停与莎拉波娃的代言协议这一案例来看，营销商可以更快地应对涉及合约运动员的丑闻事件。在过去，企业会数月甚至数年不表态、不行动，直到丑闻尘埃落定、事情结束也不会做出任何决策。如果运动员后续表现良好并且仍然受到体育迷的欢迎，那么营销商就会保留一扇大门，通过暂停与运动员的代言合同但并没有终止的做法来恢复彼此的合作关系。例如，2009年年底，耐克不得不就其与职业高尔夫球手泰格·伍兹的代言协议做出决定。当时，伍兹与妻子发生争执后在自家门外遭遇车祸。媒体对他的私生活密切关注，随后爆料称这位已婚并育有两个幼子的超级名人卷入了多起婚外情。耐克曾围绕伍兹建立了公司的高尔夫球部门，他凭一己之力帮助耐克成为该行业发展最快的品牌之一。耐克力挺伍兹，因为调查显示，市场目标人群——男性高尔夫球手对其仍持有利态度。但是，由于许多公司终止了与他的合约，包括埃森哲（Accenture）、美国电话电报公司、佳得乐（Gatorade）和吉列（Gillette），伍兹在代言合同中损失了近5 000万美元。

三年后，当七届环法自行车赛冠军兰斯·阿姆斯特朗最终承认使用了提高成绩的药物时，耐克公司又面临另一个棘手问题。针对阿姆斯特朗的指控长达10年，指控称其在整个职业生涯中都使用了一种体能增强药物，而耐克公司支持他，直至最后铁证如山，耐克最终意识到需要与他撇清关系。阿姆斯特朗同时损失了与其他公司的预计7 000万美元的代言合同，包括欧克利、联合包裹速递服务公司（UPS）、安海斯-布希、Trek、24 Hour Fitness、RadioShack和Giro。

一些市场营销专家指出，耐克在代言人方面遇到的问题并不令人感到意外，因为该公司在全球范围内拥有众多的运动员代言人，包括大多数体育项目的超级名人。他们还指出，耐克的政策是站在运动员的立场上——除了在最极端的情况下。此外，这个品牌足够强大，可以抵御这些挫折。有这样一个极端的案例：2016年年初，菲律宾拳击冠军曼尼·帕奎奥（Manny Pacquiao）在菲律宾竞选政治职位期间接受媒体采访，对同性恋发表了极具侮蔑性的言论。一天后，耐克终止了与他的合作关系。帕奎奥八次在重量级比赛中赢得世界冠军，在菲律宾和许多其他国家都颇受尊崇，不仅因为他的体育成就，还因为他的个人经历，他出身贫寒，却成为一个国际名人和政治要员。耐克宣称，由于该公司反对任何形式的歧视，并且有着支持和维护LGBT（指同性恋、双性恋和变性人）群体权利的历史，因此他的评论令人发指。

代言人引发的问题可能不会对大公司造成太大的损害，因为那些公司拥有稳定的名人来代言他们的产品。然而，这可能会对小公司带来严重影响，它们的品牌与运动员代言人密切相关，品牌内涵也通常由其定义。在如今这个时代，运动员和其他名人有着无数发言平台（如脸书和推特），媒体也正投入比以往更多的资源来揭露他们的越轨行为。在这种情况下，企业如何才能保护自己？除了在合同中对这类言行加以禁止之外，其他简单有效的方案少之又少。无论企业向代言人支付多少费用，它都无法全天候监控他们。相反，企业必须非常有选择性地选择代言人以及决定代言费用的多少。或者，正如一位代理公司高管所建议的，营销商可以回归本源，聘用真正可靠的专家，让产品而非运动员成为明星。这是一个有趣的提议，但耐克或其他公司不太可能会付诸实施。

资料来源：Lara O'Reilly，"Maria Sharapova Is Losing Sponsorship Deal Worth Tens of Millions of Dollars after Her Failed Drug Test，" *Business Insider*，March 8，2016，www. businessinsider. com/nike-ends-100-million-mariasharapova-deal-over-failed-drug-test-2016-3；Liam Stack，"Manny Pacquiao Loses Nike Sponsorship over Anti-Gay Remarks，" *The New York Times*，February 18，2016，http：//nyti. ms/210P731；Gabriel Beltrone，"Nike's Scandal Woes Just a Numbers Game，" *Adweek*，February 17，2013，www. adweek. com/news/advertising-branding/nikes-scandal-woes-just-numbers-game-147359；Jeremy Mullman，"For Nike，the Tiger Woods Brand Was Too Big to Fail，" *Advertising Age*，April 12，2010，pp. 1，21.

投资回报率　企业在考虑使用名人代言人时的最重要因素或许就是投资回报率。营销商使用名人来增加公司和（或）品牌以及广告的知名度和关注率，建立名人与品牌间的强大联系，以产生更高的购买意向。许多公司并不会将销售额和（或）市场份额的增加归功于名人代言人。然而，安妮塔·埃尔伯斯（Anita Elberse）和耶伦·韦尔隆（Jeroen Verleun）进行了一项有趣的研究。他们对180位运动员在6种包装商品类别中的347份代言合同样本的经济影响进行了分析。研究结果显示，在运动员代言的头6个月中，销售额确实提高了约4个百分点。然而运动员随后取得的重大成就并没有提高品牌相对于其竞争对手的销量，这就导致了对代言协议长期价值的质疑。[50]

应该指出的是，确实存在许多公司销量增长的例子，营销商在考虑使用名人代言人的代价时也会同时考虑一些其他因素。因此，尽管我们也讨论过使用名人代言的坏处，许多营销商可能仍然会继续使用他们。一些公司正在改变与名人代言人的关系，让他们更多地参与到自己的公司与品牌运营中，而不仅仅是出现在广告里。许多备受瞩目的名人都参与了产品设计、产品开发以及广告创意等过程。例如，百威英博公司（Anheuser-Busch InBev）聘请贾斯汀·汀布莱克（Justin Timberlake）担任Bud LightPlatinum品牌的创意总监和音乐策展人。然而，这一合作仅仅持续了一年，因为这位流行歌手背弃了原公司，并与占边公司（BeamInc.）联手推出了一款名为Sauza 901的龙舌兰酒。这之前，占边的竞争对手帝亚吉欧（Diageo）宣布与"吹牛老爹"肖恩·科姆斯（Sean "Diddy" Combs）合作收购一个名为DeLeón的奢侈龙舌兰酒品牌。[51] 2013年，黑莓（BlackBerry）聘请歌手艾丽西亚·凯斯（Alicia Keys）担任其全球创意总监。但是这段关系并未维持多久，艾丽西亚用苹果手机发布了一条消息，让黑莓公司陷入了尴尬境地。[52]百事公司聘请碧昂斯为"品牌大使"，作为其5 000万美元长期代言协议的一部分。该协议包括让她帮助创作开发新的宣传方案及方式来吸引消费者和粉丝。[53]一些市场营销专家认为，这些名人代言只不过是装门面，而另一些人则认为这种代言是有价值的。

营销商支付名人费用的方式变得更有创意，甚至会给他们公司的股份。例如，饶舌歌手"50美分"柯蒂斯·杰克逊（Curtis Jackson）得到了酷乐仕维生素水（Glacéau Vitaminwater）的少数股份，这增进了他与该公司的关系。他为该款饮料开发了一种口味，拍摄广告，甚至在他的一些歌曲中提到了这个品牌。截至该公司被可口可乐公司收购时，杰克逊大约赚了4亿美元。[54] 2007年蕾哈娜（Rihanna）发布热门单曲《雨伞》（Umbrella），伞类制造品牌Totes Isotoner立即找到了这位流行歌手，该公司在过去的30多年里一直致力于制造雨伞，它将自己的雨伞品牌与蕾哈娜以及这首歌联系在一起。接着Totes Isotoner推出了一款新产品，让顾客可以自行设计自己的（亮晶晶的、闪闪发光的）雨伞，该伞与蕾哈娜形象一致。为了换取蕾哈娜对公司的承诺以及公司对其形象和歌曲的使用权，公司向她提供了一定比例的雨伞销售提成和其他津贴。[55]当安德玛公司与新英格兰爱国者队（New England Patriots）四分卫汤姆·布雷迪（Tom Brady）签署代言协议时，他获得了公司股份。根据安德玛首席执行官凯文·普兰克的说法，这对公司来说是一种理想的安排，因为它使布雷迪全身心致力于该公司的成功。[56]

理解名人代言的意义

广告主必须注意明星个人特质与产品、公司形象以及目标市场的特征是否匹配。[57]名人在消费者眼中展现的形象与其吸引注意力的能力同样重要。格兰特·迈克拉肯（Grant McCraken）提出了一个关于名人代言的有趣观点。[58]他认为，可信度和吸引力都不足以解释名人代言发挥作用的方式和原因，他在意义转移基础上提出了一个新模型（见图表 6-3）。

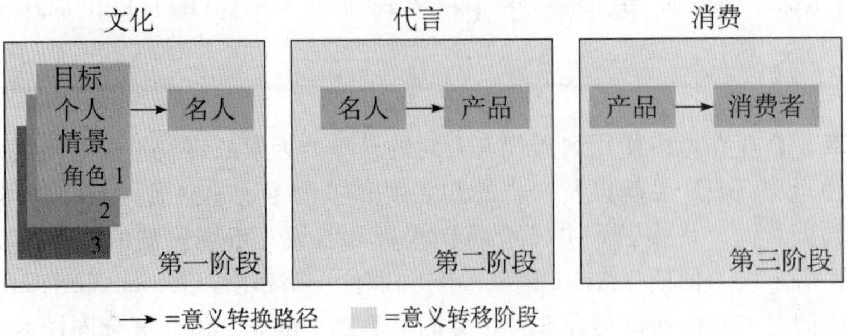

图表 6-3　意义转移与代言过程

根据这个模型，名人代言的有效性取决于他为代言过程注入的文化层次上的意义。每个名人都涵盖了许多意义，包括地位、阶层、性别、年龄、个性和生活方式。在解释意义转移过程的第一阶段时，迈克拉肯指出：

> 名人在他们所从事的电视、电影、军事、体育以及其他职业中扮演的角色意义颇深。每一个新的戏剧角色都会使名人接触到一系列的对象、人物和情景。这些对象、人物和情景中的意义随之会转移到名人身上。[59]

这类名人的例子众多，他们都给代言带去了文化内涵，包括演员佐伊·丹斯切尔（Zooey Deschanel）（她在情景喜剧《新女孩》（New Girl）中扮演可爱、古怪、另类但讨人喜欢的室友），以及查理·辛（Charlie Sheen）（在热播电视剧《好汉两个半》（Two and a Half men）中，他扮演了充满自由精神的单身汉（花花公子）角色，随后在电影《愤怒管理》（Anger Management）中扮演了一个愤怒管理治疗师）。丹斯切尔的角色形象已经被用于苹果 iPhone 的广告中，同时她也出现在了芮谜（Rimmel）化妆品和潘婷（Pantene）Prov-V 洗发水广告中，这些广告都充分利用了她的吸引力。辛扮演的坏男孩形象被用于菲亚特阿巴斯（Fiat Abarth）的商业广告中，他在豪华大厦内驾驶着这辆车，一群迷人的女性在为他助威。该广告还拿他的个人问题开起了玩笑，因为他从车里走出来时说道："我喜欢被软禁。"[60]女喜剧演员蒂娜·菲在《周六夜现场》、情景喜剧《我为喜剧狂》(30 Rock) 和电影《贱女孩》(Mean Girls)、《威士忌、探戈、狐步舞》(Whiskey Fox Trot) 中通过各种角色形象开发文化内涵。此外，在《约会之夜》(Date Night) 中她扮演了一位试图平衡自己作为妻子和母亲角色的、能够引起共鸣的女性角色。她也是一位广受赞誉的作家和制作人，这有助于在她的文化内涵中呈现出一个成功的、全能的女商人形象。

迈克拉肯建议把名人代言人呈现出的意义和形象运用到广告中并转移至他们代言的产品上（图表 6-3 中模型的第二阶段）。例如，美国运通在其运通每日信用卡（EveryDay Credit Card）的广告宣传活动中选用了蒂娜·菲，该信用卡允许用户赚取日常购物奖励。[61]该公司通过发行这张卡来吸引一批新的消费者，并使品牌的定位更具亲民性和包容性。美国运通也把目标锁定在那些生活忙碌和工作繁忙的职业母亲身上。为了此次活动而拍摄的电视广告中显示了菲作为一名忙碌的职业女性和母亲，以其标志性的风趣和时尚，在她的个人生活中兼顾工作和其他需求。她是这个品牌强有力的代言人，因为她代表了典型的包办一切的全能女性，有着做不完的任务清单，但是在美国运通每日信用卡的帮助下她完成了所有的事情。

迈克拉肯模型中的最后阶段，即名人附加于产品的意义被转移至消费者身上。通过蒂娜·菲在广告中的表演，美国运通公司展示了其每日信用卡如何与那些试图平衡苛刻的职业要求与个人生活的忙碌人群的生活方式完美匹配，这一展示通过公司的品牌平台和定位平台传递给受众。麦克拉肯指出，最后这一阶段是非常复杂、难以实现的。整个过程中最难理解的就是消费者对名人注入产品意义的领会。

意义转移模型为使用名人代言的公司带来许多重要思考。营销商必须首先确定自身特定的产品、服务或公司对目标受众而言重要的形象或象征意义，然后必须决定哪位名人最能代表这些意义和形象。广告设计也必须紧扣这些意义，并能将其传递给消费者。营销商和广告主往往依靠直觉选择名人代言它们的公司或产品，但也有一些公司采用调查方式来了解消费者对名人意义的看法。

营销商也可以对广告进行预先测试，以确定它们是否恰当地传递了产品的意义。当使用名人代言人时，营销商还应该跟踪广告的有效性。该名人是否持续有效地向目标市场传递恰当的意义？名人一旦风光不再，他们传递产品重要意义的能力可能会随之消失。

明星代言人的选择

正如我们所见，营销商在为企业或特定品牌选择名人做广告代言人时必须考虑多方因素。研究表明，广告与市场营销管理人员通过多个因素来衡量合适的代言人。[62] 在这些因素中，最重要的几项包括：名人与目标受众、产品、服务或品牌之间的契合度、名人的整体形象、所需费用、诚信度、产生纠纷的风险以及名人在目标受众中的熟悉度与喜爱度。数字与社交媒体视点6-1讨论了YouTube明星如何比主流名人更具影响力，更受年轻人欢迎。

当一些广告和市场营销主管还在凭借直觉和个人感受来挑选名人代言人时，越来越多的主管开始借助调查研究去衡量名人在目标受众中的熟悉度、吸引力以及其他因素。许多公司和它们的广告代理商经常求助于“Q分值”（Q-scores），这一分值是由总部位于纽约的营销评估公司（Marketing Evaluations）测量得出的。为了评估运动员、演员、娱乐明星的Q分值，公司每年都会对全美具有代表性的消费者群体进行数次调研。调研对象会被问及是否见过或听说过某位艺人或运动员，如果他们见过，就要按照“最喜欢”“很喜欢”“喜欢”“一般”“不喜欢”几个等级进行评分。“熟悉度”一栏的分值指听说过该名人的百分比，而“最喜欢”一栏则是衡量名人吸引力或受欢迎度的绝对标准。用调研对象认为该名人是“自己最喜欢的人物”的百分比数值除以调研对象者听说过该名人的百分比数值，这就是著名的Q分值计算方式。Q分值的重要性体现在其回答了这样一个问题：在那些认识这个名人的人群当中，这个名人的吸引力如何？一般来说，演员的平均Q分值为18分，而运动员的平均Q分值约为17分。营销评估公司的Q分值还会根据不同的人口统计标准进行细分，如受访者的年龄、收入、职业、教育程度和种族等，以便营销商了解名人在不同消费者群体中的受欢迎程度。这样一来，营销商就能够了解到名人在不同消费者群体中受欢迎的程度。营销评估公司现在也公布了一个负面的Q分值，这个分值是指仅在熟悉某位名人的调研对象中，将名人划分为“一般”或“不喜欢”的人所占的比例。除了Q分值外，营销商也会使用其他调查公司提供的信息，根据这些公司提供的各种名人受欢迎程度的数据，来深入了解他们的形象与公司或品牌的契合度。

数字与社交媒体视点 6-1

YouTube 明星是青少年的新宠

如果你对“婴儿潮”一代或“千禧一代”进行调查，让他们说出最有影响力的名人，他们列举出的很可能是影视明星、艺人、音乐家以及运动员等。根据受访者的年龄，他们可能会提到一些流行的名人，如詹妮弗·安妮斯顿（Jennifer Anniston）、桑德拉·布洛克（Sandra Bullock）、乔治·克鲁尼、吉米·坎摩尔（Jimmy Kimmel）、凯莉·安德伍德（Carrie Underwood）、艾伦·德詹尼斯（Ellen Degeneres）、勒布朗·詹姆斯，也许还有金·卡戴珊（Kim Kardashian）。然而，如果你问美国青少年同样的问题，这份名单会大相径庭，包括大部分人从未听说过的名字，如“屎摩西”（Smosh）、沙恩·道森（Shane Dawson）、珍娜·玛波（Jenna Marbles）和奥拉吉德（KSI）——除非他们花很多时间在 YouTube 和其他流行的社交媒体网站上。

一项委托《综艺》（*Variety*）杂志进行并由知名品牌策略师杰登德·塞德夫（Jeetendr Sehdev）执行的调查向1 500名受访者询问了一系列问题。这些问题评估了20位知名人士如何累积起综合影响力，尤其在平易近人度、真实性和其他标准方面的关键因素上。20位名人中，有半数在 YouTube 上拥有最多的订阅者和浏览量，而另一半是年龄在13～17岁间的美国青少年中Q分值最高的名人。这项调查结果显示，在13～17岁之间的美国青少年中最具影响力的五人均为 YouTube 的热门人物，主流名人相形见绌。

排名第一的是网络在线喜剧搭档“屎摩西”，由伊恩·安德鲁·席克斯（Ian Andrew Hecox）和安东尼·帕迪拉（Anthony Padilla）组成。排名第二的则是另一对喜剧搭档，“好兄弟”（Fine Brothers）（本尼（Benny）和拉菲（Rafi））。紧随其后的是瑞典视频游戏玩家，被称为“PewDiePie”的菲利克斯·乌尔夫·谢尔贝格（Felix Ulf Kjelberg），他在所有人中拥有最多的 YouTube 订阅量。排在前五的还有来自英国的视频游戏玩家奥拉吉德·奥拉腾济（Olajide Olatunji）——更为人所知的是他的别名 KSIOlajidebt 或简称 KSI，其后是以 YouTube 搞笑视频而出名的雷恩·比嘉（Ryan Higa）。比嘉的 YouTube 用户名为 Nigahiga，其 YouTube 频道订阅观众超过1 600万，搞笑视频浏览量已超过26亿次。跻身排行榜前十的主流名人中，只有排名第七的詹妮弗·劳伦斯（Jennifer Lawrence）和第九的凯蒂·佩里。

塞德夫对调查数据进行了更加深入的研究，以便更好地了解为什么 YouTube 明星对青少年的影响更大。他发现，在一系列影响青少年购买行为的特征中，他们的Q分值得分明显高于传统名人。与主流明星相比，YouTube 明星被认为更具魅力、更出色且更有亲和力，他们也被认为更聪明、可靠。这两种类型的名人在性别吸引力上是均势的。塞德夫还发现，青少年享受与 YouTube 明星亲密而真实的体验，因为他们不觉得那些名人的照片是由公关人员精心策划的。青少年还表示，他们欣赏 YouTube 明星更直白的幽默感、未经过滤的形象和冒险精神，那些都是主流明星经常精心策划的。

盛世长城广告公司首席运营官克里斯·福斯特（Chris Foster）指出，互联网和社交媒体正在显著地改变名人的性质，这对广告和其他营销形式有着重大影响。他认为，名人作为触不可及的、神秘的并由公关人员高度控制的传统形象已经不再具有说服力和影响力，因为当今紧跟潮流的一代人想要与其偶像联系在一起，去了解他们的生活方式。

毫无疑问，新一代天才将自己的创作成果发布在 YouTube、Vine、Instagram、脸书等社交媒体和其他平台上。他们正在成为网上年轻的消费者家喻户晓的名字，并拥有合法影响力。因此，营销商可能不得不重新考虑它们如何选择和使用名人，因为依靠主流名人凭借其明星效应代言它们的品牌恐将不再有效。福斯特认为，社会正在发生名人的民主化，其中包括三个关键因素——专业技能、可接近度和身份认同。此外，受欢迎的社交媒体人士通常也会比兜售公司和品牌的好莱坞代言人（如果不是更出色的话）更能获得成功。他指出，对于广告代言的使用永远不会消失。但它正以一种被赋予了更多意义的方式发生戏剧性的变化。科技正在让普通消费者更便于为品牌做营销，并且以更真实的方式进行，从而可能消除对名人代言人的需求。正如福斯特所言："我们看到了名人代言的未来，这就是我们。"

资料来源：Chris Foster, "Why J-Law & George Clooney Don' t Matter: Saatchi & Saatchi COO," *USA Today*, June 15, 2015, www.usatoday.com/story/opinion/2015/06/12/internet-celebrity-endorsement-advertising-column/71084290/; Susanne Alt, "Survey: YouTube Stars More Popular Than Mainstream Celebs among U. S. Teens," *Variety*, August 5, 2014, http://variety.com/2014/digital/news/survey-youtube-stars-more-popular-than-mainstream-celebs-among-us-teens-1201275245/; Todd Spangler, "New Breed of Online Stars Rewrite the Rules of Fame," *Variety*, August 5, 2014, http://variety.com/2014/digital/news/shane-dawson-jenna-marbles-internet-fame-1201271428/.

利用喜爱度：使用亲和时尚的模特

为了吸引注意力，营销商常常在广告中请来高颜值的人。他们只是被动的、装饰性的模特，而不是主动的传播者。研究表明，与相貌平平的模特相比，相貌出众的传播者通常对广告和产品产生更加积极的影响，会赢得更好的评价。[63]当然，模特与广告产品的性别适宜度以及他与产品的相关性也是营销商应当考虑的重要因素。[64]像化妆品、时装之类的产品可能因为使用有吸引力的模特而受益，这是因为这类产品的营销与广告模特的外貌有重大关联。

有些模特能够帮助广告吸引注意力，却无法为产品或者信息提高关注度。研究表明，有吸引力的模特虽然有助于提高广告本身的识别率，却不能增加广告内容阅读率和信息回想率。因此，广告主必须确保消费者的注意力能够超越模特本身而集中在产品和信息之上。[65]营销商还须考虑到使用高魅力的模特是否会对广告效果产生负面影响。最近几项研究发现，一些女性消费者在将自己与广告中代表完美身材的漂亮模特之间进行对比时，会产生负面情绪。[66]

有些公司开发的营销活动打破了传统意义上美容护理广告模式，它们告诉女性消费者和年轻女性，她们天生就是美丽的。比如联合利华公司的多芬品牌一直避免在广告中使用超模，而是使用与其典型消费者类似的普通女性。自 2004 年以来，该公司一直在开展一项有趣的环球整合营销活动，旨在吸引普通女性。[67]"真美"（Real Beauty）运动包括杂志广告、密集的公关推广和一个专门网站（www.campaignforrealbeauty.com），女性可以在网站上讨论与美丽相关的话题。多芬在活动中还采取了一种社会倡导的方式，并宣称"旨在改变现状，为美丽提供一个更广阔、更健康、更平民视角的场所"。[68]

信源的感染力

赫伯特·凯尔曼分类系统的最后一个特征是**信源感染力**（source power）。当信源能够真正对接收者实施奖惩时，他就拥有了感染力。拥有感染力的结果是能够诱使他人对信源所倡导的需求或立场有所反应。信源感染力取决于以下几个因素：首先，信源的奖惩能力必须得到接收者的认可（感知的控制）；其次，接收者必须认为信源的确关心他们对信息接受与否（感知的关注）；最后，接收者能够对信源观察信息接受程度的能力做出正面评估极为重要（感知的审查）。

当接收者感觉到信源的感染力时，影响就会通过**依从**（compliance）过程发挥作用。接收者接受信源的说服性影响、认可信源的立场以期获得鼓励或避免惩罚。但是，接收者可能只是在公开场合表面敷衍，内心或私下却不会对信源的立场有所承诺。因此，通过依从而产生的说服只能是接收者因为察觉到信源具有实施奖惩的能力而做出的一种表面行为。

在非人际影响的环境下，如广告中，信源感染力很难发挥作用。广告传播者通常不能对信息接收者实施任何制裁，也不能判定依从行为是否起作用。这样就只能通过采用具有权威性的人作为代言人，以间接方式利用信源感染力。例如，演员兼导演克林特·伊斯特伍德（Clint Eastwood）在他大多数的电影中都塑造了硬汉形象，公益广告《以美国为傲》（Take The Pride In America）就使用他为代言人，告诉人们不要污染或毁坏公共土地。

在涉及人际传播和影响的情况下，使用信源感染力更为适宜。例如，在个人销售的情况下，当信息接收者预期能获得特别优惠或愿意听从销售人员的意见时，销售代表就具备一定的信源感染力。一些公司为了投其所好，专门向销售代理提供大量的经费。产品供不应求的公司的销售代理通常拥有一定权力，购买者可能会遵守他们的要求以确保产品的充足供应。但销售代理在使用这种权力时必须非常谨慎，因为滥用这种权力虽然能够获得最大化的短期收益，但也损害了与客户的长期关系。

信息因素

营销传播方式对于传播效果而言十分重要。营销商不仅必须考虑到说服性信息的内容，还要考虑到这些信息以何种形式表达出来以及使用什么类型的信息诉求。除了广播以外，广告在其他所有媒介中对声画信息的依赖度都很高。关于信息的设计和呈现有许多可选形式。在这一节中，我们将研究信息结构以及广告中使用的不同类型的诉求带来的效果。

信息结构

营销传播通常是由一系列传播者力图传递的信息点组成的。信息策略中的一个重要方面是克服受众可能持有的对立观点，找到传达信息点的最佳方式。对于说服性信息的结构如何影响其有效性已经进行了广泛的研究，包括表达顺序、结论引出、信息的两面性、反驳、文字信息与视觉信息等。

表达顺序

在设计说服性信息时，一个基本的考虑就是观点的表达顺序。最重要的信息应当在开篇点出，还是应当放在中间抑或是最后？针对学习与记忆的一项研究表明，一般而言，放在开篇和末尾的信息记忆效果要好过居中放置的（见图表6-4）。[69] 这说明，传播者的重要观点应当在信息的头尾出现，而不是中间。

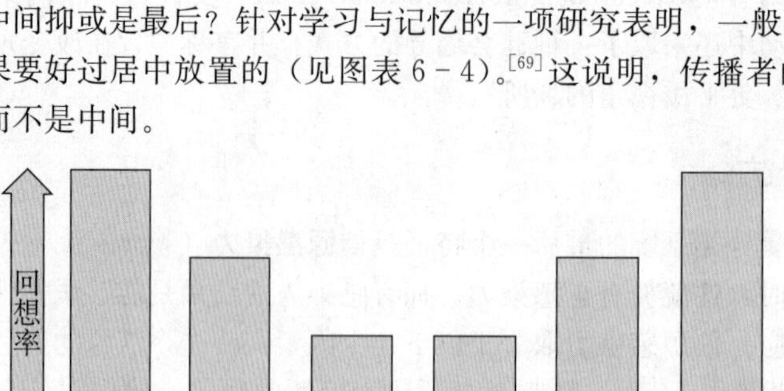

图表6-4　广告信息回想率呈现为表达顺序的函数

在信息开头提出最有力的观点可以产生**首因效应**（primacy effect），其中开篇位置的信息点最为有效。而将重要内容放在末尾则可产生**新近效应**（recency effect），末尾位置的信息点最具说服力。

最具力度的卖点应当放在开篇还是末尾取决于其他一些因素。如果目标受众反对传播者的立场，那这一卖点在开篇出现就会降低反驳水平。将不能令人信服的观点最先表达出来则会导致更多的争论，会使之后呈现的重要观点难以被接受。如果接收者对这个话题并没有太大兴趣，就应当把力度最强的观点放在信息的开篇，以此来激发接收者对话题的兴趣。如果接收者对观点比较认同或者对这一话题很有兴趣，那么最有力的论述应当放在信息的末尾。如此一来就可以带来更多的赞同观点以及更好的信息记忆度。

如果传递的信息较长，内容详细且论点繁多，表达顺序则至关重要。大多数成功的广告都以强劲的卖点作为开头和结尾，把较弱的论述放在中间位置。如果信息的时间很短，比如 15 秒或 30 秒的电视或广播广告，表达顺序就没有那么重要了。但是，大多数接收者对许多产品或服务信息都没什么兴趣，参与度较低。因此，广告主最好能够尽早地提出品牌名称和关键的卖点，然后在结尾再重申一遍，这样能够提高对于产品信息的记忆力。表达顺序对于其他形式的营销传播同样十分重要。例如，许多新闻报道都会采用“金字塔式”的写作方式，把文章大多数重要的信息提到最前面以确保被读者阅读，因为编辑经常会砍掉稿子后面的内容。

结论引出

营销传播人员必须做出决定：是在传达的信息中给出明确结论，还是让接收者自己得出结论。研究表明，一般情况下，有明确结论的信息更容易让人理解，也更能有效地影响接收者的态度。但也有研究认为，得出结论的有效性很可能取决于目标受众、问题或主题的类型以及情况的性质。[70]

受过高等教育的人更喜欢自己得出结论，对于那些尝试解释一目了然的结论或替他们做推断的广告会很不喜欢。但是，清楚地陈述结论对于那些受教育程度较低的接收者是非常必要的，因为他们可能不会从信息中总结出任何结论，甚至会做出错误的推论。营销商还必须要考虑接收者对话题的参与度。对于那些高度个人化或自我参与度高的话题，信息接收者或许希望能够自己拿主意，而反感传播者提供结论的任何企图。一项研究结果表明，开放式结尾的广告（没有明确的结论）往往比封闭式结尾的广告更为有效——但仅限于对高参与度的接收者而言。[71]

是否要替接收者得出结论也取决于话题的复杂程度。即使是一个受教育程度较高的接收者，如果其在某一特定领域的知识水平较低，也可能同样需要帮助。营销商是想要信息传达后立即生效，还是希望信息能够有更为长远的影响？如果以即时效应为目标，那么信息中就应当有明确的结论。这是在政治广告中极为常见的策略，特别是用于临近选举日的广告中。但是如果目标不在于短期效果，而是想通过反复播放给接收者提供机会得出自己的结论，那么开放式结尾的信息更为有效。

在信息中导出结论可以确保目标受众能够了解到营销商想要传播的关键点。但是许多广告主认为，让消费者自己得出结论可以进一步强化信息的关键点。例如，肯塔基州的一家健康服务机构发现，开放式结局的广告比直接陈述结论的广告更令人难忘，也能更为有效地说服消费者前来获取健康服务。该机构在广告中提出了关于酗酒和滥用药物的问题，但并没有直接给出解答，结果反而有更多青少年拨打帮助热线进行咨询，这远比那些直接给出答案的广告更有成效。[72]

信息的两面性

面向营销商的另一个信息结构决策涉及信息的两面性。**单面信息**（one-sided message）只提到那些正面特征或优点，**双面信息**（two-sided message）则呈现了好坏两个方面。双面信息的逻辑是，承认局限性和缺点，以此来提高信息的可信度并使其更为有效。当目标受众对相关主题抱有好感时，单面信息最为有效。当目标受众的受教育程度较低时，这种方法也相对适用。[73]

当目标受众持反对意见或受教育程度较高时，双面信息更为有效。这是因为该方法可以提高信源的可信度。[74]受过良好教育的受众通常都很清楚负面信息的存在。因此，传播者如果能将问题的正反两面都呈现出来，反而可能会被认为偏见较少且更为客观。马丁·艾森德（Martin Eisend）对单面广告与双面广告信息的效果研究进行了元分析。分析结果表明，信息两面性的说服力取决于一系列因素，其中包括广告中负面信息的数量和重要性、属性质量、负面信息放置的位置、正负面属性间的相互关系，以及广告主是否自愿披露负面信息抑或出于客观需要。[75]

大多数广告主使用单面信息，它们担心承认自己品牌的弱点所带来的负面影响，当然它们也不会去夸赞竞争者的任何优势。不过也有例外，有时一些广告主会在某些属性上对若干品牌进行比较，并不会表示出自己的产品总是优于其他品牌。在某些情况下，企业会认为最好承认产品的缺点，并让客户知道它已经解决了这些问题。

达美乐比萨连锁是一个有效运用双面信息的案例。该公司在一次整合营销活动中将策略提升到一个全新的水平，用以推出新配方比萨。达美乐在调查研究后发现许多消费者认为比萨的口味存在许多问题，亟待改进。作为公司“比萨转变”活动的一部分，达美乐新任首席执行官出现在广告片中，他承认已经听到了消费者座谈的内容，并表示对此十分上心。镜头随后将观众引向了一个特别的网站（www.pizzaturnaround.com），其中包括一个4分钟的纪录片，记录了达美乐员工对消费者座谈会负面评论的回应，并讲述了达美乐对于制作更好比萨的追求。该网站还展示了来自推特的正负面评论。虽然达美乐和其广告代理商知道这项活动可能存在一定风险，但是它们依然继续推进这项广告策略，效果十分理想。它们收到了大量关于广告的公众评论，其中很大一部分赞扬了该公司坦陈其产品缺陷，并表现出正在改进的做法。这一双面信息策略对销售也产生了非常积极的影响，因为该连锁在活动期间创下了同店销售的历史新高。[76]

反驳

在一种名为**反驳性诉求**（refutation appeal）的特殊双面信息中，传播者将正反双方的意见都表达出来，然后再去反驳负面意见。鉴于反驳性诉求倾向于向目标受众“灌输”对于竞争对手的反对意见，因此，这种方式比单面信息能更有效地促使消费者抵制负面意见。[77]

当营销商希望建立一种抵制改变，或（且）必须抵制对产品或公司的批评与攻击的态度时，反驳性信息大有用途。那些通常以比较类信息为目标的市场领导者可能会发现，先承认竞争对手提出的主张，然后再加以反驳，有助于建立态度壁垒和用户忠诚度。

言语信息与视觉信息

到目前为止，我们的讨论一直集中在信息，或者说言语信息部分。事实上，非言语性的视觉元素在广告中也很重要。许多广告只提供少量的信息，而更多地依靠视觉元素进行传播。图片常被用于广告来传播信息，强化文案或信息主张。

广告中的言语信息和视觉信息都能够影响广告信息的处理过程。[78]消费者可能会基于视觉元素，如广告中的插图或电视广告中的场景而产生图像或印象。在某些情形下，广告的视觉部分也许会降低广告的说服力，这是因为画面激起的信息处理过程比言语激起的处理过程更难控制，所以最终不如语言信息有利。[79]

与文案相匹配的图像能够影响消费者的信息处理方式。一项研究表明，当言语信息难以激发接收者的想象时，辅以图片提供例证就可以提高用户对产品属性的即时或延时的回想率。[80]但是，当言语信息蕴含的图像价值已经很高时，这种额外添加图像的方式就无法提高回想率。广告主通常在广告设计中运用视觉图像来支持言语诉求，从而给消费者留下深刻的印象。

有时候，广告主会采用不同的策略。在它们的广告中，视觉信息部分与所呈现的言语信息不一致或相互矛盾。这一策略背后的逻辑在于通过出人意料的图片或视觉形象来抓取消费者的注意力，让他们在信息处理过程中更加努力或尽心地投入。[81]许多研究表明，通过使用与言语内容不一致的视觉信息会导致更高的回想率和更多的信息处理。[82]

信息诉求方式

广告主最重要的创意策略决策之一就是选择适当的诉求方式。一些广告的设计理念是为了迎合消费者决策过程中的理性与逻辑性；另一些广告则诉诸情感，试图激起某种情绪反应。许多广告主相信，有效的广告结合了购买产品的现实考量与情感价值。在本节中，我们将介绍几种常见的信息诉求方式，包括比较广告、恐惧诉求和幽默诉求。

比较广告

比较广告（comparative advertising）是指在广告中以间接或直接的方式指明竞争对手，并对一个或多个特定属性进行比较的做法。[83] 1972 年，这种广告形式在美国联邦贸易委员会（FTC）开始提倡使用之后就逐渐流行起来。FTC 认为，直接进行品牌比较可以提供更好的产品信息，为消费者提供更合理的购买决策依据。随后，电视网开始与 FTC 合作，解除了对比较广告的禁令，比较广告开始蓬勃发展。

最初，比较广告这种创新模式的确引起了人们的极大关注。但是由于它们变得如此普遍，其吸引注意力的价值就有所下降了。一些研究表明，与那些非比较信息相比，比较信息往往能获得更高的回想率，但在其他响应变量，如品牌态度或购买意愿上，比较信息并没有表现出更好的效果。[84]广告主也必须要考虑到比较信息对可信度的影响，尤其是在比较信息中被攻击品牌的使用者很可能对广告主的主张持较强的怀疑态度。

比较广告特别适用于新生品牌，因为这种方式可以使一个新上市的品牌直接与更成熟的品牌竞争，从而提升自身的独特优势。直接比较可以帮助定位新品牌，或使其加入消费者正在考虑的一系列品牌的选择组合中。比较广告通常用于市场份额较小的品牌。它们将自身与成熟的市场领导品牌进行比较，希望创建一个联盟并进入市场领导品牌之列。

比较广告的使用并不局限于新品牌或市场份额较小的品牌，许多知名营销商也一直利用比较吸引力在竞争激烈的市场上使自己的品牌脱颖而出。[85]例如，比较广告在移动电话行业已经相当普遍，因为四大供应商（威瑞森、美国电话电报公司、T-Mobile 和斯普林特）经常在网络覆盖率、信号质量和价格等关键属性上进行广告比较。[86]苹果公司在三年多的时间里非常有效地使用了比较广告。它发起了“获得一台 Mac 电脑”（Get a Mac）比较广告运动，揶揄了微软的 Windows 操作系统，并推广了 Mac 电脑的用户友好性。该活动包括近 70 支不同的电视广告，其中一支将演员贾斯汀·朗（Justin Long）塑造成时尚、稳重的 Mac 电脑，而《纽约时报》作家约翰·霍奇曼（John Hodgman）则扮演一个局促不安、有点书呆子气的个人电脑（PC），经常受挫于 Mac 的能力。这则广告被认为帮助苹果公司在美国个人电脑市场的份额从 2%提升到 8%，并被行业贸易刊物《广告周刊》（*Adweek*）评为 21 世纪头十年最佳广告宣传活动。[87]

具有讽刺意味的是，近年来，有些公司一直针对苹果公司开展有效的比较广告，包括三星和微软。三星通过对比三星 Galaxy 智能手机和苹果的 iPhone，利用比较广告在智能手机市场获得了市场份额。例如，在苹果发行 iPhone 5 不久之后，三星就发布了 Galaxy S Ⅲ商业广告，嘲笑 iPhone 的忠实粉丝排队等候购买新款智能手机。这则广告是三星“下一个最好的东西就在这里”（The Next Best Thing Is Already Here）广告宣传活动之一，深受消费者欢迎。微软还针对 Surface Pro 3 平板电脑对苹果使用了对比广告，展示了诸如触摸屏显示、可拆卸键盘、触控笔支持和连接端口等多种功能——这些功能全都无法在苹果畅销的 MacBook Air 上找到。比较广告是微软将 Surface Pro 定位为“平板电脑取代笔记本电脑”战略的一部分。

市场领导者往往对比较广告的使用持谨慎态度，因为大多数领导者都认为在广告中描绘竞争对手的产品受益甚微。当然，也有例外。可口可乐公司借助比较广告来对抗百事公司对其市场份额的挑战。当米勒酿酒公司（Miller Brewing Company）使用比较广告开始抢走百威淡啤及其他品牌的市场份额时，安海斯-布希公司也对此展开回应。弗雷德·比尔德（Fred Beard）最近的一项研究表明，营销商在使用比较广告时必须谨慎，因为知名品牌间的相互比较极可能带来消费者的负面反应。他还发现，相对于年长的消费者，比较广告对于年轻观众的效果更好。[88]

比较广告的另一常用领域为政治广告。政治广告被认为是政治演说的重要组成部分，其比商业演说享有更多《宪法第一修正案》（First Amendment）的保护，以及更少的政府或自我监督机构的监管。所以，政治广告中经常充斥着对竞争对手的弱点，诸如性格缺陷、投票记录、公共演讲中的失误、失信等方面的单方面负面攻击。[89]这类广告的目的就是诋毁竞争对手的身份、履历以及地位，从而让选民对其执政能力产生怀疑。负面的政治广告之所以能够成功的一个主要原因是，选民在对候选人形成印象时更看重负面信息，而不是正面信息。[90]但是，研究也表明，政客们使用攻击性广告常常会导致两败俱伤。[91]整合营销传播视点6-2中讨论了攻击性广告在美国总统选举中如何变得相当普遍，以及为什么这些广告通常非常奏效。

整合营销传播视点6-2

政治攻击性广告无处不在

如果你定期观看电视，你可能会注意到每两年电视广播都会有大量的政治广告涌入。根据竞选周期的不同，在地方、州或国家政治办公室推广的竞选候选人的广告数量将会有所增加。政治广告一般分为两类：第一类为自我宣传的正面广告，突出了候选人在其职业生涯中所创建的伟大政绩；第二类为负面广告或“攻击性广告”，针对竞争对手的平台、履历、背景和性格特征进行攻击。在过去的十年中，这些负面广告在政治运动中已经变得司空见惯，而且数量远远超过正面广告。此外，大多数选民早已对这些广告产生反感，厌烦看到和（或）听到这类广告。

尽管负面广告在政治中的确无处不在，公众也普遍认为负面广告比正面广告更常出现，但实际上并非总是如此。例如，2004年在乔治·沃克·布什（George Walker Bush）和约翰·克里（John Kerry）之间进行的总统竞选被视为自20世纪50年代以来“最负面”的总统竞选，但是也仅有略多于50%的负面广告。与2012年巴拉克·奥巴马（Barack Obama）和米特·罗姆尼（Mitt Romney）之间的总统竞选相比，布什和克里之间相对友好，前者创下了历史上最多的负面竞选广告纪录。根据追踪政治广告的卫斯理媒体项目（Wesleyan Media Project）的调查，86%的奥巴马电视广告和79%的罗姆尼广告都是负面的。政治分析人士指出，竞选活动之所以如此消极，是因为两位候选人都已经认识到，即使只有小部分选民的立场出现动摇，也可能在7个或8个关键的州中发挥作用。尽管奥巴马和罗姆尼都广泛使用了攻击性广告，但与2016年希拉里·克林顿（Hillary Clinton）和唐纳德·特朗普（Donald Trump）的竞选活动相比，2012年选举要显得平淡许多。2016年竞选活动的特点是，双方都有诋毁性的言论，包括对种族主义和顽固的指责。

当然，大多数人会问，当公众对政治竞选中出现的负面广告感到恼火时，广告是否还会有效？不幸的是，对于那些不得不关注他们的选民来说，答案似乎是肯定的。研究表明，负面广告比正面广告更有力、更令人难忘，而且更有可能讨论选举中真正的问题。正面广告可以侥幸使用华丽的语言和夸张的修辞来尝试“支撑”起一个候选人，而负面广告则必须努力运作才能获得可信度，并提供证据来支持他的主张。如果一则负面广告做出了不真实的断言，那么创作它的候选人可能会经历一场比敌对广告所产生的效应更为糟糕的反弹。当负面广告在个人层面上攻击对手时，他们通常会强调对方缺乏经验和诚信，而这是在选举候选人担任公职时非常重要的两个品行。此外，攻击性广告似乎无处不在，因为它们可以达到预期的效果，即你可能在很久之后仍会回想起它们。

专家认为，攻击性广告数量增加的另一个原因是，它们吸引了新闻媒体更多的关注和报道。政治学教授约翰·格林（John Green）研究了过去25年的总统竞选活动并指出，新闻媒体在总统竞选中激发否定情绪方面发挥了重要作用。格林认为，政治顾问知道攻击性广告会吸引媒体的注意，这给了他们鼓励候选人利用这些广告的动机。新闻媒体对负面广告的关注助长了它的使用，并导致了一个由政治顾问和记者推动的攻击性广告周期。

消极负面的政治广告的批评者认为，这些广告分散了选民对现实问题的注意力，而让他们专注于没有意义的人身攻击，鼓励欺骗和不文明行为，以致最终让选民失望。但是，许多政治分析人士仍然非常支持政治负面广告。他们认为，如果否定情绪从我们的选举斗争中消失，那么我们引以为豪的民主制度也会消失。虽然有大量研究表明公众对负面广告持怀疑和愤怒态度，但是政治顾问指出，研究也表明尽管公众对他们的道德或伦理观感到不满，但攻击性广告往往能成功地改变选民对候选人的看法。

政客和他们的竞选团队意识到，要想赢得今天的选举而不去攻击竞争对手是非常困难的。竞选公职的候选人通常会在竞选之初占据优势，但是当候选人在民意调查中落后，或者觉得自己不得不回应竞争对手在广告中提出的谴责时，他们会不假思索地投入攻击性广告。显然，攻击性广告仍将是常态，而现在的问题是，我们能否再次看到积极正面的政治广告。

资料来源：John Wihbey and Denise-Marie Ordway, "Negative Political Ad and Voter Effects: Research Roundup," *Journalist Resource*, February 6, 2016, http://journalistsresource.org/studies/politics/ads-public-opinion/negativepolitical-ads-effects-voters-research-roundup; Donovan Slack, "RIP Positive Ads in 2012," *Politicio*, November 4, 2012, www.politico.com/news/stories/1112/83262.html; Rance Crain, "Marketers Could Learn from Negative Political Ads: Keep It Simple," *Advertising Age*, February 20, 2012, http://adage.com/article/rance-crain/marketers-learn-political-adssimple/232797/; Tom Denari, "Why Attack Ads and Disney Movies Are So Darned Effective," *Advertising Age*, October 19 2010, http://adage.com/article/146579/.

恐惧诉求

恐惧是对威胁的一种情绪反应，这种威胁表达或至少暗示了某种危险的存在。有时候，为了激发个人采取措施消除威胁，有些广告使用**恐惧诉求**（fear appeals）来唤起这种情绪反应。一些广告（如美国禁毒合作委员会（Partnership for a Drug-Free America）使用的禁毒广告）中强调，如果不纠正错误行为，就会危及身体健康。其他诸如除臭剂、漱口水或者去屑洗发水等广告则用他人嫌弃或者社交失败来进行威胁。恐惧诉求通常用于阻止不安全的行为，如酒后驾车，以及最近频频发生的边编辑短信边驾驶的恶习。例如，美国公共服务广告的主要制作者广告委员会（Ad Council），已经创办了一系列利用恐惧诉求信息来警示这些行为的活动。插图6－2中展示了广告委员会制作的一则广告，通过展示酒驾者被逮捕，并支付近1万美元的诉讼费这一过程来阻止微酒驾行为。该广告是广告委员会的广告运动的一部分，其研究发现，有太多司机认为醉酒驾驶信息并不适用于他们：小酌一杯后的驾驶并不能归于传统意义上的酒驾。

插图6－2　广告委员会利用恐惧诉求来阻止微酒驾行为

资料来源：National Highway Traffic Safety Administration and Ad Council.

恐惧如何运作

在决定使用基于恐惧诉求的信息策略之前，广告主应当考虑恐惧诉求的运作方式、使用的分寸以及不同的目标受众可能做出的反应。有一种理论认为，信息的恐惧等级与信息的接受或说服程度之间呈现出曲线关系，如图表6-5所示。[92]这意味着，在一定范围内信息的接受程度将随着恐惧水平的提高而增加。但当达到某一点之后，如果继续提高恐惧水平，接受程度反而会下降。

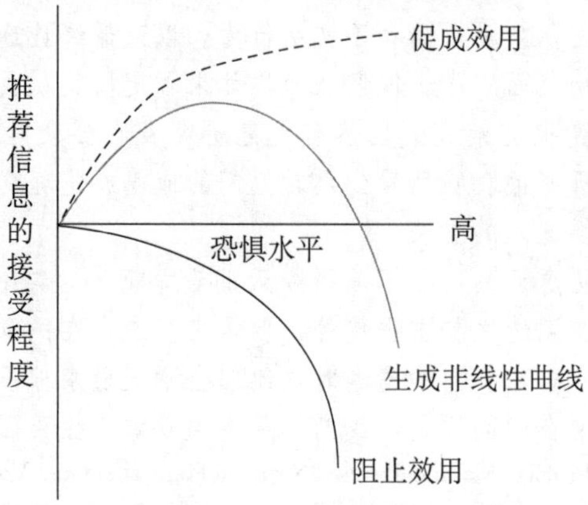

图表6-5　恐惧等级与信息接受程度之间的关系

恐惧与说服效果之间的关系可以解释为，恐惧诉求既有促进作用，也有抑制作用。[93]较低的恐惧能够产生促进作用，它会引起接收者对信息的关注和兴趣，并可能促使接收者采取行动来解除威胁。因此，将恐惧等级从低等提升至中等可以增强信息的说服力。使用高等级的恐惧会产生抑制作用，接收者在内心深处会抗拒这类信息，比如屏蔽信息、选择性接受或者直接将其否定。图表6-5表明了这两个相反的效用是如何运作从而形成恐惧等级与接受程度的曲线关系的。

阿南德·凯勒（Anand Keller）和布洛克（Block）的相关研究支持了这一观点。[94]他们检验了在低等级和高等级两种恐惧诉求中，究竟哪一种诉求能够有效地让人们放弃吸烟。他们的研究表明，低等级恐惧诉求可能是无效的，因为其没有足够的动机促使吸烟者认真考虑沉迷恶习（吸烟）带来的恶果。但高等级恐惧诉求的效果同样不理想，因为它过分描述了吸烟对人体的严重后果，从而产生了抵制倾向，如信息的回避，并干扰了对问题的推荐解决方案的有效处理。

对于恐惧曲线解释的另一种方法是保护动机模型。[95]根据这一理论，有四个认知评估过程可以调节个体对威胁的反应：(1) 评估所接收信息的威胁程度的察觉力；(2) 评估威胁的发生概率的察觉力；(3) 评估对于消除威胁的应对行为的察觉力；(4) 评估个体对于执行应对行为的察觉力。

这一模型表明，在恐惧诉求中，对信息的认知评估和情绪反应都会影响说服力。受众对于威胁相关信息处理得越深入，增加应对行为的可能性就会越大。

保护动机模型表明，广告在使用恐惧诉求时，应当向目标受众提供以下相关信息：威胁的严重程度、威胁出现的概率、应对反应的有效性以及应对反应执行的难易程度。[96]例如，希捷科技（Seagate Technology）的睿伴（Replica）系列产品使用了轻微的恐惧诉求，该产品用于电脑硬盘备份。它的广告在同一绘画风格中用生动的插图来传达这样的信息：如果你的计算机崩溃了并且所有的文件都丢失了，会发生什么呢？该广告通过展示使用睿伴产品的简易性以及由此带来的安心，来提供相应威胁的解决方案。

事先考虑目标受众如何回应十分重要。当信息接收者有自信并且喜欢应对危险而不是躲避危险时，恐惧诉求更有效。[97]与产品使用者相比，恐惧诉求对非使用者也更为有效。因此，恐惧诉求避免未吸烟者吸烟的效果要比劝服吸烟者戒烟好。

在考察了有关恐惧诉求的研究之后，赫伯特·罗特费尔德（Herbert Rotfeld）认为，一些研究混淆了不同的威胁类型以及恐惧信息中潜在的伤害程度，这是一种情绪反应。[98]他的结论是，恐惧或激励的情绪反应与说服力之间不是曲线关系，而是单调正相关，也就是说，更高等级的恐惧会带来更强的说服力。但他同时也指出，不是所有恐惧都具有相同的效果，因为不同的人会害怕不同的事情，因此，对于相同的威胁也会产生不同的反应，所以最强烈的威胁并不总是最具说服力的。这表明，营销商在使用恐惧诉求时，必须考虑到信息带来的情绪反应，以及它们将会如何影响接收者对信息的反应。

虽然有研究表明信息接收者可能会屏蔽恐惧程度过强的信息，但是也有一些广告案例展示了高等级的恐惧对改变行为的有效性。例如，蒙大拿州冰毒项目（MMP）是一项大规模的预防计划，旨在通过公共服务信息、政策和社区宣传来减少冰毒（甲基苯丙胺）的吸食，尤其是青少年。这项整合性活动使用了电视媒体、广播媒体、印刷媒体、数字和社交媒体来传达吸食冰毒的危害。[99]

该活动中投入的许多广告都使用了高等级的恐惧水平来传达吸食冰毒以及成瘾的危害。蒙大拿州冰毒项目非常成功：蒙大拿州的冰毒吸食量大幅下降，该活动也已经推广到其他许多州。安德烈·莫拉莱斯（Andrea Morales）、尤金妮亚·吴（Eugenia Wu）和加文·菲茨西蒙斯（Gavan Fitzsimons）最近对恐惧诉求的研究表明，诸如在蒙大拿州冰毒项目中使用的广告就是有效的，因为它们通过一些令人不安的图像激起厌恶和恐惧情绪。[100]

幽默诉求

幽默广告是所有广告信息中最便于了解也最便于记忆的。许多广告主，包括联邦快递、政府雇员保险公司（GEICO）、欧仕派（Old Spice）、士力架（Snickers）、百威啤酒和百威淡啤都有效地使用了幽默诉求。幽默常常通过电视广告、在线视频以及小规模的广播形式进行传播，因为这些媒体是幽默信息很好的载体。然而，幽默也会偶尔出现在平面广告中，广告代理公司的创意人员也可以在图片中结合巧妙的标题和广告文案来制作幽默信息。

广告主使用幽默信息有许多原因。[101]幽默信息能够吸引并维持消费者的注意力，通过让消费者保持积极的情绪，增加他们对于广告本身的喜爱，并增强对产品或服务的感受以强化广告效果。此外，幽默信息也可以削弱接收者对信息的反驳。对于幽默在广告中运作的各种模型的元分析测试表明，其影响主要基于情感过程，并且可以分散对认知信息进行处理，如品牌信念和利益。这表明幽默信息的外围处理占主导地位，而这种致力于处理与广告相关的情感因素的努力则是以对品牌相关认知的关注为代价的。[102]

反对者认为，幽默广告会将人们的注意力吸引到滑稽的情节上，分散了人们对品牌及其属性的关注。此外，要制作一个好的幽默广告相当困难，有些幽默的尝试对于大多数接收者而言过于微妙、难以理解。同时，与严肃诉求广告相比，幽默广告耗损更快。**耗损**（wearout）是指当电视或广播广告反复播出时，其广告效果会有减弱趋势。[103]当广告过多曝光之后，如果消费者不再关注或者感到厌烦时，就可能会出现耗损现象。一些专家认为，幽默广告比其他形式的广告更容易耗损，因为一旦笑话的噱头没了，广告就变得很乏味。但是，幽默广告的支持者认为该广告的效果持续时间更长，这是因为与严肃广告相比，消费者会对精心制作的幽默广告做出更积极的回应。[104]营销商解决耗损问题的方式之一是围绕一个活动主题创造多种执行方案，这样多个广告轮流播放，就保证在短时间内不会重复播放一个广告。例如，像政府雇员保险公司、联邦快递公司和百威英博公司这样的大型广告客户通常会有许多用于轮转的商业广告。然而，对于那些没有足够多的预算来制作多个商业广告的小型公司来说，这可能是个问题。

显然，使用幽默广告的正反两方都有充分的理由。不是所有产品或服务都适合使用幽默手法。许多研究表明，幽默的效果取决于几个因素，包括产品或服务的类型以及受众特征等。[105]比如，与受众高参与度的思维产品相比，低参与度的感官产品对幽默元素的使用更普遍，效果也更好。[106]最近的一份研究调查了受众参与度是如何调节幽默广告效果的。研究人员发现，对于那些本质上并不幽默的产品来说，当参与度相对较低时，在广告中使用幽默元素更为有效。这些发现支持了这样一种观点，即高参与度产品并不像低参与度产品那样适合幽默广告。[107]

信道因素

传播过程的最后一个可控变量是用于向目标受众传递消息的信道或媒介。如第 5 章所述，虽然营销信息的传播方式多种多样，但它们可以分为两大类：人员信道和非人员信道。

人员信道和非人员信道

人员信道和非人员信道之间存在许多基本区别。通过人员信道接收的信息通常比通过大众媒体传播接收的信息更具说服力。以下通过比较广告和人员推销两方面归纳了差异产生的原因：

> 从说服的角度来看，营销商销售信息比广告更灵活、更个性化，也更有说服力。广告制作者通常与顾客个人联系最少，而广告信息的设计目的是吸引大量的用户群体。相比之下，一个好的销售报告所传达的信息不是事先设定的。推销员对自己的产品或服务有很多了解，并在面对面的销售过程中选择合适的类型。
>
> 因此，销售人员可以根据客户或潜在客户的想法和需求，在销售谈话中对其进行调整。此外，当购买者提出异议时，推销员也可以用适当的方法加以处理，而广告就无法做到这一点。[108]

在整合营销传播活动中，人员信道有几种使用方式。许多营销商日益意识到口碑传播的重要性，随着社交媒体的盛行，这种传播方式也越来越普遍。较传统的个人传播方式是通过公司的销售团队以及零售销售员在售卖点的销售活动来实现的。然而，对大多数营销商来说，广告和推销活动在很大程度上还是依赖于传统媒体广告、数字媒体和社交媒体。因此，我们将探讨市场营销商在选择大众媒体时必须考虑的几个重要因素。

大众媒体选择的影响

不同广告主用于传递信息的大众媒体各不相同，差异体现在诸如辐射人数、人群类型、成本、处理信息所需条件以及质量因素等方面。我们将在第 10～12 章评估大众媒体在向目标受众传播信息时所需的成本以及传播的效果。但是，我们需要先了解信息处理方式以及广告内容和环境对传播的影响方式之间的区别。

信息处理的区别

各种媒介在信息传递以及信息处理的方式和速度上存在基本差异。如报纸和杂志等印刷媒体、直邮广告、互联网以及其他形式的自媒体在线广告都是自定进度，读者按照自己的速度和意愿处理广告或信息。相反，如广播、电视等广电媒体的信息则是外定进度，信息传递速度由媒介控制。

印刷媒体与广电媒体在信息处理过程和速度方面的差异性对广告主有显著影响。自定进度的印刷媒体为接收者处理冗长、复杂信息提供较大便利，所以当广告主要传递包含大量内容的详细信息时，它们通常选择平面广告。广电广告则更为有效地传递简短信息，或者在电视媒体中传递伴随文字的图像信息。

虽然广电信息在长度和复杂度上受限，但广告主还是能够解决这些问题。一种策略是使用广播或电视广告来吸引消费者注意，然后引导他们到网站上获取更详细的信息。一些广告主开发了覆盖相同信息的广播和数字（印刷）广告版本。两种版本的文案部分大同小异，但是平面广告可以使接收者按照自己合适的阅读速度处理信息。

内容与环境的影响

对广告信息的解读会受广告内容及其所处环境的影响。传播学理论家马歇尔·麦克卢汉（Marshall McLuhan）提出论点“媒介即信息”，暗示媒介传递了一种独立于它所包含的信息的形象。[109]**媒介质量效应**（qualitative media effect）是指媒介对信息的影响。媒介载体的形象能够影响接收者对信息的反应。例如，高档男装系列广告刊登在*GQ*时尚杂志上远比刊登在《体育竞技场》（*Sports Afield*）上更有影响力。航空公司、旅游度假酒店以及旅游服务业在《旅游与休闲》（*Travel＋Leisure*）这类出版物上刊登广告，部分原因也是其文章、插图以及其他广告有助于激发读者对旅行的兴趣。

广告所在的节目性质可以创造媒体环境。一项研究发现，与出现在悲观沉闷节目中的广告相比，轻松愉快的电视节目中播出的广告更能唤起消费者的积极反应。[110]因此，广告主为了在营造积极情绪的流行节目中做广告而一掷千金，如情景喜剧、体育赛事、奥斯卡奖和格莱美奖等的颁奖典礼以及假日特辑。相反，广告主尽力避开那些可能使观众产生消极情绪或者有损公司或产品形象的节目，正如许多公司不会在有过多暴力或色情内容的节目上做广告那样。可口可乐公司从不在新闻节目中做广告，因为该公司认为那些坏消息与可口可乐欢快、风趣的产品形象不协调。安德鲁·埃尔斯沃思（Andrew Aylesworth）和斯科特·麦肯奇（Scott MacKenzie）的研究表明，比起植入到引发观众积极情绪节目中的商业广告，那些投放到引发消极情绪的节目中的广告信息处理起来更缺乏系统性。[111]他们建议，在“感觉良好”（feel good）宣传活动中，广告主最好能够遵循传统方式来投放广告，特别是希望通过中央说服路径进行劝服的广告信息。然而，如果在较为消极的节目中播放广告，通过外围说服路径的信息可能更加有效，因为受众在消极情绪状态下，极有可能不会对广告信息进行详细分析。

干　扰

媒体环境的另一个方面是**干扰**（clutter）问题，即被定义为媒介中的广告数量，这一点对广告主尤为重要。[112]但是就电视媒体而言，干扰通常被视为播放环境中所有的非节目内容——诸如商业广告、节目促销信息、公共服务公告（PSA）等。由于各路媒体都在竞相争夺消费者的注意力，所以干扰越来越引起广告主的关注。杂志中平均有一半的页面刊登广告，这个比率在有些出版物上甚至更高。平均来说，大约1/4的电视节目播出时长都用于广告，而大多数广播电台平均每小时有10～12分钟的时间在播放广告。在主要电视网黄金时段中，广告插播时长平均超过3分钟，这意味着观众在短时间内会接触到大量广告，从而导致商业广告很难吸引并维持观众的注意力，实现有效的传播。

非节目时间的延长和商业广告缩短的趋势导致干扰成为电视广告主关注的焦点。20世纪70年代，30秒广告取代60秒广告成为行业标准，而现在许多广告主使用15秒广告。广告业内持续关注着电视节目中受到高度干扰的观看环境。20世纪90年代，广告干扰增加了30%，并在过去的20年里持续增长。[113]有几个因素导致了日益增加的干扰问题，包括由于消费者花费更多时间上网造成电视节目的收视率下降，以及许多营销商正在减少电视广告支出，而将这些钱转用于数字广告。因此，电视网在节目中插入更多的商业广告，以抵消这些因素，避免收入下降。

随着美国四大广播网和电视网增加了广告投放的时间，干扰水平一直在提高。广播网平均每小时的商业广告时间超过14分钟，有线电视平均为15分钟半，而个别电视网平均超过18分钟。[114]因此，一个观众在主要电视网黄金时段观看3小时的节目，将要忍受100则商业广告、节目促销或公共服务公告。[115]在热门节目中，这个问题甚至更为严重，网络公司插播更多的商业广告从而获取更大的利润。当然，广告主和它们的广告代理公司通过向电视网施压将它们的广告挤入观众量最大、收视率最高的节目中，这自然加剧了问题的严重性。

在许多有线网络和日间节目中，干扰问题更为严重。最近一些有线电视网，如东京放送（TBS）和特纳电视网（TNT）已经使用压缩技术来加速节目的传输，从而给广告留出更多的时间，这加剧了干扰问题。[116]广告主和广告代理公司希望电视网能承诺保留最低限度的节目时间，并且以它们认为最合适的方式来管理非节目时间。如果电视网想要增加广告，它就得从节目预告、公共服务公告或节目演职人员表中压缩时间。不过，即便如此，这个问题也难以彻底解决。广告主将继续寻找突破干扰的方法，运用诸如幽默、名人代言或者其他新颖的创造性手段。[117]

本章小结

本章重点介绍了传播过程中的可控变量——信源、信息和信道因素。对于每个变量的决策，营销商应该考虑它们对信息接收者反应层级各个步骤的影响。说服矩阵正好可以帮助营销商评估这些影响。

传播策略中很重要的一个方面就是选择合适的信源或传播者来传递信息。信源有三个重要的属性：可信度、吸引力和感染力。营销商通过雇佣某一领域的专家和（或）拥有可信形象的名人来增强信息的有效性。利用名人来传递广告信息已经变得十分流行。广告主希望借此抓住消费者的注意力，在认同过程中引导消费者的态度和行为。本章还讨论了名人在代言过程所注入的意义，以及名人形象与公司形象相互匹配的重要性。

广告信息设计是传播过程的重要环节。关于信息结构的选择涉及多方面内容，比如信息观点的表达顺序、结论引出、信息的单双面性、反驳，以及言语信息与视觉信息特征等。此外，还要考虑到各种信息诉求策略的优劣，包括比较信息和情感诉求，如恐惧诉求与幽默诉求。

最后需要考虑的因素是传递信息的信道或媒介。本章讨论了人员信道和非人员信道之间的区别。由于信息处理和质量效应的结果，各种大众媒体都可以对传播过程产生影响。广告呈现内容及其所处环境是选择大众媒体所需考虑的重要因素。此外，干扰已经成为困扰广告主的严重问题，尤其是电视媒体中广告时长越来越短，数量却越来越多。

讨论题

1. 本章开篇讨论了安德玛公司如何利用运动员作为公司（品牌）代言人而取得巨大成就。评估安德玛在选择和签署运动员代言合同时所运用的策略。你认为该公司为什么在签约运动员代言人方面能够与耐克和阿迪达斯这样的大公司进行如此有效的竞争？

2. 讨论营销商如何利用图表6-1所示的说服矩阵来制定它们的整合营销传播方案。请选择一则电视广告或平面广告，并用说服矩阵来分析其对消费者反应过程的影响。

3. 讨论由赫伯特·凯尔曼提出的信源特征的三大分类，以及每种特征影响态度和（或）行为改变的不同过程。分别举例说明使用每一种特征的广告或其他类型的促销信息。

4. 举例说明使用公司 CEO、总裁或创始人作为代言人的广告信息或者宣传活动。这个人是不是公司的有效代言人？为什么？

5. 整合营销传播视点 6-1 讨论了耐克公司与其代言人之间的一系列问题，因为在他们的个人生活中出现了一些争议。讨论围绕这些代言人所带来的问题将会如何影响耐克的形象和声誉。你认为当代言人陷入个人争议时，耐克公司应该支持他们多久？

6. 举例说明一位当前正出现在某一公司或品牌广告中的名人，并运用迈克拉肯的意义转移模型（见图表 6-4）对该公司的这一代言策略做出分析。

7. 讨论诸如“屎摩西”和好兄弟等 YouTube 明星在年轻人中人气上升的现象。你认为这些 YouTube 明星能否取代更多的传统名人，如运动员、演员和艺人作为广告代言人？

8. 达美乐公司决定在其广告宣传活动中承认其比萨口味欠佳，并以此作为推出比萨新款配方的方式，请评价这一做法。这是推销新配方产品的有效策略吗？

9. 访问蒙大拿州冰毒项目的网站（www.methproject.org），并选择三则使用了不同程度恐惧信息的广告。讨论为什么每则广告可能奏效或失效。

10. 讨论使用幽默作为广告诉求基本方式的利弊。列举一个使用幽默信息的广告案例，并评估其有效性。

11. 讨论广告干扰问题，以及它们是如何给诸如杂志、电视和广播等各种媒体造成困扰的。媒体有什么办法来处理这些干扰问题？

12. 媒介质量效应是指什么？选择一个电视节目或一本杂志，讨论由节目或者出版物所创造的媒体接待环境的性质。在该节目或出版物中，有哪些类型的公司或品牌的广告会被其吸引？

第Ⅳ篇　整合营销传播方案的目标与预算

第7章 促销方案的目标与预算

学习目标

1. 讨论为广告与促销活动设立明确目标的价值。
2. 理解促销目标与营销目标之间的关系。
3. 讨论销售目标与传播目标之间的差异和各自的运用问题。
4. 比较销售目标和传播目标对于促销方案的价值。
5. 理解制定整合营销传播活动预算的程序。
6. 比较预算的经济学方法和销售反应方法。
7. 掌握制定预算的多种方法。

开篇案例

改变媒体习惯意味着改变预算分配。数字是新兴之王吗?

营销商早就意识到媒体环境已经改变，年轻一代对诸如电视、报纸、期刊等传统媒体的依赖程度大大降低，这些年轻的细分市场，尤其是千禧一代，生于数字世界。营销商可能还没有意识到这一变化多么的快速和巨大。这一变化已经带领我们进入了策略发展的新世界。

有史以来第一次，数字广告的费用将会超过电视广告，这对媒体和预算环境来说都是一个"重要的里程碑"。电子营销商预言在2017年数字广告的份额将占总的广告费用的38.4%，达到773.7亿美元，这已经超过了电视广告费用在总体广告费用中的比例35.8%及其总额720.1亿美元。到2020年，电视广告在总的广告费用中的占比将会下降到1/3以下。

这是否意味着电视时代的结束？并不完全是。相对于数字媒体的增长比例来说，电视费用的份额会继续降低，但长期来看，电视媒体仍有望保持每年2%的增长。这意味着广告主希望通过数字媒体获得更高回报并且将会把它们的钱转移到这些媒体上。

这种转移某种程度上是手机的魅力带来的。到2016年，手机媒体的费用将会增长38%至436亿美元。这一数字意味着手机媒体的费用将占据数字媒体总费用的64.3%。所以数字媒体将是媒体费用之王，而手机媒体绝对是数字媒体世界的王者。营销商已经表明它们会继续增加在其他领域的投资，强调数据导向的营销花费，如电子邮件、网站优化和社交媒体。一项关于营销管理者的调查显示大多数营销管理者都计划增加他们在脸书、YouTube和推特上的费用。

传统的巧克力公司好时（Hershey）是做出这种媒体费用转移的公司之一。成立于1984年的好时公司从不做广告却持续取得成功。第二次世界大战期间，好时硬巧克力成为定量配给，并作为向美国士兵供给的食品的一部分，在这之后，好时的销售取得了巨大的飞跃。当士兵们返回美国，他们对好时的品牌忠诚也随他们一起回来。直到1970年，好时公司才认为有必要在周日报纸的增刊上刊登广告。好时、锐兹（Reese's）、杰瑞（Jolly Rancher）现在每年花费7亿美元，并且计划追加三倍预算到数字媒体，这构成了海外广告预算的20%。预算的40%将用于手机媒体，其余的部分将用于传统媒体，因为公司仍然相信电视媒体的独有的到达率，正如好时北美公司总裁米歇尔·巴克（Michelle Buck）所认为的那样。巴克认为，数字媒体的支出可以为品牌信息带来更高的到达率，同时提高行为精准机会。

那么越来越多的广告主把它们的媒体预算投入数字媒体，是不是做了正确的事情呢？《华尔街日报》记者娜塔莉·特丹纳（Nathalie Tadena）认为并不是这样。特丹纳引用了一份弗里斯特研究公司的报告，报告称尽管有43%的营销商仍在试水数字媒体并且不确定是否成功，却仍有几乎一半的营销商计划增加它们在数字渠道的投资。不到一半的营销商称它们的营销团队在开发和执行数字广告项目上是“相当成功”的，并且比起战略性它们更具策略性。

为什么会产生数字媒体热呢？这是个好问题。

资料来源：“Digital Ad Spending to Surpass TV Next Year,” www. emarketer. com, March 8, 2016; “Hershey Plans to Triple Digital Ad Spending: The Spending Increase Will Target Mobile,” www. adage. com, February 18, 2015; “Digital Marketers Continue Love Affair with Data,” www. emarketer. com, March 18, 2015; Nathalie Tadena, “Marketers' Digital Push Continues, Despite Questions about What Works,” www. blogs. wsj. com, April 7, 2015.

本章的开篇案例讨论了媒体环境的变化正在迫使营销商重新分配它们的广告费用。正如资料所显示，之前分配于传统媒体的费用正在不断地流向数字媒体。与此同时，并不是所有人都同意这一做法，他们认为这是一种下意识的反应，而不是一种合理的策略，因为许多管理者承认他们还不知道自己的数字媒体支出是否会得到回报。那些一直不愿大力投入数字媒体的管理者认为，有必要建立具体的沟通目标来指导他们的媒体策略。这些目标应该建立在购买决策模型的基础上，用于指导各种媒体的预算分配，而不仅仅是建立在某个特定媒体类型正在流行的事实之上。正如你将看到的，许多大公司已经使用这些购买决策模型很多年了，还将继续这样做。与此同时，并不是每个人都同意这些大公司的做法和有效性，他们认为这些模型要么已经过时，要么从一开始就不该采用。随着媒体环境的持续变化，营销商会继续研究这些模型及其在指导整合营销传播方案上的价值。本章将会论证，一个方案的成功可以并且应该通过营销和传播目标来共同衡量。在本章中，我们将讨论整合营销传播活动的目标应怎样遵从企业的整体营销策略，以及这些目标是如何与促销预算相互决定的。

制定具体的目标是策划过程必不可少的部分。然而，许多公司要么没有特定的营销传播目标，要么确定了不足以指导促销方案或衡量其有效性的目标。许多营销商不太确定何种整合营销传播有助于市场营销活动。这些公司的广告和促销活动目标很简单：提高销售。它们不曾认识到要使消费者购买特定产品或服务，广告或其他促销组合必须完成一些特定任务。

正如我们所知，广告与促销不是促进销售所进行的仅有的市场活动。而且，仅用销量来衡量广告效果也并不总是可能的或必需的。

本章主要探讨目标的本质、用途以及其在引导整合营销活动的制定、实施及评估方面的作用。需要注意的是，不同情况要有不同的目标与之相适应。我们还将谈到预算设定过程以及目标和预算设定间的相互关系。

目标的价值

也许，许多公司没能为自己的整合营销传播活动制定具体的目标是因为它们没有意识到这样做的价值，也可能是因为它们对应该设定何种目标存在太多分歧。广告主需要有广告与促销目标，这是因为目标服务于传播、策划、决策以及最后的效果测量与评估。

传　播

整合营销传播方案的特定目标有利于在同一活动中各团体的彼此合作。客户或各代理公司中的许多人都会参与整合营销传播策略的策划与执行过程。广告与促销方案需要在公司内部、广告代理公司内部以及二者之间协调好。另外一些参与促销活动的团队，比如公关部门和/或销售促进公司、调研专家、媒体购买公司等，也必须了解公司期望通过营销传播方案达成的愿景。如果这些部门都能够有明确的目标来指导行为，并将其作为采取行动以及探讨各项事务的共同基础，那么许多问题都能得到很好的解决。

策划与决策

具体促销目标的制定也可以指导整合营销传播方案的制定。公司促销策略中的每个阶段都应当以确定的目标为基础，其中包括预算、创意、媒体策略以及相关的辅助活动，如直复营销、公共关系、销售促进、中间商支持等。

有意义的目标还能为决策制定提供指导。促销计划者常常要面对许多战略战术的选择问题，如创意选择、媒体选择、在促销组合中进行预算分配等。选择的基本出发点应当是如何使策略与促销目标匹配得当。

效果测量与评估

确定具体目标的另一个重要原因是它为促销活动的成败提供了测量标准。没有具体的目标，公司广告与促销效果的测量将十分困难。一个好目标需要具备可测量性，可以通过某种方法或一套标准来评价促销活动的成效。通过设定有意义的特定目标，促销计划者就可以测量营销传播活动的效果了。大多数机构都很关注促销投资的回报，将项目的实际表现与具体目标相比较是评价促销活动是否实现投资收支平衡的最好办法。

整合营销传播目标的确定

整合营销传播目标应当以对公司或品牌所面临的营销与促销问题的全面分析为基础。这种环境分析是制定营销策略和营销计划的根本所在。整合营销传播目标源于公司的整体营销计划并且根植于公司的营销目标。广告与促销目标与营销目标并不同（虽然许多公司将二者等同起来）。

营销目标与传播目标

营销目标（marketing objectives）一般出现在公司的营销计划中，是指在一定时期内总体市场营销活动应该完成的任务。营销目标通常根据特定的、可测量的结果制定，其中包括销售量、市场份额、利润和投资回报等。好的营销目标都是可量化的，描绘出目标市场并界定实现目标的期限（一般是一年）。比如，一家复印机公司的营销目标可以是“在接下来的 12 个月内，公司在中小企业市场上的销售额提高 10%”。为了有效，目标必须是切实可行的。

一个占有较高市场份额的公司常通过刺激产品品类增长来获得销量提升。销售量的增加可以通过吸引新的消费者或者增加原有顾客的消费量。某些公司将拓展分销渠道和增加细分市场销售额作为自己的营销目标。公司也常备有次级营销目标，用于解决特殊问题以实现首要目标。

在审查营销计划时，营销传播管理者必须很清楚公司想要做什么以及采取何种方式来达到目的，同时，他也必须明确广告与促销活动在计划中所起的作用。依据销售量、利润、市场份额提升等制定的营销目标通常并不是合适的促销目标。营销目标是为整体营销活动制定的，目标的实现需要依靠所有营销组合元素的统筹执行和配合，其中不仅包括促销，也包括产品生产、定价与分销。比如，一家公司的促销活动十分成功，吸引了足够的消费者对产品产生兴趣或试用。但如果消费者买不到产品，或者消费者在卖场感到产品定价过高而放弃购买该怎么办？如果由于其他方面的营销策略致使产品表现不佳，那么这个促销活动是否也应受到指责？

整合营销传播目标（integrated marketing communications objectives）是整合营销传播策略各个方面的目标综述，应以特定传播任务为基础，将适当的信息传递给目标消费者。管理者必须能够将营销活动的目标转化为具体的传播目标和促销目标。

许多公司并没有正式的营销计划，无法随时获取所需信息，在这种情况下，促销计划者必须尽可能地从公司内外部广泛收集产品以及市场信息。

在了解所有信息之后，促销计划者应当考虑如何使整合营销传播同市场营销活动相契合，以及公司希望通过广告和其他促销元素完成何种任务。下一步则是依据特定传播目的或任务设定具体目标。

许多计划人员从传播的角度看待促销活动，认为广告和其他促销组合要素的目的是传播信息或传达有关产品或服务的诉求。有些管理人员则认为，销售或相关测量数据，比如市场份额，是广告与促销的唯一有意义的目标，同时也是确定这些目标的基础。这两种观点引发了大量争论，值得进一步深究。

销售目标和传播目标

销售导向目标

对于许多管理人员而言，促销活动的唯一目的在于销售。他们认为，公司在广告与促销上花钱的根本原因是为了售卖产品和服务。促销花费是公司资源的一种投资，需要获得经济收益。一般来说，理性的管理人员会在一个基本的财务基础上进行投资计划的比较，比如投资收益。但是，确定广告与促销的投资收益常常是件很困难的事情。一项由 Webmarketing 123 公司最近发起的关于 B2B 和 B2C 营销人员的研究表明，大多数人承认他们不知道哪些渠道对收益产生了最大的影响。比如说，当 87%的 B2B 营销人员使用社交媒体时，只有其中 17%的人声称他们能够测量投资回报。同样，在 B2C 市场上，87%的人说他们使用社交媒体，而其中只有 27%的人能够测量投资回报。[1]与此同时，许多管理人员认为，他们花在广告和其他形式促销活动上的钱应该产生可测量的结果，比如增加一定比例或数额的销售量或者品牌的市场份额等。他们相信，目标（商业活动的成败）应当以销售成绩为基础。

结果是，许多企业管理者日益努力要求代理公司为其产品的市场表现负责。因此，许多代理公司也相应完善了自身工具，以针对其整合营销传播活动的实际表现提供更多投资回报信息，并且经常希望表现出自身在此方面相较于其他同行的优越性。

一些管理人员更偏好销售导向的目标，以促使广告和促销活动涉及的相关人员从提升销售的角度出发来开展这些活动。例如，曾经排在州立农业保险公司、好事达保险公司和前进保险公司（Progressive）之后，位列第四的政府雇员保险公司（GEICO）将其广告预算提升了 75%，约为其竞争对手的两倍，并且拓宽了其媒体投放范围。现在 GEICO 在新客户赢得量上已名列第一。[2] 同样，可口可乐为了推广其迷你罐和迷你瓶以及“分享可乐”广告运动，增加了广告支出。[3] 这些目标的实现验证了广告和促销活动的成功。虽然可口可乐不会披露具体数字，但这确实表明，它看到了增加支出的回报。这些目标的实现验证了广告和促销活动的成功（见插图 7－1）。

插图 7－1　可口可乐的“分享可乐”广告运动从增加的促销费用上获得了收益

资料来源：The Coca-Cola Company.

销售导向目标的问题

由于均获得了销售提升，看起来增加广告费用对 GEICO 和可口可乐都是有效的。但这是否意味着销售量的增加可以直接归因于广告预算的增加？未必。如果将广告比作橄榄球比赛中的四分卫也许就很好理解了。四分卫是球队中最重要的球员，但也必须在其他球员的协助下才能发挥作用。如果球队输了，我们能只怪罪四分卫吗？这当然是错误的。四分卫只是球队中的一员，就像促销只是市场营销活动中的一个元素，还有许多原因可以解释为何没有达到销售目标。只有当前锋成功阻截、接球员准确接传、其他跑卫有效掩护配合时，四分卫才能带领全队获胜。如果防守失分太多，就算四分卫再杰出球队仍会输掉比赛。

在商业环境下，销售业绩是各方面因素共同作用的结果，这些因素包括产品设计、质量、包装、分销、定价等。广告让消费者知晓品牌并产生兴趣，但并不能促使消费者购买，尤其是在产品不易获得或者定价超过其他竞争品牌的情况下。正如图表 7－1 所示，销售是多种因素作用的结果，并不仅仅受广告与促销的影响。营销中有这样一句箴言：“没有什么能比坏广告更快地毁掉一个优质产品了。”考虑到图表 7－1 中所示的其他因素，这条箴言表明了要想成功完成一项营销计划必须调动所有的营销元素。

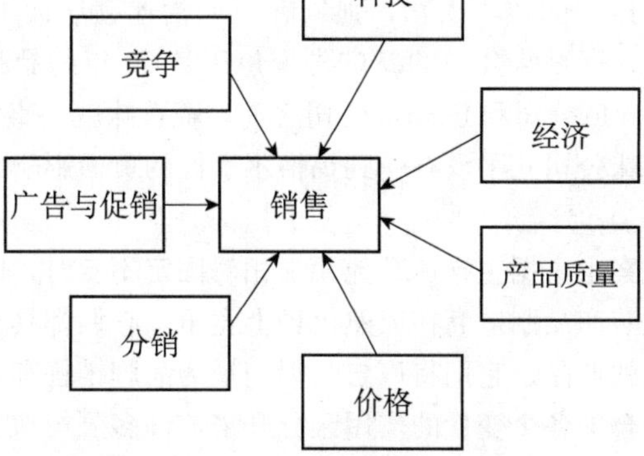

图表 7－1　影响销售的因素

销售导向目标带来的另一个问题是广告效果常常需要时间来体现。许多专家指出，广告营销存在一种**滞后效应**（carryover effect），即广告花费并不能立即在销售上得到体现。[4]广告能够形成认知、兴趣以及（或）品牌认同，但在消费者进入卖场之前，这些感觉并不能产生实际购买行为，实际购买存在滞后问题。一项关于广告累积效用持续时间的计量研究表明，对于市场成熟、习惯性购买的低价值商品而言，广告带来销售至少需要 9 个月。[5]现有的一些计量模型能够帮助确定广告的滞后效应以及广告对销售的长期影响。[6]滞后效应给准确衡量广告和销售的关系增加了难度。

此外，销售导向目标对策划和开发促销方案缺乏指导作用。创意和媒体投放人员需要许多指导信息，比如公司希望传播的信息的本质内容是什么，目标受众是谁，公司希望获得什么样的反响，等等。你很快就会发现，传播目标是十分必要的，因为它能为包括策划、开发以及执行广告与促销方案提供可操作的指导意见。

何种情况适用销售目标

虽然以销售作为促销活动的目标存在诸多问题，但在一些情况下销售目标仍然是适用的。有些促销活动具有直接行动的性质；公司希望潜在消费者能够有即时的行为反应。大多数促销方案的主要目标就是在短期内扩大销售额。同时，短期策略也非常有可能会引起日后销量的增加。马萨诸塞州的凯姆食品公司（Kayem Foods）就是一个很好的例子。为了庆祝公司成立 100 周年，凯姆公司更换了法兰克福香肠的包装设计。在依据消费者调查结果的建议更换了包装上的文案和商标后，产品被重新推向市场。3 个月之后，凯姆公司收获了 15.7%的销量提升。[7]10 年后，该公司产品贴着同样的标签，用于波士顿红袜队（Boston Red Sox）、佛罗里达马林斯队（Florida Marlins）、杰克逊维尔美洲虎队（Jacksonville Jaguars）、华盛顿国民队（Washington Nationals）以及其他运动队的官方热狗。

直接反应广告是一种以销售为基础的衡量广告效果的广告。梅赛德斯-奔驰公司利用直邮或者报纸、杂志、互联网及电视等媒体做广告。消费者可以通过邮件、网络或者免费电话订购奔驰车。直接反应广告通常将目标设定与效果评估建立在广告所引起销售增长的基础之上。比如说，一则直接反应电视广告的目标和效果是基于每次播放后的订货量。在这种情况下，广告往往是唯一的传播形式和促销手段，反馈也是即时的，以销售额来评价广告的目标与效果很合适。

零售广告在全部广告支出中所占份额很大，广告主常常希望通过零售广告获得直接反应，尤其是在促销或宣传特殊活动时。通过分析店铺在打折季的交通流量和销售量并与非打折季的数据进行比较，公司的管理者就可以确定其促销活动的效果。但零售商也可以拨出一部分广告费用来做形象广告以提升消费者对自身的偏好度。例如，在赛百味公司代言人贾里德·福格尔承认色情丑闻后，赛百味公司立即与他解除了合约，即使他已经代言赛百味公司的广告 15 年了。福格尔是赛百味广告运动的核心人物，强调在三明治连锁店而不是在汉堡包店饮食的好处——健康的饮食和减重。赛百味公司的新广告聚焦于其 50 年的品牌历史，并提醒人们，早在以新鲜享誉盛名的 Chipotle 公司和 Panera 公司之前，赛百味就一直在销售新鲜食品。这次广告运动取得了成功，赛百味公司几乎没有受到福格尔事件的负面影响，反而强化了品牌的“新鲜”形象。

当广告在公司营销方案中占据主导，其他元素相对固定不变时，以销售为导向制定目标也是可行的。比如，许多包装产品制造商在成熟市场上竞争，它们都具有稳定的分销渠道、价格与促销预算以及质量相似的产品。它们将广告与促销视为品牌销售和市场份额的决定因素，因此，这就有可能将促销组合中各个变量的作用区分开来。许多公司在其广告、促销以及直复营销活动中已经对市场有深入的了解，它们对促销活动所能提高的销售水平具有很强的洞察力。

家乐氏公司（Kellogg）早餐食品部副总裁马克·贝恩斯（Mark Baynes）就认为家乐氏近期在销量上的好转应当归功于广告效果、品牌重新定位以及更多的由情感诉求引发的消费者兴趣。[8]因此，许多公司都相信，以销售结果来设定目标和作为评价促销成败的标准是合理的。

用销售来评价广告与促销活动越来越常见，尤其是在没有达到预期目标的情况下。迫于销售的压力，营销和品牌管理人员常常在广告与促销方案的评价上存在短视，寻求阻止销量下滑或市场份额丢失的短期解决办法。他们忽视了将销售与广告直接挂钩的陷阱，一旦销售未达到预期，广告方案甚至广告代理公司都会被更换。正如第 3 章所言，许多公司都希望其广告代理公司接受与销售业绩紧密挂钩的绩效合同。因此，尽管对于许多广告与促销环境而言以销售为导向制定目标并不合适，但是，管理人员仍然倾向于密切关注销售额和市场份额的数据情况，并在销售不佳时对促销方案做出调整。

传播目标

有些营销商意识到了将销售作为目标存在的问题，认为整合营销传播的重要任务应当是传播并且基于传播目标来制定。广告及其他促销努力的目的是获取品牌知名度、美誉度和唤起消费者的购物欲望。消费者并不会产生即时反应，相反，广告主意识到在消费者购买行为发生之前，广告应该为消费者提供相关信息并使消费者产生品牌购买倾向。

确定广告与促销目标时倾向于传播导向目标的人一般都会用到第 5 章提到的层级模型。在这些模型中，消费者依次经过三个连续阶段：认知、情感、意图，并逐渐向购买阶段靠拢。

传播效果金字塔

广告与促销完成传播任务就像是建立一座金字塔，首先要完成低层次任务，比如认知、了解或理解。接下来的任务是推动对产品已经有了一定认知和了解的消费者向金字塔的上一层次移动（见图表 7-2）。同那些劝服购买或重复购买的高层任务相比，金字塔底座的最初阶段更容易实现。因此，层次越高（或者在购买漏斗模型的底层），潜在的消费者比例就越小。

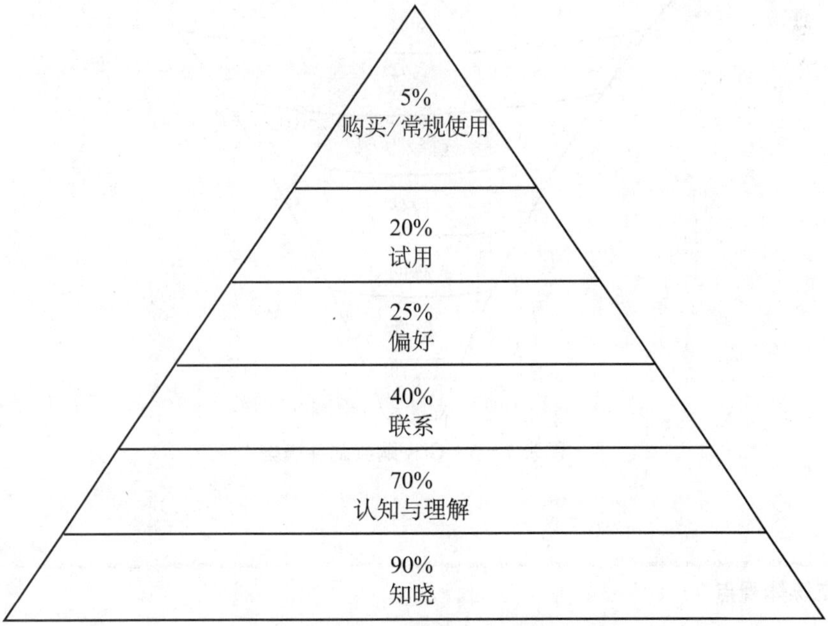

图表 7-2　传播效果金字塔

传播效果金字塔模型也可用于为已建立的品牌确定促销目标。促销方案的计划者必须明确目标受众所处金字塔模型的位置。如果消费者对产品属性和利益的认知水平低，那么传播目标就应当是强化认知。如果了解和认知层级已经到位，只是消费者的喜爱水平低，那么广告目标就应当是改变目标消费市场的品牌印象，促进消费者购买。例如，标志性的鞋子品牌Vans。Vans于1966年在加利福尼亚州阿纳海姆的一个小店中诞生，当时在货架上的鞋盒里甚至连鞋都没有。一旦有人来订购，经营者就会在现场制作鞋子，第二天消费者即可取货。针对冲浪者和滑板爱好者，你可以花8美元买一双鞋，也可以只花4美元买一只鞋（滑板爱好者往往只穿一只鞋来推动和踩刹车）。随着广告的成功，在电影《开放的美国学府》（Fast Times at Ridgemont High）中的出色表现，以及南加州形象的吸引力，Vans的销量开始上升。如今，Vans已经是一个价值22亿美元的国际品牌，而且还在继续增长。[9]思考一下Vans公司在传播效果金字塔上的移动，以及它的目标和策略是如何进行改变来取得这样的成功的。

传播目标的问题

并不是所有广告和营销管理者都接受传播目标。有些人认为很难将销售目标描述成一个具体的传播目标。但在某些情况下，销售目标必须转化为传播目标。如果某知名品牌的营销计划要求销售额增加10%，那么促销计划者必须最终能够在具体目标中将其加以体现。关于具体目标的描述可以是：

- 增加目标市场内同品牌的特征、优势有关联的消费者百分比。
- 增加目标市场内与竞争品牌相比更喜爱本产品的消费者数量。
- 鼓励产品的现有消费者增加产品使用频率和使用场合。
- 吸引那些从未使用过本产品的消费者尝试使用。

在某些情况下，促销计划者可以从市场调查中了解传播目标与销售额之间的关系。图表7-3展示了GfK市场研究集团提出的购买漏斗模型，该模型被汽车行业普遍用作消费者决策的诊断模型。数字与社交媒体视点7-1讨论了变化的媒体环境如何影响消费者的决策过程。

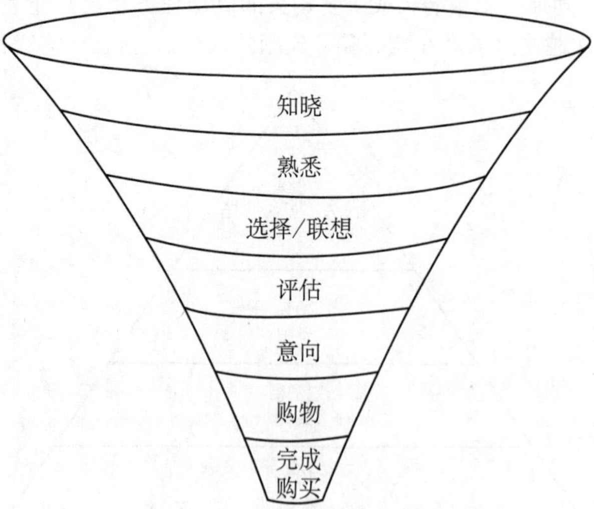

图表7-3 GfK购买漏斗模型

数字与社交媒体视点7-1

社交媒体、数字媒体和移动媒体正在改变营销商使用消费者漏斗模型的方式吗？这些漏斗是相关的吗？

在营销文献中，关于消费者响应层次结构的讨论已经存在了半个多世纪，而且在营销和传播策略的制定方面，可能有多少反对者就有多少支持者。然而，像斯普林特、本田和通用汽车这样的大公司都采用了自己的层次结构，它们通常被称为“购买漏斗”。这些购买漏斗模型被用来作为一种策划指导促使消费者从知晓到最终购买。随着持续经过漏斗模型的消费者数量的减少，消费者的购买数量会少于产品或品牌知晓数量。虽然消费者购买漏斗模型有不少拥护者，但仍有一些人认为，这些漏斗太过线性化，数字媒体、社交媒体和移动媒体的影响改变了消费者的决策方式。

例如，乔·艾尤卜（Joe Ayyoub）将漏斗模型称为“老模型”，并表示现在是“重启”的时候了，认为我们现在不能通过消费者的线性感知和购买顺序来捕获消费者。他认为消费者的决策顺序类似于一个孩子在集市上浏览，而不是在漏斗一样的斜坡上跌落。他将这种变化归因于数字信息的增长，包括产品评论、定价信息、社交媒体推荐以及在商店中的移动设备使用。艾尤卜说，由于移动设备正在取代个人电脑，消费者更多的在线时间给了营销商更多的机会去接触潜在的消费者，为他们提供信息以及折扣或优惠券。根据艾尤卜的看法，现在是时候分拆漏斗了，把重点放在消费者知晓上，但是一旦消费者知晓了，他们就进入了资金应分配给转换策略的下半部分。在这一点上，营销商可以专注于在正确的时间向正确的平台和正确的受众提供正确的服务。本质上，一对一的营销取代了大众营销。

辛西娅·克拉克（Cynthia Clark）同意艾尤卜的观点，她指出，漏斗模型与十年前相比已经有了很大的变化。克拉克认为，购买过程已经发生变化，主动权由企业转移到消费者手中，他们会在购买之前尽可能多地主动了解一个品牌。福里斯特研究公司也同意这一说法，认为：过去，在与供应商首次接触获得报价之前，消费者会经历大约90%的漏斗过程。在新模型的开始阶段，主动权使消费者更有优势。现在，成功的最好方式就是了解消费者。而了解消费者的最佳方式就是通过有效的数据收集，让销售人员通过精准营销与个人消费者的需求直接对话。

根据瑞法纳公司（Revana）营销副总裁乔纳森·格雷（Jonathan Gray）的说法，消费者在使用网络、智能手机和社交媒体进行搜索时会留下信息，公司根据这些信息可以很容易访问消费者并获取地址。社交媒体数据应该被挖掘，因为这些渠道提供了有关消费者及其兴趣的信息，比如个性因素。此外，营销商可以在销售交易和购买后，继续跟踪消费者，从而确定最佳时机与他们接触。

SAP公司消费品的全球经理马克·奥斯本（Mark Osborn）也认为线性漏斗模型已经不起作用了，他热衷于智能手机的影响力。奥斯本指出，智能手机让营销商在任何时候和任何地点都能接触到潜在消费者，并且这对销售和营销的最大影响在于能够确定消费者在某个特定时刻的位置。如果消费者选择了，企业甚至可以知道他们在商店内的位置，并向他们提供更多的信息。

还有许多其他的营销商也认为漏斗模型已经过时，不再有价值了。大多数人认为，随着新媒体的出现，消费者已经改变了。而且，鉴于新技术为营销商提供了源源不断的数据，不能也不应该再以过去的方式来对待消费者。大众营销正在被“一对一”的精准营销取代。

然而，并不是所有人都认为我们应该遗忘漏斗模型。

关于消费者决策过程如何工作的一个更深入的调查来自广告研究基金会（ARF）委托进行的一项十分重要的研究，它研究了之前的研究中提到的许多问题，同时增加了有价值的新见解。这项研究为许多营销者正在思考的问题提供了更深入的洞察，例如，社交媒体和数字媒体是否改变了消费者的购买决策方式？这项研究既支持了一些之前的研究，也否定了一些之前的研究。

这项ARF发起的研究并不认为传统的决策模型即将“死亡”或者毫无价值，相反，这项研究是基于模型仍有价值的假设之上，认为应该在社交媒体与数字媒体的影响之下以全新的眼光去审视。ARF的研究认为消费者始终都在思考潜在购买，并对品牌进行评估，但有些时候是在活跃的购物模式中并且是有目的地寻求帮助以便他们可以自信地做出购买决策。虽然各种媒体在更被动的状态下发挥影响力，但社交媒体却是在主动的状态下成为消费者最依赖的媒体，消费者通过社交媒体从网站、朋友、产品达人等方面获得信息。有趣的是，这可能更多的是一个确认的过程，在大多数情况下，消费者在到达这一步的时候早已经确定了品牌或产品。因此，购买决策并不是单一的信息来源所促成的，而是各种信息来源以不同的方式促成的。另一个关键的发现是信任是重要的因素，因为社交媒体扩大了消费者的信任人群范围，包括家庭、朋友、同事等。消费者在决策时产生的舒适感非常关键。消费者依靠这些信息来源可以更有信心做出正确的决策。

如果以上分析是科学的，那么就要思考这些新科技能否增强消费者的信任与信心。消费者的购买是否只是因为在对的时间和对的地点接触了信息？ARF的研究也证实了消费决策常常是感性和深思熟虑的。也许消费者不会只对最后的最佳出价产生响应？

资料来源：Joe Aayyoub，"How to Break Out of the Funnel，" www. clickzcom，Jjuly 2，2015；Cynthia Clark，"Winning in the New and Improved Sales and Marketing Funnel，" www. 1to1media. com，May 12，2014；Todd Powers，Dorothy Advincula，Manila Austin，Stacy Graiko，and Jasper Snyder，"Digital and Social Media in the Purchase Decision Process，" *Journal of Advertising Research*，December 2012，pp. 479－89.

在将销售目标整合进特定的传播目标时，促销计划者往往无法确定消费者的知晓、认知、喜好、偏爱或信赖达到什么水平。对此，营销商没有任何常规模型可以借鉴，只能完全依靠自身经验，或者参照本品牌或类似品牌的历史数据。此外，利用各种测量方法得出的关于该产品与相似产品各种传播的平均效果数据也需加入考虑范围，包括竞争产品所达到的层次。这些信息涉及达到一定层次所需的资金与时间花费以及作为结果的销售数据和市场份额数据。在很多情况下，销售导向的目标必须转化为公司需要传递的具体内容和希望传递的具体对象。

许多营销和促销管理者都认识到了设立与执行传播目标的重要性，以及其对促销方案的策划、执行和评估的指导意义。传播目标是DAGMAR方法中确定广告目标的主要依据，目前，DAGMAR已经成为广告策划过程中最具影响力的方法之一。

DAGMAR：一种确定目标的方法

1961年，拉塞尔·科利（Russell Colley）向全美广告主协会提交了一份名为《为衡量广告效果而确定广告目标》（Defining Advertising Goals for Measured Advertising Results，DAGMAR）的报告。[10]在这份报告中，科利提出了确定广告目标和评估广告与促销方案效果的模型。DAGMAR方法认为传播效果是衡量广告成败的逻辑基础。

在DAGMAR方法中，广告目标包含一个具体且可测量的**传播任务**（communications task）。与营销目标不同，传播目标无须通过若干营销因素的整合，而是通过广告来实现。科利认为，传播任务应当建立在一个四阶段传播过程的层级模型基础上：

- 认知：让消费者知道公司或品牌的存在。
- 理解：让消费者了解产品并且知道产品的功用。
- 确信：让消费者对产品产生亲切感和购买欲。
- 行动：让消费者诉诸购买行动。

正如之前所说，有许多广告效果层级模型可以用来分析传播反应的过程。一些广告理论家更倾向于拉维奇和斯坦纳的层级模型，他们认为这个模型更具体，并且为获得和评价效果提供了更好的方式。[11]

DAGMAR 方法中使用的广告效果层级模型成为传播反馈过程的基本模型。科利还进行了另外一些针对广告可以用来指引最终销售目标的具体研究。他开发了一份包括 52 项任务的清单，全面反映了广告的功能，同时也为确定目标提供了参考因素。

目标的特点

DAGMAR 方法对广告策划过程的另一个重要贡献是定义了一个良好目标的组成部分。科利认为，应该根据具体的可测量的传播任务来确定广告目标，同时，也需要详细界定目标受众，确定起始点的基准和差异程度，同时为目标的完成设定时间期限。

具体且可测量的任务

目标设定中的传播任务应当是广告主希望传递给目标受众的诉求或信息的准确陈述。广告主通常使用文案大纲来阐述基本信息。这一目标或文案大纲陈述应当简洁明了，能够帮助广告创意人员完成广告信息的设计。例如现代汽车连续多年在汽车行业消费者满意度排名中垫底，之后致力于改进质量，以及提升消费者对其汽车的看法。结果是，现代索纳塔在中型汽车消费者满意度榜单上名列前茅。按照 DAGMAR 方法，目标必须是可衡量的。

目标受众

良好目标的另一项重要特征是能够准确定义目标受众。公司产品或服务的重点目标受众应当应用情境分析来描述。情境分析基于各类描述性变量，比如地理、人口统计资料、消费者心理（广告媒体的选择依据）、一些行为变量（诸如使用频率或利益点）等诸多因素。

变化的基准与程度

为了设定目标，我们必须明确目标受众在消费者反应层级模型中的当前状态，如按照知晓、认知、印象、态度、动机等变量确定，然后再决定消费者需要受广告运动影响变化的程度。要想搞清目标市场当前处于哪一阶段，就需要引入一些**测量基准**（benchmark measures）。确定反应层级结构中的说服目标可以利用市场调查来实现。如果是一种新产品或服务，各个变量的最初状态都为零，就不需要市场调查了。

建立测量基准为促销计划者提供了基础，以确定需要完成哪些传播任务以及确定特定目标。比如，某一品牌的初步研究可能显示消费者知晓度很高，但对品牌的态度却是负面的。那么，广告运动的目标就必须改变，瞄准消费者对品牌的感知和态度。

量化的测量基准不仅有助于建立传播目标，同时也是评价广告运动成败的标准。目标确定了广告运动成败的测量标准。除非了解到消费者在一项广告运动推广之前对品牌的知晓率，否则即使该运动在目标市场上获得了 90％的知晓度，我们也无法判定这项运动是否有效。活动开展前的知晓度是 70％还是 30％，明显会产生完全不同的解读。

特定的时限

设定广告目标的最后一个考虑因素是确定其完成的时限。适当的时限可以从几天到一年，甚至更久。大部分广告运动的时间跨度是几个月到一年，这取决于广告主所面对的具体情况以及消费者的反馈类型。比如，对目标受众密集的媒体投放和重复播出，可以快速创造或提升品牌知晓度。而产品的重新定位则需要消费者认知的改变，因此需要更长的时间。

对 DAGMAR 方法的评价

用 DAGMAR 方法来确定目标对广告策划过程有着巨大的影响。许多促销计划者都将这一模型作为设定目标和评价促销活动是否有效的基础。广告主更重视 DAGMAR 方法以传播为导向而不是以销售为导向来测量广告效果的基本价值，并且鼓励使用反应层级模型的不同阶段来确定活动影响。科利的研究成果提供了对目标更好的理解方式，策划者应针对目标而投入精力，这促进了广告与促销策划发展的过程。这也消除了测量中的主观性，有利于广告主与广告代理公司之间建立更好的沟通关系。

对 DAGMAR 方法的批判

尽管 DAGMAR 方法对于广告策划过程十分有效，但并没有得到广告领域的全面认同。一系列的问题导致了将它奉为策划工具的质疑[12]：

- 反应层级。对于 DAGMAR 方法的批判主要来自它对效果层级模型的过分依赖。事实上，消费者在做出购买行为之前并不是完全按照传播效果的顺序逐步进行，这一点已经得到许多认同，并且其他反应模型也得到一定发展。正如本章开始时提到的。众多批判源于对数字媒体与社交媒体极大改变消费者决策过程的争论：原有的线性决策过程中，消费者可以在任何一个阶段进入或离开，现在已经转变为一个环形结构。DAGMAR 模式Ⅱ认识到恰当的反应模型应当视情况而定，并强调要区分购买情境中的决策步骤顺序。[13]
- 销售目标。另一种对 DAGMAR 方法的反对观点则一直坚持广告成败以销售额衡量。营销商无法接受那些只达到传播目标而未增加销售的活动。广告只有促成消费者购买才能被视为有效。这一问题我们在传播目标部分已经阐述过了。
- 实用性与成本。还有一种批判观点认为 DAGMAR 方法在实际操作中有困难。建立测量基准以及测量反应层级变化的调查活动是需要经费投入的。这项费钱费时的工作会引发一系列关于方法、标准、测量等问题的分歧。许多专家指出，DAGMAR 方法只适用于有“大”广告和“大”预算的大公司，许多公司并不想在 DAGMAR 方法上花费太多。
- 创意的局限。最后一项对于 DAGMAR 方法的批判是认为该方法过于程序化，对广告创意过于局限。许多创意团队认为 DAGMAR 方法注重用量化的标准衡量知晓度、品牌再认或具体说服效果等方面，其重点在于数据的检验，而不是开发真正的创意信息以利于品牌价值。

目标设定的问题

尽管 DAGMAR 方法为广告与促销策划提供了一套逻辑程序，但很多广告主和它们的广告代理公司都难以遵循这些基本原则。它们往往会因为缺乏明确的广告目标或没有适当的依据去衡量活动的执行效果。许多广告公司也因此无法验证那些看似应该成功的广告运动是否真正成功了。即使这些活动中有些措施是有效的，它们也无从得知到底是哪些。

一项研究调查了 B2B 营销实践中一些广告的目标是否符合科利所提出的四个 DAGMAR 指标。[14]年度商业/专业广告协会（Business/Professional Advertising Association）金钥匙大奖赛（Gold Key Award）的参赛项目和作品集结了 B2B 广告主最棒的营销传播结晶。用 DAGMAR 方法对其进行评估，结果发现大多数广告主都没有设定明确的广告目标或清晰明确的任务，更别提用各个层级的效果来衡量成败了。

促进促销策划人员对目标的使用

正如我们所见，广告主和广告代理公司关注其促销活动的目标是十分重要的。同时，广告主及其广告代理公司应当致力于确定具体的、可衡量的目标，使其不仅能成为促销计划的执行原则和决策依据，而且可以用作评估表现的标准。遗憾的是，大多数公司并没有为其整合营销传播活动制定合适的目标。

许多公司无法设定恰当目标是因为公司领导层对整合营销传播如何运作只有抽象的概念。在对数千案例的综述研究中，杰瑞·托马斯（Jerry Thomas）得出结论：大多数广告主并不确定它们的广告作品和广告运动对销售是否有负面影响。托马斯提出广告行业只有极低的质量保证系统，并产出一致性差的产品（广告）。他列举了大量原因，其中之一就是客户没有明确广告在营销活动中的角色，没有精确地确定营销目标。[15]

很少有公司能严格按照 DAGMAR 方法的标准来制定目标。但是，促销策划者应当在基本的销售目标之外建立切实可量化的目标。虽然某些特定的传播反应元素本身并不总是能被测量，但满足 DAGMAR 方法的其他标准将凸显重点，进一步提高整合营销传播计划过程的质量。

为整合营销活动制定目标

我们之所以如此关注广告目标，是因为对许多公司而言，广告是与目标受众沟通的主要方式。其他的促销组合元素，比如打折促销、直复营销、公共关系等都是用来支持和补充广告计划的间歇手段。

还有一个原因是传统的、以广告为基础的营销传播策划观念，已经在广告领域占统治地位很久，比如 DAGMAR 方法。这些方法基于反应层级模型，并且注重营销商如何开发并传播广告信息来推动消费者沿着这些层级逐步移动。图表 7-4 所示的方法就是唐·舒尔茨（Don Schultz）所称的“由内而外”策划法。他说：“它关注了营销商想说什么，什么时候说品牌有利信息，以及以何种想要的媒体形式说。”[16]

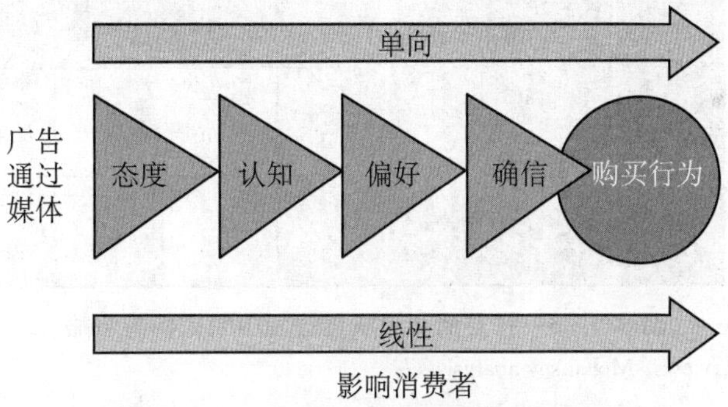

图表 7-4　基于广告的传统营销传播观念

舒尔茨推崇一种“由外而内”的整合营销传播策划法，即从消费者出发再回到产品品牌。这意味着促销计划者要研究不同媒体的受众并预测其使用情况，了解何时营销者的信息与消费者最为相关，以及何时消费者最有可能接纳营销者所传递的信息。

汤姆·邓肯（Tom Duncan）教授提出了另一种类似的方法，他认为整合营销应采用**零基传播策划**（zero-based communications planning），这种方法涉及决定需要完成何种工作任务，为了完成这些任务需要发挥营销传播的哪些功能以及发挥到何种程度。[17]这种方法着重考虑应该完成的任务并寻找最优的创意和媒体来完成它。邓肯认为，一个高效的整合营销传播方案应当能够最有效地解决公司面临的主要问题或者抓住公司的主要机遇，并且应采用一个能够充分利用最符合特定环境的那个传播方式优势的促销组合。

尽管舒尔茨和邓肯在传统的反应层级模型基础上讨论了确定目标的策略，我们仍然要关注竞争模型。如第 5 章中所提到的，将决策看作社交消费者决策过程，需要从不同的角度来看待沟通目标。图表 7－5 的行显示了消费者决策过程的步骤。列描述了营销者在每个阶段需要完成的目标，而实现这些目标所需要的营销反应列在矩阵中。在这一视角下，营销商必须占据主导，也就是说营销商必须了解在网络上关于产品或品牌的信息，以了解市场对它的看法，然后做出相应的反应。根据模型，这个过程必须持续进行。其次，营销商必须在个人层面对具体问题做出反应。反应可能是积极的性质（客户服务或销售指导）或（更有可能）是危机管理的一部分，处理关于产品或品牌的负面问题。信息放大处理设计和传播活动（特别是与社交媒体相关）的培养参与和分享以及忠诚的问题。信息放大的目标是增强消费者的品牌黏性，延伸品牌体验，并促使他们在社交网络上向其他人传播积极的品牌体验。最终的目标——引导，是为了引起消费者长期的行为改变。在这个过程的早期阶段，只是简单地包括了引发品牌知晓。在这个过程的后期，引导可能是为了制造轰动效应或推广诸如销售或促销之类的时间敏感问题。该模型还提倡在购买完成后征求消费者的意见，以获得持续的信息反馈。

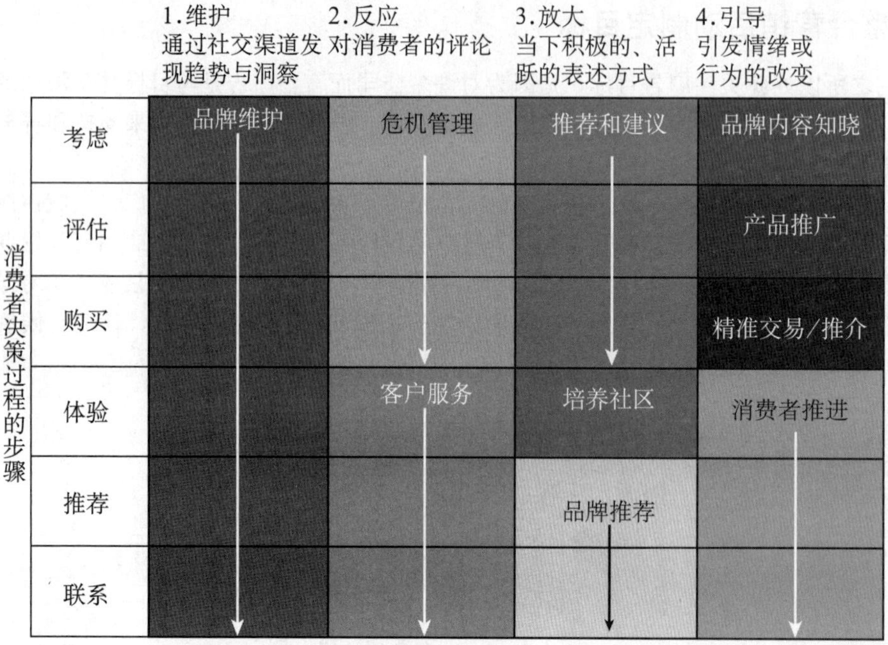

图表 7－5　社交消费者决策过程中的目标与策略

资料来源：Expert interviews；McKinsey analysis.

尽管社交消费者决策过程与传统反应层级结构不同，但在购买决策过程中经历不同阶段这一设想是相似的。与传统模型相似，营销商需要采取特定营销行动帮助消费者经历这一过程。

确定广告目标的许多考虑因素都与整合营销传播其他要素所设定的目标有关。促销计划者应该决定不同的销售策略、宣传和公共关系、直复营销、数字媒体和人员销售在整个营销方案中扮演的角色，以及它们如何与广告和彼此之间的互动。

例如，奥克兰动物园（Auckland Zoo）的营销传播活动有许多目标。首先，它必须为公园的活动提供资金，并保证支持者的强有力支持。传播活动必须向公众宣传动物园的各种活动，并在本地、地区乃至国际层面上保持良好的形象。整合营销传播活动的一个主要目标就是吸引游客到动物园并体验动物园的各种活动。

与奥克兰动物园一样，其他动物园也会设立相似的目标。如图表 7－6 所示，这些活动会使用许多整合营销传播工具。当为这些促销元素设定目标时，计划者必须考虑公司希望通过这些元素传播什么，在哪些目标人群中传播，在什么时间段传播。对广告而言，结果应当是可测的，并应结合最初的目标进行评估，同时应尽力将各促销因素的效果区分开来。对于营销传播各要素的目标，本书第Ⅴ篇将进行深入介绍。

图表7-6　　　　动物园为不同促销方式确定的具体目标

广告

目标：提升动物园的入园率，提升动物园形象，教育消费者并使其了解景点、特殊事件以及促销活动。

受众：动物协会的会员及非会员，阿勒格尼县和在三州地区其他5个县在内的主要、次要市场的家庭，包括西部7个州在内的第三级市场。游客和旅行团市场。

时间：根据预算决定，尽量与促销活动保持一致。

工具/媒体：电视、广播、报纸、杂志、直邮、户外广告、旅游类媒体（电视和杂志）。

促销

目标：运用价格、产品以及其他多种方式来增加观光人数。

受众：目标消费群，取决于合作伙伴，主要是宾夕法尼亚西部的市场。

时间：由动物园及其合作伙伴的需要决定。

工具/媒体：优惠券、抽奖、旅游、广播、直邮、公告、小广告传单、海报、明信片、在线门票折扣。

公共关系

目标：告知、教育、建立以及维持动物园的社会形象和主要吸引力，强化广告信息。

受众：从地方到国际，视主题、范围、时期而定。

时间：不间断进行，与促销活动保持一致，也包括持续的新闻宣传以及一些时效性强的生动新闻报道，比如公园引进新动物或小动物降生。

工具/媒体：使用主要新闻媒体，如当地、地区性以及全国性和国际性报纸、杂志以及其他出版物，包括在旅游者指南、游记类书籍等上刊登软文，由动物园代言人参加著名脱口秀节目如《大卫莱特曼秀》(The David Letterman Show)，发布动物园简讯，开展领养动物计划以及其他环保计划。

公益营销/公司赞助/事件营销

目标：为动物协会项目提供资金，并推进与合作赞助商之间的特殊活动和事件，使双方均从中受益。

受众：动物保护协会及其合作者、产品/服务合作伙伴的支持者。

时间：由合伙人、动物园的季节性客流量决定。

工具/媒体：可能包括广告、公关、折扣合作促销、票务交易，接待中心。公司赞助商的承销数量（包括范围和期限）与媒体曝光量直接成比例。

直复营销

目标：保证稳妥可靠的财务和政治支持。

受众：当地、地区、国内以及国际范围的受众。包括儿童、老年人、夫妻、单身会员以及其他捐赠者。

时间：持续的全年会员制促销。

工具/媒体：直接邮件和地面可见信息。

集团销售

目标：通过组织各种旅游团实现团体流量和收入的最大化。

受众：会议，奖励团体，巴士旅游，协会，青年，童子军，学校，夏令营，老年人，俱乐部，军队，组织，国内外的旅游团。

时间：考虑能够最大限度地增加旅游旺季或其他时段（比如会议季）的观光客流量。

工具/媒体：旅游和旅游贸易展、电话销售、直接邮件、行业刊物广告。

网络

目标：提供关于动物园、活动、会员及公关活动的信息。

受众：所有对动物园信息有需求的受众。

时间：持续的实时更新。

工具/媒体：网站、博客、视频、脸书、推特、其他社交媒体。

制定和分配促销预算

回顾第 1 章的整合营销传播计划过程的模型，我们可以看到，从营销计划回顾和促销方案形势分析到传播过程分析都是单向推进的，而传播分析与预算制定之间却是双向的。这意味着，制定目标是计划过程中的重要一环，而预算的限制也同样十分重要。没有任何机构可以做到对预算无限制，因此目标的制定必须建立在预算的基础上。

我们时常认为公司的促销花费是一大笔支出，但很少去思考这笔钱如何分配，由谁来使用。预算决策问题不仅对公司本身，而且对其他直接或间接的利益相关者都有很大影响。本章的其余部分研究了与预算设置相关的基本理论，讨论了公司如何为促销活动制定预算，展示与这些方法相关的固有优势和弱点。本质上，我们主要讨论两个主要的预算决策：制定预算和分配预算。

制定预算

不同公司的广告与促销的预算规模从数千美元到上亿美元不等。AT&T 和威瑞森这样的公司每年花费超过 20 亿美元来促销，它们希望这么巨大的支出能完成它们所设定的目标。预算决策对于那些只花费数千美元的公司也同样重要，最终的成败将与这些花费直接相关。营销管理者面对的重要问题之一就是在促销上应该花多少钱。

但遗憾的是，许多管理者并未真正意识到广告与促销的价值。他们将传播预算看作花费而不是投资，认为这是一种增加成本、减少利润的行为，对增加销售和市场份额没有贡献。结果是，当公司处于困境时，广告与促销预算往往最先被削减，即便存在强有力的证据表明应该采取相反的措施。图表 7－7 显示了对经济萧条期广告活动研究深入回顾的结果，它涵盖了美国长达 83 年的 40 项研究。可以看到，在经济衰退期持续投入广告的观点超过了削减广告投入的观点。[18] 如整合营销传播视点 7－1 所示，许多成功公司的广告花费证明了它们支持这一看法。另外，制定预算并不是一劳永逸的工作。在每年做新预算、每次新产品上市或要维持竞争力而改变内外部因素时，公司都需要调整预算计划。

虽然制定预算十分重要，但它也可称为最保守的工作。在过去的 10 年里，对广告与促销文案的比较显示制定预算的方法没有太大的变动。预算是以经济理论和边际分析理论为基础的。（广告主也会使用**边际贡献**（contribution margin）来对一个品牌产生的全部收入和全部成本差进行分析。但正如罗伯特·斯坦纳（Robert Steiner）所言，边际分析和边际贡献其实是相似的术语。[19]）我们通过对这些理论方法的一系列分析来着手讨论预算问题。

图表 7－7　有关经济衰退期广告活动研究的结论

- 在世界主要经济体中，广告与经济周期均有较强的关系。
- 主张在经济衰退期缩减广告的一个最重要原因是，销售量在经济衰退期很可能比在经济繁荣期要低。
- 多项研究中一致的、强有力的证据表明，缩减广告会在经济衰退期间以及之后一段时间使销售额下降。
- 经济衰退期间不减少广告会在此期间以及之后一段时间促进销售。
- 经济衰退期间增加广告的公司会在此期间以及之后一段时间获得更高的销量、市场份额和盈利。
- 大多数公司倾向于在经济衰退期间减少广告并提升广告效力。

资料来源：G. Tellis and K. Tellis, "Research on Advertising in a Recession," *Journal of Advertising Research* 49, no. 3 (2009), pp. 304－27.

整合营销传播视点 7-1

可口可乐、卡夫、宝洁、七喜等公司相信广告是有用的

这是一个相当令人印象深刻的公司名单。成功的公司喜欢广告，这并不奇怪——也许这就是它们如此成功的原因。以可口可乐公司为例，2015年，可口可乐在北美仅一个季度的收入就接近60亿美元！根据CEO穆泰康（Muhtar Kent）的说法，部分原因可能是广告支出大幅增加。而且在整个饮料行业竞争加剧以及整个行业的负面宣传力度增加的时期，可口可乐的广告预算也在增加。为了支付增加的开支，可口可乐削减了公司其他领域的开支。显然，可口可乐认为这笔投资是值得的。

对于大多数公司来说，在情况不利时会勒紧裤带，例如，经济低迷导致削减开支。不幸的是，削减开支一般都开始于营销——特别是广告。以美国最近一次衰退时期为例，在当时由全美广告主协会进行的一项调查中，有77%的营销商表示它们计划减少广告媒体预算。72%的营销商计划减少它们的生产预算，48%的营销商正在考虑减少广告代理公司的报酬，68%的营销商会向它们的广告代理公司提出削减成本的要求。显然，这些公司正在寻找节约成本的方法。但它们做的是正确的吗？一些大型的广告主并不同意这种策略。

美国最成功的两家包装消费品公司不认同这种策略。2010年，在可能被认为是经济衰退最严重的时期，宝洁公司将广告支出增加了10亿美元，以扩大销售和市场份额。大多数增加的预算都流向了吉列组合超顺滑剃须刀、潘婷洗发水和帮宝适的干爽尿不湿广告运动。结果显示，宝洁在男性剃须用品市场的份额增加了4个百分点，洗发水市场增加了0.5个百分点。在所有营销渠道中，帮宝适增加了1.5个百分点。当被问及在经济衰退中增加广告支出是否明智时，首席财务官乔恩·莫勒（Jon Moeller）说："简单地说，我们所做的一切可能都是疯狂的。"

与宝洁一样，卡夫食品也认同在其他公司削减开支时增加支出的策略。卡夫在2010年下半年也增加了广告支出，并指出该公司"不会通过大范围使用促销手段来提升自己的地位"。卡夫首席执行官艾琳·罗森菲尔德（Irene Rosenfeld）表示，随着广告支出的增加，大力度的促销定价和折扣将显著减少。罗森菲尔德认为，积极进取的品牌建设将会带来巨大的收益。这些数字似乎支持了她的战略，因为Tang和奥利奥在广告和传播方面的积极举措，都实现了30%～40%的增长。其他的卡夫品牌也从增加的支出中受益，其中包括：果倍爽（Capri-Sun）、酷爱（Kool-Aid）和麦斯威尔咖啡（Maxwell House）。

另一个成功品牌七喜（7UP）也认同宝洁和卡夫的战略。在被百事饮料生产线淘汰之后，七喜一直没有完全恢复，而是被Sierra Mist取而代之，后又被卖给了澎泉思蓝宝集团（Dr Pepper Snapple）。在2008年经济衰退期，七喜的销售额下降了8.1%，而在2009年上半年，销售额又下降了7.7%。更糟糕的是，整体软饮料类产品都在下降，柠檬口味最受打击。比起削减开支，七喜在2010年的计划雄心勃勃，包括三年内第一次新的广告宣传活动、新的定位、产品线扩展以及店内翻新。新预算大大超越上一年的2 100万美元（不包括网络）。当被问及"为什么现在增加预算"这一问题时，来自澎泉思蓝宝集团的七个品牌的董事——大卫·福尔克（David Falk）简单地回答说："在经济低迷时期做广告的品牌，会比那些时代更强大。"

汉堡王也有类似的看法。这一快餐公司宣布其广告花费将在2008年的2.94亿美元的基础上有两位数（20%～25%）的增长，从2009年年末开始，到2010年夏季，也就是快餐业销售旺季时达到一个高峰。有趣的是，汉堡王不仅没有节省花费，而且将最大的预算增加集中在电视广告上，而不是数字媒体。如汉堡王的首席营销官罗斯·克莱因（Russ Klein）所说，在覆盖率和到达率的广度上，"电视媒体无可替代"。克莱因还提到，"经济衰退期间，通过传递价值信息、革新和特定战略使品牌处在前端和中心是非常重要的"，"许多历史证据可有力证明，那些在经济衰退期拥有革新

精神，通过广告活动使自身凸显出来的公司，其品牌竞争力最终都获得了增长”。

通用磨坊公司为应该增加广告花费提供了另一个原因。该公司的调查显示，在经济持续疲软时，由于未来财富情况的不确定，更多美国民众选择在家就餐。在2009年第一季度增加了25%的广告支出后，该公司认为“追加投资将会进一步提升净销售额”，宣布随后还将有10%的增幅。（通用磨坊的零售额增长了12%，营业利润在增加了广告花费投入的情况下仍增长了30%。）该公司2008年的预算（包括广告、促销和其他活动）是6.888亿美元。拉丁裔市场将继续是费用投入的核心市场，公司将大力推广蜂蜜燕麦圈，并且集中向“婴儿潮”时期出生的人宣传健康饮食的益处。

其他一些公司也在2009年圣诞节销售期间获得了逆势增长。凯马特、沃尔玛和彭尼均在前一年增加了广告支出，家得宝和劳氏（Lowe's）则增加了50%。盖璞公司的广告花费在第三季度增加了2 500万美元，第四季度则增加了4 500万美元，公司还在两年内首次回归使用电视广告。据沃尔玛公司发言人称，这家全球最大的零售商相信即便在经济衰退期仍应保持广告花费。百思买公司在保持预算的同时，将部分预算的分配转移至价格更低的媒体，如推特和脸书。宝洁和可口可乐等也维持了广告投入，并将支出转移到它们认为“更加有效和更具创新性”的媒体上。宝洁在2010年年中宣布将增加广告经费。

回顾文中所提到的这些在经济衰退期没有削减甚至还增加了广告投入的公司名单，人们不禁会猜想，它们是否了解某些不为余下77%的广告主所知的秘密。

资料来源：Mark J. Miller, "Coca-Cola Sees Pay-Off from Increased Marketing Spend," www.brandchannel.com, July 30, 2015; Kenneth Hein, "To Counter Downward Sales Trend, 7UP Ups Ad Spend," *Brandweek*, October 12, 2009, p. 5; Suzanne Vranica, "Retailers Boost Spending on Holiday Advertising," www.wsj.com, November 9, 2009; Emily Bryson York, "Burger King to Boost Ad Spending," www.adage.com, April 17, 2009; David Goetzl, "General Mills to Increase Ad Spending," www.mediapost.com, July 6, 2009; David Goetzl, "Coca-Cola, P&G to Keep Spending," www.warc.com, April 23, 2009; Jack Neff, "P&G Hikes Ad Spending by $1 Billion to Grow Share Sales," www.adage.com, August 3, 2010; Seeking Alpha, "Kraft Boosts AdSpend, CHTS Back on Promotions," www.warc.com, August 9, 2010.

制定预算的理论观点

大部分制定广告预算的模型都可以分为经济学方法或销售反应方法两类。

边际分析 图表7-8介绍了**边际分析**（marginal analysis）的概念。广告与促销支出增加，销售和利润也随之上升，但到了一个顶点后便逐渐下降。利润等于总收入减去广告支出。根据这一理论来制定预算，如果这些支出带来的边际收益超过广告与促销支出，公司就可以继续广告与促销的投入。如图表7-8中所示，最优边际贡献在边际成本正好等于边际收益的那个点（点A）。如果广告支出大于广告所产生的收入，一般认为这个比例过高而应当相应降低预算。如果收益更高，则会考虑增加广告预算（我们在本章末会发现这个方法也可用于分配决策）。

边际分析看似符合逻辑，但其实某些具体的弱点限制了这种方法的实用性。这些问题基于两个前提：（1）假设销售额是广告与促销的直接结果，并且可以量化。（2）广告与促销是公司销售额的唯一决定因素。下面让我们对这些前提做出更详细的分析。

1. 假设销售额是广告与促销活动的直接测量尺度。本章已经讨论过，广告主需要制定有助于实现整体营销目标的传播目标，而两者又具有独立性。采取这一策略的一个原因是用销售额来证明广告与促销的效果通常难度很大。在使用销售作为直接衡量标准的研究中，确定广告与促销的贡献几乎是不可能的。戴维·艾克（David Aaker）和詹姆斯·卡曼（James Carman）指出：“根本不存在能够精确测量广告与促销同销售之间关系的方法，这简直是大海捞针。”[20]因此，以销售来制定预算会令人误入歧途，一个更加符合逻辑的办法是考察不同的预算对传播目标的影响。

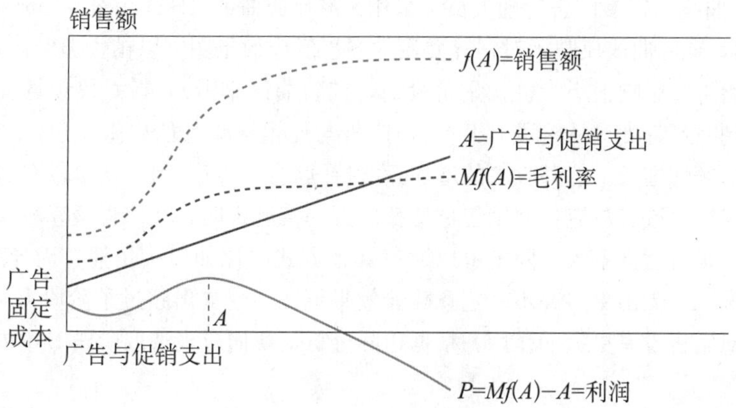

图表 7－8　边际分析

正如我们从传播目标的相关论述中了解到的，销售额并非促销的唯一目标。知晓、兴趣、态度转变以及其他一些传播目标同样重要，虽然最终仍需要销售产品，但这些目标也可以作为制定促销活动的基础。

2. 假设广告与促销是销售额的唯一决定因素。这一假设忽略了营销组合中的其他元素——价格、产品、分销，这些因素都事关成败。环境因素也可以影响促销活动，这导致营销管理人员需要判断当其他因素促进或妨碍了预期目标的实现时，广告是否有效。

总而言之，运用经济学理论和方法来制定预算有一定可取之处，但以销售额和利润来决定促销活动的效果存在的困难限制了其适用性。目前，已经很少有人采用边际分析法来决定预算（除了在直接反应广告中使用之外）。

销售反应模型　读者或许会心存疑问："为什么当广告与促销费用持续上升时，图表 7－8 中的销售曲线上升速度反而会减缓甚至下降？"广告与销售的关系已经成为众多研究的首要论题，由此导出了反应曲线走势的问题。

几乎所有广告主都会选择下列两种销售曲线中的一种：倒 U 形和 S 形。

- 倒 U 形功能模型。在考察了有关广告对销售影响的 100 多项研究之后，朱利安·西蒙（Julian Simon）和约翰·阿恩特（Johan Arndt）得出结论，广告预算的效果遵循边际收益递减的微观经济学法则。[21] 也就是说，当广告数量持续增加时，其增量值逐渐减少，这是因为具有购买欲望的人会在接触广告后不久便产生购买行为，到后来，那些不具备购买意愿的人也不太可能受广告影响而采取购买行为，而广告与促销支出却持续增加。对于那些潜在消费者而言，广告信息的增加并不能通过为其提供更多的信息来影响决策。因此，正如图表 7－9 中 A 图所示，根据**倒 U 形功能模型**（concave-downward function model），广告效果会很快消失。采用这种模型的预算方法意味着只要较少的广告费用就可以让广告达到影响销售的最佳效果。

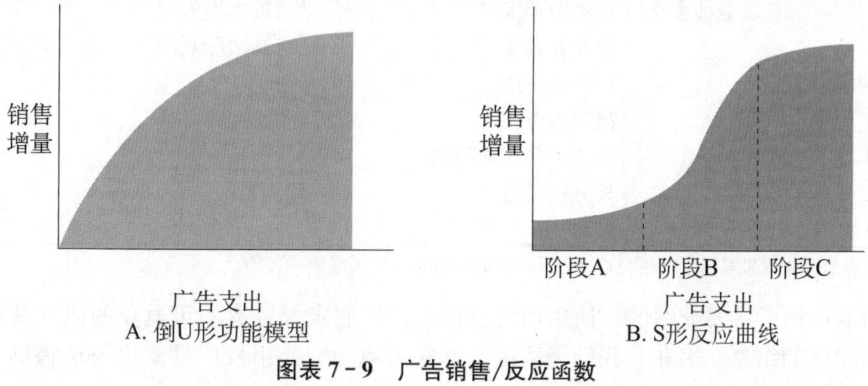

图表 7－9　广告销售/反应函数

● S形反应曲线。很多广告管理人员都采用**S形反应曲线**（S-shaped response curve），见图表7-9中B图，这一曲线反映了对预算费用的S形反应效果图（以销售额做衡量标准）。广告预算支出在初始阶段影响很小（也就是阶段A，销售曲线平滑）。在一段预算支出之后，也就是广告预算达到一定程度（从阶段B开始），广告与促销影响开始崭露头角，广告与促销支出带来了销售额的额外增长。这种收入的增加只能持续到某一点。因为从阶段C开始，广告与促销支出只能带来很少或者没有任何销售额增长。这一模型说明，在广告预算较小的情况下，广告很可能对销售来讲意义不大，除了可以通过其他方式（比如口头传播）而导致的销售增加。在其他极端情况下，支出更多并不一定意味着效果更好，当支出超过了阶段B，广告的额外投放就是浪费，对销售没有更大的作用。根据边际分析，我们应当选取阶段B中的某一点以求取最大的资金回报。

这些销售模型的缺陷是应用问题，正如之前提到的将销售额作为因变量、测量基准等问题在这一模型中同样存在。与此同时，我们需要谨记讨论这些模型的目的。即使边际分析和其他销售反应模型无法直接应用，这些方法依然为营销管理者提供了预算制定以及预算如何起作用等方面的理论基础。一些实验性证据表明了这些模型的潜在有效性。

前面几章中关于反应层级模型研究的讨论同样显示了重复对于获得认知和之后更高层级的目标（比如采纳）的重要作用。因此，尽管这些方法并不能直接为我们提供制定广告与促销预算的工具，却为预算制定的分析研究提供了理论基石，我们使用这些方法来指导实践。在本章接下来的内容里你会发现，在预算制定和分配的过程中，这一理论基石比目前使用的许多方法更有效。

影响预算制定的其他因素

在预算过程中将这些理论基础纳入考虑范围后，其他一系列问题也应当得到充分考虑。将销售额作为衡量广告效果的直接指标，其中一个弊端便是有许多其他情境因素会在过程中产生影响。图表7-10中显示了影响广告支出/销售比率的部分因素。对于一些具备情感购买激励、内在的产品质量或者显著差异性的产品而言，广告对销售有着不可忽视的作用。但如果是那些价格较高或者处于产品成熟期甚至衰退期的产品，广告效果则不太好。

图表7-10　影响广告预算的因素

因素	广告支出/销售的关系	因素	广告支出/销售的关系	因素	广告支出/销售的关系
产品因素		非弹性需求	+	高质	+
差异性	+	市场份额	—	媒体策略	+
内在的产品质量	+	竞争：		创意策略	+
感性购买动机	+	活跃程度	+	促销策略	+
购买频率	曲线变化	集中程度	+	**成本因素**	
市场因素		**消费者因素**		高边际利润	+
产品生命周期阶段：		用户集中度	+		
引入期	+	**战略因素**			
成长期	+	品牌生命周期早期	+		
成熟期	—	长分销渠道	+		
衰退期	—	高价	+		

注：+表示广告效果与销量正相关；—表示广告效果与销量无关或影响较小。

正如本章稍后将要介绍的，使用销售额百分比法制定预算有不可避免的内在弊端，甚至可能得出相反的结论。因此，我们无法确定这些情境是否能引发广告支出与销售的关系，反之亦然。这些因素在分配预算时应充分考虑，但不等于说它们就是制定预算支出的唯一依据。

《广告时代》杂志的咨询团队由来自全美最大的 200 家广告客户的 92 位高级主管（代表客户）、来自全美最大的 200 家广告代理公司和 11 家广告咨询公司（代表代理公司）的 130 位高级主管组成。通过对他们的调查得出了制定预算时的重要考虑因素，见图表 7 - 11。

图表 7 - 11　制定预算的考虑因素

广告策略或创意的变动	51%
竞争者的活动和/或预算水平	47%
利润贡献目标和其他财务目标	43%
调整后的上一年度支出水平	17%
高级经理的资金分配和审批权	11%
数量份额的预计	8%
有关媒体成本增加的预测	25%
媒体策略和（或）购买技巧的调整	17%

总体来看，这两组人的调查结果可以部分反映出他们对预算制定中的各影响因素的倚重程度。只有掌握了当前制定预算的办法，才能了解这些因素相对重要性的差异。下面将对制定预算的方法进行讨论。

制定预算的方法

制定预算很少会用到前文提及的理论模型，尤其是许多小公司可能从未采用过。相反，从实践和经验得出的方法却很有用，这里将回顾一些更传统的预算制定方法，详细列出它们的优缺点。首先，必须明确两点：(1) 许多公司都使用不止一种预算制定方法；(2) 预算的制定方法根据公司的规模和复杂程度的不同而不同。

自上而下法

这一部分所讨论的方法称作**自上而下法**（top-down approach），是因为先制定预算总额，然后向下面各层级分配（见图表 7 - 12）。这些预算是事先制定的，没有理论依据。该方法可以具体分为尽力而为法、任意分配法、销售额百分比法、竞争对等法、投资回报法。

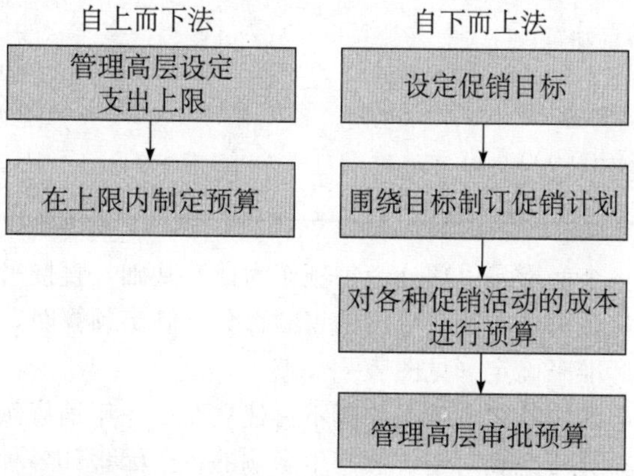

图表 7 - 12　预算制定：自上而下法和自下而上法

尽力而为法　**尽力而为法**（affordable method）是指公司在生产运营等领域分配完资金后，将剩下的资金用于广告与促销。这部分剩下的资金就是公司最大的支付能力。在这种情况下，广告与促销应发挥的作用并不会被考虑到，支出低于预算或超出预算的可能性都比较大，因为公司对于各种预算花费所获效果的衡量并没有设定任何标准。

奇怪的是，不仅许多小公司喜欢用这种方法，许多大公司也会使用，尤其是那些不以市场为导向和根本不清楚广告与促销活动实际意义的公司。例如，一些高科技公司只关注新产品开发和工艺流程，而对销售漠不关心，认为“酒香不怕巷子深”。在这种方法的指导下，公司只将很少的资金留给广告与促销。

这种方法的逻辑源于“我们不会因为这种方法而遭受损失”这种普遍想法。如果我们知道所能承受的范围且不超越它，就不会遇到财务难题。虽然从严格的会计角度来看待此事很正确，但从市场角度出发，它并不是良好的管理决策。这种方法往往不能为产品上市分配足够多的资金。以 S 形反应曲线来解释这些公司的行为，它们可能停留在阶段 A；而若公司的广告支出超出一定水平，则它们可能停留在阶段 C。一旦公司面临困境，销售和利润下滑，首先削减的就是广告的预算和支出。

任意分配法　比尽力而为法更缺乏说服力的方法是**任意分配法**（arbitrary allocation method）。这种预算制定方法毫无理论根据，公司老总觉得哪里该花钱就往哪里投。梅尔文·萨尔韦森（Melvin Salveson）指出，这些预算经常由管理高层“拍脑袋决定”。[22] 尽管萨尔韦森所说的是大公司，但这些方法在小公司甚至非营利组织中都有体现。

这种方法毫无优点可言，既缺乏明智的思考，也缺乏明确目标和客观标准，对广告与促销的具体作用视而不见。除了管理者知道广告与促销反正是一定要花钱的项目，就随意指定金额之外，不知这种方法一直在用还有什么其他的原因。尽管这种方法弊端很多，但依然屡见不鲜，这并非本书提倡的方法。

销售额百分比法　确定广告与促销预算最常用的方法是**销售额百分比法**（percentage-of-sales method）。在这种方法中，广告与促销预算以产品销售额为基础，通常有两种方式：（1）销售额的某一百分比；（2）计算单位产品固定的广告与促销支出，然后乘以销售量。两种方法在图表 7－13 中均有体现。

图表 7－13　**销售额百分比法的两种计算方式**

方法一：直接以销售额百分比计算	
2017 年：全部销售额	1 000 000 美元
广告支出占销售额的 10%	100 000 美元
2018 年：广告预算	100 000 美元
方法二：单位产品成本的百分比	
2017 年：单位产品成本	4 美元
单位产品的广告支出	1 美元
2017 年：预计全年销售额 100 000 单位	
2018 年：广告预算（100 000 单位×1 美元/单位）	100 000 美元

销售额百分比法的一个变形是以预计销售额作为计算基础，直接采用预计销售额的百分比或预计单位成本的百分比计算。在直接应用销售额百分比制定预算时，需要主管人员估测预算销售额，一般根据行业标准来确定（见图表 7－14）。

以预计销售额为基础的好处之一就是预算不再建立在上一年销售额的水平之上。因为市场瞬息万变，营销商必须充分考虑到对销售额产生影响的各个因素和各种变化，不能简单地依靠之前的数据，因此而产生的预算更有可能反映当前状况，也更加适用。

图表 7-14　　部分行业的数据（%）

行业名称	SIC 编码	2014年广告支出（百万美元）	2015年广告支出（百万美元）	2015年广告支出增长率	2015年销售额增长率	2015年广告支出占销额售百分比	2015年广告支出占边际利润百分比
磨料、石棉、混合矿	3 290	507.787	528.905	3.3	1.3	8.2	31.4
意外/健康保险	6 321	229	219.83	−4.3	−3.4	1	4.4
会计、审计、账簿服务	8 721	20.7	19.97	−3.4	3.1	1.1	3
黏合剂和密封胶	2 891	0.02	0.016	−21.6	7.3	1.5	5.6
广告业	7 310	132.165	133.913	2.6	4.2	2	4
广告代理业	7 311	10.333	8.666	−11.1	3.5	0	0
农业畜牧业	200	12.26	13.823	12.4	13.3	0.6	2.2
农业化学品	2 870	3 564.254	3 312.839	−7.1	−2.2	5	14.4
农产品	100	173.612	171.539	0.5	6.4	0.7	1.5
航空快递服务	4 513	517.178	529.505	2.4	2.1	0.7	2.7
定期航空运输	4 512	2 707.697	2 634.345	−1.7	5.2	0.7	3
制冷/制热/空气净化设备	3 585	175.501	179.815	2.2	2.2	1.1	3.1
飞机制造业	3 721	7.983	8.009	0.9	3	0.1	0.5
机场与航站楼服务	4 581	0.117	0.15	25.9	6.7	0.8	1.6
娱乐业	7 900	335.555	366.011	8.8	9.2	3.7	12.8
游乐园	7 996	232.1	236.695	1.6	2.3	6.2	13
服装和其他成衣制品	2 300	1 847.697	2 014.898	8.8	9.6	4.4	8.7
服装和配饰品店	5 600	581.487	616.822	5.9	3.8	3.5	9.3
服装、布匹批发	5 130	11.633	12.678	6.9	3.9	2.8	7.7
货物与运输业	4 731	3.988	4.104	2.9	8.8	0.1	0.3
汽车和家用配给店	5 531	359.426	387.533	7.7	9	1.2	2.5
汽车经销，加油站	5 500	839.213	912.892	8.2	5.6	0.6	4.5
汽车租赁（不带司机）	7 510	423.497	456.462	7.8	7	1.4	3.1
汽车维修与护理，停车	7 500	2.585	3.177	21.2	14.7	0.1	0.9
烘焙产品	2 050	3.67	4.187	13.2	9.3	0.4	1.2
滚珠和滚柱轴承	3 562	0.2	0.1	−100	−9.4	0.1	0.3
饮料	2 080	2 300	2 482.292	6	1	3.7	6.4
生物制品	2 836	1 296.288	1 488.055	14.9	17	1.4	1.9
烟煤、褐煤	1 220	1	0	−100	−10.3	0	0
装订业	2 780	222.737	230.423	2.4	1.5	6.7	13.3
建筑材料/五金/园艺设备	5 200	118.122	126.044	6.5	8.3	1.2	3.5
图书出版与印刷	2 731	2 155.239	2 044.664	−6.2	−1.8	18.1	33
宽幅纺织物、棉	2 211	1.903	1.926	1.3	0.5	0.2	1.1
罐装软饮料、饮用水	2 086	5 168.45	5 155.193	−0.5	−1.5	4.9	9.1

续前表

行业名称	SIC编码	2014年广告支出（百万美元）	2015年广告支出（百万美元）	2015年广告支出增长率	2015年销售额增长率	2015年广告支出占销额售百分比	2015年广告支出占边际利润百分比
商业服务	7 389	132.936	126.346	−2.4	3.8	0.4	2.2
有线电视和其他付费电视服务	4 841	5 688.916	6 230.451	9.8	5.5	2.8	6.5
计算和会计机器（不包含电子计算机）	3 578	328.418	378.028	14.1	3.3	2.4	7.3
罐装蔬菜、水果及果酱	2 033	138.093	140.996	2.2	2.3	1.7	4.9
罐装/速冻水果蔬菜	2 030	928.558	903.301	−3	1.8	3.3	9
地毯	2 273	45.487	50.792	10.7	12.3	0.6	1.7
目录、邮寄订单服务	5 961	6 094.508	7 040.926	14.6	14.4	3.8	13.4
水泥、液压业	3 241	3.316	3.201	−3.8	−6.5	0.8	1.6
化学药品及相关产品	2 800	0.093	0.12	27.1	−3	0.9	2.1
香烟	2 111	720.445	763.118	5.6	−1.9	0.7	1.4

资料来源：2015 Ad-to-Sales Ratios，www.outburstadvertising.com.

图表7-14显示，不同行业的广告支出占销售额的百分比差别很大。有些预算只占到很小的份额（比如烘焙产品只有0.4%），有些行业的比例则较高（比如图书出版与印刷行业为18.1%）。实际支出根据公司的总体销售额来确定。因此，一些比率低的行业，比如建筑机械业，广告与促销总额却很高。

这一方法的支持者提出了一系列优点。比如该方法安全合理，使广告与促销支出受到上一年度销售额或预期销售额制约，因此，这也使得下一年的广告与促销资金有了足够保障。一旦销售额增加，广告与促销支出也会相应增加；反之，促销支出则减少。这种方法简单易行，不管是以过去的实际销售额还是未来的预计销售额为基础，计算方法都很简便。最后，这种预算制定方法也较为稳定。尽管预算会随着销售额而起伏，但只要销售额没有大起大落，管理者就会对预算制定的相关参数有一个合理的看法。

同时，销售额百分比法也有一定局限性。第一个问题是这种预算方法的前提假设是销售。让销售额来决定广告与促销支出颠倒了广告和销售之间的因果关系。它将广告与促销作为一种完成某种销售任务的支出行为，而不是投资。正如图表7-15所示，将广告与促销视为投资的公司得到了应有的回报（如整合营销传播视点7-1所示）。

第二个问题在于稳定性。赞同者认为，如果所有公司都有相同的百分比，市场将实现均衡稳定。但是一旦有人使用不同的百分比该怎么办？这种方法的根本问题在于过于稳定，即使内部发生重大变革或者竞争对手改变策略，公司也不会在销售策略上发生太大变化。实际上，一个积极进取的公司可能希望在广告与促销预算上划拨更多资金，而这种公司战略不适合使用百分比法，除非管理者想偏离行业标准。

第三个问题是资金使用的分配问题。如果广告与促销是营销的重要内容，那么向广告投入更多资金——根据S形反应曲线所示——在阶段B投入越多收益越多。如果产品的销售额很低，加之促销预算很小，那么销售将进一步受阻。另一个极端则是成功产品获得大量预算，但其中许多可以用于其他产品。

新产品的推介也很难使用这一办法。缺乏销售额的历史数据，预算设定的基础就不存在。预测产品销售是很难的，尤其是那些极富创造性或预期销售难以确定的新产品。

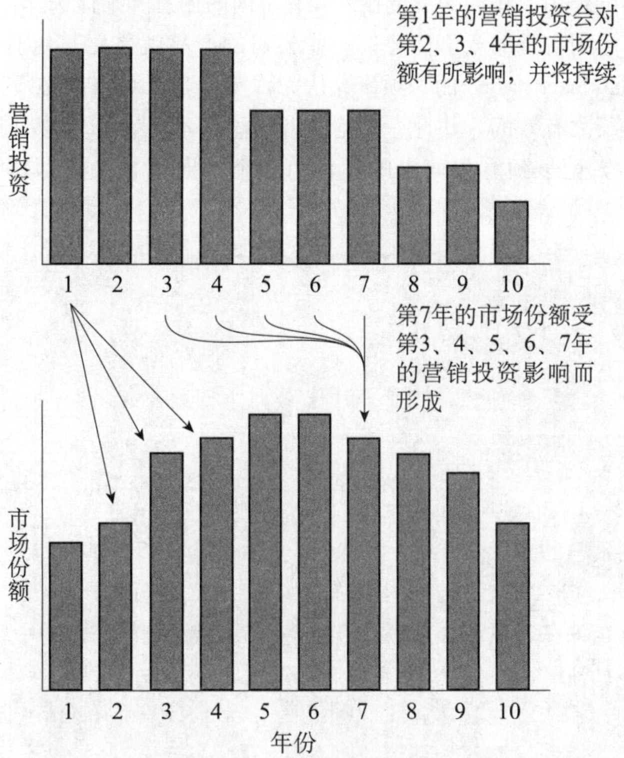

图表 7-15　未来几年的投资收益

最后，如果预算依托销售额建立，销售的下滑会导致预算缩减，而这恰恰是需要增加预算的时刻。持续地削减广告与促销预算只会加快销售下滑。许多更成功的公司常常会在艰难时期或销售低谷增加额外预算投入。那些维持或增加广告投入的公司获得了显著效果，销售额和市场占有率均有提升（同那些降低广告预算的公司相比）。

尽管销售额百分比法已经成为上述一些问题的解决方法，但受到预期、周期性增长等不可控因素的制约，该方法的效用受到一定限制。

竞争对等法　如果问公司的营销管理人员是否会将竞争者的广告策略作为制定预算的依据，很多人都会否认，但如果研究这些公司的广告支出，考察其广告预算占销售额的百分比以及在各种媒体上的投资，我们将发现，在同一行业内各家公司的情况都差不多。这绝非偶然。提供竞争性广告信息的公司、行业协会和其他广告业期刊都成了其竞争者制定广告预算的参考资料。一些较大的公司通常利用诸如《竞争性媒体投放报告》（Competitive Media Reporting）（统计分别在十家媒体以及所有媒体上的广告投放排名前 1 000 家企业的投放情况）等提供的服务。小公司则常用**简报服务**（clipping service）（从当地印刷媒体上收集竞争对手的广告简报）来收集信息作为制定预算的依据。

利用**竞争对等法**（competitive parity method），营销商通过竞争者的销售额百分比来确定自己的预算。其优点在于这个百分比是行业内部的智慧结晶，并且充分考虑到竞争者的策略，保证了公司相对稳定的市场地位。如果公司知道其竞争者在广告支出的增长上不可能与自己相提并论，也就相对更不会以带有侵略性的姿态来赢取市场份额。这种办法将广告投入的不确定性最小化。

竞争对等法也有一系列缺点。首先，该方法忽略了广告与促销具有可以解决公司的特定问题，实现其特殊目标的重要功能。其次，它假设公司有相似的支出就会产生相同效果，这种假设忽视了创意和媒体的作用。相同的资金投入，有不同的创意和媒体选择，效果也会不同。而且，这种方法忽视了公司自身的竞争优势；一些公司的产品就是比其他对手要好。尤（Yoo）和曼德哈奇塔拉（Mandhachitara）的一项研究认为，实行竞争对等法必须认可这样一个事实，竞争者广告对公司是行之有效的，并且一个竞争者的盈利不代表必然会引起其他公司的损失。正如图表7-16所示，竞争预算如何影响销售由四个不同因素决定，其中只有一例是零和方案。[23]

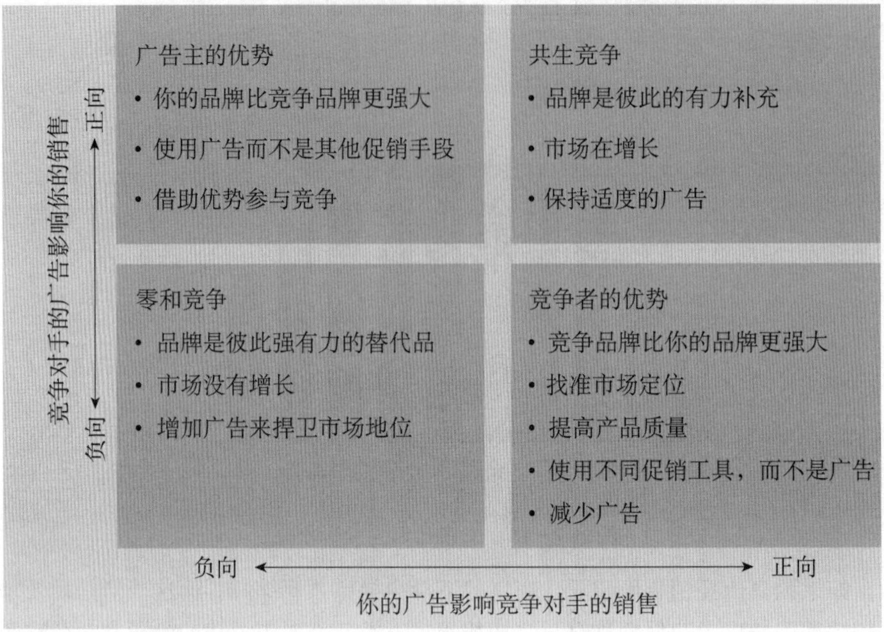

图表7-16 竞争者的广告支出并不总是构成威胁

同时，我们并不能保证竞争者会持续沿用现有策略。根据竞争对等法制定的广告支出根据竞争者上一年度广告支出而定（若无商业间谍的话），因此，直到竞争已经产生了一定的优势时，市场重点和/或支出的变化才会被发现。另外，竞争者也不会保证维持原有广告支出而无视其他公司的情况。最后，也是最重要的一个问题，在这种方法下，广告大战是不可避免的，可口可乐与百事、AT&T与威瑞森之间的广告投入大战都证明了这一点，各自都对对方的增加投入做出即时反应。

总之，很少有公司将这种方法作为制定预算的唯一依据，而经常将该方法与销售额百分比法或其他方法结合使用。漠视竞争必定是愚蠢的行为，营销管理人员必须时刻了解竞争者的动向，但他们也不应该一味跟随竞争对手来设定目标和制定战略。

投资回报法 在销售额百分比法中，销售额决定广告与促销活动的投资水平。但二者因果关系正好相反——广告与促销促进或阻碍销售。在边际分析和S形反应曲线模型中，广告与促销将导致销售额上升，其中的关键在于“投资”。在**投资回报预算制定法**（ROI budgeting method）指导下，广告与促销支出是一种理性投资，如同厂房和设备，分配得当就会有收益。与公司的其他努力一样，广告与促销也被希望能够有所收益。近年来，投资回报已经吸引了众多实际工作者的注意，虽然许多人仍对其测量方法持保留意见。图表7-17是《广告时代》报道的Aegis集团对不同媒体的投资回报测量（5分为最佳）。

图表 7-17　Aegis 集团对不同媒体的投资回报测量

媒介	测量挑战	ROI 可测性
直接反应	直邮、电话营销及其他直接反应媒体是此表所列媒介形式中最具可测性的媒介。直接反应媒体可以实现互动，尤其对于制药、电信以及金融服务等行业有特殊作用。	5
销售促进	打折、优惠券等销售促进手段可引发消费者反应，从而带来大量数据。这些数据经过统一扫描便可供测量用，尤其适用于包装产品。广告插页也能带来许多有价值的数据。	5
互联网	互联网对于那些大宗物件（例如车）的购买很有影响力。效果较容易测量，但正如“互联网是一张巨大宽广的网”所告诫的，网络上的内容五花八门，从搜索引擎内容广告到网页广告（如在汽车市场中，萨博（Sabb）由于网络广告获得了可观的销量），我们应当分别看待。使用互联网测量的目的是：了解消费者在互联网中是如何与品牌互动的。	5
电视	促销的效果呈现方式比较直接，且反应时间较短，因而比较容易进行准确测量。相比之下，电视更倾向于潜移默化，产生效果比较缓慢，也因此更加复杂，变化较多。但是投资收益仍然能够得到高度精确测量，电视产生的效果也仍然可测量。MMA 的客户已经在大量分析研究基础上，开发出 15 秒广告与 30 秒广告的更优组合形式，以及白天时段广告资源的更佳分配形式。	4.5
印刷媒体	专家可以通过周刊与月刊、针对目标受众市场与针对大众市场、广告促销与品牌资产建立等不同角度来划分印刷媒体。印刷媒体的促销手段——如广告插页——相对独立，而且效果可测性较强。在所有的媒介形式中，准确度与适时性是衡量媒体效果可测性的重要因素。印刷媒体在提高媒体组合到达率方面具有重要作用。	4.5
公共关系	有一些公司专门从事公关活动的效果测量；它们可以测量出品牌或品类通过公关（不论好或坏）所实现的印象传递数量。公共关系也可以在销量上产生一定影响（想想食物中的反式脂肪酸）。问题是，许多营销商并不购买这些公关方面的数据。	4
视频游戏	游戏是否需要在线参与十分关键。非在线游戏中的广告植入是很难测量其效果的，因为根本无法知道该广告被播放的次数。一则嵌入游戏的广告很难测量，这是因为无法了解到游戏的使用频次，即便我们都知道《真实犯罪》（True Crimes）中的康尼克（Nick Kang）有多受欢迎。不过，对于在线游戏而言，通过互联网，可以得到大量的数据。	线上线下
广播	可得到的数据并不如其他传统媒体诸如电视、报纸所提供的数据那么有价值，这一点也一直困扰着广播媒体。	3
电影	电影广告可以用印象传播率来进行效果测量，与户外和售点广告的效果测量类似。	3
事件赞助	是否可测取决于赞助事件是否能在短期内产生效果。像奥运会这类活动就比较容易测量，其他事件则很难测出效果。活动本身包含太多因素，包括如何让事件得到广告宣传、如何进行公关传播、标志牌设计以及事件本身的回想率，这些都使得测量万分复杂。	3

续前表

媒介	测量挑战	ROI可测性
产品植入	有一些公司测量产品植入的质量，同时也会测量曝光次数。与电视广告类似，产品植入也有很多不同的表现形式。福克斯电视网的节目《美国偶像》就是一个很好的例子：AT&T无线公司的植入（短信投票）是互动形式的，甚至该节目本身有些部分也要求互动，而宝拉·阿巴杜（Paula Abdul）喝可乐这一举动就不是互动的。（AT&T无线公司，现为Cingular无线公司旗下公司，并非MMA客户。）因此，真正的问题是：你怎么保证产品植入的质量？	3
户外	户外广告的自身性质决定了其测量数据获取的难度；目前还没有一家辛迪加供应商能提供市场所需要的有关户外广告的数据，而且户外广告缺少"变化"：同一个广告牌长年累月地挂着，每天看到广告牌的人通常也没有变化。	2
游击营销	如果使用的测量变量是销量，衡量营销效果是很难的。假如一场活动中有1万人每人领到一件免费T恤，很难说该活动对拥有40万人的当地市场有多大影响。由于游击营销可以使用的技巧五花八门，得到有效的数据就会成为一个问题——这还得看市场反应有多大的可测性。营销商对于游击营销的投资收益期待相比其他媒介会稍低一些，这也使得对游击营销的效果测量并非如此紧迫，更何况它们在游击营销上的花费比起在传统媒体（如电视）上要少得多。	1

虽然投资回报法在理论上很好，但现实中很难评估促销活动的真正收益回报——至少在仍以销售为评价标准的情况下。因此，虽然营销管理人员都会关心到底销售额上升了多少，但这一问题依然无法回答。正如本章开篇所述，仍需有决定其效果的标准来衡量。因此，投资收益法依然很难实行。

自上而下预算制定方法的总结 你或许会问，自上而下法有诸多问题，为何本书还要不厌其烦地一一详述呢？因为问题的关键在于只有掌握了这些方法才能了解其局限性，尤其是这些有缺陷的办法经常有营销商在实践中使用。多年来，多位研究者进行了这方面的研究，他们认为，上述尽力而为法、销售额百分比法、竞争对等法以及目标任务法是最常用的。[24],[25],[26],[27],[28] 正如前文所言，近年来，对投资收益法的关注快速增加。传统和高层管理者的控制欲很可能就是这些方法如此盛行的主要原因。

循序渐进法

自上而下法的主要缺陷在于导致预算分配同广告与促销目标以及广告战略脱节。一个更加有效的方法是充分考虑公司的传播目标和实现这些目标所必需的预算。正如前文所言，促销计划模型说明了预算制定是一个互动过程，一方面要考虑传播目标，另一方面也要考虑可供选择的促销组合。最终的想法是必须能够利用预算使促销组合策略实现所确定的目标。

目标任务法 目标与预算的确定应当是同步的，这比先确定目标后考虑预算要实际得多。没有具体目标就很难制定预算；同样，确定目标时要充分考虑到量力而行，例如，一家公司希望在目标市场上获得某一认知度水平，要实现这一目标，公司对至少愿意支付的最小的预算费用需要有一个基本的考虑。

目标任务法（objective and task method）用到了**循序渐进法**（buildup approach），后者包含以下步骤：（1）确定目标；（2）制定具体战略任务和实施方案；（3）估算这些战略和任务的成本，制定预算。

目标任务法的执行比较复杂，营销管理者要对制定预算的所有步骤负责，根据目标的变化随时对预算加以修改，图表 7－18 列出了制定预算的具体步骤。

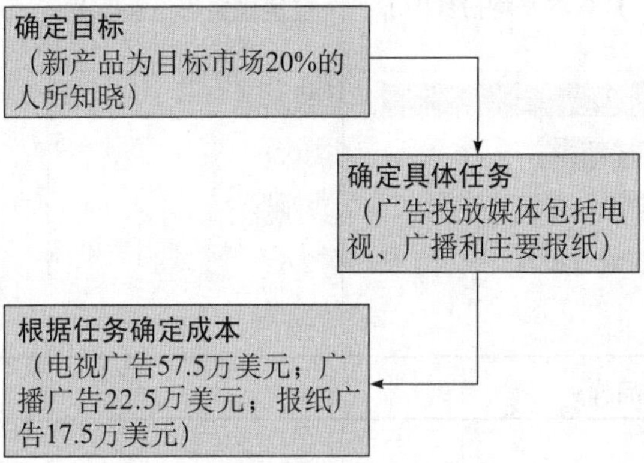

图表 7－18　目标任务法

1. 确定目标。根据促销模型，公司应当确定两个基本目标——产品营销目标和传播目标，前者决定后者。传播目标必须详细具体并可测量，同时还应当设定时限。

2. 明确任务。为达成已设目标，战略计划需要集合多种元素。（这些策略将在后面详述。）具体任务包括为实现具体目标而采取的各种广告、促销手段、促销组合等，各方面应各司其职。

3. 确定必要的支出。利用循序渐进法制定每一步的预算支出。例如，通过广告提高认知度的支出、抽样统计的支出等。

4. 监控。第 18 章是有关效果测量的，其中介绍了多种评估任务完成情况的方法。每一步的实施都应当根据预算进行。

5. 重新评估目标。一旦实现了特定目标，资金将用于新目标。当实现了传播的金字塔式效果认知层级的目标后，资金就应当转向上一层级目标，诸如评价或试用层级。

目标任务法的主要优势是预算是根据目标达成情况而制定的，营销管理者越贴近市场，就越有可能采取针对性战略，并将其贯彻到制定预算的每个步骤。

该方法的局限性是较难确定哪些任务是必要的以及每项任务的成本。比如，为了使目标市场上 50％的人知道该产品，公司应当采取哪些措施？每种措施的成本是多少？有时即使营销管理人员很清楚应当采取哪些措施，如在“试用”层级上采取样品试用的方法，这种方法的成本一般也很难估测。如果有过去的经验或类似产品的数据，事情就会简单一些，但对于新产品则无从下手，所以相较前文介绍的各种方法，目标任务法的执行难度更大。鉴于这些不利因素，许多营销管理者在制定整体预算时仍然会使用自上而下法。

目标任务法较前面提到的方法更好，但在缺少产品历史记录的情况下较难操作。下面，我们将关注如何为新产品制定预算。

支出计划法　在新产品刚推出的前几个月，为了使消费者充分了解产品，提高产品声誉并让消费者尝试使用，需要大笔广告与促销投入。詹姆斯·O. 佩卡姆（James O. Peckham）在仔细研究了尼尔森公司 40 年的分析数据之后发现，新产品广告支出与该产品全部销售额之比平均高达 1.5∶2.0。[29]这意味着新产品进入市场时的广告支出比例大约是其目标市场份额的两倍（如图表 7－19 中的两个例子所示）。比如，食品业的新品牌 101 获得 12.6％的市场份额，所投入的广告支出占该品类广告投放总额的 34％，而卫浴用品业的品牌 401 在新产品上花费 30％的广告支出获得了 19.5％的销售额。

A. 食品业新品牌

品牌	广告的平均份额(%)	已达成销售份额(%)	广告份额与销售份额比
101	34	12.6	2.7
102	16	10.0	1.6
103	8	7.6	1.1
104	4	2.6	1.5
105	3	2.1	1.4

B. 卫浴用品业新品牌

品牌	广告的平均份额(%)	已达成销售份额(%)	广告份额与销售份额比
401	30	19.5	1.5
402	25	16.5	1.5
403	20	16.2	1.2
404	12	9.4	1.3
405	16	8.7	1.8
406	19	7.3	2.6
407	14	7.2	1.9
408	10	6.0	1.7
409	7	6.0	1.2
410	6	5.9	1.0
411	10	5.9	1.7
412	6	5.2	1.2

图表 7－19　广告和销售的关系（为期两年）

为了确定到底需要支出多少，一些公司采用**支出计划法**（payout plan）。主导思想就是预计新产品 2～3 年内可能的收入和成本。以预期收益率为基础，这种方法有助于决定为实现预期利润所需的广告与促销投资。在一个三年的支出计划（见图表 7－20）中，该产品第一年、第二年亏损，到第三年年底扭亏为盈。

图表 7－20　　三年的支出计划　　单位：百万美元

	第一年	第二年	第三年
产品销售额	15	35.5	60.75
利润贡献率（0.5 美元/件）	7.5	17.75	30.38
广告与促销支出	15	10.5	8.5
利润（亏损）	(7.5)	7.25	21.88
累计盈利（亏损）	(7.5)	(0.25)	21.63

第一年的广告投入高于第二年和第三年。这与佩卡姆的发现一致，反映了追加支出的必

要。它可以促使广告与促销的影响尽快显现，尽快收到实效。（请注意，货架空间是有限的，店主不可能有兴趣等待产品成功。）预算也反映了公司对新产品的支出原则，因为公司必须设定期限——到时必须看到实效。最后，应当意识到开拓市场要比保有市场份额更艰难，这也是广告与促销活动支出在之后几年中有所下降的原因。

尽管支出计划法并不完美，但也让营销管理者能够有一个制定预算的准则，当它与目标任务法结合使用时，要比自上而下法逻辑更严谨。然而，根据前文所述的研究数据来看，这种方法并未得到广泛运用。

计量模型法 计量模型法的成功率较低，绝大部分以**计算机模拟模型**（computer simulation models）为主，运用如多元回归等统计方法来确定广告与促销对销售额的影响。由于这种方法过于复杂，很少被一般人掌握和使用，因此该方法的潜力尚未得到开发。出于可测性的需求不断增加，越来越多的成熟模型将陆续出现，但对于这些特定模型的讨论已超出本书范畴。这些方法的确有一些优势，但在被广泛接受之前，方法本身还有待改进。

预算方法的总结

并不存在一个普遍适用的预算制定模型或方法，每种方法都有其内在缺陷。之前的研究显示，目标任务法的使用越来越多，复杂模型的使用则少之又少，更多的广告主使用支出计划法。

在一项考察营销商如何做出广告与促销预算决策的研究中，乔治·洛（George Low）和贾基·莫尔（Jakki Mohr）走访了8家消费品公司的21位经理，他们的研究集中在制定同广告与促销资金分配决策相关的因素及其决策过程。

两位作者发现（见图表7-21），许多经理对预算制定的步骤依然十分迷惑，而声名在外的压力也促使他们支出比预期更多的促销费用。同时，他们认为要想成功地制定并执行预算，必须做到：（1）运用综合战略来指导整个过程，而不是利用零散的方法；（2）制定一个运用整合营销传播理念的战略规划框架；（3）建立长期性的计划；（4）关注长远目标；（5）对方案的效果进行持续评估。[30]

图表7-21 **如何设置广告与促销预算**

决策过程的本质

- 管理人员制定品牌的整体营销目标
- 以目标和预见为基础做出财务预测
- 广告与促销预算以定量模型和管理判断为基础
- 预算提交给负责审批和调整预算的上级管理层
- 计划的执行（在执行过程中往往有改动）
- 通过目标的实现情况来评估计划

影响预算分配的因素

- 风险承受能力
- 运用市场信息的熟练程度
- 管理判断
- 定量工具的使用
- 品牌差异化战略
- 品牌资产
- 创意信息的力量
- 零售能力
- 短期和长期的焦点
- 自上而下的影响
- 政治因素对销售的影响
- 历史惯性
- 特殊变化

将以上方法与销售额百分比法相结合，广告主便有希望得出更加精确、科学的预算。例如，许多公司在制定预算时，先确定具体目标和所需支出，然后根据销售额百分比法或其他方法来决定能够支付多少，同时，竞争者的预算也会影响决策。

分配预算

一旦预算通过，下一步就是如何分配的问题了。分配预算要考虑到每个目标市场、每种产品以及（或）各类促销元素所需资金。

对整合营销传播各要素进行分配

正如前文所述，许多广告主正在将预算资金的一部分从传统媒体转移至数字媒体和社交媒体。图表 7－22 显示，大多数传统媒体广告主期望未来在传统媒体上减少支出。

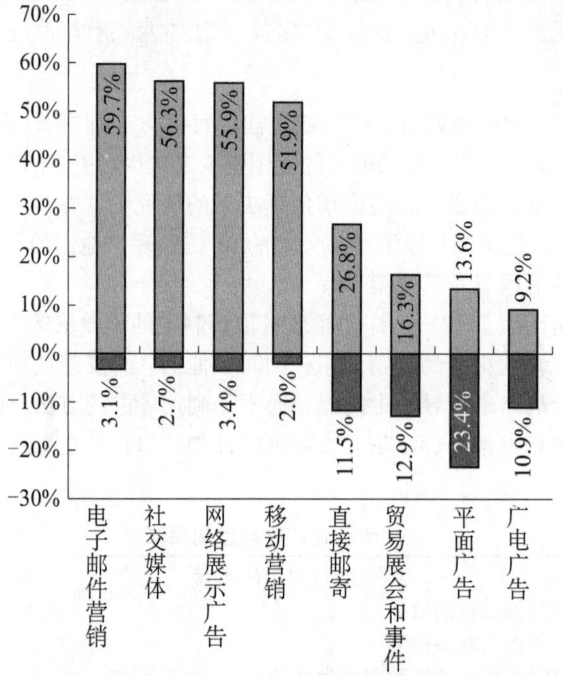

图表 7－22　2016 年营销支出计划

资料来源：Adapted from 2016 Marketing Budget Trends，by Channel. Retrieved February 2016，www.marketingcharts.com/online/2016-marketing-budgettrends-by-channel-64987.

一些营销商也会通过预算分配决策来强化广告投入，让同样数量的投入产生更大的影响。一些公司往往会采用一系列步骤，包括强化或削减投入、降低代理费用、减少活动次数以及加强对目标媒体的依赖。

客户-代理公司政策

影响预算分配的另一个因素是公司或代理公司的个别政策。代理公司也许并不鼓励将预算花在销售促进上，它们往往更偏爱广告领域。这种观点的立场是销售促进的效果很难衡量，而且如若控制不足可能导致资金使用不当。（在这个领域经常发生代理公司拿不到佣金的情况，结果使得代理公司不愿意接手这类业务。）

代理公司或公司本身的倾向会直接影响预算分配。许多代理公司的管理人员是由创意设计人员一步步升上来的，他们帮助客户制定预算时会强调广告创意，而其他人则可能会更加偏好某些媒体。例如，有些代理公司的定位是非传统媒体专家，因此它们常常将客户的钱花在此类媒体上。其他代理公司则倾向于互联网投放。无论是代理公司还是广告主，都会侧重于促销的某一方面（这或许是建立在以往成功的基础上），这种情况也会对预算分配起到很大影响。

市场规模

虽然应当按照为实现既定目标所需要的特定促销工具来分配预算，但市场规模也是分配预算的参考因素。一般来讲，小型目标市场既简单又便宜，太多支出不仅无效而且可能起到负面作用；而大市场中消费者往往较为分散，因此所需花费也相应昂贵。比如芝加哥、纽约这样的大市场媒体成本要高于俄亥俄州哥伦布市或者亚拉巴马州伯明翰市这样的小市场，前者预算必定会高一些。

市场潜力

出于多种原因，一些市场具有相当大的开发潜力。科罗拉多州丹佛市的滑雪板市场比佛罗里达州罗德代尔堡的投资收益要高；进口的墨西哥啤酒在边境诸州（得克萨斯州、亚利桑那州、加利福尼亚州）比中西部销量好；加利福尼亚州和新英格兰的进口汽车数量相差很大。当某些市场具备潜力时，就应当追加投资。（请注意，千万不能忽视暂时并没有很高销售额的市场，关键在于潜力——一个销售额较低、潜力较大的市场往往是优先投资的对象。）

市场份额目标

《哈佛商业评论》（*Harvard Business Review*）对保持和增加市场份额的广告支出做过两项研究。[31]约翰·琼斯（John Jones）将品牌的市场占有率与其广告声量（某产品的媒体曝光量占该类产品主要媒体曝光量的比率）进行了比较，他认为，品牌应当分为盈利品牌和投资品牌（即广告占有率高于市场占有率的品牌），研究表明：市场份额较小的品牌中，盈利品牌占少数，但随着品牌市场占有率的提高，近3/5的品牌的广告声量相对较低。

琼斯认为这种变化有三个原因：(1) 新品牌广告投资水平远远高于平均水平；(2) 旧有品牌和成熟品牌的投资额相对下降；(3) 存在广告的规模经济问题，对于已经站稳脚跟的品牌，广告的影响不大，仅维持较低水平的广告支出就可以了。琼斯的结论是，对于声誉较好的大品牌，削减部分广告支出仍能维持其市场占有率；而声誉较差的品牌则不得不维持其广告声量。

詹姆斯·施罗尔（James Schroer）指出：广告预算应分配到提高市场份额的广告与促销活动上。他认为公司应当做好以下工作：

- 细分市场，找出竞争较弱的市场，而不是盲目建立全国市场。
- 确定竞争者的成本策略（竞争者目前的投资水平能够保持多久，或者将以什么样的增长率追加投资）。
- 不要被削减预算所带来的预期利润所迷惑。
- 选择并实施切实的战略，避免长期的广告与促销大战。

图表7-23展示了施罗尔关于在不同市场中预算投入的优先选择的建议。

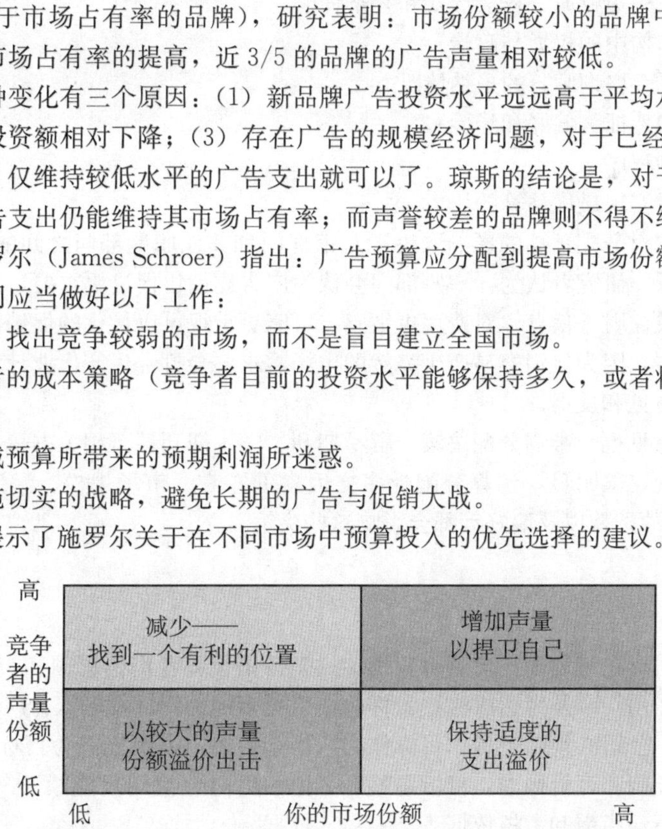

图表7-23　广告声量的影响力和广告支出：个体市场

广告中的规模经济

一些研究证据显示：占据较大市场份额的公司要比市场份额较小的竞争者更具优势，它们可以花较少的钱获得更大收益。[32] 大广告主可以在较低的广告宣传水平上获得更高的市场份额，因为它们可以获得较低的广告费率，降低单位产品的成本；它们也可以将几个产品捆绑起来同时宣传。此外，它们可能得到更好的广告时段和空间、更好的合作公司以及更强的社会知名度。这些优势就是经常提到的**规模经济**（economies of scale）。

基于对规模经济的研究，肯特·兰开斯特（Kent Lancaster）以小包装产品市场为对象进行了一项研究。他认为，这种情况不一定总是正确的，事实上品牌市场份额高的公司并没有突出的竞争优势。[33] 他的研究发现，领先品牌平均要以比其市场份额高 2.5%的比例来支付广告投资，具体来说，他得出如下结论：

1. 并不存在足够的证据证明大公司可以用较低的支出维持其品牌宣传。
2. 并不存在证据表明领先品牌单位销售额的广告支出低于其他品牌。
3. 单位销售额的广告支出同广告主规模之间没有明显联系。

上述研究和其他一些研究表明并不存在与公司规模或品牌市场份额有关的规模经济。[34]

组织特点

通过对广告与促销活动之间资金分配的文献回顾，乔治·洛和贾基·莫尔得出结论：公司的组织要素在决定传播预算分配方面起到了很大作用。[35] 他们认为，以下因素会影响预算分配决策。不同组织中这些因素千差万别，各自的影响程度也不同：

- 组织结构——集权或分权、形式和复杂程度。
- 组织等级结构中的权力与政治。
- 对专家意见（咨询师）的采纳情况。
- 决策人员的特征（偏好和经验）。
- 审批和谈判程序。
- 高层管理者实现最优预算的压力。

以上这些因素对分配预算的影响取决于营销部门和其他职能部门之间的关系，如与会计、生产等部门的关系。研究者认为，一些部门会认为广告比销售促进更重要，另一些则不这么认为。会计人员更关注财务信息，对费用更敏感，可能更重视可以量化的促销活动的影响，生产部门则更偏爱广告，因为促销容易产生突然的市场需求，会打乱生产作业计划。这样，营销部门就会面临许多意见和反馈。

外部专家的意见也会影响分配决策。贸易期刊、学术期刊甚至相关书籍也可能会对预算产生影响。总体来说，很明显，预算分配受多方因素的左右。市场规模、潜力、具体目标和公司/代理公司之前的条款以及偏好等都会影响这些决策。

本章小结

本章讨论了目标在策划和评价整合营销传播方案时的重要作用，以及为达成这些目标公司如何制定预算。公司必须制定具体目标作为促销活动的指导原则和评价标准。目标是整合营销传播方案的行动指南和考核依据。

整合营销传播的目标来自公司的整体营销计划，并且根据不同的促销组合因素制定。许多营销管理者用销售额和市场份额作为目标，但更多的促销计划者认为广告与促销的目的应当是传播，以销售额为目标会造成许多问题，他们更愿意使用反应模型等作为制定目标的依据。

制定目标时更关注传统广告观念中的传播，但是，一些公司逐渐转向零基传播策划，这一方式更加关注需要完成的任务、应该使用的营销传播工具以及传播的程度。许多制定广告目标的原则都可以用于促销组合中的其他因素。

你可能已经得出结论，制定预算既不能仅凭经验办事，也不能全靠书本的理论，它并不是促销计划中最完美的一个步骤。目前，制定预算的方法有许多问题，经济模型的应用十分有限，它仅致力于直接反映销售额的影响力，却忽视了营销组合中的其他因素。另外，一些方法不是缺乏理论依据就是忽视了广告与促销的实际作用与意义。

一个改进预算分配的办法是用具体的传播目标来衡量促销，而不是用整体营销目标。使用目标任务法并不能解决制定预算时可能遇到的所有问题，但却是自上而下法的改进。相比之下，公司更愿意使用诸多方法的组合。

在确定预算资金总额时，管理人员必须参考诸多因素来分配预算。市场规模和潜力、代理公司的政策、管理层偏好等都会影响分配决策。

讨论题

1. 当竞争者减少预算时，促进销售和传播的影响因素有哪些？

2. 为什么有的营销商认为将预算从传统媒体分配到数字与社交媒体是一种下意识反应？

3. 为什么尽力而为法和任意分配法是不良的预算分配方法？

4. 在制定整合营销传播方案时，为什么传播效果测量优于销售目标测量或市场份额目标测量？

5. 当制定预算时，什么是S形反应曲线和倒U形功能模型？它们有什么区别？举例证明针对不同产品它们各自如何发挥最佳作用。

6. 在经济衰退期，宝洁、卡夫等企业都增加了整合传播预算，而公司却减少了预算。为什么宝洁、卡夫等企业获得了成功？

7. 一些营销商认为效果反应层级模型不再能够反映消费者的决策过程。分析这一观点的优劣之处。

8. 直接测量广告对销售影响的困难之处是什么？哪些因素会抑制这一影响？

9. 请分析营销商将广告预算从传统媒体转到数字媒体和社交媒体的原因。这种做法的优缺点分别是什么？

10. 为什么营销商为广告与促销制定具体目标是至关重要的？这些目标必须符合什么标准？

第V篇　开发整合营销传播方案

第8章 创意策略：策划与制定

学习目标

1. 了解创意策略在广告中所起的作用。
2. 确定广告创意过程的各个环节。
3. 理解广告创意策略的发展过程。
4. 研究用作广告运动基础的主要销售主张的各种方法。

开篇案例

TurboTax 为消费者提供了更好的纳税申报方式

如果你问大多数人他们生活中最焦虑的事情是什么，有人会把纳税申报排在清单的最前面。尽管75%以上的纳税人每年都能得到大约3 000美元的退税，但对大多数人来说，申报自己的税收要比在公共场合讲话可怕得多。即使是对那些精于数字的千禧一代，在纳税季也会害怕规则。在金融信息网站NerdWallet的委托下，一项关于2016年申报纳税的人群的研究发现，80%的人担心自己犯错，没有得到全额退款，或者缴纳了太多。当然，如果你的税收没有得到适当的处理，或者你没有缴纳合理的税款，害怕被美国国内收入署（IRS）审计的心理也一直存在。

今天，有帮助你做税务准备的公司和服务，帮你减少焦虑。税务准备业务历来被划分为两个主要部分：辅助的或"为我做"（DIFM）部分；"自己做"（DIY）部分。DIFM部分的消费者使用税务准备服务或专业税收服务，而DIY部分的消费者则使用手工表单、软件或在线服务。在过去的25年里，TurboTax一直是DIY领域的市场领导者，它的产品一直被评为最畅销的税务软件。TurboTax是Intuit公司的一个分支企业，该公司为小型企业、消费者和会计专业人员创建业务和财务管理解决方案，其他主要产品还包括Quick-Books和Mint. com。

尽管在线纳税准备服务使纳税申报更加容易，但恐惧、不确定和疑虑依然存在。在过去的几年里，Intuit公司一直在进行改革，以重塑TurboTax品牌，并通过产品创新改变税收方式，使其优于其他税务准备方法。它的品牌目标是让辛勤工作的、自主的美国人管理自己的财富，从税收开始，并继续为他们提供无与伦比的价值。TurboTax公司已经确定了一个名为"On My Way"的核心目标市场，专注于DIY市场。这是一个由1 700万处于早期生活阶段人群组成的庞大市场，他们是最开放的一代，既在网上报税也使用DIFM服务。这些人中的大多数是千禧一代，他们年轻、乐观、自信，而且通常是早期的采用者，他们对技术非常适应，这让他们对自己的财务生活有了一种掌控感。TurboTax已经定向于商业模式转型，它通过建立预期的熟悉度和影响税收准备类别，直接解决"On My Way"消费群的需求。这样做的一个关键策略就是通过引入 TurboTax“绝对零”计划来影响税收准备类别，“绝对零”计划向6 000万价值敏感型的简单税务申请人（填写1040EZ/A个人收入联邦税申报表的人）提供联邦税和州税免收税收准备服务费业务，这一人群几乎无力负担税收准备服务费。TurboTax通过为这些客户提供增值服务包获利，客户可以自愿选择是否添加。通过为这些简单申请人提供完全免费的解决方案，TurboTax相信可以在消费者中建立信任，当他们的纳税情况变得更加复杂时，他们会选择TurboTax，并支付一些高端服务费用。通过产品创新，TurboTax在高端解决方案中提供更高价值的方式得以实现。

在2016年的税收季，Intuit公司认为是时候采取下一步的行动了，以打破人们的观念，并通过产品创新来传达它是如何提供卓越价值的。Intuit公司发起了一场深入洞察的整合营销运动，旨在加强TurboTax是更明智税收方式的定位。该运动将消费者在TurboTax中的使用体验“拥有时刻”戏剧化，向核心消费者展示了转变当前对TurboTax的看法和期望所带来的利益。

为了执行这一策略，并展示TurboTax如何将税收申报过程转变为任何人都能做的事情，Intuit公司的广告代理公司W+K发起了一个名为“你不需要天才来帮你报税”的大型创意活动。这个活动包括了7个30秒的电视广告，一些世界上最伟大的人物出现在其有趣的商业广告中，这些广告表达了TurboTax是如此简单和直接，以至于现实生活中的天才也无法让它变得更容易使用或理解。出现在这些广告中的勤奋天才有物理学家、数学家和计算机科学家。TurboTax的整合营销运动不仅在其电视广告中利用了产品创新，而且在TurboTax.com网站上推出了“拥有时刻”和付清税收人群使用该产品的体验。

广告运动的另一个重要目标是说明Intuit公司已经将纳税申报过程转变为任何人都可以做的事，通过TurboTax提供的“绝对零”免费服务，6 000万美国人有能力简单完成联邦税和州税的纳税申报。例如，在电视广告中一位理论物理学家解释了“绝对零”适用于TurboTax的概念，“绝对零”对基本的简单申报服务不收取任何费用，他强调“不收取任何费用就是什么都不收取。‘零’就是绝对的不收取任何费用”。

在纳税的高峰期，Intuit公司在2016年的超级碗上做了一个聪明的广告——安东尼·霍普金斯爵士（Sir Anthony Hopkins）接受了采访，他是一位获奖演员，在他辉煌的职业生涯中他始终未代言或参与任何商品的售卖。然而，当霍普金斯解释他不会因为售卖什么产品而使他的诚信和名声遭到破坏时，他把一个印着TurboTax商标的茶壶举到嘴边。他还穿着宣传税收服务的蓝色拖鞋，他的狗穿着一件TurboTax衬衫。霍普金斯强调他不售卖产品并且能持续保持诚信，他合理地解释说因为他真的没有售卖产品，用TurboTax的“零”服务报税是“没有”费用的，他强调“这是免费的，‘没有’什么产品可卖”。

为了利用超级碗的广告信息，Intuit公司还使用了数字与社交媒体在线上渠道扩展“绝对零”的信息，并在广告期处于话题的前沿位置。TurboTax收获了2016年Merkle数字碗的桂冠，Merkle数字碗每年都会表彰那些最佳使用数字营销工具（社交媒体、搜索引擎优化、付费搜索和电子邮件营销）以支持其超级碗广告的品牌。

Intuit公司正在重新定位TurboTax品牌，并与“On My Way”的核心目标消费群建立有意义的连接。公司计划继续打破人们的观念，让人们用TurboTax按自己的意愿处理个人报税业务，并以此支持其品牌目标：让辛勤工作的美国人掌控自己的财富，从税收开始。

资料来源：Internal Communications with Intuit，Inc.；“Millennials Fear Filing Taxes More Than Most Americans,” *Nerdwallet*，February 17，2016，www.nerdwallet.com/blog/taxes/millennials-fear-filing-taxes/；Davide Gianatasio，“Physics Geniuses Illustrate the Mind-Bending Simplicity of TurboTax in W+K's New Ads Campaign,” *Adweek*，January 4，2016，www.adweek.com/adfreak/physics-geniuses-illustrate-mind-bending-simplicity-turbotax-wks-new-ads-168817.

整合营销传播方案最重要的元素之一就是广告信息。广告信息的基本功能是传播信息，但其作用远不止于此。我们在电视上看到或者在广播里听到的商业广告，以及在杂志和报纸上看到的平面广告都是娱乐、动机、魅力、幻想的来源，有时还是恼怒的来源。普通广告和商业广告迎合并常常创造消费者的问题、欲望和目标。从营销商的视角来看，广告信息是向消费者传达这种产品或服务怎样解决问题或者帮助其满足欲望、达到目的。同时，广告可以用来创建形象或者帮助联想，并且在消费者心目中定位一个品牌，还可以转变消费者的购买和（或）使用产品或服务的体验。许多没有驾驶过甚至没有乘坐过宝马车的消费者认为宝马车是“终极驾驶机器”。很多人在寄贺曼（Hallmark）贺卡时感觉良好，因为他们已经被贺曼公司的广告主题洗脑——“若你足够在乎，送最好的祝福”。

人们只需看一晚上的电视广告或者翻阅一些杂志就会发现，传递一条广告信息的方式多种多样。然而在这些信息的背后，是**创意策略**（creative strategy）决定了广告信息的传播内容以及如何执行这些信息的**创意技巧**（creative tactics）。本章将重点关注广告的创意策略，讨论创意的含义（尤其是当它与广告联系在一起时），同时还会介绍一种常见的广告创意方法。

其次，我们还会介绍创意策略的发展过程和决定大创意的各种方法，这些创意将被用作广告活动的主题，并转化为能吸引注意力的、独特的和容易记忆的广告信息。创意人员发现，要提出既能突破各种干扰又能满足风险规避型广告主的要求的大创意越来越困难。但他们的客户仍在不断地提出挑战，希望他们可以找到那些能够拨动目标受众心弦的创意。

一些读者可能不会直接参与广告的设计和创意；一些读者或许会选择在广告公司的其他部门或者在客户公司工作。尽管如此，由于创意策略通常对公司的宣传活动的成功起着至关重要的作用，因此每一位参与宣传过程的人员都应该了解作为广告活动和广告信息发展基础的创意策略和创意技巧，同时还要熟知提供给广告主的不同的创意选择。客户方的人员和广告公司创意部门以外的人员也必须与创意人员合作，共同开发、实施和评估广告活动。正因为如此，营销和产品部门的主管、客户代表、研究人员和媒体工作人员都必须了解创意过程，并与广告创意人员建立良好高效的工作关系。

创意在广告中的重要性

对于许多学生和广告与营销从业者而言，广告的创意是他们最感兴趣的方面。我们都曾为一则广告着迷，佩服它使我们沉浸其中的创意洞察力。一则伟大的广告对于观看者而言是一种乐趣，对于创意者而言则是一项史诗般的任务，因为创作一则电视广告的成本甚至会超过 100 万美元。许多公司都认为这种花费是必需的，也是值得的。它们认识到广告信息的开发和实施方式对于促销方案成功与否通常至关重要，而后者又会反过来影响整个营销方案的效果。宝洁、威瑞森、AT&T、福特、耐克、麦当劳、可口可乐以及其他许多公司每年都耗资数百万美元制作广告以赢得消费者，花费千万美元乃至上亿美元购买媒体时间和空间来播放广告。这些公司在生产优质产品的同时，认识到有创意的广告也是它们营销成功的重要组成部分。德国奥美公司的创意总监史蒂芬·沃盖尔（Stephan Vogel）很好地总结了创意的重要性：“什么都不能像创意这样有效，创意广告让人印象深刻，持续更久，花较少的媒体费用却很有效，并且能更快地建立粉丝群。”[1]

优秀的创意策略和执行常常是决定产品或服务成功与否的重要因素，或者是改变一个挣扎中的品牌的命运的关键。例如，有创意的广告拯救了宝洁旗下品牌欧仕派，并使它成为沐浴露品类市场的领导者，以及男士身体护理产品市场的领导品牌之一。数字与社交媒体视点 8-1 分析了 21 世纪的顶级广告运动，其中有不少广告运动不仅有着杰出的创意作品，与付费和购买配合，而且使用媒体与消费者沟通。相反，一个构思和执行都很差的广告运动则可能成为制约企业发展的不利因素。许多公司都有固定的营销和促销方案，它们在广告上投入巨资，却很难提出一个能将其与竞争对手区分开来的广告创意。

数字与社交媒体视点 8-1

21 世纪超越传统媒体的顶级广告运动

广告为我们的经济体系增加了活力，它扮演这个重要的角色已经将近一个世纪了。广告不仅为消费者提供产品与服务的信息，而且鼓励消费者提高生活标准并购买能使他们达成这一目标的品牌。针对广告对社会与文化产生深刻影响的过程，批评家会很快指出广告既有优势也有弊端。然而，许多人认为营销和广告可以作为观察社会的镜头，通过了解人们的媒介消费以及媒体对他们的影响方式，媒体能够为观察消费者提供深入的洞察。

甚至是批评家也认同，那些创作出具有广泛影响的广告内容的人，往往对消费者有着深刻的洞察力，知道什么能娱乐他们、感动他们、激励他们。因此，回顾广告行业的发展过程是很有趣的一件事，包括人们如何为广告工作，人们如何报道广告，如何评价广告创意作品，以及什么是他们认为最好的广告运动。《广告时代》是广告界领先的行业刊物，自 1930 年起每周出版，并对广告行业进行深度报道。1999 年，《广告时代》评选出了 20 世纪 100 个最佳广告运动，其中排名第一的是著名的“想想还是小的好”（Think Small）广告运动，该运动由恒美广告公司为大众甲壳虫创作。排名前五的广告运动还包括可口可乐的“享受清凉一刻”（The pause that refreshes）、万宝路香烟的“万宝路牛仔”（The Marlboro Man）、耐克的“想做就做”（Just do it!）和麦当劳的“今天你该休息了”（You deserve a break today）。

在排名前 100 的广告运动中，只有少数像耐克那样的标志性广告仍在使用，比如“喝牛奶了吗?”（Got Milk?）、“劲量兔”、Wheaties 麦片的“早餐冠军”、宝马的“终极驾驶机器”和自 1948 年以来戴比尔斯婚戒每一个广告中都出现的“钻石恒久远，一颗永流传”。回首广告的历史，讨论一下 20 世纪的伟大广告运动是很有趣的，但你可能对与你所处时代相关的，并影响了你购买决定的广告运动更感兴趣。有一个好消息，《广告时代》在 2015 年扩大了最佳广告运动的名单，让一些最具影响力、最受好评的行业创意人士和高管来提名，选择出了 21 世纪迄今为止的 15 个最佳广告运动。

被许为 21 世纪迄今为止最佳广告运动的是多芬的“真美”，它起源于英国和加拿大，并由品牌所有者联合利华将其转变为一场全球整合营销运动。多芬的广告不像大多数美容产品广告那样使用传统模特，而是以真实的女性为主角，她们的外表并不符合典型的审美标准，并引发了关于女性审美标准社会观念的讨论和辩论。这次运动出现在互联网和社交媒体时代，这使得消费者能够互动和分享信息，比如多芬一直以来最受欢迎的两段视频——《进化》（Evolution）和《真美素描》（Real Beauty Sketches）。《广告时代》评审组使用“突破的”“大胆的”“透明的”“真实的”这些词汇来描述“真美”广告运动，这使得其他公司也开始了目的导向的广告运动，例如宝洁旗下的 Always 品牌的“像女孩一样”。

入选 21 世纪最佳广告运动名单的还有苹果公司推出的“来一台 Mac 吧”系列对比广告，这一系列广告在过去三年里播出了 66 则打趣微软 Windows 操作系统的电视广告。在这些广告中，演员贾斯汀·朗（Justin Long）扮演帅气、时髦、稳定的 Mac 电脑，而作家约翰·霍奇曼（John Hodgman）扮演紧张还有点书呆子气的 PC。其他最佳广告运动如：宝洁公司的“谢谢你，妈妈”（Thank you，mom），表现了美国奥运会参赛运动员的妈妈们在奥运会上为他们加油助威；百威啤酒的“怎么样?”，该运动使这句问候语成为青年流行文化的一部分；汉堡王的“听话的小鸡”（Subservient Chicken），运动包含了一个网站，用户可以在上面提交 300 多个不同的指令，一个小鸡人物则会做出回应；美国遗产基金会发起的反吸烟广告运动“真相”，它是最大的，而且可以说是最有效的劝阻年轻人远离烟草的广告运动，揭露并破坏了世界五大烟草公司使用的营销策略，它使用的是一些非常规方法，比如公开的噱头和大胆户外广告以及社交媒体，展示了吸烟对健康的负面影响和产生的社会后果。

许多顶级运动利用了社交媒体的流行和病毒式营销。墨西哥风味快餐品牌Chipotle的“重返起点”(Back to the Start）广告运动始于发布在YouTube上的一个动画短片，该片讲述一个农民为了实现可持续的农业生产而放弃了传统的经营方式。Chipotle等广告在社交媒体和公共关系宣传上引起轰动之后，才把这段视频的剪辑版搬上了电视。红牛为推广《平流层》(Stratos）视频利用了病毒式营销，该视频记录了2012年费利克斯·鲍姆加特纳（Felix Baumgartner）从平流层自由落体24英里的破纪录过程。这段视频在网络上的点击量达到1.71亿次，媒体也对其进行了大量报道，并帮助红牛在之后的六个月里使销量增长了7%。

另一个利用社交媒体和病毒式营销的力量来开展创意工作的赢家是欧仕派沐浴露的广告运动——“你的男人闻起来好像男人”(The Man Your Man Could Smell Like)，这项运动帮助复兴了一个几乎被人遗忘的品牌。该运动通过一则幽默的广告讲述了一个裸露上半身的类似卡萨诺瓦（Casanova）的角色，由前NFL球员、演员艾赛亚·穆斯塔法（Isaiah Mustafa）饰演，他有着迷人的外表和六块腹肌，他告诉女性观众，欧仕派沐浴露会让她们的男性伴侣闻起来像他一样。该系列最受欢迎的镜头开始时，穆斯塔法刚刚出浴，腰间围着一条带有欧仕派沐浴露品牌的毛巾，他边走边说：“女士们，看看你们的男人，再回头看看我，再回头看看你们的男人，再回头看看我。可惜那不是我。但如果他不再用女士香氛沐浴露，改用欧仕派，那他闻起来会像我一样。”

欧仕派的代理公司W+K，在广告极受欢迎的情况下发起了“回应”运动，包括通过推特和脸书征集有关欧仕派的问题，以及让广告男主在网上的视频剪辑中回答问题。粉丝提出了成千上万的问题，W+K用穆斯塔法的回答拍摄了近200个视频，其中包括一条他为一个男粉丝向女友求婚的视频。不到一周，新视频的在线浏览量很快超过了原来的电视广告，谷歌搜索引擎中对欧仕派的搜索量增加了2 000%。2010年，欧仕派成为在线视频中浏览量最大的品牌，该运动也帮助它成为沐浴产品类市场的领导者。

尽管20世纪最受欢迎的营销运动依赖于传统媒体，尤其是电视，但后来上榜的15项营销运动中，大多数是付费媒体、自有媒体和赢得媒体相结合的整合营销。21世纪最受欢迎的广告运动也反映了社会的变化，因为它们触及了健康和可持续发展等重要社会问题，并促使消费者重新思考他们看待女性的方式。提出了著名的“媒介即信息”理论的传播理论学家马歇尔·麦克卢汉（Marshall McLuhan）曾经说：“将来有一天，历史学家和考古学家会发现，我们这个时代的广告是任何社会所有的各种活动的最丰富、最真实的日常反映。”思考这些运动对现代社会的解读是很有趣的一件事。

资料来源：*Ad Age* Staff，“Top Ad Campaigns of the 21st Century，” *Advertising Age*，January 12，2015，pp. 14 - 22；Nina Bahadur，“Dove ‘Real Beauty’ Campaign Turns 10：How a Brand Tried to Change the Conversation about Female Beauty，” *The Huffington Post*，January 21，2014，www. huffingtonpost. com/ 2014/01/21/dove-real-beauty-campaign-turns-10 _ n _ 4575940. html；Jack Neff，“Meet the Man Your Man Could Smell Like，” Advertising Age，March 29，2010，pp. 2，3；Cotton Delo，“Online Video：Old Spice the Most Viral Brand of the Year—Again，” Advertising Age，December 28，2011，http：//adage. com/ article/the-viral-video-chart/spice-viral-brand-year-video/231780/；Bob Garfield，“Ad Age Advertising Century：The Top 100 Campaigns，” *Advertising Age*，March 29，1999，http：//adage. com/ article/special-report-the-advertising-century/ ad-age-advertising-century-top-100-campaigns/140918/.

然而，广告有创意或者能够流行并不意味着它一定能增加销售或者使一个逐渐衰败的品牌恢复生机。许多因创意而获奖的广告却不能增加销售额。[2]例如，百威英博公司结束了与恒美广告公司30年的合作关系，恒美广告公司为百威创作了大量如《怎么样?》一样的获奖广告以及标志性的Clydesdales一般广受好评的商业广告。[3]百威啤酒和百威淡啤酒的销售在过去数年内双双下滑，百威英博认为品牌创意策略需要做出改变。在精酿啤酒变得流行时，美国啤酒产业的两大竞争对手——百威英博和米勒康胜（Millercoors），都经历了淡啤酒类销售下滑。两大公司急需找到能为百威淡啤、米勒淡啤、康胜淡啤品牌提升刺激销售的广告运动，为此它们都多次更换广告代理公司。[4]2015年，康胜淡啤放弃了将其定位为"世界上最提神的啤酒"并广受欢迎的"寒冷激活"广告运动。它的新代理公司72 and Sunny，在2016年推出了新的"攀登"（Climb on）双性别广告运动，鼓励男性和女性用提神的康胜淡啤来庆祝他们成功地登上山顶。广告仍然专注于品牌清凉提神特性，但也被设计成与啤酒消费者有更强烈的情感联系。[5]

很多广告与营销从业人员对广告奖项持有矛盾的甚至在某种程度上是批判的态度。[6]他们指出，广告代理公司的创意人员更加关心广告能否获奖而不是能否帮助客户销售产品。另一些广告人则认为，广告奖项是认可创意的好方法，这些创意使广告更加有效。如第7章所述，广告运动的成功与否并不总是根据销售来判断。然而，许多广告和营销从业人员，尤其是站在客户立场的那些，认为广告最终仍是要引导消费者实现产品或服务的购买。在广告创意和广告效能之间实现平衡很难。为了更好地理解这种两难境地，我们来探讨一下创意及其在广告中的角色。

广告创意

什么是创意?

创意也许是最常用的广告术语之一。广告通常被称为创意，创作广告的人被称为创意人员，广告公司的声誉也因其创意而提升。创意这一概念之所以如此受到关注，是因为人们将广告是否有创意视为做广告的最大挑战。创意人员的工作就是把所有信息，诸如产品特性和好处、营销计划、消费者调查、传播目标等整合到一个创意概念中，通过这个概念把广告信息传达给消费者。这就引出了一个问题：什么是广告创意?

关于广告创意的不同观点

关于广告创意是什么的问题在广告界中有不同的观点。一种极端的观点认为，广告只有在有助于产品销售时才是有创意的，并且广告信息或者广告运动对销售额的影响比其是否有创意或者能否得奖重要得多。另一种极端的观点来自那些从艺术、美学或者原创性的角度来评判广告创意的人，他们认为有创意的广告可以突破竞争对手的干扰，吸引消费者的注意力并产生一定影响。

或许你已经意识到，这些对广告创意的不同看法常常是由于不同的人所处的不同位置而产生的。伊丽莎白·赫希曼（Elizabeth Hirschman）在一项研究中测试了电视广告制作中的不同人员对广告创意的看法，其中包括管理人员（品牌经理和客户主管）以及创意人员（艺术总监、文案人员、商业广告负责人和制作人）。[7]她发现，品牌经理和客户主管将广告视为一种促销手段，该促销手段的主要目的是给市场留下良好的印象。他们认为评价商业广告的标准应该是看该广告是否达到客户的营销和传播目标。而注重创意的人员所持的观点则更偏重自己的利益，正如赫希曼所说：

与客户导向的观点相比，艺术总监、文案人员和广告负责人把广告看作展示他们的审美观和个人职业目的的传播工具。文案人员和艺术总监都表明了他们的这一态度，并指出，从他们的视角出发来创作的广告可以展示他们独特的创意才能，从而使他们获得更好的工作和更高的薪金。[8]

赫希曼在采访中还发现，品牌经理更多地倾向于规避风险，他们希望广告更加保守，而创意人员则希望能最大限度地强化广告信息的冲击力。

广告创意的定义或许正介于这两个极端之间。为了突破竞争对手的干扰，在目标受众心中留下印象，广告必须是独特、有趣的。如在第5章曾经论述的，研究表明，决定一则广告是否成功地改变了消费者品牌偏好的一个重要因素就是“好感度”或者目标受众的整体反应。[9]设计、执行以及引起受众情感反应都很出色的电视广告、视频和平面广告能产生正面的情感，这种情感进而可以转移到广告中的产品或服务上。许多创意人员认为，他们只有被赋予更大的自由空间，才能创作出这样成功的广告。但仅仅追求创意的广告却不能有效传达相关的或者有意义的信息，而恰恰是只有这种信息才会引导消费者购买该产品或服务。

每一个广告运动的策划和创意人员都必须懂得在具有新颖性/独特性和“只有能促进产品销售的广告才有创意”的观点之间寻找平衡。营销经理、品牌经理和客户主管必须认识到，如果给创意强加了太多销售或者营销导向的传播目标，很可能会产生一个平庸无奇的广告，这种广告在今天竞争激烈、喧嚣混杂的媒体环境中常常不起任何作用。同时，创意人员也必须认识到，广告的目标是帮助销售产品或服务，优秀的广告必须采取某种传播方式使客户达成目的。尽管两种关于创意的观点截然不同，但双方都认为广告创意是重要的，因为广告创意能吸引更多注意力并使消费者提供更深入的支持。[10]营销学教授斯科特·科斯洛（Scott Koslow）也认为创意给了消费者接触品牌新信息并带来新看法（最终的“新消息”）的机会。[11]

创意的决定因素

广告创意（advertising creativity）具有产生新奇、独特、合适、有联系的想法的能力，它能帮助解决传播中遇到的难题。那些学习广告专业，并在广告业工作的人认同以下两个决定创意的因素，即发散性和关联性。[12]**发散性**（divergence）指的是广告在某种程度上涉及新颖、独特的元素。罗伯特·史密斯（Robert Smith）和他的同事认为有五个因素可以在广告制作中做到发散性，他们将其具体描述如下[13]：

1. 原创性。广告包含的元素是稀有的、令人惊奇的，摆脱了常见的普通因素。

2. 灵活性。广告集合了不同的想法，或者是广告角度能从一个转向另一个。

3. 精细性。广告含有意想不到的细节，延伸了基本观点，这类广告互动性更强，也更加复杂和微妙。

4. 综合性。广告包含、联系或混合了与日常事物不相关的物品或想法。

5. 审美价值。广告包含了艺术性的口头表达或吸引人的形象和颜色。

在开发广告创意的时候也有其他的方式实现发散，比如说通过幽默、戏剧化、形象化，在第9章广告执行方式的部分进行分析。在某些情况下，创意策略的重点可能是实现流畅，这指的是围绕一个创造性的想法生成各种信息的能力。例如，加州牛奶加工委员会（California Milk Processor Board）发起的广受欢迎的“喝牛奶了吗？”广告运动已经实行了将近20年。许多幽默的电视广告、平面广告，甚至是互动游戏，都是围绕着展示人们牛奶喝光了所引起的不快情景这一基本创意理念，以此鼓励人们要随时保持充足的牛奶供给。

创意的第二大决定因素是**相关性**（relevance），它指的是广告包含的因素在多大程度上对消费者是有意义的、有用的和有价值的。[14]史密斯等人认为相关性的实现有两种方法。广告对消费者的相关性指的是广告所蕴含的执行性元素在什么情况下对消费者是有意义的。例如，广告主可能起用消费者认同的名人，以及使用消费者喜爱的音乐、视觉图像，或运用其他执行技术吸引消费者的兴趣和关注。品牌对消费者的相关性指的是广告塑造的产品或服务的品牌对消费者来说具有个人利益。对相关性或合适性的评估可以依据广告提供的信息或形象在多大程度上适合品牌本身。时装、珠宝、化妆品和酒水等商品的广告通常依托视觉形象传达信息，而不是提供详细的商品信息。然而，这些形象在消费者形成对品牌的印象和态度，以及决定是否购买某一品牌商品的过程中是重要的。

大众甲壳虫敞篷车的一则广告是依赖于发散性原创的创意广告例子。广告中的幽默场景展示了一个戴着滑雪面罩的男人走进一家便利店购买薯片和糖果，他完全没有意识到他吓坏了店里的每一个人，因为他们认为他要抢劫。随着 60 秒广告的展开，其他顾客变得畏缩不前。当那个戴着面罩的男人来到柜台边上，情形越发紧张。他付款时收银员说："我不想惹麻烦。"这个男人无辜地回答说："我也不想惹麻烦。"戴面罩的男人向外走去，与朋友们一起在大众敞篷车上坐下来，司机对他说："你知道你忘了摘下你的面罩吗？"当背后传来警铃声时，其中一个人意识到他们应该离开那里。最后，这些男人驱车行驶在冬日的野外，画外音说："新甲壳虫敞篷车，现在每天都是敞开的一天。"广告用富有创意的方式抓住了观众的注意力，充满悬疑元素且给出了让人意想不到的结局。在创作这一广告时，道格拉斯·范·普拉埃（Douglas Van Praet）是大众汽车的广告代理公司 Deutsch LA 客户策划组的负责人，为广告提供了以下视角[15]：

> 在冬季推出敞篷车可能是个挑战。但对于大众汽车来说，这是一个以聪明的方式讲述一个简单的人性化故事的机会。甲壳虫是大众汽车的灵魂——这是所有人都知道的原创的、标志性的汽车。在《面罩》(Mask) 广告中，Deutsch LA 和大众将这些元素结合成一个智慧而又可引起共鸣的故事。《面罩》讲述的是一个年轻人在逛迷你超市，买些和朋友们一起去旅行的用品。他们只是在冬天戴着滑雪面罩乘坐甲壳虫敞篷车旅行。顾客忘记摘掉他的面罩，吓坏了店里的每个人。这个意想不到的误导让观众怀疑他们是否在看一场抢劫，直到片尾，汽车在雪山的场景中展露出来。这是大众的经典广告。这是一个以巧妙的令人惊喜和独特的方式在冬天进行的甲壳虫广告运动。

许多研究结果表明广告的创意会影响消费者在不同阶段对广告信息的反应，这包括认知反应、情感反应和行为反应。[16]例如，更加新颖的广告需要消费者长时间的反应，可以使产品更长时间展示在消费者面前，并吸引消费者的注意力。研究还显示，创意广告更多地吸引了注重品牌塑造、高水平回忆、更好的信息处理动机和更深入的信息处理。[17]除了这些认知性的研究成果，创意广告还可以正面影响情绪反应，包括态度和购买意愿。[18]

虽然大多数关于广告创意的研究都集中在关注、态度和购买意愿等测量上，但德国教授赖纳茨（Reinartz）和萨弗特（Saffert）进行的一项有趣研究将 5 个创造性因素与购买行为联系起来。[19]他们分析了 9 种不同类别的消费者包装商品的 400 多个德国电视广告运动，研究创意对产品实际销售数据的影响。研究结果表明，尽管创意的影响因产品类别而不同，高质量的创意广告运动对销售的影响比低质量的创意广告运动更大。他们还发现，不同的创意元素对广告效果的影响有很大差异。虽然所有的创意因素都产生了积极的影响，但精细化是最有力的，其次是艺术价值，而综合是重要性最低的。他们的研究的一个重要发现是：不同创意元素的组合导致了销售的最大变化。正如图表 8-1 中所示，原创性与精细性的组合对销售产生了最大的影响，之后是原创性与艺术价值的结合。

图表 8-1 创意元素对销售的影响

什么创意组合最有效？		相关的影响力（%）（配对相关的销售上升与平均效果的比例）
原创性+精细性	最有效	+96
原创性+审美价值	↓	+89
精细性+审美价值	↓	+28
原创性+综合性	↓	+1
原创性+灵活性	↓	−1
综合性+精细性	↓	−5
灵活性+综合性	↓	−20
综合性+审美价值	↓	−29
灵活性+精细性	↓	−59
灵活性+审美价值	缺乏效果	−99

一系列研究表明，通过新颖性/原创性和/或精细性达到的发散是广告创意中一个特别重要的组成部分。然而，客户通常更喜欢广告体现出的相关性，因为他们希望广告代理公司制作的广告可以建立起持久的信息交流，比如说具体产品的特征和优点。史密斯和他的同事认为客户应该减少对发散创意的抵制，他们还指出在广告开发过程中需要发散性的思考者。[20]考虑到大多数的广告信息都是在混乱的环境中被接收的，营销商必须争夺消费者的注意力，在对创意广告的关注中，新颖性与发散性同相关性与有意义同样重要。

在广告代理公司工作的人，特别是在创意部门工作的人将发掘新颖、独特的广告信息看得非常重要，但是，也要做到向目标群体传播相关信息。例如达美高公司（D'Arcy Masius Benton & Bowles）提出了一系列原则来指导其创意工作以实现卓越的创意表现。达美高公司将创意广告信息看成是围绕一个核心或有力的理念（在本章后面的内容中对此会有进一步讨论）展开，并利用出色的设计和执行与目标群体交流相关信息。该广告机构遵照这些原则为客户制作了许多优秀的创意广告，如宝洁的魅力卫生纸、帮宝适、力科（Norelco）、百威和其他流行品牌。2002年，该广告机构被并入阳狮集团，但这些通用的广告标准仍被阳狮旗下的其他公司使用。

创意策略策划

创意挑战

从事广告创意工作的人常常会面临现实的挑战。他们必须进行多方调研，撰写创意简报，做出策略陈述，制定传播目标，并进行其他相关方面的投入，最后将其一并转化为广告信息。他们的工作是撰写文案，设计版面和插图，或者创作基于广告活动且能有效传播广告主题的商业广告。他们不仅要简单陈述产品或服务的特征或者好处，还必须将广告信息以能吸引受众兴趣、使广告更利于记忆的形式表现出来。[21]

由于每种营销环境都是不同的，并且不同的广告运动可能要求不同的创意方式，因此，创意团队的工作极具挑战性。尽管现在有许多指南可以指导进行有效的创意[22]，但创意没有万能规律可循。正如广告文案撰写人汉克·斯奈登（Hank Sneiden）在其《单纯和简单的广告》（*Advertising Pure and Simple*）一书中所述：

规则会导致令人乏味、老套的广告，它们会遏制创意、灵感、主动性和进展。我认为在广告中最严格也最可靠的规则便是没有规则，没有公式，没有正确的方法。对于同一个问题，不同的创意天才会用不同的创意方式来解决。假如有一种可以创作成功广告的可靠法则，每个人都可以使用，那么专业创意人员就没有存在的必要了。我们只要简单地给智能机器人编程来创意广告，再由它们来销售产品——卖给其他机器人。[23]

接受创意风险

许多创意人员在创作广告时遵循已被证实有效的创意模式，因为这些模式是万无一失的。客户通常不喜欢过于与众不同的广告。TBWA广告公司以其为绝对伏特加、依云以及其他诸多客户所创作的广告而闻名，该公司前总裁比尔·特拉戈斯（Bill Tragos）指出："极少有客户认识到，它们的业绩之所以如此糟糕，原因在于它们总是按自己的意愿来创作广告。我认为广告代理公司广告作品的成功至少有50%要归功于客户。"[24]科斯勒（Koslow）和他的同事研究了客户对其代理公司创意的影响，发现一些营销商比其他营销商创作了更好的创意作品，原因就在于客户对寻求新想法的态度更为开放。他们还发现，进行消费者调查是非常重要的，因为调查为广告代理公司提供了更深入的洞察来达成高质量的创意作品。他们认为高质量的创意运动不是随便出现的，策划和有洞察力的研究对广告代理公司生发理念非常重要。[25]

许多创意人员认为，假如客户想让自己的广告突破桎梏，引人注目，就必须承担相应的风险。W+K就是一家成功说服客户承担风险的广告代理公司，这家公司因其多年为耐克、ESPN所做的杰出创意而闻名，最近还服务于Intuit/TurboTax。公司创始人认为其成功的一个关键就在于：当大多数广告代理公司和其客户都在削减开支并趋于保守时，它仍然坚定不移地坚持承担风险这一信念。[26]这家公司能创作出如此杰出的广告，部分原因就在于它的客户如耐克，乐意承担风险，并采纳该公司"创意第一，客户-广告代理公司关系第二"的理念。该公司甚至终止了与盖洛酒厂（Gallo）这样的大客户的合作，因为盖洛酒厂对其创意过程干涉太多。一些大型的广告主，如宝洁、可口可乐等都将W+K列入它们的广告代理公司名单，以帮助提升其广告创意。[27]数字与社交媒体视点8-1提到的欧仕派广告运动就是W+K创意作品的杰出案例。

然而，并非所有客户或广告代理公司都赞同要使广告有效果就必须承担风险的观点。许多营销管理人员更能接受那些将产品或服务的特征、用途简单地介绍给消费者，并促使其购买的广告。他们认为广告运动是一项数百万美元的投资，其目的是销售产品而不是资助广告公司创意人员的古怪念头。他们批驳道，一些创意人员已经忽视了广告的底线：它能促进销售吗？关于广告的表现方式应该是艺术的、形象导向的创意形式，还是客户钟爱的硬销售形式，一直存在争论。

永久的争论：创意广告与硬销售广告

长期以来，关于广告在市场营销中所扮演角色的争论一直没有停止过。有关广告的本质究竟是什么的话题，在那些相信是为了打动消费者的人和认为只是为了促进产品销售的人之间一直存在争议。一方是理性主义者，他们认为广告必须推销产品或服务，而且广告中的销售信息越多，就越可能吸引消费者去购买。另一方是创意的拥护者或称"浪漫主义诗人"，他们认为广告应当在消费者和品牌之间建立一种情感纽带，这种关系超越了产品广告本身。这个关于广告创意的效果或者广告的艺术性的争论已经不再新鲜。理性主义者非常乐于指出历年来那些有创意且获了奖却在市场上失败的广告活动。一些人指出，即便被认为是历史上最伟大的文案人员的传奇广告人大卫·奥格威也曾经说过："如果它不能促进销售，就不能称其为有创意。"[28]

"浪漫主义诗人"称，优秀的广告最重要的一点就是能与消费者建立情感联系。他们认为消费者并不想被广告轰炸；他们希望广告可以提供娱乐，激发灵感。确实有大量的研究表明消费者寻求各种方式来避免电视广告、在线视频、旗帜广告，而不会去看或点击。[29]因此，广告必须足够有创意、有乐趣，这样消费者在看到广告时才不会转台，与此同时，也可以帮助销售产品或服务。这一观点关于促进销售的部分引起了理性主义者的关注。他们指出，许多创意广告运动都打动了消费者，却没了下文，因为没有增加销量、市场份额或者没有提高声望。如前所述，一些大的广告主都与它们的广告代理公司解除了代理关系，因为后者虽然创作出了很多赢得赞赏并获奖的广告，但在促进销售方面毫无帮助。[30]

大多数支持广告应该建立情感联系的人坚持认为，他们同理性主义者一样，认同有助于销售产品是要优先考虑的。一家顶级广告代理公司的主管指出："我们已经证实这种广告是有效的，否则我们或者其他在这个层次上进行创意的代理公司，不可能维持经营。"然而，Bozzell 广告代理公司的前执行创意总监布伦特·鲍彻兹（Brent Bouchez）认为，这些支持者忽略了一个事实——广告是关注产品销售的，广告真正具有创意就意味着它能够解决问题，创建有吸引力的、消费者想去购买的品牌。他指出："我们应当停止教导年轻的创意人员有这样的想法——把在一则广告中很难找到品牌标识，或者产品本身不在广告中出现看作一种胜利。我们不应该再以'突破各种干扰'为借口，对广告中的产品销售信息或购买原因只字不提。"[31]

关于创意人员可以在多大程度上自由创意，以及客户愿意承担多大风险的话题仍在讨论中。然而，客户和广告代理公司的人员在这一问题上普遍达成一致：能够找到既新颖又恰当的方式与消费者沟通是广告创意专家的价值所在，但这种专家很难找到。

创意人员

广告创意人员在小说、电影和电视节目中最常见的形象便是随心所欲、思想自由、个性偏执。广告创意人员的教育背景常常是非经济管理类的，如艺术、文学、音乐、人类学、新闻学等，因此，他们的兴趣和观点与那些接受过经济管理教育的管理人员不同。创意人员在寻求一个问题的解决方法时倾向于更加抽象化、非结构化、非组织化或非传统的方式，他们更多地依赖直觉而非逻辑。例如，阿瑟·科沃（Arthur Kover）做过一项关于广告文案撰写人员的研究，发现这些人工作时完全不受正规传播学理论的指导。然而，在此项研究中，被访者在创作广告时都持有一套相似的、非正规的、内在的指导理论。这些理论建立在突破其他广告的干扰、吸引消费者的注意力和与消费者建立联系来传递信息的基础之上。[32]

认识到创意不是广告公司创意部门工作人员的专属领地是很重要的。整合营销传播要求项目中参与策划和执行的每个人都具备创造性思维。来自广告公司其他部门的人员，比如服务部门和媒体策划部门的成员、数字媒体方面的专家和研究者，乃至客户方面的市场和品牌经理，都必须寻求创造性的解决方案，来应对整合营销传播活动在策划、开发和执行过程中所面临的挑战。例如，每年都有为鼓励媒体策划、销售和数字媒体等领域的创意活动而颁发的奖项。2016 年，IPG 集团的 UM 媒体公司被《广告时代》（*Advertising Age*）和《广告周刊》（*Adweek*）同时评选为年度媒体公司。UM 公司因其媒体策划创意和客户媒体策略而享有盛名，它的客户包括可口可乐、索尼影视、CVS 和强生的一些品牌（如泰诺、可伶可俐）等。

同样重要的是，客户不应对其广告代理公司进行优秀广告所需的创意过程多加干涉。谢利亚·赛舍尔（Shelia Sasser）和斯科特·科斯洛（Scott Koslow）指出，最具创意思维的广告人愿与思想开放、愿意接受新观念的客户合作。他们还注意到，一些最好的创意方案没有被采用，这是因为客户不愿意冒创新带来的风险，除非他们处在特定压力下。[33]广告代理公司以及其他整合营销传播领域的专业组织热衷于创意广告，因为那是它们的工作核心。因此，广告代理公司及客户必须营造一个促进创造性思维和创意广告开发的环境。客户也必须理解创意人士与市场产品经理之间的分歧。接受并容忍创意人员和管理团队之间、不同视角之间的差异，以便创意人员能够尽量做到最好，并且所有参与广告过程的人可以合作愉快。虽然客户对广告有最终决定权，但在评估广告理念和内容时，创意专家的意见必须得到尊重。（第 9 章有对创意评价及相关具体工作更详细的讨论。）

创意过程

一些广告从业人员指出，广告创意最好被视为一个过程，当采取一些有条理的方式时，其创意最有可能获得成功。这并不意味着在创意有效的广告时有万无一失的模板可循；正如我们之前看到的，许多广告从业人员反对将创意标准化或制定规则的做法。然而，在创意广告时，大多数人都遵循一个类似的过程。

目前最流行的一种广告创意方法是由智威汤逊广告代理公司前创意副总裁詹姆斯·韦伯·扬（James Webb Young）提出的。他说："创意的产生是一个像生产福特汽车一样确定的过程；创意也像流水线一样运行；在此生产过程中，思维跟随着可以被学习和控制的实际操作方式；与有效使用任何工具一样，思维的有效应用仅需要不断练习即可。"[34] 扬的创意过程模型包括以下五个步骤：

1. 沉浸。通过背景研究收集原始资料和信息，使自己沉浸到该问题中。
2. 消化。整理信息，分析信息，对其进行仔细斟酌。
3. 酝酿。将问题置于意识之外，把它交给潜意识来思考。
4. 启发。创意的诞生——"想出来了！我找到了！"的现象。
5. 确认。研究该创意，看它是否合适或能否解决问题；然后调整创意确保其实用和可行。

扬的创意过程和英国社会学家格雷厄姆·沃拉斯（Graham Wallas）很早之前在其经典著作《思维的艺术》（*The Art of Thought*）中提出的四步方法很相似[35]：

1. 准备。通过调查和研究收集解决问题所需的背景信息。
2. 酝酿。抛开以上信息，让创意自由发散。
3. 启发。看到曙光，提出解决方案。
4. 确认。提炼创意，看其是不是恰当的解决方案。

各种创意过程模型对于那些从事广告创意工作的人是有价值的，因为它们提供了一种解决广告创意中问题的系统方法。背景信息的准备或收集是创意过程的第一步。正如我们在前面几章中谈到的，广告主和广告代理公司从对产品或服务、目标市场和竞争状况的全面了解着手工作。它们同时将注意力放在广告的角色以及营销和促销方案中其他的整合营销工具上。

这些模型不能充分说明信息如何被创意专家整合和利用，因为这部分的创意过程对于每个人来说都是独特的。在许多情况下，正是这个创意过程把伟大的广告创意人才区分出来。不过在现在的广告创意过程中，许多广告代理公司都采用一种叫作"客户策划"的方法收集信息和帮助创意人员进行广告创意。

客户策划

目前许多广告代理公司采用**客户策划**（account planning）的方法使创意过程更加简单。客户策划是一个包括调查、收集客户的产品或服务、品牌和目标消费者等所有相关信息的过程。客户策划兴起于 20 世纪六七十年代的英国，后逐渐推广到美国、欧洲和亚洲的广告代理公司。由于许多广告代理公司都目睹了这一概念的推崇者所创作的成功的广告运动，因此近些年客户策划更加深入人心。[36] 其中一个广告代理公司是 GSP，它运用客户策划为其客户，如户外运动品牌土拨鼠（Marmot）、Adobe软件、菲多利、哈根达斯等创作了非常成功的广告运动，值得一提的还有它为加州牛奶加工委员会创作的广为人知的广告运动“喝牛奶了吗？”。

GSP广告代理公司旧金山办事处前副总裁和客户策划总监乔恩·斯蒂尔（Jon Steel）出版了一本有关客户策划执行过程的著作——《真相、谎言和广告：客户策划的艺术》（*Truth, Lies & Advertising: The Art of Account Planning*）。[37]在这本书中，他强调客户策划的职责在于为重大决策制定者提供他们需要的所有帮助做出明智决策的信息。根据斯蒂尔的观点，“客户策划人员必须努力工作以影响广告的制作方式。他们和客户一起谨慎地为广告奠定战略基础，并将各种他们认为有重要影响的信息传递给广告创意人员，同时也会给出对创意的反馈意见，有时还会加入自己的想法”。

客户策划从消费者的观点出发推动创意进程，在创意策略的开发过程中扮演重要角色。客户策划人员需要与广告客户以及广告代理公司的其他工作人员（如创意小组和媒体专员）一起工作。他们一起讨论如何将收集来的知识和信息用于创意策略的开发以及广告活动的其他方面。客户策划人员通常要负责创意策略开发过程中的所有研究（包括定性研究和定量研究）的开展。下面我们将讨论各种不同类型的研究和信息将如何应用于广告活动中。这些信息可以由客户策划人员或其他为广告创意过程提供资料的人员来收集。

创意过程的投入：准备、酝酿和启发

背景研究

只有最愚蠢的创意人员或创意小组才会在对客户的产品或服务、目标市场、竞争状况及其他相关的背景信息还没有充分了解的情况下便着手工作。创意人员应该熟知市场总体趋势、市场环境、市场的开发状况，以及各种可能有效的特定广告方法和技术。创意人员能从许多渠道获得背景信息。桑德拉·莫里亚蒂（Sandra Moriarty）提出了下列非常规的信息收集方法：

- 阅读所有与产品或市场相关的材料——书籍、行业出版物、大众关注的文章、调研报告，等等。
- 询问与产品有关的每一个人——设计者、工程师、销售人员及消费者等，以获取信息。
- 倾听人们在谈论什么。去能得到第一手信息的商店、大型超市、餐馆甚至公司自助餐厅。倾听客户诉说特别有价值，因为他们最了解产品和市场。
- 使用该产品或服务，并熟悉它。产品使用得越频繁，你对它的认知越多，就越了解应该说什么。
- 参与和学习客户的业务工作，这会让你更了解你要接触的人群。[38]

为了在准备、酝酿和启发阶段提供帮助，许多广告代理公司都为创意人员提供总体的和针对特定产品的前期投入。创意策划的**总体策划前投入**（general preplanning input）包括书籍、杂志、行业出版物、图片和剪报服务，以此来收集整理与产品、市场和竞争状况相关的报刊文章，以及此前所做的广告。这些前期资料也可以从客户、广告代理公司、媒体或通过其他渠道所做调研的结果中获得。

另一个对创意策划很有帮助的前期投入就是关注市场的趋势、发展和最新动态。这些信息可以从不同的渠道获得，包括地方、州和联邦政府，二手资料提供商，各种行业协会，以及广告和媒体组织。例如，广告行业组织，如美国广告联盟（AAF）、美国广告代理公司协会；视频广告管理局（Video Advertising Bureau）、广播广告管理局（Radio Advertising Bureau）、美国杂志出版商协会（Association of Magazine Media）为代表的媒体组织都会公布研究报告和时事通讯来提供市场的发展趋势及它们将如何影响消费者的信息。创意策略的开发人员也可以通过阅读《广告周刊》《广告时代》《品牌周刊》《华尔街日报》等出版物获得实时信息。许多创意部门的工作人员阅读《传播艺术》（*Communication Art*）杂志，其主题涵盖了设计、广告、插画、摄影、互动媒体和版面设计。

特定产品/服务研究

除了总体的背景研究和前期投入以外，创意人员还会获得**特定产品/服务策划前投入**（product/service-specific preplanning input）。一般而言，这种信息来源于对产品/服务、目标受众或两者兼有的特定研究。定性和定量的消费者研究（如态度研究、市场结构），定位研究（如认知映射和生活方式研究），焦点小组访谈，特定产品、服务、品牌的用户人口统计学和心理特征调查，等等，都是特定产品/服务策划前投入的常见形式。

许多对创意小组有帮助的特定产品或服务的研究都是由客户或广告代理公司进行的。40 多年前，天联广告代理公司（BBDO）开发了一种被称为**问题检测**（problem detection）的方法，用于探寻创意策略究竟该围绕何种创意展开。[39] 此研究技术包括请熟悉某种产品/服务的消费者列出一份困扰他们的事情或者在使用产品/服务时遇到的问题的详单。消费者按重要程度给这些问题排序，并根据每个问题与品牌的关联度来对品牌进行评估。问题检测研究可以为产品改进、再造和新产品开发提供有价值的信息，还可以为创意人员应着重强调产品的哪些属性或特征提供帮助，并指导新品牌或现有品牌的定位。今天，许多营销商和/或它们的代理公司仍然使用变化的问题检测技术。

一些广告代理公司每年都进行心理研究，为产品/服务的用户建立详细的心理或生活形态档案。恒美广告代理公司每年都在全球进行一项大规模调查，覆盖 7 000 名男性和女性，测量他们的行为、兴趣、意见、态度以及他们大范围的产品和服务使用情况。这些研究信息被用于为广告的目标消费者构建心理画像，洞察整体消费趋势。恒美生活方式研究自 1975 年以来每年进行，是美国国内对态度和行为的长期的和最大的纵向研究。该样本与美国人口普查的性别、年龄和种族相平衡。

许多广告代理公司都进行产品品牌研究，以帮助自己更好地识别广告主的目标消费者，以及这些消费者如何与品牌维持联系。扬罗必凯广告公司（Y&R Group）开发了一种建立并管理品牌的专用工具，叫作“品牌资产评估”（BAV™）。这一模型运用四项衡量指标来识别品牌的核心问题，评估品牌的当前和未来的财务表现以及潜力，这四项指标包括：差异性、相关性、尊重和认知度。该机构成立了一个独立的企业研究小组来处理品牌资产评估，该公司现在是世界上最大的品牌认知数据库；它包含了来自 51 个国家的消费者对超过 43 000 个品牌在 72 个维度上的评分。

几乎所有大型广告代理公司都在进行品牌研究，并建立模型或系统，以便更好地认识消费者，并为它们的广告客户设计更有效的方案。树立和维护强势品牌的重要性在未来很可能变得更加突出。这将给广告代理公司施加更大的压力，使其开发更新、更好的工具和技术来指导其客户的广告运动。

定性研究投入

许多广告代理公司，特别是那些拥有强大调查机构的大型广告代理公司，都有自己的研究方案和特定技术为其创意策略的开发过程提供信息帮助。除了各种定量研究以外，类似深度访谈和焦点小组访谈等定性研究方法也能在创意过程的早期阶段为创意小组提供有价值的线索。**焦点小组访谈**（focus groups）是一种调查方法，通常是引导目标市场的消费者（一般为 10～12 人）讨论一个特定的主题。通过焦点小组访谈，可以了解消费者为什么和如何使用某种产品或服务，什么因素对他们选择特定品牌最重要，他们喜欢或不喜欢各种产品或服务的什么地方，以及他们也许没有被满足的特殊需要。焦点小组访谈会议还包括对使用的不同类型的广告诉求进行讨论或者评估不同公司的广告。

焦点小组访谈使创意人员和其他与创意策略开发有关的人员能够接触到消费者。倾听焦点小组访谈可以使广告文案人员、美术指导和其他创意专家更好地在生成广告创意的过程中认识到谁是目标受众，这些受众有何特征，创意人员的广告是为谁撰写、设计、导演的。焦点小组访谈也能用来评估待考虑的不同创意方法，并建议应当追求的最佳方向。[40]许多营销商现在开展网上焦点小组访谈，小组成员来自某些网络社区，或是由“格林菲尔德在线”（Greenfield Online）和 Invoke Solutions 等调研公司组织的互联网调查样本库中的 80～100 个消费者组成。需要测试的概念可通过即时信息和聊天室的方式呈现给被访者，相比传统焦点小组需要数周才能得到调研结果而言，这种形式使具体的反馈在几小时之内就能够被收集和处理。[41]

长期以来，创意人员对于把他们的创意和作品展示给消费者并让他们加以评判这样的想法表示担忧。许多创意人员认为好的创意并不需要测试，并且测试往往会削弱一个创意的执行。更有甚者还提出测试会干扰创意的流程，而他们研发革新性和创造性信息的能力也会受到限制。[42]焦点小组访谈的批评者指出，如果美国家庭人寿保险公司（Aflac）过分把焦点小组参与人员的反馈放在心上，阿尔弗莱克鸭（Aflac duck）这一广告形象是永远不会出现在电视屏幕上的。尽管焦点小组中许多人认为阿尔弗莱克鸭很有趣，其他人却觉得鸭子这一形象具有侮辱性。塞勒集团（Kaplan Thaler）的高管说服了美国家庭人寿保险公司公司让 Ipsos-ASI 调研公司验证一下这个广告的可行性，Ipsos-ASI 将阿尔弗莱克鸭广告同该公司所做的其余四个创意，以及同时参与比较的其他广告公司所做的四则广告放在一起进行比较测试，阿尔弗莱克鸭的想法得以胜出。[43]阿尔弗莱克鸭广告创意获得了 Ipsos-ASI 保险行业广告测试中有史以来的最高分。塞勒集团不仅赢得了该客户，而且自 1999 年年末首次斩获广告大奖后，这一创意一直延续执行至今（见插图 8-1）。同时，这条广告提升了美国家庭人寿保险公司的知名度，促进了其附加险的销售额。

插图 8-1　阿尔弗莱克鸭在焦点小组访谈中没有通过测试，但却成为一个非常成功广告运动的雏形

资料来源：Aflac Incorporated.

尽管许多创意人员反对让焦点小组对其创意进行审核，但是确实有很多事例表明焦点小组提出的很多观点和建议具有宝贵的价值。因此，创意人员必须认识到，客户想要确保为其品牌所做的广告能够最大限度地唤起消费者的兴趣，并刺激消费者购买它们的产品和服务。正如广告研究基金会前首席研究员乔·普卢默（Joe Plummer）所言，“无论多称职的创意总监，如果他真的认为客户会在没有成功的十足把握前就为广告投入上亿美元，那就太天真了”。[44]数字与社交媒体视点 8-2 讨论了广告信息的前测是如何随着数字革命而改变的，以及营销商希望开发更多的信息内容并更快地行动起来。

数字与社交媒体视点 8-2

数字时代对创意工作前测速度挑战的要求

大型的市场营销商经常花费数十万美元来开发和测试创意和概念，这些创意和概念将会以充分的理由被转化为品牌的广告运动。你在电视上看到的许多大品牌的广告制作花费平均为40万美元，而有些品牌，比如为超级碗制作的广告，当所有的前期制作成本、中期制作成本和后期制作成本加起来时，有100多万美元。一旦广告制作出来，营销商可能会在电视媒体上花数亿美元来运营。除了开发成本、制作成本和媒体成本之外，营销商还必须考虑机会成本，这是指为了追求某种行为而必须放弃另一种选择的成本。从广告的角度来看，这仅仅意味着另一种创意方法会比现在选择的更有效吗？

考虑到营销商在广告上花了这么多钱，人们也会认为他们愿意投资于研究，以测试创意概念和广告，以确定它们是否有效。传统的做法是大部分大型的营销商会采用文案形式或A/B选择测试来比较多种创意概念或优先广告信息的有效性，以此决定究竟使用哪个。各种形式的文案测试已经使用了许多年，大量案例说明营销商非常依赖测试来避免代价高昂的错误，以选出最佳的方案。今天大多数文案测试方法都是在网上向消费者展示广告，并使用诸如回忆、偏爱、劝服和购买意向等方法来测量他们的反应。广告可以在不同的制作阶段进行测试，从前期的草图版本（如动画）一直到完成的商业广告。调查结果通常与之前的广告、平均类别或其他流行的广告进行比较。

许多营销商来一直坚持进行文案或前测研究，如菲多利等仍然对预期网络投放的电视广告或视频进行前测，尤其是那些媒体预算巨大的广告。然而，就像许多广告和营销传播其他领域一样，文案测试正在发生变化，这是数字革命、营销商快速行动的欲望，以及与消费者新媒体消费模式保持步调一致的综合结果。许多营销商认为，如今的数字与社交媒体环境要求它们对电视广告、视频和其他内容进行重执行，以跟上那些花更多时间上网的消费者，他们可以轻易忽略并跳过广告和其他信息。一些人对传统的文案测试方法持批评态度，认为这是基于对广告如何运作的过时想法，不再有效。他们指出，虽然前测方法对信息广告的评价可能是有效的，但它在情感信息方面却不太有效，因为大多数前测只是触及了表面，对广告所唤起的情感，以及消费者在看完之后会如何回应无法预测。

对广告信息前测的抵制早就存在，许多广告客户尊重它们的广告代理商，不会将它们的创意理念和工作置于繁复的文案测试服务标准中。例如，W+K公司以抵制文案测试而著称，耐克的前全球营销总监声称，他与W+K的创始人丹·肯尼迪（Dan Kennedy）达成了一项协议，即不要对广告进行前测，“测试让你变得无趣，它让你预知，让你感觉安全”。欧仕派前品牌经理也说流行文案“你的男人闻起来像男人”并没有经过文案测试。其他流行的广告运动也在没有经过测试的情况下表现良好，如好事达保险公司（Allstate Insurance）的“Mayhem”广告运动就非常受年轻人的欢迎。这一广告运动展现了许多不同的对汽车和财产造成严重破坏的处理方式，以此表明许多事故都比你想象的小剐蹭严重。好事达保险公司的高级营销副总裁指出，虽然公司内部有一些反对的声音要否决这些广告，但该公司没有做任何市场测试或焦点小组访谈；她只是自问“我想看那些广告吗？”

并不是所有的营销商在判断它们广告代理公司的创意工作时都愿意跟着感觉走。例如，百威英博有严格的文案测试标准，百事（旗下品牌有菲多利、佳得乐）也会测试大部分广告。然而，百事放弃了对一款短片的测试，该短片是为百事旗下的Pepsi Max品牌进行病毒式营销活动的一部分。该广告的主角是全美运动汽车竞赛协会（NASCAR）的赛车手杰夫·戈登（Jeff Gordon），他假装成一个普通人去买车，并带着汽车销售人员来了一段惊险旅程。这段视频是

Pepsi Max 的名为“伪装零卡路里”（Zero Calorie in Disguise）广告运动的一部分，在 YouTube 和其他社交媒体网站上获得了 4 000 多万点击量。

关于电视广告、视频以及其他类型数字内容前测价值的争论很可能会继续下去。一流的市场研究公司，如 Ace Metrix、益普索公司（Ipsos）和华通明略正在调整它们的测试方法，并开发在线测试广告和视频更快速的方式，并整合了生物识别和在线行为数据等新类型的测量方法。然而，随着越来越多的营销商对加速开发内容的需要，它们很可能会放弃文案测试，并使用社交媒体监控等工具来决定它们的信息是否与消费者产生共鸣，然后相应做出反应。

资料来源：E. J. Schultz，“Fired Up，” *Advertising Age*，September 14，2015，pp. 21－23；Molly Soat，“The Case for Earlier Insights，” *Marketing News*，July 2015，pp. 16－17；Time Peterson，“How the Top Ad Agencies Win on YouTube：Great Creative，Lots of Ads，” *Advertising Age*，February 14，2014，http：//adage. com/article/digital/meet-top-creative-media-agencies-youtube/291707/.

另一种定性研究的形式在广告代理公司中越来越流行，那就是**民族志研究**（ethnographic research），它要求在消费者所处的自然环境中对消费者进行观察。[45]这种形式的研究起源于人类学的社会科学研究，长期以来，它一直被用于收集人类社会和文化的信息。它已经被用到营销中，通过派遣人类学专家或训练有素的研究人员进入该领域，研究和观察消费者的家庭、工作或玩耍时的表现。例如，奥美公司拥有一个名为“探索小组”的团队。该团队深入消费者家庭，观察目标消费者的闲暇消遣，或者追踪他们的日常生活。为了其客户米勒酿酒公司，奥美公司探索小组的成员走遍全美，拍摄那些喝米勒啤酒的消费者以及喝竞争品牌啤酒的消费者。他们通过录像带来研究群体动力的形成，以及在人们饮酒时这种群体动力是如何改变的。公司利用该研究得出的结论为米勒淡啤开发新的广告运动。

许多营销商和广告代理公司的研究人员认为民族志研究比焦点小组访谈更有效，因为后者在技术上有诸多局限。参与者较强的个性常常会在焦点小组访谈中产生不恰当的影响，而其他参与者也经常不接纳甚至根本不认可那些人的行为方式和动机。然而民族志研究需要更多费用，也更难实施。

一般来说，创意人员欢迎任何能够帮助他们更好地了解客户的目标市场和指导创意过程的研究与信息。广告界已经认识到利用调查指导其广告创意过程的重要性。广告研究基金会最近设立了大卫·奥格威奖（David Ogilvy Awards），该奖以奥美公司创始人，同时也是广告界的传奇人物大卫·奥格威来命名，颁发给广告代理公司、客户以及调查公司的团队，以表彰它们成功运用调查为广告策略以及广告活动的有效性做出决策。

2016 年的奥美广告大奖颁发给了葛瑞集团和数字广告公司 360i 为雀巢 Lean Cuisine 冷冻食品发起的一场广告运动。该品牌面临六年的销售下滑，并着手重要的品牌重塑工作，包括新的包装和开胃菜选择，以及一场整合运动，旨在将其与健康饮食习惯联系起来，而不是热量计算。利用 360i 的部落分析（Tribe Analysis）和品牌指南针（Brand Compass）研究中的洞察发现，广告主制作了一段以情感为中心的视频，讲述了用身体来判断自己生活的女性，由此引发了关于体重和身体感觉的讨论。该广告运动包括一段在社交媒体上发布的两分钟长的视频，视频的开头是一个问题：你的体重是多少？然而，女性并没有以她们的身体作为衡量标准，而是用她们的个人成就来衡量，比如一段长久幸福的婚姻；一个代表环游世界的背包；成为大学里的优秀学生；把骨髓移植给一个姐妹。这一理念通过“如果你想要衡量什么东西，那就衡量重要的事情”这一信息完成，结尾以标签＃WeighThis 来邀请观众分享他们喜欢衡量什么。该广告运动还包括电视广告和平面广告，这些广告展示了对于忙碌女性来说吃 Lean Cuisine 食品可以成为健康生活方式的一部分。这项运动在 Lean Cuisine 转型战略中扮演了不可或缺的角色，并帮助它在六年后实现了第一次销售增长。[46]

创意过程的投入：验证和修正

创意过程的验证和修正阶段要评估启发阶段产生的创意，剔除不适当的创意，对保留的创意进行提炼和润色，然后给出最终的表达。在此阶段常运用到以下技术：评估创意理念、创意或主题的定向焦点小组访谈；信息沟通研究；产品组合测试；评估测定（如观众的反应情况）。

在创意过程的这一阶段可能要请大量的目标受众来评估粗略的创意草图，并让他们指出从广告中看出了什么，对创意执行的想法，或者对广告口号或主题的反应。通过让大量目标受众评估分镜头脚本形式的广告，创意小组能了解电视广告应该如何传播其信息。**分镜头脚本**（story-board）由一组图画组成，这些图画用来展示一个电视广告提案的直观规划或者版面设计。它包括一系列构成广告主要框架或镜头的草图，每个镜头都有文字或配音。

用故事板的形式来测试广告效果可能有些困难，因为对于许多消费者来说故事板太过抽象，不易理解。为了使创意草图更真实，更易于评价，广告代理公司可以制作一个**样片**（animatic），即配有声音的分镜头脚本录像。不管是为了研究的目的，还是为了将创意理念展示给广告代理公司的其他工作人员或者客户，以便进行讨论，获得认可，分镜头脚本和样片的形式都是有所帮助的。

在创意过程的这一阶段，创意小组总是力求在推进活动主题，进行广告的实际创意之前找到最佳的创意方法或表现方式。在做出最终决定之前，验证/修正的过程可能包含更加正式、广泛的广告前测。前测及其相关步骤将在第18章详细论述。

创意策略的制定

广告运动

大部分广告是组成整合营销传播或者**广告运动**（advertising campaign）的一系列信息中的一部分，它们是一组相互关联和相互协调的营销传播活动的集合，这个集合以单一的主题或创意为核心，而这个主题或者创意会在一个特定的时间内在不同的媒体形式上出现。决定广告运动将围绕哪个统一的主题展开是创意过程中至关重要的部分，它将为每则独立的广告和其他强有力的营销传播方式定下基调。**运动主题**（campaign theme）应该是一个强有力的观点，因为这是所有广告和其他宣传活动所要传达的核心内容。广告运动主题经常用一个**标语**（slogan）或一句**口号**（tagline）来传达，将主要观点诉诸几个单词或者简单的句子。广告标语要做到用总括性的语句清晰简洁地表达公司或品牌的定位，同时还要把这一定位传达给目标受众。[47]一般来说，广告语会出现在每个广告之中，并且经常用于其他形式的营销传播，用于提醒、增强品牌信息。克里（Kohli）、莱瑟（Leuthesser）、苏瑞（Suri）认为标语是品牌识别的关键元素，因为它能提升品牌形象，帮助品牌认知与回忆，使消费者在认知中将其与其他品牌相区别，从而提升品牌价值。[48]他们也认为当品牌名称和品牌标识不能充分表达其本义，广告标语能填补这一空隙，并且能进一步表达更多关于产品和服务的形象信息。广告标语也可以理解成抓住品牌意义和使品牌特殊化的“吊钩”或“把手”。[49]

广告运动的计划一般都是短期的，与营销计划和整合营销传播计划一样，通常以年度为单位进行运作。然而，广告运动主题往往被寄希望于在相当长的时期内发挥作用。遗憾的是，很多运动主题只持续了很短的时间，通常是因为它们没有产生预期效果，或者市场环境和竞争态势发生了变化。为什么许多广告标语在传达公司信息或品牌特色方面效果较差？整合营销传播视点 8－1 给出了一些原因，并为如何撰写有效的广告语提供了一些指导策略。

整合营销传播视点 8－1

创作更有效的广告语

作为消费者，我们每天在进行常规媒体消费的时候——比如读报纸和杂志、听广播、看电视、上网或使用社交媒体——都会接触到成百上千条广告信息。我们每天看到或听到的每条广告几乎都包含一个口号或一句标语，这些总括性话语的目的在于简洁地表达公司或品牌的定位信息，同时快速有效地将这些信息传达给目标受众。比如耐克的广告语“想做就做”20 多年来经久不衰，几乎尽人皆知，堪称经典。这个广告语意在鼓励人们进行体育活动，不管是球类活动还是进行一些常规体育锻炼，比如跑步、爬山、跳健美操或散步。当然，耐克更希望我们在做这些运动的时候穿着耐克鞋或者耐克服装，而全世界上千万的耐克消费者也以耐克品牌为傲。即便当我们看到一个没有广告语的耐克广告，其品牌标志也会让消费者在脑海中自动浮现出那句“想做就做”。

耐克的广告语被评为史上最成功的五大广告语之一，并被收录于史密森尼博物馆（Smithsonian Institution）。其他成功的广告语包括 M&M's 牛奶巧克力的“只溶在口，不溶在手”（Melts in your mouth, not in your hands），好事达保险公司的“拥有好事达如同被上帝之手呵护”（You're in good hands with Allstate），凯珠宝（Kay Jewelers）的“每次亲吻，从凯开始”（Every kiss begins with Kay），还有标志性的“喝牛奶了吗？”（Got milk?）。优秀的口号能让品牌成为流行文化的一部分，比如安德玛的“保护这片领域”（Protect This House），以及拉斯维加斯会议和旅游局（Las Vegas Convention and Visitor Authority）的“这里发生，这里结束”（What Happens Here Stays Here）。

虽然有很多优秀的广告语案例，但是有更多糟糕的广告语，表述含糊、意思晦涩。品牌学家劳拉·里斯（Laura Ries）引用了最近三家最大的汽车广告公司的广告语，这些广告语缺乏动力，也没有提供购买该品牌的理由。当你读到这些广告语的时候，请试着将它们与它们所宣传的品牌联系起来：“走得更远”（Go Further）、“寻找全新道路”（Find New Roads）、“一同出发”（Let's go places）。这些广告语分别是福特、雪佛兰和丰田的。试问，这些广告语真的能激发消费者想到这些品牌中的一个吗？里斯认为，许多广告语对公司或品牌定位或与竞争对手相区别的贡献不大。

营销专家称好的广告语必须能够脱颖而出，展示公司或品牌的独特之处，并且能让人过目不忘。Bancography 是一家专门为银行进行品牌宣传和定位的咨询公司，其品牌总监约翰·马西斯（John Mathes）表示：“广告语应该是精心雕琢的词语组合，无论何时听到或见到这个广告语都会让你赞叹不已。”他提醒营销商，广告语是品牌的缩影，是可以指望消费者铭记于心的事物。数字营销经理库马尔·赫马尼（Kumail Hemani）也指出了口号在品牌推广过程中的重要性。他认为，在影响顾客心理方面，口号往往扮演着重要的战略角色。图中所示的创造有效口号的指南，包含了口号是一个品牌影子的认识，因为它被广泛使用在任何地方，因此在传达品牌本质方面起到了关键作用。他还指出，口号应该是简单、易记、可预测，并且在情感层面与消费者建立联系。

许多营销商和它们的广告代理公司花费大量的时间和精力为所服务的公司和品牌创作口号，但也有一些专家认为口号正变得越来越不重要，因为许多品牌已经不使用口号了。品牌建构顾问丹尼斯·尤恩（Denise Yohn）指出，星巴克、全食超市和露露柠檬（Lululemon）等知名品牌都不使用标语，而苹果也很久没有使用其著名的“非同凡想”（Think different）口号。尤恩坚持认为，广告主过去更依赖于广告语，以此来总结冗长的广告文案，并配上一句令人难忘的口号。然而，她认为，许多营销商更多地依赖于有针对性的社交媒体活动和口碑，很少进行需要口号的大型广告活动。尤恩还指出，当一个品牌的差异化来自产品和服务时，它的效果最好。然而，如今许多品牌都试图通过与消费者的价值观和个性相联系使自己脱颖而出，而这很难通过口号来传达。

下次你再看到一个广告时，注意一下它的口号，考虑一下广告口号是否传达了独特的或相关的信息，并/或对公司或品牌形象有所贡献。如果专家们是对的，那么很多口号都做不到这样。然而，那些使公司或品牌的营销信息给人深刻印象并且有效的广告口号则能帮助企业更好地面对竞争。

资料来源：Laura Ries, "Slogans vs. Taglines: What Is Your Brand's Battle Cry?" *Advertising Age*, November 9, 2015, p. 27; Denis Lee Yohn, "The Death of the Tagline," *Adweek*, September 9, 2013, www.adweek.com/news/advertising-branding/death-tagline-152255; Stephen Winzenburg, "Your Advertising Slogans Are Crummy. Can't You Do Better?" *Advertising Age*, January 14, 2008, p. 15; John Mathes, "Taglines That Stick: Here's How to Create an Effective Brand Summation Line," *ABA Bank Marketing*, December 1, 2008, pp. 22-25; Kumail Hemani, "Impact of Slogans on Branding," *Social Media Today*, March 26, 2012, http://socialmediatoday.com/node/475582.

尽管一些营销商经常变换它们的活动主题，但一个成功的活动主题往往能够持续多年。菲利普·莫里斯公司"万宝路世界"（Marlboro country）的口号已经使用了50多年；通用磨坊将Wheaties麦片定位为"冠军的早餐"（Breakfast of Champions）也已经几十年；宝马从1974年就开始使用"终极驾驶机器"这一主题。尽管宝马在过去的30多年里频繁更换广告代理公司，但这一经典主题仍得以保留。图表8-2列举了一些现在仍使用的广告语，它们由于容易记忆，并能准确传达公司和品牌的独特内涵而备受营销商青睐，被认为是非常有效的广告语。

图表8-2　有效广告语的例子

公司或品牌	广告语
1. 耐克	想做就做（Just do it）
2. 家得宝	更节约，更高效（More saving. More doing）
3. 吉列	一个男人能得到的最好的（The Best a Man can Get）
4. 麦当劳	我就喜欢（I'm Lovin' It!）
5. 戴比尔斯（De Beers）	钻石恒久远，一颗永流传（A Diamond Is Forever）
6. 沃尔玛	节约让生活更美好（Save Money. Live Better）
7. 帮庭（Bounty）	一抹而净（The Quicker Picker-Upper）
8. 佳得乐	决胜于心（Win From Within）
9. 安德玛	坚守阵地，从我做起（We Must Protect This House. I will）
10. 梅西百货	梅西的魔法时刻（The Magic of Macy's）

与营销和促销过程的其他领域一样，广告的创意和运动主题的制定都有明确的目标和目的的指导。创意策略聚焦于广告必须传达何种信息，将指导我们选择运动主题，开发广告运动中的所有信息。创意策略建立在以下要素的基础之上，它们包括：识别目标受众；广告必须声明的基本问题或者必须抓住的机遇；主要的卖点或广告必须传达的关键利益；广告中应该包含的任何支持性信息。一旦明确了这些要素，创意策略大纲就应该对那些将会使用的诉求信息和执行方式进行描述。很多广告代理公司将这些要素以创作大纲或创意大纲的形式概括出来。

创意简报

文本形式的**创意简报**（creative brief）详细描述了创意策略的基础元素。不同的广告代理公司也许会将这个文件称为创意大纲、工作大纲、创作大纲、创意蓝皮书或者创意合约。创意简报通常由客户主管或者客户经理来准备。在大型广告代理公司，由研究部门或客户策划部门的人员撰写创意简报。广告公司内负责特定客户的团队，包括创意人员以及来自媒体组织和研究组织的代表等都会参与创意简报的工作。客户方的广告经理与市场和（或）品牌经理将最终审批该创作大纲。图表8-3展示了一个可以指导创意过程的创意简报样本。正如创意简报本身有不同的名字一样，其草案、格式以及所包含信息的层次均有所不同。

图表8-3　创意简报概要

1. 广告必须声明的基本问题和论点。
2. 广告和传播目标。
3. 目标受众。
4. 主要卖点或要传达的关键利益。
5. 创意策略综述（活动主题、诉求点、执行技术）。
6. 支持性的信息及其要求。
7. 时间表（需要什么，何时需要）。

前几章已经讨论了创意简报的一些构成要素。例如，讨论了DAGMAR方法，说明了广告目标如何要求对容易识别的目标受众进行详细描述，以及制定传播任务来说明必须向目标受众传达哪些信息。探寻产品或者服务将解决哪些问题，哪些论点必须在广告中阐述，有助于确定传播目标，顺利完成广告活动。创作大纲的两个重要组成部分分别是主要卖点的挖掘和创意策略的设计。这两个步骤通常由创意团队或者创意专员负责完成，并构成广告运动主题的基础。

许多创意简报还包括应该出现在任何广告信息中的支持性信息或必要条件（品牌识别、免责条款等）。无论是对于确保广告运动执行中的一致性，还是满足合法广告的要求，这些信息都是非常重要的。

获取能够用于开发创意简报的信息，如消费者、产品/服务和市场的信息等，是创意策划进程中的重要组成部分。对于广告代理公司创意人员而言，尽管提供这些基本信息很重要，但有时往往由于广告代理公司、客户或者双方的沟通失败而无法达成。约翰·萨瑟兰（John Sutherland）、丽莎·杜克（Lisa Duke）和埃弗里·阿伯奈西（Avery Abernethy）开发了一种模型，反映营销信息从客户向广告代理公司创意人员的流动，见图表8-4。[50]从该模型可以看出，共有五个基本传播层面可以使把关者阻止信息流向广告代理公司创意人员。

客户-广告代理公司之间的沟通层面越来越多地引起人们的注意，这种沟通发生在客户方的品牌经理和/或广告部经理与广告代理公司的策划经理之间。沟通中的问题可能出现在客户和广告代理公司之间，这会使创意人员的工作愈发困难。然而，这个模型表明还存在其他四个潜在的沟通失败之处，分别为：（1）客户或者客户方的把关者缺乏对有效广告所需的部分或全部信息的相关了解；（2）客户方不打算与广告代理公司共享所有有助于创作有效广告的信息；（3）广告代理公司的信息把关者不与创意人员共享其所掌握的全部客户资料；（4）广告代理公司内部的失败沟通也会导致创意人员无法接收公司从客户方得到的全部相关信息。

萨瑟兰等人对广告代理公司的创意总监、文案人员和艺术总监进行了一项广泛调查，内容是关于这些人员在开发和实施创意策略时能够用到的各种类型的市场信息。他们识别出六种不同类型的市场信息，包括目标受众的统计学资料、顾客的产品使用信息、客户产品表现的信息、竞争对手产品表现的信息、营销策略的信息以及客户提供的主要卖点。研究表明，广告代理公司的创意人员通常缺乏有效地设计和执行创意策略的必要信息。他们还发现，在这些类别的信息中，创意人员能够得到的信息只有一半或者2/3。即便是最基础的目标人口统计资料，也只有不到30%的信息得到传达。研究指出，在创意人员创作有效广告所需的信息和实际提供给他们的信息之间存在巨大的缺口，客户和广告代理公司需要更好的沟通。

创意简报中包含的信息为创意人员提供了重要的背景资料和整体广告战略的基础元素。创

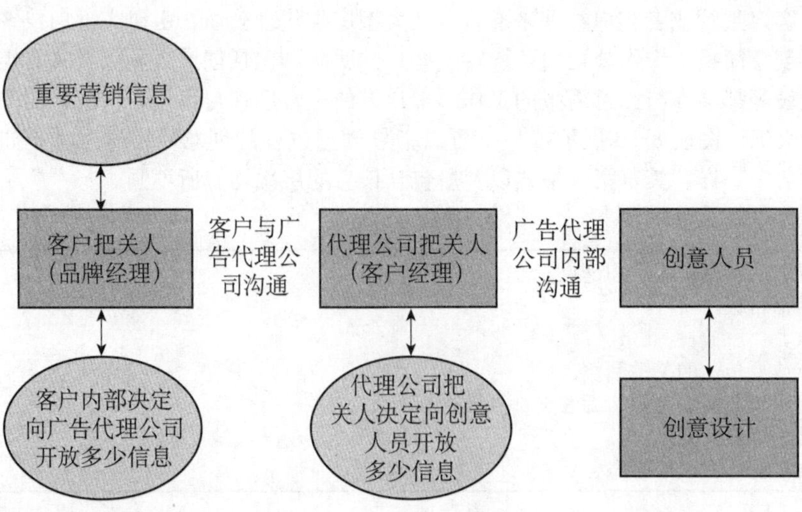

图表8-4 营销信息从营销经理到广告创意人员的流动模型

资料来源：John Sutherland, Lisa Duke, and Avery Abernethy, "A Model of Marketing Information Flow," *Journal of Advertising* 33, no. 4 (Winter 2004), p. 42. Copyright © 2004 by American Academy of Advertising.

意过程的下一步是信息策略的开发，这个步骤从寻找以策略为基础并赋予抽象的策略以生命力的大创意开始。广告创意小组面临的一个主要挑战就是确定作为广告活动基础的主要卖点。我们将讨论其中几种常用于决定主要卖点和活动主题的方法。

寻找主要卖点

创意策略的一个重要部分是决定将会成为广告活动**主要卖点**（major selling idea）的主题。正如A. 杰罗姆·朱威勒（A. Jerome Jeweler）在他的《广告中的创意策略》（*Creative Strategy in Advertising*）一书中所述：

> 主要卖点应该表现出你能够传达的关于产品或服务最强有力的、独一无二的特征。它应该与你的目标受众最广泛、最有意义的诉求相呼应。一旦你决定采用此信息，就必须确保能依靠它生存；你必须保证它足够强有力以使广告活动中的每一则广告都保持同样的主题。[51]

一些广告专家认为一项有效的广告活动必须有一个大创意，这个大创意可以吸引消费者的注意力，得到相应的回应并且使广告中的产品或服务与竞争对手区别开来。著名的广告大师约翰·奥图尔（John O'Toole）将大创意描述为"将策略目标集成的思想的迸发，它用一种全新的涉入方法将产品用途和消费者的欲望有机地结合起来，将广告主题融入现实生活中，从而使读者或受众驻足观看或聆听"。[52]

当然，对创意小组而言，真正的挑战是提出大创意然后把它应用在广告中。许多产品和服务实际上并没有真正的独特之处，因此，要找到一些有趣的故事来描述它们就变得非常困难。广告界最具创意的广告文案撰写人之一大卫·奥格威曾谈道：

> 我怀疑具有大创意的广告运动是否超过1%。我被认为是最多产的大创意创造者之一，即便如此，在我作为广告文案撰写人员的漫长职业生涯中，我提出的大创意也不超过20个。[53]

尽管广告中真正伟大的创意很难产生，但现在仍有许多大创意成为有创意的、成功的广告运动的基础。经典的例子包括："我们更努力"（We try harder），该广告将安飞士定位为汽车租赁公司中的老二，却能比排名第一的赫兹公司提供更好的服务；"百事一代"（Pepsi generation）的主题和接下来的各种广告主题如"新一代的口味"（The Taste of a New Generation）和"下一代"（GenerationNext）；美国军队征兵所采用的广告语"成就你自己"（Be all you can be）；英特尔处理器应用于个人电脑的"内载英特尔"（Intel Inside）；耐克的"想做就做"；"喝牛奶了吗?"以及用于促进牛奶消费的牛奶胡子主题；苹果的"非同凡响"。近年来，一些大创意产生了优秀的广告运动，其中包括万事达卡发起的"无价"（Priceless）广告运动，自从其在 1997 年推广以来，这一主题的广告运动一直在帮助万事达实现品牌价值和收入的增长。麦当劳的"我就喜欢"广告运动和克莱斯勒（Chrysler）的"来自底特律"（Imported From Detroit）广告运动利用大创意使公司与进口汽车品牌竞争，帮助美国汽车制造商复兴。[54]

另一个成为长期使用的、有效的整合营销传播方案基础的大创意的例子，是灵智广告（Havas Worldwide）为多瑟瑰（Dos Equis）啤酒创作的"世界上最有趣的人"（The Most Interesting Man in the World）广告。由灵智广告对进口啤酒饮用者进行的研究显示，他们对大量的啤酒广告感到恼火，这些广告使用了性感的女性形象、幼稚的幽默和陈词滥调。研究还显示，消费者觉得自己被错误表现和错误理解，而且他们最希望被认为是有趣的，而不是无聊的。基于这些洞察，该机构的创意团队为品牌创造了个性象征，他们将这个品牌标记为"世界上最有趣的人"。灵智广告创造了一个虚构的角色，由资深演员乔纳森·戈德史密斯（Jonathan Goldsmith）扮演，他在广告中被描绘成一个温文尔雅、活泼欢快的绅士，持有异国口音，长着银色胡须，态度严肃。这些广告展示了他在充满异国情调和引人入胜的地方，或带领神秘的探险队，或在潘普洛纳与公牛一起狂奔，或与菲德尔·卡斯特罗摔跤。在每个广告的结尾，他都承认自己并不总是喝啤酒，但当他喝时他更喜欢多瑟瑰，然后写下"保持渴望，我的朋友"。广告中隐含的信息是，所有喝啤酒的人都可以而且应该过一种更有趣的生活，当然，也可以用喝多瑟瑰来代替。

该运动于 2007 年发起并成就了多瑟瑰品牌，使曾经主要在得克萨斯州和加利福尼亚州销售的低品牌认知度的多瑟瑰成为美国第六大进口啤酒。2016 年播出的最后一则广告中，展示了金·史密斯（Kim Smith）前往火星的单程旅行，广告给人留下的印象是这个角色永远不会回来了。他在登上飞行器之前留下了他的经典台词"保持渴望，我的朋友"。广告中为人熟悉的画外音说道："他唯一的遗憾就是不知道后悔是什么滋味。"多瑟瑰继续推行这一广告运动，起用了新的演员扮演最有趣的人。[55]

大创意在 B2B 广告中也很重要。B2B 营销商意识到了创建知晓和对公司清晰的品牌认知的重要性。通用电气（GE）、IBM、施乐（Xerox）、西门子（Siemens）以及其他许多企业等 B2B 营销者也面临着传播的挑战，即如何利用它们的产品和服务来解决复杂的业务问题，并帮助其他公司经营业务并实现目标。[56]例如，德国公司西门子最近发起了一项名为"生命智慧"（Ingenuity for life）的新运动，旨在展示其技术不仅影响商业，而且影响社会。[57]这一运动包括平面广告和网上视频，并通过社交媒体讨论西门子的数字和制造技术如何应用于各行各业，以及它们如何造福于人类和社区。

构思主要卖点

很难准确描述大创意的灵感，抑或是传授给广告创意人员寻找创意的简单方法。正如之前提到阿瑟·科沃所做的一项探究广告文案撰写人员如何寻找大创意的思路过程的调查，该调查发现广告文案人员认为大创意的目的是从众多纷杂的广告环境中脱颖而出并有效传达信息。[58]广告学教授约翰·罗西特（John Rossiter）提出，大多数广告文案人员都专注于利益信息的表达，他们认为利益是销售广告产品的关键。他表示大多数创意都产生于创意人员寻求如何有效表达利益诉求的过程中。[59]如前所述，利益诉求通常会用清晰的语言在广告语中表达出来，比如，麦当劳的“我就喜欢”，宝马的“终极驾驶机器”。但是，在整合营销传播方案广告执行环节或其他环节，创意小组仍需运用有效的手段传达利益信息。

创意人员可以通过多种途径探寻好的创意并将其付诸实施。不过，多年来，人们已经积累了一些可以指导创意小组推出成功广告的方法。其中最著名的四种方法是：

- 运用独特的销售主张。
- 创建品牌形象。
- 寻找内在的戏剧性。
- 定位。

独特销售主张

独特销售主张（unique selling proposition，USP）概念由泰达彼思广告代理公司（Ted Bates）前总裁罗瑟·瑞夫斯（Rosser Reeves）首先提出，并在其影响深远的《实效广告》（*Reality in Advertising*）一书中得到了阐述。瑞夫斯着重指出了独特销售主张的三个特征：

1. 每则广告都必须给消费者一个建议。它不仅仅是语言，不仅仅是对产品的吹捧，也不仅仅是橱窗广告。每则广告都必须对每位读者说：“购买这种产品吧，你会从中受益。”

2. 这个建议必须是竞争对手不能提供或者没有提供的。它必须在品牌或诉求方面是独特的。

3. 这个建议必须对大众有足够的说服力，也就是说，能吸引新顾客购买你的产品。[60]

瑞夫斯认为，主导一则广告的应该是形成产品独特的销售主张的基础诉求或利益属性，并且通过重复性的广告得到加强。

对瑞夫斯的创意方法来说，产品或服务必须存在一个真正独特的属性、利益点或可用于诉求的内在优势。这个方法要求对产品和消费者进行周全的调查研究，不仅要决定采用独特的销售主张，还要对这一主张做出说明。联邦贸易委员会（FTC）反对广告主在没有数据支持的情况下宣称自己产品的优势或者独特性。同样，一些公司已经起诉它们的竞争对手，因为后者提出了未经证实的独特主张。[61]

广告主还必须考虑的一个问题是，这个独特销售主张能否为其提供竞争对手不能轻易模仿的实质性的竞争优势。尤其是在产品包装方面，其他公司很快就能模仿，因此，在此领域以独特销售主张为基础的广告时代已经过时。例如，2008年米勒酿酒公司推出了MGD 64，这是米勒干啤的一个低热量品种，当时在美国国内啤酒市场上热量含量最低。然而，不到一年，在看到米勒公司推出低热量啤酒获得成功之后，其主要竞争对手安海斯-布希公司推出了Bud Select 55，其热量更低。[62]

创建品牌形象

在许多产品和服务类别中，竞争品牌非常相似，以至于很难找到或创作出一个独特的属性或用途作为主要卖点。占据美国市场广告支出较大份额的许多包装产品仅凭功能或表现很难把它们区分开来。为了销售这些产品，创意策略必须通过**形象广告**（image advertising）为品牌创建一个强有力的、令人难忘的品牌身份。

大卫·奥格威在其著名的《一个广告人的自白》（*Confessions of an Advertising Man*）一书中使品牌形象的观念广为人知。奥格威在谈到品牌形象时说：“每一个广告都应该对那些复杂的标识，即品牌形象做出贡献。”他认为，品牌形象或个性在品牌同质化的情况下尤为重要：

> 不同品牌的产品越相似，在挑选各种品牌时就越没有理由多加考虑。不同品牌的威士忌、香烟、啤酒之间没有本质上的差别，它们都是一样的产品。蛋糕粉、洗涤剂和人造黄油也一样。那些不辞辛苦地致力于用广告来突出品牌个性的生产商将获得最大的市场份额，赚取最高的利润。同理，发现自己处于困境的生产商则往往是那些取消用于促销的广

告预算的目光短浅的机会主义者。[63]

形象广告已变得越来越流行，作为主要卖点，它应用于各种产品和服务，包括软饮料、酒、香烟、汽车、航空服务、理财服务、香水和服装。许多消费者穿设计师品牌的牛仔裤，如True Religion或AG，或者饮用某个特定品牌的啤酒或软饮料，正是因为这些品牌的形象。创建成功广告形象的关键是开发一个能够打动产品用户的形象，此举通常通过将一个品牌与具有文化意义的特定形象或典型事物相结合而完成。例如，万宝路由于在广告中将其品牌与美国牛仔这一被视为身体强健、外表粗犷、个性自由、追求独立的形象联系在一起，因此成为顶级香烟品牌。许多时装品牌在广告中运用诱人的时装模特，通过传递性感、时髦、魅力、精致等心理联想和心理感觉给目标受众造成视觉上的冲击。碧碧（bebe）的时装广告中体现了许多这样的形象特征，这样就与那些热爱时尚的年轻女士之间建立了情感上的联系。

寻找内在的戏剧性

另一种确定主要卖点的方法是寻找**内在的戏剧性**（inherent drama），或者寻找促使消费者乐于购买的产品特征。内在的戏剧性方法体现了李奥·贝纳（Leo Burnett）（芝加哥李奥贝纳广告代理公司的创始人）的广告哲学。贝纳认为内在的戏剧性“常常是很难发现的，但它一直存在，一旦被发现，它便是所有广告诉求中最有趣和最令人信服的”。[64]他坚信广告应该以消费者利益为基础，而在表达这些利益时应强调戏剧性因素。

贝纳提倡一种回归质朴的广告，这类广告用一种温暖和写实的方式展示信息。该公司用内在的戏剧性方法为多家公司创作了许多著名的广告，如为麦当劳、美泰克（Maytag）、家乐氏以及贺曼所做的广告。在过去的25年里，李奥贝纳为贺曼贺卡制作了一系列动人和戏剧化的广告宣传活动。最近的一个例子是为母亲节发起的“把你的心声写在纸上”线上广告运动，鼓励人们表达对母亲的真实感受，而不是使用那些老套的表达方式，如我爱你、谢谢你。为了记录参与者对母亲的说法，参与者受邀在镜头前接受采访，在不知道他们的母亲在另一个房间里收听的情况下表达他们的爱意。随后，这些妈妈被邀请加入他们，她们的情感反应被记录在一系列视频中，这些视频构成了这一广告运动的基础。[65]此外，数字广告被用来扩散“不要说，我爱你……多说几句”这一信息，用一张贺曼卡把你的心声写在纸上。贺曼官网、YouTube视频和社交媒体网站的访问者被鼓励参与到＃PutYourHeartToPaper这一活动中。李奥贝纳还为其他节日，如情人节，创意了同样版本的广告运动。

定位

作为广告策略基础的定位概念最早是由杰克·特劳特和阿尔·里斯在20世纪70年代提出的，现已成为广告创意的基础。[66]其基本观点是广告应该被用以建立或“定位”产品或服务在消费者心目中的特殊位置。在对品牌进行定位的同时也要对公司进行定位。许多不同类别的产品或服务的顶级品牌之所以能始终保持其市场领导者的地位，是因为它们在消费者心目中已经建立并拥有了强有力的位置和个性。[67]例如，佳洁士因为预防蛀牙而在消费者的心目中建立并占据了一个位置，宝马则因为“终极驾驶机器”的定位而胜出，这一定位也帮助其把宝马的整条产品线与其竞争对手区分开来。

整个公司需要有定位，大企业旗下的不同分支公司也需要有定位。比如，通用电气将其定位为一家具有创新精神、富有想象力的公司，力争在能源、卫生、交通、技术基础设施方面均做世界的领头羊。通用电气最近发起了一项大型活动，旨在加强其作为一家将硬件、软件和大数据整合在一起的数字公司的地位，并用于招募年轻人加入通用电气。“欧文怎么了?”（What's the Matter with Owen）广告运动包括电视广告和社交媒体广告，讲述了一位名叫欧文（Owen）的大学毕业生刚刚被通用电气录用，他为能在通用电气的工业数字开发部门工作而激动不已。然而，他的同学和家人并不理解他的兴奋，因为他们认为通用电气只是一家制造公司。

例如，在一个幽默的镜头中，欧文的父亲给了他一把祖父的锤子，因为他认为欧文将会用于修理机械设备。每一个镜头都以“GE 是家数字公司，也是一家工业公司”结尾（见插图 8-2）。

插图 8-2　通用电气在其招募广告运动中将自己定位为一家创新的数字工业公司

资料来源：General Electric.

特劳特和里斯最初将定位描述成相对于同类产品或服务类别的竞争品牌，本品牌在消费者心目中的一种形象，但现在定位的概念早已超出直接竞争定位的范畴。正如在第 2 章中所论述的，产品可以以产品属性、性价比、用途或功能、产品用户、产品等级为基础进行定位。它们中的任何一个都可能激发一个主要卖点，该主要卖点将成为创意策略的基础，使公司品牌在目标受众的心目中占据一个特殊地位。由于定位以一个独特的属性为依托，因此市场定位和独特的销售主张方法会有交叉重叠的地方。作为一种基本方法，定位已广泛应用于许多成功的创意策略之中。在某些情况下，营销商认识到它们必须调整自己的定位策略，以适应不同的市场需求，或者对其进行调整，以更好地与目标市场进行沟通。例如，家乐氏公司已经改变了其 Special K 麦片品牌的定位策略，将其节食诉求改变为积极宣传其营养价值，以及它如何帮助女性保持健康。[68] 多年来，Special K 的广告始终伴随着体重秤和节食挑战的图片。然而，家乐氏意识到女性不再想严格计算热量，而是想要营养更广泛的食物。Special K 的新口号是“强化”，广告的目的是呼吁内心坚强的女性每天都能使用广告中的新 Special K 营养产品。

当一个公司有多个品牌在同一市场上竞争时，定位往往成为该公司创意策略的基础。例如，发动机润滑油的两个顶尖销售品牌 Pennzoil 和 Quaker State 各自所属的两家公司几年前同被归入壳牌石油公司旗下。壳牌对二者进行了不同的定位，分别为它们选择了不同的发动机润滑油消费群体，从而赋予这两个品牌不同的品牌个性。[69] Pennzoil 被定位为提倡保护的品牌，将目标消费者瞄准那些最有可能付钱让别人为其更换润滑油的“活跃者”。Quaker State 则采用功能定位，其目标消费者是热衷于自己保养汽车并亲自买油、换油的消费者。

实现大创意的当代新方法

独特的销售主张、品牌形象、内在的戏剧性和定位这四种方法常被作为广告运动创意策略的基础。在许多广告代理公司，这些创意方法已融入其中最优秀的创意人才的思维。[70] 然而，广告公司在创意方法上并没有任何限制。比如，著名的“狂野万宝路”运动是由李奥贝纳公司开发的一个经典形象广告案例。许多不同的广告公司都遵循罗瑟·里夫斯（Rosser Reeves）在泰达彼思广告所倡导的独特销售主张方法。创意专家或团队面临的挑战是找到一个主要的销售理念，不管是基于独特销售主张、品牌形象、内在的戏剧性、市场定位，还是采用其他方法，并以此为指导，制定有效的创意策略。

尽管这些经典的方法被许多创意人使用，但在过去的 20 年里，由于媒体和技术的变化，许多其他的方法也是可用的，而且确实是必要的。一些更现代的广告创意人士对现代广告产生了重大影响，包括 Hal Riney & Partners 广告代理公司的哈尔·赖尼（Hal Riney），TBWA/Chiat/Day 广告代理公司的李·克洛（Lee Clow）和杰伊·恰特（Jay Chiat），W+K 广告代理公司的丹·威登（Dan Wieden），以及 GSP 广告代理公司的杰夫·古德拜（Jeff Goodby）和里奇·西尔弗斯坦（Rich Silverstein）。安东尼·瓦格尼（Anthony Vagnoni）在《广告时代》上撰文描述今天的广告创意领袖时写道：

> 当代的创意大王不写书，很少接受访谈，也很少宣传他们在广告方面的理论。他们认为广告没有规则可循，同时也表示没有像奥格威先生著名的“当你无话可说的时候就唱！”这样的简单格言存在。如果这些言论和书籍不再存在，那么取代它们的将是提升广告中智慧含量的理性需求。今天的广告领袖把广告看作一种能够引发灵感和快乐的积极的社会力量。[71]

古德拜和西尔弗斯坦强调：“当一个广告以一种不像广告的形式潜入人们的生活时，这个广告就做到了最好。广告将以它们最好的姿态展现在人们面前，而不是以消费者所能接受的最低标准和他们打交道。”他们将广告创意描述成一个创作智慧作品的过程，这些作品在受到社会大众欢迎的同时又能促进销售。[72]李·克洛表示：“不存在能够教你如何吸引大众注意的规则范本。我们中最优秀的那些人了解社会文化的现实以及它们与媒体如何相互影响。如果不能做到这一点，我们就不能创作出与人们相联系的相关信息。”[73]

在当今世界，广告主正面临大数据的巨大挑战。它们必须发展新的创意，以保持其品牌的差异性并超越传统的大众媒体。大多数营销商和它们的广告代理公司都意识到，它们必须生发可以在各种媒体上使用的大创意，吸引消费者，并与他们对话。在传统的以媒体为中心的平面广告和电视广告世界中的许多行之有效的方法可能在当今消费者所生活的复杂、多屏的世界中并没有效果。数字网络营销公司安索帕（Isobar）的首席执行官林友琴（Jean Lin）认为，技术和信息的获取永久性地改变了人们与品牌的关系，以及他们如何形成观念和观点。她认为，当代创意公司的角色必须改变，并指出：“在这个新世界里，我们生成创意解决方案的方式必须改变。我们必须拥抱交互式和非线性的消息传递。手持设备和移动设备无处不在；需要在屏幕间无缝地讲故事。商业理念需要通过创造力、创新和想象力来培养。”[74]

随着新媒体的不断涌现，创意广告的发展吸引了消费者的注意力，并对其产生了巨大的影响。TBWA 媒体艺术实验室是苹果公司的首席创意代理机构，其总裁李·克洛在 2013 年因其在广告创意方面的贡献获得了著名的圣马可狮子奖（Lion of St. Mark Award）。李·克洛被问到如何评论过去几十年里广告公司面临的创意挑战时，他这样说：“过去，品牌有能力以各种方式与人沟通，与他们进行持续的对话并产生关系，而不是独白。我们还没有找到如何利用所有这些新媒体的机会，并且，大多数客户对于他们应该使用何种媒体以及为什么要使用这些媒体感到非常矛盾。他们一直认为，在新媒体世界里，有一种新的高招可以让他们省钱，或者找到一种新的方式来抓住消费者。”[75]克洛总结了在广告的新世界里，广告创意人所面临的挑战。然而，营销商将继续挑战它们的广告代理公司以及它们自己，为广告和其他形式的营销传播寻找创新的想法和创造性的解决方案。

本章小结

广告信息的创意开发和执行是一个公司整合营销传播方案的关键部分，而且通常是决定一项营销活动能否成功的关键。营销商一般让广告代理公司开发、策划和实施其创意策略，因为广告代理公司是广告创意的专家。创意专员或创意小组负责开发一种将广告主的信息有效地传播给消费者的方法。客户方和广告代理公司的其他人员也参与开发、实施创意策略，以及评估创意策略的有效性。

广告文案、设计人员和其他人员面临的挑战是，他们必须足够有创意，并提出可以解决传播中出现的问题的新鲜、独特和恰当的观点。广告中的创意是一个包含多个步骤的过程，这些步骤分别是准备、酝酿、启发、验证和修正。各种来源的信息都可以帮助创意专家确定最好的广告活动主题、诉求或表现风格。许多公司将研究方法投入创意过程，包括定性研究，例如焦点小组访谈和民族志研究。研究还被用于预先测试广告信息，以确定消费者如何评价和响应它们。有些公司已经放弃了文案测试，这是由于不断改变的媒体消费环境需要它们开发更多的内容快速反应。

大多数广告都是整合营销传播或某一主题广告运动系列信息的一部分。广告运动的主题通常通过标语或口号来表达。创意策略由特定的目标所决定，并基于许多因素，包括目标受众、广告必须解决的基本问题、信息达成的目标，以及广告主想要传播的主要销售理念或关键利益等。这些因素一般都是在创意简报中陈述，即用来指导广告活动发展的工作计划。创意策略的一个重要组成部分是决定主要卖点，它将成为广告运动的中心主题。有几种方法可以做到这一点，包括使用独特销售主张，创建品牌形象，寻找品牌内在的戏剧性和定位。

广告主在寻找超越传统大众媒体的大创意时面临重大挑战。他们必须开发出可以在各种媒体上使用的大创意，吸引消费者，并与他们对话。在传统的以媒体为中心的平面广告和电视广告世界中的许多行之有效的方法在如今消费者生活的复杂、多屏的世界中可能并不那么有效。

讨论题

1. 讨论 Intuit 公司和 W＋K 广告代理公司在为税务准备软件产品（如 TurboTax）进行广告宣传活动时所面临的创造性挑战。评估“报税并不需要天才”（It Doesn't Take a Genius to Do Your Taxes）的创意策略。

2. 讨论创意在广告中的作用和重要性。你是否认为广告公司会放弃促进产品或服务销售的广告，而过分强调创意？客户能做些什么来避免这个问题？

3. 数字与社交媒体视点 8-1 讨论了一些被选为 21 世纪迄今为止最佳的广告运动。选择其中一个广告运动，从创意角度分析它，主要分析该运动所使用的策略以及它有效的原因。

4. 本章讨论了广告代理公司有时是如何被解雇的，即使它们为它们的客户制作了获奖的广告和广告运动。评估百威英博这样的公司中止与其广告代理公司的合作，并与一家新的公司合作的做法，虽然该广告代理公司已经为公司/品牌创作了赢得奖项的作品。

5. 广告创意是一种能够产生沟通问题解决方案的独特和适当的想法的能力。这一定义表明，创意广告是一种新颖但又相关或恰当的广告。找一个广告的例子（平面广告、电视广告或在线广告/视频），新颖但不一定与产品或服务相关。讨论为什么客户会认可这个广告。

6. 讨论广告创意中影响差异化实现的各种因素并举例，分析广告如何反映不同的因素以及其如何影响。

7. 讨论广告代理公司在准备、酝酿、启发过程中可以使用的研究类型。列举一个将研究作为创意过程投入的广告运动的例子，分析并讨论它是如何完成的。

8. 许多广告创意人员反对焦点小组访谈研究，他们认为这可能会抑制创意过程。讨论用焦点小组访谈评价广告创意工作的问题和价值。

9. 数字与社交媒体视点 8-2 讨论了广告创意工作前测的利弊，以及它如何受到数字革命的影响。讨论广告公司对创意工作开展前测的利弊，以及数字媒体的转变如何影响文案测试。

10. 假设你已经被一家广告代理公司聘为客户策划人员，并从事一种新的包装水品牌的广告运动。描述你可能向创意团队提供的总体策划前投入和特定产品策划前投入的类型。

11. 讨论广告口号在广告运动过程中所起的作用，以及在制定有效广告口号时应该考虑的一些因素。列举一个良好口号的例子，以及一个缺乏有效沟通的例子。讨论你评价这些广告口号好坏的原因。

12. 列举一个生成主要销售理念的方法的广告作品或广告运动的例子，例如独特销售主张、品牌形象、内在的戏剧性或者定位。讨论主要卖点如何反映在这个广告作品或广告运动之中。

第9章 创意策略：实施与评价

学习目标

1. 比较广告中使用的各种诉求类型。
2. 分析广告主可以使用的各种创意执行方式，以及它们所适合的广告情境。
3. 分析比较平面广告、电视广告、网络广告的创意策略。
4. 讨论客户评价创意工作的指导方针。

开篇案例

达萨尼：设计实现与众不同

多年来，饮料业的营销战就是各方争夺碳酸饮料的市场份额。在20世纪后半叶，可口可乐公司和百事公司在“可乐大战”中约定了规则，这两个品牌主导了长期以来拥有美国最受欢迎饮料的软饮料市场。直到20世纪90年代，包装水仍只是美国饮料行业的一小部分，市场则主要是由巴黎水（Perrier）和依云等高端品牌主导。然而，在过去的十年里，饮料消费方式发生了改变，随着软饮料的销售开始停滞不前，包装水成为大众市场中增长最快的部分。饮料公司认识到消费者越来越多地选择健康、方便、零热量的包装水来替代其他饮料，并推出新产品以抢占市场份额。

尽管包装水市场增长迅速，但可口可乐对消费者是否愿意购买包装水表示怀疑，并继续专注于软饮料和其他饮料。但百事旗下的纯水乐（Aquafina）、雀巢的波兰泉（Poland Spring）以及其他品牌在这个快速增长的市场上取得的成功，最终让这家软饮料巨头改变了方向，进入包装水市场。可口可乐于1999年推出了达萨尼（DASANI）包装水。包装水的强劲增长，加上可口可乐的广泛分销体系，使该品牌在2006年实现了20%的复合增长，并成为零售销售额达到10亿美元的品牌。然而，到2007年，包装水的营销环境开始改变。纯水乐、达萨尼、Arrowhead等包装水主流品牌更加商品化，市场份额开始下滑并被零售商自有品牌及功能性饮料品牌占据，如维生素水。可口可乐发现其达萨尼包装水品牌处在高端包装水品牌与低端包装水零售商品牌之间，如Smartwater®、芙丝（Voss）、气质（ETHOS）、斐泉（FIJI）、依云和低价的零售商品牌，并被不断挤压。包装水也面临着环境问题，许多消费者和零售商都在质疑市场上大部分品牌处置塑料瓶的问题。到2009年，沃尔玛和其他主要零售商开始放弃达萨尼和其他主流品牌的包装水。

2009年，可口可乐与Lambesis公司合作，由后者担任达萨尼品牌的广告代理。Lambesis很快就认识到，第一个挑战是抵御来自高端水品牌和低端水品牌的挤压，这需要将达萨尼包装水定位为人们最渴望的且能够购买到的主流品牌。包装水品类被宣称其产品的口味、功能或健康益处的竞争者们所主导，但这些宣称都很难被证实或能够成功地维持下去。研究发现，包装水的饮用者并不认为包装水是“水”，而是一种身心的提神剂。他们还把水的功能益处看作某种更基本的东西，因为水被认为是生命之源。基于这些发现，Lambesis 公司开发了整合营销传播策略，将达萨尼包装水定位为让人感觉良好、口感清爽的伴侣，让人在任何时候、任何地点感觉精神焕发，在一整天的所有时刻都保持精力充沛。

可口可乐公司和 Lambesis 公司也认识到，包装水的环保问题必须加以解决，它可能是一个差异化点。可口可乐创造了植物瓶（PlantBottle®）包装，这是一种 100%可回收利用的瓶子，成分中包含高达 30%的可再生植物材料，也被用于可口可乐的其他饮料。可口可乐准备以这种全新的、更环保的瓶子重新推出达萨尼品牌，使产品与消费者和零售商相关并获得喜爱。Lambesis 公司意识到，重新推出品牌运动可以在两个方面成就达萨尼品牌：第一，吸引寻求简单方式实现环保的绿色消费者；第二，将达萨尼品牌在竞争激烈的包装水市场上定位为更优质的品牌。Lambesis 公司发起了一个高度整合的品牌重塑运动，将注重环保的信息与优质的高端设计结合起来，以发布达萨尼品牌、植物瓶包装和品牌的可持续平台。所有的创意作品都采用了一种流线的和极简主义的审美观，以体现水的纯净、清新、清爽的感觉。Lambesis 公司在网站和高强度的网络广告中应用了这些设计元素，以达到教育消费者接受植物瓶包装的目的。

此次运动中的平面广告和户外广告都围绕着“植物瓶包装中‘生长’的自然生命”这一强有力的形象展开。Lambesis 公司创造了一种全新的 100%再生纸制成的插页，带有剥开可种植的种子纸页，以展示包装的环保设计。在零售商店的产品包装上也放置了带有生态环保信息的种子纸，以进一步传递达萨尼对可持续性的承诺。整合传播运动还使用了电视广告，第一条电视广告使用了明亮、干净、自然的图像来展示品牌对可持续发展的承诺，并将达萨尼包装水描述为干净的、清爽的、清新的。第二条电视广告以恰比·却克（Chubby Checker）的经典歌曲《扭腰舞》（The Twist）为背景音乐，并利用其持久的吸引力向消费者证明扭腰和回收新的植物瓶包装是多么容易。Ace Metrix 开展的调查显示，娱乐性的《扭腰舞》（Twist）广告被评为 2012 年奥运会期间最令人难忘的广告，它的排名远高于播出频率较高的耐克、三星、欧任派等公司和品牌广告的排名。

这一整合传播运动非常成功，因为它帮助达萨尼公司重新赢得了主要零售客户的市场份额，并将其定位为大众信赖品牌，从高价高端品牌和低价自有品牌选择之间脱颖而出。在成功重新定位达萨尼包装水的基础上，可口可乐公司推出一款命名为 DASANI Drops 的新产品，这是一款有多种口味的零热量加味水饮料。DASANI Drops 加味水饮料给了消费者一种全新的享用饮用水的方式。DASANI Drops 将目标瞄准那些每天都很忙碌的母亲和注重健康的人。公司采用以“开启味蕾”为主题的整合传播运动来支持 DASANI Drops 加味水饮料的推广，包括平面广告、数字广告和户外广告，以及大学校园和音乐会的促销和店内试喝。

达萨尼的成功定位使其成为包装水品类市场领导者，可口可乐公司决定利用 DASANI Sparkling（一种碳酸水）整合营销活动创建的品牌价值。这种新产品是通过在过滤水里加入二氧化碳而制成，没有甜味剂，提供天然的酸橙口味、柠檬口味、浆果口味和苹果口味。可口可乐公司已经有了瓶装和罐装的施格兰气泡矿泉水（Seagram's Sparkling Seltzer Water），但仍然决定进行达萨尼产品线的扩展，以利用品牌的强识别和碳酸水的强劲增长，这是饮料行业中增长最快的市场之一。多年来，来自法国的天然碳酸水高端品牌巴黎水以及来自意大利的圣培露（San Pellegrino）品牌主宰气泡水市场。然而，由于 LaCroix 和其他气泡水品牌，如添加人造甜味剂的 Cascade Ice 和 AquaFina FlavorSplash，这一市场的竞争已经变得更加激烈。2016 年，可口可乐公司推出了新的口味，并且为达萨尼气泡水产品线换了全新包装。为了支持这一行动，可口可乐推出了一项名为“泡泡小憩”（Break for Bubbles）的整合营销活动，鼓励人们每天喝一杯清爽的饮料休息一下，缓解一下压力。整合营销活动包括电视广告、数字广告、平面广告和户外广告，这些广告传达了达萨尼气泡水在任何时刻都能让人焕发活力，充满能量，重新开始新的一天的品牌信息。

在过去的7年里，Lambesis公司所做的杰出的创造性工作，帮助达萨尼包装水从一个勉强生存的品牌转变为销售量排名最高的品牌。此外，包装水已经成为美国增长最快的大众饮料类别，年销售额近150亿美元。随着消费者继续偏爱健康、方便、提神的饮料，达萨尼品牌也成为可口可乐公司产品组合的重要组成部分。达萨尼包装水将会继续提供纯净、清爽的口感和干净清新的风格。

资料来源：The Lambesis Agency；Nielsen Scanning，YTD AMC，July 30 2016；Elizabeth Whitman，"The Ad Campaign That Convinced Consumers to Pay for Water，" *Priceonomics*，June 2016，http：//priceonomics. com/the-ad-campaign-that-convinced-americans-to-pay/；Betsy McKay，"Pepsi，Coke Take Opposite Tacks in Bottled Water Marketing Battle，" *The Wall Street Journal*，April 18，2002，www. wsj. com/articles/SB1019079736646644200.

诉求和执行方式

广告诉求（advertising appeal）指的是用来吸引顾客注意力并使他们在情感上更贴近产品、服务或目标的方法。广告诉求可以被看作"一种能打动人、说出人的需要或欲望并激起他们的兴趣的东西"。[1]**创意执行方式**（creative execution style）是将某一具体的诉求转化为呈现给顾客的广告信息的途径。正如威廉·韦尔巴彻（William Weilbacher）所言：

> 可以这么说，诉求构成广告的内容，执行则是展现内容的方式。广告诉求和执行方式通常是相互独立的。也就是说，某一具体的广告诉求可由多种方式来执行，而某一执行方式也可以用于多种广告诉求。广告诉求倾向于使自身适应所有的媒体，而某些执行方式则更适用于特定媒体。[2]

广告诉求

很多不同的诉求都可以用作广告信息的基础。广义上，这些诉求通常分为两种：信息性/理性诉求和感性诉求。在这一部分，我们将重心放在把理性诉求和感性诉求作为创意策略组成部分的方法上。同时，我们也将考察如何在广告信息形成的过程中把理性诉求和感性诉求结合起来。

信息性/理性诉求

信息性/理性诉求（informational/rational appeals）强调消费者对产品或服务实际的、功能性的或实用的需求，并强调产品或服务的特征，以及消费者拥有或使用某一具体品牌的好处或原因。这些信息的内容强调事实、学习和说服的逻辑性。[3]理性诉求倾向于信息化，使用理性诉求的广告主通常都试图向消费者证明它们的产品或服务具有特别的属性，或者提供了特殊的利益以满足消费者的需求。它们的目标是说服目标受众去购买这种产品，理由是它是现有最好的产品，或能比其他产品更好地满足消费者的需求。

很多理性动机，包括舒适、方便、经济、健康和感官收益（如触觉、味觉和嗅觉）都可以用作广告诉求的基础。其他在广告里常用的理性动机或购买标准包括质量、可信度、耐用度、效率和功效。某些独有特色、益处或评价标准对消费者来说比较重要，并可作为信息性/理性诉求的基础，它们因细分市场和产品或服务种类的不同而不同。

韦尔巴彻区分了几种隶属于理性方式的广告诉求，包括产品特征诉求、竞争优势诉求、价格优势诉求、新闻诉求以及产品/服务流行性诉求。

运用产品特征诉求的广告强调产品或服务的显著优势。这类广告趋向于高度信息性，向顾客展示许多会引发人们对产品的好感并能作为理性决策购买基础的重要产品属性或特征。技术性和涉入度高的产品，如汽车，经常运用这种广告诉求方式。然而，一个特征诉求可用于多种产品和服务。这些诉求通常显示产品特征是如何为消费者带来特定利益的。

当运用竞争优势诉求时，广告主经常直接或间接地将品牌与另一个（或一些）品牌进行比较，并声称自己的品牌在一项或多项特性上具有优势。这种类型的诉求在第 6 章“比较广告”部分已经论述过。

价格优势诉求使价格成为优势的中心。价格诉求广告常被零售商用于促销活动、特殊供应产品或日常低价的宣传。萧条时期全国性的销售商也经常使用价格诉求广告。通过价格手段、“经济菜单”和整体低价策略，许多快餐店把价格诉求作为它们营销战略的重要部分，并通过相应的广告策略进行传播。B2B 企业常通过价格诉求宣传自己的产品或服务，强调它们的价值或性价比。许多其他类型的广告主，如航空公司和汽车租赁公司，也采用价格诉求。例如，西南航空公司最近在其“透明的价格”（Transfarency）广告运动中使用了价格变化诉求。此次广告运动强调飞机票价的透明度，其目标在于西南航空详细告知消费者根据不同费用能满足消费者什么需求，并且承诺没有隐藏的费用。

新闻诉求是指有关产品、服务或公司优势的新闻或公告。这种诉求可用于新的产品或服务，也可用于将重大的改进或改良告知消费者。当公司有重要信息希望向目标市场传播时，这种诉求最有效。例如，航空公司增加服务城市的数量或开辟新航线时，有时会采用新闻诉求方式将信息告知消费者，并激发媒体为其进行宣传。

产品/服务流行性诉求是指通过指出某一品牌的消费者数量、从其他品牌转为该品牌的消费者数量、推荐该品牌的专家人数或该品牌在市场上的领导地位，来强调产品或服务的流行性。这一广告诉求的要点是品牌的广泛使用表明了品牌的质量或价值，因此其他消费者也应考虑使用该品牌。插图 9－1 中所展示的广告使用了一种流行诉求，表现了高尔夫职业巡回赛球手更多使用泰勒梅（TaylorMade）的 M1 和 M2 球杆，而不是其他品牌。泰勒梅采用这类广告来实施其营销策略，即注重创新、高尔夫装备的技术优势以及在职业巡回赛俱乐部中广受欢迎，发挥专业人士对业余高尔夫球手的购买决策的影响力。在这则广告中，世界上顶尖的高尔夫球手之一的职业巡回赛选手杰森·戴（Jason Day）表现了这些特质。

插图 9－1　泰勒梅表现了其球杆广受职业高尔夫球手喜欢

资料来源：TaylorMade Golf Company，Inc.

感性诉求

感性诉求（emotional appeals）与消费者购买产品或服务的社会需求和心理需求有关。许多消费者做出购买决策的动机都是感性的，他们对某一品牌的感觉可能比对这种品牌的特征或属性的了解更重要。许多产品和服务的广告主都认为理性诉求是单调乏味的，它们认为，在销售那些与竞争品牌无重大差别的品牌时，既然理性的差异难以识别，那么针对消费者情感方面的诉求就会起到更好的作用。[4]

许多感受或需求都可以作为广告诉求的基础，并在某一情感层面影响消费者，见图表 9-1。这些诉求基于自我的心理状态或感受（诸如快乐或激动），也基于社会导向的心理状态或感受（诸如地位或认同）。

图表 9-1　感性诉求的基础

个人的心理状态或感受		基于社会导向的心理状态或感受
安全	刺激	认同
安定	伤心	地位
害怕	骄傲	尊重
爱	成就	参与
亲情	自尊	尴尬
快乐	现实	归属
享受	愉快	拒绝
思乡	野心	接受
伤感	舒适	赞同
激动		

广告主在它们的创意策略中可以采用多种感性诉求的方法。坎普（Kamp）和麦金尼斯（MacInnis）解释说，广告常常依赖情感整合的概念，借此来描绘广告中的人物使用产品或服务后得到情感上的利益或收获。[5]使用幽默、性或其他令人愉快、兴奋或激动的诉求的电视广告能够影响消费者的情感，使消费者处于一种良好的心理状态；同时，许多电视广告主还采用能引起共鸣的电视广告。贺曼、金宝汤、耐克、麦当劳常常创作这类电视广告，以激发消费者温馨、思乡或伤感之情。营销商希望由感性诉求引发的这种积极情感能够转移到品牌或公司上。研究表明，广告所创造的积极的心理状态和情感能够给消费者对产品的评价带来有利的影响。[6]研究还表明，感性广告比非感性信息更有利于记忆。[7]

哈米什·普林格（Hamish Pringle）和彼得·菲尔德（Peter Field）通过研究证明了感性诉求的有效性，并在他们的新书《品牌长青》（*Brand Immortality*）中对此进行了讨论。[8]两人分析了 880 个成功的广告宣传案例，这些案例来自过去 30 多年间为参加广告有效性比赛而提交给英国实践者学院（Institute of Practitioners）的作品。他们在分析中比较了使用理性诉求和感性诉求的广告运动，研究的一个重要发现是：纯粹采用感性诉求的广告产生巨大效益的概率几乎是仅使用理性诉求广告的两倍。感性诉求的效果还优于感性诉求和理性诉求相结合。研究还揭示了感性宣传有效的原因之一是它降低了人们的价格敏感度，并可以增强品牌溢价的能力，由此带来收益。此外，感性诉求的广告运动即使在全球经济萧条时期仍能够起作用。[9]

虽然情感诉求通常通过电视广告来执行，但许多营销商现在通过网络视频执行情感诉求，以期实现流行信息的病毒式传播。这样的例子有广告委员会（Ad Council）赞助的“爱没有标签”公共服务广告运动，运动的目的是让人们审视和挑战自己的偏见。数字广告代理公司 R/GA 在现场拍摄了一段三分钟的视频，用一个大的 X 光屏展示了不同的人，通过屏幕观众只能看到两具骨架拥抱在一起。当拥抱着的骨架图像中的两个人分开并从屏幕后面走出来时，观众才能知道他们是谁。这一过程在视频中出现了很多次，每一段都强调了性别、种族、性取向、宗教、能力和年龄的不同配对，以激发观众更仔细地审视自己的期望和隐含的偏见。这段温馨的视频以玛丽·兰伯特（Mary Lambert）演唱的《她让我温暖》（She Keeps Me Warm）这首歌作为背景音乐，为信息传达设定的情感基调。这段视频在网上获得了超过 1.1 亿次的点击量，是有史以来第二大的社区和行动主义运动。[10]

使用感性诉求的另一个原因是要影响消费者对产品使用经历的阐释。采取这种做法的方式之一是通过所谓转换性广告。**转换性广告**（transformational ad）是指“一种将使用（或消费）

广告中品牌的经历与一系列独特的心理特征联系起来的广告，如果不接触广告，这种心理特征一般不会与品牌使用者的经历建立高度联系”。[11]

转换性广告创造了与产品或市场相关的感觉、形象、含义和信念，当消费者使用产品或服务时，它们便被激发出来，从而改变消费者对使用经历的阐释。克里斯托弗·普托（Christopher Puto）和威廉·韦尔斯（William Wells）认为转换性广告有两个特征：

1. 它必须让使用产品的经历比仅仅来自对广告品牌的客观描述更加丰富、温暖、令人激动和愉快。

2. 它必须把广告的经历与使用品牌的经历紧密地联系起来，以至于消费者如果不能回忆起广告带来的经历，也就不能记起那个品牌。[12]

转换性广告暗示消费者当他们在消费产品或服务时可能带来的愉悦感受，使消费经历变得更加美好，从而将不同的产品或服务与其他品牌区别开来。这种类型的广告常被旅游业的公司使用，帮助消费者想象一次旅行或者游览某个地方时可能会有的经历或感受。

形象广告通常赋予公司或品牌一种独特的联想或者个性，其转换形式非常自然。形象广告会创造出一种特定的感情或情绪，当消费者使用特定的产品或服务时，这种感情或情绪就会被激发出来。进口啤酒品牌科罗娜特酿（Corona Extra）的“找到你的海滩”运动是这类广告一个很好的例子。多年来科罗娜特酿的广告塑造了它是在白色热带沙滩上让人放松的啤酒品牌。“找到你的海滩”运动将这一主题延伸到其他消费情境中，展示人们在不同情境享受科罗娜特酿，如城市屋顶，滑雪归来后，在飞机上，或者在城市的酒吧中与一群朋友在一起，等等。然而，所有这些景点的最后一幕都是让观众回到熟悉的热带海滩场景，并以满屏结尾，引导观众“找到你的海滩”。这些广告的目的在于保护科罗娜特酿标志性的海滩形象，同时拓展人们对它在阳光、沙滩和海浪之外的联想。该广告运动还包括平面广告，帮助使品牌定位更城市化，旨在吸引主要市场的消费者。[13]

理性与感性诉求相结合

在许多广告环境下，创意专家所面临的决策不是到底应该采用感性诉求还是理性诉求，而是如何将这两者结合起来。正如著名的文案大师大卫·奥格威和乔尔·拉斐尔森（Joe Raphaelson）所说：

> 几乎没有一种购买行为是完全出于理性的。即使是一种纯粹的功能性产品（如洗衣粉），也可以提供所谓的情感利益，比如看到穿着靓丽洁净衣服的孩子们时的满足感。有些品类的产品只有很少的理性因素，包括软饮料、啤酒、化妆品、某些个人保健用品及许多过时产品。但是，有谁在购买一部新车时不感到兴奋呢？[14]

消费者的购买决策常常是基于感性和理性两种动机做出的，因此，在创作有效的广告时，对这两种因素都必须给予足够的关注。关于服务的购买决策也可以基于理性和情感动机。比如，许多消费者选择航空公司时可能会考虑价格、实用性、出发和到达时间、速度等理性因素。但是，航空公司认为情感因素在获取旅客好感方面也起着非常重要的作用。特别是经常乘飞机出行的旅客，在考虑理性因素的同时，会因为情感因素而忠实于某一家航空公司。因此，有些航空公司的广告就期望在情感层面吸引这样的旅客。例如，自2010年以来，达美航空一直在开展“持续爬升”运动，宣称该公司一直致力于让飞行变得更好。广告中使用的电视广告、视频、平面广告和在线广告展示了达美航空如何满足旅客的需求，并为他们在整个旅行体验中导航。

营销商始终在寻找情感层面上与消费者沟通的方式。其中一种方法就是利用新兴的虚拟现实（VR）技术与消费者互动，让他们沉浸在不同的情境中。数字与社交媒体视点9-1讨论了一些公司如何使用VR来改变与它们的产品和服务相关的消费者体验。

数字与社交媒体视点 9-1

营销商利用虚拟现实为消费者创造身临其境的体验

分心驾驶已成为世界各国的一个巨大问题；在开车时发送（或阅读）短信或用手机打电话都有致命性的危险。研究表明，开车时发短信的人更有可能发生撞车事故，但各个年龄段的人依然无视警告与不能这样做的要求。2010年，电信巨头美国电话电报公司（AT&T）推出了“可以等待”的宣传活动来传递一个简单的信息：“眼睛盯着路，而不是你的手机。”这一广告运动包括了各种整合营销传播工具，如电视广告、网站（itcanwait. com）、在线视频，展示了一些人的私人故事，这些人的人生因为那些开车时发短信，甚至使用移动应用程序（当人在开车时提供快捷回复信息，如“我要开车。之后会发信息给你”）的人而永远被改变了。

由于智能手机引起的分心驾驶已经超出了发短信的范围，涉及社交媒体发布、网上冲浪、视频聊天、收发电子邮件等等，“可以等待”广告运动必须有新的发展。因此，在2015年，AT&T转向使用一种更加强大的工具——“虚拟现实”（VR），让人们认识到分心驾驶的后果。虚拟现实是一种完全沉浸式的数字模拟环境，它给用户带来了各种感受与身临其境的感觉。AT&T发起了一场全国性的虚拟现实之旅，使人们认识到在使用智能手机时不可能安全驾驶，并让他们沉浸在车祸那种可怕的感觉中。

虚拟现实之旅的一部分就是让人们有机会沉浸在分心驾驶的世界之中。体验者戴上VR头盔并坐在汽车方向盘之后，视野画面中是开车沿着郊区的街道前行，当司机阅读和发送短信的时候，会把每天的障碍——比如人行横道上的孩子、骑自行车的人、慢跑者和其他车辆——都忽略掉。当汽车发生事故时，结果是司机在车中遇难、气囊弹出，分心驾驶体验结束于一种毁灭的感觉。为AT&T创造虚拟现实体验的公司还开发了一款应用程序，可以下载到移动设备上，通过谷歌Cardboard VR显示器观看。

AT&T并不是唯一一家使用虚拟现实的沉浸式体验力量的公司。美国足球联合会（USSF）重新设计了最引人注目的标志，用红色、白色和蓝色的徽章装饰了男子和女子国家队的队服。当揭幕新徽章的时候，美国足球联合会绕过传统的新闻媒体渠道，直接向球迷提供更沉浸式的虚拟现实体验。美国足球联合会携手STRIVR Labs公司（一家为足球训练和粉丝体验开发应用的专业公司）制作了一个推广视频，让观众可以体会在美国国家队参加训练是什么感觉，和美国国家队球员一起进入更衣室是什么感觉。谷歌Cardboard VR显示器和美国足球联合会围巾随着视频一起被送到8 000名注册俱乐部的支持者、2 000名业余球员和其他遍布全国的球迷。

STRIVR Labs公司还为许多职业运动团队创建了粉丝体验视频，其中包括NFL的波士顿红袜队、新英格兰爱国者队（New England Patriots）和美国国家冰球联盟（National Hockey League，NHL）的纽约游骑兵队（New York Rangers）。为纽约游骑兵队开发的虚拟现实体验可以使球迷体验到在麦迪逊广场花园成为NHL守门员的感觉。STRIVR Labs公司与MSG合作开发了世界上第一个虚拟现实守门员模拟器，它被设在赛场之中，观察者在上冰前可以在球队的更衣室穿上守门员装备，然后试着阻挡一系列真实游骑兵队球员的进攻。之后，他们会收到一封电子邮件，里面有关于他们的统计数据和一张进球照片。

许多零售商也使用虚拟现实增加店内购物体验。例如，北面（North Face）在一些店铺里安装了虚拟现实观测点，购物者可以观看视频，了解身在约塞米蒂国家公园、犹他州的莫阿布沙漠或者在尼泊尔登山的感觉。VR体验的设计目的在于让人们感受这些地方的美丽，让他们兴奋起来，从而有动力去购买户外装备，比如登山鞋和服装。汤姆布鞋正在其“一对一”营销运动中使用虚拟现实，这次营销运动中每卖出一双鞋就捐赠一双鞋。公司已将VR头盔投入全球100多家门店，这样购物者就可以看到在秘鲁的一个校园里孩子们得到一双鞋的情景。VR让观众能体验到帮助他人的兴奋感。

在营销商不断通过新技术与消费者沟通时，许多专家认为，虚拟现实将彻底改变我们的生活、娱乐、学习和购物的方式。脸书在虚拟现实领域投入巨大。2014年，脸书斥资20亿美元收购了Oculus Rift（VR头戴显示器品牌），Oculus Rift生产高端VR头盔，并开发掌上游戏机，让用户在VR游戏和其他体验中手眼配合。三星、索尼、宏达国际（HTC）和谷歌也都在大力投资VR。有几家公司正在开发利用VR技术的在线广告，未来我们很可能将沉浸在电视广告中，而不仅仅是观看。在热门电影《黑客帝国》（The Matrix）中有一个场景可能适用于描述当前VR的状态，莫菲斯（Morpheus）对梅奥（Meo）说："不幸的是，没人知道这个矩阵是什么，你必须自己去看。"同样的道理也适用于虚拟现实，但营销商会保证我们不仅能看到，还能通过VR体验到它们的公司和品牌。

资料来源：Shan Li, "Introducing Shoppers to a New Reality," *Los Angeles Times*, April 10, 2016, www.latimes.com/business/la-fi-retail-vr-20160410-story.html; Zach Shonburn, "U.S. Soccer's Rebranding Gets an Assist from Virtual Reality," *The New York Times*, February 29, 2016, http://mobile.nytimes.com/2016/02/29/business/media/us-soccers-rebranding-gets-an-assist-from-virtual-reality.html?referer=https://www.google.com/; Steve Hall, "AT&T Adds Virtual Reality Component to 'It Can Wait' Campaign," *Marketing Land*, July 20, 2015, http://marketingland.com/att-adds-virtual-reality-component-can-wait-campaign-135749.

其他类型的诉求

并非每个广告都非常明确地属于理性诉求或者感性诉求。例如，有些品牌的广告就属于**提醒式广告**（reminder advertising），它的目标是建立品牌认知并使消费者将这一品牌记在心里。著名品牌或市场领导品牌经常采用提醒式广告来保持其在目标市场上消费者中的第一提及率。例如，加州杏仁商会（Almond Board of California）在男性或女性健康或健身类杂志投放广告，以提示积极向上的人群杏仁的营养价值以及杏仁是优秀蛋白质来源的信息。具有季节性的产品和服务也使用提醒广告，特别是在适当的时期。例如，糖果产品的营销商经常会增加它们的媒体预算，并在万圣节、情人节、圣诞节和复活节前后投放提醒式广告。

网络广告经常被用作提示性广告。许多横幅广告虽然遍布各大网站，但点击率非常低，不过在培养消费者对产品的熟知度上起着非常宝贵且有效的作用，即便大多数消费者可能从来不会点击广告链接。对网络广告的心理学研究表明，让消费者重复接触横幅广告能够增强消费者对广告产品的熟悉程度，也会使消费者对其产生积极情感。[15]这些积极的情感体现了心理学家所描述的"简单曝光效应"，如果让消费者重复接触某个刺激物（如横幅广告），就会对其产生积极的情感。[16]但是网络广告可能只在偶然的机会才会产生积极的营销。许多广告学专家对此持有异议，声称消费者浏览网页时会倾向于跳过大多数横幅广告或者其他形式的网络广告。他们认为让人们在浏览网页的时候注意到网页上的广告越来越难，更不要说参与到广告活动中了。[17]

推出新产品的广告主常常采用**挑逗式广告**（teaser advertising），此类广告常常仅提到品牌，但并不实际进行介绍，从而增强人们对产品或品牌产生的好奇、兴趣和激动的感觉。挑逗式广告，有时也称神秘广告，是营销商用来吸引消费者对即将到来的广告活动的关注并且对此产生兴趣和打响知名度的重要手段。例如，安德玛在新产品介绍（如跑步鞋和篮球鞋）中使用挑逗式广告来引起兴趣和兴奋。该公司最近使用了挑逗式广告作为其Armour39™表现监测系统的预发布活动的一部分。

挑逗式广告常用于新的电影或电视节目以及重要产品上市的时候。汽车广告主在介绍新款汽车或者宣传汽车的重大改进时尤其喜欢使用这类广告。最近的一项研究发现，预告新品的网络挑逗式广告在激发产品兴趣和积极口碑方面要比仅在推广活动期间广告有效。[18] 虽然广告宣传可以使消费者产生对新产品的兴趣，但广告主必须小心，不要持续太长时间，否则就会失去效用。正如一位广告主管所说，“和我们所想的相反，消费者不会对广告进行讨论，你必须在挑逗式广告中给消费者足够的产品信息，使他们感到自己也乐于加入这个玩笑。”[19]

另一种日渐流行的广告形式是**用户生成内容**（user generated content，UGC），即广告内容是由消费者自发创造而非由广告主或广告代理公司设计的。[20] 一些营销商会举办比赛，让消费者创作广告并提交创意作品。菲多利公司是最早将用户生成内容理念运用于广告创作的公司之一。它赞助了一个名为“冲击超级碗”的创意大赛，并发布了一则完全由业余人士而非专业人员创作的广告。许多其他的营销商利用来源多元化的电视广告或平面广告丰富它们广告运动的用户生成内容。福特将 UGC 的使用推向了一个全新的水平，2014 嘉年华车型的所有电视广告、平面广告和数字广告都是众包生成。[21] 完全使用用户生成内容开展广告运动的目的在于，超越社交媒体平台扩展重燃“嘉年华运动”的范围，使之成为一个完全整合的运动。越来越多的人使用数字和社交媒体，如 YouTube、脸书和 Snapchat，这可能会让营销商更多地使用 UGC，以此作为吸引消费者参与品牌的一种方式。[22]

另外，有许多广告并非用来销售产品或服务，而是为了提升公司形象或者满足诸如吸引投资或招募新员工之类的其他公司目标。这些广告通常称为公司形象广告，第 17 章将对此进行详细讨论。

广告执行

一旦作为广告信息基础的具体广告诉求确定下来，创意专家或创意小组就进入了广告执行阶段。创意执行是指展现广告诉求的方式。对广告来讲，虽然拥有一个有意义的诉求或信息并用它来与消费者进行沟通很重要，但广告的执行方式同样重要。

在提倡广告创意执行重要性的著名人物中，有一位是恒信传媒广告代理公司的创始人威廉·伯恩巴克（Willam Bernbach）。马丁·迈耶（Martin Mayer）在其广告名著《麦迪逊大道》（*Madison Avenue*）一书中引用了伯恩巴克对大卫·奥格威有关广告文案撰写人员的角色的回答。奥格威说“在广告中说什么比怎么说更重要”，伯恩巴克则回应，“创意执行可以变成实质性的内容，并且与你说什么具有同等重要的地位。一个病人可能说了一些话但是什么也没发生；而一个健康的精力充沛的人说同样的话，结果可能就会震撼整个世界”。[23] 伯恩巴克是他那个时代的改革者之一。他重新定义了如何使用标题和视觉形象，艺术总监和广告撰写人员如何一起工作，以及广告如何激起消费者的感受和激情，从而从根本上改变了广告的创意。

一则广告信息可以用许多方式来表现或执行，以下是一些使用频率最高的执行方法：

- 直接销售或提供真实信息
- 科学性/技术性证据
- 示范
- 对比
- 证言
- 生活片断
- 动画
- 个性象征
- 形象化
- 戏剧化
- 幽默
- 组合式

直接销售或提供真实信息

创意最基本的形式之一就是直接销售或提供真实信息，此类广告直接展示与产品或服务有关的信息。这种执行方式常常用于信息性/理性诉求，信息焦点是产品或服务本身以及产品或服务具体的属性或用途。

直接销售的执行方式通常用于平面广告。有关产品或服务的图片占据了该类广告的大部分篇幅，广告文案则占据了剩余的空间。同时，此类执行方式也用于电视广告，当产品或服务出现在屏幕上时，画外音播出销售信息。消费者涉入度高的产品、工业产品和其他B2B产品的广告一般使用这种执行方式。直接销售广告经常用于各种类型的消费产品和服务，并且在创意十足时非常有效。例如，吉列锋速3敏锐剃须刀广告使用了一个非常巧妙和富有创意的执行来传达产品的特性和益处。由吉列公司发起的一项市场调查研究发现，男性不是每天刮胡子的比例很高，因为他们的皮肤会因剃须而变得更加敏感，这使他们的脸部皮肤变得粗糙，鉴于这一研究发现，吉列公司发起了锋速3敏锐剃须刀的广告运动。[24]

科学性/技术性证据

作为直接销售的变形，科学性/技术性证据也在广告中得以展现。广告主常常引用技术信息、科学或实验的研究成果或科研机构的认可对它们的广告加以支持。例如，美国牙医协会（American Council on Dental Therapeutics）关于氟有助于防治蛀牙的信息便成为佳洁士广告运动的基础，这个广告运动使佳洁士成为牙膏市场的领先品牌。

示范

以示范为执行方式的广告通常通过示范产品/服务的实际使用或一些使用情景来展示它的关键优点。在使消费者信服其产品的功能或质量、拥有或使用这一品牌的好处等方面，示范执行方式的广告是非常有效的。电视和网络视频特别适合这一执行方式，因为产品的好处或优点可以通过画面、声音、动作直接从屏幕中反映出来。尽管平面广告也许不如电视那么具有表现力，但在平面广告中使用示范执行方式也能发挥一定的作用。

对比

品牌对比也是广告执行的基本方式之一。由于对比执行方式能用一种直接的方法来传播公司品牌相对于竞争者品牌的独特优势，或者能利用该行业中的领袖产品来定位一种新的或鲜为人知的品牌，因而这种执行方式越来越受广告主的欢迎。对比执行方式通常用来表现有竞争优势的诉求。

证言

许多广告主愿意采用证言方式来表达他们的信息，即让一个人在使用产品或服务的个人经历基础上称赞某一品牌。证言执行方式可以是请对产品或服务满意的普通消费者来讲述他们使用某一品牌的亲身经历以及使用该品牌的好处。当传播证言的人是目标受众能认出的某个人，或者有一段有趣的经历要讲述时，这种方式非常有效。为了避免法律问题，证言必须给出产品或服务的实际使用情况，并且发言人必须是可信的。

一些营销商，如瘦身公司，使用证言的方法宣传其产品、服务和活动。例如，珍妮·克雷格公司（Jenny Craig）在电视广告和平面广告中利用普通消费者以及知名人物来宣传他们是如何遵循该公司制定的方案而瘦身成功的。

与证言表现方式相关的另一执行方式是利用代言人，即通过某一著名的或受尊敬的人，如在这一产品或服务领域的名人或专家，代表公司或品牌来发言。当代言人为公司或它的产品/服务宣传时，他们所传播的信息不一定非要基于他们的个人经历。

生活片断

生活片断也是一种广泛采用的广告方式，通常基于一个问题及其解决方式，对包装产品尤其有效。这类广告首先会描述消费者在日常生活中可能面临的问题和冲突，接着，广告进一步展示广告主的产品或服务是如何解决这些问题的。

但由于看起来不真实和令人不愉快，生活片断执行方式常常受到指责，因为它们常常提醒消费者注意一些有关个人天生特点的烦恼，如头皮屑、口臭、体味和洗熨衣服的问题等。这些广告常常产生诸如矫揉造作、愚弄、假冒甚至冒犯消费者的效果。尽管如此，许多广告主仍然喜欢采用这一方法，因为它们认为，在表现与多数消费者相关的情形以及表现有助于该品牌销售的产品性能或利益方面，这种执行方式还是很有效的。多年来，宝洁是众所周知一直采用生活片断执行方式的公司，该公司大多数广告都采用生活片段或者证言的方式。不过，宝洁现在也开始使用幽默、动画以及其他非传统执行方式，越来越少地依赖生活片段式或者证言式执行方式。[25]

生活片断执行方式或问题解决式执行方式不限于消费品广告，许多 B2B 营销商也采用这一方式来说明它们的产品或服务是如何解决客户的问题的。[26]一些 B2B 企业使用一种变通的问题解决式执行方式，这种执行方式有时候称为**死亡片断广告**（slice-of-death advertising）。[27]这种执行方式与恐惧诉求结合在一起，将焦点放在一旦企业错误地选择了供应商或服务提供商的时候可能导致的负面效果上。例如，联邦快递公司采用这种风格的广告已近 30 年，通过幽默但切中要害的电视广告表现一旦重要的包裹和文件没有按时收到可能造成的后果。

有效使用这些技巧的关键在于执行，因为这些广告被设计成对消费者可能遭遇的假定真实生活场景的戏剧化演绎。使消费者对广告中的情景或人物有认同感是非常具有挑战性的。由于生活片段式广告的成功通常有赖于演员对角色的理解和执行，因此要使用专业演员来达成广告的可信度，并保证广告的高质量制作。规模较小的公司和地方广告主通常没有足够的广告预算来雇佣专业演员，或者为高质量的生活片段式广告支付所需的制作费用。因此，这种执行方式更多地用于那些有足够广告预算来支付专业演员的酬劳和高质量广告制作费用的大公司。

许多营销商喜欢使用生活片断执行方式，因为它们相信这种方式在处理问题和提供解决方案方面是非常有效的。生活片断式广告也经常是幽默诉求的有效执行方式。例如，2016 年美国超级碗最受欢迎的广告是一则现代汽车捷恩斯的幽默广告，由喜剧演员凯文·哈特（Kevin Hart）主演。在“第一次约会”篇中，哈特扮演的是一个过度保护的父亲，他把配备了现代 BlueLink 智能系统的具有定位功能的新捷恩斯借给了他的女儿，以便他能追踪女儿和她的男友在整个晚上的行踪。这则广告显示了哈特追踪女儿与男友的各种场景，比如男友在电影院里拥抱女儿，在游乐园里为她赢得奖品等。最搞笑的一幕发生在捷恩斯停靠在一处风景优美、可以俯瞰全城的地方，哈特吊挂在直升机上并阻止了男孩亲吻他的女儿，男孩决定早点把女孩送回家。广告结束于男孩紧张地把车钥匙交给父亲，而女儿生气地走进房间。哈特笑着问女儿：“宝贝儿，你们过得怎么样啊？”

动画

动画是最近几年流行起来的广告执行方式。通过这种技术，由美术人员绘制或者由计算机制作的动画场景以及卡通、木偶或者其他类型的虚构人物都可能被采用。卡通动画对于面向儿童的电视广告来说尤其受欢迎。卡通动画形象还可以用在包括绿巨人蔬菜（欢乐绿巨人）和奇宝饼干（奇宝小精灵）在内的很多广告活动里。几年前，卡夫食品重振了自己的花生形象以吸引年轻消费者，并制作了动画广告，该广告由演员小罗伯特·唐尼（Robert Downey Jr.）和来自《周六夜现场》（Saturday Night Live）的新晋喜剧演员比尔·黑德尔（Bill Hader）配音。[28]

《回到原点》（Back to the Start）是一个电脑制作动画广告的案例，该广告是 Chipotle 墨西哥烧烤餐厅为其种植基金会制作的。这部两分钟的短片描绘了一个农民的生活，在意识到自己的错误方式前，他慢慢地把家庭农场变成了一个工业化的养殖场，之后他意识到可持续农业的好处，并回到了原点。这部短片由威利·纳尔逊（Willie Nelson）翻唱酷玩乐队的《科学家》（The Scientist）配乐。Chipotle 墨西哥烧烤餐厅鼓励观众在 iTunes 上下载这首歌，并将收入捐给种植基金会。视频投放于网络、电影院，作为 Chipotle 的第一个全国性电视广告，视频在戛纳国际广告节上获得了多个大奖，并被《广告时代》评为 21 世纪最受欢迎的 15 个商业广告之一。随着创意专家发现更多电脑生成的图形方法和其他技术革新，将动画作为一种执行方式的广告主可能会增加。[29]

个性象征

另一种类型的广告执行方式是创作一个中心人物或个性象征以传递广告信息，并且可以通过它们对产品或服务进行辨认。这种人物可以是真人，如惠普尔先生，他告诉顾客，“请不要再捏魅力”；或者，美泰克修理工，他焦急地坐在电话旁，但永远也没有人报修，因为公司的设备特别耐用。在第 8 章，我们讨论了多瑟瑰啤酒的“世界上最有趣的人”广告运动，它作为一种品牌的流行个性象征已经超过 10 年了。另一个流行的个性象征是前进保险广告中的芙洛（Flo），他是一位身穿白衣的活泼的销售人员。

肯德基最近的广告运动是个性象征方式使用的一个有趣的例子，由 W+K 公司为其打造，再现了哈兰德·桑德斯上校（Colonel Harland Sanders），众所周知他在 1940 年创立了肯德基公司（原名肯德基炸鸡（Kentucky Fried Chicken）），并代言其广告几十年，使肯德基成为广受欢迎的鸡肉快餐连锁餐厅。虽然桑德斯在 35 年前去世了，但肯德基决定让喜剧演员达瑞尔·哈蒙德（Darrell Hammond）和诺姆·麦克唐纳（Norm MacDonald）扮演这位戴眼镜的创始人，使他“回归”。这次广告运动给个性人物增加了现代感的、喜剧性的转变，主要目标是吸引千禧一代，他们中很多人从未吃过肯德基。此次整合运动包括新的包装、菜单、网站和社交媒体，自推出后帮助增加了肯德基的销售额。[30]

人物性格也可以围绕动画人物和动物来塑造。例如，莫里斯猫、托尼虎和查理金枪鱼已经使用了几十年，它们分别代表着 9Live 的猫粮、家乐氏的霜麦片和 Star-Kist 金枪鱼的个性象征。最近使用的其他流行个性象征包括劲量兔和 GEICO 的壁虎等。最受欢迎和最有效的广告个性标志之一是阿尔弗莱克鸭，在过去的 5 年中，无论在提高公司知名度，还是在促进销售等方面，阿尔弗莱克鸭都帮助美国家庭人寿保险公司取得了巨大的成功。[31]公司甚至还将这只鸭子整合进经过重新设计的公司标识中，以更好地利用这只鸭子的广告带来的巨大资产。

形象化

或许你已经注意到，一些广告包含的几乎全部是视觉信息，极少包含或者没有品牌或公司的信息。这些广告使用了被称为形象化执行方式，利用这种方式，广告基本上只包括信息之外的视觉元素，如照片、插图和符号。形象执行方式旨在鼓励消费者通过广告中的符号、人物和场景与品牌进行沟通。形象广告通常是感性诉求广告的基础，当基于物理特性的差别很难表现时，就需要形象广告来突出产品或服务的差别。软饮料、酒类、服装设计和化妆品常常采用这种执行方式。然而，对于所有产品或服务来说，形象都是很重要的，因为营销商想让目标消费者与自己的公司或品牌之间建立一种有利的心理联系。

形象化执行方式可以是基于用途的形象，即向人们展示品牌的使用或表现方式以及使用场景。例如，卡车和SUV的广告通常表现的是汽车行驶在崎岖不平的路面上，或者牵引重物的挑战性场景。形象也经常在服务业、酒店和旅游度假村的体验中用来展示与公司服务有关的正面形象。这类执行方式也可以建立在用户形象上，将焦点放在使用该品牌的人物形象上。化妆品、珠宝、设计师品牌服装经常使用极具吸引力的模特来使消费者将其外形的吸引力与品牌本身联系在一起。形象化执行方式很大程度上依靠摄影术、色彩、色调等，并以此向消费者传达想要表达的形象。使用形象化执行方式的营销商必须保证，它们用以联系品牌的用途或者使用者形象要能够唤起目标消费者正确的情感和反应。

戏剧化

另一种特别适合电视广告的执行方式是戏剧化。该执行方式的重点是讲述一个关于产品或服务的小故事。由于戏剧化执行方式常常同时借助问题解决式方法，因此这一执行方式有点类似于生活片断执行方式，但在讲故事时更多地使用了令人激动的情节和悬念。使用戏剧化执行方式的目的是把观众带入剧情所描述的故事中。戏剧化执行方式的倡导者认为，一旦这种方式取得成功，观众会沉迷于剧情，经历剧中人物的思维与感受。[32]桑德拉·莫里亚蒂（Sandra Moriarty）认为戏剧化的电视广告有以下五个基本阶段：

> 第一阶段是解说，为即将展开的情节做铺垫。第二阶段是出现冲突，冲突是认清问题的一种方法。第三阶段是剧情结构的中心，在该阶段活动增多，这时故事在发展，冲突在加剧，悬念在增强。第四阶段是高潮，即问题得到了解决。第五个阶段是结局，整个故事进入尾声。在广告中，整个过程既包括对产品的识别，又包括对消费者购买欲望的激发。[33]

马里奥·普瑞肯（Mario Pricken）在《创意广告》（*Creative Advertising*）一书中列出了几个相关的在通过戏剧化执行理念讲故事时需要考虑的问题：日常情景中，怎样才能最好地展示出产品优势？何种类型的故事能将产品转化成最好的朋友或者伙伴？在怎样的日常情景中产品可以吸引消费者的注意力？在什么情景下产品能够扮演人们生活中的明星、拯救者或者帮助者？通过什么样的日常故事能够引人发笑？他还提到适合讲故事的戏剧风格有很多，包括但不限于以下种类：惊险类、冒险类、喜剧类、闹剧类、爱情剧类、纪录片类。[34]

创意小组在采用戏剧化执行方式时所面临的挑战是如何将各种因素融入进去，并在30秒内有效地讲故事。

高效使用戏剧化执行方式的例子是别克昂科雷的运动型多功能车广告，这是一则由底特律李奥贝纳广告代理公司创作的广告。广告以一种紧张的气氛开场，描述雪中乘飞机降落的一个家庭，飞行员宣布外面的气温是10华氏度，空乘人员告诉乘客说："现在是创纪录的低气压，所以请注意保暖。"当飞机降落在积雪的跑道上时，这个家庭中的男主人拿出他的智能手机，使用MyBuick远程启动功能启动他位于机场停车场的别克昂科雷，将车内温度设置为82华氏度，并启动加热座椅功能。当开始播放歌曲《不在乎》（Not a Care）时，广告的基调开始变得欢快，画外音说："用MyBuick远程遥控启动新的别克昂科雷，确保你万无一失。"广告的结尾是一家人下飞机，进入他们温暖舒适的车里。

幽默

在第6章我们将幽默作为广告诉求的一种来讨论，但它也可以作为执行其他广告诉求的一种方式。虽然一些平面广告也试图采用这种方式，但幽默执行方式还是特别适用于电视或者广播广告。采用幽默作为一种执行方式的优劣同利用它作为一种广告诉求方式的优劣非常类似。

组合式

许多执行方式都可以组合使用以表现某一广告信息。例如，动画常用来创造个性象征或者表现某个形象，生活片断执行方式也常用来展示一种产品或服务。对比有时会采用幽默的方式来执行。联邦快递使用死亡片断流派的幽默执行方式，描述了一位商人因为采用另一种快递服务导致一份重要文件没有及时送达所经历的悲惨后果。创意人员的任务就是决定在创作广告时是否应该使用更多的执行方式。整合营销传播视点 9－1 讨论了塔可钟公司如何使用各种各样的执行方式作为其“渴望更多”（Live Más）运动的一部分，这使得快餐连锁店更有吸引力，更适合年轻、时尚和跨文化的消费者。

整合营销传播视点 9－1

塔可钟公司让消费者“渴望更多”

塔可钟公司是百胜集团的子公司，百胜集团是全球最大的餐饮品牌，在 125 个国家拥有近 4 万名员工。百胜集团是鸡肉、比萨和墨西哥风味食品市场的全球领导者，旗下有肯德基、必胜客（Pizza Hut）等品牌。塔可钟是美国墨西哥风味快餐连锁市场的领导者，在全美有近 6 000家餐厅，每周接待超过 3 600 万顾客。多年来，塔可钟持续进行有创意的广告传播运动，如流行的“想要塔可钟”（Yo Quiero Taco Bell）运动，以吉娃娃为特征，成为一种流行文化和广告标志。吉娃娃标志使连锁餐厅收获了有史以来最高的品牌识别度，并使连锁餐厅成为时尚的就餐场所。在过去的 10 年里，塔可钟进行过许多成功的广告运动，如“奔向边界”（Run for the Border）和“跳出思维条框”（Think Outside the Bun）。

在美国，塔可钟是百胜集团旗下最大的、最赚钱的品牌连锁店，但在大萧条时期其销售停滞不前。该公司遵循食物就是能量的理念，认同“吃饱肚子精力无限”营销策略，植根于幽默的广告和促销活动，面向年轻男性的市场。2011 年年底，塔可钟面临第三年销量持平或下滑的局面，公司开始寻找新的创意以扩大其门店流量，并调整其营销策略，以扩大其对年轻男性的吸引力。为了扭转其战略劣势，营销团队和代理公司认为是时候超越持续数年的“跳出思维条框”活动了，应增加品牌在跨文化千禧一代这一核心目标市场中的重要性与吸引力。

2012 年年初，塔可钟推出了一项新的广告运动口号“渴望更多”（Live Más，Más 是西班牙语的“更多”）。这一口号是一个双关语，一方面表示为什么塔可钟对年轻、时尚和跨文化的消费者来说是有吸引力的和相关的，另一方面也表示了品牌策略的转变，即从“食物就是能量”理念到“食物是一种体验与生活方式”。博达大桥是这一广告运动的代理公司，它解释了背后的想法：“塔可钟品牌已经超越了‘食品就是能量’的理念。新的多元文化背景下的年轻人并不这么认为。他们把食物看作一种体验。这就是新的塔可钟能为他们提供的，也是我们要讲的故事。”

新战略的一部分就是塔可钟推出了一系列新产品以及一款名为 Cantina Bell 的新型高级菜单，强调高品质的配料，将更注重健康的消费者作为目标。然而，直到 2012 年春塔可钟的销售才真正开始增加，当时推出了一款名为多力多滋油炸玉米饼的新产品，这是一种与休闲食品巨头菲多利共同打造的品牌合作产品。经过重重口味测试后，公司决定首次推出墨西哥芝士味。多力多滋油炸玉米饼有一种墨西哥芝士味的多力多滋薯片制成的外壳，并且采用特制包装，以防止芝士掉到手上。

在推出新的玉米饼之前，人们对它的反响非常热烈，塔可钟也利用了人们对它的热情。塔可钟网站上的一个时钟记录了多力多滋油炸玉米饼的发布，以及推特竞赛的获胜者获得一卡车的墨西哥风味玉米饼。消费者为新的玉米饼而疯狂，在最初的 10 周内多力多滋油炸玉米饼卖出了 1 亿多个，而在一年之内，多力多滋油炸玉米饼的销售额占塔可钟所有玉米饼销售额的近 1/4。2012 年，塔可钟的同店销售额增长了 8%，是行业领导者麦当劳的两倍多。2013 年年初，塔可钟推出了墨西哥风味玉米饼的第二种口味——清爽芝士味，伴随最大的整合营销和消费者介入努力，它成为公司 50 年历史中最成功的产品上市活动。

为了有效到达跨文化千禧一代这一目标市场，塔可钟以快餐领域从未有过的方式利用了社交媒体。营销团队在社交媒体上搜索用户对新产品的体验和反应，多力多滋油炸玉米饼的许多电视广告都使用了消费者生成的想法以便激起消费者的热议。例如，其中一则广告是根据YouTube上的一段视频拍摄的，视频中，一位消费者驱车900英里去寻找多力多滋油炸玉米饼，而另一段视频则展示了一系列Instagram上的帖子，显示消费者第一次吃清爽芝士味的多力多滋油炸玉米饼的样子。在清爽芝士味的多力多滋油炸玉米饼推出之前，为了提高知名度和人气，YouTube、推特和脸书等社交媒体网站都被用来制造这种新口味的神秘气息。有社交媒体影响力的粉丝被邀请提前试吃新品，他们可以得到一个密码，他们广泛传播这一关键词，以便更多的人尝试新口味的多力多滋油炸玉米饼。

这款产品的推出还得益于强大的电视广告支持，这一灵感来自消费者对墨西哥芝士味的多力多滋油炸玉米饼的反应，以及随后对清爽口味的渴望。广告《世界上最明显的想法》就是在消费者群体增加的背景下产生的，消费者都在想，塔可钟什么时候会推出新的清爽口味。15秒广告镜头也是这样产生的，表现了消费者和代言人第一次尝试新墨西哥玉米饼时的反应。该活动还邀请粉丝在Instagram或推特上发布他们最喜欢的＃wow或＃duh脸，在＃coolranchDLT之后使用这些特定的标签，粉丝就有机会在时代广场的巨型广告牌上看到他们的照片。作为整合运动的一部分，这些邀请也出现在多力多滋油炸玉米饼包装和饮料杯上。

超级碗上《渴望更多》主题广告也引起了巨大的反响。名为《青春万岁》（Viva Young）的60秒广告描述了一群老年人在深夜偷偷溜出退休之家，举行了一场盛大的晚会，跳舞、文身、溜进邻居的游泳池以及其他的冒险活动。当然，他们最终在塔可钟吃了“第四餐饭”，然后在太阳升起的时候回到退休之家。西班牙版本的来自Fun乐队的热门歌曲《我们是年轻人》（We are young）使广告显得更加真实。这则广告是超级碗中最受欢迎的广告之一，在社交媒体上引起了轰动。

塔可钟在2013年被《广告时代》提名为年度营销公司。该公司并没有止步不前，它仍在继续利用“渴望更多”主题，并不断成长。2014年，它推出了早餐菜单抓住时段系列的快速增长，并推出了塔可钟移动订购和支付应用程序。一年后，它开始与按需送货上门服务合作，提供送货服务。

营销团队也试水千禧一代后被称为Z一代的消费者。塔可钟的洞察团队已经开始研究这个群体，以理解他们与千禧一代的差异，还发现他们更有权利感，富有创业精神和创新。为了与他们沟通，塔可钟正在尝试与社交媒体平台合作，比如推特的Periscope平台，以测试公司在获得感知、提升店铺流量，以及围绕文化节日进行促销的能力。例如，Periscope平台被用于直播新闻节目，以推出其早餐饼干Taco，并提醒消费者在梅奥区可以获得免费赠品。

塔可钟还推出了新产品，希望能复制多力多滋油炸玉米饼的巨大成功。在2016年的超级碗期间，Quesalupa（一种玉米面卷饼）在“Bigger Than Everything”广告运动中推出，这一广告运动制造了神秘的气氛，围绕新品发布进行了大量传播。电视广告用夸张的手法来传播新品的首次亮相，与Tinder（社交软件）、无人机、外星人、男人扎甚至足球等文化现象一样轰动。塔可钟继续吸引消费者，为消费者创造更多“渴望更多”体验。

资料来源：Jeanne Poggi, “Inside Taco Bell's Not-So-Secret Product Launch,” *Advertising Age*, February 7, 2016, http://adage.com/article/special-report-super-bowl/inside-taco-bell-s-secret-super-bowl-product-launch/302553/; Ashley Rodriguez, “Informed by Millennial Misses, Brands Retool for Gen Z,” *Advertising Age*, May 18, 2015, p. 32; Maureen Morrison, “Marketer of the Year: Taco Bell,” *Advertising Age*, September 2, 2013, p. 15; Emma Bazilian, “Taco Bell, Doritos Dominated Super Bowl Social Media,” *Adweek*, February 4, 2013, www.adweek.com/news/advertising-branding/taco-bell-doritos-dominated-super-bowl-social-media-147029; Mike Hammer, “Taco Bell Gets a More Relevant Attitude,” *Adweek*, March 11, 2012, www.adweek.com/sa-article/taco-bell-gets-more-relevant-attitude-138823.

创意技巧

我们的讨论迄今为止一直侧重于创意策略的制定以及可用于广告信息的各种诉求和执行方式。创意策略、诉求类型和执行方式确定以后，注意力就应转移到实际的广告制作上来。广告信息的设计和创意涉及许多工作，其中包括撰写广告文案，设计插图及广告的其他视觉元素，把所有的部分结合起来创作有效的广告信息。本节将考察广告的视听因素，讨论创作平面广告和电视广告时应考虑的技巧。

平面广告的创意技巧

一则平面广告的基本组成部分有标题、主体文案、视觉元素或插图、布局（所有组成部分被放置在一起的方式）等。广告中标题和主体文案的撰写是由文案人员负责的，而美术人员在艺术总监的指导下工作，负责视觉元素的设计。艺术总监也与文案人员一起决定广告各个组成部分的布局或者安排：标题、副标题、主体文案、插图、说明文字、符号标识、广告语等。下面，我们简要考察一下平面广告的三个组成部分以及它们是怎样协同发挥作用的。

标题

标题（headline）是处于广告主导位置的文字，它们首先被人们看到，或者处于最能引起人们注意的位置上。标题通常设置成较大、颜色较深的字，与广告的主体文案区别开来，从而显得尤其突出。大多数广告人认为标题是平面广告中最重要的部分。

标题最重要的功能是吸引读者的注意力，使他们对信息的其余内容产生兴趣。虽然广告的视觉元素也很重要，但标题却肩负着吸引消费者注意力的重任。研究表明，标题通常是人们在平面广告中首先看到的部分，接下来才是插图。只有20%的消费者跳过标题直接阅读广告文案。[35]因此，除了吸引注意力，标题必须给读者一个好的理由来说服他们继续阅读广告的主体文案，后者往往包含了更翔实、更具说服力的产品或服务信息。为了做到这一点，标题必须用简练的语言说明广告的主题、诉求或主张。一些平面广告即使有主体文案，也只有寥寥数语，因此标题必须与插图配合，把广告的完整信息传递出去。

插图9-2　这则UPS广告的标题用来吸引小企业主的关注

资料来源：United Parcel Service of America，Inc.

标题也有一个细分的功能，即吸引那些最可能购买特定产品或服务的消费者的注意力和兴趣。广告主通过有选择地专门在某类出版物（如商务、旅游或时尚杂志）上做广告来实现细分市场的目的。一个有效的标题甚至可以通过抓住消费者的需求、向往和兴趣来进一步选择合适的潜在消费者。例如，插图9-2中展示的UPS广告标题是为了吸引那些依赖每日快递业务来运营和服务顾客的小企业主。这个标题使用了一个看似不可能的前提以吸引人们的注意力并进入广告文案，解释了 UPS 的 Accent Point 位置如何服务于 8 000 多个社区企业。这则广告是“全方位问题解决方案”活动的一部分，这一方案服务于各类客户，从小型企业到大型集团。[36]

标题类型 标题有多种可能的样式。选用什么样的标题类型由多个因素决定，包括创意策略、特定的广告环境（比如产品类型、正在使用的媒介载体、时效性）以及标题与广告中的其他组成部分之间的关系。标题可以分为直接和间接两种。**直接标题**（direct headlines）是直截了当的，并且根据作者想要表达的内容和他们指定的目标消费群体来安排信息。直接标题的表现形式通常包括提供特殊的利益、做出承诺或者给出读者可能对产品或服务感兴趣的原因。

间接标题（indirect headlines）在识别产品和服务或者切中要点时并不是直截了当的。但是这种标题往往更能吸引读者的注意力和兴趣，因为它们引起了好奇心，诱使读者去探求答案或寻求解释。创作间接标题的技巧包括提问、挑衅、解释说明以及挑战。

间接标题并不直接确认产品、服务或想表达的内容，而是引发消费者的好奇心和兴趣，因为间接标题能激起好奇心，吸引读者进入正文，寻找答案或得到解释。间接标题的写作技巧包括提出问题，挑起争论，如何解决问题，以及挑战。

间接标题需要具有产生好奇心或兴趣的能力，以此来激励读者参与到广告中阅读正文来找出信息的要点。如果标题不够具有话题性，就有可能无法引起消费者的兴趣。为了避免出现类似问题，广告主会使用趣味十足的间接标题激发消费者的兴趣或好奇心，也会使用强烈的视觉冲击来吸引注意力，呈现支持阅读的更多信息。

副标题 虽然许多广告只有一个标题，但是包含主标题和一个或几个二级标题或**副标题**（subheads）的平面广告也是很常见的。副标题的字号通常小于主标题，但大于主体文案。副标题常常把庞大的主体文案分割成几个部分，分别强调产品的主要卖点来增强广告信息的可读性。这些内容又强化了标题和广告标语或主题。

主体文案 一则平面广告的正文部分称作**主体文案**（body copy）（有时只称作“文案”）。虽然主体文案是广告信息的核心部分，但要吸引目标受众阅读却常常是非常困难的。广告文案人员面临一种进退两难的局面：一方面，主体文案必须足够长才能有效传递广告信息；另一方面，它又必须足够短，这样才能引起读者的兴趣。

主体文案常常来源于标题或各个副标题所强调的关键点，但它的具体内容又要依赖于广告诉求的类型和所采用的执行方式。例如，表现相关信息、产品特征和用途或者竞争优势的直接销售式主体文案常常采用本章前面所论述的各种理性诉求类型。感性诉求常常采用叙述性文案讲述一个故事，或者给出与产品相关的问题或情况的一段有趣的描述。

广告主体文案可以配合各种创意诉求以及执行方式来撰写，包括对比、价格诉求、示范、幽默、戏剧化等。广告文案人员负责选择主体文案的表达方式，它既要适合所采用的诉求类型，又要在执行创意策略和把广告主的信息传递给目标受众时做到有效。

视觉元素

视觉元素是平面广告的第一个主要组成部分。插图常常是一则平面广告的突出部分，在决定广告效果方面扮演着重要角色。广告的视觉元素必须引起人的注意，传达一种观念或形象，并且以协同的方式与标题和主体文案一起表现有效的广告信息。在一些平面广告中，广告的视觉部分才是实质信息，这些信息必须传达强烈的和有意义的形象。

在考虑广告的视觉元素时，必须要做出许多决策：识别标志应该包括什么（品牌名称、公司或行业名称、商标、品牌标识）；是使用照片、手工绘制的插图还是机器制作的插图；使用什么颜色（甚至可能是黑白两色或者只有一种颜色）；画面的焦点应该是什么。

布局

虽然平面广告中每一个单独的部分都很重要，但关键还是如何把这些部分融合成一则完整的广告。**布局**（layout）是广告各个部分的有形安排，包括标题、副标题、主体文案、插图和任何识别标志。布局表明了广告的每个部分的位置，并且给广告人员以指导。布局有助于广告文案人员决定他拥有多大的工作空间，应该撰写多长的主体文案，还有助于艺术总监决定图片的大小和类型。

虽然平面广告的设计经常比较直接，但一些广告创意执行起来非常具有挑战性，因为要给营销者提供有效传递品牌信息的途径。例如，Lambesis公司为达萨尼包装水制作了独特的平面广告，它是整合运动的一部分，旨在传播品牌的环保理念新包装。此次广告运动利用平面广告推出新的植物瓶包装，广告展示了剥开的植物种子纸插页。正如在本章开篇所讨论的，该运动帮助提高了消费者对达萨尼创新精神和环境意识的认知。通常，广告在有了大概的布局规划之后便被交给客户，这样，广告主就可以在初步审批之前看到广告是什么样子的。在进入更加耗费成本的印刷阶段之前，广告代理公司应取得客户对布局的认可。

电视广告的创意技巧

作为消费者，我们看了如此多的电视广告以至于很容易忽视广告制作所花费的时间、精力和金钱。事实上，构思和制作能突破电视上如此之多的干扰，但进行有效信息传播的广告是一个细致而昂贵的过程。以每分钟成本计算，电视广告是电视上能见到的所有内容中最昂贵的。

电视是一种独一无二的、强有力的广告媒体，它包含了图像、声音和动态的画面，这些要素组合起来能够产生各种各样的广告诉求和执行方式。与平面广告不同，观众不能控制电视广告信息出现的频率，因此就没有机会去重温那些兴趣点或者重新观看那些表达得不太清楚的地方。与其他任何广告形式一样，创作电视广告的首要目标之一是引起观众的注意，然后再使其维持这种兴趣。这一点可能特别具有挑战性，不仅因为电视上存在如此多的干扰，而且因为人们常常是在做其他事情（读书、看杂志或聊天）的同时观看电视广告。

像平面广告一样，电视广告也有好几个组成部分。在电视广告中，图像和声音必须协同配合才能产生真正的效果，从而达到传播广告信息的目的。

视频

一则电视广告的视频就是我们在电视屏幕上看到的视觉元素。在广告中，它通常占支配地位，因此必须能吸引观众的注意力并且能传播观念、信息和形象。众多视觉元素必须协同起来才能形成一则成功的广告。因此，在此过程中必须做出有关下列要素的决策：产品、播音员、播放顺序、说明等，另外还有背景设置、在电视广告中出现的人物，以及其他诸如灯光、图像、颜色和符号标识等。

音频

电视广告的声音部分包括语言、音乐和音响效果。语言的使用在电视广告中有不同的方式，它可以通过播音员直接表述，也可以通过广告中出现的各种人物之间的交谈来完成。电视广告中表现语言部分的一般方法是**旁白**（voiceover），即通过一个幕后的播音员的叙述来传递信息或者描述广告中的动作。目前在一些大广告主中流行的趋势是让具有独特嗓音的名人为电视广告配音。[37]演员摩根·弗里曼（Morgan Freeman）为Visa的广告配画外音，帕特里克·德姆西（Patrick Dempsey）为美国州立农业保险公司（State Farm Insurance）的广告配音，现代汽车在一些电视广告中起用了演员保罗·路德（Paul Rudd）和贾德·阿帕图（Judd Apatow）。其他为商业广告贡献声音并收入颇丰的名人有：《广告狂人》的乔·哈姆（Jon Hamm）声演梅赛德斯-奔驰，乔治·克鲁尼（George Clooney）声演百威，茱丽亚·罗伯茨（Julia Roberts）声演全国保险公司（Nationwide Insurance），丽萨·库卓（Lisa Kudrow）声演优诺（Yoplait）。

虽然有些公司利用名人或专业人士为它们的商业广告配音，但数字革命正在迅速改变配音行业，因为已经出现在线市场，将配音演员与需要他们的公司联系起来。几十年来，配音工作主要是由演员工会（SAG）的专业人员来做，他们一般都由经纪人代理。然而，如今的配音演员正在组建家庭工作室，只需要一个麦克风和混音器，他们通过 Voices. com、Voice123. com 这样的公司，以及其他与配音演员相关联的公司提供业务支持。配音演员通常还需要经纪人和成为 SAG 的会员才能获得大部分的高薪工作，如大的营销商所做的广告传播。然而，许多规模较小的公司正在使用在线语音服务来制作广告和视频。[38]

音乐也是电视广告的重要组成部分，它可以在电视广告中扮演多种角色。[39]在许多电视广告中，音乐烘托了一个让人心情舒畅的大背景，有利于营造一种适宜的好心情。广告主常常使用**单曲付费**（needledrop）这种音乐形式，琳达·斯科特（Linda Scott）将这种形式描述如下：

> 单曲付费是广告代理公司和音乐界很常见的一个专业术语，它指那种预先构想的、有多种用途的、常规的音乐。从这种意义上讲，它很类似于创意图片、剪贴工艺或者一稿多用的稿件。单曲付费是原版音乐的一种相对便宜的替代品，当要获得某种特定的效果时，它就可以在一次性支付的基础上，在电视广告或者影片中投入使用。[40]

在一些电视广告中，音乐比广告信息更加重要。音乐可以用来唤起注意、打破外在的广告干扰、传达主要卖点、帮助公司建立起品牌形象或者进行市场定位以及增强感受力。[41]例如，David & Goliath 公司在其为起亚秀尔（Kia Soul）制作的商业广告中非常有效地使用了音乐，广告中展示了卡通仓鼠驾驶汽车和穿着嘻哈服装。起亚秀尔的广告目标受众是千禧一代，他们的生活方式有四大内容：音乐、体育、流行文化和“互联生活”（与科技、朋友和家人的密切联系）。[42]许多热门歌曲用在商业广告中。

另一有效使用音乐的例子是各种各样的 NicoDerm 戒烟产品广告，这些产品被许多努力戒烟的吸烟者所使用。在 NicoDerm 戒烟产品的广告中，经典歌曲如稀土乐队（Rare Earth）的《我想庆祝一番》（I Just Want to Celebrate）、马文·盖伊（Marvin Gaye）和塔米·特雷尔（Tammi Terrell）的《没有最高的山》（Ain't No Mountain High Enough）都用来加强其广告信息，即每当戒烟者对香烟说不时，都是值得庆祝的，因为他正在接近要实现的目标。本田的广告代理公司 RPA，也在全新设计的新本田思域“梦想家”广告运动的电视广告中巧妙运用了音乐。在电视广告中，当工程师设计新思域时，汽车从他的想象中跳出来，并在他的工作室里开始了一段神奇的旅程，背景音乐是太阳帝国乐队（Empire of the Sun）的电子乐《行走于梦想之上》（Walking on a Dream）。新思域行驶在蜿蜒的道路上，经过洒满阳光的瀑布，然后到达彩虹滑梯的底部。

史蒂夫·欧克斯（Steve Oakes）最近对消费者的认知和对广告中音乐的有效回应情况做了评论和分析。[43]他发现，情绪、类型、配乐、画面和节奏等变量可以使音乐和广告之间的一致性不断增强，这种一致性有助于通过促进回忆、品牌态度、有效回应以及购买意愿等向消费者传达有效的广告信息。研究还显示，音乐可以通过经典的调节过程来表现一种积极的情绪，这种情绪有助于消费者更易于接受广告信息。[44]这些研究都强调了考虑音乐所引发的情绪的重要性，以及这种情绪如何影响对广告的反应。

正是由于音乐在创意策略过程中扮演了如此重要的角色，因此许多公司都愿意支付高额费用来购买在电视广告中使用流行歌曲的权利。在公司与音乐家商讨音乐的商业用途时，有两个重点内容的使用权是需要谈判的。音乐作品包括曲谱和词谱，而母带则包括原唱艺术家的声音。[45]后者往往更贵，因此广告主通常都是针对音乐的使用权进行商谈，同时寻找一个声音和原唱相似但是费用较为低廉的艺术家代替原唱。音乐所有权可能被不同的利益方拥有，如原唱、艺人的经纪公司或音乐发行公司。例如，雷鬼音乐歌星鲍伯·马利（Bob Marley）的歌曲属于自己的经纪公司，而披头士乐队（the Beatles）和迈克尔·杰克逊（Michael Jackson）的歌曲却属于发行公司索尼/ATV。

一些广告专家认为，音乐可以占到广告效果的 50%，并鼓励他们的客户投资流行歌曲和配乐，这可以帮助广告主在情感上与客户建立联系。他们认为，那些与流行歌曲和歌手保持一致的营销商通常被认为更前卫、更时髦，尤其是让消费者与音乐人和/或新歌接触的时候。曾经有一段时间，艺术家觉得他们的音乐被用于商业广告或为广告创作歌曲是“打折出售”。然而，大多数音乐人现在都意识到，“卖出”更有利，也更有利可图，并愿意让他们的音乐在商业广告中使用。

一些广告主愿意花数百万美元在它们的广告中使用艺术家的原声。尼尔森最近的一项研究发现：有配乐的广告比没有配乐的广告在四个维度上表现更佳，即创造力、同理心、情感力量和信息能力。研究指出，音乐不仅能产生积极的情绪反应，还能激发消费者购买品牌的积极性。例如，惠普 x360 平板电脑广告中梅根·特莱诺尔（Meghan Trainor）的热门歌曲《唇唇欲动》（Lips Are Movin）带来了 26%的销售增长，极大地影响了她粉丝群中的青少年和年轻人。福特公司也在音乐方面取得了巨大成功。2015 年，福特在其锐界（Edge）SUV 的商业广告中获得瑞秋·普拉藤（Rachel Platten）的《加油歌》（Fight Song）的授权，在播放这一流行歌曲后销量大幅增长。[46]

电视和广播广告中另一个重要的音乐元素是韵律，即关于产品或服务的、通常带有广告主题和简单的信息的生动旋律。例如，赛百味餐厅的《5 美元 1 英尺》（Five-dollar footlong）广告一直是快餐业最有效的促销活动之一。朗朗上口的旋律（5 美元，5 美元，5 美元，5 美元 1 英尺）重复“5 美元”这个词多次，以帮助消费者记忆产品价格，并有助于推广大号三明治的价格。[47] 2016 年，Armour 更新了其自 1967 年以来一直在广告中使用的韵律，此次更新是其热狗和其他肉制品形象的更新运动的一部分。原来的结尾是“Armour 热狗，小狗们都喜欢吃”，新韵律的最后一句是“Armour 棒妈妈，我们最爱的好妈妈”。[48]其他流行的广告韵律有玩具反斗城的“我不想长大，我是反斗城宝宝”，福爵咖啡的“最美好的就是被福爵叫醒”，以及凯珠宝的“每次亲吻从凯开始”。

在一些商业广告中，广告歌曲被更多地用作产品标识的一种形式，并出现在信息的末尾。广告歌曲通常由擅长广告音乐的公司制作而成。广告歌曲制作公司与创意团队合作，以确定音乐在商业中扮演的角色，以及需要传达的信息。

虽然韵律的使用可以追溯到 20 世纪 50 年代，但今天由于广告主都在用当下的流行歌曲，韵律的使用频率比以前少多了。李奥贝纳广告代理公司的音乐总监称，使用韵律的公司必须谨慎，因为“我们生活在一个充满 iPod、MTV 和影像的时代，韵律听上去已经老掉牙了”。[49]尽管有这些担忧，不少广告主仍在使用韵律。事实上，近年来，许多营销商重新使用韵律，因为它们希望将原创音乐作为广告信息的一部分。[50]许多公司正在重新塑造属于自己的、针对新一代消费者的韵律。例如，州立农业保险公司将其经典的韵律“像一个好邻居，州立农业保险一直都在”制作成了嘻哈版本。再如，Meow Mix 猫粮最近邀请歌手席洛·格林（Cee-Lo Green）制作了其标志性的 Meow Mix 韵律的混音版本。[51]

在地方广告主中，韵律也常被用于电视广告和广播广告，它被视为保持公司名称和/或口号在它们的客户和潜在客户心中的有效方法。广告主们认为韵律在广告中的地位由宝洁的品牌经理进行了很好的总结：公司相信广告仍然有效，并指出“如果消费者按旋律哼唱，他们就相当于购买了产品”。[52]

电视广告的策划和制作

在电视广告策划中，首要决策之一就是决定将要采用的诉求种类和执行方式。电视不但适合理性诉求和感性诉求，还适合二者的结合。各种执行方式与理性诉求相结合，比如直接销售或公告、示范、证言或对比，都能在电视上产生不俗的表现。电视尤其适合感性诉求，例如幽默、恐惧、浪漫以及幻想等，这些手法在戏剧化和反映现实生活侧面的广告中经常出现。

广告主意识到，只是谈谈它们的产品，或者展示、对比它们的产品或服务是不够的；广告必须突破外界的干扰，吸引观众；除了诉诸理性，它们常常必须同时诉诸感性。电视是一种娱乐性极强的媒体，许多广告主发现它们最成功的电视广告是那些寓信息于娱乐的作品。许多广告活动都赋予广告极强的娱乐性，例如苹果和AT&T吸引人的广告，以及许多其他公司的幽默广告，如GEICO、现代、联邦快递、百威。

电视广告对大多数企业来说是整合营销传播方案不可或缺的一部分，尤其是那些向大众市场推销产品和服务的大公司。然而，电视广告的策划和制作十分昂贵，必须作为广告宣传的组成部分来考虑其预算。虽然只花几千美元也可以制作出广告（例如很多为地方性零售商和企业做的广告），但营销商认识到制作低质量的电视广告没有积极效果，甚至还会对企业和品牌形象带来消极作用，因此，它们为制作高质量的电视广告花费大量金钱。由美国广告协会（American Advertising Associations）开展的对近25年来电视制作成本的调查显示了一个全国性品牌制作一条30秒广告的平均花费水平。最近一次调查是5年前进行的，10家机构为506个不同长度的全国性广告提供了花费数据，调查显示平均成本是35.4万美元。[53]从最近的调查来看，自上一次美国广告协会调查以来，高质量广告的生产成本很可能已经上升，尤其是对那些主要依赖电视广告的营销集团来说。图表9-2显示了一个主要快餐连锁品牌的广告制作成本。

图表9-2　　30秒电视广告的制作费用

大时代制作公司（Big Time Productions）
1234 Production Place，圣塔莫尼卡，CA 90404

投标日期2010年3月25日	公司投标（x）　成本加固定费用（　）
制作公司：大时代制作公司	广告代理公司：Awesome Ads
地址：1234 Production Place 圣塔莫尼卡，CA 90404	地址：1234 Advertising Way 圣塔莫尼卡，CA 90404
电话：	电话：
传真：	传真：
项目号：M10-340	广告代理公司制片人：Ashley Producer
导演：	广告代理公司美术指导：Brian Artist
执行制片人：	广告代理公司文案：Deborah Writer
制作联系人：	广告代理公司业务经理：Alan Business
摄影师：	客户：快餐连锁
美术指导：	产品：三明治，汉堡包
剪辑：Fine Edits	投标名称：
拍摄前 天数：	
置景天数：	广告片名：　时长：
布光天数：1天	1）《美味三明治》　30秒
摄影棚拍摄天数：	2）《可口汉堡包》　30秒
外景天数：2天　时长：10～14小时	
外景地：洛杉矶	

制作费用汇总	金额（美元）
拍摄前准备及包装	76 676
拍摄人员劳务	93 901
场地和交通	65 690
道具	18 670
置景	88 056
设备	42 750
冲印	22 920
执导/创意费	32 400
保险	12 288
制作溢价	92 153
音乐	2 000
剪辑	66 504
演员	33 905
总计	647 913

许多因素构成了电视广告的成本来源，包括制作人员、装备、场地、视频剪辑、声音录制与合成、音乐以及演员等。电视广告制作成本的增长是营销商关注的大问题，很多企业正在努力寻找缩减成本的方法。例如，演员费用是一项重要的开销，出现在广告中的男女演员还要按照广告的播放次数收取额外费用。广电关系联合政策委员会（Joint Policy Committee on Broadcast Relations）代表广告主和广告公司与演员联盟谈判，提议实行新的补偿制度，即按照毛评点支付演员酬劳。毛评点由收看广告的观众数量以及广告的播放次数决定。2016 年，演员联盟和联合政策委员会就后续电视和广播商业广告合同达成初步协议，还包括数字与社交媒体的条款。不过，这一新的薪酬体系仍处于审批阶段。[54]

电视广告策划 电视广告的各种要素在**广告脚本**（script）中被综合起来，广告脚本是电视广告的书面版本，它包括对声音和图像内容的详细描述。首先，广告脚本涵盖了电视广告的各个声音部分——主体文案、音乐和音响效果。其次，广告脚本的图像部分提供了广告的视觉元素的布局，即镜头运动和角度、场景、切换以及其他重要内容的描述。最后，广告脚本还表明了电视广告的图像与声音部分是如何相互呼应的。

一旦基础脚本构思好，广告文案人员和美术指导就一起制作故事板，即用来表现视觉元素或电视广告布局的一系列图画。故事板依然包括图像场景的画面以及对每幅画面所配的声音的描述。像平面广告一样，故事板将为广告制作和审批的参与人员提供一个最接近最终广告形式的模板。在一些情况下，如果客户需要预先审查，就需要对故事板进行进一步创作，可能需要创作动画（通常是有声音的故事板录像带）。

制作 一旦客户对电视广告的故事板或动画表示同意，就可以进入制作阶段，这个阶段包括三个步骤：

1. 制作前的准备——电视广告实际拍摄和录制之前的工作和活动。
2. 制作——电视广告的拍摄和录制。
3. 制作后的工作——电视广告被拍摄和录制之后发生的活动和工作。

每一步骤的活动可参见图表 9-3。在最终的制作过程开始之前，通常要让客户对将用于创作广告信息的创意策略和各种技巧进行复核和批准。

制作前的准备
- 选择执行者
- 选择制作公司
- 竞价
- 成本、时间预算
- 制作时间表
  开工
  地点
  广告代理公司和客户批准
  演员阵容
  行头
- 准备会议

→

制作
- 选址和布置摄影场景
- 晚上/周末摄影
- 演员安排

→

制作后的工作
- 编辑
- 加工
- 录制音响效果
- 图像/音响效果
- 光学效果
- 客户/广告代理公司的批准
- 制作副本
- 播出/传送

图表 9-3　制作电视广告的三个步骤

数字广告创意策略

尽管多年来人们对广告创意给予了极大的关注，但大部分的注意力都集中在传统广告的应用上，如平面广告、电视广告、广播广告或户外广告。然而，营销商正在逐渐把更多的媒体预算分配给数字广告，如网站、社交媒体和移动设备，从创意的角度来看，这带来了一系列的挑战。与电视、杂志等传统媒体相比，互联网是一个目标导向的媒体。获得消费者对数字广告的关注非常困难，更不用说让他们沉浸于网络广告或与网络广告互动，因为这样做会迫使消费者在使用电脑、平板或手机时离开网页或社交媒体网站上的内容。在线广告常常打断我们的观看，除非广告能提供相关的信息和/或非常具有创造性或娱乐性，否则它们很可能会被忽略。Doubleclick 是谷歌的广告展示部门，它报告称，在所有格式和位置上的在线展示广告点击率仅为 0.17%。[55]在所有形式的网络广告中，视频广告的平均点击率最高（1.84%），但仍然很低。而且，视频播放前的前置广告不给观众跳过广告的选项，因此通常被认为是侵扰性的和烦人的。

数字广告的角色

营销商可以运用各种各样的数字广告，如旗帜广告、搜索广告、插播广告、原生广告和视频。根据不同的目标，营销商所使用的在线广告类型也会有所不同。美国互动广告局（IAB）的彼得·明尼姆（Peter Minnium）指出，数字广告可以分为三类：概念广告、内容广告和商业广告。营销商根据购买漏斗想要达成不同的目标，这会导致不同数字广告类型的使用。

概念广告的目标是达到漏斗上部的目标，如知晓与兴趣，可以通过旗帜广告或视频广告来实现。内容广告通常要实现漏斗中部的目标，如增强消费者对产品或服务的了解或理解，可以通过提供高质量的内容，吸引观众参与其中。不同类型的线上广告可以提供内容，如视频、视频剧集、在脸书或推特上具有赞助内容的信息流广告，以及原生广告。**原生广告**（native advertising）是无缝融入情境内容的付费广告。原生广告的设计、内容和风格与周围的非付费内容相当一致，给用户留下广告与非付费内容同一的印象。原生广告正成为内容广告的主要形式，尤其是在杂志和报纸的数字版上。

商业广告的主要目的是实现购买漏斗底部的目标，即让消费者采取行动并完成购买。商业广告是展示广告的主要形式，尤其是根据消费者以往的网页记录重新定位的类型，通常在视觉上较为简单，因为它的成功主要是基于向消费者提供正确的服务，并且可以很容易地通过点击和转换来衡量效果。在第15章中，我们将更详细地讨论数字广告，仔细分析营销商主要使用的展示广告和在线视频相关的创造性问题。

展示广告 在线展示广告有许多不同的形式。许多在线展示广告使用大尺寸的广告格式，如矩形广告、水平方向的排行榜广告或垂直方向的摩天楼广告，这些类型的广告可以使客户适应不同的网站内容。Dynamic Logic公司针对4 800个在线广告运动进行了一项研究，结果显示：在品牌知晓、品牌回忆和购买意向几个维度，表现最好的广告位是传统的180×150像素的矩形横幅广告，而围绕网站内容的摩天楼广告和排行榜广告是效果最差的，因为消费者已经形成“过滤横幅广告”的习惯。[56]矩形横幅广告效果更好，因为它们通常更接近网站内容，处于内容中间，这意味着当消费者阅读网站上的信息时，眼睛自然会看到广告。然而，覆盖内容的广告也是最令人讨厌的在线广告形式。

针对拥有170 000多个数字广告的数据库，Dynamic Logic公司在另一项研究中分析了表现最好的广告和表现最差的广告，发现：与高度精准和醒目的广告投放相比，创意因素（如持续的品牌传播、强烈的行动号召和人脸的使用）能够带来更好的广告回忆、品牌知晓和购买意向。这一研究结果支持了该公司过去的研究，说明创意质量决定在线广告成功或失败的50%以上，而广告版面的尺寸、技巧、背景和精准等因素会产生提醒作用。

批评人士认为，在线广告的一个主要问题是它过于关注无处不在的横幅广告，因为营销商往往通过网络平台大量购买横幅广告来建立知名度和/或品牌识别。营销商将大量的时间和精力用于优化媒体投放、重新定位和衡量数字广告运动的效果，但投入创意和优秀广告基础元素的精力太少。[57]然而，随着新的在线展示形式越来越多，越来越丰富，并且占据了更多的页面，页面顶部或侧面横幅广告的优势正在减弱。美国互动广告局将新形式的线上广告称为“明日之星”，如侧面广告牌和滑块广告，以及各种视频格式。可扩展下推广告已经变得非常流行，它将页面内容向下推，而不是覆盖页面内容，这有助于解决打扰问题。

在线视频 在线视频广告的使用正在迅速增长，这是所有在线平台上视频观看巨大增长的一部分，包括网站、YouTube、脸书、推特、Snapchat和其他流行的社交媒体网站。在线广告视频包括多种形式，从数字视频播放或使用流量播放的商业广告，到移动设备上观看的定制形式。使用视频的在线广告主可以从许多选项中选择广告的位置，比如在视频内容被观看之前的片头广告；在视频内容播放中间的片中广告；或者是在视频内容完成时播放的片尾广告。广告主可以选择占据整个屏幕、中断或暂停视频内容的交互广告，也可以使用多种交互式方式，比如点击获取更多信息，注册获得资讯，或者定位一个商店。这些类型的广告可以让更多的观众参与到这个品牌的互动中来，同时也可以让消费者与品牌的互动扩展到更大范围，或使消费者流向广告主的网站。不同类型的在线广告形式也成为美国互动广告局“明日之星”计划的一部分，比如控制栏可以让观众做诸如分享广告、观看扩展版本视频，或者播放带有广告内容的视频等事情。

在线视频和广告的创意决策通常与电视广告的创意决策类似，以及诉求类型、执行风格以及视频和音频元素。然而，在线视频广告必须考虑其他因素，如中断、长度和内容。例如，大多数在线视频广告都是预先滚动的，在观看视频之前显示，并且很少或没有提供跳过广告的选项，这意味着它们会干扰目标受众的活动。最近进行的一项研究发现，被认为具有侵入性的在线广告对广告品牌和网站的态度、意图都会产生负面影响，并导致消费者退出广告浏览。[58]在线视频或广告的长度也是非常重要的因素，因为消费者会被较长的视频或广告打扰，或在有选择的情况下中断观看，除非视频或广告有用或娱乐化。然而，短广告（如5秒广告）在传递有效信息方面存在困难。

内容也是在线视频或广告创意的重要考虑因素。然而，许多创意总监认为，表现优秀的在线视频广告的内容与它们的电视广告并没有什么不同。提供相关和/或有价值信息的视频广告一般不被认为具有侵入性。感性诉求往往能在较长的视频中发挥更大的作用，而幽默对网络广告来说是非常有效的，而且更有可能被分享。营销商意识到，应该有更多的关注投入在线广告和视频的制作，而不是简单地上传用于电视的广告。数字与社交媒体视点 9-2 讨论了马丁公司（Martin Agency）为政府雇员保险公司（GEICO）发起的，并获得奖项的“请别跳过”（Unskippable）广告运动，这项运动由一系列专门为 YouTube 视频制作的前播广告组成。

营销商将继续在网络上投入更多的广告预算，因为目标受众在网络上花费更多的时间。此外，许多人认为数字化的定位和测量能力弥补了在线广告的创意局限性。然而，营销商向其所属公司发起的挑战同样重要，即采取和尝试新类型的形式并制作信息的、娱乐的和/或引人入胜的数字广告，而不是用横幅广告和/或视频广告继续轰炸消费者，因为他们可以动动鼠标或点点按钮从而轻易跳过。

数字与社交媒体视点 9-2

GEICO 的“请别跳过”广告运动为在线前播广告带来了创意

在阅读这篇文章之前，请先想想你上次在 YouTube 观看视频和视频开始前的片头广告的情景。你看广告了吗？还是你快速地按下了跳过按钮，这样你就可以继续看视频了？广告主在 YouTube 上只有不到 5 秒的时间能让观众相信它们的广告值得看完，否则观看者就会选择跳过广告；94%的人在 5 秒后会跳过片头广告。尽管消费者要为 YouTube 支付跳过广告的费用，但大多数营销商并没有尽力留住消费者，因为它们经常上传与电视上相同的广告并希望观众不会点击跳过按钮。很少有公司会专门为用于 YouTube、脸书或其他消费者遇到的网站的片头广告进行创作。

然而，GEICO 成功地找到了一种方式让人们观看它的片头广告。GEICO 每年花费近 10 亿美元用于各种形式的广告，包括电视广告、平面广告、户外广告和数字广告，以推广其汽车、家庭和财产保险。和大多数营销集团一样，GEICO 将更多的广告预算投入网络，以鼓励消费者与其“15 分钟可以节省 15%”的信息进行价格比较。然而，GEICO 的广告代理商马丁公司很清楚地意识到研究显示的问题，即超过 90%的人会跳过片头广告，因为广告在消费者按下跳过按钮前并没有抓住消费者的注意力。为了解决这一问题，马丁公司决定开发专门用于片头的广告信息，以幽默的方式抓住前 5 秒。马丁公司的客户总监布拉德·希格顿（Blad Higdon）这样解释面临的挑战：“我们进行了研究，了解到 5 秒后的跳过率达到 96%，所以我们共同挑战自己找到一个变通的方法。如果我们打扰了别人去看他们真正想看的东西，我们最好让它值得一看。”

“请别跳过”（Unskippable）运动的第一支广告名为《家庭》（Family），广告以一个家庭聚餐开始，母亲微笑着说：“不用谢我，感谢省钱。”几秒钟后，画面静止了，画外音告诉观众：“你不能跳过 GEICO 的广告，因为它已经结束了。”然后，GEICO 的标志出现，而母亲、父亲、儿子和女儿仍然保持静止状态。然而，通常表示广告结束的巨大的标志实际上标志着广告的开始，幽默的场景开始了，在接下来的 45 秒内，这家的大型圣伯纳德犬跳上桌子把每个人的意大利面都吃掉了。《家庭》在被推出后，片头广告在 YouTube 上获得了 72.5 万次浏览，并在接下来的几个月里收获了数百万的浏览量。

马丁公司还使用“静止”方式为“请别跳过”运动制作了另外三支片头广告，其中有一支叫作《击掌》（High Five），广告讲述了两个朋友用跳跃击掌来庆祝他们省钱，在静止的画面中，特技的威亚线变得清晰可见，其中一个演员的脚着火了。这项运动在社交媒体上引起了广泛关注；许多广告评论人士认为，这是在线视频广告出现转机并具有里程碑意义的时刻。《家庭》在 2015 年戛纳国际创意艺术节上获得了电影大奖，被《广告周刊》评为 2015 年最佳广告宣传活动，并在2016年获得了《广告时代》的首个年度最佳广告奖。评论人士喜欢这一运动，因为它将创新引入了创意贫乏的片头广告世界，并打破了许多广告规则。戛纳电影节评审团主席在谈到为什么选《家庭》为最佳广告时这样说："比起乞求你看这则广告，它挑战你不去看它；比起长篇大论的故事最后与品牌的微妙联系，它从头到尾都把巨大的标志置于屏幕中间。对我们来说，这是一个看似简单的作品，它让我们看到了视频是如何重新塑造我们看待媒体的方式，甚至是片头广告这一世界上最不性感的媒体。"

马丁公司和GEICO继续了2016年获奖的"不要跳过"广告运动，推出了一系列观众不愿跳过的有趣的15秒片头广告。在"快进"（Fast Forword）中，广告从常规场景开始，但几秒钟后，一个巨大的GEICO标志出现，画外音宣布："我们现在快进到了GEICO广告的末尾，这样你就可以更快进入你想看的视频。"然后，广告就会跳转到一些奇怪的结局。例如，一则广告开始于两个处在悬崖边的徒步旅行者，在中间中断后跳转到他们被一只巨大的鸟抓着，其中一个人还在演奏萨克斯。另一个广告中，两个伐木工人在热聊时遇到一只愤怒的灰熊，然后就跳转到了其中一个伐木工与灰熊温暖地拥抱在一起。

消费者会继续观看在线视频，而营销商也会继续努力让他们在看视频前观看自己的广告。也许更多的营销商会跟随GEICO的脚步，创作出值得观看的片头广告。

资料来源：Anne-Christine Diaz，"Geico's New Campaign Is Really Unskippable，" *Advertising Age*，February 29，2016，http：//adage. com/article/advertising/geico-s-campaign-unskippable/302851/；Anne-Christine Diaz，"Geico's 'Unskippable' from the Martin Agency Is Ad Age's 2016 Campaign of the Year，" *Advertising Age*，January 25，2016，http：//adage. com/article/special-report-agency-alist-2016/geico-s-unskippable-ad-age-s-2016-campaign-year/302300/；Tim Nudd，"How the Best Ad Campaign of 2015 Hilariously Hacked the Lowly Preroll Ad，" *Adweek*，December 13，2015，www. adweek. com/news/advertising-branding/how-best-ad-campaign-2015-hilariously-hacked-lowly-preroll-ad-168614.

客户对创意工作的评价与批准

虽然创意人员对广告活动中使用的广告诉求和执行方式的决策承担大部分责任，但客户在任何广告制作完成前都必须评价和批准这种创意方法。客户方的许多人员都可能参与评价广告代理公司的创意工作，其中包括广告经理或传播经理、产品或品牌经理、营销主管或副总裁，以及法律部门的代表，有时甚至还有公司总裁或首席执行官。

在创意的评价和批准过程中以上人员的投入随着下列因素而改变：公司政策、产品对公司的重要性、营销方案中广告的角色以及所推荐的广告方法。例如，Chiat/Day广告代理公司必须说服苹果公司的董事会同意采用《1984》这则电视广告来推出麦金托什个人电脑。这则广告基于乔治·奥威尔（George Orwell）的经典小说《1984》中的"大哥"概念，苹果的董事会认为它过于有争议性，而且有可能损害形象，尤其是在商业领域。广告以奥威尔小说中描述的反乌托邦主义为背景，展现了一位年轻女性使出全力掷出一个锤子，将显示有"大哥"训话的屏幕砸得粉碎，而这位"大哥"则象征苹果的主要竞争者IBM。广告代理公司说服了苹果公司的董事会在1984年超级碗决赛中播出这则广告，这也是它唯一一次在电视上播出（而不是在比赛的当地市场）。结果是惊人的。这个广告成为媒体关注的焦点以及市场和广告业的话题。

关于《1984》有许多文章和故事，多年来它收获了无数的赞誉。1999年，《电视指南》（*TV Guide*）将其评选为有史以来最伟大的电视广告，《广告时代》将其视为20世纪的最佳商业广告。这则广告也使超级碗成为著名的广告展示平台，并且是整合营销传播新时代的开始。[59]

在许多情况下，高级管理层都要参与选择广告代理公司并且必须批准广告活动的主题和制作策略。对广告代理公司提出的多个广告活动进行评估和批准是客户公司中主要负责这一品牌的广告经理和产品经理的责任。客户主管和创意小组中的成员在开始制作广告前要把创意提交给客户公司的广告经理和产品经理（或者营销经理）批准。在广告真正进入制作过程之前，广告主应该进行认真的评估，因为一旦进入真正的制作过程，所雇佣的广告制作商就要执行必需的各种功能，而且这一阶段要花费大量的时间和金钱。

客户要对平面广告的布局或电视广告的故事板进行评估可能很难。毕竟，广告经理或品牌经理通常都不是创意专家，他们必须谨慎，确保一方面不错过那些切实可行的创意方法，另一方面不接受劣质的创意。客户公司里的工作人员可以采用下面的指导原则来判断广告代理公司提议的创意方法是否有效。

评估创意成果的指导原则

广告主通常采用多种标准来评估广告代理公司所提出的创意方法。在某些情况下，客户可能需要大概的布局或故事板来获得大量信息，从而为评估提供帮助。（有关平面广告和电视广告前测的各种方法将在第 18 章讨论。）然而，评估过程通常是比较主观的，广告经理或品牌经理常要进行定性的考虑。评估创意方法的基本标准如下：

插图 9-3　SKYY Infusions 的广告基于核心品牌资产并与营销目标一致

资料来源：Campari America，San Francisco，CA.

- 创意方法与公司品牌的营销目标和广告目标一致吗？客户必须考虑的最重要因素之一，就是广告代理公司建议的创意诉求和执行方式是否与品牌的营销策略，以及广告与促销在整个营销方案中扮演的角色相一致。这意味着创意方法必须符合品牌的形象和它在市场上的定位，并且应该对营销目标和广告目标做出一定的贡献。例如，SKYY Spirits 公司最近扩大了产品线，引入了纯天然的高品质伏特加，以充分迎合伏特加市场的增长。为新的 SKYY Infusions 产品线做的广告使用了大胆的创意，利用强烈视觉形象，传递天然风味成分以及独特的蓝色钴金属瓶包装（见插图 9-3）。这些广告与 SKYY 的核心品牌价值相符合，SKYY Infusions 产品线的扩展也对其品牌价值做出了贡献，提升了整个品牌专营权的实力和价值。
- 创意方法与创意策略、创意目标一致吗？它传播了应该传播的东西吗？广告诉求和执行方式必须符合文案层面上所列出的传播目标，广告必须讲出广告策略要求它讲的内容。创意人员可能会对广告信息应该是什么丧失洞察力，而采用一种无法实现广告策略的方法。负责审批广告的人员应该请创意专员解释广告诉求或执行方式是如何与创意策略相联系的，以及它们如何帮助实现传播目标。
- 创意方法适合目标受众吗？通常，许多时间都花在了对广告主产品（或服务）的目标受众的定义、定位和理解上。实际上，应该更多地考虑所建议的广告诉求或执行方式能否吸引目标受众，能否被目标受众理解，能否与目标受众进行有效的沟通。这就涉及广告的所有要素以及目标受众对它的反应。广告主不会赞同那种它们认为会引起目标受众负面反应的广告。例如，针对中老年消费者的广告应该采用比目标受众平均年龄小 10 岁的模特，因为大多数人都会感觉自己没那么老。[60]广告主也面临着为年轻人市场创作广告的巨大挑战，因为年轻人的风格、时尚、语言和价值观变得实在太快。广告主可能发现，它们正在采用的广告方法、广告代言人甚至语言的表达方式在年轻人当中已经不再受欢迎了。

● 创意方法把清晰且有说服力的广告信息传播给消费者了吗？大部分广告都应该传播那种有助于销售这一品牌的广告信息，但许多广告都没能做到传播鼓励消费者使用其品牌的清晰且具有说服力的广告信息。虽然创意在广告中是重要的，但是，在广告中传播有关产品的属性、特征及用途和形象的信息，从而能给消费者以充足的理由购买这一品牌也是非常重要的。

● 创意方法是否避免了广告信息被淹没的情况？对于广告，尤其是电视广告，最普遍的批评是，由于过分强调广告创意的表现，致使广告主的信息被淹没在创意表现里。由于这一原因，许多有创意的、娱乐性的电视广告都没能有效地使人们对品牌名称留下印象或者有效宣传产品卖点。例如，一些调查结果表明，许多消费者根本不清楚美国家庭人寿保险公司（Aflac）是做什么的，该公司不得不调整了在广告中使用标志性的鸭子的策略。消费者称，广告并没有说明什么是附加意外险以及 Aflac 能做什么，因此公司最近的广告都把焦点集中在对公司及其产品的阐述上。[61]

由于大多数广告媒体中干扰不断增多，采取新颖的创意方法来吸引观众或读者的注意力是必要的。然而，创意表现不能淹没广告信息。客户必须采取一种极微妙的路线方针，一方面要确保销售信息不被淹没，另一方面又要注意不能抑制创意人员的努力，否则他们创作出来的只能是一些单调乏味的广告。

● 创意方法适合它的表现场所——媒体环境吗？每种媒介载体都有特定的氛围，这种氛围源于媒体所编辑的内容的性质、它所吸引的读者或观众的类型以及它所包含的广告性质。因此，应该着重考虑广告与其媒体环境是如何完美配合的。例如，超级碗被认为是电视广告绝佳的展示机会。即使对广告漠不关心的人也知道其 30 秒的电视广告值多少钱，并且对广告的注意与对比赛本身的注意不相上下。因此许多广告主都会特意为超级碗制作新的广告或者把新广告留在超级碗比赛时播出。在某些情况下，营销商可能会专门针对某些媒体（如杂志）开发广告。例如，每年 2 月份出版的《体育画报泳装版》（*Sports Illustrated Swimsuit Issue*）上刊登的许多广告都是为了适应杂志的主题而开发的。营销商必须考虑广告是否真实，是否会冒犯目标受众。例如，在 2015 年的假日季，布鲁明戴尔百货公司就在假日目录上刊登了一则广告，引发了争议。广告中一个男人正在暗暗地看着一个女人，而这个女人在大笑，并没有看向他，图片旁边的标题写着："当你最好的朋友没看你的时候，那就别让她们喝她们的酒。"批评人士说，这则广告鼓励男性"约会强奸"他们的女性伴侣。布鲁明戴尔为这则广告道歉，并承认该广告是不合时宜的，格调不高。然而，尽管有了道歉，这则广告并不能被撤销，因为它是邮寄目录的一部分，造成了大量的负面宣传。[62]

最终决定广告是否欺骗或者侵犯了目标观众的责任还在于广告主。按照公司标准对创意人员的建议进行评估，这是广告经理或者品牌经理的职责所在。企业的法律部门或许会提出对广告进行审核，以判定创意诉求、信息内容或者广告执行是否会给公司带来麻烦。最好在广告公之于众之前找出可能潜在的法律问题。

广告经理、品牌经理或者其他的客户方人员都可以使用这些基本的标准审查、评估、批准创意专家提出的想法。对于公司的广告和市场定位，可能有其他更有效的因素。而且，有时与公司常用来评判创意结果的标准产生偏差，也是可以接受的。正如我们将在第 18 章看到的，客户的要求可能比单纯的主观评判标准更多，可使用更多复杂的前测方法来决定创意人员或者团队所建议的特定创意方法的有效度。

本章小结

我们在本章学习了广告信息是怎样被贯彻执行的。一旦决定了将要指导广告活动的创意策略，注意力就应转移到广告诉求的特定形式和创意计划的执行方式上面。这种诉求是广告用来从消费者那里获得回应或者对他们的感觉产生影响的关键信息。广义上的诉求可以分成两类：理性诉求和感性诉求。理性诉求着眼于消费者对产品或服务实际的、功能性的或者实际利益的需求；感性诉求主要与社会或心理因素有关，这些因素促使消费者购买产品或服务。在每个类别里广告主都有多种不同的诉求方式可用。

创意执行方式是广告诉求在信息中得以表现的途径。许多常见的执行方式和实际应用时应该考虑的问题都已经在本章得到了阐述。同时我们也注意到了制作平面广告和电视广告时所用到的一些技巧。一个平面广告包括标题、主体文案、插图和布局等。我们也研究了电视广告的图像和声音组合策略，以及策划和制作广告过程中各种应该考虑的问题。我们还讨论了创意在数字广告中的作用，以及展示广告和在线视频广告的策略问题。

创意人员负责解决广告的诉求、执行风格以及创意中的技巧性问题。但是，客户方必须在广告制作或投入使用之前审查、评价和批准这一创意。在批准最终的广告制作之前，广告、产品或品牌经理以及其他参与宣传活动的人员可以采用多种标准对广告信息进行评估。

讨论题

1. 本章开篇讨论了达萨尼如何利用创意广告来重新定位品牌，使其成为包装水的领先品牌。请评价 Lambesis 公司为达萨尼包装水的延伸产品（DASANI Drops 和 DASANI Sparkling）提出的创意策略。分析它们为什么有效。

2. 讨论感性诉求有效的原因。列举一个基于感性诉求的公司或品牌广告运动的例子，并分析其效果。

3. 解释转换性广告的概念。列举一个使用转换性广告的公司的例子，分析广告如何提高了产品或服务使用的体验。

4. 讨论虚拟现实（VR）作为营销商与消费者沟通方式的价值。VR 在整合营销传播方面的应用有哪些？在使用 VR 技术与消费者沟通时，营销商将面临哪些挑战？

5. 整合营销传播视点 9-1 讨论了塔可钟的“渴望更多”运动。请分析这一运动的创意策略，并关注创意诉求的类型以及广告的执行。

6. 选择本章讨论的三种广告执行方式，列举使用这些方式的广告的例子，并讨论为什么营销商会使用这些特定的广告执行方式。

7. 讨论营销商创建个性象征或角色来代表公司或品牌的原因。请分析肯德基重新选择桑德斯上校作为品牌个性象征的决策。你是否认同这一决策？

8. 讨论标题在平面广告中的作用。直接标题和间接标题之间的区别是什么？分别适用于什么情况？

9. 请讨论音乐在广告中的作用。请列举一个使用特定歌曲的电视广告的例子，并讨论音乐在传递信息时所起的作用。

10. 请讨论营销商在开发数字广告时面临的挑战。当数字广告类型（概念广告、内容广告或商业广告）的目标不同时，数字广告的创意策略是否会有所不同？

11. 数字与社交媒体视点 9－2 讨论了由马丁公司为 GEICO 公司发起的“请别跳过”网络广告活动。为什么这个活动在消费者中如此受欢迎？GEICO 的广告运动中所使用的技术是否可以被其他营销商使用，并吸引消费者观看其在线视频广告吗？

12. 用本章最后一部分讨论的创意指导原则分析一个当前的广告运动。请指出这一广告运动中任何你觉得不符合指导原则的地方，并讨论为什么会这样。

第10章 媒体策划与策略

学习目标

1. 理解媒体策划中的主要术语。
2. 了解如何进行媒体策划。
3. 了解媒体目标的构成。
4. 了解创作和实施媒体策略的过程。
5. 熟悉各种媒体的特征。

开篇案例

程序化购买：更新、更好的广告媒体购买

——程序化购买会更好吗？

不久之前，如果营销商想要购买在线展示广告，它们就必须联系网站，协商每一个广告投放的条款，并签署嵌入订单。如果营销商想在传统媒体上购买广告位，这个过程本质上是相同的，即确定想要广告的媒介位置，协商交易，购买订单。现在，有了大数据、算法以及所谓的实时竞价（RTB），所有的过程都可以利用技术立即完成，这取决于你相信什么媒介，以及什么媒介更有效。"程序化购买"已经向我们走来，它是媒介购买的最新趋势，而线上广告和社交广告的买家似乎还无法快速适应这一趋势。

下面来看一组数字：2012年，广告商花在实时竞价上的费用仅为20亿美元。2013年，这个数字已经上升到360亿美元，并且只有7%的广告主说它们在自动购买上花了超过50%的预算。到2016年，66%接受调查的买家表示，他们在实时竞价上花了大部分预算，87%的受访者表示，他们通过程序化购买获得了更高的回报。

程序化是什么？很难描述这个词的确切含义。虽然它开始时是实时竞价的一个可接受的同义词，但随着使用量的增加，它也变得更加令人困惑。根据《广告周刊》的数据，实时竞价本质上是指利用大数据匹配广告，在正确的时间定位适当的人。NBC环球（NBC Universal）前执行副总裁彼得·内勒（Peter Naylor）提出了一个更为正式的定义："程序化是一个包罗万象的术语，许多人都在用它来对所有东西进行分类，从行为的和意向的定位，到实时竞价和交易的资源购买。所以，程序化基本上是基于计算机的，使用实时竞价过程的广告购买。"当一个广告位可用的时候，软件就会为广告主提出建议，并提供这一广告位针对的用户的人口统计和行为数据。每个广告主的软件都会投标，根据广告中标人完成实时交易。虽然最初用于购买和销售在线展示广告，并由直销人员使用，但现在，程序化通常用于购买手机和视频展示广告，许多人预计它也将成为电视广告购买的方式。程序化被认为是高度精准的，提高了结果和效

率，并且，因为它是自动化的，所以使得媒介购买者的工作更加轻松。支持者认为，在不久的将来，程序化将取代所有其他类型的广告购买方式。

各种公司已经开始致力于程序化购买。家乐氏公司仍在使用电视广告和平面广告，并将更多的资金投入数字广告。然而，对于数字广告投放，程序化购买是最常用的方法。家乐氏公司认为通过程序化购买改进的频率、控制和定位增加了投资回报率（ROI）。无限电影（Movies Unlimited）是一家为电影收藏者提供电影的在线商店，专门收藏平常难以找到的影片，同时也几乎囊括了目前所有的电影。它的网站流量巨大，但也有75%的人放弃了购物车。通过使用程序化购买辅助电子邮件重新定位，公司的投资回报率增加了500%。米利亚国际酒店（Melia Hotels International）、麦当劳和澳洲电信（Telstra）也声称采用程序化购买取得了成功，宝洁公司的大部分在线购买都采用自动匹配的方法，公司将继续增加对程序化购买方式的使用。

但是，并不是每个人都对这个概念着迷。有些人认为他们已经找到了媒介购买的圣杯，但也有一些人并不认同。欺诈、品牌安全、可视性是许多程序化购买者最关心的问题。透明度或广告是否被投放的确凿证据也是被担心的问题。这些担心反映在品牌经理们不知道广告被投放到哪里了：如果广告被置于满是攻击性内容的环境里会怎样？这对他们的品牌形象会产生什么样的影响？另一个问题出现在人们认为是冗余资源的广告位上，冗余资源也就是没有人想要的剩余的可用资源以及不提供信息让买家知道为什么没有被出售的资源。报告还指出，超过50%的广告投放不能被看到。此外，许多广告可能被投入非法的、不适当的、低劣的网站。许多这种问题，如果不是全部的话，可以在直接购买中消除，给管理者带来更强的舒适感。

尽管存在这些担忧，程序化购买似乎仍在持续发展（至少在不久的将来），而且很可能会进入电视广告，甚至可能是广播广告的购买。当宝洁、新闻集团和ESPN这样的公司继续采用程序化购买时，这一趋势就会持续下去！

资料来源："Programmatic TV Ushers in 'Golden Era,'" www. warc. com, March 14, 2016; "US Advertisers Are Investing Heavily in Programmatic, but Obstacles Remain," www. eMarketer. com, March 29, 2016; Tim Nichols, "Why Programmatic Ad Buying Is More Important Than You Think," www. clickz. com, November 13, 2015; "Programmatic Buyers Demand Placement Transparency," www. eMarketer. com, April 8, 2015; "Fraud, Brand Safety Take Center Stage among Ad Buyers," www. eMarketer, January 12, 2015; Jamie Turner, "What Every Advertising Agency Executive and CMO Should Know about Digital Media," www. 60secondcommunications. com, January 12, 2015; Mike Shields, "Programmatic for Dummies," www. adweek. com, November 3, 2013.

本章开篇的讨论涉及媒体购买领域发生的重大变化。在互联网和数字媒体出现之前，媒体购买基本上是一个标准化的过程。购买者确定目标市场，确定广告目标，进行研究以确定投放广告的最佳媒体。然后他们会直接联系媒体（或者通过媒体购买服务）来协商价格和投放，购买时间和/或位置。买家知道广告何时何地会出现，如果发生意外，交易就结束了。而随着互联网和数字时代的到来，一切都发生了改变。在目标受众中获得更多的数据，实时投放广告，以及不同指标的使用，这些能力形成了一个全新的媒体购买场景。结果就是媒体计划变得比以前更加复杂，尽管编程购买号称简化了这一过程。在接下来的章节可以看到，这些变化提供了以前没有的营销机会，但它们也需要对所有媒体选择的深入了解。整合营销传播的专业知识不再是一种奢侈品，而是必备品。媒体计划者现在必须考虑多种新选项，同时也要认识到传统资源所发生的变化。新媒体和不断发展的媒体增加了媒体策划的难度。策划广告信息将会在何时何地、以何种方式传递出去是一个复杂且棘手的过程。媒体策划最主要的目标就是制定一个框架，使其能够以最高效、最具成本效益的方式向目标受众传递信息，其中包括产品、品牌和服务都能做些什么。

本章讲述了营销商传递信息的各种可行方法，考察了在做媒体决策时最关键的考虑事项，并讨论了媒体策略和计划的制定。后面的章节将会深入探讨不同媒体的优缺点并加以详细说明。

需要注意的是，尽管新媒体经常会使用它们特有的属性和概念，但也经常会用到传统的度量标准。本章将主要介绍传统的概念，特殊的媒介术语将在随后的章节中讨论。例如，在社交媒体中，有一种媒体是用户生成的视频，YouTube 是平台，而 www. 60secondmarketer. com 则是一个渠道。[1]尽管如此，策划框架的价值和必要性仍然存在于媒体中。

媒体策划综述

媒体策划不是一个简单的过程，媒体的选择除了像电视、报纸、广播及杂志（以及各类别下的多种选择）之类的大众媒体之外，还包括各种各样的户外媒体，比如户外广告、交通工具广告、电子广告牌等。同时，种类繁多的其他媒体也须纳入考虑范围，比如直复营销、产品促销、打折促销、店内售点广告等。此外，新媒体的激增，包括品牌娱乐营销、社交媒体、网络媒体、移动媒体，也给营销商提供了更多的选择空间。

虽然初看上去这些选择似乎很简单，但事实并非如此。媒体选择之所以这么复杂，部分是由媒体本身的性质决定的。电视能将声音和图像结合起来，这是其他许多媒体所不具备的。杂志能传递更多的消息，同时能使消息在潜在消费者那里保留更长时间。报纸也有它自身的优点，户外媒体、直接媒体等同样如此。新的数字媒体提供了其他媒体所不具备的很多优势，但也有其局限性。在实际选择媒体时，对每一种媒体的特征我们都要加以考虑，同时还要兼顾许多其他因素。当一位经理对同一类媒体中的不同载体进行选择时，这个过程就更复杂，比如在《时代》与《新闻周刊》，或者《生活大爆炸》与《海军罪案调查处》（NCIS），抑或是脸书与 Instagram 之间的抉择。

无论规模大小，很多公司都逐渐认识到一个合理的媒体策略的重要性。它们在致力于使用多种媒介载体达到最佳效果的同时，把其余的注意力放在创意工作和媒体的整合上。例如，当下的电视广告在广告主的官网上也可以看到。过去，超级碗期间播放的广告充满神秘气氛，以提高人们的期望。而现在，超级碗期间的许多广告都是在 YouTube 或其他媒体上首发，以获得更多的曝光量。广告主们在哪种策略更有效上仍持不同意见。现在，一些由电视剧演员出演的广告会在剧集播出时投放。例如，塔吉特和内曼・马库斯购买了晚间热播剧《复仇》（Revenge）所有的广告。时间较长的广告约为两分钟，表现了剧中不同的演员收到圣诞礼物。塔吉特和内曼・马库斯希望通过整合剧集中的角色，让观众更有可能注意到广告。

正在做广告的产品和服务会影响媒体策划的进程。正如图表 10－1 所示，在传递信息给特定目标受众的时候，公司会发现使用某些媒体比其他媒体更有效。例如，宝洁公司在标准媒体（传统媒体如电视、杂志）上花更多的预算，而美国运通则更多地花在非标准媒体（数字媒体、移动媒体等等）上。这些公司中有许多减少了传统媒体的支出，同时增加了非标准媒体的支出，形成了广告支出在各自偏好的媒体中的不同分布状况以及明显不同的媒体策略。

图表 10-1　美国国内主要广告主（按广告投入排名，2014—2015年）

单位：百万美元

排名		广告主	总部	广告花费总额			标准媒体广告投入总额			非标媒体广告投入总额		
2015年	2014年			2015年	2014年	较上年增长率(%)	2015年	2014年	较上年增长率(%)	2015年	2014年	较上年增长率(%)
1	1	宝洁	辛辛那提	4 264.8	4 434.6	−3.8	2 221.4	2 699.6	−17.7	2 043.5	1 735.0	17.8
2	2	AT&T	达拉斯	3 865.5	3 857.9	0.2	1 700.0	1 794.6	−5.3	2 165.4	2 063.3	5.0
3	3	通用汽车	底特律	3 495.3	3 219.9	8.6	1 418.2	1 560.5	−9.1	2 077.1	1 659.5	25.2
4	4	康卡斯特	费城	3 435.6	3 028.6	13.4	1 494.8	1 338.2	11.7	1 940.8	1 690.3	14.8
5	5	威瑞森	纽约	2 749.0	2 526.0	8.8	1 040.6	1 138.3	−8.6	1 708.4	1 387.7	23.1
6	6	福特	迪尔伯恩	2 678.0	2 467.1	8.5	1 026.6	797.9	29.2	1 651.4	1 672.3	−1.2
7	7	美国运通	纽约	2 348.6	2 328.3	0.9	235.4	216.2	8.9	2 113.1	2 112.0	0.1
8	8	菲亚特克莱斯勒	伦敦（英国）	2 250.0	2 249.8	0.0	932.7	1 001.6	−6.9	1 317.3	1 248.2	5.5
9	16	亚马逊	西雅图	2 197.5	1 789.6	22.8	417.3	381.3	9.4	1 780.2	1 408.3	26.4
10	9	三星电子	首尔（韩国）	2 122.5	2 102.9	0.9	612.1	618.2	−1.0	1 510.4	1 484.7	1.7
11	13	沃尔玛	本顿维尔	2 090.3	1 940.1	7.7	689.3	884.6	−22.1	1 401.0	1 055.5	32.7
12	14	摩根大通	纽约	2 063.0	1 902.7	8.4	259.7	304.8	−14.8	1 803.4	1 597.9	12.9
13	11	强生	新布伦瑞克	2 008.6	1 967.8	2.1	1 115.9	1 033.3	8.0	892.7	934.5	−4.5
14	12	欧莱雅	克利希（法国）	1 994.4	1 941.9	2.7	1 267.3	1 457.7	−13.1	727.1	484.1	50.2
15	17	辉瑞制药	纽约	1 926.4	1 673.2	15.1	1 588.7	1 385.0	14.7	337.6	288.2	17.2
16	10	丰田	丰田市（日本）	1 801.9	2 090.3	−13.8	964.1	1 118.3	−13.8	837.9	971.9	−13.8
17	15	迪士尼	伯班克	1 797.9	1 897.8	−5.3	660.7	755.8	−12.6	1 137.2	1 142.0	−0.4
18	24	时代华纳	纽约	1 690.3	1 526.6	10.7	1 048.0	962.8	8.9	642.2	563.8	13.9
19	19	伯克希尔哈撒韦	奥马哈	1 683.0	1 625.2	3.6	1 455.8	1 400.7	3.9	227.2	224.5	1.2
20	23	百威英博	鲁汶（比利时）	1 682.8	1 568.3	7.3	532.8	519.1	2.6	1 150.0	1 049.2	9.6
21	26	第一资本投资	麦克莱恩	1 650.7	1 464.4	12.7	292.2	313.6	−6.8	1 358.6	1 150.8	18.1
22	22	21世纪福克斯	纽约	1 632.5	1 583.5	3.1	670.5	736.6	−9.0	962.0	846.8	13.6
23	29	德国电信	波恩（德国）	1 600.0	1 400.0	14.3	957.0	800.1	19.6	643.0	599.9	7.2

资料来源："The 200 Leading National Aadvertisers," *Advertising Age*, July 13, 2015.

基本术语和概念

在讨论媒体策划之前，我们先来概述一下用于媒体策划与策略过程的一些基本术语和概念。

媒体策划（media planning）是指一系列的决策，包括把促销信息传达给预期购买者或产品、品牌的使用者。媒体策划是一个过程，意味着要做出很多决策，随着计划的开发，每个决策都有可能被调整或者抛弃。

媒体策划给媒体选择提供了向导，它要求制定具体的**媒体目标**（media objectives），以及设计具体的**媒体策略**（media strategies）来实现这些目标。一旦做出决策，而且制定了目标和策略，这些信息就有机地构成了媒体计划。

媒介（medium）是可用的传播系统的总称，它包括广电媒体（比如电视和广播）、印刷媒体（比如报纸和杂志）、直接销售和其他辅助媒体。**媒体载具**（media vehicle）指的是某个媒体类别下的一个具体的载体。例如，《名利场》（*Vanity Fair*）和《时尚》（*Style*）就是印刷媒体载具；《声音》（The Voice）和《60 分钟》（60 Minutes）是广播媒体载具；脸书和 Instagram 是社交媒体载具。你将会在之后几章中发现，每一个载具都有自身的特征、相对优势和劣势。因此，必须根据每一种载具在传递信息上的优势来制定具体的策略。

到达率（reach）衡量的是在一段给定的时间内至少接触到一种媒体载具的不同受众的数量。**覆盖范围**（coverage）是指可能通过载体接收到信息的潜在受众。覆盖范围指的是潜在受众，而到达率指的是已接收到信息的实际受众（这个区别的重要性将会在本章后面更加清晰化）。最后，**接触频率**（frequency）指的是在一段具体的时间内，接收者接触媒体载具的次数。考虑到还有更多重要并且常用的媒体策划术语（更多请参考《21 世纪的媒体策划与购买》（*Media Planning & Buying in the 21st Century*））[2]，我们将从这些术语开始探讨，因为它们对于理解策划过程至关重要。

媒体计划

媒体计划决定了使广告主的信息到达市场的最佳途径。从最基本的含义上来看，媒体计划的目标是找到一种媒体组合，使营销商以最有效的方式、最低的成本把信息传递给最多的潜在消费者。

制订媒体计划时涉及的一些活动，以及这些活动的目的见图表 10－2。正如图表中所示，许多决策都必须贯穿这一过程。随着计划的演进，有可能发生一些事情使得计划发生一些改变，很多广告主发现，必须不断地调整和更新它们的目标及策略。

媒体策划中存在的问题

遗憾的是，媒体策略决策还没有成为一种标准化的程序。许多问题都给计划的制订带来了困难，并削弱了它的有效性。这些问题包括信息不充分、术语不一致、时间压力及测量有效性方面的困难。

信息不充分

尽管存在大量有关市场和媒体的信息，媒体计划者仍然需要了解得更多。因为无法测量或者测量成本太高，很多数据没有被测量出来。例如，虽然可以对广播收听人数进行连

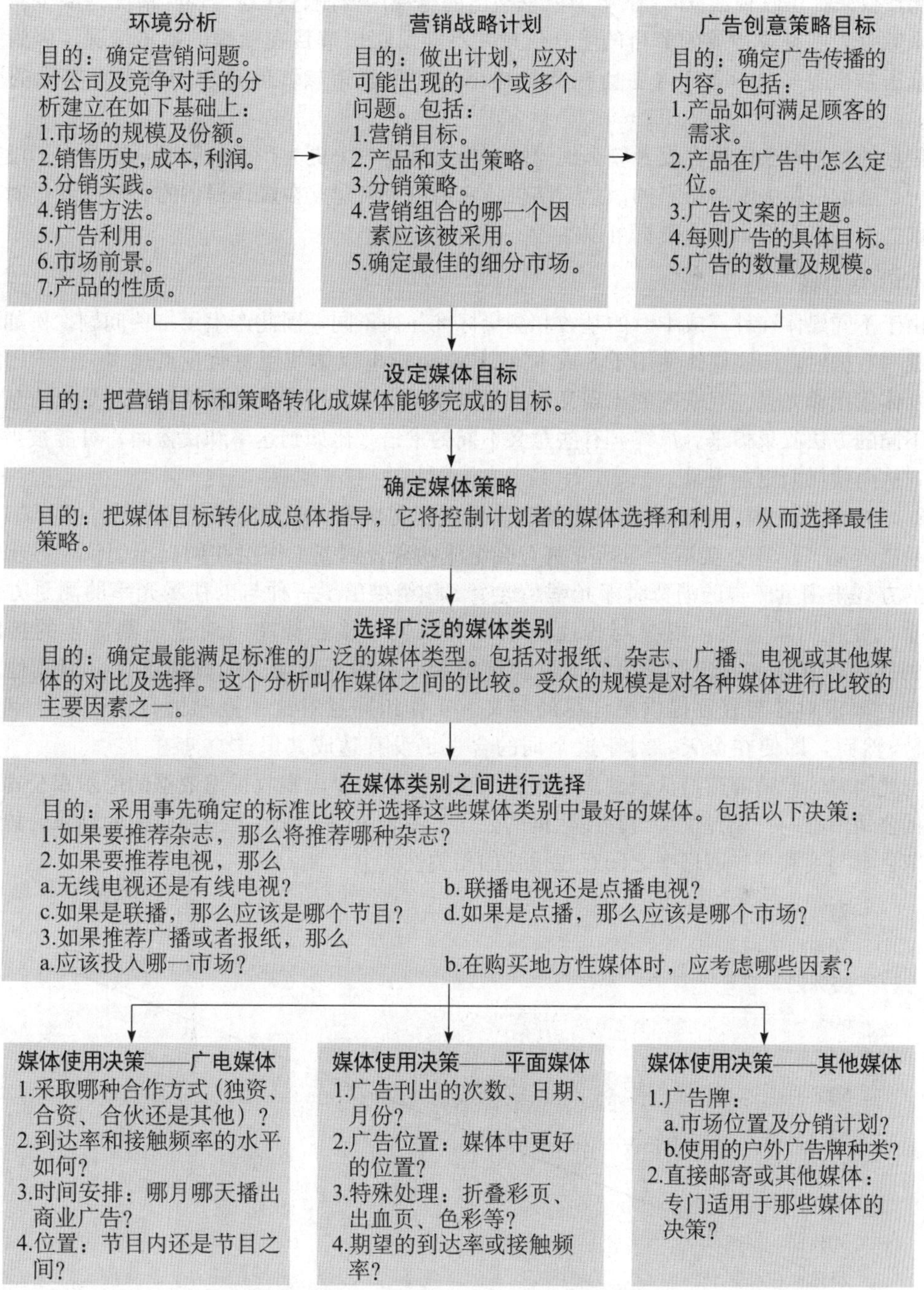

图表 10－2　制订媒体计划的相关活动

续测量，但由于样本规模和成本的限制，只能报告阶段性的收听人数。其他媒体受众规模的测量也存在类似情况。如我们在本章开篇所看到的，在使用程序化购买时也缺乏信息和透明度。

测量的时机也是一个问题，某些受众人数的测量只在一年中特定的时间进行。（例如，2 月、5 月、7 月和 11 月的**普查期**（sweeps periods）经常用来测量电视受众人数并确定广告的收视率。）这些信息整理后就可用于以后的月份，也就是说进一步的决策必须建立在过去的数据基础上，但这些数据也许并不能真实地反映现在的情况（在最大的 56 个电视收视市场中采用人员测量仪来提供收视数据）。试想为秋季播出的电视广告制订计划，现实情况是缺少新节目的受众数据，在夏季播放的节目的受众信息并不能反映出节目在秋季的播出情况，因为夏季的观众通常少得多。尽管广告主会在节目播出之前反复审核，但是它们并没有实际的受众数据。

信息的缺乏对小广告主或者较小规模的市场来说是一个更为严重的问题，因为它们没有能力支付足够的费用去购买所需的信息。结果，它们的决策建立在媒体提供的有限或者过时的数据基础之上，甚至根本没有数据可以参考。

术语不一致

由于不同媒体在计算成本时的基数和测量标准往往不同，因此产生了一些问题。例如，在提供成本数据时，印刷媒体使用千人成本（CPM），广电媒体使用每收视点成本（CPRP），而户外媒体使用曝光量。互联网的出现又带来了全新的术语。用于成本计算基础的受众信息也总是由不同的方法收集得来。最终，有些意义不同的术语（比如到达率和覆盖面）可能被当作同义词，从而使局面更加混乱。

2006年，由美国广告主协会、美国广告代理公司协会、美国直复营销协会（DMA）、美国互动广告局（IAB）、美国广告研究基金会组成的联合调查工作组共同提出倡议，寻求一种更好的方式来测量广告的消费者曝光率。这个工作组推出了一种与以往曝光率的测量方法相比有重大变化的新方法，用参与程度从根本上取代了接触频率（对于一则广告的接触程度）的使用，称这一方法能够更好地反映消费者面对的不断增多的媒体选择。但其他人并不买账，要求对参与程度提供更详尽的定义。工作组同意对这一概念进行进一步的审核和验证。[3]然而，即使在今天，对于这个词的含义仍没有达成共识。[4]

与此同时，营销商逐渐认识到参与程度的重要性。提供电视收视率数据的尼尔森公司是众多数据公司中唯一一家提供参与程度数据的公司。图表10-3展示了一项研究的结果，该研究表明节目参与度和广告回忆率之间存在很强的相关性。

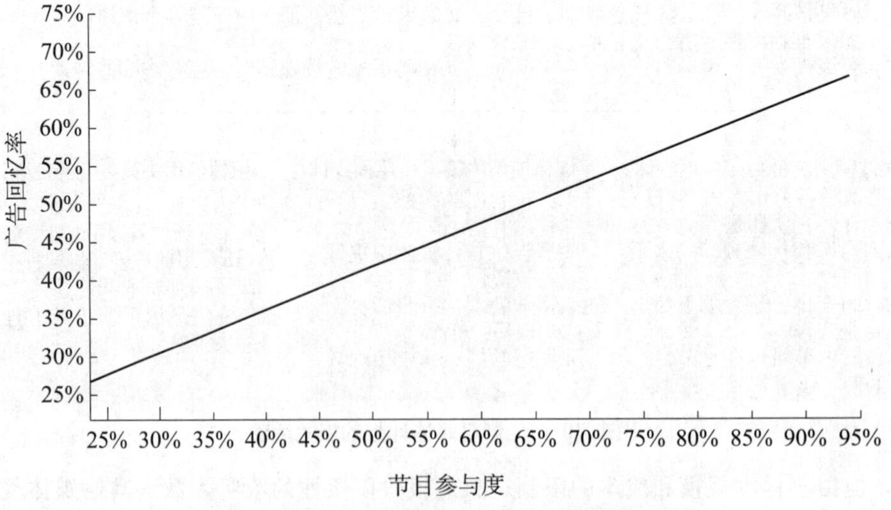

图表10-3 参与程度与广告回忆间的相关关系

资料来源：The Nielsen Company.

时间压力

广告主似乎都很忙，有时是因为它们必须这样，有时是因为它们认为必须这样。对于竞争者的行为（例如减少在某一载体上的费用投入）需要立即做出回应。但有时候时间压力可能是一种错误的紧迫感造成的。在这两种情况下，广告主可能在没有精心计划或者进行市场和媒体分析的情况下就做出媒体选择决策。

测量有效性的困难

一般来说，很难测量广告与促销的有效性，所以也就很难确定各种媒体或载体的相对有效性（回顾第7章讲的投资收益）。然而在这方面目前已经有所进步，使媒体计划者在估算各种选择所产生的影响时可以不仅仅依靠预测或猜测。事实上，《电子营销商》(*eMarketer*)发布的一份研究报告显示，只有25%的品牌营销商对它们的媒体组合的有效性表示自信。[5]

由于存在这些问题，并不是所有的媒体决策都是由数据决定的。有时，管理者必须预估市场中他们不熟悉的媒体形象，预测近期事件的影响，或者在没有充分了解所有选择的情况下做出判断。

尽管这些问题使媒体决策的过程变得异常复杂，但并不意味着媒体决策是一种完全主观的活动。本章后面的部分将会更加详细地讨论媒体策略的制定，以及怎样提高它们的有效性。

制订媒体计划

第1章的模型讨论了怎样确定目标市场、确定目标以及为实现这些目标而制定策略的过程。媒体计划和策略的制订过程与其类似，但焦点更具体地锁定在怎样更好地传递信息上。正如图表10-4所示，这一过程包括以下几个阶段：(1)市场分析；(2)确定媒体目标；(3)媒体策略的制定与实施；(4)评估及后续行动。这几个阶段将结合具体的例子依次予以讨论。

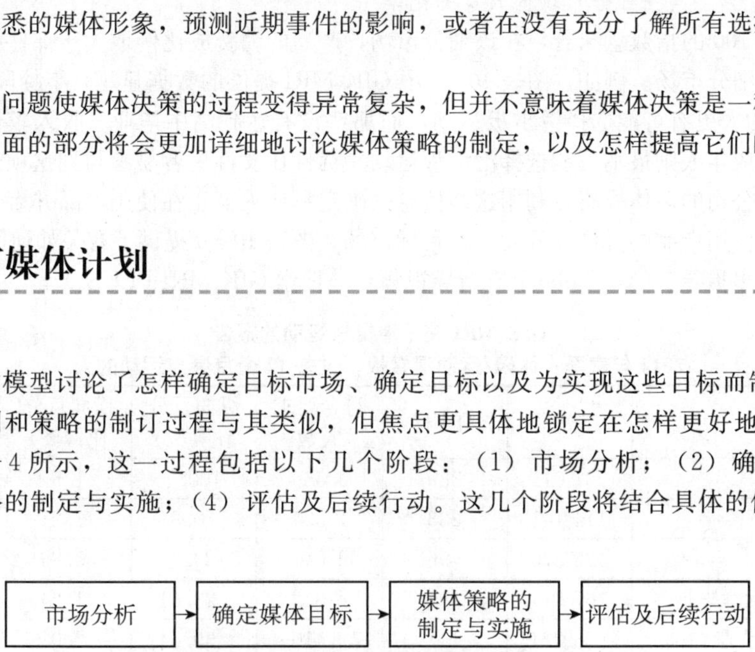

图表10-4　制订媒体计划

市场分析及目标市场的确认

在促销策划的整个过程中，环境分析这一环节包括对内外部因素、竞争策略等的全面考察。在制定媒体策略的过程中，市场分析再度被执行，但重心集中在媒体及信息的传递上。这个阶段的关键问题如下：我们该向谁做广告（谁是我们的目标市场）？哪些内外部因素将影响媒体策划？我们应该将精力集中于何时、何处（地理意义上）？

我们该向谁做广告

通过环境分析我们会发现很多目标市场。在决定我们究竟要针对哪一具体的顾客群体时，媒体计划者应该与客户、客户主管、营销部门和创意总监合作。有多种因素可以帮助媒体计划者做出决定。有些需要进行第一手的研究，有些则可以从二手资料中获得。

益博睿西蒙斯公司（Experian Simmons），前身为西蒙斯市场研究局（Simmons Market Research Bureau），在其年度益博睿全美消费者调研中提供了有关传统媒体使用（英语和西班牙语），产品、品牌和服务使用，以及人口统计学和心理统计学特征等相关信息。益博睿还进行了新媒体研究，提供有关美国民众在手机、社交网络以及其他众多新兴媒体使用上的洞察。该公司的竞争对手 GfK MRI 同样提供消费者及媒体使用特征的信息。

较之原始数据，媒体计划者通常对百分比数字和指数更关注。很大一部分原因是他们可以通过其他渠道（一手或二手的）获得他们自己的数据，但是这些数据对他们的需求来说不够具体，或者数据的收集方法使他们对这些数据产生了怀疑。益博睿和 GfK MRI 提供的数据一般与媒体计划者自己的数据结合起来使用。

指数（index number）可以很好地反映市场潜力。指数可以通过如下公式获得：

$$\text{指数}=\frac{\text{某一人口细分市场中使用者的比率}}{\text{同一细分市场内人口的比率}}\times 100$$

一个大于 100 的指数意味着，在该细分市场，产品的消费成比例地大于那些指数为 100 或者小于 100 的细分市场。例如，图表 10－5 中 GfK MRI 提供的数据显示，年龄段在 18～24 岁和 25～34 岁的人更有可能选择滑雪板运动，而那些没有达到高中毕业、收入较低的人群，以及年纪较大的成年人则最不可能选择滑雪板运动。男性比女性更容易参与到这项运动中来。营销商可以根据公司的总体战略，利用这些信息来确定哪些人群正在使用产品并聚焦他们，或者确定目前较少使用产品的群体并开发潜在目标市场。图表 10－6 提供了有关如何阅读 GfK MRI 研究报告的更多指导。（YouTube 上有指导视频——搜索 GfK MRI-PLUS。）

图表 10－5　GfK MRI 关于滑雪板运动的报告

2014 年春季：休闲/运动滑雪板，过去 12 个月参与运动的人

	人口总数	未响应样本	符合要求人数	纵向百分比（%）	横向百分比（%）	指数
总数	237 011	329	3 566	100	1.5	100
男性	114 141	233	2 524	70.8	2.21	147
女性	122 870	96	11 041	29.2	0.85	56
受教育程度：大学毕业	67 714	94	842	23.61	1.24	83
受教育程度：大学在读	68 224	141	1 410	39.54	2.07	137
受教育程度：高中毕业	70 520	76	1 075	30.16	1.52	101
受教育程度：高中肄业*	30 552	18	239	6.69	0.78	52
受教育程度：研究生*	24 233	31	241	6.75	0.99	66
受教育程度：未受大学教育	101 072	94	1 314	36.85	1.3	86
年龄：18～24 岁	30 221	102	1 421	39.85	4.7	313
年龄：25～34 岁	41 706	127	1 182	33.15	2.83	188
年龄：35～44 岁	40 126	56	586	16.44	1.46	97
年龄：45～54 岁*	43 941	28	244	6.85	0.56	37
年龄：55～64 岁*	38 390	9	96	2.68	0.25	17
年龄：65 岁及以上*	42 626	7	37	1.03	0.09	6
职业领域：专业人员	32 190	52	568	15.93	1.76	117
职业领域：管理、商务、金融*	22 675	45	387	10.84	1.7	113
职业领域：销售、文员*	32 545	47	574	16.09	1.76	117

续前表

	人口总数	未响应样本	符合要求人数	纵向百分比（%）	横向百分比（%）	指数
职业领域：自然资源、建筑维护*	13 108	26	301	8.45	2.3	153
职业领域：其他	41 958	89	916	25.69	2.18	145
家庭年收入：150 000 美元以上	26 233	51	561	15.73	2.14	142
家庭年收入：75 000～149 999 美元	68 105	107	1 297	36.38	1.9	127
家庭年收入：60 000～74 999美元*	25 109	41	370	10.37	1.47	98
家庭年收入：50 000～59 999美元*	18 815	27	304	8.52	1.61	107
家庭年收入：40 000～49 999美元*	20 600	26	1 200	5.61	0.97	65
家庭年收入：30 000～39 999美元*	22 631	23	313	8.78	1.38	92
家庭年收入：20 000～29 999美元*	23 014	24	208	5.84	0.90	60
家庭年收入：20 000 美元以下*	32 503	30	313	8.78	0.96	64
种族：白人	178 734	253	2 761	77.44	1.54	103
种族：黑人/非洲裔美国人*	29 411	32	385	10.79	1.31	87
种族：印第安人/阿拉斯加人*	2 858	5	25	0.69	0.86	57
种族：亚洲裔*	6 958	24	203	5.69	2.91	194
种族：其他*	23 339	24	262	7.35	1.12	75
拉丁裔*	35 316	32	349	9.78	0.99	66
家庭订阅有线电视	116 969	142	1 443	40.47	1.23	82
家庭订阅数字有线电视	95 351	129	1 266	35.5	1.33	88
家庭拥有卫星天线	62 823	87	1 117	31.33	1.78	118
过去 12 个月内观看按次付费节目	31 468	52	571	16.02	1.81	121
过去 12 个月内观看按需付费节目	58 744	118	1 096	30.73	1.87	124
上周观看任何有线电视	191 554	253	2 701	75.76	1.41	94

*表示不稳定的、响应数低于 50 的样本。

资料来源：Mediamark Research，GfK MRI.

如何阅读 GfK MRI 大学互联网数据报表？

下面显示的数字是过去 6 个月内饮用包装水和苏打水的人数。

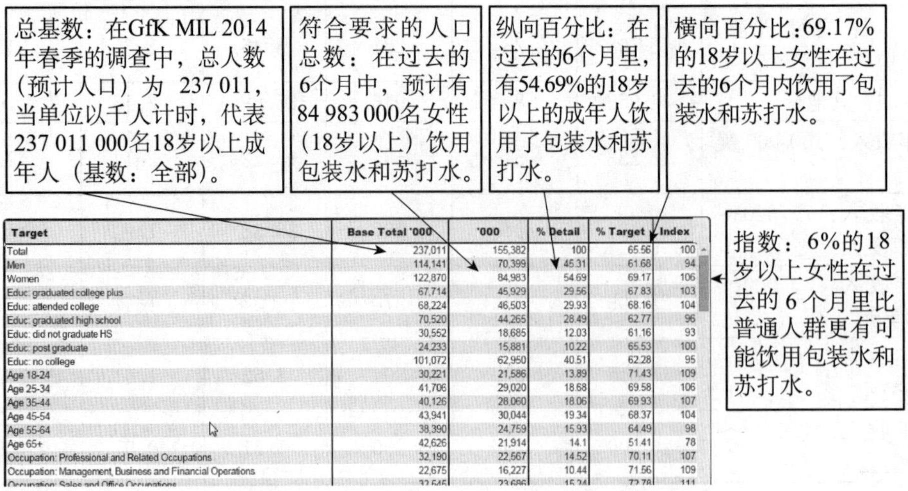

Target	Base Total '000	'000	% Detail	% Target	Index
Total	237,011	155,382	100	65.56	100
Men	114,141	70,399	45.31	61.68	94
Women	122,870	84,983	54.69	69.17	106
Educ: graduated college plus	67,714	45,929	29.56	67.83	103
Educ: attended college	68,224	46,503	29.93	68.16	104
Educ: graduated high school	70,520	44,265	28.49	62.77	96
Educ: did not graduate HS	30,552	18,685	12.03	61.16	93
Educ: post graduate	24,233	15,881	10.22	65.53	100
Educ: no college	101,072	62,950	40.51	62.28	95
Age 18-24	30,221	21,586	13.89	71.43	109
Age 25-34	41,706	29,020	18.68	69.58	106
Age 35-44	40,126	28,060	18.06	69.93	107
Age 45-54	43,941	30,044	19.34	68.37	104
Age 55-64	38,390	24,759	15.93	64.49	98
Age 65+	42,626	21,914	14.1	51.41	78
Occupation: Professional and Related Occupations	32,190	22,567	14.52	70.11	107
Occupation: Management, Business and Financial Operations	22,675	16,227	10.44	71.56	109
Occupation: Sales and Office Occupations	32,545	23,686	15.24	72.78	111

图表 10-6　如何阅读 GfK MRI 数据报表

资料来源：Mediamark Research &Intelligence，LLC（GfK MRI）. Reprinted with permission.

尽管指数非常有用，但是它不能单独使用。只有把百分比数据和产品使用数据纳入考虑范围才能描绘出更加精确的市场图景。也许某一个细分市场的指数非常高，但它并不意味着这个市场是有吸引力的。指数之所以那么高，也许是因为分母比较小（即这一细分市场占总的消费群体的比例非常小）。如图表 10-7 所示，18～24 岁的细分市场指数最高，但同时它的产品使用率和人口比例最低。因此，仅仅依靠指数有可能忽视了 82%的产品使用者。

图表 10-7　　为什么高指数会存在误导

年龄段	各年龄段人口所占的百分比（%）	各年龄段中产品消费者所占比例（%）	指数
18～24 岁	15.1	18.0	119
25～34 岁	25.1	25.0	100
35～44 岁	20.6	21.0	102
45 岁及以上	39.3	36.0	91

值得注意的是，尽管益博睿和 GfK MRI 提供了人口、地理和心理方面的信息，但仍有其他一些因素有助于确定具体的目标市场及媒体使用方式。整合营销传播视点 10-1 介绍了其他因素的影响。

整合营销传播视点 10-1

社交化、全球化以及其他因素决定了媒体的使用

现在我们都知道年轻一代的媒体习惯已经发生巨大的变化，如电视收视率下降，报纸阅读率下降，广播收听率下降，等等。但这并不是时代所引起的媒体使用问题。其他因素也存在影响。当广告主持续关注人口统计数据时，它们可能会错失许多机会。

例如，虽然社交媒体的使用占用了一些人看电视的时间，但也可以驱使其他人看电视。一

项研究显示，社交参与度和更高的反馈率之间有着很强的相关性。该研究显示，点击分享某一特定电视节目内容的社交媒体用户成为电视观众的可能性高达2.5倍。该研究还指出，节目类型将影响社交参与度，真人秀和综艺节目带来的社交分享最多，喜剧节目的最少。分享的时间也有所不同，真人秀和综艺节目最多在节目播放70%时就被分享，而喜剧粉丝们则在24小时后才分享。

全球化也能带来不同。最近的研究表明，全球化的消费者对广告更包容，这传递了广告主正在向他们投放广告的信号。全球化的消费者更有可能参与到与其全球化的价值观和生活方式一致的传播中。他们不仅更有可能通过接触《奢侈品》(*Luxury*) 和《时尚》(*Cosmopolitian*) 等高端杂志，而且更有可能利用媒体发布社会问题、环境问题等信息。

美国南加州大学的娱乐科技中心（Entertainment technology Center)、贺曼频道（Hallmark Channel) 和E-Poll市场研究中心联合进行了一项研究，研究结论为：用户的生活方式比人口统计数据更能预测其媒体使用情况。研究人员确定了9个生活方式群体（青少年、大学生、应届毕业生、单身、无子女人群、新婚人士、已婚者、没有孩子的已婚夫妇以及空巢老人），研究人员得出结论，尽管这些群体可能有相似的人口特征，但他们可能有不同的态度和媒体使用习惯。例如，新婚群体比没有孩子的夫妇更看重家庭关系（70%∶56%）。新婚群体也比其他群体更喜欢看电视，并且更注重内容过滤设备的价值（如DVR、视频点播服务和DVD播放器），播放家庭更喜欢的内容。没有孩子的夫妇更倾向于户外活动，较少看电视，当他们看电视的时候，他们更喜欢戏剧而不是家庭节目。其他媒体使用也存在差异，例如，社交网络。新婚群体使用社交网络与朋友和家人保持联系，对社交网络满意度最高。没有孩子的夫妇的满意度略低，主要是出于职业目的使用社交网站。这项研究的结论是，这些为媒体购买者提供超出人口统计资料的优势的群体之间存在清晰且明显的差异。

另一项由心理研究公司思维媒介（Mindset Media）进行的研究也得出了类似的结论。通过对人口数据和个性的调查，研究发现年轻人比他们的长辈更多使用新媒体；老一辈更喜欢印刷媒体；女性比男性更喜欢看杂志。虽然没有更新的发现，但也得出结论：令人兴奋的发现与个性对媒体使用的影响是相关的。例如，尽管每个人使用互联网几乎都有各自的理由，但重度使用者往往很开放并寻求刺激，而轻度使用者则呈现出教条主义、保守的特点。自由主义者最有可能把互联网作为他们经常使用的媒体。报纸读者更可能是乐观主义者、环保者、购买豪车的人，而且是充满活力的领导者。杂志读者也是充满活力的，但比报纸读者更开放。他们关注情绪，喜欢电影和音乐。内向的人和那些激发自我能力较差的人不太可能阅读杂志。充满活力的人不看电视，高度开放和具有领导能力的人也不看电视。那些寻求刺激和喜欢冒险的人喜欢看电视，而那些不太开放、缺乏领导力和计划性的人不爱看电视。最后再来看看广播听众。最具活力的媒体使用者只看很少的电视，却总是在车里或家里收听广播。内向的人几乎不使用收音机，但他们很可能每天看5个小时以上的电视，而且计划性较差。他们也不鼓励孩子们使用互联网。总的来说，研究得出结论，个性可能比年龄、性别和收入更能预测媒体的使用情况，研究人员可能更善于使用焦点小组访谈和人口数据来确定媒体使用情况，而不是使用性格测试。

对脸书用户的研究也得出了一些有趣的发现。剑桥大学（University of Cambridge）的研究人员对脸书使用者的数据进行了研究，这些人同意接受在线人格和智力测试，能够确定他们在大众媒体网站上喜欢的内容，并愿意描述自己的人格。除了可以很容易地预测一个人的性别和种族之外，也可以确定他的政治倾向和宗教信仰。此外，研究人员还能发现与产品代言相关的个人特质。例如，那些喜欢NASCAR赛事和真人秀《单身汉》（The Bachelor）的人往往比较保守，不太开放。如果喜欢《科尔伯特报告》（*Colbert Report*），则更有可能拥有高智商并喜欢薯圈。薯圈？皮尤互联网和美国生活项目（Pew Internet and American Life Project）的研究人员进行的一项研究表明，社交网络用户比非社交网络用户更值得信任、更愿意分享信息，并且不太在意隐私问题。同样的结论也适用于那些每天登录脸书不止一次的互联网用户与只登录一次的用户。正如皮尤研究中心的公共政策经理弗雷德·沃伦（Fred Wolens）所指出的，"无论是汽车的信息——保险车贴、码标、制服上的标志，还是其他在线数据，都已经证明了社会科学家可以根据这些数据来得出个性化的结论。"

资料来源：Mel Prince, "Strategies for Marketing to Cosmopolitan Consumers," www. Quirks. com, February 2016; Gavin O'Malley, "Study: Social Media Drives TV Viewership," www. mediapostg. com, May 6, 2015; Geoffrey Mohan, "On Facebook, you Are What you 'like,' Researchers Say," *Los Angeles Times*, March 12, 2013, p. A8; Steve McClellan, "Are Demographics Dead?" www. adweek. com, February 23, 2010, pp. 1-2; Beth Snyder Bulik, "How Personality Can Predict Media Usage," www. adage. com, May 4, 2009, pp. 1-4.

有哪些内外部影响因素

在任何时候，媒体策略都会受各种内外部因素的影响。内部因素主要包括媒体预算规模、经营管理能力、代理公司的组织情况；外部因素包括经济情况（不断上升的媒体支出）、技术革新（新媒体的适用性）、竞争因素等。尽管有些信息需要做第一手的研究，但大多数消息都可以通过二手资料获得，包括杂志、资讯服务、新闻资源和网络资源。

图表10-1列出了一些竞争性信息。Competitrack也提供不同行业的活动或产品层次的媒体支出数据。此外，也可以从许多其他来源获得竞争性信息。

在何处促销

在何处促销这个问题考虑的是地理因素。就像第7章提到的，公司经常发现一个地区的销售额比另一个地区高很多，从而根据一个地区的市场潜力来安排广告支出。例如，墨西哥啤酒品牌Pacifico在濒太平洋地区比中西部地区有更高的市场份额。问题是，广告费用花在哪里才更加明智？是应该在已经成为领导者的市场中分配更多的费用以保持市场地位，还是偏重尚未获得竞争优势且拥有较大增长潜力的地区？也许最佳答案是：公司应该把广告和促销费用花在最有效的地方，也就是最能满足特定目标的市场上。遗憾的是，如我们所见，促销努力所获得的效果并不容易直接测量。这时，有一些实用技巧可以帮助计划者进行决策。

采用指数法来确定在何处促销

除了益博睿和GfK MRI提供的指数，下面的三个指数也非常有用。

1. **购买力指数**（buying power index）。这一指数针对美国每一个大城市的市场，测量的基本指标包括人口、有效购买收入（EBI）和零售总额。每一个指标都单独地影响指数，这一指数把某一具体的都会区、县或市相对于美国经济的潜力通过图表表示出来。最后得出的指数值给媒体策划人员展示了如图表10-8所示的各个市场的相对价值。购买力指数结合其他市场信息使用时，有助于营销商确定其目标市场。

图表 10-8 购买力指数研究

地区	总人口数（人）	家庭数（户）	亚太岛民（人）	非洲裔美国人（人）	拉丁裔（人）	不同年龄群体人口（人）					
						2～11岁	12～17岁	18～24岁	25～34岁	35～49岁	50岁以上
佛罗里达州麦尔兹堡到那不勒斯	1 217 708	508 145	15 343	84 084	247 548	141 863	80 224	85 712	149 848	222 580	580 015
佛罗里达州盖恩斯维尔	322 150	129 627	12 118	55 007	22 018	34 805	22 127	59 388	47 021	57 414	93 993
佛罗里达州杰克逊维尔	1 758 602	680 711	44 550	384 062	99 011	340 379	142 160	158 680	235 808	379 557	552 285
佛罗里达州迈阿密到劳德代尔堡	4 300 579	1 561 568	90 165	886 325	1 979 958	542 344	334 111	384 710	502 057	984 256	1 443 731
佛罗里达州奥兰多到代托纳海滩到墨尔本	3 723 526	1 464 418	105 286	488 912	640 945	457 847	276 477	323 235	493 413	775 064	1 304 938
佛罗里达州巴拿马城	368 863	148 310	4 522	50 011	12 953	43 900	26 555	31 351	51 089	76 883	129 719
佛罗里达州塔拉哈西到亚拉巴马州托马斯维尔	725 699	281 591	10 361	230 056	36 005	92 149	54 215	95 867	106 825	142 844	213 904
佛罗里达州坦帕到圣彼得堡（萨拉索塔）	4 368 468	1 821 660	98 189	464 796	620 598	519 526	310 946	343 185	531 163	867 935	1 691 454
佛罗里达州西棕榈滩到皮尔斯堡	1 905 978	786 561	37 615	272 071	318 530	223 654	134 638	144 177	218 045	372 294	768 673

地区	未计利息（EBI）	零售额	购买力指数
佛罗里达州麦尔兹堡到那不勒斯	31 562 042 500	21 286 463 216	0.463 3
佛罗里达州盖恩斯维尔	5 844 027 500	4 651 926 011	0.096 8
佛罗里达州杰克逊维尔	37 164 647 500	28 725 730 663	0.590 6
佛罗里达州迈阿密到劳德代尔堡	89 188 970 000	75 015 224 126	1.462 5
佛罗里达州奥兰多到代托纳海滩到墨尔本	77 523 552 500	59 556 677 892	1.233 3
佛罗里达州巴拿马城	7 087 285 000	5 238 076 874	0.113 3
佛罗里达州塔拉哈西到亚拉巴马州托马斯维尔	12 952 682 500	10 535 214 913	0.216 6
佛罗里达州坦帕到圣彼得堡（萨拉索塔）	96 233 265 000	65 492 720 766	1.459 5
佛罗里达州西棕榈滩到皮尔斯堡	51 014 940 000	35 632 927 152	0.752 9

资料来源：Copyright © 2009 by Nielsen Claritas Inc.，a part of the Nielsen Company，and/or infoUSA，Inc.（as applicable）：This product contains proprietary and confidential property of Nielsen Claritas Inc. and/or infoUSA，Inc.（as applicable）. Unauthorized use，including copying of the product，is expressly prohibited.

2. **品牌发展指数**（brand development index ，BDI）有助于营销商在决策过程中确定产品在该地区的使用率。

$$\text{BDI}=\frac{\text{该品牌在某市场的销售额占全美销售额的百分比}}{\text{该市场的人口占全美人口的百分比}}\times 100$$

品牌发展指数把品牌在既定地区的销售额占全美销售额的百分比和这一市场的人口占总人口的百分比进行比较，从而确定该品牌在这一市场的销售潜力。图表10-9给出了这种算法的一个例子。指数越高，市场潜力就越大。在这个例子中，指数表明该市场的品牌发展依然有很大的潜力。

3. **品类发展指数**（category development index，CDI）是以与BDI相同的计算方法得出的，不同的是它在分子上使用的是产品品类（与品牌相对而言）的信息。

$$\text{CDI}=\frac{\text{该品类在市场中的销售额占全美销售额的百分比}}{\text{该市场的人口占全美人口的百分比}}\times 100$$

CDI提供了整个产品品类的发展潜力信息，而不是局限于具体的品牌。当这些信息结合BDI使用时，可以制定出一个更具洞察力的销售促进策略。例如，考察一下咖啡在全美的市场潜力，人们可能首先看到这一产品品类在某一具体市场的情况。比如，在犹他州和爱达荷州，这一产品品类的市场潜力较低（见图表10-10）。运用BDI分析可以发现这一品牌相对于其他品牌在该市场的表现。这些信息可以用来确定一个具体的产品品类和一个具体的产品品牌的市场表现，进而确定媒体（或广告数量）的比重以增加市场份额，见图表10-11。

图表 10-9　　BDI 的计算

$$\text{BDI}=\frac{\text{某品牌在南大西洋地区的销售额占全美销售额的百分比}}{\text{南大西洋地区人口占全美人口的百分比}}\times 100$$
$$=\frac{50\%}{16\%}\times 100$$
$$=312$$

图表 10-10　　使用 CDI 和 BDI 来确定市场潜力

$$\text{CDI}=\frac{\text{某品类在犹他州和爱达荷州的销售占全美销售的百分比}}{\text{犹他州和爱达荷州人口占全美人口的百分比}}\times 100$$
$$=\frac{1\%}{1\%}\times 100$$
$$=100$$

$$\text{BDI}=\frac{\text{某品牌在犹他州和爱达荷州的销售占全美销售的百分比}}{\text{犹他州和爱达荷州人口占全美人口的百分比}}\times 100$$
$$=\frac{2\%}{1\%}\times 100$$
$$=20$$

图表 10-11　　BDI 和 CDI 应用

	高 BDI	低 BDI
高 CDI	高市场份额 市场潜力大	低市场份额 市场潜力大
低 CDI	高市场份额 监控销售能力下降	低市场份额 市场潜力小

高 BDI 和高 CDI	产品品类和品牌在这一市场通常有良好的销售潜力。
高 BDI 和低 CDI	产品品类销售情况不好，但品牌表现好；可能是一个很好的做广告的市场，但应该对下降的销售实行监控。
低 BDI 和高 CDI	产品品类表现出高的市场潜力但品牌表现不好，应该寻找原因。
低 BDI 和低 CDI	产品品类和品牌都表现不好，不是一个做广告的好环境。

这些指数提供了对公司产品或品牌市场潜力的洞察，这些信息对企业此前制定的总体战略起到了补充作用。实际上，很多这样的信息已经被提供给媒体策划人员。由于这些指数会被具体用来确定分配到各个地区的媒体比重，因此这一决策最终将会影响分配到各个地区的预算，同时也会影响到达率、接触频率和媒体排期等。

确定媒体目标

就像通过环境分析来确定营销目标及传播目标一样，媒体环境分析被用来确定具体的媒体目标。媒体目标本身并不是目的，它们是为了实现营销和传播目标。媒体目标是媒体方案的目的所在，应该被限制在通过一定的媒体策略可以达到的范围之内。媒体目标的一个例子如下。在目标市场上通过以下方式打造知名度：

- 在 6 个月的时间内利用广电媒体在目标市场达到 80%的覆盖率。
- 在同样的 6 个月时间内，到达 60%的目标受众至少 3 次以上。
- 通过气氛和创意树立积极的品牌形象。

制定和实施媒体策略

在已经确定要达到的目标之后，媒体策划人员应该考虑怎样实现它。也就是说，他们制定并执行媒体策略，这一策略直接从实现目标所需要的活动中演化而来，并且包括图表 10－12 中的标准。

图表 10－12　　媒体计划制订过程中应加以考虑的标准

- 媒体组合
- 目标市场覆盖面
- 地理覆盖面
- 媒体排期
- 到达率与接触频率
- 创意因素与氛围
- 灵活性
- 预算方面的考虑

媒体组合

许多媒体及媒体载具对广告主来说都是可以采用的。虽然可能只有一种媒介或媒介载体被采用，但是大多数情况下可能有多种选择。在决定应该采用何种媒体组合时，广告主追求的目标、产品或服务的特性、预算规模甚至个人偏好都应该考虑在内。

例如，考虑这样一种促销情况，它要求产品用视觉形象进行有效的传播。在这种情况下，电视也许是最有效的传播媒介。如果促销策略需要优惠券来刺激购买，印刷媒体就显得必不可少（一些公司在其官方网站上提供优惠券打印）。如果要了解更深入的信息，互联网也许是最好的选择；如果在朋友中扩散口碑，社交媒体可能是最好的。

通过使用媒体组合，广告人员可以赋予媒体策略更多的功能，因为每一类媒体都有自己的优点（在以后的章节中将会介绍）。通过媒体组合，营销商可以扩大覆盖面，提高到达率以及接触频率，从而更有可能实现总体的传播目标和营销目标。

目标市场覆盖面

媒体策划人员要决定应该对哪个目标市场给予最多的媒体重视。制定媒体策略涉及这样一个问题——“通过哪种媒体和媒体载具可以更好地把信息传递给潜在消费者”，从而将最适当的媒体与市场结合起来。如图表 10－13 所示，现在的关键在于到达市场的覆盖面。当然最理想的目标是达到完全市场覆盖，如第二个饼状图所示，但这是一个极乐观的状况。实际情况通常如第三及第四个饼状图所示。在第三个饼状图中，媒体的覆盖面并没有达到整个市场，也就意味着有些潜在顾客并没有接收到传递的信息。在第四个饼状图中，营销商面临过度覆盖的问题（也称为**覆盖面浪费**（waste coverage）），在这种情况下媒体的覆盖面超出了目标受众。如果媒体覆盖面所到达的并不是企业追求的消费者或潜在消费者，就产生了浪费。（这一术语指的是对那些不是潜在购买者或消费者群体的覆盖。消费者可能不是预期目标市场的一部分，但仍然可以认为他是潜在的购买者——例如，购买这种产品作为礼物送人的那些人。）

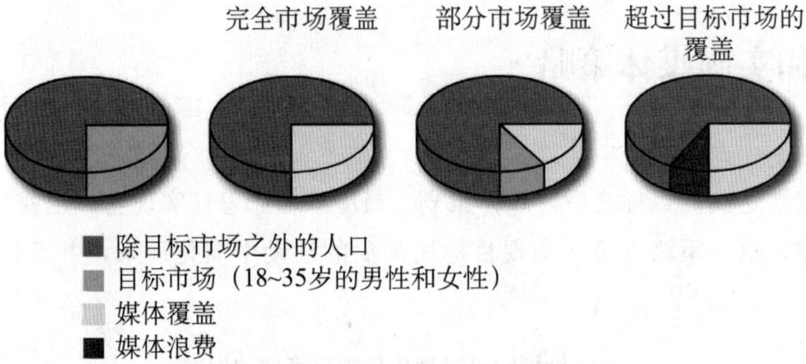

图表 10－13 营销覆盖面的可能性

媒体计划者的目标是在使覆盖面浪费最小的同时尽可能使媒体覆盖到更多的目标受众。这一情形经常需要折中，有时候不得不接受覆盖面不理想的现实；而另一些时候，最有效的媒体覆盖到了非目标受众。在这种情况下，媒体覆盖面浪费是合理的，因为所采用的媒体是最能有效传递信息的媒体，而且覆盖面浪费所产生的成本没有超过所带来的收益。

当你在电视上看橄榄球比赛的时候，你也许会注意到嘉信理财、Ameritrade 和 E* Trade 等股票经纪公司的广告。并不是所有的观众都是股票经纪服务的目标受众，但是这个策略保证了很大一部分潜在消费者可以被覆盖到。因为橄榄球节目的市场覆盖能力超过了覆盖面浪费的损失，所以它被视为不错的媒体购买。

图表 10－14 说明了怎样利用 GfK MRI 提供的信息使所选媒体与目标市场相匹配。该数据来自一份报告，这份报告描述了杂志的特点、有线电视节目类型、浏览过的网站，以及图表 10－5 所示的滑雪板运动所提供的信息。（在此你可以练习指数的使用）。从图表 10－14 中，你可以看出 Fuse 数字卫星频道和 FX 有线电视频道都是明智的选择，而彭博电视（Bloomberg TV）和 Galavision 则不会带来所需的曝光度。

图表 10-14 GfK MRI 提供的滑雪板运动消费者的媒体使用情况
2014年秋季：休闲/运动滑雪，过去12个月有所参与者——所有成人

		人口总数（人）	未响应样本（人）	符合要求人数（人）	纵向百分比（%）	横向百分比（%）	指数
有线电视服务：#Disney Junior	*	10 568	12	93	2.61	0.88	59
有线电视服务：#Esquire Network	*	1 513	2	7	0.19	0.46	30
有线电视服务：ABC Family		51 374	67	740	20.75	1.44	96
有线电视服务：#FXM（FX Movies）	*	8 304	15	160	4.48	1.92	128
有线电视服务：Adult Swim		16 603	51	582	16.32	3.51	233
有线电视服务：#FXX	*	6 753	20	215	6.02	3.18	211
有线电视服务：A&E		61 895	79	843	23.63	1.36	90
有线电视服务：AMC		50 921	88	866	24.3	1.7	113
有线电视服务：Animal Planet		51 891	84	926	25.98	1.79	119
有线电视服务：BBC America	*	17 325	26	262	7.33	1.51	100
有线电视服务：AI Jazeera America	*	2 773	3	20	0.56	0.73	48
有线电视服务：BET（Black Entertainment）	*	23 291	31	420	11.79	1.8	120
有线电视服务：American Heroes	*	15 657	29	231	6.49	1.48	98
有线电视服务：Bloomberg Television	*	4 255	4	20	0.55	0.46	30
有线电视服务：Bravo	*	32.814	40	367	10.28	1.12	74
有线电视服务：Cartoon Network		27 997	58	644	18.06	2.3	153
有线电视服务：CBS Sports Network	*	25 150	37	394	11.04	1.56	104
有线电视服务：Centric	*	5 411	5	68	1.9	1.25	83
有线电视服务：Chiller	*	7 237	8	103	2.88	1.42	94
有线电视服务：CMT（Country Music）	*	21 162	25	251	7.05	1.19	79
有线电视服务：CNBC	*	25 096	34	387	10.84	1.54	102
有线电视服务：CNN		64 556	86	1 007	28.24	1.56	104
有线电视服务：Comedy Central		33 921	103	1 074	30.11	3.16	210
有线电视服务：CLOO	*	3 434	2	23	0.66	0.68	45
有线电视服务：Cooking Channel	*	31 334	30	309	8.66	0.98	65
有线电视服务：The Discovery Channel		68 273	130	1 389	38.71	2.02	134
有线电视服务：Disney Channel	*	36 445	38	388	10.88	1.06	71
有线电视服务：Disney XD	*	13 853	20	253	7.11	1.83	122
有线电视服务：DIY（Do It Yourself）	*	17 705	20	152	4.26	0.86	577
有线电视服务：Destination America	*	4 543	12	98	2.74	2.15	143
有线电视服务：E!（Entertainment）	*	27 625	45	540	15.15	1.96	130

续前表

		人口总数（人）	未响应样本（人）	符合要求人数（人）	纵向百分比（%）	横向百分比（%）	指数
有线电视服务：Discovery Fit & Health	*	6 666	9	96	2.69	1.44	96
有线电视服务：ESPN		69 569	119	1 303	36.55	1.87	125
有线电视服务：ESPN2		41 979	80	885	24.83	2.11	140
有线电视服务：ESPN Classic	*	9 160	13	88	2.45	0.96	63
有线电视服务：ESPNews	*	23 676	49	518	14.54	2.19	146
有线电视服务：FamilyNet	*	2 754	6	62	1.74	2.25	150
有线电视服务：Flix	*	3 749	3	45	1.27	1.21	80
有线电视服务：Food Network		56 594	83	876	24.56	1.55	103
有线电视服务：Fox News Channel		68 365	81	919	25.78	1.34	89
有线电视服务：ESPNU	*	13 409	30	282	7.9	2.1	140
有线电视服务：Fuse	*	6 118	21	267	7.48	4.36	290
有线电视服务：FX		40 966	95	1 162	32.6	2.84	189
有线电视服务：Fox News Network	*	11 835	12	154	4.3	1.3	86
有线电视服务：Galavision	*	8 469	2	46	1.3	0.55	36
有线电视服务：Fox Sports 1	*	128 507	45	406	11.39	1.43	95
有线电视服务：GSN（Game Show Network）	*	10.022	11	166	4.66	1.66	100
有线电视服务：Fox Sports 2	*	9.236	25	233	6.55	2.53	168
有线电视服务：Golf Channel	*	11 109	19	188	5.28	1.69	113
有线电视服务：GAC（Great American Country）*	*	8 126	10	95	2.66	1.17	78

*代表样本少于50。

资料来源：Mediamark Research，GfK MRI.

地理覆盖面

滑雪运动在某些地区更流行。在人们对滑雪兴趣不高的地区促销并不是一个明智的选择，除非你可以提高该地区人们的滑雪兴趣。如果你选择在美国东南部地区促销，由于该地区距滑雪区很远，要大幅度地提高滑雪设备的销售几乎是不可能的。相对于另一些地理区域，在某些地理区域加大促销比重的目标是有一定意义的，当然这需要付出更多努力和金钱。

媒体排期

很明显，厂家希望它们的广告能一直出现在消费者眼前，不断提醒消费者对产品或者品牌加以注意。但现实情况是，由于各种各样的原因很难做到这一点（并不仅仅是因为预算不足），实际上也没有必要这样做。媒体排期的基本目标就是安排促销时间，使它与潜在购买时段的高峰期相吻合。对一些产品来说，促销时间的确定并不是一件容易的事，而对另一些产品来说，促销时间显而易见。图表10－15中列出了三种对于媒体策划人员适用的排期方式：持续式、起伏式、脉冲式。本章附录展示了跑步鞋品牌亚瑟士（ASICS）在其媒体计划中如何使用媒体排期。

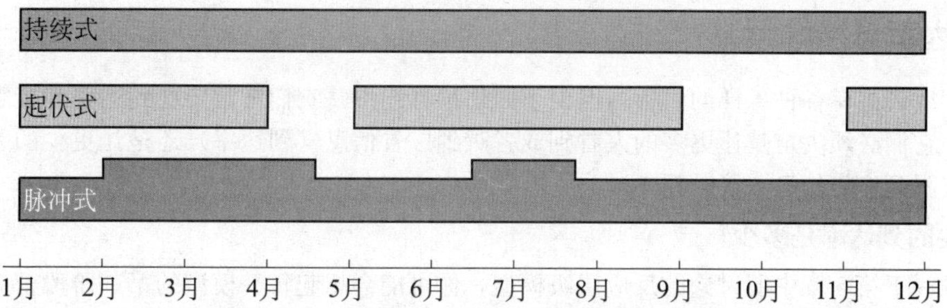

图表 10－15　三种媒体排期方式

持续式（continuity）是指每天、每周或者每月持续不断地做广告。关键在于采取一种规则的连续的形式，而不是间歇的或者某段时间没有广告。这种策略适用于食品、洗衣粉，或者无季节性、可以连续消费的产品。

起伏式（flighting）是指做广告时采用一些比较不规则的时间安排方法，呈现间歇状。有些时间段内集中投放大量广告，而有些时间段则可能没有任何广告活动。举例来说，许多银行在夏季根本就不会在广告上花一分钱，但在其他月份一直保持广告支出。在10月到下一年4月之间，滑雪广告的投放非常多，5月、8月和9月相对少些，而在6月和7月根本没有。

脉冲式（pulsing）实际上是上述两种方法的结合。在脉冲式策略中，持续式策略仍被保留，但在特定情况下会进一步加大促销力度。在啤酒行业，广告投放贯穿全年，但节假日会加大投放力度，如阵亡将士纪念日、劳动节、美国国庆日。在众多影响因素中，这一排期主要由营销目标、购买周期、广告预算等决定。如图表10－16所示，每一种时间安排方法都有其优缺点。最近的一项综合性研究（该研究被许多电视媒体调查机构称为有史以来对排期最广泛的研究）表明，持续式排期比起伏式排期更有效。当消费者准备做出购买决策时，使信息尽可能快地到达消费者是非常重要的，在这个假设的基础之上该研究认为广告主应该尽可能不间断地每周做出广告安排。[6]问题的关键在于尽可能持久。在预算支出相对比较大的时候，持续式是一个更好的选择。

图表 10－16　媒体排期方式的特征

	持续式
优点	可以经常提醒消费者 覆盖整个购买周期 可以获得媒体优势（数量折扣、优越的位置等）
缺点	较高的成本 有过度曝光的可能 媒体分配可能性受限
	起伏式
优点	可以降低成本，集中在购买周期内投放 在有限的预算内可以采用一种或多种媒介或载体
缺点	比竞争对手提供更高的接触频率易产生过度广告覆盖 可能会增加厌烦感 在非广告期间缺乏对促销信息的认知、兴趣和记忆 在非广告期间相对于竞争者表现脆弱
	脉冲式
优点	包含前两种方法的所有优点
缺点	不适用于季节性产品（或其他周期性产品）

到达率与接触频率

尽管广告主有各种各样的目标，但由于面临预算约束，它们常常要在到达率与接触频率之间权衡。它们必须决定是让更多的人看到或者听到广告信息（到达率）还是让更少的人更经常地看到或听到广告信息（接触频率）。

必要的到达率是多少？

回顾一下第5章中所讨论的反应层级模型，你可能会想起每一模型的第一阶段都要求对产品和品牌的认知。认知的人越多，就有越多的人进入下一阶段。要获得知名度就必须实现一定的到达率，也就是说使潜在购买者接触到广告信息。新的产品或品牌需要一个非常高的到达率，因为它的目标就在于使所有的潜在消费者都对产品有一定的认知。同时，在反应层级模型接下来的阶段也均要求高到达率。例如，在反应层级模型的试用阶段，促销策略可能使用赠券或者免费样品。营销商的目标是，利用这些样品使广告信息到达更多的消费者，使他们了解产品、试用产品并形成对产品的偏好。（这种偏好反过来可能导致购买行为。）

问题是没有一个现成的办法来确定需要多高的到达率才能产生一定的认知、态度转变或者购买动机。我们也不能确定在某个媒体载具上投放的广告能否到达预期的受众。（对于第一个问题已经有了一些研究，我们会在探讨有效到达率时讨论。）

如果你在《60分钟》节目中购买了广告时段，是否所有看这个节目的观众都会看到广告？答案是否定的。许多人会在广告时间离开，见图表10-17（它也是一个说明到达率和覆盖面之间差异的极好例子）。即使广告主能使目标群体中的每个人都接触到信息，这能否保证目标群体中所有的人都知道了那种产品或品牌？回答仍是否定的。这就引出了下一个问题：为了使广告不仅能到达目标受众还要给他们留下印象，那么接触频率为多少是必要的？

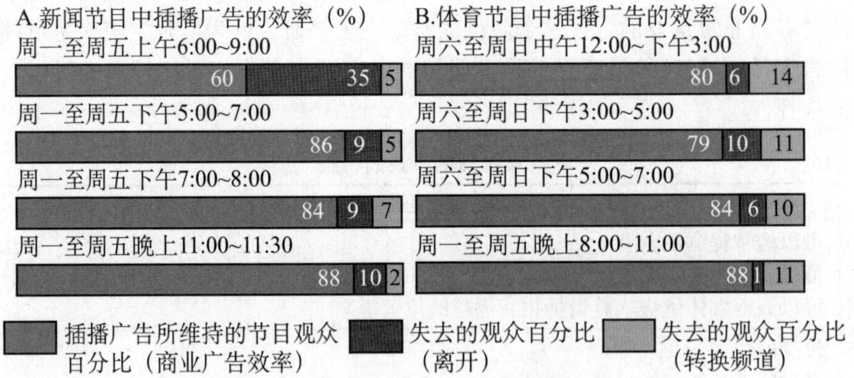

图表10-17 还有谁仍在电视机前看广告

需要多高水平的接触频率？

对于媒体策划人员来说，接触频率的含义稍有不同。（还记得我们在谈到媒体策划时提到的一个问题就是术语不一致吗？）在这里，接触频率指在一段特定时间内（通常是13周）接触到媒体载具的次数，而并不一定要接触到广告本身。图表10-17显示，根据节目的不同，这一数字从12%～40%不等。营销商明白，看节目的观众并不打算留下来看广告。由于能够跳过广告的人在增加，因此可以确定没有接触到广告的人数不断提升。营销商仍在不断寻求提高广告效率的方法，希望能够减少广告时段观众的流出数量。

大多数广告主都承认1∶1的曝光率不可能存在。所以，当你的广告投放在某个媒体载具上时，并不能确保接触到该载具的消费者都能看到你的广告。因此，媒体策划中提到的接触频率高估了实际接触到该广告的频率。这一高估造成一些媒体购买者把媒体载具的到达率称为

“看到广告的机会”，而不是实际曝光率。

由于广告主没有确切的方法了解是否接触到媒体载具就接触到广告，因此媒体和广告主已达成一种妥协，只要和载具接触过就表示到达，双方假定如果观众有机会看到广告，这种接触就一定会发生。因此，曝光率这一数据被用来计算到达率与接触频率。但这种妥协无助于广告主确定为使广告在消费者心中留下印象所必须达到的接触频率。广告的创意、观看者的参与、噪声和许多其他干扰因素使任何要做出精准决策的尝试都失败了。

这时候你也许在想：“如果没有人了解基本资料，他们怎么进行决策?”这是一个好问题，事情的真相是决策不总是在冷冰冰的数据的基础上做出。扬罗必凯公司行政副总裁兼董事约瑟夫·奥斯特罗夫（Joseph Ostrow）说：“确定广告运动接触频率的目标是艺术与科学的结合，但更偏向于艺术。”[7]让我们先来考察一下制定到达率与接触频率目标的过程，然后探讨它们的内在逻辑。

确定到达率与接触频率目标

某一广告不只出现在一种媒体载具中，它很可能出现在多种载具上，这就造成了（接触频率）重复。如果一个广告在一个节目中出现一次，接触到该广告的人数就是到达率。如果该广告在两个节目中出现，接触到该广告一次的总人数是**非累计到达率**（unduplicated reach）。有些人也许会看到该广告两次，正如图表 10－18 所描述的，两个节目的到达率都包括了那些收看了两个节目的观众数量（C），这种重叠称为**累计到达率**（duplicated reach）。

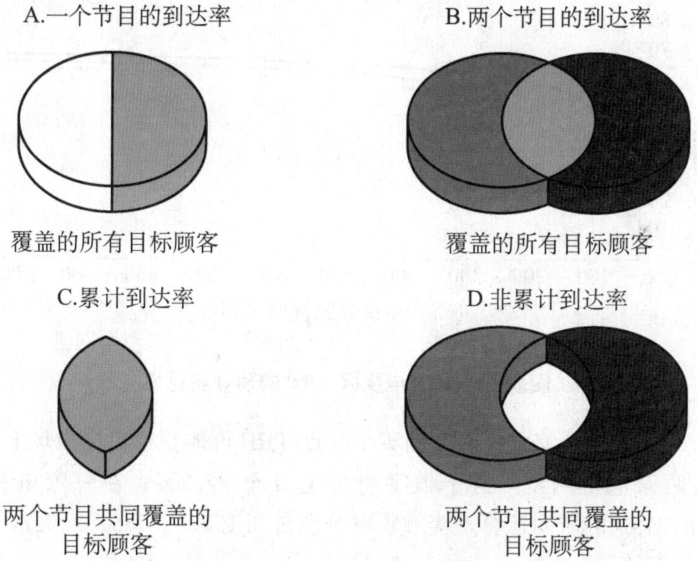

图表 10－18　到达率与接触频率

非累计到达率与累计到达率都十分重要。非累计到达率表明了潜在的新的接触，而累计到达率提供了对实际到达率的评估。大多数媒体购买包括以上两种情况。我们来考察一个例子。

在广电行业经常使用的一种测量潜在到达率的工具是电视（或广播）的**节目收视（听）率**（program rating），用百分数表示。预估所到达的家庭总数时，把这一百分比乘以拥有电视机的家庭数。例如，如果美国有 1.164 亿个家庭拥有电视机，如果节目收视率是 30%，那么计算结果就是 0.3 乘以 1.164 亿，也就是 3 492 万个家庭。（第 11 章会对收视率和其他广播电视行业术语进行更详细的讨论。）

总收视率（又称毛评点）的运用

为了确定达到广告主的目标所需要的广告量多少，营销商经常依据收视率（到达的观众数量）和接触频率（接触的平均次数）这类数据。将某段时间的节目收视率和家庭接触节目的平均次数（接触频率）结合起来的测量常被用作参考依据，称为**总收视率**（gross ratings point，GRP），其计算公式如下：

GRP＝到达率×接触频率

GRP 建立在媒体可以到达的总体受众基础之上，它使用的是累计到达率的估计值。**目标收视率**（target ratings point，TRP）指的是媒体到达的目标受众人数及到达的次数。与 GRP 不同，TRP 不包括覆盖面浪费。

GRP 并不能测量实际到达率，广告主也许会问：为了获得一定的到达率，需要多高的 GRP？这些 GRP 数据怎么转化成有效的到达率？举个例子，为了取得 50％的非累计到达率，必须达到多高的 GRP？这一时期内的接触频率是多少？下面的例子可能有助于你理解这一过程的运作。

首先，你需要了解这些收视率代表什么。购买 100 点 GRP 可能意味着与 100％的市场接触 1 次，或者与 50％的市场接触 2 次，或者与 25％的市场接触 4 次等。正如你所看到的，信息必须更加具体，这样营销商才能更有效地使用它。为了知道多高的 GRP 是必需的，营销经理需要知道在这一时期内实际到达了多少目标受众。图表 10－19 可以帮助他们做出这个决定。

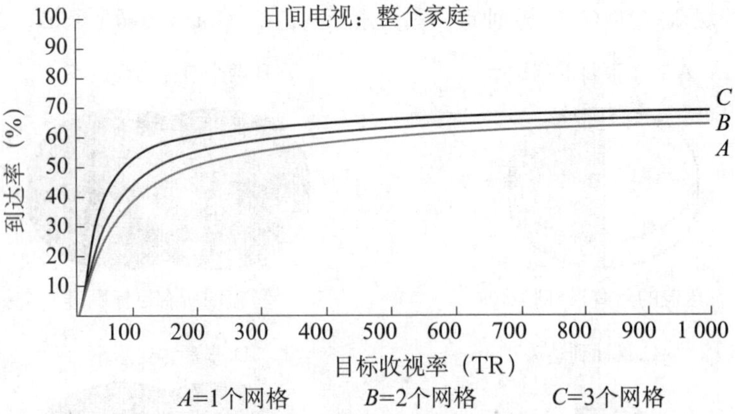

图表 10－19　电视网 TRP 的预计到达率

在图表 10－19 中，在一家电视网上购买 100 点 TRP 可能获得目标市场上大约 32％的家庭到达率；如果在两家电视网上，这个数字将会上升至 37.2％；在三家电视网上将会达到 44.5％。根据 GRP 公式的逆向运算，接触频率分别是 3.125、2.688、2.247，表现了到达率和接触频率之间的权衡值。

加利福尼亚州政府共和党候选人的竞选活动为 GRP 的使用提供了一个有趣的例子。为给 6 月份的选举做准备，主要竞选人于 3 月份在加利福尼亚州 11 个市场开展了每周 1 000 点 GRP 的广告排期，计划在较大的市场内获得每周平均 10 次、在较小的市场获得每周约 6 次的基础频率。其竞争对手则仅在一些特别的市场投入了占上述总额约 15％～50％的量。[8]花费最多的竞选人赢得了选举。

最重要的问题是，对实现目标而言，到底需要多少 GRP？据斯科特·沃克（Scott Walker）所言，大部分广告主倾向于达到 500～700 点 GPR，以保证其信息能够被看到且经常被看到。[9]很多研究都探讨过这个问题。博达大桥广告公司负责调查的副总裁及董事戴维·伯格（David Berger）发现，2 500 点 GRP 引起高认知度的可能性约为 70％，1 000～2 500 点 GRP 引起高认知度的可能性约为 33％，而少于 1 000 点的 GRP 则几乎不能获得任何认知度。[10]戴维·奥尔森

（David Olson）也得出了相似的结论，并且进一步发现随着认知度的提高，产品的初次购买率会随之上升，尽管上升的速度很慢。[11]这两种情况都强有力地表明，较高的 GRP 可以产生更好的效果。

基于某个地区的研究，图表 10－20 总结了不同接触频率水平下的预期效果。很多因素都在发生作用，但这些因素与效果的直接联系很难确定。除了图表 10－20 显示的结果之外，约瑟夫·奥斯特罗夫还发现，尽管重复的次数提高了人们的认知度，但它对态度和行为反应方面的影响却小得多。[12]

你可以想象上述竞选案例中在 11 个市场每周购买 1 000 点 GRP 有多昂贵。在一定时期内此种程度的投放可能导致过度曝光（更别提对钱包的压力了），从而可能使观众对该广告感到厌烦。

图表 10－20　到达率与接触频率的效果

1. 如果在一个购买周期内只接触目标受众一次，那么在大多数情况下这种接触几乎是无效的。
2. 鉴于只接触一次通常是无效的，因此有效的媒体策划重心应该放在提高接触频率上，而不是放在到达率上。
3. 有证据强有力地证明，一个购买周期内接触两次是一个有效的水平。
4. 在一个品牌购买周期内——或者 4 周或 8 周的时期内接触频率超过 3 次以上时，接触频率的增长对广告效果的强化作用增速放缓，但没有下降的证据。
5. 尽管有一个一般的规律显示接触频率和广告效果有一定的关系，但品牌差异的影响是相当重要的。
6. 没有有关接触频率的反应规律随媒体变化而变化的说法。
7. 有充分的数据证明厌烦并不是接触频率过高的结果，而是创意或者文案的问题。

确定有效到达率

由于营销商面临预算约束，因此它们必须决定是牺牲一定的接触频率来换取更多的到达率，还是获得更高的接触频率但到达较少的受众。有很多因素影响这一决定。例如，一个新的产品或者品牌会试图使它的接触频率，尤其是非累计到达率最大化，以求更快地使更多的人认识该产品或者品牌。与此同时，对于高涉入度的产品或者产品利益并不明显的产品，需要一定水平的接触频率来获得有效的到达率。

有效到达率（effective reach）衡量的是每增加一次有效接触频率而增加的受众人数的百分比。这一概念基于这样一个假设，即与广告的一次接触不足以传达目标信息。正如前文所说，尽管广告主已经把 3 次设定为最小值，但没有人知道究竟需要多高的接触频率才能产生作用。有效到达率（曝光次数）如图表 10－21 的阴影部分所示，范围为 3～10 次不等。少于 3 次被认为是不充分的到达率，而超过 10 次被认为过度接触，因而也是无效的到达率。接触频率并不能保证有效的传播；不同的信息可能要求不同的接触频率。Myers Reports 出版公司总裁杰克·迈尔斯（Jack Myers）认为，在 20 世纪 70 年代平均每天大约有 1 000 则广告播出，3 次接触已经是有效的。而现在每天要播出大约 3 000～5 000 则广告，3 次的接触频率已经不够。[13]加之电视频道的碎片化和杂志的不断增加，各种各样新媒体的出现，迈尔斯认为 12 次应该为最低的有效接触频率。同时，Media Analysis Plus 公司首席执行官吉姆·瑟姆尼克（Jim Surmanek）也认为，广告信息的复杂性、信息长度以及崭新的接触方式都影响这一数字。[14]

广告主不知道受众实际上能接触广告信息多少次，所以，为了增加有效到达率和接触频率，一般都购买能产生 3 次以上接触的 GRP。瑟姆尼克称，如果广告接触环境与购买场景非常接近，有效到达率甚至可以低至一次曝光的水平（这时，接近性比接触频率更重要）。他还认为，如果广告信息非常复杂，那么高接触频率是必需的，以确保信息被受众理解。

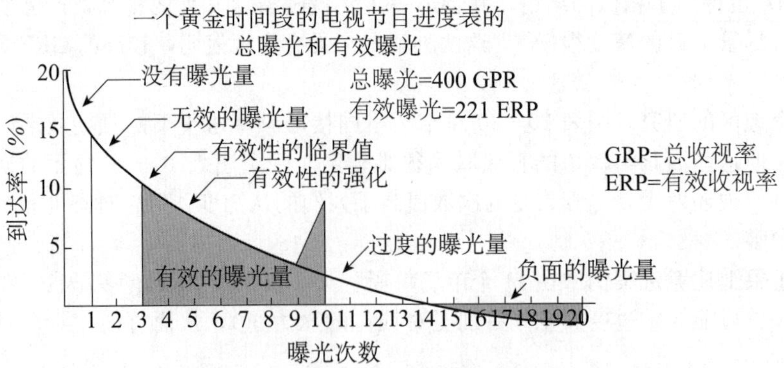

图表 10－21　有效到达率的图形表示

媒体策划专家欧文・艾芙隆（Erwin Ephron）对此持有不同意见。艾芙隆注意到，尽管以最小限度的接触频率增加到达率在 20 世纪 20 年代比较流行，但随着市场变化（诸如 DVR 等可以回避广告的多功能的新技术设备），接触广告的难度增加，这一策略也不再适用。因此，制定一个到达率和接触频次并重的计划就显得至关重要，以确保广告能被看到并产生影响。换句话说，更高的接触频次导致更高的到达率。[15]计算 GRP 时，广告主采用一个叫作**平均接触频率**（average frequency）的概念，即在特定时间段内目标受众接触到广告媒体载具的平均次数，这一概念的使用进一步增加了确定有效到达率的难度。此问题可以通过下面的情况反映出来。看看下面的媒体购买：

到达 50％的受众 1 次。

到达 30％的受众 5 次。

到达 20％的受众 10 次。

平均接触频率为 4。

在这个媒体购买中，平均接触频率是 4，稍大于有效值。然而 50％的受众仅仅到达了 1 次，因此平均接触频率具有误导性，用它来计算 GRP 可能导致受众接触不足。

2014 年，希里・约翰逊（Sheree Johnson）在由 Media Dynamics 公司发起的研究中指出消费者每天接触的广告次数使以上问题更加复杂。约翰逊区分了广告和/或品牌曝光和“纯广告”曝光。虽然她认为品牌和广告曝光的次数可能是每天 5 000 以上，但“纯广告”的平均接触频率只有 362 次，其中有 86 次创建了某种程度的知晓，但只有 12 次给人留下了印象。[16]约翰逊指出，尽管商业广告的杂乱程度稳步上升，但消费者有更多的选择可以避开广告，这对曝光有影响。底线是没有人确切知道一天中有多少次曝光，所以我们必须使用最好的估计手段。

尽管 GRP 有它自身的问题，但仍然可以向营销商提供有用的信息。要提高认知度，需要一定水平的 GRP。GRP 越高就越可能产生更高的接触频率或者更多的重复次数，二者对于更高层的目标都是有影响力的。也许最好的关于 GRP 的购买建议是由约瑟夫・奥斯特罗夫提出的，他推荐如下策略[17]：

1. 营销商不应该采用平均接触频率，而应该确定有效达到广告目标所需的最小接触频率，然后在这一接触频率基础上使到达率最大化。

2. 为了确定有效的接触频率，必须综合考虑营销因素、信息和创意因素以及媒体因素（见图表 10－22）。

图表 10-22　　确定接触频率水平时考虑的重要因素

营销因素

- 品牌历史：品牌是新的还是已有的？一般情况下新品牌需要更高的接触频率。
- 品牌份额：品牌的市场份额和接触频率存在负相关关系。市场份额越高，所需的接触频率水平越低。
- 品牌忠诚度：品牌忠诚度和接触频率水平存在负相关关系。忠诚度越高，所需的接触频率水平越低。
- 购买周期：所需要的购买周期越短，维持对品牌认知所需的接触频率水平就越高。
- 使用周期：经常使用的产品需要很快替换，所以需要高的接触频率水平。
- 竞争对手的广告声量份额：当存在许多竞争对手并且你的目标是迎战或击败对手时，就需要更高的接触频率水平。
- 目标受众：目标受众的学习与保持信息的能力直接影响接触频率水平。

信息和创意因素

- 信息的复杂性：信息越简单，需要的接触频率水平越低。
- 信息的独特性：信息越独特，需要的接触频率水平越低。
- 新的与延续性的广告运动：新的运动需要更高的接触频率水平来传递信息。
- 形象与产品销售：创造一个新的形象比销售一个具体的产品需要更高的接触频率水平。
- 信息的多样性：单一形式的信息需要较低的接触频率水平，多样的信息则需要更高的接触频率水平。
- 厌烦感：高的接触频率水平可能导致厌烦感。对这种影响必须加以研究并用来评估接触频率水平。
- 广告单元：较大的广告单元比较小的广告单元要求更低的接触频率水平。

媒体因素

- 干扰：媒体中各种广告越多，就需要越高的接触频率水平来克服这种干扰。
- 编辑环境：广告与编辑环境一致性越高，所需要的接触频率水平越低。
- 关注程度：媒介载体所获得的注意度越高，需要的接触频率水平越低；而所获注意度较低的媒体，则需要较高的重复次数。
- 媒体排期：与起伏式或脉冲式排期相比，持续式排期的时间安排需要的接触频率水平较低。
- 所用媒体的数量：所用媒体越少，所需的接触频率水平就越低。
- 重复曝光：允许出现重复次数越高的媒体（如月刊），需要越低的接触频率水平。

有效频率

之前的讨论主要集中于有效到达所必需的曝光数量，然而必要频率为多少才能影响其他传播目标也是必须了解的。苏珊娜·施密特（Susanne Schmidt）和马丁·艾森德（Martin Eisend）在发表于《广告杂志》（*Journal of Advertising*）的一篇研究中对37项影响消费者对广告反应进行了元分析。具体来说，研究重点在于影响品牌回忆和品牌态度所必需的曝光次数。研究结果表明，10次曝光是态度最大化所必需的，而品牌回忆则是线性增加的。作者还指出，消费者介入度和曝光时间等因素也会产生影响。[18]

总之，尽管到达率与接触频率的决策非常关键，但同时也很难做出。很多因素都得纳入考虑范围，没有绝对适用的具体规则。通常，这一决策更像一门艺术而不是科学。

时间临近性

正如艾芙隆所认为的，那种认为在购买行为发生一周前的单次广告曝光要比其他时间的曝光有更大影响的观念导致许多广告主偏重到达率而非接触频率，并且强调**时间临近性**（recency）。**近期策划理论**（recency planning）强调在尽可能接近购买决策的时间段内，在最低限度的接触频率水平上采用最短间隔到达。近期策划重视在1周（而非4周时间）内连续的投放，以尽可能地提高潜在消费者的到达率。[19]有人可能持有异议，说这样一来很多曝光都被浪费了，但艾芙隆并不赞同，他认为人们在市场上的时间各不相同，曝光有助于知名度和形象的建立。艾芙隆和克鲁格曼都建议，“广告需要像货架上的产品一样，因为你不知道什么时候消费者会前来寻找你，因此广告必须一直租用货架空间”。[20]

创意因素与氛围

广告所投放的媒体载具的内部环境也会影响受众的认知。一个特定的、有创意的策略需要一定的媒体支持。电视可以同时提供图像与声音，在营造气氛方面比其他媒体更有效；杂志可以创造与报纸不同的认知感觉。在制定一项媒体策略时，营销商必须考虑创意因素及氛围方面的因素。我们来更仔细地考察一下这两项因素。

创意因素

强烈而富有创意的广告运动很有可能增加一项产品的成功概率。但是在执行时，你必须借助一个媒体来承载这一创意。例如，第 4 章中玛丽亚·凯莉的棒棒糖广告运动，就使用了印刷媒体有效地传达信息。贺曼卡片则使用电视有效地执行了感性诉求。有些情况下，媒体策略可能是创意策略背后的驱动力，正如媒体和创意部门的密切合作会对特定媒体的受众产生极大的影响一样。

氛围

特定媒体能够产生一种有利于传播的氛围，因而加强了广告信息的创意。例如，想象下面几种杂志的氛围：《美食家》（*Gourmet*）、《滑雪》（*Skiing*）、《旅游和休闲》（*Travel and Leisure*）和《美丽家居》（*House Beautiful*）。每一本具有特定偏好的杂志都使读者置身于一种特别的氛围中。美酒、滑雪用具、旅行包和家居用品的宣传效果会由于这种氛围而提高。试想在下列几种媒体中投放广告时，将会给你的产品带来怎样不同的形象？

- 《纽约时报》（*The New York Times*）与《国民问讯》（*National Enquirer*）。
- 《建筑文摘》（*Architectural Digest*）与《读者文摘》（*Reader's Digest*）。
- 高收视率的黄金时段热播节目与过时的重播节目。
- 电视与互联网。

广告信息需要一个具体的媒体和媒体载具来实现它的目标。同样，特定的媒体和媒体载具也具有一种形象，可以传递出具有不同认知感受的信息。

《营销杂志》（*Journal of Marketing*）上发表的一项研究表明，电视观众会因电视节目带来的感觉和“情绪不匹配”而跳过电视广告，而这种不匹配也让观众看过之后更难产生回忆。例如，一个悲伤的、安静的节目在被一个吵闹而活跃的商业广告打断时，会让观众产生恼怒的情绪，从而降低了品牌信息被记忆的可能性，并增加观众忽略或跳过该广告的可能性。[21] 虽然广告主通常会制作令人兴奋的广告来吸引人们的注意力和引发他们的兴趣，但研究表明，广告主也可能想要舒缓广告的基调，以配合广告展示情景的情绪基调。

灵活性

一个有效的媒体策略需要一定的灵活性。由于营销环境的快速变化，策略也需要不断地修改。如果制订的媒体计划没有灵活性，公司就有可能丧失机会，或者不能及时地解决新的威胁。在下列情况下需要灵活性：

1. 市场机会。有时候，市场机会出现了，广告主希望可以把握住。例如，由于美国酒类市场的消费发生变化，葡萄酒公司试图抓住这一新的消费兴趣点。新型广告媒体的出现也可能会提供以往不存在的机会。

2. 市场威胁。内外部因素可能给企业带来新的威胁，这时候媒体计划的修改是必需的。例如，竞争者修改它的媒体计划以取得市场优势，如果没有成功迎接这一挑战可能给公司带来很大的麻烦。

3. 媒体的可得性。有时候一个合适的媒体（或载体）对营销商来说可望而不可即。这也许是因为媒体没有覆盖到某个特定的细分市场或者没有空余的时间和地方来投放广告。尽管如此，即便存在合适的媒体，有限的广告时间或空间也可能已经被售出，或者购买截止日期已经错过，仍然有一些地区是该媒体到达不了的，因此必须考虑那些可替代的载体或媒体。

4. 媒体或载体的改变。媒体或载体的改变需要媒体策略做出相应的调整。例如，有线电视的出现为信息传递开拓了很多机会，交互式媒体也是如此。很多公司已经接受了互联网这种新型媒体，因为它的新技术提供了更多的选择。还有特殊兴趣杂志、手机、社交网络、视频游戏广告等。同样，收视率的下降以及编辑格式的变化也会导致广告主选择其他的替代性媒体。

这些因素的变化意味着，媒体策略的制定必须具有足够的灵活性才可以使管理人员适应具体的市场情况。

预算方面的考虑

在制定媒体策略时最重要的一个决定因素就是估算成本。任何策略的价值都是通过它如何以最低的成本和最少的浪费把信息顺利地传递给受众来确定的。我们已经探讨了很多影响因素，如到达率、接触频率和易得性。营销商试图通过平衡这些因素所耗费的成本来实现最理想的目标。正如下面即将讨论的，理解成本中的那些数字并不像想象的那么简单。

广告及促销成本可以分成两类。媒体或媒体载具的**绝对成本**（absolute cost）指的是传递信息所需的实际总成本。举个例子来说，《新闻周刊》杂志整版广告的价格是 7.28 万美元。**相对成本**（relative cost）指广告时间或空间的价格与所能到达的受众规模之间的关系，它用来在各种媒体载具之间进行对比。相对成本是非常重要的，因为管理人员必须在一定的成本约束下获得最优的传播效果。由于各种各样的媒体都可以传递信息，广告主必须评估选择每种媒体的相对成本。但媒体成本的提供方式以及比较媒体成本时所产生的问题常常使这样的评估很难做出。

决定媒体的相对成本

为了评估各个可用的媒体选择，广告主必须比较每个媒体及媒体中不同载体的相对成本。不巧的是，广电媒体、印刷媒体及户外媒体的成本构成并不相同，即使是印刷媒体类别中的不同载体，其成本构成也并不一定相同。下面是一些常用的成本基数：

1. **千人成本**（cost per thousand，CPM）。多年来杂志行业都提供在千人基础上的成本构成分析，公式如下：

$$\text{CPM}=\frac{\text{广告版面成本（绝对成本）}}{\text{发行量}}\times 1\,000$$

图表 10－23 向读者展示了同一个媒体类别的两种不同载体——《时代》与《新闻周刊》的成本分析。结果显示，在同等情况下，《时代》的绝对成本更高，但却是一个成本效益更高的购买。（稍后我们再讨论“不同等的情况”。）

图表 10－23　　千人成本的计算：《时代》与《新闻周刊》

	《时代》	《新闻周刊》
每页成本	229 200 美元	72 800 美元
发行量	300 万册	50 万册
CPM 计算	229 200÷3 000 000×1 000	72 800÷500 000×1 000
CPM	76.4 美元	145.6 美元

2. **每收视点成本**（cost per ratings point，CPRP）。广播和电视媒体有不同的成本分析方法，即每收视点成本或百分点成本（CPP），CPRP 计算公式如下：

$$\text{CPRP}=\frac{\text{电视广告时间成本}}{\text{节目收视率}}$$

图表 10－24 是在一个地方市场中广告的 CPRP 计算，表明电视剧《左右不逢源》（The Middle）比《生活大爆炸》成本效益更高。

图表 10－24　每收视点成本的对比

	《左右不逢源》	《生活大爆炸》
广告的成本	147 826 美元	327 000 美元
收视率	2.0	3.7
到达率（家庭）	8.18	14.9
计算	147 826÷2	327 000÷3.7
CPRP（CPP）	73 913.00 美元	88 378.00 美元

3. **每日每英寸栏目成本**（daily inch rate）。对于报纸来说，成本效益是建立在每日每英寸栏目成本之上的，即报纸每英寸栏目的成本。与杂志一样，报纸也使用前面讨论过的千人成本来衡量相对成本。如图表 10－25 所示，相对于《克利夫兰诚实商人报》（*Cleveland Plain Dealer*）来说，《匹兹堡邮报》（*Pittsburgh Post Gazette*）的广告投放成本更高（其他所有因素保持不变）。

图表 10－25　报纸广告的比较成本

	《匹兹堡邮报》	《克利夫兰诚实商人报》
每页成本	20 969 美元	59 598 美元
每英寸成本	303.9 美元	473 美元
发行量	184 234 份	271 180 份
计算	$\text{CPM}=\frac{\text{每页成本}\times 1\,000}{\text{发行量}}$ 20 969×1 000/184 234 ＝113.81（美元）	59 589×1 000/271 180 ＝219.77（美元）

正如你看到的，我们很难在各种媒体之间做比较。与广播和电视媒体的千人成本等价的每英寸成本是多少呢？在尝试把相对成本计算过程标准化的同时，广播和电视以及报纸媒体已开始使用下列公式提供千人成本：

$$\text{电视：}\frac{\text{单位时间成本}\times 1\,000}{\text{节目收视率}}$$

$$\text{报纸：}\frac{\text{广告版面成本}\times 1\,000}{\text{发行量}}$$

尽管建立在千人成本基础上的媒体成本对比是非常重要的，但这种媒体之间的比较可能具有误导性。电视可以提供图像与声音，杂志的保存周期比较长，其他各种媒体的特点使得直接比较变得异常困难。媒体策划人员在使用这些千人成本数据时，必须把各种媒体及载体本身的不同特点都考虑进去。

千人成本有可能高估或低估实际的成本效益。想一想那些无法避免的覆盖面浪费情况，这时的发行量（用《时代》杂志的数据来表述我们的观点）超过了目标市场。如果杂志所到达的读者不是产品的潜在消费者，那么由于到达他们而不得不增加开支，这本身就可能导致千人成本的大大低估，见图表 10－26。我们必须使用目标市场的潜在到达率（即所追求的目标），而不是采用全部发行量数字。如果某一媒体能到达更多的潜在目标受众，那么即使其花费较高，也将是更加明智的选择（大多数的媒体购买者都以**目标千人成本**（target CPM，TCPM）做参考，这一指标是基于目标受众而不是全部受众的千人成本来计算的）。

图表 10-26 千人成本估算

情形 A：效率的高估	
目标市场	18～49 岁人群
杂志发行量	325 万册
目标市场的发行量	65%（2 112 500 册）
每页成本	287 440 美元
CPM＝287 440/3 250.00 CPM（实际的目标受众）＝287 440×1 000/2 112 500＝136.07（美元）	
情形 B：效率的低估	
目标市场	所有年龄群体，不限男女
杂志发行量	325 万册
每页成本	287 440 美元
传阅率	3*（33%的家庭）
CPM（基于每本杂志的读者数）＝每页成本×1 000/(发行量＋3×1 072 500) ＝287 000×1 000/4 322 500＝66.5（美元）	

*假设传阅率是有效的。

千人成本也有可能低估成本效益。杂志广告的销售人员多年来一直认为实际的到达率被低估了，因为每本杂志的阅读者绝不止一个人。他们希望可以用**每本杂志的读者人数**（readers per copy）作为真实的发行量。这就包括了杂志的**传阅率**（pass-along rate），把那些没有购买杂志却读过杂志的人数考虑在内。图表 10-26 的情形 B 说明了成本效益是如何被低估的。设想在一个家庭中，父母和两个孩子都阅读了每一期的《时代》杂志。假如这些家庭构成了《时代》杂志 33%的发行量，以 325 万册发行量为基础。虽然发行量数据只针对一本杂志，但实际上在这些家庭中存在 4 次潜在的接触机会，从而使总数增至 432 万册。

虽然每本杂志的读者人数估算从直觉上说得通，但事实上有可能会非常不精确。杂志的实际传阅次数是很难确定的。有多少男大学生在召开男生联谊会时读过《体育画报》或 *GQ*？有多少女大学生在女生联谊会或同一宿舍内读过《时尚》或《名利场》(*Vanity Fair*)？又有多少人读过《商业周刊》？尽管研究者正着手解决这一问题，但是传阅率的确定仍具有很强的主观性，用它们来估计到达率一定要非常慎重。尽管这些数字由媒体定期提供，但管理者在使用时仍要慎重选择。同时，许多杂志管理者对到达率究竟会高出发行量多少有较为清楚的认识，这时的媒体购买更倾向于是一门艺术。

由于在估计媒体价值时采用的数据都是定量的，因此除了有可能高估或低估成本效益以外，千人成本的使用也有其他的局限。虽然在比较同一类载体时会非常有用（比如《时代》与《新闻周刊》），但是在做跨媒体比较时就不那么有用了，例如用千人成本来评估杂志广告和互联网旗帜广告。到目前为止，我们已注意到阻碍媒体间直接比较的一些差异。

可以看出，媒体策略的制定涉及很多因素。奥斯特罗夫也许是对的，他把这一过程称为一门艺术而不是科学，因为有太多数字表达不了的信息。

评估与跟踪

所有的计划都需要评估其表现，媒体计划也不例外。

在描述媒体策划的过程时，我们提到了目标的确定及策略的制定。在执行完这些策略之后，营销商需要知道它们是否成功了。有效性的衡量涉及两点：(1) 这些策略是否很好地实现了媒体目标？(2) 媒体计划是否很好地实现了总体的营销与传播目标？如果评估表明这些策略是成功的，那它们将会被继续用于未来的计划中。如果不是，营销商就应该对它们的缺陷进行分析。

到此为止，有关媒体策略效果测量的问题对你来说已经非常清楚了。在本章开始的时候我们就曾表示，策划过程要受到测量方面的问题及术语不一致的限制。尽管这些问题限制了我们对各种不同策略做出精确的评价，但并不意味着我们不能做出判断。事实上某些时候，媒体计划已经发挥作用了，比如在整合营销传播视点 10-2 中所讨论的。

整合营销传播视点 10-2

最佳媒体计划：不再只是电视

多年前，创意部门基本上主导了商业广告或广告内容，然后将其转交给媒体部门投放。而现在的实际情况是：如果没有良好的媒体投放，那么即使是最好的创意，其价值也会打折扣。现在，媒体投放有更多的选择，广告主及其广告代理公司认识到良好媒体计划的重要性。对许多人来说，现在的媒体计划可以说是营销过程中最重要的部分。

《广告周刊》是广告行业最权威的媒体之一。在过去的 20 多年里，《广告周刊》一直评选年度媒体计划奖。这些奖项已经从聚焦传统媒体转向聚焦整合营销传播，以下是 2015 年的获奖名单。

宝洁公司的"像女孩一样"运动。获 2015 年度媒体计划一等奖，以青春期的年轻女性为目标受众。宝洁公司在整体运动竞赛单元中以 500 万～1 000 万美元取得了胜利，并获得了最佳社交媒体使用奖（400 万美元）。"像女孩一样"的目标是培养年轻的千禧一代的信心，她们的一些经历常常让她们失去信心。"像女孩一样"运动的目标是让这一说法带给年轻女性力量感。此次运动主要使用的媒体是手机，这是目标受众经常使用的媒体，并且可以分享到其他媒体渠道。广告运动效果很好！该广告运动的观众已经有超过 9 000 万人，其中 65%的人第一周就通过社交媒体分享。但宝洁并没有就此止步，《像女孩一样》广告在超级碗上凯蒂·佩里（Katie Perry）的表演后播出。调查结果超乎想象，这一广告运动产生了全球效应：59%的男性和 76%的 16～24 岁的女性表示，他们因为这一广告运动改变了原来的看法，Always 卫生巾品牌购买意向的总人数上升了 92%。该广告运动还赢得了克里奥广告奖的两个金奖、三个银奖和一个铜奖。

耐克的"搏上一切"（Risk Everything）运动。世界上最受关注的赛事是足球世界杯。世界上最流行的鞋类品牌是耐克。耐克希望在 2014 年足球世界杯上大展拳脚，而它也确实做到了。这一创意瞄准了狂热的青少年球迷市场，通过"体验世界杯，首次将数字游戏和社交内容结合在一起"，使其沉浸于 2014 年的足球比赛之中。世界杯开幕的前一天，耐克公司推出了时长 5 分钟的《最后的游戏》（Last Game）广告，在社交媒体、数字媒体、电视和 Xbox 上有超过 2.1 亿的浏览量。这场广告运动的主题是"搏上一切"，目的是鼓励来自世界各地的运动员不仅踢足球，还要以不同的方式思考问题，富有冒险精神。在世界杯期间，耐克公司每天都投入定制的动画片，并通过电视广告实时播出原创内容。耐克认为，其传播也应该"搏上一切"，而不仅仅是使用标准的赛事覆盖和广告。这一冒险也得到了回报，《搏上一切》广告获得了 4.1 亿次在线观看、2 300 万次互动参与、620 万个社交媒体粉丝以及 21%的品牌收入。该运动使耐克在 1 500 万美元的竞赛单元和 500 万美元的国际奖项单元赢得了第一名。

MediaMarkt 的"兔子赛跑"（Rabbit Race）运动。在 1 000 万～1 500 万美元竞赛单元中获胜的公司是你可能从未听说过的公司。德国娱乐电子公司 MediaMarkt 一直以其响亮的甚至是荒谬的商业广告而闻名。其广告代理公司开发了品牌化内容的体育赛事，其中有 3 只兔子赛跑，几乎和世界杯一样受欢迎。比赛由德国最著名的体育权威主持，并在专门为比赛而建的赛场中拍摄。比赛同时在 YouTube、德国最大的 9 家电视台和德国国内最大的报纸的主页上播出。此外，博客和传统印刷媒体也报道了这一事件。每只竞赛兔子的“幕后”新闻报道和“独家背景故事”都是组合的一部分，作为一个促销元素，如果在 MediaMarkt 商店购物的顾客的收据上有获胜兔子的照片，那么 50%的现金可在第二天返还给他。在社交媒体上，这一活动产生了 2.5 亿个品牌印象，收获了 2 100 万的在线观众和社交媒体粉丝。该活动比平时多创造了 250%的互动，增加了 40%的脸书粉丝，并且整体顾客数增加了 18.2%。比起荷兰队和阿根廷队的世界杯半决赛，更多的人观看了兔子比赛，前一比赛决定了哪支球队将与德国队争夺冠军。

除了这些获奖运动，许多其他品牌也有成功的策划。以下是一些简要的概述：

奥利奥的“奥利奥日食”（The Oreo Eclipse）运动（45 万～100 万美元）。利用 16 年来在英国的首次看到日全食的机会，奥利奥使用数字户外屏幕“重新创造”了日食，使日食在英国五个不同地区发生时都有一个飘浮的奥利奥。事件发生后半小时内，奥利奥的数字频道播放了 10 秒视频。英国最大的报纸《太阳报》（*The Sun*）以当天上午的特别版参与到奥利奥运动之中。

塔可钟的“停用”（Blackout）运动（不到 50 万美元）。为了其 APP 的快速普及，塔可钟花了两年时间。为了到达 200 万粉丝并使他们下载新的 APP，塔可钟与其广告代理公司 Lbi 合作。当 APP 准备好被下载时，塔可钟的所有其他 APP 停用 72 小时，只显示一条信息：“重新启用塔可钟的新方法不在推特上，而是＃OnlyInTheApp”。脸书、Instagram 和各种在线网站都有类似的信息。塔可钟实现了超过 250 万次的新下载目标。

正如这些获奖的媒体计划所表明的一样，你不必花费数百万美元来推进获奖的运动。很多创意和成功的媒体策略都有很长的路要走。而且很明显，整合是关键！

资料来源：Katie Richards，Patrick Coffee，and Marty Swant，“the year's 32 Best Media Plans，from always and nike to Oreos and taco Bell，” www. adweek. com，September 6，2015.

尽管评价的过程并不简单，但尝试一下总比什么都不做好。在第 18 章我们还会讨论更多关于效果测量的问题。

媒体特性

我们已经讨论了媒体策略的制定中所涉及的一些因素，其中最基本的因素是媒体与市场的配合。在后面的章节中，你会理解每一种媒体都有自身的特性，这些特性既可能有利于也可能不利于具体目标的实现。图表 10－27 全面地比较了媒体及其特性。这是一个一般性比较，各种媒体的选择仍然必须在不同情况下具体分析。尽管如此，这种比较仍然为接下来的章节提供良好的开端。

图表 10－27　　媒体特性

媒体	优点	缺点
电视	覆盖面广 到达率高 有图像、声音、动作 声望高 单位接触成本低 易引起注意 良好的形象	选择性低 信息寿命短 绝对成本高 制作成本高 干扰大

续前表

媒体	优点	缺点
广播	地方性覆盖 低成本 接触频率高 有灵活性 制作成本低 受众被充分细分	只有听觉效果 干扰大 不易引起注意 信息持续时间短
杂志	有细分的潜能 易重复阅读 信息容量大 寿命长 读者多样化	广告投放的时滞长 只有视觉效果 缺乏灵活性
报纸	覆盖面广 成本低 时滞短 广告能置于相应版面 及时（当前的广告） 读者控制信息接触 可使用赠券	寿命短 干扰大 吸引注意力的能力差 不易重复阅读 有选择性的读者接触
户外	地点具体 重复率高 易被注意	接触时间短要求广告短 形象不好 地区限制
直接邮寄	高度选择性 读者控制对广告的接触 信息内容多 重复接触信息的机会大	成本高 形象不好（垃圾邮件） 干扰大
数字/互动	用户选择产品信息 用户注意和参与 交互式关系 直接销售潜力 灵活性信息平台	有限的创作能力 主页干扰 技术限制 缺乏有效的测量技术 有限的到达率

本章小结

本章全面论述了媒体目标确定、媒体策略制定、媒体目标的形成以及以媒体计划形式出现的媒体策略。同时也讨论了媒体信息来源、媒体特性以及主要的媒体决策。

媒体策略必须用于补充并支持总体营销和传播目标。媒体计划的目标是传播营销方案的信息。

由于预算的限制，制定媒体策略的基本任务是确定媒体和目标市场的最佳搭配。媒体策划人员总是试图在到达率和接触频率之间寻求平衡，并努力以最小的覆盖面浪费把信息传播给目标受众。同时还有许多因素对媒体决策产生影响。即使存在许多定量资料，媒体策划人员也要依靠创意和非定量因素，所以媒体策略制定与其说是一门科学，不如说是一门艺术。

本章讨论了许多因素，包括制定一种适当的媒体组合、确定目标市场和地理覆盖面、媒体进度以及到达率与接触频率之间的平衡。另外也考虑了媒体排期中的灵活性以及程序化购买在媒体策划过程中的使用。

本章还介绍了媒体策划人员可用的一些资源，提供了各种媒体优缺点的比较。

讨论题

1. 请讨论程序化购买的优势。由于大多数数字展示广告都是以这种方式购买，你是否认为这将是媒体购买者在未来使用的唯一方法？

2. 新的研究表明，广告每日的曝光率可能要远远低于之前报道的数千次。你认为哪些数据是正确的？为什么？

3. 在媒体购买中，营销商严重依赖人口统计数据。整合营销传播视点10-1讨论了其他的重要因素。讨论这些因素，并说明它们影响媒体使用的原因。

4. 什么是总收视率？什么是目标总收视率？解释这些概念的含义，并讨论它们的优点和缺点。

5. 媒体格局正在迅速变化。请解释这句话的含义。讨论为什么会出现这种情况。传统媒体如何应对以继续生存？有许多研究已经研究了人格和/或其他个人特征对消费者媒体使用的影响。列举并讨论其中的一些研究。你认为这些特征可能会产生影响吗？营销商应该主要依赖人口特征吗？

6. 图表10-27讨论了媒体的优点和缺点。请描述正在发生变化的因素，以及改变各种媒体的缺点或优点的因素。

7. 现在衡量非传统媒体（互联网、社交媒体等）的一个更流行指标是参与度。这一指标也被用来评价传统媒体。请解释什么是参与度。在传统媒体和非传统媒体中，这一指标的使用方式是一样的吗？

8. 讨论品类发展指数（CDI）和品牌发展指数（BDI）之间的差异。广告主什么时候会使用这些指数？

附录 美国亚瑟士品牌的简要媒体排期

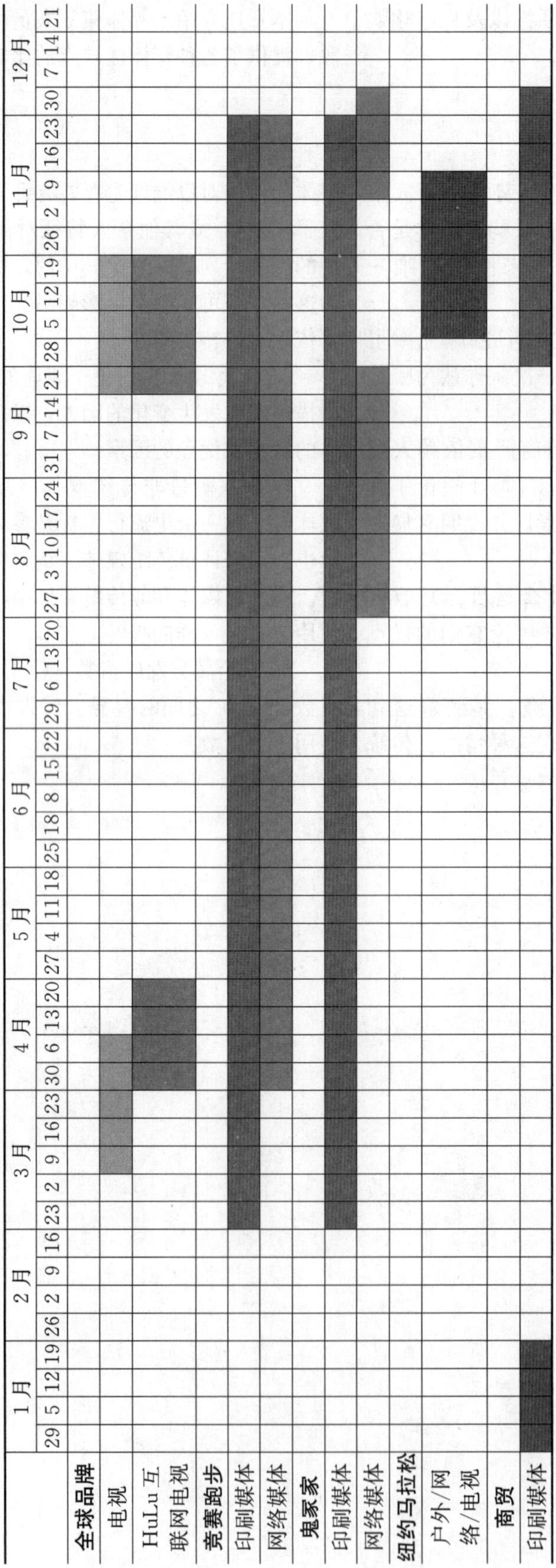

第11章 媒体评估：电视和广播

学习目标

1. 评价电视作为广告媒体的优势和局限。
2. 讨论测量电视受众的方式及测量方式的发展。
3. 讨论广播作为广告媒体的优势和局限。
4. 讨论测量广播受众的方式及测量方式的发展。

开篇案例

电视的未来及其对广告的影响

长期以来，电视一直是营销商接触广大受众和传递有效信息的重要媒介；在很多营销商看来，电视广告是最典型的广告形式。在过去的半个世纪，拥有电视的美国家庭数目增加了一倍多，从1965年的5 500万个增加到2016年的1.164亿个。在这一时期的大部分时间，美国电视节目由三大主要电视网所主导，20世纪90年代中期，福克斯成为第四大电视网。20世纪末，电视产业最显著的发展在于有线电视的持续渗透以及卫星直播等替代传输系统（ADS），这显著增加了观众所能收看的电视频道。拥有有线电视和替代传播系统的美国家庭从1975年的13%增加到目前的90%左右，这导致观众能接收的电视频道持续增多。在20世纪80年代末期，只有大约1/3的有线电视家庭能够收到30个以上的电视频道，但在新千年开始时有线电视家庭平均能收到100个以上的电视频道，时至今日这一数目已经翻番。

随着有线电视等导致电视频道持续增多，电视观众也日趋碎片化，这成为影响电视行业以及其作为广告媒介的最重要因素。在过去20年间，四大电视网的观众急剧下降，总计只占黄金时段电视观众的25%。此前，最受欢迎的电视节目受众占所有拥有电视家庭的近20%，如今很难达到这一数字，排名前十的电视节目大都在努力追求两位数的收视率。这一观众损失很大程度上源于能满足观众有关新闻、运动、时尚、音乐、烹饪、旅游、娱乐等特定兴趣的有线电视节目。

尽管受众碎片化对电视行业影响巨大，更令该行业关心的却是技术对于观看电视形式的影响。美国电视录制技术公司（TiVo）1999年引进了首台数字视频录像机，目前有线电视公司为购买其服务的消费者提供低成本的数字视频录像机。超过一半的有电视家庭拥有数字视频录像机，这意味着人们可以录下电视节目后在任何时间观看，也可以快进节目中的电视广告。尽管如此，技术对电视产业的影响不仅是数字视频录像机（DVR）。不少人，特别是广告商垂涎的18～49岁群体不再以传统的线性方式观看电视，即在既定时间在特定频道观看某一电视节目。这源于除了数字视频录像机可以改变观看电视节目时间之外，人们还可以通过苹果电视、亚马逊火焰电视（Amazon Fire TV）、谷歌电视棒、微软游戏机（Xbox）等视频设备和游戏设备在线观看电视节目。在十年以前，大部分电视节目都是实时观看，但估计到2050年只有一半观众是实时观看。

让电视业和有线网络感到问题更趋复杂的是不少家庭正在放弃传统的付费电视设备，例如有线和卫星电视。据测算，付费电视家庭数目每年以超过1%的速度削减，到2020年不购买付费电视服务的家庭——放弃付费电视服务以及从未购买付费电视服务的家庭——将占美国家庭总数的23%。此外，不少付费电视提供商计划为订阅者提供"瘦身订阅服务"，即提供更少的电视频道以便订阅者节省费用。订阅数目最大的有线电视网ESPN的月订阅费价格最高，超过7美元，该网络自2013年以来已经失去了大约1 000万订阅者，现有订阅数量不足9 000万人，处于近十年的最低水平。

尽管上述诸多因素导致有线电视作为主要广告媒介的没落，很多专家仍对其未来保持乐观。尽管电视受众明显碎片化，观看方式持续调整，电视广告对于营销商而言仍然重要并且有价值。测量电视观看量的尼尔森公司2016年发行了一个能监控线性和非线性电视观看量的新测量系统，这意味着广告主无须为不观看其商业广告的电视观众付费。未来电视商业广告很可能更加瞄准受众，甚至实现私人定制，这将使广告更有意义也更吸引观众。

对于营销商而言，电视能够帮助其以更有效的方式接触大量的消费者。尽管取消付费电视的数目不断增加，但仍有高达9 000万个家庭购买付费电视服务。在广播和有线电视网播出的受欢迎电视节目仍能接触数百万受众。在ESPN和福克斯运动一台等主要电视台和有线网播出的体育节目仍将被实时观看，而不受数字视频录像机的影响。此外，超级碗、格莱美奖颁奖典礼和奥斯卡奖颁奖典礼等都将为营销商提供大量观众作为受众。

哥伦比亚广播公司（CBS）首席研究官大卫·波尔特莱克（David Poltrack）注意到该公司电视受众在过去十年有所增加，并预计将持续增加。他表示，数据显示上一代人逐渐老去，观看黄金时段电视节目的时间有所增加。鉴于不同观看水平始终与年龄段相关，千禧一代也将遵循这一模式。他注意到，随着千禧一代离开父母，组建自己的家庭，"其中很多人与上一代人一样购买所能承受的最大屏幕电视，然后开始观看电视节目"。

电视网络不能再依据电视的整体观众出售广告时间，而是以削减电视节目广告数量和创造更多参与广告方式等给予受众更好的观看体验，同时为广告主创造更多价值。科技正在威胁电视作为广告媒体的作用，也可以让广告主更有创造力和更加高效地发挥电视的效能。广告主将不仅利用电视广告营造意识和塑造需求，也将影响消费者购买渠道以及购买之路上的不同节点。世界最大媒体公司群邑集团（GroupM）主席厄尔温·戈特利布（Irwin Gotlieb）认为电视拥有光明的未来，并将变化总结为："它不是你父辈的电视，也不会是如你所愿的样子。"

资料来源：Irwin Gotleib, "What We're Seeing Is the Evolution of TV, Not Its Decline," *Advertising Age*, April 18, 2016, p. 28; Jeanine Poggi, "The Future of TV Advertising," *Advertising Age*, April 18, 2016, pp. 10 - 14; Keach Hagey, "Cord-Cutting Is Accelerating," *The Wall Street Journal*, December 10, 2015, www.wsj.com/articles/cord-cutting-is-accelerating-1449745201; Jason Lynch, "Don't Panic, Says CBS: More People Are Watching TV Now Than a Decade Ago," *Adweek*, August 10, 2015, www.adweek.com/news/television/dont-panic-says-cbs-more-people-are-watching-tv-now-decade-ago-166313.

半个多世纪以来，电视已经成为绝大多数家庭中占主导地位的娱乐形式。在几乎同一时间，广告也成为工商行业的命脉。自1941年布洛瓦（Bulova）以10美元投放第一则电视广告开始，电视商业广告被许多营销商认为是最典型的广告形式。在过去的75年中，电视广告经历了许多改变。几十年来，这个市场由三大主要电视网统治（美国广播公司（ABC）、哥伦比亚广播公司（CBS）和美国国家广播公司（NBC）），三大巨头在每个晚上向超过90%的黄金时段收视群传送电视节目。然而，随着有线电视和直播卫星服务的增长，大多数家庭如今能够收到100个频道，收看各类综艺节目、新闻节目、体育节目、音乐节目、资讯类节目以及其他娱乐节目等。我们家里接收上述所有内容的设备已经迅速改变，原来笨重的电视机被能够提供更灵敏、清晰的数码影像及高音质的大屏幕平板电视所取代。而且，我们家里的这些平板电视还连接了其他辅助设备，包括DVR、游戏操纵台以及电脑。与此同时，有线电视和卫星传送公司传递的信号也能够通过它们的按需服务提供电影、体育节目和其他形式的娱乐节目入口。许多专家争辩说，所有的内容都通过互联网传送给网络电视只是时间问题。

电视行业发生的变化是非常重要的，因为它们将对这一最大的广告媒介产生深远的影响。在美国和世界其他国家，电视事实上已深入千家万户，且仍然是大多数人生活的重要组成部分。每个美国家庭每天平均要看5小时以上的电视。电视已经成为许多人信息和娱乐的主要来源。在美国拥有电视的家庭中，将近90%拥有DVD播放器，有50%拥有DVR，还有超过80%的家庭装有高清电视，可以收看他们喜爱的电视节目和电影。在晚上8：00～11：00的黄金时间，超过1亿个家庭在看电视。一些比较热播的剧目，如《帝国》(Empire)、《美国好声音》(The Voice) 以及《生活大爆炸》每周能吸引1 000万～1 500万观众。如此众多的电视观众对电视网及电视台来说非常重要，因为它们能够把节目时间卖给那些试图通过传播广告信息来接触目标顾客的营销商。此外，电视有着传播信息及娱乐的独特品质，这也鼓励了广告的创意性，可以对消费者形成强大的影响。

广播也是我们生活中的一个重要组成部分。许多人都是靠广播声起床，在上班或上学的路上从广播节目中获取信息或者娱乐。对于许多人来说，广播在车里、家里甚至工作中是一个始终如一的伴侣。每个美国人平均每天要听近3小时的广播。[1] 像电视观众一样，广播听众对于营销商来说也是重要的目标顾客。

本章将逐一考察电视媒体和广播媒体，包括它们共同的特点以及各自的优缺点。还将考察广告主如何将电视和广播作为它们媒体策略的一部分加以利用以及如何测量和评估每一载体的受众。同时还会考察一些对改变电视和广播作为广告媒体发挥作用的因素。

电　视

电视经常被认为是最理想的广告媒体。它结合图像、声音、动作及色彩的作用，使广告主有机会去制作最具创造性和想象力的广告。然而，电视也存在一些特定的问题，限制甚至阻碍了许多广告主对其的使用。

电视的优点

与其他许多媒体相比，电视有着众多的优点，包括创造力和冲击力、覆盖面和成本效益、俘获力和注意力以及可选择性和灵活性。

创造力和冲击力

或许电视的最大优点是它创造了一个机会可以尽情地展示广告信息。图像和声音的交融为创意提供了巨大的弹性空间，使产品和服务得以生动、逼真地展现。电视广告能为一个品牌传送一种基调或形象，形成感染力或娱乐性，使无生命的产品变得有趣。

电视也是一个展示产品和服务、讲述品牌故事来突出其特色和优点或建立情感联结的极佳媒体。举例来说，卡米高林奇广告公司 (Carmichael Lynch) 为斯巴鲁 (Subaru) 设计了一则名为《斩断脐带》(Cut the Cord）的富有悲情色彩的广告。广告中，一位父亲第一次将女儿放上校车上学，并一路开车紧随，确保女儿平安无事。这位父亲边开车边说：“我对女儿是过分保护了，这也是为什么我买了斯巴鲁。”视频最后，画外音说道：“爱，让斯巴鲁成为保护的代名词。”像这样取材于真实生活片段并围绕诸如长寿、安全、多功能以及冒险主题的故事，帮助美国斯巴鲁连续七年创下了突出的销售增长纪录。[2]

覆盖面和成本效益

电视广告可以拥有大量的观众。几乎每个人，无论其年龄、性别、收入及受教育程度如何，都多少要看一点电视。大多数人定时观看电视。据尼尔森媒体调查公司估计，美国有将近 2.97 亿名 2 岁以上的电视观众，分布在 1.164 亿个家庭中，其中近 77%在 18 岁以上。

那些销售产品、提供服务以吸引广大观众的营销商发现，电视能使它们以非常低的成本进入大众市场。黄金时段的电视节目平均可以到达 460 万个家庭，像《生活大爆炸》这样的高收视率电视剧可以到达 1 000 万个家庭，而收视人群是这一数字的两倍。2015 年，电视网晚间节目的 CPM 大约为 24 美元，而每周的日间节目大约为 5.85 美元。[3]

因为电视能以低廉的成本到达大量的观众，所以电视在销售大众消费品的公司眼里是一种非常受欢迎的媒体。那些具有产品或服务供应能力和广泛分销渠道的公司利用电视进入大众市场，并以很低的千人成本来传播广告信息。对于那些大型包装消费品公司、电信公司、汽车制造商及大型零售商来说，电视已不可或缺。像威瑞森、美国电话电报公司（AT&T）和斯普林特这样的电信公司大约把媒体预算的 2/3 都用在各种形式的电视媒体上，包括电视联播网、卫星电视、有线电视网和辛迪加联播节目（彭尼、西尔斯和沃尔玛的电视广告预算在这一项上的开支超过了 60%）。图表 11-1 展示了十大网络电视及有线电视网广告主及其广告费。

图表 11-1　　十大网络电视和有线电视网广告主（2015 年）

网络电视			有线电视网		
排名	公司	监测的电视广告费用（百万美元）	排名	公司	监测的电视广告费用（百万美元）
1	宝洁	743.0	1	宝洁	606.3
2	AT&T	731.2	2	AT&T	522.2
3	通用汽车	551.5	3	伯克希尔·哈撒韦	499.0
4	福特汽车	551.2	4	百事	404.5
5	辉瑞制药	495.6	5	通用汽车	395.2
6	威瑞森	480.7	6	时代华纳	388.9
7	时代华纳	465.6	7	百胜	380.8
8	德国电信	446.1	8	康卡斯特	358.1
9	苹果	427.6	9	好时	313.4
10	强生	424.3	10	通用磨坊	307.8

资料来源：“200 Leading National Advertisers,” *Advertising Age*, June 27, © 2016, p. 18. Copyright. 2016 Crain Communications.

俘获力和注意力

电视往往是富有侵略性的，在观众观看他们最喜爱的节目的时候，广告被强加到他们身上。除非刻意回避广告，否则大多数人每年大约可以接触到数千则广告。随着观众选择性的增加，DVD、DVR 和遥控器及其他自动化设备的渗透使得观众回避广告变得容易很多。[4]然而，剩下的观众可能会对广告更加关注。就像我们在第 5 章讨论的，消费者学习和反应过程的低涉入度意味着电视广告只有通过大量的重复以及容易记忆的口号和广告歌曲才能影响消费者。

可选择性和灵活性

电视经常被批评是一种没有选择性的媒体，因为通过广告来覆盖一个严格定义的细分市场是不可能的。但是，由于节目内容、播出时间及地理覆盖的多样性，加之观众构成的不同，电视也具有一定的选择力。例如，星期六上午的节目专门针对儿童；星期六和星期日下午的节目面向爱好体育的男性；工作日白天的节目则以吸引家庭主妇为主。

随着有线电视的发展，广告主可以通过广告吸引对体育、新闻、历史、艺术或者音乐有不同兴趣的人群，也可以通过吸引不同地理位置的人群，进一步扩大覆盖面。

广告主也可以通过利用特定区域市场的广告来到达不同的地理细分市场，从而调整其媒体策略。电视广告可以设定为重复播放，以在该媒体的时间表上实现连续性，或者可以利用特殊事件或时段播放跳跃式广告。例如，以男性为目标的广告主常在高尔夫及网球联赛，以及美国职业棒球大联盟（MLB）、NBA或NFL等体育赛事期间做广告。体育节目尤其受广告主青睐，因为体育赛事通常都是现场直播，这增加了观众观看广告的可能性，观众不太可能像看DVR录制节目回放时一样快进广告。整合营销传播视点11-1讨论了高校足球和篮球赛事是如何受广告主欢迎的，通过收取版权费，这些赛事给许多大学带来了巨额收入。

整合营销传播视点11-1

电视广播权为高校体育的发展铺平道路

大学体育一直是大学体验的重要组成部分，很多学生喜欢参加学校的橄榄球周末活动或篮球比赛，并且通过为他们的学校运动队加油而与母校保持联系。尽管校级体育比赛很受欢迎，但挑战在于只有少数大学体育部门能自给自足。大多数校级体育比赛靠的是学生学费和学校普通基金的支持。在大学橄榄球顶级联赛的128个体育部门中——比如国家大学体育协会的橄榄球分会第一赛区——只有20%的部门能够每年盈利。然而盈利的学校都有一个共同点：它们有一流且高调的橄榄球项目。各学校都在争相弥补体育部门的预算不足，由此它们已经认识到，能改变这一切最好的机会是利用好大学橄榄球，这是它们最有市场的资产。对于体育部门负责人的好消息是，电视网络张开双臂欢迎它们，因为它们知道大学橄榄球是它们触达最重要的那部分目标观众——那些想要看体育直播的上百万观众——的最佳途径之一。

就像对其他的体育项目一样，人们几乎总选择在电视上看大学橄榄球赛直播，而这将减少那些通过录播来跳过广告的观众。广告主愿意为大学橄榄球比赛等体育赛事的转播权支付更多费用，因为这是一种很好的方式，可以吸引年轻男性，这些年轻男性对于它们来说是一个有价值且难以捉摸的目标受众群体。电视网同意在未来15年向大学联会及其会员学校支付约300亿美元的版权费，其中包括ESPN支付的一笔估值为70亿美元的交易，用于换取随后12年的橄榄球分会季后赛转播权，这是一个从2014年开始举办的四队制锦标赛。为了取悦电视台这个会下金蛋的鹅，大学橄榄球队正在尽全力最大限度地提高电视收入，包括增加联会冠军赛、放弃长期竞争并跳转到新联会以及摒除旧体系下的季后碗比赛。过去几年，包括“十大”和Pac-12在内的一些联会已经扩张，并增加了来自主要媒体市场的新团队。例如，马里兰大学和罗格斯大学受邀加入十大联会，而科罗拉多大学和犹他大学加入了Pac-12联会，主要是由于它们能带来电视市场。

各大电视网愿意为全美大学生体育协会以及联会支付大笔资金，用于比赛的电视转播，因为大学橄榄球比以往任何时候都受欢迎，这意味着数百万观众正在观看比赛。营销商每个赛季花费超过10亿美元在大学橄榄球比赛中用于播放全国性广告，并投入数亿美元播放地方性广告。营销商在大学橄榄球比赛上做广告并将其作为整合营销传播方案的重要组成部分的原因有很多。虽然大学橄榄球比赛是接触年轻男性（以及常常是女性）的一种方式，它们也通过直播体育节目为营销商提供了一种与富裕男性联系的途径，但花费却低于国家橄榄球联赛。在观看大学生橄榄球赛的观众中，有 16%年收入超过 78 000 美元，有 28%超过 100 000 美元。

大学生橄榄球比赛深受营销商欢迎的另一个原因是它所提供的整合营销机会。例如，汽车营销商日产（Nissan）在过去的五个赛季中一直是海斯曼纪念奖（该奖项每年都会颁发给顶尖的大学生橄榄球运动员）的官方赞助商，并且围绕其赞助制定了一项整合营销运动。“日产海斯曼之家”运动在 ESPN 电视台的大学生橄榄球整季比赛中播放以海斯曼奖杯获得者为主角的电视广告。此外，还有平面广告、广播广告以及一个可容纳 20 多个可分享在线视频的互动网站，以及贯穿整个赛季的游览大学校园的年度“海斯曼之家”之旅。许多其他企业和品牌正在将橄榄球比赛作为与大学生建立联系的一种方式，包括好事达保险、家得宝、美国家庭人寿保险公司以及雪佛兰。家得宝赞助了 ESPN 广受欢迎的“大学比赛日”，该活动在校园内直播一周内最重要的一场比赛。雪佛兰设有汽车信息机，让学生可以了解更多关于汽车的信息，提供前往赛场的车驾，并赞助大学橄榄球主题的抽奖活动。

橄榄球并不是唯一一个为大学创收的大学体育项目。2010 年，全美大学生体育协会与时代华纳旗下的 CBS 电视网和 Turner 广播公司签署了一项为期 14 年的协议，每年支付 7.4 亿美元用于转播被称为“疯狂三月”的男子篮球锦标赛。CBS 和 Turner 同意再支付 88 亿美元再延长 8 年合作时间，并锁定该流行锦标赛的转播权直到 2032 年。该协议每年将向全美大学生体育协会成员大学提供 11 亿美元的奖金，这对于那些被削减预算的大学体育部门来说十分重要。来自电视转播权的收入有助于为大学体育项目提供资金，其中包括女性体育项目以及收入微薄的小型体育项目。

大学体育项目已非常依赖电视台转播其足球和篮球比赛所支付的钱。然而，未来大学体育、广告商和电视台之间关系的成功与否将取决于几个因素，包括观众愿意支付更高的月度账单，因为有线电视运营商将会向用户收取转播的费用，尽管其中有许多人并不看体育直播。另一个决定性因素是电视台是否提高了广告费率，使企业在比赛期间的广告投放成本过高。还有人担心，橄榄球和篮球的直播节目过度饱和，会使大学亲手杀掉那些下金蛋的鹅。但考虑到大学橄榄球和篮球的受欢迎程度，这似乎不太可能。

资料来源：Joe Flint，“CBS，Turner Strike ＄8.8 Billion Deal to Televise NCAA’s March Madness through 2032，” *The Wall Street Journal*，April 12，2016，pp. B1，B4；“Nissan’s Popular ‘Heisman House’ Returns for 2015 College foot-ball Season on ESPN，” September 2，2015， www.reuters.com/article/tn-nissan-idUSnBw026121a ＋ 100 ＋ BSW2015090；Michael McCarthy，“How Much Longer Can Sports Prices Defy Gravity—While still Delivering ROI?” *Advertising Age*，April 8，2013，p. 10；Rachel Bachman and Matthew Futterman，“College Football’s Big-Money，Big-Risk Business Model，” *The Wall Street Journal*，December 10，2012，pp. B1，B4.

电视的局限性

尽管从创造性来说电视是无与伦比的，但电视仍有几个缺点在一定程度上限制或阻碍了它的使用。这些问题包括高成本、缺乏可选择性、电视广告的瞬间性、广告干扰、有限的观众注意力和对电视广告的不信任。

成本

尽管电视在覆盖大量观众方面是有效的，但是作为一个投放广告的媒体，它非常昂贵。电视的高成本不仅源于购买播放时间的费用，也源于制作高质量广告的费用。一则全国性的 30 秒广告的制作成本平均为 35 万美元，更精致的广告甚至可以达到 100 万美元。[5] 许多广告主还要对特定族裔市场如非洲裔和拉丁裔市场制作专门的广告。[6] 许多广告主采用媒体导向的、富有创意的媒体策略，这一策略要求制作各式各样的广告，从而抬高了广告成本。甚至当地播放的广告制作费用也很昂贵，而且质量通常不高。制作和播出广告的高成本往往让中小企业的广告主望而却步。

缺乏可选择性

尽管节目的多样性及有线电视的出现使得电视也具有一定的可选择性，但是对于那些试图到达特定的、通常规模非常小的目标群体的广告主而言，电视的覆盖面超过了它的市场，从而降低了它的成本效益（如第 10 章讨论的）。地理的选择性对零售商这样的当地广告主来说是一个问题，因为电视台的广告费建立在其覆盖的全部市场的基础上。例如，宾夕法尼亚州匹兹堡的电视节目可覆盖到该州的中西部、俄亥俄州的东部、西弗吉尼亚州的北部，甚至马里兰州的部分地区。如果一家小公司的市场仅限于匹兹堡地区，那么它会发现电视不是一个有效的媒体，因为电视覆盖的区域远大于它的销售区域。

广告主在做广告时可以通过选择不同的节目，或者不同的播放时间来到达特定的目标群体，从而提高对观众的选择力。然而，电视依然不能像广播、杂志、直邮或线上广告那样在覆盖特定细分市场时提供相同的选择性。

信息的瞬间性

电视广告一般持续 30 秒甚至更短，不会留下任何有形的东西给观众去回味和思考。由于对广告播出时间的限制，广告变得越来越短，广告主试图在有限的媒体预算的情况下追求更好的效果。20 世纪 70 年代中期，30 秒的广告是标准广告，而在 1986 年，最主要的三家电视网开始接受在所有时段播放 15 秒的广告（儿童观看时间除外）。之后的 20 年内，这些短广告占据了 1/3 以上的电视网广告以及 15%的非电视网广告。然而，15 秒广告在过去五年间开始占据主流，目前占比和电视网广告活动接近（两者都是 46%）；15 秒广告在有线电视网的占比比 30 秒广告更高（分别是 47%和 42%）。30 秒长度的广告依然是非电视广告的主要形式，大约占据了卫星电视广告的 62%，与之相比，15 秒广告只占 28%。[7]

广告长度锐减的一个最重要原因就是过去 10 年媒体成本的上升，尤其是在黄金时段。随着黄金时间广告的平均成本上升近 10 万美元，再加上最受欢迎的节目要价高达 30 万美元甚至更多，许多广告主将短广告视为保持预算平衡的唯一方法。15 秒的广告成本大约是 30 秒广告的一半。通过采用 15 秒甚至 10 秒的广告，广告主认为它们可以制作更多的广告，以加强广告效果或到达更多的观众。许多广告主相信短广告可以花更少的钱达到与长广告一样的效果。

干扰

由于广告信息转瞬即逝，广告越来越短，加之广告主的广告信息只是广告时间内众多广告和其他非节目类信息的一则，所以，广告有可能不被注意。如第 5 章所述，广告主对电视广告最大的担忧就是这些干扰可能会削弱其传播效果。

广告主对短广告的使用进一步激化了这个问题。另外，电视网和电视台给自身的节目做宣传推广、增加更多的广告时间以及为热门节目重新分配时间，也加剧了干扰。下次你看电视节目的时候，计算一下在节目中间插播的广告、对新闻以及即将播出节目的预告宣传或者公共服务公告的数量，就会理解为什么干扰会成为一大隐患。

所有这些信息都在争夺我们的注意力，因此也就很容易理解为什么观众会感到困扰甚至恼怒，记不住或者无法识别不同广告主的产品或服务。广告主和代理机构一直给电视网施加压力，要求减少广告和其他干扰源。然而，电视网认为它们必须保持广告数量或增加广告量。干扰问题对于有线电视来说更为严重，因为各大电视网为弥补收视率的下降和广告销售的低迷市场环境，已经在加大广告量了。[8]广告主担心过度播放广告会降低其传播效果，并会使更多观众从传统电视转向诸如奈飞和亚马逊这样零广告的流媒体。[9]

有限的观众注意力

当广告主购买了某个电视节目的广告时间，并不是在购买有保证的曝光率，而是在购买向广大观众传递信息的机会。但日益有力的证据表明，播放广告期间观众的人数有所减少。在播放广告期间，人们会离开电视机，去卫生间，去吃零食或者喝饮料，或因其他事而分神。

近年来，将消费者的注意力吸引到广告上已成为一个更大的挑战；有近一半装有电视的家庭有 DVR，而收入超过 75 000 美元的家庭中有 80%都拥有 DVR。[10]而且，大多数家庭还拥有有线电视或卫星电视，平均能够收到 100 个以上的电视频道，这意味着人们有更多的选择。这些因素造成了跳过和转台的情况。**跳过**（zipping）指重放以前录制的节目时，一到广告便快进。随着 DVR 的持续渗透，越来越多的人收看录像节目并且在节目回放时选择在广告时间快进。这个问题和电视网的节目日程表安排交织在一起，因为热门节目总是在同一晚或同一时段"撞车"。因此，最受欢迎的节目总是需要录像。而且，这些剧集的收视对象通常是由 18～49 岁的高质群体组成，也是许多广告主高度觊觎的对象。TiVo 公司是数字视频录像的领先供应者。尼尔森媒体调查公司对那些在广告时段选择快进的人群也进行了收视行为研究，结果发现 18～34 岁的人跳过广告的次数更多，年长的女性跳过广告的倾向比年轻的女性低。[11] TiVo 旗下的 TiVo 研究分析公司向广告主销售 110 余家国家电视网的逐秒记录的节目、广告收视率以及实时率及时移率。这项服务名为"停止/收看"（Stop/Watch）。电视节目制作人及广告主可以利用这些信息分析受众的跳过行为，进而判断 DVR 对广告收视率的影响。

转台（zapping）指更换频道以避开广告。几乎所有电视机都配有遥控器，这使观众可以很容易转台。研究表明，在广告出现时，1/3 的观众会转台。[12]尼尔森的研究表明，转台的情况多发生在广告开始时，而在结束时较少。之所以会转台是因为广告时间太长且可预测。研究表明，成年人中年轻的比年长的更可能转台，男性比女性更可能转台。[13]

研究发现，在广告时间观众停下来不再看电视或转台是因为他们有自己的理由，或者他们想看看其他频道正在播什么。观众调进或调出并不是因为广告产品的种类，也不是因为广告的具体属性。[14]另一项研究发现，那些转换频道的人比那些没有换频道的人记住的广告品牌少一些。研究还发现，多数观众记住的品牌都是广告时间临近结束时的广告品牌，此时观众最有可能回到原节目。[15]

随着越来越多的消费者在广告时间转台以及可收看频道的增加，转台的程度也趋于上升。因此，电视网和广告主面临如何防止观众在广告时段转台以及更愿意接受广告的挑战。有些广告主相信，广告活动主题不同的制作执行方式是保持观众注意力的一个途径，而另外一些广告主认为防止看到广告就转台的根本方法是制作出更有创意的广告来吸引、保持观众的注意力。但是，说起来容易做起来难，事实上许多消费者压根儿就不愿意看广告。

技术的发展将使电视收看习惯继续发生改变，而这又将会影响收看电视广告的消费者数量。DVR 对于广告主来说仍将是个问题，尤其是像 Dish 电视网的 Hopper 设备，它可以帮观众自动跳过他们录下的所有电视节目中的广告，目前这种设备越来越受欢迎。[16]除了 DVR，电视的收视模式同样也受到另一时间转换技术的冲击，如有线电视运营商和一些卫星电视服务商提供的按需点播视频（VOD）业务。VOD 系统允许使用者互动式地选择和收看节目，通过 DVR 设备，他们可以暂停、快进或倒回节目。

近年来，通过 VOD 系统播放的电视节目不包含任何广告，电视网对这类电视节目的数量进行限制。它们不愿意让观众收看没有广告的电视剧，因为它们担心观众会习惯这种收视体验的形式。然而，电视网已开始在节目中加入广告，有线电视运营商和其他分销商也从某种程度上在使观众无法快进广告这方面达成一致。一些电视网开始将 VOD 系统收视率、网站收视率以及平板电脑和智能手机收视率加进它们给广告主提供的广告方案中。[17]

消费者可以按兴趣和自己的时间表收看电视的方式将使更多的家庭增加获取DVR设备和VOD服务的积极性。有越来越多的人，尤其是千禧一代，开始通过奈飞、亚马逊和Hulu这样的流视频订阅服务平台在线收看电视节目，这些平台在Roku、苹果电视及包含应用软件的智能电视这样的数字媒体设备上更易获取。电视网、有线电视网和地方电视台开始在自己的官方网站提供越来越多的剧集。电视业面临的挑战是适应这些可选择的收视方式，在保护传统广告商业模式的同时从新的收视方式获得收入。它们必须考虑到的是，许多人看电视的方式正在转变，因为观众在看电视时，还在使用笔记本电脑、平板电脑和智能手机。数字与社交媒体视点11-1讨论了多重任务处理和社交媒体如何改变我们看电视的方式，以及其对广告主的影响。

数字与社交媒体视点 11-1

感谢数字与社交媒体改变了我们看电视的方式

长期以来，电视一直是营销商的首选媒体，它们希望吸引大量观众并提供具有影响力的信息。然而过去十年，数字技术的发展对人们观看电视的方式产生了深远的影响，并正在挑战电视作为典型广告媒体的角色。近60年来，消费者观看的电视机从巨大的、像盒子一样的晶体管电视发展到轻薄电视。今天将近90%的家庭拥有高分辨率、像素完美的高清电视，而随着价格的下降，电视机尺寸越来越大；目前平均屏幕大小是42英寸。同时，超过80%的家庭拥有宽带，许多家庭拥有游戏机或其他可供连接的设备帮助他们将视频内容传输到电视机，如苹果电视、Roku、亚马逊火焰电视或谷歌电视棒。

尽管高清电视屏幕变得更大，各种设备使看电视变得像是在网上冲浪，但并不是每个人都认为电视“越大越好”。许多人反其道而行之，当他们观看最喜欢的电影、电视节目、体育直播时会选择笔记本电脑、平板电脑甚至智能手机。有时候，平板电脑拥有者会在有42英寸高清电视的房间中数小时盯着10英寸的屏幕。不论男女，都可能因为配偶或室友正在观看另一个节目，或者因为互联网连接通过计算机或平板电脑比电视设备更好，而一直盯着小屏幕。然而，越来越多的人已经厌倦了为有线电视或卫星电视服务支付每月超过100美元的账单，甚至不想用卫星天线获得免费信号。尼尔森公司估计，现在有超过500万“零电视”家庭经常通过他们的智能手机连接奈飞、Hulu或亚马逊金牌服务在互联网上观看电视节目和电影。

计算机、平板电脑和智能手机还给电视收看带来其他改变。事实上，这与你在阅读本书时的行为很相似：多任务处理。你最近一次看电视时没有上网是什么时候呢？比如发信息给朋友、发推特、上脸书、玩填词游戏或者玩《皇室战争》（Clash Royale）？你可能不记得，但这意味着你是近期尼尔森和雅虎研究中在看电视时使用移动设备或者计算机的那86%中的一员。在这个群体中，有40%的人使用他们的移动设备进行网络社交，33%的人使用各种应用程序，还有超过一半的人给家人和朋友发短信。

观看电视期间广泛的多任务处理和社交媒体消耗正在对电视行业产生重大影响。如果不能把注意力吸引到节目上来，那观众肯定就会看别的内容。尼尔森研究表明，46%的电视观众是因为通过脸书听说了一个节目，才开始观看，而推特以14%的比例排在第二位，电视节目的网站占比为9%，在线论坛为8%。另有70%的受众表示他们在节目播出时会通过社交媒体讨论该节目。大多数电视节目都拥有一个脸书主页，粉丝可以了解最新剧集，了解演员的更多信息，并参与赢得与节目相关的奖品。这让粉丝对节目更感兴趣。一些电视节目甚至通过脸书来提供抢先预告的视频让粉丝对即将播出的剧集感到兴奋。

推特也在影响着电视；许多电视台正在使用社交媒体平台同它们的粉丝进行互动。例如，很多电视节目在节目播出时在屏幕的底部显示主题标签，这样粉丝就可以轻松地在推特上看到别人对节目的评论，还可以加入讨论。每周都有数以百万计的电视迷不用离开自己舒适的沙发就能在推特上讨论电视节目的关键内容。尼尔森把过去几年的热门连续剧、特辑、体育项目以及每个类别中推送次数最多的推文进行了排名。在过去的三年里，AMC电视台的节目占据了连续剧排名中的前几位。2015年，平均有400万人至少看到过一则关于《行尸走肉》（The walking Dead）新剧集的推文，观众每集会平均发送424 000条推文。

颁奖类节目在推特上也很受欢迎，因为人们喜欢发布关于名人的推文。例如，在坎耶·维斯特（Kayne West）2015年MTV音乐奖发言后的一分钟内，人们针对他将会在2020年竞选总统的言论发布了248 000条推文，使之成为2015年推文次数最高的电视时刻。可能需要等一段时间才能看出他是否能做到发言中所说，以及金·卡戴珊（Kim Kardashian）是否会成为第一夫人。如果坎耶做到了，那很可能人们会一直发布与之有关的推文。

资料来源：Adrianne Pasquarellli，"The Next Generation Learns to Live without TV Sets," *Advertising Age*, April 18, 2016, p. 26; "Tops of 2015: TV and Social Media," *Nielsen Newswire*, December 8, 2015, www.nielsen.com/us/en/insights/news/2015/tops-of-2015-tv-and-social-media.html; Kevin Sintumuang, "Is a Tablet the Only TV You Need?" *The Wall Street Journal*, September 28, 2012, pp. D1, D2; John Jannarone, "When Twitter Fans Steer TV," *The Wall Street Journal*, September 5, 2012, p. B6.

不信任和负面评价

对许多广告批评家而言，电视广告使每样东西都拟人化了，这对一种产业来说是不适合的。批评家单单选择电视广告来批评是因为其普遍性和电视媒体的侵入特性。消费者对电视广告的进攻是无法防御的，因为他们控制不了信息的传送和电视荧屏上出现的内容。当电视观众认为电视广告有侵犯性、毫无信息价值，或播出过于频繁，或不喜欢其内容时，就会不喜欢广告。[18]研究表明，在以各种形式出现的广告中，电视广告是人们最不信任的。[19]而且，电视广告对一些特定的群体如儿童或老人的影响已引起了人们的日益关注。[20]

《2015年尼尔森全球广告信任度报告》（2015 Nielsen Global Trust）的数据（该数据来自一项对60个国家超过3万人进行的调查）显示，有63%的消费者表示，与报纸或者杂志的广告相比，他们完全或者比较信任电视广告。电视广告信任度远高于线上视频广告（48%）、搜索广告（47%）、网页广告（42%）以及移动广告（43%）。[21]

购买电视广告时间

购买电视广告时间的方法

广告主除了要决定是利用电视网广告还是地方台广告，还必须决定是赞助整个节目、参与节目还是在节目间隙插播广告。无论电视网还是地方市场都可以赞助或参与节目，然而只有在地方电视台才可以插播广告。

赞助

在**赞助**（sponsorship）形式下，广告主要承担节目内容制作和在节目中安排插播广告的责任。在电视发展的早期，许多节目由公司制作和赞助，并冠以公司名字，如《德士古明星剧场》（Texaco Star Theater）、《高露洁喜剧时间》（The Colgate Comedy Hour）。现在多数节目或由电视网制作或由独立制作公司制作，然后再把节目卖给电视台。独家赞助节目通常仅限于特定节目的赞助，而且一直在平稳下滑。一些公司，包括福特、贺曼、AT&T、通用电气、IMB

有时候仍然使用赞助的形式。

一家公司选择赞助一个节目有多种理由。赞助可使公司利用高质量节目的名气改善公司和产品的形象。公司赞助剧集的另一个原因是它可以控制广告的数量、播放位置及内容。只要总时间不超过电视网或电视台的规定，广告可以划分为任意长度。推广新产品线的广告主通常赞助一个节目，其中用几分钟的广告来介绍产品。这些因素使赞助对某些公司很有吸引力，但独家赞助却只有大公司才可能考虑，因为其费用非常高。大多数广告时间是通过其他方式（如参与）来购买的。

参与

绝大部分的广告主或者支付不起赞助费用，或者想拥有独家赞助形式所不能提供的更大的弹性空间。大约 90%的电视网广告时间是以**参与**（participations）的形式售出的，即电视网广告主购买一个或多个节目中的广告时间。广告主可以定期或不定期地一次或多次参与一个特定的节目。参与的广告主对节目的制作不提供资金，而是由销售和控制广告时间的电视网或单个电视台来承担。这种参与形式为广告主在市场覆盖率、广告排期以及预算方面带来了更多灵活性。广告主不必与一个节目有长期协议，可以在预算内调整经费来购买任何数量的参与性插播时段。这对预算有限的小广告主而言尤其重要。这种广告形式的另一个优点是，电视广告预算可分摊到许多节目，这使媒体广告排期可获得更高的到达率。

参与的缺点在于广告主几乎控制不了广告的安排，可供应性也是个问题。那些愿意承诺多个插播广告的广告主被给予优先权。试图在多个节目中购买单个插播广告的公司会发现，某些节目特别是黄金时段节目的广告时间已经卖完了。

插播广告

正如前面所谈到的，插播广告从地方电视台购得，通常在与电视联播网节目邻近的时间段播出（也称为**邻近节目**（adjacencies）），而不是在节目中播出。它经常被地方广告主使用。但是那些没有电视网时间安排的公司（由于投放插播广告或有限的预算分配）和那些既使用电视网广告又使用插播广告的大广告主也使用这种方式。

选择时间段和节目

广告主购买电视广告时间要考虑的另一个问题是为其广告选择恰当的时间段和节目。电视广告时间的费用根据一天中的不同时间段和不同节目而有所不同。因为这两个因素的影响，观众的规模会有所不同。电视节目的时间被分为几个具体的**时段**（dayparts），即一个播放日中的特定时段。

各电视台对每日节目时间段的划分不尽相同。而典型的划分方法如图表 11－2 所示。不同时段吸引的观众从数量到特征上都有所不同，因此广告费用也有所区别。黄金时段吸引的观众最多，因为每晚 8：30～9：00 的半个小时及周日晚上是电视最受欢迎的时段。在黄金时段播出广告的公司须支付更高的费用，因此这一时间段主要由全国性广告主控制。

图表 11－2　　一般的电视播放时段

早上	上午 5：00～ 9：00，周一至周五
白天	上午 9：00～ 下午 3：00，周一至周五
黄金期前段	下午 3：00～ 5：00，周一至周五
傍晚新闻	下午 5：00～ 7：00，周一至周六
黄金导入时段	晚上 7：00～ 8：00，周一至周六
黄金时段	晚上 8：00～ 11：00，周一至周六
	晚上 7：00～ 11：00，周日

晚间新闻	晚上 11：00～11：30，周日至周六
黄金期后段	晚上 11：30～次日凌晨 2：00，周一至周五
隔夜时段	凌晨 2：00～5：00，周一至周五

说明：表中所示为美国东部时区和太平洋时区时间。各地时段划分因市场和时区而异。

不同的时段对广告主来说很重要，因为它们吸引着不同的观众群。例如，白天的节目通常吸引女性，清晨的节目吸引女性及儿童。黄金期后段（深夜）则受到以年轻消费者为目标的广告主的青睐，这些年轻人常收看 CBS 的《史蒂芬·科尔伯特的晚间秀》（The Late Show with Stephen Colbert）、ABC 的《吉米·坎摩尔脱口秀！》（Jimmy Kimmel Live!）和 NBC 的《吉米·法伦今夜秀》（The Tonight Show with Jimmy Fallon）。观众规模和人口构成也根据节目类型有所不同。

电视观众测量

投放电视广告需考虑的最重要因素就是观众群体的规模和构成。测量观众对广告主以及电视网和电视台来说都非常关键。当广告主购买某个特定节目的广告时段时，它们希望了解节目所覆盖的观众规模和特点。由于广告主所付的广告费用是观众规模大小的函数，因此它们想确认观众测定的准确性。

观众规模和构成对电视网或电视台也很重要，因为这决定了它们对广告时间的具体索价金额。许多节目经常被取消是因为它们不能吸引足够的观众，从而不能吸引潜在的广告主购买广告时间。测定观众规模的方法不是一门精确的科学，多年来一直存在很大的争议。以下我们将讨论如何测定观众规模以及广告主如何利用这些信息设置它们的媒体排期。

观众规模测定

电视观众的规模和构成通过收视率调查来测定。现在唯一可以提供电视网及地方观众信息的公司就是尼尔森媒体调查公司。尼尔森通过对拥有电视家庭的抽样调查得出整个地区观众群的信息。收集待测观众信息的方法有电子测试技术、日记法及设备中的嵌入软件。尼尔森提供了可以用来测定和评估电视台观众规模的各种信息。这些测定对媒体策划人员很重要，因为他们要评估购买一个节目广告时间的价值。

电视用户 一个用来测定观众规模的重要指标是一个市场中拥有电视机或者可以用来观看电视节目的电脑的用户估计数。尼尔森将**电视用户**（television household）定义为至少有一台可运行的电视机或显示屏，能够通过传统的天线、机顶盒或卫星接收器和/或宽带连接传送视频的家庭。这一最新定义包含那些没有安装天线、机顶盒或卫星接收器但仍能通过网络观看视频的用户。由于超过 98%的美国家庭都拥有电视机且能收看电视节目，电视用户数量通常等同于特定市场中的家庭数量。根据尼尔森国家电视用户综合估计数（Universe Estimates），美国 2015—2016 年收视季有 1.164 亿电视用户。

节目收视率 针对观众测量最有名的数据也许就是**节目收视率**（program rating），它是指在某一地方的特定时段内，电视用户将电视频道调到某一特定节目的百分比。它是通过将调到特定节目的电视用户的数量除以该地区电视用户的总量计算出来的。比如，如果全美有 1 000 万个电视用户收看《生活大爆炸》，那么该节目在全美的收视率就是 8.6。算法如下：

$$\text{收视率}=\frac{\text{调到某一特定节目的电视用户数量}}{\text{全美家庭的数量}}=\frac{10\ 000\ 000}{116\ 400\ 000}=8.6\%$$

节目收视率中的一个**收视点**（rating point）代表某一特定地区的所有家庭电视用户中有 1%调到了某一特定节目。从全美范围来看，1%代表 1 164 000 个家庭。所以，一个像《生活大爆炸》这样的有近 9 个点的高收视率节目，每周将到达 1 050 万个家庭（9×1 164 000）。

节目收视率对电视台来说是关键数据，因为电视台是以它为基础来收取广告费。收视率对电视网和各家电视台都很重要。收视率一个点的变化就能导致一个广播公司或有线电视网赢得或失去几百万美元的广告收入。广告主也密切关注收视率，因为这些收视率是决定观众规模和商业收益的关键因素。

家庭开机率 **家庭开机率**（households using television，HUT）是指某一特定地方、某一特定时间段收看电视的家庭百分比。这个数字有时还指使用中的电视，它通常用百分比来表示。例如，如果美国7 000万个拥有电视的家庭在周四晚上9：00将电视打开，那么使用电视的家庭就是60%（7 000万除以1.164亿）。电视使用率的变化很大程度上取决于时间段和季节。

视听众占有份额 另外一个重要的测定观众规模的指标是**视听众占有份额**（share of audience），它是指在某一特定时间段调到某一特定节目的使用电视的家庭百分比。由于这个数字只是以打开电视的家庭为基础的，它考虑到了正在使用的电视数量和可能看电视的观众总量的差异。视听众占有份额是通过调到某一特定节目的电视用户数（HH）除以拥有电视的家庭数（HUT）计算出来的。所以，如果美国有7 000万个家庭在晚上8：00播放《生活大爆炸》的时间段内开着电视，那么视听众占有份额就是14.3。计算方法如下：

$$\text{视听众占有份额}=\frac{\text{调到某一特定节目的电视用户数}}{\text{美国使用电视家庭数}}=\frac{10\,000\,000}{70\,000\,000}=14.3\%$$

视听众占有份额总是比节目收视率高，除非所有的家庭都在看电视（在这种情况下它们是相等的）。视听众占有份额这一数字很重要，因为它表明一个节目办得如何及被收看的可能性。比如，深夜看电视的人数大多会减少，那么评估某深夜节目好坏的最好指标就是相对于竞争节目的该节目的视听众占有份额。

收视率服务还提供一种观众统计，即**观众总量**（total audience），也就是对一个电视节目收看5分钟以上的家庭总数。这个数字还可以继续按人口特征细分，以提供观众组成方面的数据。

全国电视观众信息

尼尔森媒体调查公司有一项全美电视观众收视率服务项目，它为广播公司和主要有线电视台提供每日、每周所播节目的全国收视群体的规模和构成的收视数据。为了测量观众收视信息，尼尔森根据美国家庭人口数量在全国精心挑选了约2.5万个家庭。

被广泛引用的尼尔森收视率正是基于由电子记录技术所监测的这一跨区域的家庭收视模式所获得的数据。**个人收视记录仪**（people meter）是一种电子测量仪，它吸收了老式的电视自动测量仪的技术，不仅能记录下受测家庭正在收看什么节目，而且能记录有谁在收看。该装置是一个有8个按钮的小盒子——6个供家人使用，另外2个供来访者使用，可以放在电视机上方。它的遥控器能在房间任何地方使用。抽样家庭的每位成员都有自己的按钮以显示他在看电视。该装置还配备了一个太阳能传感器，以提示收视者在房间内打开记录仪，离开房间时关闭记录仪。

个人收视记录仪收集到的收视信息先是存储在家庭系统里，然后再由尼尔森系统回收。收集的数据里不仅包括谁在收看电视，还包括什么时候打开电视、收看的是哪个频道、什么时候关掉电视。收视者的人口特征也存储在该系统里，根据这些特征，可以确定观众情况。尼尔森的运营中心每周对所有信息进行一次加工，然后发送给电视业和广告经营业的用户。尼尔森还通过对全国56个市场中安装有个人收视记录仪的家庭进行抽样，以提供整个晚上的收视结果。

地方电视观众信息

地方电视观众信息对于地方广告主和进行全国广告购买的公司都很重要。尼尔森媒体调查公司地方市场观众信息测量服务名为“尼尔森驻地指数”（NSI），在被称为**“指定市场区域”**（designated market area，DMA）的210个地方市场测量观众数据。DMA系用于策划、购买和评估市场观众的非重叠区域，通常是一组县镇，其驻地位于大都市或中央区域以达到最大的受众份额。NSI提供有关指定市场区域观众观看时间、观看节目、受众规模及人口结构等相关信息。

除了全国观众数据测量之外，尼尔森公司还通过电子和计量科技在56个最大的地方市场测量电视观众信息。其中，在25个市场使用地方收视率测定仪（LPM），在另外31个低于LPM使用水平的市场使用电子仪表仅测量电视机正在显示的频道。这一信息每年至少增加4次，并通过不同家庭样本以填写7天观看日志（拥有数字视频录像机的家庭填写8天观看日志）方式收集相关人口数据。更小的市场（指定市场区域排名60之外）现在只通过纸质日志加以测量，但尼尔森也计划在其中一些市场使用电子测量手段。

在名为**“扫频周期”**（sweeps periods）的评级阶段，尼尔森在每一个地方电视市场每年至少测量观众数据四次。这一术语可以追溯到20世纪50年代，当时尼尔森开始向家庭邮寄日志以报告结果，首先从东海岸市场开始，进而拓展到全国。评级阶段位于11月、2月、5月和7月。在一些规模较大市场，尼尔森则提供额外3个电视网地方收视率测定月的观众信息。在扫频周期收集到的观众信息被地方电视台和有线系统用于节目调度，并且是广告时间定价和出售的基础。

一些广告经理和媒体购买者对于在扫频周期收集的地方观众概数表示怀疑，认为电视网络及其地方分支经常利用特别规划和推广努力在扫频周期内提升其评级，然而期间收集的数据并不能代表年内其他时间的观众规模。[22]

针对尼尔森测量系统的担忧主要集中在使用纸质日志测量地方市场的观众。这一系统要求取样家庭持续统计哪位家庭成员观看何种节目。考虑到目前电视节目众多，以及越来越多的人通过数字视频录像机和手机、平板电脑与个人电脑观看电视节目，尼尔森取样对象很难在日志中记录其电视节目观看情况。一些家庭并未返还日志，一些返还日志的填写也不完整。尼尔森承认其针对地方市场的测量系统存在问题，并采取措施纠正问题。[23]

观众测量的发展

多年来，广告业一直在呼吁改进对全国和地区范围的观众测量方法。它们认为新的数字技术将引领收视习惯的变化，包括观众在何时何地如何收看电视。许多电视网及广告业的工作人员认为，尼尔森测量系统在电视机拥有量、传送系统、可选择的节目数量及观看平台呈现爆炸性增长的今天，开始显得有些力不从心。但是广告主和媒体策划人员也指出，这些发展正在对观众的规模和构成、广告主的使用以及支付电视媒体费用的方式产生巨大影响。过去十年中，电视观众测量所遇到的主要问题是，观众想要摆脱只能在特定时间和特定平台观看安排好的节目的**线性电视观看方式**（Linear TV）。

广告主关注的一个重点是广告收视的测量而不是节目的收视率。2007年尼尔森开始提供名为“C3”的**广告收视率**（commerical ratings）数据，包括首播时和3天之内通过DVR回放时广告平均每分钟收视数据的监测。[24]新的数据不是跟踪单一的广告片或特别时段播出的广告，而是提供在节目中所有广告时段的全国收视数据的平均数。因此，广告主支付广告费的依据不只是电视的线性使用方式，还包括有多少观众收看实时广告及3天内通过DVR回看已播出节目的数据，而不仅仅依据传统的节目收视率。

尽管尼尔森目前的“C3”收视率数据被看作旧监测系统的一项改进，但许多在电视和广告行业内工作的人仍然不满意该系统，尤其是目前电视节目收视率在不断下滑，而通过DVR和视频点播（VOD）进行时移观看已成为主流。许多电视网执行官开始主推“C7”收视率，包括首播时和7天之内的电视节目及广告收视率，他们认为许多节目的收视率在7天范围内是持续增长的。[25] 2014年，尼尔森可同时提供“C3”和“C7”数据；然而，业内人士仍不断提出，还需要更好的测量方式来说明所有播放平台的收视率，以判定一个节目的总收视率及收看方式。

2016年，尼尔森开始推出其“总体受众测量”服务系统。这是一个来源单一的平台，用来说明从线性电视节目到DVR、VOD以及可与电视连接的设备（包括流视频设备及游戏机、已激活的智能电视、平板电脑、智能手机以及个人电脑）的总体收视数据。[26]这一新测量系统的测量对象是目前被“C3”和“C7”系统所忽略的受众，它也能在电视节目收看模式方面提供更深刻的见解。这一新系统能够判定受众总体上在设备上花费的时间，并将节目收视率和那些特定节目对应起来。举例来说，在这一系统的早期测试中，尼尔森将一个电视节目的收视率划分为六类（见图表11－3）。从表格可以看出，45%的受众在实时播出时收看节目，另有32%的受众在播出7天内通过DVR回看该节目。其余23%的受众分别是通过将视频导入个人电脑或移动设备、35天内的视频点播、节目播出8～35天内的DVR回放以及可连接电视的设备来收看节目的。尼尔森正在研发一种叫作“电视总体使用”（Total Use of Television）的新测量方式，通过补充可连接电视设备的线性收视数据，为电视使用提供完整数据。[27]

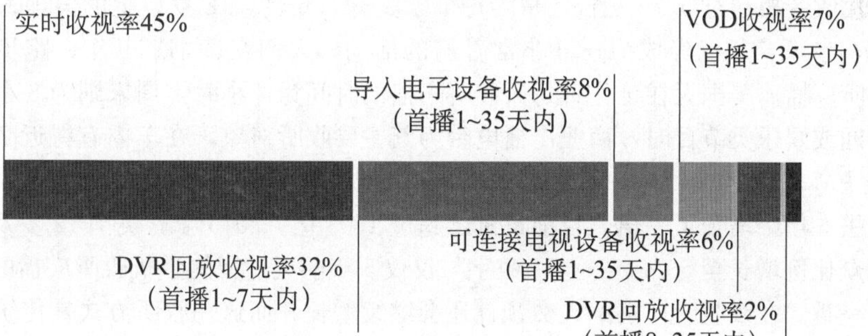

图表11－3 电视节目的收视率类别

作为新的“总体受众测量”服务系统的一部分，尼尔森还增加其全国样本规模至4万个家庭，这代表了10万名受众，包括1万余台电视机和5万余台连接设备。[28]虽然广告主将广告收视率的出现视为节目收视率的一项重要改进，但它们仍然关注有多少收视观众能够被监测到。虽然个人收视记录仪使用范围的扩展相比日记法有所改进，但有批评指出这仍需要受测家庭的长期合作。尼尔森指定的家庭电视观众中包括孩子在内，这些电视观众在每次开关电视机时必须用力按事先指定的遥控器上的一个数字。媒体研究人员认为，尼尔森所调查的家庭中的孩子们往往忘了按这一数字，而在尼尔森所调查家庭样本框中存在接受收视调查两年以上的成年人早已厌烦了这种操作。业内一直呼吁主动式测量系统的使用，这样可以使监测家庭的人更少地介入监测过程，获得更精确的节目收视数据和广告收视数据。[29]

尼尔森一直致力于观众测量的挑战。该公司目前在为一些电视网测量离家（比如在健身俱乐部、酒吧和酒店以及中转场所）收视率。[30]尼尔森开始通过收集其全国部分家庭样本中离家求学的大学生的收视模式信息来监测大学生收视模式。尼尔森“延伸的家庭”（Extended Home）研究项目使用了个人收视仪，将其安装在遍布全国的大学生宿舍和公共区域、大学女生联谊会和兄弟会活动中心、大学校外周边的房子中，以跟踪调查学生的收视模式。

“延伸的家庭”研究项目的一个非常有趣的发现是：大学生收看电视的习惯与其他18～24岁的年轻人无异。大学生每周看电视的时间达30小时，同时他们也大量收看晚间节目（晚上11：00以后）。收视数据显示喜剧中心频道的《南方公园》（South Park）是18～24岁的男大学生中收视第一的有线电视节目；动画节目在大学生中相当流行；女大学生收看体育节目的数据高于媒体专家的预期。[31]

广　播

电视通常被认为是理想的广告媒体，对大多数人来说，它将产业的荣耀和刺激人格化了。另一方面，广播却被认为是过时的，在制定媒体策略时并不是首选。在电视发展以前，广播也曾是电视网节目和全国广告主的必争之地，如今它已演变为一种重要的地方广告媒体。全国联播网广告在广播收入中的比例不到5%。然而，广播自认为它在所有媒体中拥有最广泛的大众到达率，同时可以通过众多形式及网络向广告主提供受众细化功能。广播已经发展成为一个以节目高度专业化、受众面非常窄为特征的媒体。

作为一个广泛使用的媒介，广播对广告主的重要性可以用数字做最好的阐述。目前，美国有超过11 300个商业广播电台，包括4 700个中波（AM）广播电台和6 600个调频（FM）广播电台。在用收音机超过5.76亿台，平均每个家庭有5.6台。12岁以上的美国人每天听广播的比例达77%。听广播已经成为一种非常普遍的活动，人们在读书、开车、跑步、工作或社交时都可以听广播。美国人在工作日每天收听广播的时间为2小时，周末则为3小时。人们在车里收听新闻或娱乐类节目时，商业广播电台为其主要收听对象，在车内有将近2/3的时间是花在AM或FM电台上的。人们会花更多时间通过电脑和/或移动设备收听广播；在线广播受众人数在过去6年中增长了一倍，目前每月已超过1.03亿。2015年，美国12岁及以上在线收听广播的听众比例增长至53%——这一数字与仅仅5年前通过智能手机收听广播的听众比例相比几乎翻了一番。在线收听广播的人数预计还会继续增长，而这一收听方式是传统广播收听方式的补充而非替代。[32]这种无处不在的媒体并没有被广告主忽略；在高度竞争的媒体环境中，广播广告的年收入在2011—2016年间持续稳定在170多亿美元。

广播是消费者生活方式的一部分，具有能够到达消费者并影响他们购买行为的力量。广播之所以能够作为一种广告媒体生存下来并日渐繁荣，完全是因为它可以给广告主提供特定的优势以使它能向潜在的顾客传递信息。广播业将这种优势向广告主进行了推广并鼓励它们使用这种媒体。

广播的优点

广播具有优于其他媒体的优点，这反映在成本效益、接受度、选择力、灵活性、想象力以及整合营销机会等方面。

成本效益

广播作为广告媒体的主要优势之一就是成本低。广播广告制作起来花费并不大，一般仅需要能被播音员朗读的稿件或能用于电台广播的预先录制好的广告。广播的播出时间成本也低。广播网的每分钟成本只有5 000美元，转换成千人成本只有3～4美元。本地广播广告的千人成本相比本地电视广告要低得多。较低的相对成本使广播成为最有效的媒体之一，较低的绝对成本意味着进行有效的广播活动所需的预算比其他媒体低。

广播的低成本意味着在一定的预算下，广告主可以在其媒体计划中进行到达率更高、频次更广的广告投放。广告可以在不同的电台播出，以扩大覆盖面，或播放更多的广告以确保足够的广播次数。广告主可以将广播作为一个快速和相对便宜的方式来获得知晓度。广播广告比电视广告制作期短，公司可以经常使用广播广告。许多全国性广告主已经认识到广播广告的成本效益，并将其作为媒体策略的一部分。

接受度

广播通常可以为广告主的广告信息提供一个更容易接受的环境。广播广告管理局（Radio Advertising Bureau）和一些研究性企业联合进行的研究显示，与电视广告或互联网广告相比，消费者感觉广播广告与其个人的相关度更高一些。[33]研究发现，广播听众与广播媒体有着独特的关系，因为他们与经常收听的广播电台有着更多的情感连接。当广告信息设计和安排得很恰当时，这种情感连接可以使消费者更愿意接受广播广告。在近期一项涵盖了北美 220 个广播电台的 4.1 万名听众的调查中，消费者给出了收听广播的原因。[34]该调查发现，虽然收听广播的主要原因是“想听我喜欢的歌曲”，但还有许多原因是源于情感并与获取信息有关的。研究也发现消费者感觉广播广告与他们个人的相关度更高。这也许是因为广播广告的本质，它们常以特色电台听众的地理和心理特征为目标，这一点下文将会讨论。

选择力

广播的另一大优点是可以通过不同的广播方式及许多电台不同的覆盖面形成较强的听众选择力，广播可以使公司将其广告集中于特定的听众群，如特定的人口和生活方式群体。大部分地区有许多不同风格的电台，如成人时代、轻松音乐、古典音乐、乡村音乐、新闻、脱口秀、爵士乐、全天候新闻等一些形式。图表 11－4 展示了不同年龄段的广播听众收听不同广播形式的比例。从这些数字中可以看出，摇滚乐、当代流行电台/前 40 名榜单、强节奏音乐和另类曲风在 18～24 岁和 24～34 岁年龄段受众中占比很高；新闻/谈话类和成人标准形式的受众大多在 45 岁以上。对于难以捉摸的年轻人、大学生和上班族而言，相对于其他媒体来说广播更容易覆盖到他们。

图表 11－4　　分年龄段广播形式占比（%）

形式	18～24 岁	25～34 岁	35～44 岁	45～54 岁	55～64 岁	65 岁以上
成人时代	14.1	20.3	22.4	21.8	14.0	6.2
成人热点	12.5	17.0	24.4	28.7	12.4	2.8
成人标准	2.1	1.5	7.3	14.8	22.4	45.9
全天候新闻	4.4	7.8	14.2	23.1	24.2	22.8
全天候体育	4.7	19.8	22.9	21.8	17.0	10.9
全天候谈话	2.9	12.9	18.7	22.4	22.6	21.3
另类曲风	19.1	26.9	22.2	17.0	10.4	2.0
当代流行电台/前 40 名榜单	27.2	28.4	22.3	14.5	5.6	1.7
古典名曲	9.2	13.2	15.4	26.7	23.9	7.3
古典摇滚	11.2	16.5	20.4	30.1	18.2	2.5
古典音乐	6.0	11.2	14.6	18.9	15.1	29.6
乡村音乐	15.9	20.7	16.6	18.9	15.1	13.0
轻音乐	0.8	3.8	6.7	14.2	23.0	59.6
民族音乐	8.5	8.2	25.9	29.7	16.3	15.3
福音音乐	6.3	11.6	16.6	21.0	23.2	22.6
拉丁音乐（全类）	12.2	21.6	22.6	22.0	10.8	7.7
热门成人时代（成人时代的特别节目）	18.4	22.6	25.1	18.6	10.9	
爵士乐	4.0	10.2	13.8	21.5	24.8	17.5

续前表

形式	18～24岁	25～34岁	35～44岁	45～54岁	55～64岁	65岁以上
墨西哥/特哈诺/朗雀拉（拉丁音乐的特别节目）	15.1	25.5	21.4	22.4	9.0	4.4
新闻/谈话节目	3.6	10.6	15.1	20.6	23.3	24.9
怀旧金曲	9.6	11.6	10.6	22.5	26.6	15.0
公益/非商业性节目	5.5	15.9	19.3	19.4	20.0	15.1
宗教/基督教节目	9.9	15.9	20.5	22.2	17.6	10.8
强节奏音乐	32.6	29.6	19.3	11.8	4.7	0.8
摇滚乐	19.5	25.5	23.1	20.3	9.3	1.4
舒缓成人时代/轻摇滚	7.8	17.6	17.7	23.5	17.6	12.6
拉丁成人时代（拉丁音乐的特别节目）	12.8	22.7	23.3	21.8	11.4	4.7
热带音乐（拉丁音乐的特别节目）	13.5	23.2	23.4	20.7	8.6	7.1
都市音乐	25.4	24.6	18.3	16.2	10.2	4.4
多种类/其他	9.4	18.1	17.8	20.2	20.0	10.6

注：本数据来自18岁以上成人（由于四舍五入，总和可能不是100%）。

资料来源：Radio Format Profiles，Why Radio Fact Sheet，Radio Advertising Bureau，2016.

广播能覆盖到其他媒体鞭长莫及的消费者。少数电视观众听广播的时间比看电视的时间更长，这些人根据其收入及受教育程度的不同形成了一个广大的市场。少数阅读杂志和报纸的人花费更多的时间在广播上。广播已成为覆盖特定非英语族裔区域市场很受欢迎的方式。洛杉矶、纽约、达拉斯、迈阿密有几家电台用西班牙语广播，以覆盖拉丁裔市场。因为大众化的无差异营销已经开始逐渐为细分市场和地区营销所取代，所以广播的重要性将越来越明显。

灵活性

因为广播的截止期很短，也就是说广告主在广告即将播出时仍可以改变广告的内容，所以广播可能是所有广告媒体中最灵活的。广播广告的制作和计划可以在很短的时间内完成，也很容易根据当地市场的条件和市场形势进行广告内容的调整。

想象力

广播广告的潜在优势经常被忽略：它鼓励人们在听到广告时充分发挥自己的想象力。广播的创意是有限的，但是许多广告主正是利用广播广告没有视觉因素的好处来使消费者发挥自己的想象力去想象广播广告的情形。

通过**印象转移**（image transfer）技巧，广播广告也可以加强人们对电视广告的印象：将电视广告的印象注入广播广告。[35]首先，广告主制作一个有图像效果的电视广告。然后，用与电视广告相似或相同的听觉部分（词句或韵律）来制作广播广告。这样，当消费者听到广播广告的声音之后，就联想到了电视广告，也就加强了对电视广告的印象。这种印象转移使得广播广告与电视广告能够协同发挥作用。

整合营销机会

广播为营销商提供了多样化的整合营销机会。广播可以与电视、杂志、报纸、互联网以及社交媒体等其他媒体相结合，为广告主提供建立知名度以及信息传播的协同效应。广播业近来赞助了一项重要的研究，旨在确定广播与其他媒体结合时如何发挥作用。研究发现，广播和电视、报纸及互联网的配合使用将对许多方面产生积极影响，包括品牌知名度、品牌选择、情感连接、购买意图以及网页访问。[36]营销商也可以将广播与数字及社交媒体应用（如脸书和推特）相结合，让听众能够发布音频内容，同时收听歌曲和最新消息。广播台网页以及它们的脸书、Instagram和推特主页也可以用来建立听众数据库，通过促销和交易吸引听众。

广播也可以和整合营销传播中的多种其他工具相结合，如销售促进、事件营销、公益营销。广播电台是许多传播活动不可分割的一部分，电台音乐DJ和节目主持人常常是广受欢迎的、具有影响力的人物。广告主常会联合使用广播电台和电台名人以加强它们对本地市场的涉入并对本地零售商形成影响。广播广告可以在地区性/购买点促销活动中有效地发挥作用。零售商经常在特价销售或促销中利用现场的广播来吸引顾客到它们的商店购物。现场直播经常与公益营销结合使用。营销商经常赞助广播直播，包括一些在海滩上举办的促销活动、体育竞赛、节日庆典，同时还设置一些售货亭摆放公司的样品和赠品。

广播的局限性

一些因素限制了广播作为广告媒体的有效性，如创意的局限性、分散性、混乱的购买程序、有限的研究数据、听众的注意力有限、数字媒体的竞争、干扰等。媒体策划人员在考虑这种媒体在广告策划中的作用时必须考虑到这些因素。

创意的局限性

广播作为广告媒体的主要缺点在于缺乏视觉图像。广播广告的广告主无法展示产品、做示范或运用任何视觉吸引或信息。与电视广告一样，广播广告也是短暂的，转瞬即逝，并以其自身的速度播放，观众无法控制其播出的进程。这种创意的局限性，使得许多公司倾向于忽略广播，而广告代理公司也仅将初级业务人员分配在广播广告业务中。

分散性

另一个问题是电台数目众多造成的听众高度分散性。人们调至同一个电台的比例通常是很低的。即使那些在很多中波和调频比比皆是的大都市中享有最高收听率的电台，其听众人数占整个听众人口的比例也不到10%。需要将其广告信息通过广播来传输的客户不得不去多家电台购买广告时间，哪怕仅仅是为了覆盖一个地区性市场。

混乱的购买程序

显然，如果一个广告主想用广播来覆盖全国市场，那么它的媒体计划和购买过程将会非常混乱。在全美范围内播出的商业电台共有11 300家。哪怕只对其中的一小部分收集信息、评估或签订排期合同，都将是非常困难且耗时的。不过，近年来随着可以提供数百家电台的一揽子交易的广播网和联播节目的增多，这种情况略有缓解。

有限的研究数据

广播的听众研究数据通常是有限的，特别是与电视、杂志、报纸相比。大部分电台都是些小型营运机构，缺乏对其听众进行详细研究所需的资金。而广播的客户大都是本地的公司，没有能力支持在其市场中的听众调查。这样，媒体策划人员在广播媒体中就无法获得像其他媒体那样的听众信息，以指导他们去购买广播的广告时间。

听众的注意力有限

困扰广播广告的另一个问题是很难使听众对广告保持注意力集中。广播节目，尤其是音乐，往往是作为听众进行其他活动的背景声音，可能不会吸引听众的全部注意力。这样，他们就会错过全部或是部分的商业广告。能吸引听众的一个收听环境是在汽车中。但是，让听众注意到广告仍然是困难的。许多人都预调好收音机，到广告时间就转台。但埃弗里·阿伯奈西所做的研究表明，广播节目的覆盖面和针对汽车内听众的广告覆盖面有很大的出入。他们仅收听到广播节目的一半，就不断地转台以避开广告。[37]不过，在一项由Arbitron公司和Coleman调查公司进行的研究中，通过比较广告时段的每一分钟和广告播放前一分钟听众数量水平来分析广告时段听众的保有程度。[38]结果发现平均有92%的听众在广告时段的开场部分会停留，几乎所有的听众在一分钟的广告段内会停留。另一个分散机动车辆内听众注意力的原因在于手机的发展。一项最近的研究发现，一半的上班族被调查者由于有了手机而在过去一年里减少了听广播的时间。[39]许多消费者在开车的时候使用手机，听的也是手机或者流媒体设备中下载的歌。

数字媒体的竞争

广播同样面临几种数字技术对听众收听广告所造成的影响。对传统广播的一个主要威胁是卫星广播的增长，它通过覆盖东海岸及西海岸的卫星发射信号给可以进行数字解码的接收器。卫星广播巨头天狼星XM公司（SiriusXM）于2008年由两大卫星广播公司（Sirius和XM广播）合并而成，目前有近3 000万用户。[40]卫星广播的主要目标对象是车主，他们需要花费100美元购买接收器并每月支付13美元左右的无广告的数字广播收听费。这种广播包括140多个频道，内容涉及音乐、新闻、谈话、体育和儿童节目。然而，天狼星XM公司通常将其他市场作为自己服务的对象，包括家庭、商业、互联网/移动设备、便携式广播、轮船、飞机等。

天狼星XM的音乐广播台是不含广告的，而谈话类频道大概每小时有6分钟广告。其广播节目以大名鼎鼎的娱乐界人士著称，如通俗节目主持人霍华德·斯特恩（Howard Stern）、詹妮·麦卡锡（Jenny McCarthy）、劳拉博士（Dr. Laura）等。天狼星XM支付了巨额资金以获得专业体育和大学类体育赛事的转播权，比如NASCAR赛车。它们同样也增加了为本地听众量身定制的节目，如交通节目和天气预报，比本地市场传统广播电台更具竞争力。

除了卫星广播外，传统广播也将面临快速流行的苹果iPod之类的MP3播放器和在互联网上随处可见的音乐服务带来的重要影响，这些音乐服务流媒体包括潘多拉（Pandora）、Spotify和苹果音乐。而广播广告局所做的研究表明，超过80%的司机称中波和调频广播是他们在车里的主要娱乐设备。

干扰

干扰是广播媒体与其他广告媒体共同存在的问题。大部分的电台平均每小时会播出10分钟的广告。在听众比较青睐的早高峰或晚高峰时间广告的时长也许还会超过12分钟。造成干扰的另外一个原因是一些电台提供更多没有广告的音乐以吸引听众。这一尝试导致即使更多广告在很短的时间内播出，也可能会有听众调台而不是听完整段广告。广告主必须制作打破干扰的广告，并不断重复播放以确保它们的信息传递给消费者。爱迪生调查公司（Edison Research）所做的一项广播听众的研究表明，参与者认为干扰广告比重的增加是导致听众收听时间减少的一个原因。[41]

广播行业正在寻求其他方式使广播广告对于广告主而言更具价值。2010年，清晰频道（Clear Channel Communications），现在叫作“爱心媒体”（iHeartMedia）开始向广告主提供一种名为“情境广播广告”的新服务，能够自动在特定的节目之后或者确定的某类型内容（包括其他广告）之后立即插播广播广告。[42]一些公司已经开始使用这一服务以便更好地提供针对性的广播广告信息。例如，沃尔玛发布了AC/DC摇滚乐队《黑冰》（Black Ice）专辑广告，该专辑在沃尔玛店内专卖。在清晰频道的各种摇滚节目中，这则广告会在乐队演奏的歌曲后即刻播放。GEICO也使用了这一服务，在汽车、摩托车和房车广告之后播放其“节省您15%的保险费用”的主题广告。

听众信息

广播的一个问题是缺乏听众信息。因为存在多家电台，结果听众群小且分散，电台无力支付进行详细观众测量的费用。而且，广播是附加媒体或作为背景声音出现的特质，也使得精确测量在不同时段谁在收听广播、听多久变得十分困难。尼尔森音频（Nielsen Audio）是本地电台听众和网络听众信息的主要提供者。很多年来，广播听众的信息都是由 Arbitron 提供的。但 2012 年尼尔森提出收购 Arbitron，并于 2013 年被联邦贸易委员会批准。此次收购使尼尔森媒体调查公司几乎掌控了电视和广播行业的收视收听测量领域。[43]

尼尔森音频

尼尔森音频的测量范围涵盖了近 300 个地方广播市场，每年出 2～4 篇报告。在每个地方市场，尼尔森都有听众代表，每七天写一份广播收听日记。听众估计报告就是基于这些日记记录，分时段并按客户签订的《广播市场报告》（*Radio Market Report*）中的选定区域撰写的。图表 11－5 提供了 18～49 岁目标听众在每日不同时段的收听率报告样本页。广播收听率报告中的三个基础估计指标是：

- 人数估计——预计的听众人数；
- 收听率——在调查区域内的听众百分比；
- 份额——全部的预计听众的百分比。

这三个估计指标是由平均每 15 分钟收听人数和 15 分钟总收听人数来确定的。**平均每 15 分钟收听人数**（average quarter-hour figure，AQH）表示在一段时间的任意一个 15 分钟内，收听某一电台不少于 5 分钟的平均预计人数。例如，KCBQ 电台在工作日的上午 6：00～10：00 时间段内的 AQH 为 2 500，这就意味着在任何一个工作日中的 6：00～10：00 时间段任一个 15 分钟内，平均有 2 500 个年龄在 18～49 岁之间的人在收听这个电台。这个数据帮助确定了在一个特定时间段内听众与播出成本的情况。

总收听人数（cume）代表在一个时段内每 15 分钟收听某个电台至少 5 分钟的总人数的估计值。图表 11－5 显示，在 KCBQ 电台工作日的上午时间段，18～49 岁的总收听人数为 26 300。总收听人数反映了一个电台的潜在影响力。

图表 11－5　尼尔森收听率及收视率报告样本页

	目标受众，年龄为 18～49 岁							
	周一至周五早 6：00～10：00				周一至周五上午 10：00～下午 3：00			
	AQH（百人）	CUME（百人）	AQH Rtg	AQH Shr	AQH（百人）	CUME（百人）	AQH Rtg	AQH Shr
KCBQ								
METRO	25	263	0.2	0.8	40	365	0.3	1.3
TSA	25	263			40	365		
KCBQ-FM								
METRO	101	684	0.7	3.1	117	768	0.9	3.7
TSA	101	684			117	768		
KCEO								
METRO	11	110	0.1	0.3	8	81	0.1	0.3
TSA	11	110			8	81		
KFMB								
METRO	171	790	1.3	5.3	106	678	0.8	3.3
TSA	171	790			106	678		

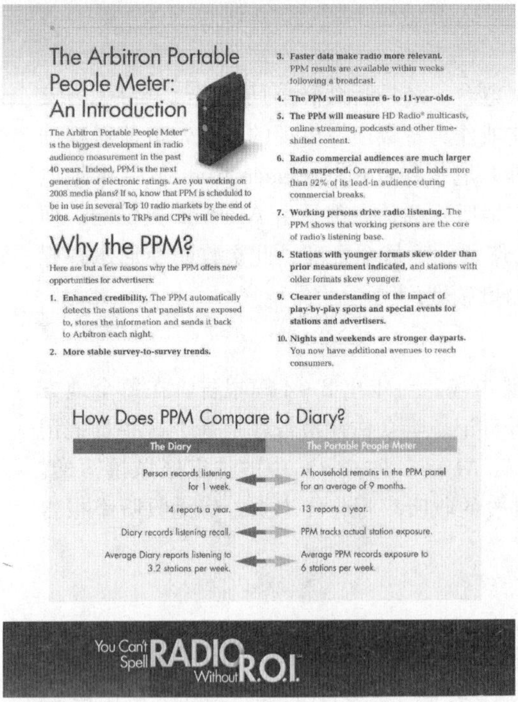

插图 11-1 Arbitron 推广便携式个人收听记录仪
资料来源：Arbitron.

平均每 15 分钟收听率（average quarter-hour rating，AQH Rtg）是估计听众人数占调查区域人口总数的百分比。**平均每 15 分钟收听占有率**（average quarter-hour share，AQH Shr）则表示收听某个台的人数占总听众人数的百分比，即该电台从调查区域的所有听众中吸引的听众份额。KCBQ 在工作日上午 6：00～10：00 的时段内的 AQH Rtg 是 0.2，AQH Shr 是 0.8。

2008 年，Arbitron 引进了便携式个人收听记录仪（Portable People Meter，PPM）。PPM 是一个可携带的传呼机大小的电子仪器，可以通过跟踪人耳听不见的植入节目中的可辨别信号来判定消费者收听的广播节目。广播界人士和广告主呼吁 Arbitron 提供更详细和更精准的听众监测。[44] 广告主很欢迎 PPM 的应用，因为它们能够获取更详细的广播听众人口分布信息。尼尔森音频目前在前 50 大市场中应用 PPM 来测量广播听众，并将在未来几年将 PPM 的使用扩展到其他市场。[45] 插图 11-1展示了 Arbitron 时期推广便携式个人收听记录仪价值的广告。

RADAR

另一家收听率调查服务机构是如今归属于尼尔森的 RADAR 国家联播收听率公司（RADAR National Network Ratings），它主要为广播网、媒体服务公司和广告主服务。RADAR 的监测服务调查对象是经概率抽样确定，年龄在 12 岁以上的 20 万户家庭成员（成员的家中均拥有电话）。RADAR 的监测信息基于日记法对上述家庭进行信息收集。公司会指导调查对象以一周为周期记录所有收听广播的信息，包括是一周中的哪天、一天中的哪些时段以及收听地点是哪里。人口特征信息也同样记录在日记中。

RADAR 的报告一年发布四次，它提供广播联播网的听众信息，以及有关听众和各种细分群体的评估。听众评估是为各种时段分割进行的期间测量方式。RADAR 也提供所有广告和节目中广告的广播网听众评估。

与电视一样，媒体策划人员必须使用听众的测量信息来评估电台价值，研究广告主的目标听众和它们相对的成本。那些负责购买广告时段的人通过获取诸如目标听众覆盖情况、费用、播出时间表、有效性等信息来使广告主的预算最优化。

本章小结

电视与广播是大多数消费者日常生活中最常见的媒体。它为广告主提供了一个能覆盖到大量视听众的机会。电视与广播媒体都是基于时间而不是空间的，而且组织形式也很相似，因为均使用网络式的联播机构系统和独立的电视台（电台）来播放它们的节目和广告。广播广告或电视广告可以通过全国或地区性的联网节目或地方台播放。

电视是迄今为止发展最快的广告媒体，已经成为全国性广告主的首选媒体。没有任何一个媒体可以像电视一样提供创意效力，集图像、声音、动作于一体，以强劲的冲击力表现商业信息，并为广告主提供更多的选择。电视还能为广告主提供低成本、广覆盖的广告可能。节目及观众构成的多样性，加上有线电视的发展，使广告主对观众的选择空间更大了。然而，电视虽然被视为一种重要的广告媒体，但也有其局限性，包括高成本的制作及高额的播出费用、相对其他媒体选择力较低、短广告的瞬时性和广告播出的干扰、有限的观众注意力以及对电视广告的不信任等。近年来，存在制作更短广告的趋势，后两个问题也就愈发明显了。电视收看率日益受到互联网的影响，越来越多的电视节目都可在线观看，消费者都在通过个人电脑、平板电脑和智能手机看电视节目。社交媒体也在改变人们看电视的方式以及他们与电视节目之间的互动。

有关全国及本地电视观众的规模和构成的信息主要由尼尔森媒体调查公司提供，电视网或独立电视台对广告节目的收费标准是以这些收视数据的监测为基础的。这些信息对媒体计划制定者来说也非常重要，因为这决定了如何在广告主的目标市场上做出媒体投放安排以达到一定的覆盖面和收看频率。

未来的电视发展趋势包括有线电视的持续发展、直播卫星系统对地区性有线网运营商的竞争以及电视用户可收看频道的增加。电视行业正在受到网络的影响，订购有线电视服务的家庭数量在持续下降，更多消费者都在网上看电视节目。测量受众的方法也有可能发生变化，例如，可以利用“C3”或“C7”系统对受众进行首播收视及首播3～7天后收视情况的测量。

在电视媒体广告高速发展的同时，广播作为娱乐和广告媒体的作用也发生了变化。广播已经成为一个高度专业性、吸引更窄细分市场的重要地方性广告媒体。广播能为广告主的媒体计划排期以非常高的性价比提供覆盖广和频次高的接触特定市场听众的可能。同时，它也为整合营销方案提供了机会，如基于地点的促销活动、对赛事的赞助等。

广播的主要缺陷是缺乏视觉图像而导致的创意局限、听众的高度分散性、有限的研究数据和听众注意力以及广告的干扰等问题。广播电台也面临着来自诸如潘多拉及苹果音乐这样的网络音乐服务平台日益严峻的竞争。

区域性广播听众的信息主要来自尼尔森音频，而广播网的听众信息主要来自RADAR。

讨论题

1. 本章开篇讨论了影响电视行业的主要发展变化。讨论一下这些发展变化以及它们是如何对电视作为主要的广告媒体角色产生影响的。这些因素是如何影响营销商将电视作为其整合营销传播方案的一部分的？

2. 讨论电视作为广告媒体的优势和局限，以及这些因素如何影响主要的全国性广告主和小型地方性公司对电视的使用。

3. 整合营销传播视点11-1讨论了校际运动项目，如今十分依靠播放权赚取收入的情况。讨论一下体育项目电视转播这一不断增长的趋势背后的原因，以及为何电视网愿意支付如此巨额的费用给可以进行转播的学校和体育赛事。专门讨论一下这种情况对大学和其运动项目的影响。

4. 讨论数字与社交媒体影响人们看电视的方式。电视广告主可以用哪些方式好好利用社交媒体的优点？

5. 讨论近期电视收视率测量方法的变化发展以及其对广告主的启示。你认为广告主应该为那些通过DVR和视频点播方式看电视节目回放的观众付钱吗？

6. 什么是广告收视率？它和节目收视率的测量有何不同？讨论一下为什么广告主和媒体策划人员更偏好广告收视率而不是节目收视率。

7. 讨论广播广告的优劣势。讨论全国性广告主和地方广告主如何使用广播广告。

8. 讨论尼尔森测量广播台听众收听率的方式。你认为这些方式能提供可信的测量结果吗？

9. 讨论一下广播电台以及广告主如何应对广播的干扰问题，并将听众的注意力引向广告。

第12章 媒体评估：杂志和报纸

学习目标

1. 分析杂志和报纸作为广告媒体的优势和劣势。
2. 探讨杂志的发行量、读者人数、受众信息以及针对杂志的研究。
3. 描述杂志广告版面如何进行买卖。
4. 考察杂志未来的发展趋势，以及这些趋势对其作为广告媒体的影响。
5. 描述报纸的受众、受众信息以及对针对报纸的研究。
6. 探讨报纸广告版面如何进行买卖以及进行广告定价。
7. 考察报纸未来的发展趋势，以及这些趋势对其作为广告媒体的影响。

开篇案例

杂志向广告主保证平面广告的有效性

对传统的报刊媒体来说，过去十年并不好过。它们不得不面对一系列正面挑战。报纸和杂志这两大印刷媒体都受到了经济衰退带来的剧烈冲击，宏观困境导致许多公司削减广告预算，并随着支出回流将大多数资金转向数字媒体。与报纸一样，杂志面临的一个主要问题是现在有更多的人通过上网获取新闻、信息和娱乐，并且在网上阅读那些他们不愿意再付费阅读的杂志和报纸。现在几乎所有的主要杂志和报纸都提供其出版物的在线版本，但问题是消费者习惯于免费获取这些内容，并不愿意为此付费。而且，与报纸一样，大多数杂志都没有从数字广告中获得足够的资金来弥补传统平面广告收入的损失。

数字革命已经对杂志业产生了重大影响；大多数杂志的印刷版本都经历了流通量下降和广告收入下降的情况。杂志的广告收入从2007年的250亿美元减少到了2015年不足170亿美元，与此同时，自2005年以来，杂志中的广告页面也没有增加。杂志出版商认识到，消费者已非常习惯于在网上阅读杂志，许多公司开始为其出版物提供适用于iPad以及使用安卓操作系统的平板电脑的数字“应用”版本。虽然杂志业认识到它必须拥有数字化的未来，但大多数出版商并不准备放弃传统的纸质出版物。它们仍然认为对广告主来说杂志有其内在优势，并且已经发起攻势推广它们。

最近，杂志行业采取了一些措施来应对这种观点——杂志正在失去对读者的影响力，以及它们作为广告媒体的价值。杂志传媒协会（Association of Magazine Media）是代表消费者杂志的行业协会，与杂志密切合作以代表它们的利益，并正在引领多项举措。2015年年底，杂志行业开始推出“纸介杂志销售保证”计划，该提案旨在应对多年来广告页面销售的下滑情况。根据这个计划，杂志出版商会保证纸介杂志上的广告将增加广告主的品牌销售额，并提供有利的投资回报，否则它们可以拿回投放广告的钱。

销售保证计划的主要目标是向营销商证明平面杂志广告的价值，告诉它们这可以改变品牌的销售业绩。广告客户必须满足某些要求才能符合担保条件。首先，平面广告中宣传的产品和品牌必须由通过第三方研究公司评估的零售商进行销售，如尼尔森卡特琳娜咨询公司（Nielsen Catalina Solutions）。该公司会追踪诸如塔吉特和沃尔玛等杂货店、超市、药店和批发商的销售情况。其次，广告主必须在12个月内在一家杂志媒体公司购买至少150个总收视点(GRP)。这意味着平面广告活动必须到达1.25亿成年人长达18年，且每12个月平均到达3次。为了确定平面广告对广告主产品销售的影响，尼尔森将杂志订阅数据与购物者积分卡进行匹配，然后将其绑定到匿名用户家庭。杂志发行商比较了一组接触到广告的家庭的产品销售情况，并将其与一组未接触到广告的类似定量家庭的结果进行比较，以确定销售是否因曝光平面广告而增加。

根据杂志传媒协会的报告，占美国杂志观众总数72%的16家主要媒体公司有资格提供平面杂志销售保证计划，包括时代集团、赫斯特杂志（Hearst Magazines）、康泰纳仕(Conde Naste）和梅雷迪思（Meredith Corp）。这些出版商在过去几年中已经开展了类似的项目。例如，时代集团自2015年1月起在所有杂志上提供平面广告销售保证，而梅雷迪思在2011年推出了平面杂志投资回报担保。时代集团表示，该计划表明，平均每投入1美元平面广告的销售收益为17美元；梅雷迪思声称，它不必向营销商提供退款或免费广告的机会。出版商从35个广告推广中得出结论：纸介杂志中的广告可以有效推动销售和投资回报。

杂志传媒协会和杂志出版商显然对杂志广告推动销售的能力充满信心，并认为向广告主展示印刷媒体仍然有价值并能在整合营销中通过多平台发挥重要作用是十分重要的。杂志传媒协会还采取了其他一些举措来提高杂志广告在营销商这里的信誉。它聘请了领先的市场营销和广告研究公司之一华通明略对2007—2015年期间由广告商委托的近100份广告效果研究进行元数据分析，涵盖各种产品/服务类别和品牌。该研究调查了不同媒体渠道，包括平面广告、电视和网络对于消费者在不同的购物渠道中广告效果的影响，其中特别关注了衡量品牌知名度、广告理解和召回率以及说服力的指标。

元数据分析的结果显示，平面广告带来了最接近于购买行为的指标的增长：品牌优势和购买意向。华通明略的研究还表明，当广告主将印刷媒体与其他媒体平台（如电视）相结合时，它们在影响度标准方面取得了最大的成功，如提高认知度、品牌倾向度和购买意愿。元数据分析还表明，平面广告不会像其他类型的广告那样快速消失。虽然电视和网络在四次曝光后均显示出收益递减，但平面广告继续以很高的曝光度（五次或五次以上）在改善广告意识和说服力。

杂志传媒协会和杂志出版商希望“纸介杂志销售保证”计划以及它们正在推进的研究和其他举措能够鼓励营销商将更多的广告预算花在纸介杂志上。负责该计划发展的贸易集团前首席执行官指出，“纸介是这个行业的传统模式，但广告主却在不成比例地分配它们的业务”。杂志出版商将通过数字版继续扩大其出版物的影响力。不过，它们也希望广告主能认识到，杂志的数字版本植根于纸介出版物——一个仍然有价值的广告平台。

资料来源：Jeffrey A. Trachtenberg，“Magazines Offer Money Back on Ads，” *The Wall Street Journal*，October 13，2015，p. B7；Nate Ives，“Magazines Create ‘Industry-Wide Guarantee of Print Ads’ Results，” *Advertising Age*，October 12，2015，http：//adage. com/article/media/magazines-create-industry-wide-guarantee-print-ad-roi/300874/；“The Case for Print Magazines：Print in the Mix，” *Adweek*，February 3，2016，www. adweek. com/sa-section/case-print-magazines.

报纸和杂志成为广告媒体已有两个多世纪。多年来，对广告主来说，报刊是唯一的重要媒体。随着广电媒体，尤其是电视的兴起，人们阅读的习惯减少了。更多的消费者把电视作为娱乐甚至新闻、消息的主要来源。尽管有来自广播和电视的竞争，对消费者和广告主来说，报纸和杂志仍然是重要的媒体工具。

美国和全世界发行有数以万计的杂志，吸引兴趣爱好不同、生活方式各异的消费者以及众多工商企业。由于杂志受众目标明确，高度专业化，杂志行业日益兴盛。无论是从广告收入还是从广告数量上看，报纸都是主要的广告媒体。报纸作为当地的广告媒体，对众多零售商来说尤为重要，此外，许多大型全国性广告主也会使用报纸作为广告媒体。

报纸和杂志在我们的生活中扮演着重要角色。对很多消费者而言，报纸是产品信息的主要来源。在外出购物前，他们总是会翻阅报纸，看看哪家商场在打折促销，在报纸的周末插页或美食版上找打折券。很多人每周或每月要阅读大量不同的杂志，以获取信息或仅仅是为了娱乐。许多业内人士也依靠杂志来了解所在行业的最新趋势和发展，以及整个行业大环境。

虽然经常与印刷媒体打交道，但是我们不能忘记，如果没有广告收入，没有几家报纸和杂志能够生存下去。消费杂志平均 54%的收入来自广告；商业出版物的这一比例接近 73%；报纸的广告收入占总收入的 70%。在很多城市，由于不能吸引足够的广告收入，很多日报的运营难以为继，数量日益减少。而要引起广告主的兴趣，印刷媒体必须吸引大量的读者或者特定群体。

正如本章开篇所讨论的，报纸和杂志都面临着来自互联网的严峻挑战。互联网严重冲击了阅读每一种媒体传统印刷版式的读者人数，并且吸引了营销商每年大量持续增长的广告预算。不少杂志和报纸在试图让读者付费阅读其网络版的同时寻找新的获利方式。尽管这些杂志和媒体可以向营销商出售图片广告等网络广告形式，但网络获利仍难以与印刷媒体获利相提并论，也不足以弥补其印刷媒体广告下降造成的利润损失。因此，杂志与报纸在短期内仍将千方百计吸引和巩固读者，以获得广告版面带来的利润。尽管面对这些挑战，报纸和杂志对许多广告主而言仍然是重要的媒体工具。[1]

杂志和报纸的作用

杂志和报纸在广告主的媒体计划中的作用不同于广电媒体，读者可以按照自己的方式处理杂志提供的详细信息。印刷媒体（包括其电子版）不具有广播和电视那样的强制性，广告传达的信息要产生效果还需要读者付出努力。因此，报纸和杂志经常被认为是高涉入度媒体。[2]尽管可选择的新媒体在增多，杂志的读者群依然规模庞大，目前超过 90%的 18 岁以上成年人会阅读杂志及其电子版，平均每月读 7 本。[3]

绝大多数美国成年人通过各种技术平台每周阅读一份报纸。通常而言，约 70%的成年人通过传统印刷和网络渠道阅读报纸，大约 59%的 18～24 岁年轻人阅读报纸。主流报纸的目标群体非常广泛，专业化报纸则瞄准更专业的市场和特定受众。绝大部分杂志则瞄准特定读者，因而在锁定特定消费者群体和专业市场区间方面更有价值。杂志和报纸作为主要的印刷媒体，尽管其大部分出版物都已经拥有网络版，但其吸引的广告主存在很大区别。本章将着重介绍这两种主要的印刷媒体（包括其网络版），考察其优势和劣势所在，以及在媒体计划中选择运用报纸和杂志的时机与方式的重要决定因素。

杂　志

在过去几十年中，杂志的迅猛发展极大地满足了消费市场和商业市场上广大读者的教育、信息和娱乐需求。在所有广告媒体中，杂志的专业化程度最高。虽然一些杂志——如《人物》(*People*)、《读者文摘》——面向大众发行，但绝大多数杂志依然针对特定受众。虽然有些杂志旨在吸引人口特征不同，生活方式、社交活动和兴趣爱好各异的消费者，但更多杂志的目标读者是特定的企业、行业和不同职业的从业人员。

杂志的多样性使之成为广大广告主眼中一种极具吸引力的媒体。尽管电视广告在全国性广告主的广告支出中占据的份额最大，但更多的公司选择在杂志上而不是其他媒体上做广告。杂志的使用者既有大型的消费品生产企业，如宝洁公司和欧莱雅公司（它们每年在杂志广告上花费5亿多美元），也有在网络杂志《滑水》（*Skin Diver*）上刊登潜水设备广告的小公司。

杂志的分类

为了解杂志种类以及在杂志上投放广告的广告主，有必要先考虑杂志分类方法。为媒体策划人员提供有关期刊首要参考依据的媒体研究公司坎塔尔媒体标准参考数据系统（Kantar Media SRDS），依据读者导向将杂志分为三类：消费（包括农场）杂志、商业杂志和卫生保健杂志。每类杂志又可依据编辑内容和读者吸引力做进一步细分。

消费杂志

广大公众通过购买消费杂志获取信息和娱乐。坎塔尔媒体SRDS消费媒体广告资源（Kantar Media SRDS Consumer Media Advertising Source™）提供了有关接触消费者的美国印刷杂志和网站综合规划数据。坎塔尔媒体SRDS将2 700种美国消费杂志分为80种，其中包括新闻、男士、运动、生活、健身、旅游和女士等。此外，还可以根据分销渠道分类，有的杂志通过订阅出售，有的杂志通过商店分销，或者两者兼而有之。例如，《时代》《人物》《运动画报》等通过订阅和商店分销，《女人世界》（*Woman's World*）则主要通过商店分销。杂志还可按发行频率分为周刊、月刊和双月刊等。

消费杂志可谓杂志产业的主体部分，几乎占据杂志投放所有广告费的2/3。消费杂志既适用于营销商向普通消费群体推销产品和服务，也适用于旨在关注特定目标市场的公司。消费杂志投放频率最高的广告如下：化妆品；药物；食品；服装和配饰；零售以及汽车。[4]烟草制品营销商不能在广播媒体投放广告，遂在杂志上投入了大部分媒体预算。

从广告费用来看，大型全国性广告主支配了消费杂志，但2 700种消费杂志对于针对专业化市场的小型公司也同等重要。小众化杂志汇集了拥有相似生活方式和爱好的消费者，为营销商提供了接触上述群体的高效方式。例如，主营年轻女士服装的J. CREW，Anthropologie，H&M和Forever 21等公司将《十七岁》（*Seventeen*）、*Elle*、《诱惑》（*Allure*）和《时尚》作为向年轻女性打广告的有效媒体渠道。

上述专业杂志对于有意接触特定市场区间的公司很有价值，且杂志的编辑内容往往还为相关产品和服务营造出非常有利的广告氛围。例如，滑雪爱好者在阅读本季首期《环球滑雪板》（*Transworld Snowboarding*）或《滑雪》（*Skiing*）之后热盼第一场雪的到来，很容易被杂志上滑雪和单板滑雪装备或者滑雪胜地广告所吸引。

农场出版物　消费SRDS还包括所有针对农民及其家人的杂志。大约300种此类杂志满足

插图 12-1 很多牧场主阅读《牛肉》杂志

资料来源：BEEF Magazine.

几乎所有可能的农业和相关兴趣点。SRDS 将农场出版物分为九大类，既包括针对所有农民的大众兴趣杂志，例如《农业杂志》（*Farm Journal*）、《成功农业》（*Successful Farming*）和《进步农民》（*Progressive Farmer*）等杂志，也包括针对专门农业领域的杂志，例如针对家禽的《咯咯叫》（*Gobbles*），针对养猪的《国家养猪农民》（*National Hog Farmer*），针对养牛的《牛肉》（*Beef*，见插图 12-1）。此外，相当数量的农场出版物针对特定州和地区的农民，例如《内布拉斯加州农民》（*Nebraska Farmer*）、《蒙大拿州农民和畜牧业者》（*Montana Farmer Stockman*）。鉴于农业在历史上不被视为商业，因此农场出版物没有被归类为商业杂志。

商业杂志和卫生保健杂志

商业杂志系针对特定商业、产业和职业的杂志或行业期刊。SRDS 将约 5 000 种纸介杂志和行业期刊与 4 800 种数字杂志和行业期刊分为近 200 个细分市场。美国有大约 2 700 种卫生保健杂志，其中 1 225 种是数字杂志。主要分类包括：

1. 针对特定专业群体的杂志，例如针对律师的《国家法律评论》（*National Law Review*）和针对建筑师的《建筑论坛》（*Architectural Forum*）。

2. 针对不同制造业和生产工业从业者的工业杂志，例如《汽车新闻》（*Automotive News*）、《化学周刊》（*Chemical Week*）以及《工业工程师》（*Industrial Engineer*）。

3. 针对批发商、经销商、分销商和零售商的贸易杂志，例如《进步杂货店》（*Progressive Grocer*）、《药店新闻》（*Drug Store News*）、《女装日报》（*Women's Wear Daily*）和《餐馆生意》（*Restaurant Business*）等。

4. 针对所有商业领域主管的综合商业杂志，例如《福布斯》、《财富》、《彭博商业周刊》（*Bloomberg Businessweek*）等（SRDS 消费出版物版本涵盖了上述综合商业杂志）。

5. 针对牙科、医学和手术、护理、生物科技、医院管理、兽医药和牙医等医疗领域的卫生保健出版物，如《现代卫生保健》（*Modern Healthcare*）、《兽医实践消息》（*Veterinary Practice News*）及《今日牙医》（*Dentistry Today*）等。

数目众多的商业杂志针对有特定兴趣的专业人士，向他们提供有关其产业、职业和事业的重要信息。商业杂志和卫生保健杂志可谓广告主接触构成其主要目标市场特定群体的高效渠道。许多营销发生在贸易和企业之间的商务中，即一个公司向另一个公司出售产品和服务。

杂志的优势

杂志的许多特征使之作为广告媒体很有吸引力，包括选择力强、印刷质量好、创作灵活性强、有持久性、声望高、消费者接受度和涉入度高，以及为广告主提供的良好服务。

选择力

使用杂志作为广告媒体的一个主要优势是其**选择力**（selectivity），或者称之为接触特定目标受众的能力。杂志是直邮以外最具选择性的媒体。多数杂志都是针对某个特殊兴趣群体发行的。美国发行的几千种杂志能够接触到各种类型的消费者和企业，广告主因此可以将广告直接瞄准其产品的购买人群。例如，《计算机世界》（*PC World*）的目标是计算机迷，《滚石》则针对音乐迷，而 *Ebony* 针对的则是高端的非洲裔美国人市场。每年都有许多新杂志出版，顺应新的兴趣和流行趋势。萨米尔·哈斯尼（Samir Husni）博士从 1985 年开始追踪杂志发行，按照他的说法，2016 年有超过 800 种新杂志发行。新的消费杂志不断地被推出以迎合人们变化的需求、兴趣和公众在各方面表现出来的热情，如运动与休闲，博彩，娱乐和名人八卦，旅游，时尚与服饰，美容和装饰，等等。[5]新的企业出版物也随着企业和行业的发展而不断出新。

除了基于兴趣的选择力，杂志还能为广告主提供高度符合人口特征和地理特征选择力的人群。人口特征选择力，或者称为接触具有特殊人口特征群体的能力，可以通过两种途径实现。第一种方式为大多数杂志采用，其编辑内容面向明确的细分市场，例如《女性家庭月刊》（*Ladies Home Journal*）、《身材》（*Shape*）、《时尚》等杂志的读者多为女性，《时尚先生》（*Esquire*）、《格言》（*Maxim*）、*ESPN* 和《体育画报》的读者则多为男性。年长一些的读者可以选择《AAPR 会刊杂志》（*AARP The Magazine*）。受到女性欢迎的名人杂志在近年变得非常流行。提供人口特征选择力的第二种实现方式是发行特刊。即使是面向大众的杂志，如《读者文摘》、《时代》、《好管家》（*Good Housekeeping*）等，也可以通过发行特刊来选择读者群。大多数顶尖的消费杂志会针对不同的人群细分市场发行不同的版本。

地理特征选择力使广告主将广告集中于特定城市和地区。一种方式是使用面向特定区域的杂志，这类杂志包括《北方人》（*Yankee*）（新英格兰地区）、《南方生活》（*Southern Living*）（南部）、《日落》（*Sunset*）（西部）、《得州月刊》（*Texas Monthly*）（能猜出它属于哪个地区吗?）等。近年来，在美国各大城市发展最成功的媒体要算新兴的城市刊物。《洛杉矶杂志》（*Los Angels Magazine*）、《费城》（*Philadelphia*）、《波士顿》（*Boston*）等以地区命名的杂志为当地居民提供当地或周边地区的生活方式、新闻事件等信息。城市和区域杂志使广告主可以定位到它们感兴趣的特定地区市场。这些杂志还培养了一个能够吸引高端品牌营销商的读者群——那些具有高收入、受过高等教育、品牌忠诚度高、在社区具有影响力的人。大多数这类出版物属于城市和地区性杂志协会（City and Regional Magazine Association），该组织代表了分布在 64 个不同市场的杂志。广告主可以仅通过一次性媒体购买方案就在所有隶属于协会的杂志上做广告。

杂志实现地理定位的另一种方式是在全国性或地区性杂志的特定地区版本刊登广告。许多杂志会对不同地区或大城市加以区别并分组发行，广告主可以在这些区域性版本中选择刊登广告。一些杂志会把美国分成几个地理区域并分别为其出版地区性版本，由此使得广告主能够瞄准特定的州或城市地区刊登广告。许多杂志还允许广告主同时使用地区版和都市版，以最有效地覆盖目标市场。

坎塔尔媒体 SRDS 列出了 350 多种提供不同地区版或人口版的杂志。地区性广告主可以在仅覆盖其销售网络的全国性杂志地区版上登广告，同时还可以借助全国性杂志的声望；而全国性广告主可以运用杂志地区版将广告集中在最具潜力或最需要促销支持的地区，或者运用于试销市场和全国不同地区的促销活动。

通过在区域性版本上罗列市场上的零售商和分销商名单，广告主可以获得来自本地交易市场的更多支持。对广告主来说，区域营销的发展趋势使区域媒体显得日益重要。杂志的不同区域版本和人群版本还有助于降低到达理想受众的千人成本。

印刷质量

杂志广告最具价值的属性就是广告的印刷质量。杂志通常采用优质纸张印刷，具有出色的黑白或彩色印刷效果。由于杂志是视觉媒体，而图片是广告的主要组成部分，因此这一点尤为重要。多数杂志的印刷质量优于报纸，尤其在色彩方面。色彩的使用在绝大多数产品目录里必不可少，2/3 以上的杂志广告都是彩色的。杂志出色的印刷质量为广告代理公司进行革新式的创意提供了机会。许多营销商现在将数字技术与平面广告相结合。例如，Team One 广告代理公司为雷克萨斯制作了一款非常有创意的动态广告——发动机高速运转、前灯闪烁、车轮转动，以及背景颜色跳动，并且搭配背景音乐——这一切都在一个加裁雷克萨斯微网站的 iPad 上显示。雷克萨斯与 Team One 广告代理公司开发了一种名为“CinePrint”的特殊技术用于制作动态广告。[6]

创作灵活性

除了优良的印刷质量，杂志还在广告的形式、尺寸和位置选择方面为广告主提供了灵活性。一些杂志提供了多样的特殊方案来增强广告的创意诉求，提高关注度和阅读率（通常这些服务要额外收费），如折页、出血页、插页和创意空间等。

折页（gatefolds）通过折叠起来的第三页为广告提供一个醒目的超大空间，它通常位于大型消费杂志的封二或内页。折页可以给读者留下深刻印象，尤其是在推介新产品或新品牌的特殊时期。例如，每年发布新车的时候，汽车经销商常使用折页介绍新型汽车。当然，并非所有杂志都提供折页，折页必须提前预订，而且价格不菲。

出血页（bleed pages）是指整个广告延伸至页面边缘，周边不留白。这种广告给人的印象是更大，更富戏剧效果。多数杂志会对出血页广告加收 10%～20%的费用。

除了折页和出血页，杂志可提供的创意方案还有非常规大小和形状的页面。某些广告主使用三维立体弹出式广告来吸引读者的注意力。杂志还有各种各样的插页，包括反馈卡、小册子、优惠券、唱片甚至产品小样。化妆品公司使用能摩擦生香的插页来推介新香水，其他公司也用类似的插页来推广除臭剂、洗衣液或其他一些气味型产品。插页也会被用作直复广告，共同组成促销策略。

香味广告、立体广告、有声广告、卡片广告、粘贴式广告、光盘等都属于杂志插页广告。广告主正在越来越多地使用特殊插页来突破杂志广告的局限，吸引读者的注意。营销商现在更加重视杂志插页广告的运用，同时继续利用新科技发展插页广告。例如，哥伦比亚及华纳兄弟联合电视网（CW Network）设计了一种特别的杂志插页广告，利用推特为即将到来的电视季推广新的电视节目。[7]该公司在 10 月版《娱乐周刊》（*Entertainment Weekly*）推出了第一个此类广告，利用小型液晶显示屏展示新电视节目预览，并通过@CW Network 账号实时显示最新的 6 条推文。

许多杂志出版商都愿意与使用创意插页的广告主合作，因为它们竭力想表明在展示商品方面，杂志可以与新媒体媲美。插页广告在给杂志制作者和印刷商带来挑战的同时，邮费增加等带来的成本也被转嫁给了广告主。制作插页广告的成本会随着广告的复杂性、重量、装订要求和其他因素的变化而变化。有些精致的插页广告甚至要花数百万美元。[8]

媒体创意空间购买是杂志提供的另一可选方案。一些杂志让广告主购买一定的组合广告空间，以此达到最佳广告效果。例如，WD-40 是一款多功能润滑剂产品，它在一些杂志上连续几页使用 1/2 页面或 1/4 页面，每页标明其不同用途。这一策略使公司的广告投入更有效地塑造了产品的多功能形象。

持久性

杂志的另一个特有优势是保存时间长。电视和广播信息变化快，留存时间短，而报纸在阅读后通常会被丢掉。杂志则要花上几天时间阅读，而且经常被留做参考。杂志在家庭中的保存期限比其他任何媒体都长，还会不时被翻阅。对杂志读者的一项研究表明，读者平均每两三天就花一个多小时阅读一本普通杂志。[9]研究还发现，75%的读者会保留杂志做未来参考之用。[10]杂志保存时间长的另一个好处是阅读不那么匆忙，读者可以有更多的机会去品味广告的细节。这就意味着广告可以长一些，内容可以详细些，这对于高涉入度和较复杂产品及服务来说十分重要。杂志的持久性还意味着读者可以在多种场合接触广告信息，或者可以将杂志传递给其他消费者。

声望

杂志广告的另一大优势是利用杂志的良好形象提升产品或服务的声望。那些依赖于品牌认知度、名气或形象的公司通常会在权威杂志上刊登广告，这些杂志内容精细，读者很容易对其中的广告产生兴趣。比如，《时尚先生》和*GQ*杂志在男性时装领域非常有名，成衣制造商为提高其产品的名气会在这些杂志上登广告，《建筑文摘》经常刊出高水平的摄影和美术作品，给人留下深刻印象。杂志的高端读者对杂志的喜爱之情会转移到杂志里的广告产品上。《好管家》有个独到的消费政策，声称如果带有其标识的产品在购买两年之内出现问题，杂志将为顾客换货或退还购买费用。《好管家》的调查机构——好管家研究所（Good Housekeeping Research Institute）的产品评估已经持续了一个多世纪。“好管家”标记仅仅用于在《好管家》杂志上刊登广告的产品。这个印记为消费者提供了退款保证，从而增加了他们对某一品牌的信心，减少了潜在的购买风险。[11]

在品牌通过在杂志广告中使用良好影像和高质量编辑内容提升声望的同时，杂志中出现的广告也会影响读者对于杂志自身的认知。萨拉·罗森格林（Sara Rosengren）和米凯尔·达尔林（Micael Dahlén）在一项研究中发现广告内容影响读者对于杂志自身的认知。良好声誉品牌的广告或者高质量广告都利于杂志获得良好评价，相反为声誉不佳品牌做广告或者广告质量低劣有害杂志形象。[12]上述发现表明，对于出版商而言，管理其印刷版和网络版杂志的广告内容非常重要。一些出版商坚持广告也应被视为杂志内容的设计准则，并且注意到有相关性的、有吸引力的广告对于读者而言也是杂志编辑内容阅读体验的重要组成部分。

尽管多数媒体策划人员意识到出版物创造的环境很重要，但要确定杂志自身形象却有一定难度。在评估一份杂志的声望时，媒体策划人员会根据自身经验进行主观评估，同时也要依据读者观点调查等客观测量标准。[13]

消费者接受度和涉入度

除了报纸，对消费者来说杂志广告比其他媒体广告更容易接受。读者购买杂志通常是因为对其中的某些信息感兴趣，广告则可以提供对购买决策有用的信息。研究表明，杂志是消费者获得众多产品和服务信息的主要来源，比如汽车、美容和婚礼、服装时尚、金融理财、个人或商务旅行等。[14]

媒体策划人员认识到，杂志广告的主要优势在于，它能够吸引读者并抓住其注意力。大量研究表明，消费者在阅读杂志时非常投入，很容易接受杂志上的广告，会认为广告令人赏心悦目，甚至觉得广告是杂志必不可少的一部分。而像电视、广播和互联网等侵入性媒体则要努力消除消费者对广告的忽视或者有意回避广告的情况。广告主越是想让人们收看和收听这些商业广告信息，人们就越是避而远之。在杂志读者眼里，他们认为自己能够控制阅读的节奏，同样也能控制阅读的内容，包括广告信息，所以他们认为杂志广告并没有对他们的媒体消费体验构成干扰。

研究显示，广告媒体的参与度非常重要。因为它直接关系到广告回馈的增加以及消费者会采取的特定行动，如搜索有关广告品牌的其他信息、访问官网，保存广告以便未来参考或者直接购买产品或服务，向其他人推荐等。

服务

杂志的最后一个优点是它为广告主提供的特殊服务。一些杂志有专门的广告推销员，他们会通知零售商等贸易中介某些产品在其杂志上做广告，鼓励它们展示或促销这些商品。另一种服务（通常是大型杂志）是对消费者进行调研，研究有关普通消费者的购买倾向、购买模式的变化、媒体利用，或者与特定产品、行业有关的问题。

有些杂志还提供**分割刊载**（split runs）的重要服务，即将广告的两个或多个版本分期刊登在杂志上。这种服务可用来做分割测试，广告主可以据此判定哪个广告引起的反响最大，咨询人数最多，从而为衡量广告效果提供依据。技术进步使杂志能够为广告主向目标群体精准传递个性化的信息。

杂志的局限性

尽管杂志有很多优势，但它也有一些局限性，包括广告费用高、有限的发行范围和接触频率、较长的预订期、广告干扰以及竞争激烈等问题。

广告费用高

杂志广告费用随读者群大小和选择性的不同而不同。在销量大的杂志，如《时代》、《读者文摘》、《美好家园》（*Better Homes and Gardens*）上刊登广告可能非常昂贵。例如，2016 年在《时代》杂志全国版（销量为 300 万册）上刊登一幅全页四色的广告要花 35.2 万美元，而封底这样的好位置广告费用高达 50 万美元。

像其他媒体一样，不能仅从绝对成本角度来考虑杂志，还要考虑其相对成本。多数杂志以千人成本低来强调它们在接触特定目标受众上的有效性。同时，越来越多的杂志出版不同的人口版本或地区版本以降低成本。媒体策划人员通常需要关注杂志接触目标受众的相对费用。但是，他们也有可能选择一份千人成本较高的杂志，因为它能够最有效地到达小众、特定的细分市场。当然，预算有限的广告主会对广告空间的绝对成本和在其中刊登高质量广告的成本感兴趣。

有限的发行范围和接触频率

杂志在发行范围和接触频率上比不上其他媒体。尽管近 90%的美国成人每月阅读一本以上的消费杂志，但具体到特定杂志的阅读率要低得多，所以杂志对家庭的渗透度较低。例如，《美好家园》的发行量为全美第三，约 760 万册，但是也仅占美国家庭总数的 6%。

图表 12-1 显示了总付费和发行量排名前 25 的消费杂志（必须指出，《AARP 会刊》和《AAPR 公告牌》因为作为该组织会员的福利发送而拥有高发行量）。从图表 12-1 可见，最为流行的消费杂志发行量也不足 500 万册，这意味着其只能渗透美国家庭总数的2%～4%。尽管杂志的实际阅读量因很多读者同时阅读多种媒体而多一些，但想扩大影响范围的广告主只能在多种杂志上购买广告，这意味着要进行更多的谈判和交易。为扩大影响，杂志经常要与其他媒体联合使用，例如电视、网络和社交媒体。由于多数杂志为月刊，最短是周刊，因此通过同一种杂志建立连续印象的能力十分有限。在同一期杂志上反复刊登广告也是非常低效的。许多广告主通过在读者群大致相同的其他杂志上刊登广告来提高广告的接触频率。

图表 12-1　基于总付费和发行量的前 25 名美国消费杂志

2009 年排名	出版物名称	2009 年总计付费和核实发行量(册)
1	《AARP 会刊》*	23 428 878
2	《AARP 公告牌》*（*AARP Bulletin*）	22 402 422

续前表

2009年排名	出版物名称	2009年总计付费和核实发行量(册)
3	《美好家园》	7 624 910
4	《游戏情报员杂志》(*Game Informer Magazine*)	6 901 964
5	《AAA生活》(*AAA Living*)	4 987 965
6	《好管家》	4 345 871
7	《家庭天地》(*Family Circle*)	4 051 403
8	《人物》	3 486 478
9	《国家地理》(*National Geographic*)	3 317 102
10	《妇女节》(*Woman's Day*)	3 289 258
11	《时尚》	3 038 365
12	《时代》	3 036 602
13	《体育画报》	3 023 939
14	《南方生活》	2 851 106
15	《读者文摘》	2 706 599
16	《身材》	2 528 293
17	《奥普拉杂志》(*O, The Oprah Magazine*)	2 370 305
18	《魅力》(*Glamour*)	2 313 279
19	《红皮书》(*Redbook*)	2 222 115
20	《居家滋味》(*Taste of Home*)	2 207 689
21	《ESPN杂志》(*ESPN The Magazine*)	2 153 657
22	《家庭乐趣杂志》(*Family Fun Magazine*)	2 119 045
23	《玛莎·斯图尔特生活指南》(*Martha Stewart Living*)	2 083 395
24	《为人父母》(*Parents*)	2 072 318
25	《美国步枪兵》(*American Rifleman*)	2 055 137

说明：数据基于2015年12月31日的受核查媒体联盟（Alliance for Audited Media）所报告的平均总计付费和核实发行量，www.auditedmedia.com。

较长的预订期

在杂志上刊登广告需要较长的预订期。许多大型杂志都需要30～60天的预订期，这意味着必须在杂志正式出版前30～60天购买版面并准备好广告。付印期后广告的文案或美术不能再做改动。这段较长的预订期使杂志广告不能像广播、报纸那样具有时效性，不能及时反映突发事件和市场变化。鉴于杂志面临广告页面与收益下滑的挑战，一些杂志已经在缩短预订期。数字出版物的进步以及采用基于计算机的生产方法也缩短了在出版物上刊登广告的预订期。

干扰和竞争

通常广播广告间的相互干扰较为严重，杂志广告也存在这个缺陷。杂志的广告干扰问题是自相矛盾的：一份杂志越成功，吸引的广告就越多，干扰就越严重。事实上，人们常以杂志中广告页数的多少作为衡量其成功与否的标准。

杂志出版商也在尽力解决干扰问题，维持杂志内容页和广告之间的平衡。根据美国杂志出版商协会的统计，消费杂志平均47%的内容为广告，53%为正文。[15]然而，很多杂志的广告页数过半。这么强的干扰使广告很难吸引读者的注意力。因此，很多平面广告使用强烈的视觉效果、醒目的标题或各种创意技巧来吸引读者的兴趣。一些广告主通过创办自己的个性化杂志，控制杂志内容来应对广告干扰问题。许多公司通过出版自己的杂志与顾客建立联系。比如，农场主保险公司（Farmers Insurance）向客户分发《友善评论》(*The Friendly Review*）杂志，该

插图 12-2　宝洁公司出版的在线购物杂志《每日宝洁》

资料来源：Procter & Gamble.

杂志就许多话题刊登了很多有用的文章。为顾客出版杂志在烟草公司也非常流行，比如菲利普·莫里斯公司向它的顾客直接邮寄杂志。[16]有些公司还向顾客提供杂志的电子版。例如，几年前宝洁公司出版了《家庭制作一点通》（*Home Made Simple*），这本杂志还派生出一档节目在OWN电视网和零售商营销节目中播出。该杂志线上版本名为《每日宝洁》（*P&G Everyday*）（见插图 12-2）。卡夫食品公司也出版了在线杂志《卡夫食品与您的家》（*Kraft Food & Family*），由于在线杂志的成功，现在它也发行了印刷版，约有 300 万读者。[17]

干扰问题对于印刷媒体来说不像电视和广播那么严重，原因在于消费者更容易接受和容忍杂志广告。只要翻过广告页，就可以不受广告的烦扰了。

杂志的发行量与阅读人数

在制定广告媒体计划时，读者规模及其特征是决定能否将杂志纳入计划的两个重要衡量标准。媒体购买者通常以广告信息的受众规模来评估杂志。为此，广告主必须考虑杂志的发行量和阅读率，将其与广告主试图接触的目标受众相对照。

发行量

发行量代表订阅和购买一份杂志的读者人数，向订阅者和购买者发行的杂志数量即所谓的原始发行量，它是杂志定价结构的基础。杂志每期销售量都会有波动，尤其是那些主要依靠零售的杂志。许多刊物把保证发行量作为杂志的定价基础，如果某期杂志发行量低于保证数字，会向广告主退还部分钱款。为减少退款，绝大多数保证发行量都比较保守，也就是说，保证发行量通常低于平均的实际发行量。广告主无须为超出保证数字的发行量付费。

许多出版商不喜欢保证发行量这一概念，因为如果杂志发行达不到保证数字，它们须向广告主退钱；而超过保证数字的发行量算无偿赠送。因此，许多出版物采用销售量基础定价系统。广告价格以平均销量为基础设定，平均销量通常低于杂志的实际发行量，但也有例外。平均销量虽然不太可能低于平均值，但这种方法会令人对刊物不大看好，刊物也就很难以主流价格吸引更多的广告主。

发行量核实

发行量是杂志广告定价的基础，也是广告主选择刊物的重要指标，因此杂志发行量的可信度非常重要。许多较大的杂志都会接受发行量核查组织的审核。消费杂志和农业出版物接受核查媒体联盟（AAM，以前称发行量核查管理局（Audit Bureau of Circulations，ABC））的审查，该组织由北美主要的广告主、广告代理公司和出版商组成。AAM提供对于评估和购买消费媒体等至关重要的独立核查数据和信息，并且已经开始核查 iPad 等平板电脑可以阅读的数字版杂志。

ABC收集和评估有关报纸、杂志的订阅和零售信息，以验证报纸、杂志的发行数据。只有付费销售量占总发行量70%以上的杂志才有资格接受AAM的核查。2002年，当时的ABC通过了统计杂志发行量和销售量的新规则，废止了存在已久的“50%原则”（认为那些以不到杂志原价5折销售的杂志不能算作付费发行量）。在新规则下，以任何价格销售的杂志都可以计算在内，但是杂志必须在发行量说明中披露销售量和价格。[18]2 000多家企业杂志由商业出版物审计协会（Business Publications Audit，BPA）负责审核，其中许多是**限量发行**（controlled-circulation basis）的，并且被分发给有购买力的人（通常是免费的）。

发行量核实为媒体策划人员提供了关于杂志发行规模和销售的可靠数据，这些数据可帮助他们评估杂志广告媒体的价值。AAM的报告还提供了其他重要信息，可以说明杂志如何在某一地区之内以何种规模发行，低价销售的比例，以及订阅后欠费（无效订阅）的情况。许多广告主相信，杂志订阅者比那些以低价购买或免费得到杂志的人更有可能仔细阅读杂志。

媒体购买者一般对未经审查机构审核的杂志发行量数据持怀疑态度，一些公司不会在未经审核的刊物上做广告。发行量数据和审计单位可以来自 SRDS，也可以来自杂志本身。

传阅者人数和读者总人数

广告主通常对杂志作为二手书或被传阅时所影响的人数很感兴趣。当订阅者或购买者将杂志转给他人阅读时，比如在候诊室、美容院、机场等地方，**传阅者人数**（pass-along readership）就产生了。

广告主通常认为，相对于传阅者或家庭外的读者而言，家庭中的读者更有价值。因为后者会随时拿起杂志，花更多的时间阅读，也会从中获得更大的满足感。因此，这部分读者对广告也更为敏感，更容易做出反应。但是，传阅者的价值也不容忽视，他们能大大提高杂志的阅读率。《人物》杂志进行的一项媒体调查研究表明，传阅者的阅读时间并不少于家庭读者。

将每本杂志的读者数（包括基本读者数和传阅读者数）乘以发行量，就可以得到**总阅读人数**（total audience）/**读者总数**（readership）。比如，一份杂志发行量只有 300 万册，如《时代》，但是它能保证 1 800 万名读者，因为它有相当高的传阅率，每本杂志大约有 6 名读者。尽管如此，杂志广告的价格通常以更能经受核实的原始销售数据为基础，许多媒体策划人员将传阅者的人数减半计算。读者总人数由大的辛迪加杂志联合起来调查（后续讨论），但是媒体购买者往往对此持怀疑态度。

读者信息以及为杂志所做的研究

SRDS 是杂志相关信息的有价值来源，其印刷版和在线服务提供了有关国内外消费杂志、商业杂志和卫生保健贸易杂志的完整规划信息。SRDS 消费者媒体广告源提供了有关美国印刷杂志和网站的综合规划信息，其中包括标准广告费率、发行量数据、日期、基本要求、联系信息、在线媒体工具链接、网站、有关读者和定位等额外信息的审计报告。SRDS 商业媒体广告源数据库提供针对企业对企业受众的贸易媒体相关信息，包括纸介期刊和网站。

媒体策划人员在选择媒体工具时高度重视发行量和总体受众规模，同时也对杂志读者和广告主目标群体是否匹配感兴趣。读者信息可以从若干渠道获取，包括出版物自身的研究以及辛迪加研究。大部分杂志现在已经有在线媒体工具，可以向广告主提供读者人口统计数据、发行量、编辑计划、费率、规格、联系信息等其他有价值数据。杂志通常会为媒体策划者提供比在线媒体工具更为详细的信息。SRDS 汇编大部分杂志的在线媒体工具，并向广告主及其代理公司提供。大部分杂志为媒体策划者提供有关读者人口特征信息、财务状况、生活方式、产品使用特点等信息的报告。出版物规模越大，就越能提供有关其读者的详细和综合信息。

此外，还可以获得辛迪加研究信息。如第 10 章所言，就消费杂志而言，最重要的信息源是益博睿西蒙斯和 GfK 的研究数据。上述研究提供主要全国性和地区性杂志受众的广泛信息，包括人口特征信息、生活方式特点、产品购买和使用数据等。大部分大型广告代理和媒体购买服务还针对消费者媒体习惯进行持续分析调研。所有这些信息将决定不同杂志在接触特定产品使用者时的价值。

相对消费杂志而言，商业出版物的受众信息更为有限。商业出版物受众的分散性增加了受众研究的难度。媒体策划人员通常依赖出版物提供信息，或者商业出版物审计协会等提供有关接受出版物个人头衔及其所在行业信息。此类信息有助于了解各种商业杂志所接触的受众。

购买杂志广告版面

成本因素

杂志价格是发行量的首要变量。其他变量包括广告的大小、在出版物中的位置、所选择的特定版本（地理、人口）、任何特殊生产要求以及插入的数量和频率。

广告主在购买杂志版面时的一大考虑就是决定是选择某些首选展示位置，还是选择由出版商决定、可能出现在杂志任何位置。杂志向广告主提供的首选展示位置包括：**封一**（first cover，首页正面）、**封二**（second cover，封一的背面）、**封三**（third cover，封四的背面）以及**封四**（fourth cover，封底）。以上四个位置，特别是封四是被热捧的位置，可谓供不应求。鉴于封面广告位置受热捧，其价格总是比杂志其他部分广告要高。很少有出版方会出售其杂志封面作为广告空间，美国杂志编辑协会（American Society of Magazine Editors）的指南也不建议这一做法。杂志封面一般作为编辑空间而不对广告主开放。[19]

广告版面通常按照版面单位出售，例如整页、半页和1/4页，也有一些出版物按照栏英寸报价。广告占据空间越大，价格越高。尽管如此，不少广告主认为整页广告能够吸引更多的阅读与关注。研究显示，整页广告比半页广告的阅读量高出30%。[20]

广告可以使用黑白两色、黑白加另外一种颜色或者四种颜色。广告使用颜色越多，印刷费用越高，广告费用也就越高。平均而言，四色广告价格比黑白广告高出30%。鉴于彩色广告具有更强烈的视觉效果进而吸引读者的注意力并使其保持关注，广告主通常倾向于使用彩色广告。[21]全球市场调查公司（Roper Starch Worldwide）分析了不同因素对于广告阅读量的影响。根据不同的产品种类，四色整页广告的关注得分（读者阅读一份出版物后记得看到广告的比例）比黑白广告高出6%～59%。四色广告的阅读量最多得分（表示阅读一个广告超过半数以上内容的读者比例）也比黑白两色广告平均高出25%。[22]其他研究考察了大小与颜色对于广告的影响，发现对开四色广告比单页四色广告在广告记忆方面效能高出30%，比对开黑白广告高出35%。[23]出血页和插入页等需要特殊生产工艺的广告会产生额外花销。

杂志广告版面费率还根据在特定时间内一则广告出现次数以及总花费而变化。广告主合同要求一则广告出现次数越多，广告版面费率越低。折扣取决于一个合同年内购买的广告版面总量，以美元计量。广告主还可以通过杂志组合或者杂志网络购买广告以节省资金。

杂志网络让广告主可以从出版物组合中一揽子购买广告版面。出版方通常拥有可以接触相似特征受众的若干杂志。杂志网络也可以是若干针对不同受众杂志的出版方，或者出售不同公司出版的若干杂志的独立网络。例如，常春藤盟校杂志网络（Ivy League Magazine Network）就是常春藤盟校以及两所非常春藤盟校（斯坦福大学和芝加哥大学）的校友杂志联合体。广告商可以通过该网络一次性购买广告版面，以到达这些大学的受过良好教育、收入良好的校友。

杂志的未来

过去几年对杂志业来说非常艰难。由于广告主将更多预算投放到数字媒体以及其他整合营销传播工具以及经济衰退后削减广告支出，许多出版商因此收入下降。许多出版商看着广告页数在减少，却又很难通过提高广告收费来弥补由此带来的损失。[24]另外，当广告收入减少时，出版商的其他主要收入流和发行量也随之下降。一些出版多年的杂志近来已经宣告结束业务，包括《美食家》《时尚》《灵感》。还有一些杂志终止出版印刷版，改为提供在线杂志。例如，《少年人》（*Teen People*）和《计算机杂志》。其他停止印刷并走向线上的著名杂志还包括《新闻周刊》、《体育新闻》、《喷气机》（*Jet*）和《幸运》（*Lucky*）。[25]整合营销传播视点12-1展示了《花花公子》（*Playboy*）在过去10年发行量持续下降，以及如何试图通过在杂志中避免女性全裸照片而重塑其品牌。

整合营销传播视点 12-1

《花花公子》杂志的自我重塑

对于几代美国男人来说，阅读《花花公子》杂志是一种文化仪式，拥有一种充满禁忌并令人着迷的魅力。《花花公子》于1953年由休·赫夫纳（Hugh Hefner）创办，第一期刊物以传奇女星玛丽莲·梦露（Marilyn Monroe）作为“本月甜心”刊登在封面和内页。在《花花公子》登陆杂志架之前的那个时代，裸露是禁忌。然而，《花花公子》在折页中展示女性性感身体的举动被广泛认为是性别革命的关键驱动力。多年以来，折页中刊登过很多未穿衣服的女星和其他女性的照片，包括麦当娜（Madonna）、莎朗·斯通（Sharon Stone）、帕米拉·安德森（Pamela Anderson）、凯特·莫斯（Kate Moss）及纳奥米·坎贝尔（Naomi Campbell）等多位名人。然而，《花花公子》从来都没有展示过全裸照片。这些照片被高端的新闻围绕着，其中包括杰克·凯鲁亚克（Jack Kerouac）、马歇尔·麦克卢汉（Marshal McLuhan）和诺曼·梅勒（Norman Mailer）等著名作家的文章，以及诸如马尔科姆·艾克斯（Malcolm X）、马丁·路德·金（Martin luther King Jr.）、吉米·卡特（Jimmy Carter）、史蒂夫·乔布斯和唐纳德·特朗普等知名人士和新闻人物的开创性采访。该杂志的主要卖点之一是它是为有文化、有教养且正好喜欢女性裸体照片的男性创造的。事实上，有一个经久不衰的笑话，即许多看《花花公子》的男性是因为其中的文章才选择了这份杂志。

几十年来，《花花公子》一直非常成功，因为休·赫夫纳围绕着杂志建立了一个商业帝国，其中包括曾经流行的在各个城市创建的花花公子俱乐部，以及电视和电影部门。1972年，《花花公子》的发行量达到720万册。多年来，读者购买该杂志的资金是足够支付杂志所有花销的，这意味着所有的广告收入都是纯利润。然而，《花花公子》面临着来自其他男性杂志日益激烈的竞争，这些杂志主要展示赤裸裸的色情内容。到了1986年，《花花公子》的发行量下降到340万册，并且稳定下来。然而到20世纪90年代后期，新的竞争对手——诸如《格言》、《男人帮》（*FHM*）和《细节》（*Details*）等男性时尚杂志——出现了。它们通过展示衣着暴露的名人和超模以及关注生活方式和时尚等内容来抓眼球。这样的话，就算被妈妈发现正在看这种杂志也不用感到尴尬。

随着互联网的发展，以及男性时尚杂志的异军突起，《花花公子》受到了极大影响，2006年其发行量下降到300万册。在过去10年里，该杂志发行量依然在急剧下降，至2015年底降至80多万册。《花花公子》的吸引力被数字革命打乱，裸体和色情的内容几乎都免费且容易在线获取。因此，性不再是促进销售杂志的一种方式；想要看女性照片的男性可以在他们的个人电脑、平板电脑和智能手机上获得想要的东西。此外，许多专家认为，年轻一代的男性更尊重女性，并且对现代社会的性侵犯容忍度下降，因此出现了文化转变。

为了应对这些发展，对该杂志及相关媒体和授权活动具有所有权的花花公子集团在2015年下半年宣布，作为品牌重新定位的组成部分，该杂志将会摒弃裸露的内容主题，从而吸引更多的千禧一代男性。从2016年3月号开始，《花花公子》杂志中没有任何全裸照片，但它继续展示着“世界上最美女性性感而诱人的画像”。该杂志继续以“本月伴侣”为特色，并将继续刊载长文、采访和小说。在一则宣布变革的新闻稿中，花花公子企业的CEO斯科特·弗兰德斯（Scott Flanders）说：“1953年是休·赫夫纳将《花花公子》引入世界的那一年，当时的政治和性环境与今天几乎无法相比。我们能够更自由地在今天的政治、性和文化上表达自己，这在很大程度上得益于赫夫纳扩展这些自由的英雄使命。我们会将之作为《花花公子》未来的新愿景并且忠于这些价值观。”

《花花公子》希望对杂志做出的改变将使其对千禧一代以及试图接触千禧一代的广告主更具吸引力。在杂志中放弃裸露内容的决定意味着该杂志将在商店中获得更加突出的位置，而不再仅限于成人专用书架并且装在袋子中。然而由于与数字内容相竞争，纸介杂志行业正处于持续且看似不可逆转的衰退进程中，它的新业务模式是否有用还有待观察。拥有该杂志的私募股权公司宣布将把整个花花公子企业的运营出售，所以我们可能永远没有机会看到这个代表性杂志是否可以成功地重塑自身了。

许多专家都怀疑《花花公子》杂志能否生存下去。杂志分析专家——“杂志先生”萨米尔·胡斯尼（Samir Husni）认为《花花公子》没有未来，因为其存在的理由已经不存在了。胡斯尼认为：“尽管品牌知名度很高，但《花花公子》似乎没有准备好接触年轻一代消费者的方法。”

资料来源：Edward Helmore, “Playboy Business on Sale for ＄500 m—But is There Still Money in the Bunny?,” *The Guardian*, April 2, 2016, www.theguardian.com/us-news/2016/apr/02/playboy-business-sale-future; Neil Powell, “The Real Reason Playboy Is Getting Rid of Nude Pics,” *Fortune*, October 17, 2015, http://fortune.com/2015/10/17/playboy-stops-nude-photos/; Ravi Somaiya, “Nudes Are Old News at Playboy,” *The New York Times*, October 13, 2015, pp. A1, 3.

除了经济健康度对杂志行业产生的重大影响外，杂志行业还面临其他一些重要问题。纸张和油墨成本持续上升，近年来邮费也在不断上涨，这些都对杂志的成本结构产生了重要影响。[26]杂志还面临诸如电视、互联网、社交媒体等其他媒体的激烈竞争。出版商正在思考改善处境的方法——包括更强的编辑平台、更好的发行管理、跨媒体合作、开发数据库市场、技术革新、电子递送等，目的是使杂志广告更加吸引广告主。

更强的编辑平台

有着更强编辑平台的杂志，如果能够紧随消费者兴趣、生活方式和人口特征变化，以及商业和市场变化的趋势，应潮流而动，将会吸引更多的消费者和广告主。比如，大众新闻出版物如《时代》《人物》《读者文摘》都经历了广告和发行量的下滑。然而，以女性为目标的时尚和生活方式类的杂志，如《魅力》、《美丽佳人》（*Marie Claire*）、《造型》（*Instyle*）、《时尚》以及《食品网络杂志》（*Food Network Magazine*）、《好胃口》（*Bon Appetit*）表现抢眼。[27]若干拥有强大编辑平台的以年轻男性为目标的出版物《ESPN杂志》、《男性月刊》（*Men's Journal*）和《男性健康》（*Men's Health*）等都获得了很大的成功。

发行量管理

杂志出版商面临的主要挑战之一是增加杂志发行量，或者至少保证杂志的发行量。对大多数杂志来说，发行量是第二大收入来源，出版商必须认真管理发行成本，以吸引和保持额外读者和订阅者。在过去十年中，增加订阅量的成本不断攀升，但出版商却因为消费者订阅杂志价格以及单本杂志价格仅有稍微提升而无法传递这些增加的成本。因此，为维持收费基础（向广告主承诺的发行量），出版商必须支付更多的钱，而从每份订阅的杂志中赚到的钱却更少。

出版商还要面对消费者对有奖订阅的信心下滑，杂志的有奖发行量也面临下降。在内外压力下，出版商结算公司（Publishers Clearing Houses）等代理商已经开始进行变革，从而大大减少了它们为出版商提供的订阅数量。2014年，参议院某委员会调查显示，出版商结算公司可能在公司和不同州之间发送违反联邦法律规定的抽奖活动而误导消费者。[28]为了弥补抽奖活动的减少，出版商开始寻求其他增加订阅的途径，比如通过网上订阅，提供在线免费试读版本，促销或寻找和校方有联系的其他订阅代理服务。[29]一些出版物如《造型》已经开始在脸书上进行杂志征订，该杂志通过允许社交媒体网站的使用者阅读扩展的杂志内容介绍——通常的形式是新闻标题链接，如今也可以是带有广告的文章全文来作为订阅的选择。[30]《绅士》《美国周报》《读者文摘》《魅力》《男性健康》等出版物还借助Groupon和Living Social等团购网站来吸引新的订阅者。尽管如此，出版商面临的一大挑战在于如何在折扣价到期后让订阅者甘心接受更高的订阅费用。[31]

数字杂志 许多杂志紧随数字革命的步伐和消费者对技术进步的兴趣，及时推出了杂志在线版本。[32]在过去5年间，消费杂志和商业杂志的网站数量几乎翻了一倍。杂志的线上版本为出版商和广告主提供了网络优势。广告主可以提供赞助，也可在网络杂志上做视频广告、旗帜广告以及其他促销活动。越来越多的人适应了在线阅读杂志而不是传统的印刷阅读形式，这使得许多出版商逐渐突破了基本印刷出版物的界限，将它们的杂志品牌延伸到了互联网、社区网络、移动通信网络和读者生产内容等领域，在增加读者群的同时也扩大了广告机会。

营销商也认识到可以通过使用呈现广告周边内容外观和感觉的**原生广告**（native advertising）将其在网络出版物所做广告融入编辑内容及环境。广告产业所谓原生广告究竟为何意已经引发了激烈争论。一些观点认为原生广告只是刊登在杂志或者报纸上社评的数字版本，但也有一些业内专家认为原生广告是指将一个网站或者线上出版物与社论内容无缝融为一体的数字广告形式，这对于广告主与读者而言都更有价值。[33]这意味着线上广告呈现其周边内容，其视觉设计和用户体验都更加贴合在线网站的特点。很多杂志和报纸品牌已经与营销商合作为其网上出版物设计原生广告，包括《福布斯》、《华盛顿邮报》、《大西洋月刊》（*The Atlantic*）。《福布斯》在使用原生广告方面可谓走在前沿，其开发的“品牌之声”（*Brand Voice*）通过让营销商在《福布斯》数字平台上创作内容而与读者直接连接。平台上的所有内容都非常透明并显示标签，因此读者了解介绍者以及介绍的角度。插图 12－3 展示了《福布斯》如何推销其内容营销平台“品牌之声”。

插图 12－3　《福布斯》下属“品牌之声”是一种原生广告形式

资料来源：Forbes Media LLC.

另外一种在线传递方式是杂志针对 iPad 或者使用安卓操作系统的平板电脑专门开发的数字版本。美国现在已经有超过 2 000 种杂志应用程序。随着更多消费者更加习惯于平板电脑阅读以及技术进步使得阅读体验更加接近印刷版，未来杂志数字应用程序版的数量将会继续增加。很多杂志的数字版现在发布视频和电视广告等，其效果已经类似整页杂志广告，并且提供广告主的网站链接。尽管在移动设备上阅读杂志的消费者可以享受这一体验，但杂志应用程序仍然只占全部杂志阅读量的很小份额。杂志媒体协会研究显示，16%的成年人阅读数字版杂志，而且数字版杂志与印刷版杂志一样，也要努力争取忙于上网、访问社交网站以及打游戏的阅读者的注意力。

杂志产业认识到，必须持续应对媒体消费模式变革以及越来越多的营销商将广告经费转向数字媒体所带来的挑战。尽管如此，出版商仍然认为传统纸介杂志对于广告主而言仍然存在固有优势，并加大了营销力度。例如，杂志媒体协会最近发布了名为《神经系统学告诉我们缘何平面广告仍然有效？》（What Can Neuroscience Tell Us About Why Print Advertising Works?）的白皮书，总结了不同研究报告和书籍中关于消费者大脑如何处理基于纸张的信息。[34]该报告得出结论，平面广告在传递阅读经验以促进广告主信息的理解和关联方面比在线广告更具优势。

报　纸

报纸是印刷媒体的第二大类，与杂志一样日渐通过数字版本开展线上阅读。2015 年，约有 200 亿美元投入印刷版和数字版报纸广告，约占全美广告投入的 10%。报纸对地方广告主，特别是零售商来说尤为重要。当然，报纸对于全国性广告主也非常有价值。许多地方零售商的广告投入来自全国性广告主的合作项目。不同的报纸特点各异，作为广告媒介，它们的角色也有所不同。

报纸广告的种类

印刷版报纸上的广告可以分为几类，主要有展示广告和分类广告，以及特殊广告和插页广告等。

展示广告

展示广告（display advertising）在报纸上随处可见。除了文本内容，展示广告通常会使用插图、大标题、留白以及其他视觉手段吸引读者注意。展示广告通常分为地方性和全国性（大众性）两种。

地方性广告指地方性组织、企业和个人为了与当地消费者沟通而制作的广告。超市和百货商场是最大的地方性展示广告主，其次是众多零售商和服务机构，如银行和旅行社。地方性广告有时也称作零售广告，因为零售广告占据了地方性广告的85%。

全国性或大众性广告指全国性或区域性的品牌产品或服务在报纸上做的展示广告。这些广告旨在创造或维持对公司产品或服务的需求，并且对地方零售商的仓储和促销提供支持。大型零售连锁、汽车公司、航空公司是这类广告的主要使用者。

分类广告

分类广告（classified advertising）同样也是报纸收入的主要来源。这些广告根据产品、服务或其他特征分类刊登。招聘广告、房产广告和汽车广告是分类广告中最大的三类。绝大多数分类广告的形式为小块文字，但是也有一些报纸接受分类展示广告。这些广告在报纸的分类广告版面上，采用插图、大号字、留白、边框或颜色来突出自己。

特殊广告和插页广告

特殊广告包括各式各样的政府报告和财务报告、个人和企业关系变化的通知和公告。**预印插页广告**（preprinted inserts）是报纸广告的另一大类。这些广告不直接印刷在报纸上，而是由广告主自己印制，在报纸发行前插入其中。许多零售商在特定发行区域分发信函、商品目录或优惠券，并送给该区域的消费者。鉴于消费者会在星期日报纸上花更多时间并寻找零售商的插页广告，因此插页广告经常出现在主要报纸的星期日版。

报纸的优势

报纸的许多优势使它在地方性和全国性广告主中广受欢迎，包括对地方市场广泛渗透的能力、灵活性、地理选择性、读者涉入度和接受度以及特殊服务。

广泛渗透的能力

报纸的一大优势是为广告主提供很高的市场覆盖率和很强的渗透力，特别是针对年龄偏大的成年人。在大部分地区，40%以上的家庭订阅日报，在收入和受教育程度较高的地区，这个比例可以达到50%。广泛渗透的能力能够帮助广告主向所有细分市场的人群有效地传递信息。而且，由于报纸每天发行，人们每天读报，广告主可以根据媒体排期获得较高的接触频率。

灵活性

灵活性是报纸的另一大优势。首先，在广告制作和刊登方面较灵活。报纸广告可以在几个小时内完成文字写作、版式设计并最终准备就绪。绝大多数日报只要在出版前24小时收到广告即可（当然，使用彩页和周末增刊的特殊广告准备期要长一些）。较短的制作期和截止期使报纸能够出色地对突发事件迅速做出反应，及时向消费者传递信息。例如，在职业高尔夫球运动员菲尔·米克尔森赢得英国高尔夫公开赛第二天，卡拉威高尔夫公司刊登了一则庆祝广告。米克尔森是卡拉威高尔夫球队的成员，报纸广告及时地公布了他所取得的成绩，并对卡拉威高尔夫用具做了一个推广。

报纸的灵活性还表现在它能为广告主提供灵活的创意空间。报纸广告可以制作成任意尺寸、形状和格式；可以使用彩色或特殊插页来吸引读者。广告可以印在周末版或其他副刊上，可以根据广告主的目的提供各种排期。

地理选择性

除了直接邮寄外，报纸比其他任何媒体都更具地理或区域选择性。广告主可通过选择一种或多种报纸组合来改变广告覆盖面，从而实现最大的销售潜力。全国性广告主利用报纸的定向优势，在其他媒体难以到达的地区集中刊登广告，或在有很大市场潜力的地区争取主动。例如，宝马、梅赛德斯和路虎在加利福尼亚和纽约/新泽西投放了大量报纸广告，推动豪华进口汽车在该地区市场上的销售。许多公司在它们的区域性销售策略中使用报纸广告。在报纸广告中，它们根据不同市场来突出产品的特点，根据地方市场状况做出反应并及时调整策略，发动零售商开展更多促销，在交易中获得更多支持。

地区性广告主如零售商看重报纸在特定市场或交易地区的地理选择力或灵活性。它们的媒体目标是将广告集中在大部分客户所在的地区。因此，目前很多报纸能为广告主提供各种地理区域选择。

读者涉入度和接受度

报纸还有一个重要特征是消费者对报纸本身及报纸广告的涉入度和接受度。典型的日报读者在每个工作日都会花时间读报，读星期日版的时间更多。最近的研究显示，大约有56%的报纸读者只消费印刷版，并且热衷于各类消息。然而，只阅读印刷版报纸的人群比在线报纸阅读者年龄要大一些，而且未接受大学教育可能性更大。[35]大多数读者不仅从日报获得新闻、消息和娱乐内容，而且会将报纸作为消费的决策参考。

很多消费者买报纸事实上就是为了看广告。他们从零售广告中了解产品价格、销售地点和促销信息。对广告主来说，报纸有价值的一个方面是读者对报纸版面的熟悉程度。我们都知道，汽车产品和体育用品的广告在体育版，金融服务广告在商业版。每周的食品版上有许多受欢迎的烹饪和菜谱信息，还有杂货店广告和一些商店的优惠券。

许多研究都揭示了报纸广告作为消息来源的价值。一项研究表明，与其他媒体广告相比，消费者更看重报纸广告。另一项研究显示，80%的消费者认为报纸广告对他们每周的采购最有帮助。还有许多研究表明，报纸广告是可信度最高的广告形式。

特殊服务

报纸提供的特殊服务对广告主也很重要。例如，许多报纸为生产商提供代售服务，为产品做广告，并且使当地零售商确信应储备该产品并及时进行展示和促销。

凭借对地方市场状况的了解以及读者研究和消费者调查，许多报纸成为当地市场信息的良好消息源。例如，圣迭戈主要报纸《圣迭戈联合论坛报》（*San Diego Union-Tribune*）的出版方通过各类报告和市场研究提供当地市场信息。

报纸还会为小公司提供免费的撰稿和美术服务。没有广告代理公司和广告部门的小公司通常依靠报纸为它们撰写和制作广告。

报纸的局限性

尽管报纸有很多优势，但与其他媒体一样，它也有一些媒体策划人员必须考虑的局限性。报纸的局限性包括印刷质量差、生命期短、缺乏选择力和干扰强。

印刷质量差

报纸作为广告媒体最大的局限之一就是印刷质量差。报纸用纸较差，颜色单调，印刷时间较短，这些使得报纸广告质量难以提升。虽然近年来报纸改善了印刷质量，也更多采用彩色印刷，需要高质量彩色广告的客户还可以采用自由插页和周末增刊的方式，但这些都价格不菲，而且也可能达不到客户想要的效果。通常，在广告十分依赖于视觉效果的情况下，广告主不会使用报纸广告。食品和时装类广告主通常使用杂志做广告，以充分利用杂志广告的优质印刷和色彩效果。

生命期短

不像杂志在家中有可能被保留好几周，日报通常留不到一天。所以报纸广告的影响很难超过发行当天。重复阅读更不可能。更糟糕的是，多数消费者只花很短的时间读报，甚至直接忽略某些版面。为了解决这一问题，媒体策划人员可以提高广告在报纸上出现的频率，并将其登在目标消费者最感兴趣的版面上。

缺乏选择力

虽然报纸可为广告主提供地理选择力，但是在人口特征或生活方式方面，报纸并不是很好的选择。大多数报纸覆盖了广泛的和非常多样化的读者，使其很难集中于具体的细分市场。例如，鱼钩和鱼线制造商会发现报纸对它们没有用处，因为大部分读者并不钓鱼。因此，它们更愿意使用专业兴趣杂志做广告，如《渔猎生活》（*Field and Stream*）或《垂钓世界》（*Fishing World*）。产品的报纸广告通常是合作计划的一部分，在这个计划中零售商会分摊一部分成本，或者将成本分散在做广告的诸多体育用品中。

干扰强

报纸与其他广告媒体一样，也存在干扰问题。为了赢得消费者的注意力和兴趣，每条广告都不得不与无数条其他广告竞争。此外，因为绝大多数广告都是黑白的，报纸的创意空间也很有限。如果不选择一些昂贵的方式，如做大幅广告或做彩色广告，广告主很难从众多干扰中脱颖而出。

如今许多报纸会向广告主提供使用创新的异型广告的机会，这些异型广告使用非传统的规格和形式，如楼梯式广告、书挡式广告、U型广告、岛型广告、封面折页广告以及半张扩展式广告。许多报纸也接受在头版以及报纸各个部分的第一页投放广告。这些创新方式使广告主能够更容易吸引读者的注意力，增加广告信息的回忆度。

报纸的前景

报纸仍然是重要的广告媒体。但是过去几年，传统印刷报纸的广告收入急速下降。报纸的广告收入绝大部分来源于本地广告主，特别是零售业，它们使用展示广告来为其产品和服务进行宣传，以及告知消费者降价信息与其他促销形式。报纸广告在全国性广告主的广告开支中占比不到5%，因此报纸的广告收入非常依赖于区域和本地营销商。

报纸的主要优势在于它能够被地区性广告主持续有效地利用。在短期内，报纸对于地区性广告主的重要性是不会改变的。然而，为了保持其作为地区性主导广告媒体的强势地位，获得更多的全国性广告，报纸必须正视一系列问题，包括与其他广告媒体的竞争、保持和管理发行量、交叉媒体机会和阅读率下降等问题。

与其他广告媒体的竞争

报纸行业正在为提高广告收益份额而进行艰难的斗争。除了印刷质量和价格差异问题，报纸还面临其他广告媒体对全国性和地区性广告主的争夺。

报纸所参与的媒体间竞争不再局限于其他传统媒体。许多公司都在研究将互联网作为市场开拓工具，并且将原本可能投入报纸的广告预算投入网站的建设。地方广播电台、电视台（特别是有线电视台）及黄页出版商也在积极地抢夺地区性广告主，报纸必须加倍努力以保留这些客户。数字与社交媒体视点 12-1 讨论了报纸行业如何受数字媒体增长影响。

数字与社交媒体视点 12-1

报纸能否在数字革命中生存下来

过去的十年对报纸行业来说非常具有挑战性。报纸上的广告支出总额从 2007 年的 420 亿美元下降到 2015 年的 200 亿美元，下降幅度超过 60%。广告收入是美国报纸的主要收入来源，因此对出版商的影响是显而易见的。但是，广告收入取决于报纸可以向广告主提供的受众数量，因此大多数报纸一直在努力保留读者。正如你可能已经注意到的那样，由于近年来该行业发生了重大变化，报纸不再是它们以前的样子了。互联网的兴起以及平板电脑和智能手机等移动设备越来越多地用于访问内容，报业受到了巨大影响。这种数字化干扰已经改变了报纸作为信息媒介的性质以及作为广告媒介的价值。

传统上报纸将各种内容捆绑在一起，然后分散到各个板块中，例如：国内新闻、国际新闻、本地新闻；商业；体育；娱乐；本地故事、社论和观点；漫画；汽车、房地产、租赁、就业以及其他产品和服务的分类广告。展示性广告贯穿整份报纸，并与分类广告一起带来了一半以上的收入，用于支付印刷和分发报纸的成本。然而，由数字技术发展引起的互联网新闻以及信息来源爆炸式的增长，造成了纸质报纸内容的分解。此外，诸如赫芬顿邮报（Huffington Post）、谷歌新闻和 Reddit 等聚合网站整合了来自大量不断更新的网站新闻和讯息，这意味着报纸发布的新闻在一天后交付时就变成了“旧闻”。还有针对特定主题的聚合网站，如体育、商业、娱乐以及读者感兴趣的大多数其他领域。

报纸也受到带走了其一大半分类广告收入的网站发展的影响。例如 Monster 或 CareerBuilder 等就业网站以及其他许多现在用于招聘员工的网站；诸如 Autotrader 和 Cars. com 等用于购买和销售汽车的网站；而 Craigslist 几乎对每个产品和服务类别进行分类。过去十年来，报纸的分类广告收入下降了 80%，从 2003 年的近 170 亿美元收入下降到 2015 年的 30 亿美元。平面广告的收入也一直在下降，许多本地零售商以及全国广告商将它们的广告支出从报纸转移到了一系列数字替代品上。

报纸行业对于数字革命影响的第一应对措施是提供免费的在线内容，结果导致在线阅读器数量的大幅增长。大多数报纸开始以提供其在线版本的出版物并在其网站上销售平面广告——主要是横幅广告——来赚取收入。然而，网络广告的收入无法弥补平面广告收入的下降，因为在线广告费率明显低于平面广告。美国的数字广告收入在 2014 年的销售额不到 35 亿美元，仅比 2007 年增长了 11%。营销商不愿意为在线报纸广告支付过多的报酬，因为互联网上有大量的广告选择方式，导致广告价格的下降，并且在线报纸的点击付费的方式可带来的收入实在太微不足道了。实质上，报纸一直都是在用传统广告的美元换取数字广告的便士。

报纸不仅仅要努力从营销商那里吸引数字展示和视频广告，还必须与其他在线媒体和网站以及社交媒体网站（如脸书、领英、Instagram 和 Snapchat）展开竞争，为广告主提供复杂的广告精准定向技术。近日，随着广告程序化购买业务的增长，问题变得更加严重。通过自动化软件程序批量购买在线广告的程序旨在最大限度地提高目标受众覆盖率，但这一方式几乎不考虑展示广告的媒体类型。

报纸出版商面临的挑战迫使他们接受大量削减成本的措施，同时继续寻找新的收入来源。许多报纸试图实施数字付费计划或“付费墙”，要求读者支付数字订阅费，不然就失去使用权。这些数字支付计划每月允许用户阅读一定数量的免费文章；但用户必须支付报纸的全部费用，这将会为发行商带来额外的收入。它们还有助于稳定报纸的印刷流通量，因为数字服务通常都是免费的或者比纸质订阅的价格要低。然而，大多数报纸在落实“付费墙”方面并没有取得成功，只有少数几家主流报纸如《纽约时报》《华尔街日报》《洛杉矶时报》《波士顿环球报》（*Boston Globe*）等，才会有大量的数字用户愿意订阅付费内容。大多数付费墙很容易被避开，读者通常可以通过其他诸如社交媒体或搜索引擎的方式阅读文章。

报纸行业正在以各种方式应对它在过去十年中所面临的数字革命的干扰，未来还将继续面临更多问题。像杂志一样，许多报纸都转向原生广告，使它们的网络平台更适合广告主。许多报纸出版商正在改变它们的商业模式，以从各种新产品中获得收入，例如提供数字代理和营销服务，帮助企业通过电子商务交易直接与消费者联系，并将其整合营销能力扩展到包括事件营销和促销服务在内的领域。然而，许多专家仍在质疑报纸是否能够应对它所面临的干扰，并在新的数字世界中生存下去。

资料来源："Up against the Paywall," *The Economist*, November 21, 2015, p. 62; Michael Sebastian, "Magazine Revenue to Climb Slightly as Newspaper Decline Continues," *Advertising Age*, June 2, 2015, http://adage.com/article/ media/magazine-revenue-ticks-newspaper-decline-continues/298861/; Michael Barthel, "State of the News Media 2015: Newspapers," Pew Research Center, April 29, 2015, www.journalism.org/2015/04/29/newspapers-fact-sheet/.

为应对其他媒体带来的挑战，报纸采取了许多举措。不少报纸扩充了市场销售力量，发展并维护与广告主的关系；一些报纸创建了复杂的数据库和直接邮寄业务，提供增值服务；还有一些增强了市场调查部门的力量，为大客户提供综合市场研究，在有些情况下，报纸也会成为媒体咨询者和市场开发伙伴。

发行量

报纸行业多年来一直在努力扭转发行量下滑的趋势。[36]美国大部分的报纸都遭遇了发行量下降，正在寻找应对方法，如重视读者评价、开发网络版等。与杂志一样，许多报纸正在深入研究发行量，分析增加发行量的成本与由此获得的广告费用是否合理。许多报纸增加了报摊数量，增加送报到户的比例，发行收入占总收入的比例正在扩大。

几家主要的都市报发现，广告主利用报纸接触特定区域的消费者，但不愿意为该范围之外的消费者支付广告费。因此，一些报纸正逐步取消所谓的“自我发行量”，而更注重直接交易区域的地区版本。

报纸发现聚焦于保持原有订阅户要比争取新的读者性价比更好。根据美国报业协会（Newspaper Association of American）的统计数据，报纸订阅的取消率已经趋于稳定。这一数字反映了许多报纸正将精力更多地放在维护核心读者上，并提供了一些回馈项目，比如自动续订折扣计划。[37]

吸引和维持读者群

报纸作为广告媒体的发展可能由于自身受欢迎程度的下降而受到限制。在过去的 10 年中，报纸的读者数量持续下滑。[38]报纸读者的减少有许多原因，如现代双职工家庭的节奏快、闲暇少的生活方式，电视节目的持续增多，以及来自互联网的竞争，一些报纸读者现在转而阅读电子版。[39]报纸出版商最关心的是细分市场中读者数量减少的问题，如女性和青少年。调查显示，报纸的女性读者比例由 1981 年的 67%下降到最近的 39%。[40]报纸和广告主之所以担心，是因为女性比男性更可能做出消费决策。许多报纸正推出新的女性版或修改原有内容使之更吸引现代女性，包括增加有关健康、子女教育和职业发展的文章——例如，有孩子的职业女性如何安排自己的时间。

鉴于很多年轻人热衷于看电视，上网和使用社交媒体时间也不断增加，报纸很担心未来的读者问题。许多报纸经过重新设计变得更有趣，更容易速读。这些变化包括更多地运用色彩和图表，增加运动和娱乐的内容。一些报纸还提供重要文章的摘要，方便读者通过浏览摘要再确定阅读哪一部分。

报纸行业正在采取措施解决阅读量下降问题以及提升报纸价值问题。例如，美国报业联盟（现在名为新闻媒体联盟）近期资助了“聪明才是新性感”（Smart Is the New Sexy）广告运动以向现有和潜在读者强调报纸的价值。这一广告运动使用一系列带有富有吸引力的插图的广告强调报纸所能刊登的独特社评、广告和社区属性。这一整合运动还利用数字媒体和社交媒体推动有关报纸的网上对话，彰显报纸所能提供的多平台体验。二维码和数字提示便利读者登录活动网站，以便读者能够阅读更多有关“聪明-性感”的相关联系，并鼓励读者通过以 # smartsexy 标签发推文，或者发评论或视频到新闻媒体联盟的脸书页面分享自己与报纸的联系。[41]

在线递送与复合平台

正如数字与社交媒体视点 12－1 所提及的，媒体的数字化转型严重冲击了报纸行业，导致报纸出版方超越传统印刷版，不断扩展产品组合。几乎所有主要报纸都有网站，大部分报纸出版方推出了报纸在线阅读以及通过手机应用程序阅读。美国在线日报和周报的数量已经从 1995 年不到 100 家增长至 2016 年的 3 200 多家。数字报纸读者从 2007 年每月 7 000 万独立用户增长到 2015 年的每月 1.79 亿独立用户，其中使用智能手机和平板电脑阅读报纸的读者占据数字版报纸阅读者的一半。[42] 出版方认识到必须提供线上版报纸以满足特定读者特别是年轻读者的需求。研究表明，网络报纸的读者更加专注，而且是高端客户——他们在网络上用时更多，受教育程度高，而且比普通的网民收入高。他们更愿意进行网络购物和利用互联网搜寻购物信息。[43]

许多报纸正在极力争取全国性和地方性广告。它们正在建立面向全国性广告主的地方报纸网络广告销售网。这些网络向全国性广告主提供全国报纸的网络版，与传统报纸一样，以同样的方式帮助它们购买在线广告。在集中力量销售在线广告时，报纸出版商还面临大型互联网搜索引擎的激烈竞争，如谷歌、雅虎、必应和 Local. com。这些公司为地方性公司提供了简单而又便宜的广告。许多报纸正在与互联网搜索公司结成联盟，这样它们就可以利用搜索公司的技术卖出更复杂的广告，比如行为目标广告。[44]

大部分报纸出版方正在转型为媒体公司，提供的产品包括印刷版和网络版报纸、便利在手机上读报的应用程序以及包括多产品和服务在内的网站。这些公司创造了一系列产品，通过多平台接触消费者，以获得未来肯定会实现的新收益机会。

本章小结

杂志和报纸这两类主要的印刷媒体形式在广告主的媒体计划和策略中扮演着重要的角色。杂志的选择力非常强，在接触特定目标受众和细分市场上具有非常重要的作用。杂志分为三大类，即消费杂志（包括农场杂志）、商业杂志和卫生保健杂志。每一类又可以根据出版方编辑内容和所吸引读者进行细分。

除了选择力之外，杂志还具有许多优势：出色的印刷质量、创作的灵活性、保存的持久性、声望及读者对杂志广告的接受度，以及向广告主提供的良好服务。杂志的局限性包括广告成本高、有限的发行范围和接触频率、广告的预订期长、广告干扰等问题。

杂志的广告费用根据一系列因素而有所不同，包括广告的规格、在出版物中的位置、特别购买的编辑内容、色彩的使用以及数量和插页使用的频率。杂志广告费率的比较以千人成本为基础，有时也会考虑出版物的编辑内容以及到达特定目标受众的能力。

报纸对本地广告主尤其是零售商来说是最重要的广告媒体。虽然全国性广告主和本地广告主的广告价格结构不同引发了争议，不过全国性的广告主仍会使用这一媒体。在某一特定的区域，报纸是一个能够到达大部分家庭的基础广泛的媒体。报纸的其他优势包括灵活性、地理选择性、消费者涉入度和接受度以及特殊服务。报纸的局限性包括印刷质量差、生命期短、缺乏选择力和干扰强。

市场细分和区域营销的趋势促使许多广告主更多地使用报纸和杂志。然而，报纸和杂志也面临其他媒体如广播、有线电视和互联网持续增长的竞争。报纸和杂志都在努力提高其发行量，提供数据库营销服务，发起跨媒体交易。上升的成本和下降的读者数成为许多杂志和报纸面临的问题。通过网络版以及广泛使用智能手机、平板电脑等移动设备获得内容已经对传统杂志和报纸产生巨大影响。这一数字干扰已经改变了杂志和报纸作为信息媒介和广告媒体的性质。

讨论题

1. 讨论数字版如何影响杂志和报纸等传统印刷媒体。你认为杂志和报纸如何应对这些变化并且挽留广告主？

2. 如本章开篇案例所述，一些主要杂志媒体采取纸介杂志销售保证的方式吸引广告主在印刷版杂志刊登广告。如何评估这一策略？你认为这将会增加杂志出售的广告页数吗？

3. 讨论杂志在广告主媒体策略中扮演的角色。杂志有何优势和局限性？

4. 原生广告为何意？相比赞助广告，广告主刊登貌似社论内容的原生广告是否合适？原因是什么？

5. 若你为耐克、亚瑟士、纽巴伦等运动鞋营销商购买杂志广告空间，将考虑哪些因素？你的媒体计划是只用杂志，还是也在其他类型出版物上刊登广告？

6. 整合营销传播视点12-1讨论了《花花公子》杂志为吸引千禧一代男性和广告主而重塑。你认为《花花公子》会成功吗？原因是什么？

7. 杂志媒体联盟提振传统印刷媒体的广告价值，援引有关平面广告在带来支撑读者对广告主信息理解和联系的阅读体验方面胜过线上广告。讨论为何印刷媒体广告会好于线上广告。

8. 讨论为何营销商在大学报纸上刊登广告。分析在你所在大学的报纸上做广告的公司类型。

9. 报纸行业和将报纸作为广告媒介使用面临的最大挑战是什么？如何应对这些挑战？

10. 找到一份《今日美国》等全国性报纸或者地方性报纸，分别分析刊登广告公司的类别以及报纸不同位置的刊登广告公司有哪些变化。你认为为何这些公司会在这一报纸做广告？

11. 为何报纸阅读量会大幅下降？报纸出版方将如何解决这一问题？

12. 线上报纸对于广告主而言有何优势？以一份报纸的在线媒体工具为例分析出版方如何向潜在广告主推销网络版报纸。

第13章 辅助媒体

学习目标

1. 考察辅助媒体在整合营销传播方案中的作用。
2. 了解可供营销商用于制定整合营销传播方案的各种传统的与非传统的辅助媒体。
3. 对比辅助媒体的优势与劣势。
4. 介绍测量辅助媒体受众的方式。

开篇案例

Brandchannel 公司产品植入奖：产品植入、整合和品牌娱乐仍然很受欢迎

毫无疑问，奥斯卡金像奖每年都会颁发给年度最佳电影。但你可能不知道广告植入也有年度颁奖典礼。在过去的十年里，Brandchannel 公司在奥斯卡颁奖礼前夕赞助了 Brandcameo 产品植入奖。与奥斯卡不同的是，Brandcameo 大奖授予最佳、最差和产品植入数量最多的公司，或者正如 Brandchannel 所指出的，"过去一年中，在电影产品植入、品牌整合和抢镜品牌方面，有赢家也有输家"（2016 年获奖者对 2015 年电影的致词）。

整体产品植入奖得主：梅赛德斯-奔驰。这家德国汽车制造商在 2015 年 31 部最佳电影中的 9 部里出现，其角色有客串也有"抢戏大王"。在电影《五十度灰》（Fifty Shades of Grey）中，女主角安娜斯塔西娅·斯蒂尔（Anastasia Steele）开着一辆奔驰 CLK。在詹姆斯·邦德的惊悚片《幽灵党》（Spectre）中，邦德在沙漠中被一群开着黑色奔驰 AMG 的恶棍追击——考虑到阿斯顿·马丁和路虎都在这部电影中有官方宣传，这对奔驰来说实属难得。奔驰在《速度与激情 7》（Furious 7）和《间谍》（Spy）中都有展示，在电影《聚焦》（Focus）中出现了两次。作为新奥尔良"超级穹顶"体育场的冠名者，当该体育场举办体育赛事时奔驰将从品牌曝光中获益。在《聚焦》中，很多情节都是演员威尔·史密斯（Will Smith）参加超级碗比赛的场景，从背景中清晰可见梅赛德斯-奔驰的标志。但也许决定性的获奖因素是该公司与电影《侏罗纪世界》（Jurassic World）之间的紧密合作。自从 1995 年第一部《侏罗纪公园》（Jurassic）上映以来，两者就一直在银幕内外保持着亲密的关系。

排名第二的获奖者苹果公司也出现在多部电影中，包括《爸爸的家》（Daddy's Home）、《姐妹们》（Sisters）、《我们的品牌是危机》（Our Brand Is Crisis）、《最后的女巫猎人》（The Last Witch Hunter）和《实习生》（The Intern），但没有一部是票房冠军。虽然苹果公司通常是品牌客串的赢家，但它一直在削减植入广告的数量。与苹果公司并列的是索尼公司，后者出现在《末日崩塌》（San Andreas）、《查派》（Chappie）、《战争屋》（War Room）和《精灵旅社》（Hotel Transylvania）中。

单部影片产品植入成就奖：《速度与激情》（Fast and Furious）——这个奖项是颁给出现产品广告最多的电影的。这部获奖影片是一部关于汽车的电影，有非常多汽车品牌植入。其中一个有趣的植入品牌是科罗娜啤酒（Corona Beer）。《速度与激情》中共有48个可识别的品牌。第二名是另一部汽车电影《聚焦》（一定是那些以F开头的关于汽车的电影！），《聚焦》有41处广告植入。在电影中植入广告最多的是2001年由西尔维斯特·史泰龙（Sylvester Stallone）主演的电影——有102处植入。这是一部关于F1赛车的电影。紧随其后的获奖影片是《侏罗纪世界》（35处广告植入）、《末日崩塌》（27处广告植入）、《冲出康普顿》（Straight Outta Compton）（26处广告植入）、《间谍》（24处广告植入）、《飓风营救3》（Taken 3）（23处广告植入）、《美国狙击手》（American Sniper）（23处广告植入）和《完美投掷2》（Pitch Perfect 2）（21处广告植入）。这么多产品广告植入！

Brandchannel还颁发了另外一个也许获奖者并不想拿来炫耀的奖项：

无耻产品植入成就奖：马克·沃尔伯格（Mark Wahlberg）——虽然Brandcameo通常关注的是电影，但这次情况不同。马克·沃尔伯格在电影《明星伙伴》（Entourage）中演他自己。在一组场景中，沃尔伯格和他的随行人员出现在一辆公交车上，车上到处都是Marked和超级水合物（Ultra Hydrate）的品牌标志。Marked是沃尔伯格自己推出的一个健身补品品牌，超级水合物（一个包装水品牌）的投资者之一是沃尔伯格。由电影明星阿德里安·格兰尼（Adrian Grenier）共同持股的Churchkey啤酒品牌，也出现在电影中。沃尔伯格的另一部电影《爸爸的家》更像是一个产品合集，他们在电影里为印度摩托车品牌专门写了一出戏。印度人在出售马克·沃尔伯格系列服装，而（很显然）沃尔伯格是他们的代言人。他还在电影《泰迪熊2》（Ted 2）的宣传片中穿了一件印度风格的T恤，在电影《变形金刚2：绝境重生》（Transformers：The Age of Extinction）中戴了一顶印度风格的帽子。顺便说一下，《泰迪熊2》和《明星伙伴》的产品植入和/或整合共计66处。

你可能会说，那又怎么样？如果公司可以进行产品植入，为什么个人不能呢？难道他们自身不是品牌吗？这些都是非常合理的问题；要回答这些问题，我们需要知道产品植入的过程和方式。

由于广告过度饱和以及新技术使人们更容易跳过广告，消费者似乎以越来越快的速度避开商业广告，因此许多营销商已经转向产品植入和整合（把产品加进应用程序、电影或书中），将它作为语境的一部分而不是单独的一次互动。过去的十年里，这个产业在美国和全球都保持了持续增长。根据PQ媒体的全球植入式广告支出的预测，在可预见的未来，这种增长将继续下去。这使得PQ媒体将产品植入视为公司消费者营销组合中的“战略必需品”。的确，对许多公司来说，产品植入在很大程度上是整合营销传播策略的组成部分。正如西蒙·哈德森（Simon Hudson）所指出的那样，存在一系列的产品植入品牌娱乐类型，从单纯的语言或视觉植入，到产品整合，也就是将品牌融入电影情节。

虽然通常情况下公司都想把自己的品牌放在电视节目或电影中，但有时它们却不希望自己的品牌被放置在电视节目或电影中，并采取措施阻止或移除它们。像Slip'N Slide、百事和爱适易（InSinkErator）这样的品牌已经就电影中对其产品的描述提起了诉讼，而最近，百威啤酒也提出诉讼。在电影《飞行》（Flight）中，丹泽尔·华盛顿（Danzel Washington）被描绘成一家航空公司的飞行员，他是一个酒鬼，即使在开车的时候也经常喝酒。正如人们可能预料到的那样，安海斯-布希对这样的产品形象并不满意，并要求派拉蒙影业公司将百威的标识从影片中隐去或删除。到目前为止，派拉蒙拒绝了这一请求，而安海斯-布希似乎对此无能为力。不幸的是，电影公司无须得到产品公司许可，就可在电影中植入某产品。斯托里克纳亚（Stolichnaya）伏特加也对影片方未经许可就使用其品牌感到不满。这并不是公司想要的产品植入。

资料来源：Abe Sauer，“Announcing the 2016 Brandcameo Product Placement Awards，” February 24，2016，www. brandchannel. com；Simon Hudson，“From Product Placement to Branded Entertainment，” April 12，2016，www. hotelexecutive. com；“Budweiser Seeks Removal from ‘Flight，’” November 5，2012，www. movies. msn. com.

本章的开头展示了产品植入的普及程度，从电影、电视到视频和视频游戏，无处不在。由于越来越担忧消费者避开广告的能力，广告主转而通过其他途径向潜在买家发布品牌信息。其结果是广告主对曝光度关注的增加，而曝光反过来又带来了传媒业的重大变革。在过去的几年里，无论是传统媒体还是新媒体，对辅助媒体的使用都显著增多了。在许多方面，消费者避开商业广告的努力可能产生了相反的效果，因为现在广告似乎出现在许多以前并未出现过广告的地方。

广告出现在了下水道井盖上、洗手间里、公共汽车候车亭里、杂货店里、轮胎盖上、手机上甚至人们的身体上。在本章，我们会回顾各类辅助媒体，有些是新的而其他一些则已经存在一段时间了。我们会探讨它们的相对优势和劣势、如何使用它们以及每个媒体的收视率。我们称之为**辅助媒体**（support media）。前几章所描述的媒体主导了大广告主尤其是全国性广告主的媒体策略。而辅助媒体则被用来触及目标市场上的那些主流媒体无法有效触及的群体，强化或补充其广告信息。重要的是，有些辅助媒体不仅发挥辅助作用，对于一些公司来说，它们也可能是主要或唯一的媒体。

你可能会惊讶于传递信息方式的种类之多，以及你接触这些信息的频率。让我们先来看看辅助媒体行业的范围，以及营销商可以使用的多种替代方案。

辅助媒体的范围

辅助媒体有多个别名，如**备选媒体**（alternative media）、**线下媒体**（below-the-line）、**不可评估媒体**（nonmeasured media）和**非传统媒体**（nontraditional media）等。这些术语描述了用于传播沟通信息以及促销产品与服务的各种不同的渠道。本章将讨论多种此类型媒体（当然，正如你能够想象的，不可能把所有的都讨论一遍）。

许多广告主，包括排名前100位的广告代理公司在内，都已经增加了对非传统媒体的使用。而且，随着新的备选媒体的出现，这种使用还会继续增长。考虑到快速出现的各种新媒体，我们需要将辅助媒体进一步分为传统辅助媒体和非传统辅助媒体两类。除了说明辅助媒体中许多形式已经存在多时而另一些最近才刚刚面世以外，有必要对此进行专门的深入区分。下面将进行详细讨论。

传统辅助媒体

广义的**户外广告**（out-of-home advertising）涵盖多种广告形式（见图表13-1）。正如我们所见，美国户外广告协会（Outdoor Advertising Association of America，OAAA）将这些媒体分为狭义户外广告（包括广告牌、街头装置媒体、场所型媒体和交通媒体）以及广播的特殊形式。如图表 13－2 所示，广告牌和街头装置媒体占据了户外广告 71％的份额。考虑到这些形式的相似性，我们将把它们放在一起讨论，然后再介绍交通媒体和场所型媒体。

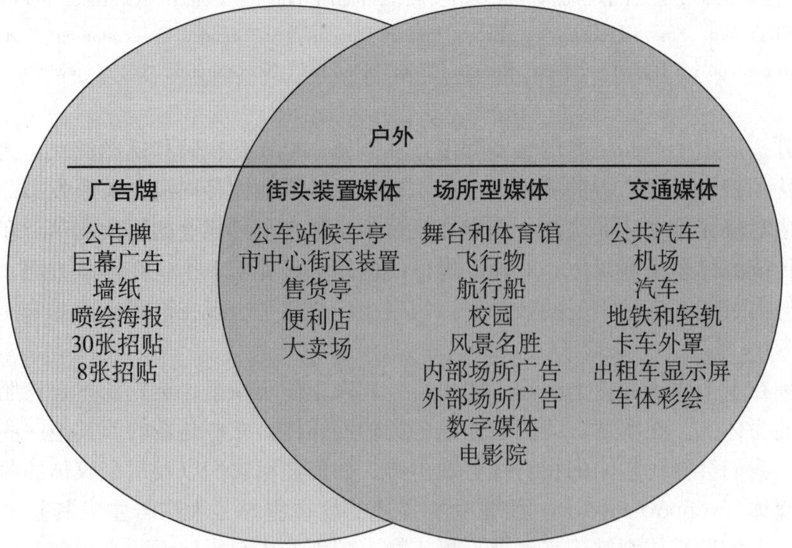

图表 13－1　户外媒体：多元化、跨类别的形式构成了今日的户外广告

资料来源：Reprinted with permission of Outdoor Advertising Association of America.

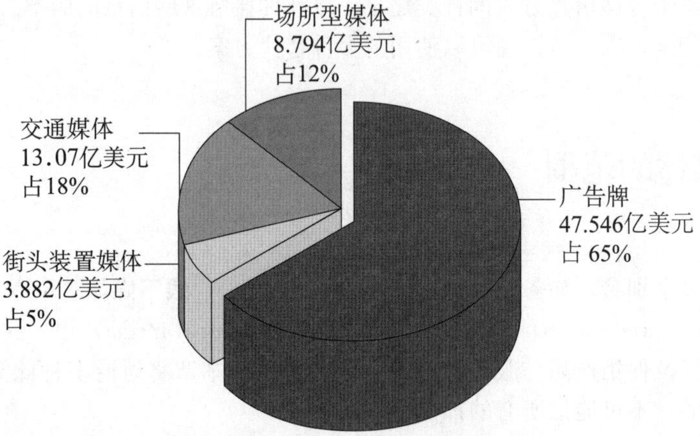

图表 13－2　户外媒体的四大类别：2015 年户外广告总收入 73 亿美元

资料来源：Outdoor Advertising Association of America.

户外广告

户外广告可能在穴居人时代就存在了。早在 5 000 年前，古埃及人和古希腊人就开始使用户外广告。今天，户外广告已经毫无悬念地成为使用最广的一种传播方式。对于那些生活在城市或市郊的人而言，户外广告随处可见。

尽管户外广告的支出从 2000 年开始稳步增长，2008 年后，像其他多数媒体一样，户外广告的营业额也可看到明显的下降，但是现在又有了抬升的趋势。2015 年户外广告的支出预计约 73 亿美元，在所有的广告开支中占据 5％的份额。[1] 由于烟草商曾经是这一媒体的主要使用者（1991 年，15 亿美元的户外广告收益中 25％来自烟草广告），因此，1998 年 11 月美国 46

个州达成协议全面禁止烟草广告时，户外广告行业曾普遍表示担心。然而，本地服务业和娱乐业、保险业、不动产和电信公司投入的增加弥补了广告这部分损失。麦当劳、苹果、威瑞森、华纳兄弟、三星、AT&T 和可口可乐是这类媒体的重要广告投放客户。如图表 13－3 所示，户外广告的客户基础更加广泛，可以证明其被工商业持续接受的程度。职业女性的增多将更多产品广告引入这一细分市场，公路上汽车数量以及行驶里程数的增加使石油公司、食品和旅馆业者以及其他媒体增加了在户外广告上的投入。

图表 13－3　**十大户外广告投放行业**

（以 2015 年年底户外广告投放开支为基础）

1. 混合服务与娱乐
2. 零售
3. 媒体和广告
4. 餐馆
5. 公共运输、酒店和景点
6. 金融
7. 保险和不动产
8. 政府、政治以及组织
9. 通信
10. 汽车、汽车零件和设备

资料来源：Outdoor Advertising Association of America，2016.

户外广告获得持续成功的一个重要原因在于它通过科技手段不断创新。正如图表 13－1 所示，广告牌已经不局限于标准尺寸和二维平面，三维形式和更大尺寸的广告牌已经被用来吸引顾客的注意力。数字户外媒体贡献颇多。在户外广告牌上、交通标志上和商店内展示的数字信息被以更快捷、更频繁的速度更换，使更多的广告主能够加入投放队伍。此外，这一技术还能使广告主以适当的表现方式出现在之前不能投放广告的场所。在体育馆、超市、校园书店、餐厅、购物广场、高速公路或者建筑物上，你或许看到了许多广告牌或电子广告板；从纽约摩天大楼的霓虹招牌到美国中西部仓库外墙上的 Mail Pouch 烟草广告，你都可以捕捉到户外广告的踪影。这的确是一个覆盖广泛的媒体。

但是，户外广告尤其是广告牌，也招致一些批评。当时的美国第一夫人伯德·约翰逊（Bird Johnson）在其丈夫任期内大力推动立法禁止在州际公路两侧设置宣传广告牌，并由此导致 1965 年《公路美化法案》（Highway Beautification Act）的颁布。可见，对于户外广告牌的使用一直是有争议的。美国有 46 个州通过法案禁止在户外广告牌上做烟草广告。此外，美国的一些城市和州已经禁止或严格限制使用广告牌。

数字户外媒体

户外广告行业增长最快的分支之一是**数字户外媒体**（digital out-of-home media），亦称 DOOH 媒体。数字户外媒体的主要呈现形式有：（1）视频广告联播网，包括出现在各个场所的数字视频屏幕，如办公室、商店、剧院、交通工具内部的联播网以及健康俱乐部、体育竞技场、酒吧和餐馆等娱乐场所。（2）数字广告牌，或以发光二极管（LED）或液晶显示器（LCD）技术传输的屏幕。数字广告牌包括在体育和娱乐场所、零售场所（如大卖场）、交通中转场所（如航站楼）以及公路边或大型交通枢纽处出现的大型面板。基于地点的广告不是一个纯粹的 DOOH 媒介，它经常使用数字技术发送信息，通常包括出现在洗手间、楼梯、私人车辆和特殊物品上的小标志。由于 DOOH 媒体具有创造性，能够获得关注和吸引消费者，到 2020 年全球 DOOH 数字户外招牌的市场份额预计将达到 200 亿美元（参见数字与社交媒体视点 13－1）。[2]

数字与社交媒体视点 13-1

广告牌进入数字时代

想象一下，你驾驶着丰田汽车在高速公路上行驶，当你不经意间看到广告牌上的内容，会有一条消息告诉你你的车不好，因为新雪佛兰迈锐宝的汽车行驶里程比你的汽车要长。或者想象一个清晨，你在日出时驾驶着汽车，看到了广告牌上麦满分（McMuffin）与太阳一同升起（或者如果是日落，则与太阳一起落下）。现在，如果你路过一个不同的广告牌，它有能力确定你从哪里来以及要去哪里。

无论你想还是不想，广告牌总是很难被忽视，这就是户外媒体能继续吸引广告主的原因之一。如今数字技术的进步可能使你更难忽视它们。数字广告牌（以及其他广告载体）的发展实际上使消费者希望看到一种可以动的媒介甚至与之互动。（你不得不承认，观看麦满分和太阳一起升起会很有趣！）一些人认为，信息化所提供的超越传统广告牌的创造力可能会使后者的前景充满风险。

数字广告牌有许多优点。麦满分的广告创意只是注意力吸引法的众多案例之一。有趣的是，麦当劳在 10 年前制作了一张广告牌，该广告牌被放在一个特定的位置使阳光可以在每天不同的时间把影子投到符合这个时间的食物上面。这两个广告牌是由不同的机构制作的。

为了推出 2016 款的迈锐宝，雪佛兰及其代理公司 Posterscope USA——一家户外广告代理公司——和 Lamar 广告代理公司使用车辆识别技术，可识别某些类型的汽车并立即生成动态的定制消息给司机。车辆识别活动是该类别的首个广告活动，旨在提高受众对迈锐宝的安全性和燃油效率以及该车其他特性的认识。正如 Posterscopes USA 前首席执行官海尔玛·拉金（Helma Larkin）所指出的那样，“通过将车辆识别技术整合到广告运动中，我们能够为开着竞争对手产品的驾驶员提供个性化内容，从而增加了信息被注意和记住的可能性。”当安装在广告牌旁边的摄像头识别出福特 Fusion、丰田凯美瑞、日产天籁或现代索纳塔时，迈锐宝通用的广告信息会转变为专门针对竞争对手的广告信息，让驾驶员阅读 7 秒钟，这毫无疑问令人惊叹！

可口可乐搭起了一个“可饮用”的广告牌，让潜在客户参加全美大学生运动协会在 3 月举办的疯狂篮球决赛来吸引客户尝试一下零度可乐。广告牌将苏打饮料放入一个长达4 500英尺的吸管并拼出来一个“taste it”的字样。通过标示出 opentotry（打开尝一口）字样，人们很容易试饮该产品。可口可乐公司还开发了可饮用的体育场高清广告牌、交互式的智能信箱终端和一个可以变成吸管的传单来加大宣传力度。

也许开拓性的创新之一是一个可以告诉你开车去了哪里并且要去哪里的广告牌。该技术由美国清晰频道户外公司开发，该公司在美国拥有数万个广告牌，并且在 AT&T 的帮助下，可以跟踪那些经过广告牌的 AT&T 移动电话用户。这些数据将有助于确定驾车人员的年龄和性别，并随后确定他们是否访问了某商店及其地点。清晰频道和 AT&T 声称这些数据是匿名的和汇总性的，因此不能识别单个客户。

生产数字广告牌的公司也已经与 Flickr、脸书和推特等社交媒体整合。例如，许多酒吧现在都有支持社交媒体播放的屏幕，用于设置交互式游戏使客户能够对显示屏进行文本回复，以及向酒吧中的其他人发送推文或短信（只要内容合适）。室内屏幕上可以即时弹出制定菜单或饮品推荐的推文。咖啡店也使用了推特和 Flickr 来吸引店内顾客的注意力，因为店家发现它能有效增加店铺与顾客之间的互动。

英特尔和 NEC 都开发了内置相机的数字广告牌，当消费者走过或站在显示屏前时，广告牌可以识别其年龄和性别。卡夫食品和阿迪达斯也尝试了面部识别功能，脸书和谷歌都有面部识别功能，但声称并不会使用该功能。美国联邦调查局在纽约时代广场使用数字广告牌请公众帮助识别纽约地区的逃犯；广告牌的面部识别功能十分强大，允许不断变换识别目标。

但并不是每个人都对这项新技术感到满意。隐私倡导者一直担心公司在他们不知情或未经许可的情况下收集数据——这似乎是事实。电子隐私信息中心称该技术有可能违反公民自由和美国宪法第一修正案。但似乎并没有人想要扼杀进步！

资料来源：Christopher Hall，"Digital Signage Tells You You're Driving the Wrong Car，" April 19，2016，www. digital signage today. com；Dale Buss，"Coke Zero Scores with Drinkable Billboard at March Madness Finals，" April 3，2015，www. brandchannel. com；Tim Nudd，"An Egg McMuffin Rises with the Sun on This Tasty McDonald's Billboard，" February 9，2015，www. adweek. com.

其他户外媒体

户外广告还有其他多种形式，包括空中广告、特定场所广告、流动广告牌等。OAAA将这些形式界定为场所型媒体。我们只列举其中几种。

空中广告

飞机在空中拉出的标语、横幅，空中书法（即通过喷出彩色烟雾在空中写字，通常字的高度达1 200英尺）以及飞艇，这些构成了另外一种可供营销商使用的户外广告形式：**空中广告**（aerial advertising）。总体上，这些媒体的费用从绝对数值上来说并不昂贵，也有利于到达某些特定的目标受众。例如，水宝宝公司（Coppertone）就常在沙滩、海岸使用空中书法的形式来宣传它的防晒油；啤酒公司等营销商在体育比赛时通常会利用空中广告来宣传自己的产品；本地广告主用空中广告来宣传特殊事件、促进销售等。插图13-1展示了其中一宗利用这种媒体的产品、服务和/或事件。

流动广告牌

另一种广告形式是**流动广告牌**（mobile billboard）。有的公司将广告画在汽车上；有的公司将广告画在卡车和货车上；还有的公司将广告做在小的广告牌上，然后将它固定在拖车上，在目标市场上的地理区域行驶或停泊，以吸引受众的注意力。这种广告形式的成本取决于广告所在地区和流动广告牌公司的收费情况。公司无论规模大小，均能承担这种媒体形式的成本。许多研究显示，流动广告牌能够导致高印象水平，而产品接受度和调查组织（Product Acceptance and Research Organization）进行的研究表明，流动广告可以提高阅读率和回想率，并可能对销售产生良好效果。[3]

插图13-1　许多公司将飞艇作为一种广告媒介

资料来源：© David R. Frazier/Photolibrary，Inc. /Alamy RF.

沃尔玛、家得宝、州立农场保险等许多公司经常使用流动广告。

店内媒体

广告主会使用像店内广告、过道展示、店内传单、货架标号和店内电视等**店内媒体**（in-store media）来接触处在购买地点的消费者。最近MEC Sensor和BMRB国际两个组织揭示了购买者中有1/3在做出购买决策时会受到店内广告的影响，44%的人会注意到这类广告，注意到广告的人中有75%可能会购买广告中提到的品牌。[4]

售点广告研究院（Point of Purchase Advertising Institute，POPAI）公布的数据显示，有近2/3的购买决策是消费者在店内做出的，对一些冲动购买型产品来说，这一数字甚至高达80%。[5]既然售点广告可以在消费者进行决策时影响到他们，广告主自然愿意在这一既减少整体营销努力又能提供更多产品信息的领域投入更多的资金。

形式多样的户外媒体

如图表13-4所示，可供选择的户外媒体有多种，而且这些媒体无处不在。下次当你外出时，请花几分钟时间留意一下身边接触到的不同形式的户外广告。

图表13-4　户外媒体展示板

户外媒体展示板的数量（2016年）

广告牌	街头装置媒体	交通媒体	场所型媒体
公告牌 158 868块 数字广告牌 6 700块 海报栏 165 606块 初级海报栏 33 336块 墙纸/巨幕广告 4 029块	公交车站 49 082块 市区装置，例如 等候椅 报亭 电话亭 报栏 数字市区装置 699块	公共汽车 205 426块 机场 68 560块 地铁和城铁 184 078块 卡车外罩 2 732块 出租车/车体彩绘 46 194块 数字公交 3 760块 移动广告牌 1 200块	数字置入广告 1 250 000块 舞台和体育馆 1 352块 电影院 35 350块 内部场所广告，如： 便利店 健身俱乐部 饭店/酒吧 外部场所广告，如： 飞行物 航行船 风景名胜 商场 30 532块 数字商场 120块

资料来源：Outdoor Advertising Association of America（OAAA），2016.

交通广告

交通广告（transit advertising）是另一种户外广告形式。交通广告的目标受众是上百万使用公共交通工具的人，如乘坐公共汽车、出租车、郊区火车、电车、飞机和地铁的人。

交通广告虽然出现了较长时间，但是直到最近才重新引起广告主的注意。由于职业女性人数的增加（她们在上下班途中比在家中更容易接触到媒体）、受众的细分以及许多人在路上花的时间远多于家里，交通媒体持续成为一个流行的媒介形式。麦当劳、斯普林特、菲多利、联合劝募协会（United Way）和大量州立彩票站以及其他机构都青睐交通广告的低成本、显著增加的接触频率、灵活性和在销售点的表现力。家乐氏公司已经发现交通广告是用来推广营养谷物的有效媒介，而加州牛肉协会（California Beef Council）发现在一个月之内，乘坐火车通勤的人中有42%能够看到它在火车站台上做的牛肉广告，因此他们对牛肉的态度更加正面。[6]

交通广告的种类

交通广告有三种形式：（1）车厢广告；（2）车身广告；（3）车站、月台和站台海报。

车厢广告　如果你乘坐过通勤公共汽车，就会注意到在座位上、行李架上有各种有关餐馆、电视或广播电台以及许多其他产品和服务的**车厢广告**（inside cards）。正如之前所提到的，一些公司正在使用交通工具上的数字屏幕做广告，包括播放新闻、餐馆信息和视频广告。由于其信息可变动和可视性更强，这种形式更容易吸引受众的注意力。

但是车厢广告也存在争议。例如，在纽约的地铁里，许多口香糖、汤料和冒烟熊①（Smokey the Bear）的广告消失了，取而代之的是关于艾滋病、意外怀孕、强奸和堕胎的公益宣传。虽然地铁乘客认为这些内容非常重要，但是许多人抱怨这些广告让人心情沮丧，并觉得受到了伤害。

车身广告　广告主采取各种形式的户外交通海报来促销产品和服务。这些**车身广告**（outside posters）出现在公共汽车、出租车、火车、地铁和电车的车厢两侧、后面和车顶。

车身广告的复杂性在不断增加。例如，Vert公司（清晰频道的一个子公司）发明了一种新技术，可以将出租车顶上的广告改装成实时电子信息牌。网络服务商可以通过全球卫星定位系统（GPS）将信息传送到出租车顶的屏幕上。它们通过全球卫星定位系统确定出租车的位置，然后将这个信息发送给本地服务商。本地服务商就可以将接收的相关广告信息传送到特定的地区。一辆途经拉丁裔社区的出租车可以将广告信息用西班牙语显示，而到金融区时则会显示股市行情等。这些信息同样可以根据一天内的时段进行变化——比如，在早晨推广咖啡，在晚间推出特别套餐。这些广告是彩色的，与横幅广告类似，而亮度则是电视屏幕的10倍。

车站、月台和站台海报　在火车站、地铁站和飞机场等地方的地面展示、安全岛陈设、电子信号牌以及其他形式的广告都属于交通广告。**站台海报**（terminal posters）上的广告通常非常引人注目。公共汽车候车亭延伸了广告主广告宣传的空间，使之摆脱了其他户外广告的限制。地铁站台上的电子信号牌已经成为一个常见的景观。

户外广告的优势和劣势

户外广告有许多优势：

1. 可以广泛覆盖地方市场。户外广告如果安置合理，无论白天还是晚上都可以在本地市场得到广泛曝光。想想看，在时代广场的广告牌每天可以曝光于上百万人面前。

2. 接触频率高。因为购买周期通常为30天，而顾客常常多次接触户外广告，所以户外广告可以实现较高的接触频率。

3. 位置灵活度大。户外广告可以放置在公路两旁、商店附近或者可移动的广告牌上。只要是法律未禁止的场所，都可以设置户外广告。对于本地广告主来说，户外广告可以到达特定地理特征或人口特征的地区。也可以覆盖当地市场、地区性市场甚至全国性市场。

4. 创意新颖。如前文所示，户外广告很有创造性。它可以利用大幅印刷、丰富的色彩和多种其他元素来吸引受众的注意力。

5. 能够创立知晓度。户外广告具有很强的冲击力（传递的信息又很简单），所以可以建立很高的知晓度。

6. 性价比高。与其他媒体相比，户外广告的千人成本（CPM）很有竞争力。户外广告的平均千人成本约为广播广告的一半，更远低于电视广告、杂志广告和报纸广告。交通广告从相对成本和绝对成本上来说都是最便宜的媒体。

7. 效果好。户外广告能够产生很好的效果。通常能够直接导致购买。天联广告公司做的一份调查表明，有35%的被访者表示他们曾经在看了户外广告后拨打相关电话。[7]穆克什·巴

① 防火代言动物标识。——译者

尔加瓦（Mukesh Bhargava）和纳义·丹修（Naveen Donthu）的研究表明，户外广告对销售额有非常大的影响，特别是与促销结合使用时。[8]

8. 易于制作。现代科技缩减了制作户外广告的时间，使户外广告可以快速地更换，数字信息可以随时更换。

9. 适时性。许多户外广告出现在购物区的附近或区域内，以及搭载乘客前往购物区的交通工具上，可以使商品获得适时露脸的可能。

同时，户外广告又有许多和它的优势联系在一起的劣势：

1. 覆盖面浪费。虽然户外广告甚至可以将信息传达给非常特殊的受众，但是在大多数情况下，户外广告会产生很高的覆盖面浪费，因为并不是每个经过广告牌的人都是目标受众。

2. 传递信息容量有限。因为大多数受众在经过户外广告时的速度很快，广告曝光时间短，因此，广告信息就被限定在几个字和/或一幅图上。冗长的诉求对受众是无效的。一些交通广告形式无法传递创意信息。

3. 厌倦感。由于曝光频率高，人们对户外广告也会很快产生厌倦。人们可能会因为每天看到同样的广告而感到厌烦。

4. 成本高。因为可利用的标志牌在不断减少，而成本却随着通货膨胀在不断增加，户外广告的成本无论从相对意义还是绝对意义上看都是很高的。

5. 评估困难。关于户外广告的一个更大的难题是如何精确评估它的到达率、接触频率以及其他效果。（正如在其他章节中讨论的，近来这个问题已经被提出，却没有很好的解决方法。）

6. 形象问题。一些户外广告的形象问题可能会被消费者忽视，但也有一些户外广告却会遭遇形象问题。

总而言之，对于营销商而言，户外广告既有优势，又有劣势。当然，可以通过使用其他类型的户外广告来避免其中的一些问题。

交通广告的优势和劣势

除了具有户外广告的优势和劣势之外，交通广告在这一类媒介中有其特别之处，以下是交通广告的优势：

1. 曝光度高。室内形式的交通广告的主要优势在于可以有较长的展露时间。对于一般的交通工具而言，人们平均乘坐的时间为 45 分钟，因此交通广告有充足的时间来接触受众。乘坐飞机的旅客在等候航班的时候常常无处可去，也无事可做。在候机时，他们可能多次浏览候机大厅里的广告。乘坐汽车的人也因此可能不止一次地看到广告。因为交通广告可接触的受众数目是确定的，所以该广告形式的接触人数也就可以确定。每周约有 900 万人要乘坐大众交通工具，每年有超过 106 亿人次乘坐大众交通工具，这为交通广告提供了大量的潜在受众。[9]

2. 接触频率高。由于我们每天的日程安排是固定的，因此经常乘坐公共汽车、地铁之类交通工具的人会重复接触交通广告。如果你每天坐同一趟地铁上下班，一个月下来，你有可能会看到同一个广告 20～40 次。在位置较好的车站和候车亭处的标识也会带来较高的接触频率。

3. 成本低。交通广告千人成本低于其他推广方式。

以下是交通广告的劣势：

1. 到达率低。虽然交通广告可以覆盖很广的受众，但是总体来说，具有某些生活方式或行为特点的受众可能没有被包含在这种媒体的目标市场中。例如，在乡村或郊区，大众交通工具很少或者根本没有，因此交通广告无法覆盖这些地区的人群。

2. 受众的心情。当人们在拥挤的地铁站候车的时候，可能很难有阅读地铁广告的心情，更别说产生广告主所期望创造的那种心情了。有争议的广告可能比情绪积极的广告更难达到这种效果。同时，当乘客心情焦急，匆匆忙忙地穿过飞机场时，也会降低设置在飞机场的户外广告的有效性。

户外媒体的衡量

2010 年，OAAA 公布了一种新的受众测量系统，该系统在过去 5 年一直在开发状态。OOH 评分被认为是对传统的广告能见率衡量方法的改进，它有一个“可能看到”的衡量标准，也可以提供人口学和人种学数据。这些新数据包括眼球追踪、广告传播和出行调查数据，这些数据都被研究公司联合起来进行了评级。[10]

还有其他一些听众评价和资料来源：

- 竞争性媒体报告（Competitive Media Reports）提供主要广告商在户外媒体方面的支出信息。
- 益博睿西蒙斯市场研究局（Experian Simons Market Researth Bureau）每年为户外广告研究所进行研究，提供人口数据、曝光率等。GfK MRI 提供了类似的数据。
- 售点广告国际是一个售点广告商业组织，收集关于售点广告（POP 广告）的统计和其他市场信息。
- OAAA 是户外广告行业的主要行业协会，它帮助会员研究媒体、提出创意和更有效地利用媒体，并设有 www. oaa. org 网站。OAAA 委员会也进行外部研究。
- Geopath 为户外媒体生成标准的受众测量数据，为其成员提供人口统计上的特定印象、评分点以及超过 100 万份 OOH 清单的接触和频率测量数据。
- 美国公共交通协会（APTA）提供乘客人数统计、调查和其他交通使用情况信息。

促销产品营销

根据国际促销产品协会（Promotional Products Associations International，PPAI）的规定，**促销产品营销**（promotional product marketing）是指“使用促销产品，如广告特价品、赠品、商业礼物、奖品、奖金或纪念品，作为广告或促销媒介及方式，进行产品促销”。促销产品营销是最新的名称，以前叫赠品广告。不过，**赠品广告**（specialty advertising）现在也被赋予了新的定义：

> 赠品广告是广告、销售促进、激励性沟通所采取的一种媒介。赠品是促销产品中的一种，又称广告赠品，即印有公司标志的实用性或者装饰性商品。
>
> 与赠品不同，这些小物品通常免费发放，人们不用购买或者付出什么，但是有时候（附于商品的）赠品会被误认为广告赠品。[11]

如上所述，赠品广告既是广告媒介，又是促销媒介。我们将它统称为整合营销转播中的辅助性广告媒介。

据统计，目前有近千种广告赠品，如圆珠笔、咖啡杯、钥匙链、日历、T 恤和火柴盒。还有一些非常规的广告赠品，如植物的台座、墙壁饰板、在手套上印广告主的名字等，都可以用来促进公司形象的树立以及产品的销售。这样的商品还包括玻璃器皿、纪念品、奖品和塑胶制品等。事实上，广告主每年在赠品广告上要花费 181 亿美元（见图表 13 - 5）。[12]

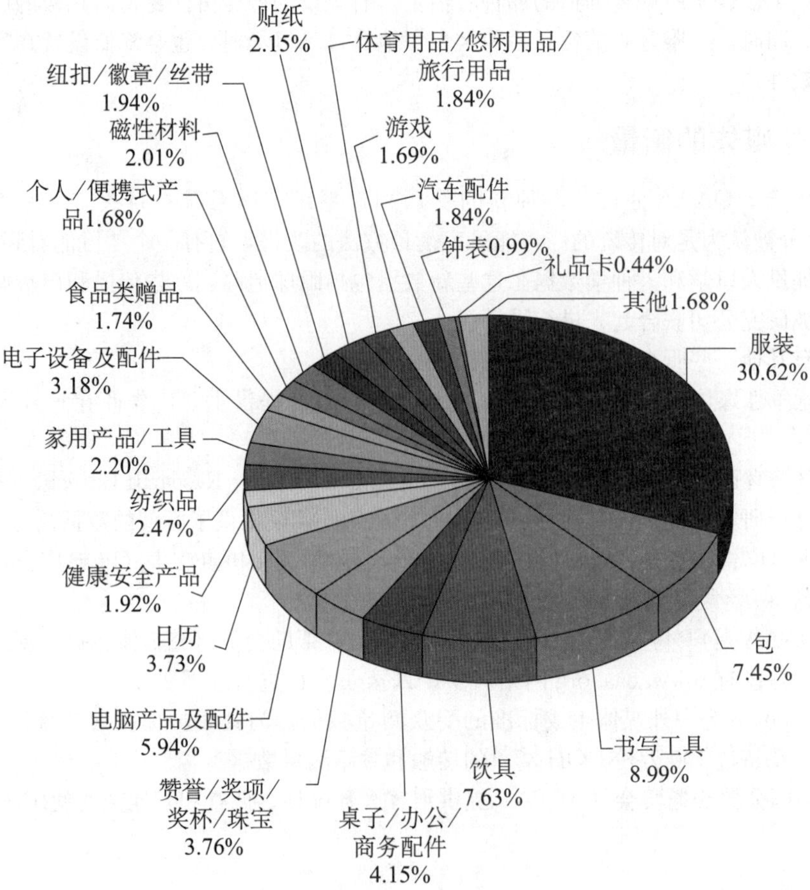

图表 13－5　2014 年产品类别的赠品额比例

如果你放下手中的书，环顾一下书桌（或床）周围，你可能会发现一些广告赠品。它也许是你正在使用的钢笔、一个火柴盒或者一本印着校园书店名称的书籍。广告赠品可用于多种促销目的：对顾客惠顾表示感谢，向顾客展示公司名称，将新产品引入市场，增加公司、产品和服务现有的知晓度。广告赠品常用来辅助其他形式的产品促销活动。

促销产品营销的优势和劣势

与其他广告媒介一样，促销产品营销也有利有弊。它的优势如下：

1. 选择性强。因为广告赠品通常直接发送给目标顾客，所以可以自由选择目标受众。传播可以直接针对有意愿的接收者，减少了覆盖面浪费。

2. 灵活性高。如图表 13－5 所示，赠品种类繁多，具有高度的灵活性。无论信息是简是繁，均可以通过多种方式进行传播。公司无论大小，均可以使用该种媒介。公司自身的创造性决定了该商品形式的创造性。

3. 接触频率高。大多数广告赠品设计的使用期限都比较长。钥匙链、日历和钢笔可以伴随潜在顾客相当长的一段时间。这样，在没有追加投入的情况下，广告信息能够反复展露。

4. 成本低。有的广告赠品价格十分昂贵（如皮具），但大多数广告赠品是绝大多数任何规模的公司都能够负担的。虽然与其他媒体相比，赠品广告的千人成本很高，但是高频率的重复展露降低了每次曝光的相对成本。

5. 好感度。促销产品也许是唯一能使受众产生好感的媒体。因为人们乐意接受礼物，而且许多商品具有使用价值（如钥匙链、日历等），消费者会心存感激地接受这些东西。这些产品也能带来对广告主的良好印象。

6. 回想率高。赠品能够引发对广告主和广告信息的高回想率。

7. 协助其他媒体。促销产品营销的一个主要优势在于它可以帮助其他媒体更好地发挥广告宣传效果。因为它的成本低，而且重复曝光度高，最简单的信息可以加强其他形式的信息或诉求。

促销产品也可用来支持贸易展示、激励销售商、表彰雇员、促进顾客购买和开展销售竞赛。

促销产品营销也有自己的劣势：

1. 形象。虽然大多数印着商店或公司名字的广告赠品是一个友好的提示物，但是在选择广告赠品的时候一定要注意，因为公司的形象很可能因为质量差或设计糟糕的广告赠品而受到损害。

2. 市场饱和。许多公司都采用这一广告媒体，使得这一市场趋于饱和。因为可以使用不同的圆珠笔和火柴，所以如果受众得到替代品太过容易，广告赠品的价值就会降低，而且受众保留该赠品或者保持信息关注的可能性也会降低。使用的促销赠品越特别，对接受者的价值才会越高。

3. 交货期。促销产品需要收集相关信息，且制作的周期比大多数其他媒体长得多。

4. 触达。使用其他媒体，如电视，以达到更好的触达效果。

尽管促销产品营销市场拥有这么多的缺点，但它仍是一个很有效的推广介质。

促销产品营销的受众测量

由于受到广告行业性质的限制，目前该种媒体尚无确定的受众测量体系。不过，一些调查试图确定这一媒体的影响力并披露了相关的调查结果：

- 70%的受访者在过去的 12 个月中收到过广告赠品。
- 88%的受访者能够回想起广告主的名字。
- 83%的受访者希望收到赠品。
- 38%的受访者表示赠品是一种不断提醒他们广告主是谁的物品。
- 53%的受访者一周会使用赠品一次。
- 71%的受访者会保留赠品。[13]

南佐治亚大学（Georgia Southern University）的研究表明，促销产品对品牌形象有积极影响，导致对业务有更积极的看法以及推荐业务的可能性更大。[14]另一项研究表明，通过将促销产品加入整合的媒体组合，品牌印象和购买意向可能会增强。[15]

国际促销产品协会（www. ppai. org）是该领域的行业组织。它帮助营销商制作和使用赠品广告，还为赠品广告的分发提供统计数据、教育信息以及促销和公共关系等方面的协助。

其他传统辅助媒体

还有许多其他的传统产品促销方式，下面介绍其中的电影院广告。

电影院广告

利用电影院来促销产品和/或服务是一种增长快速（使许多媒体感到沮丧）的信息传递方式之一。在播放电影之前插播商业广告片逐渐成为一种流行趋势，无论是地方性广告主还是全国性广告主均喜欢采取这种宣传方式。此外，在电影院休息室和购物亭张贴的海报、在饮料杯和吸管上印的广告也日益增多。汽车、食品和包装类产品公司以及区域性、本地性公司是发现这一媒体吸引力的客户。一项研究估计至少一半以上的电影院在播放电影前插播广告。20世纪80年代以来，这一比例一直呈现稳固增长的态势。电影院广告在2015年达到了7.16亿美元的销售额。[16]

消费者对电影院广告的反应是复杂的。许多研究表明，大多数人认为该方式令人讨厌甚至非常讨厌，虽然如今人们已经越来越习以为常。电影广告协会（Cinema Advertising Council, CAC）指出，63%常看电影的人不介意在电影放映前播放广告。[17]另一份电影广告协会的研究指出，72%经常去看电影的人无法记起是否在电视上看到过在电影院播出的广告。32%的人看过同一产品在电影院和电视上都播放过的广告，他们更喜欢电影院播放的。[18]许多消费者抱怨说，他们已经掏钱买了电影票，不应该必须坐着面对这些商业广告。

尽管如此，一些产品和品牌仍然在使用这一广告媒体。包括好事达、宝马、凯迪拉克、凯马特、老海军（Old Navy）以及塔可钟等。此外，由某位电影院广告经纪人进行的一项研究的结果显示，观众对电影院广告的记忆度是电视广告的3倍。[19]

电影院广告的优势

对于广告主而言，电影院广告的优势如下：

1. 曝光度高。尽管在2015年去影院看电影的人数有所下降，但仍然有很大的人数体量。在2015年，票房销售超过110亿美元。[20]

2. 情感依恋。一份报告发现前往电影院的观众中，有41.5%的人声称对于电影院的广告和品牌产生了情感依恋，这一比例高于在超级碗、夏季奥运会、世界杯系列赛或奥斯卡颁奖礼[21]期间在广电媒体播放的广告。一项神经营销研究显示，电影广告观众比看电视节目的人更加投入。[22]

3. 成本低。在不同的电影院播放广告的成本是不同的。但是，无论从绝对成本还是相对成本来说，该广告方式的成本都是较低的。

4. 关注度。电影观众对影院展示的广告会给予关注。有调查表明，电影院广告能够到达许多通常声称自己是广告回避者的消费者。这些消费者在电影院注意广告的可能性比起其他媒体高出157%。[23]

5. 干扰少。由于电影院要限制播放广告的数目，因此被允许播放的广告受到的干扰会比较少。这也是电影院广告的优势之一。

6. 邻近度。因为许多电影院位于或者邻近购物中心，所以潜在顾客“就在旁边”。（在电影爱好者中，有74%的人会把看电影和外出吃饭结合在一起。[24]）

7. 市场细分。电影院广告最重要的优势在于能够针对特定的人口细分市场投放不同的广告。同一部电影的观众群在教育背景和收入方面非常接近。根据不同的电影名称和分级可以有针对性地把特定广告投放给特定的目标顾客。

8. 质量。包括视觉和声音在内的高品质产品可以让广告更具创意和引人注目。

9. 融合。那些在网上下载电影的人实际上比一般的成年人更可能去电影院看电影。[25]

电影院广告的劣势

电影院广告的劣势如下：

1. 不满情绪。也许该广告方式最主要的局限在于人们不希望在电影院看到广告。多项研究显示，人们对于这类广告会产生高度的厌烦情绪。如果情况属实，这种情绪会使观众对产品本身或者电影院产生不满。

2. 成本。由于播放费用低，在地方性电影院中播放广告的低成本被看作这种广告形式的优势之一。但是，在全国性影院联盟中，曝光成本却比同类的电视广告高出20%。同时，该广告形式的千人成本也比其他媒体高。

虽然观众似乎不是喜欢就是讨厌电影院广告，但看起来电影院广告已经落地生根。

非传统辅助媒体

品牌化娱乐

过去几年在整合营销传播领域发生的最大变化就是与**品牌化娱乐**（branded entertainment）有关的营销活动出现巨大增长。品牌化娱乐是一种广告形式，通过电视、电影、音乐天赋和技术将营销与娱乐混合在一起。本质上，品牌化娱乐的目标是通过使用娱乐媒体来获得消费者的注意，使产品和/或服务赢得曝光的机会。虽然用金钱来衡量品牌化娱乐相当困难，但毫无疑问它的使用在逐年持续增长。

让我们看看公司使用品牌化娱乐的方式。南卡罗来纳大学旅游与酒店专业教授西蒙·哈德森（Simon Hudson）认为，产品植入与品牌化娱乐之间存在微妙的差异，许多人忽视了这两者之间的差异，而这两者应被视为一个连续体的两端。[26]连续体的一端是产品植入，哈德森仅称之为是视觉或口头上的品牌被动植入，并没有融入节目、电影等。连续体的另一端是品牌化娱乐系统，品牌以更高层次的整合融入故事情节中。同时，已选策略（植入与品牌化娱乐）的有效性将受到所用媒体、品牌特征、消费者对品牌植入的态度以及其他因素（包括法规）的影响。

产品植入

虽然**产品植入**（product placement）仅占广告主主要预算的一小部分，但这一媒体形式的运用近年来有了巨大的增长，并且会继续保持这一态势。据估计，2015年美国的付费产品安置支出达到60亿美元，增长13.2％。[27]然而应该指出的是，要精确评估这一数字是困难的。大多数品牌植入是免费的，或者以实物交换的形式完成。产品植入营销的代理机构声称，将近70％～95％的产品植入是以实物交换的形式完成的。[28]拉塞尔（Rusell）和贝尔奇（Belch）有关产品植入的研究结果也支持这一论点。[29]行业分析师预计，这一趋势将持续下去，同时产品植入将从传统媒体转向备选媒体，原因在于消费者生活方式的改变和个人视频录像机的销量在持续增长（这一设备使回避商业广告的趋势日渐明显）。在欧洲，产品植入的方式也开始流行；英国现在允许在电视节目中进行产品植入，但比美国施加更多限制。[30]

有趣的是，产品植入并不是一个新现象，早在20世纪30年代这一形式就已存在，50年代在肥皂剧中非常普遍。不过，直到进入21世纪，产品植入的运用才暴增。今天，不管是大公司还是小公司都在使用产品植入获得产品露脸的机会，并且它已经成为安德玛、阿迪达斯、凯旋摩托（Triumph Motorcycles）以及安海斯-布希等公司整合营销传播策略中非常重要的一部分。大量产品植入活动背后的逻辑是，由于植入是将产品融合在剧情里，它是无法回避的，因此也就增加了露脸的机会。正是因为产品植入缺少侵略性，所以消费者也许不会有类似他们面对广告时的负面反应。而且，研究表明产品与一部电视剧或电影特别是一个名人相关联的时候，将强化产品的形象，在某些情况下，还会促进销售的增长。[31]

考虑到产品植入增长的强度，一些营销商开始担心这种形式将变得过于普遍。在电视节目或电影中鲜见没有产品植入的。考虑到这么多努力赢得曝光机会的明显尝试，产品植入将变得越来越显而易见，消费者也许会将这种形式认为像广告一样，结果是它对观众的影响力越来越小。行业内的一些批评人士已经在呼吁制定更多关于产品植入的规则，他们认为产品植入模糊了广告和节目的界限，因此更加具有欺骗性。联邦通信委员会（FCC）近来也在考虑这一可能性。

然而，此时，产品植入的数量和金额都在继续增加。如前所述，有些电影在不到两小时的时间里有超过60处植入。此外，广告出现在了媒体和之前未出现的场所中，包括音乐视频、视频游戏和书籍。赛百味、可口可乐甚至奥巴马（竞选美国总统时）都曾在视频游戏中植入广告，而奥利奥、好时和奈飞则曾在书中植入广告。其中一部分是付费广告，其他则不用付费。

产品融合

比产品植入更复杂的一种形式是将产品融合贯穿于内容和/或剧本中。在**产品融合**（product integration）情况下，产品交织在剧情中，或者干脆就是剧情的一部分。像产品植入一样，产品融合的使用也在增长，因为电视联播网一直持续不断地在寻找新的节目内容。而有线电视频道的增多为营销商提供了庞大的整合营销机会。例如，在电视剧《摩登家庭》（Modern Family）中，有多个场景描述父亲要求将苹果iPad作为自己的生日礼物时整个家庭装模作样的反应以及对寻找一台iPad时的疯狂努力。全家最后终于得偿所愿，剧集最后以坐在沙发上的父亲高兴地摆弄膝上放着的一台iPad告终。[32]在电影《复仇者联盟》（Avengers）中，有20分钟是在韩国的首尔市中心拍摄的，这得益于该市贡献的360万美元制作费。[33]安德玛与20世纪福克斯合作制作电影《火星救援》（The Martian），并针对明星马特·达蒙（Matt Damon）的训练方案设立了一个微型网站。

广告化娱乐

广告主为娱乐观众而制作的视频和/或音乐内容并宣传它们的产品，被称为**广告化娱乐**（advertainment）。例如，旨在宣传世界人道主义日的碧昂斯演唱的《我在这里》（I Was Here）音乐视频是由Droga5（专门从事广告化娱乐的机构）创作的。同样，这家机构专门制作了影片《跟随凤凰乐队》（Follow Phoenix）来宣传Spotify（一个流媒体音乐平台）的特色，即提供允许用户通过点击按钮来关注音乐家的服务。为了吸引更多的Spotify用户，该公司对凤凰乐队进行了24小时跟拍，然后这部时长18分钟的纪录片在YouTube的主页上播放了一天。也许最经典的广告是红牛赞助的Stratos太空跳跃，跳伞运动员菲利克斯·鲍姆加特纳（Felix Baumgartener）从127 900英尺的高空跳下，双脚着地，打破了世界最高自由落体纪录，现场直播的观看人数为710万。那时候是2012年！

广告化娱乐的另一种形式是**广告游戏**（advergame）。包括Chipotle和汉堡王在内的一些公司已经开发出了网络游戏，旨在通过电子游戏来推广它们的产品。这些游戏的目的是在社交媒体、公司网站和移动应用上为产品、品牌或组织做广告。例如，Chipotle那款叫“食物的完整性”的游戏引导玩家通过4个城堡防御和20个关卡，然后那些通关的人就会在餐馆得到“买一送一”的奖励。这款游戏在两周内就在YouTube上吸引了650万用户，餐馆销量也因此激增。另一方面，这款游戏（以及其他公司的游戏）受到了伯克利大学研究媒体集团和巴斯大学政策研究所等一些监督组织的抨击，它们觉得这些游戏存在欺骗嫌疑，因为玩游戏的人没有意识到这是一个广告。[34]许多公司还开发了广告游戏，目的是让潜在的消费者融入它们的品牌。

内容赞助

一些广告主不开发自己的内容，而是同意赞助特定的节目，得到产品植入、整合和促销作为回报。家居频道（HGTV）为围绕园艺、家居装饰等项目建立业务的公司提供赞助，喜力与国际足联合作，劳力士与ATP世界网球巡回赛合作，北面（North Face）对滑板滑雪大师（Masters of Snowboarding）提供重要的内容赞助，而美食网和旅游频道提供了各种各样的赞助机会，特纳广播公司（Turner）为卡通网络（Cartoon Network）和回旋镖（Boomerang）以及它的一些其他频道提供内容赞助机会。内容赞助在互联网上也很常见；Calvin Klein与《名利场》以及拜耳维生素与《吃得好》(*Eating Well*)是其中的两个合作案例。

按需点播视频的广告支持

按需点播视频(VOD)是通过有线电视网提供的特制的剧集内容，它由广告主开发制作并免费提供给有线电视运营商。例如，通用汽车制作了一部有关科尔维特(Corvette)跑车的短片，通过时代华纳和康卡斯特两家运营商的 VOD 频道在 CNN 电视台播放。MTV 频道发行了一系列名为“如何秀”的节目，节目中音乐家、运动员和明星提供了“他们行业的诀窍”(美国空军是首个广告主)。ESPN 和美国广播公司能够在大学橄榄球联盟比赛结束后的 12 小时提供按需点播视频服务。一些电视节目还提供了如下节目：圣迭戈动物园为圣迭戈有线电视的订户提供了一段圣迭戈之旅的视频。*IPSOS* 进行的一项研究表明，将 VOD 广告与常规电视广告结合使用(相较于仅使用电视广告)可能会带来更高的广告回忆率、购买意向及与家人和朋友讨论该品牌的可能性，以及在线寻找品牌和访问品牌的网站，而不仅仅是寻找电视广告。[35]

其他

虽然还有许多通过无线网络、移动设备、品牌化定位等来持续开发品牌化娱乐的形式，但限于篇幅，无法在此一一讨论。有足够的证据表明品牌化娱乐的使用将持续增长并保持下去，因为越来越多的技术变革将为其提供更多机会。

品牌化娱乐的优势

品牌化娱乐的一些优势如下：

1. 曝光率。说到产品植入，可以计算一下，每年有一大批人看电影(电影院每年的门票收入超过 16 亿美元)；平均每部电影的生命周期预估是 3.5 年(将近 7 500 万次曝光机会)；大多数的观影人是非常专注的观众。当这种形式与逐渐增长的家庭录像租赁市场以及电视网和有线电视台(如 HBO、Showtime、电影频道(Movie Channel))相结合时，在影片或电视节目中出现产品植入的机会是巨大的。而且这种曝光的形式不会被跳过，至少在电影院不会。

基于收视率和将广告直接引向目标市场的可能性，电视节目中的植入同样具有高曝光率。

2. 频次。依托在电影(或电视节目)中的使用形式，产品有充足的重复曝光机会(许多人还会不止一次地观看相同的电影或电视节目)。比如，如果你是一个常规的电视剧收看者，剧中包含了产品植入和/或产品融合，你就会在剧中多次看到产品。辛迪加联播网的垄断形式导致了额外的曝光率。

3. 其他媒体的辅助。品牌化娱乐对其他营销工具提供了支持。电影行业的潮流是为客户进行产品植入，为产品提供跨界推广，电影行业也是多元媒体的聚合地。如前所述，这种连接强化了广告的作用。

4. 信源关联。我们在第 6 章讨论了信源。当消费者看到他们最喜欢的电视名人或电影明星和自己使用相同的品牌时，这种关联性将会导致消费者对产品的好感度，甚至会促进销售。在一项针对 524 名 8～14 岁青少年的研究中，75%的受访者表示他们会注意到那些在他们最喜欢的剧情中的产品植入；72%的人说当看到喜欢的角色使用某一品牌时，他们也想去购买相同的品牌。[36]另一项针对成年人的研究表明，在看到电视节目或电影中出现的产品后，1/3 的人会去尝试这一产品。[37]

5. 成本。虽然品牌化娱乐的成本支出范围也许会在免费样品到数百万美元的高额预算之间浮动，但后者通常是一种极端情况。这种广告形式的千人成本是非常低的，原因在于它产生的高曝光量。对某些产品来说，比如在电视剧《摩登家庭》中出现的苹果 iPad，除了产品本身的成本以外，它的植入也许是免费的。

6. 回想率。一些公司已经开始通过隔日回想率指标测量品牌植入的影响度。结果各不相同，但大多数剧集的回想率高于电视广告。

7. 避开法规。在美国和许多其他国家，不允许某些产品在电视上或针对特定的市场进行广告宣传。香烟和酒精饮料通过产品植入和融合的形式得以曝光，巧妙地避开了相关限制。近来，有些机构开始试图控制这些规避行为。例如，在受欢迎的有线电视节目《泽西海岸》(Jersey Shore）的一个场景中，一包万宝路香烟被冲上海滩，由此引发了一个植入危机。菲利普·莫里斯否认与这件事情有关。[38]最近有人试图控制规辟法规的行为。Marin Institute是一家酒类行业的监管团体，它已经对百威公司提起法律诉讼，控告其在电影《婚礼傲客 》（The Wedding Crasher）中搭售广告，鼓励低龄青少年饮酒。烈性酒的制造商帝亚吉欧（Diageo)、百加得酒业美国（Bacardi USA）和布朗弗曼（Brown-Forman）等公司也出于同样的原因遭遇法律诉讼。[39]

8. 其他公司被指控通过电子游戏植入垃圾食品，对孩子们进行广告宣传。[40]

9. 接受度。研究表明，观众容易接受产品植入的形式，通常对其有积极的评价，尽管有些产品（如酒类、枪支、香烟）被认为是较难接受的。其他研究报告了相似的结果，其中有一个报告显示了80%的消费者对植入有着正面的态度。[41]在一项针对20多岁的年轻人的调查中，43%的被访者说他们觉得植入的形式很好玩，39%的人认为它们提供了有益的资讯，35%的人觉得它们是有趣的和有娱乐性的。[42]2006年，由eMarketer公司进行的一项研究报告了相似的结果。[43]

10. 目标性。内容赞助和按需点播视频也许能够准确地触达某些有特定需求（时尚、橄榄球、骑行）的用户。

品牌化娱乐的劣势

与品牌化娱乐相关的劣势包括：

1. 高昂的绝对成本。虽然各种形式的品牌化娱乐千人成本非常低，但绝对成本也许非常高，高价将一些广告主排除在市场之外。随着品牌化娱乐需求的增长，各类演播室也相应地将跨界营销作为事业上升的重点发展部分，这种宣传形式的成本上升得相当明显。美国广告代理公司协会的一项研究表明，79%的广告主认为品牌娱乐化业务的成本太高。[44]一些公司因为高涨的成本不再使用这种形式。

2. 曝光的时限。虽然一些产品曝光的方式对观众能够产生重要的影响，但这并不能保证观众会注意到产品。一些产品在植入时比其他产品要显眼得多。若产品没有得到突出的表现，广告主将要承担产品没有被注意的风险。（虽然，无可否认的是，这种风险也会出现在其他形式的媒体广告中。）

3. 有限的吸引力。这种媒体形式产生的吸引力是有限的。这种形式无法提供产品利益点讨论或提供产品详细信息。另外，引起品牌联想、被使用和带来的乐趣的吸引力也有限。产品的宣传不是直接的，产品示范的灵活性受限于在媒体中的使用情况。

4. 缺乏控制。在许多电影中，广告主没有办法决定产品在何时以何种方式出现。许多公司发现在电影中它们的产品植入没有达到预期的效果。Fabergé公司围绕自己的古龙香水和影片中的植入情节制定了一个完整的圣诞节活动计划，却发现电影被延迟到次年2月播出。其他广告主也曾发现自己的产品植入在剧本中被删除了。

5. 公众反应。许多电视观众和电影爱好者对电影和电视剧集中插入植入式广告很愤怒。这些观众希望在剧情内容和商业广告中设置界限。如果植入太富于侵犯性，也许对品牌将产生负面的影响。对产品植入和融合形式应用的增长使许多消费者觉得被骚扰了，因为他们认为这些营销形式是粗鲁的商业广告。尽管联邦贸易委员会迄今为止还没有寻求增加限制，但已经在探索在未告知消费者的情况下限制植入的选择权。仍然有一些人对《卧底老板》（Undercover Boss）之类的真人秀节目感到不舒服，在节目中，一位总裁将在自己的公司卧底来看看他的雇员是如何工作的。批评家声称这些节目一无是处，不过是伪装成剧情的公关伎俩。

6. 竞争。品牌化娱乐的吸引力导致了企业争相进行产品植入，需求和成本都在增长。

7. 负面植入。一些产品也许会出现在观众不喜欢的电影镜头中，引起观众对产品的不良情绪。比如，在电影《失踪》(The Missing) 中，一位非常忠诚的好父亲安逸地喝着一罐可口可乐，而此时百事的机器出现在体育馆中，在那里，拷打和暗杀发生了——对百事来说这是一次不好的植入。垃圾处理机品牌 In-Sink-Erator 的制造商艾默生公司 (Emerson) 对 NBC 提起了诉讼，控告其未经允许在电视剧《英雄》中展示了艾默生的品牌。在该剧中，一位拉拉队队长的手被这个品牌的机器轧伤了。NBC 从没有收到艾默生展示其品牌的许可。

8. 干扰。品牌化娱乐中搭售广告的快速增长导致了如上所述的产品植入和融合在数量上的过度泛滥。与其他广告形式一样，太多的植入和融合最终将导致干扰并失去效果。

品牌化娱乐的测量

随着品牌化娱乐的迅速发展，许多调查研究和公司都试图监控和测量这种媒体形式的影响。目前，还没有一个被广告主或行业成员接受的标准。[45]然而，许多知名公司现在已经在提供这方面的服务，包括下面列出的公司：

- 尼尔森媒体调查。这家电视评级公司目前在网络电视上跟踪植入广告。该公司计划在不久的将来跟踪有线电视节目。
- Brandchannel 产品植入观察。虽然 Brandchannel 并不是专门的评估公司，但它提供了关于品牌娱乐行业目前的最新信息，包括年度 Brandcameo 植入式广告奖。
- Rentrak。品牌化娱乐测量服务和产品整合估值公司 iTVX 致力于衡量“结果导向整合”(Results-Oriented-Integration)。该方法对产品整合的每百分之一秒的质量进行评估，然后将其转换为产品植入/商业成本比，通过与商业价值进行比较来评估整合的价值。

游击营销

除了品牌化娱乐外，广告主也在尝试到达消费者的其他非传统方式。这些方式被赋予各种各样的名字，包括游击营销、隐匿营销、街道营销、蜂鸣营销、伏击营销或者病毒式营销。无论被称作什么，广告主试图接近你的努力永远不会停止。之前主要以大学生和其他年龄相仿群体为目标的营销努力，如今也已经延伸至用来接触其他受众群体。此外，传播预算中的一大部分比例已经分配给这种媒体形式，各种方案的规模也变得越来越大。游击营销已经受益于技术进步，运用这些技术能够使其更有创意，就像手机如今都具备摄像头，通过社交媒体能够使参观者向其他人及时发送图片。

其他一些知名公司也采用了游击战术。塔吉特在纽约时装周期间租了一整个酒店，拉开了室外房间窗户的窗帘，展示 66 名身穿露肩骷髅装的舞者，以吸引参加活动的人的注意。日本松下公司制造了一个 9 英尺高的鸽子模型，以推广新款相机。而国际特派组织 (Amnesty International) 在一个检修孔格栅上画了一只手，使它看起来像是有人被关进了监狱。

一些营销商质疑这种游击营销策略有些过头了。为了宣传电影《敢死队》(Dead Man Down)，一家宣传机构设计了一个场景，两名男子在电梯地板上打架，使毫无戒心的旁观者感到震惊和气愤；在另一个场景中，乘客乘坐电梯时地板似乎掉了下去（当然，电梯底部有玻璃）。为了推销嘉士伯 (Carlsberg) 啤酒，一个毫无戒心的男子从睡梦中被一个朋友叫醒，他的朋友说他急需钱，并要求他带 400 美元到一个破旧的酒吧。而当这个人送钱过去时，在场的每个人都举起杯子向该男子表示欢迎，而这一切都被录了下来。

搞噱头就像病毒一样传播速度很快，但制作成本很高，风险很大，有时甚至很危险。雪城大学流行文化教授罗伯特·汤普森 (Robert Thompson) 认为，这些恶作剧可能已经“过头了”。[46]许多人都同意他的观点。

形式多样的其他媒体

设置广告的选择五花八门，似乎没有止境。显然，我们只是提到了其中的一部分。第 15 章将会讨论得更详细一些，特别是在线工具。在结束本章之前，我们想介绍一些增长较快和运用较广的可选媒体。

● 停车区广告。停车区标志是显示出不断增长势头的户外媒体类型之一。从运输车车尾的标志到室内停车场墙上的图画，越来越多的公司在发掘这一媒体的吸引力——特别是在销售点的项目。这种广告依据放置的地点，可以到达多种类型的人群。百事是使用这种媒体的公司之一。

● 加油泵广告。对于加油泵上面的显示屏，你在加油的时候除了看它还有什么别的选择吗？

● 基于地点的媒体。将广告媒体带到消费者可能出现之处的创意是基于地点的媒体策略的根据。电视屏幕和杂志架出现在了教室、医生办公室、健身俱乐部以及其他各种场所。先锋连锁零售网（Premiere Network，PRN）在 10 000 多个地点拥有电视屏，包括沃尔玛、好市多(Costco)、百思买、电路城（Circuit City）和山姆会员俱乐部（Sam's Club），估计每个月能接触 2.37 亿人次的消费者，并且创造了一个每年能收入 17 亿美元的行业。[47]基于地点的媒体已经成为有利可图的投资，也是对媒体购买者有吸引力的备选媒体。许多广告主，特别是制药公司，已经发现这类媒体是到达目标市场的有效方式。尼尔森、益博睿西蒙斯、GfK MRI 和其他机构都提供受众季度报告。由华通明略发起的有关顾客对于结账柜台的视频广告反应的一份研究表明，超过 70%的客户表示他们会在结账时看屏幕，78%的人表示屏幕引起了他们的注意，85%的人表示屏幕上的内容很有趣。[48]

● 其他。还有一些辅助媒体使用的案例：可口可乐在亚特兰大地铁安装了 1 000 英尺的灯箱展示达萨尼品牌饮料的动画广告；背景音乐的提供商 Muzak 和自动取款机公司 Tyme 合作在银行的自动取款机上播放广告；如今广告会出现在一些机场的行李传输带上、公交卡上、摩托车的轮罩上、电梯里、保龄球上、自行车轮上、家里以及水果上。人们甚至允许将广告设置在自己的身体上，包括头上、脖子上还有大腿上。一家在肯塔基州的商店为那些将商店名称文在自己身上明显位置的顾客提供 20%的折扣，而新西兰旅游局则用头部做推广。还有许多其他实例，如插图 13 - 2 所示（至少他从被打倒中获得了一些回报!）。

插图 13 - 2　广告常常出现在奇怪的地方

资料来源：AP Images.

各种备选媒体的优劣势

备选媒体的优势包括以下几点：

● 知名度和注意力。也许这些策略的主要优势是它们吸引注意力的能力。也许正是它们的新颖性和常出现在非传统的场所，才有可能创造知名度，并赢得关注。

● 成本效益。因为备选媒体的非传统特质，许多广告主正在尝试之前从未用于广告的媒体形式，或者，也可能是因为通常来讲这些形式不需要高昂的支出。同样，其绝对成本和相对成本都不高。

● 目标性。根据这一策略被使用的情况，这些活动的目标性都非常明确。一些备选媒体广告可以只在特定事件、场所、年龄群体和利益群体中曝光。

备选媒体的劣势包括以下几点：

● 令人愤怒。除非广告主非常细心，否则设置在错误媒体中的广告也许会取得反面效果并令人愤怒，从而引发对广告主的负面态度，甚至给竞争者带来机会。当微软的标志被刷在人行道上时，城市和消费者并未对此留下好印象，微软也因此被处以罚款。当微软公司移除这些标志时，它的一个竞争对手宣称非常乐于见到这样的结果，并因此获得了显著的公关利益。Snapple在联合广场放置的巨型冰棒融化后水漫广场，引发了纽约城对其的不满。

● 审美疲劳。至今，许多这类活动都是新颖和独特的，引起了消费者的兴趣。然而随着这些尝试的数量不断增长，存在丧失相关独特性的潜在可能。

本章小结

本章向你介绍了营销商可以使用的许多辅助媒体，这些媒体又称为非传统媒体或备选媒体。它们仅仅是广告主接触目标市场的多种方法中的一部分。我们只是接触到了一些表层的内容。辅助媒体包括户外媒体（包括狭义上的户外广告、店内广告和交通广告）、促销产品、机舱广告等多种形式。增长最快的部分是品牌化娱乐，包括产品植入、产品融合及其他。

辅助媒体的优势很多，如成本、到达目标市场的能力和灵活性等，这些仅仅是本章介绍的优点中的一部分。此外，本章讨论的这些媒体都有自己独特的传播方式，而且十分有效。

当然，每一种辅助媒体也有自己的不足。也许最重要的劣势就是缺乏受众评估和测量的有效方法。与本书前面讨论的媒体不同，大多数非传统媒体无法提供受众测量的数据。因此广告主不得不在没有确凿数据和媒体信息的情况下做出决策。

随着辅助媒体的数量和种类的增长，这一主要劣势有望得以克服。到那时，这些媒体也许就不会被称为非传统媒体或备选媒体了。

讨论题

1. 讨论近期的产品植入和/或整合的案例。讨论它们所使用的内容以及触及目标受众的方法。解释哈德森的品牌化娱乐连续体中如何进行产品植入和整合。

2. 基于地点的广告已持续扩张到各种地点。讨论这一媒体的优势及劣势。

3. 讨论品牌化娱乐形式的优劣势，并给出正确或错误使用这一媒体的案例。

4. 有人认为如广告牌这样的传统户外广告可能会消失，部分原因是数字广告牌的快速发展。对于这一观点，你是支持还是反对？请举例说明你的论证。

5. 各类媒体的内容赞助都有所增加。请举例说明不同媒体的赞助情况，解释这一赞助形式增加的原因。

6. 解释营销商增加其产品植入和整合的

原因。你认为产品植入和整合是否有效？请说明你的理由。

7. 数字广告媒体似乎愈加有效，但与此同时也更具争议。请说明这两种情况出现的原因。

8. 为何游击营销势头渐长？有关这种营销形式是否颇具争议，你的观点是什么？请说明理由。

9. 促销产品的优势和劣势有哪些？在哪些情况下，促销产品对营销商来说最有价值？

第14章 直复营销

学习目标

1. 界定直复营销。
2. 讨论直复营销在整合营销传播方案中的作用。
3. 了解直复营销运用中的战略与战术。
4. 比较直复营销的优缺点。

开篇案例

空中商城购物目录——飞行会一直是老样子吗？

如果最近你搭乘过飞机，你也许会注意到少了点什么（包括服务!）。如果你查看过你面前飞机座椅背后的口袋，那里常放着空中商城（SkyMall）的购物目录。25 年来，当你感到无聊时，你可以从口袋里拿出购物目录，浏览你在其他地方找不到的上百种商品。例如，你在那里可以找到在导入照片中出现的“雪人”形象。但是，至少现在，这个目录不再提供，空中行程又将令人无所事事。

在哪里你能找到用来保护一个蹒跚学步的幼儿的马鞍型肩带，或者是可以粘在任何表面的白板？在哪里你可以找到超薄颈枕、收腹紧身衣或者可以拼出学院名字的相框？（这些商品都是在购物目录消失前两年的热卖产品。）

空中商城一度到达 6 亿航空旅客，当他们在飞行途中有大把时间需要打发时，这为他们提供了一些可用于消磨时间的事情和可购买的商品。几年前，空中商城曾报告说在前三季度的营业收入达到 2 760 万美元，而最能赚钱的季度——通常占年度业务收入的大约 40%——即将到来。然而，就在一年多之后，公司负债累累并倒闭。发生了什么？

美国联邦航空管理局（Federal Aviation Administration）是原因之一。当联邦航空管理局取消使用智能手机和平板之类的便携式电子设备的严格规定之后，空中商城开始发觉经营困难。而如今航空公司在差不多 50%的航班上提供无线互联网接入服务，乘客们不再搜寻可阅读的印刷品或可购买的商品。一年之内空中商城的销售额下降了 50%以上。一些人声言空中商城过时了，时代将它淘汰，就像已破产的美国百货连锁公司蒙哥马利-沃德（Montgomery Wards）和西尔斯百货的邮购目录。而那些还在极力支撑印刷购物目录的公司正濒临绝境或处于倒闭的困境中。

但是空中商城并不是普通的购物目录。它是一个“为什么我没有想到”产品的文化象征。它常被与热门电视连续剧相提并论，比如《绝命毒师》（Breaking Bad）、《单身毒妈》（Weeds）以及《老爸老妈的浪漫史》（How I Met Your Mother）及其他热门剧集。购物目录业务真的前景不佳吗？

多年来，购物目录通过邮件寄送。1875年，蒙哥马利-沃德印制了它的第一本购物目录（仅有一页纸），而八年后它的《愿望手册》（Wish Book）则涵盖了1万余款商品，厚达240页。1894年，西尔斯与罗巴克公司（Sears & Roebuck Company，即西尔斯百货）印制了第一本购物目录，隔年，这本册子就超过了300页。查尔斯·尼科尔斯（Charles Nicholls）指出，通过邮箱寄送的印制购物目录有着"打扰价值"。人们可以在电视机前、在床上或令人愉悦的任何时间任何地点看购物目录。而且，因为经常被放置在桌上或搁在书架上相当长一段时间，它可以被重复阅读，成为一个即时的信息源。研究证实，多年来印制购物目录的成功表明，收到购物目录的消费者其消费频次是未收到购物目录者的两倍。

但是由调研公司Adobe与哈里斯互动（Harris Interactive）进行的研究显示，移动商店的客户端正在取代购物目录的地位，大约40%的平板和智能手机用户声称他们有零售商客户端。他们不仅拥有客户端，而且喜欢并使用它们，就像曾经使用购物目录一样。被调查的用户中多数人认为购物客户端建立了与零售商之间的强连接，而如果零售商不提供这项服务，他们会认为这家商店是过时的。

因此，难道空中商城购物目录，同样包括其他我们所知的购物目录都成为过时的"老古董"吗？还不至于如此。相比印刷品，虽然数字购物目录具备一些独特的优势，但传统版本依然有价值。尽管零售商发现数字购物目录带来的销量在增长，但它们也发现比起印刷版本来说，混搭销售产品和附加销售比较困难。在经历2013—2014年印刷购物目录的衰退之后，印刷版购物目录开始恢复增长。直复营销协会预测下一年有3.1%的增长率。

但是，空中商城怎么样了？同样也有好消息！显然空中商城的困境并不能完全归咎于专家们所说的。很明显，公司的失败是逐步累积的，归因于其他财务处理方式，与购物目录业务模式关联甚少，而一年之后空中商城在破产拍卖中被投标。新公司指出将革新购物目录以适应现代社会需求，增加数字呈现，并尽快重回市场。毕竟，你还能在其他地方购买到三个尺寸的"雪人"——21英寸或28英寸高，或6英尺150磅重（仅售2 250美元还包邮）？必须拥有！！

资料来源：Jessica Durando，"SkyMall Is Back!" May 29，2015，www. usatoday. com；Jeff Goldman，"N. J. Company to Try to Revive SkyMall Catalog Found in Back of Airline Seat Pocket，Report Says，" April 3，2015，www. nj. com；Hugo Martin，"SkyMall Loses Its Captive Audience，" *LA Times*，April 27，2014，pp. B1，B7；"Are Shopping Apps Taking on the Role of Catalogs，" January 23，2013，www. eMarketer.

本章开篇对空中商城购物目录的讨论从许多方面反映了如今直复营销产业的本质。多年来，消费者依赖和使用直复营销工具，如购物目录、直邮等来完成一些购物消费。之后，外部环境发生的一些变化迫使直复营销从业者要么适应，要么消失。像空中商城购物目录，在许多案例中，这个行业的反应还是相当高效的。现在直复营销已经成为整合营销传播方案中一个非常重要的组成部分，与独自使用的营销工具截然不同，它经常和其他媒体一起配合发挥作用。认识到有多种直复营销工具可以用来到达企业的目标市场是非常重要的。本章将重点讨论这些直复营销媒体，包括它们的优势和劣势以及它们在整合营销传播过程中的作用。

直复营销

当许多公司仍然依赖各种促销组合工具，通过中介推销产品和服务时，越来越多的公司开始直接与消费者沟通。这些公司认为，尽管促销组合工具，如广告、销售促进、辅助媒体、人员推销等在塑造品牌形象、传递信息以及/或者建立知名度方面卓有成效，但直接与消费者沟通能够产生即时的行为反应。直复营销是整合营销传播方案中一个很有价值的工具，虽然它追求的目标通常会有些许的差异。

本章将对直复营销及其作为传播工具扮演的角色进行探讨。从花费上看，直复营销是增长最快的促销形式之一。对许多公司和组织而言，直复营销是其整合营销传播方案中的一个关键要素，对一些营销者来说，直复营销已经成为到达消费者的可选媒体。我们从直复营销的概念开始讨论，进而探讨直复营销媒体及其在整体传播战略中的应用，最后讨论直复营销方案的评估，以及这一营销工具的优缺点。

直复营销的概念

正如第 1 章中所谈到的，**直复营销**（direct marketing）是指企业与目标顾客之间直接沟通以产生反应或交易的一种营销形式。这种反应可以是询价，或者购买，甚至投票等形式。美国直复营销协会（Direct Marketing Association，DMA）将直复营销定义为：

> ……一个互动营销系统，能够使用一种或更多的广告媒体来引起在任何场合下可测量的反应以及/或者交易。[1]

首先，我们必须分清直复营销和直复营销媒体。如图表 14-1 所示，直复营销是整个营销活动的一个方面，它包括市场调查、细分、评估以及类似活动，正像第 1 章中提到的计划模型那样。直复营销使用自己的一套**直接反应媒体**（direct-response media），包括直邮、电话营销、交互电视、印刷品、互联网以及其他媒体。这些媒体是直复营销商在与消费者沟通的过程中使用的工具。

图表 14-1 美国媒体和市场的直复营销费用 单位：10 亿美元

渠道	市场	2006 年	2010 年	2011 年	2012 年	2016 年	复合年度增长率（%）	
							2006—2011 年	2011—2016 年
商务电子邮件		0.8	1.4	1.6	1.7	2.3	13.8	8.6
	商业	0.5	0.8	0.9	0.9	1.3	13.7	8.3
	消费者	0.4	0.6	0.7	0.8	1.1	13.9	8.8
直邮（目录式）		20.1	16.4	17.3	17.7	20.5	−3.0	3.5
	商业	7.7	6.4	6.8	7.0	8.2	−2.5	3.9
	消费者	12.4	9.9	10.4	10.7	12.3	−3.3	3.3
直邮（非目录式）		33.0	31.5	32.8	33.4	37.1	−0.1	2.5
	商业	12.6	12.0	12.5	12.7	14.2	−0.1	2.5
	消费者	20.5	19.5	20.3	20.7	22.9	−0.2	2.5
嵌入式媒体		1.9	2.1	2.1	2.2	2.3	2.4	1.7
	商业	0.7	0.8	0.8	0.8	0.9	2.7	1.8
	消费者	1.2	1.3	1.4	1.4	1.5	2.2	1.6
互联网展示		5.0	7.2	8.5	9.5	14.1	11.3	10.6
	商业	2.8	4.0	4.7	5.2	7.7	11.1	10.3
	消费者	2.2	3.2	3.8	4.3	6.4	11.4	10.9
互联网其他		1.9	3.2	3.9	4.4	5.9	15.7	8.8
	商业	1.0	1.8	2.1	2.4	3.2	15.6	8.6
	消费者	0.8	1.4	1.7	2.0	2.7	15.8	9.1

续前表

渠道	市场	2006年	2010年	2011年	2012年	2016年	复合年度增长率（%）	
							2006—2011年	2011—2016年
网络搜索		8.4	11.8	13.9	15.6	22.4	10.6	9.9
	商业	4.7	6.5	7.7	8.6	12.2	10.5	9.7
	消费者	3.8	5.3	6.2	7.1	10.2	10.7	10.2
社交网络		0.6	2.0	2.5	3.0	6.1	34.4	19.4
	商业	0.3	0.9	1.1	1.4	2.8	34.5	19.7
	消费者	0.3	1.1	1.4	1.6	3.3	34.2	19.1
DR（直接反应）杂志		8.4	6.9	7.0	6.9	7.2	−3.7	0.6
	商业	4.3	3.6	3.7	3.7	3.9	−3.1	1.1
	消费者	4.1	3.2	3.3	3.2	3.3	−4.4	0.0
移动电话		0.1	0.6	0.9	1.2	3.1	75.2	28.7
	商业	0.0	0.2	0.3	0.4	0.9	69.2	25.2
	消费者	0.0	0.4	0.6	0.8	2.2	78.8	30.3
DR（直接反应）报纸		16.1	8.4	7.8	7.0	4.9	−13.6	−9.0
	商业	6.1	3.2	3.0	2.7	1.9	−13.1	−8.7
	消费者	10.0	5.2	4.8	4.3	3.0	−13.9	−9.1
DR（直接反应）广播		4.9	3.9	3.9	3.8	3.9	−4.4	−0.2
	商业	2.4	2.0	2.0	2.0	2.0	−3.7	−0.1
	消费者	2.5	1.9	1.9	1.9	1.9	−5.2	−0.5
电话营销		44.8	36.3	36.6	36.9	38.1	−3.9	0.8
	商业	26.8	22.0	22.2	22.4	23.2	−3.7	0.9
	消费者	17.9	14.4	14.4	14.5	14.9	−4.3	0.6
DR（直接反应）电视		22.0	20.8	22.1	22.9	25.9	0.1	3.2
	商业	9.7	9.5	10.2	10.6	12.2	0.9	3.7
	消费者	12.3	11.3	11.9	12.3	13.7	−0.7	2.9
其他		2.8	2.0	2.1	2.1	2.3	−5.2	1.4
	商业	1.2	0.9	1.0	1.0	1.0	−4.5	1.9
	消费者	1.6	1.1	1.2	1.2	1.2	−5.6	1.0
总计		170.8	154.4	163.0	168.5	196.0	−0.9	3.8
	商业	80.8	74.6	79.1	81.8	95.6	−0.4	3.9
	消费者	90.0	79.8	83.9	86.7	100.4	−1.4	3.6

说明：因为四舍五入，图表中的数据合计存在一定的误差，与单项的数据合有些微的出入。

资料来源：From the Direct Marketing Association，The Power of Direct Marketing，2012.

目前，使用直接反应广告的产品和服务的销售额已超过2.05万亿美元，并且到2016年可望达到2.49万亿美元。[2]使用这种营销方式的企业涵盖各个领域，包括大型零售商，如盖璞、复兴五金（Restoration Hardware）、宜家（IKEA）等，也包括航空公司、金融服务机构和本地公司等。B2B以及工业品营销商也明显增加了它们在直复营销活动上的投入，预计到2016年，对应的销售额会达到1.09万亿美元。[3]

直复营销的发展

自几百年前印刷机发明后，直复营销就开始出现。本·富兰克林（Ben Franklin）是18世纪初非常成功的直复营销商，沃伦·西尔斯（Warren Sears）和蒙哥马利·沃德（Montgomery Ward）在19世纪80年代也使用过这一媒体。

直复营销发展的主要原动力大概就是美国邮政业务的发展与膨胀，它使得城市或乡镇居民都能收到商品购买目录。购买目录变革了美国人的购买习惯；消费者现在甚至可以足不出户地购物。

但仅仅是购买目录并不能促成直复营销的飞速发展。这一方式之所以让买卖双方都越来越感兴趣，是受到美国社会的诸多因素影响。

● 消费者信用卡。现在大约有10亿张信用卡在美国流通，包括银行业、石油业、零售业等。这使消费者通过直接反应渠道购买低档或高档商品变得可行，销售者也能够确保收到货款。每年大约有2.09万亿美元通过信用卡支付。[4]当然，并不是所有都来源于直复营销，但在直接购买中确实有很大的比例是使用这种付款方式的，并且美国运通、大来（Diners Club）、万事达卡（MasterCard）和Visa等公司都是大型直接广告主。

● 转变中的美国社会结构和市场。直复营销大获成功的一个主要因素便是众多的美国人现在已经成为“有钱没时间”的人。双职工家庭的快速增加意味着收入越来越高（据估计，2015年女性占劳动力市场的57%）。[5]同时，健身、DIY制作与维修、居家娱乐等的日益流行使得人们的购物时间大大减少，却提升了直接购买对顾客的吸引力。

● 技术进步。电子媒体以及计算机技术的飞速发展使消费者购物更加便利，也更便于营销商成功接触预期的目标市场。超过1.1亿个有电视的家庭收看家庭购物节目。互联网购物的便利与快捷，如亚马逊电子商务网站使所购货物直接快递到户成为一个非常有吸引力的选项。

● 其他各种因素。其他各种因素也对直复营销的增长起着一定的作用，其中包括观念和生活方式的转变、营销技巧的日益精明、更多的选择以及行业形象的提升。这些因素也保证了直复营销在未来的成长。采用直复营销的公司来自不同的领域与行业，这充分证明了直复营销的发展潜力。

虽然一些组织可能会单纯依靠直复营销来引起行为反应，但许多企业只是把直复营销看成整合营销传播方案的一个组成部分。它们将直复营销与其他计划要素结合使用，以获得许多销售目标以外的东西，我们首先讨论直复营销在整合营销传播方案中的角色，然后再讨论它在更传统意义上的角色。

直复营销在整合营销传播方案中的作用

直复营销曾经长期是促销组合中并不起眼的无名小卒，但是现在已经成为许多组织的整合营销方案中的重要组成部分。事实上，直复营销与促销组合的其他要素相互支持。

直复营销与广告的结合

显而易见，直复营销本身就是广告的一种形式。不论是通过邮件、印刷品还是电视，直接反应所提供的都是一个广告。它通常附有一个免费电话，常常还有一个链接，或者一份需要填写邮寄信息的表格。有时广告是明确用于辅助直接销售活动。例如，宜家、诺德斯特龙百货、布鲁明戴尔百货以及其他许多公司发布形象广告和其他商业广告以支持其店面销售与目录销售。博士视听（Bose Audio）也通过广告的方式来支持其店铺和在线销售。过去，一些广告主不愿意直接销售给顾客，担心这么做会导致零售商店的销量减少。一项由弗里斯特研究公司执行的研究表明事实正好相反。超过半数的制造商报告在自己公司的电子商务网站进行销售事实上有利于商店销售，而只有9%的制造商认为这种做法有负面作用。此外，做出回应的公司中有72%认为在线销售实际上提高了顾客的满意度。[6]总的来说，辅助直接销售和店内销售的广告起到了积极作用。

直复营销与公共关系的结合

正如本书后面要讨论的，公共关系活动经常利用直接反应技巧。私人公司可能利用电话营销活动来为慈善机构筹款，或者与慈善机构联手用电话营销及其他直接反应技巧筹集资金。同样，公司和/或组织在进行公共关系活动时，可能在它们的广告或促销材料中附上免费电话号码或者网站地址。美国直复营销协会的非营利组织联合会（DMA Nonprofit Federation）已经与许多组织和大小型公司开展了协同工作来支持解决环保问题以及在公关努力中使用直接反应媒体辅助它们。

直复营销与人员推销的结合

电话营销和直接销售是两种用来促进销售的人员推销方法。非营利组织（如慈善机构）经常利用电话营销（常伴随着直邮）筹集资金。你也会看到，营利性公司——特别是B2B市场——也越来越频繁地使用电话营销来筛选和锁定符合自己要求的潜在顾客（这样可以降低成本）并产生效益。汽车制造商经常通过直邮邀请潜在顾客到汽车展厅试驾新车，然后，销售人员负责向他们推销。汽车制造商及其经销商都有效地使用过这一方法。

直复营销与销售促进的结合

你收到过多少次通知你某一促销信息，或者提醒你参与某一活动，或者邀请你参加一项比赛或抽奖的直接邮件？滑雪器材商店定期寄出邮件将它的季度末特别销售活动告知消费者。航空公司通过信件或电子邮件宣传它们的促销特价机票。诺德斯特龙百货及其他零售商给它们的老顾客打电话，告知他们最近的特殊促销活动。这些都是企业使用直复营销工具告知消费者促销活动的例子。销售促进活动也会对直复营销项目大有帮助。Vertis咨询公司的一项调查研究指出，通过提供独家供应和/或优惠券的方式，营销商的直复营销活动会取得更加有效的结果。在该调查中，72%的成年消费者声称他们曾对含有“买一赠一”内容的直邮做出反应；63%曾对提供一定比例价格折扣的产品动心。与2005年所做的同一内容调查相比，二者的比例都有所上升。直邮包括特别促销、优惠券或者折扣也同样有效。[7]通过促销活动收集到的顾客姓名与地址可以建立起一个数据库，而直邮和/或电话营销正好可以将其派上用场。

直复营销与辅助媒体的结合

在直邮信件中附上一份促销产品是一种提高消费者反应率的好方法。一家公司将其1万封信件分成两半，一半附上促销产品，另一半则没有。结果前者带来的订货量比后者高65%。3M公司也曾使用促销产品激励顾客对其直邮做出反应，这一做法的反应率为23%，比常规方式取得的9%的反应率高出不少。促销产品通常是冰箱贴、书签以及一些便于插入信件的实用小物件。我们将在第15章讨论直复营销与互联网的结合。

为了成功实施直复营销方案，企业必须做出一系列的决策。正如其他的营销方案一样，它们必须决定：(1) 方案的目标是什么；(2) 瞄准哪一个目标市场（可以通过顾客名录或营销数据库来确定）；(3) 采用何种直复营销策略；(4) 如何评估方案实施效果。

直复营销的目标

如今，越来越多的营销商了解直复营销在整合营销传播方案中的贡献。直复营销商通常寻求直接的反应。直复营销方案的典型目标通常被定义为行为，如试驾、投票、捐赠及/或购买等。典型目标可以通过可追踪的反应来定义，比如2%～3%的反应率。

然而并非所有的直复营销都寻求行为上的反应。许多机构通过直复营销树立形象、维持顾客满意度、提醒和/或引导消费者以影响其未来的行动。2012年，当奥巴马启动总统连任竞选活动时，他发布了直接反应电视广告。广告呼吁观众拨打一个888开头的电话号码或者访问“加入奥巴马”（JoinObama.com）竞选网站，填写他们的电子邮件地址和邮政编码获得更多竞选信息，以便助力他的连任竞选。奥巴马总统连任竞选的成功要归功于这一类动员草根阶层的努力。

直复营销战略与媒体

正如书中讨论过的其他所有传播方案一样，营销商必须对传播信息、预算大小等做出决策。直复营销方案与其他促销组合方案最大的不同点或许就在于对媒体的使用。

从图表 14-1 中可以看出，直复营销使用各种不同的媒体，包括直邮、电话营销、直接反应广电、互联网和印刷品等。每一种媒体都有它特有的功用，虽然人们通常采用的是一步到位法或两步到位法。

在**一步到位法**（one-step approach）中，使用媒体的目的是直接获取订单。你或许看过电视节目中像扳手套件、健身器材、杂志订阅之类的产品广告，催促观众拿起电话拨打一个免费号码立即下订单。这样做的目的是使广告一经推出便能立即带来销售。

两步到位法（two-step approach）可能意味着使用不止一种媒体。第一步是筛选或圈定潜在购买者；第二步才是产生反应（如订购）。例如，许多公司首先通过电话营销在兴趣的基础上进行筛选，然后发出更多的信息跟进感兴趣的群体以获得订购，或者通过人员推销达到销售目的。一些公司已经从一步到位法过渡到两步到位法。比如，杂志销售公司 Publishers Clearing House 曾经使用一步到位法通过直邮来寻找订阅户。现在公司通过电视广告来告知潜在顾客关注邮件或在线登记来获得信息（以及为杂志订阅付费!）。

直邮

直邮经常被视作“垃圾邮件”——因为这些邮件大多不请自来。有越来越多的广告费用投入在直邮上，几乎比其他媒体形式都要多。据估计，2014 年的直邮广告支出达到 460 亿美元。[8]一个典型美国家庭平均每周收到 19 封直邮信件。[9]直邮并不仅限于小公司用于寻求商机，许多引人注目的大公司和组织，尤其是零售、金融服务和融资部门（以及其他部门）也常常会选择这种方式。

许多广告主曾经总是回避直邮，它们的担心来源于直邮只适用于低成本产品的固有印象。然而今时已不同往昔。例如，保时捷汽车北美公司（Porsche Cars North America）通过直邮瞄准那些最可能购买其昂贵跑车的高收入、上流社会消费人群。捷豹（Jaguar）和玛莎拉蒂（Maserati）也同样使用了这一策略。在某一案例中，保时捷公司针对经过精准分析的目标市场——收入水平相当高的专业医师，专门设计了一封直邮信。该名单是以与保时捷顾客的人口统计特征相吻合为前提进行筛选的，且进一步细化到某些特定地理区域。直邮信采用的是保时捷 911 Carrera 4 型汽车的 X 光图，且内容是以医生的口吻写出的。这项富于创意的活动带给保时捷在近年来的直邮使用中从未有过的高回应率。插图 14-1 中展示的是由捷豹发出的一封直邮信件，针对它的新款 F Pace 系列汽车进行推广。

插图 14-1 捷豹使用直邮介绍它的新款 F Pace 系列汽车

资料来源：Jaguar Land Rover North America，LLC.

邮寄名录（mailing lists）是成功使用直邮的关键，因为它是数据库的基础，营销对象就是从这里面找到的，而且它为市场细分和报价提供条件。现在可以购买到邮寄名录、电子邮件名录和潜在客户名录。现在的名录越来越与时俱进，越来越有针对性，以避免邮件的浪费。这些名录的数据来源广泛，比如顾客购买历史和第三方名录。

由于邮寄名录的特殊重要性，它开始衍生出自己的商业形式。据估计，各种名录上一共有超过390亿个名字。许多公司发现将购买其产品和/或服务的顾客名单卖给名录公司有利可图。（其中一家公司声称仅仅在它的电子邮件名录上就拥有超过2.45亿条顾客信息！）像InfoUSA、益博睿和尼尔森商业媒体（Nielsen Business Media）这些公司能提供全美范围的名录。在多数大城市，也有多家公司提供针对本地市场的相似服务。

尽管直邮仍然为许多广告主所钟爱，且预计该市场将会出现增长，但这一媒体形式却面临来自互联网的严重威胁。电子邮件的低成本及互联网带来的便利性引起了传统直复营销商的关注。有意思的是，互联网既是威胁也是机会，因为互联网公司为了吸引潜在顾客访问其网站，会增加它们在直邮上的投入。不过现在，传统直邮业务的消费者反应率越来越低，很多消费者会先通过直邮查看报价，然后上网订购。很多企业也已从印刷商品目录转向在线商品目录，这样做在节省资金的同时，也更能跟得上时代。正如数字与社交媒体视点14-1中所述，电子邮件对于许多公司和组织而言也是一个有效的策略。

数字与社交媒体视点14-1

运动队发现“直接”和粉丝做买卖是最好的策略

如果你是一个粉丝并关注专业运动项目，你也许会认为运动队的所有者不需要营销来推广他们的产品。在MLB、NFL、NHL确实如此，买张票看比赛并不总是那么容易。因此，二手票务市场开始发展——想想二手票券网站StubHub——帮你抢到一个难以弄到票的热门比赛的座位。这些二手市场允许持票者以他们希望的任何价位出售手里的票，收取佣金挣钱。由于在定价上没有任何限制，因此二手市场已经成为票务特许经销商本身的一个竞争对手。迄今为止，StubHub已经是全球最大的票务销售平台。

正如你所料，票务特许经销商本身已经开始找到与二手销售商竞争的方式，以保持它们与自身粉丝团之间的直接联系。如今购票者已经对二手市场票务交易形成信任，就像对待球队票务销售办公室一样，因此竞争的焦点已经从票价转移到粉丝体验。最近几年，票务特许经销商努力拓展，通过直接与粉丝交易加强全面体验，并提升客户关系管理将粉丝重新拉回所属的票务销售系统和比赛。创意在于创造“粉丝群”而不是购票者。NFL亚特兰大猎鹰队（Atlanta Falcons）的戴比·诺兰（Debbie Knowlan）指出，“能和粉丝在一对一的基础上形成连接，传递体验和比赛日的回忆是建立牢固关系的基础，这远胜过单纯的票务购买。在一个充满数字与社交媒体沟通的世界，人们仍旧在寻找与他们所支持的队伍的直接互动并热衷于此——这就是什么造就了一个粉丝。”

为了创造参与感的强度，体育项目特许授权商转向了直复营销。来看一下NBA的底特律活塞队（Detroit Pistons）的例子。活塞队想到了一个方法让粉丝参与到比赛中，无论他们是在休息室排队还是在到现场的交通工具中，这个方法就是电子邮件。球队和Movable Ink公司合作，后者能够在电子邮件被发送之后实时更新电子邮件，两家公司将静止的电子邮件变成“实时、动态的第二屏体验”。电子邮件被用在赛前、赛中和赛后来提升粉丝体验。例如，在比赛开始前，电子邮件会发送给持票者。在开球前，每次接收者打开邮件都会更新。电子邮件会展示球队的配对防守阵容、球赛记录、统计数据等以及到达赛场的信息（就像交通路况实时播报）。在比赛期间，邮件会显示现场直播分数以及在任意指定的时刻所有上场球员的统计数据，比赛结束时，它还将显示最后的得分结果。无论赛前还是赛后，电子邮件都实时贴出进出比赛场地的最佳交通路线图。在很短的时间内，活塞队就看到了比起之前的电子邮件统计数据，球迷的参与度增加了45%，而移动端的参与度增加了49%。

其他球队也转向了直复营销，包括纽约喷气机队（New York Jets）、凤凰城野狼队（Phoenix Coyotes），在所有拥有运动队的大学中采用这一方式的比例也达到了59.2%。

市场调研公司Research and Markets进行的一项研究收集了超过100所院校的详细数据，涵盖棒球、篮球、足球、长曲棍球以及其他运动，数据涉及这些院校的开支模式、练习情况以及所属运动队的营销计划。研究考察了多样化媒体的投放习惯，包括户外媒体、印刷媒体、数字媒体以及其他营销工具。研究显示，拥有在校生2万人及以上的院校，有81%的院校广告投放在报纸上，而拥有在校生低于2万人的院校这么做的比例不过34%。考虑到规模，超过65%的甲级队院校会选择“单向确认”邮件列表（Opt-in）来推广它们的球队。① 大多数采用这种工具的院校发现这种做法行之有效；其中有将近37%的院校报告篮球比赛的上座率提高了，尽管它们的队伍并没有表现得更好。

借鉴明尼苏达大学（University of Minnesota）的创意，凤凰城野狼职业冰球队执行了一项推广创意，旨在激励粉丝参加其最后的10场主场比赛。推广创意使用一张进球竞猜金票，这张金票允许粉丝基于他们期望主场球队在那些比赛中的进球数来购买球赛票数。一旦球队得分触及目标（比如，5场比赛进5球），这些票就免费。粉丝可以以相当优惠的价格购票，最多可以押注进25球。比赛时粉丝通过刷个人身份识别卡进场，可以显示他们还剩多少球。凤凰城野狼队也通过电子邮件在每场比赛后提醒粉丝在他们的卡中还剩多少球。为了宣传这一促销活动，凤凰城野狼队仅依靠两类媒体——连接过往套票和季票持有者的一项电子邮件推广活动以及追溯五六年前的季票持有者的一项直邮推广活动。

活动很奏效！这项活动销售了200套套票，额外增加了3.5万美元的收入。此外，交叉销售的其他套票和未来比赛场次的票也有大幅增长，还有不可估量的口碑收益！

纽约喷气机橄榄球队从没有一个主场。尽管已经获得票务特许经销权近50年了，它还没有自己的场馆。20世纪60年代，它在原先的AFL中以纽约泰坦队（New York Titans）的名号登场，球队在马球场体育馆（Polo Grounds）打了第一场比赛。1964年，它转移到谢伊体育馆（Shea Stadium）——用于棒球比赛的场馆并且是纽约大都会棒球队（New York Mets）的主场。20年之后，纽约喷气机队转移至新泽西的梅多兰兹球场（Meadowlands in New Jersey）——作为一个租赁者。更糟糕的是，球队之后还和它的同城对手纽约巨人队（New York Giants）共同使用巨人体育馆（Giants Stadium）。在20世纪70—90年代，纽约喷气机队都不是很有竞争力，也很难吸引球迷。到了21世纪，纽约喷气机队再次为了保级而战，但几乎每次主场比赛时场内都座无虚席。季票已经多年买不到，情况变得这么糟糕，粉丝们都放弃了尝试。因此，纽约喷气机队建造了一个新设施：球队第一次有了自己的场馆！

有好消息也有坏消息！随着纽约喷气机队新的主场体育馆敲定将于2010年秋季开放，季票的营销于2008年开始——就在金融危机的中期。由于数十年来都没有销售过季票，虽然新的主场将能容纳8.25万人，但许多人不知道球票在售。纽约喷气机队雇佣了一家曼哈顿广告公司来协作整合营销传播活动，包括广告、互动微网站、辅助媒体、公共关系以及直复营销活动。整个活动命名为“机会来敲门”，最初的主线是“终于，我们是主场了”。活动三管齐下，第一阶段聚焦于品牌化、知名度，配合电话即刻下单的直接反应媒体。随后，现有的持票者被

---

① Opt-in通常可分为两种形式。一种是用户在网页上的订阅框中输入自己的邮件地址之后，网站无须给予电子邮件通知，是否成功加入要等正常收到邮件列表的内容才知道。另一种是在用户输入电子邮件地址并点击“确认”之后，网站会立即发出一封邮件通知给用户，如果用户不想订阅，或者并不是自己订阅的（比如他人输入邮件地址错误或者恶作剧），可以按照确认邮件里的说明退出列表，可能是点击某个链接，或者是回复确认邮件来完成。——译者

邀请在工程完工后参观场馆，并收到旨在鼓励粉丝们在新场地购买座位的铜版纸印刷手册。最后，随访电话、电子邮件以及直邮被用于完成交易。现有的持票者将基于他们的资历来提供最佳的座位选择，不过好位子依然会有。

虽然季票出售状况良好，但座位还是有富余。在持票者行使选择权之后，未被出售的座位（包括俱乐部座位）将被提供给普通公众——配合以“每个人都有票”活动向球迷提供广泛的票价选择以及对于更贵座位的15年融资计划。营销活动涵盖电视广告、印刷媒体推广活动、直邮、网络广告和电子邮件（包括特定的追单电话）等，并获得了成功。

似乎直接接触粉丝就意味着使用直接反应媒体来触及他们。StubHub要小心了！

资料来源：Erik Wander，“The Detroit Pistons Are Sending Emails That Change Every Time Fans Check Them，” www. adweek. com，April 6，2016；Russell Scibetti，“How Teams Can Benefit from Direct Relationship with Fans，” www. sportsbusinessdaily. com，September 22，2014；Dylan Bohanan，“Coyotes Create a Goalden Promotion，” www. sportsforum. com，April 3，2013；Laura Wood，“The 2013 Survey of College Sports Marketing Practices：59. 62% of Schools Used Direct Mail in the Past Year to Market sporting Events，” *Sports Techy*，April 17，2013，p. 1；Thomas Haire，“Jets Audible into Direct Response，” *Response*，January 2010.

商品目录

零售商和其他邮购公司是直复营销行业的重要参与者。2007年以来，寄出的商品目录的数量以及依照传统目录进行购买的消费者的数量在下降，估计2014年寄出的商品目录有111亿份（比2013年的119亿份有所下降）。[10]与此同时，由直复营销协会进行的研究表明，接近1/3的营销商预测接下来的几年将增加1%～10%的邮寄目录。[11]虽然有些人曾预言，随着网络的普及目录销售将不复存在，邮寄目录将持续减少，但传统商品目录依然是接触消费者的一个有效手段。比起在线商品目录，传统销售目录更能与消费者建立情感联系，而且它终究是吸引消费者上线访问的最好方式之一。

许多公司把商品目录的使用与其他更传统的销售和促销手段结合起来。例如，像Pottery Barn家具、布鲁明戴尔百货、诺德斯特龙百货和Illuminations灯饰这样的公司，既通过商品目录直接销售产品，也通过商品目录告知消费者它们的商店中有哪些产品可供选择。还有一些公司（如Oriental贸易公司）完全依赖于商品目录销售。其他一些几乎完全靠商品目录起家的公司已经延伸进入零售业，例如路跑运动（Road Runner Sports）、艾迪堡服饰（Eddie Bauer）和香蕉共和国（Banana Republic）等。通过这一媒体形式销售的产品也达到了一个更高的水平。2015年内曼·马库斯百货（Neiman Marcus）的圣诞商品目录包括：

- 好莱坞明星基努·里维斯（Keanu Reeves）设计和制作的摩托车（仅制作了三辆）每辆价格15万美元。
- 印度梦幻之旅，价格40万美元。
- 内曼·马库斯定制野马汽车，价格9.5万美元。
- 热气球观光，价格9万美元。

当然，这些产品的设计更多是希望带来宣传效用——除非你很有钱！

除了传统的印刷商品目录，普通消费者和B2B客户现在还可以通过互联网获得商品目录。有些情况下，目录商品在零售商店也可以买到。不过在其他情况下，目录销售和零售一般是两个独立的渠道。例如，假如你通过艾迪堡服饰公司的商品目录购买了产品，你可以到它的零售店去换货或退货。而一些公司的产品你只能到它的目录商品部门去办理。在盖璞服饰公司，商品目录是库存目录的补充，顾客可以通过电话下单订购不同型号的商品并获得免费送货服务。

电子邮件

互联网上的直邮（**电子邮件**（e-mail））本质上是常规邮件的电子版。像常规邮件一样，它的目标针对性很强，高度依赖名录，通过针对性的信息试图接触到有特别需求的消费者。不论是 B2B 市场还是 B2C 市场的营销商，对电子邮件营销技术的使用都在持续增长；比起传统直邮，吸引营销商的是其成本低效果好。哈佛商学院（Harvard Business School）的一项研究表明，以投资回报率（ROI）作为效果衡量标准，电子邮件推广活动的效果是传统直复营销推广活动的 95 倍。[12]

有时使用者也许也会收到针对性不强和无用的电子邮件。这些宣传邮件的对应电子版信息被认为是**垃圾邮件**（spam）。鉴于存在大量垃圾邮件的事实，许多消费者认为这是一种令人讨厌的现象，美国政府已经颁布法律来规范其使用。此外，反垃圾邮件的软件在阻止大多数无用的信息中发挥作用。不过，各种情况表明，这种形式的广告的终结还遥遥无期。

广电媒体

直复营销在广电媒体领域取得的成功实在非同一般。早在 1966 年，美国就有超过 77%的人声称他们曾在电视上看过有直接反应诉求的节目。[13]据估计，2016 年直接反应电视节目带来了超过了 137.3 亿美元的广告费用。[14]

直复营销商可以使用两种广电媒体：电视和广播。广播在 20 世纪 50 年代一度被大量使用，而在近些年它的使用减少，作用也大大降低。因此，现在的直复营销广告主要依赖于电视，通过电视吸引广泛的注意力。然而，在这里必须指出的是，两步到位法在广播中仍然十分普遍，尤其是在那些地方性企业中。

直复营销在广电领域中使用直接反应广告，也使用辅助性广告。在**直接反应广告**（direct-response advertising）中，通过我们先前讨论过的一步到位或两步到位的方式，将产品或者服务呈现给观众，并且希望能引起观众的购买反应。服装、运动器械和收藏品等的广告都属于这一类型。通常广告中会附有免费电话号码，鼓励消费者拨打该号码下单购买。**辅助性广告**（support advertising），顾名思义，用于辅助其他广告形式。杂志销售公司 Publishers Clearing House、《读者文摘》或其他公司的广告可能是提醒你查收信箱中的抽奖券，这类广告便是辅助性广告。

直接反应电视包含了一系列媒体形式，其中包括下面将要提到的信息型广告、家庭购物（电话购物）等直接反应电视广告。还有在第 10 章介绍过的网络电视广告——例如，亚马逊金牌服务即时视频和视频网站 Hulu Plus 会员服务已经吸引了一批观众。

电视广告片

电视广告片在直复营销行业通常被称作短片节目。这些电视广告片指的是电视上常看到的直接反应广告片，而做广告的产品主要包括药品、个人护理用品、音像设备、家庭用品等。

信息型广告

通过有线电视或卫星频道发布商业广告成本更低，这导致了一种新的广告形式的出现。**信息型广告**（infomercial）指的是被设计成能够适合 30 分钟或 1 小时时长的一种长商业广告。许多信息型广告都是由广告主制作，在电视上当作普通的电视节目播出。今天的信息型广告会使用一步到位或两步到位的方法。《惊人发现》（Amazing Discoveries）等所谓的神奇产品秀电视节目是 20 世纪 80 年代最普遍的信息型广告的形式。在这种节目形式大行其道的时候，包括可口可乐、博朗（Braun）、迪士尼、日产、宾利（Bentley）、苹果和微软等在内的许多大型主流营销商也开始涉足信息型广告这一领域。

整合营销传播视点 14－1 表明，信息型广告在吸引观众和销售产品方面卓有成效。该广告形式典型受众的人口统计特征是平均年龄在 45 岁、白色人种、有全职工作且家庭年收入在 5.5 万美元以上的已婚女性。[15]但它对广泛的不同特征人群都有影响力，在年龄、受教育程度、收入或性别等特征上，其购买者与非购买者差异并不大。零售店也会受益于信息型广告，因为品牌知晓度的提高可以带动店内购买的上升。例如，乔治·福尔曼（George Foreman）烧烤架投入50万美元的印刷品宣传并配合以信息型广告，所取得的销售额比仅通过直接反应电视节目所带来的店内零售额要高得多。[16]

整合营销传播视点 14-1

电视导购：在凌晨3点购物？

回到从前，许多电视台都会在午夜停止节目播出直到早上6点。如果你碰巧在这个时间段打开电视，除了表明没有任何节目了的广播信号中止的标示，你什么也看不到。没有足够的观众收看，因此在这个时段播出节目不太划算。电视媒体的这段时间常被认为是“垃圾时段”，可以以非常低的价格购买到，只不过还没有多少人能在此时醒着。不过现在情况完全转变了。对于一些公司来说，“垃圾时段”是它们的“黄金时段”。有一些直接反应促销公司在此时间段做广告——甚至是30～60分钟的被称作电视导购的直接反应促销节目——节目中可以销售任何可以想象到的东西，从叫起来像老汽车警报似的塑料长尾鹦鹉玩具到兼作便携式尿壶的高尔夫球杆。大多数人会说他们不喜欢这种形式的广告。但是研究显示，不下于1/3的人群会通过电视导购购买产品。只要你能在电视上看到这类广告，这就是它们有效果的证据。长篇广告——它们经常被这么称呼，已经成功地营销了多元化的产品线，包括减肥产品、个人护理用品、健身设备，甚至是牧师、医生和宠物商店。电视导购市场预计在2015年将超过2 500亿美元。你也许听说过高伦雅芙（Proactiv，完全通过电视导购实现年度销售额10亿美元的一款护肤产品线品牌），或者是PedEgg（一款2007年已经上市的电动去角质修足美脚器）。还有Pocket Hose袖珍软管、飓风（Hurricane）旋转拖把、可以在家烧烤的乔治·福尔曼烧烤架和ShamWow吸水抹布。当然，我们还可以继续罗列。但是根据统计数据，我们将聊聊在所有电视导购中最闪耀的前三名产品。在我们开始前，猜一下！（提示：它不是Thighmaster、Snuggies或者是乔治·福尔曼烧烤架。也不是ShamWow吸水抹布！）下面来看看销量前三名：

Total Gym健身器材——位列第三名的这套锻炼器材销售价格超过1 000美元，由动作演员查克·诺里斯（Chuck Norris）和模特克里斯蒂·布林克利（Christie Brinkley）推荐。这套器材让你通过80个不同的练习动作来努力协调锻炼身体的各部分，并承诺在10～20分钟内完成一套完整的练习。你可以1美元的价格在家试用30天，如果不喜欢，可以原物寄回。（祝你好运吧！）多年总销售额超过10亿美元！

P90X健身训练DVD教程——知名健身教练托尼·豪顿（Tony Horton）创办的Beachbody Company的广告是荣登第二名的电视导购广告，至少从2005年该公司就开始做电视导购广告了，如今一年的总销售额超过4亿美元。支付三笔39.95美元，你就将获得托尼·豪顿90天健身训练系统教程。每天不过锻炼30分钟，你就将在90天内变得健美。你还可以获得一份营养膳食计划和一份包含成功案例的视频。免费试用30天。

高伦雅芙护肤品——位列榜首的是高伦雅芙祛痘护肤品，一年销售额达到了10亿美元（1995年产品已上市）。作为所有的电视导购销售冠军，高伦雅芙祛痘洗面奶使用了各种明星来推广产品，每年在这一环节的开支超过1 500万美元。凯蒂·佩里（Katy Perry）、说唱歌手吹牛老爹（P. Diddy）、杰西卡·辛普森（Jessica Simpson）、凯莉·克拉克森（Kelly Clarkson）、林赛·罗韩（Lindsay Lohan）、布兰妮·斯皮尔斯（Britney Spears）以及凡妮莎·威廉斯（Vanessa Williams）只不过是代言产品的一部分明星。其产品广告广受欢迎并成为病毒式视频广告，如今在YouTube视频网站上，高伦雅芙的页面点击量超过了150万。

这些只是许多成功的电视导购广告的一部分。Whopper Choppers食物料理机、乔治·福尔曼烧烤架、Slap-Chops多功能切菜器和ShamWow吸水抹布都可以包括在这一名单里，当然也包括健身达人理查德·西蒙斯（Richard Simmons）的健身教学视频。

“但是为什么会这样?”你也许会问。这些信息是如此烦人却为什么会如此成功?过去几年已经有无数的解释。其中之一是高容量、高技巧的电视脚本,通过创造(或者至少让我们意识到)我们从不知道的我们遇到的各种麻烦,然后提供解决方案,来提高观看者的多巴胺水平。同样,明星效应也具有潜在影响。看一下上文提到的高伦雅芙产品的代言明星名单,再加上查克·诺里斯(Chuck Norris)、苏珊·卢琪(Susan Lucci)和乔治·福尔曼(以及其他明星)——他们都是成功的电视导购产品代言人。加上所有这些因素与创作和监测有效的电视导购广告的能力,你就胜券在握了。事实上,这种方式如此的成功,以至于一些零售商店——过去主要的竞争者——如今正在经营其中的一些产品。如果你不能打败它们,那么加入它们?

资料来源:Ben Alberstadt, “The Ten Best Selling Infomercials of All Time,” June 28, 2014, www.therichest.com; “Pitching to America at 3 a.m.,” *The Week*, December 20, 2013, p.36; Bob Fernandez, “Atlantic City TV Station Looking Beyond Infomercials,” *McClatchy-Tribune Business News*, May 29, 2011, p.1.

信息型广告的广泛应用使得许多企业加大力度开发有更高收视率的日间电视市场,甚至着力打造信息型广告专业频道。现在已经有“像电视上看到的一样”(As Seen On TV)网站和购物目录。

然而,一些人对这种伪装成电视节目的广告并不买账。例如,一些针对青少年的信息型广告以电视节目的形式出现,人们开始担忧这会对 13 岁以下的儿童造成误导,因而对其不满与日俱增。联邦贸易委员会已经立法管治欺诈行为,对在信息型广告中弄虚作假、欺骗消费者的主办方给予罚款处理。知名的信息型广告推销商凯文·特鲁多(Kevin Trudeau)因在信息型广告中做出虚假声明被处以 3 760 万美元罚款。美国消费者协会(Consumer Federation of America)、商业主义研究中心(Center for the Study of Commercialism)、媒体教育中心(Center for Media Education)以及电信研究和行动中心(Telecommunications Research and Action Center)等四大消费者团体已经要求联邦通信委员会下令要求所有的信息型广告必须附有“收费广告”或“赞助”等字样,以与普通电视节目相区别,避免对观众造成混淆。

家庭购物

免费电话的发展,再加上信用卡的广泛使用,使得通过电视家庭购物频道进行商品购买的人群数量不可思议地急剧增长。珠宝首饰、厨房用具、健身产品、保险、家用产品等大量商品现在都通过这一途径进行推广(或者售卖)。美国主流的家庭电视购物频道(QVC)全天 24 小时播出,而且还提供在线服务。尽管网络电子商务已经对电视家庭购物频道带来了冲击,但通过顺应这些变化他们都获得了成功:电视购物频道 QVC 和家庭网络购物网站 HSN 都提升了产品线,包括以更低的价位出售设计师品牌和奢侈品牌。电视购物频道 QVC 还收购了 Zulily——一家以千禧妈妈为目标消费群的领先的电商网站。根据《华尔街日报》的报道,Zulily 是“网络版的 QVC”。[17]家庭购物网络的成功导致购物频道的涌现,包括 Gem Shopping Network、American's Auction Network 和 Liquidation Channel 等频道只是其中的一部分。随着越来越多的高消费阶层人士和年轻一代加入购物频道的行列,这些频道上售卖的产品也在持续变化。现在,在苹果手表上通过 QVC 进行购物也是可能的。

印刷媒体

杂志和报纸在直复营销中的运用比较困难。这些广告必须与其他广告的喧嚣进行竞争,同时版面相对来说十分昂贵,因而其反应率及利润比其他媒体要低一些。印刷类直接反应广告仍然出现在一些特定兴趣领域,如财经类报纸或运动和动漫模型杂志,但它们已经不常使用。

电话营销

如果你有电话,不用说你大概也知道**电话营销**(telemarketing)或通过电话销售。通过一步到位或者两步到位的方法，营利性和慈善性的组织机构都可以有效利用这种媒体形式。电话营销的总销售额（包括 B2C 市场和 B2B 市场）自 2004 年起持续下降。虽然 B2B 市场仍在继续使用这一策略并获得一些成功，但近年来，电话营销由于种种原因遭遇了总量上的下降。电话营销带来的相关问题包括可能造成的欺诈或者诈骗，成为潜在的骚扰源。这些问题导致了“拒绝来电名单”的兴起，这里的“拒绝来电名单”既包括座机也包括手机，从而导致了消费者市场的销量的下降。

直接销售

直接销售（direct selling）是直复营销方案中的另一要素，即直接的个人介绍、示范以及在消费者家中的产品和服务销售。安利（Amway）、雅芳（Avon）、Cutco 餐具、玫琳凯（Mary Kay）和特百惠（Tupperware）都是美国最著名的直接销售公司。目前，这些公司都已经进行了海外市场的扩张。安利、雅芳和康宝莱（Herbalife）年度总销售额超过 50 亿美元；该产业中相对的新加入者是珠宝直接销售公司 Stella & Dot，截至 2016 年，它的销售额预计接近 10 亿美元。全美大约有 1 820 万人从事这个行业，在这些直接销售人员中，有 99%是独立合同工（并不属于他们所服务的机构的雇员）。直接销售创造了超过 340 亿美元的销售额，其中 94%是通过点对点的人员推销或者是聚会销售计划完成的。[18]

直接销售的三种形式包括：

1. 重复性的点对点人员推销。销售人员经常去购买者的家中、工作地点或者其他地方拜访，推销产品或服务（如安利公司）。玫琳凯公司已经送出了超过 10 万辆凯迪拉克汽车——公司销售佳绩的象征。

2. 非重复性的点对点人员推销。销售人员偶尔去购买者的家中、工作地点或者其他地方拜访，推销产品或服务（如 Cutco 餐具的销售）。

3. 聚会销售。推销员通过在家庭或者办公室聚会中展示的形式向一群人销售产品或服务（如特百惠和 PartyLite Gifts 工艺品等）。

其实有许多产品和服务通过直接销售卖出，最常见的是家庭耐用消费品、瘦身和保健产品、个人护理用品。“典型的”直接销售人员是女性（超过 74%）、已婚者（77%）及兼职工作者（89%）。对许多销售代表而言，直接销售并不是一个全职工作，而是一个挣外快和得到购买折扣的机会。超过一半的销售人员每周花在销售上的时间少于 10 小时，绝大多数人每周花在销售上的时间少于 30 小时。图表 14－2 表明了他们的销售方式。

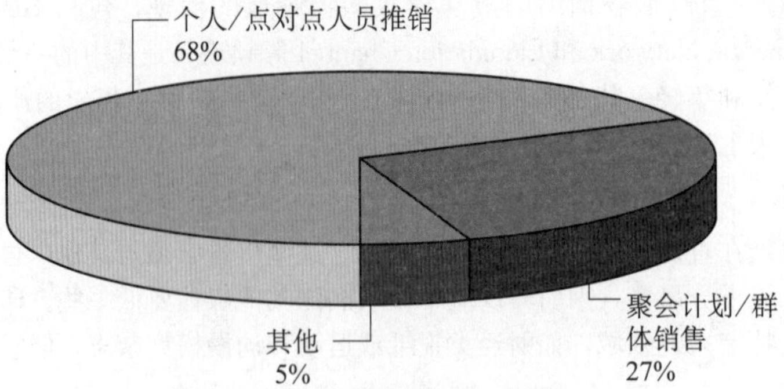

图表 14－2 销售策略（销售手段）

直复营销的效果测量

直复营销通常产生直接反应，因此测量直复营销的效果并非难事。利用**单位订单成本**（cost per order，CPO）这一指标，广告主根据反应电话的数量，只需几分钟就可以测定出一则广告的相关效果。通过在不同电视台播放同样的广告，一个直复营销商可以测量出该媒体本身的效果。例如，如果一个广告主的目标是将单位订单成本控制在5美元左右，而一则广播广告（包括制作和发行）的总费用为2 500美元，那么如果这个广告带来超过500份订单，该广告就被认为是有效的。同样，也可以用这个方法来测量印刷品和直邮广告的效果。

另一种常用的效果测量方法是**客户生命周期价值**（customer lifetime value，CLTV）。客户生命周期价值是一个简单的公式，用于协助营销商来确定与一个客户建立长期关系所产生的现金价值，然后来评估他的价值。这一价值被用于判断一个客户是否值得获取，以及优化对现存客户的服务水平。公司使用客户生命周期价值来协助它们预估从客户身上获得的未来收入和利润流，这样就可以使它们更聚焦于留住带来更多利润的客户，提高其满意度。因此，公司可以更关注高利润客户，而在客户生命周期价值较低的客户身上少花些营销努力。

许多公司使用一种定量营销技术——RFM分析模式（最近一次消费（recency）、消费频率（frequency）、消费金额（monetary））。这种技术通过考察某一顾客上次消费时间是多近（recency）、他进行消费有多频繁（frequency）以及消费是多少（monetary）来确定哪类消费者最具利润贡献度。

对那些目标不在于产生行为反应的直复营销项目，传统的测量效果方法是适用的（第18章将讨论这些测量方法）。

直复营销的优势和劣势

直复营销的许多优势前面都已经提到了。下面总结一下这些以及其他优势：

1. 有针对性。直复营销可以使广告主影响一大批人并能降低和削减不起作用的广告费用。通过广播电视或者邮件，可以实现对目标消费者的集中覆盖。不是每个人都在有广告牌的高速公路上开车或者留心电视广告，但是事实上每个人都会收取邮件。一份好的名单可以尽可能地减少浪费，只以那些有最大购买可能性的潜在消费者为目标。例如，一个政治候选人可以使信息只针对一些特别的人群（那些住在特定邮政编码地区的人，或者如自然资源保护组织塞拉俱乐部（Sierra Club）的成员）；一个读书俱乐部可以把目标对准那些最近有购买行为的特定读者群或充满读书欲望的读者。

2. 细分能力强。营销商可以获得近期购买者名单、汽车购买者或银行卡持有人的名单等。这些名单可以依据地区、职业、人口统计数据和工作职位等进行细分，以便针对其中的一部分人。把这些信息与PRIZM或者VALS的地理编码能力结合起来，可以制定出有效的市场细分策略。

3. 可重复使用。根据所使用的媒介，有些情况下可以重复使用一则广告。用于直接反应电视广告的节目时段通常是最廉价和易获取的，因此营销商能够负担得起重复播出的费用。然而，邮件的重复使用却不那么容易，因为消费者对多次收到同样的邮件会感到厌烦。

4. 可测量性。直复营销拥有很强大的效果测量能力，既能对整个项目的总体效果进行测量，也能够对具体的部分进行测量。

5. 及时性。与其他媒体需要较长的一段计划和截止期相比，直接反应广告在时间控制上更及时有效。例如，直邮或电子邮件可以迅速地设计好并寄送给目标人群。用于直接反应广告的电视节目通常选择比较老套、收视略低却能出现在电视台的节目表上的节目。另一种常见的策略是在最后时刻才买断某一时段，以便获得最优惠的价格。

6. 个性化。没有任何其他广告形式能比直接反应媒体更有效地实现广告的个性化。那些有几个不同年龄段的孩子的家庭可以收到写有孩子姓名的产品介绍；车主会收到祝贺他们购买成功并表示提供配件服务的邮件；电脑购买者会收到软件促销信；在校大学生也会收到极具个性化的信息，这些信息满足他们的特别需要，为他们提供解决方案，还提供大学贷款服务。

7. 成本低。虽然直邮的千人成本从绝对值或类似指标来看可能很高，但是直邮针对特定目标受众和削减无效邮件的能力大大降低了其千人成本。尽管在花费上可能要高于其他媒体，但是直复营销的方式却可能带来更大的利润。这一性质的电视广告通常也是可拿到的最低价。电子邮件是极其廉价的。另一个有助于提升直接反应广告的成本效益的因素是每顾客购买成本。因为使用的媒体成本低，所以产生每一笔销售的成本也可以非常低。

8. 易于测量效果。没有其他哪种媒介形式能够在测量效果的同时，也测量出直接反应。这种反馈不仅常常是即时的，而且是准确的。

直复营销的劣势如下：

1. 形象问题。正如我们前面提到的，这个行业的分类邮件通常会被视作垃圾邮件。许多人认为这种劝说性邮件促销的产品是垃圾产品，还有一些人则不喜欢被劝说的感觉。即便是一些直邮的发送者，包括摩托罗拉（Motorola）、通用汽车（GM）、美国空气化工产品（Air Product & Chemicals）等公司，也承认它们会扔掉自己收到的大多数类似垃圾邮件。随着通过电子邮件发送的直邮数量的不断上升，这一问题更为严峻。直复营销协会估计，一个普通美国人平均每周收到19封垃圾邮件。[19]

同样，在电视上的直接反应广告通常是一些低成本广告，宣传一些低价格的产品，这就在消费者心中形成了以这种方式营销的产品质量都较为低劣的印象。（家庭购物频道一定程度上克服了这种不好的印象，因为它们会销售一些非常昂贵的产品。）电话营销也越来越使许多消费者感到厌恶，与“垃圾信息”或网上垃圾邮件一样。还有其他一些因素也造成了直复营销行业的形象问题。

2. 准确性问题。直邮和电话营销最受称赞的优势之一是它们在定位潜在目标顾客方面非常出色。但是，这些方法的有效程度依赖于所用名单的准确性。人们会搬家、换工作等，如果名单不及时更新，针对性就会降低。计算机的使用在很大程度上提高了这些名单的即时性，同时也降低了姓名错误的发生率。然而，如何获得名单正日益成为一个问题，其成本根据质量可从几美元到上千美元不等。如今一些州已经在收集顾客数据的地点和方式上做出了严格限制。

3. 内容支持问题。在第10章讨论媒体策略目标的时候，我们提到，当一本杂志成功营造一种氛围的时候，可以为其中登载的广告带来更好的效果。在直接反应广告中，氛围的营造受周边节目或者编排内容的限制。直邮和在线服务不太可能创造出理想的氛围。

4. 逐渐上升的成本问题。当邮费增加时，直邮的利润就会立即且直接地受到影响。同样，印刷成本的上升，也会导致邮件和商品目录成本的上升。电子邮件的低成本特性正是其吸引许多企业转而使用它的原因。

5. 拒绝来电名单。现在不论是固定电话还是手机，都存在“拒绝来电名单”。美国联邦贸易委员会正考虑建立这样一份“禁邮名单”，消费者可以自行选择是否接收所谓的“垃圾邮件”。

本章小结

本章介绍了直复营销这一成长迅速的领域。除了直邮和电话营销之外，它还包括多种方式和媒体形式。有着众多功能的直复营销为许多不同类型的公司和组织提供了一种强有力的促销和销售工具。

直复营销的增长速度仍然遥遥领先于其他广告与促销形式。《财富》500强中的许多公司现在已经开始采用这种有效的直复营销战略。

直复营销的优势包括有针对性、细分能力强、可重复使用、可测量性和及时性。个性化、成本低及易于测量效果等也是直复营销的优势。

使用直复营销也有许多劣势。形象问题、准确性问题以及本身扰人的特性都使一些营销商对使用直复营销工具产生犹豫。不过，行业的自律以及成熟的大型公司的参与极大地改善了这些问题。总的说来，直复营销的使用还会持续增长。

讨论题

1. 什么是信息型广告？信息型广告获得如此大的成功的原因有哪些？你认为哪些类别的产品和服务可能成为这种成功的信息型广告的候选？

2. 阐述直复营销在整合营销传播活动中的作用。除了行为反应之外，直复营销还有其他作用吗？如果有，试举例。

3. 像QVC和HSN之类的家庭购物频道的未来是什么？假设电视收视率下降，这些频道通过采取什么措施能摆脱困境？

4. 一些营销商预测传统印刷商品目录将不复存在，而被互联网商品目录所取代。阐释这种状况可能出现或不可能出现的原因有哪些。举例说明保留传统印刷目录的好处。

5. 对于许多顾客而言，比起传统的购物方式，通过电视购物直接购物有着独特的优点。试举例说明每种购物方式的优缺点。

6. 解释客户生命周期价值的意义。这一公式如何助益直复营销商？

7. 哈佛商学院的一项研究表明，以投资回报率（ROI）作为效果衡量标准，电子邮件推广活动的效果比传统的直邮营销有效得多。阐述产生这一结果的原因。

8. 长期以来，直复营销已经成为营销商一个有效的推广工具。解释直复营销如此成功的原因。你认为这一趋势是否会持续？

9. 直复营销商在评估项目效果方面可以说是最成功的。现在许多直复营销商通过消费者漏斗模型测量项目效果。阐述直复营销商如何测量有效性以及如何使用消费者漏斗模型实现这一目的。

10. 作为一种有效的媒体，直复营销也同样有许多明显的劣势。试讨论这些劣势以及营销商做些什么可以减少这些劣势。

第15章 互联网：数字和社交媒体

学习目标

1. 阐述互联网与数字和社交媒体在整合营销传播中的作用。
2. 讨论整合营销传播过程中 Web 1.0 和 Web 2.0 媒体平台的运用。
3. 阐述如何评价互联网传播的有效性。
4. 比较互联网与数字和社交媒体的优势和劣势。
5. 讨论互联网与数字和社交媒体相关的社会伦理问题。

开篇案例

疯狂冲向数字化：智慧管理还是盲目从众？

在本书中，你已经看到了一些营销商改变它们的媒体预算分配的例子。从传统媒体转向数字媒体，争论聚焦在千禧一代不再看电视、看报纸或者听广播。从 2014 年到 2015 年的一年内，数字媒体支出上升达 20%，达到创纪录的 596 亿美元，移动互联网媒体支出增长 66%，社交媒体支出增长 55%，数字视频支出 30%（非移动搜索上升 8%，展示广告收入增长 3%）。在同一时期，电视广告减少了 3.4%至 630 亿美元，预计 2016 年数字媒体广告收入将超越电视广告收入。IPG 旗下麦格纳全球（Magna Global）广告媒体购买代理公司在 2016 年宣布，在接下来的 5 个季度里，将会在客户的广告开销中划拨出 2.5 亿美元从电视媒体转投互联网视频网站 YouTube，宝洁公司和其他许多公司紧随其后。事实上，有这么多广告客户把这么多的预算分配给数字媒体必然反映了行业的集体智慧，对吗？好吧，答案是不一定。

广告主引述了一系列的转变原因。如前所述，许多人认为千禧一代的收视率下降、读者人数减少是因为他们迷恋数字媒体，在获得到达率的同时使它成为更有效的媒体也更具成本效益。例如，约翰·麦克德莫特（John McDermott）在 www.digiday.com 网站上发表的一篇文章描述了广告主如果用相同的网络广告开支取代在 2015 年超级碗决赛的电视转播中投放 30 秒插播广告所耗费的 450 万美元（超级碗能够到达大约 1.13 亿观众）可以获得什么，包括：(1) 为期一周的 Snapchat 快照分享应用广告；(2) 到达 35 亿人次的展示广告；(3) 在脸书上 5 000 万的视频浏览量；(4) 640 万搜索广告点击量，超级碗决赛中广告的千人成本比在这些热门的社交网站如脸书、Instagram、推特、领英或 Pinterest 投放的广告要高许多。数字广告也因为它的可追踪性与有效性以及能够有针对性地进行程序化购买而受到吹捧，后者显著减少了媒体购买过程的时间和努力（参见第 10 章开篇）。

然而，并非所有人都如此迷恋网络广告。众多文献已经证明了网络广告存在的问题，包括欺诈、广告可见度、欺骗还有机器人（网络冲浪算法意味着由机器人网络创造的以及由数百万非法劫持的网络浏览器分发的模拟人类网络流量）等其他问题。有些管理者认为程序化自动购买是一个“对媒体购买偷懒的懒人借口”。

根据伊高·泽夫曼（Igal Zeifman）的一份报告，如今恶意的机器人估计构成了多达61.5%的所有网站流量，更吸引人的受众到达率意味着广告只被机器人观看的更高可能性。因此，也引发广告主认为广告触及率（和该支付的广告费用）并不真实。许多研究还表明，大约一半的网络展示广告由于技术问题无法观看或者根本就没有出现在屏幕上！最热门的主题——程序化购买——吸引了估计比展示广告多14%的机器人流量，而程序化视频吸引了超过73%的机器人流量，耗费了广告主每年大约76亿美元。一些广告主仍然不确定通过程序化购买它们的广告投放在哪些地方，而广告拦截正在增加。

一个由明尼阿波利斯Solve广告代理公司开展的很有趣的研究——“空白视频”（The Blank Video Project），专门观察在YouTube视频网站上的收视有效性。该网站估计每分钟有300小时内容上传到它的平台上，而且对很多经理来说很有吸引力。在研究中，Solve公司创作了一个时长4分钟的没有动作、声音、标题或描述的空白视频。“除了一块白板，什么都没有。”通过点击网址，观众可以看到solve-ideas.com网站。这段视频通过YouTube网站的TrueView广告公司推广，该机构只对观看至少30秒的观众收费。观众可以选择跳过5秒后的视频。该广告被点开了227 819次，获得了超过10万的浏览量，46%的观众的收视时间达到了被统计的临界值。平均而言，观众在离开视频前收看了2分26秒，而有22%的观众看到了最后——对着一个空白的视频！

Solve公司解释它无意攻击或诋毁YouTube视频网站，也多次使用了这个平台。公司只是想要向广告主证明它们需要找到更好的评估它们内容质量和表现的方法，并认识到被承诺的东西不一定总是真实的。公司建议比“喜欢”或“赞”更好的指标有必要得到一幅真实的效果图。

问题是，广告主是会接受做出这一承诺的时间和努力，还是会继续跟随潮流将资金转移到数字媒体上而不顾它的缺点？

资料来源：“US Internet Adspend Surges 20%，” April 22，2016，www.warc.com；John McDermott，“What the Cost of a Super Bowl Ad Can Buy Online，” January 30，2015，www.digiday.com；Igal Zeifman，“Report：Bot Traffic Is Up to 61.5% of All Website Traffic，” February 2016，www.incapsula.com；Christopher Heine，“Bots Will Cost Digital Advertisers $7.2 Billion in 2016，Says ANA Study，” January 2016，www.adweek.com；“The Blank Video Project，” 2015，www.solve-ideas.com.；“US Digital Ad Spending to Surpass TV This Year，” www.eMarketer，.com，September 13，2016.

正如你可以从本章开篇看到的，互联网已经极大地改变了媒体购买方式，不像过去的任何媒体。令人难以置信的快速增长受到一些因素的刺激，其中包括改变年轻一代的媒体习惯，以及数字媒体自身的传播能力。在可预见的未来，似乎无法阻挡资金从传统媒体转向社交媒体、移动互联媒体、社交媒体平台，如YouTube，以及其他数字媒体选择。虽然互联网本身需要营销商重新思考它们的整合营销传播项目，但是引发了更多可能性的Web 2.0的出现，永久地改变了新老品牌、大小企业的发展环境。

本章将考察互联网和数字媒体在整合营销传播方案中的作用。我们将研究互联网的发展、企业如何使用其中各种各样的平台、互联网在整合营销传播方案中的角色以及与此媒体相关的一些优劣势。我们还将讨论由于互联网的发展以及它在整合营销传播方案中的角色而产生的各种各样的新媒体选择。本章结尾将对这些媒体的测量问题进行讨论。

互联网的发展

为什么互联网被迅速认可

互联网前所未有的发展，也就是所谓的数字革命，引起了营销环境的变化，并迫使营销商重新思考它们做的几乎所有事情。正如万维网在发展，营销传播方案也在发展。目前世界范围内有近20亿互联网用户，并且其增速自2000年起是令人难以置信的。用来解释增长速度如此之快的原因有很多，其中之一便是当下消费者对获得信息容易度日益增长的需求。无论是信息获取的速度和方便程度，还是控制接收什么样的信息和如何接收信息的能力，都有了更高的要求。通过个人电脑来管理电子商务的能力也非常有吸引力，现在几乎没有通过互联网找不到或买不到的东西。由于互联网是没有边界和范围的，因此，几乎每天都可以在上面找到新东西。

类似于消费者，营销商对互联网的接受程度也飙升。营销商青睐互联网还有一个原因，那就是网络能有效地针对客户。随着企业越来越重视投入的收益，大家都认为互联网是一种可以为营销开支、顾客满意度、趋势和竞争提供更多直接反馈的媒介。跟直复营销一样，网络比传统媒体更容易计算出开支的投资收益，这一点深受企业的欢迎。事实上，在网络广告发展的早期，有一些营销商把互联网看成是直接反应广告媒体。尽管电子商务占了网络业务的大部分，但是今天的营销商已经开始用网络开展更多其他的传播活动，实现其他的营销目标（下文将详细探讨）。

与十年前相比，今天的万维网已经脱胎换骨，这是人们未曾料到的。其他的媒体通常都是单向的，对提供的内容以及销售的产品或服务负责。互联网则不同，它是互动的，允许双向流动。消费者不仅可以控制他们什么时候接收什么信息和内容，如今还可以提供他们自己的内容，销售他们自己的产品和服务，还可以同样地回应别人提供的信息。正如你所看到的，营销商通过几十年前还不存在的各种社交平台，以前所未见的方式参与消费者的生活。

网络目标

那些最早将生意做到互联网上的大公司建立网站主要就是为了提供产品信息和保证信息的单向流动。像凯马特和美泰克（Maytag）这样的公司所建立的网站充其量只是网络版的商品目录，而其他公司的网站也只提供相关信息。但是这些网站的角色很快便发生了转变，它们可以实现多种目标，也越来越有创造性。现在网站对于提升品牌形象和产品定位以及提供促销和产品信息发挥着越来越重要的作用，甚至还用于产品和服务的销售，而这种销售本身也充斥着很多互动要素。此外，这些网站还允许消费者反馈和输入信息直接为营销商所用，以保持消费者的参与度。这些变化使营销商以一种完全崭新的方式使用互联网，远超过纯粹的信息展示的作用。正如你所看到的，除了发布信息和销售产品，营销商还追求沟通和销量等额外目标。

与迄今为止在教材中讨论的其他媒体不同，互联网实际上是一个混合媒体。在某种程度上，它是一种传播媒介，允许公司创造知名度、提供信息、影响态度以及追求其他传播目标。视频、展示广告和商业广告——其中有些也可能出现在电视上——通常用于这个目的。另外，它也是一个直接反应媒体，允许用户通过电子商务购买和销售产品，比如亚马逊网站和Craigslist分类广告网站。随着社交媒体的出现，营销商越来越多地追求建立品牌形象的第三个目标，通过与品牌的接触，与客户建立更直接、卷入度更高的关系。因此，我们将在本章讨论每个目标。先来看看这些公司希望实现的一些传播目标。

创造知名度

网络广告对于企业以及它们的产品或服务创造知名度相当有效。对于只有有限预算的小公司来说，网络给它们提供了以往只有通过传统媒体才能获得的建立知名度的机会。例如，一家新创企业能够以合理的成本几乎是瞬间获得全世界范围的曝光度——这种情况在互联网创建之前几乎不可能实现。尽管互联网是一种创造知名度的有效工具——尤其是对广告预算开支有限的小公司而言，但就实现传播目标来说，对较大的公司它却不是整合营销传播要素中最有效的。就这个目标而言，大众媒体广告因为更高的触及率和更低的单位曝光成本而可能更加有效（电视台的人肯定很乐意提示你这一点）。研究已经证实电视将受众转向网站的影响力。然而，即使是更大一点的信誉卓著的公司也将创建和扩大知名度作为基本目标。

激发兴趣

访问一下红牛饮料公司的网站（RedBull. com），就会快速了解网站是怎样激发用户兴趣的。该网站提供新闻、流直播、视频以及更多来自“红牛世界”的内容。此外，用户还可以购买音乐会门票、百事商品等。这个网站和其他类似网站的目的非常简单：激发访问者的兴趣能够带来访问者并在此过程中更多地了解产品，并且，理所当然，为了创造更高的销售业绩。

发布信息

互联网营销商利用网络的最主要目的之一就是为公司的产品或服务提供详细的介绍信息。拥有一个网站相当必要，因为越来越多的买主希望得到关于公司的大量详细信息，如产品供应、保证条款和储存地点等。想想上一次你试图在互联网上寻找一个公司的信息而它却没有一个网站。现在发生这种情况的可能性极其罕见，如果它确实如此，你很可能会犹豫与这种公司建立联系。在政府部门方面，它们常在网上进行招标采购，诸如产品要求、产品规格、交货期限等信息通过网络发布给竞标者的速度比通过其他媒体发布的更快，而且触及的潜在竞争商家更多，成本也更低。想要了解如何填写联邦个人收入所得税的信息？第一个你能想到去看的地方也许是 www. irs. gov。对于销售个人消费品的公司来说，它们的网站是一种提供更多产品和服务信息的沟通渠道，还会包括关于企业在慈善方面的努力，联系信息以及企业自身介绍等内容。

树立品牌形象

很多公司建立网站是为了更好地宣传其品牌形象。例如，你可以浏览一下个人消费品网站 www. nikawater. com。这家网站是用网页建立品牌形象的最好例子之一。访客会通过公司对人道问题的关注而产生对公司水产品的好感。有趣的是，现在摆在许多传统营销商面前的难题就是如何通过互联网来树立品牌形象。正所谓几家欢喜几家愁，尽管一些公司在互联网营销上取得了巨大的成功，但仍然有些公司经营惨淡，它们也终于意识到，品牌建设与形象树立需要特别考虑网络这一媒体的作用。

建立强大品牌

互联网作为整合营销传播的一种形式，在品牌建设上是相当有效的工具。虽然起初还有很多公司在利用互联网媒体进行成功品牌建设上遇到困难，但现在情况已经不一样了。成功的品牌构建并不会一蹴而就。红牛饮料已经使用它自身的网站（如前所示）作为整合营销传播活动的一个构成部分，聚焦于打造“红牛助您一臂之力”的形象，通过摩托车运动、自行车运动、冲浪运动、滑雪运动的新闻和视频以及音乐和其他事件赞助，将自身的品牌形象定位于展示激情与勇气。红牛饮料是在成功的品牌化上已经“搞定互联网”的许多公司之一。

刺激体验消费

许多营销商已经发现互联网是一个能有效刺激产品或服务体验消费的有效媒体。网站经常通过提供电子优惠券以鼓励消费者尝试它们的产品，还有一些网站采用样品、促销、抽奖等方式。像 iTune.com 这样的音乐网站允许人们在购买之前试听一小段歌曲，而有的 B2B 网站则提供在线软件测试。

创造口碑

互联网的诸多好处之一便是具备创造口碑的能力。社交网络以及其他形式的网络的病毒式传播都极具传播力，对营销商实现口碑传播具有吸引力。在一个非常成功的病毒式传播尝试中，多芬创意了一个广告视频，一位素描艺术家描绘女性自我感知的形象以及基于他人描述的这些女性在他人眼中的形象，这位艺术家没见过她们。这个视频的题目是《多芬真美画像》(Dove Real Beauty Sketches)，这两种认知中存在着令人吃惊的差异，也指出了女性常常受困自尊问题是不必要的。不到一个月，该病毒式视频获得了超过 1.14 亿次的浏览量，使其成为被观看最多的广告。多芬将品牌信息以 25 种语言在 YouTube 的 33 个官方频道上传，在全球范围内接触了超过 110 个国家的消费者。《多芬真美画像》第一个月在线产生了接近 380 万次分享，两个月后，YouTube 多芬频道的订阅户增加了 1.5 万人。[1]

赢得消费者的考虑

很多营销商都认为，通过互联网可以有效地实现多种传播目标，包括赢得消费者的考虑和/或评价。它们认为，博客和论坛特别便于提供产品和品牌评价的有用信息。“妈妈购物达人博主”和青少年“购物达人”的利用以及影响力营销已经成为 H&M 快时尚服装，彭尼、多芬、安·泰勒（Ann Taylor）以及天美时（Timex）以及其他品牌使用的有力的营销策略。

电子商务

不论在个人消费品市场还是 B2B 市场，互联网都能够提供直接向消费者销售产品和服务的机会，这被称作**电子商务**（e-commerce）。在美国，如果用在线购物者代表美国总体情况，通过电子商务产生的销售额在 2016 年有望达到 3 200 亿美元。[2] 我们前面提到的许多网站都将产品销售作为其首要或者次要的目标。

许多公司在维持实体店铺经营的同时通过互联网销售产品。安·泰勒、梅西和诺德斯特龙等品牌都更强调在线销售的重要性；三星和苹果也已经在自己的零售店中增加售货终端方便顾客在线下单。

我们来了解一下互联网在整合营销传播中的具体运用情况。

互联网和整合营销传播

到目前为止，我们已经提到互联网的使用是整合营销传播必不可少的一个环节和追求的目标。这一部分将讨论如何将网络和其他元素结合使用。

维基百科通过对相关资料的整理，给出了 Web 1.0 和 Web 2.0 之间的区别。Web 1.0 通常是指万维网发展的第一个十年，结束于“互联网泡沫的破灭”。[3] 大多数情况下，Web 1.0 主要由静态的网页组成，这导致了它的单向传播。Web 2.0 已经在万维网上引发了激动人心的改变，首先它是内容碎片化和互动性的结果，同时 Web 1.0 时代的参与用户也贡献了信息以及用户自制广告和其他内容（见图表 15-1）。本章并不强调技术的改变及其发生，而是要讨论其对营销传播带来的影响。在这个层面上，本章的内容将注重对营销商使用互联网方式与方法的探讨；不过，Web 2.0 已经增加了一些关键要素，这些关键要素对互联网如何在一项整合营销传播方案中加以运用带来了令人关注的影响，因此，我们将专门探讨这些问题，从 Web 1.0 开始。

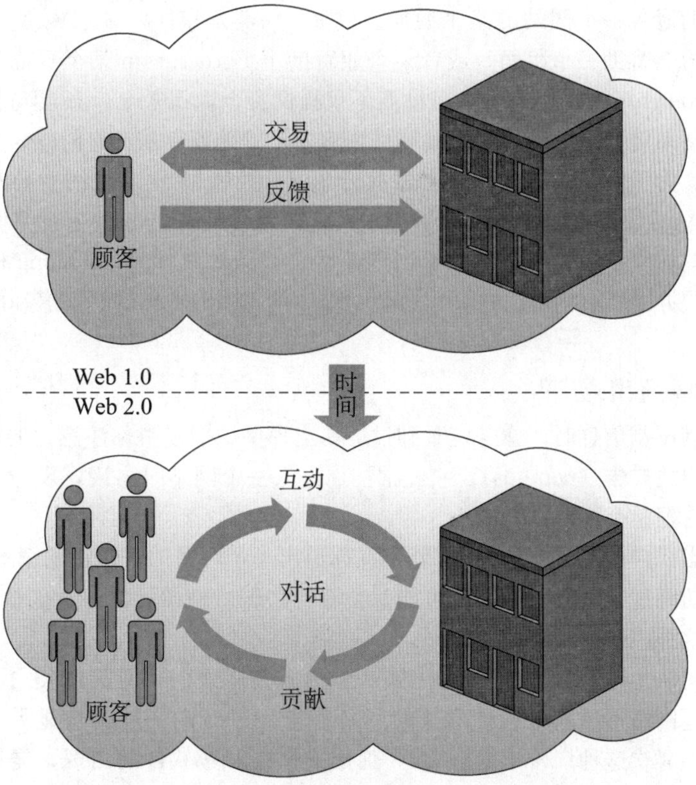

图表 15-1　互联网上组织与顾客互动的不同方式

网络广告——Web 1.0

与广电媒体或印刷媒体一样，互联网也是一种广告媒体。那些致力于推销自己的产品和服务的公司和组织必须将这一媒体和电视、杂志、户外等媒体形式一样看待。网络广告有多种形式，包括旗帜广告、赞助式广告、弹出式广告、插页式广告、付费搜索、行为定位广告、内容关联广告以及富媒体等。Web 1.0 是用来指代互联网早期演化过程的专门术语，用户可以在其中查看 Web 页面并与之连接，但不能对 Web 页面的内容做出贡献。

旗帜广告

旗帜广告（banner ads）是最常见的一种网络广告形式。据估计，互联网用户每个月看到超过 1 700 幅旗帜广告，其中 25～34 岁的人则超过 2 000 幅。[4] 旗帜广告可以起到建立感知或认知的作用，吸引访问者参加竞赛、抽奖或完成直复营销目标。旗帜广告也有很多形式，比如排行榜、横幅、网页两侧的挂幅、占整个网页的巨幅以及垂直的挂幅等。它们可以是静态的、动态的或者是动画格式的。最初，大部分网络广告都是旗帜广告，但是有研究表明旗帜广告传播效果不佳，广告主对其使用有所减少。尽管关于点击通过率的统计不尽相同，但是更多的研究显示这个比例不会超过 1%。[5] 同时，很多研究表明，尽管用户并不一定点击旗帜广告，但是它们仍然能够在驱使消费者搜索或访问广告页面上具有影响力。《消费者研究杂志》（*Journal of Consumer Research*）上刊登的一项研究表明，尽管点击率低，但是旗帜广告的重复出现仍然会让人对其产生正面的态度。[6] 不过，许多消费者觉得旗帜广告是一种骚扰，导致许多公司避免使用这种广告形式。

赞助式广告

另一种常见的广告形式是**赞助式广告**（sponsorships）。一般有两种赞助形式。一种赞助形式是公司赞助冠名一个网站的某个版面。例如，《美好家居》杂志或者《时尚》杂志在 iVillage. com 上冠名赞助一个版面，或者某企业赞助了 Forbes. com 某个页面。另一种赞助形式是**内容赞助**（content sponsorship），赞助商不仅提供资金取得冠名，还参与提供节目的内容。有时候，由网站来负责提供节目，但是节目内容要经赞助商审核；有时候，赞助商可以提供部分或全部内容。为了做好在加拿大电音舞曲音乐（EDM）文化节中的主要承办者的定位，百威淡啤品牌和 Vice 媒体集团旗下的电子音乐文化栏目 Thump——一家加拿大电音舞曲音乐文化中的领导机构——结成合作伙伴关系，创建了百威淡啤直播室。Thump 栏目和百威淡啤品牌团队协作，包办了所有内容。这些内容包括全年的 EDM 独家封面报道和电音舞曲音乐领导人物的专访。

自动/隐藏弹出式广告

当你上网浏览信息时，你一定看到过屏幕上那些试图吸引你注意力的窗口。这种广告形式称作**自动弹出式广告**（pop-ups）。它经常在你进入一个网站时出现，尺寸比一般的旗帜广告要大，但不会占据整个屏幕。

隐藏弹出式广告（pop-unders）就是在你退出一个网站的时候在网页下端弹出的广告窗口。如果你以前访问过某些旅游网站，可能就会看到 Orbitz 公司所做的隐藏弹出式广告，Orbitz 也是最常使用这种广告形式的用户之一。

有些公司认为这种自动/隐藏弹出式广告形式是有效的，但其他公司不以为然。消费者的抱怨迫使一些网站不再发布这种形式的网络广告。TNS 的一项调查显示，93％的受访者不喜欢或者非常不喜欢这种广告形式。[7] 因为弹出式广告屏蔽软件的出现，能在广告未出现在屏幕上之前就把广告屏蔽掉，导致此类广告的频次和有效性大幅下降。

插页式广告

插页式广告（interstitials）是一种在你等待下载网页内容的时候出现在电脑屏幕上的一种广告形式。不像旗帜广告，插页式广告需要观看者关掉广告才能继续前往他们想要浏览的网站。Yelp 点评网站和领英社交网站就是许多使用此类广告形式的公司的例子。因为消费者抱怨移动端插页式广告令人厌烦，2015 年谷歌公司实施了一项新政策，通过声明那些使用移动端插页式广告的客户端为“不友好的移动应用”来阻止这种广告形式的使用。[8] 对于那些想使用这种广告的广告主而言更不幸的是，插页式广告也会被弹出式广告拦截软件阻拦掉。

付费搜索

通常情况下，一家网站在搜索引擎的搜索结果列表中越靠前，就会有越多的用户去访问该网站。(搜索者通常不会绕过第一页的搜索结果)。**自然搜索结果**（organic search results）是指因为和搜索词条相关而出现的那些搜索页面，而不是广告。广告主也试图通过**非自然（付费）搜索结果**（nonorganic（paid）search results）如**每点击付费**（pay-per-click）广告来接触消费者，这种广告形式是通过在搜索引擎查询展示结果网页上植入广告。2016 年花在搜索广告上的费用超过 290 亿美元，到 2019 年这一数字有望增长到超过 400 亿美元。[9]

尽管有很多搜索引擎都在提供相关服务，但谷歌是到目前为止占据统治地位的提供商，其业务量占全部搜索广告收入的 55％左右。[10] 为了尽可能吸引更多对自己产品感兴趣的特殊目标顾客，广告主会使用**搜索引擎优化**（search engine optimization，SEO）。SEO 是改进信息拥堵的一个过程，它能够让某个网站使用搜索引擎通过未付费（自然）的搜索结果在付费的广告内容中脱颖而出。它的依据是，一家网站在搜索引擎的搜索结果列表中越靠前，就会有越多的用户去访问该网站。SEO 考虑的是搜索引擎是如何工作的，并编辑超文本标记语言（HTML），用编码的手段增加其关键词的关联性，进而去除搜索引擎索引活动的障碍。SEO 现在已经成为各种类型的公司和组织互联网营销策略中必不可少的一部分。

行为定位广告

另一种增长迅速的互联网广告策略是**行为定位广告**（behavioral targeting）。行为定位广告基于广告主对目标消费者上网行为的跟踪，例如消费者访问和/或搜索了哪些他们预先设置的网页。广告主可以通过汇集点击流数据和 IP 协议信息来识别部分潜在客户，直接向他们发送特定广告。比如，如果通过跟踪得知某人访问了多个汽车网站，某些公司也许就会向他实时发送车辆销售或经销的广告。在本章后面的内容中，你将会了解到行为定位广告虽然是有争议的，但却被证明是有效的营销策略。

近来，广告主已经增加对**再定位广告**（retargeting）的使用。一旦一位用户既不是使用他的台式电脑或移动设备访问一个网站，又没有购买任何物品就离开了网页，一个特定的目标广告就将显示在用户参与访问的后续网站上。然而购买广告空间时并不是采用固定的交易费用而是采取竞价流程。因为每个网站仅有既定空间用于展示广告，品牌必须和竞争者竞价来获得广告空间。出价最高的品牌是你能看到它们广告的那些广告主。比方说你想通过诺德斯特龙百货在线购买一双鞋子，但是没有买成。下次你访问一个网站如雅虎或微软，一则关于诺德斯特龙百货鞋类商品的广告将会出现。因为广告主发现再定位广告比旗帜广告或展示广告更成功，它们就增加了对此类广告的使用。参与调查的 1 000 多名营销商中的绝大多数已经在移动端使用再定位广告——其中 87%计划在 2016 年增加投入。[11] 由于它们快速被采用，许多广告主担心这类广告也将像弹出式广告一样令人烦扰。

内容关联广告

广告主基于网页内容所投放的针对性广告使用的是**内容关联广告**（contextual advertising）形式。行为定向广告跟踪的是人们浏览网站的行为，而内容关联广告则是由网页内容决定的。例如，广告主会在旅游网站上投放飞机航班的广告，或者在高尔夫网站上，甚至在另一个网站上某篇关于高尔夫运动的文章里或旁边，投放高尔夫球杆的广告。比如，谷歌的 AdSense 技术就可以提供与某发行商网站的内容相匹配的广告，广告的格式多种多样，包括图像和视频广告在内，可根据地域市场或本地市场自行选择。

最近，一些营销商和决策者对原生广告的持续增长的受欢迎程度表示关注。根据维基百科的定义，**原生广告**（native advertising）指的是“一种网络广告形式，广告主试图通过在用户的体验方面提供有价值的内容获得关注；在概念上类似软文广告，即看起来像一篇文章的付费植入”。[12]

原生广告的目标是减少对读者的打扰，当他对正在阅读的内容可能感兴趣时获取其关注。虽然这些原生广告的展示比传统的旗帜广告来得讨巧，但仍然有人对广告有时表现的像内容而非广告这种事实表示担忧，担心这种情况会导致消费者被误导（详见伦理思考 15-1）。

伦理思考 15-1

原生广告：我们正在满足客户真正所需还是蒙骗他们?

数字广告领域发展最快速的趋势之一是原生广告的应用。原生广告被定义为被发布者以特定形式和面貌的编辑内容呈现的任何付费广告。广告主喜欢原生广告是因为它们允许广告主去除展示广告的干扰，并且被发现比其他广告形式更有效。用户表示原生广告有效是因为读者发现它们不那么具有强迫性并且通常比较有趣，这一现象实际上是源于广告出现时是与内容混合在一起的。一些广告主认为原生广告事实上提高了观看者的体验。大西洋（Atlantic）网站声称原生广告的应用使观众收看时长比行业整体平均花在观看广告上的时间增加了两倍（观看时长通常在4～5分钟），点击转换率是3倍，这一形式对大西洋网站的广告收入的贡献度达到60%，预期将持续增高。《赫芬顿邮报》首席执行官吉米·梅曼（Jimmy Maymann）甚至暗指原生广告“将是出版社面临的许多问题的潜在解决之道”。如今《赫芬顿邮报》网站上1/5的内容是原生广告，对品牌的收入贡献度达到35%。

通用电气全球媒体策略总监杰森·希尔（Jason Hill）认为原生广告在制造参与感和互动性方面更有效，“传统数字广告已经成为墙纸”。希尔表示通用电气花在展示广告上的大多数资金如今已经转投至原生广告的形式。旅游杂志*Afar*发现原生广告在吸引读者参与“Afar精选”上更有效，这一栏目包括酒店和景区，如丽兹卡尔顿酒店（Ritz-Carlton）、费尔蒙特奥林匹克酒店（Fairmont Olympic Hotel）、纽约丽晶洛斯酒店（Loews Regency New York）以及香港半岛酒店（Peninsula in Hong Kong）。每一家酒店为了成为19家精选之所的入选成员需要付给*Afar*杂志2.5万美元。推特上的移动广告交互服务MoPub每天处理超过30亿则移动广告，为了以移动互联网用户为目标开放原生广告，预期在不久的将来原生广告的数量会达到同等规模。

原生广告如此有效的实质也许是因为观看者很少察觉到这些广告同样也会成为一个问题。路透研究所（Reuters Institute）为《新闻学研究》（*Study of Journalism*）进行的一项研究表明，43%的读者表示当他们意识到读到的内容是受过赞助的，他们会感到失望和受骗。在由公民科学（Civic Science）组织针对2 000名消费者进行的另一项研究中，61%的受访者认为这类广告伤害了公众信任。就原生广告而论，相当于出现在传统的报纸和杂志中的软文广告（将广告材料植入，化身在其他编辑性材料中）的数字化对应版本，联邦贸易委员会展开了一项调查，以了解它们是否具有欺诈性。2015年，联邦贸易委员会发表了一份强硬的“政策声明”，结论是“原生广告可能不被如此解读，因此可能具有欺诈性”。委员会还得出了下列结论：

- 对广告真实性或来源的误导性陈述或遗漏，包括非赞助广告主的一方是广告来源的，很可能影响消费者对广告产品或广告的行为。
- 委员会将视以下材料为虚假陈述：广告内容以一篇新闻或专题文章、独立的产品评论、调查报告、以科学机构或其他组织的名义发布的科学研究结果或其他信息等形式出现。

这份政策声明还向广告主提供了原生广告的范例以及广告主对阻止欺诈该做些什么，指明广告必须开诚布公。联邦贸易委员会也发布了指导意见。

尽管有联邦贸易委员会的威慑和指导，由媒介雷达（Media Radar）进行的一项研究仍发现，在政策声明发布4个月后，成千上万的原生广告被浏览，其中70%的原生广告仍然没有遵从联邦贸易委员会的规定。只有5%的广告将相关内容标注为“广告”，而有12%的广告使用了“推广”字眼。许多广告仍旧没有任何标注，尽管联邦贸易委员会已经采取措施反击一些广告主没有根据规则进行改进。许多人认为，这种广告形式的使用在短期内将继续有增无减，直到联邦贸易委员会开始严厉打击。同时，许多广告主似乎有些抗拒，不太愿意披露它们是真正的广告而不是内容。

资料来源：Bartosz W. Wojdynski and Nathaniel J. Evans, “Going Native: Effects of Disclosure Position and Language on the Recognition and Evaluation of Online Native Advertising,” *Journal of Advertising*, May 3, 2016, pp. 157-168; David Rodnitzky, “Now That the FTC Has Spoken on Native Advertising, What's Next?” January 12, 2016, www.marketingland.com; Marty Swant, “Publishers Are Largely Not Following the FTC's Native Ad Guidelines,” April 8, 2016, www.adweek.com; Mike O'Brien, “Native Advertising 101: The Good, the Bad and the Ugly,” December 10, 2015, www.clickz.com; “Less Is More, *The Atlantic* Finds,” October 16, 2015, www.warc.com; Yovee Koh, “Twitter MoPub Opens Up Native Advertising,” December 12, 2013, www.wsj.com.

富媒体

随着家庭宽带的普及率不断上升，流视频受到的关注与日俱增。根据维基百科的定义，**富媒体**（rich media）指的是“使用视频、音频和动画等加强感官效果手段的一系列充满动感的交互式电子媒体”。[13]还有人认为富媒体包含 flash 制作中涉及的所有内容。[14]对音乐视频、体育短片、时事新闻等内容的成功应用，使广告主得以创造多种形式的流视频广告内容。

富媒体的类型有如下几种：

在线广告 **在线广告**（online commercials）跟传统的电视广告并无二致，只不过出现的地点是网络。其中一些广告出现在用户正在寻找的内容之前。这类广告称为**前置式贴片广告**（pre-rolls），正在被在线广告主越来越广泛地使用，要求你在收看内容前先观看广告。有些公司特别为自己的网站制作了广告，还有的直接把电视广告搬到网上。一些广告在 2016 年超级碗决赛直播前提前在线上播放——打破了这类电视广告总是在电视上首播的传统。另一个趋势也已形成，即让消费者制作他们自己的广告在网上或电视上播放——或者两者皆有。许多公司已经成功地融合了电视和网络这两种媒体，先在电视上播放广告，然后指引感兴趣的观众到网上再次观看，或者收看更详细的版本。在线广告收入会持续增长，同样，消费者对这类广告的接受程度也在提高。

视频点播 **视频点播**（video on demand，VOD）包括在互联网上同样可以找到的各种娱乐活动（包括广告和赞助）的视频片段。大学篮球赛事、国际足联世界杯精彩赛事和如何使用苹果公司 iPhone 的示范，只是可供选择的诸多内容中的一小部分。

网络剧 广告主创作的故事短片，像捷豹、宝马等广告主创作的剧集都是**网络剧**（webisodes）的例子。在网络剧中，企业可以创造内容为产品做广告。《行尸走肉》和《英雄》都是正在播出的网剧例子。宜家、塔吉特、莎莉（Sara Lee）以及本田等公司只是已经开始使用网络剧的公司中的一部分，而网络剧涉及的公司范围也包括小型珠宝商、烘焙公司、谷物公司和其他公司。

富媒体广告的其他形式 互动旗帜广告、扩展式广告、植入视频游戏、即时消息、播客的富媒体广告以及博客中的视频广告都是目前富媒体应用的形式。

整合营销传播使用社交媒体和其他媒体——Web 2.0

正如本章前面提到的，在“互联网泡沫”之后，在世纪之交，万维网经历了重大的转变。这些转变使得像“Web 2.0”这样的新型网络形式得以采用。Web 2.0 的诞生引发了许多新媒体的发展。如图表 15-2 所示，这些新媒体被设计用于达成许多目的，包括供消费者使用的广泛的、多种类的形式。受限于篇幅，本书无法涵盖所有这些新媒体，我们只讨论其中大部分与整合营销传播方案相关的类型。我们将从社交网站开始探讨，因为在这方面的增长确实令人震惊，营销商已将使用这些网站作为它们的整合营销传播方案的一个组成部分和关键环节。

图表 15-2 **新媒体的类型**

新媒体的类型	初始目的	形式	示例
论坛和聊天室	主题讨论，分享信息的兴趣群组	论坛，讨论公告板	Hardwarezone.com 论坛
电子邮件	发送包含附件的电子邮件	基于网页或非网页的电子邮件平台	Hotmail，Gmail

续前表

新媒体的类型	初始目的	形式	示例
社交网络站点	对等网络	粉丝站点，校友网络，个人消息更新	脸书，推特，领英
内容聚合	信息和娱乐内容集成	信息型内容，播客视频，频道	YouTube，Hulu
虚拟现实	3-D体验，交替空间	刺激性环境，体验	第二人生（Second Life）
在线游戏	交替的幻境，娱乐，游戏	大型多人在线角色扮演游戏	《魔兽世界》（World of Warcraft），《星际争霸Ⅱ》（StarCraft Ⅱ）
博客	意见，信息，观点	技术支持，观点，意见	MrBrown. com，Xiaxue. com
门户网站	集成消息，传播工具	新闻研究，赞助页，广告	Asiaone. com，雅虎
社会新闻站点	同行排名新闻故事	新闻故事，公众博客内容	Digg. com

社交媒体（social media）被以多种方式来定义。使用《韦氏词典》（*Merriam-Webster*）中最简单的解释，社交媒体被定义为“电子形式沟通的形式（比如网站），通过这些形式，人们可以创造在线沟通如分享资讯、想法、个人信息等”。[15]正如图表15－3中所示，有多种方式使消费者可以登录这类网站（台式电脑、笔记本电脑、平板电脑、智能手机以及其他连接设备），使用它们的理由也很多，包括分享信息、建立关系网等。最受欢迎的是**社交网站**（social networking site），即在人们之间建立可以分享兴趣、活动、背景以及真实生活联系的工作网和社交关系网的平台。虽然存在的社交网络数以百计，但根据会员情况其中的一小部分占据主导地位。在讨论具体的每个网站和营销商如何使用它们之前，我们先来了解一下平台的特点。

谁在使用社交媒体及其原因

社交媒体的使用真的是一个全球现象；它出现在每一块大陆，2017年大约有25亿用户。[16]许多高端的用户网站在中国。中国在社交媒体的参与上最具社会广泛性。[17]正如你将看到的，当我们在讨论社交网络时，在这些网站上用户的人口统计学有所差异，正如人们使用它们的原因也各有不同。我们会考察为什么这些网站的用户会这么做，以及这些用户到底是谁。

虽然使用社交媒体的一些动机已经明确（比如和其他人分享观点、活动和事件，社区参与，等等），但营销商最感兴趣的是从消费者行为的视角来考察个人为什么使用这些平台。有一系列研究考察了使用与品牌关联内容（消费者在线品牌关联活动）的社交媒体的动机。[18]尤其关注为什么消费者消费、贡献和/或创造了品牌关联内容。研究结果表明，这些消费者在线品牌关联活动由三个主要的动机驱动：（1）获得信息；（2）娱乐；（3）回报。获得信息包括收集购前信息、品牌知识以及新的观点。娱乐包括享受、放松和消磨时间。回报包括获得某些回馈的潜力——比如，金钱、与工作相关的利益或者其他奖励（社交吸引等）。通过进一步的讨论我们将看到，营销商满足这些动机的能力会直接反映它们获得成功的潜力。

最近的一项皮尤研究显示，在所有互联网用户中大约65%的人表示他们会使用社交网络，这一数字显示将有数十亿的用户（仅脸书一家网站就有超过14亿用户）。[19]虽然关系网络吸引的人口范围很广，但是它们尤其对18～29岁的人群具有吸引力，其中一些对女性群体吸引力

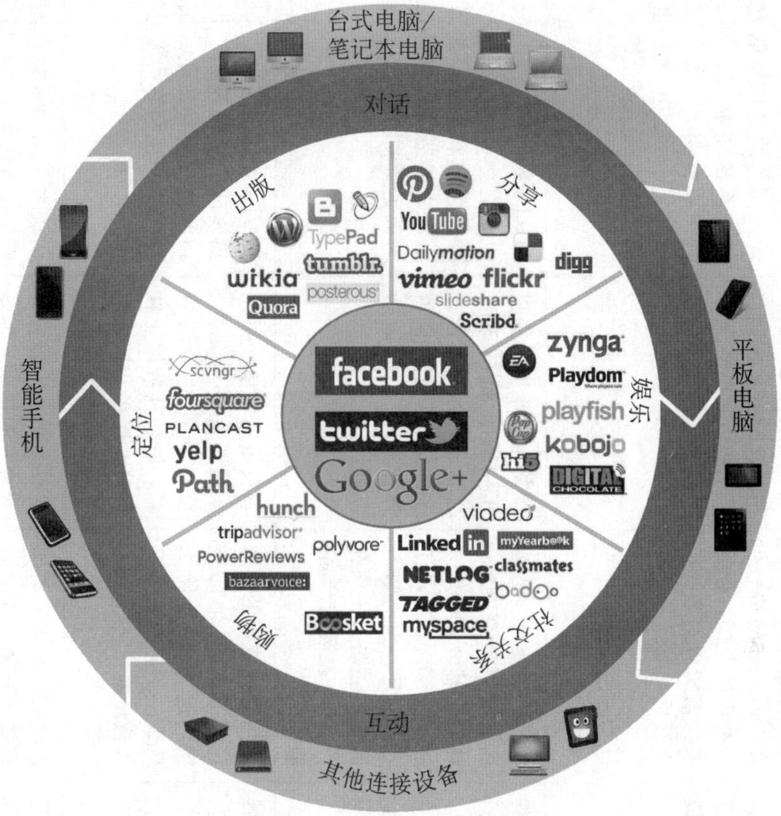

图表 15-3　社交媒体全景图

尤甚。正如人们所预料的，年长的人群不太可能沉浸于社交媒体，特别是关系网络，虽然在这一细分群体中社交媒体的使用程度同样也在增长。社交媒体应用的整体增长水平和花费的时间在过去几年开始趋于平稳，也许表明这一市场正在进入成熟期。

在考察这些社交媒体之前，让我们考察营销商为什么以及如何在整合营销传播方案中使用它们。此外，我们所提供的案例只不过是营销商使用这些媒体多种方式中的一些。

营销商如何使用社交媒体

在社交媒体观察家（Social Media Examiner）公司执行的一项针对 3 000 个营销商的研究中，令人吃惊的是高达 97%的调查对象表示如今会将社交媒体纳入营销计划，其中 92%的调查对象声明社交媒体对其营销成功至关重要。[20] 正如我们在图表 15-4 中所看到的，使用社交媒体的主要目的是：（1）引导流量到某企业网站；（2）和消费者沟通；（3）获得品牌曝光度。这些营销商认为从使用社交媒体获得的最大好处是增加曝光度（选择该项的营销商比例达 89%）。详细考察图表 15-4，可以看到营销商发现不同的媒体在达成特定目标时会更有效。比如，微博和推特被认为是与消费者直接沟通的最佳渠道，而领英社交媒体也许在连接特定群体（如专业人士）中表现更佳。同时，领英在引导流量时效果最小。每一个网站在不止一个方面有所贡献。

有趣的是，虽然营销商坚决认为社交媒体是它们的营销方案中必需的组成部分，但它们仍然不确定对于如何策略性地使用这些媒体以及如何测量这些媒体的效果。研究显示，测量这些媒体的有效性是受关注的主要问题，也许会阻碍它们在营销方案中被越来越多地使用。

图表 15-4 社交媒体使用指南

	脸书	谷歌＋	推特	Pinterest	领英	YouTube
消费者沟通	脸书是一种非常简便有效的了解你个人完整背景的方式。但是如果你想要触达非粉丝人群，你必须为赞助性公告信息付费。脸书能够被用于创造和推送内容，或者协助管理声誉。	谷歌＋仍然不及脸书和推特的触达率，但是它确实能促进与顾客的沟通——如果他们不在你的社交圈里。	推特是直接与顾客沟通的最佳渠道。大多数 24 岁以下的年轻人更愿意将其视为提供顾客服务的论坛。	虽然商业机构如今都在 Pinterest 网站上有一个声明介绍，但直接与消费者沟通的机会微乎其微。	领英连接特定兴趣的群体，给品牌连接消费者提供了机会。	视频可能是让顾客高度涉入信息的最独特的方式。顾客能够被娱乐、告知或参与——所有这些可以同步发生。他们也能够通过评论直接反馈。
品牌曝光	脸书是获得品牌曝光最简便、最快捷或最具性价比的方式之一。	因为可以接触在你社交圈之外的人群，谷歌＋提供了良好的品牌曝光机会。谷歌＋账户也可以出现在品牌化的搜索结果中，以此增加信任度并提升曝光度。	推特是一个获得品牌曝光度的简便、性价比高的方式。	视觉内容比文字内容的收看率要高 70%。这也使 Pinterest 成为品牌曝光的强大工具。而且，大约 25% 的用户会购买一项在 Pinterest 发现的产品/服务。	领英为商业世界提供了引人注目的曝光度，允许你向专业人士的熟人圈和社团群体推广个人和商业品牌。	YouTube 是一个社区。也就是说，它允许分享、频道创建和广告，并因为用户创造内容值得观看而更易被接受。
流量引导	简单如下：粉丝页＋1 赞＝20 个新的站点访客。	谷歌＋提供了更有价值的流量，用户倾向于停留在他们能够产生兴趣的网站。	推特具有对流量直接引导无与伦比的能力。	使用钉扎技术的图像包括返回网站的链接，这也是为什么 Pinterest 能够成为三大流量推荐网站之一。	领英虽然对单一网站来说不是非常巨大、值得推荐的导流资源，但是其数据正在攀升。连接和搜索引擎可以产生流量。	YouTube 可以通过视频播放前的小视频和广告中的链接引导流量。流行频道和视频在导流中十分有效。
搜索优化	虽然社交分享在未来会获得更多的分量，但是如今只能从粉丝页而不是个人主页分享链接。	谷歌“＋1”按钮允许用户搜索公开或私下可供分享的信息。这对于搜索优化和搜索引擎排名有连带效应。	谷歌对推特上的资料简介进行了官方排名，因此链接权重是受限的。	Pinterest 不太允许太多链接权重，而且钉扎法不允许用于追踪链接。	领英对单一内容没有非常大的影响，但是它的资料简介仍然是互联网上一些最容易获得或最常被搜索的优化排名的社交资料。	活跃的 YouTube 频道能够使搜索优化排名猛增。整合过的关键词、网站地图、标题以及机器人文本文件有助于判断关联性。

其他社交媒体

图表 15－4 中的这些网站是最常使用的社交媒体，还有其他媒体对营销商也同样重要：

其他社交站点　正如前文所述，有许多其他社交媒体站点在整合营销传播方案中也在发挥作用。这些站点被营销商用于营销调查、公共关系、促销及一系列其他策略。

潜望镜　潜望镜（Periscope）是一个全新但快速成长的流媒体直播客户端，让用户可以 24 小时收看一场流媒体直播并鼓励收看者通过“点赞”参与其间。品牌通过多种方式使用潜望镜。比如，日产通过流媒体在纽约车展上为 2016 款西玛（Maxima）揭幕创造话题；塔可钟快餐为新的早餐菜式举办了一场模拟新闻发布会，鼓励粉丝在“五月五”（Cinco de Mayo，是墨西哥的地区性节日）期间顺便到塔可钟餐厅享用“塔可饼干”；彭尼百货邀请明星伊娃·朗格利亚（Eva Longoria）作为主播在一场午宴中回答观众问题时介绍她最新的精选床品。蔻驰和通用电气还有其他品牌迅速地找到使用这款客户端的方式。

有趣的是，到目前为止我们讨论的几乎所有社交媒体都使用了本书之前讨论的所有整合营销传播工具（比如产品植入、直复营销等），同时还有原生广告等，它们的观众认为正在被推销某些东西。不知什么原因，这些做法似乎并没有像传统媒体试图如法炮制时那样打扰到用户。

播客

播客（podcasting）是在互联网上传播音频或视频文件的媒介形式，这些文件可以下载到 iPod、iPad、平板电脑或其他便携式设备中。随着这些设备市场的壮大，这一媒介形式也越来越受到青睐。包括清晰频道传播公司和美国国家公共广播电台（National Public Radio）在内的广播电台，以及电视节目，例如《60 分钟》，现在都已开始使用播客播放全部节目或视频片段。传统广告主如福特、唐恩都乐、温蒂、好事达和宝洁等已经开始在这一媒介形式上播放广告或进行赞助，而其他广告主也认识到了它的使用价值（见插图 15－1）。例如，避孕套制造商杜蕾斯在播客上购买产品植入——以使其部分过于出格的营销信息绕过美国联邦通信委员会（FCC）的严格标准而到达年轻受众。

插图 15－1　播客受到一些广告主的欢迎

资料来源：© Ian Dagnall/Alamy.

正如史蒂文·珀尔伯格（Steven Perlberg）指出的，播客的广告增长受限正如早期在线媒体所面临的一系列问题。实际上很难测量有多少听众在收听播客，并且播客的价格也相对较贵，使得投资是否物有所值不甚清晰。购买和销售播客广告的流程也仍然比较复杂和粗糙。[21]

RSS

聚合内容（Really Simple Syndication，RSS）是基于可扩展标记语言（XML）标准化地组织和规范在线内容的一种特殊方式。内容提供者创建 RSS 种子，该种子一般有网站其他地方的大约 10 篇文章的标题和简要信息。网页内容和 RSS 种子的区别在于：当有新信息出现的时候，后者可以发出通知。由于该通知可以根据用户的喜好进行定制，广告主发现，可以利用 RSS 把它们的广告信息传递给最有可能感兴趣的人。例如，《华盛顿邮报》允许在其 RSS 种子中包含广告，而包括美国运通、大陆航空、威瑞森在内的许多公司也开始通过 RSS 种子发布广告。

博客

博客（blog/Weblog）指的是基于网络的公开发表形式，一般主要由定期文章构成，且按时间倒序排列。博客可以承载个人、团体、政治组织或者企业的文章发布，从而为广告主提供一种接触目标消费者的新途径。例如，有关于啤酒、时事、体育、育儿等多种内容的博客。2016年，在互联网上有大约2.95亿个博客。[22] 汤博乐（Tumblr）是最大的全球性博客主站。一些营销商对此十分兴奋，认为博客能使它们以较低成本接触大量受众。除了旗帜广告，公司可以以每点击广告成本购买和/或成为一个网络附属成员。因此，这些营销商为了取悦博主，会给他们提供独家产品，或者在产品推向主流大众前先向他们发布信息等。还有一些营销商对此表示怀疑，认为博客的使用存在许多问题，包括可能存在欺诈、到达率低等。这些批评引证妈妈博主（在美国这是一个数量达到2.3万人的网络）和青少年博主在进行有偿支持和推广品牌时，受众对此毫无戒备。这些批评也关注公司在雇佣其他形式的“网红达人”时的伦理问题，如伦理思考15-2中所示。无论博主是不是全职的专家或者不过是爱好者，许多人会对他们喜欢或讨厌（或从爱到恨!）的品牌进行描述，他们对消费者的影响正在增强，消费者在进行购买决策时常常会使用他们从博客中获得的信息。

其他2.0媒体形式

还有大量其他的2.0媒体形式可以为营销商使用，包括**虚拟与增强现实**（virtual and augmented reality）和**二维码**（QR code）等。遗憾的是，限于篇幅，本书无法对这些内容进行更深入的探讨。

虚拟/增强现实 虽然它看起来像远在天边的未来新事物，但是虚拟/增强现实就在当下。虚拟真实世界的第二人生网站虽没有期望中的好，但是近来有上千个相似的增强现实客户端被营销商和消费者使用，不久的将来会有更多。比如，Wikitude World Browser浏览器被认为是最好的增强现实浏览器之一。当某人在某一区域旅游时，Wikitude能够提供与地理性相关的必要信息，包括维基百科中的地标文字、ATM机的位置、YouTube上的视频、推特发言、Foursquare的定位信息等等。Yelp点评网站的Monocle功能利用移动电话的GPS和指南针数据，通过将用户手机摄像头拍到的街景与实时搜索的附近商家星级评定和评论数结果结合起来，在手机屏幕上进行展示。其他增强现实客户端可以帮助人们找到地下通道、地铁和其他换乘站，计算不同地点间的距离，以及提供其他更多形式的有用信息和内容。如第14章所提到的，公司正在商品目录、手册以及其他方面结合增强现实技术。宜家在一个游戏平台上测试一款互动性虚拟现实的厨房。这个客户端创造了一个全尺寸的虚拟厨房，用户可以在其中与物品形成互动，仿佛他们身临其境，并且试验各种不同的厨房设计、颜色等等。劳氏、汤姆布鞋以及北面也正在零售店中运用虚拟技术使购物变得更有趣，提高购物体验。Wheaties麦片使用一款增强现实的谷物盒以让消费者互动并通过脸书、推特和电子邮件进行互动分享。

二维码 虽然二维码还未充分发挥许多营销商所期望的潜力，但已经被有效地使用。相当大比例的平面广告现在会带上条形码，但是消费者却不像想象中的能够经常使用它们。这种技术的一个成功使用案例是迪士尼和嘉吉（Cargill）（销售品牌肉类）联合使用移动条形码来诱导消费者通过《无敌破坏王》（Wreck-It Ralph）电影蓝光原生碟购买食品促销套餐。嘉吉在700万份火鸡产品中放置二维码，扫码后可以将消费者引导到一个网页，使他们可以在自己的移动设备中获得一个5美元的电子优惠券。非常流行的一款客户端Shazam是另一个使用二维码的好案例，通过它广播听众可以立刻用手机识别出一首歌的演唱者或专辑名称。正当二维码似乎变得逐渐流行时，它们也受到了一种名为近场通信（near field communication，NFC）的新技术的威胁。NFC可以通过接触物体或靠近NFC标签实现无线连接，使营销商通过内置芯片传输内容。本质上，NFC 标签与二维码的功能类似，但是对消费者而言更加便捷。有趣和令人遗憾的是，具有 120 年历史的著名的爆米花品牌 Cracker Jack 替换了原有内置惊喜玩具的传统做法，取而代之在每个包装盒上印刷二维码使购买者通过扫码来获知他们是否中奖。（我们是否在数字技术上走得太远了?）

伦理思考 15-2

网红达人营销：使用社交媒体明星来营销品牌

互联网上增长最快的营销工具是什么？对网红达人使用的增长。《首席营销官》（*Chief! Marketer*）报道了一项针对市场调查专业人员的调查，结果显示，负责消费者业务的营销主管应用增长最快的渠道是利用社交媒体名人努力刺激口碑广告。公司现在花数小时扫描社交媒体世界，或者说，雇佣已经找到了连接点的广告公司，以找到他们可以聘请的“网红”，为他们推销产品。但你会问谁是这些“网红”呢？他们涵盖的范围可以从邻家女孩到专家型达人，从妈妈博主到时尚达人，他们成功地在现存市场的当前状态占有最佳位置，联合了千禧一代和社交媒体的双重世界。由于有证据表明，千禧一代相比广告更信任同龄人，使用社交媒体更多于比传统媒体的“完美风暴”导致了同龄人的应用，他们拥有共同的兴趣，成为品牌宣传的布道者——当然，需要付费。公司不再需要找到审查达人，因为现在有一批经纪机构、网络和中介服务组织专门从事这项业务，其中许多是隶属于像迪士尼公司（制片公司）这样的大公司和推特（细分市场）。虽然很难确定到底有多少公司在这个市场上花钱，但很明显市场在增长。

以罗比·阿亚拉（Robby Ayala）为例。罗比从法学院退学去做一个全职的视频职业制作者，他制作搞笑的六秒短视频上传到视频流服务网站 Vine，每天以流媒体形式推送给 260 万粉丝。制作视频获得数千美元酬劳后，阿亚拉将自己的爱好变成生意，并被经纪服务公司和广告代理公司招募成为社交媒体明星，用以推荐给那些想要到达年轻用户（比如他的粉丝追随者）的营销商和广告主。根据细分市场的分类情况，他的公司拥有近 3 000 个社交媒体账户，拥有 5 亿粉丝，为 70 个品牌开展营销，包括家得宝、通用电气和盖璞等，这一细分市场现在价值 1 100万美元。此外，还有时尚达人克里西拉·林（Chriselle Lim），这类网红中有 2%的人可以年收入超过 10 万美元，通过在 Instagram 和其他社交媒体上传购物时的照片，让成千上万的追随者浏览。

网红达人——过去通常被称为意见领袖——为什么会吸引营销商？当被问及时，营销商通常会举出一些优势：(1) 网红达人能够触及一个非常有针对性的观众（例如，交叉训练的球迷）；(2) 他们创造信任；(3) 他们制造参与感；(4) 他们是社交性的；(5) 他们的追随者厌倦了付费广告；(6) 他们的头衔对时尚的引领趋势很高，可以被归类成一个“爆款”，这意味着关键词“达人体验”增长大于 5 000%。底线是他们认为达人策略具有非常高的投入产出比。例如，当 50 个网红达人同一天贴出自己身着和兜售同一件 Lord & Talor 裙子的 Instagram 照片时，这件衣服到周末就卖完了！

当然，并不是每个人都信服。根据 Burst Media 进行的一项研究，通过对涉及美国 15 个行业和 662 位网红达人的 48 个达人营销项目进行考察，广告主在项目上每花 1 美元将赚回 6.85 美元。但最高回报仅限于某些行业，如消费品，紧随其后的是零售商和服装品牌。许多其他类别，像超市、鞋、玩具、游戏及园艺产品的收益则少得多。社交参与率也各不相同，表明这类渠道的使用不适合所有人。此外，大多数网红达人希望以现金对他们进行资助，其中 70%倾向于以每上传成本来计算货币补偿，只有 11%选择获得免费产品或成为联盟伙伴关系（4%）或在他们的博客投放广告（4%）。虽然代言背书应该表明他们是“被赞助”或“付费广告”，但很多人并不这样做，从而导致了欺骗和自我形象丧失的可能性。最后，像“Pin达人”——关注产品的达人——减少了可能在Pinterest网站购买广告产品的数量，像Pinterest这类公司实际上丢掉了广告收入。

总的来说，人们想要问的是，网红达人是否真的是“骗子”。

资料来源：“Influencer Marketing Is Rapidly Gaining Popularity among Brand Marketers,” February 9，2016，www.eMarketer.com；Mike Shields and Jack Marshall，“Paid‘Influencers’Undercut ads on Pinterest,” *The Wall Street Journal*，January 16，2015，pp. B1，B5；“Influencers Want Cash,” November 6. 2015，www.warc.com；“Influencer Marketing：All It's Cracked Up to Be?” March 18，2015，www.eMarketer；Paresh Dave，“Tapping Fashion Influencers,” *Los Angeles Times*，January 2，2015，pp. B1，B2.

网上销售促进

许多公司已经发现互联网是一种非常有效的宣传销售促进的媒介。许多公司都绑定自己的网站和/或其他形式的数字和社交媒体开展销售促进活动。2015年，大约57.5%的18岁以上的美国互联网用户兑换过电子优惠券或优惠码。[23]很多公司现在都提供打印网上优惠券服务。其他的例子包括益智游戏、竞赛、抽奖、即兑即奖促销等。

网上人员推销

对于从事人员推销，尤其是在B2B市场从事这一工作的人而言，互联网的发展可谓喜忧参半。在有些行业，互联网已经成为个人就业的重大威胁，因为这些行业内的公司发现，只要建立一个强大的网络体系就可以维持正常的运营，有时甚至可以获得超过单纯人员推销的效率。人员推销模式高成本、低效率的软肋已经导致越来越多的公司开始缩减人员招聘规模，甚至在既有销售队伍中裁员。

从积极的方面来讲，互联网可以有效地提高和支持产品销售。正如之前我们提到的，互联网已经成为上千万消费者（包括普通消费者和B2B买家）获得产品和服务信息的首要渠道。他们通过公司网站获得大量的产品和服务信息；作为回报，这些访问者成为公司内外部销售人员跟进的重要资源，他们成为潜在顾客数据库的一部分。这样，不仅潜在顾客可以了解到公司的产品信息，经销商也可以通过互联网更具性价比地进行服务并达成预期。

互联网还可以用来刺激产品尝试。对大多数公司来说，人员推销接触的只是潜在消费者中的很小一部分。通过在线产品演示和样品提供，顾客可以确定该产品是否满足需求，如果适合的话就可以迅速做出购买决定。在这种情况下，双方都可以有效节约时间和成本。

一些公司已经利用互联网来发展与顾客的一对一关系。通过适时和有效地向顾客提供更多的消息，公司可以让它的顾客了解更多的产品和服务信息，这样可以提高交叉销售的机会，也有利于保持顾客忠诚度。推特已经变成一种消费者用来发表对公司看法或抱怨的有力工具，同时，这也要求涉事公司做出快速反应。

在一个精心策划的整合营销传播方案中，互联网推销和人员推销是不可分割、相辅相成的两个工具，共同为促销服务。这一点已经逐渐成为业界共识。

网上公关

互联网已经成为一个帮助实施公关活动的有力媒介。许多网站都专门开辟了一部分空间用于公关活动，这部分内容包括公司信息、公司从事的慈善活动、年度报告等。

企业、非营利组织以及政党等都已经对利用互联网进行公关逐渐驾轻就熟。克莱斯勒公司为我们提供了一个网上公关的优秀实例。该公司网站提供公司的即时动向信息及其他形式的内容、图片、网址或媒体链接、宣传资料和近期活动预告等。网站还包含克莱斯勒公司及其汽车产品的信息，并允许消费者注册以反馈信息和获得最新信息。此外，克莱斯勒的主页登载了许多描写公司的文章，包括公司获奖信息和参与公益活动的情况，如该公司对环保的关心和对众多公益活动的支持。

其他有效利用互联网进行公关活动的例子还有很多，你可以在讨论公共关系的章节了解到更多。互联网是进行公关活动的有效媒体，而对于这一功能的使用也在逐渐增加。

同时，许多公益组织和非营利组织也发现利用互联网可以有效地募集资金。就像前面提到的，慈善组织也利用网站来推进公关活动、宣传它们从事的慈善事业、募集善款等。在一个将互联网、公关活动和电视整合在一起的实例中，企业发现互联网对于在危机发生时提供信息，以及收集产品、服务或企业本身的反馈信息（尤其是通过博客或者 RSS 种子）方面，功能十分强大。

网上直复营销

关于互联网与直复营销的关系，可从以下两个方面来阐述：为了完成传播目标的直复营销工具的使用和电子商务（在第 14 章中已讨论）。正如我们之前指出的，很多直复营销工具，包括直邮、信息型广告等已经开始应用于互联网领域。而与此同时，电子商务——通过网络向消费者直接销售——也逐渐成为一个独立产业。

移动互联网

虽然互联网给公司的整合营销传播带来了不可思议的冲击，但是比较**移动互联网**（mobile）对此带来的变化还是稍显暗淡。因为智能手机和平板电脑使用的快速蔓延，移动互联网如今受到了营销商的强烈关注，广告收入在持续攀升（主要是通过客户端）。Comscore 的一项研究报道，2016 年美国智能手机的渗透率已经达到 79.3%，超过 1.989 亿人在使用智能手机。[24] 虽然所有的数字广告收入预期在 2019 年前都会有一定增长，但是仅仅在 2015 年，移动互联网广告的增长预期就达到 50%，超过传统网络广告和平面广告（见图表 15－5）。随着手机和平板电脑使用的增长，内容消费将相应增长，为了接触这些使用者的广告开支也一并增长。营销商认为移动互联网具有非常大的潜力并将投放资金持续从传统媒体转向数字平台。图表 15－6 展示了在数字平台上的投放资金分布情况。

图表 15－5　　2013—2019 年美国移动互联网广告开支

	2013 年	2014 年	2015 年	2016 年	2017 年	2018 年	2019 年
移动互联网广告开支（10 亿美元）	10.67	19.15	28.72	40.50	49.81	57.78	65.87
变化比例（%）	120.0	79.5	50.0	41.0	23.0	16.0	14.0
数字广告开支比例（%）	24.7	37.7	49.0	60.4	66.6	69.7	72.2
媒体广告开支总计（%）	6.3	10.8	15.3	20.4	23.9	26.3	28.6

说明：包括分类广告、展示广告（旗帜广告及其他，富媒体，视频）、电子邮件，潜在顾客开发，消息传递和搜索广告；包括在平板电脑上的广告开支。

资料来源：eMarketer，March 2015.

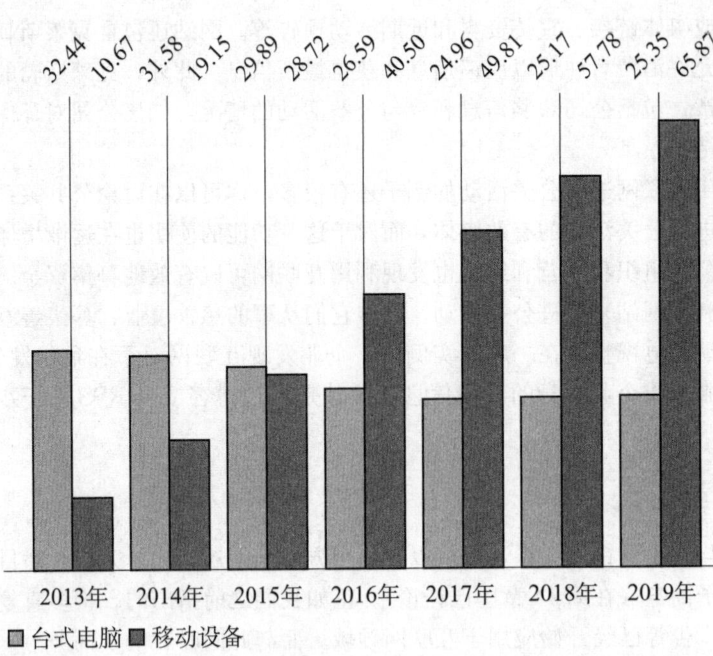

图表 15-6　2013—2019 年美国数字广告开支（按设备分类，单位：10 亿美元）

说明：台式电脑包括主要以台式电脑为基础投放的广告。移动设备包括分类广告、展示广告（旗帜广告及其他，富媒体，视频）、电子邮件，潜在顾客开发，消息传递和搜索广告；包括在平板电脑上的广告开支。

一些研究显示，当更多的资金从传统媒体转向移动互联网时，平板电脑在搜索行为和在线购物方面将引领增长，并令人吃惊地改变我们过去看电视的方式。虽然有人认为平板电脑是形成电视收看下降的原因，但并非如此；被调查的平板电脑用户研究显示，超过一半的人回答没有任何影响，与此同时许多超过 50 岁的用户说事实上还增加了看电视的时间。[25]电视收看的数量也许没有改变很多，但是收看的方式却有了变化。更年轻的消费者更可能反馈说他们用平板收看电视内容，在用平板收看节目内容和广告的同时还发表评论，发电子邮件，发信息给朋友，以及搜索信息。

移动互联网的吸引力部分来自年轻一代媒体使用习惯已经改变的事实。通过本书，我们看到他们对印刷媒体的使用在下降，电视收视的类似情况同样出现在平板电脑上，还有台式电脑和笔记本电脑的销量也在被智能手机平板电脑所替代。事实上，一些研究表明许多智能手机拥有者用他们的设备来打电话而不是干其他事。关键是经常接触移动互联网的千禧一代，对于营销商而言这使它们有机会几乎在任何时间任何地点接触到潜在消费者——即使是在购物点。（下次你在公共场所，花片刻时间看看周围有多少人在看手机！）随着技术持续改进，营销商将会在销售信息传播上越来越有创意，越来越有效——比如，竖版视频！

移动互联网在整合营销传播过程中的作用

如果你已经阅读了本章前面的一部分内容，你已经了解到移动互联网与其他媒体是如何整合的。我们讨论了移动互联网广告，提供了销售促进和直复营销，甚至是通过手机进行产品植入的案例。我们也指出了营销网红达人如今已经可以通过消费者的智能手机被接触到，当用户通过手机进入脸书和/或其他社交媒体网络，营销商可以有更多的机会接触到他们。智能手机和平板电脑上原生广告的使用已经被认为十分有效并在持续增长。

让我们来看一些成功的移动营销技巧的特别案例：

- 汽车业发现在购买漏斗模型中通过移动互联网营销十分有效。在漏斗模型顶端，移动互联网、平板电脑和视频广告都显示了有助于鼓励潜在消费者开始寻找一辆新车（超过仅仅通过电子邮件的方式）。一项研究表明汽车业在移动互联网旗帜广告的视频完成数量上引领了所有全球性产业。[26]

● 广告资金分配给移动搜索的数量将持续增加。因为营销商意识到智能手机和平板电脑设备上的搜索在增加。由 FordDirect 进行的一项研究表明，81%的汽车购买者使用智能手机去搜索不同的汽车。其中 25%的客户只使用智能手机，与此比例类似，有 25%的客户用手机获取更多信息资源。[27]购买者也用手机来做出财务选择。

● 在其他案例中，汉堡王在某一区域内向消费者发送移动电子优惠券；好时为观看 Scharffen Berger 巧克力品牌视频的消费者提供数据费用赞助。捷蓝航空公司向平板电脑和智能手机用户发送不同信息，并在没有更多时间观看时向他们提供一款视频游戏；麦当劳使用原生广告兜售它的原味咖啡。正如你看到的，移动互联网正将其与其他促销元素整合在一起同时它自身也在融入整合营销传播方案中。

移动互联网的劣势

为了避免你被误导地认为移动互联网是包罗一切和媒体的终极形式，我们要介绍一下这种媒体的劣势：

● 创意挑战——虽然我们列举了一些优秀的移动互联网创意应用案例，但它仍是一个对创意导演而言充满挑战的媒体。与电视大屏乃至平板相比，小屏幕限制了广告主能做的事。上文提到的捷蓝航空公司的案例是这一挑战的一个有趣的应对方法。

● 时间——移动互联网的本质意味着观看者是在移动中的，因此要在短时间内获得注意力，并且要限制信息容量。不像台式电脑和其他一些传统媒体，观看者不是静下心来使用这一媒体。因此，它很难获得和保持注意力，信息不得不非常有限和简短。

● 分享——也许我们应该说“不分享”。一项研究发现，99%的移动设备使用者不喜欢分享他们看到的东西。因此，数字广告主的主要目标之一是获得参与感，响应品牌，提供反馈，并增加到达率，使信息像病毒一样传播。比起移动互联网用户，台式电脑的用户更喜欢点击分享按钮的比例超过 35%。[28]

● 到达率——虽然移动互联网肯定广被千禧一代接受，其他年龄段的人群却未必如此迷恋这一媒体。X 世代相较于千禧一代就不那么倾向于这一媒体。“婴儿潮”一代一点也不迷恋，其中只有 7.9%的人说他们可能购买在移动互联网上登广告的产品，仅有 5.2%说他们有兴趣在手机上收到广告。[29]

尽管有着潜在的劣势，移动互联网仍然持续被接纳并有望在 2019 年在所有数字广告中大约占到 72%的份额。

互联网效果测量

公司可采取多种方法测量数字与社交媒体效果，而且大多可以通过电子工具来执行。有些公司把效果测量当作服务套餐的一部分，也就是提供受众测量信息（人口统计资料、心理统计特征等）作为预先告知的信息，还提供下面介绍的一些测量手段。先介绍一些用来测量网站效果的度量工具，然后介绍几个提供这些服务的公司。

受众测量和效果测量

在互联网产业刚开始开发相应的效果测量指标时存在一些问题，导致使用传统媒体的广告主向网络媒体转换的速率放慢。为了回应对于受众测量指标的批评，同时也为了使这些测量指标标准化，美国互动广告局（IAB）——最大和最有影响力的贸易团体——在 2004 年 11 月联合几家具有全球影响力的广告代理公司和调查公司，建立起特别工作组，来研究并制定可测量广告效果、剔除混乱信息的标准化测量方法。在 IAB. net 上有长达 20 页的详细报告，提出了三大新建议。业界专家认为，有了这些方针，再加上目标设定的把关，互联网对使用传统媒体的广告主来说会更有吸引力。这些方针得到了主要的网络发行商、近 40 家主要在线广告服务器技术公司以及各国主要协会的支持。[30]

专门的互联网测量手段

人们普遍认为互联网的一大优势就是可以让公司测量商业效果，这主要是因为它拥有实时测量活动的能力。图表 15－7 展示了一些公司使用的测量手段，包括一些只针对互联网和互动行业的手段。（如果想了解这些术语的详细解释，请登录 www. IAB. net。）

图表 15－7　互联网的效果测量手段

点击
点击转化率
转化成本
唯一身份访问者（独立访客）
平均频次
频次与转换比率
广告曝光时间
广告互动率
显示到达率
访客数量
网页视线追踪
线下销售上升情况
跨媒体计量经济模型

资料来源：IAB. net.

传统的测量手段

除了专门的互联网测量手段，企业还会运用很多传统的营销和传播测量手段，包括以下几个方面：

● 回想和保持。有些公司使用回想和保持的传统测量手段来测量它们的互联网广告，这些手段也可以用来预先测量在线广告。

● 调查。无论是通过在线调查还是传统调查方法，调查研究都是有效评价网站的方法，包括网站使用情况到用户对网站的态度等。

● 销售。对于电子商务营销商来说，一个基本的效果指标就是销售额。辅以人口统计学、用户行为等信息将进一步增强这个测量指标的有效性。

● 追踪。一些公司现在提供更加传统的追踪测量方法，包括品牌感知度、广告回想、信息联想和购买意图等方面的信息。

● 投资回报。一项由 comScore、MySpace 和 Dunnhumby 等公司共同进行的研究测量出

MySpace 的在线销售带来了 100 万美元的投资回报。[31]

上述测量指标显示，互联网有自己的一套测量效果的标准，也从传统测量方法中借鉴了不少，例如，品牌回想已经成为聚焦的主要领域。美国广告代理公司协会和美国广告主协会都在使用广告数字识别（Ad-Id）系统。为了方便跨媒体的购买，这个系统给每种广告媒体分配了一个特别的媒体代码。2008 年，Ad-Id 成为官方媒体用码标准。[32] 联盟此举旨在通过比较包括互联网在内的各种媒体的影响与效果，推动跨媒体标准的发展。这个系统推出以后，许多原先仅做传统媒体研究的公司（如尼尔森、益普索）也将研究范围扩展到了互联网领域。同时还催生了一批专门从事互联网效果测量研究的公司，如 Insights. com、弗里斯特等。两家常用的互联网广告效果测量公司是 ComScore 和 MediaMetrix。这些公司为营销商提供效果测量组合工具。学术界也开始发表关于数字和社交媒体效果测量的文章。围绕消费者对网站的态度、对电子邮件的不同反应以及店铺式零售与电子商务的相似性比较等问题，一系列旨在促进互联网效果测量发展的文章在学术期刊上相继发表。

除了上述提到的测量标准，仍然有大量被建议可用于测量社交媒体效果的方法。注意在图表 15－8 中展示的标准并不是一个效果测量的全名单，但这些指标说明其中一些方法是营销商试图确定在将它们用于媒体时是否完成了它们的目标。而且，请记住许多营销商并未沉迷于这些测量手段，这种情况也导致它们不愿意投入更多资金在这些新媒体上或尝试使用这些效果测量方法。

遗憾的是，并不是所有的测量互联网活动及其有效性的方法都是精确的。关于这方面的问题，我们将在下一部分详细介绍其中一些。

图表 15－8　根据社交媒体主要目标设定的社交媒体应用的相关性测量

社交媒体应用	品牌知名度	品牌参与度	口碑
博客	● 独立访问量 ● 重复访问量 ● 添加书签的次数 ● 搜索排名	● 成员数 ● 订阅量 ● 评论量 ● 用户内容生成量 ● 平均浏览时长 ● 投票/比赛/调查回应量	● 在其他媒体（线上/线下）上的博客推荐量 ● 转载量 ● 在其他网站显示的被添加书签次数 ● 点赞数
微博客（比如推特）	● 关于品牌的微博数 ● 关于微博的正负面心理效价 ● 关注数	● 关注量 ● 回应量（带@）	● 转发量
社区共创（比如耐克社区的用户名）	● 访问量	● 创作尝试量	● 在其他媒体（线上/线下）上的推荐量
社交标签（比如 StumbleUpon 网站推荐插件）	● 标签数	● 关注量	● 额外标签数
论坛和聊天室（如谷歌社群）	● 页面浏览量 ● 访问量 ● 关于公告内容的正负面心理效价	● 相关话题/线索量 ● 独立回应量 ● 注册量	● 导入链接 ● 在其他网站上引用 ● 在社交标签上标记 ● 向论坛中的其他成员进行线下推荐 ● 在私密的社区：多种发布内容数量（照片、讨论、视频）； ● 对社区外事务的闲聊

续前表

社交媒体应用	品牌知名度	品牌参与度	口碑
产品评论（如亚马逊）	● 公开评论量 ● 评论的心理效价 ● 对其他用户正负面评价反馈的评论量与心理效价 ● 加入愿望清单的数量 ● 在用户清单上出现的次数（例如在亚马逊网站上的用户商品列表）	● 评论的长度 ● 评论的相关性 ● 用户对评论评级的心理效价（如有多少被认为是特别有用的评论） ● 加入愿望清单的数量 ● 所有被登记的用户评级分数 ● 用户评级的平均分	● 公开评论量 ● 评论的心理效价 ● 对其他用户正负面评价反馈的评论量与心理效价 ● 在其他网站的评论推荐数 ● 评论网页的访问量 ● 在用户清单上出现的次数（例如在亚马逊网站上的用户商品列表）
社交网站（如Bebo、脸书、领英）	● 成员/粉丝数 ● 客户端安装量 ● 印象数 ● 标签数 ● 正负面评价/评级数与心理效价	● 发言量 ● 活跃用户量 ● 在朋友状态中的点赞数 ● 用户生成内容量（如照片、线索、回复） ● 客户端/插件的使用度量 ● 印象互动转换率 ● 活跃性评级（用户多久个性化自己的档案、简历、链接等）	● 出现在朋友时间表中的频率 ● 被推荐上墙的公告数 ● 被转发/分享数 ● 朋友推荐邀请的回应数
视频和照片分享（如Flickr，YouTube）	● 视频/照片浏览量 ● 对视频/照片的正负面评级	● 回复量 ● 浏览量 ● 评论量 ● 订阅量	● 嵌入量 ● 导入链接量 ● 模拟与衍生作品的推荐量 ● 在其他社交媒体和线下媒体重新发表的次数 ● 点赞量

互联网和数字、社交媒体的优势和劣势

优势主要体现在以下几个方面：

1. 目标营销。互联网和数字、社交媒体最主要的优势就是最小化覆盖面浪费的同时使目标实现程度最大化。对于B2B市场的营销商来说，互联网更像是一个贸易展销会和贸易杂志的结合体，因为只有对它们的产品和服务感兴趣的商业客户才会访问它们的网站（其他人没有理由这样做）。在个人消费品市场，通过个性化服务、再定向和其他技术，网站更能适应不同客户的不同需求和需要。

2. 信息的量身定制。由于拥有精确的目标到达优势，信息可以针对不同目标受众的不同需求进行量身定制，这主要通过行为追踪技术实现。不论是在个人消费品市场还是商业市场，网络的这种交互能力都能使一对一营销不断取得成功。

3. 交互能力。互联网是交互式的，因此它拥有增加消费者涉入度、参与度和满意度以及立即向买卖双方发出反馈的巨大潜力。

4. 信息入口。互联网最大的优势就是它是一个庞大的信息来源。只要利用搜索引擎，互联网用户就可以找到关于任何话题的大量信息。通过访问特定网站，你可以得到大量关于产品特征、价格以及交易情况等方面的信息，同时，通过链接，你还可以得到更多你想要的信息。谷歌和 YouTube 也提供搜索功能。

5. 销售潜力。仅仅由亚马逊网站和 eBay 网站（更不用提其他许多网站）在 B2B 市场和普通消费品市场所产生的不可思议的巨大交易额就足以向我们证明将网络用于销售的潜力，而且这种增长趋势仍将延续。此外，在线搜索、线下购买的消费者数量也在不断攀升。

6. 创造性。有创意的网站设计可以提升公司形象，吸引重复访问并在消费者心目中留下积极印象。访问前面提到的一些公司的网站，你就会了解这一点。

7. 曝光度高。对于许多预算有限的小公司来说，互联网可以使它们接触到那些之前根本无法接触到的潜在消费者。只需传统媒体广告投入的一小部分，公司就可以实现全国乃至世界范围的即时宣传推广。

8. 速度快。对于那些对某个公司或该公司产品、服务感兴趣的人来说，互联网无疑是他了解和获得这方面信息的最快捷渠道。良好设计的网站可以保持信息时常更新，也允许搜索其他资源。

9. 对整合营销传播的重要补充。互联网与其他数字、社交媒体能够与整合营销传播媒体形成互补，也就是说，互联网是整合营销传播过程中的重要一环。营销商认为这类媒体与传统媒体彼此互补。

10. 时效性。互联网媒体的沟通便利性和即时性优势是其他媒体所不能匹敌的。使用社交媒体和移动媒体，公司可以使消费者非常及时地获知任何事情——比如，想一下产品召回。

尽管是极具潜力的媒体，互联网及数字、社交媒体仍然存在以下劣势：

1. 效果测量的问题。互联网及新媒体最大的一个缺点就是缺乏可靠的研究数据。关于同一个网站的快速评估预测、用户描述或其他统计数据，不同的信息提供者会给出不同的结果，这就导致了对网络效果测量有效性和可靠性的质疑。前面提到的 eMarketer 公司曾经试图调和这些差异并对这些差异做出合理的解释（不同的测量方法导致不同的结果），问题却依然存在。美国互动广告局进行的互联网效果测量标准化行动可能会对这一问题的解决有所帮助。但是由于测量和预测的困难，在使用这些数据时仍然有必要保持谨慎。麦肯锡所做的一项有 410 位营销主管参与的调查也指出，他们放弃使用在线广告的一个主要原因就是有效测量标准的缺失。[33],[34] 如前文所述，近来更多的研究表明这一担忧仍然存在，如 AT&T 等公司仍认为效果测量是一个主要问题。[35]

2. 网络喧嚣。由于网络广告的急剧增长，一则广告被消费者注意到的概率大大降低。由此产生的结果是：一方面一些广告被忽视，另一方面使一些消费者对混乱局面感到厌烦。有调查显示，旗帜广告的效果已经大打折扣，其他广告形式的点击率也在持续下降。

3. 欺诈嫌疑。针对目前一些广告主试图向儿童巧妙发布广告信息的情况，媒体教育中心（The Center for Media Education）将互联网称为“欺骗陷阱”。该中心以及其他机构已经请求政府对互联网予以规范。此外，在消费者并不知情和未经允许的情况下的数据收集、网络黑客攻击以及信用卡盗刷也成为互联网用户面临的问题。博主、营销影响力人士为品牌背书却没有披露为此取酬，原生广告同样也会产生误导。原生广告的问题在智能手机上尤为明显，在手机上广告赞助标签也许很难被看到。

4. 隐私侵犯。个人隐私是互联网用户关心的诸多问题之一。也许最受关注的是有时用户并不知情，个人数据收集之后会被提供给营销商。尽管很多年轻用户看起来对此关心程度并不高，但是像脸书和其他网站的用户已经采取行动，他们抵制相关行为并要求加强规范。美国互动广告局已经出台了一系列政策来保护用户隐私并要求企业必须遵守（参见 www.iab.net）。

5. 用户不满。大量的调查显示用户对一些网站的某些做法感到不满。调查同时发现用户对网络广告拥堵、垃圾电子邮件、弹出式广告和隐藏式弹出广告等表示反感。对再定位广告和视频前置式贴片广告的反感度也在持续上升。这些因素会导致用户拒绝访问或再次访问一些网站，或者导致产生对广告主的消极态度。

总之，互联网及数字和社交媒体既给营销商带来了一些优于传统媒体的绝对优势，同时它们的劣势也使其无法成为“一劳永逸的解决方案”，但是作为整合营销传播的组成部分，这些媒体仍是很有价值的工具。

本章小结

本章主要介绍了互联网和一系列数字与社交媒体，并解释了这些媒体的目标以及它们如何在整合营销传播中发挥作用。

关于互联网的讨论集中在互联网的发展、使用互联网的目标以及互联网传播策略等方面。另外，还讨论了互联网在整合营销传播中的作用，解释了整合营销传播的其他所有要素是如何与互联网结合使用的。

本章还讨论了包括付费搜索、行为定位广告、内容关联广告、富媒体、Web 2.0 平台（包括社交媒体、社交网络、用户生成内容、博客、RSS和播客）等在内的新兴在线工具。探讨了Web 2.0 的优势（包括目标营销、互动能力、建立关系等），同时也审视了互联网的劣势（高成本、不可靠的测量工具和数据、与传统媒体相比较低的触及率等）以及欺诈的潜在可能。

互联网是我们这个时代发展最快的一种媒体（直到移动互联网的出现）。移动互联网的成长，归因于智能手机和便携式电子设备的应用，以及数以百万计的客户端催生了广告在这一领域的支出的快速增加。移动互联网无论在B2B市场还是消费者市场都具备巨大的潜力。然而，相对于流行的意见，数字媒体，如互联网、社交媒体和移动互联网并不属于孤立的媒体。它们在整合营销传播方案中起到了强化的作用，就像它们这些媒体自身的效果。

讨论题

1. 什么是原生广告？为什么有些人认为这种广告形式具有欺骗性？阐述你的想法。

2. 营销商似乎增加了博主、视频博客作者和网红达人的使用。解释这些名词的意义。为什么有些人认为这些人的使用具有潜在的欺骗性？

3. 阐明为什么有些公司着迷于数字和社交媒体。有哪些因素也许能支持这一想法？有哪些有可能导致这一想法错误的考虑？

4. 在本章中，我们认为社交媒体和移动互联网都是整合营销传播方案的一部分，在它们自己的计划中也会使用其他媒体。解释这意味着什么并举例说明。

5. 阐述Web 1.0 和Web 2.0 的差异，试举例说明营销商如何使用二者。

6. 许多营销商和政策制定者认为互联网和社交媒体可能构成“网络欺诈”。阐述他们所下论断的含义。试举例说明他们为何有此种感受。

7. 趋向虚拟世界导致了一些重要的营销错误。阐述为什么营销商似乎着迷并走向虚拟。然后说明如果这些努力失败会导致什么后果。

8. 本章对新媒体的讨论提出了其相对于传统媒体的显著优势以及一些劣势。讨论传统媒体和新媒体的优劣势。

9. 讨论社交媒体在整合营销传播方案中的作用。在帮助营销商实现传播目标上，社交媒体的最佳贡献是什么？

10. 政策制定者担忧一些博主因为受惠于产品和品牌背书而不能揭露真相。阐述他们为什么会有这样的担忧以及为什么这会导致对消费者的负面影响。

第16章 销售促进

学习目标

1. 阐述整合营销传播方案中销售促进的角色。
2. 确定销售促进方案中的各种目标。
3. 考察营销商如何使用各种消费者导向和交易导向的销售促进工具。
4. 诠释销售促进如何与广告协调。
5. 讨论销售促进工具应用中的潜在问题。

开篇案例

营销商陷入折扣陷阱：也许无路可逃

衡量一个国家实力的关键指标是国内生产总值，它代表国内生产的所有货物和服务的总值。在美国等许多国家，消费支出占国内生产总值的近70%，这意味着如果消费者不消费，经济增长将比较艰难。近十年来，美国经济挣扎着从金融危机中恢复过来，这场危机始于2007年年底，持续了近两年，被认为是自大萧条以来最严重的经济衰退。在经济衰退期以及恢复期，消费者对价格更敏感，更注重价值意识，几乎所有的公司都知道很难使消费者为它们的品牌支付溢价。许多营销专家和消费者行为专家以及经济学家认为经济衰退导致买方行为的永久性变化，之后消费者保持节俭和价值意识。

基于过去几年里经济增长低迷的现实，显然专家们是对的。由于消费者行为发生了根本性的变化，我们可能再也看不到那些随意花钱的昔日重来。看来，消费曾经有助于推动美国经济，现在使美国成为几十年间世界最大经济体的热情在逐渐减弱。消费者不再沉迷于购物，也不在商场和大型超市里过多花钱。他们购物的时候，总是在寻找折扣，因为他们已经习惯了促销和折扣，并有充分的理由。几乎每一个零售商和企业比如旅馆、租车公司、餐馆等如今都通过某种促销方式为消费者提供机会省钱，这吸引了我们最初为达成交易而讨价还价的欲望。问题是营销商已经深陷折扣的陷阱，而折扣已经成为相比津贴或额外的奖励消费者更期望的优惠。

消费者常热衷于寻找折扣已不足为奇。调查显示，如今超过40%的美国消费者购买打折物品，而20世纪90年代这一比例只有10%，许多消费者变得对花钱更谨慎，并小心仔细地考量他们的购买决定，重新考虑自己的品牌忠诚，货比三家来寻找省钱的方法，剪下优惠券，或从Groupon或其他折扣优惠网站下载优惠券。许多消费者总是在寻找打折和优惠信息。而许多营销商很高兴提供给他们一个，它们正在创造折扣陷阱，让人无法轻易逃脱。一些过度依赖促销和折扣的零售商尝试减少对它们的依赖，朝着更甚于“每日低价法”的促销方向进军。

梅西百货试图削减“当日折扣”数量、15%～25%折扣与一直采用的优惠券，但效果很短暂。全国的消费者在远离商店，销售额连续4个月下降。本章后面我们将讨论彭尼百货聘请了一位新的首席执行官罗恩·约翰逊（Rom Johnson)。几年前，他惊讶地发现超过70%的零售商的商品以5折出售，而他接管的时候折扣更高。约翰逊努力使彭尼的客户摆脱优惠券和折扣，他试验的第一年收入下降43亿美元；许多丢失的销售额被梅西百货和科尔百货抢走了，它们针对约翰逊的举动以更大的折扣作为回应。约翰逊担任首席执行官的任期只持续了16个月，彭尼百货又重回折扣的老路。

像许多其他的公司一样，彭尼和梅西深刻体验到了营销方式违反人性基本规律（消费者喜欢优惠）的代价。此外，像许多其他营销商一样，零售商经常培养消费者等待折扣，采用促销、特别优惠、优惠券和退税等方法，这些方法使全价出售它们的商品变得更加困难。今天的问题变得更加复杂，因为像亚马逊这样的在线零售商在2016年的在线销售额超过1 200亿美元，并以每年20%的速度增长。购物者不仅在网上购物，他们现在还有能力去实体店体验之后用更少的钱在网上购买或在网上比较价格，利用该信息和实体零售商进行讨价还价或只是在线购买。

除了在线零售商，从折扣中受益最多的是折扣零售商，如T. J. Maxx，Family Dollar和玛莎百货，而百货公司和专业零售商在受到挤压后也在寻找对应的方式。诺德斯特龙百货和萨克斯第五大道（ Saks Fifth Avenue）在竞相开奥特莱斯折扣店而非传统百货店；诺德斯特龙百货现在拥有诺德斯特龙莱科折扣店的数量是其提供全方位服务商店数量的近两倍，而萨克斯第五大道折扣商店的数量已经比其传统商店翻了一番。

一些零售商发现很难在激烈的折扣和竞争中生存下来，要么关闭它们的一些表现不佳的商店，要么倒闭。盖璞集团2015年度关闭了北美40家商店，计划未来几年再关闭175家店。运动鞋零售商Finish Line最近宣布将在2020年前关闭150家店以提高其盈利能力。Finish Line的好消息是它仍然在营业，但其他体育用品零售商没有这么幸运。曾经是美国最大的运动商品连锁店的SportsAuthorit在与网上对手的竞争中苦苦挣扎，由于无法让顾客购买没有更多折扣的商品，在2016年关闭了旗下所有450家商店。在加利福尼亚州和亚利桑那州运营的区域连锁商店Sports Chalet，在经营了57年后在2016年关闭了旗下所有的商店。

零售商不是唯一的受折扣趋势影响的公司；给零售商供应商品的公司也受此影响。许多营销商已经转向采用优惠券、返还和其他形式的折扣来吸引对促销敏感的消费者。各大连锁酒店纷纷开展促销活动，吸引旅客离开第三方预订网站如Expedia和Priceline，后者提供折扣价格或给予额外优惠，比如房间升级或额外奖励点。例如，希尔顿全球（Hilton Worldwide）推出有史以来最大的营销运动之一，让忠诚计划成员知道他们如果直接从酒店预订房间，可以享受折扣优惠。

许多营销商和零售商创造了一个不易摆脱的困境。它们知道折扣在短期内会增加销售量，但营销商越多地使用这些促销活动，消费者就越来越习惯于只在打折或有优惠券时购买。而且，许多消费者喜欢讨价还价，将其视为玩一场游戏；他们节省的钱就是他们的得分。对营销商而言，玩这类游戏的诱惑与寻找速效对策和促销带来的销量猛增是类似的。许多营销商很可能会继续屈从于这一诱惑，提供折扣而不是试图以全价出售它们的品牌。

资料来源：Stephanie Rosenbloom，“Book Directly，Hotels Advise，” *San Diego Union Tribune*，May 22，2016，p. C5；Chris Isidore，“Sports Authority to Close All Remaining Stores，” *CNN Money*，May，18，2016，http：//money. cnn. com/2016/05/18/news/companies/sports-authority-closing/；Adrianne Pasquarelli，“Retailers Combat Sliding Sales，” *Advertising Age*，May 16，2016；Jennifer Reingold and Phil Wahba，“Where Have All the Shoppers Gone?” *Fortune. com*，September 3，2014，pp. 80－84.

就像本章开篇讨论的，营销商认识到，仅仅依靠广告不足以让商品从商场的货架转到消费者的手中。它们对消费者和发售商品、刺激消费的批发商、零售商会使用各种各样的销售促进方法。许多企业的整合营销传播方案包括消费者和交易促进，后者与广告、直复营销、公共宣传/出版物、线上/互联网营销以及人员推销等一起为整体活动服务。

本章主要研究销售促进在公司的整合营销传播方案中的作用。我们将考察营销商如何使用消费者导向和交易导向的促销去影响消费者以及批发商和零售商的购买行为，探讨销售促进方案的目标以及各种销售促进方法，它们既适用于消费者也适用于中间商，还将考虑销售促进如何与促销组合中的其他要素整合在一起，以及当营销商过于依赖消费者导向销售促进和交易导向销售促进时可能产生的后果。

销售促进的范围和作用

销售促进（sales promotion）是指“为销售团队、分销商或最终消费者提供附加价值或激励作用的直接诱因，主要目的是使销售量迅速增长”。[1]在你阅读本章的时候，请记住销售促进的几个重要方面。

首先，销售促进涉及几种对购买产生额外激励的诱因。这种激励通常是一个促销方案中的关键因素；它可能是优惠券或减价、参加比赛或抽奖的机会、货款退还或折扣，或者产品的超量赠送。这种激励也可以是产品的免费样品、可以带来未来购买愿望的赠品或者是一个紧俏的附赠品（如通用磨坊公司为 Lucky Charms 麦片提供的《小黄人大眼萌》（Mini Minion）中的角色玩具（见插图 16－1））。所提供的小黄人赠品的一部分是与《神偷奶爸 2》（Despicable Me 2）一体的促销品，包括以电影为主题的包装、8 个适宜收藏的小黄人赠品以及产品组合。[2]许多销售促进努力为产品或服务增加某种价值。当广告吸引人们的思想和情感，给予人们购买的理由时，销售促进更多的是通过小册子和提供购买动机来吸引消费者。

插图 16－1　赠品用于提供额外激励以购买 Lucky Charms 麦片

资料来源：© McGraw-Hill Companies/Mark Dierker, photographer.

销售促进同样可以给中间商如批发商和零售商提供购买动机。商业津贴或折扣为零售商提供了一种经济上的激励，让它们去采购并推销生产商的产品。针对批发商或零售商个体间的商业销售竞赛可以给它们完成特定任务或达到销售目标提供额外的动机。

其次，销售促进实际上是一种加速工具，用于加速销售过程、促使销售量最大化。[3]通过一个额外的动机，销售促进技术可以激发消费者购买更多的产品，缩短经销商的购买周期，或通过鼓励的方法让消费者采取更迅速的购买行为。

企业同样也会运用限时的活动，如对零售商减价或提供有截止期限的优惠券来加速购买过程。[4]销售促进试图通过打动那些未对广告产生反应的消费者来达到销售量的最大化。理想的销售促进方案应该达到通过其他手段所不能达到的销售额。然而，我们将会看到，许多销售促进手段最终被该品牌的现有消费者利用，而并没有吸引到新的客户。

关于销售促进活动的最后一点是，它们在营销渠道中可以用来针对不同的群体。如图表16-1所示，销售促进可以分为两大类：消费者导向销售促进和交易导向销售促进。**消费者导向销售促进**（consumer-oriented sales promotion）采用的活动包括：样品试用、优惠券、赠品、竞赛和抽奖、返还和返现、包装附赠、价格减免、客户忠诚计划和事件营销。这些促销都是直接针对产品和服务的最终购买者——消费者，并且都是用来引导他们购买营销商的品牌。

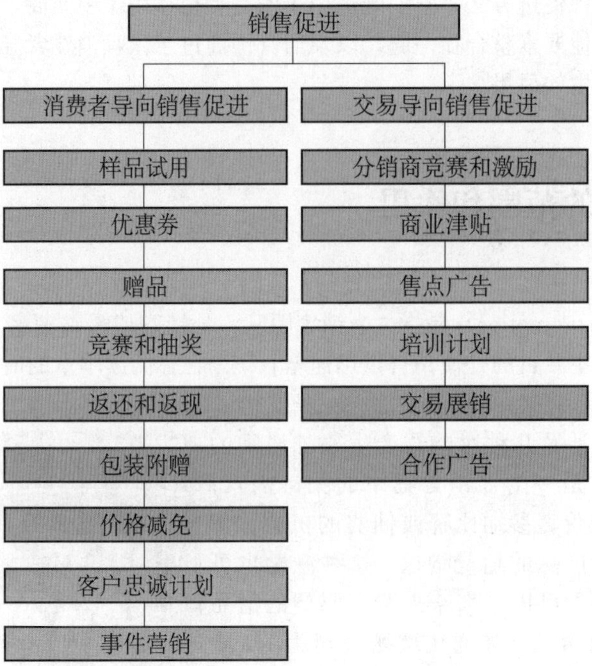

图表16-1 销售促进活动的种类

消费者导向销售促进是促销拉式策略的一部分。它们和广告一起，鼓励消费者购买特定品牌并为此创造需求。消费者导向的促销同样被零售商用来鼓励消费者在它们的商店中购物。许多百货商店用它们自己的优惠券或赞助活动以及其他促销活动来吸引顾客光顾。

交易导向销售促进（trade-oriented sales promotion）包括分销商竞赛和激励、商业津贴、售点广告、培训计划、交易展销、合作广告以及其他用来激励分销商和零售商代理产品，并更加独立地将产品推向消费者的各种方案。许多营销方案同时包括交易导向和消费者导向的促销，因为同时对两边进行激励可以使促销方案的效果最大化。

销售促进的发展

尽管销售促进成为营销过程中的一部分已经很长时间，但它在公司整合营销传播方案中的角色和重要性直到最近十年才有了戏剧性的增长。与消费者销售促进相关的花费从1991年的560亿美元增长到2016年的近3 000亿美元。[5]营销商每年还在针对零售商和批发商的促销活动上支出大约1 500亿美元。面向消费者的包装产品公司仍然是销售促进方案和工具的核心使用者。然而，促销活动在其他行业中也在增加，包括医疗保健、消费电子产品、快餐、零售和服务行业。

预计营销商会将过半的营销预算花在销售促进上，余下的部分则分配给媒体广告。[6]企业对于营销预算在消费者促销、交易促销和媒体广告上的分配因行业和企业的不同而有所不同。例如，在面向消费者的包装产品企业中，交易促销占预算的近50%，而27%的预算被分配给消费者促销，24%的预算被分配给媒体广告。[7]而且，营销商分配在媒体广告上的很大一部分预算是花在传递关于竞赛、游戏、抽奖和折扣等促销信息的广告上。[8]调查表明，营销商将大约17%的广告预算用在传播促销信息上。[9]促销信息同时也使得企业形象建设的广告更具吸引力。例如，Channellock五金工具使用平面广告和旗帜广告促销其“橄榄球观赛直通车竞猜”(Gridiron Garage Giveaway）抽奖活动，获胜者将获得包括最喜欢的职业橄榄球联盟球队的一套季票以及前往Channellock工厂的VIP之旅，因此获胜者将可以看到他们的新工具是如何制作出来的。在过去的五年中，Channellock公司每年都举办抽奖活动。

销售促进增长的原因

许多营销商仍然将媒体广告看作品牌建设的主要手段，并认为销售促进方案只是骗人的把戏，对于品牌资产毫无益处，营销预算的重新分配让它们开始担忧。不过，它们中的大多数也意识到，消费者可能喜欢某个品牌，但他们需要一些额外的激励来购买它们。营销商同时也知道它们必须有效地与交易伙伴合作，这常常意味着要给它们提供一些额外激励来采购和推销它们的品牌，并参与各种各样的促销方案。

公司增加销售促进支出的一个主要原因是促销行业在过去的几十年里已经成熟起来。熟练度的提高和更具战略性的角色使销售促进在许多公司的整合营销传播方案中的作用有所加强。过去，销售促进专家只有在关键战略制定好后才会介入。促销代理公司被大多数人看作战术实施者，它们的主要任务就是制定如竞赛、抽奖、优惠券或样品赠送方案这些可以带来短期销售量增长的活动计划。然而，现在许多公司已经将促销专家作为它们品牌建设战略团队的一部分，这样，销售促进就被提升到与媒体广告同等的位置。许多促销代理公司也在扩展着它们的能力和专业素质，现在它们可以为客户提供多种整合营销服务，这已经远远超过了销售促进这一范畴。

此外，还有一些因素促使销售促进的重要性增强，将营销资金从媒体广告转向消费者促销和交易促销。其中包括零售商权力的增长、品牌忠诚度的降低、促销敏感度的增强、品牌数量的激增、营销商的短期行为、对获利能力更加重视、竞争以及数字营销的增长等多种因素。

零售商力量的壮大

销售促进增长的原因之一就是市场中的权力从制造商向零售商转移。多年来，全国性品牌拥有权力和影响力，零售商不过是其商品的被动分销商而已。消费品制造商通过大量的广告和一些样品试用、优惠券、赠品之类的消费者导向促销活动，以及向零售商施压让其进货等多种手段为它们的品牌创造消费需求。而零售商几乎不做任何调查和销售分析，它们依靠每个品牌的销售业绩来获得信息。

然而，近几年的新变化使得权力从制造商向零售商转移。随着扫描仪和非常先进的店内电脑系统的出现，零售商可以轻松得到关于产品多快可以售完、哪种销售促进方式有效、哪种商品赚钱等各种信息。[10]零售商可以利用这些信息来分析制造商产品的销售情况，然后向那些产品滞销的制造商要求折扣和其他促销优惠。那些不能满足零售商更多优惠需求的企业，常常只能减少产品占据的货架空间，甚至将产品撤下货架。

另一个使零售商力量壮大的因素是百货商店行业的合并，这使得它们形成更大的连锁店，并拥有更大的购买力和影响力。这些大型连锁店习惯于使用交易促销，并能够向制造商施压来让其提供更便宜的商品、折扣和津贴。联合也让大型零售商拥有更多的资金来推广已经十分强大的自有品牌，而销售促进就是自有品牌营销演化的下一步。零售商自有品牌在食物、药品、保健品和美容产品等众多包装类产品中在零售货架空间上比全国性品牌更有竞争力，并且通过传统促销工具的使用不断扩大它们自己的市场。如今零售商自有品牌产品已经占据了包装类产品 17%的销量，在 2014 年达到 1 200 亿美元的规模。[11]营销状况良好的零售商自有品牌产品将迫使全国性品牌以及第二梯队品牌实施更具创新性的促销方案，并使自身更具价格优势。[12]

零售商中最有影响的发展之一就是沃尔玛的巨大发展，沃尔玛已经成为世界上最大的公司以及最强大的零售商。[13]沃尔玛在 28 个国家运营着大约 11 500 家店铺，其中包括在美国的超过 5 200 家店铺，其 2016 财年的销售额达到 4 820 亿美元。在美国，它控制着 20%的干杂货市场、29%的非食品杂货市场、30%的保健和美容市场以及 45%的一般商品销售市场。沃尔玛占据着美国主要消费品公司的巨大业务份额，并能运用其力量去影响营销商的销售促进方式。像很多大型零售商一样，沃尔玛经常要求专门设计对特定客户的促销，而这些促销仅限于在自己的店铺中开展。沃尔玛因其强制要求营销商放弃促销优惠并用这一款项来降低价格而被广大营销商所熟知。[14]

品牌忠诚度的降低

另一个使销售促进增长的原因是消费者品牌忠诚度的下降，消费者在购买时更多地考虑价格、价值和便利程度。一些消费者通常愿意在没有任何促销活动的情况下全价购买他们喜欢的品牌。然而，很多消费者都是忠诚的优惠券使用者，或在购物的时候考虑寻找便宜的商品。他们可能在一系列他们认为本质上差不多的品牌中犹豫不决。这些品牌在他们看来都是令人满意并且可以互相代替的，尤其是在有特卖或购买优惠券时，更不用考虑是什么品牌。

促销敏感度的增强

营销商在它们的营销方案中更多地使用销售促进，因为消费者认为销售促进带来的激励正合他们的心意。IRI 市场脉动调查公司最近做的一项主要研究发现，25%的消费者会因为打折购买包装类产品品牌而不选择他们更喜欢的品牌，而有 23%会基于会员卡折扣进行产品选择。[15]消费者对于销售促进敏感度增强的一个明显原因是他们要省钱。另一个原因则是许多购买决定是在消费者对时间越来越敏感并且面对太多选择时做出的。一些研究发现，高达 70%的购买决定是在商店里做出的，看来人们非常容易在那里受到促销商品的影响。[16]

许多营销商以及零售商常常使消费者养成习惯等待折扣。打折、限时优惠、优惠券等情况使得以全价出售商品更困难。调查显示，比起 25 年前，消费者对价格更为敏感的比例超过 50%，并且有着充分的理由。[17]营销商每年发放超过 3 000 亿张优惠券，或者说每人近 1 000 张。它们还使用退税、买一赠一、特别折扣活动、减价交易以及其他折扣来吸引价格敏感型消费者。消费者并不幼稚，知道制造商或零售商会提供一些促销方式，而这些促销鼓励他们等待下一次的优惠，而不是以全价购买产品。

品牌数量的激增

在过去的十年中，许多公司营销战略的一个重要部分就是新产品的开发。市场中逐渐充斥着新的品牌，它们通常缺少任何可以作为广告基础的显著优点。研究显示 75%的消费者包装类产品和零售产品在新推出的第一年失败了——绝大部分是因为根深蒂固的消费者购买习惯。[18]因此，企业只能越来越依靠促销来鼓励消费者尝试这些新品牌。在第 4 章，我们看到了销售促进如何作为消费者行为塑造过程的一部分引导消费者从首次尝试到重复全价购买的过程。营销商越来越依靠样品试用、优惠券、折扣、赠品和其他创新性的促销手段来达到让消费者试用新品牌并重复购买的目的。

促销对于争取让零售商将新品牌摆放在一些重要的货架位置上是非常重要的。商店中新产品争夺货架位置的竞争十分激烈。超市摆放的商品平均有 3 万种（1982 年只有 13 067 种）。零售商偏爱那些有强大促销活动支持的新品牌，因为这样能吸引更多的顾客，提高销售量和利润。许多零售商在制造商推出一种新产品时都会要求特别的折扣或津贴。本章的后面将提到，上架费或津贴将使制造商推出一种新产品的成本变得更高。

营销商也在加大转向直复营销和数字营销的促销力度，这往往包括某种形式的促销激励。许多营销商利用它们从所提供的赠品、可跟踪优惠券、返还和抽奖方面获得的消费者信息建立数据库，为未来进行直复营销尝试而努力。随着营销商不断从媒体广告转向直复营销，促销优惠将可能更多地用于帮助构建数据库。技术已经可以使营销商与目标消费者进行个性化的沟通，也将使与大众化促销工具转型为一对一营销的方式。

营销商的短期行为

许多商界人士认为，销售促进的增长是受到了营销计划和奖励制度的激励，从而带来我们在开篇提到的短期绩效和即时销售量增长。有的人认为包装产品品牌的管理制度造成营销商越来越依赖销售促进。品牌经理定期使用销售促进，不仅用来推广高新产品或保持竞争地位，也用来达到每季度或每年的销售量和市场份额的目标。销售人员可能同样要达到短期的限额或目标，也可以用销售促进来获得零售商和批发商的响应。因此，销售代表可能会向营销经理或品牌经理施压，让他们使用促销方法来帮助将产品输送到零售商的店铺中。

许多管理者将消费者促销和交易促销看作实现短期销售的最可靠办法，特别是当这些促销与价格相关时。这种对销售促进的依赖在成熟和缓慢增长的市场中尤为突出，因为在这种市场中已经很难再通过广告来刺激消费者的需求。这表明，管理人员过于依赖促销带来的迅速的销售量增长，品牌特许权也可能会被过多的折扣交易侵蚀。

莱昂纳多·劳迪什（Leonard Lodish）和卡尔·米拉（Carl Mela）教授的研究表明，许多公司过于关注短期结果，因为大量的扫描仪数据使得品牌和营销经理以及零售商能够看到销售情况如何因为响应促销折扣而急剧增加。[19]他们注意到管理者迷恋这些短期的销量增加，导致他们将大部分营销预算分配给消费者促销和贸易促销。另一个问题是，他们注意到许多品牌经理任期的时间较短，这也促使他们专注于促销策略的使用以期获得更多的即期影响。他们通常认为相比给予他们自己的回报，投资于广告或产品开发更有利于后续管理者的业绩。当被问及为什么他们只看短期效应，营销和品牌经理指出他们是根据季度销售额来考核，因为投资者把重点放在这些数字上，而促销和销售之间的关联性是显而易见的。

对获利能力更加重视

除了对营销经理或品牌经理施压从而获得短期成果外，许多公司还想知道它们从促销支出中得到了什么。从销售促进方案中获得的成果总的说来要比从广告中获得的成果容易测量。许多公司都在寻找可测量的、可靠的方法将促销费用与销售量和盈利能力联系起来。

那些需要对产生的结果负责的管理人员通常会使用价格折扣或优惠券，因为这些手段可以快速带来销售量的飞跃，并且容易测量。广告则要花更长的时间才能表现出一定的影响，并且这种影响更难测量。营销商也会因强大的零售商对品牌销售业绩的要求而感受到压力，电脑控制的扫描仪所提供的实时数据可以更好地让零售商监控促销情况并跟踪促销活动在一天中产生的结果。

竞争

另一个导致销售促进增长的因素是制造商为了获得或维持竞争优势而对交易促销和消费者促销的依赖。对于许多产品而言，市场已经比较成熟并且发展相对停滞，想要通过广告来提高销售额越来越难。而且很难想到令人兴奋的、有重大突破的创意，消费者对于大众媒体广告的注意力也在不断下降。许多营销商认为，与其将大量的资金投到乏味的广告上，不如转投销售促进。

许多企业会针对关键的零售客户量身打造它们的交易促销策略，与零售商在交易促销和消费者促销方案上组成战略联盟。近年来一个主要的发展趋势就是**特定客户营销**（account-specific marketing，也称合作营销（comarketing）），即制造商与个别零售商合作制定特别的定制促销手段来实现共同的目标。例如，WD-40 万能除锈保养剂公司与 O'Reilly 汽车配件零售连锁联合运作的一个特定客户促销推广活动。促销包括限量版的纪念 WD-40 多用途产品诞生 60 周年的定制纪念罐（自 1953 年起在美国生产），这些特制罐是为了向那些认同吃苦耐劳的传统和完成这项工作的人致敬。[20]

零售商可能会使用促销减价作为一种杠杆作用来与它的竞争对手寻找一种更加平等或更好的交易。消费者促销和交易促销很容易就会被竞争者赶上。许多营销商发现自己陷入了促销的困境，它们必须持续使用促销手段，否则就将处于竞争劣势。（本章的后面将详细讨论这个问题。）

数字营销的增长

另一个有助于销售促进应用的因素是数字营销革命。许多营销商现在使用各种形式的在线营销来实施销售促进方案，并衡量其效果。在各种形式的在线广告中，促销活动司空见惯，包括将移动营销作为吸引消费者注意力或鼓励消费者采取行动的一种方式。各种类型的促销活动，如优惠券和折扣以及参赛和抽奖等出现在商家的网站以及它们的社交媒体页面上，如脸书、推特和 Instagram。

促销活动也被营销商用来鼓励消费者在脸书上“点赞”它们的品牌，或者在推特上关注它们。图表 16－2 显示了 MarketingSherpa 调研公司的一项调查结果，该调查考察为什么消费者在各种社交媒体平台上关注品牌。美国消费者指出，在社交媒体上与品牌连接最普遍的原因是获得定期促销/优惠券（56%），48%的消费者表示他们与品牌的社交账户有联系是因为他们对购买该品牌的产品感兴趣，44%的人表示是因为有奖励（例如抽奖、折扣或礼品卡）。[21]

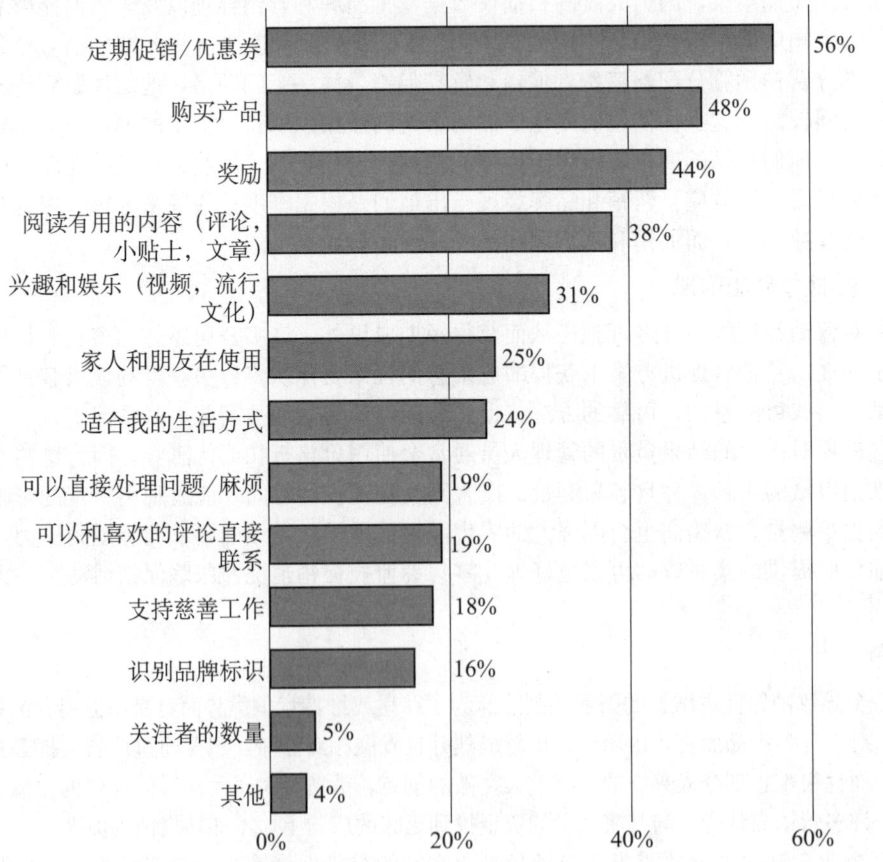

图表 16－2　连接社交媒体的原因

资料来源：From MarketingSherpa；www. marketingsherpa. com/article/chart/why-customers-follow-brandssocial-accounts.

对销售促进增长的忧虑

正如之前提到的那样，许多因素都可导致消费品制造商增加对销售促进这一工具的使用。营销主管和广告主管都在关注这种促销预算分配的变化对品牌资产的影响。一些批评者认为，销售促进的增长是以品牌资产的减少为代价的，每一笔本应花在广告上最后却花在促销上的资金都在降低品牌的价值。[22]他们认为交易促销对品牌偏好和品牌资产的破坏尤为严重，因为它们会鼓励消费者在购买时以价格为首要标准。

营销商经常在这一问题上摇摆，到底是应该使用促销来帮助它们的品牌产生销量或者驱动人流前往它们的零售店，还是依靠广告来建立自己的品牌形象，避免打折和价格竞争。假如有选择，很多公司愿意尽量减少对促销和折扣的依赖，基于产品质量和/或品牌形象进行竞争。然而，许多公司发现很难避免使用促销，特别是当消费者对它们已经习以为常时。整合营销传播视点 16-1 讨论了几年前零售商彭尼努力减少对促销的依赖，结果销量大幅减少，制定该决策的首席执行官被解聘。

整合营销传播视点 16-1

彭尼总算认识到消费者有多么热衷于促销活动

一个多世纪以来，彭尼公司一直是美国零售领域的中流砥柱。公司由詹姆斯·凯什·彭尼（James Cash Penney）创立于 1902 年，他对待顾客的原则是：公平合理。在 20 世纪，彭尼公司拥有 2 000 多家商店，成长为零售业巨头，它扎根于遍及美国的大型购物中心，提供各种各样的产品，如服装、化妆品、鞋、珠宝、家用电器和家具等。一直以来，彭尼公司的主要目标市场是中等收入家庭、对价值有感知的消费者。过去几十年，零售业的竞争格局在美国发生了变化，量贩店（如沃尔玛和塔吉特）出现了，它们也瞄准中层市场。彭尼公司也面临零售商如 Marshalls 和科尔百货以及更高档的商店如梅西和诺德斯特龙的竞争。近年来，彭尼公司还面临新兴时尚零售商的挑战，如 ZARA、H&M 和 Forever 21 以及网上服装销售的增长。2010 年，彭尼公司门店数量已经减少了将近一半，公司正在努力保持自己在美国顶级零售商队伍中的地位。

2011 年，公司聘用了一支新的高管团队，罗恩·约翰逊（Ron Johnson）任首席执行官，迈克尔·弗朗西斯（Michael Francis）任总裁。约翰逊曾在苹果公司任职，负责该公司非常成功的零售店，还曾担任塔吉特的销售负责人。弗朗西斯是一个在彭尼公司工作 22 年的老员工，最近的职务是这一连锁的首席营销官。2012 年 1 月，新管理团队宣布市场营销改组策略，将重归彭尼公司零售商“公平合理”的根本理念。新战略包括在公司的定价和促销活动中普遍使用的销售、促销交易和优惠券的重大变革。彭尼公司每年推出近 600 场打折和促销活动，公司收入的近 75%来自至少打折 50%的商品，是行业平均水平的两倍以上。

新的定价和促销模式包括三个关键要素：每天的“公平”价格接近平均价格，这个价格以彭尼公司客户通常会支付的历史销售数据为基础；一个月的“价值”的价格，一些商品类目折扣将高达每日价格的 7 折；最后一个“最佳”的优选商品将在每个月的第一和第三个星期五供应，与许多美国消费者的发薪日一致。转型也包括一个彻底的公司品牌再造，一个新的标志和标语：“公平合理”。彭尼公司贯穿 2012 年的整合营销传播方案聚焦于商店的品牌更新和针对消费者的新的定价策略，利用电视广告和平面广告、直邮、网络和社交媒体以及公共关系和事件营销进行传播。

这家公司以一系列广告宣传开始了新的战略，包括脱口秀主持人艾伦·德詹尼丝（Ellen Degeneres）出演的商业广告，她曾经是彭尼的雇员，取笑彭尼陈旧的定价方式。广告幽默地展示德詹尼丝在不同情境下尝试使用优惠券，比如在荒凉的西部或在拥挤的早市抢购打折的广告商品。广告以传播彭尼新的定价口号结束，如"没有优惠券，只有更好的价格"或"没有广告商品，只有更好的价格"。

2012年2月1日，彭尼新的定价和促销策略在全美各地所有商店生效。消费者没有花太长时间就让零售商了解到他们对此番变革的感受。仅仅两个月后，彭尼宣布第一季度的业绩是7年来同比增长最差的，跌幅创纪录地达到季度亏损1.63亿美元。彭尼的总销售额下降了20%，零售业的关键指标同店销售额（测量商店至少一年销售的变化）下降19%，商店里的人流量下降了10%。约翰逊和弗朗西斯为新的策略进行辩护，并回应投资者的担忧，告诉他们消费者需要时间适应新的定价和促销策略，因为他们已经习惯于在打折、提供折扣或者有优惠券时购物。在接下来的几个月，彭尼试图保持"公平合理"模型的策略方向，但销售额和商店人流量继续下降。

6月，负责营销和实施新的定价计划的弗朗西斯离开公司。7月，彭尼宣布抛弃三重定价与促销策略而采用双重定价模型，并开始推广价格匹配承诺，采取类似塔吉特和沃尔玛折扣店的方式。彭尼的一位发言人指出，零售商承诺持续提供公平合理的定价，但正在做一些改进，以进一步明确和简化定价策略。

在当年余下的时间里，彭尼的困境仍在持续，2012年该公司的总收入为133亿美元，比上年下降了23%，可比店面销售额下降了25%。2013年1月，彭尼宣布它将重启促销活动。一年前，它曾经取消了这些活动，希望购物者不再关注打折促销。首席执行官约翰逊指出旧方法的回归并不是偏离他的策略，而是一种"变革"。然而，董事会决定不再相信变革；4个月后彭尼宣布与约翰逊分道扬镳，让前首席执行官梅伦·厄尔曼（Myron Ullman）取代他。

约翰逊的16个月任期导致彭尼损失超过10亿美元，股票价格从每股40美元下跌至不到8美元。许多业内分析人士指出，约翰逊大大低估了购物者喜欢追求便宜和讨价还价的程度，减少促销活动使他们不再有理由以常规的方式在彭尼购物。此外，取消客户喜爱的定期的销售和促销活动，使彭尼放弃了核心购物爱好者。在过去的三年里，彭尼一直在努力赢回这些客户，2016财年其销售额下降到126亿美元。2015年，首席执行官梅伦·厄尔曼退休，接任者是马文·埃里森（Marvin Ellison），他的目标是让彭尼更聪明、更有效地保持客户的忠诚，并向每个客户销售更多的产品。他的策略包括让彭尼的8 700万活跃用户花更多的时间在店内购物，购买其自有品牌，以及改进其网站和购物APP，让店内顾客更便于找到折扣和优惠。也许彭尼还会送他们一些优惠券。

资料来源：Phil Wahba，"The Man Who's Re-(Re-Re) Inventing J. C. Penney," *Fortune.com*，March 1，2016，pp. 76-82；Jennifer Reingold，"How to Fail in Business While Really，Really Trying," *Fortune.com*，April 7，2014，pp. 80-90；Joann S. Lublin and Dana Mattioli，"Penney CEO Out，Old Boss Back In," *The Wall Street Journal*，April 8，2013，p. A1；Anne D'Innocenzio，"Penney Pitches Sales," *U-T San Diego*，January 29，2013，pp. C1，C5；Natalie Zmuda，"JC Penney Reinvents Department-Store Retailing," *Advertising Age*，January 25，2012，http：//adage. com/article/news/jc-penney-reinvents-department-store-retailing/232339/.

失败的公司不只彭尼一家，它们都努力减少消费者对各种产品促销方式的依赖，包括优惠券和销售。例如，几年前梅西百货——全美一流零售商之一，着手采取新战略，旨在让消费者放弃15%～20%的优惠券以及梅西百货曾重度依赖于驱动商店人流量的"一日限时促销"。新的战略还致力于投放更多广告让消费者了解梅西百货的改进并建立一个强大的连锁品牌形象。实施新的策略后，销售额连续4个月下降，梅西百货不得不取消计划，回到原来的战略，以往的战略依赖于各种形式的折扣以及一日限时促销和其他类型的短期销售方式。[23]

广告的拥护者认为，营销商如果想要展现自己品牌的差异化并为它们制定一个高端的价格，就必须维持强有力的品牌偏好度。他们认为，广告仍然是建立一个品牌长期偏好的最有效方法：它向消费者传达品牌的特点和优势，树立品牌的形象，帮助建立和维持品牌忠诚。然而，许多营销商将用于媒体广告的费用转移到短期的销售促进，并没有在品牌上进行投资。拉迪什（Ladish）和梅拉（Mela）建议经理们开发和配备可以测量品牌长期表现的工具，制定更智慧的营销决策而不至于逐步削弱品牌资产。[24]然而，从促销活动中寻找速效对策和销售飙升的诱惑将一直存在。营销商可能将继续屈从于这一诱惑而不是尝试以全价销售产品，特别是当竞争者使用促销技巧来吸引他们的顾客。许多担心已被证实，但并不是所有的促销活动都会削弱品牌的价值。重要的是区别消费者偏好建立和非偏好建立。

消费者偏好建立与非偏好建立的促销

能够表达品牌与众不同的属性并能发展和增强品牌识别的销售促进活动，称为**消费者偏好建立促销**（consumer franchise-building（CFB）promotions）。[25]消费者促销活动对品牌并不具有太多的价值，也不能为品牌带来具体的利益。它虽然不能建立忠诚品牌，但可以让消费者知道这个品牌，并且通过基于产品特性和优点的促销沟通建立有利的品牌形象。消费者偏好建立促销可以建立一种长期的品牌偏好，帮助企业达到不依靠促销手段而以全价销售产品的最终目标。

多年来，偏好和形象建立一直被看作广告的专利，销售促进只是用来获得短期的销售量增长。但现在，营销商意识到了销售促进在形象建设上的潜力，并开始关注消费者偏好建立的价值。调查发现，近 90%的高级营销总监认为，消费者促销可以帮助建立品牌资产，而只有约 60%的高级营销总监认为交易促销有效。[26]许多促销代理公司已经意识到了开发可以帮助建立品牌资产的消费者促销和交易促销活动的重要性。

企业可以通过多种销售促进方法来建立消费者偏好。与一次性的活动相比，许多公司更愿意使用经常性的活动来鼓励重复购买和长期惠顾。许多信用卡都有忠诚计划，当消费者使用该卡购物时可以获得一定的奖励积分。这些积分最后可以转换成各种实物奖励。许多航空公司和连锁酒店都为经常光顾的旅客和客户提供特别的服务，鼓励他们重复惠顾。许多零售商店也开始使用经常性的促销活动来建立忠诚度和鼓励重复消费。

非偏好建立促销（nonfranchise-building（non-FB）promotions）的目标是加速购买决策过程，并使销售量迅速增长。这些活动并不传递有关品牌的独特性或益处的信息，因此它们不会对品牌资产和形象的建设有帮助。减价促销、包装附赠和折扣返还都是非偏好建立促销方法的例子。交易促销受到的最多批评就是它的非偏好建立，这不无道理。首先，许多提供给中间商的促销折扣和津贴从不会让消费者得到实惠。其次，大多数通过交易渠道进行的促销手段到达消费者的时候多表现为低价或特价商品的形式，它们引导消费者更多地以价格而不是以品牌资产为基础进行购买。

促销领域的许多专家强调营销商需要使用促销工具来建立偏好性，并在促销活动中创造长期的持续性。非偏好建立促销只向其他品牌借用客户，而精心策划的消费者偏好建立促销活动却可以将消费者转化为忠诚客户。短期非偏好建立促销活动在公司的促销组合中占有一席之地，尤其是在竞争性发展需要它们的时候。但是，在制定一个品牌的长期营销策略时，必须承认它们的局限性。

消费者导向销售促进

一百多年来营销商已经采用了各种各样的销售促进手段，并且找到了许多在消费者购买产品和服务时给予他们额外激励的方法。在这一部分，我们考察营销商用以影响消费者的多种销售促进工具和技巧。我们会研究图表16-1中列举的消费者导向销售促进方法，并讨论它们的优点和不足。首先，要考虑一下营销商在针对消费者市场进行促销时所要达到的几个目标。

消费者导向销售促进的目标

随着销售促进方法使用频率的不断提高，企业必须考虑它们到底期望通过消费者导向销售促进达到什么目的，并且这些销售促进行为是如何与其他如广告、直复营销和人员推销等销售促进活动相互影响的。并不是所有的销售促进活动都是为了达到相同的目标。当与其他促销组合工具一起使用时，营销商必须进行环境分析和确定销售促进在整合营销传播方案中的具体目标后才能策划消费者导向销售促进。它们必须确定这个销售促进活动要达到什么目标以及应该针对什么样的人。对销售促进方案制定明确的目标和可测量的目的，可以使得管理人员超越短期的销售目标（尽管这也可以成为一个目标）。

许多消费者导向销售促进方案的基本目标是激励对品牌的购买，但营销商可能对新品牌和已经建立的品牌有许多不同的目标——例如，获得试用和回购、增加已推出品牌的消费量、维护现有消费者、针对某一特定的细分市场或提高广告与营销的影响力。

获得试用和回购

销售促进策略最重要的一个作用就是鼓励消费者尝试新的产品或服务。尽管每年有数千种商品进入市场，但其中大多数商品在第一年就夭折了。这些失败的产品中有许多都是基于这样一个事实：这些新产品或品牌缺乏必要的促销支持，既不能鼓励足够的消费者进行初次尝试，也不能激励他们再次购买。销售促进工具已经成为引入新品牌战略的一个重要组成部分，最初的试购规模可以依靠样品试用、优惠券和返现承诺来提高。新品牌的成功不仅依靠最初的试购，而且依靠激励相当一部分人在尝试过之后再次购买，并建立持续的购买模式。如优惠券或还款承诺这样的促销激励常常包括在样品试用当中，以此来鼓励使用后的重复购买。

提高已有品牌的销售量

许多营销经理都肩负在成熟的市场上为公司已经推出的品牌与竞争者争夺市场的责任，而在这些市场上消费者的购买模式基本已经固定了。一个已推出品牌的知晓度通常主要是由累积的广告影响带来的，而且许多消费者很可能已经试用过这个品牌。这些因素会给品牌经理带来挑战。销售促进可以激发一些对已有品牌的新的购买兴趣，从而提升销售量或者避免市场份额被竞争者夺走。

营销商通过多种方法为已有品牌增加销售量，销售促进在每种方法中都能起到重要的作用。其中一种提高产品销售量的方法就是为品牌定义新的用途。如食谱或日历等能够显示产品使用的不同用途的销售促进手段常常能达到这个目标。

另一个提高已推出品牌销售量的战略就是利用促销手段吸引该产品种类的非使用者或竞争产品的使用者。吸引该产品种类的非使用者可能非常困难，因为消费者感觉不到对产品的需要。销售促进可以向非使用者提供一些额外刺激，从而激励他们使用产品。但是增加已有品牌的销售量更常用的方法还是吸引竞争者品牌的消费者。这可以通过如优惠券、赠品、包装附赠或价格策略来给予他们转换品牌的激励。营销商也可以通过样品试用或其他种类的促销策略来获得竞争品牌的使用者。例如，美国米勒酿酒公司开展了“品尝挑战”（Taste Challenge）促销活动来帮助恢复米勒淡啤的市场份额，以对抗百威淡啤和其他淡啤品牌。[27]这一整合的系列广告运动的关键组成部分是互相影响的，促销活动部署在酒吧、餐馆和夜店，消费者可以有机会比较米勒淡啤和百威淡啤的不同口感。

维持现有消费者

随着越来越多的新品牌进入市场，竞争者开始试图通过挑衅式的广告与促销活动来争夺客户，许多公司开始转向通过销售促进方案来留住现有消费者，并维持市场份额。公司可以通过多种促销方法来维持现有的消费者基础。其中的一种方法就是一次给予他们很多产品，让他们在一段时间内不会再到市场上购买这类产品。特价促销、优惠券或包装附赠可以鼓励消费者囤积这个品牌的产品。这不仅能保证他们使用当前的品牌，也能降低他们因竞争对手的促销而转向竞争对手的可能性。

针对某一特定的细分市场

许多公司将它们的营销活动集中在特定的细分市场上，并总在努力寻求能够到达目标受众的途径。许多营销商发现，诸如竞赛、抽奖、事件赞助、优惠券和样品试用等销售促进工具对于到达地理上、人口统计学上、心理特征上和种族上的群体都非常有效。销售促进方案也可以用于针对特定用户状态的群体，如非使用者或相对于重度使用者而言的轻度使用者。例如，金佰利旗下舒洁品牌面巾纸的促销代理公司MASS Hispanic发起了一场赢者获奖的促销活动，其目标是提高品牌与拉丁裔市场的相关度，建立两者之间更好的连接。

在这家代理公司创意的名为"与舒洁一起表达你的拉丁裔的荣耀"（Express Your Hispanic Pride with Kleenex）的促销活动中，拉丁裔消费者被邀请通过一场艺术竞赛展示他们的传统和骄傲。这项比赛邀请了来自全美的有抱负的业余拉丁裔艺术家和消费者提交一份表达其拉丁裔荣耀的原始设计，并有机会赢得5 000美元，外加在拉丁裔传统月期间其艺术作品出现在精美的小型舒洁面巾纸卡通版上的特权。最后，还有机会成为消费者参与的以"人民的选择"的形式选出的获胜者，并可以在拉丁裔传统月期间购买特制的零售店里出售的卡通版舒洁面巾纸。有超过3万名消费者为选出最好的设计参与了在线投票，金佰利的18家核心零售店提供印有获胜者作品的卡通版面巾纸的特殊零售产品，这在促销期间为门店带来了舒洁纸巾476%的销量增长。[28]

促销方案也可以与一些特定产品和服务的销售高峰相配合。例如，像玛氏和好时这样的糖果公司常常赶在万圣节前开展促销活动，而针对儿童和青少年的服装和文教用品公司常常在夏末促销，以配合返校购物热潮。

加强整合营销传播并建立品牌资产

消费者导向促销的一个最终目标就是加强或支持品牌或企业的整合营销传播努力。尽管建立和维护品牌资产一般都被认为要通过媒体广告来实现，但它也变成了营销商制订促销计划时的一个重要目标。企业希望它们的促销代理公司能够从战略的角度来制订促销计划，而不是仅仅增加短期的销售量。它们希望促销活动能增加消费者对品牌的涉入度，并提供一种富有魅力的方式展现品牌的精髓。许多营销商认为，经过巧妙设计和熟练操作的促销活动是吸引消费者、体现产品差异化的一个非常有效的途径。如竞赛、抽奖和赠品发放等促销手段常被用来帮助广告活动吸引注意力，提高受众对信息、产品或服务的接受程度，并帮助与消费者建立良好的关系。

消费者导向销售促进方法

样品试用

营销商利用多种多样的消费者导向销售促进工具来达到前面讨论过的目的。我们将讨论这些工具是如何使用的，以及营销商在使用它们时需要考虑的因素。让我们先从样品开始。

样品试用（sampling）包含免费赠送消费者一定数量的产品以激励试购的一系列过程。样品试用通常被认为是产生试购的最有效方法，尽管它也是费用最高的一种。作为一种销售促进技术，样品试用通常用来将一种新产品或新品牌引入市场。不过，样品试用也可以用于已推出的产品。通常有些企业不把样品试用用在已推出的品牌上，因为样品试用可能不会对竞争品牌的满意使用者产生转换品牌的激励作用，而这些样品只可能到达本来就要购买公司产品的现有消费者手中。但是当品牌发生重大改变（更新和改进）时，以上结论可能就不成立了。

包装产品，如食品、保健品、美容用品和化妆品的制造商经常使用样品试用策略，因为它们的产品符合样品试用策略有效性的三个原则：

1. 产品的单价较低，因此样品的成本不会很高。

2. 产品可以分割，这意味着它们可以被分成规格较小的样品，同时能向消费者展示产品的特性和优点。

3. 购买周期相对较短，因此消费者会考虑立即购买，或者在下次购买前不会忘记该品牌。

样品试用的优点和局限性

样品试用给消费者提供了一个无风险尝试新产品的方法，是激励试购的一种极好方法。由美国促进营销协会（Promotion Marketing Association，PMA）开展的一项大型研究发现，绝大多数的消费者在收到样品后不是马上用掉，就是保存起来，留着以后用。[29]样品与广告或其他促销方式相比能产生更高的试购率。

样品试用在促成人们试用产品后还带来了第二个优点：消费者亲身体验品牌产品，将对品牌的优点产生更好的评价。这一点在产品的特性和优点难以通过广告形容出来时尤为重要。许多食品、饮料和化妆品具有一些微妙的特性，只有在直接体验的时候才能体会到。因此，上述行业的营销商经常将样品试用作为一种向消费者推广新产品的方式。例如，玩偶匣（Jack in the Box）作为美国西部地区的一家主流快餐连锁店，实施了一项名为“免费星期五”（Free Friday）的促销活动为消费者提供试吃新款法式炸薯条的机会。在 PMA 的调查中，近 70%的受访者表示，他们在试用过免费样品后购买了日常并不怎么使用的商品。这项研究同时发现，当样品附带优惠券时，可以产生更多的购买。

尽管样品试用是激励试购的一个有效手段，但品牌也必须具备一些独特或优良的特性让样品具有价值。否则，试用过样品的消费者会转回到其他品牌，并且不会再次购买。而样品试用策略的成本要在一定数量的消费者成为品牌的定期全价购买者后才能收回。

样品试用可能存在的另一个局限性是一些产品的优点难以得到迅速的评价，而在消费者学会欣赏品牌之前的学习期需要为消费者提供大量的产品，这可能是品牌无法承受的。例如，用于预防或祛除皱纹的面霜需要长期使用才能见效。

样品分发方法

促销经理或品牌经理必须要做的一项基本决策就是如何分发样品。样品分发方法的选择十分重要，不仅关系到成本问题，而且影响接收到样品的消费者的类型。最好的样品分发方法能将产品送到最可能的潜在用户手中，从而赢得试购和持续的购买。一些基本的分发方法包括上门分发样品、邮寄样品、店内分发样品和包装附赠样品等。在上门分发样品时，样品被直接送到潜在用户的住处，它适用于当样品的分发地点控制十分重要的时候。多年来，报纸被用于大规模样品的分发，比如使用塑料袋封套，印上促销信息并附带样品。然而，现在只有不到一半的美国家庭订阅纸质报纸，当营销商想要大规模分发产品时，这减少了报纸作为一个样品派送方法的价值。

邮寄样品方法适用于体积小、重量轻、不易损坏的产品。这种方法的一个主要优点就是营销商可以控制样品发送的地点和时间，可以在特定的市场区域分发样品。许多营销商可以利用如尼尔森的 PRIZM 等地理人口细分目标市场的营销方案提供的信息来优化它们样品寄送的针对性。

店内分发样品方法在食品中日益流行。营销商雇佣临时的路展人员，搭起桌子或展台，准备好产品的小份样品，分发给购物者。这种店内分发样品的方法对于食品十分有效，因为消费者在品尝到产品的同时，路展人员还能给他们提供更多关于样品产品的信息。路展人员还可以给消费者提供样品产品的现金折扣券，以鼓励他们立即试购产品。尽管这种样品分发方法十分有效，但成本比较高，还需要精心的策划以及零售商的合作。

包装附赠样品是指一件产品的样品附在另一件产品的包装上，这是样品促销方法的另一种常见形式。这种方法可以有效地控制成本，特别是对于拥有多种产品的企业，可以在已有品牌的包装上附上新产品的样品。其不足之处是，既然消费者只有在买下了附有样品的产品之后才能得到样品，那么样品就不会到达那些不使用被附产品品牌的消费者那里。营销商可以扩大这种样品分发的方法，把样品附加到多种品牌上，也可以包括非本企业生产的产品。

事件样品分发已经成为成长最快速并且最流行的样品分发手段。许多营销商将样品计划作为包括事件赞助、媒体联合和其他活动在内的整合营销方案的一部分，为消费者提供品牌的整体感受，而不仅仅是简单地品尝食品、饮料或包装产品试用装。事件样品分发可以在商店内进行，也可以在其他众多场合，如音乐会、体育比赛和其他地方使用。

其他样品分发方法

以上讨论的四种样品分发方法是最普通的方法，也有人使用其他方法。许多公司也会寻求专门的样品分发服务公司的帮助。这些公司可以帮助企业识别那些产品的非使用者或竞争品牌的使用者，并针对他们制定合适的分发样品的步骤。许多大学生会在开学伊始收到一个特别的样品包，里面有漱口水、牙膏、头痛药和除臭剂等一系列产品。

许多公司还把网络变成了向消费者分发产品样品的途径之一，这使得企业针对目标市场的活动增加了一个全新的层次——让消费者自由选择他们想要的样品。许多公司为消费者提供了注册就可以领取他们感兴趣的产品样品的网站，消费者可以在上面找到样品促销活动和其他可选的促销活动。这样的服务需要消费者回答关于产品使用的问题，因此营销商就能利用这些来有针对性地分发样品，并且使得其他的促销活动更加有效。

营销商也开始使用各种社交媒体来作为样品派发的渠道。例如，善品糖（Splenda）使用脸书派发一款口袋大小的喷雾式甜味剂。公司运用参与式广告使消费者直接到达善品糖产品的页面，在这里他们可以注册先看看这款新产品，并给公司提供自己的信息。善品糖也使用其脸书页面征求来自收到试用样品消费者的有价值的反馈。[30]

优惠券

历史最悠久、运用最广泛并且最有效的销售促进工具就是折扣优惠券。优惠券于 1895 年出现，最早是由宝氏公司（C. W. Post Co.）为了销售它新出的提子麦片而开始使用的。近年来，优惠券在消费者中越来越流行，这也是制造商和零售商将优惠券作为促销激励的做法呈现爆发式增长的原因。优惠券是最流行的销售促进手段，它几乎被所有的包装产品企业使用过。

优惠券的分发和用于消费类包装产品的优惠券在美国金融危机期间显著增长。2010 年，优惠券的分发数量达到了 3 320 亿张的纪录，其中 330 亿张被兑现。随着经济的复苏，优惠券分发的数量在 2015 年下降到 3 070 亿张，其中 240 亿张被兑现。根据 NCH 营销服务公司（一家追踪优惠券分发和兑现模式的公司）的数据，超过90%的美国消费者使用优惠券，13%的人提到他们在购物时总是会用券。2015年分发的3 070亿张消费类产品优惠券的平均面值是1.79美元，而240亿张被兑现的优惠券平均价值1.42美元。不过被兑现的非食品类消费包装产品的优惠券平均面值要比食品类产品高20%。[31]

过去数十年来使优惠券数量激增的另一个因素就是有大量的优惠券是通过零售商发出的，而这些优惠券甚至没有包括在前面的数据中。在大多数市场中，很多百货商店通过让制造商优惠券面值加倍的方式来加强对消费者的吸引力。

优惠券的优点和局限性

优惠券有许多优点，使其成为通行的销售促进工具，不论是新产品还是已有产品。首先，优惠券使得提供价格减免成为可能，当然这只对那些价格敏感的消费者有效。尽管有一些人不太关心价格，会以全价购买产品，但还有一些消费者通常因为有优惠券才会购买商品。优惠券也使不依靠零售商的配合而降低零售价格成为可能，而能否得到零售商的配合常常是一个问题。优惠券一般被认为是在鼓励试购上仅次于样品试用的促销方法。由于优惠券降低了产品的价格，因此它也降低了消费者在试购一个新品牌时的预期风险。优惠券也可以鼓励初次试购后再次购买。许多新产品的包装内就含有打折优惠券以激励再次购买。

优惠券也可以成为已有品牌有用的促销手段。它可以鼓励非使用者尝试一个品牌，激励现有使用者重复购买，还可以让使用者尝试新的升级版品牌产品。优惠券可以用来诱导消费者购买更高价的产品。使用优惠券最多的产品类别是一次性纸尿裤，其次是麦片、洗涤剂和除臭剂。而碳酸饮料、糖果和口香糖之类的产品很少使用优惠券。

不过，使用优惠券也存在一系列问题。首先，很难估计有多少消费者会在什么时候使用优惠券。对优惠券的使用很少立刻实现，它一般需要几个月才能兑换。英曼（Inman）和麦克阿利斯特（McAlister）的一个优惠券兑换模型显示，许多优惠券是在截止日期前兑换的，而不是在刚发行优惠券后不久。[32]因此，许多营销商通过缩短有效期来加速优惠券的兑换。2015年消费包装类商品优惠券的平均有效期限是6.3周。消费食品类产品的时间要长于非食品类产品。在短期内，在激励初次产品试购方面，优惠券仍然不如样品有效。

利用优惠券来为已有产品吸引新顾客的同时会存在一个问题，那就是很难阻止那些已经使用该品牌的消费者也使用优惠券来购买。优惠券最终会降低从那些无论如何都会购买产品的用户中所获得的利润，而不是吸引新的使用者。不过，它们有助于巩固使用者。

关于优惠券的其他问题还包括低兑换率和高成本。优惠券的费用包括兑换优惠券的面值加上制造、分发和处理优惠券的成本。图表16-3显示了在周日报纸使用独立插页以及一张面值为1美元的优惠券的成本计算。从这些数据中可以看到，优惠券促销策略的成本是很高的。因此，营销商应该深入追踪优惠券的成本来保证这种促销方法在经济上的可行性。

另一个与优惠券有关的问题就是兑换失误，或者兑换时没有购买该品牌。优惠券兑换失误或欺诈的发生有多种情况，其中包括：消费者兑换优惠券时索要的产品或型号并不是优惠券上指定的；商店管理人员或雇员收回或兑现优惠券的过程中没有与产品的销售量相配合；犯罪分子收集或印制优惠券卖给不道德的商贩进行兑换；网络来源的优惠券欺诈。制造商因优惠券欺诈和兑换失误所花费的成本，仅在美国一年就有约5亿美元。

许多制造商坚持自己的政策，拒绝兑换数量不可靠或形式可疑的优惠券。然而，有些公司并没有这样做，因为这将影响到它们的边际利润。营销商在估计优惠券策略的成本时必须允许一定比例的兑换误差。虽然辨别和控制优惠券兑换失误的方法在不断改进，如提高编码水平，但仍然会存在问题。许多零售商正在收紧它们网上优惠券的相关政策。例如，沃尔玛只接收规定有效截止日期、汇款地址和条形码的网上优惠券。

图表 16-3　优惠券成本计算

兑换优惠券的单位成本：举例说明	
1. 分发成本 55 000 000 张（发行量）×6.25 美元/千张	343 750 美元
2. 兑换率为 1.5%	825 000 张
3. 兑换成本 兑换张数 825 000×每张面额 1 美元	825 000 美元
4. 零售商操作成本和处理费用 兑换张数 825 000×每张 0.1 美元	82 500 美元
5. 创意成本	1 500 美元
6. 总方案成本（1+3+4+5） 兑换优惠券的单位成本 （成本除以兑换张数）	1 252 750 美元 1.52 美元
7. 实际由优惠券售出的产品数 （错误兑换率估计为 20%）825 000×80%	660 000
8. 售出产品的单位成本 总方案成本除以产品销售量	1.9 美元

优惠券的分发

优惠券通过许多方法分发到消费者手中，包括周日报纸中的独立插页、直邮、报纸（可以是独立的广告，也可以是一组连在一起的优惠券）、杂志和包装。通过报纸的**独立插页**（freestanding insert，FSI）分发优惠券是迄今为止将优惠券分发到消费者手中的最通行的方法，占所有优惠券分发形式的 90%。一张独立插页就是一本四色印刷的广告手册，包括消费类包装产品优惠券，通过报纸分发（通常是周日版）。独立插页也可以通过直邮包和当地零售商广告一起邮寄，或者与 RedPlum 或 SmartSource 直邮手册以及公司独立制作的书籍共同寄送。例如，宝洁每个月在全国通过报纸寄送自己的“宝洁品牌省钱秘籍”独立插页手册。

独立插页成为分发优惠券最通行的方法有许多原因，包括拥有高质量的四色图片、具有竞争力的分发成本、同一天的全国性发行量、市场选择性以及由品类的独家经营权所带来的自由竞争状态（通过独立插页公司进行）。现在一个全页的独立插页的价格大约是每千张 6～7 美元，这让独立插页促销十分有效并且价格合理。由于它在消费者当中广为流行并且具有可预见性，因此在零售交易中通过独立插页分发优惠券是一个非常有力的销售策略。

但通过独立插页分发优惠券的增长导致了一个混乱的情况。消费者被过多的优惠券轮番轰炸，尽管每一个独立插页的发行商都在插页中提供了产品的独有性，但当一份周日报纸中有 3 张插页时，这种优势就不复存在了。独立插页优惠券的兑换率已经从 4%降至仅有 2%，对某些产品来说甚至更低。这些问题让许多营销商开始寻求一种冲突更少而兑换率更高的优惠券分发方法，例如仅仅通过人工分发或零售店电子化分发的直邮。图表 16-4 展示了除了独立插页方式，也通过其他方式发送优惠券。

优惠券的发展趋势

优惠券持续成为影响消费者购买决策的最有效的促销工具，有证据显示每年美国消费者兑换的优惠券有 30 亿张。优惠券受欢迎反映了这是普通家庭每年节省相当数量金钱的一种方式。在金融危机后，优惠券使用保持在高位。近 80%的消费者按照常规基数使用优惠券，有些消

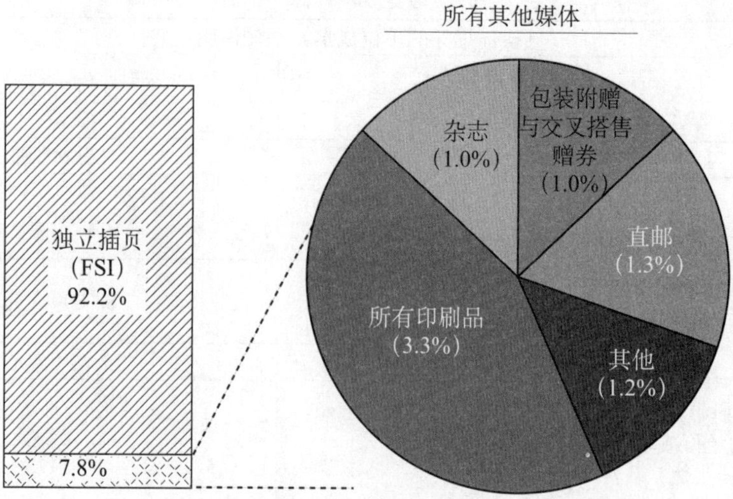

图表 16-4　通过媒体发放的消费类产品优惠券

注：其他包括报纸、所有数字化形式、混杂式

费者使用更多。事实上，“极致用券”这一名词被专门造出来用于描述综合其他购物技巧的优惠券使用情景，在购物时尽一切可能省钱。TLC 电视网仍然在播放一档名为《极致用券》（*Extreme Couponing*）的真人秀节目，节目主要关注购买者如何使用优惠券省更多钱。

优惠券使用的增长也反映了营销商发放更多优惠券以对抗低价的竞争者和零售商自有品牌。[33]虽然消费者使用了更多的优惠券，营销商在运用优惠券时仍然要面对一些问题。美国家庭平均每年要密集收到近 3 000 张优惠券，而面对数十亿张发放的优惠券，消费者的兑换率不到 2%。

考虑到优惠券的成本和使用效果，一些营销商只能减少优惠券的使用或改变优惠券的使用方式。例如，营销商减少了优惠券的有效使用期限，在三个月内或更短的时间失效的优惠券越来越常见。营销商也在转向更多地使用多种购买需求优惠券（每张优惠券能购买不止一种产品），特别是杂货产品中几乎有 40%的优惠券都使用这种策略。尽管营销商中认为优惠券效率不高和成本高昂的越来越多，但只有极少数公司会放弃它。不过，企业和优惠券行业都在寻求改善优惠券使用的方法。

一些营销商和零售商正在寻求将互联网作为分发优惠券的媒体。现在许多企业都提供在线优惠券服务，如 Cox Target Media 公司给消费者提供了在 Valpak. com 网站获得优惠券的机会，网站提供给消费者的是和 Valpak 直邮信封内一样的优惠券。另一种在线优惠券方式在过去十年变得流行，即通过 Groupon 团购网和 Living Social 之类的公司获得优惠与折扣。

在这一促销领域参与竞争的最知名的公司是 Groupon，它 2008 年成立于芝加哥，并迅速扩张到全世界。Groupon 起源的根基是通过 Groupon. com 网站提供各种产品和服务的日常折扣优惠，必须在领取折扣的当天购买，必须达到一定人数愿意购买折扣才生效。不过，Groupon 不再使用这一限时购模式，而是从一开始就提供优惠。消费者可以免费加入网站，一旦注册，将会每天收到在营销区域提供的优惠折扣通知。

移动营销是另一种快速成长的分发优惠券方法，即优惠券直接发送到移动手机上。许多营销商都在使用各种社交媒体渠道，如脸书、推特和 Instagram，来发放优惠券，也与通过移动设备发放优惠券的 Cellfire 公司合作，向登记这项服务的消费者的手机发送这些品牌的优惠券。如数字与社交媒体视点 16-1 中所讨论的移动端优惠券在千禧一代和更年轻的消费者中变得特别受欢迎。

数字与社交媒体视点 16-1

移动端电子优惠券变得流行

数十年来，营销商用优惠券和其他类型的促销折扣和优惠来轰炸消费者，超过3 000亿张优惠券中的绝大多数都通过传统方法分发，如夹在星期日报纸中的独立插页和直接发送到消费者家里的直邮包。营销商知道大部分这些优惠券和促销优惠最终都会被扔到更为数字化导向的千禧一代的垃圾筒中，比起阅读报纸或通过整理电子邮件搜寻信息，他们花更多的时间上网，尤其是社交网站。因此，近年来出现了一些公司，可以像通过其他方式获取一样，让优惠券在网上也可以获取，例如直接发送到移动设备。

数字优惠券的使用仍然有限，因为只有不到3%的优惠券被兑现。斯卡伯勒（Scarborough）研究估计，2012年以来，使用数字优惠券的消费者不断增加，到2016年增长了27%，达到6 840万人。然而，消费者正变得越来越依赖于他们的数字设备，以帮助他们处理购物流程并从不同的网站寻找优惠券。虽然网购行为在各个年龄段都在增长，但千禧一代在计划和执行采购决策中引领了数字设备使用的方式。通过智能手机或移动设备接收无纸化优惠券的千禧一代的比例（81%）比X世代（74%）和“婴儿潮”一代（50%）更高。有趣的是，与预期相反，富裕的购物者（年收入超过10万美元的家庭）也同样可能像其他收入群体一样使用优惠券，他们中70%的人使用数字优惠券。研究表明，富裕的购物者认为用优惠券来省钱有利于他们的预算，超过一半的人感觉他们用优惠券节省下的钱可以让他们购买更多的商品。

消费者从不同的数字渠道搜寻优惠券，包括零售商、制造商和优惠券网站，优惠券特定应用程序，来自零售商和优惠券公司的电子邮件、推送通知，数字标牌或购物目录上的二维码，并通过搜索引擎，如谷歌、必应和雅虎，或通过诸如ScanLife、ShopSavvy和RedLaser等公司提供的购物应用程序，这些让消费者仅通过他们的手机扫描UPC条码就可以得到产品或相关物品的优惠券。许多消费者正在下载移动电子优惠券链接以及与他们的零售商积分卡相关的促销活动。一些营销商与CellFire等公司合作，这些公司提供向注册用户的移动设备发送优惠券的服务。CellFire是在消费类包装产品行业上传卡（load-to-card, L2C）数字优惠券的领先提供商，与营销商一起，为遍及全美的超过22 000家商店提供移动优惠券服务。

消费者获取折扣和特别促销的另一种方式是利用他们的移动设备，通过像Groupon、LivingSocial等其他公司连接当地商家及国内品牌与寻找优惠的消费者。Groupon已经从需求满足模型（如帮助一个餐厅在温馨的夏夜填满空座）转向需求催生模型（在网站上帮消费者查找位置或应用程序来获取相关优惠）。这意味着从“推动”交易转变为通过电子邮件将消费者“拉”到它的网站、脸书页面或移动应用程序，在那里可以查看可用的优惠，然后进行购买。Groupon还计划使用更多的移动营销，如今其一半以上的交易发生在智能手机和其他移动设备上。全球几乎有1.2亿人下载了Groupon移动应用程序，使公司使用基于位置的营销成为可能，优惠被发送到基于接近特定商家（比如餐馆或零售店）的消费者。Groupon现在也提供多个商户服务，如移动支付产品。

可能在营销商数字营销方案中，移动优惠券会变成更加重要的组成部分。因为它们意识到手机现在几乎代表了人们在线时65%的数字媒体时间，移动应用正占据主导地位。营销商增加移动优惠券使用的另一个原因是衡量移动广告有效性的有效方法。eMarketer援引的研究表明，几乎2/3的美国营销商将移动优惠券视为移动广告实现店内购买最有效的方法。

随着消费者在智能手机和其他数字设备上花费更多时间，并使用它们来计划和进行购买，移动营销很有可能将持续快速增长。营销商将会在这一领域继续使用优惠券以及其他促销产品。

资料来源：*2k16 Valassis Coupon Intelligence Report*，NCH Resource Center，www2. nchmarketing. com/ResourceCenter/searchresults. aspx?q=coupon%20 Intelligence%20report；"Mobile Coupons Effective Way to Link Mobile Ad to In-Store Purchase，" *eMarketer*，November 10，2015；www. emarketer. com/Article/Mobile-Coupons-Effective-Way-Link-Mobile-Ad-In-Store-Purchase/1013209； "Groupon's Goals for 2015 & Beyond，" *Forbes*，March 3，2015，www. forbes. com/sites/greatspeculations/2015/03/03/groupons-goals-for-2015-beyond/#fe843ff4d1c8.

赠　品

赠品是许多营销商使用的一种销售促进工具。**赠品**（premium）是免费或低价向消费者提供一项产品或服务，从而对购买者产生额外的激励。许多营销商已经开始淘汰那些小玩具和唬人的把戏，转向具有附加价值的赠品，从而反映出产品的品质以及与其一致的产品形象与市场定位。营销商每年要在这些对消费者具有附加价值的赠品激励上花费超过40亿美元。赠品有两种基本类型，分别是免费赠品和自费赠品。

免费赠品

免费赠品通常是一些小礼物或其他小东西，或者附在包装内，或者凭购买证明寄送给邮寄购买者。包装内外的免费赠品包括玩具、球、商业卡片或谷物食品包装中的其他东西，就像一种产品中包含另一种产品的样品一样。随包装附赠的赠品有很大的推动作用，可以为购买产品提供额外的激励。然而，在这个方法的使用当中也存在一些问题。首先是成本因素，成本不仅来自赠品本身，而且来自赠品所需要的包装。寻求一个价格合理的理想赠品很难，尤其是在成人市场，而使用廉价赠品往往弊大于利。

插图16-2　麦当劳的开心乐园餐运用玩具来吸引儿童

资料来源：© urbanbuzz/Alamy.

由于大部分邮寄的免费赠品需要消费者提供有关购买及其他方面的证明，这实际上是在激励重复购买和加强对品牌的忠诚度。但邮寄赠品的一个主要缺点就是不能马上对购买者提供强化或奖励，因此他们也不会产生足够的激励去购买该产品。很少有消费者选择邮寄赠品，邮寄赠品的平均兑换率只有2%～4%。

免费赠品在食品行业日益流行，尤其是麦当劳和汉堡王这样的快餐连锁店，它们针对儿童食品提供赠品来吸引孩子们。如果以个数来计算，麦当劳已经成为世界上最大的玩具制造商，它每年要为它的开心乐园餐制造7.5亿个玩具（见插图16-2）。许多快餐巨头提供的赠品都与流行的电影进行联合营销，这对促进销售增长十分有效。麦当劳的电影联合促销策略与许多制片厂都有合作，包括梦工厂动画（Dreamworks Animation SKG）、皮克斯动画工厂（Pixar Animation Studios）以及迪士尼。麦当劳采用电影联合策略作为开心乐园餐促销活动的主要依据。

营销商使用的增长最快速的激励方法之一是航空里程累计，毫不夸张地说，它已经成为一种促销潮流。美国的航空公司每年将超过20亿美元的里程卖给其他营销商。现在，只要消费者符合如美国航空公司的AAdvantage计划或联合航空公司的里程奖励（Mileage Plus）活动中的飞行常旅客计划规定的条件，他们就可以根据里程赠品的规则，选择信用卡服务、电话服务、饭店服务和众多其他产品或服务来获得里程奖励。

自费赠品

自费赠品（self-liquidating premiums）需要消费者承担赠品本身以及处理和邮寄赠品的部分或全部成本。营销商通常购买大量的物品作为自费赠品，将它们以低于零售商的价格提供给消费者。其目的并不是要从赠品上获利，而是希望可以弥补部分成本并且给消费者带来实惠。

除了节约成本，自费赠品也给营销商带来许多好处。通过赠品给消费者带来的实惠可以建立消费者对品牌的兴趣和信誉，提升品牌形象。这些赠品也可以激发合作伙伴在交易上的支持，并为品牌及赠品获得在零售商店内进行展示的机会。自费赠品常常与广告活动紧密联系在一起，因此它们可以扩大广告信息的传播，并且有助于品牌与消费者关系的建立。例如，菲利普·莫里斯公司通过万宝路世界香烟目录，向消费者提供西部风格服装、户外用品以及其他种类的万宝路装备，这强化了这个香烟品牌的定位主题。

自费赠品与邮寄赠品一样存在根本性的局限，那就是兑换率非常低。低兑换率给营销商留下了大量带有商标或其他品牌标识的赠品存货而难以处理。因此，测试消费者对于赠品激励的反应，并确定他们是否感受到得到了实惠是非常重要的。另一种解决方案就是使用没有品牌标识的赠品，但这样又会降低消费者关系建立的价值。

竞赛和抽奖

竞赛和抽奖成为日益流行的消费者导向促销活动，每年营销商在这些促销活动中花费近20亿美元。这类促销活动拥有一种打折优惠券之类的促销工具所没有的感染力和魅力。正如一位专家提到的，竞赛和抽奖之所以令人兴奋，是因为许多消费者都有一种“大奖舍我其谁”的心态，他们认为自己可以赢得那些预设的大奖。[34]抽奖促销活动的吸引力也因受到近年来许多州的巨额奖金抽奖券所引发的“一夜暴富综合征”的影响而变得更强。因此营销商也热衷于将竞赛和抽奖作为吸引大量消费者的注意力和兴趣的一种促销手段。

竞赛和抽奖有所不同。**竞赛**（contest）是一种消费者为了获得奖品或奖金，依靠技巧或能力进行比赛的一种促销手段。企业通过评价参赛者或确认哪个参赛者与预先设定的标准最接近来确定获胜者（例如预测超级碗或篮球锦标赛中的获胜队伍和总分）。竞赛通常需要提供一项购买证明或者由代理公司或广告提供的凭证才能参加。有些比赛需要消费者阅读一则广告或包装，或者参观一场商家的展示会来获得相关的信息后才能参加比赛。营销商需要注意的是，竞赛门槛不能太高，否则可能会打击目标受众中那些关键潜在目标客户的参与热情。

抽奖（sweepstakes）是一种完全凭运气决定获胜者的促销活动。它不一定要求提供购买凭证作为参加的条件，参加者只需在抽奖活动中提供自己的姓名。通常会有一个正式的参加表格，不过手写的抽奖券也可以使用。抽奖的形式之一是**游戏**（game），获胜都有一点运气的成分或概率。即开型刮奖卡就是其中一种流行的促销工具。有些游戏需要更多的消费者参加，因此会持续一段较长的时间。像消费者必须收集游戏卡片之类的促销活动在零售商和快餐连锁店非常流行，可以带来大量的客流和重复消费。

由于抽奖活动更易参与，因此可以比竞赛吸引更多的人参加。而且，由于不需要检查鉴定每个抽奖人，因此抽奖执行起来更简单且成本更低，抽奖活动只需要在奖池中随机选出或产生一个中奖号码，能对上号码的参与者就是获胜者。专家指出，举办抽奖活动的成本也是可以预测的。企业可以购买保险来获得赔偿，保证企业不用支付巨额的奖金。总体来说，抽奖使营销商能够确定一个固定的成本，这在为一个促销活动做预算时是巨大的优势。

竞赛和抽奖活动可以通过使促销产品与活动相关联，或将奖品与目标受众的生活方式、需要或兴趣结合起来等方法使消费者融入品牌。营销商常常为竞赛和抽奖活动寻找创意主题，使其能够捕获消费者的注意力和兴趣，使其对一个新产品流露出激动兴奋之情，产生参赛意愿。

例如，联合利华公司在推介男士护理品牌凌仕阿波罗（AXE Apollo）系列产品线时，隐含在产品线之后的品牌策略是围绕太空旅游开始兴起的现实以及将宇航员视为英雄的认知制定的。阿波罗是由美国国家航空航天局资助的第三次载人航天计划的名称，美国国家航空航天局负有开展国家民用太空计划的责任。介绍阿波罗产品线的全球整合营销传播运动包括为消费者提供一场竞赛，在凌仕亚轨道飞机上赢得持续约一小时的飞行体验，将到达64英里的高空，并提供约五分钟的返回地球之前的失重体验。

为建立英雄主题，竞赛口号是“像男人一样离开，像英雄一样归来”（Leave a man. Come back a hero），把凌仕定位成一个让年轻男士自信的品牌，可以让自己对女性更有吸引力。这项竞赛在60个国家通过45种语言推广，为了赢得令人垂涎的凌仕飞行之旅，参赛者要登录一个专设网站，完成一个宇航员简介，详细说明为什么自己应该被选择。根据公众的投票数量，来自世界各地的100多名入选者加入了凌仕阿波罗空间学院，并进行了三天的训练和测试，包括太空模拟。24名男士赢得了去往太空的机票：有22名获胜者是从空间学院比赛中选出的，另两人分别是抽奖活动选出的一位美国人（这一抽奖活动是与超级碗捆绑进行的一部分）和一名来自英国促销活动的获奖者。

竞赛和抽奖活动的类型以及它们的开展方式正在改变。许多公司不再采用信件或投入抽奖箱的传统方法，而转向在线的抽奖方式。营销商使用互联网进行竞赛和抽奖活动，就是看中了网络的成本低廉、即时的数据收集能力和对消费者的吸引力的优势。通过让消费者感觉到更多的趣味性和互动性，同时设立更大并且更加个性化和体验性的奖品，确保使促销活动有一种吸引人的用户体验。[35]许多公司也将用户自创内容加入竞赛中，并放在脸书的主页上。例如菲多利食品公司为多力多滋和乐事薯片进行了一场“创造一片薯片”的竞赛，而山姆亚当斯公司（Samuel Adams）则举办了一场号召消费者创造一款众包啤酒的竞赛，美国亚利桑那饮料公司（Arizona Beverages USA）则鼓励公众创造新的冰茶口味。[36]

竞赛和抽奖存在的问题

虽然竞赛和抽奖的使用不断增加，但这种类型的促销也存在一些问题。许多抽奖和竞赛活动对产品或服务的消费者偏好关系建立并没有什么帮助，有时甚至可能会损害这种关系。抽奖或竞赛本身超越了品牌成为焦点，在付出了一大笔可观的资金或奖品后并没有取得多大效果。许多营销专家对竞赛和抽奖活动的效果持怀疑态度。考虑到活动效果，并且担心消费者可能会依赖它们，有些公司减少甚至停止了这种促销方法的使用。

竞赛和抽奖的另一个问题是有这方面嗜好的爱好者会注册并参加活动，而他们并不是真正对产品或服务感兴趣。因为美国的很多州都将通过购买的形式获得抽奖资格的行为认定为违法，所以，消费者可以按照其意愿多次参与活动。参加者可能参加很多次抽奖，这取决于奖品的性质和被允许的参加次数。互联网有很多像sweepstakesadvantage. com的网站，告知消费者将要开展的所有竞赛和抽奖信息，包括开始时间、获奖的可能性、如何参加和可能存在的困惑或其他所需信息的解决方式。抽奖和竞赛专业参加者的存在，不仅破坏了促销的目的，而且可能会阻碍那些感到获奖概率不高的消费者的参与。

众多法律规定影响着竞赛和抽奖的设计和管理。[37]这类促销活动由多个联邦机构管理，并且50个州都有自己的规定。对于竞赛和抽奖活动的管理有助于消除多年来行业中对于这种方法的滥用，并且将加深消费者对于这些促销活动的认识。但企业仍然需要谨慎地策划竞赛或抽奖活动以及奖项设置。[38]许多公司使用专门设计和管理竞赛和抽奖活动的咨询公司，以避免产生任何法律问题。但它们仍然避免不了这种促销活动带来的问题，营销人员并不是唯一遇到促销问题的人；因为奖金被美国国内收入署（Internal Revenue Service）认定为收入，赢得竞赛和抽奖的消费者往往会得知可能会有意想不到的纳税后果。在竞赛和抽奖中提供的许多奖品都无人认领，因为消费者不想为这些东西纳税。[39]

返还和返现

返还（refunds），也称**返现**（rebates），是由制造商做出的返还部分购买款项的承诺，通常是在消费者提供一些购买证明之后。消费者通常对于返还承诺的响应度比较高，尤其是当节省的金额增长之后。返现被营销商用于各种产品，从包装产品到家用电器、汽车以及电脑软件。

营销商通常使用返还承诺来刺激新产品的试购或鼓励其他品牌的消费者转换品牌。返还承诺也可以用来鼓励重复购买。许多承诺要求消费者寄来多项购买证明。购买数额越大，则返还的数目越大。一些包装产品企业开始将现金返还承诺转变成优惠券或现金和优惠券的结合。在返还承诺中使用优惠券可以提高品牌重复购买的可能性。

评估返还和返现

返现有助于吸引新的使用者，并能鼓励品牌转换或重复购买行为，至少它们也是一种临时性的减价措施。即使消费者并不兑现，这种促销策略也可以影响购买过程。因此营销商使用这种方法的降价幅度要远小于直接的价格减免策略。

返还和返现也会带来一些问题。许多消费者并没有被返还承诺所激励，因为时间上的延迟和获得这样的节省需要付出努力。他们并不想陷入保存好现金付款收据和购买证明、填写表格并寄出邮件的麻烦当中。[40]一项对消费者感知的调查发现，返现的兑现与人们对其返还过程感知的困难程度负相关。[41]研究还发现，消费者认为利用返现来销售产品的制造商运营状况不太好。不使用返现的消费者极有可能认为返还过程太过复杂，并且他们会怀疑制造商的动机。这表明，公司在使用返现时必须简化返还的过程，并使用如广告等其他促销要素让消费者对品牌保持信心。

只提供一项数额很小的返还承诺时，营销商会发现其他的促销激励，如优惠券或包装附赠可能更有效。它们必须小心谨慎，不能过度使用返现以至于让消费者混淆了真实的价格和产品服务的价值。同时，消费者会变得依赖返现，并推迟购买，或者只购买提供返现的品牌产品。许多零售商在面对返现所带来的负担和管理费用时变得清醒起来。[42]

然而，尽管消费者和零售商可能会对此有所抱怨，但营销商不太可能取消返现，因为它们是一种非常有效的促销工具。一个良好的促销的高价值返现可以显著提高销售额，取消它们会对销售产生负面影响，尤其是在消费者期望的某些产品类别。营销商还认识到，它们可以在那些计划兑现返现的消费者中实现感知价格的降低，但却从未这样做，而是将赎回率纳入定价结构。[43]

包装附赠

包装附赠（bonus packs）是指在原价格下增大包装容量或增加额外单位向消费者提供超额的产品。包装附赠让消费者降低了每单位的成本，并在相同的价格下提供了更多的价值和产品。包装附赠促销有很多优点。首先，它给营销商提供了一种直接的方法提供附加价值，不必陷入复杂的优惠券或返还活动中。通常情况下，包装附赠的额外价值对于消费者十分明显，在其购买时对购买决策产生强大的影响。

在开展针对竞争者的促销活动或引入新品牌时，包装附赠也是一种非常有效的防御策略。通过向消费者提供大量产品巩固现有顾客，营销商可以将这些顾客转移出市场，以免受到竞争者促销的影响。如果与零售商的关系良好，包装附赠可以带来大规模的订货和有利的店内陈设空间。然而，包装附赠通常需要在向零售商支付额外利润的同时占用更多的货架空间。因此营销商在交易关系不佳时使用包装附赠会遇到问题。另一个问题是，包装附赠可能主要吸引的是那些无论如何都会购买该品牌的现有用户，或者那些不易对品牌产生忠诚的对促销敏感的消费者。

价格减免

另一种消费者导向的促销方法是直接的**价格减免**（price-off deal），即降低商品的价格。价格减免通常把减价的标识做在特定的包装上。通常情况下，价格减免的幅度为原价格的10%～25%，价格减免的结果是制造商的利润率降低，而零售商不受影响。在减价促销活动中保持零售商的利润有利于维持零售商的支持和合作。

营销商使用价格减免策略有许多原因。首先，由于价格减免是由制造商控制的，因此它可以确保促销的折扣到达了消费者而不是被中间商扣留。与包装附赠一样，价格减免通常也可以迅速给消费者带来明显的价值，特别是当他们对品牌有可以参照的价格对比，从而意识到折扣的价值。[44]因此在进行价格比较时，价格减免策略在决策的瞬间对购买形成强大的影响。价格减免促销也可以激励消费者购买更大数量的商品，取代竞争者的促销活动，并获得更大的交易支持。

但价格减免可能不容易被零售商接受，因为它们可能会带来定价和生存的问题。大多数零售商不愿意接受印有具体价格的包装，所以一般使用在原价的基础上降低一定比例的方法。与包装附赠一样，价格减免策略主要吸引的是定期使用者而不是非使用者。最后，美国联邦贸易委员会制定了法规，规定了价格减免标签应符合的条件以及这种方法使用的频率和时机。

价格减免的一个流行变种是买一赠一。这些类型的价格促销是为消费者提供额外价值并鼓励他们成倍购买产品的有效方式。

忠诚度计划

在销售促进中发展最迅速的领域之一就是**忠诚度计划**（loyalty programs，也称持续计划或频率计划）的使用。美国航空公司在1981年推出了AAdvantage飞行常旅客计划，是最早使用忠诚度计划的主要公司之一。从那时起，频率计划在许多产品和服务种类中变得很常见，尤其在旅游业、酒店业以及零售业。事实上，每家航空公司、汽车租赁公司和连锁酒店都有某种类型的频率计划。美国航空公司拥有超过7 000万AAdvantage计划会员，有超过2 000万商务旅行者加入了万豪国际集团的“万豪礼赏”（Rewards）计划。忠诚度营销调研公司COLLOQUY的关于美国奖励计划的双年度报告显示，2015年，在客户忠诚度计划中，消费者拥有33亿个会员资格，仅仅两年的时间增长了26%。[45]

很多包装产品公司也在发展忠诚度计划。皮尔斯伯里、雀巢、卡夫、通用磨坊及其他一些公司最近向消费者推出了累积积分并继续购买该品牌的持续计划；这些积分可以兑换礼物或奖品。忠诚度计划在百货商店尤为流行。现在近7 000个超市都拥有忠诚度计划，提供会员折扣、积分兑换奖励的机会、企业简报和其他特别服务。忠诚度计划也被其他许多零售商使用，包括百货公司、家居中心、书店甚至地区性的面包店。许多专业零售商，如消费电子产品商店也开展了忠诚度计划。例如，百思买公司在2003年开展了“奖励区”（Rewards Zone）计划，现在这个计划已经发展到拥有超过700万会员。

有许多原因可以解释忠诚度计划为什么如此受欢迎。营销商把这些计划看作激励消费者持续使用它们的产品和服务，并建立强势消费者忠诚的一种手段。许多公司也意识到了消费者维系的重要性，而维持并扩大市场份额的关键就是与忠诚消费者建立联系。[46]忠诚度计划也让营销商有机会建立有价值的消费者信息数据库，使企业更好地了解他们的需求、兴趣和特性，同时识别并追踪企业最有价值的消费者。这些数据库也可以用来支持一些具体针对消费者的计划和承诺，提高他们的购买数量，并与他们建立更紧密的关系。许多营销者发现它更具成本效益。通过忠诚度计划与客户沟通，比通过大众媒体广告更有效。

随着忠诚度计划越来越普遍，营销商发现将它作为使产品、服务或零售店差异化的方法越来越困难。根据忠诚度营销调研公司COLLOQUY最近的研究，平均每个美国家庭加入了29个忠诚度计划，但其中只有12个比较活跃。[47]有人认为许多由营销商策划的忠诚度计划实际上只是一种短期的促销活动，它过于优待常客，而对增进长期忠诚度没有什么作用。[48]忠诚度营销公司最近所做的研究发现，66%的消费者称折扣是他们加入忠诚度计划的主要原因。这项研究同时也发现，许多消费者退出忠诚度计划是因为积累奖励积分的时间过长。[49]营销商需要找到使得忠诚度计划不单纯是折扣计划或常旅客计划的方法。这需要对数据库的精心管理，识别并追踪有价值的消费者和他们的购买历史，战略性地使用具有针对性的忠诚度计划。

一些公司已经开始改变它们的忠诚度计划，使它们对会员更具吸引力并鼓励更多的购买。例如，如今包括梅西百货、AT&T、Rite Aid、Expedia、Nationalwide和埃克森美孚在内的许多公司参与了由美国运通公司运营的Plenti忠诚度计划，允许购物者从多个零售商处赚取积分。许多公司也在它们的忠诚度计划中将获得回报的方式加以改变。一些航空公司，如美国航空、达美航空（Delta）、联合航空和西南航空，现在都在奖励购买机票所花的钱，而不是英里数。2016年年初，星巴克对“我的星巴克奖励”计划进行了调整，现在顾客可以根据他们在咖啡零售商处花费的钱赚取奖励星级。以前的客户每一笔交易赚一颗星，不管他们花了多少钱。[50]

事件营销

另一类消费者导向的促销活动近年来使用越来越普遍，这就是事件营销。区分事件营销和事件赞助是很重要的，因为这两者经常互换使用，但却是两个不同的活动。**事件营销**（event marketing）是一种促销方式，在使用这种促销方式时，企业或品牌与一个事件相联系，或者开展一个主题活动来为消费者创造体验机会并促销产品或服务。营销商常常在进行事件营销时将产品与一些热门的活动（如体育赛事、音乐会、博览会或节日等）联系起来。不过，营销商也会自己创造事件来为促销目的服务。例如，百事就为它的知名品牌激浪创造了一个滑稽的品牌形象，并与极限运动联系起来。极限运动有关一种从着装到音乐不遵循传统的生活方式，年轻人回应了品牌的号召，与品牌建立了真正的联系，并且成为极限运动社团的一员。2005年，百事将品牌与极限运动的联系提升到一个新的高度。它成为职业极限巡回赛的创立合作伙伴，这是一个以滑板、小轮车和自由式汽车越野赛为主的五站系列比赛。从营销角度来看，巡回赛的一个重要部分就是将促销机会与丰富多样的事件联系在一起。这项活动涉及极限运动的生活方式和表现艺术的打造、互动性展示、运动员亲笔签名，爱好者可以进入他们喜爱的极限体育运动员的休息室并与之交流，参观百事的产品实验室并品尝各种口味的激浪产品和其他产品。

事件赞助（event sponsorship）是一种整合营销传播活动。企业与某个特定的活动建立实际的赞助关系，并提供资金，以此来获得展示品牌名称、标识或广告信息，以及作为活动的赞助商的权利。事件营销常常作为公司对音乐会、美术展、社会公益活动和体育赛事等活动赞助的一部分。事件赞助的决定和目标常常是一个组织公共关系活动的一部分，这些将在第17章进行讨论。

事件营销已经成为许多公司整合营销传播方案中一个非常流行的部分，因为它们将其看作绝佳的促销机会，以及将品牌与一定的生活方式、兴趣爱好和活动联系起来的一种方法。事件可以有效创造消费者易于接受促销信息的环境，使品牌与消费者产生联系。此外，消费者常常期待企业能成为事件的一部分，并邀请它们加入，这能让整个事件变得更加愉快、有趣、令人兴奋。营销商可以利用事件来分发样品和产品服务信息，或者让消费者亲自体验品牌。

消费者导向促销和营销商目标的总结

关于各种销售促进手段的讨论表明，营销商使用这些工具来达到各种目的。正如在本章开始时提到的，销售促进手段给消费者提供额外的激励或奖励来诱使其产生某种形式的行为，如购买某一品牌的产品。对于某些种类的销售促进工具而言，消费者受到的激励是即时的，而另一些奖励则是延时的，不会马上实现。营销商常常根据完成特定目标的能力来评估销售促进工具，并考虑其产生的影响是即时的还是延时的。图表 16－5 描述了哪些工具可以用来完成营销商的不同目标，并识别额外激励或奖励是即时的还是延时的。[51]

图表 16－5　基于各种营销目标的消费者导向的销售促进工具

消费者奖励与激励	营销目标		
	引发试购	维持/增加消费者	支持整合营销传播方案/建立品牌资产
即时的	● 样品试用 ● 即买即兑优惠券 ● 店内优惠券 ● 店内返还	● 价格减免 ● 包装附赠 ● 包装内/外免费赠品 ● 忠诚度计划	● 事件营销 ● 包装内/外免费赠品
延时的	● 媒体发送和邮寄优惠券 ● 邮寄返还折扣 ● 免费邮寄赠品 ● 可扫描和网上发送优惠券	● 包装外/内优惠券 ● 邮寄返还折扣 ● 忠诚度计划	● 可变现赠品 ● 免费邮寄赠品 ● 竞赛和抽奖 ● 忠诚度计划

需要说明的是，在图表 16－5 中一些销售促进工具被多次列出，是因为它们可以用来完成不止一个目标。例如，忠诚度计划可以利用提供即时和延时的奖励来维持消费者的数量。那些参加由超市赞助的忠诚度计划的购物者不仅在他们每次购物时都能获得折扣，并且能得到为了留住他们而提供的即时奖励。一些忠诚度计划，如航空公司、汽车租赁公司和酒店使用的频率计划，则是通过要求顾客累积积分达到一定等级才提供延时奖励。忠诚度计划也被营销商用来帮助建立品牌资产。例如，当一个航空公司或汽车租赁公司送给它的消费者升级证书时，这种行为帮助建立了与这些消费者的关系，从而有利于品牌资产的建立。

当营销商使用消费者导向的销售促进活动来为现有和潜在的消费者提供额外的激励时，它们也将这些促销活动作为寻求交易支持的营销方案的一部分。当零售商得知制造商在某一时间实施一项促销时，零售商更有可能储存这个品牌的产品、购买额外的数量或提供诸如通道末端的展示位置等其他支持。因此交易导向促销方案的发展是营销过程中一个非常重要的部分。我们将在下一节进行讨论。

交易导向销售促进

交易导向销售促进的目标

与消费者导向促销一样，针对中间商的销售促进方案也应以明确的目标、可衡量的目标以及营销商想要实现的构想为基础。针对批发商和零售商等营销中间商的典型目标包括：为新产品争取分销和支持，维持对已有品牌的交易支持，激励零售商展示已有品牌以及建立零售商存货。

为新产品争取分销

交易促销常常用来鼓励零售商为新产品安排货架。制造商意识到，在超市、药店和其他主要零售卖场中，仅拥有有限的货架空间也是非常有效的。因此它们对零售商提供经济上的激励来鼓励它们储存、促销新产品。除了使用交易折扣或其他特价交易来鼓励零售商和批发商储备新品牌产品外，营销商也会使用其他形式的促销活动促使它们推广这一品牌。促销补助可以让零售商将新产品展示在客流量大的区域，而激励计划或竞赛可以鼓励批发商或零售店推广新品牌。

维持对已有品牌的交易支持

交易促销常被用来维持对已有品牌的分销和交易支持。那些在产品生命周期处于成熟阶段的品牌容易受到攻击，进而失去批发商和/或零售分销商，尤其是在这些产品没有太多的差异或面临新产品的竞争时。由于折扣可以增加利润率，因此交易措施可以激励批发商和零售商继续经营这些脆弱的产品。那些市场份额较小的品牌由于缺乏必要的资金，不能通过媒体广告明确自己与竞争品牌的差异，因此它们常常在很大程度上依赖交易促销。即使一个品牌拥有重要的市场地位，交易促销也可能是整个营销战略的一部分。例如，亨氏在为它的多种品牌保持市场份额方面，很大程度上依赖于交易促销。许多消费包装产品的企业也依靠交易促销来维持零售分销和支持。

激励零售商展示已有品牌

交易导向促销的另一个目的就是激励零售商展示和推广已有品牌。营销商意识到，许多购买决定是在商店做出的，因此促销展示是一个产生销售量的极好方法。一个重要的目的就是获得零售商店在产品原有货架位置以外的地方进行展示的机会。一个典型的超级市场约有50个展示区域，它们分布在各个通道的尽头、收款台附近区域以及其他一些地方。营销商希望将自己的产品在这些区域展示，以提高购物者与它们接触的可能性。即使是一个单一的展示也可以在促销期间大大提高该品牌的销售量。

制造商常常运用多种促销方案来鼓励零售商在零售层面推广它们的产品。例如，WD-40公司为零售商提供营销支持日历，为EZ-REACH新品牌上市使用了各种各样的促销手段。该企业使用多种整合营销传播工具，包括：电视广告和杂志广告、在线视频、电子杂志；社交媒体旗帜广告和博客；行业出版物和博主扩展服务；公共关系；各种消费者导向和交易导向的促销。

建立零售商存货

制造商经常使用交易促销来建立零售商或其他渠道成员的存货水平。制造商希望零售商储存它们的产品是有多种原因的。首先，批发商和零售商在高存货水平的情况下更有可能去推广一种产品，而不是将它放在仓库或储藏室里。建立渠道成员的存货也可以确保它们不会缺货，避免错失销售机会。

一些季节性产品的制造商会给零售商提供高额的促销折扣，这样零售商就可以在销售旺季来临前就储存一定的产品。这可以使制造商在生产过程中的季节性波动变得平滑一些，并能把一部分存货成本转嫁给零售商。当零售商在销售旺季前就储存了商品时，它们通常会向消费者开展特价促销活动和提供折扣来减少过多的存货。

交易导向促销的类型

制造商使用多种交易促销工具来激励批发商和零售商。接下来将考察几种最常用的交易促销类型，以及营销商在使用它们时必须考虑的一些因素。这些促销活动包括竞赛和激励、贸易津贴、展示和售点广告、销售培训计划、交易展销会以及合作广告等。

竞赛和激励

制造商可以推出竞赛或特别的激励计划来激发代理商管理层或销售人员更大的销售努力和支持。竞赛或激励计划可以直接针对为批发商或分销商工作的管理人员，也可以针对零售层面的商店或部门的管理者。制造商常常支持针对分销商的竞赛，并将旅行或高价值的产品作为奖励以达到销售限额或其他目标。

竞赛或特定的激励常常是针对批发商、分销商/代理商或零售商的销售人员。这些销售人员是分销环节中非常重要的一个环节，因为他们非常熟悉市场，更频繁地接触顾客（不论是下一级分销商还是最终消费者），并且在数量上也多于制造商自己的销售人员。因此制造商常常为这些销售人员策划一些激励措施或竞赛。这些措施可能包括直接对零售商或批发商的员工支付现金，鼓励他们推广销售该制造商的产品。这种款项称作**推销奖金**（push money）或推销佣金（spiffs）。例如，一个家用电器制造商可以向销售了一定规格或数量的零售商销售人员支付25美元的推销佣金。在销售竞赛中，销售人员可以在达到制造商设立的一定目标后赢得旅游奖励或有价值的商品。正如图表16-6所示，这些激励可以与产品销售量、新客户的开发或销售规划努力联系起来。

图表 16-6　　三种针对分销商销售人员的促销形式

- 产品或计划销售量
  奖励同产品的销售情况挂钩，例如：
  - 销售一定数量的套件
  - 销售一定数量的单位产品
  - 达到一定销量的促销方案
- 新客户开发
  奖励同以下几项挂钩：
  - 发展的新客户数量
  - 订购最小单位产品的新客户数量
  - 针对新客户的促销方案
- 销售规划努力
  奖励同以下几项挂钩：
  - 开展的促销活动（如主题活动）
  - 放置展览架、柜台展示等

尽管竞赛和激励可以带来分销商的支持，但它们也会成为零售商销售人员与管理层产生冲突的原因。一些零售商希望维持对销售人员销售活动的控制力。它们并不希望它们的销售人员付出额外的努力去赢得比赛或接受由制造商提供的激励。它们也不希望员工为了自己的私利而过于积极地去推销产品，而疏于推销那些最适合消费者的产品或型号。

许多零售商拒绝让它们的雇员参与制造商举办的竞赛或接受激励酬金。而那些允许这样做的零售商常常也有严格的规定，并且需要征得管理人员的同意。

贸易津贴

贸易津贴（trade allowance）可能是最普遍的交易促销方式，它是一种对零售商或批发商提供的，激励它们储存、推广或展示制造商产品的一种折扣或优惠。针对零售商的津贴类型包括购买津贴、促销或展示津贴以及货架津贴。

购买津贴　购买津贴是在固定的时期内一种以价格减免的形式提供给分销商的价格优待或折扣。这种折扣常常以**现金津贴**（off-invoice allowance）的方式出现，这就意味着一定量的按件计或按百分比计的金额是在发票以外扣除的。购买津贴也可以选择免费商品的形式，分销商在购买特定数量的产品时可以获得额外的数量（例如买十赠一）。

使用购买津贴有许多原因。它们通常易于实行并且容易被接受，有时候还是中间商所期待的。它们也是鼓励分销商购买制造商产品的有效方法，因为它们希望在提供津贴期间享受折扣的好处。制造商提供交易折扣的目的是希望批发商和零售商通过将价格减免传递给消费者而获得更多的利益。然而，下面我们就会谈到，结果常常事与愿违。

促销津贴　制造商常常给予零售商津贴或折扣，以获得零售商对品牌促销或经营活动的支持。当零售商提供了相对于常规货架外的特别展示、进行店内促销活动，或包括广告产品，制造商都会给予促销津贴。制造商通常有一些准则或合同，它们明确说明了进行的活动是否符合促销津贴的要求。这种津贴通常是在整个促销期间相对于制造商的正常报价单按一定的数量或百分比进行的价格减免。

货架津贴　近年来，零售商在同意引入一个新产品时都会要求一种特殊的津贴，即**货架津贴**（slotting allowances），也称作储备津贴（stocking allowances）、引入津贴（introductory allowances）或入市费（street money）。它们是零售商因提供了一个空位或位置来容纳新产品而收取的费用。零售商通过计算每年与推出新产品相关的成本来确定收取佣金的比例，这些相关的成本包括重新设计商店的货架、将产品信息输入计算机、准备储存的空间、为新产品委派销售人员。[52]它们还会指明所承担的风险，因为有太多新产品在引入市场后以失败告终。货架津贴的支持者争辩说营销商经常引进新产品却很少进行消费者研究和市场支持，不考虑如果这些产品失败给零售商带来的成本。[53]

上架费从数百美元到5万美元不等，零售连锁店的上架费还会更高。制造商想要将自己的产品放在全国范围的货架上，就要面临数百万美元的上架费。许多营销商认为货架津贴是一种勒索或受贿行为。它们声称，这些费用中的70%都直接进了零售商的腰包。

零售商可以继续收取上架费，因为它们拥有这个权力，而且每年有大量的新产品要进入市场，而超市的货架空间却是有限的。如果一种新产品在一定时间内没有达到最低限度的销售水平，一些零售商甚至要求制造商支付**损失费**（failure fees），用这笔钱来弥补与储存、维持存货量以及推出产品等相关费用。[54]拥有知名品牌的大型制造商将比那些与零售商合作时缺乏影响力的小公司支付更少的货架津贴。

1999年，由于上架费对于小企业的负面影响，美国参议院小企业委员会开始采取措施，抵制在百货公司、药店和计算机软件行业收取上架费。[55]该委员会建议美国联邦贸易委员会和美国小企业管理局（Small Business Administration）采取措施限制收取上架费的做法，因为这种做法阻碍了竞争。由保罗・布鲁姆（Paul Bloom）、格利高里・甘德列克（Gregory Gundlach）和约瑟夫・卡农（Joseph Cannon）进行的一项研究考察了制造商、批发商和零售商对于收取上架费的看法，结果发现上架费将新产品引入市场的成本由零售商转给了制造商，并且有助于调节新产品的供需比例。他们还发现上架费导致了较高的零售价格，并在应用时具有歧视性，因此使得小型营销商处于劣势。[56]

尽管有些争议，许多国家和地区的杂货店和连锁店仍继续收取上架费，它们辩称可搬上货架的产品数量是有限的，这些费用可用于担保。然而，一些商店，如好市多、全食和沃尔玛不收取上架费。沃尔玛可以通过它的规模和购买力来谈判它所能让渡给顾客的低价格。而好市多和全食专注于选择最适合客户需求的产品。[57]

展示和售点广告

下一次去商店的时候，你可以花一点时间来看看用于展示和销售产品的种类繁多的促销材料。售点（POP）展示是一种重要的促销工具，因为它可以帮助制造商获得更加有效的店内销售。美国的公司每年在POP材料上的花费超过200亿美元，包括通道展示、横幅、招贴、货架卡片、移动卡片和立架等。因为许多消费者在商店内做出购买决定，因此POP展示对于营销商而言非常重要。事实上，一些研究估计消费者有近2/3的购买决定是在零售商店内做出的。因此，对于营销商而言，通过POP展示抓住消费者的注意力，并传递销售或促销信息是十分重要的。

国际POP广告联盟（Point-of-Purchase Advertising International，一个产业交易联盟）与广告研究基金会所做的一项测量研究估计，超市展示的POP千人印象成本是6～8美元。[58]这个千人成本以在一个百货商店展示平均每周可以建立2 300～8 000个印象为基础，具体因店面的大小和容量而不同。尽管这个研究表明POP展示可以有效地到达消费者，但要零售商店依照要求进行展示的困难增加了营销商使用这种方法的难度。[59]而且，许多零售商正在减少它们可以接受的展示和传播的信息数量。同时，由于特定客户促销的逐渐流行，一些零售商要求定制的POP材料。例如，7-11便利店承接了所有卖主的POP材料的生产，这当然是需要付费的。这样做的目的是让7-11完全控制自己的店内环境。

尽管存在这些挑战，营销商仍然意识到POP展示是促销方案中的一个重要部分。许多营销商都继续开发创新方法来有效地展示它们的产品，使它们在零售环境中脱颖而出，并将促销信息传递给消费者。需要指出的是，有创意的POP展示的重要性并不仅限于百货商店或便利店，它对于通过其他形式的零售渠道进行分销的公司，如家居装饰用品公司、消费电子产品公司特别是零售店也同样重要。

许多制造商通过货架**平面分布图**（planograms），即店内一个货架上摆放的各种产品的分布情况，来帮助零售商提高货架空间的使用效率。一些制造商正推出以计算机模拟为基础的方案，允许零售商输入它们扫描数据得到的信息，通过对产品流动、空间利用、利润以及其他因素进行测试，决定最佳的货架摆放方案。[60]

销售培训计划

制造商提供的促销辅助手段的另一种形式是对于分销商个人的销售培训计划。许多在零售层面进行销售的产品需要知识丰富的销售人员，它们可以向消费者提供多种品牌和型号的特性、利益点和优势的信息。化妆品、家用电器、计算机、电子产品和体育用品都是消费者需要依靠知识丰富的零售人员提供帮助的产品种类。

制造商通过多种方法向零售人员提供销售培训帮助。它们可以开办培训班或培训课程让零售人员参加，以提高他们对于某种产品或产品线的知识水平。这些培训课程的内容包括如何销售制造商产品的信息和创意，以及一些有启发性的内容。零售人员的销售培训课程常常由那些销售高价商品或复杂商品的企业开设，如个人电脑、汽车或滑雪用品公司。

制造商向零售人员提供销售培训的另一种途径是通过制造商自己的销售力量来进行。销售代表向零售人员传授产品的相关知识，并提供销售要诀和其他相关信息。销售代表可以在与零售人员进行日常接触的时候提供持续的销售培训，并根据产品线、市场发展、竞争信息等内容的变化，更新培训内容。

制造商也会给分销商分发具体的销售手册、产品说明书、参考手册以及其他材料。许多公司还为零售人员提供录像带或数字文件，其中包含了产品信息、产品使用说明以及有关产品如何销售的创意。这些销售帮助也常用来向顾客提供信息。

交易展销会

另一种针对分销商的重要促销活动就是**交易展销会**（trade show），这是一种制造商向现有和潜在的购买者展示其产品的公共集会。根据美国展览业研究中心（Center for Exhibition Industry Research）的数据，在美国和加拿大，每年有超过1亿人参加近15 000场交易展销会，参展商则超过了130万家。在许多行业，交易展销会是展示企业产品线并与顾客进行交流的主要机会。经常有一些来自大型零售连锁、分销商和其他分销代表的高层管理人员参加这种展销会。

交易展销会可以实现许多促销功能，包括产品演示、识别新的潜在客户、收集客户和竞争者的信息，甚至接收产品订单。交易展销会对于新产品引进特别有用，因为分销商常常寻找新的产品进行采购。展销会也可以是很有价值的开场白，接下去就是电话营销和直复营销。交易展销会对社会的影响也很重要。许多公司使用这种方法来取悦重要客户，并发展和维持与中间商的关系。一项学术研究证明，展销会可以带来产品知名度和对产品的兴趣，并能产生可测量的经济收益。[61]例如，每年 1 月在拉斯维加斯举办的非常引人注目的贸易展——国际消费者电子展（International Consumer Electronics Show）就是一个例子。该展览由消费电子协会（Consumer Electronics Association，CEA）所有和主办，通常被用作宣传和发布新产品，如计算机平台、智能手机、高清电视和各种其他类型的消费电子产品。

合作广告

我们要考察的最后一种交易导向促销活动形式是**合作广告**（cooperative advertising），在这种促销中广告的成本由多个机构分担。合作广告有三种形式。尽管前两个并不是交易导向的销售促进活动，但是我们也需要了解它们的目标和意图。

水平型合作广告（horizontal cooperative advertising）通常是由多家零售商或其他为市场提供产品或服务的组织共同发起的广告。例如，位于同一个汽车市场或在同一条街上邻近的汽车交易商常常把自己广告预算中的一部分分配到一个合作广告基金中。这类广告是为了推广整个汽车代理商所在地，并鼓励汽车购买者利用他们相邻的优势，在选购新车的时候来到这里。许多城市和度假地采用水平型合作广告。让酒店、主题公园、旅游景点和其他受益的旅游业企业捐助资金，用于宣传和推广该地区作为旅游目的地和/或举行会议和大型活动的场所。

原料商赞助的合作广告（ingredient-sponsored cooperative advertising）是由原材料制造商提供支持的。它的目的是帮助建立包含其公司材料和/或原料的最终产品。经常使用这种广告形式的如杜邦公司，它推广诸如特氟龙（Teflon）和凯芙拉（Kevlar）等原材料；3M 公司，推广新雪丽（Thinsulate）；NutraSweet 公司，它的人造甜味剂可用于食品和饮料。

也许在这种合作广告形式中，最知名并且最成功的要数英特尔公司从 1991 年发起的“Intel Inside”计划了。[62]在这个计划中，作为在广告和电脑上显示“Intel Inside”标识的回报，电脑制造商可以获得购买英特尔芯片 5%的返现。这笔从英特尔得到的资金必须使用在电脑生产商和英特尔的联合广告中。许多在美国发行的电脑的平面广告上都带有“Intel Inside”标识。这个计划帮助英特尔公司将自己在微处理器市场的市场份额从 1990 年的 56%提高到 2007 年的近 80%。[63]

另一个使用原料商赞助广告的技术公司是高通公司（Qualcomm），它一直在为骁龙（Snapdragon）处理器进行品牌建设活动，它为许多智能手机和其他移动设备提供了动力。公司在美国和其他几个国家发布广告，以推广骁龙处理器的特性和利益点，以及它如何对移动设备的性能做出贡献。

最普遍的合作广告形式就是针对中间商的**垂直型合作广告**（vertical cooperative advertising），制造商支付一部分广告费用，而由零售商推出这则广告来推广制造商的产品，这对提高零售商的商业地位非常有效。制造商通常以不超过一定限度的百分比（通常是 50%）承担零售商的广告成本。

制造商为合作广告支付的金额通常以采购金额的百分比为基础。假设一个零售商向制造商购买了 10 万美元的产品，它可以收到 3%即 3 000 美元的合作广告费用。大的零售连锁店常常为所有的商店统一做合作广告的预算，这可以给它们带来更高的合作广告金额以及更多的媒体选择机会。

合作广告呈现出多种形式。零售商可以为制造商的产品做广告，如介绍若干个不同产品的报纸广告，每个制造商都要向零售商支付应支付的那部分广告费用。或者广告也可以由制造商制作，然后由零售商在当地的媒体投放。

一旦合作广告推出，零售商就会要求制造商补偿它应承担的媒体成本部分。制造商通常对广告有特定的要求，只有在广告符合这些要求时才进行合作支付，例如大小、商标的使用、内容和形式。广告的刊登也同样需要证明，如广告的数字备份及发票。

与其他形式的交易促销活动一样，近年来制造商也提高了在合作广告方面的支出。一些企业已经把用于全国性广告的经费用于合作广告，因为它们认为，后者与立足于当地市场的广告战略能产生更大的影响。历史上，零售商花了大部分合作广告费用在传统媒体上，如报纸、直邮和广播，直到最近许多营销商有些气馁，或不允许使用合作基金用于线上渠道。不过，随着报纸和广播媒体受众的减少，很多公司已经改变了它们的政策，允许将合作广告资金用于数字媒体。[64]一些零售连锁现在提供数字媒体购买平台，旨在帮助供应商更好地到达零售商的客户，不仅仅是通过零售商网站，还通过其他在线渠道。像沃尔玛和塔吉特这样的大商家，以及像 Safeway/Albertsons、Food Lion 和 ShopRite 这样的连锁超市已经建立数字媒体交易，并鼓励供应商分配它们的一些贸易促销费用在这一类型的媒体上。[65]

通过广告及其他整合营销传播工具进行协作的销售促进

那些参与销售促进过程的商家一定会认识到，销售促进技巧通常要与广告和其他整合营销工具联合运用才能达到最好的效果，而整合营销传播活动的效果也可以通过消费者导向的销售促进活动得到加强。与其将广告与销售促进看作竞争公司促销预算的独立活动，不如将它们看作相互补充的工具。当对二者进行合理规划和执行时，广告与销售促进将产生比单独使用任何一个促销组合要素都要强大的协同效果。

对销售促进与其他整合营销传播工具进行合理的协调，对企业把握每种工具带来的机会，并从促销预算中获得最大的收益是必不可少的。广告与销售促进的成功整合需要涉及多方面的决策，不仅包括协调预算在每个地区的分配，而且包括广告与促销主题、多种促销活动恰当的媒体支持和时间控制，以及到达目标受众等多方面的协调。

预算分配

尽管许多企业在销售促进方面投入的资金超过媒体广告，但很难说企业的整体促销预算应当如何分配给广告或消费者导向和交易导向的销售促进活动。这种分配取决于很多方面的因素，包括活动的具体促销目标、市场和竞争状态，以及品牌在其生命周期中所处的阶段。

例如，如何分配促销预算可能根据品牌所处的产品生命周期阶段的不同而变化。在引入市场阶段，大部分的预算可能会分配给促销手段，如刺激试用的样品和优惠券。在成长阶段，促销费用可能主要用于广告，用以强调品牌的差异性并维持品牌在消费者心目中的形象。

品牌进入成熟阶段以后，广告这一工具主要用于维持消费者对品牌的感知。同时也需要周期性的诸如优惠券、价格津贴、赠品以及包装附赠的消费者导向促销来维持消费者的品牌忠诚度，吸引新的使用者并维持竞争地位。交易导向的促销活动用来维持货架空间，满足零售商对于更多利润的要求，并鼓励它们推广产品。一项针对广告与促销的协同效果的研究考察了处于产品生命周期成熟阶段的品牌，发现这个阶段80%的销售额都来自销售促进。当一个品牌进入产品生命周期的衰退阶段时，大部分的促销支持都可能会转移到其他地方，销售促进方面的支出也将不复存在。

广告与促销主题的协调

要成功地整合广告与销售促进方案，消费者促销活动的主题需要尽可能地与企业和品牌的定位联系起来。销售促进工具应当努力传达品牌独有的特性或优点，同时强化销售信息和广告活动主题的表达。只有这样，销售促进努力才能尽力帮助品牌建立消费者关系。

同时，媒体广告和其他整合营销传播工具也应用于将人们的注意力吸引到促销活动（如竞赛、抽奖或事件赞助，或是价格减免或津贴计划的特价促销）上来。这方面一个很好的例子就是万事达卡以及它的促销代理公司 Armstrong Partnership 举办的曾获大奖的“赢取 500 张机票”（Win 500 Flights）抽奖活动。这个抽奖活动是在万事达卡的“无价”（Priceless）活动主题下展开的，它要履行万事达卡的品牌承诺，即万事达卡了解对于消费者来说最重要的是什么——在这个案例中就是无论什么原因进行的旅行。此次整合营销活动的主要目的就是在重要的夏季旅游旺季促进万事达卡的使用。在 7 月 1 日至 8 月 31 日之间使用万事达卡的消费者可以自动参加这个抽奖活动，将有机会获得 500 张可以与家人和朋友分享的前往任何地方的机票。电视广告、报纸广告、户外媒体广告以及在线旗帜广告等媒体广告，以及一场大范围的公关活动都被用来推广此次抽奖活动。插图 16－3 展示了“赢取 500 张机票”抽奖活动的一幅平面广告。

插图 16－3　万事达卡使用媒体广告来促销“赢取 500 张机票”抽奖活动

资料来源：Mastercard.

媒体支持与时间控制

媒体支持对于销售促进活动具有决定性的意义，并且应当同广告活动的媒体投放计划协同发挥作用。媒体广告常常用来分发促销活动的材料，如优惠券、抽奖活动、竞赛的参赛表格、赠品甚至样品。它也会被用来向消费者告知进行的促销活动，并建立品牌的知晓度、兴趣和有利的态度。

通过使用与促销活动相结合的广告，营销商可以提高消费者对其品牌和优势的注意力，提高他们对促销活动的响应程度。比起那些对品牌一无所知的消费者，熟悉品牌的消费者更有可能兑换优惠券，或对价格减免优惠做出反应。此外，通过促销手段，如样品或高额优惠券带来的产品试购在广告的配合下更容易促进消费者对品牌的长期使用。[66]

在使用促销活动的时候不提前或同时进行广告宣传可能会限制促销活动的效果，并带来损害品牌形象的风险。如果消费者认为一个品牌总是依赖促销或者品质低劣，就很难对品牌产生肯定的态度和长期的忠诚度。相反，广告的效果可以通过优惠券、赠品承诺或参加抽奖或竞赛的机会得到加强。

一个广告与销售促进有效协作的例子就是联合利华将多芬男士护理系列（Dove Men＋Care）引入市场所做的推广活动。联合利华发放沐浴产品和洗面产品的试用装给超过半数的美国家庭，同时发放高价值的优惠券，并将运用贸易促销到达目标零售商作为其迅速推向市场的组成部分。这次销售促进工作伴随着大量的平面广告和电视广告，包括在超级碗期间的商业广告，而且在这之后的广告均以新奥尔良圣徒队（New Orleans Saints）四分卫德鲁·布里斯（Drew Brees）为代言人。该项策划案包括了其他整合营销传播工具的使用，主要有公共关系、移动营销和数字与社交媒体。

为了使企业的广告与促销方案在协作时更加有效，许多企业让它们的促销代理公司更深入地参与广告与促销的策划过程。与聘请代理公司开展单独的、非消费者关系建立的、只有短期目标和策略的促销活动相比，许多公司更愿意让促销代理公司与广告代理公司合作，共同策划整合促销策略和方案。图表 16－7 展示了促销公司的角色是如何改变的。

图表 16－7　　促销代理公司的角色转变

传统的	新的与改进后的
1. 主要用以策划短期的策略或概念。	1. 用以推出长期和短期的促销战略和战术。
2. 以项目为基础雇佣和收取费用。	2. 以年度聘任合同为基础，有正式的代理评估。
3. 许多促销代理公司混合使用——每一个代理公司受雇于最擅长的方案或专项研究。	3. 为每个部门或品牌集团设置的一到两家独家促销代理公司。
4. 代理公司中一至两人负责一位客户。	4. 整个群体或核心团队为客户服务。
5. 促销代理公司永远不等于广告代理公司——在年度计划过程中并不预先合作。	5. 促销代理公司与广告代理公司在平等的基础上工作——提前共同进行计划。
6. 不直接对结果负责。	6. 高度责任化——自始至终都有严格的评估过程。

销售促进的滥用

营销方案中对销售促进使用的不断增长并不是出于一时的狂热。这是关于企业如何营销产品和服务的战略决策上的根本性转变。这种强调销售促进增长的做法的价值已经受到了许多学者的质疑，尤其是对那些缺乏充分的策划和管理的销售促进方案。[67]

营销商是否过于依赖这种营销工具？正如之前讨论的，消费者促销和交易促销对于带来短期销量增长非常有效，因此许多品牌经理宁可使用促销活动来产生即时销售，也不愿意投在广告上，建立长期的品牌形象。正如一家大型广告代理公司的促销部门主管所说："由促销带来的快速的销售量增长是极具诱惑力的。向消费者提供即时的价格优惠比通过广告将你的产品同竞争者区分开来要容易得多。"[68]

销售促进的过度使用对品牌的危害是多方面的。不断进行促销的品牌可能会失去其可感知的价值。消费者常常拒绝购买一个产品是因为它在进行特卖，或者他们可以得到赠品，或者他们有优惠券，而不是基于他们产生的良好态度而做出的决定。当没有这些额外的促销激励时，他们就会转向其他品牌。一项由普里亚·拉古比尔（Priya Raghubir）与金·考夫曼（Kim Corfman）所做的研究考察了价格促销是否会影响品牌的预估价值。[69]他们发现相对于之前频繁进行促销的品牌来说，以前没有进行过促销的品牌在提供一次价格促销后更容易降低品牌的估价；当评估者并不是很专业但拥有一定产品或行业的知识时，价格促销在更大的程度上成为一种信息的来源；而当价格促销在行业中很少见时，促销很可能会产生负面的评价。这项研究所得出的结论提醒营销商在使用价格促销时必须小心谨慎，因为它们有时会妨碍对品牌的试用。

阿兰·索耶（Alan Sawyer）和彼得·迪克森（Peter Dickson）曾使用归因理论来调查销售

促进究竟如何影响消费者态度的形成。[70]依据这个理论，人们通过观察自身的行为并思考他们为什么会遵循一定的行为方式来形成态度。那些由于优惠券或价格优惠而不断购买的消费者很可能将自己的行为归结为外部的促销激励，而不是对品牌的满意度。相反，如果没有外部激励，消费者更有可能将他们的购买行为归因于对品牌的潜在感觉。

消费者导向销售促进存在的另一个潜在问题是当多个竞争者广泛使用促销活动时可能会产生的**销售促进陷阱**（sales promotion trap）或旋涡。[71]一个企业常常利用销售促进将自己的产品或服务与竞争者的区分开来。如果这个促销活动获得了成功，并带来差异化的优势（或者原来就有这个趋势），那么竞争者可能很快就竞相模仿。当所有的竞争者都使用了销售促进时，不仅降低了每个企业的利润率，也使得行业内的所有企业都骑虎难下。[72]图表 16 - 8 描述了这一两难境地。

	本公司	
其他公司	削减促销	维持促销
削减促销	所有公司都得到更高利润	本公司获得市场份额
维持促销	其他公司获得市场份额	市场份额保持不变，利润下降

图表 16 - 8 销售促进陷阱

许多行业都落入了这种陷阱。在化妆品行业，购买赠送和购物优惠的促销活动成为吸引购买者试购新产品的一种手段。但它们已经成为一种普遍并且成本高昂的经营方法。[73]在美国的许多地区，超市已经陷入将制造商的优惠券加倍的陷阱，这使它们原本就不高的利润率进一步降低。快餐食品连锁店也陷入了针对热门食品 99 美分或 1 美元的促销活动。快餐食品公司利用它们的 1 美元菜单向考虑预算的消费者提供了选择机会，并向他们提供每天不间断的优惠。麦当劳在推广超值菜单方面走在了众多竞争者的前面，并且让其热门产品如双层吉士汉堡从 2003 年进入市场后就一直在这个菜单上。但诸如汉堡王和温蒂等竞争者最近也将它们的热门产品列入它们的超值菜单中，以努力追上行业领导者的脚步。[74]其他竞争对手也推出了 1 美元超值菜单项目，如塔可钟在 2013 年引入了一个“渴望”超值菜单。[75]麦当劳在同一年更新了它的 1 美元菜单，并更名为“1 美元菜单及更多”（Dollar Menu & More），并在其超值产品中增加了更昂贵的项目。然而，2016 年麦当劳换成了“麦当劳 2 元 2 件”（McPick 2）菜单，顾客支付 2 美元可获得两件商品，包括麦当劳双层汉堡包、麦乐鸡三明治、小薯条或马苏里拉奶酪棒。[76]

营销商必须认识到促销活动的短期效果和对于品牌的长期效果。竞争者展开报复性促销的容易度和可能性也需要考虑。营销商一定要注意不要让促销损害了品牌特权，或者让企业陷入侵蚀品牌利润率和威胁品牌长期生存的促销战当中。营销商常常试图通过销售促进来解决销售量下降及其他问题，而这时它们应当审视营销方案的其他方面，如渠道关系、价格、包装、产品质量或广告。

在阅读完本章后你可以了解到，营销商在策划和实施有效的销售促进方案时需要考虑一系列因素，因为它们不仅涉及给消费者提供一种额外的经济激励来购买产品。普里亚·拉古比尔（Priya Raghubir）、杰弗里·英曼（Jeffrey Inman）和汉斯·格兰德（Hans Grande）认为，消费者促销效果包括三个方面：经济上的、信息上的以及情感上的。[77]他们认为除了经济上的效果之外，营销商必须考虑到促销活动传递给消费者的信息和信号，同时还有情感上的影响，包括消费者参与促销或与提供优惠的品牌或公司相联系所引发的感觉和感情。考虑到所有这些影响，营销经理可以更加高效且有效地策划推广消费者促销活动。

本章小结

多年来，广告对于大多数消费品企业是主要的促销组合要素。然而在过去的 20 年中，营销商将更多的促销经费分配给了销售促进。销售促进方法的使用呈现出稳步增长的趋势，其目的是影响消费者的购买行为。零售商力量的壮大、品牌忠诚度的降低、消费者对于促销敏感度的增强、品牌数量的激增、营销商的短期行为和竞争等，都是造成销售促进增长的原因。

销售促进既可以是消费者偏好建立型的，也可以是非偏好建立型的。前者可以带来品牌识别和品牌形象的长期发展和加强；后者则加速了购买过程，并能产生即时的销量增长。

销售促进可以分为交易导向和消费者导向两种类型。本章考察了一系列的消费者导向销售促进方法，包括样品试用、优惠券、赠品、竞赛和抽奖、返还和返现、包装附赠、价格减免以及事件营销等，并探讨了它们的特性，以及它们的优点和局限性。我们也考察了多种交易导向销售促进活动，包括竞赛和激励、贸易津贴、展示和售点广告、销售培训计划、交易展销会和合作广告。

广告与销售促进不应当被看作独立的活动，而是相辅相成的。在良好的规划和实施前提下，广告与销售促进产生的效果比其中任意一个促销组合要素所带来的效果都要强。要达到这个目标，营销商必须协调预算、广告与促销主题、媒体支持和时间控制等。

当营销商过分依赖促销手段，以牺牲长期的品牌定位和形象来获得短期的销售增长时，就会导致销售促进的滥用。许多行业都经历过销售促进陷阱，当众多竞争者广泛地使用促销活动时，单个企业很难做到削减促销措施的同时不引起销售额的损失。对销售促进工具的过度使用会降低利润率，威胁品牌的形象甚至生存。

讨论题

1. 本章开篇讨论了许多零售商过度依赖折扣和促销，这也给它们带来了麻烦。讨论零售商增加使用折扣和促销的一些原因。它们如何减少对通过这些方式来改善商店的流量和销售的依赖？

2. 讨论消费者导向销售促进与贸易导向销售促进之间的差异及它们在营销商的整合营销传播方案中的作用。每一类销售促进的不同目标是什么？

3. 营销商将它们的推广预算更多地分配在销售促进上而不是媒体广告上的原因有哪些？你同意促销应用的增加正在破坏许多强势品牌的品牌资产的批评观点吗？

4. 整合营销传播视点 16-1 讨论了彭尼在试图削减促销活动并转向实现“公平公正”的定价推广模式时遇到的问题。为什么彭尼的顾客对零售商促销减少的反应如此负面？彭尼在放弃该策略之前应该给这个新策略更多的时间发挥作用吗？

5. 讨论移动营销对营销商正在使用的促销活动的影响。

6. 消费者偏好建立的促销与非偏好建立的促销间的区别是什么？找到一个公司用来建立品牌资产的促销例子，并解释它是如何做到这一点的。

7. 本章讨论了联合利华及其广告代理公司制定的为发布凌仕阿波罗男士个人护理新产品系列的竞赛活动。评价这次竞赛作为消费者偏好建立促销工具对凌仕阿波罗品牌的作用。

8. 评估优惠券作为销售推广工具的有效性。当仅有 2%的优惠券被兑现，你会如何回应认为其效率低的批评者？

9. 讨论可能会出现使用 Groupon 为消费者提供折扣的公司类型。公司使用 Groupon 提供的促销优惠给消费者的利与弊是什么？

10. 营销商使用竞赛和抽奖时面临的问题是什么？讨论它们为避免这些问题可以采取的措施。

11. 返现服务的报告显示一个价值200美元的产品其返现金额为50美元的平均兑现率只有35%。返现的兑换率为什么这么低？这些低兑换率将会如何影响营销商关于将返现作为促销工具的决策？

12. 讨论营销商使用的各种类型的贸易促销活动，关注其目标以及各种工具存在的利弊。

13. 销售促进陷阱意味着什么？找到一个行业或市场正在发生促销战的例子。公司在决定是否参与促销战时有什么选择？

第17章 公共关系、公共宣传和企业广告

学习目标

1. 认识公共关系、公共宣传和企业广告在促销组合中的角色。
2. 比较公共关系和公共宣传的不同点，并说明它们的优缺点。
3. 讨论使用企业广告的效果和优缺点。
4. 比较不同形式的企业广告。

开篇案例

营销商发觉做好事会有回报

许多小企业和大公司成为良好的企业公民已有多年，但很多人却不知道。过去，与公司公益事业相关的广告、促销和公共关系都是作为独立封闭的业务环节管理。这些小企业和大公司经常做很多公益活动直接助益社区，无论是本地的还是全球的，它们通常都没有大张旗鼓或自吹自擂，然而有些人会质疑："如果你们在做这些好事，为什么不让人们知道呢?"虽然起初不太情愿，但慢慢地公司开始通过业绩报告或者不时召开新闻发布会让别人知道它们的善行。封闭的环节开始出现第一个缝隙。然后事情开始发生变化。公司开始不再犹豫让别人知道它们正在做的好事——毕竟，公众总是知道它们是否做了坏事！因为没有明显的负反馈，它们扩大了公关努力以确保人们知道，此后不久，公关开始更像营销工具被使用。为什么不这么做呢？许多公司都在不被知晓的情况下做很棒的公益，积极的宣传不会带来伤害！

1992 年，联合国环境和发展大会确定世界第一个水日（World Water Day）。基于今天世界上许多地方恶劣的水环境，有 6.63 亿人或 1/10 的人生活中没有干净的水；每年脏水所引发的疾病比任何暴力行为致死的人更多，包括战争在内；拥有干净的水一周可以拯救大约 16 000 条生命甚至更多。非营利组织 Cleanwater. org 呼吁品牌和媒体的支持，把注意力放在这一问题上。不少组织机构对此积极回应！CNBC 国际台传播关于水的鲜为人知的事实。啤酒品牌 Stella Artois 通过推特，要求消费者购买限量版"圣杯"，所获利润会为一个人提供五年所需的纯净水。儿童电视节目《芝麻街》（Sesame Street）在节目中介绍了一位健康的超级巨星——瑞亚（Raya），他的生日恰巧是在世界水日。David's tea 创造了全新的茶品种，消费者每购买 50 克企业将捐献给肯尼亚需要帮助的孩子一个月的纯净水。其他几个参加者包括联合利华、乔治·阿玛尼香水（Georgio Armani Fragrances）、箭头牌山泉水（Arrowhead Brand Mountain Spring Water）和冲浪者基金会，它们呼吁人们停止沐浴一天，可以节省 100 万加仑的水。众

多公司直接或间接地加入水使用的话题，包括 Speakman（高档淋浴头和水暖产品制造商）、水资源管理公司 WaterStart 和 Delta 水龙头，有更多的人加入了这项事业。所有的参与者都努力对此贡献独特的创意。(包括网游《魔兽世界》!)

世界水日只是受到众多公司支持的成千上万个公益事业之一。另一个是地球日（Earth Day)。就像世界水日一样，公司以它们自己的时尚创意对这一公益事业出谋划策。自 1970 年 4 月 22 日以来，每年的地球日在全世界范围内都会开展纪念活动，现已动员 2 亿余人，涉及 141 个国家和超过 20 000 家公司，2016 年有 1 亿人参加了这项活动。地球日提供了各种各样的公益活动供参与——所有活动的设计旨在保护地球。例如，好时一直专注于可持续性的挑战，追溯其供应链中供应其棕榈油的工厂，覆盖范围达 94%以确保它们符合标准环境友好的程序。好时宣布将推进 100%的关键流程认证，到 2020 年实现全球范围的可可原料可持续供应。麦当劳因其禁止滥伐森林计划而受到高度赞扬，Chipotle 墨西哥风味快餐厅则因坚持可持续性承诺的立场，依据公司制定的严格标准，放弃一家重要供应商而获得赞誉，尽管此举使其股价下跌了 5%。当然，还有数以千计的公司以各种方式支持公益事业——超过 150 万个公益项目。美国人捐赠了超过 3 580 亿美元用于慈善和公益事业。

你也许从未听过这些公司的努力。它们为什么要这么做?

很明显，数量惊人的民众投身于它们的积极行动中，创造了大量良好的商誉，更好地塑造了公司形象。也许一些商誉会直接通过销售、财务投资等给它们带来好处。成为一个好的公司品牌当然也提高了它们的形象——研究显示许多消费者更倾向于购买来自“绿色”公司的产品，所有的事情都是对等的。或者它们只是预示着它们想成为的形象——关心他人的良好企业公民。

如前所述，公司近来开始意识到公关的力量。过去，公关活动只是致力于本地区活动，危机管理或者处理负面宣传。一旦营销商意识到公共关系的力量并将公关融合进整合营销传播方案，这一媒介的本质和重要性就发生了戏剧性的变化——不仅是传播公司公益努力方面的积极信息而且也可以支持它们的品牌。

最后要说明的，有一些公关人员，同样也包括公众，担心这些小企业和大公司都是出于自身利益支持公益事业。或者，也许它们只是利他主义，想帮助别人。如果世界发现了这一点，会是件坏事吗?

资料来源：Sheila Shayon,“World Water Day: Brands, MediaSupport Clean, Safe Water Efforts,” March 22, 2016, www. brandchannel. com; Dale Buss,“Earth Day 2015: Hershey Puts Sustainability Where Its Mouth Is,” April 22, 2015, www. brandchannel. com; Dale Buss,“Earth Day 2015: Chipotle Maintains Brand Integrity as Momentum Slows,” April 22, 2015, www. brandchannel. com;“Giving USA: Americans Donated an Estimated $358. 38 Billion to Charityin 2014: Highest Total in Report's 60-Year History,” June 29, 2015, www. givingusa. org.

本章的开篇案例阐述了如今从小企业到大公司中，公共关系在整合营销传播方案中的角色转变。如果你能从更传统和慈善的角度来看，营销商通过这种媒介的应用会获得收益。同时，公共关系现在可以被认为在整合营销传播方案中扮演了更重要的角色。这个角色不仅仅是关于慈善更多的是营销导向。在这一章中，我们将研究公共关系在整合营销传播方案中的作用以及近年来这一角色发生的变化。就像整合营销传播的其他方面一样，公共关系已经被数字与社交媒体显著改变了功能。简单地说，对于大多数公司和组织来说，现在新闻传播得更快更广。因此，公共关系的作用和管理宣传的重要性在增加。

公共宣传的力量，可能是正面的，也可能是负面的。其结果常常直接影响到公司，包括财务方面以及相关的信任、企业形象和其他非财务方面。品牌和/或公司会因为负面宣传而中止存在，而其他公司则可以将它们的成功归因于积极的信息。你将会在本章看到，公共宣传常常不受营销商的控制，但越来越多的公共宣传管理正作为一种营销策略被采用。当企业越来越多地使用这样的策略时，努力进行积极的公共宣传已经不再是什么新鲜事了，这一努力的增加表明了企业和组织公共关系职能的变化。尽管公共关系在整合营销传播方案中的重要性和地位还有待商榷，但有一件事非常清楚：公共关系在传播活动中的角色已经发生改变。

公共宣传、公共关系和企业广告都是对于营销商来说十分有益的促销活动要素。它们是整个促销努力中不可缺少的部分，需要与促销组合中的其他要素统一管理和协调。然而，这三种工具在产品和服务的促销中并不总是具有特定的目标，它们也不一定是用于你在阅读本书时所熟悉的方法中。更确切地说，设计这些活动更多的是为了改变对于组织或事件的态度，而不是促销某种特定的产品或直接影响人们的行为（虽然你会看到这种作用在某些组织中正在发生改变）。本章将探索公共关系、公共宣传和企业广告的作用，各自的优缺点以及运用过程。

公共关系

什么是公共关系？它和前面所讨论的其他营销要素有什么不同？也许最好还是从公共关系这个词的传统意义开始，然后介绍它新的作用。

公共关系的传统定义

有很多著作对**公共关系**（public relations，PR）下过定义，但最全面的很可能是由《公共关系新闻》（*Public Relation News*）（本行业的时事周报）所下的定义：

> 公共关系是评估公众态度，使组织的政策和程序与公众的利益相符合，并采取一系列的行动（和传播活动）以获得公众理解和接受的管理职能。[1]

公共关系本质上是一种管理职能。管理这个词在这里应该是它最广义的范畴，不是仅限于商业组织上的管理，而且涵盖了其他种类的组织，其中也包括非营利机构。

在这个定义中，公共关系包含以下几个方面：

1. 公众态度的判断与评估。
2. 符合公众利益的组织政策和程序的制定。
3. 传播活动的推出和实施，从而获得公众的理解和接受。

这个过程并不是立刻就能全部完成的。一个有效的公共关系项目要持续几个月甚至几年之久。

最后，这个定义也表明公共关系不仅仅涉及产品或服务的销售活动。公共关系活动涵盖了许多之前讨论过的促销活动要素，但使用方法可能不尽相同。例如，公司可以通过发新闻稿来告知新产品的发布或者组织的变动，可以组织一些特别的活动在社区中树立良好的声誉，也可以利用广告表明公司在一些有争议的事件中的立场。

公共关系的新作用

越来越多营销导向的公司为公共关系赋予了新的内涵。在这个新的职能中公共关系获得了更宽广（更具有营销导向）的视野，它为组织自身及其产品和/或服务进行宣传推广。

企业和组织使用公共关系的方式最好被看作一个连续统一体。在这个连续统一体的一端是从传统的视角来使用公共关系。在这个视角下，公共关系被看作一种非营销职能，主要作用是维护组织与公众之间相互的利益关系。在这种情况下，消费者或者潜在消费者只是公众——员工、投资者、邻里、特殊的利益群体等的一部分。营销和公共关系在这种情况下是两个不同的部门，即使分别选择了企业外部的代理公司，也是两个不同的代理公司。在这个连续统一体的另一端，公共关系被认为主要承担一部分营销传播功能。所有的非消费者关系只有在营销环境中才被认为是必要的。[2]在这些组织中，公共关系部门要向营销部门汇报。同时，对于许多企业而言，公共关系的职能正在朝一个新的方向迈进，与传统的职能相比，它更接近一种营销职能。

在公共关系的新职能中，经理们设想能够拥有同样强大的营销部门和公共关系部门。与之前各个部门各行其道不同的是，两个部门之间要展开紧密的合作，发挥各自的优势为公司及其产品和服务创造最好的总体形象。正如约拿·布鲁姆（Jonah Bloom）所说，在这两个部门之间通常存在一道文化的鸿沟，但如今的信息时代要求两个阵营必须协同合作。布鲁姆说："在你的公司因为向河里倾倒化学物质而受到猛烈抨击的时候，你却不得不矛盾地拼命推销你的公司生产的环保型洗涤剂。"[3]在对美国公共关系学会（Public Relations Society of American）的成员和《公共关系新闻》（*PR News*）的捐款人进行的一项民意调查中，76%的受访者表示他们通常与营销部门接洽，78%的受访者认为营销部门对公关部门有着较为积极的认知，对于营销部门的类似认知也呈现出相同的比例。虽然二者的协作程度由于采取的行动不同而有所不同，但这项研究清晰地反映了二者协同与合作的状态。[4]

威廉·N. 柯里（William N. Curry）在《广告时代》上撰文指出，组织在建立这种强强联合的关系时必须小心谨慎，因为公共关系和营销并不相同。当一个部门占据优势的时候，实现最高效的运行状态所需的平衡就被打破了。[5]他认为，如果在追求营销目标的同时忘记了公共关系自身的目标和职能，从长远来看将对组织造成不利的影响。还有一些更激进的观点认为，如果公共关系和营销的区别继续模糊不清，公共关系职能的独立性将会丧失，而它的效用也会大打折扣。[6]事实上，正如卡特利普（Cutlip）、森特（Center）和布鲁姆（Broom）所说，营销和公共关系是互补的，"对于建立和维护对组织生存和发展都至关重要的关系，它们各自都发挥着独特的和相互补充的作用。忽略其中一个，另一个就可能有失败的危险"。[7]这和我们的观点一致，公共关系是整合营销传播过程中重要的一部分，拥有自己独特的方式，但在某种程度上与营销目标保持一致。

将公共关系整合到促销组合中

既然公共关系的职责范围更大，那么接下来的问题就是如何把公共关系整合到促销组合当中。企业有很多种认识营销和公共关系职能的方式。其他企业可能把公共关系外包给外部代理公司。在本书中我们将公共关系看作整合营销活动的要素之一。这就意味着在它的广义概念中既要包含传统的职能，也要包含一些新的职能。

无论公共关系承担的是传统的职能还是更多的营销导向的职能，公共关系活动仍然与特定的传播对象紧密相连。评估公众态度和建立积极的企业形象与直接促销产品或服务同样重要。

营销公共关系的职能

托马斯·L. 哈里斯（Thomas L. Harris）把为支持营销目标而设计的公共关系活动称为**营销公共关系**（marketing public relations，MPR）职能。[8]公共关系活动将从多个方面帮助实现营销目标，包括提高注意力，告知和教育，获得理解，建立信任，向消费者提供购买理由，激发消费者认同等。营销公共关系通过多种途径为整合营销活动提升价值：

- 在媒体广告中断之前激发市场的购买兴趣。例如，一个新的产品发布对于营销商来说就是一次获得公共宣传、为产品增加戏剧化效果的大好机会，同时也能提高产品广告的宣传效果。当苹果公司推广其从 iPhone 到苹果手表的任何一款新产品时，公共关系部门在产品上市之前都会制造一系列的体验活动（在产品发布前，在 cnet. com 里有许多热烈讨论 iPhone7 特征的文章!）。这样做的结果是，苹果公司得到了大量的新闻报道和口碑。这就使得任意一款苹果产品在开售之后，消费者总是排队守候——有时要等上好几个小时——以成为最先拥有新一代创新产品的人。

● 提高投资收益。通过全面减少营销支出，同时产生富有意义的营销结果，营销公共关系能够帮助企业提高投资回报率。

● 在没有产品新闻的时候制造广告消息。广告本身就能成为公共宣传的焦点。在超级碗比赛上的广告宣传似乎得到了和比赛本身同等的关注。电视广告常常通过网络上的社区网站发布，这样人们就能一遍又一遍地重复观看，还能转发给其他人。

● 用少量的广告或者不用广告宣传产品。这个战略已经被许多公司成功使用，包括特斯拉(Tesla)、Segway、Ty 和 Crayola，当然还有苹果公司。

● 提供具有附加价值的客户服务。Butterball 公司开通了一条热线，人们可以拨打热线来获得关于烹饪火鸡的针对性建议。公司在第一个休假旺季就接到了 2.5 万个电话。许多公司在它们的网站上提供类似的服务。Chicken of the Sea 公司为访问网站的网友提供了食谱（当然，食谱中推荐使用的是 Chicken of the Sea 金枪鱼）。

● 加强品牌与消费者之间的联系。皮尔斯伯里公司的烘焙竞赛在消费者中建立起了很强的品牌忠诚。消费者通过提交烘焙好的食物参加比赛。这个比赛从 1949 年开始举办，每年一次，现在的优胜者可以获得 100 万美元的奖金！获奖的食谱还公布在皮尔斯伯里的网站上。竞争者贝蒂妙厨（Betty Crocker）也使用品牌化视频来实现它的营销公共关系目标，并且也有一个很有帮助的网站。

● 影响那些有影响力的人。即向意见领袖提供信息。

● 避免产品竞争风险，向消费者提供购买的理由。公共关系通过积极的行动来保护和促销企业的产品，从而能够给予消费者购买这个产品的理由。劲量品牌的全国教育运动鼓励消费者在秋天重设闹钟的时候更换一下火警报警器的电池，这个举措使公司在居民中树立了良好的形象，电池的销量也有所增加。塞斯纳公司（Cessna）的方案是说服高管用合法的理由来购买其公司的喷气机，它是避免产品风险的一个极好案例。图表 17-1 展示了一些案例。

图表 17-1　运用营销公共关系的公司实例

塞斯纳
在汽车行业的销售低迷期，底特律最大三家汽车公司的高管同去美国首都寻求救助。当执行董事使用耗资 5 000 万美元的私人飞机而不是开车前往时，立法者和新闻媒体对他们进行了严厉的批评。不幸的是，这种冲突对飞机制造商塞斯纳来说却产生了严重的负面影响，因为有很多订单被取消或推迟。公司总产量下降了 56%以上，有 1/3 的产业工人被解雇。塞斯纳公司决定展开反击，并给美国公司一个购买其产品的理由。 在一项从《华尔街日报》开始并以“上升”（Rise）为名的强势印刷媒体广告运动中，塞斯纳公司颇具挑战性地告诫公司领导者不要胆小，应认识到乘坐私人飞机并不是为了自己，而是为了通过合适的交通工具而提高效率。塞斯纳公司认为，已经到了讲述另一个故事的时候了。除《华尔街日报》外，广告在全国性商业报纸、杂志以及航空贸易杂志上与一项大规模的公关策划案同时展开。4 年后，塞斯纳仍在接受加印广告的请求，销售量也在增加。
贝蒂妙厨
怀着让更多糕饼商访问其网站的目标，贝蒂妙厨与数字视频公司“触及风暴”（Touchstorm）合作，针对为孩子烘焙生日蛋糕的妈妈创作一系列信息型教学视频。

通过分析搜索词，这两家公司发现当妈妈们想要烘焙蛋糕的信息或寻求帮助时，她们不会搜索品牌名称，而是搜索特定的解决方案短语，如"生日蛋糕"。根据这一信息，一系列约五分钟时长的高清视频被创建并上传到贝蒂妙厨网站上。为了表明视频是指导性的而不是宣传性的创意，里面几乎没有提到贝蒂妙厨品牌。这个视频非常吸引人，平均 75%的内容被观看。到目前为止，视频已经吸引7 000余万网民访问网站，更重要的是，因为它的教学性质而建立了品牌忠诚度。

Chipotle

墨西哥风味快餐连锁 Chipotle 的口号"诚信食品"在美国的几家 Chipotle 餐馆被发现有大肠杆菌问题时受到了打击。危机蔓延到近 200 家店，导致餐馆客流量和股价下跌，有人担心公司可能无法渡过危机。当局面显示出受到掌控的时候，危机又再度发生。但公司并没有让危机放任自流，而是利用公关和营销联合起来对抗坏消息。首席执行官斯蒂夫·埃尔斯（Steve Ells）在全国性的平面广告和网站上发布道歉信，在电视上接受采访，并承诺该公司从现在开始将成为食品安全的绝对领导者。该公司还开展了一项运动，以加强品牌形象，让客户回到店里。有了公司历史上最大的营销预算支持，Chipotle 广泛投放户外广告、平面广告、数字广告和直邮，让顾客知道安全将是排序第一的优先事项。公司创建了一个食品安全网站，也应用了移动和社交媒体。促销活动（"买一送一"）和在线优惠券都被用于让顾客重回店里。虽然还没有完全走出困境，但公司似乎可以继续生存下去，因为顾客开始回归了，股价也在上涨。

如图表 17－2 所示，哈里斯指出，使用营销公共关系有多种优势。[9]

哈里斯提出，运用营销公共关系的主要威胁之一就是公共关系的职能可能成为营销努力的一种辅助手段——这是很多营销公共关系反对者的担心所在。然而，如果使用得当并且与传统公共关系实践和整合营销传播要素相结合，营销公共关系仍然能够有效地使用。维纳（Weiner）也认为，成功使用营销公共关系的关键是与整合营销传播的联合，尽管这种情况可能难以完美实现。

图表 17－2　营销公共关系的优势和劣势

优势

- 它是一种具有成本效益的接触市场的方法。
- 它是一种目标明确的公共关系操作方法。
- 它可以从与产品无关的独立客观的第三方的背书中获益。
- 它能获得信任。
- 它通过增加信息的可信度来支持广告活动。
- 它能冲破干扰。
- 它能用销售努力冲破消费者的抵制心理。
- 它能在消费者中提高媒体涉入度。
- 它能对意见领袖和潮流的引领者产生影响。
- 它能提高投资收益。

劣势

- 缺乏对媒体的控制。
- 难以与口号和其他广告手段结合起来。
- 媒体的时间和版面得不到保证。
- 没有标准的效果评估措施。

资料来源：Thomas L. Harris，"Marketing PR-The Second Century，" *Reputation Management*，www.prcentral.com，January/February 1999，p. 16.

公共关系的实施过程

在实际操作过程中，管理公共关系并将它整合到促销组合中涉及一系列的工作，包括传统的工作和营销导向的工作。

确定并评估公众态度

你可以了解到公共关系主要关心的是公众对于公司或者一个特殊事件的态度，而不是人们对产品或服务的态度。这时，你可能会问为什么公司对公众的态度那么关心？

原因之一就是这些态度将影响到公司产品的销售。许多公司都经历过由于公众的抵制而导致销量下降的情况。英国石油、雀巢、诺基亚和沃尔玛等少数公司对这样的有组织的施压做出过反应。同样，媒体也必须关注公众的态度。善待动物组织（People for the Ethical Treatment of Animals，PETA）对海洋世界（SeaWorld）因圈养动物被指控涉嫌虐待动物进行了长达六年的指控，导致海洋世界发起 1 000 万美元的广告运动回应指控并提出海洋世界的立场，同时指责善待动物组织传播虚假信息。经过六年的战斗，海洋世界中止捕鲸计划，宣称“杀人鲸”图像在未来不再可行。[10] 同样，媒体必须关注公众的态度。新闻集团拥有的福克斯新闻网在对 2016 年共和党总统候选人初选报道时，失去了许多共和党大本营观众的青睐。福克斯长期被认为是一家受保守派青睐的电视网，但认为福克斯提供“公平公正的报道”的看法出现了明显下降；观众对福克斯新闻网对待候选人唐纳德·特朗普（Donald Trump）和本·卡森博士（Dr. Ben Carson）的方式感到不满。福克斯的口碑得分（分值从－100 到 100，0 表示中性）从 2013 年 38 分的高点下降到 2016 夏天的 17 分。根据布兰德指数（Brand Index），如果这些认知态度持续下去，将会导致福克斯新闻网在全国性大选期间被剔除出保守派的大本营，广告收入可能会大幅下降。

此外，公司通过做正确的事情可以从消费者那里获得良好的印象和积极的态度。例如，Intuit 公司向消费者发了一封道歉信并提供免费升级，以更新 TurboTax 报税软件。但公司之前没有采取足够的措施通知所有客户，这次更新没有包括以前版本中的一些形式，这就是它这样做的原因。这一道歉被博主们视为卓越客户服务的一个例子，有助于提升对 TurboTax 产品的好感。

第二个因素是没有人愿意被认为是一个不合格的公民。企业存在于社会中，它们的员工也工作和生活于其中。负面态度将影响到员工的士气，并可能导致不太理想的内部和社区工作环境。

由于对公众看法的关注，许多私营企业、上市公司、公用事业单位和媒体都对公众态度进行了调查。进行这项研究的原因有很多，包括：

1. 对策划过程提供信息输入。一旦确定了公众态度，企业就能以此为出发点，策划活动来维护原有的良好形象或者改变不利的地位。

2. 担当早期预警系统的角色。一旦出现，就需要大量的时间和金钱来矫正。通过研究，公司就能识别出潜在的问题，并在事态恶化之前进行有效的处理。

3. 保证内部的支持。如果研究表明存在问题或有潜在问题，公共关系部门将更容易获得解决这些问题所需要的帮助。

4. 改善传播效果。对问题越了解，公司制定出的传播解决方案将越好。

制订公共关系计划

对于许多公司而言，它们的公关活动只包括新闻稿、交易展销会的新闻包和新产品发布等内容。

而且，这些手段通常不是为公共关系的目的而设计的，只是在临时需要的时候派上用场。换句话说，很显然，在进行公共关系活动的时候并不是一个有组织的过程。前面曾经提到，公共关系是一个持续的过程，它需要正式的政策和程序来面对相关的问题和机会。就像我们不能在没有计划的情况下就推出一个广告或者促销活动一样，不能随随便便就推出一个公关活动。此外，公共关系计划需要整合到整体的营销传播方案当中。图表17-3列出了营销商在确定它们的公共关系计划是否可行时要考虑的一些问题。

图表17-3　评估公共关系计划的十个问题

1. 计划是否建立在对公司经营态势的全面理解的基础之上？
2. 公共关系计划是否充分地利用了市场调查和其他的背景资料？
3. 制订计划时是否对近期的评论性报道进行了全面的分析？
4. 公共关系人员是否全面了解产品的优势和劣势？
5. 公共关系计划是否从调查中得出了令人信服的相关结论？
6. 活动目标是否具体明确？
7. 计划是否清楚地描述了将进行哪些公关活动及将给公司带来哪些利益？
8. 计划是否说明了活动效果的评估标准？
9. 市场研究、目标受众、活动和评估是否紧密地联系在一起？
10. 在计划的制订过程中公共关系部门是否与营销部门保持沟通？

卡特利普和同事们认为在制订公共关系计划时应遵循四步工作法：（1）确定公共关系面临的问题；（2）制订计划和活动策略；（3）采取行动并进行沟通；（4）评估整个活动。[11]图表17-3中列出的问题与四步工作法和在本书中反复强调的促销计划过程是紧密联系的。

开发并实施公共关系活动

由于公司可能希望公共关系发挥更广泛的作用，公共关系活动有时候就需要超越营销的范畴。它可能需要对目标市场进行更加广泛的定义，增加传播目标，制定不同的传播信息并使用不同的传播系统。下面就来考察这个过程。

确定相关公众

公共关系活动的目标不同，目标受众也可能随之改变。有些受众可能直接参与产品的销售过程，有些可能从其他方面对公司产生影响（例如，公共关系的目标可能针对股东或民意代表）。这些公众可能是组织的内部公众，也可能是外部公众。

内部公众（internal audiences）包括公司的员工、股东、投资者，以及当地社区的成员、供应商和现有的客户。正如图表17-1中提到的，塞斯纳公司设计公共关系活动的部分原因是为了到达买家，而这也同时提升了公司员工的士气。为什么社区成员和公司的客户被看作内部公众而不是外部公众呢？根据约翰·马斯顿（John Marston）的说法，是因为这些群体已经与组织存在某种方式的联系，公司与他们的沟通存在于日常的工作流程当中。[12]**外部公众**（external audiences）是指那些与公司没有密切联系的人（如普通民众）。

公司必须与这些群体保持持续的沟通，原因是多方面的，从保持公司的良好形象到介绍公司的新政策、新流程甚至新产品。以下内容将帮助我们对这一点加深理解。

公司员工　保持员工的士气和展现员工的工作业绩是公共关系活动的主要目标。组织的新闻简报、公告栏上的通知、颁奖典礼和比赛项目、直接邮件以及年度报告是与这些群体沟通的主要手段。

沟通的方式可以是正式的，如专门设立的申诉委员会，也可以是非正式的，如在办公室里举办的圣诞聚会。其他的社会活动，如公司的保龄球队或郊外野餐，也能提升员工对企业的好感。

股东和投资者 你可能认为年度报告只是为了向股东和投资者提供公司的财务信息。这只是其中的一个目的，年度报告也是一种向这些公众告知企业的状况、未来战略框架和提供其他非数字信息的沟通渠道。

公司通过年度报告来实现公共关系的目的的行为已经很常见。公司通过这种方式不仅获得了更多的投资，还能使更多的公司股票“回笼”（即进一步实现控制和管理上的本土化），吸引投资来解决特定问题，同时树立公司的良好形象。

社区成员 在企业所在的社区或业务范围区域居住和工作的人也是公共关系活动的目标之一。这些活动包括：通过广告宣传企业参与的社区活动，如减少空气污染、净化水源、保护湿地。（社区的定义可以非常宽泛。）例如，许多石油公司使用了这种形式的公共关系，向人们展示本企业是一个关注他们福利的好公民。

供应商和消费者 每一个组织都希望能够保持在供应商和消费者心目中的良好形象。如果消费者认为一个公司没有社会意识，他们很可能就会转移忠诚。供应商也是如此。

有时候，赞助一次公共关系活动能够收到明显的直接成效。当然，贝蒂妙厨通过让消费者登录网站更接近品牌。公共关系活动成功的间接衡量指标还有更高的客户忠诚度、更少的抵触情绪以及公司与供应商或消费者之间更好的合作关系。

公共关系活动的目标对象通常不止一个群体，并且将对市场产生直接影响。如前文所述，商业协会成员、人力资源总监、采购人员和供应商与潜在的消费者共同组成了公共关系活动的目标公众。

那些与企业并没有直接关系的人也可以算作相关公众。如新闻媒体、教育工作者、民间组织、商业团体、政府以及金融机构等都可以称为外部公众。

媒体 最重要的外部公众也许要算媒体了，它将决定你在报纸或电视上读到或看到什么，以及这些新闻的呈现方式。鉴于媒体的巨大力量，企业应当通过举行新闻发布会，利用会议、采访和特别事件来与媒体交流，使媒体了解企业的活动。只要操作得当，媒体对于这样的信息还是非常欢迎的；任何一个新闻工作者对于好的新闻素材都会感兴趣。反过来，媒体也很关心社区如何看待它们（记住之前提供的福克斯新闻网的例子）。

教育部门 许多组织向教育部门提供关于它们活动的相关信息。广告教育基金会（The Advertising Education Foundation，AEF）、直复营销协会（DMA）、国际促销协会（Promotional Products Association International，PPAI）和户外广告协会等组织随时向教育部门通报信息，以获得良好的声誉并且在本地和全国展现它们的工作成果。这些组织和大型企业提供的一般都是技术创新、最先进的科学研究以及其他的相关利益信息。

教育部门之所以是目标公众，是因为它与媒体一样控制着信息向特定群体的流动——譬如像你一样的人。《彭博商业周刊》和《财富》希望教授们在课堂上使用它们的杂志，《华尔街日报》、《纽约时报》和《广告时代》也不例外。除了提高杂志的销售量，这样的方式也能给媒体带来良好的信誉。

民间组织和商业团体 各地的青年商会、基瓦尼斯俱乐部和其他非营利民间组织同样扮演着信息传递过程中的守门人角色。企业可以通过向这些团体进行财政捐助、在这些组织的活动中演讲以及提供赞助来树立良好的形象。企业的主管在非营利组织中担任董事会的成员同样能产生积极的公共关系效果。

政府　公共关系常常从地方性和全国性两个层面来努力影响政府部门。成功的政府游说可能意味着产品将一举大获成功，但是管制也将给企业带来重大的损失。想象一下，美国食品药品监督管理局对于一种产品的认可在销售上意味着什么？或者如果酒类电视广告被禁止，对啤酒和蒸馏酒行业又会造成什么影响？制药行业为能向消费者直接推出处方药广告进行了努力的游说。在处方药广告准入的前5年里，有大约6 500万名消费者在看到广告后奔向他们的医生去咨询相关的药品。制药行业如今每年花50亿美元做广告，导致如美国医学会（American Medical Association，AMA）等组织在寻求恢复禁令（见图表17-4）。[13] 2016年，罗莎·德劳洛（Rosa DeLauro）议员（D-CT）提出了《2016年度药品广告法案的职责》（Responsibility in Drug Advertising Act of 2016），寻求一项为期三年的直接针对消费者（DTC）处方药品广告的暂停禁令，尽管很少有人希望它能通过。反过来，环境保护主义者、工会和其他有着特殊议题的组织也希望影响与它们相关的政府立法部门。

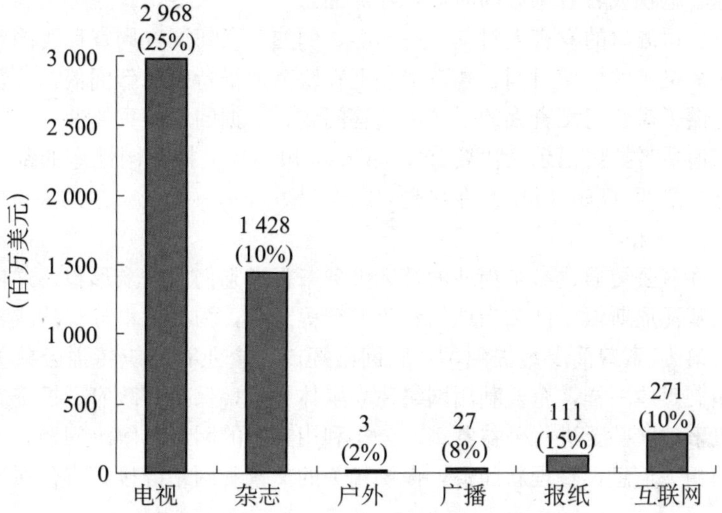

图表17-4　药品企业的媒体广告投放额

资料来源：*Adweek*，March 27，2016.

金融团体　除了现有的股东之外，潜在的股东和投资者也是公共关系活动的相关目标市场。财务咨询公司、信贷机构以及其他组织应当了解组织的最新发展动态和财务信息，因为它们能给企业带来新的投资来源。新闻稿和企业报告是向这些公众提供信息的重要手段。

实施公共关系活动

在完成调研工作，确定目标受众之后，就应当策划公共关系活动并将信息传递给接收者。可以采用的公关方式很多，包括新闻稿、新闻发布会、独家报道、采访、社区参与、互联网、社交网站和博客等。

新闻稿　新闻媒体是最重要的公众之一。信息要想被媒体采用，就必须实事求是，真实可靠，并且符合媒体及其受众的兴趣。**新闻稿**（press release）的来源能在一定程度上提高“新闻”被发布的可能性，比如确保它能传递给准确的目标受众，让它看上去有趣并易于在人群中流传。

如果新闻稿中的信息不能使媒体的读者产生兴趣，那么这样的信息也不会被媒体使用。例如，金融机构会向商业媒体和大众报纸商业版的编辑发送新闻稿。像PRNewswire和PR-Log.org这样的组织机构便提供帮助传播信息的服务。

新闻发布会　我们对政治人物召开的**新闻发布会**（press conferences）已经非常熟悉。虽然组织和企业使用新闻发布会这种形式相对较少，但这种传递信息的方式却非常有效。新闻发布会的主题首先要与特定群体有很大的利益关联，然后才有可能获得媒体的报道。通常重要结果（如下一届超级碗的奖金或足球世界杯、奥运会举办地的确定）、重大突破（如医疗方面）、紧急事件或者巨大的灾难会通过全国性的新闻发布会来发布。在地区一级的新闻发布会上，主要涉及地区事务、当地发展情况等。公司一般在有重要的消息要宣布的时候召开新闻发布会，如介绍新产品或新的广告策略。在与一名新球员签约之后，球队会通过这种方式来吸引球迷关注。

独家报道 尽管大多数公共关系活动都会寻求多种信息发送渠道，但是公司也可以选择独家报道的策略，即授予某一特定媒体独家报道的权利，只要该媒体能够在目标受众中达到一个可观的数量。提供**独家报道**（exclusive）能够提高媒体接受信息的可能性。当你在以后几周看电视的时候，可以留意众多的网络台和地方台的独家报道，注意媒体是如何利用独家报道来为这些信息制造影响的。

采访 当你看电视或者看杂志的时候，好好注意一下个人专访。通常会有人提出一些特定的问题，然后由公司派出的发言人对其一一作答。例如，联邦调查局宣称要调查赛百味的品牌代言人贾里德·福格尔的色情丑闻，赛百味马上在脸书和推特发布新闻稿，称赛百味公司立即中止合约，并提供了对公司发言人的采访以回答问题。根据问题的重要性，有时高层管理者也会参与进来。当消费者抗议福乐鸡快餐公司（Chick-fil-A）支持反同性恋的基督教组织时，福乐鸡快餐总裁丹·凯西（Dan Cahy）在接受《浸会报》（*Baptist Press*）的采访中坚持自己的决定。

社区参与 许多公司通过参与当地的社区事务来提高它们的公众形象。这样的参与形式有很多，包括加入基瓦尼斯俱乐部和当地的青年商会等组织，为社区事务捐款或直接参与等。

互联网 在第 15 章曾简要地提到，互联网已经成为企业和组织传播公共关系信息的一种手段。与使用印刷媒体一样，企业利用网络建立媒体关系，保持与政府、投资者和社区之间的联系，处理危机事件，甚至进行公益营销。公司利用它们的网站来解决问题，同时也提供公司的产品和服务的相关信息，整理新闻稿，提供相关的文章和网站链接，将公司的活动和事件列表说明。

社交网站和博客 越来越多的公司和组织机构开始使用社交网站、博客和其他的 Web 2.0 时代的媒体（我们已经在第 15 章中讨论过）来达到公关目的。目前可期待的状况是，公司在其网站上发布信息，并提供其产品发布、召回或其他事务的公告与更新。此外，许多公司还使用 Web 2.0 的媒体形式来传播这类信息。赛百味在贾里德·福格尔事件期间和之后能够有效地使用博客、脸书和推特及其他社交网站发声。常被引证的社交媒体众多优势之一就是可用于公共关系的目的，在围绕公司或组织的事件中保持网络更新的及时性（参见数字与社交媒体视点 17－1）。

数字与社交媒体视点 17－1

使用社交媒体带来好结果！

正如本章前面提到的，公司和组织已经转向了数字与社交媒体以引导正面宣传，并且应对负面新闻。几乎每个公司（无论大小）的目标之一都是尽可能多地发声。如果它们的点赞数、推特消息数、评论数、“梗”并不是每天都在增加，这些公司就会觉得它们可能落后于竞争对手了。事实上，公司奉献了数百万美元和数千小时的时间改进它们的社交媒体表现，希望这种努力会有助于它们的信息像野火一样遍及数字世界。但是当公司或品牌遭遇负面宣传引起负面的评价时会发生什么？当新闻是积极的时，社交媒体能为品牌创造奇迹；当新闻可能有害时会发生什么？这个“有损控制”的业务已经存在多年，但是过去十年它是如何被彻底改变的？报纸、广播和杂志所有这些传统媒体都在逐渐被电脑、平板和移动电话所替代，它们赋予社交平台力量，使新闻被以前所未见或前所未闻的速度报道。这些社交媒体为品牌的支持者和反对者提供了一个平台，可以与一家公司以及其他公司直接“对话”。给一家公司或者一位名人写信，希望它能被阅读和回应的旧时光早已不复存在。如今，提供反馈的方法——在脸书、Snapchat 或推特上发布公告——比起某些人阅读过然后把它传递下去有着更高的使用概率。

应对负面宣传并使决策过程逆转的品牌案例之一是威士忌制造商 Maker's Mark，2013 年它意外地改变了对公众的看法，宣布计划将威士忌的酒精含量从 45%降低到 42%，以满足意料之外的需求。公司通过一封电子邮件向品牌最忠实的粉丝宣布了这一调整，称酒精含量的改变不会造成威士忌出现很大的口感差异。遗憾的是（或者幸运的是）电子邮件通过众多的社交渠道，在 Maker's Mark 的饮用者中快速传播。反馈是如此消极，发布公告后短短一个星期之内，Maker's Mark 推翻了这一决定，取消了降低酒精含量的计划。如果实施了会怎样？公共关系行业中有很多人相信整个公告旨在为品牌做宣传。结果是公共关系的繁荣。在 2 月份，当听到这一突发新闻，Maker's Mark 的粉丝开始囤积产品，销售额猛增了 44%。到尘埃落定的时候，Maker's Mark 公然推翻其决定，并享受广泛的免费宣传的好处。虽然尚不确定这一做法是不是事前计划好的或者是 Maker's Mark 公司很幸运，结果对公司来说很好。

另一个例子表明，即使是最受欢迎和尊重的组织也不能幸免于负面宣传。只要问问苏珊·G. 科曼（Susan G. Komen）基金会这一美国最著名的防治乳腺癌宣传组织，它决定结束与计划生育联合会（Planned Parenthood）长达数十年的合作关系。尽管事实上将失去的计划生育联合会提供的资金只占基金会年度补助金的一小部分，但苏珊·G. 科曼基金会的决定还是引发了自己团体内的强烈反对，同时也包括公民、政治家特别是乳腺癌幸存者。苏珊·G. 科曼基金会的社交媒体渠道受到长期支持者的数千威胁，将撤下他们的“粉红丝带”（全球乳腺癌防治活动的公认标识），不再支持它们筹集资金的努力。同时，计划生育联合会实际上从认为苏珊·G. 科曼基金会的决定会永久地严重削弱组织的支持者那里直接收到了上万美元的捐款。虽然苏珊·G. 科曼基金会相信有充分理由减少对计划生育联合会的支持，但人们可以辩称它没有充分说明原因。也许公众已经意识到了这些原因，反对苏珊·G. 科曼基金会的人却可能有不同意见（或者，也许是，也许不是!）。最后的结果是苏珊·G. 科曼基金会高级公共政策副总裁辞职，捐款减少：2013 年捐款额与前一年相比下降了 7 700 万美元，组织把它归因于负面的宣传；到 2015 年还没有恢复。另一个负面结果是苏珊·G. 科曼基金会在支持者中的形象被打上了黑色标记。与此同时，11 个与苏珊·G. 科曼基金会关联的治疗联盟捐献了一大笔钱给计划生育联合会的公益事业。

另一个受人尊敬的基金会也感受到了负面宣传带来的怒火，耐克公开宣布将与 Livestrong 基金会解除合作关系。耐克曾支持 7 次环法自行车赛冠军和著名的癌症幸存者兰斯·阿姆斯特朗长达 9 年时间。当美国反兴奋剂机构发布了数千页的文件显示这名车手使用了禁用药物的一周之后，耐克推翻了这一支持决定。耐克表示，它将继续支持基金会，在 2014 年会履行合同。它将终止 Livestrong 服饰系列的销售，之前，这为癌症研究带来了超过 5 亿美元的收入。RadioShack 也终止了它与阿姆斯特朗的合作。声明发布后，阿姆斯特朗的推特账户很平静，2012 年他的收入从上一年的 4 680 万美元下降到 3 810 万美元。2013 年他的收入继续下降。2014 年，Livestrong 基金会的 100 多名员工中有 13 人辞职。到 2016 年，在新管理者的领导下，没有耐克和 RadioShack，该组织继续生存并继续帮助其他人，但用于支持这项事业的资金要少得多。

资料来源：Steven Ertelt, “11 Komen for the Cure Affiliates Give Planned Parenthood Hundreds of Thousands in Donations,” July 29, 2015, www. lifenews. com; Michael Hiltzik, “Susan G. Komen Foundation Discovers the Price of Playing Politics,” January 8, 2014, www. latimes. com; James F. Thompson, “Maker's Mark Miracle: Best PR Disaster Ever Engineered,” Adweek, May 2, 2013; “Nike and Livestrong Foundation Dissolve Lucrative Partnership,” May 29,

2013, www. brandchannel. com; Chris Otts, "Maker's Mark Defends Watering Down Its Bourbon," February 12, 2013, www. courier-Journal. com; Mark Boxley, "Maker's Mark to Restore Alcohol Content of Whiskey," February 17, 2013, www. courier-Journal. com; Jennifer Preston and Gardiner Harris, "Outcry Grows Fiercer after Funding Cut by Cancer Group," February 2, 2012, www. nytimes. com; Shirley Brady, "Susan G. Komen for the Cure Policy Exec Resigns," February 7, 2012, www. brandchannel.

公共关系的优缺点

与其他促销要素一样，公共关系既有优点，又有缺点。

优点包括下列几个方面：

1. 可靠性。因为公共关系传播不像广告那样众所周知——就是说，公众没有意识到组织会直接或间接地为之付费——因此他们对公共关系活动有更高的信任度。既然媒体没有为提供信息获得报酬，那么接收者就可能认为信息更加真实可信。例如，报纸或杂志里介绍阿司匹林优点的文章的可信度就比一个特定的阿司匹林品牌的广告高得多。

众所周知，如《汽车潮流》(*Motor Trend*) 一类的杂志所进行的汽车奖项评选对潜在的汽车购买者有着极大的影响力。目前颇具影响力的 J. D. Power 奖项根据多个维度（质量、消费者满意度和服务等）在多个行业（汽车、金融服务和机场等）颁发。这已经成为汽车行业和其他行业的公司夸耀自己业绩的惯用手段。

与产品有关的新闻报道本身也可以作为广告的主体。例如，通用磨坊公司使用有利的报道，通过多种消息来源强调全麦食品在健康饮食中的重要性，并宣传在其麦片产品中使用了全麦原料。

2. 成本。公共关系的绝对成本和相对成本都非常低，特别是把可能的影响因素都考虑进来的时候。虽然有的公司同时雇佣多家公共关系代理公司，并在公关活动上花费数百万美元，但是对于规模较小的公司来说，这种传播形式可能仍不失为一个既承受得起又切实可行的最佳方案。许多已有服务在传播这类信息时仅需要很低的成本，甚至不需要成本。许多公共关系活动除了整合和推出活动所必需的时间和费用以外，别无他求，但即使这样，它们仍然可以实现预定的目标。

3. 避免干扰。由于公共关系发布的消息一般都被当作新闻之类的东西来接收，因此它们不会成为广告干扰的目标。有关新产品上市或者重大的技术突破的报道通常会被看成是一则新闻，因此也比较容易受到人们的关注。

4. 开发潜在客户。一有关于技术创新、医学方面的重大突破等类似的消息，马上就会引发大量关于这些内容的询问。这些询问可以为企业带来优质的潜在销售商机。

5. 向特定群体传播的能力。由于有些商品只针对很小的细分市场，因此使用广告或促销手段并不能有效地到达这些市场。如果企业没有足够的财务能力来负担高额的促销费用，那么最好的办法就是通过公共关系来和这些群体进行沟通。社交网站和博客已经成为达到这一目的的极有价值的工具。

6. 形象建设。有效的公共关系能帮助组织塑造一个积极的形象。一个强有力的形象是抵抗企业未来逆境的保证。丰田品牌名称的优势为丰田公司走出最近的危机带来可能，而当被证实操纵了柴油车排放检测时，大众仍可能在广泛的负面新闻攻击中幸存下来。

公共关系最主要的缺点可能就是无法完成整个传播过程。虽然公共关系活动发布的消息可以突破广告的干扰，但接收者并不一定会把这个信息和它的来源联系在一起。在公众心目中，许多公司的公共关系活动从来不会和它们的主办企业联系在一起。

公共关系也可能会因为管理不善以及缺乏与营销部门的合作而未能奏效。当营销部门和公关部门各自为政时，就存在沟通不畅、重复劳动的危险。

开展有效公共关系活动的关键在于制定一个能够激发公众兴趣的优秀方案，并对其进行恰当的管理。要想知道活动是否有效，公司必须对公共关系活动的效果进行测量。

公共关系效果的测量

与其他的促销活动要素一样，公共关系活动的效果评估是非常重要的。除了确定这个活动要素对实现传播目标的贡献之外，效果评估还有其他的好处：

1. 可以向企业管理层汇报公共关系活动所取得的成果。
2. 向企业管理层提供一种测量公共关系成果的定量方法。
3. 为企业管理层提供一种评估公共关系成果和活动质量的方法。

根据美国公共关系学会（Public Relations Society of America）的调查，组织理解和赞同公共关系评估可以更有效地实现下列目标：

- 验证它们努力的结果。
- 将结果与进一步实现组织目标的业务产出联系起来。
- 对那些资助公关活动的人提供令人信服的影响效果。
- 设定更聪明的目标，制定更好的策略，并采用更引人注目的策略和参与战术。
- 进行中途调整和更正。
- 根据变化的目标、新的竞争者和新兴的最佳实践，定期调整测量方法。[14]

通过总结测量效果的标准，悉尼理工大学的吉姆·麦克纳马拉（Jim Macnamara）教授确定了 30 个指标，它们广泛用于测量公共关系和公司传播的效果。[15]在回顾新出现的公共关系有效性的新模型时，埃米特·贾殷（Amit Jain）认为传统的方法已经失效了。贾殷指出，随着越来越多的公共关系过程变得数字化，需要在以前的测量方法中添加新的标准，而且必须开发新的模型。[16]

马克·维纳（Mark Weiner）在讨论营销公共关系的效果测量时，建议使用以下方法[17]：

- 媒体内容分析。系统客观地分析媒体消息的特性及其内容，从而确定与产品或品牌相关的舆论导向和观点。
- 调查研究。定量评估消费者对于产品或品牌的态度。
- 营销组合模型。从多种渠道获得数据并加以整合，以为整个过程提供深入的了解。

第 1 章讨论的 PESO 模型现在已被公共关系从业者所接受。如上所述，该模型是由公关行业的领军人物吉尼·迪特里希（Gini Dietrich）开发和倡导的。[18]与营销相结合运作这个模型的一个优秀案例是戴尔在该公司的戴尔世界（Dell World）会议时展示的。为了传播其首个年度全球技术采纳指数（GTAI）的信息，公关和营销团队运用了新闻发布会、原生广告、自有媒体和社交媒体。

在戴尔的例子中，它是这样进行的：

- 在戴尔世界新闻发布会上，迈克尔·戴尔宣布 GTAI。
- GTAI 结果在戴尔的社交媒体平台（例如领英、推特、脸书）上共享，包括来自@戴尔手柄鼓励社交社区使用井号标签＃delltechindex。
- 戴尔自有媒体网站的科技页面发布了一个名为“科技炒作遇到科技现实”的故事，概述了 GTAI 的一些关键发现。
- 公关团队向新闻记者讲述这个故事，并确保媒体报道包括在线技术和商业网站，如《爱尔兰时报》（*Irish Times*）、ZDnet 和 eWeek。
- 纽约时报 GTAI 原生广告活动在新闻媒体报道了这一消息一天后发布。
- 在商业和技术网站上运行在线视频和内容聚合。

- 付费的社交帖子促进了领英和推特的宣传活动。
- 所有的内容都使用信息图表。

总而言之，公共关系在促销组合中的作用在不断变化。随着公共关系逐渐趋于营销导向，评估公关活动的标准同样在变化。同时，非营销性的活动将继续构成公共关系部门和评价基础的一部分。

公共宣传

公共宣传（publicity）是指广电媒体或印刷媒体对某个人、产品或服务的新闻报道。对许多营销商而言，公共宣传和公共关系是同义词。但严格说来，公共宣传实际上是公共关系活动的组成部分。

它们之间存在几个重要的区别。首先，公共宣传一般是一种短期策略，而公共关系则是持续较长一段时间的整体计划。其次，公共关系的目的是提供企业的正面信息，通常由企业或它的代理公司所控制。但公共宣传并非总是对企业有利，并且不能由企业控制或由企业支付费用。无论正面还是负面的公共宣传通常都是由企业外部的来源传播出来的。

在大部分组织中，公共宣传是由公共关系部门控制和传播的。本节将讨论公共宣传在促销活动中的作用，以及营销商利用和应对这类传播的一些方法。

公共宣传的力量

公共宣传与其他促销活动要素的最重要区别之一就在于这种传播形式可以产生神奇的效果。但遗憾的是，这种效果常常并不能按照营销商所期望的方式实现。公共宣传可以造就一种产品或公司，但也可以毁灭它。正是因为这一点，英国石油公司的股价因先前提到的漏油事件下跌到不足原来的一半。三星遭遇手机电池爆炸的负面宣传，公司的价值减少了数十亿美元。

为什么公共宣传比广告或者销售促进——甚至其他公共关系形式更加有效？首先，公共宣传具有极高的可信度。与广告和销售促进不同，公共宣传通常不会被认为是由企业出资捐助的（负面宣传绝不会如此）。因此消费者认为这样的信息更加客观，并对此报以更多的信任。事实上，媒体经常采取非常措施，以确保其客观性，并保证事实不受广告主或其他外来资源的影响。

公共宣传的信息可能会被认为看似是媒体默许的。例如，《高尔夫》（*Golf*）对高尔夫球耐用性方面的技术突破所进行的宣传将对销售产生极大的促进作用。《汽车与驾驶者》（*Car & Driver's*）评选的年度汽车反映了杂志对于所选汽车品质的认识。

公共宣传的另一种魅力体现在它的新闻价值和产生的曝光频率上。如果公共宣传是正面的，那么获益的就是企业。反之，企业可能就要遭受诸如销售量下降、企业形象受损甚至诉讼等负面影响。

最根本的原因是，公共宣传就是新闻，人们都喜欢传播那些具有新闻价值的信息，因此公共宣传能为企业及其产品创造大量免费的、可靠的口碑传播信息。

公共宣传的控制及传播

在前面引用的一些案例中，公共宣传的控制权并不在公司的手中，而在另一些案例中，信息的泄露完全是公司自己的错。像大众、三星和英国石油这样的公司也无法阻止媒体散布关于它们的负面消息。当公共宣传变成新闻，就将由媒体报道，有些时候也有公司的努力在里面。在这些例子中，组织需要对可能由新闻所带来的潜在威胁做出反应。简单地忽视问题不会让问题消失。

插图17-1就是一个公司面对负面公共宣传做出很好回应的例子。当各大新闻媒体报道一些种植者用来调节苹果生长的化学物质二甲基氨基琥珀酰胺酸（Alar）可能使儿童患癌时，Tree Top 公司的麻烦就来了。尽管一些有声望的科学家和医学专家（包括外科医生）发表声明，证明 Alar 不会致癌，但一些特殊利益团体仍然制造了相当数量的负面公共宣传，从而在消费者和采购代理商中制造了担忧的情绪。一些学校把苹果从菜单中取消了，甚至连苹果酱和苹果汁都未能幸免。于是，Tree Top 公司发布了如插图 17－1所示的广告来表明自己的立场，以打消消费者的顾虑。它还向营养专家和日常保健工作者发送直接邮件。这一活动成功地消除了消费者对产品安全性的怀疑，恢复了他们对产品的信心。

插图 17－1　Tree Top 回应负面公共宣传的威胁

资料来源：© Tree Top，Inc.

有效反击负面宣传的另一个例子体现在百威对一个独一无二的法律诉讼和负面宣传的反应：有指控声言酿酒商在啤酒中注水，从而减少了酒精含量并欺骗了消费者数百万美元。百威的应对广告特别奏效，它不仅抨击传言毫不可信并驳斥了索赔，同时也扭转了人们的看法。声明不仅保持了百威品牌的完整性，也证明了公司支持慈善事业的事实：捐赠超过7 100万瓶饮用水给那些有需要的人。

公共宣传也能为营销商服务。儿童玩具常常通过大量的正面宣传和口碑营销获得可观的销售额。CBS 曾经在《60 分钟》节目中报道每日饮用适量的红酒可以预防心脏病，结果赤霞珠酒（Cabernet Savignon）的销量在一个月内增长了 45%。而当饮用绿茶可以预防癌症的消息传开后，绿茶的销量也急剧上升。含有抗氧化剂的产品现在非常受欢迎，因为这类产品对健康有益。像这样的由公共宣传带来的正面影响的例子还有很多。

营销商希望对信息发布的时间和地点尽可能多地进行控制。方法之一就是视频新闻稿（video news release，VNR），它是由公关人员制作的宣传材料，电视台可以将它直接作为新闻报道播出。这些录像几乎从不提及它们是由公司自己制作的，大多数电视台也不会提。像美国牙医协会（American Dental Association）、通用汽车公司、摩托罗拉公司和诺基亚公司等一样，许多政府机构也使用视频新闻稿。这种不透露来源的视频新闻稿遭到了一些消费者的抗议。消费者产品安全委员会（Consumer Product Safety Commission）对视频新闻稿的合理使用在 www. cpsp. gov 网站发布了指南。

营销商在管理公共宣传和公共关系的过程中也会不断加深对这些活动的了解。在公共宣传管理方面不仅有专门的课程、网站，还有很多相关的图书。这些书的内容包括如何做演讲，应该和谁接触，如何撰写新闻稿，以及应该了解哪些有关目标媒体的信息，包括电视、广播、报纸、杂志、网络和直接反应广告。它们还会介绍如何选用不同媒体，如新闻发布会、研讨会、事件宣传以及个人信件，同时还会就如何处理与政府和其他立法机构之间的关系提出建议。由于这些信息太多，本书无法一一详述。如果想了解更多的内容，建议你仔细阅读相关书籍。

公共宣传的优缺点

公共宣传的优点是可信度高，具有新闻价值，能够进行重要的口碑传播，并且易于得到媒体认可。它的缺点是，除了负面宣传可能带来的不利影响之外，在使用公共宣传的过程中还存在其他方面的问题：缺乏控制、无法进行时间选择和准确性差。

缺乏控制

在今天的虚拟世界里，几乎没有对信息传达方面的控制。社交网站、博客等已经极大扩展了信息的容量，与此同时，开放的信息流来源并没有被施加在传统媒体上的那种管制标准。结果是，一旦公众、公司或组织失去了对信息的控制，常常会耗费很多支出。

无法进行时间选择

对公共宣传的时间选择并不是一直都由营销商完全操控。除非新闻媒体认为信息具有很高的新闻价值，否则，新闻报道的时间完全取决于媒体——前提是媒体最终发布了这则新闻。因此，信息的发布可能比预期的时间更早或者更晚。

准确性差

进行公共宣传的方式有很多。很多时候这些方式很难在公司的掌控之中。但遗憾的是，有时信息会在传递的过程中丢失，也就是说，它不总是以信息提供者希望的方式加以报道。有时候当你看到一篇以新闻稿为基础撰写的宣传材料时，无法判断这两者究竟是不是一回事。

公共宣传的效果测量

对于公共宣传效果的测量方法本质上和前面所讨论的广义的公共关系效果的测量方法是一样的。正如在这一点上所指出的，传统的效果模型正在为新的测量方式让路，不论是大公司还是小公司的传播项目，数字世界都已经成为其中更重要的参与者。

企业广告

企业广告（corporate advertising）是争议最大的广告形式之一。事实上，它是公共关系职能的一种延伸，不推销任何产品或服务，相反，它通过提升企业形象、表明对某一社会事件或公益事业的立场，或者直接参与其中来推销整个企业。为什么对企业广告存在争议呢？原因如下：

1. 消费者对这种广告形式不感兴趣。研究表明，许多消费者对企业广告并不感兴趣。这可能部分由于消费者并不理解广告背后的原因是什么。当然，许多这样的困惑是广告传播的观点设置不当造成的。

2. 这是一种昂贵的自恋形式。人们指责那些沉迷于企业形象广告的企业只是为了满足高层管理人员自我实现的欲望。这种批评源于企业广告难以撰写。企业想要传递的信息很难像定位一个产品的广告那样精确和具体，因此企业广告的内容通常都由企业的高管人员决定，这样广告的文案自然就能反映他们对企业的看法和构想了。

3. 企业一定陷入了困境。一些批评家认为，只有在遇到危机时——不是财务方面的问题就是公众眼中的形象问题，企业才会做企业广告，目的是进行补救。企业广告有多种形式，每一种都有它的目的。这些批评家认为，只有在企业管理不善的时候，这些目的才变得重要起来。

4. 企业广告就是浪费钱财。反对者认为，既然企业广告不直接针对某一群体，不能被理解，不能推销任何特定的东西，那么这些钱应该能在其他地方发挥更好的作用。很多持这种论调的人还找到了一个事实根据，即企业广告常常是难以界定的。它们一般不直接销售产品，也不寻求投资者。相反，它们只是表明一种立场或试图塑造一种形象。因为它们缺乏针对性，所以许多反对者认为，这些广告目标在受众中毫无市场，是企业不明智的投资行为。

尽管有这样或那样的批评，企业广告仍然被广泛使用。多家B2B企业和众多消费品企业持续运用企业形象广告，其他企业也增加了在这个领域的投资。

"企业广告"这个词逐渐成为任何直接诉诸企业利益而不是产品或服务利益的广告的统称，这样就有很多广告可以归到它的名下了。鉴于本书的目的所在，同时为了从一些新的角度来考察这个概念，我们将它定义为旨在推销企业自身而非其产品和服务的广告。

企业广告的目标

设计企业广告一般有两个目的：(1) 为企业塑造一种正面的形象；(2) 表达企业对社会、经济以及环境问题的观点。具体的目标有：

- 提高员工士气与缓和劳资关系。
- 帮助政府新近放开管制行业中的公司缓解消费者的不确定情绪以及解除投资者的困惑。
- 帮助采取多元化经营的公司建立一种基于母公司而非单个品牌的识别系统。[19]

从这些目标可以看出，企业广告的目标受众既有内部公众也有外部公众；它不仅推广企业本身，也推广企业的理念。

企业广告的类型

营销商主要通过形象广告、倡导性广告或公益广告等来实现企业广告的目标。它们的目的各不相同。

形象广告

这是一种用以推广企业整体形象的企业广告形式。**形象广告**（image advertising）的用途很多，包括在企业内部和外部获得好感、确定企业地位以及获得人力和财务资源。它运用了许多方法。

1. 总体形象或定位广告。广告通常用来树立企业在公众心目中的形象。丰田在广告中力图为自己塑造一个车企在环境领域的革新者和领导者的形象。其广告被设计为展示丰田公司对今日环境保护和未来环境维护的关注。

2. 赞助活动。企业形象广告一般出现在电视台的普通节目或专题节目中。例如，在美国国家地理频道中，包括尼康、美国航空和其他公司在内的许多公司都提供赞助，为的是将公司与高品质的节目联系起来。这些公司和其他一些公司也赞助在公共电视频道播放的节目和其他一些教育节目，以宣传企业的好公民形象。此外，像西门子和星巴克以及一些地方性公司也希望通过将自己与高质量或教育类的节目联系在一起，潜移默化地改善自己的形象。

其他的赞助例子包括美国运通（会员项目）、美国航空（联合国儿童基金会项目）和耐克（女孩效应项目，该项目帮助发展中国家的贫困女性，让她们有机会接受教育，以及得到良好的资源）。维萨卡将赞助视为整合营销传播的一个重要组成部分。它赞助了奥运会、美国十项全能队、世界足联、NFL、NHL、多伦多国际电影节等。企业的赞助活动不仅为接受方提供帮助，同时也要实现企业特定的商业目标。图表17-5列出了一些希望赞助美国奥委会并获利的公司。

图表17-5　2016年美国奥委会的赞助商和合作伙伴

宝洁
可口可乐
陶氏
源讯（ATOS）

麦当劳
三星
维萨卡
通用电气
松下
欧米茄
普利司通（Bridgestone）

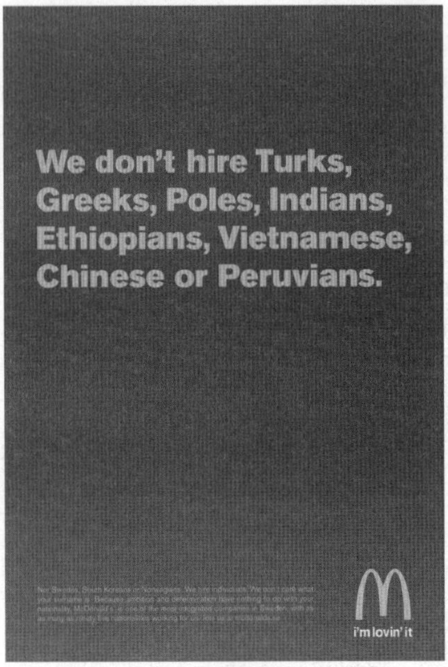

插图17-2　用来吸引新员工的企业形象广告

资料来源：McDonald's.

3. 招聘广告。插图17-2中展示的是吸引新员工的企业形象广告中一个很好的例子。广告以麦当劳的标准色（红色和黄色）为主体，肯定会吸引人们的注意力。（图中底部广告语写着“我们招聘人员”。）

4. 获得融资支持。有的企业广告是为了获得外界对公司的投资。通过建立一种更加良好的形象，公司可以吸引潜在的股票购买者和投资者。更多的投资意味着更多的运营资金、更多的研发经费等等。在这种情况下，企业的形象广告几乎就是在销售产品；而这种产品就是公司自己。

虽然没有确切的证据证明企业形象广告能直接带来投资的增加，但很多经理人都坚信股票价格和企业广告数量之间的关系。公司在企业广告上花得越多，它的股价就越高（虽然很难找到两者之间的直接联系）。

形象不是一维的，许多因素都会影响它。图表17-6所示的是三个不同来源的公司排名结果。没有一家公司同时出现在所有三个榜单上，表明最受敬仰的公司可以通过不同的方式受到尊敬以及获得强大的声誉。最受敬仰的公司并不是单靠公共宣传和口碑来获得这一地位的（同样，我们猜想，最不受敬仰的公司想来也是如此道理）。

图表17-6　公司声誉

世界最受尊敬公司	最佳企业公民	全球声誉榜
苹果	微软	劳力士
谷歌（Alphabet集团）	英特尔	华特迪士尼
亚马逊	孩之宝（Hasbro）	谷歌（Alphabet集团）
伯克希尔·哈撒韦	强生	宝马
华特迪士尼	艺康（Ecolab）	梅赛德斯-奔驰

资料来源：“World's Most Admired Companies 2016—Fortune,” www.money.cnn.com; “100 Best Forbes 2016,” 2016, www.Forbes.com; “The World's Most Reputable Companies,” 2016, www.forbes.com.

良好的企业形象不是仅靠几则广告就能树立起来的。优质的产品与服务、强大的创新能力、稳健的财务运作、良好的社区形象和灵活的营销战略等都是塑造整体形象的重要条件。此外，营销的产品种类和情感因素也有一定的作用。前文提到的调查表明利润和股票业绩对公司的名誉并没有太大的作用，企业一旦得到了好的口碑，就会有持久的效果。同时，整合营销传播视点17-1阐述了保持声誉是如何的困难。

整合营销传播视点 17-1

保持好名声并不像看起来那么容易

宝洁、劳力士、谷歌和苹果，对于大多数消费者来说，这些名字被认为是市场领导者。这些公司受到尊敬，被认为是良好的企业公民，拥有卓越的声誉。你没有意识到的是保持这样的地位是多么困难。你也许听过这句格言：近来你对我都干了些啥？虽然我们通常认为这话适用于个人，但对公司而言它同样真实。仅仅一个错误就能导致公司形象在一瞬间崩塌。有时这个错误也许是因为他们自身的所作所为，但某些情况下一个细微的过失也会导致重要的伤害。想想这些例子：

百威淡啤的“无论什么嗨起来”（Up for Whatever）推广活动。这家啤酒公司在一些酒瓶上贴了这样的口号“让你今晚的字典里没有‘不’字的好啤酒”。不幸的是，酒瓶的照片迅速出现在 Reddit 社交新闻站点和 Consumerist 消费者评论网站。第二天，社交媒体上到处散播着用户谴责其促进了强奸文化。社交舆论如此沸沸扬扬，以至于美国国会议员纽约州民主党代表尼塔·洛薇（Nita Lowey）在推特发帖，批评百威淡啤应该“提倡负责任——而不是鲁莽的——饮酒”。百威的品牌感知得分受到了很大冲击。百威淡啤副总裁亚历克斯·拉姆布雷希特（Alex Lambrecht）在道歉之后声明公司绝不会纵容无礼的、不负责任的行为，口号也不会再印在瓶身上。他还指出，活动已经进行到第二年，其间创造了超过 140 条不同的信息引导消费者的参与，但只有这一条偏离了初衷，这种情况不会再次发生。

卡卡圈坊（Krispy Kreme）在推广它的“卡卡俱乐部”（Krispy Kreme Klub）时，在脸书页面上发布了首字母缩写 KKK。当然，它立即从社交媒体关注者那里听到了这件事，并做出了道歉和对错误行为的解释。

Tom's of Maine 是一家因为它只在牙膏中使用天然成分而名声大噪的公司，不过这并不完全是事实。它后来由于被发现虚假陈述而导致了集体诉讼，最终支付 450 万美元罚金并修改其成分说明。正如马克·米勒（Mark Miller）在 www. brandchannel. com 上所指出的，协议并未给 Tom's of Maine 或其母公司高露洁带来任何好处。

全美互惠保险公司（Nationwide）在 2015 年超级碗期间投放了一个广告，试图引起人们对儿童安全的关注。广告是基于一个去世孩子给他父母的关于忽视家庭安全的信息，一个正当的理由。广告标题名为《使安全发生》(Make Safe Happen)，聚焦于可预防的意外，画面展示了一个溢满水的浴缸，一堆要洗的碗堆在地板上，还有一个电视机翻倒的场景。不幸的是，观众不喜欢这个广告，公众在社交媒体上的抗议掩盖了不要忽视家庭安全这一信息。广告被许多人认为是有史以来最糟糕的超级碗广告，损害了公司的形象。全美互惠保险公司的首席营销官最终辞职。

其他例子如 Urban Outfitters 运动用品商引发了肯特州立大学师生的愤怒。公司推广一款将学校标识染红的复古运动衫，但看起来像血迹斑斑。(1970 年俄亥俄州国民警卫队开枪打死参加越南战争期间反战抗议活动的 4 名肯特州立大学学生。) ZARA 推广了一件带有六角星黄色徽章的条纹衬衫，类似于在纳粹集中营里穿的制服。售卖 1.05 万美元至 15 万美元柏金系列手袋的制造商爱马仕，被歌星和演员简·柏金（Jane Birkin，柏金系列手袋产品线以其名字命名）质问，要求将其名字从手袋系列上拿下来，以抗议杀害鳄鱼、鸵鸟和蜥蜴，善待动物组织引发了她对此问题的关切。

这些错误是怎么发生的？这些常因做公益被想起的公司（百威发放听装水，Tom's of Maine 支持许多环保公益活动，等等）同样也会遭遇负面宣传。显然在组织里的有些人必须注意到“无论什么嗨起来”的口号，了解六角星的意义，知道肯特州立大学的过往，意识到公司在当今时代会引起人们注意的不一定是正面的关注。辩护者声称，美国正变得过于敏感，这只是一个恶作剧，或是一个错误，而错误是会发生的。不幸的是，有时错误会对公司的健康有害。可以问一下全美互惠保险公司的前首席营销官马特·乔基乌斯（Matt Jauchius）。

资料来源：Lindsey Rupp and Duane Stanford, "Bud Light Is Sorry for Slogan That Critics Say Endorsed Rape," April 28, 2015, www.bloomberg.com; Elizabeth Bell, "Hermès, Bagged by PETA, Sees Jane Birkin Protest Her Namesake Bag," July 29, 2015, www.brandchannel.com; Dale Buss, "For Former Nationwide CMO, Super Bowl Ad Was a Preventable Accident," May 6, 2015, www.brandchannel.com; Patricia Odell, "Krispy Kreme Gets Slammed for KKK Promo," February 9, 2015, www.chiefmarketer.com; Mark J. Miller, "Tom's of Maine Admits It's Not Totally Natural with $4.5M Settlement," July 29, 2015, www.brandchannel.com.

事件赞助

正如在前面的章节中提到的，企业对于慈善事业和公益事业的赞助已经逐渐变成公共关系的一种流行形式。虽然一些公司在赞助某些事件或公益事业时，脑子里想的还主要是传统的公共关系目标，但更加独立的、具有营销导向赞助方法的使用也在不断增长。这样的**事件赞助**（event sponsorships）呈现出多种形式，见图表 17－7。从装备服饰和用具（安德玛赞助各类及各层次男女运动队）到音乐会、体育场和大学橄榄球比赛都是企业赞助的候选内容。然而，与其他关系一样，在这样的赞同声中，赞助的双方也要承担一定的风险。例如，许多在体育场冠名的公司都遭受了破产的命运，如 TWA Dome（圣路易斯）、PSINet（巴尔的摩）、Fruit of the Loom（迈阿密）。其他一些公司则形象受损，如安然公司（Enron Field）、世通公司（MCI Center），这些对受赞助的城市来说都不是什么好事。而企业要承担的风险则是花数百万美元来冠名一个体育场可能引发股东和消费者对于这项投资价值的担忧。同时，冠名体育场也可以增加名称的曝光度——特别是对于那些没有特别强的品牌认知的公司。例如大都会人寿保险冠名了纽约喷气机和纽约巨人队的主场体育馆，相信仅以增加品牌曝光为依据，这是一个非常好的投资。此外，已有研究显示 99%的粉丝能够回想起主场赞助商的名字，有 35%的粉丝说这能引发他们对品牌产生好感。[20]

图表 17－7　北美不同类型赞助支出　　单位：亿美元

	2014 年	2015 年	比 2014 年增长	2016 年支出（预计）	比 2015 年增长（预计）
体育	143.5	149.9	4.5%	157.4	5.0%
娱乐	20.5	21.3	4.1%	22.2	4.2%
公益	18.5	19.2	4.0%	20	3.7%
艺术	9.23	9.39	1.7%	9.7	3.3%
节日、商品交易、年度活动	8.47	8.6	1.5%	8.78	2.1%
协会和会员组织	5.74	5.91	3.0%	6.12	3.6%

资料来源：Adapted from *Cause Marketing Forum*, 2016; IEG.

正如所见，所有类别的赞助开支都在增长。体育事件的赞助仍然占据了最大部分。

例如，尽管赞助费用不断增加，但 NASCAR Sprint 系列赛仍然对众多公司极具吸引力（见插图 17－3）。许多公司被事件赞助吸引是因为围绕事件可以建立有效的整合营销传播方案，相关的促销活动也能在本地、区域、全国甚至全球的市场发挥作用。众多企业发现，事件赞助既是建立资产以及与目标受众保持密切关系的优秀平台，又是很好的公共关系工具。例如，赫兹汽车租赁公司签署了与 Penske 赛车队三年的赞助协议，并希望能够续签。赫兹的首席执行官马克·弗里索拉（Mark Frissora）认为花掉广告费最好的方式之一就是能够接触到特定的目标市场，以及获得对这笔投资的印象。他也指出，20%的 NASCAR 粉丝团会租车，他希望他们租车时能够想到找赫兹。[21]

插图 17－3 赫兹相信对 NASCAR 的赞助是一项好的投资

资料来源：© Tom Pennington/Getty Images.

倡导性广告

第三类企业广告形式以社会热点、商业活动或环境问题为主题。这样的**倡导性广告**（advocacy advertising）主要关心的是如何以有利于主办者的方式传播企业的观点，并表明公司在公众关心的社会热点问题上的立场。

倡导性广告仍然是在描绘企业或组织的形象，只不过不那么直接罢了。它是针对特定的事件表达企业自身的立场，而不是推销企业自己。一个倡导性广告的例子是美国心脏协会（American Heart Association）和美国中风协会（American Stroke Association）赞助的广告，目标是希望倡导青少年停止吸烟。倡导性广告在过去的几年中使用得越来越频繁，但同时也受到了越来越多的批评。近期的一项由圣达菲烟草公司（Santa Fe Natural Tobacco）赞助的广告活动被设计成了积极推广烟草的广告。两页的广告以一条声明开始，“我们过去的一些事情你应该了解”，然后在第二页上继续声明的内容，包括这家公司从 20 世纪 90 年代早期便支持美国农业，其烟草是 100%无添加剂的，并且这些烟草均产自美国。在美国，烟草工业的形象几十年来都是消极的、负面的，尽管很多公司都努力去改变它。

倡导性广告可能被一家公司或是贸易协会赞助，并被设计为告诉受众这家公司的运行状况或是解释其在特定事务中的经营方向。有时候，这种广告是消极公共宣传或是公司无能力通过正规公关渠道发布重要信息的一种反映。在其他情况下，公司仅仅希望获取某些想法，或是让社会了解其所关注的事情。

争议广告（issue ads）作为倡导性广告的另一种形式越来越多地出现在媒体上。当争议事件广告被看作一种倡导性广告时，可能并不算企业或商业赞助中的一部分，但当一个组织出资制作时，它可以在组织所认为的重要争议事件上吸引公众的目光。例如，在美国人道协会（Humane Society of the United States）和日用品连锁商 Trade Joe's 的谈判失败后，动物福利组织发布了一则内容为“为什么 Trade Joe's 不会让步”的问题广告。Trade Joe's 的顾客反响是强烈的，导致该公司公开宣布在三个月内将所有的蛋鸡转为放养式饲养。2007 年，美国联邦最高法院规定，应当允许企业及其联盟对争议事件广告的赞助（之前是禁止的）。许多人认为这个决定将带来争议事件广告的大幅度增加。[22]

倡导性广告受到了来自各方面的批评。这种传播形式已经存在很长时间了。AT&T 使用事件导向的广告方法可以追溯到 1908 年，并且在 21 世纪继续采用这种传播形式。批评者认为，那些拥有庞大广告预算的公司买断了过多的广告版面和时间，倡导性广告很可能因此受到误导。但实际上常规产品广告的经费和权衡也同样面临这样的问题。

公益广告

一种名为**公益营销**（cause-related marketing）的形象塑造方法日渐流行。在这种营销方法中，企业以赞助者的形象与慈善组织或非政府组织联系在一起。2016 年，公益营销的开支超过 20 亿美元。[23]企业能够从正面的宣传中获益，而慈善组织也可以获得它们急需的资金。公益营销的支持者认为，与公益活动相联系能够将一个品牌或商店与其他的区分开来，提高消费者对于价格提高的接受度，产生良好的公众舆论，甚至得到对公司产生巨大影响的官员的认同。的确，一项研究表明，与一项慈善事业的关联会对消费者的购买决策产生影响——使他们更有可能从赞助商处购买，而另一项研究显示消费者更有可能信任支持慈善的品牌。[24]苹果、谷歌、微软和百事是几个因其对慈善事业的支持而闻名的品牌。公益导向的营销关系可以有多种形式。公开捐助一个非营利性的公益活动，让公司职员成为公益活动的志愿者，提供物质捐助或补给，进行公共服务宣传，甚至提供茶点，都是企业参与公益事业的方法。

与此同时，并不是所有的公益营销都是成功的保证。公益营销不仅要求与社会问题相联系，还要求企业为此花费时间和精力。在建立关系上误导消费者的企业已经陷入了麻烦，还有些企业则为与企业几乎没有共通性的公益活动而浪费钱财。一项研究表明，有超过300家企业与乳腺癌防治事业有关，但大部分都在混乱的赞助活动中失败了。另一个研究则表明消费者越来越怀疑，并要求对企业的公益营销有更多的问责机制。[25]其他公司则直接选择了错误的公益活动——它们发现它们的消费者和潜在消费者对此毫无兴趣或者并不支持这个公益活动。有些情况下，公益营销反被看作轰动性的广告。最后，公益营销努力的结果难以量化。

企业广告的优缺点

当你仔细审视企业广告这种传播形式的优点时，就会理解为什么它会如此风靡：

1. 它是一种很好的为企业定位的工具。企业和产品一样，也需要在市场中建立一个形象或定位。企业形象广告正是达到这个目标的一种方法。一种定位准确的产品比一个形象模糊或没有形象的产品更容易成功。对于企业来说也是同样的道理。你可以想一想，当听到苹果、强生或宝洁的时候，你的脑海中浮现的是什么形象。

那么，当听到Unisys，USX或Navistar时，你又会想到什么？你又能说出多少ConAgra公司旗下的消费品品牌？（包括Hunts，Chef Boyardee，Pam，Slim-Jims，等等。）我们并不是说后面这些公司不成功——它们当然很成功——我们只是认为，它们的企业识别（或定位）没有前面提到的那些公司稳固。有着强有力的正面形象的公司在竞争中能够占据优势，并且这种优势能够随着公司的整体推广得到提高。

2. 它具有公共关系的各种优势。随着公关活动的不断增多，媒体对于这类事件的关注程度也在不断降低（不是因为它们没有价值，而是因为有更多的事件可以报道）。最终结果就是，企业在投入一项公关活动的时候，并不能保证它能够得到新闻媒体的报道以及公共宣传。尽管消费者可能不会确切地感知到信息的客观来源，但企业形象广告能将信息发送出去，起码可以将企业所做的努力传播出去。

3. 它可以到达一个特定的目标市场。企业形象广告不应当针对一般公众。它通常针对的都是投资者或其他企业的管理者。一般公众是否欣赏这种形式的传播方式并不重要，只要目标市场能够领会就行（记得赫兹与Penske赛车队的关系吗?）。从这个方面讲，这种广告形式完全可以圆满地实现目标。

企业广告的缺点我们已经在本章的前面提到一些。此外，还可以列出其他一些缺点：

1. 有效性令人质疑。并没有强有力的证据表明企业广告确实有用。对前面曾引用的描述股票价格和企业广告相互关系的数据，很多人表示怀疑，因为一些研究显示这种效果很难得到支持。

2. 法律和道德问题。一些批评家认为，既然大公司拥有雄厚的财力，那么它们就能采取不公平的手段操纵公众舆论。但针对这一点，法庭站在广告主这一边。然而，许多消费者仍然把这种广告看作不公平的行为，特别是有些时候在经济能力范围内存在过于庞大的差距，并且对赞助商形成负面的看法。

不论支持还是反对企业广告，都有许多有理有据的理由。但有两件事可以肯定：（1）没有人知道谁是对的；（2）使用这种传播形式的公司在不断增加。

企业广告的效果测量

从我们对关于企业广告争论的探讨，你可以知道，确实需要有一种方法来评价这种广告的效果：

● 态度调查。确定企业广告效果的方法就是通过实施态度调查来了解公众和投资者对广告的反应。贾纳斯·辛克莱（Janas Sinclair）和特蕾西·艾拉尼（Tracy Irani）对生物技术行业的倡导性广告进行了一项研究，他们利用一项调查研究技术来说明公共责任是对企业产生可信赖感的良好预兆，它与对待广告主的态度预示着消费者对待广告、生物技术以及购买意愿的态度。[26]本章前面报道的研究显示了许多积极的方面，参与企业广告的公司可能会受到影响。公司在测量受众对于企业广告的回忆和态度后发现，企业广告在提高对企业名称的回想率方面比单独的产品广告有效。在总体态度测量上，经常做企业广告的广告主在指标上要高于那些企业广告预算有限的公司。

● 企业广告和股价的关系研究。很多研究考察了企业广告众多要素（如广告在杂志中的位置、来源效果等）与股价的关系。这些研究得出了一些自相矛盾的结论，表明虽然这类测量所使用的模型在逻辑上似乎无懈可击，但至少有一些结果的出入是由研究方法的缺陷引起的。

● 焦点小组研究。焦点小组被用来了解投资者希望在广告中看到的内容以及广告完成后他们的反应。和产品导向的广告一样，尽管它可以用来做一部分的效果评估，但具有一定的局限性。

尽管企业广告的效果测量使用了一些用来测量产品广告效果的方法，该领域的研究仍然不能赶上消费者市场的研究步伐。对这个问题最常给出的解释是，企业广告常常是由公司的最高层管理人员负责的，而这些人不希望被追究责任。有意思的是，最应该担负这项责任的人却最有可能逃避这一责任！

本章小结

本章介绍了公共关系、公共宣传和企业广告等促销要素的作用。这些领域对营销和传播活动来说都意义重大，而且它们通常与其他促销要素不尽相同。然而，公司正在它们的整合营销传播方案中增加这些接触点的使用。

公共关系在传统的职责和新的营销导向的职责中都发挥着作用。在许多公司，公共关系部门是独立于营销部门的一个自主运作部门，也有些公司把它作为一个辅助系统。许多企业都聘请了外部的公共关系代理公司，就像它们聘请外部的广告代理公司一样。

在公共宣传中，还有其他的影响因素：公司对公众将接收的信息缺乏控制。在公共关系和企业广告中，组织仍然是信息的来源，并且保留了更多的控制权。公共宣传常常是一种被动的反应而不是主动的，但它对产品或组织的推动力（或破坏力）也不是其他任何促销要素可以比拟的。

虽然公共宣传不完全受控制，但营销商绝不能忽略它的潜在影响。新闻稿和对信息的管理是公司能够控制的两个因素。对于突发事件的合理应对和战略部署同样十分必要。

企业广告被称为是非之地。这主要是因为信息的源头来自公司的高层管理人员，因此在其他广告与促销形式中使用的规则在这里不太奏效。这种传播要素在促销组合中相对独立。想要让它奏效，必须在明确的传播目标下与其他要素相配合。也讨论了公益营销、事件赞助和倡导性广告的重要性在逐渐增加。

与其他促销组合一样，对这些活动要素的评估和控制的测量是必不可少的。我们列举了一些方法，并用一些证据证明了这些方法的重要性。既然公共关系、公共宣传和企业广告是整体传播战略中不可缺少的部分，它们就必须与其他要素一样遵守相同的规则，来保证战略的成功。

讨论题

1. 本章讨论了许多公关失误，其中有许多失误可以因尽职勤勉而避免。解释为什么这些错误会发生，谁应最终负责。

2. 你认为千禧一代会对公益营销、争议广告和倡导性广告有什么影响？解释你的推理。

3. 解释传统和新公共关系目标（营销公共关系）之间的差异。它们各自的优缺点是什么？

4. 描述一些测量公共关系效果的方法。对其进行评判，并提供一个对其效果的全面评判。

5. 描述传统的公共关系机构与那些将公共关系视为一种营销功能的机构之间的冲突。陈述这些团体彼此都坚持己见的原因。谁是正确的？

6. 正如本章提到的，许多公司都遭遇了负面宣传的后果。讨论公司可能采取什么措施来避免负面新闻的负面影响。公司在这一时期的结局如何？

7. 研究表明，公益营销事实上可以引导增加购买品牌的意图。解释为什么会出现这种情况，并提供一些你认为可能的例子。

8. 冠名体育场馆可能是一个昂贵的提议，而且价格还会继续上涨。讨论对公司而言这是不是一个好投资，并解释。举例说明，对公司而言可能是一个很好的投资。

9. 本章讨论了公益营销、倡导性广告、争议广告。解释这些形式的沟通之间的差异，并举例。

10. 社交媒体对公共宣传的力量产生了深远的影响。试解释这意味着什么。你是否相信它是真实的？举一些例子来支持你的立场。

第Ⅵ篇　监控、评估与控制

第18章 测量促销活动的效果

学习目标

1. 比较支持和反对测量促销活动效果的原因。
2. 描述评估促销活动效果的各种测量方法。
3. 讨论当前测量广告影响方法的局限性。
4. 比较测量促销活动的各种不同方法。

开篇案例

2016 年奥美奖得主

广告公司及其客户可以获得的最有声望的广告领域奖项之一是奥美奖。该奖项以大卫·奥格威的名字命名，他一直是广告研究的有力拥护者。该奖项由广告研究基金会（ARF）赞助，被授予卓越的广告研究者和/或在广告开发过程中创造性地使用研究者。虽然最初的奖项纯粹地与广告相关，但现在则涉及各种传播领域。2016 年奥美奖被雀巢公司的 Lean Cuisine 品牌赢得。

运动名称：# WeighThis Brand：Nestlé Lean Cuisine

类别：社交媒体

在雀巢的 Lean Cuisine 食品（以瘦身和节食为目标的冷冻食品）销售量下降的第五年，公司知道它必须快速采取措施来拯救该品牌。自 20 世纪 80 年代达到巅峰以来，该品牌已经失去了 70%的客户和 12%的零售商货架空间。通过社会细分和品牌感知分析，雀巢公司的合作伙伴 MetaVision 发现，消费者谈论品牌时，大多是注重功能性而缺乏情感关联。MetaVision 还观察到，当女性消费者过着有成就的生活时，她们会觉得自己生活在一个仍通过外表来判断女性的社会。该社交媒体运动的重点是助力女性成功的生活方式。该场运动的核心是一个极具情感影响力的视频，视频刻画了现实中的女性通过她们身材的变化来权衡她们的生活成就。这是 Lean Cuisine 的转变策略的一个组成部分，并且很大程度上促成了该品牌在六年来的首次销量增长，尽管媒体支出有所下降。

MetaVision 所采用的研究包括社会倾听，社会倾听涉及数量趋势分析、深度社会情感分析、360i 部落分析和 360i 品牌罗盘，以得出将导致与现有 Lean Cuisine 的消费者和潜在消费者产生共鸣的洞察力。MetaVision 通过专有社会细分研究（部落分析）和品牌感知分析（品牌罗盘），确定该产品始终是笑料的来源以及关于谁被认为是 Lean Cuisine 消费者的文化参考："孤独的独自一人在家吃晚餐的女性。"然而，研究也表明，Lean Cuisine 的核心目标是实践中相当成功的女性（高收入，大学毕业，为他人辛苦工作），但身处一个不是以她的成就而是以她的外表继续判断她的社会。

创意战略的目的是将品牌重新定位到更多的情感空间，并促进交流，这将导致一种不仅仅是节食的印象。该信息较少关注功能属性，更多地关注情感驱动因素和成就，从而带来使女性成功的生活方式。这一点说明真实世界的女性用如下方式衡量她们的成就：成为母亲；荣誉名册上的单身母亲；周游世界，而不是用身体来衡量她们的成就。该项运动的媒体策略包括将核心视频放在脸书、推特和YouTube上，并利用付费媒体、公共关系和影响者营销来传达信息。在整个活动中，女性被鼓励分享她们希望在Lean Cuisine的社交渠道上用标签（＃WeighThis）来衡量，以促进关于有意义成就的公开对话。

如前所述，这是Lean Cuisine策略转变的组成部分之一，并且很大程度上促成了品牌在六年内首次销量增加。该品牌几乎立刻实现了两位数的增长率，这一核心视频是一次即时的成功，积极品牌感知提高了33%。在发行的第一周内，该视频到达了排行榜的第9位。多年来关于Lean Cuisine的谈话在社交媒体上增加了178%，并使品牌的竞争份额增加了19个百分点。这一活动在情感上与消费者产生了共鸣，描述了他们是如何衡量自己的，并且将社交媒体上Lean Cuisine负面谈话的份额降到4%，与前一年25%的负面份额相比有大幅下降。Lean Cuisine不再被单纯认为是一个单身女性的速食晚餐，而是一个为女性赋权的倡导者，是奥美奖得主！

其他获奖者的案例研究可以在奥美奖网站（www. thearf. org/2016-arf-david-ogilvy-awards）找到。奖项分为多种，包括：（1）大数据使用；（2）创意效果；（3）跨平台；（4）创新；（5）媒体；（6）手机；（7）新受众；（8）社交媒体。下面的示例仅提供了部分获奖领域，括号中是获奖者：

大数据使用（华纳兄弟）。华纳兄弟家庭娱乐团队从30多个数据源收集战略数据，以确保其促进电影《小飞侠：幻梦启航》(Pan）的计划可以由数据驱动，实现最大的投资回报率。其综合性的团队包括来自创意、传统媒体、数字媒体、社交媒体、研究/分析等领域的参与者。该团队能够选择合适的电视网时间段，确定最佳的节目并加以利用，找到正确的脸书细分市场。这带来了一个成功的媒体策略和一部成功的电影。

创意效果（安大略妇女董事会）。因为性暴力和性骚扰在加拿大社会非常普遍，安大略妇女董事会致力于帮助减少该问题。在回顾了20年来关于性暴力和性骚扰问题的行为研究，并采访了两位加拿大的暴力侵害女性行为专家后，安大略妇女董事会审查了加拿大的性侵犯统计。董事会认为要取得成功，了解文化规范至关重要。在回顾加拿大的公共卫生机构和益普索与Ipsos Reid进行的调查后，安大略妇女董事会发现有80%的人表示他们有义务干预性骚扰事件，有81%的人介入性暴力案件。意图和行动之间的差距是最有说服力的。只有37%的受访者表示他们会在目睹性暴力或性骚扰时采取行动并参与其中。这导致了“WhoWillYouHelp”(你帮助谁）运动的启动，它采取了针对旁观者的独特方法。在Ipsos Reid中期活动跟踪报告中，71%的受访者强烈认为，在运动之前，人们应该更多地谈论性骚扰和对女性的性暴力行为，而之前只有63%的人赞同这个观点。该运动还鼓励旁观者介入各种性骚扰和攻击场景。调查对象中有一半的人回忆起了这一广告，他们说：“如果我目睹性骚扰，我有义务干预。”(开展运动前，37%；开展运动后，58%）和“如果我目睹性骚扰，不干预，我决定让它继续”(开展运动前，37%；开展运动后，53%。)

使用这些研究来开发成功的运动的例子还有很多。每一个都表明了研究如何指导发展和提供成败的指标。就像大卫·奥格威描述的那样！

资料来源：“2016 ARF David Ogilvy Awards,” www. theARF. org.

正如本书所指出的，对问责制的日益强调迫使许多公司评估或重新评估其整合营销传播计划。客户和机构都在不断努力确定他们的传播是否正常，以及相对于其他选项，他们做得如何。研究表明，营销经理对他们目前使用的度量标准没有信心，他们正在寻找新的方法来协助这一努力。公司和组织继续协作，试图为这些问题提供答案，并开发新的方法来衡量传播有效性。

测量促销活动的效果是整合营销传播计划过程中的关键因素。研究允许营销经理去评估特定项目元素的绩效，并为下一阶段的情况分析提供输入。它是持续规划过程的必要组成部分，但通常不执行。

在本章中，我们讨论了企业应该测量其整合营销传播方案效果的一些原因，以及为什么许多公司决定不这样做。我们还研究如何、何时、何地进行这样的测量。我们的注意力大部分集中在测量广告的效果上，因为比起其他促销领域，我们在制定广告评估措施上投入了更多的时间和精力。然而，我们也将讨论整合营销传播方案的其他领域的测量。我们在前面的章节中讨论了用于评估其他许多促销元素的方法。

重要的是要理解，我们在本章中关注的是从评估角度进行的研究，也就是测量指导和促进的效果和/或在实施之前评估各种策略。这与本书前面讨论的帮助开发促销方案的研究不会混淆，尽管正如你将看到的，这两者可以（也应该）一起使用。虽然评估研究可以在整个促销过程（包括发展阶段）的不同阶段进行，但它是专门用来评估各种策略的效果的。我们先讨论测量效果的原因，以及一些企业不这样做的原因。

关于效果测量的争论

无论是工作还是娱乐，几乎所有人在从事各种活动时都会进行一些效果测量。在体育项目中，或许会将你的高尔夫成绩与标准杆数进行比较；在滑雪课程中，将你的表现与其他人比较。在公司中，雇员们常常被授以任务，对他们的工作评价则建立在雇员们完成任务的能力基础上。广告与促销也是这样，测定传播计划运行状况以及按照某些标准来测量传播活动的效果都非常重要。

效果测量的原因

在广告发布之前或在广告最终版本完成并播出后对其效果进行测量有如下理由：

1. 避免成本错误。美国前三大广告主预计 2015 年将在广告与促销方面投入超过 100 亿美元。前十名广告主总共花费了 250 多亿美元。[1]这笔钱值得花掉，但不知道花得有多好。如果方案没有实现其目标，营销经理需要知道，以便能够停止花费（浪费）金钱。

同样重要的是沉没成本是由于机会损失，沟通不畅。如果广告与促销方案没有实现其目标，不仅损失了金钱，而且损失了一个有效方案可能带来的潜在收益。因此，测量广告效果不仅仅是省钱，还有助于公司最大化其投资。

2. 评估备选策略。通常情况下，一个公司会同时考虑多个策略。比如，公司需要决定采用哪个媒体，或者某条信息是否比其他信息更有效，或者两个促销方案应当优先考虑哪一个。对于经理来说，关键问题是能够确定每个方法的有效性。许多公司也重新分配了非传统媒体的资金。许多研究显示，广告主表示，它们计划在未来几年在数字与社交媒体上投入更多资金。问题是，研究支出应该花在传统媒体、社交媒体、数字广告或其他媒体上吗？研究可以设计成帮助经理确定哪种策略最有效。

3. 提高广告的总体效率。你可能听过这样的表达，“不能看到树木的森林”。有些时候，广告主身处项目之中，反而会忘记自己的诉求本身。由于它们很清楚自己想要表达的内容，因此想当然地预估受众也能够理解。广告主或许会用一些并非每个人都熟悉的术语，或者创意部门过于标新立异、观点复杂而让消费者无法弄清广告表达的真正意思。有多少次你在看完一则广告后却不明白它想要传达的意思，或者在看过一则喜欢的广告之后却记不住品牌的名称？开展研究可以帮助企业开发更有效的传播。越来越多的广告主开始要求广告代理公司对它们提出的促销方案承担责任，并给代理公司施加更多压力。开展这项研究的方式并不十分清楚，如数字与社交媒体视点 18－1所示。

4. 确定目标是否达成。在一个设计良好的整合营销传播方案中，建立了特定的通信目标。如果达到目标，在下一个规划阶段需要建立新的目标。必须确定方案要素如何导致实现目标的评估，以及/或导致不满意成就的原因。研究应解决战略是否达到既定目标，以及用于进行这种评估的措施是否适当。

数字与社交媒体视点 18－1

未来的广告效果测量——测试情绪？

对于经理人来说，要想知道他们的广告方案运作得有多好，一直是个难题。更糟糕的是，当他们付出努力来确定他们的方案效果如何时，他们经常遭到广告代理商的拒绝，后者争辩（现在仍然如此！）很难衡量广告对整个营销方案的贡献，而且这种衡量实际上可能通过扼杀创造力而导致低效率。但随后，股东和其他人为某些用于广告的钱而争辩，开始产生影响，营销人员也开始行动，更多地关注可能为他们提供数据的度量，以便做出更好的管理决策。随着新数字媒体的迅速采用，营销人员似乎（或至少有些人认为他们）正在回归到很久以前，因为很难衡量这些新媒体对整个营销方案的贡献。此外，当在这些媒体上投放广告时，往往会有更多的时间压力，问题也增加了。

多年来，广告主就应该采取什么措施来衡量传统媒体的有效性达成了一致。然而，目前社交媒体与数字媒体还没有这样的共识，还有很多公司仅仅使用新媒体指标来评估它们的整合营销传播方案。同时，大量的研究表明，经理们认为他们没有很好地理解渠道中的营销效果。广告代理公司甚至更加怀疑，认为它们的客户对这些影响的理解范围是从根本没有到“差”。

分歧还在继续。有一篇文章似乎认为在线指标已经取代了传统的了解广告对购买渠道中消费者的影响的措施。另一项研究表明，在线指标可用于此目的。给数字用户加一分！但是还有其他人，比如沙恩·斯诺（Shane Snow），认为营销商搞错了，并且“媒体的下一个大趋势将要求我们重新考虑发布指标”。杰克·马歇尔（Jack Marshall）认为试图测量本土广告效果者“到处都是”。一些经理甚至争辩说，由于不同的公司有不同的活动目标，所以测量指标是多余的。在一项由美国广告主协会（ANA）进行的调查中，许多经理表示，他们仍然在努力弄清楚他们应该测量什么。在总结该调查时，ANA 的执行副总裁比尔·达根（Bill Duggan）指出，缺乏标准化的度量标准可能会阻碍未来的增长。

让事情变得更加复杂的是，人们越来越关注那些既不适合数字范畴也不适合传统范畴的措施。《广告时代》的一篇文章说，未来的测量可能不是来自调查，而是来自微笑和/或假笑。文章指出，如果你想知道人们对广告的反应，你需要测量他们的感受，而不是问他们。许多新公司现在提供复杂的“面部识别”技术。例如，家乐氏、玛氏和联合利华利用 Affectiva 服务来测量和分析人们在智能手机或笔记本电脑上观看视频时的面部表情。Affectiva 的首席执行官尼古拉斯·兰格维尔德（Nicholas Langeveld）说：“人们很难表达他们的感受。有时，人们甚至不知道正在发生一种微妙的、转瞬即逝的小情绪。”支持者说，面部识别会捕捉到这些情绪。华通明略现在提供面部复原作为其广告测试套件的一部分，尼尔森和其他公司也这样做。Affectiva的竞争者是Emotient，它起源于加利福尼亚大学圣迭戈分校的机器感知实验室。情绪在控制组中进行面部识别研究，但是它越来越强调测试在自然环境下的广告，也就是说，分析在现实生活中观看数字标志广告的人的面部表情。

那么答案是什么呢？正如你将在本章中看到的，营销商正在尝试各种方法来找出答案。这些措施有许多是新的，有些已经存在了一段时间，有些是新旧结合的。眼球跟踪、面部识别和神经科学应用等新技术正与传统回忆和姿态测量技术一起使用。越来越多的零售商正在使用归因模型试图确定各种媒体接触点的表现如何，并且对情感广告与认知广告、创造力的影响、讲故事与硬销售等的效果的测量有所增加。

长期以来，营销商在测量效果的价值以及如何测量上意见不一，但很少有人反对确定效果。似乎也有一种趋势同时采用各种方法。正如Affectiva和华通明略指出的，面部识别不应该单独使用，而是作为对传统拷贝测试方法的补充。也许我们都认可这一点？

资料来源："Facial-Recognition Lets Marketers Gauge Consumers' Real Responses to Ads," May 18, 2015, www.adage.com; Shane Snow, "Brands Are Measuring Their Content All Wrong," April 22, 2014, www.contently.com; Jack Marshall, "Native Advertising Measurement Is All over the Map," April 17, 2015, www.wsj.com; "Display Ad Effectiveness in the Purchase Funnel," October 22, 2015, www.msi.org; Laurie Sullivan, "Marketing Budgets Rise, Determining Multi-Channel ROI, Metrics Remains a Challenge," February 5, 2013, www.mediapost.com; Laurie Sullivan, "Retailers Use Attribution Modeling to Measure the Touchpoints Driving Sales," May 28, 2013, www.emarketer.com.

反对效果测量的理由

效果测量看似很有意义，实际上大多并非如此。尽管广告主认可了效果测量的重要性，90%的受访者将效果测量摆在第一位，但事实上许多人并没有这样做，或者即使他们进行了测量，对于测量结果也缺乏信心。积极的一面在于，54%的管理人员认为应当在下一年度增加对效果测量的预算投入。[2]

许多公司并不赞成为广告与促销活动做效果测量，理由如下：

1. 成本。最常听到的反对效果测量的理由可能就是费用问题（尤其是对于小公司而言）。一项关于此问题的调查结果显示，许多公司将收入的25%用在营销和广告上。而它们当中70%的企业只用不到2%的资金去做效果测量。[3]好的调研需要花费大量时间和金钱，许多管理人员认为时间决定一切，一旦时机到来，就必须马上实施方案。还有许多管理人员认为，与其花钱做调查研究，不如用这些钱来提高广告制作水平、加大媒体投入以及做其他类似的事情。

虽然第一个论点可能有一些优点，但第二个则没有。想象一下，如果开发的是一个糟糕的广告运动，或者激励计划没有激励目标受众，将会发生什么。你不仅花钱没有达到预期的效果，而且付出的努力弊大于利。花更多的钱购买媒体并不能弥补糟糕的信息或者替代不恰当的促销组合。例如，美国领先的酿酒商之一目睹了新品牌啤酒在试销市场上的销量低于预期。它认为，问题是媒体购买不足。它决定的解决方案是购买所有匹配电视时间的目标受众。两个月后，销量没有改善，产品在测试市场被淘汰。分析表明问题不在于媒体，而是信息，这种信息没有购买理由。研究即可发现问题，可以节省数百万美元。这说明支出研究经费来获得错误信息不是一个合理的管理决策。

2. 调研问题。第二个不做效果测量的原因是，很难将促销因素的影响隔离开来。营销组合中的每个变量都影响到产品或服务的成功。因为通常很难直接测量每个营销要素的贡献，一些管理者变得沮丧，决定不做测量。他们说，如果我不能确定具体的效果，为什么要花这笔钱？Fournaise Marketing Group是一家营销业绩测量企业，它审查了超过500个营销活动、简报和效果报告，得出结论，所使用的测量指标在非常负面的意义上是“令人震惊的”。[4]简单地说，营销商不知道如何做效果测量。

这种无法确定特定效果，因此不应该进行测量的论点缺乏逻辑性。虽然我们赞同并不总是能够确定促销所贡献的销售额，但是研究可以提供有用的结果，并且如本书所示，大多数研究都有有用的和具体的测量标准来评估它们的绩效。

3. 测量对象上的分歧。在促销方案中寻求的目标可能因行业、产品生命周期阶段的不同而不同，甚至因公司内的不同人员而不同。有很多方法可以测量这些方面，但是对于应该使用什么指标并不总是一致的。销售经理可能希望看到促销对销售的影响，最高管理层可能希望了解对公司形象的影响，而那些参与创意过程的人可能希望评估对广告的回忆和/或认可。测量传统媒体效果的指标通常与数字媒体非常不同。在测量什么上缺乏一致性通常会导致不进行测量。由美国广告代理公司协会和美国广告主协会进行的一项研究显示，许多营销者不满意它们整合传统媒体和数字媒体的努力，并且需要为此制定适当的度量标准。同时，对于如何衡量也存在很大分歧。如图表18-1所示，在单独测量社交媒体的效果时，使用了各种度量手段，并且这些度量手段继续变化。

图表18-1　营销商使用多种社交媒体度量手段（%）

度量手段	2010年8月	2013年2月	2014年8月
页面浏览/访问/点击	47.6	40.9	60.7
朋友或跟随者数量	24.0	30.5	45.0
重复访问	34.7	24.9	38.7
从参观者到购买者的转换	25.4	21.1	31.3
网页提醒	15.7	16.2	24.2
销售水平	17.9	8.7	16.8
在线产品和服务的评级	8.2	6.0	14.0
客户获取成本	11.8	10.2	13.7
净推荐值	7.5	9.8	12.8
人均收入	17.2	9.2	12.5
其他文本分析的评级	6.6	8.5	11.7
顾客保留成本	7.7	3.0	6.3
抛弃购物车	3.8	2.8	6.0
每个顾客利润	9.4	4.5	6.0

资料来源：eMarketer. com.

同样，这一观点也没什么道理。通过适当的设计，可以测量许多甚或所有上述方面。因为每个促销要素都是为了完成特定的目标而设计的，同时对整个方案做出贡献，所以研究可以用来测量这样做的效果。

4. 创造性的异议。许多人认为（被其他人否认），创意部门不希望测量其工作，许多机构不愿意提交它们的工作进行测量。这有时是真的。广告公司的创意部门辩称，测量并不是衡量广告创意和效果的真实标准；应用测量会扼杀广告的创造力；广告越有创意，成功的可能性就越大。他们想要在没有市场营销可能强加的限制性指导方针的情况下具有创造性。

同时，营销经理最终要对产品或品牌的成功负责。考虑到分配的大量款项，对于广告与促销，经理有权并且有责任去了解一个特定的项目或者一个特定的广告在市场上的表现如何。正如你在这篇文章中所看到的，管理者更加强调社交媒体与数字媒体，而忽视了传统策略——不仅是媒体，还有创意策略，这让创意总监非常懊恼。comScore ARS 进行的一项非常有趣的研究测量了广告质量、媒体计划和其他因素（价格、促销、分销等）对广告效果的影响（见图表 18-2）。[5]

图表 18-2　有效创意有助于提高作战效能

变量	对于销售变化的贡献（%）[a]
广告数量[b]	52
媒体计划[c]	13
其他（价格、促销、分销等）	35

a. 数字表示由相应因素解释的市场份额变化的百分比差异。
b. 广告质量代表基于 ARS 说服评分的创意质量，该评分通过模拟购买测量消费者偏好的变化。
c. 媒体计划包括诸如 GRP、损耗、广播的连续性等变量。
资料来源：comScore ARS Global Validation Summary.

5. 时间。不进行测量的最终原因是缺乏时间。经理们认为他们有太多的事情要做，无法抽出时间进行测量，他们不想等待消息发布，因为他们可能错过机会之窗。规划可能是解决第一个问题的方法。《广告时代》的一篇文章指出，时间压力实际上在增加，尤其是数字时代。在数字时代，内容发布的速度使得人们关注以前在将广告概念投放市场之前验证广告概念的过程。因此，许多营销商避开了传统的广告效果分析方法，甘愿冒使广告凭预感或直觉获得成功的风险。虽然许多经理工作繁忙、时间有限，但研究太重要了，不能省略。

第二点也可以通过适当的规划来克服。为了满足这些需求，华通明略正在开发新的工具，允许营销商测试不同版本的创意，并在数小时内获得结果。虽然及时性很重要，但是给出错误的信息几乎没有价值，甚至可能是有害的。在某些情况下，市场机会需要在测试和立即实现之间做出选择。但即便如此，一些测试也有助于避免错误或提高有效性。

通过调研完成广告效果测量

测试对象

现在来研究测量广告效果的方法。这一节将讨论评价的要素是什么，在哪里以及如何进行这种评价。

在第 5 章中，我们讨论了传播模型的各个要素（如信源、信息、信道、接收者、发送者等）以及各要素对促销方案的重要性。营销商不仅需要了解各个促销要素如何影响传播过程，而且需要对促销方案中所做的其他决策加以评定。

信源因素

促销活动中有一个很重要的问题，即代言人是否有说服力，目标市场将对其做出怎样的反应。有时，一个产品代言人刚开始是绝佳的信源，但随后会因为一系列变故而失去魅力。负面曝光能很轻易地改变信源的价值。考虑到目标受众不再对兰斯·阿姆斯特朗持有正面评价，众多公司终止了与他的代言合同。失去公众喜爱的名人还有很多。

信息变量

信息和信息的传播手段都是基本的评价内容。例如前文讨论的啤酒案例中，广告信息就没能给受众提供一个试用新产品的理由。在其他因为信息而导致传播失败的例子中，信息或者因为没有足够的力量将受众的注意力吸引到广告上来，或者因为不够清晰而使得消费者无法对产品进行有效评价。有时，广告让消费者虽然记住了信息，却无法实现公司管理层设定的其他目标。近期的一项研究证实了性诉求的张贴广告会在受众中产生什么影响。研究结果说明，男性喜爱性诉求的广告远胜于女性，但与那些没有性诉求的品牌相比，采用性诉求的品牌的回想率更低。男性认为，虽然性诉求广告更能让他们“驻足不前”，但不高的品牌回想率则说明男性总是过于关注自己喜爱的方面，而不像营销商所期望的那样，把注意力放在广告本身。[6]许多公司现在努力确定广告观看者对产品和品牌信息的特定反应，包括兴奋、参与、压力和焦虑等。

媒体策略

测量设计的调研应确定以下问题：（1）何种媒体（例如，广电媒体和印刷媒体）适合投放；（2）选择何种媒体子类别（报纸或杂志）投放；（3）所选择的何种媒体载具（报纸或杂志）能产生最佳效果。同样，一个数字媒体如何相对于其他媒体或传统媒体进行比较？也许最重要的是，每一种媒体如何为实现整体整合营销传播目标做出贡献。

另一个影响广告效果的因素是**载具选择来源效应**（vehicle option source effect），“如果广告在不同媒体上投放，广告内容对同一受众将产生不同效果”。广告所处的语境将导致人们对广告产生不同的认知。[7]

投放的排期也是媒体决策的因素之一。起伏式、连续式等各种广告投放时间方式对于提高传播效果很重要，尤其是在媒体广告费用不断上涨的情况下。正如我们在第10章中谈到的，实践证明，持续式广告投放比起伏式投放更有效。此外，加大广告投放力度还可能会给处于销售衰退期或长期不振的公司带来起死回生的机会。管理人员在尝试这些不同的投放时间和预算费用时，应当测量它们的不同效果。

越来越多的公司和组织开始整合多种媒体，因此测量各种媒体在组合中发挥的作用以及它们的协同效果越来越重要。稍后，你将了解到这一过程，当然，这绝对不是个简单的任务。

预算决策

许多研究已经测量过预算规模对广告效果的影响，以及各种广告开支对销售业绩的影响等。许多公司也曾试图厘清广告预算增加与销售业绩扩大之间是否存在正相关关系。这种关系通常很难测定，这可能是因为用销售指标来评价广告效果本身就忽视了其他营销组合要素在促销中的作用。如果能把前文提到的传播目标等其他变量纳入考虑，我们或许能得出更明确的结论。

何时测试

实际上，所有的测试措施都可以根据其执行时间进行分类。**前测**（pretests）是在活动实施之前采取的措施；**后测**（posttests）是在广告或广告进入现场之后进行的。营销商可以使用各种各样的前测和后测，每种前测和后测都有自己的方法来测量广告程序的某些方面。图表18-3对这些测试方法进行了分类。

前测

前测可能出现在许多点上，从最早的思想产生到粗略执行，再到实施之前测试最终版本。可以使用多于一种类型的前测。例如，概念测试（将在本章后面讨论）可以在广告的最早开发阶段进行，此时只需要考虑一个概念、基本概念或定位语句。在其他情况下，使用包括标题、一些正文副本和粗略插图的广告运动的布局。对于电视广告，故事板和动画可能会被测试。在这些测试中，可以识别特定的缺点，并做出更改以增强某些执行元素。正如克兰普霍恩（Cramphorn）所指出的，前测的最好理由是确定获胜者，增强好的广告，以及消除不好的广告。他指出，在承诺使用广告之前，了解广告可能产生的效果是很重要的。[8]

图表 18-3 测试方法的分类

前测		
实验室方法		
消费者评审	剧场测试	可读性测试
组合测试	初稿测试	理解与反应测试
生理测试	概念测试	
实地方法		
虚拟广告车	空中测试	在线剧场测试
后测		
实地方法		
回想测试	单一线索追踪	认知率测试
联想测试	调查法	追踪研究

进行前测的方法各不相同。在焦点小组访谈中，参与者自由讨论他们从广告中获得的含义，考虑替代方案的相对优势，甚至提出改进或附加主题。在焦点小组之外，或者取代焦点小组，消费者被要求通过一系列评级量表评估广告。(不同的机构采用的措施不同。) 可以使用内部访谈、商场拦截、互联网调查或实验室方法来收集数据。

在这个阶段前测的优点是反馈相对便宜。在花费大量资金进行开发之前，识别概念或交付方式的任何问题。有时，会评估广告的多个版本以确定哪个最有效。

因为在一个广告公开之前发现它可能不起作用要比公开之后花费少得多，所以前测肯定是有意义的。

前测的一个缺点是模型、故事板或动画可能不如最终产品那样能有效地进行交流。以这种方式传达信息的情绪增强和/或情感方面是非常困难的。另一个缺点是时间延迟。许多营销商认为，在市场上处于领先地位，可以比竞争对手更有优势，因此放弃研究，以节省时间，并确保这一地位，尽管这可能是一个危险的战略。

后测

后测在广告主和广告代理商中也很常见(除了测量广告厌烦度)。后测的目的是：(1) 确定活动是否正在实现所寻求的目标；(2) 作为对下一阶段的情况分析的输入。

测试地点

除了选择测试时间，研究人员还必须决定测试地点。测试可以在实验室进行，也可以实地进行。

实验室测试

在**实验室测试**(laboratory tests) 中，人们被带到特定场所，研究人员向受测者展示平面广告或电视广告，就这些广告通过提问的方式来测试他们的反应。研究人员也可以采用其他办法，比如瞳孔测试、眼动追踪或皮肤电流反应等。

实验室环境的主要优势是方便研究人员控制整个过程，研究人员只需少量花费，就可以改变文案、图形、格式、颜色以及其他类似内容，从而测量不同要素的影响。这样，研究人员便能很容易地区分每一要素带来的效果。

这一方法的主要缺点在于缺乏真实性，而这种失真引发的最大负面效果就是**测试偏差**(testing bias)。当受测者被带入实验室后，就算实验室与家中的起居室设计得一模一样，他们也可能用一种比在家中更详尽、更细致的态度对广告进行仔细观察。失真导致的另一个问题是，实验室无法复制自然的信息接收环境，包括那些家长里短的干扰或者温暖舒适的气氛。在家看广告时，你坐在沙发上，爱人、孩子、狗、猫在你旁边，背景里还有鹦鹉不时传来的叫声。（稍后你将会看到有些测试技巧已经在这一点上取得进展。当然，并没有把狗和鹦鹉放进实验室。）不过，总体来讲，与这一方法提供的可控性相比那些缺陷就没那么重要了，这也是人们频繁使用实验室方法的原因。

实地测试

实地测试（field tests）是指在真实自然的环境下对广告与促销活动进行测试，其中包括家居噪声、干扰以及温馨气氛等。进行实地测试，需要考虑到重复收看、节目内容甚至竞争性信息的存在等因素所造成的影响。

实地测试最大的缺点在于无法控制环境。要想用这种方式把影响观众评价的所有因素分离出来是不可能的。假如在测试期间有异常情况发生，可能还会引起效果偏差。而且竞争对手也可能会想方设法破坏研究工作。此外，实地测试花费的时间和金钱也更多，效果却不是立竿见影的。可见，真实性的获得是以牺牲其他重要因素为代价的，因此，如何权衡二者的利弊就是研究者面临的问题。

测试方法

我们已经就测试对象、测试时间以及测试地点进行了一系列讨论，目的是让读者对整个测试过程以及一些关键术语有一个基本的了解。现在，我们将更详细地讨论各个阶段常用的方法。但是在评价广告与促销活动之前，有必要先为广告的评价确定一些标准。

进行评价性研究绝非易事。全美最大的21家广告代理公司联名提出了一套名为广告文案定位测试（Positioning Advertising Copy Testing，PACT）的方案，包括9条原则，目的在于“改进广告制作和测试中使用的研究方法，为客户提供更有创意的广告，更好地控制电视广告成本”。[9]这一方案将文案测试定位为“决定广告是否应当在市场上投放进行的研究。不论此时进行一项还是几项测试组合，其目的都是为特定广告实施的决策提供帮助”。[10]图表18-4列出了成功的文案测试应当遵循的9条原则。

从图表18-4中可以看出，广告主和它们的客户都很关心测试方法的开发。坚持上述原则或许不能保证测试完美无缺，但在改善这门艺术方面前进了一大步，至少可以缓解前面提到的一些测试问题。

图表 18-4　　广告文案定位测试（PACT）

1. 根据广告目标提供相关测量方法。
2. 每次具体测试要就如何使用测量结果达成一致。
3. 多种测量方法同时使用（当一种测量方法不足以提供精确的广告表现时）。
4. 要以一套传播反应模型为基础对外部刺激的感知、理解、反应进行测试。
5. 考虑是否有必要对受众进行一次以上的广告刺激。
6. 文案越接近最终稿，评价应越精确。不同方案的测试至少应在同等完成程度下进行。
7. 对广告投放情形适当控制，以免引起效果偏差。
8. 考虑样本定义的基本要求。
9. 保证测试的可靠性和有效性。

在数字技术方面，在一项全行业倡议下已成立了一个蓝丝带工作组，致力于通过改善互动广告测量的方式，使数字媒体广告具有更高的品牌友好性。名为“使测量变得有意义”的项目是由四大广告公司、美国广告主协会和互动广告局共同发起的，目标是在使数字媒体测量方式可直接与传统媒体测量方式做比较的同时，保持评估互动性给品牌宣传活动带来的独特价值的能力。[11]委员会为此制定了五个指导原则（见图表18-5）。

图表 18－5　数字测量的五大指导原则

原则一：向"看得见的印象"这一标准转移，并统计真实在线曝光度。
原则二：在线广告必须以受众印象为基础，而不是笼统印象。
原则三：因为各类广告并非生来平等，所以必须创建一个清晰的分类系统。
原则四：为品牌营销商确定"重要的"互动性"指标"，这样营销商可以更好地评价网络对品牌建设的贡献。
原则五：数字媒体测量必须更有可比性，并与其他媒体相互融合。

资料来源：Author created from www. measurementnow. net.

如上所述，广告主和它们的客户关心的是合适的测试方法的开发。坚持这些原则可能不会带来完美的测试结果，要改善现有的技术以及缓解至少一个上述测试问题，还有很长的路要走。

测试过程

在开发一则广告或一项促销活动的过程中，测试可以在不同时间点进行：(1) 概念形成测试；(2) 艺术设计、文案和/或商业活动的初稿和未完成稿测试；(3) 艺术设计或电视广告的成稿测试；(4) 广告或商业活动的市场测试（后测）。

概念形成与测试

图表 18－6 描述了广告的**概念测试**（concept testing）过程。这一过程在广告活动开展之前就已经开始，目的是了解目标消费者对潜在的广告或推广活动的反应，或者让消费者对几个不同广告方案给出评价。定位陈述、文案、标题或图案等都可能受到严格的审查。评价的材料可能只是一个标题或广告的草图，也可能包括色彩、字体、包装设计，甚至售点的广告材料。

图表 18－6　概念测试

目标： 探究消费者对词句、图片、符号所表达的各种广告概念的反应。
方法： 选择与目标受众特征相符的消费者，让他们接触不同的广告概念。对每一个概念的反应与评价可以通过不同的方法取得，比如专题讨论、直接询问以及调查问卷等，样本大小则取决于给出的概念数量以及反应的一致程度。
结论： 评估和比较不同概念的定性和/或定量数据。

内容测试中使用的最普遍方法是焦点小组访谈法，这种方法一般从产品目标市场中选出 8～10 人组成焦点小组。一些公司的焦点小组访谈法测试了从产品概念到广告创意的每一环节。但对大多数公司来讲，焦点小组访谈是整个研究过程的第一步。所采用的焦点小组的数量取决于小组的同质性、反应强度和（或）参加者对概念的喜爱或讨厌程度。有些公司为了规划一场商业推广活动而动用 50 个甚至更多的焦点小组，一般来说，10 个以下焦点小组就足以测试一个产品概念了。

尽管焦点小组访谈法经常得到营销商的应用，但也不免被滥用。这种方法的确很有吸引力，研究人员可以很快得出结果，而且也可以直接观察；该方法适用范围很广，消费者可以在他们认为重要的方面畅所欲言；而且该方法不要求做出定量分析。但遗憾的是，许多营销商对需要统计方法的研究手段都没有太多把握，而焦点小组访谈法本质上是一种定性研究手段，在阐述结果方面不需要太多技巧。这种方法的缺点见图表18-7。很明显，有些情况适用这种方法，而有些情况不适用这种方法。

图表18-7　焦点小组访谈法的缺点

- 结果无法量化。
- 样本规模太小，结论无法外推至更大范围的人群。
- 参加者可能受群体影响而使结论出现偏差。
- 个别小组成员可能会控制会谈或讨论过程。
- 消费者在讨论过程中常常以专家自居。
- 群体成员可能并不能代表目标市场（焦点小组成员可能并不具备我们所要求的典型特征）。
- 结论的代表性和准确性可能被夸大。

另外一种搜集消费者对广告概念意见的方法是拦截式调查，研究人员在购物中心寻找消费者，请他们对广告文案的草案做出评价。受测者不需要参加小组讨论，而是通过问卷、量表和排名的方式来评价广告。新技术的发展使通过互联网进行概念测试成为可能。广告主可以通过网络同时向全国的消费者传递概念、存储反馈意见并且可以及时分析结果。由于省钱省时，网络调研方式日益流行，并常常与其他方法结合使用。

美工、文案和广告初稿测试

正是因为广告制作的高成本（许多在广播和电视网播出的广告耗资达数十万美元），广告主在广告早期样式的测试上花的钱越来越多。在这一阶段，测试对象可能是草图、动画或者投影在屏幕上的艺术幻灯片（见图表18-8中的术语解释）。由于进行此类测试花费不多，因此对这一阶段的研究逐渐流行起来。

图表18-8　初稿测试术语

广告初稿是指未完成的样稿，可分为三大类：

动画初稿	图片初稿	实景初稿
连续的图画或卡通	连续的照片	实拍动作
展示美术作品	真实的人物/场景	替身/优秀的群众演员
静止画面	静止画面	群众演员
模拟活动：	模拟活动：	有限的道具/最少的镜头
镜头的摇动、推进和拉远/快速的连续镜头	镜头的摇动、推进和拉远/快速的连续镜头	外景拍摄地点

最终完成的广告：
真实的动作/动画
向明星演员支付巨额酬金
参加的全体演员
异国情调的道具/摄影棚制作/特殊的效果

费用只是其中的一个方面，如果测试不能提供相关的准确信息，那么测试本身就是没有意义的。这一类粗略的测试必须能够说明这个完成的广告或推广活动会有怎样的表现，有研究表明，这类测试方法可靠性好，测试结果也与完成后的广告有较好的联系。

虽然也有人使用实地测试的方法，但大部分均选在初稿阶段测试，并采用实验室测试方法。通行的测试包括理解和反应测试以及消费者评审。互联网使得在这一阶段使用实地情境成为可能。

1. 理解和反应测试。广告主最关心的问题是广告或商业活动能否传达诉求，其次是广告的反应如何。显然，广告主并不希望看到广告激起受众的负面反应或者冒犯了什么人。开展**理解和反应测试**（comprehension and reaction tests）就是为了评价这些反应。（一旦了解到这些反应，你就会对某些广告感到迷惑不解：为什么这种广告也会投放市场？）

理解和反应测试并没有统一的标准。个人访谈、小组访谈、专题讨论等都可使用。可根据客户需求来选择测试样本大小，通常为 50～200 人。

2. 消费者评审。这种方法选取目标市场的消费者代表来评估广告的成功概率。消费者评审要求被试对呈现在独立纸板上的一些不同版本的广告布局或文案打分。图表 18－9 列出了**消费者评审**（consumer juries）的测试目标和采用的方法。

图表 18－9　消费者评审

目标： 要求潜在观众（消费者）评价广告并说出他们的反应和评价，当需要测试两个或两个以上的广告时，研究人员通常要求观众根据自己的喜好给广告打分或排序。
方法： 被试被要求收看广告并按优劣排序法或两两比较法评级，前一种方法要求被试在收看广告后根据感知到的优劣把这些广告从 1 到 n 排序。后一种方法中，一次只能比较两个广告。每个广告都与该组中的其他广告进行比较，最后决定胜出者。最好的广告就是获胜次数最多的广告，消费者评审法通常需要 50～100 人参加。
结果： 对每个正在设计的广告有一个总体的评价，并根据观众的感觉给这些广告排序。

虽然消费者评审有益于控制和解决成本，但在方法上依然存在一些不足，限制了该方法的使用。

● 消费者可能自封为专家。该方法的优点之一就是目标消费者可以为评价过程带来对产品或服务的客观立场和主动参与。但是，有时参与者如果知道请他们来的目的就是点评广告，可能就会力图使自己的评价显得更专业，注意力更集中，对广告也更挑剔。这样的评价结果可能会偏离客观评价，或者评价并不是建立在原先想要的因素之上。

● 可供评价的广告数量有限。不论采用排序法还是比较法，随着候选广告数量的增多，排序过程都会变得冗长。试想对 10 个广告进行排序，排名最前的两个广告和排名最后的两个广告可能会有差距，但中间名次的广告在区分上可能就没有太多有用信息了。

在两两比较法中，消费者所需做出的评价测试可以用下面这个公式算出：

$$\frac{n(n-1)}{2}$$

如果有 6 个待选广告，那么必须做出 15 次评价。可想而知，随着待选广告数量的持续增加，评价工作会更加难以控制。

● 存在出现晕轮效应的可能。某些时候，参加者会因为喜欢一则广告的少数几个优点而对某些明显缺点视而不见，于是对这则广告各个方面的评价都会很高。这一倾向称为**晕轮效应**（halo effect），它会使得评分结果被歪曲，并且使参加测试者无法控制某些特定因素（当然，也可能会发生相反的情况，比如说你仅因为很少的几个缺点就把一则广告全盘否定了）。

● 对于特定类型广告的偏好可能会影响到测试目标的实现。有些广告带有图片或感情色彩，从而比那些使用文案、事实和理性诉求的广告获得更好的评价。尽管后者在市场上往往更有效，但也可能被那些偏好情感诉求的评审者认为是不受欢迎的。

虽然用数字量表代替排序可以解决上述问题，但量表也并非万灵药，所以虽然消费者评审方法已经使用多年，但出于对偏差问题的考虑研究人员对其有效性表示怀疑。因此，人们更多地使用其他方法（稍后，本章将对其加以讨论）。

A/B 测试

A/B 测试（A/B testing）已经被营销商使用了很多年。A/B 测试的过程包括测试一个广告或主页的两个版本，以确定在启动之前哪个更有效。在绝大多数（如果不是全部）的情况下，广告或网页是成品。在早期开发过程使用 A/B 测试的案例中，莫利·索特（Molly Soat）提出，等待这么长时间来测试可能会增加公司的成本，同时也会降低效率。她指出，一些广告专家呼吁测试陈列艺术或脚本，例如去了解消费者的想法，而不是等着让他们在两个成品广告之间做选择。此外，通过不去研发制作一个潜在的无效广告而省下的很多钱，可能最后会带来能利用好消费者想法的好广告。专家们主张在早期开发过程中使用 A/B 测试，测量消费者的情绪和神经反应，而不只是让他们在两种成品之间选择。当然，对成品广告也可以使用 A/B 测试。[12]

广告终稿的前测

在营销研究人员和他们的广告代理公司中，广告终稿的前测是较常使用的测试方法。这一阶段要测试的内容是一个已经完成的平面广告或电视广告，但尚未投放，因此修改依然是可行的。

许多研究人员认为终稿阶段的测试更有价值，有一些测试程序可以用于印刷媒体和广电媒体，其中既有实验室测试法也有实地测试法。

印刷媒体测试方法包括组合测试法、可读性测试法、模拟广告载具等，广电广告测试方法则包括剧场测试法和实播测试法等。不管是印刷媒体还是广电媒体测试，都可能用到生理测试方法。

平面广告终稿的前测

可用于平面广告终稿前测的方法很多。图表 18－10 描述了盖洛普调查公司的影响作用系统。在所有的测试方法中，最常见的有组合测试、可读性测试和模拟广告载具。

图表 18－10　　盖洛普公司的影响作用系统

目标： 理解每次广告的执行情况或产品的测试情况。对杂志、报纸的平面广告进行评测，也可用于广告执行初期的前测或完成产品的后测。
方法： 研究者通过电话或直接上门拜访来联络潜在客户，甄选测试资格。
结果： 得出一系列指标的分值，包括回想率、传播创意、说服效果、品牌的评级和喜好度。也可得出对于广告反应和品牌特性的诊断结果。

组合测试　**组合测试**（portfolio tests）是一种实验室测试方法。研究人员先让一组被试处于一组受测广告和可控因素的组合情境中，之后再询问他们对这些广告所能回忆的内容。该测试的假设前提是，回想率最高的广告最有效。

尽管组合测试为我们提供了比较可选广告的可能，但它也缺点多多，适用范围有限。

1. 影响回想率的因素不仅是广告创意和广告表现。消费者可能对该产品和产品类别很感兴趣，也可能意识到自己是在参加测试，或者调查者或许会对测试的相关内容进行说明（对测试者），等等。所有这些都可能比广告本身造成更多的回想率差异。

2. 回想率或许不是最佳的测试对象。有些研究人员认为，对于某种类型的产品（如低涉入度商品）测量，测试受测者看到广告时的再识别能力可能比测试回想率更好。

确定组合测试方法有效性的另一种方法是把广告实际刊登之后的效果与被试的评分相比较，通过这二者的关联程度得出结果。是否有人在做这类有效性测试还不得而知，尽管目前组合测试方法已在业界广泛使用。

可读性测试　平面广告文案的传播效率可以不必通过读者访谈就能测量出来。这种测试方法采用**弗莱什公式**（Flesch formula）（以公式创建者鲁道夫・弗莱什（Rudolph Flesch）的名字命名）。该方法通过测量每 100 个单词的平均音节数来评价文案的可读性。文字材料能否激发人们的阅读兴趣、句子的搭配与长短、某些用词是否过于生僻，所有这些都需要与目标读者群的受教育程度结合考虑。之后，测试结果就可以与不同的目标读者群已确定的标准相比较。结果说明，读者最容易理解句子简短、用词精练且不生僻并带有个人色彩的文案。

Flesch Kincaid 阅读轻松评分法消除了其他测试方法中存在的受测者偏见，同时也能够避免理解上的重大错误。为各个目标读者群确定的那些规范也为广告测试提供了一个有吸引力的衡量标准。其他可读性措施包括 SMOG 可读性公式和 Fry 图形可读性公式。

当然，该方法也存在固有的缺点。这种测试可能会使得文案变得过于程式化，而且受众也无法直接参与其中。如果缺少受众的参与，像创意这类要素的作用效果就得不到任何反馈。所以要想使这种测试方法行之有效，就必须与其他预测方法结合使用。

新型平面广告预测试法　为了改进传统的平面广告前测措施，一些公司采用新方法或改进了的现有方法。其中许多方法涉及复合措施，即以不同方式或用不同渠道测量有效性。例如，Ipsos-ASI Next* Connect 引入了一个在线复制测试工具（见图表 18－11），它可以测试数字或传统媒体广告。消费者受雇完成一个在线调查，他们需要浏览各类广告信息。其结果将与未浏览广告的对照组进行比较。该方法可以测试成品或半成品广告，可运用在独立或多任务广告活动中，并可确定广告在传统媒体和新媒体中的影响。

图表 18－11　Ipsos-ASI Next* Connect

目标： 协助广告主对半成品或成品的传统或数字广告进行复制测试，以确定在所有平台上的独立或多任务广告活动。
方法： 消费者受雇完成一个在线调查，他们需要浏览各类广告信息。其结果将与未浏览广告的对照组进行比较。
结果： 标准评分、相关回想率、说服度及综合诊断；潜在的广告驱动的市场内部销售方法。

PTG（前测组）方法测量的是用隐形相机拍下的受试者在一个商店中浏览平面广告或数字广告的时间。杂志上刊登了许多针对消费者兴趣的广告。消费者在阅读杂志时并不知道隐形相机在用眼动追踪技术拍下他们的视线在页面上停留的位置、时间以及广告的吸引力。这种测量方法可以在现场或者网上进行，也可以测量回想率、核心思想传达度等等。

华通明略也提供了它独有的 Link 商标法。据该公司称，Link 使用一组系统的诊断型问题引起观众对广告的反应。包括眼动追踪在内的非语言措施，也可以用来确定消费者的享受度、理解度、参与度和对广告的其他反应。三个关键指标包括品牌意识、说服度和短期销售可能性。

虽然其他方法和措施也是可用的，但平面广告最受欢迎的前测形式现在包含一系列方法。这些测试方法尤其适合用于半成品或成品广告，在实验室或在线进行的方式最为普遍。

广电广告终稿的前测

目前有许多种可用的广电广告测试方法。这些测试方法尤其适用于半成品或成品广告，在实验室或在线进行的方式最为普遍。如前文所述，大部分提供平面广告前测的公司已经将它们的服务扩展至电视和其他平台。（图表 18－11 中所示的 ASI 测试法在各类媒体广告中都使用了同一测试平台。）例如，MSW・ARS 研究项目所提供的产品允许广告主评估广告信息以及由任意接触点（包括广电、户外和数字）结合而成的宣传活动的影响。公司在品牌战略、从概念形成到完成成品广告的创意开发全阶段、全渠道的宣传活动评价、广告和品牌资产跟踪以及额外的咨询服务方面都提供了研究解决方案。

剧场测试 过去，**剧场测试**（theater testing）是广告终稿前最常使用的实验室方法之一。研究人员要求被试观看推荐的电视节目试播。有些时候，播出的是真实的测试节目。更多情况下，研究人员会使用一个标准节目，这样一来，就能够将被试的反应同之前确定的标准反应进行比较。测试选取的受测者样本大小为 250～600 人，300 人的样本比较典型。

虽然都是就品牌偏好变动进行测试，但各种剧场测试的实际操作方法各不相同。例如，现在许多剧场测试服务都在录制的节目中插入商业广告以方便在办公室观看，但又不局限于剧场；也有一些测试服务在购物中心或者宾馆会议室设立观看场所；还有一些测试服务根本不使用这里提到的任何方法，而是要求消费者用拨号盘拨号或者按键等方式来提供他们的持续反应。该方法的一个案例如图表 18－12 所示。

图表 18－12　GfK AD* VANTAGE Pulse 法

AD* VANTAGE Pulse 调查是基于一个工作室所进行的测试。受访者的数量（n）特定为约 125，通常由客户定义的各类用户组成。每个参与者都会观看一个电视节目，中间播放包含测试广告在内的商业广告，随后需回答有关节目的问题。固定式及开放式问题都将由触屏系统记录下来。关键测量指标包括：（1）可视度（该广告会被记住吗?）；（2）品牌辨识度（品牌会被记住吗?）；（3）信息传达度（哪些片段和信息会被记住?）；（4）品牌强化度（该广告是否增加了品牌好感度?）；（5）说服度（该广告能刺激潜在用户尝试产品吗？它会提高现有顾客的品牌忠诚度吗?）。诊断结果包括观众的品牌意识、理解度、独特感受和广告参与度。AD* VANTAGE Pulse 法也允许进行逐个场景分析，并且可以用来测试所有传统广告和数字广告形式。

那些反对剧场测试法的人指出该测试有许多缺点。首先，他们认为测试环境不真实。实验室背景就已经很不合适了，还要让受测者通过拨号甚至由研究者像做某种测试服务那样给他们连接仪器进行生理反应测试。这样一来，受测者的处境与真实自然的收看情境实在有天壤之别。其次，用于测试品牌偏好变化的方法太牵强而令人难以置信。批评者坚持认为受测者会看穿测量的把戏，人为制造变化，只是因为受测者觉得是有人假定他们会这样做。最后，有的观众本来自己对广告没有任何反应，却可能会由于有其他人在场并且公开表明他们的看法而受到群体效应的影响而改变立场。

支持者则认为，剧场测试法的优点毋庸置疑。除了具有易于控制的优点之外，广告标准（广告表现的平均水平）能够判断出该产品如何与同类产品竞争，那些同类产品的广告都曾经参加过测试。此外，支持者还认为，品牌偏好的测量结果也得到了实际销售业绩的有力支持。

尽管剧场测试法有许多局限，但大多数大型消费品生产商还是选择用它来评价自己的广告。这种方法的确有某些不足，但也能帮助公司识别广告的优劣并与其他广告进行比较。

实播测试 有些公司在一些特定的测试市场内将商业广告插入实播的电视节目中播放。虽然在广告制作过程中就对广告初稿或者预定稿进行一些测试的方法已越来越常用，但这些电视广告则是以终稿形式出现。这个方法就是**实播测试**（on-air test），包括单一线索广告研究（稍后本章将详述）。提供实播测试服务的知名公司主要有益普索、MSW 集团、尼尔森等。

实播测试技术不仅具备了实地测试法的所有优点，其缺点也照单全收。这类测试最常用的方法叫作**回想率**（recall）——能够回想起广告或者广告传递的信息的人数。《广告研究》曾刊登过一篇关于真实广告的评价，其作者认为回想率和说服的前测尽管是常用的测量手法，却在可靠性和有效性测量上表现不佳。[13]但大多数测试服务公司都为广告实播前测的有效性和可靠性提供了事实证据。益普索公司和MSW集团都宣称，它们通过前测和后测，10次中有9次都得到了相同的结论，表明回想率测试基本是准确的——说明回想率测试不仅很可靠，而且可以很好地前测到向公众播出广告后可能产生的效果。

总之，商业广告初稿或终稿的实播前测与实验室方法相比有一些明显的优点，而且能对广告可能的成功进行一定程度的前测。至于所采用的测试方法是否真能像这些调查公司所言具有强大的前测能力，就不得而知了。

生理性测试　生理性测试是一种较少使用的广告终稿前测法，这种方法在实验室环境下测量人的生理反应，得出受众对广告的下意识反应，从理论上可以消除有意识测量可能带来的测量偏差（下意识反应是指个人无法控制的反应，比如说心跳加速、肌肉放松等）。平面广告和广电广告均可使用生理性测试，监测内容包括瞳孔测试、皮肤电流反应、眼动追踪和脑电波测试。

1. 瞳孔测试。**瞳孔测试**（pupillometrics）用于测量瞳孔的放大与收缩变化和对眼睛所受外界刺激的反应之间的关系。瞳孔放大表明激发了被试兴趣，吸引了注意力，瞳孔收缩则表示身体在积蓄能量。

广告主不仅利用瞳孔测试来测量产品和包装设计，也将其用于广告测试。瞳孔扩张表示受测试者对该广告更感兴趣（或更偏爱），反映出广告能够唤起或吸引观众的注意力。其他一些测量手段在判断观众的喜好时则不那么有效。

由于测试费用高昂以及这种方法也有缺陷，过去十年里利用瞳孔运动原理进行测试的次数逐渐减少，但它依然能够用于评价广告的某些方面。

2. 皮肤电流反应（GSR）。皮肤电流反应也就是人所皆知的**电流反应**（electrodermal response，EDR），测量皮肤对两电极之间微弱电流传导而产生的电阻或导电性能。因外界刺激而产生的反应会让汗腺分泌更多汗液，进而提高对电流的传导性能，因此，所有GSR/EDR活动都有可能显示出受测者对广告的某种反应。虽然有证据表明GSR/EDR对确定广告的有效性是有用的，但是这种测试方法的操作难度导致它现在应用很少。

3. 眼动追踪。从数字与社交媒体视点18-2中可以看到，一种更常用的方法是**眼动追踪**（eye tracking）（见图表18-13），观众在观看广告的同时，传感器会瞄在眼球上一束红外光。光束跟随眼球的运动，并显示观看者聚焦的精确点位，以及观看时间。连续的阅读反应表明广告的哪些元素吸引了观看者的注意力，观看者关注广告的时长，以及广告被观看的顺序。

图表18-13　眼动追踪研究

目标： 跟踪观众的视线移动来测定观众在看平面广告的哪一部分或其注意力集中在电视广告、网页或广告牌的什么地方。
方法： 当受测者浏览广告时，使用光线设备、数字数据处理设备和先进的电子仪器等跟踪视线的移动。
结果： 受测者所视内容、回想内容以及理解内容直接相互联系；受测者的阅读或观看平面广告、户外广告牌、电视广告、印刷材料以及网站等的移动路径。（也可以用来评估包装设计。）

眼动追踪可以识别广告中的吸睛点和薄弱处。例如，吸引人的模特或背景动作可能会分散观众对广告或品牌的注意力。广告主可以在投放广告之前补救这种导致分心的问题。在其他案例中，在广告中的颜色或插图可能获得注意并引起观众的兴趣。

眼动追踪已经越来越多地被用来衡量网站和在线广告的有效性，并且如前所述，电子邮件广告效果测试中也时常采用这种方法来了解消费者是如何浏览网页的。斯蒂夫·奥丁（Steve

Outing）和劳拉·柔伊（Laura Roel）证实了以下几点：（1）视线首先注视屏幕的左上方；（2）主导标题首先引起注意；（3）大字号促发浏览，而小字号更适合阅读。这项研究还得出了许多其他结论，这里不一一赘述。[14]数字与社交媒体视点18-2详细描述了眼动追踪和其他生理学方法的一些应用。

数字与社交媒体视点18-2

生理方法、眼动追踪和鼠标悬停带来更有效的测试

随着新媒体的不断涌现和对现有媒体的改变和改进，人们越来越强调确定广告效果的问责和压力，这正是营销商持续寻找新的方法来检视它们想要传达的信息是如何执行的原因之一。因此，新的研究方法正在研发，并且现有技术正在应用于协助决策。这些方法中，涉及许多神经科学的应用。其中一些被证明是相当成功的。

在学术方面，Innerscope公司和天普大学（Temple University）的教授们联合起来测量超级碗决赛期间对广告的生理反应，包括心率和呼吸模式以及功能性磁共振成像（fMRI）数据。另一组营销学教授使用视觉表象理论来测试消费者是否将赞助商和他们参与的活动之间建立联系。他们的研究结果显示“将活动视为‘高质量’的参与者对在联赛上展示的赞助商产品有更积极的态度”。

从业人员也加入进来。例如，有一种叫作“鼠标悬停”的方法，其中热力图技术收集数据来了解用户在广告上的“鼠标”在哪里，多长时间。这家初创公司声称，这些数据将帮助广告主更好地了解用户对广告的哪些部分容易沉浸其中以及投入程度如何。鉴于对于直复营销商来说点击率比那些试图利用互联网进行品牌推广的方法更为重要，这项技术的开发者Moat相信，其确定有效性的方法比点击更有价值。Moat的竞争对手RealVu从不同的角度解决了这个问题，它的重点是互联网上的展示广告。RealVu不使用热力图技术，而是测量用户实际接触广告的秒数。两家公司对什么是最好的衡量标准意见不一，但都同意点击浏览不是互联网广告的效果测量方法。有一种似乎在营销界越来越被接受的方法，它实际上已经存在了相当长的一段时间。眼动追踪技术用于测量广告效果的有用性对于营销商来说不是新闻。早在20世纪70年代末80年代初，广告研究人员就利用这项技术来确定观众在观看广告和/或电视广告时关注的焦点。其中一个故事是观众关注广告中的泳装女模特而不是产品，因此原有的Tab瘦身软饮料广告做出了改变。这则电视广告据称改变成让模特把罐子放在她的身体前以吸引注意力。不管是什么原因，虽然这个测量方法被证明是有用的，眼动追踪也从未消失，但似乎没有人关注它。现在一切都在改变。一家名为Tobii的公司大量使用眼动追踪来确定广告效果。这是一家在美国、挪威、德国、日本和中国都设立了办公室的跨国公司，Tobii是在瑞典斯德哥尔摩皇家理工学院的一个研究项目中创立的，该项目采用眼动追踪技术来进行各种非市场化目的的研究，同时也测量广告效果。该公司为研究在线营销提供研究服务，包括确定横幅广告、电子邮件推广活动、新闻通讯推送和游戏内置广告的有效性。更传统的测试包括在创意阶段的平面广告文案测试，评估酒吧、机场、杂货店等的户外广告的影响，确定产品植入和电视广告的有效性，甚至测试促销产品。

有多种原因导致营销商发现眼动追踪一系列的新应用。除了Tobii和其他公司提供的有效测量外，公司还将这种方法用于：

- 零售（室内展示/橱窗设计）。眼动追踪研究使室内设计师能够选择色彩、灯光、建筑等来微妙地影响顾客的心情。这包括使用视线捕捉器来吸引路人，并唤起他们的好奇心。
- 包装设计。优化包装外观和注意力获取能力。
- 广告。允许广告主确定顾客看到什么，并确定文案和视觉效果。

● 在线营销。从网页设计到观众对展示广告的关注，营销商正在寻找一种有价值的工具来提高效果。

研究人员使用眼球运动来明确地说明观众在看什么，看他们是在阅读还是在浏览，什么东西能捕捉到他们的第一个视线。他们还可以告诉观众看特定刺激的时长和他们观察他人的顺序（如果有的话）。例如：

● Oneupweb 进行了眼动追踪研究，要求参与者按照他们通常的方式浏览脸书、推特和 YouTube。这项研究显示，当被试要求在脸书和 YouTube 上搜索百事可乐时（推特不包括在内，因为它没有搜索工具），65%的人在 10 秒钟内开始寻找赞助商。在脸书上，研究结果表明，他们是第一次关注赞助广告，而几乎没有关注到其他赞助商，就算真的有。而在 YouTube 上，前六个关联结果中，第一个赞助广告得到了所有人的关注。结论是赞助广告比预期的效果表现得更好。

● 在另一个互联网研究中，《眼动追踪网络可用性》（*Eyetracking Web Usability*）一书的作者雅各布·尼尔森（Jakob Nielsen）和卡拉·珀尼斯（Kara Pernice），追踪人们浏览网站时如何获取信息。搜索问题包括如何处理胃灼热，购买婴儿礼物，选择移动电话功能，等等。他们的结果表明，为了有效，广告应该是简单的，那些只有文本或文本和单独的图像是最有效的，而那些在图像或动画中加上文字的广告会变得很差。虽然研究表明人们看到了访问页面上 36%的广告，但他们观看的时间只有 1/3 秒。最令人惊讶的结果之一是纯文本广告的得分是最好的。当被要求获得解释时，作者的假设是与电视是被动的媒体不同，网络与主动实施行动、搜索、点击等有关。在网络上，有价值的内容更具吸引力。

● 在一个令人更加恐慌的应用中，一家加拿大公司提供了一种高达 33 英尺的眼动追踪装置，它可以确定何时有人看广告牌，在哪里看，看多长时间，甚至没有人知道它的存在。然后，它提供了类似于谷歌的指标，极大地改进了现有的数据收集方法。

● 在德国，一个前后测试研究旨在通过虚拟现实的情境来测量参与者对广告的感知和回忆，其中一个人开一辆面包车沿着两侧布满广告的街道行驶。然后将眼动追踪和调查结果结合起来，以确定观众对广告的无辅助/有辅助回想、识别和设计广告元素，并且他们可以以不同的速度前进。

眼动追踪未进入主流的部分原因是测量设备的高成本和隐蔽性（通常是参与者必须戴头部装备，无论是在实验室场景还是在现场，例如，穿行在百货商店或超级市场）。还有一个问题是参与者是否知道他们在研究中影响了他们的行为。然而，宝洁公司与一家外部眼动追踪公司合作，认为眼动追踪的方法通过允许宝洁撤销未被看到的网站广告，从而节省了公司大量资金。这些信息是从一组使用网络摄像头跟踪消费者在网站上的眼动行为而收集的，然后反馈给宝洁的创意部门，反映出哪些信息最有效。

也许眼动追踪就到此为止！

资料来源：Angeline G. Close, Russell Lacey, and T. Bettina Cornwell, "Visual Processing and Need for Cognition Can Enhance Event-Sponsorship Outcomes—How Sporting Event Sponsorships Benefit from the Way Attendees Process Them," *Journal of Advertising Research* 55, no. 2 (May 2015), pp. 206－15; Tom Avril, "Super Bowl Ads Get Look by Science," February 27, 2014, www.philly.com; Christopher Heine, "P&G Slashes Wasteful Display Ad Budgets Using Eye Tracking," May 30, 2013, www.adweek.com; "Advertising Research and Eye Tracking," June 10, 2013, www.tobii.com; Barbara Kiviat, "Why We Look at Some Web Ads and Not Others," November 8, 2009, www.time.com; Nathania Johnson, "Eye Tracking Study Shows Sponsored Ads Attract Social Media Searchers," July 19, 2009, blog.searchenginewatch.com; Dan Skeen, "Eye-Tracking Device Lets Billboards Know When You Look at Them," June 12, 2007, www.wired.com; G. Theuner, K. Pischke, and T. Bley, "Analysis of Advertising Effectiveness with Eye Tracking," *Proceedings of Measuring Behavior 2008*, Maastricht, The Netherlands, August 26－29, 2008, pp. 229－30.

4. 脑电波测试。**脑电波测试**（electroencephalographic（EEG）measures）可以在人的颅骨外使用脑电波测量仪来测出脑电波频率，这些电脉冲可以用于两方面的研究：α 活态和脑半球偏侧性。

- **α 活态**（alpha activity）是指脑部的活跃程度。当人们不做运动、休息或者入睡时，脑部就会处于 α 活态。该理论认为，人们在处于 α 活态时一般很少进行信息处理（回想率与 α 水平负相关），只有脱离这一状态才能够集中注意力并处理信息。通过测量对象在观看广告过程中的 α 水平，研究人员就能估计出观察对象的注意力程度和信息处理水平的即时状态。
- **脑半球偏侧性**（hemispheric lateralization）能够区别大脑的左右两个半球的 α 活态。有一种假说认为：大脑的右半球处理视觉刺激，左半球处理语言文字信息；右半球更多地对情感刺激做出反应，而左半球主要接收理性刺激；右半球确定再识别，左半球决定回想。如果上述假设正确，广告主就可以通过生成针对各个脑半球的刺激信息来设计广告以专门强化人们对广告的认知和记忆。然而有些研究人员认为，大脑在功能上并没有发生偏侧化，而且一则广告也无法设计为只吸引一侧脑半球。
- 利用诸如正电子发射断层成像技术（PET）、功能性磁共振成像（fMRI）、脑电图描记法（EEG）等医学技术，神经科学家可以通过脑部扫描成像协助营销商检测受测者对广告或品牌的生理反应。通过直接监视脑部活动，科学家能够通过测量脑部磁性区域的化学反应和变化来了解消费者对广告的反应。

脑电图的研究已经引起学术界的关注，但最近该技术也展现了对从业者的吸引力。除了在本章和本书中引用的例子外，世界上最大的受众测量公司尼尔森等也投资于神经科学测量，《财富》500强公司越来越多地寻求这些服务。神经科学测量方法已经被用来确定观众对广告的反应，如超级碗决赛广告的反应、对可口可乐和百事、政治广告和电影预告片的反应的差异，这里仅列举其中的一些应用。

广告的市场测试

即使广告或商业活动已经推广开来，也并不意味着测试就无须进行。前测的实施建立在所选取的较小样本量的基础之上，有些情况下尚存疑问，因此，营销商需要搞清楚该广告在市场上的实际表现究竟如何。在这一部分，我们将讨论广告的后测方法。其中一些测试方法可能跟前文讨论过的前测方法有相似之处，而且依然由前文所提及的调查公司操作。

平面广告的后测

平面广告的后测有许多方法，其中最常见的方法有调查测试、再识别测试、回想测试。

调查测试　**调查测试**（inquiry tests）根据对刊登在各种印刷媒体上的平面广告的调查来测量广告效果，通常与“宾果卡”配合使用。尽管“宾果卡”还在使用，但读者通常只需要通过广告里提供的URL地址在互联网上搜索即可获得更多信息。调查可以通过商家的优惠券、反馈电话或者是读者卡进行直接调查。如果你在近期向当地的媒体就一则广告进行致电反馈，调查员或许会问你对于该家公司或其产品的印象如何，以及你是在哪里看到这则广告的。这是测量广告或媒体效果的一个非常简单的方法。

采用调查手段进行效果测量有许多更加复杂的方法，它们常常涉及：（1）在同一媒体上以连续刊登的方式推出广告；（2）进行**分割刊载测试**（split-run tests），即在同一报纸或杂志的不同版本上刊登同一广告的不同变化形式；（3）在不同媒体上刊登同一广告。每种方法都对广告策略的不同方面提供了相关信息：第一种测量广告活动的累积效果；第二种测量考察广告的特定要素或者其不同的变化形式；第三种测量的是媒体效果而不是广告本身的效果。

尽管调查测试法能提供很有价值的信息，但该方法的一些缺点制约了使用效果。例如，调查测试法可能无法如实测量广告在吸引注意力和提供信息方面的表现。读者可能被一个广告所吸引，读了一遍之后，甚至把这段信息保存下来，但当时却没能想到在那个特定时期去参与调查。时间限制、广告刊登或广告的推广时限内缺乏对产品或服务的需求以及其他一些因素都有可能限制参与调查的次数。但是参与调查的人数很少并不意味着广告效果不好；相反，注意力、态度改变、知名度和文案回想率等方面的目标可能均已实现。另一个极端情况是，一个对某种产品有特定需求的人可能会对该产品的每一个广告都做出反馈，丝毫不会顾及这些广告的具体质量如何。

调查测试法的主要优点在于实施起来花费不多，并且能够得到关于广告或所使用的媒体的整体效果方面的一些反馈信息。但它们在比较广告的不同版本或者是衡量同一广告不同方面的特定创意水平时，效果很一般。

再识别测试　平面广告后测方法中最常用的就是**再识别测试**（recognition tests）。该方法与 GfK Starch 公司联系最为密切。已有超过 85 年历史的《Starch 广告读者报告》（*Starch Ad Readership Report*）使广告主能够根据报告内容评价在一份杂志只刊登一期、连载以及/或者在不同杂志上刊登同一则广告的影响。该报告每年测量 180 多家消费者杂志中成千上万的平面广告，并提供某一广告效果的多种测量方式。除传统的《Starch 广告读者报告》外，GfK Starch 公司目前还提供联合及独立研究、前测、户外研究等服务。Starch 测试方法中所采用的测量方式如图表 18-14 所示。

图表 18-14　《Starch 广告读者报告》

目标：

界定平面广告的再识别，并提供有关特定广告读者参与度的深入见解。Starch 目前为杂志及/或数字广告提供该服务。

方法：

个人采访者筛选出合格读者，并确定报纸、消费者杂志、商业及专业出版物中特定问题的曝光度和读者群。参与者需要浏览杂志，看广告，并提供具体反馈。

结论：

《Starch 广告读者报告》提供四种再识别评分类别：

- 关注度得分——记得自己看到过该广告的读者占比。
- 品牌联想度得分——能回想起自己看到过或读到过某产品或品牌广告的任一部分的读者占比。
- 全部版本得分——读过该广告全部版本的读者占比。
- 多数版本得分——表示自己读过该广告半数以上版本的读者占比。广告标准提供了一个衡量基准，来与该问题的其他广告做对比。

除这些常规评分类别外，还有其他测量方式做补充，包括品牌配置、购买行为或意图、采取行动、口碑以及出版和广告参与度。

Starch 的结论是：（1）通过予以适度的控制就可以评估广告各方面要素的吸引力；（2）竞争对手的广告效果可以通过公司提供的标准进行比较；（3）可以测试数个不同的广告实施方案；（4）读者人数得分是反映消费者对广告或商业活动参与程度的一个有效指标。（理论依据是：只有在读者阅读广告并参与其中之后，广告才能得以有效传播。就广告能够展露的读者人数而言，其实这就是广告效果的直接表现。）

在所有这些优点中，最有效的一点或许就是评价广告特定要素方面的能力。基于虚假宣称、调查员敏感性以及再识别的可靠性等方面问题，许多研究人员对 Starch 再识别法（包括其他再识别方法）提出了质疑。

1. 虚假宣称。研究显示，在再识别测试中，反馈者即使实际上从没有看过某则广告，也可能会声称看过该广告。虚假宣称的原因可能是受测者在别处看过类似广告、希望这一则广告能出现在媒体上或者只是想取悦提问者。此外，对广告中的产品产生兴趣也会导致多报阅读人数。不论这些虚假宣称是不是有意而为，都会导致虚报广告效果。相反，诸如访谈疲劳这样的因素则会引起少报的偏差，也就是说反馈者并不会反馈他们真正看到的广告。

2. 调查员敏感性。只要调查中有调查员出现，就会有产生偏差的风险。反馈者可能希望给调查员留下一个好印象，或者担心如果他们一直宣称未能识别出某个广告就会使自己显得很无知。不论调查员如何训练有素或经验丰富，都无法完全避免调查员解释、记录等对真实情况的描述欠缺准确性。

3. 再识别的可靠性。Starch也承认，一次测试中插播被测广告越多，其读者人数得分的可靠性和有效性就越高。这实际上意味着如果只是针对某公司在单一展露情况下的一则广告进行测试，也许就不能得出有效的或可靠的测试结果。

总之，尽管批评者众说纷纭，Starch读者人数调查仍然是最主要的平面广告后测方法。Starch方法的规范价值和作用依然很大，而且多重展露可以提高其可靠性和有效性；许多公司也可能就是鉴于这两个优点才决定采用这种方法的。

回想测试 用来测量平面广告回想率的测试方法有许多种，其中最著名的也许是益普索公司的Next* Print广告测试和盖洛普公司的杂志效果调研服务（MIRS）（见图表18-15中的介绍）。（包括华通明略和Decision Analyst在内的多家公司均提供类似服务。）这些**回想测试**（recall tests）与有关广电广告的前测方法很相似，它们都是要尝试测量特定广告的回想率状况。

图表18-15　　盖洛普公司提供的MIRS

目的： 跟踪在杂志上刊登的广告（包括客户刊登的广告）的回想率情况，以评估其表现和效果。
方法： 研究人员将杂志发到每个受测者的家里，并请他们当天就进行阅读。测试广告中嵌入了编辑内容和其他广告。次日会进行电话访谈，以评估受测者的广告回想率、广告主题传达度、说服度、品牌评价和好感度。
结果： 测试所提供的内容包括： ● 规范； ● 受测者的全程录音； ● 行为总结； ● 不足分析。

除了与再识别测试法一样存在调查者问题之外，回想测试法还有其他一些不足。读者对产品的参与程度、广告独特诉求手法以及生动深刻的视觉效果都可能使得回想率得分高于实际的回想率结果，尽管这一方法一般会得出一个低于实际水平的回想率结果（广告主应该感到高兴的错误结果）。批评者还坚持认为，这种方法并不那么有效，广告主可能会因此白白放弃一些广告或者对广告做出一些毫无用处的修改。

回想测试法的支持者则认为，该测试法完全可以评价广告的记忆冲击效果。他们说，问题的关键不在于结果本身，而在于如何去解释。前面的研究已经表明，在报刊广告中，回想和再识别的关联度很高。

广电广告的后测

有许多方法可以用来进行广电广告的后测。最常用的方法是日后回想测试、说服力测试、诊断测试等。市场测试和追踪研究，包括单一线索追踪研究在内，也有应用。

日后回想测试 伯克日后回想测试（Burke Day-After Recall test）是近十年来最常用的后测方法。许多公司都提供各自的日后回想测试，这些方法统称为伯克测试。尽管这一方法十分流行，但也存在许多不足之处，如样本量有限、成本太高、安全问题（测试已经进入市场投放的广告很可能会被竞争者发觉）等。由于该方法应用广泛，因此出现了大量关于日后回想的研究。尽管研究开展的时间已经很长，但研究结论至今仍有意义，值得再讨论一番。此外，人们也注意到了回想测试的其他一些缺点：

1. 因为日后回想测试法要求受测者用语言表达广告信息，所以对其非情感诉求的测试可能更准确。回想理性信息要比回想情绪化沟通更容易，所以具有情感诉求的广告回想率可能会更低。[15]许多研究表明，感性广告和理性广告应当区别对待。有些广告公司，比如李奥贝纳和天联广告，甚至早已着手开发用于确定观众对广告的情感反应的测试方法。[16]

2. 节目内容可能对回想率有影响。同一个品牌、同一则广告如果插播在不同的节目里，回想率也可能不同。其结果就是回想率得分和用来比较的标准有可能不准确。

3. 预先约定的样本受测者（盖洛普公司）因为知道第二天将要参加测试，可能会更加注意那个节目以及里面包含的广告。结果是导致比实际更高的回想率。

4. 回想率可以测量广告的接收程度而不一定是接受程度，也不能预测今后的销量。[17],[18]

日后回想测试法的主要优点是该方法为实地测量。一般认为，在真实、自然的背景下，测试可以提供更真实的反应。这些测试流行的另一个原因是，它们给广告主提供了一些规范，可以拿来作为衡量广告表现的标准。除了回想率测试，还有其他各种不同的媒体广告效果测量方法，包括说服力测试和诊断测试等。

说服力测试　就像前文在广电广告的前测讨论中提到的，我们可以通过要求顾客选择抽奖中想赢得的奖品品牌而得到广告说服力效果测试的结果。在受测者看过广告后，研究人员询问相同的问题。在剧场测试中，先宣布一系列奖品，然后让观众说出如果中奖他们会选择的品牌来进行测试。而实地测试中，则是通过在广告录像播放时就进行品牌偏好的测量，然后在第二天再进行测量来完成测试。有些测试服务也提供其他的说服力测量，包括购买意向以及经常购买的标准等。益普索公司和 ARS 集团是两家最著名的擅长说服力测试的公司。

诊断测试　除了测量回想率和说服力，广告文案测试公司也提供诊断测试。这些测试方法用于收集观众对广告的评价，评价创意被理解的清晰度状况和广告要点的实际传播效果等。对广告的理性反应和感性反应也同时被测量。许多公司提供诊断测试方法，其中包括 Diagnostic 调查公司、盖洛普公司以及华通明略。

综合测试　尽管前面描述的每一种广告效度测量方法各有独到之处，许多广告主还是对联合使用多种方法的综合测试更感兴趣。这样一来，许多调查公司就开始提供综合方法，在一个测试计划内包括了前面描述的三种测试方法的任意一种。图表 18－16 描述了一种这样的综合测试计划，即益普索公司的 Next* TV 测试。

图表 18－16　　益普索公司的 Next* TV 测试

目标： 帮助广告主在其广电广告的版本测试中使用多种测试方法来测定：（1）广告对销售的影响潜力；（2）广告对品牌资产的贡献状况；（3）广告与公司现有的广告策略和目标的协同水平；（4）如何实现效果最优。
方法： 招募消费者对电视节目进行评估，节目中会像黄金时段的地方电视节目那样插播广告。消费者在自己家中播放录像带上的节目以模拟真实场景（或者可以选择使用地方有线电视节目来插播广告）。
结果： 相关回想率（日后回想）得分；说服力得分，包括品牌偏好转移、购买意向和购买频率、品牌资产区分以及相关度和传播效果等；测定观众从广告中获得的信息以及创意要素是怎样使其关注广告或怎样分散其注意力等效果方面的反应诊断测试。

市场测试 许多公司在广告向全国播出之前，先要在一些特定市场进行广告效果测试。测试所选市场大都是目标市场的代表性市场，比如，选择在俄勒冈州的波特兰市、得克萨斯州的圣安东尼奥市、纽约州的布法罗市测试广告，如果这些城市的人口统计和社会经济状况与产品的目标市场相匹配的话。许多因素可以得到测量，包括对广告的看法（比如可选择的不同特色的广告版本）、不同预算额度的影响或者特殊商品等因素。广告以终稿的形式在它们通常可能会出现的媒体上播出，在播出之后会对广告效果进行测量。

市场测试法的优点在于环境真实。因为采用了日常收看环境，测试影响得以最小化。如果测试设计成功，就可以获得很高的可控性。比如，西格拉姆和时代公司（Seagram and Time, Inc.）设计并实施了一项大规模的市场测试研究，在3年时间里测量广告播出频率对消费者购买习惯的影响。这项研究显示了实地场景下进行的调研加上一些实验控制手段能够提供给我们多少有用的信息。同时，该测试也表明适当的研究可以让我们深入洞察广告活动的效果。（许多广告研究人员认为它是所有关于广告对销售作用的研究中最有成果的方法之一。）

但是，西格拉姆的研究中也暴露出市场测试方法的一些不足，且不谈巨额的成本和时间耗费（很少有公司能够耗费3年时间和数十万美元来做这样一项调研），广告主还得始终担心竞争对手随时可能会有所察觉并施加干扰。

包括宝洁和丰田汽车在内的多家公司进行过一项市场交互式广告测试。利洁时（Reckitt，全球最大的家用清洁产品生产商）和惠而浦都在iTV广告测试上做出了努力。在该项活动中，消费者将面临三种不同的选择：（1）注册以赢得一台惠而浦洗碗机；（2）注册以免费获得Finish洗碗机清香剂；（3）获得Finish洗碗机片剂折价优惠券。在测试进行了8个月之后，利洁时报告称3.5万份反馈的测试目标已经超额完成。[19]

总之，只要能够谨慎地尽量减少这类测试的负面影响，市场测试法就可以相当准确地测量广告效果。

单一线索追踪研究 自20世纪80年代起，许多研究努力的焦点都集中在**单一线索追踪法**（single-source tracking methods）。该方法跟踪消费者从在电视上看到广告直至最终在超市收款台付款购买的一系列行为。居住在某一指定区域内的有线电视用户只要统一参加这一活动，就会获得调查公司的一张类似信用卡的卡片，该卡片用于识别家庭户，并将收集到的受测家庭的人口统计资料提供给调查公司。这些家庭被分为相互对照的两组。一组可以看到广告，另一组则看不到（或者给每组播放不同的广告）。然后通过其所购商品的条形码记录他们的购买行为。这样，研究人员就可以在广告展露与购买行为之间建立联系。

正如前文所述，广告的前测可以采用单一线索追踪法。研究表明，单一线索追踪法能够进行很多相互关联的测量，追踪追加广告预算的效用、广告文案的不同版本的优劣甚至广告对销售的影响等因素，同时，这一方法也能有效地用于广告的后测。

Information Resources公司的BehaviorScan服务进行了一项为期10年的研究，结果证实了广告对销售的长期影响。这项研究考察了全美10个市场的广告文案、媒体计划、广告预算以及商业促销对销售的影响，并且得出结论：在广告活动结束后的两年中，广告依然可以有效推动销售增长。[20]（这项研究同时指出，文案回想测试和说服力测试都无法预测销售结果。）目前采用的单一线索追踪法有很多，包括尼尔森公司的Catalina。

许多广告主都认为，这些单一线索手段将改变现行的研究方法，因为它具有易于控制、能够直接测量广告对销售的效果等优点。许多大公司和广告代理公司现在都使用这种方法，涉及汽车制造业、娱乐业、金融服务业、包装业以及制药业。

尽管单一线索追踪测试法是一种很有价值的测试方法，但依然存在一定问题。一位研究人员称："根据扫描数据集中考虑短期销售效果，结果只能反映出10%～30%的广告效果。"[21]另一些研究人员则抱怨说信息过剩导致数据处理十分复杂。它的另一个缺点是，收集单一线索数据所需费用很高。尽管单一线索数据的复杂性导致采用率很低，但这种追踪广告效果的方法还是被前面提到的那些调查公司（盖洛普、华通明略以及益普索）在 20 世纪 90 年代普遍使用。

平面广告/广电广告的追踪法　一种更有用、更可取的后测方法是通过定期测量来追踪广告活动的效果。**追踪研究**（tracking studies）已被用来测量广告在知名度、回想率以及受测者对广告和品牌所持的兴趣、态度、购买意愿等方面的作用（平面广告和广电广告都可以使用这种方法，而后者使用更频繁）。采用的方法有个人访谈、电话调查、购物中心拦截和直邮问卷调查等。每期样本量通常在 250～500 人不等（通常以季度或半年度为周期）。追踪研究得出的可用信息以及调查结果对那些想评估当前广告活动并为将来预先筹划的经理可能最有价值。

追踪研究的一个主要优点是能根据每一个具体活动或具体情况进行灵活调整。通过一套标准的问题测试广告的效果或消费者购买行为。一项由扬克洛维奇公司和美国电视广告局（TVB）主持的研究表明，广告效果依赖于产品类别和消费者在消费漏斗中所处的位置。广告媒体的影响随着消费者所处位置的变化而变化。[22]不同媒体的效果同样也可以测出来，尽管效果会打折扣。追踪研究也用来测量预算规模、广告时段、品牌或公司形象，以及某些广告词的回想等的影响。随后你将看到，对这些测量方法进行量化是比较困难的。最后，就像图表 18－17所展示的，只要设计得当，追踪研究的可靠性和有效性还是很高的。

图表 18－17　影响追踪研究的成败因素

1. 设立合理的目标。
2. 研究目标与销售目标的一致性。
3. 设计合理的测试方法（足够大的样本规模，对调查过程的最大化控制，追踪各期之间足够的时间间隔）。
4. 重复抽样计划中抽样方法的一致性。
5. 随机样本。
6. 连续而非季节性的调查。
7. 行为评价手段（态度测量达标，广告回想率没有达标）。
8. 为消除误差而及早提出一些关键的评价性问题。
9. 对竞争对手表现的测量。
10. 对关于广告的收看（收听）来源的怀疑（电视媒体永远是赢家）。
11. 该项研究新闻价值的建立。
12. 使用“平均行动法”来前测长期趋势并避免季节性波动。
13. 所报告数据应具有相关性，而不是一些孤立的事实。
14. 整合关键的市场事件和获得追踪研究结果（如本公司与竞争对手的广告开支、广告活动中设计价格变动的促销活动、新品牌的引入、政府公告以及经济环境的变化等）。

许多其他因素都可能影响品牌或广告的回想率，追踪研究中自然包含着回想率和再识别测量方法。尽管有局限性，追踪研究仍不失为评价广告活动效果的好办法。

总之，本章讨论的这些测试方法各有利弊，你可能会怀疑：我们真的能够测量广告效果吗？怎样才能保证测试的可靠、有效？下一节将给出答案。

广告效果测量方案的制订

目前还没有哪一种广告效果测量方法可以确保万无一失。然而，由于迫切需要测量广告对所有营销努力的贡献，人们正在采取相关措施以更好地完成这一测量任务。我们首先对现有测量方法的主要问题进行简单回顾，然后寻找可能的改进之法。

现有研究方法中存在的问题

很显然，将现有的测量方法与由广告文案定位测试（PACT）（见图表 18－4）和数字测量的五大指导原则（见图表 18－5）所确立的标准进行比较时，一些优质测试的重要标准很容易实现，但其他标准的实现则需要付出很大努力。举例来说，要满足第 6 项标准（保证受测广告的对等性）很容易，因为研究人员可以很容易地控制受测传播项目的完成状况。满足第 1 项和第 2 项标准也相当容易（与所寻找的目标相关的测量方式及预先确定测试结果的使用方法）。关于图表 18－5 中的数字测量的指导原则，一些原则也许并不难实行（例如，原则二和原则五）。

本书中，每一个促销媒介、信息、预算的决策都要考虑到公司所追求的营销目标和传播目标。整合营销传播计划模型确立了这些要素各自扮演的角色。当某些要素进入测试阶段时，就需要按照相关的评价标准来进行评价。

PACT 第 3 项、第 5 项、第 8 项标准的实现稍有困难，尽管这些因素很大程度上也在研究人员的控制之下，但要满足第 3 项标准（测量方法多样化）只要解决预算问题便可以确保一种以上测量方法，最多只需要考虑采用两种相似的测量方法来保证结果的可靠性。同样，只要研究设计适当，研究可以满足第 5 项标准（受测广告应展示一次以上）。最后，采用合理的研究方法可以满足第 8 项标准（正确定义样本）。因为无论哪种预估广告效果的测量方法都应该在它的目标受众中抽样，你绝不会用一个由不喝酒的人组成的样本来评价新推出的酒类广告。同样，第 3 项和第 4 项标准的数字化可能需要花些时间来进行磨合，不过是可以实现的。

最难控制的因素，同时也是最能区分测试程序优劣的是 PACT 的第 4 项、第 7 项、第 9 项标准。幸运的是，其中任何一项标准的满足都有助于实现其他标准。在数字方面，发展“可视印象”被证明是一项艰巨的任务。

最好的出发点是第 4 项标准，要求研究应当以一个包括信息接收、理解、反应在内的传播反应模型为指导。我们之所以认为第 4 项标准是最好的出发点，是因为实际研究中最少考虑的就是这一点。回想一下第 5 章曾经提到的那些模型你就会发现，其中有许多都可以满足这一原则的要求。尽管这些模型提出来已经有很长时间了，通常的研究方法却很少将其整合进自己的方法。现有的测试方法大多只是提供广告回想的得分数据，尽管事实上已经有许多研究人员表明回想测试是广告效果测量的烂办法。那些声称可以测量态度转变、品牌偏好转变等因素的模型常常存在许多问题因而严重限制了其可靠性。尽管如此，测试方法要想有效，就必须考虑传播过程。

或许满足第 7 项标准（倘若进行没有偏差的广告展露）的要求似乎不难，不过实验室测试虽然能为研究人员提供控制的机会，测量效果的过程却是人为的、容易受到影响的。而实地测试方法，尽管真实却常常失控。西格拉姆和时代公司的研究也称得上两全其美，但其工程浩大，大多数公司难以做到。与单一线索追踪系统有关的一些改进措施对这个问题的解决有所帮助。此外，设计得当的广告追踪研究也可以更真实地测量传播效果。随着技术的发展，以及人们对此项原则的日益重视，我们希望将来该研究方法会有更好的改进和提高。

最后提到的是 PACT 的第 9 项标准，即对可靠性和有效性的关注，但这绝不表示其无足轻重。我们所讨论的大多数方法都至少在这两个标准的其中一项上有所欠缺，它们却是识别研究拙劣与否的关键因素。如果研究设计得当，也就是说，能够满足第 1 项到第 8 项标准，这项研究肯定是既可靠又有效的。旨在测量在线广告影响力的研究也需要遵守 PACT 标准和数字测量的五大指导原则。如上所述，这里提到的许多大型研究公司目前正在将平台应用到传统广告和数字广告的测量中来。鉴于这些公司的历史和可信度，他们无疑会为改进在线测量方式做出有价值的贡献。然而，对于那些无法或不愿意雇佣大型研究公司的企业，由于所测量的内容必须有效，它们就必须尝试如图表 18－1 所示的数字测试以外的其他度量手段。

有效测试的要点

简单讲，好的广告效果测试必须符合 PACT 所确定的 9 项标准。要做到这一点，最简单的方法就是在制订促销计划时遵循决策顺序模型。

● 确定传播目标。我们说过，除了少数例外情况（尤其是直接反应广告），想要弄清广告对销售的直接影响几乎是不可能的，因此为促销活动制定的营销目标并不是测量广告传播效果的有效手段。比如说，要想确定一个广告对品牌份额或销售的影响是非常困难的（或者代价非常高）。此外，传播目标的实现不仅是可以测量的，而且是营销目标实现的前提。

● 使用消费者反应模型。在本书前面的章节中，曾经提到过效果层级模型和认知反应模型。它们不仅可以帮助我们理解传播的效果，还有助于实现传播目标。

● 同时使用前测和后测。不论是从实际成本还是从机会成本的角度考虑，进行前测都是十分明智的。广告活动和产品的成败或许在此一举。但是应该将前测与后测结合使用，这样不仅可以避免前测的诸多缺陷，避免使用较大样本，而且可以使得测试环境更贴近现实。此外，确定广告和商业活动的真实效果也有可能用到后测。

● 使用多种测量方法。许多广告效果测试的重点都集中在一个主要的因变量上，比如销售业绩、回想率或者再识别率。正如前文所述，广告对消费者可能产生多种效果，其中有些可以用传统方法进行测量，而有些需要用现代的眼光或方法（回忆一下前文对生理反应的讨论）。要想准确评估广告效果，就需要采用多种测量方法。奥格威奖得主们认为应较早使用多种测量方法来跟踪对传播目标的影响效果。

● 理解和采用恰当的研究方法。理解研究方法至关重要。怎样才算是一个好的研究设计？测量方法是否同时具备一定的信度和效度？测量的内容是不是我们所需的？在这一标准上没有捷径可走，而且它还是准确测量广告效果的必要条件。

由广告研究基金会资助的一项包括 1.2 万～1.5 万人访谈的重要研究也提到了上述问题。[23]尽管我们没有多余的篇幅来分析这项研究，还是应注意到设计这项研究主要是为了评估文案测试的测量方法、比较文案测试的程序以及检查广告文案定位测试的一些原则的具体体现。关于此次研究的有关信息已经由广告研究基金会发布在一些学术或商业杂志上。

其他方案要素的效果测量

到目前为止，我们一直在讨论各种促销方案要素的使用方法、使用时间以及每一要素的优缺点等相关内容。在许多章节中，都谈到用来评价这些活动的效果测量方法。本章的最后一节补充一些前面没有讲到的测量方法。

销售促进的效果测量

销售促进并不是产品零售商和经销商的专用之物，体育营销商很早就发现它是吸引消费者的一种非常有效的手段，而且用观看比赛的体育迷人数就可以测量它的相关效果。MLB 的参赛队也发现，只要是那些包含促销活动的比赛，观众人数就会比平时多。

许多公司都提供销售促进的测量服务。Market Source 公司为营销商提供了一个测量样品发放活动效果的基准。整个测量过程相当复杂，这里不赘述。简单说，该方法是通过样品发放的投资额除以每个消费者的受益额计算出盈亏平衡点。如果实际兑换数超过了这个盈亏平衡点，样品计划就是成功的。[24] Promotion Decisions 公司对独立插页（FSI）的效果进行了测量（见图表 18－18）。

图表 18－18　　FSI 效果测量

Promotion Decisions 公司在一项研究中调查了 27 个优惠券促销活动中使用和没有使用优惠券的顾客的实际购买数据。这项研究在该公司的全国购物者实验室（National Shopper Lab）（包括 7.5 万个家庭）进行，研究时间长达 18 个月。研究发现：

- FSI 优惠券能在产品的新使用者与流失使用者中产生显著的试用率（53%）。
- 优惠券兑换者的重复购买率比非兑换者高出 11.8%。
- 优惠券兑换者的重复购买量中有 64.2%是未使用优惠券的。
- 购买者中使用优惠券和未使用优惠券的人数区别不大。
- 优惠券在 12 周内就可以收回成本的 71%～79%。
- 与半页广告相比，全页广告可以带来更高的购买率、销售增加量、新使用者的购买率和更多的重复购买人群。
- 使用优惠券的消费者都是品牌忠诚者。

其他方法也可以用来测量销售促进。例如，Prognos 公司提供了一个零售促销效果解决方案，它使零售商能够了解影响其所有促销效果的因素，允许零售商选择正确的产品做出明智的决策，能够更好地使用促销工具进行促销，以及保持所需的库存水平。另一些广告主则使用知名度追踪研究，并计算查询次数、优惠券兑现率以及抽奖参加人数等方式来测量效果。为了测量促销效果，这些方法在保持其他因素不变的情况下追踪促销期间与非促销期间的销售业绩。尼尔森公司的扫描跟踪方法帮助营销商回答以下问题：需要做多少促销活动，这种促销活动与竞争对手的促销活动相比如何，以及使用扫描仪数据与单个促销活动有何关联。SAS 的一篇文章得出结论，那些没有考虑可测量的客户行为而做出促销决定的零售商在市场上处于非常不利的地位。[25]

Shopper Trak 公司提供了一种有趣且有用的技术来跟踪销售点促销活动的有效性。Shopper Trak 在商店中采用热力图技术来查看流量、一个人是进店还是出店、购物者的身高（以区分成人还是儿童）、流量模式和销售转化率以及其他指标。这套系统不仅可以帮助零售商评价促销效果，还可以测定店内展示物的放置效果。[26]

非传统媒体的效果测量

第 13 章指出，使用非传统媒体的缺点之一就是效果难以测量。但从下面的一些例子中可以看出，非传统媒体的效果测量已经有了很大的进展。

- 购物车招贴的效果。正如前文所述，使用购物车招贴可以增加销售。我们在本章一直提醒大家，虽然增加销售是一个至关重要的营销目标，但许多其他因素也可能会促进或阻碍此目标的实现。（值得注意的一点是，这些测试结果由这方面的媒介购买公司提供。）至少有一项研究曾对购物车招贴的效果进行了除销售之外的其他数据的考察。[27] 这项研究采用在食品杂货店进行个人访谈的方式来测量人们对这种媒体的注意程度和该媒体的知名度及其产生的影响。有趣的是，研究结果表明，购物车招贴远不像招贴广告公司声称的那么有效。
- 停车场媒体效果。第 13 章曾提到，我们讨论了停车场标志和其他区域的广告，试图达到选择性的人口群体。如今，交通稽查局（TAB）正在追踪测量这种广告形式的效果，以便给广告主提供一个更加可靠的购买决策标准。TAB 的数据可以验证广告投放地点的影响。出售这一类媒体的公司还聘请了西蒙斯市场调查局和尼尔森媒体调查公司来收集广告印象和广告回想率方面的信息。研究人员将这些测量手段与追踪数据结合起来评价这类媒体的效果。
- 店内广播或电视的效果。Interactive Market Systems 公司推介了一个用来测量卖场广播对客户产生的传播效果的软件。这家公司还计划推介一款类似软件，用于测量卖场电视广告的效果。[28]

● 其他媒体的效果。许多公司还提供一些测量方法以确定包装设计、售点展示、贸易展销等效果。例如，Nielsen Entertainment and Massivemedia 公司提供视频游戏广告效果的测试服务。尽管不可能把所有的其他媒体都列入其中，但如果想要测量整合营销传播的各个要素，可利用这些资源。

赞助的效果测量

在前面的章节我们讲到了目前赞助数量的增长情况，介绍了公司增加在该领域投资的原因。随着赞助费用的不断上涨，测量赞助效果的方法应运而生。基本上，赞助效果的测量可以采用展露法或者追踪测量法。[29]

● 展露法。展露法分两类，一类是监控赞助事项所获得的媒体报道的数量和质量，另一类是估算直接和间接的观众数量。尽管有众多公司采用这一方法，但许多学者已经开始指出这一方法的诸多缺陷。例如，米歇尔·法姆（Michel Pham）主张媒体覆盖面不是赞助的主要目的，因此也不应当算作效果测量的一个测量指标。他认为，这种测量不能表明认知、态度变化或者行为转变，因而不应该被看作效果的测量手段。[30]

● 追踪测量法。这类测量法用来评估知名度、亲密度以及在调查基础上的赞助活动所造成的偏好问题等。一些实证研究已经测量了赞助商广告的回想率、赞助商及其产品的知名度以及观众对二者的态度、形象效果（包括品牌和公司形象）等。

现在，很多公司都提供体育赞助效果测量服务。比如，公司将赛事期间获得的媒体展示时间转化成货币价值。该公司审查播出节目，将可以清晰看到赞助商的产品名称或标志（如在广告牌或衬衫上出现）的播出秒数加总，30 秒的总展露时间就被看作相当于一个 30 秒广告（不过这种测量方法的有效性值得怀疑）。

与所有其他整合营销传播接触点一样，营销商想要测量事件赞助的投资回报率。但是，像其他的通信手段一样，这通常是不可能的，所以重点将放在其他更多的面向通信的目标上。图表 18－19 展示了有效性测量公司赞助回报图所使用的赞助绩效矩阵。这个矩阵的垂直轴测量

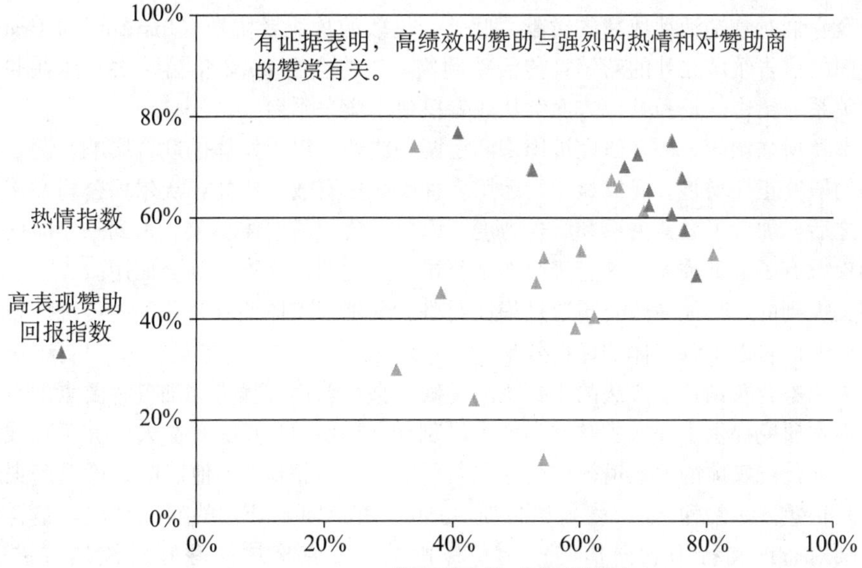

图表 18－19　赞助绩效矩阵

目标观众对赞助组织的热情。情绪上越依附于财产（运动队、赛事等），热情指数越高。横轴测量赞助商升值的感恩指数。根据赞助回报图，公司可以通过更积极的活动来获得更多的升值，从而创造更多的商誉。如图表18－19所示，赞助商希望在右上角达到最大的有效性。

绩效研究措施对品牌意识和形象转变具有影响。跟踪网站访问次数和生成的嗡嗡声也是使用的标准。

这些测量方法各有利弊。正如约翰·纳丹（John Nardone）和艾德·西（Ed See）指出的，多数营销商将赞助的效果评估仅限于对品牌的认识和印象上。但他们认为，关键问题是："如何进行赞助活动以建立品牌资产，并维持财务责任？"[31]我们建议在评估赞助效果时采用多种方法。除了这里提到的方法，也可以使用图表18－20中介绍的八步骤评价程序来指导这些测量。

图表18－20　　事件赞助测量的八个步骤

1. 限定明确目标。
2. 制定稳定的战略，并将其作为计划执行的基准，测量评价计划效果时也要依照基准水平。
3. 设立现实的可测量的目标；确保所有行为都有利于实现目标。
4. 改善而不只是改变营销要素变量。
5. 不能背离101号营销计划（即营销战略）。完善赞助计划使其反映公司的特点并迎合公司客户和目标受众的特点。
6. 确定赞助活动涉及范围。是否需要公司内部多个部门的参与和合作？该团队由哪些内部和外部的人组成？
7. 从长计议。品牌资产的建立必须假以时日，也可以在事前或事后将赞助时期尽可能延长。
8. 在制订整体赞助计划时，要将评价工作与相关预算考虑进去。包括事前事后的态度调查、媒体分析以及销售业绩追踪等项目。

其他整合营销传播方案要素的测量

本章提到许多组织都提供测量特定促销活动要素效果的调查与研究服务。正如前文所述，对于整合营销传播方案使用的增加也使人们对测定所有计划要素的协作效果产生了更大的兴趣。1993年至今的奥格威奖得主情况表明了其他媒体（而不是那些最好的广告活动）的进一步整合以及它们对营销活动成功的贡献。此外，伦敦的从业者协会（Institute of Practitioners）开始给专门的广告领域之外的营销宣传活动颁奖，该协会在2002年第一次开始在非传统媒体以及公共关系、销售促进和其他方面给从业者搭建了竞争平台。

正如本章所强调的，许多研究被用来测定两种或两种以上媒体的联合影响。测量多种媒体联合效果的研究正在增多。研究显示，运用多种媒体更有效。比如，沃尔玛公司在多方面出现负面舆论之后，加大了公共关系和广告力度，以提升公司的整体形象。不到一年时间，沃尔玛公司的形象就有了显著改善，这直接归功于公司对上述两种元素的综合使用。[32]

如前文提到的，其他一些公司通过华通明略、尼尔森媒体调查公司等的传统广告效度测量来评价其线上广告以了解整体的传播效果。[33]

也许采用整合营销传播方法的主要挑战是确定整合营销传播方案的各种要素的有效性和贡献。许多学术研究提供了深入了解这一努力。例如，迪纳（Dinner）等人研究了在线广告（展示和搜索）和传统媒体的跨渠道效应的存在、量级和转移情况。[34]他们的结论是跨渠道效应确实存在并且很重要。约翰·M. 麦克格拉斯（John M. McGrath）的研究指出，整合营销传播方法可能会对态度和行为意向措施产生积极影响。麦克格拉斯呼吁对该领域进行更多的研究。[35]

营销传播调查公司Integration为企业的整合营销传播提供了一种很有效的测量办法。整合营销传播应当能够同时改善企业的传播效果与效率，但 Integration 认为多数传统测量方法只关注前者（见图表 18－21）。注意到营销经理们为改善品牌优先考虑媒体的需求在增加，Integration 公司开发了市场接触审计（Market Contact Audit）方法，用于测量沟通消费者的媒体的效率和效能。通过测量消费者对于这种联系的理解、评价、感受以及与品牌的关联，市场接触审计测试能够让营销商在了解整体传播效果的同时掌握每一个单独的整合营销传播元素产生的作用。[36]

图表 18－21　　测量效果——不仅是效率

整合营销传播中最重要的一项是确定最适用的接触组合，比如说最优先选择哪一种接触。

问题：我们是不是…… 有效果：1. 做了对的事情？ 有效率：2. 把事情做对了？
目前的技术仅测量效率 到达率、频次、GRP（媒体测量） 营销活动的测量（随机）
MCA：效率与效果的整合测量 接触影响 消费者品牌体验

除了这些努力之外，我们似乎仍然有很长的路要走，以确定一个整合营销传播方案的整体有效性。这里讨论的所有广告效果测量都有其固有的优点和缺点。他们向广告主提供一些信息，这些信息可能有助于评估促销活动的有效性。虽然并非所有促销努力都能得到有效评价，但正在取得进展。

本章小结

本章介绍了测量广告与促销效果的有关事项，包括效果测量的原因、公司不愿进行测量的理由以及对各种研究方法的介绍和评价。我们得出以下结论：(1) 广告效果的测量与调研对促销方案很重要；(2) 目前依然有许多公司没有进行广告效果测量；(3) 现有的调研方法尚不完善。此外，我们还提供了衡量研究的标准，并介绍了几种行之有效的调研方法。

所有营销经理都希望知道他们的促销活动表现如何。这一信息对下一阶段的计划安排十分重要，因为计划的调整和保持都要以当前策略的评价为准。如果测量这些效果所采用的方法不够精准或运用不当，往往会出问题。

本章说明测量要想取得满意的效果就必须符合一系列标准（由广告文案定位测试确定）。无论是广告活动发起之前还是执行之后，都应该进行这种评价。

本章还介绍了许多研究方法，其中一些是由综合性研究公司提供，如益普索、MSW·ARS、华通明略和尼尔森。所有这些公司已将业务拓展至辅助在线广告和其他广告平台的评估。许多公司设计发展了独特的测试系统。通过网络进行测试的数量有所增加。

本章也讨论了单一线索研究数据。这类单一线索系统是未来提高广告测量有效性的强大动力，因为它们可以把广告展露和消费者反应与实际购买行为相联系。然而，到目前为止，它们的使用还没有达到预期。

这里必须承认一点，不同的效果测量方法会产生不同结果。一种测量方法可以根据自己使用的评价标准得出某个广告或促销成功的结论；采用另一种测量方法可能会得出相反的结论。这就是目标界定明确和测试手段多样化对于测量一个整合营销传播方案的真正效果十分关键的原因所在。

讨论题

1. 多年来，A/B 测试已经被营销商用于评估两个不同版本的成品广告和/或网页。现在一些专家认为，如果在宣传活动策划过程的早期使用 A/B 测试将更有效。解释他们的意思是什么，并从支持或反对的角度进行讨论。

2. 解释为什么测量整合营销传播整体效果如此困难。

3. 本章讨论了奥美奖。描述这些奖项是什么，以及它们是如何随时间而改变的。试列举获得这些奖项的公司（你可以在网上找到之前的获奖者）的例子以及它们为什么能赢得这些奖项。

4. 解释为什么前测很重要。什么时候进行测试？举例说明什么可能使平面广告或广电广告用前测更成功。

5. 数字广告主似乎想拥有自己的效果测量方法，同时避开传统广告主。这种状态的利弊是什么？

6. 大多数管理者认为应该测量他们的广告方案的效果。然而，研究表明，他们通常不这样做。列举管理者应该测量广告效果的原因以及他们不这么做的原因。

7. 营销商已转向生理学的测量方法来确定其广告的效果。讨论现在使用的一些方法和各自的优缺点。

8. 营销商如何运用眼动追踪的方法？给出采用这种方法的公司的例子。眼动追踪什么时候最有用？

9. 描述《Starch 广告读者报告》和报告中提供的测量方法。讨论由于市场条件的变化和现在所提供的新指标，Starch 在报告制定时如何适应这一形势。

10. 请解释对于营销商而言，为什么不同的指标在确定在不同时期发布的广告效果上更有用。举例说明消费者在完成购买决策的过程中，哪些指标可能是有用的。

第Ⅶ篇　特别话题和观点

第19章 国际广告与促销

学习目标

1. 理解国际营销和促销的重要性和作用

2. 评估国际环境的各种要素，包括经济、文化、法律和其他，以及它们是如何影响广告与促销的。

3. 考察并比较营销和广告的全球化与本土化的优劣势。

4. 考察国际广告的诸多决策领域。

5. 理解国际整合营销传播方案中其他促销手段的作用。

开篇案例

可口可乐希望全世界的人都来一起“品味感觉”

可口可乐是全世界辨识度和价值最高的品牌之一，多次在品牌价值评估中雄踞榜首。可口可乐软饮品牌，或者我们常说的可乐，不仅是世界第一饮料品牌，而且在全球超过200个国家和地区畅销。这个屹立不倒的品牌已经存在超过130年，并且从未偏离它始终不变的初衷。尽管可口可乐在这些年间经历了不同的品牌营销方案，但它一直保持不变的情感指向：愉快。可口可乐很多脍炙人口的广告文案都是构建在由一些全世界人群都易于理解的简单词汇组成的口号上，这些词汇如微笑、享受和快乐。

从2009年到2016年，可口可乐的全球整合营销传播广告以“畅饮开怀”（Open Happiness）作为口号，迎合消费者对舒适和乐观的追求，邀请全世界的消费者一同畅饮一杯可乐并享受生活。“畅饮开怀”这个营销文案获得了许多奖项：可口可乐被《广告时代》提名为“2013年度营销商”，并被戛纳国际创意节选为“2013年度创意营销商”。然而在2016年，可口可乐的新任市场总监马可斯·德奎因托（Marcosde Quinto）宣布公司将对营销战略进行大规模更改，可口可乐商标品牌将统一全球宣传文案为“品味感觉”（Taste the Feeling）。可口可乐希望在艰难前行的汽水饮料行业中赢得更多受众，新文案将可口可乐的产品推为每篇广告的核心。

马可斯·德奎因托在对这个重大改变的解释中明确提出，“畅饮开怀”已经成为一个高尚并理想化的广告文案，如2015年超级碗期间其在线上对各国和平共存的宣传，因为它已经开始成为很多社会话题的一部分。他指出这句广告词已经掺杂了太多其他含义，不再是最初对简单快乐的纯粹追求了，就像在炎热的夏天畅饮一杯冰爽的可乐。可口可乐的全球创意副总裁指出，可口可乐不希望再以高姿态“创造快乐”；新文案聚焦生活中最简单和细腻的细节，就像那句经典台词“畅饮可乐，绽放笑容”。“品味感觉”这个新文案旨在更加生动地呈现可乐带给我们简单美好的中心大意，这种简单的快乐让每一天每一刻都更加特别，并且我们热衷于此。

公司同样认为新文案更加聚焦在产品的角度，并能够建立起与消费者之间的桥梁，唤起他们畅饮可口可乐的那种感觉。马可斯·德奎因托提出，“我们希望帮助消费者回忆起他们有多么爱这个产品，就像他们钟爱我们的品牌那样”。

2016年，“品味感觉”这个全球性广告运动在195个国家和地区通过平面广告、电视广告、数字广告、户外广告和室内广告的形式进行。广告运动由一则名为《赞歌》的领衔广告开场，可口可乐出现在每一个日常生活场景的中央，例如和朋友一起滑冰、第一次约会、在流行乐明星康拉德斯维尔的演唱会背景中的初吻。另一则广告以皇后乐队（Queen）和大卫·鲍伊（David Bowie）的音乐《压力》（Under Pressure）为主打，以此来为每天都要面对压力的青年人解压。音乐是每一则广告的重要交流方式，囊括了许多音乐，包括瑞典音乐人阿维奇的音乐。

新策略的另一个重要部分是“一个品牌”战略。这个战略将所有的品牌联合到一起，如健怡可乐、无糖可乐、零度可乐和生命可口可乐，不再为不同的品牌设计不同的方案。健怡与零度可乐是专门为那些想要无糖饮料的顾客量身打造的。“一个品牌”战略包括包装上的改变，例如所有的新瓶子和易拉罐将全部附上品牌的“红色商标”，这些年间红标已经成为可口可乐最显著的标志。新包装产品已经在墨西哥和欧洲的部分地区出售，但到2017年之前，新包装将不会在北美其他地区使用。在一些欧洲国家，比如西班牙，一个全新的可乐易拉罐设计中包含易拉罐上半部分的红色部分，在底部的不同颜色代表不同的品牌，像可口可乐旗舰品牌、健怡可乐（在所有除了北美地区、澳大利亚和英国以外的国家，无糖可乐被划为健怡可乐）。

新全球营销策略的落实是一大任务，全球10家与可口可乐合作的公司中有4家正在领衔推动“品味感觉”的营销文案，包括纽约的奥美、马德里的拉什莫尔（Rushmore）、布宜诺斯艾利斯的桑托（Santo）和阿根廷的麦肯。然而，其他公司将随着整体文案的改变再贡献内容。可口可乐在北美地区的“一个品牌”战略落实更为缓慢，在这里健怡和零度可乐已经形成了自己独特的品牌辨识度，并将继续与这些公司合作经营这些品牌，比如在美国。但是公司的长线目标是要将两个品牌归在可口可乐的保护伞之下，以防消费者再将它们看作独立的个体。

可口可乐知道要驾驭新口号“品味感觉”将困难重重，但又觉得在这个全球市场的艰难时势下是时候做出一些改变了，比如因为消费者对健康的考虑而转向健康的生活方式后，苏打饮料消费在很多市场下滑了。马可斯·德奎因托相信，全新的全球整合传播方案“品味感觉”以及全新的包装战略，将更好地帮助消费者与品牌和各种可乐产品建立更好的联系。他的目标是要帮助消费者保持事物的单纯和简单，并将他们带回可口可乐品牌的初衷：一个属于所有人的品牌，一个让人们感到快乐的品牌。

资料来源：Natalie Zmuda，“Coca-Cola Unveils New Global Packaging：All Coke Varieties Will Feature Brand's Global Trademark,” *Advertising Age*，April 18，2016，http：//adage. com/article/cmo-strategy/coca-cola-unveils-global-packaging/303613/；E. J. Schultz，“Coke Replace ‘Open Happiness’ with ‘Taste the Feeling’ in Major Strategic Shift,” *Advertising Age*，January 19，2016，http：//adage. com/article/cmo-strategy/coke-debuts-taste-feeling-campaign-strategic-shift/302184/；Jay Mole，“One Brand Strategy，New Global Campaign Unite Coca-Cola Trademark,” *Coca-Cola Journey*，January 19，2016，www. coca-colacompany. com/tastethefeeling.

到目前为止，本书的主要关注点是为美国市场上销售的产品和服务制定的整合市场营销。因为缺少进军海外市场的资源、技巧和动机，许多美国公司习惯于将主要的营销努力集中在国内市场。这种情况正在随着美国公司对国外市场的销售资源和盈利资源认识的加深，以及它们对国际市场需求的扩大而快速改变。许多公司正在致力于发展可以在全球范围进行广告宣传和营销的全球品牌。

本章将纵观营销商在与全球范围的消费者进行沟通时必须关注的国际广告与推销的各种话题，审视国际市场的营销环境，以及对话公司应如何根据不同国家调整它们的推销活动。还会探讨关于公司全球营销和广告策略的争论，即一家公司应该使用全球化的营销和广告策略，还是应该针对不同国家市场量身定制相应的策略。

本章还将探讨公司应该如何组织国际广告，选择广告代理公司，以及对其他诸如调查、创意策略、媒体选择等不同决策领域进行思考。虽然本章的焦点在国际营销，但也将思考国际营销中的其他促销组合，包括销售促进、人员推销、公共关系以及互联网。下面先从国际市场对公司变得日渐重要的一些原因谈起。

国际市场的重要性

20世纪90年代，商业社会的一项重要发展就是市场的全球化。一个巨大的无国界市场的出现为各种类型的公司开创了一个全新的现实世界。如今，世界贸易由全球性公司为全球消费者提供服务的全球化竞争所驱动。[1]随着传播手段、交通运输以及金融交易更加快速的发展，时空距离对全球营销已不再构成障碍，一个国家的产品和服务很快就能找到其他热情接受它们的国家。全球的消费者都在穿耐克的鞋子、李维斯的牛仔裤，吃麦当劳的汉堡包，使用吉列剃须刀和戴尔、联想和苹果的电脑，用三星的手机，喝可口可乐或百事可乐、星巴克咖啡，使用三星、苹果和小米的手机，以及驾驶诸如福特、通用、丰田、宝马和大众等品牌的汽车。[2]

各公司关注国际市场有很多原因。许多美国和西欧的公司认识到，由于国内人口增长率低、市场饱和、竞争白热化，以及营销环境恶劣，其在国内市场扩张的空间非常有限。例如，近十年来，消费者更多转向更为健康的饮料，如果汁、茶和矿泉水，美国的饮料消费已逐步下降。因为人们对含糖饮料摄取和对儿童肥胖的担忧，行业正备受来自美国和欧盟健康组织和监管机构的压力。[3]因此，像百事和可口可乐这样的公司正转向更有发展前途的亚洲、非洲和拉丁美洲地区的国际市场。[4]

许多公司为求生存，必须将目标对准国外市场。绝大多数欧洲国家国土面积相对狭小，如果没有国外市场，它们就无法获得规模经济，以应对来自规模更大的美国和日本公司的挑战。例如，瑞士的雀巢公司和荷兰的联合利华公司是世界上最大的两个消费产品公司，它们知道如何向全球消费者营销自己的品牌。旅游业是澳大利亚经济的重要支柱，其游客很大程度上来自境外。作为联邦政府部门，澳大利亚旅游局（Tourism Australia）负责澳大利亚国际和国内的旅游营销。最近，它启动了一项全球营销运动，主题是“独具魅力的澳大利亚”，旨在向人们展示澳大利亚丰富的旅游资源和人们将会从中获得的享受。

2016年，澳大利亚旅游局发布了一个改良后的全球整合营销传播方案，这个方案聚焦在澳大利亚国际水准的海滨旅游体验，将其作为一个旅游胜地的主要竞争优势。整篇文章构建在这样一个调查上，调查显示，到澳大利亚的国际游客中有70%很享受旅行中的这些海洋体验，但也有许多游客对体验的宽度、深度和质量抱有不满，例如游览悉尼湾和歌剧院，在大堡礁潜水，或乘直升机观赏十二门徒岩。除了数字广告、平面广告和电视广告，澳大利亚旅游局还利用VR技术，在旅游博览会上为未来潜在的客户带来了沉浸式的体验，完美捕捉了澳大利亚海洋旅游体验最吸引人的地方。[5]

公司追求国际市场的另一个动因是国外市场能提供增长和盈利的机会。近年来，世界范围内经济、社会和政治格局的巨大变革使东欧和中国开放了市场。2001年，中国加入世界贸易组织，使得外国的竞争者能够接触到13亿中国消费者，而且西方国家的竞争者非常迫切地希望将自己丰富的产品和服务卖给中国消费者。[6]远东地区、拉丁美洲以及其他区域正在兴起的市场，为提供消费产品和服务的公司以及B2B公司带来了无限商机。

美国及其他国家的许多公司意识到，全球化正在以更为激进迅猛的方式改变世界，工业发展和科技转变也远比从前快得多。出于经济必然性的考虑，它们也在开拓国际市场。托马斯·L. 弗里德曼（Thomas L. Friedman）在他的名著《世界是平的：21 世纪简史》（*The World Is Flat: A Brief History of Twenty-First Century*）中探讨了科技是如何促成全球经济的扁平化，并打破因历史禁锢和国际贸易限制带来的樊篱的。他提到，如果美国公司能参与到覆盖全球人口 95%的境外市场竞争中去，就有望兴旺。[7]

许多有实力的跨国公司已将全球作为它们的市场，在国外实现它们的大部分销售和盈利。国际市场对于中小型公司也同样重要。在境外市场，中小型公司面对的竞争压力或许更小，更容易接近专门的细分市场，或者这些区域的同类产品还未达到成熟期，因此，它们反倒更有竞争力。例如，在美国市场，WD-40 公司的润滑剂产品已趋于饱和，其销售增长的很大一部分来自欧洲、亚洲、拉丁美洲和澳大利亚。

美国公司采取国际化营销导向的另一个日益重要的原因是，进口产品在美国国内市场所占的比重越来越大。美国目前正经历持续不断的**贸易逆差**（balance-of-trade deficit），进口总值超过了出口总值。美国公司意识到，美国正在从一个封闭、自给自足的国家经济体，转变为相互依存的全球经济体系的一部分。这意味着，美国公司不仅要学会如何将自己的产品和服务推销到其他国家，还必须与进入美国市场的外国公司竞争。

尽管很多美国公司争取国际市场的进取心越来越强，但也面临来自其他国家大型跨国公司的严峻挑战。世界上最强大的竞争者是诸如联合利华、雀巢、西门子、飞利浦、雷诺等欧洲公司，日本和韩国的各种汽车、电器制造商品牌，如本田、丰田、索尼、三星、现代和 LG，以及三得利、资生堂、花王等包装产品公司。

国际广告与促销的作用

广告与促销是企业参与全球市场竞争所使用的营销工具中的重要部分。2015 年，美国国内的广告支出约为1 830亿美元。其中很大一部分来自总部在美国境外的跨国公司。[8] 1990 年以来，美国以外的广告开支增加了近 70%，2015 年预计达到5 000亿美元。总部在美国的全球性公司与那些总部在欧洲和亚洲的公司一样，都在加大其全球广告的投资力度，尤其是在数字化营销方面。图表 19－1 显示了美国境外广告开支排名前 10 位的跨国公司的广告支出情况。

图表 19－1　　美国境外广告开支排名前 10 位的跨国公司

排名	广告主	总部	广告开支（百万美元）		
			全球	美国境外	美国
1	宝洁	俄亥俄州辛辛那提	10 125	7 206	2 919
2	联合利华	鹿特丹/伦敦	7 394	6 550	844
3	欧莱雅	法国巴黎	5 264	3 790	1 474
4	可口可乐	佐治亚州亚特兰大	3 279	2 870	409
5	丰田	日本丰田市	3 185	1 982	1 203
6	大众	德国沃尔夫斯堡	3 171	2 566	605
7	雀巢	瑞士沃韦	2 930	2 227	703
8	通用汽车	密歇根州底特律	2 849	1 189	1 660
9	玛氏	弗吉尼亚州麦克林	2 569	1 762	807
10	麦当劳	伊利诺伊州奥克布鲁克	2 494	1 558	936

资料来源："Global Marketers," *Advertising Age*, December 7 2015.

此外，据估计另有5 000亿美元被投放在针对消费者、零售商及全球批发商的促销活动上。美国依然是全球重要的广告市场，其花费预计达到5 630亿美元，占全球广告支出的近1/3。在全球性产品和服务的广告费用中，约90%的费用用于美国、加拿大、西欧，以及包括日本、韩国和澳大利亚在内的环太平洋工业化国家。除了北美、欧洲和日本以外的国家例如印度、中国和巴西的广告支出也迅猛增长。[9]

越来越多的公司认识到，一场富有成效的营销推广活动对参与境外市场竞争的公司很重要。一位市场营销学者写道：

> 促销是最显而易见的，也最能体现企业营销活动的文化职能。营销包括企业所进行的一切与市场相关的活动和内容。在公司进行的其他职能活动中，公司与市场的关系不大，而且比较被动。但通过促销职能活动，企业在消费者面前得以凸显出来，并希望被公众关注。[10]

许多公司在为开拓国际市场进行广告与促销时，会遇到重重困难。例如，企业在向国外推销产品和服务时，会遭遇陌生的市场环境、不同价值观念的消费者，以及不同的风俗、消费模式、习惯、购买动机和消费能力。各国语言大相径庭，甚至在一个国家内部，语言也会大不相同，如印度和瑞士。在许多国家，因为没有相关媒体，或媒体的效果不佳，媒体使用方面受到很大的限制。这些因素都要求企业有不同的创意和媒体策略，并针对国外市场调整广告与促销内容。

国际环境

与在国内进行市场营销一样，进入国际市场的企业必须仔细分析每个竞争市场的主要环境因素，包括经济、人口、文化、政治/法律等变量。图表19-2说明了营销商在分析每个国家或市场环境时应考虑各类因素。这些因素对于评估每个国家的市场潜力，以及设计和执行营销与促销方案非常重要。

经济环境

一个国家的经济状况表明了其现在和未来的消费潜力，因为产品和服务只能销往那些有支付能力的地区。这在美国、加拿大、日本以及大部分西欧发达国家都不是问题。这些国家的消费者通常有较高的收入和生活水平，他们有能力购买自己想要的各种产品和服务。在这些竞争市场中，要有效进行营销必须有传播、运输、财务和分销网络等基础，发达国家有这样的**经济基础设施**（economic infrastructure）。相比较而言，许多发展中国家的购买力有限，而且公司缺少推广产品和服务的传播渠道和网络。

对大多数公司来说，工业化国家代表了最大的广告营销机会。但是，它们中的大多数国家人口已非常稳定，许多产品和服务市场已经饱和。因此，很多营销商将注意力转向世界上其他经济正在腾飞、消费品市场正在增长的国家和地区。过去几年，被誉为“金砖四国”（BRIC）的发展中国家巴西、俄罗斯、印度和中国的经济发展速度超过世界平均水平。到2015年年底，四国的广告开支超过1 000亿美元。巴西在经历了与俄罗斯同样的高通货膨胀率和经济震荡后，开始趋于稳定。[11]巴西的经济增长主要源于正在形成的中低阶层，他们几乎占这个国家人口总数的一半。[12]

中国和印度这两个国家比较特殊，它们正在影响世界经济的格局。这两个国家的人口总和

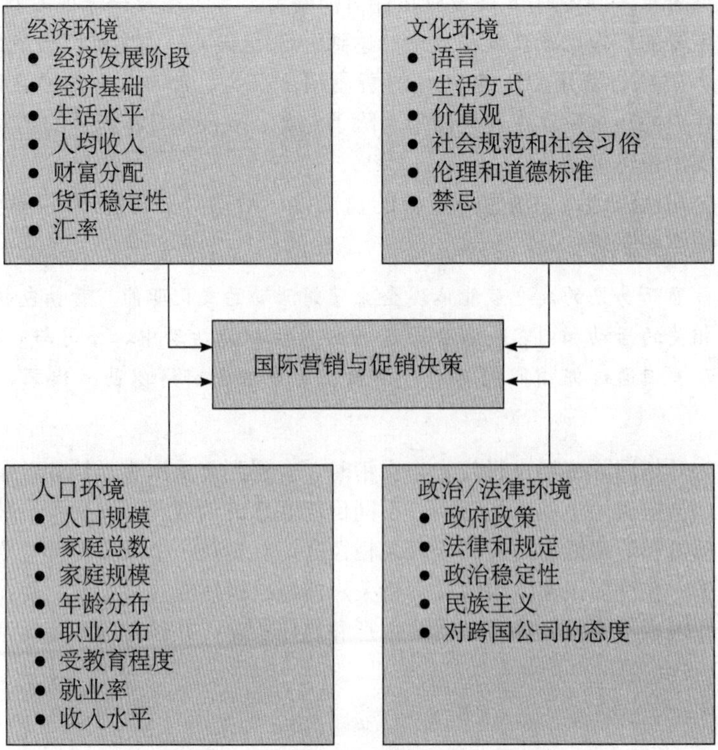

图表 19-2　国际营销环境的影响因素

占世界人口总数的1/3。过去几年，它们的经济增长率均在6%～10%，远高于世界其他国家。这两个国家的年轻人口、高储蓄额，以及不断增长的有消费需求和能力的人群等基础要素，都支持着经济的高速发展。[13]

诸如手机、电视机、个人电脑、汽车等营销商，以及珠宝和著名设计师设计的时尚服饰等奢侈品品牌，已经开始关注印度和中国的消费者。[14]这些国家不断壮大的中产阶层，也为包装消费品营销商提供了增长机会。为接近这些中产阶层，营销商投入了大量精力和广告费用。中国已成为耐克的第二大消费市场，耐克公司在中国投入了大量资金做广告、促销、赛事，赞助运动队和运动员等。中国已成为世界上第二大广告市场，紧随美国，超过日本。环球观察19-1探讨了这些营销商在中国面临的机遇和挑战。

环球观察 19-1

营销商为了更好的发展锁定中国

曾经有很多年，营销商们只敢做梦想一想把它们的产品卖给中国的13亿消费者。然而，随着改革开放，中国已经培育出世界上成长速度最快的消费者市场。广告业现在被中国政府积极倡导，并将其看作加速中国经济发展的催化剂。在中国广告业发展的背后，是国家经济的伟大发展，特别是在城市地区，相比1985年只有20%的人口住在这里，如今城市拥有整个国家超过一半的人口。中国的改革带来了购买力的增长和中产阶层的扩大，如今消费也有了新气象。中国消费者的可支配收入平均水平保持上升，对很多产品的需求也在上涨，包括电脑、手机、私家车、服装和奢侈品品牌。

随着中国的不断发展，包括美国在内的很多国家的公司都在努力进入中国市场。目前，中国已成为世界上仅次于美国的第二大经济体。中国的中产阶层已经成为世界上最大的轿车消费群体，占据了全球销售总量的28%。除了汽车，中国也已经成为世界上包括鞋子、服装、手机和手表、珠宝及时尚产品类奢侈品最大的市场。

中国的新兴中产阶层对来自美国、欧洲以及日本和韩国的流行产品非常有品牌意识，并且对这些产品的需求一直在增长。相对于中国本地实用功能性更强的商业化产品来说，像洗衣机和冰箱，中国消费者十分偏爱有科技创新，显示地位和时尚水平的外国品牌。然而，中国消费者不再仅仅聚焦产品的原产地；他们如今变得更有鉴别能力。很多西方品牌努力留在这个市场，特别是在独生子女政策下和迅猛增长的经济环境下长大的孩子们。2000年之后出生的中国人和他们的父母非常不同，他们更加注重享受快乐的生活，并且深深浸透在流行文化中。

中国市场的规模和新兴的中产阶层让大多数来自不同国家的公司不假思索地进入中国市场。然而，在中国市场上的竞争非常艰难，因为中国庞大的消费者群体存在很大的经济差距和文化多样性。广告主发现，电视是最能高效率触及中国大量观众的方式——超过95%的中国消费者拥有一台电视，并且他们比西方观众更容易受广告影响。然而，中国只有一个全国性电视网络，广告主在购买电视广告时间方面的影响力非常有限。而且电视观众范围非常广，从受过良好教育的城市居民到住在乡下的农民，通过电视广告与消费者进行有效沟通实在是一个很大的挑战。

在中国，网络和社交媒体同样已经成为非常重要的全球整合营销的工具，并且这些渠道被消费者用来了解品牌。中国有数亿网络用户，是整个美国人口的约两倍，并且已经超过美国成为世界第一的电子商务市场。微信是一个即时信息软件，这个格外流行的软件每个月有数亿活跃用户。这个软件不仅被用来沟通和交流，也被用作他途，比如网上支付、理财、预订出租车以及电子商务。社交媒体被消费者扩展性地用来调查和分享品牌信息，并且一些专家指出，它们正在取代政府成为品质控制的主力军。

广告行业的公司同样发现在中国做生意很难。本地的客户要求非常多，和公司的合作关系平均下来不到3年。很多国际营销商只和已经进入中国的公司保持合作。近75%的中国广告订单掌握在当地的公司手中，它们正在变得更加强大，实力也在增长。一个行业顾问提到，为一个在中国的国际公司做高层执行工作是广告行业里最难的工作。外国的公司想要在中国成功必须要接受中国的文化。在当地的公司需要有能力去快速完成营销策划，并且同时与国家的具体数字平台合作，要理解中国消费者不断改变的行为习惯。

跨国公司认识到中国市场的庞大，同样认识到中国快速的经济发展，这一切使它们选择留在这里。到2030年，亚洲的中产阶层将占全世界的近2/3，同时北美和欧洲地区的只占21%。奥姆尼康集团的副主席给了一个最好的总结，“亚洲是世界最大份额中产阶层的未来，而中国是这一切的最核心”。

资料来源：Angela Donald，“FF Shanghai Is *Ad Age*'s 2016 International Agency of the Year,” *Advertising Age*，January 25，2016，p. 46；“Why Foreign Brands Have to Figure Out China All over Again,” *Advertising Age*，December 7，2015，pp. 6-10；Angela Doland，“Five Insights on Marketing to China's Millennials,” *Advertising Age*，August 13，2015，http：//adage. com/article/special-reportwomen-to-watch-china-2015/insights-marketing-china-s-millennials/299877；Hilary Masell Oswald，“A New Vantage Point,” *Marketing News*，April 2013，pp. 38-42；Joan Voight，“The Great Brand of China,” *Adweek*，October 29，2012，p. 22.

对于很多跨国企业来说，它们正在把注意力转向越南、菲律宾和孟加拉国这些新兴市场，这些国家因为将一些公司手工制造业移出中国，自身成为制造基地而使经济发展迅速。撒哈拉以南非洲国家，例如尼日利亚和肯尼亚，也在迎来经济的发展，但发展水平尚低，尤其是农村地区。[15]

许多跨国公司正在将注意力转向第三世界国家和那些居住在偏远发展中国家的40亿消费

者，这些国家的消费市场逐渐形成。包装消费品公司，如宝洁和联合利华，它们向偏远的农村市场销售肥皂、牙膏、洗发水、洗涤剂等产品。通常，为了适应这些市场的消费者，它们将产品做成独立小包装，这样单价可以更低（使用零钱），在偏远农村建立小店进行分销也更容易。许多发展中国家正更加稳定地开放对外贸易和投资，并且教育水平同样在提升。对这种类型市场的投资仍需一个长远的眼光，许多公司已经认识到这些第三世界国家的数十亿人口正迫不及待地要成为消费者，这代表着发展的机遇。

人口环境

各国人口环境千差万别，即使是一国的国内人口环境也存在明显差异。营销商必须考虑总人口的收入、年龄和职业结构，以及家庭规模、受教育程度和就业率等因素。在有些国家还必须考虑文盲率，因为目不识丁的人无法看懂平面广告。人口统计数据可以帮助洞察某个特定国家的生活水平和生活方式，以帮助企业制订广告活动计划。

人口统计数据可以揭示出各种国外市场的潜力。2016年，印度人口已近13亿，仅次于中国。尽管收入微薄的问题困扰着拉丁美洲，但这个地区仍然是世界上增长潜力最大的市场之一。作为南美洲最大的消费市场，巴西已有2.05亿人口，尽管近期巴西的消费水平受到政治和经济问题的影响。[16]许多欧洲国家和美国、加拿大、日本、中国等正在经历低生育率和人口老龄化问题，这使许多公司为了更好的发展而将目光转向世界上其他地区。50%以上的拉美市场消费者年龄不到30岁。此外，儿童是该市场增长最快的部分。这些数据已引起了诸如美泰、孩之宝、汉堡王等国际广告主的关注。印度尼西亚的人口结构同样趋于年轻化，其16岁以下的人口比重比美国还高，他们非常乐于接受西方的生活方式和产品。

文化环境

影响国际营销环境的另一个非常重要的因素是各国的文化。营销商必须考虑的文化变量包括语言、习俗、品位、态度、生活方式、道德标准。几乎每个国家都会显现出鲜明的文化特性。这些特性不仅影响消费者的需求和欲望，而且决定了消费者需求如何得到满足。

营销商不仅要对在异国文化环境中销售何种产品和服务非常敏感，而且要对如何在这些环境中进行传播很在行。广告通常是在其他国家开拓市场并与潜在消费者进行沟通的最有效方式，但是国际市场营销中最棘手的问题之一，因为要保证所传播的信息能被不同文化的国度理解并非易事。

国际性广告主通常会遇到语言方面的问题。它们不仅要懂得所进入国家的母语，而且要把握其语言的细微差别、俚语以及各种表达的细微差别。它们必须了解其广告信息所使用的词语和符号的含义，懂得如何正确翻译其广告语。在把广告内容和品牌名称翻译成各种语言时，营销商常会遇到一些问题。例如，泰勒梅的高尔夫球杆的广告标语是“The Set is Dead”。但在亚洲国家，像日本和韩国，“dead”在标语里出现很难被译好，所以被改为“The Set is History”，这样更好理解。

语言差异和标志符号不同也会引起问题，这通常可以在当地专家的帮助下很好地得以解决。营销商可以向本地雇员请教，或者聘请一家精通该地区语言文化的广告代理公司，来帮助确保广告主恰当地表达其本意。许多公司开始求助于专门从事广告口号和文案翻译的代理公司。[17]

文化品位、社会传统和习俗也是需要考虑的重要文化因素。一个社会的风俗习惯会影响其消费者决定购买何种产品和服务，以及应通过什么样的方式向他们营销。在法国，男性与女性一样要使用大量的化妆品，针对男性的化妆品广告屡见不鲜。不同国家消费者的清洁和卫生习惯也存在文化差异。例如，虽然许多美国消费者每天都要使用香体剂和洗发水之类的产品，但在许多其他西方国家，消费者对个人卫生却没有那么讲究。所以，像香体剂和漱口水等产品的消费量在这些国家就比美国少。

国际营销商需要重视的另一个重要的文化因素是价值观。**文化价值观**（cultural values）是社会成员对最终的理想生活状态以及行为规范所持有的信仰和目标。社会塑造了消费者的基本价值观，这个价值观进而会影响他们的行为，并决定他们对形形色色的状况做何反应。例如，美国的文化价值观把个人活动和首创精神置于重要地位，而许多亚洲社会则更强调合作与服从集体。一个社会的价值观和信仰同样会影响其成员对外国产品和服务的态度和接纳程度。[18]像民族中心主义这样的价值观使个体倾向于把自己的团体或社会视为宇宙的中心，民族主义通常会影响各国消费者对外国品牌甚至广告信息产生不同的反应。[19]曾有许多年，许多欧洲国家的消费者不愿购买美国的品牌，甚至抵制美国的形象。事实上，很多美国公司在欧洲做生意时都非常谨慎，不敢标榜自己的美国出身。

近年来，美国品牌产品风靡许多欧洲国家和亚洲国家。营销商认为许多"美国制造"的产品之所以越来越流行，是因为美国音乐、电影、电视节目在全球的传播，以及互联网的发展和到美国旅游人数的增多。这些因素使得美国之外的消费者更加熟悉美国的文化、价值观和生活方式。[20]

对许多美国广告主来说，日本是一个比较让人费解的市场。因为它的价值观和风俗习惯十分独特。[21]例如，日本人对集体怀有十分强烈的忠诚意识；社会的人际协作和集体主义对他们来说，犹如个人主义之于大多数美国人一样重要。传统上，强调个性和特立独行的广告在日本一直不太奏效，但近年来西方价值观在日本广告中已经越来越普遍。[22]不过，日本人仍不喜欢那些直接挑战和贬损竞争对手的广告，他们相对更青睐软促销而不是硬销售。[23]一项研究发现，日本和美国的杂志广告倾向于以不同的方式描写年轻女性，而这种差异主要缘于两国关于自我和社会的核心观念不同。在许多美国广告中，年轻人总是表现出独立、叛逆、果断甚至蔑视等形象，这都与美国强调个性的价值观相符。相反，日本广告则倾向于表现一种快乐、顽皮、孩子气，以及少女气质的形象，这与日本文化中依赖他人的自我感知观念有关。[24]从20世纪90年代到千禧年初的经济低迷时期被称为"迷失的十年"，一项关于"迷失的十年"所造成影响的研究显示，日本的广告转向了一个更直接并且说服力更强的方向，但太过直白仍会引来一些问题。[25]

随着广告主开始关注中国市场，对这个世界上人口最多的国家的文化体系和价值观的思考和理解也越来越多。中国的价值观以儒家文化为核心，强调忠诚和人际关系。中国文化还强调通过寻求人与自然的和谐而被动地接受命运的安排、注重意义和感受的内心体验、稳定与和谐、亲密的家庭关系以及传统。[26]

耐克在中国发布的一则电视广告就遇到了麻烦。该广告讲述了NBA篮球明星勒布朗·詹姆斯打赢了龙和一个中国的武功高手。中国广告监管部门称，这则电视广告因为表现了一个美国体育偶像打败了代表中国文化象征的"龙"，以及代表中国骄傲的功夫大师，引起了中国电视观众的愤怒，因此将其停播。中国国家广播电影电视总局网站上的一篇文章指出，这则广告违反了广告法的规定，任何广告必须维护国家的形象、尊严和利益，尊重中国的文化。耐克中国区的市场营销总监辩解说，耐克并不是故意冒犯中国文化，而是希望广告通过激发年轻人克服内心的恐惧和障碍，来提升自己。日本丰田公司因为一则在杂志和报纸上发布的广告——让中国权力的传统象征石狮子向丰田的Prado车敬礼——而不得不收回广告，并向中国消费者道歉。[27]近期的一项研究考察了香港和上海的中国消费者对于冒犯性广告的认识。研究发现，一则广告是否被认为具有冒犯性，在于该广告的表现手法和使用的创意，或者是广告商品和服务本身的冒犯性。研究者指出，虽然上海和香港已经是发达的现代化大城市，它们的消费者依然很保守，在某种程度上是集体主义者，人际影响的敏感性对冒犯性广告的评估产生了影响。他们建议，营销商在中国投放广告时应保持警惕，不要过多冒险做冒犯性的广告。[28]

宗教是影响社会规范、价值观和行为的另一个文化因素。例如，在许多阿拉伯国家，广告主必须知晓和恪守各种源于伊斯兰教教义的禁忌。在这些国家，禁止出现酒类广告等；广告中不能出现裸体，而且不允许使用任何神圣物体的画面；女性面部不得出现在照片中，所以化妆品广告只好用绘画方式替代。在保守的信仰伊斯兰教的国家，宗教当局对那些推崇西方偶像和文化，宣扬不符合伊斯兰教教义的消费主义的广告，一律加以反对。如今，一些阿拉伯国家仍然限制广告传播。例如，伊朗特别抵制具有西方风格的广告。但是，西方风格的广告在卡塔尔、阿联酋、黎巴嫩等中东国家却日益风行。

可口可乐和百事将战火烧到了中东。为争夺软饮料市场，培养忠实用户，尤其是年轻人，两家公司在黎巴嫩、沙特阿拉伯、埃及甚至卡塔尔等阿拉伯国家展开竞争。为了接触到中东的年轻人市场，两家公司使用了各种形式的整合营销工具，包括媒体广告，赞助运动队，赞助体育赛事和音乐会、选秀节目，以及开展品牌化娱乐活动。环球观察19-2介绍了卡塔尔将如何举办2022年世界杯，以及整合营销传播是如何帮助这个阿拉伯国家赢得这次机会的。

环球观察 19-2

期待2022年卡塔尔FIFA世界杯的精彩

国际足球联合会（FIFA）世界杯是世界上最大型的单个项目的体育赛事。此锦标赛每四年举行一次，是国际足球联合会的旗舰赛事，囊括了来自32个国家的足球队。FIFA世界杯同样是世界上受关注度最高的体育赛事。全球近30亿人在电视上观看这个将持续近一个月的锦标赛，并且近300万观众到64场比赛的现场观看。

开放举办比赛的权利的其中一个目的就是要在全球范围内宣传足球，这也包括在主办国区域内的宣传。2010年FIFA在南非举办，2014年在巴西举办，2018年在俄罗斯举办。2022年，小国家卡塔尔将成为第一个举办这一备受瞩目的盛事的中东阿拉伯国家。

在赢得FIFA世界杯举办权的国家中，卡塔尔是最小的，不论是从人口还是国土面积的角度；这个国家大约是康涅狄格州的大小，只有200万人口。卡塔尔意识到，相对于其他四个竞争主办权的国家——澳大利亚、日本、韩国、美国，卡塔尔国土面积太小是一个短板。卡塔尔决定与其避免这个短板，不如将自己国土面积的大小问题转向一个积极的角度，即卡塔尔无论从环境还是社会的角度来说都适宜举办世界杯。举例来说，卡塔尔在竞标中详细指出，所有的场馆，包括近9万个酒店的房间和其他便利设施，将在60千米的半径之内，并可以从卡塔尔的首都多哈通过便利的公共交通抵达。这些新的场馆将使用太阳能作为低碳承诺的一部分，来举办历史上第一届低碳世界杯，并使用创新科技的降温系统为运动员和观众提供舒适的环境。大部分场馆将由模板板块建成，这样在赛后场馆可以被拆解并捐献给发展中国家，为锦标赛的传奇献力，并可以依据卡塔尔国家的大小留下适当的场馆。

卡塔尔为赢得2022年FIFA世界杯举办权做出的努力包含辛苦的工作和创新精神，它作为一个整合营销方案，成功表明了一个小国家将如何把众多的挑战变成独特的资源。整个过程开始于一个基于标语"期待美好"（Expect Amazing）搭建的平台定位。这个标语的设计旨在搭建一个沟通的桥梁，使人们愿意有胆量去相信卡塔尔及其竞标。"期待美好"的文案伴着一则叫《魔方》（Puzzles）的电视广告，于FIFA决定举办国的前一年发布。这则广告的目的是通过展现卡塔尔国家的美好和活力，热情好客，有能力举办世界杯，来为这场竞标赢取全世界的支持。除此以外，卡塔尔开通了竞标的官方网页，里面包括一个博客，这个博客使球迷可以了解到实时的相关新闻，这样他们便可以更多感受到自己是竞标中的一部分。社交媒体，包括脸书、推特和YouTube的频道，同样被用来与球迷和支持者建立联系，并为2022年卡塔尔营销工作提供其他的线上平台。

营销方案的下一阶段包括一个社会公益的先锋运动“美好的一代”(Generation Amazing)。足球锦标赛为来自中东和亚洲的贫困儿童提供了参与的空间，包括来自尼泊尔、巴基斯坦、黎巴嫩、叙利亚和卡塔尔的孩子们。一个根据足球和领导才能来选定参与人员的小组，在2010年被带到南非参与南非FIFA世界杯。为了加大公开度，这些孩子的这次经历被拍成一个纪录片并发布在YouTube的2022年卡塔尔世界杯竞标频道上。在2010年FIFA世界杯上，YouTube上另一个叫《体育馆》(Stadiums) 的视频，展示了很多为这个足球赛事量身打造的体育馆。YouTube 2022年卡塔尔世界杯竞标频道上的这个视频，有超过200万的浏览量，并吸引了很多其他社交媒体的关注。在这个营销文案中出现了很多作为竞标文化大使的传奇球星。营销文案的最后一个阶段出现在2010年11月份，就在FIFA发布决定的前几周，卡塔尔组织了一场巴西与阿根廷之间的友谊赛，这是两支世界顶尖的球队，这场友谊赛充分体现了卡塔尔组织此类大型国际足球赛的能力，正如FIFA世界杯这样的比赛。

卡塔尔除了选用一个成功的整合营销方案并成功让FIFA世界杯注意到它想要举办球赛的热情，也同时在竞标方案中使用了很多其他的关键决策因素。卡塔尔不断强调自己国家人口的多样性，并且自己同样处于连接东方和西方的交叉点。为了表现自己的多样性，卡塔尔向最终享有投票权的FIFA执行委员会提交的最后一个展示，是通过三种不同语言呈现出来的：法语、西班牙语和英语，其中有三个视频段落向执行委员会传达了这样一个信息，委员会有机会通过第一次将世界杯带到中东地区来创造历史。竞标展示的最后一位发言人，卡塔尔埃米尔的妻子向执行委员会问道，“您们认为什么时候才是世界杯来到中东的最好时机?”她同样提到，在卡塔尔举办世界杯，将可以把中东地区和整个世界联结为一个整体。

2010年12月2日，FIFA的主席将写着卡塔尔名字的名单从信封中拿出，正式将2022年FIFA世界杯举办权授予卡塔尔，这个黑马般的中东小国。随后，为了提供高水平体育赛事所需要的基础建设，卡塔尔政府成立了2022年卡塔尔最高委员会 (Q22)，他们对社会、经济和环境目标的追求也已经在竞标中明确表达。卡塔尔认为，举办FIFA世界杯将会为国家的发展助力，同时为卡塔尔、为中东留下一笔财富。卡塔尔知道像FIFA世界杯这样的大型体育赛事将引来更多的关注、知晓和社会的团结，并且同样可以说服更多的人参与到体育活动中来，说服他们接受更健康的生活方式，尤其是女性。

自从被授予世界杯举办权，卡塔尔就开始面对举办大型赛事随之而来的一系列针对本国能力的担忧和问题。其中一个担忧是，要在卡塔尔的夏季举办赛事非常炎热，于是FIFA决定将2022年世界杯移到11月和12月。然而，这确给像福克斯和Telemundo这样的电视网制造了困难，这些电视网已经为赛事转播付了大价钱，并且更希望可以在夏季直播，这样就可以免于在美国拖延档期。

卡塔尔最高委员会必须继续完善和执行有效的全球整合传播方案，由此展示基础设施的建造，包括在卡塔尔甚至全世界制造的与公司合作的机会。委员会同样很重视提高知晓度、解决担忧、把海湾地区的卡塔尔打造成一个文化丰富、充满动力、稳定并且生机勃勃的积极形象。在竞标的过程中，卡塔尔号召全世界“期待美好”。现在是时候让这个国家“实现美好”，就像其一直努力的那样。

资料来源：Joshua Robinson，“FIFA to Move 2022 Qatar World Cup to Winter，” *The Wall Street Journal*，March 19，2015，www. wsj. com/articles/fifa-to-move-2022-qatar-world-cup-to-winter-1426786731；Vivienne Walt，“Qatar Takes over the World，” *Fortune*，September 2，2013，pp. 90-95；Qatar 2022 Strategic Plan，Qatar 2022 Supreme Committee；Building Towards 2022，Qatar 2022 Supreme Committee.

政治/法律环境

国家的政治和法律环境是影响国际营销商的广告与促销方案的最重要因素之一。各国广告法规的不同，可能是出于经济和国家主权的考虑，也可能是受民族主义和文化差异的影响，还有可能是为保护本国消费者不受虚假和误导性广告之害，有时甚至是为了让消费者彻底摆脱广告的影响。一些国家的政府不断加大广告的监管力度，一些国家的政府却对广告放松管理，因此，很难在国际统一标准之下对广告法规加以概括。政府的法律法规可能会影响一个公司广告方案的许多方面，包括：

- 允许做广告的产品类别。
- 允许使用的广告内容或创意手法。
- 所有广告主（或不同级别的广告主）可运用的媒体。
- 社交媒体和数字媒体的使用。
- 一个广告主在所有媒体或在某一特定媒体上的广告投放量。
- 广告中外语的运用。
- 在其他国家发布广告可使用的广告素材。
- 使用本土广告代理公司还是国际广告代理公司。
- 针对广告征收的特种税。

许多国家禁止或限制一些产品做广告。除美国以外，还有阿根廷、加拿大、法国、意大利、挪威、瑞典和瑞士等很多国家，都禁止在部分或所有媒体上做香烟广告。澳大利亚政府颁布法令，禁止营销商在销售点做烟草广告，还禁止烟草公司赞助体育比赛。

2012年，澳大利亚最高法庭通过了《普通包装法》（Plain Packaging Act），澳大利亚成为第一个禁止在香烟包装上出现商标的国家。新法律要求烟草和香烟必须用纯绿色的包装，上面配有吸烟对健康有害的图样，如失明、肺癌以及二手烟的危害。新法律遭到了烟草公司通过世界贸易组织（WTO）提出的抗议和阻挠，它们担忧其他国家将会以此作为先例。[29]在马来西亚，一项关于香烟广告和赞助的政府禁令于2003年开始生效，旨在努力限制该国不断上升的烟民人数。[30]在欧洲，针对处方药的限制为时甚久。该禁令的出台主要是为了控制政府对医疗保障的支出。欧盟称，广告增加了医药公司的营销预算，由此造成药品价格的提高。尽管欧盟正在考虑放松针对艾滋病、糖尿病、哮喘等药品的广告限制，但该禁令仍然禁止处方药公司在媒体上，甚至在公司的网站或宣传册上提及自己的产品。[31]

烟草和酒类广告在印度也是被禁止的。但许多公司都尝试使用代理广告来避开禁令。公司在电视广告或平面广告上推广它们生产的与烟草或酒类产品同名的其他产品，如CD、扑克牌和瓶装水，通过这样的方式建立消费者的品牌认知。为响应健康运动的需要，印度政府大力打击代理广告，使得广告主不得不寻找其他推广品牌的方式，如给运动队、音乐会或其他娱乐项目命名等方式。广告主同时还在劝说印度政府放松这种打压，允许烈性酒广告在电视节目的深夜时段播出。[32]因为印度对社交媒体的使用并未提出明确规定，包括啤酒和蒸馏酒公司的酒类商品营销商仍在利用此类媒体对品牌进行宣传。

很多国家对广告主可以选用的媒体进行了限制。在欧盟国家，法律限制每小时的广告时间在12分钟之内，有些国家则减少播放次数，延长广告时长到6分钟。1999年，欧盟呼吁反对希腊关于禁止在白天的电视节目中插播玩具广告的国家禁令。囿于该禁令，广告主只能在晚间的电视节目时段播出玩具广告。[33]斯堪的纳维亚半岛的那些国家对某些广告的管制是全世界最严厉的。直到1992年，瑞典才出现了商业电视广告，而且瑞典和丹麦都对播放电视广告的时间长度加以限制。从电视广告被引入瑞典到现在，针对少年儿童的广告在该国仍然是不合法的。瑞典政府认为，年轻人无法区分广告和节目，而且不能理解这些商业广告的销售意图。[34]

1986 年，沙特阿拉伯开始向商业广告开放其国家电视系统，但仍不允许在国有广播系统上做广告。即使在杂志和报纸上做广告，也要受沙阿拉伯特政府和宗教当局的管制。[35]

许多政府的法律法规都对广告内容有影响。例如，比较广告在美国和加拿大都是合法的，而且被广泛应用，但在韩国和比利时等国家则是非法的。在欧洲，欧盟理事会制定了一个规范比较广告的基本形式和内容的方针并最终形成了欧盟统一政策。2012 年，欧盟修正了对具有误导性质的比较广告的管理方法，比较广告是被允许的，但营销商需明确自己的商品不会误导群众：同类事物相比较——商品和服务要满足同样的需求和目的；客观比较商品或服务中的特征；不会诋毁其他公司的商标；不要在商人中间制造困惑。[36]比较广告的使用在很多欧盟国家受到限制，比如德国。

很多亚洲和南美国家也开始接受比较广告。然而，巴西的广告行业自律条例仍非常严苛，很少有广告主能制作出可获批准的比较广告。[37]许多国家对广告的诉求方式、广告用语以及广告中产品的呈现方式加以限制。在希腊，广告内容中不允许出现类似“卡路里减少 20%”这样的明确的产品诉求。[38]由于版权和其他法律限制，产品名称在不同市场中很难保持一致。例如，健怡可乐（Diet Coke）在德国、法国和其他许多国家叫作清爽可口可乐（Coca-Cola Light），因为当地法律禁止出现“Diet”这个字眼。

随着中国消费者地位的逐渐提升，中国也开始针对不合法的广告诉求采取惩治行动。多年前，中国政府制定的广告法规都不如在发达市场中那样严格，许多公司的广告诉求都极具侵犯性。但到 20 世纪 90 年代中期，政府开始加强广告法规管理，规定引用数字和引语必须真实，并且标明出处。21 世纪初，中国政府针对化妆品、保健医疗产品的虚假和非法广告制定了更严厉的措施。[39]

在欧洲和美国，针对可能导致儿童肥胖的食品营销和广告受到了广泛关注。欧洲健康委员会（European Health Commission）呼吁食品广告主加强行业自律，以约束那些面向欧盟 4 500 万消费者的垃圾食品广告。该委员会还建议这些公司不要直接向儿童做广告，甚至扬言要禁止麦当劳叔叔和托尼老虎的广告标志。[40]

广告的全球化与本土化

从各国营销环境差异的讨论中可以看出，每个市场都有与众不同之处，因此需要制定相应独特的营销和广告方案。然而，近年来人们关注的焦点开始集中在**全球化营销**（global marketing）概念上。它是指一个公司在进入的所有国家中使用一个营销计划，在世界各地使用基本相同的方法销售同样的产品。**全球性广告**（global advertising）是全球化营销的一部分，是在所有市场中通过使用基本相同的广告方式，实现全球化营销的一种手段。

关于营销和广告活动究竟应该标准化还是本土化已争执多年。[41]但是，拜西奥多·莱维特教授所赐，全球化营销观念已成共识。莱维特教授提出，全球市场已经同质化，消费者的基本需要、欲求和期待已超越地域、国别和文化的界限。[42]近期对全球营销的支持声音来自全球消费者文化理论的支持者，他们提出，市场全球化促成了全球消费者文化的产生，这种文化使很多消费者拥有同样的消费观，不管他们从哪儿来。[43]这个理论的另一个产物是全球消费者文化定位论，这个理论提出，与宗教、象征和消费行为密切相关的共同消费观为定位论超越文化的局限提供了机会。但这个全球化和均质化不同于莱维特提出的观点，而是为全球营销商提供一个机会，去使用全球定位论并在不同的市场中采用相似的办法。[44]

并非所有人都认同莱维特的全球化营销理论，特别是有关广告的观点。许多人指出，产品和广告内容必须依据不同国家消费者的需求进行设计，至少应该根据需求的差异进行相应的调整。[45]接下来，我们将对赞同和反对全球化营销和广告的各种观点，以及它们的适用条件进行探讨。

全球化营销与广告的优点

对一个公司来说，全球化营销战略和广告方案的优点如下：

- 有助于实现生产和分销的规模经济。
- 因规划与控制投入的减少，降低了营销和广告的成本。
- 降低广告制作成本。
- 能在全球推广好创意，并将产品迅速推向不同的全球市场。
- 确保统一的国际品牌或公司形象。
- 简化对营销和促销活动的协调和控制。

全球化营销和广告的支持者认为，只要营销商强调产品质优价廉，就有在所有国家推行标准化产品的可能性。他们提到，每个地方的人都想买同样的产品，过同样的生活。产品标准化可以降低设计和制造成本，提高营销效率，从而使消费者得到更低的价格。产品标准化和全球化营销还能使公司以最快的速度生产出大量产品，并打入世界市场。随着产品生命周期越来越短，竞争不断升级，这一点越来越重要。

许多公司都成功地运用了全球化营销的策略，如 IBM、戴比尔斯、美林、英国航空、美国运通。吉列公司使用“吉列，男人的最好选择”（Best a Man Can Get）作为全球性广告主题已有 10 多年。它还推出了一系列新的剃刀产品，如感应式剃须刀（the Sensor）、锋速 3（Mach3）和 Fusion，采用了全球化的方法。[46]除了使用的语言不同，吉列在每个国家使用相同的广告主题，并保持网站的内容与版面类似。

插图 19-1　多力多滋通过全球文案在全球多个国家保持同一个形象

资料来源：Doritos by Frito-Lay North America，Inc.

菲多利发布了多力多滋这个全球最大的玉米片品牌的第一个全球营销文案，多力多滋在畅销的 37 个国家换上了不同的外观和质感；25 种不同的包装在所有市场被统一化，全球文案以“给大胆的你”（For the Bold）作为主题，并在网上和电视宣传片，脸书和推特，及音乐会的赞助中出现。宣传中富有创意的手段包括幽默的电视节目和许多与多力多滋大胆选择有关广告执行（见插图 19-1）。菲多利的营销副总裁对全球营销文案进行了解释：“随着社交媒体和科技的发展，我们的世界越来越小并史无前例地联系紧密。我们发现世界各地的消费者都有着非常相似的热情和兴趣，但多力多滋品牌到现在仍没有一个始终如一的呈现方式。我们的营销方案是为了将来自全球各地的粉丝联系起来，就像我们正在为多力多滋打造一个连续统一的故事线、外观和质感。”[47]

全球性广告存在的问题

反对全球标准化策略的人认为，几乎找不出什么产品适合做全球性广告。[48]不同国家和地区在文化、市场、经济发展水平、消费者需求、产品使用模式、媒体开放程度，以及法律法规等方面都存在很大的差异，由此，要制定一个放之四海而皆准的营销和广告策略比登天还难。由于环境、语言、传统、价值观、信仰、生活方式、音乐等方面都存在文化差异，广告要实行标准化更是难上加难。而且，一些专家还指出，世界各地的文化日趋多元化，而不是相反。这样，只有置身于特定的文化中，广告才能完成传递产品信息、说服消费者以及鼓动他们使用某一特定品牌的任务。

消费者的产品使用习惯以及对产品的认知因国家不同而各异，所以，广告主必须根据不同市场可能遇到的问题，调整它们的营销和广告策略。例如，虽然在美国和很多其他国家吃比萨是一件再平常不过的事情，但在日本却被作为需在特殊场所消费的高档食物。自从 1985 年进入日本市场，达美乐比萨就一直在关注特殊场合，像在情人节和母亲节，用粉色的盒子包装心形的比萨。公司采用了非常聪明的宣传方式，比如在一家连锁店里工作一小时支付 250 万日元。另一个不寻常的宣传是，宣称自己与日本宇宙航空研究机构（JAVA）、本田和其他几家备受瞩目的公司一起合作在月球上建立第一家比萨店。[49] 日本达美乐 CEO 也参与了这次宣传，照片中他身着全套太空服，上面附有达美乐标志，展示了一张巨幅月球店照片。

许多专家相信，在不同国家的市场上用同样的方法营销同一种标准化产品，会导致顾客背离、员工流失，以及对消费者多样化的需求视而不见。使用全球性广告会给跨国公司带来麻烦。因为跨国公司在各国或各地区的当地管理者通常很厌恶总公司将广告标准化，并在他们的地区采用这些广告。WPP 集团美国负责人马丁·索雷尔（Martin Sorrell）认为，全球性广告有很多局限性，这种整齐划一的广告模式早已过时。他要求自己集团的广告执行人员关注所服务国家消费者的需求，并呼吁集团的各国负责人构建与当地市场的联系，根据市场调整广告活动。[50]

实行全球化的契机

尽管许多广告业内人士将广告全球化视为一项艰难的任务，但是，关于什么产品或服务最适合全球化诉求的研究已经取得了一些进展[51]：

1. 为避免因广告语被翻译成多种语言出现的问题，可以使用一种视觉诉求来解决的品牌或广告。
2. 使用体现人类共同需求、价值观和情感的形象广告进行推广的品牌。
3. 不受某个国家文化传统影响的高科技产品和首次面世的新产品。
4. 具有国家特色的产品，并且该国在此产品领域享有盛誉。
5. 为某个具有全球相似品位、兴趣、需求和价值观的细分市场所开发的产品。

许多公司和品牌都在使用适合全球性广告传播的视觉诉求。通常，这些公司在诸如珠宝、化妆品、酒和香烟等副产品品类中进行产品营销。这些品类有着人类共通的需求、价值观和情感，并依赖于全球性广告运动。营销商认识到，自尊、身份和成功是人类共通的需求和价值观，喜悦、伤感、兴奋以及快乐等情感也是人类所共有的。因此在全球广告文案中使用情感元素是很常见的。

像手机、个人电脑、等离子电视和 LCD 电视、视频游戏和健身追踪器等高科技产品属于适合全球性广告的第三类产品。高科技产品的许多营销商使用全球广告进行品牌推广。例如，Fitbit 于 2016 年为 Blaze 可穿戴设备产品发布了一个全球宣传文案，聚焦在它的模块设计上，这个设计可以让使用者把追踪器移动和插入不同的腕带中。[52] 中国台湾的 HTC 公司为 HTC One 手机设计的全球文案中，更倾向真实的人们的褒奖而不是演员的褒奖。[53] 其中一个镜头是，一个摄影师正在用 HTC One 手机拍摄一个模特，两个人都以每小时 126 公里的速度从空中向亚利桑那沙漠降落。镜头中的照片被许多美国媒体刊登出来，如《连线》《体育画报》《人物》《美国周刊》，同样还有许多其他国家的媒体。

第四类产品是那些因品质和形象突出而承载着国家声誉的产品，这些特色都可以作为其全球性广告的基调。这些产品利用了**原产国效应**（country-of-origin effect），即消费者对某个既定国家的产品质量的总体认知。[54]例如，瑞士的手表、法国的葡萄酒、德国的啤酒和汽车。很多美国公司，像苹果、谷歌和耐克，利用美国产品已在欧洲及其他国际市场消费者心中建立起来的威望大做文章。[55]

许多研究显示原产国显著影响人们对于产品的质量认知，即特定国家的声誉会影响消费者对于品牌的判断。[56]因此，来自产品质量高的国家的公司和品牌，都想要在广告中利用这一优势。然而一些市场营销专家认为，即便在全球化的今天，消费者也只是对他们所购买产品的原产国略有了解。[57]因此经销商需要更好地了解目标市场的消费者是否关心产品的原产国。一项研究显示，在来自美国 375 所大学接受调查的1 000名大学生中，绝大部分人对于大多数品牌的原产国一无所知。然而，尽管他们不知道这些品牌来源于哪个国家，但他们对于哪个国家的产品最好有着明确的见解。当这些学生被问到哪个国家产品质量高时，日本的被提及率最高，为 82%，其次是美国，为 78%，德国为 77%，意大利为 74%。被认为产品质量最差的国家有俄罗斯、墨西哥和越南。[58]

正如萨拉·哈森（Salah Hassan）和利·凯特桑西斯（Lea Katsansis）所界定的，最后一个适合做全球性广告的类别是那些可以销售到世界各地同一类细分市场的产品和服务。[59]世界精英人物就是这样的全球细分市场之一。由于经济地位优越，这些人过着可以购买名贵珠宝、高档服装、豪华轿车的奢华生活。诸如巴利（Bally）、普拉达（Prada）、卡地亚（Cartier）、歌帝梵（Godiva）、香奈儿（Chanel）和路易威登等高标品牌的营销商，都可以使用全球性广告吸引全球精英的关注。角逐于奢侈品市场的国际知名品牌，通常在世界各地都以表现声望和风范的独特形象示人。

现在以瑞士的豪雅表为例来看奢侈品营销商如何使用全球性广告。上层消费者是豪雅表的目标市场，他们中的很多人经常周游世界。因此，豪雅公司认为，在各国出现统一的广告和形象非常重要。随发布国家改变而更换的唯一元素是广告中的精英代言人。例如，豪雅的“无惧挑战，成就自我”（Don't Crack Under Pressure）系列广告在欧洲请了巴西足球明星克里斯蒂亚诺·罗纳尔多（Cristiano Ronaldo）和英国模特兼演员卡拉·迪瓦伊（Cara Delevingne），在美国的代言人则有演员克里斯·海姆斯沃斯（Chris Hemsworth）和 NFL 明星汤姆·布雷迪（Tom Brady）。

另外一个全球性消费市场是青少年群体，他们有着相似的需求和兴趣，并从各类产品和服务中寻求相似的特征和利益。亚洲和拉美国家有超过 5 亿的青少年，和来自欧洲与北美的8 000万青少年有着相似的生活方式，他们共同创造了一个巨大的、自由消费的全球市场。[60]如今，青少年频繁地接触电视、杂志、电影、音乐、旅行，以及诸如李维斯、贝纳通、耐克、可口可乐、百事等公司做的全球性广告。

全球化产品，本土化信息

尽管关于全球化营销和全球性广告优缺点的争论仍在继续，但许多公司已经开始采取一种折中的路线，即产品标准化、营销战略全球化、广告信息本土化。它们意识到，很难在全球范围创造出合适的、与时俱进的广告主题、定位和故事来吸引全世界的消费者，而且很难在所有试点上创新性地执行它们。这种折中的方式承认了人们具有相似的愿望、目标、需求，以及使用产品或服务的模式，但会根据各个市场的本土文化和环境，量身定做不同的广告。一些广告代理公司称这种方式为“全球化思考，本土化执行”（think globally，act locally），还有一些广告代理公司将其描述为“立足本土，放眼全球”（global vision with a local touch）。然而最近它被用来指代一种全球营销战略——采用某种普遍接受的、在全世界市场内都能引起共鸣的核心理念，将它运用到本土化过程当中。这种策略的支持者认为，全球广告营销的设计者在多数情况下都会将创意理念带到执行决策中来，区域营销商会根据不同市场的不同类别和品牌情况，制订相应的工作计划，使之与当地市场相适应。[61]

虽然一些营销商在使用全球性广告时几乎不做任何修改，但大多数公司会根据语言、市场环境以及其他因素的差异，调整自己的广告信息。许多全球性营销商采用的一种策略叫**范式广告**（pattern advertising），即广告遵循一种基本的方法，但广告主题、文案，有时甚至连视觉元素都会根据地方市场的情况进行调整。泰格豪雅广告便是范式广告的范例。在世界各地，豪雅表广告的各个创意元素，如小册子、标识、产品图片、广告语等，都保持着清晰和一致性，视觉形象一眼就可以识别出来。[62]

全球性营销商为适应本地市场而调整其广告运动的另一种方式是，制作一系列具有类似主题和模式的广告，让各地或各国的经理人选择使用他们认为在其市场上最有效的信息。一些公司也会给地方经理人更多自主权，使全球营销活动的主题与当地市场相适应。他们意识到，全球广告营销很难反映每个市场的特质，但是作为替代的本土化设计的广告营销通常无法在全球范围内传达统一信息，也无法利用规模经济。

很多管理者认为，为了反映不同国家消费者的文化背景及其消费参照体系，对诸如语言、模特、背景、信息内容、标志等广告中的部分内容进行调整很重要。全球品牌专家尼格尔·霍利斯（Nigel Hollis）指出，华通明略的研究发现，在其他因素一样的情况下，带有地方文化认同的品牌比其他品牌要表现突出些。[63]他指出了品牌与地方文化高度认同之所以重要的原因，同时还认为，品牌全球推广成功的关键在于利用全球化推广优势的同时，与地方消费者联系起来。[64]许多公司在坚持全球化策略的同时，已开始灵活调整其广告信息，这样更有助于其突出统一的全球形象，并将其产品和服务提升为全球品牌。

国际广告中的决策领域

与国内市场类似，公司在为国际市场制定广告与促销策略时，必须做出一些组织性和职能性的决策。这些决策包括组织风格、代理公司的选择、广告调研、创意策略与执行、媒体策略与选择。

适合国际广告要求的组织风格

当一家公司决定要向其他国家销售其产品时，首先要做的一个决策就是如何统筹其国际广告与促销的职能。这项决策在一定程度上是由公司如何组织其国际营销与管理业务的总体形态决定的。公司可选择的三个基本组织形式是：公司总部或总公司集权型、海外地方市场决策分权型或者两者相结合。

集权型

许多公司更喜欢对国际广告与促销的职能进行集权型管理。这样，公司总部就可以对代理公司的选择、广告调研、创意策略、广告运动、媒体策略及广告预算等加以决策。完全集权型管理只在以下情况才可能实施：各国的市场和媒体环境很相似；该公司只有一家或少数几家广告代理公司来处理其全部的广告业务；该公司可以采用标准化广告，或者该公司希望树立一个全球统一的形象。当一个公司的国际业务很小，并由那些未包含在本公司营销和促销活动中的海外分销商或特许经销商销售产品时，集权型管理也许是最好的选择。

许多公司更愿意采用集权型组织结构来保护其海外投资，维持对营销努力的控制，维护公司/品牌形象。由于减少了地方分支机构的人员和管理投入，集权型管理还可节省开支。随着全球化营销和广告策略趋势的持续发展，似乎有更多的公司开始偏向广告的集权型管理，更愿意保持一个统一的全球品牌形象，而不是在每个市场都以不同的形象示人。一些公司海外的管理者也更青睐集权型管理，因为这可以减轻其广告与促销的决策负担，也省去了他们要为维护地方利益而与总部争执的麻烦。然而，许多海外市场的营销和广告管理者反对集权型管理。他们认为，这种架构过于刚性，使广告与促销活动很难根据地方的需求和市场状况进行调整。

分权型

在分权型组织结构中，各市场的营销与广告经理有权做出自己的广告与促销决策。地方经理可以选择广告代理公司、制定广告预算、进行广告调研、审定创意主题与执行，以及选择广告媒体。使用分权型管理的公司对本土市场员工的判断能力和决策水平给予充分的信任。施行这种管理模式，通常是因为公司相信本土经理是最了解他们国家市场环境的。如果让他们负责本土市场的广告与促销活动，他们也许会工作得更有成效，更有动力。在那些规模较小或很独特的市场上，总部直接管理不合算，或者广告只能根据当地市场的特色量身定做，所以，分权型管理也会很有效。

国际香水营销商香奈儿公司使用的就是分权型管理策略。香奈儿发现，它的很多香水概念并不适合在全球推广，于是决定使用本土化广告。例如，其美国分公司可以选择使用巴黎制作的香奈儿广告，也可以选择根据美国市场重新策划广告活动。美国香奈儿的管理者认为，法国对“魅力”概念的理解与美国不同，因此那些法国制作的自认为艺术化的广告在美国市场很难有好的效果。[65]

混合型

虽然国际广告管理职能集权化的趋势愈演愈烈，但许多公司开始将集权型和分权型两种策略相结合。总公司或公司总部对于广告政策、指导方针及在各地市场的执行具有绝对的控制权。总部的国际广告负责人与地方或区域的市场经理以及一家或几家国际性广告代理公司的人员紧密联系，并负责制定广告与促销目标。此外，他还负责制定广告预算、确定所有的创意主题和执行，以及改进媒体选择策略，特别是当这些策略以区域为基础，或者与其他市场有重合的时候。

区域或地方分支机构的广告经理针对他们所在的市场提出广告计划和预算，然后由负责国际广告的经理审批。通过与广告代理公司的合作确定适合地方市场特色的诉求及选择广告媒体，地方机构经理的作用不可小觑。

混合型管理可以保证一个公司的国际广告的一致性，同时又允许地方特色的介入，以及调整促销计划。许多消费产品公司发现，对海外市场或地区的广告进行本土化调整非常必要，但它们仍想保持对其产品全球形象的控制，例如，2010 年李维斯公司聘请了一个全球营销副总裁，负责该公司在 60 多个国家的营销活动，试图在 True Religion、Seven For All Mankind 和 Joe's Jeans 等其他高端牛仔品牌中更具竞争力。[66] 同时，这家公司也赋予了区域营销总监很大的自主权。

代理公司的选择

参与国际市场营销的公司要做的最重要决策之一就是选择广告代理公司。选择广告代理公司处理国际广告业务，通常有三个基本选择：首先，可以选择一家在国内和国外都设有分支机构的大型广告代理公司。许多大型广告代理公司在全球设有分支机构，实现了真正的国际化运作。许多广告代理公司正将它们的办事机构从中国香港移师上海，为的是与全球最大的消费市场——中国内地的消费者更接近。[67]

许多美国公司更愿意选择一家设有海外分公司的美国代理公司。这不仅使它们在协调海外广告方面有更好的控制力，同时也更加便利。很多公司通常使用同一家代理公司处理其国际和国内广告业务。正如第 3 章中讨论的，近年来在美国和其他国家掀起的广告代理公司并购热潮中，诞生了一批可以满足全球营销商国际化需求的大型代理公司。许多跨国公司通过一家大型代理公司就能合并其广告业务。这种合并趋势始于 1994 年，IBM 与分布在世界各地的 40 家代理公司结束合作关系，将广告业务全部交给奥美（全球）公司。[68]在那之后，诸如强生、三星等许多跨国公司都将广告业务交给一家机构/代理公司。很多大型公司也在合并媒体策划和购买业务。

有很多理由使全球性营销商将其广告交给一家代理公司。许多公司意识到必须建立一个全球统一的公司形象或品牌形象；在全球必须以协调一致的营销声音讲话。例如，IBM 的管理者认为，当其广告业务被拆分给许多广告代理公司时，会树立很多不同的公司形象，而通过广告业务合并就会使 IBM 在全球使用单一的品牌识别，并能充分利用其全球最知名的品牌名称。

许多公司将广告业务合并，也是为了提高投入产出比，以及获得更好的代理服务。当一家大型公司将其所有的广告业务都交给一家代理公司，这家公司通常就成了该代理公司最重要的客户。正如 IBM 的一位执行官所言，“你就成为吸引人才和注意力的磁石”。[69]在创新方面以及广告策划和购买方面，合并能够提高成本效率。

广告执行官还注意到，客户合并广告业务的一个重要原因是代理公司现在有能力在全球范围内进行传播和管理。通过互联网、电子邮件以及 Skype、Google Hangouts 和 FaceTime 等视频会议平台，在全球范围内管理账户变得十分容易。当然，将整个全球广告业务交给一家代理公司也有风险。如果这家代理公司策划的广告活动不成功，那么，这家广告客户将没有一家备用的代理公司可以尽快做出一个弥补方案。而要重新找到一家合适的代理公司，将会耗费很多时间。将广告业务交给一家代理公司的客户还要面对如何将创意推销给区域分公司的难题。之前，这些区域分公司都非常享受与其地方性代理公司的合作关系。然而，有迹象表明，越来越多的公司甘冒风险，将其全球广告业务交给一家代理公司来运作。

国际营销商的第二个基本选择是挑选一家虽然没有自己的海外分公司或海外办事机构，但与其他国家的代理公司有交往，或者隶属于某个海外代理公司网络的代理公司。一家国内代理公司可能与几家海外代理公司有利益分享机制，或者是一家国际代理公司组织的一员。于是，这家公司就可以以提供跨国业务和联系的国际代理公司的身份来推销自己。如 WPP、阳狮、奥姆尼康、IPG 等大型广告代理集团，在全球拥有很多代理公司，这些公司有能力代理客户在不同国家的广告业务。

这种做法的优点是，广告客户可以使用一家本国代理公司，但仍然有机会使用熟知当地市场和媒体等情况的海外代理公司。然而，这种做法也会出现一些问题。地方性代理公司在协调和控制独立海外公司方面可能会遇到麻烦，工作也可能因集团网络中代理公司的不同而无法保证质量。有鉴于此，使用这种做法的公司必须打听清楚，地方性代理公司是否有能力控制其合作代理公司的活动，以及保证其创意和媒体等特定领域的工作质量。

国际营销商的第三种基本选择是，在其产品或服务销售的每个国家选择当地的广告代理公司。由于当地代理公司通常最了解它们国家或地区的市场营销和广告环境，因此，它们更有可能制作出最有效的广告。

一些公司喜欢当地代理公司是因为它们可能是为该市场提供最好创意的公司。在许多国家，规模较小的公司或许正因为独立而更愿意接受挑战，并创作出最有效果、最有创意的广告。选择地方代理公司还可以增强海外分公司经理的参与感并鼓舞士气，因为这就意味着赋予他们管理该市场促销的职能。一些公司让分公司选择一家当地代理公司，也是因为它们能对代理公司进行更好的评估，并能真止做到与这些代理公司紧密合作。

代理公司的选择标准

要选择一家合适的代理公司处理公司的国际广告业务，取决于这家公司是如何针对国际市场进行组织管理的，以及为了实现公司的海外市场目标，能做哪些方面的协助。图表19-3列出了选择代理公司可能考虑的标准。一项针对欧洲公司营销经理的调查结果表明，创意能力被认为是选择广告代理公司最重要的标准。其次是了解市场以及市场营销目标，有运作整合传播的能力。只有不到2%的受访者认为，代理公司的大小和代理公司的声誉是选择的重要标准。[70]另一项新近的研究发现，绝大多数广告客户是根据代理公司的创意声誉及其已有的创意作品进行选择的。然而，很多公司认为它们的代理公司缺乏国际专业技能以及协调业务的能力。[71]

图表19-3　　国际广告代理公司的选择标准

- 代理公司覆盖相关市场的能力。
- 代理公司的工作质量。
- 代理公司所能提供的市场调查、公共关系以及其他服务。
- 代理公司与公司广告部门的关系。
- 公司希望达到的传播与控制水平。
- 代理公司协调国际广告活动的能力。
- 公司国际业务的规模。
- 公司希望树立地方形象还是国际形象。
- 公司针对国际业务和营销实行的组织结构（集权型还是分权型）。
- 公司介入国际广告运作的程度。

还有一些公司混合使用上述组织管理方式，因为它们在各个市场的介入程度不同，而且各个国家的广告环境和形势也不同。几位国际市场营销和国际广告专家建议，跨国公司应该选择国际性代理公司，特别是那些正在向全球市场挺进，希望在世界各地树立统一的公司形象或品牌形象的公司。全球并购趋势，以及具备全球市场营销和广告运作能力的巨型代理公司的形成，都预示着国际性代理公司将成为大型公司的首选。

创意决策

国际广告主面临的另一个决策是为每个市场确定合适的广告信息。制定国际广告创意策略的过程和程序与国内广告基本相同。首先，应基于海外市场的营销策略和市场环境制定广告和传播目标。其次，应该确定销售主张，选择特定的广告诉求和表现方式。

在发展创意策略时需要注意的一个重要问题是：采用全球化还是本土化广告。如果采用全球标准化的方式，创意团队设计制作的广告就必须跨越文化差异，并且在每个国家都能有效传播。例如，爱彼迎（Airbnb）最近推出了一个名为“Live There”的全球广告运动，旨在吸引全世界的顾客通过它的在线网站找到家庭和公寓住宿处，而不是待在千篇一律的酒店。这个活动基于公司所发起的一项研究，调查显示86%的爱彼迎用户之所以选择这个平台，是因为他们到达一个目的地时，更想要像当地人那样生活，而不是仅作为旅行者。这项广告运动包括电视广告和数字媒体广告，以及一系列平面广告，上面有Pinterest风格的图片——旅行者们看着截然不同的房屋，例如东京艺术家的阁楼、加利福尼亚的泳池或者巴黎的舒适公寓。这次全球广告运动中各式各样的广告强调了一个主题，即人们不应该简单地“到”一个新地方，他们应该在那里“生活”，即便仅待一个晚上。[72]

如果公司实行的是**本土化广告策略**（localized advertising strategy），那么创意团队就必须确定在各个市场使用什么类型的销售主张、广告诉求和表现方式。由于消费者的使用模式和习惯不同，一个产品在每个市场的定位也可能各异。例如，拉斯维加斯会展及观光局针对英国、墨西哥等不同市场使用了“这里发生，这里结束”这则广告。广告代理公司调查发现，该创意对英国消费者来说缺乏鼓动性，对墨西哥消费者来说应再柔和些，对加拿大西部的消费者则相对有效，可以继续使用。[73]然而，居住在加拿大东部的法裔加拿大人在感知方面更像欧洲人，因此广告代理公司计划将这个地区广告的广告语和故事调整为法语。例如，在该地区投放的广告中，一个场景是某位年轻人在一个墨西哥酒吧中遇到了一群朋友，他想给他们讲自己第一次去拉斯维加斯的旅行经历，却因为太激动而无法言表（见插图 19 - 2）。

插图 19 - 2　拉斯维加斯电视广告满足墨西哥市场的定位需求

资料来源：Las Vegas Convention and Visitors Authority.

营销商还必须明白在各个市场哪种广告诉求和表现方式最有效。像幽默这样的感性诉求在某些国家可能很有成效，但在另一些国家则可能因为文化背景以及消费者对有趣和无趣认知的不同而效果尽失。例如，在美国和英国，幽默诉求很受欢迎，但在德国却很少使用，因为德国消费者对此类诉求基本没有好感。该国的广告通常使用理性诉求，如长广告文案以及对产品优点的充分论证。[74]与大多数国家相比，法国、意大利和巴西更容易接受广告中出现的性诉求以及裸体画面。近年，法国政府已经加紧说服广告主和广告代理公司在广告中减少使用性和暴力画面。[75]法国广告行业自律组织广告诚信委员会（France's Truth in Advertising）颁布了针对广告中使用真人的新标准。

在日本、巴西和泰国，只有幽默及玩世不恭的广告创意才能抓住人们的注意力。泰国如今已经成为亚洲广告的创意中心，其非同寻常的混合性的文化、宗教、政治、语言深深地影响着广告创意。泰国的“sab-sabai”（放轻松）态度就是该国佛教文化的产物，它教导佛教信徒宽以待人，积极看待生活，而且这个国家一向是爱好和平的国度。泰国人的受教育程度很高，但几乎没有人觉得阅读是件轻松的事情，这导致绝大多数广告更愿意采用视觉表达，而不是通过文字。[76]许多营销商发现，只有那些充满幽默、玩世不恭、冒险因素的广告才能冲出繁杂的广告包围，抓住泰国消费者的注意力。

另一个强调创意的国家是印度。印度的消费者不像其他国家的消费者那么愤世嫉俗，如美国。[77]国际营销商已经意识到，它们需要为印度市场专门制作广告而不是从正在投放的本土广告或国际广告中修改得来。

中国有广袤的地域和 2 000 多个城市，营销商必须要面对这些文化、语言、饮食偏好以及生活习惯各异的分散市场。总体而言，中国人非常强调集体和家庭观念。如果在广告中使用幽默和性诉求，广告主就必须审慎对待。尤其是开展全国性广告活动时，省与省之间的语言和价值观常常有天壤之别，因此更要谨慎小心。在中国的南方城市中，人情味故事在广告中运用得比较多，而在北京、上海等城市则相对较少，北京、上海两城市的居民更偏爱资讯型广告。[78]

媒体选择

国际营销商感到最有挑战性的领域之一是媒体策略和媒体选择。许多公司通常能够发现国外媒体的主要差异，以及各国媒体环境的千差万别。现在，广告通过各种印刷媒体、广播媒体、电视媒体以及交互式媒体，对消费者进行狂轰滥炸。然而，营销商将广告与促销信息传播给不同国家的消费者时，依然面临着很多困难。例如，不同国家的人看电视的时间各不相同。在美国，每人每天看电视的时间近5小时，在大部分主要的欧洲国家，人们看电视的时间要少于美国，而在沙特阿拉伯、克罗地亚和罗马尼亚，人们看电视的时间则要长一些。最近的一项关于全球媒体消费的研究显示，美国和西欧国家的人看电视最多，亚洲和其他发展中国家的人则更依赖移动和平板设备。而在美国和其他一些国家，人们的上网时间正在增加。[79]

一些国家不允许做电视广告，或者严格限制广告的播出时间。例如，欧盟国家的广告时长被限制在每小时12分钟以内。然而在2016年，欧盟委员会提议废除这一限制，取而代之的是，规定每天早上7点到下午1点广告时长不超过节目时长的20%，这给了广播公司更自由的选择空间。这很可能导致黄金时段和流行节目之间广告播放时间的增加，同时，白天时段的广告播放数量将会减少。[80]

在印度，电视机的数量迅猛增长，但对电视广告仍存在很大争议。按照规定，广告时间被严格控制在节目播出时长的10%以内，并且只能出现在节目的开始和结尾。1977年，澳大利亚撤销了禁止有线电视做广告的禁令。然而，一些有线电视频道仍然拒绝接受任何广告，而且澳大利亚消费者也无法忍受有线电视频道中的广告与免费电视网中的广告一样多。[81]

就覆盖率、成本、生产质量、限制条例等而言，国与国之间媒体特征不尽相同。在一些国家，由于货币价值、经济环境或政府法规不稳定，媒体的收费常常是浮动的和可以议价的。中国虽然拥有10多亿观众，成为世界上最大的电视营销市场，但电视媒体受到严格控制。中国中央电视台主导着全国的网络。政治也时常会介入节目的选择和排期。[82]中央电视台每年11月会对来年的主要广告时段进行拍卖。这个年度拍卖通常被认为是中国媒体市场的晴雨表，地方和地区的电视台会据此调整它们的费率，观察广告时段的需求。虽然中央电视台是中国唯一的全国性电视台，但它的广告收入仅占全国电视广告收入的12%，地方频道、省级卫星电视频道和省级电视台分享了其余部分。[83]

国际广告主还需面对的一个问题是，获取可靠的媒体信息，如发行量、受众特征和费用。许多只有国有电视频道的国家如今正迅速发展商业频道，这就为进一步细分市场提供了契机。然而，可靠的观众调查信息很难获取，媒体购买者常常依靠直觉购买电视时段。很多调查公司正在针对东欧、俄罗斯和中国开发受众测量体系。尼尔森媒体调查公司在北京、上海、广州等11个中国的大城市，以及一些省份的农村，对大约1万个家庭使用个人收视仪进行电视观众监测。[84]观众调查信息也可以从中国广视索福瑞媒介研究公司（CSM）得到。这家公司是由央视市场研究公司（CTR）和Kantar Media集团等共同建立的中外合作企业。

国际广告主的目的是选择那些最经济有效地到达目标受众的媒体载具。即使是一项集权性的策划和全球性广告活动，媒体选择也常常需要本土化。本土广告代理公司或媒体购买者通常更了解本地媒体，并且更有把握参与媒体价格的协商。本土化运作不仅能从总体上保持对市场的控制，而且能适应当地市场的媒体环境和媒体选择。媒体策划者一般有两种选择：使用全国性或地方性媒体，或者使用国际性媒体。

地方性媒体

为了能触及本地消费者，许多广告主会选择一个国家的地方性媒体。印刷媒体尽管在美国遭遇了挑战，但在其他许多国家依然很受欢迎，这些国家都有全国发行的杂志，以及全国性和地区性报纸。这些媒体将广告直接传递给全国读者。很多国家还有一些专门针对特殊兴趣和活动的杂志，这就使广告主可以有的放矢地进行媒体选择。

除了印刷媒体和电视外，广告主可以使用的地方性媒体还有广播、直邮、广告牌、电影以及交通类广告等。这些媒体为国际广告主提供了更多的灵活性，并为到达国内特殊的细分市场和地方市场创造了机会。在拓展海外市场时，大多数国际广告主的媒体计划制订都非常倚重全国性和地方性媒体。

国际性媒体

国际性广告主要到达不同国家的受众，还有一个方式是使用可覆盖多个市场的国际性媒体。传统的国际性媒体主要是杂志和报纸。很多在美国出版的消费者导向的报刊都有海外版本，例如《时代》《读者文摘》《国家地理》等杂志，以及《今日美国》等报纸。美国最大的全球杂志发行公司赫斯特杂志国际集团管理着近 300 个版本的出版物，以及包含 34 种语言、覆盖全球 84 个国家的超过 265 个网站，出版物包括《时尚先生》、《好管家》、《时尚娇点》（*CosmoGirl*）和 *Elle* 等。赫斯特最主要的杂志《时尚》共有 64 个国际版本，它是世界上规模最大的针对年轻女性的杂志，也是版本最多的杂志。[85]类似的有海外版本的美国商业出版物还有《商业周刊》《财富》《华尔街日报》等。

国际性出版物为广告主提供了接触全球范围或某个地区广大受众的机会。这些出版物的读者通常是社会上层的高收入人群，而他们恰好是很多产品和服务的理想目标市场。然而，也有一些问题限制了这些国际性出版物对广告主的吸引力。它们在海外任何一个国家的覆盖率都可能很低，尤其是针对某个特殊的细分市场。而且，当它们的读者适合那些面向商业以及上层消费者的产品和服务时，它们就无法更好地覆盖大众消费市场和专业化的细分市场。但还有一些美国出版海外发行的报刊可以给广告主提供到达特定细分市场的渠道。

虽然印刷媒体仍然是国际性广告的主要媒体，但许多公司已经开始将注意力转向国际性的商业电视台。特别是包装产品公司将电视广告视为它们到达大众市场以及有效传递广告信息的最佳方式。卫星技术的发展促进了电视在其他国家的普及，只要在家里或社区安装便宜的小型接收器，就能接收**卫星直播**（direct broadcast by satellite，DBS）。很多卫星电视网在欧洲、亚洲、拉美运作，播送的娱乐节目可以覆盖好几个国家。

其他促销组合要素在国际营销中的作用

本章的重点是广告，因为它是国际营销商使用的最重要的促销组合工具。然而，就像在国内市场一样，针对海外市场的促销方案还包括其他一些要素，如销售促进、公共关系以及数字媒体等。这些要素的作用各不相同，主要取决于公司在海外市场的营销和促销策略。

销售促进和公共关系可以支持和加强广告运动的效果，后者可以用来在海外市场塑造和保持良好的企业形象。对某些公司来说，最重要的销售组合要素可能是人员推广，广告只起到配合的作用。在结束本章讨论前，我们将探讨这些销售组合要素在国际营销活动中的作用。

销售促进

国际市场的销售促进活动不断增长，部分是由于国与国之间促销概念和技术的革新，部分是由于媒体的扩张。此外，这种增长也源于贸易自由化、全球品牌的崛起、有线和卫星电视的普及，以及媒体管制的解除和媒体的私有化。销售促进和直销型代理公司越来越普遍，尤其是在欧洲以及近年来在南美洲、亚洲和中东地区国家。在一些欠发达国家，企业在销售促进方面的投入经常会超过在电视、广播和印刷媒体广告方面的花费。

正如在第 16 章中看到的，销售促进在美国是发展最快的营销领域之一。同样，在海外市场，公司也越来越依赖于消费者和贸易导向的销售促进来帮助它们销售产品。很多在美国非常有效的销售促进工具也被用在海外市场，如免费样品、赠品、事件赞助、竞赛、赠券和交易促销。以哈根达斯为例，作为进入欧洲市场的一项成功策略，它发放的供免费品尝的冰激凌价值估计超过 500 万美元。由于口味是这种高档产品最主要的优点，因此样品就成为其打入国外市场的一种适合的促销工具。WD-40 公司在美国以及海外市场均采用样品将该产品的多种用途告诉消费者，并鼓励他们试用。例如其样品展示使用了统一的大标题“一个就行，以一当百”(One Can. One Thousand Uses)，该标题被翻译成 20 多种语言。这有助于不同国家的分销商使用当地语言对该产品进行样品推广活动。通过举办世界上最大的咖啡样品品尝活动，雀巢公司将其咖啡品牌引入中国。通过 18 个小组的努力，雀巢咖啡的样品被发放到中国 150 多个城市。该活动最终帮助雀巢的销售量在这个以饮茶著称的国度提升了 150％。[86]

广告可以有一个全球统一的模板，销售促进则必须因地制宜，与当地市场相适应。卡姆兰·卡萨尼（Kamran Kashani）和约翰·奎尔奇（John Quelch）指出，营销商在进行销售促进活动时，必须考虑到各国在许多方面的重要差异。[87]他们将其归纳为：经济发展水平、市场成熟度、消费者认知、商贸结构以及法律法规等。

- 经济发展水平。在美国、加拿大、日本、西欧国家等高度发达的国家，营销商可以有大量的促销工具进行自由选择。在发展中国家，营销商则要避免使用那些在包装内/外提供赠品的促销工具，因为这样会提高产品价格，以至超出很多消费者的承受能力。在发展中国家，免费样品和产品展示是使用最广泛、最有效的促销工具。但是，深受美国消费者喜爱的赠券，却因为分销渠道不畅以及零售商的抵制而很少使用。在美国和英国，很多赠券是通过报纸（包括独立插页）和杂志发放的。在一些国家，由于文盲率较高，使用印刷媒体发放赠券就不是很有效。因此，赠券被挨家挨户派送、在商店派发或者附在包装内/外。美国营销商和消费者对优惠券的使用率远高于其他国家，2015 年发放了约 3 000 亿张赠券，其中近 3 亿张兑现。其他国家赠券的发放和兑现水平大大低于美国，英国排名第二，2015 年约有 60 亿张赠券发放，1 亿张赠券被兑换。

- 市场成熟度。在制订销售促进计划时，营销商还必须考虑到其产品或服务在各国市场所处的发展阶段。为了将产品引入某个国家，消费者导向的促销手段通常很有效，如样品、高价值赠券，以及与成熟品牌进行联合促销等。国外市场的竞争激烈程度通常与其市场发展阶段有关。在高度发达的成熟市场，竞争似乎更激烈，而这会影响到对销售促进工具的选择。例如，迫于竞争压力，营销商可能会使用贸易补贴维系与分销商的关系，或者使用消费者促进来维持消费者的忠诚度，如红包、折价销售或赠券。

- 消费者认知。设计销售促进方案时的一个重要考虑因素是消费者和企业客户如何看待这些促销活动。不同市场的消费者对销售促进工具的认知各不相同。例如，与美国女性相比，日本女性似乎很少参与竞赛、赠券或其他促销活动。特殊的赠品也必须适合不同市场消费者的口味。赫夫（Huff）和奥尔登（Alden）最近进行了一项研究，针对中国台湾、马来西亚和泰国三个亚洲经济体，了解消费者对于赠券和抽奖的看法。该研究发现了这三个经济体的消费者的差异：中国台湾的消费者对赠券和抽奖的态度比马来西亚和泰国的消费者冷漠，使用这两种工具的水平也更低。[88]

● 商贸结构。在北欧等零售系统密集度高的地区，随着价格导向和店内促销带来的压力日渐增加，其商业环境与美国和加拿大越来越接近。在南欧，零售业高度分散，所以很少有促销带来的压力。此外，还必须考虑销售渠道成员配合销售促进活动的意愿和能力。在很多国家，零售商不愿意花时间来发放赠券、布置促销展示，或者处理那些需要精心准备或存放的赠品和包装。在日本或印度这样的国家，零售业结构高度分散，商店店面过小，无法开展售点展示和店内样品促销活动。在大部分亚洲国家，用直邮广告和报纸广告宣传简单的降价促销是主要的促销手段。[89]

● 法律法规。影响海外市场销售促进活动的另一个重要因素是现行法律法规。在其他国家，涉及销售促进的法律一般都比美国严苛。一些国家禁止举办竞赛、游戏或抽奖活动，一些国家对样品的大小和数量以及奖金的额度或奖项加以限定。例如，日本的公平贸易法规定，奖品的价值不得超过产品零售价格的 10%，法国规定的上限为 5%。加拿大抵制纯概率性游戏，除非该游戏可以通过一定的技巧决出输赢。在日本，提供奖金的数目根据促销商品有一定比例的限制。[90]有些国家还规定，免费赠品必须是消费者购买的相关产品。还有很多国家对那些提供给儿童的奖品进行了严格规定，有些国家干脆完全禁止。

法律法规的不同意味着营销商必须针对每个国家的消费者单独制定销售促进方案。许多公司发现，很难在整个欧洲开展统一的促销活动，因为欧洲各国针对销售促进的法规千差万别。虽然欧盟条约可能有助于欧洲法律环境的标准化，但各国有关销售促进的法规依然差异巨大。这也是许多公司聘请当地代理公司或国际性销售促进公司制定欧洲以及其他海外市场销售促进方案的原因所在。

公共关系

很多有海外市场业务的公司已经认识到，公共关系是支持和加强营销与广告效果非常重要的工具。[91]通常，各国地方政府、媒体、贸易协会及公众都会将跨国公司的出现视为一种潜在的威胁，因此就需要企业开展公共关系活动与它们处理好关系。在海外市场，公关代理公司的任务不仅是帮助公司销售产品和服务，而且要帮助公司树立起关注该国未来的优秀企业公民形象。

要想在海外市场取得成功，良好的企业形象通常必不可少。那些形象不佳的公司通常会面临来自媒体、当地政府和其他相关公众的压力，或遭遇来自消费者的抵制。通常，公共关系用于处理公司在国际市场上遇到的一些特殊问题。近年来，麦当劳和其他很多公司还不得不应对食品营养价值的问题。最近的一次争议是一项报告指出，法国儿童肥胖率近 10 年翻了一番，肥胖儿童占儿童总人数的 16%，对于儿童肥胖问题的关注已经扩展到欧洲其他国家，诸如卡夫、家乐氏以及百事公司也受到了指责。正如之前提到的，欧盟号召食品行业对那些针对欧洲大陆的所谓垃圾食品广告进行管制。[92]

几年前，百胜餐饮集团的肯德基连锁餐饮在其最大的市场——中国市场遇到了一场公关危机。中国媒体报道称有好几家肯德基供应商使用激素和抗生素来缩短鸡的成熟周期。中央电视台曾对大型养鸡场展开调查，对它们的做法表示深度关注。这一事件导致肯德基销售额下滑了 6%。为应对公关危机，肯德基淘汰了其供应链中超过1 000家养殖场，以确保食品安全；还承诺进行内部检查，加强与政府和公众的沟通。[93]为应对危机，肯德基还通过各种社交网站，例如新浪微博、人人网，就确保食品安全的具体措施做出回应，并与媒体意见领袖合作，以恢复消费者信任。[94]

数字媒体

互联网的使用在世界范围内增长

互联网时代已经到来，无论是大公司还是小公司，互联网作为全球营销媒体已经成为全球所有公司的一个重要整合营销传播工具。营销商使用互联网宣传公司、塑造品牌，并且在国内外进行电子商务贸易活动。2016 年全球已有 34 亿网民，亚洲人数最多，其次是欧洲和北美。如今，中国拥有最大的互联网使用群体，人数约为 7.21 亿，印度以 4.62 亿网民人数紧随其后，美国 2.81 亿，日本 1.15 亿。欧洲约有 6.14 亿互联网使用者。[95]

正如上文所述，中国现在是世界上网民最多的国家。在人口学特征和互联网使用行为上，中国的“数字精英”年轻，受教育程度高，有全职工作，同其他国家的网民相比有显著的不同。他们在互联网上所花的时间更多，参与 Web 2.0 的活动更多，写博客、进入聊天室、给产品评级打分、使用社交媒体等。他们更有可能使用手机上网设备。很多中国网站的外观、感觉和特点同美国、欧洲的网站很相似。中国有功能类似于谷歌、亚马逊和 eBay 的搜索引擎与电商网站，百度是中国在线搜索的老大。[96]阿里巴巴是中国最大的网络商贸公司，它的三个主要站点——淘宝、天猫和阿里巴巴——拥有上亿的用户，入驻了几百万电商个体和企业。阿里巴巴是处理业务量最大的电商公司，是中国最受欢迎的网购站点，同时也是世界上发展最快的电商市场。

国际营销中互联网的使用

随着互联网在世界各国的普及，营销商日益精于使用社交媒体、手机营销和其他数字形式的交流，数字媒体正在成为整合营销传播的组成部分。许多跨国公司为一些特定国家或地区建立专门的网站，根据当地消费者的需要、兴趣、生活方式以及一些微妙之处对网站进行完善。营销商还通过大众媒体广告引导消费者访问它们的网站，并在网站提供翔实的产品与服务信息，鼓励他们参加在线促销活动，或者在线购物。

国际营销商也在不同国家向数字媒体分配了大量的广告预算，在线广告逐渐成为全球广告支出不断增长的主要驱动力。像美国一样，数字广告的发展很大程度上是由社交媒体、在线显示和视频广告以及付费搜索驱动的。绝大部分数字广告的目标是移动设备，因为其具有使用广泛、更贴近世界各地消费者日常生活的特点。[97]

社交媒体正在全世界流行，营销商已经把社交媒体纳入整合营销传播方案中。全球共有超过 23 亿活跃社交媒体用户，其中一半来自亚洲国家。脸书已成为真正的第一家全球性的社交媒体品牌，现在拥有超过 10 亿用户。其旗下的 Instagram 在 2016 年拥有超过 4 亿活跃用户，其中 75%来自美国之外。正如数字与社交媒体视点 19-1 中所讨论的那样，脸书已经成为美国以及世界领先的社交网站。在过去的几年中，它在巴西极具人气，取代谷歌旗下的 Orkut 成为这个国家最受欢迎的社交媒体网站。在韩国和俄罗斯，脸书的使用率很低，因为这些国家本土的社交网站十分兴旺。在日本，脸书赶超了当地受欢迎的社交网站。2012 年日本的脸书活跃用户达到了1 500万，数量超过了日本社交网站 Mixi，2016 年脸书的用户数量达到了2 500万。据报道，脸书之所以在日本大受欢迎，原因包括电影《社交网络》（The Social Network）的流行，以及福岛发生地震以及核泄漏之后大量的社交媒体交互。[98]

数字与社交媒体视点 19－1

脸书或将主宰社交媒体世界

脸书是由马克·扎克伯格于2004在哈佛大学就读大学二年级时创立的，在短短十几年的时间里，它从一个只供哈佛学生使用的社交网络成长为一个致力于把世界上所有人连接起来的大公司。现在，接近全球1/4的人都在使用脸书。它的目标是到2030年让世界70亿人口中的50亿人使用它的社交网络。2012年10月，脸书达到了一个里程碑——10亿用户，之后不到五年的时间里，它的用户数量增长了6.5亿。值得注意的是，脸书的用户数量不包括重复账号、假账号以及系统账号等数据文件，而是每月至少登录一次的16.5亿活跃用户。而且接近2/3的全球脸书月活跃用户，每天平均使用该社交网站20分钟，点赞、评论、滚动浏览新闻资讯和状态更新、浏览图片、观看视频。

脸书起源于美国并得到了迅速发展，但它的大部分用户并不在北美。2016年接近85%的脸书用户来自除美国和加拿大之外的其他国家。正如各个国家的日常生活文化和传统各不相同，来自世界各地的脸书用户也是如此。在巴西，脸书以及社交媒体的总体使用都有激增，巴西已成为美国、印度之后的第三个脸书用户最多的国家。但巴西的互联网普及率仍是个问题，仅有超过一半的巴西人有机会经常上网，虽然这一人数在持续增长。巴西这1.1亿互联网用户非常活跃，每天平均使用社交媒体接近4小时，而美国用户仅为2.7小时。脸书是巴西迄今为止最受欢迎的社交平台。

巴西社交媒体使用激增的一个原因与文化有关。巴西人以在公共场合（如电梯和餐馆）热爱交际、具有开放性、热爱与朋友和家人分享信息和图片而闻名于世。就像越来越多的美国移动社交媒体用户一样，巴西人在体育赛事和电视节目中表现出了沉迷于社交媒体平台的倾向，因为他们在观看时能够实时交流和分享感受。

巴西社交媒体显著增长的另一个原因是其新兴经济体的性质，特别是中产阶层越来越多地在家和通过移动设备使用互联网，而且中产阶层消费者的信贷市场不断扩大。巴西消费者非常喜欢用信用卡在网上购物，这导致在线广告支出的增加。脸书、推特和其他社交媒体平台，已经在巴西全国推出活动，计划充分利用各自平台上的在线和移动广告机会。

另一个受脸书青睐的市场是印度，这个国家的网民已经增长至接近4亿人。如果说巴西这样的国家代表着脸书的重大机遇，那么拥有13亿人口的印度则是“主矿脉”。互联网普及率的提高和年轻一代的崛起，使脸书在印度的用户群扩大到接近1.2亿，排名仅次于美国。其中90%的人每月至少通过移动手机访问该平台一次，接近一半的人每天都用手机在脸书上与朋友联系。在过去的一年里，该公司还增加了对印地语和其他七种印度语言的支持，并与软件开发人员合作，让他们开发出更多针对印度市场的具有巨大传播潜力的内容。

在接下来的几年里，将有9亿多个手机用户能够接入移动网络。然而，在印度只有约10%的城市居民拥有智能手机，智能手机的拥有量在农村更少。脸书用来接触农村互联网用户的一种方式是利用其免费基础（Free Basics）计划，即使用卫星、无人机等来提供一系列基础服务，如维基百科、健康网站、天气预报，当然还有脸书。然而，该公司在2016年的时候遭遇了挫折，因为印度电信监管机构——一个支持网络中立性的机构中止了脸书的免费基础服务。它认为该服务逾越了中立性，只支持部分业务。

资料来源：Yue Wang, "Facebook Still Wants to Crack China but It May Be Too Late," *Forbes*, March 21, 2016, www.forbes.com/sites/ywang/2016/03/21/facebook-still-wants-to-crack-china-but-it-maybe-too-late/# 19e4411f50dc; Marco della Cava, "Facebook in 2030? 5 Billion Users Says Zuck," *USA Today*, February 4, 2016, www.usatoday.com/story/tech/news/2016/02/04/facebook-2030-5-billion-users-says-zuck/79786688/; Loretta Chao, "Brazil: The Social Media Capital of the Universe," *The Wall Street Journal*, February 5, 2013, pp. B1, B5; Amol Sharma, "India, a New Facebook Testing Ground,"

The Wall Street Journal, October 20, 2012, pp. B1, B5.

推特也是全球性的社交媒体平台，2016年这个微型博客网站共拥有3.13亿月活跃用户。然而，它的增长停滞不前，这引起了人们对于它能否作为营销平台的担忧。[99]在全球范围内，人们使用推特的方式正在改变。研究表明推特的使用越来越多地涉及商业，用户可以发布对于品牌的评论，使用品牌应用程序，向朋友们询问产品。全球营销商很可能继续使用推特来进行公众推广和公共关系活动，同时寻找其他方式利用它来进行整合营销传播，例如使用Promoted Tweets广告平台，以及开展话题标签活动。

数字革命仍在继续，在全球性以及本土整合营销传播方案中，营销商都将更多地使用互联网技术。随着更多消费者使用移动终端设备上网，社交网站会更流行，营销商也希望更多地使用手机营销技术。消费者依赖互联网和其他数字媒体获取信息、开展娱乐和进行社交，营销商必须开发出与之相适应的营销方法。

本章小结

许多美国公司认识到，由于国内市场已趋饱和，国内外市场的竞争不断加剧，因此进入国际市场营销其产品和服务，就不单纯是因为商机无限，也是势在必行。广告与促销是跨国公司开展国际营销活动的重要组成部分。基于美国以及欧洲、亚洲国家的全球营销商尤其加大了数字媒体方面的广告支出。

国际营销商必须审慎分析其参与竞争的每个市场的主要环境因素，如经济、人口、文化以及政治/法律因素。这些因素非常重要，不仅用于评估各国的市场潜力，也用于设计和实施广告与促销方案。

近年来，人们对全球化营销越来越关注。它使公司在所有市场可实施统一的营销计划。全球性广告是全球化营销的一部分，在所有市场上可以使用同一个广告模式。全球化（标准化）的反对者认为，各国的文化、市场和经济环境以及消费者的需要和需求各不相同，因此采用全球统一的营销和广告活动根本行不通。许多公司采取了折中的办法，即营销战略全球化，广告信息本土化。

制定国际市场的广告与促销方案，有很多需要考虑的重要决策领域。其中包括组织风格与广告代理公司的选择、广告调研、创意策略与执行，以及媒体策略与媒体选择。全球营销商面临的一个重要决策是针对每个市场选择合适的广告信息。全球广告的创新战略发展与国内广告在过程与程序上类似。

销售促进、人员推销、公共关系和互联网，也是国际营销商促销组合中的组成部分。销售促进通常要因地制宜，其所考虑的因素包括市场发展水平、市场成熟度、消费者认知、贸易结构以及法律法规的限制。公共关系也是帮助国际营销商与各国政府、媒体及消费者建立和维系关系的重要工具。互联网、社交网站和手机营销正在成为国际营销商整合营销传播战略的重要组成部分。在绝大多数国家，互联网的渗透率迅速提高，越来越多的消费者使用互联网，营销商针对不同国家开发网站并使用其他形式的数字媒体以到达消费者。

讨论题

1. 本章开篇谈到可口可乐公司在2016年推出的“品味感觉”全球营销运动。请评价这次营销运动所使用的创新战略，以及将会对可口可乐/健怡可乐、零度可乐等不同品牌进行整合统一、而不是针对其开展不同营销活动的“同一品牌”（one-brand）战略。

2. 为什么国际市场对于美国及其他国家的公司非常重要？请讨论广告和其他促销组合要素在跨国公司的国际营销方案中的作用。

3. 讨论中国经济增长以及市场机会增加

的原因。营销商和广告代理公司针对中国市场开发整合营销传播方案会面临哪些挑战？

4. 请探讨全球营销商将如何通过 2022 年卡塔尔世界杯来进行整合营销传播。什么类型的公司最适合把世界杯当作全球营销平台？

5. 开发海外市场的广告与促销方案时，营销商应该考虑哪些文化因素？选择一个文化因素，谈一谈营销商在某个特殊市场制定广告与促销方案时，它会带来哪些问题或挑战。

6. 什么是原产国效应？选择一个拥有原产国效应的产品类型，找到一个在整合营销传播方案中使用该效应的公司或品牌的案例。

7. 请探讨全球性广告运动的利弊。全球性广告运动适用于什么类型的产品/服务？

8. 请探讨不同国家的媒体差异，以及媒体差异如何影响营销者的媒体战略。

9. 请探讨互联网以及其他数字媒体在国际营销商的整合营销传播方案中的作用，以及营销商如何有效运用数字媒体在不同国家推广产品和服务。

10. 你认为脸书在全球范围内如此受欢迎的原因是什么？请探讨社交媒体对于全球营销商来说在整合营销传播活动中的重要性。

第20章 广告与促销监管

学习目标

1. 解释各种监管组织的角色和作用。
2. 评估广告行业的自律及其效果。
3. 描述联邦贸易委员会等联邦政府和州政府机构如何对广告进行监管。
4. 讨论影响销售促进、直复营销以及互联网营销的规章制度。

开篇案例

网络广告代言面临新的市场规章制度

广告主知道代言推荐对于大众来说非常具有说服力，并把它当作一个非常重要的工具。消费者通常会受电视或者杂志上那些教你如何减肥、如何保持身材、如何挣钱的广告所影响。这些广告大多由运动员、演员或者娱乐人物等明星来代言，他们能使产品更有说服力，尤其是当消费者崇拜他们的时候。但是，联邦贸易委员会（FTC），一个作为监管美国广告营销或者其他形式营销的联邦政府机构，一直以来都意识到了广告代言的力量，并因此要求代言推荐必须保持真实性且不能有误导性，保证大众合理消费。为了确保市场营销者达到这项标准，FTC为之提供了一本名为《广告代言规范》（*Guides Concerning the Use of Endorsements and Testimonials in Advertising*）的书。FTC的这本规范正好规范了在过去30年电视、报刊、广播等传统媒体上的广告代言。随着网络的飞速发展，当消费者在YouTube上看视频，或者在推特和脸书上读博客或者逛贴吧的时候，他们也可能遇到一些网络广告，而FTC意识到必须要做出一些改变去规范这些网络广告。

2009年，FTC自1980年以来第一次修改了对广告代言使用的规章制度。修改的一个目的就是为了向如明星、博主之类的代言人明确，什么是他们可以在广告里说的。FTC规定，如果一个明星代言人对产品或其功能做了虚假陈述，将要背负法律责任，并且所有广告都要说明消费者使用可能产生的后果。比如，广告主被告知，如果一个广告没有为消费者提供信息，告诉他们使用这个产品的后果，可能就会误导消费者。过去那些“结果不典型”的免责声明，或者没有阐明产品限制与状况的那些可能有误导性的声明已经不存在了。此外，FTC的规范让代言人明白了，他们不能在没有使用过产品的情况下谈论使用产品的经验，也不能在无法提供证据的情况下对产品做出声明。

在修订版的FTC规范里所提到的另一个主要领域是针对网络广告代言的，尤其是针对社交媒体。规范里指出数字媒体的广告经营者应同其他形式的广告媒体一样，遵守真实广告的法律。这也就意味着，除了促销产品和检查产品外，还要公开它的信息。FTC的一个目标就是向大众明确一点，即当一个博主，甚至消费者，在社交媒体平台或者如亚马逊之类的评论网站推销产品时，他就变成了一个代言人。FTC规范声明，如果关于产品或服务，代言人和销售者之间有“物质的联系”，信息的完全披露是必须的。这从根本上意味着，任何时候当代言人收钱了，或者收了其他一些有价值的东西，比如免费的产品和服务，当他们在社交媒体上推广品牌时，这些信息都必须被公开。比如，一个时尚博主从一个公司收到了一条牛仔裤，那么他就必须在他发表评论夸这条牛仔裤多么合身的时候公开他免费收了这条牛仔裤。当名人在做广告宣传推广品牌的时候，不论是在传统媒体还是社交媒体上，都需要公开信息。但是，以一名运动员为例，科比·布莱恩特代言Body Armour牌运动饮料，并在电视广告和平面广告上推广这个产品，但对于那些只读推特的消费者来说，科比和这个饮料销售者的关系就不是那么明显了，因此他需要在推特上谈及他们的关系，并将所有信息公开。

由第三方经营者经营的网站同样需要遵守信息公开原则，并且需要向那些在网络上推广其产品的博主支付代言费，从而使产品得到更好的宣传。比如，2015年FTC解决了一个关于引擎电影公司（Machinima Inc.）的案件。引擎电影公司是一个在线娱乐网站，FTC控告该公司的代言人在YouTube上发视频虚假代言了微软的Xbox One电子游戏机，以及旗下开展营销活动的其他几款游戏。这些代言人没有完全公开他们与引擎电影公司的关系，拿了钱却很明显地传达着一些看似客观的观点。在另一个案件中，FTC控告了Deutsch LA广告代理公司，因为这家公司鼓励他们的员工在没有公开他们与广告代理公司或者顾客关系的情况下，在推特上发布某名客户对他们新产品的评价。FTC宣称推特是具有误导性的，因为上面留言的并不是真实客户的评论，并且没有说明这些评论是该公司的员工发布的。

FTC发布的新规范中还有一个重要的部分就是对信息公开的要求。2013年和2015年，FTC在《广告代言规范》里更新了一条，广告主必须阐明它们公开了多少信息，以及这些信息是否也适用于像推特这样的简易网络平台。在更新后的规范里，FTC讨论了关于接近事实、突出性、多媒体等因素的要求。关于接近事实，要求即使在一个空间有限的广告海报或促销中，公开的信息也必须要在外形上和产品保持一致。FTC还要求，公开的信息必须是大众可读懂的语言，比如代言时使用#标签是不允许的。FTC建议在推特上使用#广告、“广告:”或者“由……代言”。突出性要求意味着在任何设备上公开的信息要很明显并且可读，不能被淹没在网页或者移动平台上。多媒体要求即广告代言在音频、视频里所呈现的要和在印刷媒体上呈现的一样。规范还要求，公开信息的形式要符合内容，也就是说如果广告主用了一个音频或者视频文件，那么公开之后的信息就必须以原始格式呈现，而不能被包含在社交媒体网站上的海报中或者注释里。

FTC规范以及最近更新的版本要求营销商、广告主以及第三方网站明确它们应该怎样请代言人，并且确保遵守规章制度。它们需要知道广告的组成是什么，因为它们常常不要求代言人在陈述他们支持这项产品及服务时有精准的措辞。在社交媒体上简简单单地发布一个视频或照片，也许可以表达发布者对产品的支持与喜爱，而这可以被视为一种代言。一位法律专家提出，对营销商也必须追究它们是怎样建立可能的物质关系的，比如给明星或者博主代言费让他们去推销产品；免费赠予他们产品或者提供优惠，比如给他们演唱会的门票，或者如果他们晒图或对品牌做出评论就给他们抽奖的机会；奖励在社交媒体上发图评论品牌的员工；或者为营销分公司制订奖励计划。

随着公司将营销重心放在网络上，并且开始更多地使用博主或其他类型的代言人，他们必须训练公司职员以及监管人员使用代言人的方法。FTC为营销商提供了一个简单有效的方法——MMM（即依法的强制披露政策，确保同你一起工作或为你工作的人清楚了解规定，并让他们监控你所做的事）。

资料来源：Linda Goldstein, "Advertisers Will Find It Harder to Balance Marketing Objectives with New Legal Guidelines in 2016," *Advertising Age*, January 11, 2016, p. 28; Heather Dunn, "Five Best Practices in Advertising Law," *Marketing News*, December 2015, pp. 20－22; Martin Beck, "FTC Puts Social Media Marketers on Notice with Updated Disclosure Guidelines," *Marketing Land*, June 12, 2015, http://marketingland.com/ftc-puts-social-media-marketers-on-noticewith-updated-disclosure-guidelines-132017; Abbey Klaasen and Michael Learmonth, "What You Need to Know about the New FTC Endorsement Rules-and Why," *Advertising Age*, October 12, 2009, http://adage.com/article/digital/ftc-endorsement-rules/139595/.

假如你是某消费品公司的广告经理，刚刚审阅完你的广告代理公司创作的一则新商业广告。该广告让你兴奋不已，因为它用新的方式展现了你公司的品牌优势，这就有助于公司的品牌在竞争中脱颖而出。然而，在批准这则广告前，你必须先回答几个问题：该广告诉求是否真实？研究者是否使用了正确的程序收集、分析资料以及结果？研究结果是否支持该广告诉求？研究是否选用了合适的人员？是否会有某个条件导致结果有偏向？

在批准该商业广告前，你应该让公司的法律部门以及代理公司的律师对其加以审查。如果它们都能够通过，你再把广告作品送到主要的广播或电视网接受审查。它们都有自己的广告审查部门。它们或许会要求你提供更多的资料，或把广告退回要求对其进行修改。（不符合广播或电视网的标准和未经实务部门审批的广告，不得播出。）

即使广告获准投放，你的商业广告还会受到来自国家或联邦管理机构的监察，比如美国司法部和联邦贸易委员会。如果消费者或竞争对手发现你的广告有误导倾向或其他问题，就有可能向美国商业促进理事会旗下的广告委员会投诉。最后，一旦居心叵测的竞争者确信你的广告歪曲事实或误导消费者，就会起诉你。如果败诉，你就不得不撤回广告，赔偿竞争者的损失，费用有时高达数百万美元。

考虑完所有的制约因素，你还得问问自己，这则新广告能否应对所有的挑战，是否值得冒险。或许，你还是应该沿用以前的广告，不做任何特殊诉求，只是讲你的品牌很棒。

监管概述

在广告决策过程中，各种规章制度影响显著。广告主的操作是在一个充满地方、州和联邦管理规范的复杂环境中进行的。此外，许多广告和商业赞助协会、消费者组织以及媒体都在尝试通过它们制定的自律规范和方针，提升广告的诚信、真实性和品位。但涉及广告的法律及管理方面非常复杂。许多团体非常关注广告的类型和内容，以及它是否存在冒犯、利用、误导和欺骗消费者的可能。

在涉及消费者受到伤害的产品可信度诉讼案中，广告扮演的角色越来越重要。在许多这样的案件中，法官一直倾向于将广告对消费行为的影响作为消费者易受伤害的情境来考虑。因此，广告主必须避免一些操作，并且预先采取其他方式以确保自己的广告能被正确理解，而没有对自己的产品和服务做出虚假描述。[1]当公司被卷入有关它们的广告宣称的法律程序时，代价高昂，后果严重。

有众多方针政策、规章制度及法律条例针对广告加以强制性限制。这些规定主要是针对广告主个体，但也可能影响到整个广告业。例如，1970年广电媒体禁播香烟广告，还有许多组织在极力促成全面禁止烟草广告。[2]如今，对于进一步限制酒类广告的立法正在酝酿中，连啤酒和葡萄酒也包含其中。[3]广告监管不仅依据内部的行业自律，也受到来自外部的州或联邦管理机构的限制，如联邦贸易委员会、联邦通信委员会、美国食品药品监督管理局以及美国邮政服务公司。近来，各州检察机关对广告监管更加积极。广告主会受到来自各级政府机构，包括联邦政府、州政府及地方政府的法律手段的约束，同时也要遵守行业内部的规定和决议。事实上，像媒体和全美广告审查委员会（National Advertising Reviewing Board）这样的内部管理机构实行的行业自律对广告日常经营和决策产生的影响已远远超过了政府机构的相关法律法规。

客户和代理公司的决策者对这些管理机构都必须十分熟悉，包括它们努力的目标、运作模式以及它们如何影响广告和其他促销活动。本章将研究广告的主要规章制度，包括来自内部的自律规范以及外部的政府部门制定的法律法规。此外，还将讨论有关促销、直复营销和网上营销的规章制度。

行业自律

广告行业实施和推进自发的**行业自律**（self-regulation）已经有很多年了。绝大部分广告主、广告代理公司以及媒体都认识到获得消费者信任和信心的重要性。广告主还认识到，行业自律是限制政府干预广告活动的一种手段，而政府干预一定会导致更严苛和更烦琐的管理条例出台。广告行业的自律和控制包括了广告行业的所有参与者，即广告主、广告代理公司、商业协会和广告协会以及媒体。

广告主和广告代理公司的行业自律

广告行业自律始于广告代理公司制作好广告创意并提交给广告客户，等待客户确认时。绝大多数公司（广告客户）对其广告活动设定了必须遵循的创作方向、标准和政策。广告主意识到广告是公司外在的展现，因此会仔细审查广告包含的所有信息，以确保广告与公司希望的形象一致。它们还会审查广告诉求是否合理，并确保广告没有误导和欺骗消费者。通常，广告由广告主的律师进行审查，以避免出现潜在的法律纠纷，以及由此产生的时间和资金的浪费、负面广告宣传或尴尬事件。

广告代理公司同样也会进行行业自律和管理。针对不同的广告类型，大多数广告代理公司还有相关的制作标准，它们也在尽力避免制作可能冒犯和误导消费者的广告。许多广告代理公司会要求广告客户提供能够支持广告诉求内容的证明，并确保所提供文件和证明是有效的。尽管如此，广告代理公司依然会通过与广告客户签订合同等常规程序来保护自己，以规避法律和道德风险。例如，广告合同中会涉及很多责任问题。广告代理公司通常会在广告中采用广告客户提供的信息，并在标准合同中声明其不对广告信息的准确性负责。如果广告产品出现什么问题，消费者权益受到侵害，或者遇到其他产品责任问题，该合同就会使广告代理公司摆脱责任。[4]但是，广告代理公司仍要为欺骗性或不实的广告宣传负法律责任。在有些案例中，当广告客户涉嫌发布欺骗性广告时，其广告代理公司也会被罚款。[5]许多广告代理公司成立了专门的由经验丰富的人员组成的创作审查委员会或审查小组，负责审查广告的内容、执行以及可能被指控存在冒犯、误导和欺骗的信息。许多广告代理公司还临时或长期聘请律师，审查广告存在的潜在法律问题。

商业协会的行业自律

与广告主及其广告代理公司一样，许多行业也制定了行业规定，尤其是那些广告容易产生争议的行业，如烈性酒和含酒精饮料、药品及各种以儿童为目标的产品。许多贸易和行业协会制定了自己的广告方针和规范，并期待包括玩具产业协会（Toy Industry Association）、美国电影协会（Motion Picture Association of America）、美国药品研究和生产商集团（Pharmaceutical Research and Manufacturers of America）在内的协会成员遵守。美国葡萄酒协会（The Wine Institute）、美国酿酒商协会（U. S. Brewers Association）和美国蒸馏酒精委员会（Distilled Spirits Council of the United States）都有类似的行业规定，要求会员遵守酒类广告的规定。[6]

在电视上播放蒸馏酒广告一直以来都是一个备受争议的问题，公共卫生组织以及许多消费者提出蒸馏酒不像啤酒和葡萄酒，它是一种酒精浓度极高的酒。还有批评的声音说在电视上播放酒的广告美化了酒并鼓励了儿童和青少年去饮酒，而直到最近几个主要的网站才清理掉这样的广告思想。虽然没有明文规定禁止烈性酒在广播和电视上投放广告，但在全美广播工作者协会（National Association of Broadcasters）出台的一项规范，以及酒商和其自律机构美国蒸馏酒精委员会的认可下，酒类广告已有50多年不在广播电视网上投放。然而，1996年11月，美国蒸馏酒精委员会修订了其行为规范的条文，推翻了其对酒类广播电视广告的禁令。[7]

在美国蒸馏酒精委员会的禁令解除后，全美四大电视网和最主要的有线电视网如ESPN和MTV，仍然拒绝做蒸馏酒类广告，并得到了消费者和公众利益团体的支持。[8]事实上，对于是美国蒸馏酒精委员会的禁令导致了蒸馏酒广告的禁播还是电视台和电视网拒绝酒类广告的结果，一直存有争论。但是，这些大型电视网并不能控制非旗下成员电视台的行为，即使是其麾下的电视台也已像地方有线频道和独立广播电视台一样，开始接受蒸馏酒类广告。虽然全美广播工作者协会坚持自己的禁令已经很多年了，可随着越来越多地方有线电台开始接受这种商业广告，电视上酒类广告的数量也持续增加。在过去的几年里，几个主要的网站也开始接受酒类广告，但是规定此类广告只能在晚上10点后播出，不像许多有线电视台允许它们在任何时间段播出。[9]

烈性酒广告在网络电视节目上的播出代表着蒸馏酒行业的重大胜利，这个行业主张应该为烈性酒广告提供一个公平竞争的环境，并且应把烈性酒同啤酒以及葡萄酒一视同仁。他们同时还指出联邦贸易委员会曾说，没有应该把烈性酒同其他品种的酒区别对待的规定。因此，很明显蒸馏酒行业的电视广告就这样立足生根了，并且你有可能在网络电视节目以及有线电视节目上看到更多的蒸馏酒广告。但是，正如可能预料到的，一些公共团体，如公共利益科学中心（Center for Science in the Public Interest）与酒精营销和青年中心，一直反对网络电视这样不坚定自己的立场，并且认为青少年接触电视上的酒类广告的比率已经显著升高了。

许多职业通过美国的地方、州或联邦组织维持其广告规范。多年来，像美国医学会（AMA）、美国律师协会（ABA）等组织就限制它们的成员做广告。它们认为，这样的推销行为会降低成员的职业地位，导致不道德的欺骗性宣传。然而，政府管理机构和一些消费者团体却对这些限制规范进行抨击。它们认为：公众有被告知一种职业的服务、品质和背景的权利。消费者掌握的信息越充分，就能越好地进行多方比较和选择，因此，广告能够促进这些行业服务水平的提高。[10]

1977年，美国联邦最高法院表示，州级律师协会的广告限制是违反宪法的，律师享有《宪法第一修正案》规定的广告言论自由的权利。[11]很多职业协会随即取消了广告限制，律师广告和其他职业的广告现在已司空见惯。[12]尽管行业协会非常关注其成员广告带来的影响，但它们没有法律途径强制执行其行业规范。它们只能依靠成员间彼此的压力或一些松散的协议，使广告主遵守行业自律的规定。1982年，联邦最高法院通过了联邦贸易委员会提出的允许牙医和内科医生做广告的提案。[13]

商业的行业自律

很多自律机制是由商业团体制定的，以控制广告的实施。[14]其中，最大也最知名的是**商业**

促进局（Better Business Bureau，BBB），它旨在促进所有行业的广告和销售行为的公平与公正。商业促进局成立于 1916 年，起初是为了处理消费者对地方性商业行为的指控，特别是针对广告的指控。地方商业促进局主要分布在美国各大城市，完全由 10 万家成员单位的年费支持运营。

地方商业促进局主要接受和调查来自当地消费者和公司对广告和商业销售策略的投诉。每个地方办公室都有自己处理投诉的操作程序。通常，每个办公室都会与违规者联系，如果指控属实，后者就会被要求停止或者改变违法行为。如果违规者没有反应，就会有抵制公司的负面信息出现，或者该案件就会转交给相关政府机构进一步审理。

各地商业促进局对处理地方性的广告实务起着非常重要的作用，而其母体机构**商业促进理事会**（Council of Better Business Bureau，CBBB）作为广业行业自律之外的第三方管理机构，则在全美范围发挥重要的作用。行业政策和程序都由全美广告审查理事会（NARC）制定。这一系统下设四个调查机构——商业促进局全美广告委员会（NAD）、儿童广告审查联合会（CARU）、电商自律协会（ERSP）、在线兴趣档案责任机构（ERSP）。商业促进局全美广告委员会还有一个申诉机构——**全美广告审查委员会**（National Advertising Review Board，NARB）。NAD、CARU、ERSP 和责任机构等的成员主要审查全美的广告。CARU 审查针对 12 岁以下儿童的广告，ERSP 则对直接反应广告，包括专题广告片和家庭购物频道进行审查，而责任机构则是通过网络管理在线行为广告（OBA）。

广告自律委员会和全美广告委员会/全美广告审查委员会

1971 年，四个协会——美国广告联盟（AAF）、美国广告代理公司协会（AAAA）、全美广告主协会（ANA）和商业促进理事会（CBBB）联合成立了全美广告审查理事会（NARC）。2009 年，三个主要营销机构——直复营销协会（DMA）、电子零售商协会（ERA）和互动广告局（IAB）——的首席执行官组成了 NARC 委员会，2012 年改名为**广告自律委员会**（Advertising Self-Regulatory Council，ASRC）。

ASRC 的使命是维持全美广告的高度真实性和准确性。从 1971 年起，NAD 就对广告的真实性和准确性进行审查，到目前为止已公布了 5 000 多条审查结果，主要集中在产品性能表现、相比同类竞争产品的优势以及其他一些科学和技术宣传上。为了进行自我调节，ASRC 拥有一个自律的过程，并且会遵循一系列特定的政策和程序，而这些都可以在它的官网上看到（见插图 20-1）。

联邦法律要求，广告播出前广告主需提供广告证实材料。在发起或收到投诉后，NAD 会要求广告主提供证实材料，审查信息并做出结论。如果证实材料不能支撑广告所做的宣传，NAD 会建议广告主停止或修改原广告。如果广告主或竞争对手等不接受 NAD 的裁决，可以上诉至 NARB，要求重新审查。

Revised effective Feb. 1, 2016

THE ADVERTISING INDUSTRY'S PROCESS OF VOLUNTARY SELF-REGULATION

Policies and Procedures by
Advertising Self-Regulatory Council (ASRC)

Administered by

The Council of Better Business Bureaus
(CBBB)

Procedures for:

The National Advertising Division
(NAD)

The Children's Advertising Review Unit
(CARU)

The National Advertising Review Board
(NARB)

插图 20-1　为了建立一个有效的自律体制，ASRC 与各种广告和营销组织合作

资料来源：The Advertising Self-Regulatory Council (ASRC).

通过图表 20-1 我们可以看到，NAD 收到的大多数投诉，通常是广告主挑战对手的诉求，而这通常发生在对比广告信息环境下。[15] 例如，在线约会服务网站 eHarmony. com 向 NAD 投诉竞争对手 Chemistry. com 的广告宣传：通过最新的科学研究可以预测哪位单身男士或女士可以与你约会，并产生神奇的爱情反应。[16] Chemistry. com 的速配系统是由一位人类学家开发的，他主要致力于研究配偶选择，并通过大范围的反应调查决定谁会被异性吸引。在 Chemistry. com 一案中，NAD 裁定约会信息不能支持广告诉求，因此该广告被终止。Chemistry. com 的母公司 Match. com 发表声明称，它不认可 NAD 的一些决定，但会停止使用该广告。[17]

NAD 的广告监控活动来源于它审查过的许多案例（见图表 20－1）。它还对消费者个人或团体、商贸协会、地方商业促进局、被审查方的竞争对手的投诉进行审查。例如，NAD 收到了一个来自消费者保护组织——公共利益科学中心的投诉，它投诉金宝汤公司为其 V8 蔬菜汁所做的一个广告。该广告声称，其由番茄为主原料的 V8 蔬菜汁可以降低得癌症的可能性。NAD 认为，尽管金宝汤提供了充分、可靠的证据支持其某些广告诉求，但还是应该对广告语“每周消费 5 个或者更多的（番茄）产品时，患前列腺癌的风险能显著降低”进行修改。而金宝汤也同意进行修改。[18]

图表 20－1　　2015 年 NAD 的投诉来源和决定

投诉来源	数量	百分比（%）	决定	数量	百分比（%）
竞争者	87	74	修改/ 终止	39	33
NAD 监控	21	18	证实/修改/终止	35	30
地方商业促进局	9	8	行政停播	4	4
消费者个人	0	0	执行	22	19
总数	117	100	证实	6	5
			提交至政府部门	5	4
			执行/提交至政府部门	6	5
			总数	117	100

NAD 的律师会定期抽查一些杂志、报纸、广播、电视以及社交媒体上的广告，来找出具有误导性的广告。例如，NAD 的人员最近处理了一则由歌手泰勒·斯威夫特代言的封面女郎睫毛膏的广告，他们认为这则广告是有误导性的，因为为了使睫毛看起来更浓密，泰勒事后又加长了睫毛。泰勒照片上的细节显示出她的睫毛是“后期加上”的。然而，广告里表明这款睫毛膏可以让睫毛“加粗两倍”，NAD 认为广告主得因此言论做出赔偿。NAD 的律师认为，照片就是一个产品的展示，问题的焦点就在于一个人的睫毛在使用了产品之后到底能变成什么样。封面女郎的母公司——宝洁公司，完全配合 NAD，主动停止对裁决的质疑，并且撤下了照片。[19]

不认可 NAD 裁决的广告主有向 NARB 申诉的权利。NARB 由 70 位广告专家组成，他们来自三个不同的领域：全国性的广告主（40 位成员）、广告代理公司（20 位成员）以及学界人士和公共部门前成员（10 位）。尽管广告自律体系无权强制广告主修改或终止广告宣传活动，也无权制裁其行为，但 NAD、CARU、ERSP 和 NARB 的广告主会员通常都会遵照执行。如果公司不愿加入自律组织，不遵守其中的原则和决定，那么它们的广告争端将送至最合适的联邦机构接受进一步审查。NAD 2015 年调查的 117 个投诉中，有 39 个被修改/终止，35 个被证实/修改/终止，6 个被执行/提交至政府部门，5 个被提交至政府部门，6 个被证实，4 个被行政手段强制停播（见图表 20－1）。[20]

CARU 的活动包括审查和评价所有媒体上针对儿童的广告以及网上影响儿童隐私的问题。CARU 也为广告主和广告代理公司提供综合咨询服务，并为儿童广告制定行业自律的规章。它认识到，年轻受众的特点和需求决定了广告主应该更谨慎努力。由此，CARU 针对儿童广告的自律规范就不仅强调真实和准确，还强调儿童发展认知的能力。

ASRC 开始介入电子零售自律计划（Electronic Retailing Self-Regulation Program，ERSP）的起草。该计划由电子零售商协会（ERA）发起，但为了保持公正，不由电子零售商协会执行。ERSP 旨在加强消费者对电子零售的信心，阻止那些不实电子零售广告和营销活动，承诺有意义和有效果的自律规范。ERSP 审查的绝大部分对象是直复型电视广告，包括或长或短的商业信息片。其审查范围也涉及电子零售营销活动的方方面面，包括广播和互联网营销。与电子商务紧密相连的兜售信息邮件广告和网络弹出式广告以及电视购物广告都在该规范的管理范围内。[21]

2012 年 ASRC 成为新的自律项目下的一个独立的美国执行机制，这个新的自律项目就是"基于兴趣的广告问责制"，这是由数字广告联盟（DAA）运营的一个项目，通过网络将以消费者利益为主的原则运用到在线行为广告（OBA）中。OBA 利用从独立的网站里收集来的信息（最近也越来越多地参考移动应用程序）来估测用户的喜好，并且播放相应的广告来迎合公众的喜好。这个新项目是 DAA 在领先的行业协会的敦促下开展的，它的第一个成果是建立在公平咨询实务基础上的行为广告的自律原则。这些原则符合联邦贸易委员会所主张的宗旨，并且解决了 FTC 提出的公共教育和行业问责制的问题。OBA 自律原则（见图表 20－2）的目的是解决消费者对关于基于兴趣的个人信息利用的担心，以及他们对透明度以及用户控制问题的关注。OBA 原则同时也是新增规范的基础，为了达到"基于兴趣"的目的，它将 DAA 建立的自律原则应用到手机广告和多站点数据以及跨应用数据的使用中。ASRC 的"基于兴趣的广告问责制"项目监测从事 OBA 的公司并且提供对自律原则的客观、独立、严格的监督及执行。

图表 20－2　　在线行为广告的自律原则

教育原则要求组织努力参与教育个人和企业了解在线行为广告及原则。
透明原则要求与在线行为广告有关的数据采集和使用方法要清楚地向消费者公开。网页上会出现新的、高质量的通告，网页上的数据通过植入广告或者网页上的链接采集。
消费者控制原则为消费者提供了一项扩展的能力，让他们来选择是否该采集数据并用于在线行为广告。数据在网页上被采集，消费者可以通过网页上通知里的链接进行选择。
消费者控制原则要求"服务供应商"，包括互联网接入服务提供者和桌面软件（比如网页浏览器"工具栏"）提供商在消费者参与在线行为广告之前会获取消费者的同意，并采取措施去反识别用于此目的的数据。
数据安全原则要求组织为在线行为广告采集、使用的数据提供适当的担保和一定的保留。
实质变化原则要求在实体在线行为广告数据收集或使用策略发生实质改变之前，要获得消费者的同意，除非这个改变不会使数据的收集和使用减少。
敏感数据原则表明通过儿童收集到的并用于在线行为广告的数据要加强保护，并且要求 13 岁以下的儿童观看儿童导向的网站上的在线行为广告时要获得父母的同意。这项原则还针对特定的个体加强了对健康、经济数据的保护。
问责制原则要求开发项目来进一步推进这些原则，包括监管与汇报未修正的不符合这些原则的项目。商业促进局理事会和直复营销协会也被征求意见并同意在这些原则下协助建立问责机制。

资料来源：Developed by American Association of Advertising Agencies，Association of National Advertisers，Council of Better Business Bureaus，Data & Marketing Association，Network Advertising Initiative，and Interactive Advertising Bureau. Reprinted with permission from Digital Advertising Alliance.

通过 NAD、CARU、ERSP 和 NARB 的工作，NARC 已成为一个很有价值和影响力的行业自律机构。与到法庭起诉的案件相比，投诉到它那里的案件可以用很少的花费解决（同时也不会引起更多公众的注意），而且也比去政府部门如联邦贸易委员会解决问题要迅速得多。该体系之所以奏效，是因为它由广告主同业裁决，许多公司出于这种压力必须遵守。公司更愿意接受行业自律而不是政府干预，因为它们可以通过NARB这样的行业组织对竞争对手的不实广告提出异议，并且得到快速解决。[22]

广告协会

广告行业中的各种团体也支持行业自律。美国广告代理公司协会和美国广告联盟（AAF）就是美国两个主要的全国性行业组织，它们积极监管全行业的广告实施。美国广告代理公司协会是美国主要的广告代理公司行业组织，已经建立了广告实施的标准和具有创造性的自律准则。（见图表20-3）。美国广告联盟由广告主、广告代理公司、媒体和广告俱乐部组成。它设定了广告真实和责任的标准，并参与广告立法，积极影响广告代理公司遵守其规章制度。

图表20-3　　美国广告代理公司协会的实施标准：创造性的自律准则

创造性的自律准则
我们，作为美国广告代理公司协会的成员，除了支持并遵守广告法和广告规章制度，还承诺拓宽与提高道德标准。具体来说，我们不会故意生产包含以下内容的广告：
a. 错误的或具有误导性的可视或口头言论、夸张
b. 没有反映真实意见的客户评价
c. 具有误导性的标价
d. 没有足够证据的广告语或者扭曲事实、曲解专家或科学权威机构应用实例的陈述
e. 有违公众道德或少数族裔的言论、建议和图片

资料来源：Copyright © 2016. Reprinted with permission from 4A's.

媒体的行业自律

在广告业，媒体是另一个重要的行业自律机构。许多媒体都有一些广告审查程序。除了政治性广告，它们可能拒绝任何它们认为有伤风化的广告。一些媒体不接受某一类产品的广告；还有些媒体对它们认为有冒犯性或令人讨厌的广告加以禁止。例如，《读者文摘》不刊登烟酒广告。美国和其他国家的很多杂志拒绝刊登贝纳通的一些令人震惊的广告，因为它们的读者认为其广告具有冒犯性，让人不安。[23]

报纸和杂志都有它们自己的广告要求和广告限制，这些差异取决于出版物的规模和属性。大型稳定的出版物，比如主要的报纸和杂志，都对它们的广告种类有严格的标准限制。像《父母》和《好管家》等杂志会定期对广告产品进行检查，并盖章“通过”。如果发现产品有欺骗性，它们就会退款。这些措施意在维护出版物的声誉，同时增加读者对出版物上的广告产品的信赖程度。

多年来，行业协会之一全美广播工作者协会（NAB）一直通过它制定的规范对广播广告和电视广告进行规范管理。广播准则（1937年制定）和电视准则（1952年制定）一直都有关于广电广告的标准。它们都禁止某些产品的广告，如烈性酒广告。它们还影响那些可以做广告的产品营销行为。然而，20世纪80年代初，全美广播工作者协会中止了其所有广告规定，因为法院发现一些规定（关于时间和电视广告片长度的限制部分）阻碍了商业发展。虽然全美广播工作者协会的广告规范不再生效，但一些广播电视运营商，如主要的电视网，仍将那些规章中的主要条文作为自己的标准。[24]

四大电视网有所有媒体中最严苛的广告审查程序。它们都设置了标准和执行部门，对所有提交给电视网或其附属电视台的广告进行仔细审查。要想在这些电视网和电视台播出广告，广告主必须提交广告接受审查。

一则电视广告提交的审查形式可能是广告脚本、故事板、动画，或者完成的广告片（当广告主基本确信广告能够通过审查时）。最让广告代理公司和广告客户沮丧且代价高昂的情形是：广告故事板已获得通过，但广告拍摄完成后却被否决。广告被否决通常有多种原因，包括暴力、病态幽默、性、政治以及宗教等。广播电视网的审查者还会考虑广告是否符合其制定的标准，并适合某类观众。例如，黄金时段和晚间时段的广告标准就截然不同，或者针对儿童的广告标准与针对成人的标准也不相同（见图表 20-4）。虽然大多数广告指导方针仍有效，不过 ABC 和 NBC 已经对一些名人代言广告放宽了标准。[25]

图表 20-4　　电视网针对儿童广告的审查方针

尽管针对儿童广告的规范都非常相似，但每个主流电视网都有自己的儿童广告规范。一些规范是必须遵守的，如在广告结尾必须采用标版；有些则可以商榷。以下条文主要是针对玩具广告的。此外，电视网还有一些专门针对儿童食品广告和提供奖品的广告的规范。

- 不得过于美化产品
- 不得使用劝服式语言，如“让妈妈买……”
- 不得出现战争场景
- 通常不得使用名人代言广告
- 在提及价格时，不得使用“只有”和“仅仅”等字眼
- 一个孩子只能有两件玩具，或者广告中最多只能出现 6 个玩具
- 片尾必须有 5 秒产品展示标版，不得出现纯色背景
- 只有 1/3 的篇幅可以使用动画
- 通常不得使用比较性或最好等广告诉求
- 不得出现不适合做玩具的服装或道具
- 动画部分不得出现真实的儿童或玩具
- 与儿童相关的玩具镜头应有 3 秒时长
- 不得出现少于 1 秒的广告镜头
- 在玩具自己停下来前，必须显示玩具可以行进的距离

四大电视网每年接收的需要审查的广告近 5 万个，其中 2/3 可以获得通过，仅有 3%的广告被否决。剩下 30%的广告大多数通过协商解决，这些广告被要求修改并重新提交审查。[26]大多数广告在修改后能够获得通过。例如，审查者最初拒绝了一条幽默的“喝牛奶了吗?”广告片。该广告表现了孩子们在看一位邻居老人推手推车。突然，这位老人的双臂断了，原因可能是他没有喝牛奶。后来，该广告修改为这位老人没有受伤也没有痛苦，才被审查通过。[27]

一些数字广告平台针对一些特定的产品和服务的广告同样也有限制。比如，2016 年脸书禁止在社交网络平台和其旗下的 Instagram 上销售私人枪支。这条法令不针对有销售许可的零售商，它们可以在脸书和 Instagram 上销售枪支，同时也可以在线下完成交易。这项政策意在禁止人们通过脸书和 Instagram 进行私人枪支销售来停止“点对点”的枪支销售。[28]

对行业自律的评价

为了力倡广告的真实性、道德性和责任感，广告主、广告代理公司和媒体这三个广告活动的主要参与方可谓各尽其力，共同协作。广告业把广告自律看成是控制滥用广告，以及避免冒犯、误导或欺骗行为广告的有效机制。与政府干预相比，广告业更愿意采取这种自律的方式。广告自律已见成效，在许多情况下，它制定的广告标准和引导的广告实践可能比立法产生的条文更严苛。另外，超过 90%的广告主遵从 NAD 的决定，因为若不如此，政府就会加以干预，这对一些公司来说是一项很大的经济压力并且可能面临惩罚。[29]

卡夫食品公司的高级副总裁在赞扬 NAD 时，简要表达了大多数广告主对行业自律的体会。他指出：“NAD 比那些受政府或法院管理的机构要优越。年复一年，它裁决准确、迅速且费用低廉，在行业和管理者中赢得了其应有的良好信誉。”广告自律委员会的总裁兼首席执行官李·皮勒（C. Lee Peeler）写道：“由广告业建立的并由商业促进局理事会管理的自律机制，拥有 40 多年的经验，并被视为衡量其他自律原则的黄金标准。”[30]他表示自律机制保护了消费

者，防止他们断然地相信具有误导性广告语的广告；它指出了新媒体可以规范广告主，帮助其避免失误；它为广告主提供了一个快速、有效、专业的论坛使之公平竞争，高标准地要求它们追求真实并为索赔提供充分的保证；它为新的自我监管项目提供了知识资本，使其更加强大。

然而，行业自律也有其局限性，其程序在很多领域受到指责。例如，NAD 可能会用半年至一年的时间解决一件投诉，但在这段时间内被投诉的广告通常会被停播。此外，预算和人手不足可能会限制 NAD 或 NARC 调查案件的数量，以及解决案件的速度。ASCR 的项目涉及与商业促进局理事会合作的 200 多家国有公司，但经济援助对于 ASCR 仍然是一项重要的挑战。虽然美国的广告市场远大于其他国家，但美国对自律政策的支持力度却远小于其他国家。[31] 还有一些批评者认为，广告自律是为广告主和广告行业服务的，因而缺乏力度和权威，无法替代联邦或州政府机构的广告管制。[32]

2015 年，美国律师协会（ABA）的一个由实习律师组成的工作组发布了一份报告，审查了广告业的自律机制并对其进行了修改。[33] ABA 的这份报告声称由 NAD 管理的现有广告自律机制运作得很好，但仍有进步的空间。其中的一条建议就是及时发布决定，同时要在不发布新闻，而是只发布 NAD 决定的案例摘要或概要的情况下，让广告主达成和解协议。然而，如果广告主拒绝了 NAD 的建议，在诉讼中仍然需要发布新闻，并且这个案件会交予联邦监管机构或者执法机关。报告中最重要的一条建议就是 NAD 需要后续基金，因为需要更多的人来执行这些建议。[34]

许多人认为，广告无法也不能仅通过行业自律进行管理。他们争辩说，为确保消费者获得准确的信息，不被误导或欺骗，政府机构制定广告规范是必要的。此外，由于广告主并非一定要遵从广告自律组织做出的裁决和建议，有时需要求助于联邦或州政府。

联邦政府对广告的监管

广告由各种政府机构出台的联邦、州和地方法律法规进行控制和管理。由于许多广告活动是在**联邦贸易委员会**（Federal Trade Commission）的管辖下开展的，因此，联邦政府成为广告最重要的外部监管力量。此外，根据广告主的行业、产品或服务，其他一些联邦机构也可能影响其广告活动，如联邦通信委员会（FCC）、美国食品药品监督管理局、美国邮政服务公司、烟酒枪支管理局（BATF）等。本章将通过了解《宪法第一修正案》里关于广告主宣传其产品或服务时应享有的基本权利，开始讨论联邦政府对广告的监管。

广告和《宪法第一修正案》

根据美国的《宪法第一修正案》，言论和表达自由是美国关于广告的最基本的法律。一直以来，言论自由保护不包括广告及其他形式的商业促销言论。但是，法院把《宪法第一修正案》保护的范围扩大到**商业言论**（commercial speech）。过去 30 年，在联邦法院利用《宪法第一修正案》制定保护商业言论的管理过程中，有许多里程碑式的案件。

在 1976 年的“弗吉尼亚州药品管理委员会诉弗吉尼亚市民消费者委员会案件”（Virginia State Board of Pharmacy v. Virginia Citizens Consumer Council）中，联邦最高法院宣布，各州不得禁止药剂师在处方药广告中刊登价格，因为这样的广告包含了有助于消费者选择产品的信息，而且信息自由传播不可或缺。[35] 正如前面提到的，1977 年联邦最高法院判定，各州的律师协会对广告的限制是违反宪法的，按照《宪法第一修正案》的规定律师有权对其服务和费用进行广告宣传。[36]另一个标志性案件是1980年的“Central Hudson天然气及电力公司诉纽约公共服务委员会案”(Central Hudson Gas & Electric Corp. v. New York Public Service Commission)。联邦最高法院判定，在某些情况下商业言论有权受到《宪法第一修正案》的保护，不过法院裁定美国宪法对商业言论承担的保护责任比其他言论形式要少。在该案中，联邦最高法院起草了一个有四部分的标准，即著名的四部标准（Central Hudson Test)，决定对商业言论进行限制。[37]最近的一个标志性案件是1996年的“44 Liquormart公司诉罗得岛案”（44 Liquormart, Inc. v. Rhode Island)，联邦最高法院在该案中彻底否决了州政府制定的两个关于酒类广告的法令。第一个法令禁止在罗得岛的酒精饮料广告中提及价格，店内标签除外；第二个法令禁止在出版物和电视网中出现酒类价格的广告。联邦最高法院裁定，罗得岛的这两个法令是违法的，因为它们限制了宪法保护的言论自由，这就意味着广告主在《宪法第一修正案》的规定下会得到强有力的保护。[38]

在有关广告的案件中，联邦最高法院规定言论自由必须与竞争性利益相平衡。例如，对于认为有害的产品广告如烟草广告，它们就支持禁令。法院同样规定，只有真实的商业言论才受到保护，那些错误的、有误导性和欺骗性的广告或促销形式不受保护。

在最近一个涉及耐克的重要案件中，加利福尼亚州最高法院做出的裁决可能会影响耐克参与公众辩论的方式。根据加利福尼亚州消费者保护法，耐克被指控其广告有误，有关其海外工厂的工人工作及工作环境的表述有不实的嫌疑。耐克辩解说，那些被指控的公司言论应被视为政治言论，不像广告法规管理的商业言论，应该受《宪法第一修正案》保护。然而，加利福尼亚州最高法院裁定，耐克做出的声明与辩解不符，本质上属于商业广告，应该符合州消费者保护法的规定。耐克将此案上诉至联邦最高法院，但联邦最高法院将其驳回给加利福尼亚州法院重新判定该广告是否有欺骗性和误导性。耐克不再继续费时费力地诉讼，结束了这场战斗。在此案中，虽然裁决只适用于加利福尼亚州，但重要的是法院判定以新闻或公众声明形式的公司言论应被视为商业言论，应受消费者保护法规的制约。[39]

联邦贸易委员会工作的重点是：在全美范围内管理广告，判定广告的真实性或欺骗性。现在，我们把注意力转移到联邦政府的广告监管和联邦贸易委员会。

联邦广告监管的背景

联邦政府对广告的监管起源于1914年**《联邦贸易委员会法案》**(Federal Trade Commission Act)的通过，该法案产生了联邦贸易委员会（FTC)。该机构现已承担起积极控制和管理广告的首要责任。该法案的初衷是为了加强反垄断法，如《谢尔曼和克莱顿法案》（Sherman and Clayton Act)，以限制不公平竞争手段。由五位成员组成的小组的主要使命是保护各个竞争者。那时，虚假广告和误导性广告的问题甚至还未提及。到1922年，联邦最高法院赞同了FTC关于虚假广告属于不公平竞争手段的说法。但是，在1931年的“FTC诉Raladam公司案”(FTC v. Raladam Co.）处理中，法院裁决FTC不能禁止虚假广告，除非它掌握了竞争者受到伤害的证据。[40]这项决议限制了FTC保护消费者不受虚假或欺骗性广告侵害的权力，导致了一场消费者运动，以及最终对《联邦贸易委员会法案》进行的一次重要修改。

1938年，美国国会通过了**《惠勒-利修正案》**（Wheeler-Lea Amendment)，它对《联邦贸易委员会法案》的第五部分进行了修订，并规定：“特此声明，商业领域的不公平竞争手段和不公平或欺骗性的行为是违法的。”该修正案授权FTC在能够证明公众受到伤害的情况下发挥其作用，而竞争者造成损害的证据不再成为必要条件。该修正案还赋予FTC对违规者下令禁止和征收罚款的权力。它扩大了FTC对食品、药品、化妆品和医疗器械虚假广告的管辖权。它还允许FTC使用联邦法院的禁令权，虽然权限最初仅针对食品和药品，但到1972年，该权限已扩展到所有可能威胁公众健康和安全的产品领域。

除了FTC，其他很多联邦政府机构也负责或介入广告的监管。但是，这些机构的权力有限，通常只负责特定的产品或服务领域，而且它们一般都依赖FTC帮助处理虚假和欺骗性广告案件。

联邦贸易委员会

联邦贸易委员会（FTC）的责任是保护消费者和企业不受非竞争行为、不公平和欺骗行为的危害。FTC的主要部门包括竞争管理局、经济局和消费者保护局。竞争管理局主要负责管理阻碍竞争的商业行为以及加强反垄断法。经济局主要帮助FTC评估其影响力，提供经济分析，支持反垄断和消费者保护调查，以及制定政策。它也负责分析政府关于竞争和消费者管理的效果。消费者保护局被授权保护消费者免受不公平、欺骗或欺诈性商业行为的侵害，还会对那些涉及欺骗和不公平的经济行为进行调查和起诉。广告实务部保护消费者不受欺骗性和未经证实的广告侵扰，在全国和地区范围内加大《联邦贸易委员会法案》中关于禁止歪曲性、不公平和欺骗性广告的条款的执行力度。营销实务部主要负责管理各种营销和授权行为，比如欺诈性电话营销活动、900号码体系，以及揭露有关特许和商业机会的内幕。

20世纪70年代，FTC着重强化执行有关虚假广告和误导性广告的法规。随着新的规制方案的建立和经费预算的增加，FTC成为一个强势的管制机构。然而，出于对"不公平"的管制，这些新方案以及FTC不断扩张的权力备受争议。争论的根本问题是：构成不公平广告的基本因素是什么？

不公平概念

根据《联邦贸易委员会法案》第五部分的内容，FTC有权对不公平和欺骗性广告行为进行抵制。但是，法案中没有界定什么是"不公平"和"欺骗性"，而且FTC也因此受到诟病。在FTC采取步骤阐明"欺骗"概念时，人们已经对"不公平"这个模糊的术语关注了很多年。

1980年，FTC对这些批评做出回应，它向国会递交了一份包含阐释"不公平"含义的报告。根据FTC的政策，判定**不公平**（unfairness）的基础是以下商业行为：（1）对消费者造成身体和经济上的实际损害；（2）消费者无法合理规避；（3）不能用有损消费者或竞争者的利益来强调自己。FTC还指出，违反公共政策（比如其他一些政府法令）本身也构成不公平行为，或者可以被用来证明对消费者造成实际侵害。不公平行为主要指：未证实的宣传，可能利用儿童和老人等弱势人群的宣传，以及因广告主在广告中省略了关于自身产品或竞争产品的重要信息而导致消费者不能做出有效选择的情况。[41]

在涉及欺骗性、误导性或者虚假性广告案件时，FTC的确有特别的管理权。FTC处理过的大量广告案件都涉及欺骗及广告诡计，这些通常都涉及对虚假宣传的了解。

欺骗性广告

在大多数经济活动中，广告向消费者提供了他们可用以做出消费决策的信息。但是，如果这些信息不真实或有误导性，那么，广告就没有实现其基本功能。不仅如此，彼德·德雷克（Peter Drake）和罗宾·里奇（Robin Ritchie）在一项研究中发现，欺骗性广告会导致消费者今后对同一来源或第三方来源的广告产生怀疑和负面印象。他们指出，欺骗性广告会严重损害广告和营销的有效性和可信度，使消费者对广告采取防御态度，所有广告主都应注意这一点。[42]可怎样才算是构成不真实或欺骗性的广告呢？欺骗性广告有很多表现形式，从故意欺骗和误导性宣传，到虽然给出真实的信息却使部分消费者产生错误或误导性印象。

对欺骗性广告的界定和判断得到了FTC及其他管理机构的充分关注。管理机构在判定是否属于欺骗时遇到的一个难题是，如何将那些虚假或误导的信息与那些信息依据真实客观但主观宣传夸大的信息进行区别。**夸大**（puffery）在法律上被定义为“用主观臆断、最高级或夸张的手法表现广告或其他销售主张，它通常空泛笼统，缺乏具体的事实”。[43]人们对广告使用夸张手法已司空见惯。例如，拜耳阿司匹林自称“神奇药品疗效非凡”；雀巢称“雀巢生产的巧克力最好”；Snapple 在广告中说它的饮料使用“地球上最好的原料”；宝马的广告语是“终极驾驶机器”。诸如最大、最好、最棒是最常使用的夸张手段。

夸大通常被认为是夸张的一种诗意化表达，或者是能够被接受的夸张。FTC 认为：消费者可以猜想出广告中夸大的说辞，他们知道那是夸张，所以不会相信它。然而一些研究显示，消费者可能会相信夸大的广告，觉得它们是真实的。[44]一项研究发现，消费者无法对有事实依据的广告和夸大广告加以区别，他们对两者可能都采取相信态度。[45]伊万・普雷斯顿（Ivan Preston）认为，通过传递不真实的信念，“夸大”能够对消费者做出购买决策带来不良影响，并将其称为“软性欺骗”，这种做法应是违法的。[46]

广告主要求保留使用夸大广告的权利得到了 1996 年修订版《统一商法典》（Uniform Commercial Code）的支持。修订版把一些宣传是否意味着承诺的举证责任从广告主转移到了消费者。它规定，买方必须用事实证明卖方有夸大行为，并证明自己注意到了该广告，而且还要证实夸大是卖方承诺的一部分。[47]

一场关于夸大广告使用的最激烈的战争在棒约翰和必胜客之间爆发，诉讼最后到了联邦最高法院。[48]战争由棒约翰进行的一场广告活动引发。其广告语以行业领导者必胜客做比较，称棒约翰有“更好的原料，更好的比萨”。于是，必胜客对棒约翰提起法律诉讼，称其广告虚假，有误导性。这场官司持续了将近五年，两个公司为此消耗了数百万美元，联邦最高法院最后做出裁决，表示该广告语与其他产品用作比较，其夸张程度是可以接受的。联邦最高法院对棒约翰的支持使广告行业如释重负，因为其对夸张的辩护可能会带来其他的挑战，并且不能给所谓的夸大和直接的虚假广告一个清楚的界限。[49]

这个案子有一个有趣的后续，鉴于法院判决棒约翰的宣传语只是夸大，达美乐比萨决定利用这一点，通过电视广告，让其主厨布兰登・索拉诺（Brandon Solano）站在新奥尔良联邦上诉法院的门口，谈论棒约翰的广告标语。在现场，索拉诺说道：“多年来，棒约翰一直在告诉大家它的比萨原料更好、质量更好，但是在这个法庭上，他们说这条标语是夸大的。”随后，布兰登转向身边的律师，问道：“什么是夸大?”律师念着手里的法律文书，“夸大，对观念的夸张的表述。夸大，不是事实。”布兰登紧接着说：“以下所述不是夸大。”他接着聊起在全国品味大赛上，达美乐如何打败了棒约翰。最后，索拉诺说：“我们的比萨味道更好，事实已经证明，这可不是夸大。”[50]

由于不公平和欺骗性行为一直都没有一个准确的定义，因此 FTC 不断在制定和完善对它们的定义以进行广告监管。界定欺骗性的传统标准是，一个广告诉求是否具有“欺骗的倾向或能力”。但是，这个标准因太过模糊和宽泛而遭诟病。

1983 年，在詹姆斯・米勒三世（James Miller Ⅲ）的领导下，FTC 对**欺骗**（deception）提出了一个新的实用性定义：“如果存在误传、遗漏信息，或误导在一定环境中消费者的合理行为，从而可能对消费者造成损害，则委员会认定其属于欺骗。”[51]该定义包含了三个基本要素。[52]第一，广告中的陈述、遗漏或行为会误导消费者。FTC 认为，误传就是表达或暗示与事实相反；误导性遗漏则是在广告中一些可以避免误导的必要信息，如某种行为、诉求、陈述或合理的信念等，没有被展现。

第二，必须从理性消费者（目标消费者）的观点来判断该行为。在判定是否合理时，FTC 会以广告的目标受众为考察对象，在广告情境下，他们对广告的阐释或反应是否合理。这个标准十分灵活，允许 FTC 依据广告针对的目标受众情况，如年龄、受教育程度、文化水平和心境来做判断。例如，以儿童或老人等特殊人群为目标受众的广告，就要考虑广告对他们产生的效果和影响。

第三，欺骗性必须具有实质性。根据 FTC 的界定，具有“实质性”的误传或行为是指其可能影响消费者对产品或服务的选择或使用。这就意味着，有关的信息、诉求和活动对消费者很重要。按其行事，就可能会影响他们的购买决策。在某些情况下，一些广告中的信息或诉求可能是虚假或误导性的，但并不具有实质性，因为理性的消费者不会根据这些信息做出购买决定。

詹姆斯·米勒三世的目的是帮助 FTC 更好地判断哪些案件值得重视，哪些微不足道。他认为，值得 FTC 处理的广告必须是那些有相当多的消费者关注的，会导致显著伤害的，并且是市场力量所无法补救的。但是，该定义可能给 FTC 带来更大的负担，即须证明欺骗行为的发生及欺骗最终以损害其利益的方式影响消费者的购买决策。

判定什么构成欺骗仍是一个灰色地带。在评估广告的欺骗性时，FTC 考虑的因素有二：（1）是否有重要的信息被遗漏；（2）广告主能否证实其为产品和服务而进行的广告宣传。FTC 已经制订了几个计划来解决这些问题。

明确表示

如果一个广告的诉求只在某种特定环境下是真实的，或者对该产品能做什么不能做什么加以限定，那么这个广告可能完全是真实的，却留给消费者虚假或误导的印象。这就是说，在**明确表示**（affirmative disclosure）的要求下，FTC 可能要求广告主在广告中包含某种类型的信息，以便消费者了解使用产品或服务的所有结果、条件及限制等。明确表示的目的是，保证消费者充分掌握信息，做出精明的决策。一则广告可能在诉求时被要求详细说明测试的条件、环境或标准。例如，在汽车广告中，有关耗油量的诉求基于环境保护协会（Environmental Protection Agency，EPA）的标准，因而可以有一个统一比较的标准。同样，香烟广告必须注明吸烟有害健康的警告。

以金宝汤的案子为例。针对金宝汤使用虚假和不加证实的广告诉求，FTC 要求其提供能够“明确表示”的证据。作为“汤料是美好食物”广告策略的一部分，金宝汤在广告中将其产品的低脂和低胆固醇特性与降低患心脏病的风险联系在一起。然而，该广告没有说明汤料中钠元素含量高，而这可能增加心脏病的发病概率。金宝汤公司与 FTC 达成协议。金宝汤公司承认，任何汤料每 8 盎司都含有超过 500 毫克钠，并承诺在每个广告中都会直接标明钠含量，或暗示汤料可能诱发心脏病。金宝汤同意在今后的广告中不再暗示其产品同减少心脏病有联系。[53]

另一个 FTC 强调广告主要明确表示的是产地诉求。FTC 一直在与营销商和贸易协会合作，以寻求一个对“美国制造”标签的更好阐释。这一已有 50 年历史的规定一直沿用至今，即除原材料来自海外，其他必须在美国制造，使用美国的劳动力和零部件。[54]许多公司认为，随着经济日益全球化，要想保证百分之百是美国制造且保持价格竞争力非常困难。但是，FTC 认为，在广告和标签中使用“美国制造”能给公司带来竞争优势。对许多产品来说，一些美国消费者对此类广告非常认同，因为他们相信美国产品的质量，当他们购买这类产品时会有强烈的爱国情结。例如，运动鞋制造商新百伦就承诺美国制造，但事实上它只是一个在美国组装其大部分鞋子的大公司。

1998 年 12 月，FTC 出台了有关“美国制造”产品的新方针。方针明确了含有“全部和几乎全部”美国成分的产品必须标明或者在广告中宣传“美国制造”。根据新方针的规定，产品所有的重要部件和生产过程都必须在美国完成，几乎没有国外的成分。在以“美国制造”为诉求点时，并不需要获得 FTC 的认可。但是，就像对其他广告诉求的管理一样，FTC 有权对虚假和没有根据的“美国制造”诉求采取行动。[55]

另一个关于原产地的有趣例子来自葡萄酒行业。美国香槟局（The U. S. Champagne Bureau）最近发起了一场名为“揭开真相”的广告运动，呼吁消费者行动起来，要求立法者保护在美国境内销售的葡萄酒的原产地。在一则广告中，一个被面具遮住的汽酒酒瓶，上面赫然标着“美国香槟”，广告要求消费者支持产品标注真实产地。联邦法律允许美国汽酒生产商给它们的产品打上“香槟”的标签，即使产品并非来自法国香槟产区。此项广告运动正是为了填补联邦法律的这个漏洞。贸易协会认为，美国的葡萄酒生产地区如纳帕谷和威拉米特同样面临着滥用问题。[56]

广告证实

监管部门关注的主要领域是广告主能否提供支撑产品诉求的证明。然而很久以来，一直没有关于证明广告诉求的正式要求。许多公司在提出广告诉求时，并没有提供诸如实验室测试或临床研究等文件材料。1971 年，FTC 的**广告证实**（advertising substantiation）项目要求广告主提供证明广告诉求真实性的相关文件。[57] 1972 年，这个项目进一步拓展，要求广告主在广告发布之前必须出示相关文件。针对所有明示和暗示的广告诉求必须提供证明，包括产品的安全、特性、效果、质量及比较性价格。

FTC 的这个项目对整个广告业产生了重要影响，因为它将举证的重担转移到了广告主身上。在这个项目之前，FTC 必须自己对广告的不公正或欺骗性进行举证。

广告证实项目旨在提供一个让消费者信任广告的基础，使其可以做出理智和精明的消费决策，并阻止广告主发布没有充分依据的广告。FTC 认为，如果一家公司不能为其产品广告提供“合理依据”，对消费者来讲，这就是违法的、不公平的。FTC 对那些不能提供“合理依据”的违法和不公正广告进行监管。要求广告主提供依据的表述如下：

> 由于企业和消费者之间信息不对称，要求企业提供有关证明广告真实性的证据比由消费者自己尝试、调查和体验广告产品，更加经济合理，更能节省社会资源。企业有能力，有知识储备，也有相应的设备、时间和资源，通过调查收集这样的信息……而消费者通常却做不到。[58]

许多广告主对 FTC 的这项规定持排斥态度。它们认为，为广告中提到的所有诉求提供证据太过昂贵，而且大多数消费者对这些技术数据既不懂也不感兴趣。它们威胁要以夸大式广告来对抗广告证实的规定，因为夸大式广告无须提供任何证实。通常，广告主必须在广告发布前提供能支持全部广告诉求的证据。但是，1984 年 FTC 出台了新政策，允许在一些情况下发布广告后再提供相关证据，而且只要求那些处于欺骗性广告调查中的广告主提供诉求依据。

在许多案例中，FTC 要求广告主停止发布没有充分依据的广告宣传。在 20 世纪 90 年代，有人起诉五家著名的瘦身用品营销商，无一家能够提供充分证据表明它们的消费者达到了瘦身或保持不反弹的目标。为此，FTC 对瘦身行业进行了调查。最后，有三家公司同意公开承认绝大多数体重减轻只是暂时性的事实，并说明顾客可能保持不反弹的时间长度。按照协议规定，这几家公司必须提供科学数据证明其瘦身广告诉求，以及对瘦身样本人群监测两年的数据档案。[59]

针对那些无法充分证明已证实其广告诉求的公司，FTC 会进一步采取行动。整合营销传播视点 20-1 讨论了运动鞋制造商锐步（Reebok）和斯凯奇（Skechers）同意支付巨额款项，来解除其美体塑身鞋产品广告无根无据，欺骗消费者指控的过程。最近，FTC 已逐步加大对虚假和无事实依据广告和信息的管理力度。几年前，家庭购物网（Home Shopping Network）因发布无事实依据的两种瘦身产品、一种痤疮治疗产品以及一种有关更年期和经期前综合征的饮食补品的广告，被 FTC 处以 110 万美元的罚款，并被禁止发布没有“可靠科学依据”的治疗和治愈疾病的产品宣传。

整合营销传播视点 20-1

美体塑身鞋营销商为欺骗广告付费

多年来耐克一直主导着价值17亿美元的女性运动鞋市场。截止到2009年，耐克的市场份额达到了37%。然而，尽管整个女性运动鞋市场的销售率实现了两位数的增长，但在一年之内，由于耐克的销售额下降了7%，其市场份额下降到了30%以下。所有放弃选择耐克运动鞋的女性都会转而购买锐步和斯凯奇的鞋子，这并不是什么秘密。在这一时期，斯凯奇的市场份额从5.5%增长到16.5%，锐步的份额也从3.3%上升到8%。

女性选择斯凯奇和锐步的原因是两家公司都投入巨资进行产品研发和宣传名为“美体塑身鞋”的新型运动鞋，并承诺女性消费者，穿此鞋走路可以紧致腿部和臀部的肌肉。然而，耐克公司拒绝进入美体塑身鞋市场，因为它对该产品的广告宣传持怀疑态度，并表示该类运动鞋不符合耐克公司注重业绩的品牌形象。事实证明，耐克的决定是明智的。FTC同时对斯凯奇和锐步提起诉讼，指控其运动鞋广告具有欺骗性。

2009年，美体塑身鞋市场处于起步阶段。在锐步和斯凯奇进入市场前，有几个品牌如MBT、Ryn和Fit Flop已经获得一批狂热的追随者。这种奇形怪状的运动鞋背后的灵感源于模拟在柔软的表面上行走，调动穿着者在硬质表面行走时通常不会使用的肌肉。这种鞋造成的不稳定性迫使穿着者运用肌肉来保持平衡。该鞋的有益功能据说包括减重、增肌、减脂和塑臀。斯凯奇通过在2010年超级碗上做广告将美体塑身鞋置于大众视野之下，特别介绍了NFL名人堂四分卫乔·蒙塔纳（Joe Montana）以及消费者的推荐。2011年该公司在超级碗播出了另一条由金·卡戴珊代言的广告，她与布鲁·伯克（Brooke Burke）一起代言塑身鞋的广告。斯凯奇的广告中有一些说法，如“边走路边塑身”“塑身不必进健身房”等。广告还告诉女性，穿着鞋子可以帮助臀部、腿部和腹部肌肉塑形，燃烧热量、去除橘皮纹，改善身材，促进血液循环，并减轻关节压力。到2011年年初，美体塑身鞋的销售额达到了11亿美元，而斯凯奇占据了将近60%的市场份额。

锐步在“提臀运动鞋”上也投入了大量的资金，因此这一系列产品的销量大幅上涨。在20世纪80年代，锐步是女子运动鞋的领导品牌，主宰了当时的有氧运动鞋市场。锐步将塑身鞋系列作为一种方式再次聚焦女性消费市场，并与那些对锐步公司感觉良好的女性顾客重建联系。公司将其精力放在EasyTone产品线上，该产品线的销售广告是“臀部更有型”和“穿EasyTone塑身鞋，每走一步都帮助臀部和腿部塑形”。锐步的广告和网站声称，塑身鞋更能锻炼臀大肌、大腿和小腿的肌肉。2010年，锐步仅在美国就为EasyTone塑身鞋投入了3 000多万美元的广告费用，同时还推出了一项全球运动，其中包括推出EasyTone服装系列。2010年年底，锐步在塑身鞋市场上占有33%的份额，并宣称在美国国内销量达到500万双鞋，全球销量为1 000万双。锐步母公司阿迪达斯首席执行官表示：“能在如此短的时间内增长如此迅猛，几乎使我在过去25年来在行业中所见证的一切都相形见绌。”

斯凯奇和锐步继续在广告上加大投资，而其他运动鞋公司如爱威亚（Avia）和新百伦也推出了自己的塑身鞋。虽然市场在不断扩大，但许多医学专家对广告中塑身鞋的功效持怀疑态度。他们认为这是“不着边际”的“胡说八道”，没有证据。一些医生也表示担心，鞋子可能是危险的，由于不稳，可能会造成伤害。基于这些担忧，FTC和来自50个州的检察长联手对塑身鞋产品和锐步、斯凯奇为此所做的广告宣传进行了调查。

经过调查，FTC指称锐步进行的测试并没有证明EasyTone系列塑身鞋的广告中使用的那些宣传内容属实。2011年秋天，FTC宣布，锐步已经同意支付2 500万美元来解决关于其塑身鞋和塑身美体服装广告的指控。锐步发表声明称它对塑身鞋产品仍有信心，同意和解只是为了避免长期的法律争端。作为和解的一部分，锐步被禁止宣传塑身鞋或塑身美体服装有锻炼肌肉的功效，或使用产品会增加确切比例或数量的肌肉，除非这些广告宣传能够得到科学证据的支持。

几个月后，也就是 2012 年 5 月，FTC 宣布斯凯奇同意支付 4 000 万美元来解决关于塑身鞋和其他美体产品能减重、塑身等欺骗消费者广告的指控。FTC 指出“通过穿塑身鞋而锻炼特定的肌肉”是斯凯奇广告的基调，而这是从一项研究中断章取义得来的，斯凯奇也未能证实其广告宣称的真实性。FTC 还表示一名脊椎治疗师投资了斯凯奇的广告，这名治疗师的配偶是公司的营销执行官，而该治疗师进行的独立临床研究没有得出广告宣传中的结论。除非斯凯奇广告中“锻炼肌肉、减重”等有关健康美体的功效属实并得到科学证明，否则 4 000 万美元的和解费用将只是其与 FTC 达成的禁止其广告宣传的最大规模协议之一。

锐步和斯凯奇被要求将所交款项中的绝大多数用于为塑身鞋产品消费者退款。资金将直接由 FTC 或法院批准的集体诉讼返还给消费者。2013 年 5 月，一名联邦法官批准斯凯奇与塑身鞋产品消费者之间进行 4 000 万美元的集体诉讼和解，根据鞋子的价格，批准每双鞋子的退款金额为 84 美元。根据 FTC 的和解条款，这些资金将通过法院批准的和解管理员发放，并在 2013 年 7 月将支票邮寄给已提交有效退款申请的消费者。

由于欺骗性广告宣传和其纠纷造成的负面影响，美体塑身鞋在美国市场的销售额下降了 50%。然而，锐步并没有停止出售塑身鞋，声称这种运动鞋仍有市场，并宣布正在加强其测试协议，并修正其广告宣传。在进军欧洲和亚洲市场时，它没有使用美国的广告，而是用“要瘦也要美丽”作为塑身鞋广告的宣传语。

资料来源：“FTC Mails Refund Checks to Consumers Who Bought Skecher's Shape-Ups and Other 'Toning' Shoes,” Federal Trade Commission press release, July 11, 2013; Natalie Zmuda, “Reebok Bounces Back in Toning Category after FTC Settlement,” *Advertising Age*, April 22, 2012, http://adage.com/article/news/reebok－toning-body-fat-reduction-claim/234272/; Natalie Zmuda, “Skechers Pays $40 Million to Settle Toning Claims FTC: Settlement May Be Largest Payout Ever to Consumers,” *Advertising Age*, May 16, 2012, http://adage.com/article/news/skechers-pays-40-million-settle-toning-claims/234799/; Natalie Zmuda, “Reebok Agrees to $25M Settlement over Butt-Shaping Shoes,” *Advertising Age*, September 28, 2011, http://adage.com/article/news/ftc-calls-butt-shaping-shoes-bogus-reebok-stands-claims/230082/.

在另一个著名案件中，FTC 对一家名为 POM Wonderful 的果汁、茶饮品、水果制品生产公司做了一项非常重要的裁决。该裁决支持一位行政法官的判决：POM Wonderful 公司为其石榴汁进行了大量缺乏事实依据的广告宣传。在一则该公司制作的广告中，饮料瓶的瓶颈上拴着一个套索，标题为“远离死亡”，而广告宣称“每天只需喝八盎司果汁，有助于预防早衰、心脏病、中风、阿尔茨海默病甚至癌症等疾病”。由 FTC 做出的裁决指出，POM Wonderful 的广告宣传必须有随机对照临床试验结果的支持，这也是 FDA 在批准新药时要求给出的证据类型。[60] POM 对裁决进行申诉，认为 FTC 将食品公司与制药公司的标准保持一致的做法前所未有。然而，FTC 回应其食品健康广告的标准并没有 FDA 制定的药品标准那样严格。

2016 年，联邦最高法院驳回了 POM Wonderful 公司对 FTC 裁决的质疑，并维持 FTC 对该果汁制造商误导性广告的裁决。FTC 主席伊迪丝·拉米雷斯（Edith Ramirez）发表声明指出：“这起案件的结果表明类似 POM Wonderful 公司的公司在对其食品和营养品做正式广告宣传时，必须有严谨的科学依据提供支持。”由 FTC 对此案的裁决可见，该委员会将继续对食品公司和天然产品销售商的广告宣传采取更积极的态度，并可能要求其提供更多证据来支持与健康相关的广告宣传。[61]

在 2016 年另一起涉及广告证据不足的重大案件中，FTC 对美国大众汽车公司采取行动，指控该公司“清洁柴油”的广告活动具有欺骗性。美国环境保护署发现，大众柴油汽车内置的特殊软件是用来干扰尾气测试的，这些车辆在环境保护上的测试结果显得比实际更清洁、更安全，实际上这些车辆排放的有毒尾气超标达40倍之多。FTC在其控告中称，大众汽车公司在7年内通过出售和租赁55万余辆柴油汽车欺骗消费者，谎称汽车低排放、环境友好、符合排放标准，而且有较高的转手价值。FTC正在寻求法院命令，要求大众汽车公司对在2008年下半年至2015年下半年之间购买或租用受影响车辆的消费者进行赔偿，并禁止大众汽车公司再出现类似行为。尽管解决此案可能需要数年时间，但这家德国汽车公司可能将支付数十亿美元来解决索赔以及FTC征收的罚款。[62]

FTC对欺骗性广告的处理

同意令和终止令

FTC获知的不公正和欺骗性广告主张来自各个渠道，包括被调查产品的竞争者、消费者、其他政府机构或FTC自己的监管调查机构。如果FTC认为某项投诉属实，就会采取进一步行动，通知违法广告主。该广告主需在30天之内做出答复。它可以通过签署**同意令**（consent order），同意与FTC协商解决问题。该令即停止违规广告和活动的协议书，仅以和平解决问题为目的，并不会继续追究广告主的违规行为。大多数FTC的案件都是通过这种形式解决的，因为它可以为广告主节省开销，避免案件再进行下去可能导致的负面公共影响。

如果广告主不愿签署同意令，对起诉进行争辩，FTC会外请一名行政法法官组织听证会。法官的判决可能同意FTC 5人小组关于任何一边的判断。FTC要么维持或修改命令，要么撤销该案件。如果法官支持FTC的立场，广告主可以向联邦法院提出上诉。

上诉时间可能会很久，在此过程中，FTC会尽力阻止该广告主继续进行违规活动。《惠勒-利修正案》授权FTC可采取**终止令**（cease-and-desist order），要求广告主在30天内停止发布有争议的广告，并且不得在听证会结束前发布该广告。广告主如违反该终止令，将被处以每天高达1万美元以上的处罚。图表20-5概述了FTC的诉讼流程。

更正广告

通过使用同意令和终止令，FTC通常可以叫停被认为是不公正或欺骗性的广告活动。但是，即使广告主停止发布欺骗性广告，消费者可能仍然会记住广告中的一些或所有信息。为了解决广告遗留效果的问题，FTC于20世纪70年代颁布了名为**更正广告**（corrective advertising）的条例。该条例规定，广告主一旦被发现有欺骗性违法广告行为，即被要求另外发布广告，更正先前广告中的欺骗性或虚假信息。

促使更正广告出现的同样是一个关于金宝汤的广告案件。该公司制作广告时在盛有蔬菜汤的碗底放置玻璃球，以使固体物质浮于汤面，这就造成产品比实际有更多蔬菜的假象。（金宝汤公司辩解说，如果不放置玻璃球，汤料中的很多物质就容易沉到碗底，就会让消费者觉得碗中的蔬菜成分比实际少！）尽管金宝汤公司同意停止该广告行为，但一群自称SOUP（反不公平行为的学生，英文全称为Students Opposed to Unfair Practice）的法律系学生仍向FTC投诉，他们觉得金宝汤公司的行为并不能消除先前广告带给消费者的误导信息，因而要求该公司另做广告，矫正问题。[63]

虽然FTC并没有在金宝汤案中要求其发布更正广告，但在此后的很多案件中，FTC开始提出这样的要求。例如，Profile面包公司发布广告，称其每一片面包都比其他品牌面包含有更少的卡路里，但该广告并没有告诉消费者，Profile面包片要比其他面包片更薄。Ocean Spray蔓越莓汁也被查出其广告有虚假违规行为。它宣称自己比橙汁或番茄汁含有更多的“食物能量”，却没有指出所谓“食物能量”的科学定义就是“热量”。在这些案件中，每个广告主都被

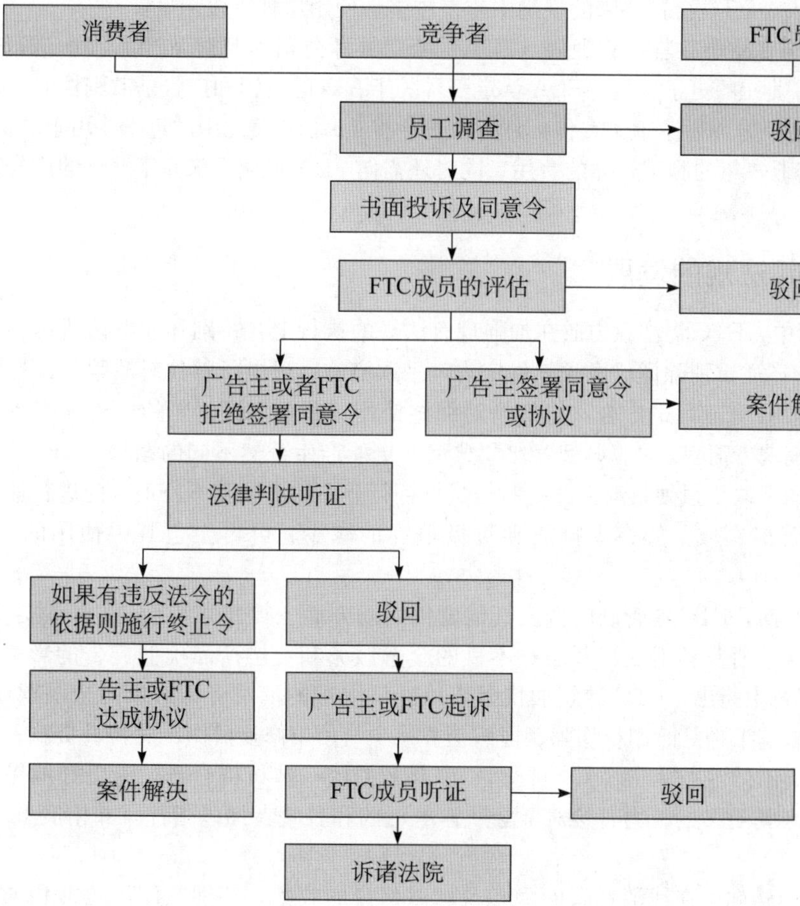

图表 20－5　FTC 诉讼流程

要求拿出年度媒体预算的 25%用于更正广告。在 STP 案件中，STP 公司因称其石油添加剂可以减少耗油量的广告被查违规并被要求发布更正广告。STP 的许多更正广告发布在商业出版物中，使其他广告主看到了 FTC 正在加大更正广告的力度。

更正广告可能是 FTC 颁布的管理法规中最具争议性的内容。[64]广告主认为，依据美国《宪法第一修正案》，更正广告的要求违反了言论自由的原则。在最有名的李施德林漱口水更正广告案件中，Warner-Lambert 公司向 FTC 要求更正广告的法律权力提出了挑战。[65] 50 多年来，Warner-Lambert 公司一直在广告中宣传：李施德林漱口水有助于预防感冒和咽喉疼痛，或者减轻这些疾病的症状，因为它可以杀死导致这些疾病的病菌。1975 年，FTC 裁定 Warner-Lambert 公司的这一宣传缺乏足够的证据支持，并勒令其停止广告宣传。此外，FTC 认为李施德林漱口水应发布更正广告纠正其 50 年来通过大量广告向消费者传达的错误观念。Warner-Lambert 公司辩称其广告没有误导性，并进一步认为 FTC 没有权力要求商家发布更正广告。它向联邦最高法院就 FTC 的裁决提出上诉，但法院否决了其关于 FTC 侵犯了《宪法第一修正案》赋予广告主的权利的上诉，肯定了 FTC 在要求证实和更正广告两方面的权力。Warner-Lambert 公司被要求在 16 个月的时间内，发布耗资 1 000 万美元的更正广告，向消费者声明："李施德林漱口水无助于预防和治疗感冒、咽喉疼痛等疾病及减轻症状。"在法院裁决李施德林案之后，基于"Warner-Lambert 的挑战"，FTC 在要求进行更正广告时还需要考虑其他几个条件：广告误导是否会给消费者留下影响其购买决策的潜在印象，是否需要更正广告。FTC 认为，"更正广告并不过激"，只是一种修正现状的恰当方式。对这种论点，广告主深感忧虑。它们担心败诉将意味着FTC会在将来的规制中越来越多地使用这种手段。[66]

2009年，美国食品药品监督管理局（FDA）处罚拜耳公司为其避孕产品Yaz进行为期6个月耗资2 000万美元的更正广告。FDA认定拜耳关于Yaz的营销和广告是欺骗性的，在治疗粉刺和经前期综合征方面做了虚假宣传。拜耳被责令将6 670万美元中的近1/3用于更正广告，6 670万美元是其上一年的测试媒体的费用，同时还需向FDA提交未来6年Yaz的广告方案等待其审核。[67]

FTC对联邦法规的发展

在过去10年中，FTC将注意力放在加强现有法规的执行上，特别是在电话营销和互联网隐私等领域。[68]它还注重消除虚假电子邮件广告，采取措施通过电子邮件对欺骗和误导性宣传行为加强管理。FTC对证言式广告，特别是对那些使用“非典型证据”的广告审查越来越严格，对绝大多数消费者而言，“非典型”比“典型”更能产生截然不同的结果。[69]FTC对欺骗性保健广告及公司采取了强硬行动，并针对信贷抵押行业中的虚假和不公正行为进行监管。它还日益关注环境营销领域，如在碳排放和垃圾填埋的减少、可再生包装中使用的“绿色”主张。[70]

奥巴马政府时期，FTC在管制广告及其他营销活动方面变得非常活跃。FTC请求国会给予更多的权力，保护消费者不受那些居心不良的金融服务和金融产品虚假广告的影响。FTC在其2010年度报告中指出，FTC计划加快阻止以经济困难的消费者为对象的金融欺诈行为。针对抵押修改、取消抵押品赎回权诈骗、虚假债务减少与信用修复操作、发薪日贷款、快速致富计划和伪造政府赠款等行为，FTC将同州、联邦政府的一些机构合作。为更好地保护消费者，FTC也寻求申请更多的权力直接对金融欺诈的帮凶和教唆者加以指控，并拓展FTC的纠正权力。

FTC将注意力转向了在线消费者的隐私及敏感信息的收集，特别是使用脸书和推特等社交媒体的人。2009年，FTC通过了一套规范在线担保的新办法，要求博主披露同广告主的任何“物质联系”。[71]。在其2015年年度报告中，FTC概述了其主要举措和成果，包括在医疗、数字经济等对消费者影响最大的领域保护消费者的利益，确保无论是在网络还是现实环境中，消费者的个人信息都能得到安全可靠的处理。FTC还继续打击欺骗性广告和营销活动，例如营利性大学做出的学生毕业后在其学习领域找到工作可能性的广告宣传。在接下来的几年中，FTC预计将加大执行联邦隐私法的力度，特别是在不断扩大的智能手机和移动应用程序领域。新规定号召在线行为的自我管理，尽管营销商在这个领域会面临更多的FTC审查。[72]虽然FTC很可能会受到来自不同政党执政的政府影响，但它仍将作为美国广告界和营销界最重要的监管者继续存在。

FTC是美国跨州全国性产品广告的主要管理者，同时，还有其他几家联邦机构和部门也对广告与促销活动进行规范和管理。

其他联邦管理机构

联邦传播委员会

联邦传播委员会（Federal Communications Commission，FCC）成立于1934年，旨在对通信传播进行管理，其管辖范围包括广播、电视、电话和电报行业。FCC有权给广播电台颁发执照，以及吊销那些损害公众利益的广播电台的执照，或拒绝其恢复执照的申请。FCC对电视频道进行管理，拥有控制电视播出的广告内容及限制在电视上宣传的产品和服务的权力。FCC可以撤销那些淫秽、不健康和品位低下的节目或内容。它通常与FTC紧密合作，清除那些有欺骗性或误导性的广告。

FCC制定的许多针对电视台和广播电台的法律或法规已被修改或取消。FCC不再限制电视节目中播出商业广告的时间。（但在1991年，《儿童电视法案》（Children's Television Act）开始生效。该法案将儿童节目中播出广告的时间限制在周末10.5分钟/小时，平时不得超过12分钟/小时。）

在里根政府时期，备受争议的《公平原则》（Fairness Doctrine）因达不到预期目标而被撤销。该原则主张，广播电视应该给在重大问题上持反对观点的一方提供言论时间。有人认为，这样实际上会减少对重大问题的讨论时间，因为广播电台或电视台可能会害怕在播出了一条有争议的付费信息后，还要为其反面观点留出同等时长的免费时间。依据该原则的规定，在1970年规定禁止播出香烟广告的《公共健康吸烟法案》（Public Health Cigarette Smoking Act）出台前，FCC就要求广播电台、电视台播出吸烟有害健康的广告。作为公共服务的一部分，许多电视台为备受争议的问题提出反面观点留出了时间，但这并非必然与公平直接相关。

近年来，FCC积极致力于加强对淫秽、不雅和污秽信息播出的法律监管。例如，2004年它对主持人霍华德·斯特恩（Howard Stern）处以49.5万美元的罚款，因为他播出粗俗的内容。同时，也对美国清晰频道公司征收了罚款，该公司是美国最大的电台所有者，拥有垄断性节目。斯特恩与FCC没完没了的斗争导致清晰频道公司做出取消其每日广播节目的决定。[73]斯特恩随后与天狼星卫星广播公司签订了5年合同，主要是提供广播服务，不必受FCC管理的限制。此后，紧随着珍妮·杰克逊（Jenny Jackson）在2004年美国超级碗决赛中场表演时的走光事件所引发的争议，FCC加强了对不雅内容的管理。[74]这些事件导致联邦法律规制中对电台和电视网内容监管的显著增加，电视台将因播出不健康的违规内容被处以罚款。

FCC最近还涉足宣传和公共关系的管理。2005年，FCC发布公文声明，电视台播放视频新闻应该清晰地揭示信息的“本质、来源和赞助商”。这项措施主要是为了澄清由公司、组织和政府机构发送给电视台的作为一种营销惯例的预先制作的促销视频被表现成新闻故事的原因。[75]

FCC正在考虑将电视节目中的产品演示纳入管理范围。与其他国家不同，美国并不禁止在广播或电影行业出现植入式广告。然而，根绝1934年通过的《通信法案》（Communications Act）第317条规定，未公开商业信息仍受管控。该法案要求广播公司向其公布植入性广告获得的、被承诺的或收取的“所有钱财、服务或与受益价值相等的回报”。但是，广播公司在免费或收取象征性费用时不必公开其植入性广告。FCC大致将第317条规定的目的解释为：电视观众必须清楚地知道他们正在观看的内容已经付费，并且支付给广播公司的实体必须清晰可辨。

批评者不仅关注节目中大量出现的商业产品，还关注事实上商业产品以不同的形式被写入电视情节。有些批评者呼吁FCC应要求电视网络通过使用某种形式的屏幕通知系统来公开植入性广告。提议既包括要求节目在商业产品出现在镜头中时在屏幕底端滚动显示文字说明，还要使用红闪光灯提醒观众：商家正在电视节目中宣传其产品。[76]

美国食品药品监督管理局

如今，在美国卫生与公共服务部（Department of Health and Human Services）的管理下，美国食品药品监督管理局（FDA）有权对商标、包装、品牌、成分表，以及包装食品与药品广告和化妆品广告进行监管。它有权要求在商标中对产品潜在的危险提出警告，也有权限制食品广告中对营养的宣传。它还有权制定产品促销的规则，并扣押带有虚假和误导性广告宣传的食品和药物。

像FTC一样，FDA近年来已经发展成一个强势的管理机构。目前，FDA已经禁止使用一

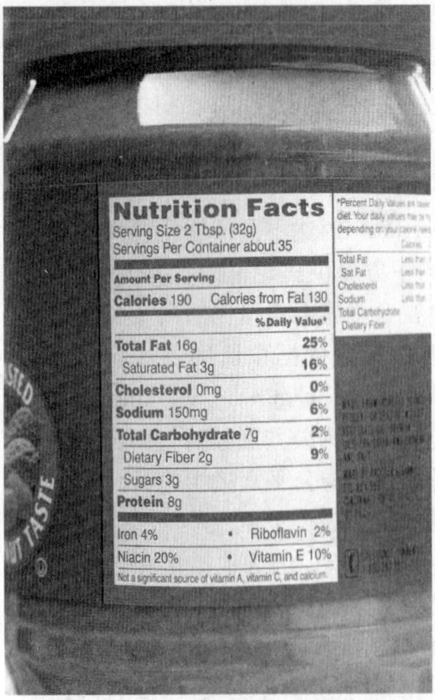

图 20-2 《营养标签与教育法案》要求成分表对消费者而言易懂

资料来源：Dennis MacDonald/Alamy RF.

些常见的描述性术语，如营养、易消化、不含胆固醇、脱脂以及有机等，因为它认为这些词语在食品的广告和商标中常被滥用。它还对那些品牌名称中暗含营养诉求可能误导消费者的情况加强了管理。例如，Great Foods of America 公司被禁止继续使用“心跳”（HeartBeat）商标，该公司曾以其为标识售出了大量食品。FDA 认为，该商标过于暗示其食品对心脏和身体的健康特别有益。

1990 年美国国会通过的《营养标签与教育法案》（Nutritional Labeling and Education Act）带来了许多食品标签的改变。依据该法案，FDA 对很多术语（例如低脂、易消化和减少热量等）进行了法律界定，并在 1994 年年初要求所有食品都必须使用简单明了的标签（见插图 20-2）。虽然这项法案目前仅适用于食品标签，但可能会影响到食品广告领域。FTC 可能会要求食品广告符合新的 FDA 标准。

FDA 在与健康关联的食品管理方面日渐活跃。通用磨坊公司收到 FDA 的警告信，被告知在 Cheerios 麦片的广告中违反规定宣称食用该麦片能在 6 周内减少 4%～6%的胆固醇。FDA 认为，这样的宣传如果以临床研究结果为基础，那么该产品应该是药物而不是食品，因为其目的在于预防、减轻或者治疗该病症。通用磨坊公司同 FDA 就此问题进行协商，认为减少胆固醇是该品牌的定位，并且是其诸多广告的基本标准。[77]然而，该公司确实删除了关于降低胆固醇的具体广告，代之以一个更笼统的说法：烤燕麦片“有助于降低胆固醇”，“低饱和脂肪酸、低胆固醇饮食有助于降低患心脏病风险”。[78]

FDA 密切关注的另一个监管领域是烟草制品的广告与促销。1996 年，美国总统比尔·克林顿签署了一项行政命令，宣布尼古丁是一种令人上瘾的毒品，并给予 FDA 管理常规香烟和无烟烟草的司法判决权。命令引发了一系列规章的出台，以使青少年远离烟草。[79]但是，烟草行业立即对此规章提出申诉。在与联邦政府就 FDA 规章的合法性上做论争时，烟草制造商在 1998 年年末签署了《和解协议》（Master Settlement Agreement），就 46 个州对烟草商的诉讼达成了协议。该协议是烟草制造商做的最好交易，它宣告了 FDA 原先对其制定的诸多营销限制彻底解除。该协议允许烟草户外广告出现在零售终端，原先的建议草案则禁止一切烟草户外广告；原草案禁止任何真人和卡通形象出现在烟草广告中，新协议则仅禁止卡通形象出现在广告中，但允许其出现在烟草包装上；原草案禁止烟草商赞助任何体育赛事，而新协议允许每个烟草商赞助一个全国性体育赛事。[80]

2000 年，联邦最高法院判定 FDA 无权将烟草作为毒品进行管理，美国国会专门立法允许 FDA 管理烟草。由此，所有的 FDA 烟草规章均失去效力。但是，2009 年 6 月，美国国会通过了一个新法案，授予 FDA 前所未有的权力对烟草产品的包装、生产、营销等各环节进行管理。该法案很快由美国总统奥巴马签署生效。《家庭预防吸烟和烟草控制法案》（Family Smoking Prevention and Tobacco）限制针对青少年的烟草营销和广告，包括：在学校和操场附近 1 000 米内不得做香烟户外广告；在运动和娱乐项目中禁止烟草品牌赞助；禁止在购买烟草产品时免费赠送非烟草产品；限制在以青少年为主要读者的出版物上做烟草广告，除仅限成年人出入的场所外，户外及零售店广告只能做成黑白广告；限制自动贩卖机及其他成年人专用的自助设施上的广告。[81]

美国一些消费者权益组织及一些州的卫生主管部门通过广告警告消费者注意吸烟的危害和由此导致的疾病。例如，作为1998年《和解协议》的一部分内容以及为减少烟草消费成立的美国遗产基金会（American Legacy Foundation，ALF），制作了一系列卓有成效的广告，警示消费者吸烟的危害。ALF推出的广告中最成功的要算2000年开始的Truth系列，这是针对年轻吸烟者的最大规模的广告。Truth广告行动揭露了烟草企业的战术以及吸烟上瘾的原因、对健康的影响和后果，让青少年在充分了解烟草行业和烟草产品的情况下做出明智的选择。Truth是一次全方位的广告推广活动，包括在青年人青睐的媒体上刊登广告，一次让青少年获得一手信息的暑期旅行，还开发了特色鲜明的互动式网站 www. thetruth. com。

2016年，FDA被授权管理电子烟以及其他烟草产品。[82]新法规涵盖了包括水烟、雪茄和烟叶、电子烟和注水式烟雾器在内的产品。这些产品被规定禁止向未成年人销售，禁止免费试用，包装要求有警告标签，2007年以后发行产品的制造商需取得FDA的许可，允许其继续销售。虽然烟草业宣称电子烟有助于戒烟，但是健康专家认为，立法者对烟草的控制非常重要。因为使用者仍然会对尼古丁上瘾，而且电子烟的使用量持续上升，尤其在青年人群体中。根据美国疾病控制和预防中心的统计，高中生的电子烟使用率从2011年的1.5%上升到2015年的16%。[83]

FDA加大干预力度的另一个领域是处方药广告的管理。自FDA采取的新方针使药品生产商更容易向消费者发布处方药广告以来，直接针对消费者的药品广告出现大幅增长。2007年，美国国会通过立法赋予FDA管理直接面向消费者（DTC）药品广告更大的权力。新法案允许FDA要求制药公司在投放电视广告前提交给它进行审查，但只能建议其进行修改，不能强制实施。新法案还允许FDA一旦发现广告有虚假和误导情况，可以对其处以罚款。第一次违规者，罚金为每天25万美元；3年内再犯者，罚金最高可达每天50万美元。FDA还可以要求DTC广告用清晰、突出和客观中立的描述讲明其可能导致的危险及副作用。对于新药，FDA可以要求其广告标明该产品获得FDA许可的日期。[84]

DTC处方药广告非常有争议。伦理思考20-1讨论了许多人反对这种做法的原因，以及为什么美国医学协会等组织和美国国会的一些成员呼吁禁止DTC药物的广告宣传。

伦理思考20-1

DTC药物广告是否因该被禁止?

DTC处方药广告一直是非常有争议的问题。全球只有美国和新西兰两个国家允许这种做法。FDA监管药品广告，负责处方药的广告宣传，而FTC负责监管非处方药的广告。多年来，美国的制药公司通过销售团队或在医学期刊上刊登广告，将大部分处方药产品直接销售给医生。然而，在1997年，FDA发布了新的指导方针，使得制药公司在电视和印刷媒体上刊登处方药广告更容易。消费者仍然需要得到医生的明确许可才能购买处方药，所以制药公司面临这样的挑战，刺激消费者去看医生，同时将其品牌的药物当作治疗药物。随着FDA指导方针的改变，在过去的20年间，DTC药物广告数量激增，制药公司也在美国拥有了一些大型广告客户。

DTC药物广告支出从1997年的8.59亿美元增加到2015年的52亿美元，其中大部分资金用于电视广告（30亿美元）和杂志广告（14亿美元），尽管互联网的广告份额也增长迅速。艾乐妥（Eliquis）、西乐葆（Celebrex）、修美乐（Humira）、伟哥（Viagra）和西力士（Cialis）等品牌处方药已经像软饮料品牌一样为消费者所熟知。由于各种医疗问题和情况，治疗过敏、胃灼热、关节炎、抑郁症和勃起功能障碍等病症的药物在电视节目中出现，让人感觉不到商业性的贩卖处方药广告很难。制药公司几乎像其他产品公司一样频繁、有效地通过名人和运动员来代言产品。女演员莎莉·菲尔德（Sally Field）是骨质疏松药物伊班膦酸钠（Boniva）的代言人，而血液稀释药物拜瑞妥是广告力度最大的产品之一，通过很多明星代言，包括 NBA 球星克里斯·波什（Chri Bosh）、喜剧演员凯文·尼龙（Kevin Nealon）和 NASCAR 赛车手布莱恩·韦克斯（Brian Vickers）。

制药公司表示，增加药品广告支出有助于向消费者宣传和教授疾病知识和治疗方案，鼓励人们寻医问药，并帮助人们克服与医疗条件相关的不利条件。它们还指出，广告有助于促进销售收入，用于支持代价高昂的研究和新药的研发。然而，反对者认为 DTC 药物广告会误导患者，在长期使用是否安全未知的情况下鼓励药物使用，促进老化和低睾酮等常见状况的出现和身体功能受到损害，并导致社会上处方药的过度使用。他们还认为，或许用其他治疗方法或改变生活方式更好，但是药物广告会引导患者要求医生开具特定的处方药。

FDA 负责确保药品广告的公平性、平衡性和真实性。2007 年美国国会通过立法赋予 FDA 更多权力来监管直接面对消费者的药物广告，例如要求制药公司至少在电视广告播出前 45 天提交进行审查。虽然 FDA 只能建议而不能要求修改，但如果制药公司的广告被发现具有欺骗性和误导性，它有权对制药公司处以罚款。2009 年，FDA 发布了新的广告指导方针，警告药物公司不要通过使用诸如高分贝的音乐或分散的视觉效果或比描述药物益处的字号更小的文字等策略来轻描淡写地提到药物的风险和副作用。FDA 还可以要求 DTC 药物广告披露具体的安全风险并确切、明显和中立地描述所有的副作用。

尽管 FDA 对直接面对消费者药物广告的管理权力不断加大，但由于每年提交给 FDA 进行审查的广告，包括电视广告、杂志和报纸广告、网络广告和网页广告甚至销售广告传单的数量在持续增长。2014 年，FDA 批准了 41 种新药，是自 20 世纪 90 年代以来数量最多的一年。其中许多药品被预计将有数十亿美元的价值，以解决新的未被满足的需求，同时为其制造商提供数年的专利保护，因为药品从最初申请日起拥有 20 年的专利期限。制药公司可能会不惜重金推销这些新产品来收回投资成本。2015 年，FDA 对其药物广告审查流程进行了修改，简化制药公司提交材料给监管机构审查的流程；不同于过去只能交纸质文件的流程，现在可以通过电子版的方式提交广告和文件。

当 DTC 药物广告持续增加时，许多消费者正在蓄力以摆脱其影响，医疗组织也在努力将其全部禁止。2015 年年底，美国医学协会呼吁禁止 DTC 药物广告，协会认为这会增加对可能不适合患者病情的新型、更昂贵药物的需求，并将药物价格的上涨归咎于营销和广告费用。

2016 年 2 月，民众反对制药公司的情绪高涨。图灵药业（Turing Pharmaceuticals）前首席执行官马丁·什克雷利（Martin Shkreli）在国会作证时拒绝回答关于图灵公司购买用于治疗癌症和艾滋病的药物达拉普里（Daraprim）的提问，随后将达拉普里提价超过了 5 000%的幅度。什克雷利多次行使第五修正案的权利以避免自己被定罪，他屡次偷笑，有一次差点笑出了声，这激怒了内务监督和政府改革委员会的成员。听证会之后，什克雷利发布了一条推特消息。

什克雷利的证词激起了公众以及立法者对制药业的愤怒。几周后，众议员迪劳洛（DeLauro）介绍了她提议的《药品广告责任法案》（Responsibility in Drug Advertising Act），该法案将对直接向消费者宣传新批准的处方药的广告暂停三年。如果确定新药具有明显的副作用，在三年的暂停后立法还将禁止其广告宣传。该法案的支持者认为这将有助于抑制医疗成本上涨，防止消费者接收不准确的信息。该法案的反对者认为，事实上这会通过移除 DTC 药物广告的优势来伤害消费者，并且指出，即使国会制定了限制 DTC 药物广告的法律，它也会因为违反保护商业言论的《宪法第一修正案》而不被通过。

制药业认识到必须解决 DTC 药物广告方面的担忧，并且正在采取措施恢复其声誉。根据什克雷利的证词，美国药物研究与制造商协会发起了一项名为“治疗希望”（Hopes To Cures）的活动，旨在通过讲述患者和研究人员的故事来突出医药创新给患者的生活带来的价值。辉瑞制药公司也发起了一项活动，其中包括平面广告和数字广告，以及公司科学家和医生在研发新药时讨论长期研发过程的视频。

虽然针对药品广告的斗争可能会持续下去，但许多人认为，随着消费者上网获取有关药品的信息，传统媒体如电视和印刷品中的DTC广告可能会在未来几年逐渐消失。Interbrand Health公司首席执行官指出，60%的消费者已经通过上网、向朋友发送电子邮件或查看社交媒体获得第一条健康信息。因此，禁止DTC药物广告并不重要，因为这种商业活动发生在公司无法控制、政府实际上也无法管理的领域。

资料来源：Christine Birkner, "With the Threat of an Ad Ban Looming, Pharma Is Fighting to Repair Its Reputation," *Adweek*, March 27, 2016, www. adweek. com/news/advertising-branding/threat-ad-ban-looming-pharma-fighting-repair-itsreputation-170409; Ana Radelat, "Lawmaker Introduces Bill That Would Curb Drug Advertising," *Advertising Age*, February 22, 2016, http://adage. com/article/cmo-strategy/lawmaker-introduces-bill-curb-drug-advertising/302797/; Andrew Pollack and Emmarie Huettman, "Martin Shkreli Invokes the Fifth Amendment during Grilling by Congress," *The New York Times*, February 4, 2016, www. nytimes. com/2016/02/05/business/drug-prices-valeant-martin-shkreli-congress. html?_r=0.

美国邮政服务公司

美国的许多营销商一直利用邮件发布广告与促销信息。美国邮政服务公司对邮件广告进行控制，包括对邮件的使用，以及对抽奖、淫秽和欺诈性广告的管理。该体系制定的规章抵制邮件被许多追求直接效果的广告主用作虚假宣传。这些公司在电视、广播、杂志、报纸上做广告，然后通过邮件获取订单和付款。美国邮政服务公司已查处很多利用邮件进行欺骗和欺诈的违规行为。

烟酒枪支管理局

烟酒枪支管理局（BATF）隶属于美国财政部（Treasury Department），其主要工作是执行法律，制定法规，并负责对酒类制造商收税。BATF负责管理和规范含酒精饮料的广告。它决定此类广告中可以包含哪些信息，以及哪些构成了虚假或误导性广告。此外，它还负责监督在酒类广告中使用警告性标签，以及禁止在啤酒广告中使用现役运动员。BATF可以对违规者进行严厉制裁。含酒精饮料的广告已成为非常有争议的话题，许多消费者和公共团体呼吁全面禁止啤酒、葡萄酒和含酒精类饮料的广告。

《兰哈姆法案》

在绝大多数广告主依靠行业自律机制和FTC解决其竞争者的虚假和误导性广告时，一些广告主将竞争者的虚假广告诉诸法律。从这个角度考虑，一个有力的法律武器显得日益重要，这就是**《兰哈姆法案》**（Lanham Act）。该法案肇始于1947年，当时名为《兰哈姆商标法案》（Lanham Trade-Mark Act），目的是保护那些用于识别某一生产商产品的文字、名称、标识或其他设计。经过修正，《兰哈姆法案》管辖范围还包括治理虚假广告，即禁止"任何虚假的描述或表现，包括虚假模仿类似产品的文字或其他符号"。FTC不受理广告主个体对竞争者的欺骗性行为的控告，而《兰哈姆法案》则给广告主提供了诉讼的机会。

随着1988年《商标法修正法案》（Trademark Law Revision Act）的通过，起诉竞争者从事虚假宣传比以前更容易。依据该法案，任何人错误表述"自己的或他人的商品、服务或商业活动的性质、特点、质量或产地"，都易招致民事诉讼。这项法案对《兰哈姆法案》进行了有力的补充，堵住了《兰哈姆法案》只禁止对自身产品或服务进行虚假宣传的漏洞。许多因比较广告引起的争端不再导致争斗或通过NAD解决，而是越来越多地求助于法律诉讼来解决。因为联邦民事诉讼程序赋予了更有力的挖掘信息的权利：通过非正式禁令，可以让竞争者更快地停止发布欺骗性广告，获得补偿的可能性更大。[85]但是，并非所有公司都能胜诉。依据《兰哈姆法案》，要赢得含有比较性诉求的虚假广告[86]，你需要提供五点证明要素：

- 虚假诉求必须与广告主的产品或你的产品有关。
- 被起诉的广告的确含有欺骗性信息或部分含有欺骗性倾向。
- 欺骗性诉求必须是“实质性的”且意味深长的，可能会影响消费决策。
- 虚假广告所宣传的产品或服务在各州之间进行交易。
- 你已经或者可能会因为这则虚假广告遭受损失，包括销售下滑和商誉受损。

使用比较广告的营销商必须仔细考虑信息是否有误导消费者的可能，或者比竞争对手更过于强调自己品牌的表现。在一些案例中，如果竞争的一方觉得对手的广告有误导性，或者不是建立在准确信息的基础上，可以发起一场广告挑战。迈克尔·J. 巴龙（Michael J. Barone）和他的同事最近进行了一项研究，提出了一个测量框架，用以评估各种比较广告可能带来的误导。[87]

州政府对广告的监管

除了各种各样的联邦规章制度，广告主还必须考虑许多来自州和地方政府的监管。美国州政府早期对广告进行管理的一个重大发展是 44 个州接受了《油墨》（*Printers Ink*）杂志的规范条例作为广告监管的基础。这些条例于 1911 年由广告行业的老牌商业杂志《油墨》起草。当然，许多州都对最初的条款做了修改，并采取了一些类似于 FTC 对虚假和误导性广告进行处理的法条。

除了联邦法院对虚假和欺骗性广告活动进行裁决外，许多州还对特殊行业或服务的广告进行专门的控制和管理。20 世纪 80 年代，联邦政府开始减少对广告行业的干预，许多州的检察长开始加强对虚假和欺骗性广告的法制管理。

在里根政府时期，FTC 趋于休滞状态，**全美州检察长协会**（National Association of Attorneys General，NAAG）开始行动起来，反对一些全国性广告主。1987 年，NAAG 制定了飞机票价广告管理条例，并被 40 多个州采纳。NAAG 的监管还涉及许多领域，包括汽车租赁广告以及食品广告中有关营养和健康的宣传。NAAG 参与全美广告监管引发的一个问题是：各州能否合作制定和施行全国统一的广告标准，而这实际上将取代联邦政府对广告业的监管。美国律师协会的一个专家小组指出，FTC 仍是管理全国性广告最合适的机构。它建议各州检察部门应将注意力集中在各州范围内的消费者权益侵害行为。[88]该小组还呼吁 FTC 和州检察部门之间加强合作。

近年来，各州的检察长在一些虚假广告案中同 FTC 及其他一些联邦政府机构已经开始合作。如在指控拜耳的 Yaz 避孕产品为虚假广告的案件中，27 位州检察长同 FTC 合作，最后 Yaz 广告被认定为不正确广告。这样的例子还有对 Airborne 的指控，Airborne 是一家生产复合维生素和草本补充剂的企业，在其产品的标签和广告中，错误地声明该产品能够治疗和预防感冒。Airborne 自 1999 年起就做了这样的广告，公司最后同意向购买了该产品的消费者退款，而这仅是总价为 2 330 万美元解决方案的一部分。[89]

广告主对于各州和地方广告管理条例日益增多的趋势表示担心。因为这可能意味着一个全国性广告活动不得不根据各地的具体情况进行修改。但 FTC 认为，在全美做广告和销售的企业应该遵循一个全美统一的广告管理政策。它意识到各州之间应开展更好的合作，而且坚持其对全美广告的监管责无旁贷。[90]为了以防万一，广告业仍需密切关注各州和地方的广告条例、规定和政策的变化。

其他促销领域的监管

到目前为止，我们已集中讨论了对广告的管理。然而，促销活动中的其他活动同样受到联邦、州以及地方法律和各种行业自律机构的监督。本节将考察一些影响销售促进、直复营销和互联网营销的法规、条例和指导原则。

销售促进

无论是消费者导向还是交易导向的销售促进都受到各种规章的管制。FTC 通过消费者保护局的营销实务部门对促销的许多领域进行管理。许多促销活动还受到州司法部门以及地方管理机构的约束。诸如补贴等各种商业促销行为，都应遵守《罗宾逊-帕特曼法案》（Robinson-Patman Act）的规定，该法案赋予了 FTC 控制价格歧视的广泛权力。

竞赛和抽奖

正如第 16 章中提到的，众多法律方面的考虑影响着竞赛和抽奖的设计与管理。这些促销活动受到很多联邦和州部门的管理。在竞赛（包括游戏）和抽奖的设计过程中，有两个重要的考虑因素：第一，营销商必须非常审慎，以确保其竞赛和抽奖活动不会被认为是博彩，后者被认为是一种赌博行为，并且违反《联邦贸易委员会法案》以及许多州和地方的法律。促销活动在以下情况下会被视为赌博：有奖金提供；赢得奖金单靠运气而非技术；参与者被要求放弃某些有价值的东西。最后一项是大多数竞赛、游戏和抽奖活动避免被视作赌博的判断基础。通常，只要消费者不是花钱进入竞赛或抽奖活动，这种促销活动就不会被看作赌博。

第二个重要的考虑因素是营销商应保证促销活动的透明。FTC 和许多州及地方政府要求营销商在竞赛、游戏和抽奖活动中必须确保信息清晰，并遵循规定确保游戏的公正。[91]其中，要求公开的信息包括奖金的确切数目、中奖概率、促销活动持续的时间、起始日期以及各类奖品的获奖名单。FTC 还专门制定了指导原则规范游戏和竞赛的操作过程。例如，要求游戏筹码应随机发放；在全部游戏筹码发出前游戏不能中止；在游戏过程中不能临时增加附加的游戏筹码。

许多州已对竞赛和抽奖活动中的欺诈行为采取了行动。1995 年，至少有 13 个州通过或加强了奖品通告法规，要求组织者充分告知活动的规则、中奖概率和奖品的零售价值。很多州还加大了执法力度。在个别州，一些值得关注的法律诉讼正在进行中，公诉人将有误导和欺骗性行为的抽奖和竞赛公司告上法庭。[92]

现在许多营销商使用脸书、YouTube 和推特等互联网和社交媒体网站来开展比赛和抽奖活动。这就出现了一些其他的营销商必须考虑的问题，如是否接受自动或重复电子提交，竞赛网站如何监测违规行为，以及对提交内容的长度、大小或格式的限制。如果比赛或抽奖活动涉及电子邮件的使用，营销商必须遵守在线数据隐私法以及反垃圾邮件法，这在本章后面会详细讨论。如果通过在线报名表从 13 岁以下的人群（包括其电子邮件地址）中收集个人信息，营销商必须遵守《儿童在线隐私保护法》。[93]

营销商在 YouTube 上发布视频音频、在脸书或推特上开展竞赛时必须遵守网站对于线上促销的规定。对于所涉及的用户原创内容（如图片、视频或短篇故事等），必须明文规定，将所用内容的必要权限和许可授予公司。营销商若想将这些内容用于营销，则必须获得每一个出现在该网站图片或视频中的人的公开许可。[94]互联网和社交媒体为营销商提供了更好的机会，使它们的比赛和抽奖活动到达特定的受众，并使这些促销活动的管理更经济有效。

一些社交媒体网站也在限制营销商使用它们的平台进行竞赛和抽奖活动。例如，2014 年，脸书改变了它的一项规定，禁止营销商从“点赞通道”进入页面获取内容或参加竞赛。脸书表示，这一改变是为了确保人们给页面点赞是因为他们真正想要了解一个企业或品牌，而不是因为他们受到诸如促销等人为刺激的诱惑。[95]

赠品

受到各种法规管制的另一个促销领域是赠品的使用。与赠品相伴随的一个普遍问题是虚报赠品价值。提供赠品的营销商应该标出赠品的零售价值。同时，当它向某些特定人群（如儿童）提供赠品时，还必须非常谨慎。因为即使给儿童提供赠品本身是合法的，这种方式仍颇具争议。许多批评者认为，这样做会诱使儿童为了得到赠品而不是产品本身去购买某件产品。为此，儿童广告审查联合会（CARU）专门针对提供赠品制定了自律条款。这些条款显示，儿童很难分清产品和赠品。如果产品广告中包含了赠品信息，就应该关注将儿童的注意力放在产品身上。但是，赠品信息应该有非常清晰的补充说明。应该简单、清晰地表明赠品的情况。“强制公布”的陈述和公开的内容必须以儿童受众可理解的标准进行表述。但是，最近一项由 CARU 委托进行的儿童广告调查发现，最普遍的违规行为是广告的所有信息都是在介绍赠品。而 CARU 条例指出，针对儿童的广告必须强调产品本身而非提供的赠品。[96]

贸易补贴

使用各种贸易补贴手段的营销商必须严格遵守禁止价格歧视的《罗宾逊-帕特曼法案》的各项条款。该法案还禁止制造商给批发商和零售商提供各类促销回扣和报酬，除非它们能按比例等额返还给所有消费者。[97]《罗宾逊-帕特曼法案》管辖的另一种商业促销形式是垂直合作性广告。FTC 对合作性广告活动进行监督，以确保合作基金能被零售商等比例使用而不会作为价格歧视的一种托词。

直复营销

正如第 14 章中提到的，直复营销发展迅猛。许多消费者现在受电视、印刷品及直接销售的影响，直接从公司购买产品。因此，FTC 加强了与直复营销相关领域的法律监管力度，包括邮购、900 电话销售以及电视购物广告。美国邮政服务公司也对使用邮件发送广告与促销信息、利用邮件接收平面广告和电视广告商品的订单和付款等加强了执行力度。

有很多法律涉及对邮购的管理。FTC 和美国邮政服务公司都严密监管直接反应广告，以确保这些广告没有欺骗和误导，不会虚假介绍产品或服务。法律还禁止营销商将商品直接邮寄给未订购的消费者，并对“消极优先购买权”进行管理，它是营销商给消费者邮递推荐商品，除非消费者发回拒绝或撤销信息，否则就视作同意购买。[98]FTC 还鼓励直复营销商提高送货的效率。如果不能按照要求（没有声明的情况下期限通常为 30 天）及时发货，公司必须允许消费者取消订单并获得全额退款。[99]

对直复营销管理越来越多的另一个领域是电话营销。随着 1991 年《电话消费者保护法案》（Telephone Consumer Protection Act）的通过，使用电话与消费者接触的营销商必须遵循由 FTC 制定的一系列复杂的规定。这些规定要求利用电话营销的营销商保留一份不愿接到其电话营销的消费者名单。持续接到营销电话骚扰的消费者可以向州法院上诉，要求该营销商支付最高额度为 500 美元的赔偿。这些规定还禁止营销商在上午 8 点以前和晚上 9 点之后给消费者家里打电话；禁止使用自动拨号电话、紧急电话的录音信息、医疗保健设备电话及对方付费的电话号码；禁止未经准许的垃圾传真广告，传真广告应清楚标明发送者的姓名和传真号码。[100]

2003 年，美国国会批准了 FTC 关于建立“全国拒绝来电注册”计划的提议。[101]在此提议下，消费者可以将自己的家庭电话号码和手机号码在“拒绝来电”中登记（见插图 20－3），这样就可以轻松避免大多数商业电话营销的骚扰。商业电话营销商必须付费购买这个注册数据库，以不打搅这些注册名单中的消费者。一旦某号码注册，营销商可以有 3 个月缓冲期，而该号码的登记有效期为 5 年。但政治和慈善请求电话不在此条例管辖范围之内，而且营销商可以给那些已经与它们建立关系的消费者打电话。如果营销商拨打了注册名单中的电话，每次将会被要求支付 1.1 万美元的罚金。FTC，FCC 及各个州都在强化“全国拒绝来电注册”，注册电话号码已有近 2.2 亿个。[102]

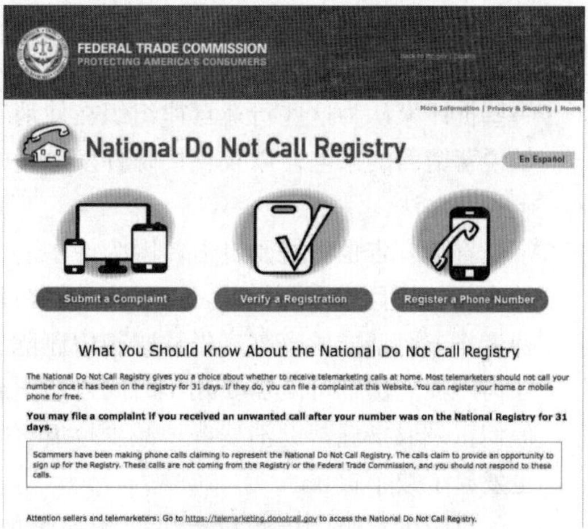

图 20－3　“全国拒绝来电注册”计划保护消费者免受电话销售打扰

资料来源：Federal Trade Commission.

“全国拒绝来电注册”对直复营销造成很大影响，因为它极大地限制了营销商可使用的电话号码范围。正如预测的那样，该注册名单的设立遭到直复营销行业的强烈反对。反对者认为，“拒绝来电”违反了《宪法第一修正案》赋予它们的权利，根本没有存在的必要。直复营销行业的重要商业组织直复营销协会（DMA）认为消费者已经有了很多拒绝来电的选择。例如，他们可以要求被排除在某个公司的电话营销名单之外，同时还可以与州立相关电话名单机构签订协议，再或者付 5 美元签订一份直复营销协会所保留的全国性非官方名单。直复营销协会指出，全国性注册名单会给直复营销行业带来更多官僚作风，而其希望达到的目标本来是可以通过行业自身的教育和管理加强的。

代表电话营销商的直复营销协会和美国电话服务协会（American Teleservice Association）反对“全国拒绝来电注册”的理由是：该注册名单剥夺了《宪法第一修正案》赋予它们的言论权利，是一个极端和拙劣的草案，使营销竞争者被迫遵从不同的条例。2004 年，美国上诉法院（U. S. Court of Appeals）肯定了“全国拒绝来电注册”，并裁决其为有效的商业言论管理制度。美国上诉法院指出，由于该注册不会影响政治或慈善电话，同时因为电话营销有被滥用并侵犯消费者隐私的危险，政府部门有权对其进行管制。[103]

直复营销商对其营销策略已进行调整，以应对来自“全国拒绝来电注册”的制约。它们开始更加专注于通过诸如抽奖和直接邮件等做引子，吸引消费者并使其同意接受直复营销商的电话。[104]一些行业专家和学者反驳说，拒绝来电注册管理确实可以净化行业环境，改善电话营销商的行为。因为电话营销商必须关注那些愿意接受其电话营销的消费者。[105]然而，让人担忧的是一些公司正在寻找该注册管理的漏洞。例如，一种名为“导引卡”（lead card）的新营销工具已经出现，它邀请接电话的消费者寄回愿意接收免费信息的反馈卡。但这些卡片没有警告消费者，即使他们的电话号码在拒绝来电的名单中，当他们寄回反馈卡的同时，也就放弃了拒绝卡片发送者来电的权利。[106]

一些公司使用另一种策略来避免“全国拒绝来电注册”的制约，它们用抽奖报名表作为消费者电话的一种获取方式，用来进行电话营销。如果做得正确，这可能是合法的营销工具；然而，FTC 已经打击了一些违反“全国拒绝来电注册”的公司，这些公司通过抽奖报名表获得电话号码来拨打电话。想要通过抽奖申请表进行电话营销的公司必须清楚且显著地披露其申请表信息将用于电话营销的目的，并包括一份在“全国拒绝来电注册”条款下签字表示消费者同意的声明。[107]

直复营销行业还要接受各种自律机构的监管，如直复营销协会和直接销售协会（Direct Selling Association）。它们都有专门的行业规范和标准，并希望成员公司拥护和遵从。然而，一些批评家认为这些行业自律组织在使消费者避免不希望接到的营销信息方面做得还不够，比如说营销商的来电，以及直接邮件发送者的提议和请求。也就是说，他们还将继续呼吁政府的干预和立法。

直邮广告也将遭受打击，因为许多消费者不想看到他们的邮箱被塞满宣传册以及其他形式的直邮，并且想采取行动。一些州已经在考虑立法，建立一个官方的非邮件注册中心，允许消费者将未经请求的直邮广告从邮箱中删除。然而，关于抵制直邮的提案都没有超过听证阶段，任何一种立法都可能需要几年时间才能出台。一些倡导团体并没有等待政府来解决这个问题，他们正采取措施帮助消费者，减少垃圾直邮广告的数量，有意减少直邮行业对环境影响的团体也发起了数个提议。

对减少直邮广告数量产生影响显著的一项动议是目录选择公司（Catalog Choice）。它于2007年由生态学中心（Ecology Center）发起，使命是减少重复和不请自来的目录邮件，促进企业可持续发展。[108]目录选择公司推出一项在线服务，允许人们列出他们不想收到的目录、优惠券、信用卡广告和其他类型的直邮广告。之后，该公司会与相关的零售商联系，要求它们将该消费者的名址从寄送列表中剔除，或者提供下载文件以修正直邮广告的数据库。数千家贸易商和营销商同意遵守该网站的退订要求，包括大型邮购公司兰斯恩德、欧迪办公以及户外零售商REI。2012年TrustedID收购了目录选择公司。TrustedID是一个提供隐私、安全和声誉管理服务的公司，主动帮助保护个人、家庭和企业免受信用和身份盗窃的侵害，在2013年被主要的信用监控和消费者数据分析公司艾克飞（Equifax）买下。目录选择公司现在与TrustedID合作，作为非营利组织运营。

互联网营销

作为营销工具，互联网的迅猛发展给管理者开创了一个全新的管理领域。针对其他媒体广告活动的消费者保护法律同样可用于互联网广告的管理。《联邦贸易委员会法案》禁止“不公正或欺骗性行为或做法”，包括互联网广告、营销和销售。互联网广告或网站中的诉求必须属实，特别是当它们涉及健康、安全或性能时，要求公布的内容可以防止广告误导消费者，确保消费者获取交易中有关术语的重要信息。互联网营销需要特别注意几个领域，包括隐私和安全、对儿童的网络营销、垃圾邮件等。

隐私和安全

备受关注的数据泄露问题和人们对消费者信息被收集用于营销的担忧，使得消费者隐私和安全问题成为政府监管机构的主要关注点。营销商必须确保其线上营销项目遵循消费者隐私和数据安全准则；否则可能会引起政府的执法行动，产生高昂的诉讼费，并造成负面的宣传，这些可能会严重损害它们的声誉，并带来长期的影响。

已经出现的主要互联网隐私问题涉及未公开的消费者特征测验，如互联网营销商可描述的某用户的姓名、地址、人口特征，以及线上或线下的购买数据。营销商曾提到，消费者特征测试为它们瞄准特殊定位，以及向目标消费者发送定制的信息提供了条件。但FTC指出，那些声称自己没有收集信息，却允许广告主秘密地收集网站浏览者信息的网站是违反消费者保护法的，并可以被指控“欺骗”。[109]1999年，互联网广告销售和管理方面的领导者DoubleClick公司，现为谷歌所有，由于收集了消费者的姓名、地址和其他个人隐私信息以及消费者都上哪些网站等信息，引发了一场争议。这场争议导致FTC对该公司进行调查，以及一些州对其提起法律诉讼。[110]

作为对收集消费者资料争议的回应，那些收集互联网使用数据和信息的公司在网络广告促进会（Network Advertising Initiative，NAI）的旗帜下联合起来，并制定了一部自律法案。[111] NAI 与 FTC 合作制定了一套隐私保护原则，向消费者解释互联网广告的做法，以及这些做法如何影响消费者和网络本身。NAI 还创办了一个网站（www. networkadvertising. org），给消费者提供关于网络广告实施的信息，并允许其摆脱 NAI 成员公司的针对性广告。

近年来，消费者隐私和安全问题已经成为 FTC 关注的主要问题。[112]该机构要求营销商主动加强对其所收集的数据的公开力度，并在追踪消费者上网行为之前征求他们的许可。[113]如今，有许多营销商都拥护数字联盟广告选择计划，这是一项由广告自律委员会实施的自我监管倡议，也是基于利益的广告问责计划的一部分。然而，批评人士认为，该程序只能阻碍行为广告的目标市场选择，而不能真正停止行为数据的采集。FTC 还呼吁监督名为“不跟踪”的项目的发展，该项目旨在禁止网站或移动应用运营商为实现既定营销目的而将个人数据收集或披露给第三方的行为。FTC 早在 2010 年就已经开始实施这个项目，引导消费者拒绝将他们的任何在线数据分享给第三方。[114]尽管许多数字广告公司原则上同意这个想法，但很难就该项目的定义、范围和应用达成一致。过去六年来，该项目在制定标准方面进展甚微。[115]

随着社交媒体的爆炸式增长，对隐私保护的担心越来越多。推特由于未能保护好消费者信息而使消费者隐私处于风险中，被 FTC 判定欺骗消费者，这成为 FTC 诉社交媒体的第一案。FTC 要求推特建立一个安全程序并在未来 10 年都要处于政府监控下。推特为了不受民事起诉，接受了 FTC 此项条款。[116]脸书公布了隐私政策的重大变化，给予用户更多内容管理权限，减少他人可看到的个人信息，同时使其他程序和网站访问个人信息更易掌控。[117]

对 FTC、州检察长以及其他监管部门来说，隐私和数据安全或许仍是他们的首要执行目标。2015 年，FTC 在一项针对温德海姆酒店及度假村（Wyndham Hotels and Resorts）的重大案件中胜诉。上诉法院确认 FTC 有权要求酒店安全地存储客户数据，并对酒店未能做到这一点进行惩罚。FTC 指控称，该公司的安全部门将上万消费者的账户信息数据分三次不正当地泄露给黑客。而温德海姆则质疑 FTC 管理数据安全的权限，称该机构对合理的网络安全并没有明确的标准。然而，上诉法院做出了有利于 FTC 的裁决，这被认为是一次消费者隐私权益的胜利，尤其是现在公司搜集越来越多的客户数据和信息。许多法律专家认为这是一个关键的案例，在未来可能会对公司数据安全有更多审查。[118]

对儿童的网络营销

以上提议都是针对成年人隐私的保护，而另一个最大的关注点则是对那些以儿童为目标市场的网站或活动的营销商的限制。这些关注导致了 1998 年**《儿童在线隐私保护法案》**（Children's Online Privacy Protection Act，COPPA）的出台，并于 2000 年 4 月由 FTC 实施。[119]该法案针对那些通过互联网收集儿童隐私信息的行为进行了严格限制，要求以儿童和青少年为对象的网站必须将隐私政策在网站首页及收集信息的网页上公布。它还要求针对 13 岁以下儿童的网站必须获得父母的同意方可收集大部分类型的儿童个人信息，以及对网络聊天室和公告牌进行监视以确保儿童没有在网上泄露个人信息。2000 年该法案颁布后，就由 FTC 决定如何获取认可。FTC 临时允许网站通过父母回复电子邮件的方式就可获取对某种信息的认可。由于其他获取认可的解决方案还未出台，FTC 提议将此法案作为永久性方案。[120]然而，这个问题将持续存在，尽管许多营销商已经对 13 岁以下的儿童关闭了网站，但是这些孩子为了能够登录这些网站通常会虚报年龄。由于年轻人都希望能用上具有互动功能的粉丝俱乐部、博客等网站，因此社交媒体的兴起加重了这个问题。[121]

自 2013 年 7 月 1 日起，为了使法律能顺应市场变化（儿童移动设备使用数量的迅速增长，以及随之而来的数据收集问题），FTC 开始对《儿童在线隐私保护法案》进行更新。这些更新包括：将地理位置信息、照片和视频分类为个人信息；在收集 13 岁以下儿童的数据之前需要得到父母同意。同时还扩展了《儿童在线隐私保护法案》，以覆盖诸如 IP 地址和移动设备 ID 等持久设备标识的方式允许公司在各类个人设备上跟踪用户（移动应用程序商店除外）。[122]

在线广告代言与原生广告

正如本书开篇所讨论的，FTC 已采取行动以解决社交媒体网站和博客上的代言问题，并确保所制定的代言规则适于解决该问题，就像它之前在面对传统广告和电视广告问题时一样。2009 年，该机构通过了一套新的在线代言方针，要求在线代言人或博主向广告主公开所有“实质性联系”。[123]根据新的指导原则，如果博主和付费代言人认为自己和公司品牌没有实质性联系，那么他们在脸书、Instagram 或推特等社交媒体网站上，或在诸如亚马逊等网站上发布产品评论，都将被问责。FTC 的方针也适用于那些由广告主支付，然后以广告客户的名义支付给博主或微博主的第三方广告网络平台。

FTC 介入的另一个在线营销领域是原生广告，也就是与出版商网站上的内容和主题相似的在线广告。2015 年年末，FTC 发布了期待已久的原生广告规范，因为营销商将更多的广告支出转移到数字媒体上，这已经成为一种非常普遍的做法。FTC 的指导原则的一个主要目标是确保关于在线广告的真实性和来源不存在误导性的陈述或遗漏。根据政策声明，“在评估广告格式是否具有误导性时，欧盟委员会将对整个广告进行审查，并考察它与其他内容区别的程度，并从出版商角度对一些因素进行考察，其中包括整体外观和书面、口头或视觉风格与非广告内容的相似性”。[124]

虽然 FTC 已明确表示它并不认为原生广告具有欺骗性，但该机构已经非常明确地规定了在哪里公开信息、如何公开信息，以及该采用什么样的语言。规范指出，当类似“广告”这样的标签是必要的时候，在消费者第一次接触的时候它们必须非常明显，并且信息公开必须出现在原生广告附近。规范同时强调了在消费者点击之前，有必要揭示原生内容是一则广告，并且提醒大家类似“代言内容”或“由……赞助”的标志也许并不足够避免误导其对广告内容的判断。许多这样的要求都与行业惯例不符，这意味着营销商和在线出版商必须重新审视它们的政策和程序。这也意味着 FTC 可能会对那些使用了违背规范的原生广告的营销商采取强制措施。[125]

垃圾邮件

另一个与互联网相关且受到很多管制的领域是**垃圾邮件**（spamming），即各种未经同意的电子广告信息。垃圾邮件已成为网络管理中的一个主要问题。许多研究表明，互联网用户每年需要花费相当于 10 个工作日的时间去处理这些垃圾邮件。[126]而且，根据生产率和维护网络的费用，这些邮件的成本每年达数十亿美元。从其他层面看，这些信息大多数还带有欺诈或欺骗性。

美国很多州已经颁布了反垃圾邮件的法律。2003 年颁布的一部全面的联邦反垃圾邮件法案《控制不请自来的色情和营销行为的攻击法案》（Controlling the Assault of Non-Solicited Pornography and Marketing Act，CAN-SPAM Act）于 2004 年 1 月 1 日生效。该法案对广告电子邮件的要求如下：

- 禁止传播虚假或误导性信息。
- 必须显著标明退订邮件的权利及接收者拒绝广告电子邮件发送的机制。
- 清楚且明显地标明该信息为广告。
- 标明信息发送者有效的实体邮寄地址。

如违反该法案，将受到民事和刑事处罚，包括最低 250 美元（以每封电子邮件为单位）到最高 200 万美元的罚款。虽然该法案已处理了几起违法案件，但要阻止不请自来的邮件信息仍任重道远。垃圾邮件发送商通过离岸运营及不停变换网络域名的方式，一直在逃避法律的监管。[127]

随着营销商在整合营销传播上更加努力，它们同时也面临着许多挑战，因为数字、社交和移动广告的监管正变得越来越严格。它们必须理解并遵循隐私和数据安全等领域的法律要求，以及涉及对代言人和在线广告形式使用的规范。许多公司与专门从事这些领域的律师事务所密切合作，以确保它们的数字营销计划遵守有关在线营销的规章制度。营销商认识到将隐私和数据安全考虑嵌入它们的数字营销活动和项目中是非常重要的，它们还必须了解有关代言人信息披露的规则和规定，并监控公司和品牌在网上发布的内容。[128]

本章小结

对广告的管理和控制既来自行业内部的管理和自律，也来自外部的联邦、州和地方监管机构的控制。多年来，广告业自觉推动行业自律，以削弱政府对广告的干预和控制。行业自律源自广告业的各个环节，包括广告主、广告代理公司、商业协会和广告协会及媒体。

ASRC 是美国国内广告业最重要的行业自律机构，在完成广告行业的自律目标方面卓有成效。各种媒体也都制定了自己的广告管理条例。主要的电视网一直坚持最严格的广告审查和广告限制。

在《宪法第一修正案》的保护下，广告被视为促进商业交易的商业演讲。联邦政府一直是最重要的外部监管机构，FTC 是美国广告界的主要监管机构。FTC 保护消费者和企业免受不公平和欺诈性宣传以及垄断行为的伤害。FTC 对广告进行了非常积极的管理，出台了许多新的方案和政策。该机构有许多用于监管的包括明确告示、广告属实、停止命令和纠正性广告在内的工具和程序。其他一些联邦机构也在监管广告与促销活动，其中包括联邦通信委员会、美国食品药品监督管理局、美国邮政服务公司等。FDA 监管香烟和其他烟草相关产品的广告与促销，以及 DTC 药品广告。

虽然大多数广告主依赖自律机制和 FTC 来处理其竞争对手的欺骗性或误导性广告，但还有许多广告主借着《兰哈姆法案》，通过对比广告针对竞争对手提起诉讼，做出虚假或误导性的声明。许多法律对其他促销活动也进行管制，例如销售促进和直复营销。FTC 对销售促进和直复营销的许多领域进行监管。各种消费者导向的销售促进工具，如竞赛、游戏、抽奖和赠品也都在管理范围内。最近，美国许多州开始非常积极地管制竞赛和抽奖活动。一些商业促销活动，如折扣和垂直合作性广告，均受到 FTC 的《罗宾逊-帕特曼法案》的管制。此外，在管理电话营销的同时，FTC 还对直复营销、邮购销售及网络销售进行管理。

互联网作为营销工具，迅猛发展并已成为广告管理的一个新领域。应用于其他媒体的消费者保护法也同样适用于网络管理。网络广告和营销最主要的管理领域包括隐私和安全、儿童在线广告、垃圾邮件等。对于儿童网络广告的关注已导致《儿童在线隐私保护法案》的出台。该法于 2000 年初由 FTC 施行。联邦政府还通过了《控制不请自来的色情和营销行为的攻击法案》，该法案于 2004 年 1 月 1 日生效。该法案的制定加强了对电子商务信息的管理。

FTC 越来越关注与社交媒体普及有关的隐私问题，并要求各种不同的网站保护用户的隐私。FTC 还发布了新的指导原则，包括网络广告代言中要求代言人和博客主披露与广告主间的所有实质性联系。2015 年，FTC 发布了有关原生广告的规范，由于营销商将更多的广告投资转移到数字媒体，原生广告已经非常普遍。FTC 规范的一个主要目标是确保不存在关于网络广告的真实性或来源的误导性陈述或遗漏。

讨论题

1. 本章开篇讨论了 FTC 关于网络广告代言的规章制度。你同意 FTC 新规范中要求博主和广告代言人披露他们和所代言产品的公司之间的重要联系的做法吗？这将会对在整合营销传播方案中使用社交媒体的公司产生怎样的影响？

2. 讨论监管广告和其他整合营销传播工具的必要性。你是否主张对 FTC 和 FDA 等政府机构的广告和其他形式的宣传进行或多或少的管理？

3. 讨论全美广告审查委员会（NARC）在广告自律中的作用。你是否认为自律是保护消费者免受误导和欺骗性广告损害的一个有效途径？

4. 你是否同意美国蒸馏酒精委员会认为的，如果不允许烈性酒做广告，会不利于烈性酒制造商与啤酒和葡萄酒制造商的竞争？试评价 NASCAR 撤销长期以来对烈性酒公司赞助禁令的决议，以及职业体育联盟如 NBA 允许烈性酒广告出现在镜头中的决定。

5. 整合营销传播视点 20-1 讨论了斯凯奇和锐步因 FTC 认为其美体塑身鞋广告宣传是虚假的、具有误导性的而且未被证实而对两家公司进行罚款的过程。从欺骗性广告的角度评价这些公司在美体塑身鞋广告中的广告词。你为什么认为它们应同意案件和解而不是提起上诉？

6. 找出几个使用夸大而非有据可依的广告诉求和广告口号。讨论为什么你会认为它们是夸大。

7. 评价 FTC 针对欺骗性广告对大众汽车公司的指控。这个问题如何影响消费者对大众汽车公司的看法？公司应该如何处理这一争议？

8. 伦理思考 20-1 讨论了 DTC 处方药广告争议。评价赞成和反对制药公司直接向消费者宣传其药品的论点。

9. 你是否认为 FDA 应考虑采用澳大利亚的香烟包装，呈现图片信息并淡化所有品牌元素？你认为这种包装有助于减少吸烟吗？

10. 讨论 FTC 建立的“全国拒绝来电注册”计划对直复营销行业的影响。直复营销商为撤销该计划会提出什么样的辩护？

11. 营销商在制定竞赛、抽奖活动和其他类型的网络或社交媒体平台上的促销活动时必须考虑哪些监管问题？

12. 讨论 FTC 等监管机构应如何应对营销商使用数字媒体和社交媒体日益增加的这一现象。为保护消费者免受公司网络营销行为的影响，需要监管的关键领域有哪些？

第21章 从社会、伦理和经济角度评估广告与促销

学习目标

1. 从不同角度考察广告与促销的伦理层面
2. 从不同角度考察广告与促销的社会影响。
3. 评估对广告的社会批判。
4. 探讨广告对消费者选择、竞争及产品价格的影响。

开篇案例

为女性赋权的广告——打破陈规并产生影响

本书前面曾介绍过一个非常有影响力的广告运动叫“像女孩一样”。如之前所述，因为赋予年轻女性权利，同时对年轻男性有积极影响，该项运动备受推崇。在该运动最受欢迎的时候，许多公司也制作了关于赋予女性权利的广告。事实上，现在有许多这类广告，被称为女权主义广告，并且每年设有女权主义广告奖励项目（#Femvertising Awards）。第一届女权主义广告奖设立于2016年，其资助者是一个拥有8 000万女性粉丝的生活网站，叫作“SheKnows Media”。该奖项对品牌的表彰分以下几类：幽默类（卫生棉品牌Hello Flo的广告“第一次月球派对”(First Moon Party)）、社会影响类（多芬的广告“说得漂亮”(Speak Beautiful)）、创意类（卡车品牌Ram Trucks的“勇气”（Courage Inside)）、新一代类（美国Always品牌的“像女孩一样”、迅速传播类（巴黎欧莱雅的“有价值的女人”（Women of Worth)）、策划类（英格兰体育理事会（Sport England）的“女孩你可以”（This Girl Can)）。该网站的首席营收官兼首席营销官萨曼莎·斯基（Samantha Skey）指出，颁发这些奖项是因为“有些公司正在努力激励和鼓舞女人和女孩采取积极行动，我们认为这是奖励她们的好时机”。如今已经有60多项广告运动参评。斯基清楚表明这些活动并不是公益服务宣言，而是在为年轻女性赋权的同时推动产品销售。

第一项获得显著关注的女性赋权运动可能是多芬品牌2004年赞助的“真美”运动，接着是2010年的“多芬自尊运动”(The Dove Movement for Self-Esteem)。人们认为这些卓有成效的宣传推动了后续类似宣传的发展。现在有许多类似的运动和奖励计划，包括潘婷的“闪耀”(ShineStrong) 和“没关系”(Not Sorry)，玩具品牌Goldie-Blox的“公主机器”（The Princess Machine)，耐克的“对它更好”(#BetterFORIt)，等等。它们似乎是为所有人效力。

想想这些数字：广告排行榜——《广告周刊》根据在 YouTube 上的播放量对广告排序，结果显示，从 2015 年到 2016 年，赋权广告的播放量翻倍。与其他广告相比，跳过这些广告的可能性降低许多。年龄在 18～34 岁的女性有两倍概率会重视播放赋权广告的品牌，有近 80%的人可能喜欢、分享、评论和订购该品牌。广告排行榜也展示了一些在各类网站上都反响热烈的广告。其他研究还表明，赋权广告像营销商一样为企业效力。由 Media SheKnows 网站进行的一项研究表明：(1) 超过 50%的被调查女性指出，她们购买一件产品是因为她们喜欢这个品牌和它在广告中描述女性的方式；(2) 81%的女性表示，积极塑造女性形象的广告对年轻一代来说很重要；(3) 51%的女性说她们喜欢这些广告是因为她们认为广告能打破性别平等的障碍；(4) 71%的被调查者认为品牌应该承担起利用广告向女人和女孩宣传积极信息的责任。基于这些结果，可以明确，使用这些女性赋权广告对所有相关者都有益。

但很显然，并不是所有人都一样地看待问题，例如女性大码服装的营销商——Lane Bryant。该品牌对女权主义广告并不陌生，之前已经发布了 #ImNoAngel 和 #Plus Is Equal 宣传广告——这两个广告都聚焦在体型认可上。但是，在它最新名为《身体》(ThisBody) 的冒险尝试中，公司被指责做得出格。其首席执行官兼总裁琳达·赫斯利 (Linda Heasley) 表示，新的宣传活动以顶级的大码模特为特色，其定位是一个"宣言（也是一封邀请函），要让世界知道胖女性对自己身体的感受如何，就像在活动中穿的手写体衬衫所展示的那样"。这个广告的目标在于让世界知道所有的女性都很美，并把 Lane Bryant 看作一个鼓励女性赋权、美丽、自信的品牌。为了传达该点，该品牌制作的一个电视商业广告中穿着全套杀手服装的模特一直脱到了裸体。这也是麻烦的开始。ABC 和 NBC 拒绝播出《身体》广告，NBC 的一名发言人表示，该公司违背了低俗广告标准（ABC 不予置评），可能是因为广告中出现了裸体和（或）母乳喂养。然而，Lane Bryant 有不同的看法，声称它的模特们并不比在电视上看到的其他模特更裸露。该公司暗指它的广告被拒是因为这些模特是胖女人，并发了一系列的推文表示这些广告是专门为黄金时段制作的。尽管 ABC 拒绝置评，但 NBC 坚称，它并没有拒绝这些广告，只是要求修改以符合 FTC 的指导方针。Lane Bryant 表示它不会修改这些广告，并会在社交媒体网站上播出。

最后，Lane Bryant 仍通过它被"禁播"的广告获得了大量关注。广告在脸书上发布的一天之内，获得了 80 万次浏览、2 万次转发以及 600 条评论。大多数评论都支持 Lane Bryant。有没有可能 Lane Bryant 正通过使用"禁令"来获得关注呢？有些人可能会这么想，因为 2014 年 Lane Bryant 的商业广告《阿什利·格雷厄姆》(Ashley Graham) 也被禁止了。另一些人会问 Lane Bryant 为什么不考虑修改广告？还是说电视网还没有准备好接受胖的性感模特？这似乎是一个精彩辩论的开始！

资料来源：Susan Wojcicki, "Ads That Empower Women Don't Just Break Stereotype—They're Also Effective," April 24, 2016, www. adweek. com; Jordan Valinsky, "Lane Bryant's 'Banned' Television Ad Is Raking in Viewers Online," March 11, 2016, www. digiday. com; Ahiza Garcia, "Lane Bryant Slams Networks for Refusing to Air 'ThisBody' Ad," March 11, 2016, www. money. cnn. com; Kandia Johnson, "Fem-Advertising: 3 Campaigns Empowering and Inspiring Women," June 6, 2016, www. blackenterprise. com; Lindsey Lanquist, "This Body-Positive Lane Bryant Ad Was 'Too Sexy' for TV," March 10, 2016, www. self. com; Liz Black, "Lane Bryant's Latest Campaign Is All about Body Inclusivity," February 9, 2016, www. refinery 29. com; Kristina Monllos, "These Empowering Ads Were Named the Best of #Femvertising," July 17, 2015, ww. adweek. com.

如果要我指出资本主义最致命的颠覆性力量、道德衰败的最大的单一来源，我将毫不犹豫地给出我的答案：广告。还有什么力量能像广告这般贬低语言、绞尽脑汁和诋毁尊严？[1]

支持女性赋权运动的宣传广告数量的增加，带来了积极和消极的双面结果。在本章开篇的案例中，广告活动的赞助商和宣传主体即女人和女孩，可能受益于她们的曝光，但是与此同时，也有人对广告背后的公司动机提出质疑，并且不喜欢广告所展示的事实。同样的道理也适用于有关跨种族的和LGBT（女同性恋（lesbian）、男同性恋（gay）、双性恋（bisexual）、跨性别者（transgender））关系的广告。当广告主选择这类形式的广告时，必须意识到它们可能对广告主自己、观众及整个社会造成影响。

本章的重点是探讨作为营销手段的各种广告与促销活动在向消费者传递信息和影响消费者行为方面发挥的作用。前文中我们已经在假定广告与促销活动是合宜的前提下，考察了广告与促销活动在商业和营销环境中所具备的功能。然而，正如你在开篇看到的，并非所有人都认同广告与促销活动是合宜的假设。在所有的商业活动中，广告与促销可以说是最突出的，因此也最容易被关心营销者采用何种方式出售其产品和服务的那些人所关注。

支持广告的人认为，广告是商业活动的源泉。广告向消费者提供产品和服务的信息，并鼓励人们提高生活品质。支持者还认为，广告创造了大量的工作机会，而且还能起到帮助新公司进入市场的作用。而公司要雇佣人员来生产广告中叫卖的产品或服务。自由市场经济体制建立在竞争的基础上，以信息为中心，而广告是最质优价廉的传递信息的方式。

然而，并非所有人都认可广告的价值。批评者认为大部分广告更多的是宣传而非客观信息。它创造出消费者从来都不知道的需求和过失。广告暗示我们需要给孩子配备电话，提示我们应保持苗条的身材和年轻的容颜，以及让我们的房间一尘不染。批评者指责那些用来推销从香水、啤酒到电动牙刷等的无所不在的粗俗广告，并指出正是这些广告导致了物质主义盛行、人们越来越强的不安全感和贪婪。

广告和其他整合营销传播方式遭到越来越多批评的原因之一是它们大量存在。不仅广告数量大大超过以往，而且出现在更多的空间。广告学教授戴维·赫尔姆（David Helm）指出："从贴着标签的香蕉到小便池和超市地板上的广告，我们每天暴露在3 000条商业广告之中。假设我们每天的睡眠时间为8小时，那就意味着平均每15秒钟我们就会接触到一则广告，而且我猜现在已经有人在琢磨有什么办法能在我们闭上眼睛后还可以向我们宣传产品。"[2]

随着营销商加大力度吸引消费者的注意力，人们对其整合营销传播行为的憎恶也与日俱增。有人担心，当整合营销传播达到新的高度，营销商变得越来越肆无忌惮时，会导致消费者的强烈反应。越来越多的广告和商标随处可见，这似乎是用传统手段塑造品牌的最后一搏。电话营销，数字与社交媒体上的广告，电影院、教室里的广告，似乎在以疯狂的速度出现在每个地方，信息的价值随之降低。这个系统似乎在朝着自我毁灭的方向发展。像Commercial Alert这样的团体开始关注广告和其他形式的营销活动会侵犯消费者生活的各个方面。除了关注商业相关信息的普遍性之外，该组织还关心其他与广告相关的问题。消费者权益保护群体指出，许多公司正在将说服性的信息包装成流行文化传播给大众，来模糊营销传播和娱乐的界限。[3]

广告是一种非常强大的力量，如果本书忽略广告对社会和经济影响的批评以及对这些批评的反驳，将是不完整的。本章将从伦理和社会视角来考察对广告的各种批评，然后再来评估广告的经济影响。

广告与促销伦理

上一章讨论了广告与促销运行的监管环境。虽然有许多法律和制度界定了广告业者的行为规范，但我们也应该意识到法律并不是万能的。营销商在评估一个营销活动是否恰当和能否得到回应时，通常必须基于伦理上的考量而非法律或行业规定上的考虑。**伦理**（ethics）是指社会道德准则和决定个人或群体决策及行为的价值观。[4]

一种行为可能并不违法，但有可能被认为是不道德的。定位营销就是很好的案例。没有哪部法律禁止烟草公司针对非洲裔美国人进行广告宣传和新产品促销，然而，鉴于这一群体肺癌以及与烟草相关的其他疾病的高发病率，许多人认为以这一群体为目标市场的烟草产品的广告与促销是不道德的。针对儿童的广告也是如此。

本书从多个伦理角度为大家呈现出在广告与促销活动中会涉及伦理道德因素的各个层面。在整合营销传播决策过程中，伦理问题是必须考虑的要素。广告与促销中由于伦理标准和判断方面失误而产生的行为立刻会成为人们关注的焦点，给公司带来极大的风险。

广告在社会中的角色颇具争议性，而这种争议性有时甚至会导致人们试图禁止某些特定的产品或向特定群体进行广告宣传及其他形式的促销。大学生就是这样一个特定群体。大学生酗酒已经成为一个严重的问题。近年来，大学校园中与酒精相关的问题已经造成了一系列不良后果，包括性侵犯、人身攻击甚至死亡。[5]多项研究指出，大学生酗酒行为显著增加，并提议制定针对与酒精饮料相关的广告与促销活动的禁令。[6]许多大学出台了包括禁止任何生产酒精饮料的公司为大学提供奖学金，或为大学生体育、音乐、文化及社会活动提供赞助的多项禁令，同时也对大学校报中刊登广告涉及的产品和价格做了限制性规定。

酒类公司是否不仅将大学生而且将未成年饮酒者作为其营销目标这一问题如今备受关注。第20章中提到，随着蒸馏酒行业成功突破长期以来对该行业在电视和广播中播放广告的禁令，啤酒、葡萄酒、酒精饮料营销商的行为受到严格审查。许多人认为，该行业加入啤酒和葡萄酒广告主之列在电视上做广告是在检验公众的态度，很可能会导致公众要求政府加大对酒精类产品广告的限制。[7]美国卫生总署（U. S. Surgeon General）署长发布的一份报告称，酒类是最易被美国年轻人滥用的物质，并督促酒类营销商减少户外广告，停止在大学学报上做广告及终止对大学的活动赞助。[8]这份报告还呼吁媒体、酒类营销商、大学和研究机构共同行动起来重视这一问题，不在电影、电视节目中美化未成年人喝酒的场景，减少互联网等媒体针对未成年人做这类产品的广告。

一些生产和销售啤酒和烈性酒的酒类公司，和政府机构一样，已经意识到了它们有责任警示消费者，特别是青年人，减少酒精滥用，避免酒后驾驶。许多公司已经制定了解决相应问题的计划和广告。加拿大同样如此，位于阿尔伯塔省的博彩和酒类委员会一直在进行一项广告宣传活动，鼓励饮酒者理性消费。这项活动还包括年龄证实页面、脸书页面和Pinterest、Instagram与Twitter上的图片。美国啤酒协会（Beer Institute）和蒸馏酒精委员会的营销管理规范也禁止在大学校报上刊登酒类广告和在成人仪式上做酒类广告，同时对户外广告也做了某些限制。这两个组织还要求，只有在70%的受众达到21岁及以上的媒体上才能做酒类广告。

通常，对广告的批评往往集中于对某类广告主的行为的评判上。像全美妇女组织（National Organization for Women，NOW）及妇女反色情组织（Woman Against Pornography）这样的团体，对在广告中宣扬性自由、将女性物化为性对象的广告大加抨击。现在，这些组织已经被大众所认可。你可能还记得第17章中，百威淡啤的无论什么嗨起来宣传活动因其广告语受到指责。“让你今晚的字典里没有‘不’字的好啤酒”，一些人认为该口号是对约会强暴的认可。百威公司很快就道歉了，并停止在标签上印刷该口号。然而，其造成的负面宣传必定影响百威的最佳利益。[9]从积极的方面来说，一些啤酒公司正在更多地思考女性会怎样看待它们的广告。银子弹啤酒（Coors Light）的名为“攀登”（Climb On）的系列宣传中展现了男性和女性一同参与高难度运动，如爬山、白浪漂流等。同时喜力啤酒的宣传活动中也指出饮酒较少的男性更吸引女性。在喜力的宣传活动中，女性一边唱着邦尼·泰勒（Bonnie Tyler）的歌《我需要一个英雄》（I Need a Hero），一边从醉酒的男性身边走过。

在阅读本章时，应切记的是文中的各种观点来自有着不同背景、持有不同价值观和有着不同利益诉求的群体。你可能并不认为香烟、啤酒和性诉求广告有什么不对，其他人则可能基于道德和伦理的考量对这类广告持反对意见。在我们向你展示论辩双方关于这些有争议问题的观点的同时，也希望你记住，孰是孰非需要自己做出判断。

对广告的社会及伦理批评

许多对广告的争议根源于很多公司将广告作为销售工具的运用方式，以及广告对社会品位、价值观和生活方式的影响。广告主使用的特殊技巧被批评为虚假、具有欺骗性、暴力、低俗和对诸如儿童等弱势群体的利用。下面将对上述批评进行逐条讨论，并为大家呈现广告主对这些批评的回应。然后我们将注意力转到那些对影响价值观及生活方式广告的评判上来，以及对广告促成社会成见和广告主控制媒体的指责。

广告的虚假性或欺骗性

许多广告误导消费者、提供不真实信息和采用欺骗手段是导致人们抱怨广告的主要原因。很多调查都显示，总体而言，消费者对广告持不信任态度。这些研究表明，消费者发现绝大多数广告不诚实，因此不会相信这些广告。在一项《广告周刊》媒体/哈里斯民意调查中，65%的受访者说他们只偶尔相信广告，18%的人大部分时候相信，13%的人从不相信。[10]尼尔森公司每年都会进行一次调查，调查消费者对赢得媒体与自有媒体的广告的信任程度，并给出了一项更具体的分析。如图表 21-1 所示，该结论表明过去几年消费者对广告的信任程度几乎没有变化，而且其信任水平因广告来源的不同而不同。

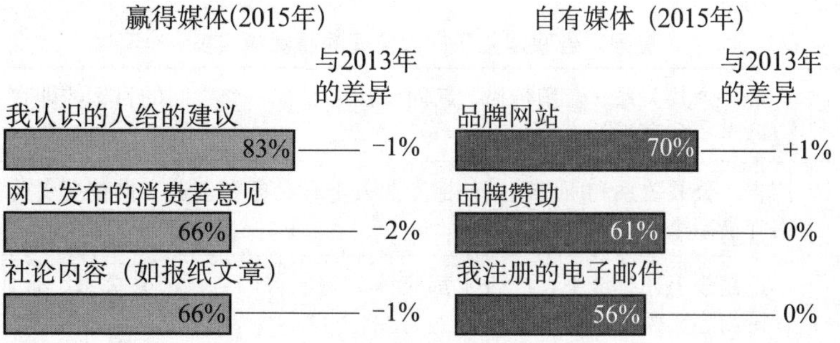

图表 21-1 对广告的总体信任

资料来源：Nielsen，2015.

关于行业和政府对欺骗性广告的监管和控制的尝试，已经在第 20 章进行了讨论。其中提到，广告主对产品性能的说明应该基于合理的依据，并且应该提供相应的证据来支持其承诺。然而，由于消费者对广告的理解，以及这一理解对他们信念产生影响的不同，广告的欺骗性问题变得比较微妙。[11]由于构成欺骗的要素难以确定，加之广告主有权使用夸张的手法和主观承诺的方式来吹捧其产品，就使得这一问题更加复杂。不过，许多评判者关注的问题在于：广告主蓄意欺骗和误导的程度到底有多大。

有时，广告主会公然做出错误的或带有误导性的承诺，或者没有兑现抽奖或促销中所承诺的奖励。但这一般只是一些小公司所为，而且在每年价值上千亿美元的广告与促销活动中所占比例很小。大多数广告主在制作其广告时通常不会蓄意误导或欺骗消费者，一般也不会在抽奖促销中故意不兑现其承诺。之所以如此，不仅因为这样做是不道德的，还因为成为被告有损公司的声誉，以及有被监管组织和政府部门起诉的风险。特别是全国性广告主，它们往往花费巨资来塑造品牌形象，赢得消费者对品牌的忠诚。因此，这类广告主不大可能冒着丧失得来不易的顾客信任的风险而对消费者进行蓄意欺骗。

广告与促销的虚假性或欺骗性问题更多地存在于地方层面和特定领域，诸如网络诈骗、电话营销和其他形式的直复营销。不过，在很多情况下，仍然有许多大公司被指控在广告与促销中误导消费者。例如，汽车公司起亚和现代是美国政府和集体诉讼的目标，当时美国环境保护署发现，两家汽车制造商都违法了，它们发布了虚高的汽车燃油经济性评估。[12]现代和起亚同意支付 1 亿美元的罚款，放弃 2 亿美元的排放额度，并花费 5 000 万美元建立证明里程索赔的独立测试，从而与美国政府和解，解决集体诉讼问题。在另一个案例中，福特汽车公司需要在一年内两次降低其混合动力车的里程评级，并为混合动力车型（如 C-Max 和 Fusion 混合动力车）的 20 多万车主提供补偿。[13] 2016 年，三菱公司承认它曾操纵过燃油经济性测试，而且正如你在第 20 章所读到的，大众汽车公司也曾被发现操纵排放测试。一些公司为了在竞争激烈的市场上取得优势，有时会做出一些试探行业和政府法规底线的行为。这种情况似乎在汽车行业属实。

尽管许多广告批评者认同大多数的广告主并没有故意欺骗消费者，但他们仍然认为消费者并没有获得足以使他们做出明智选择的信息。他们认为，广告主通常只提供那些对它们自身有利的信息，却从来不告诉消费者关于产品和服务的全部真相。

很多人认为，广告在本质上首先应该是信息性的，因此不该被允许使用夸张和修饰性的信息。另一些人则称，广告主有权做有利于其产品和服务的宣传，而不应被限制为仅提供客观的、可验证的信息。[14]他们指出，消费者有能力抵制违背其意愿的诱惑，而且众多的行业和政府法令足以防止广告对消费者的误导。图表 21-2 展示了美国广告联盟关于广告伦理的原则和实务，许多广告主将其当作指南来制作和评估广告。

图表 21-2　　美国广告联盟关于广告伦理的原则和实务

原则 1	广告、公共关系、营销传播、新闻和社论都有一个共同的目标，即在为公众服务时遵循事实和高尚的道德标准。
原则 2	广告、公共关系和所有营销传播专业人士有义务在创造和向消费者传播商业信息时恪守最高个人道德标准。
原则 3	不论是线上还是线下，广告主都应该清楚地将广告、公共关系、企业通信与新闻、社论内容、娱乐区别开来。
原则 4	为了能充分地透明公开，广告主应清楚地披露所有影响社交和传统渠道背书的重要条件，如免费产品的支付或收据，以及代言人的身份。
原则 5	广告主应根据广告所针对的受众类型以及宣传产品或服务的性质来公平地对待消费者。
原则 6	广告主不应该在营销传播中侵犯消费者的个人隐私，要保证消费者可以简单明了地决定是否提供他们的信息。
原则 7	广告主应遵循联邦、州和地方的广告法，并结合行业自律项目共同解决广告业务问题。
原则 8	广告主和其代理机构，以及线上和线下的媒体应私下讨论其潜在的道德问题，广告制作团队的成员应获准在内部表达他们对道德的担忧。

令人厌恶的和低俗的广告

另一个使广告遭到广泛批评的原因是：广告有时令人生厌、惹人不快或毫无品位，等等。多项研究发现，消费者认为大多数广告侮辱了他们的智商，而且很多广告品位低下。[15]

低品位的根源

在很多方面，广告都可能冒犯消费者或者令他们感到不快。当像避孕用具或个人卫生用品这样的产品或服务出现在广告中时，就会招致很多人的反对。直到艾滋病的传播危机迫使人们重新审视对安全套广告的限制时，大多数媒体才开始刊播避孕套广告。1987 年，主要电视网允许它们的子公司播放避孕套广告，但直到 1991 年，第一个避孕套广告才出现在电视网上。

1994 年，美国疾病控制与预防中心（CDC）新开展了一项艾滋病预防宣传活动，其中包括凭借广播和电视广告来敦促性活跃的人使用乳胶避孕套。这些广告引发了保守派和宗教团体的强烈抗议，他们认为政府应该强调节欲以阻断艾滋病在年轻人中的传播。NBC 和 ABC 都同意播放所有的广告，CBS 也表示将播出部分广告。[16]

避孕套广告已经在电视上播放 20 多年了，但仅限于深夜时段和有线电视网。然而，在 2005 年，广播网同意播放避孕套品牌特洛伊（Trojan）针对健康的广告，以此开创了在黄金时段播放避孕套广告的先河。[17]特洛伊的广告属于知识普及类广告，提供一些事实和数据来提高观众的觉悟，让他们意识到在那些性活跃的人身上发生不受保护的性行为的潜在后果。2007 年，CBS 和福克斯公司（Fox）都拒绝了特洛伊避孕套的商业广告，因为它们对广告中的创意内容有所担忧。福克斯公司表示，避孕套广告必须强调与健康相关的用途而不是避孕，因此拒绝了这一广告。[18]

研究发现，在令消费者感到不快或品位不高的广告中，呈现出明显的等级差别。最令人生厌的商业广告是女性卫生用品广告，紧随其后的则是女性内衣和痔疮药广告。另一项研究发现，消费者往往会讨厌那些他们不用的产品或不会购买的品牌的广告。[19]电视和印刷品上的个人用品广告日渐增多，人们更容易接受这类广告。不过，广告主仍需注意广告中产品表现的方式，以及语言和术语的使用。在制作能被电视网接受的电视广告时，还有许多法律、法规和习俗禁忌是广告主必须考虑的。[20]

广告可能冒犯消费者的另一个原因是其采用的诉求类型或表现方式。例如，很多人都反对通过制造消费者的不安情绪来吸引注意力。恐惧诉求广告，特别是那些除臭剂、漱口水和去屑洗发水等产品的广告，就被认为试图通过制造人们的不安情绪和利用人们害怕被社会排斥的恐惧心理来销售其产品，从而遭到人们的批评。一些试图使父母认为如果他们的孩子不会使用电脑，就会在学业上失败的家用电脑广告也遭到了人们的批评。

性诉求

因品位低下而受到批评最多的广告诉求，是那些使用性暗示或裸体等性诉求的广告。在对澳大利亚电视观众进行的一项纵向研究中，迈克尔·尤因（Michael Ewing）发现，澳大利亚广告标准局（Advertising Standards Bureau）收到的对性、性行为和裸体的投诉最多，几乎是其他问题的三倍。[21]其他国家也有类似的现象。这些技巧经常被用来吸引消费者的注意力，甚至可能不适合所宣传的产品。即使产品与性诉求有关，人们也会被它惹怒。

正如你之前在本书中看到的那样，对性诉求的普遍批评是，它们把女人（或男人）描绘成性对象。尽管许多产品，包括一些服装公司也利用了性诉求，但化妆品和内衣广告最受人诟病，因为它们不仅把女性描绘成性对象，并且有性暗示。使用涉性广告的一个原因是它们会带来关注，并通过宣传和/或口碑带来免费曝光。例如，梅根·福克斯（Megan Fox）、碧昂丝和大卫·贝克汉姆（David Beckham）分别代言的涉性宣传广告，每个广告都获得了超过 1 200 万的浏览量。[22]

一个为获得公众关注使用涉性广告（并取得巨大成功）的公司就是 Calvin Klein 公司。自 1981 年第一则备受争议的广告出现之后，该公司发布了许多非常色情的广告，并不断挑战底线，这在各类媒体上引发了正反方的争论——但都增加了广告的关注度。

毫无疑问，观看者对广告当中性诉求的使用看法不一。然而，广告主不太可能停止使用性感广告。正如一位公司发言人回应这些批评时所指出的那样，“风格是一种诠释，就像所有艺术一样，我们欣赏所有的观点”。[23]

对于广告中使用性的态度存在两极分化，因为不同意见取决于个人的价值观和宗教取向，以及年龄、学历和性别。一项研究发现，男性和女性对广告中含有性的态度存在重大差异。[24] 如图表 21－3 所示，近一半的男性表示他们喜欢性广告，而只有 8%的女性这样觉得。大多数男性（63%）表示，性广告有很高的使人驻留的魔力，能引起他们的注意，但较少的女性这样认为（28%）。此外，大多数女性（58%）表示，广告中的性行为太多，而男性只有 29%有此想法。女性也比男性更有可能认为，性广告加速了道德和社会价值的堕落，贬低了广告中的模特。

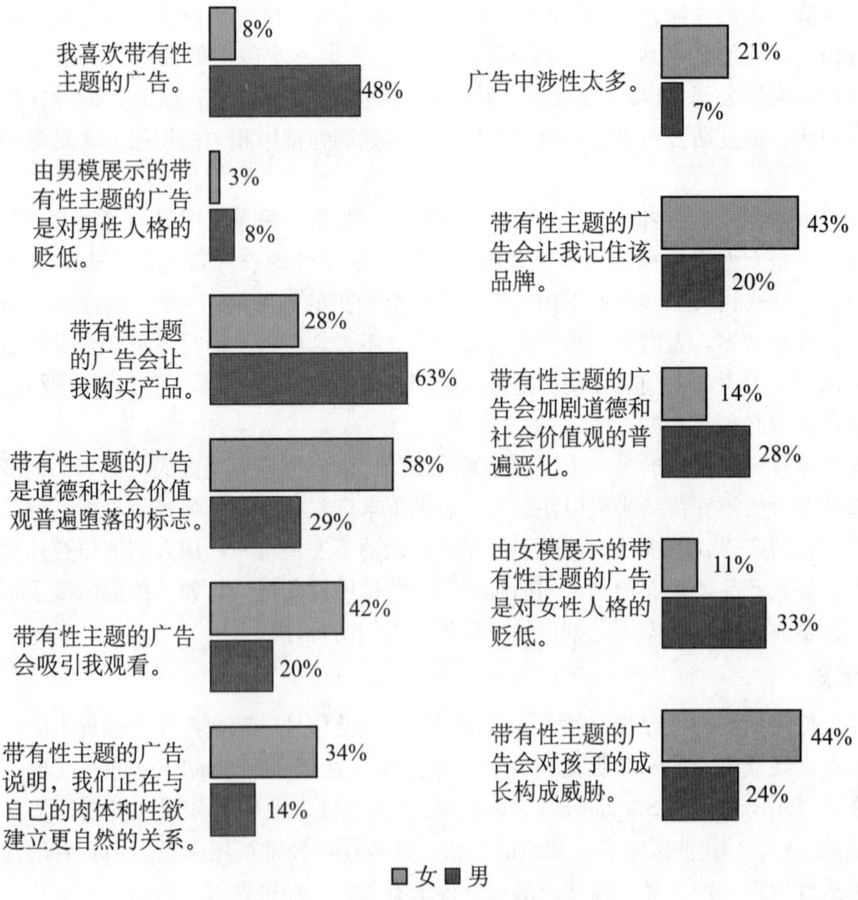

图表 21－3　男女对涉性广告的态度比较

资料来源：From Media Analyzer.

震撼性广告

随着广告环境的日益复杂，许多广告主仍继续使用性诉求和其他技术，这虽然可能会冒犯消费者，却能抓住消费者的注意力，甚至引起公众的关注。近年来，一种被称为**震撼性广告**（shock advertising）的广告形式日渐增多，广告主使用裸露、性暗示或其他怪异的形象来吸引消费者的注意。正如之前在本章中所讨论的那样，震撼性广告并没有什么新鲜之处，像美国服饰（American Apparel）和 Calvin Klein 等公司使用这一技巧已经有段时间了。不过，已有一些营销商因为在广告和其他促销品中使用震撼性手法而受到指责。最近，墨西哥啤酒品牌 Tecate 在洛杉矶和旧金山的广告牌上展示了一棵被“bano”（西班牙语为“浴室”）字样覆盖的树，这让人们感到震惊。这个半开玩笑的信息暗示男士更方便进入洗手间。尽管 Tecate 表示这则广告不面向美国市场，并把它撤了下来，但人们仍然想知道它的目的是什么。服装零售商阿贝克隆比 & 费奇（Abercrombie & Fitch）因在其季度目录中运用性暗示手段，使用包括情色片女星的描述，用嘲讽式的访问将一个商场的圣诞老人描述成有恋童癖以及使用裸体照片等而多次遭到批评。几年前，这家零售商在其装圣诞促销目录的塑料袋封面上印上“280 页的性与圣诞乐趣”的广告。对此，四个州的政府威胁将抵制公司或对其提起法律诉讼。[25]公司于是做出回应，推出了确保目录的可能购买者都是 18 岁以上的成年人的补救措施。目前，阿贝克隆比 & 费奇似乎采取了新的方式以震撼消费者，具体信息可以在伦理思考 21 - 1 中看到。

伦理思考 21 - 1

阿贝克隆比 & 费奇和美国服饰公司震撼消费者的显然不是商品，而是广告

或许最坚持使用震撼性广告来吸引消费者注意力的两家公司就是阿贝克隆比 & 费奇和美国服饰这两家服装公司，它们总是推出限制级的色情广告。这两个品牌一度享有著名的品牌形象，现在却臭名昭著。两家公司的前 CEO 都备受争议并被迫离职。两家公司都在走下坡路。

在一个品牌形象就是一切的时代，一个公司的领导者应该采取一切可能的措施以确保品牌形象不受任何损害。但对阿贝克隆比 & 费奇公司（A&F）的前首席执行官迈克·杰弗里斯（Mike Jeffries）来说，并非如此。零售业专家芭芭拉·法凡（Barbara Farfan）指出，“在他担任首席执行官期间，他的商业理念和色情化公司品牌形象的观点震惊了客户、客户的父母、投资者、同行零售商、宣传团体以及其他所有关注的人。”2013 年年初，杰弗里斯发现自己陷入了一场独特的争议中，这一争议让 A&F 的粉丝和评论家就他和他的公司是否有道德准则而大为费解。A&F 对争议并不陌生，或许也曾在争议带来的宣传中获益。然而，这次却不一样，因为在 2014 年 12 月杰弗里斯被要求辞去 22 年来担任的公司总裁一职。

A&F 几十年来都在挑战极限，主要在于它的广告和商品目录中含有色情内容，招致了各界的批评。有一段时间，这家公司似乎很低调，虽仍保留涉性的定位，但以一种不那么骇人的方式呈现。看起来很震惊，但可能只是另一种不同形式的冲击。这一争议实际上要追溯到 2006 年，当时杰弗里斯在《沙龙》杂志的采访中说道：

> 每个学校都有很酷很受欢迎的孩子，还有一些不那么酷的孩子……坦白地说，我们迎合的是那些酷孩子……全美有魅力的孩子，态度积极，有许多朋友……我们是排外的吗？当然。

但是他并没有就此打住。

> 那些陷入困境的公司正试图针对每个人：年轻的、年老的、胖的、瘦的。但后来你变

得完全普通了……你没有疏远任何人，但你也不会引起任何人的注意。

他也没有在这打住。

我们在店里雇佣漂亮的人……因为长相好看的人会吸引其他好看的人，我们想要推销给酷的、好看的人。我们不向除此以外的任何人推销。

有趣的是，在2006年，杰弗里斯的言论并没有受到多少关注，不像他在2013年发表的新言论那样。当时，在A&F股价下跌的讨论中，A&F表示，该公司不希望将服装卖给身材肥胖的女性。这些从“老式的”杂志采访中挖掘出来的旧语录，在“新式的”社会里充分展示出来。毫无疑问，鉴于评论的两极分化，杰弗里斯的言论迅速传播开来。

但实际上它们以两类不同的方式传播开来。第一类批评来自社会活动家，他们认为杰弗里斯和他的公司麻木不仁并带有歧视。组成这个团队的人创建数字请愿书、写信，并制作YouTube视频联合抵制A&F的服装。那第二类呢？基于2012年3月至2013年3月期间，大码女装市场的零售额超过130亿美元，分析师们质疑杰弗里斯拒绝为大码女性生产和销售服装是不是一个明智的商业决定。此外，A&F相对于美国鹰（American Eagle）、瑞典连锁服饰品牌H&M和老海军（Old Navy）等品牌的市场份额也在不断下滑，后两家公司都有大码服装。

然而，也许杰弗里斯言论中最糟糕的部分并不一定是他在7年前说了什么（因为大家对此并不敏感），而是他没有采取任何行动来撤回评论。他拒绝对此事发表评论，这或许意味着不会有任何转机。

但对于那些真正了解A&F品牌的人来说，这一切都不让人感到意外。毕竟，这家公司多年来每季度都会推出时装目录（称为季刊），通常以赤裸的年轻成人模特和大量关于性的相关文章为特色。为应对抗议和潜在的抵制A&F产品的活动，该公司不得不在2003年停止生产此类目录。2011年，该公司提出付费给MTV电视台的电视剧《泽西海岸》（Jersey Shore），让剧中角色不再穿A&F的服装——尤其是演员迈克·索伦蒂诺（Mike Sorrentino）——因为他穿的衣服可能会造成品牌形象“严重受损”（迈克只在推特上回应说“这似乎是A&F咎由自取”）。2012年，彭博新闻社发表了一篇文章，有关杰弗里斯长达40页的“飞机标准”手册，该手册详细阐述了他希望在搭乘公司的G550喷气机出国时享受怎样的服务。比如，要求每位剃干净胡须的男性穿一套A&F的polo衫、拳击手内裤、人字拖，并喷上A&F的古龙香水，当然还有许多别的要求。

显然，杰弗里斯和他的公司在过去20年里都不乏引人困惑、引发争议的行为，有些人认为这是一种获得免费宣传的策略。但杰弗里斯可能没有意识到，自从2003年的备受争议的季刊和他在2006年甚至2011年发表评论以来，时代已经发生了变化。季刊在停刊之前，巅峰时期每刊发行量大约为20万份，并且A&F有40万名推特粉丝和760万脸书粉丝（到写这篇文章为止），所以很显然，在当今世界没有什么是不被注意的。一名愤怒的男性制作了一段视频，视频中他把A&F的衣服赠送给无家可归者（以及其他被杰弗里斯认为是“不酷的”人）。这段视频很快就获得了超过100万的浏览量。包括埃伦（Ellen）、柯斯迪·艾黎（Kirstie Alley）和麦莉·赛勒斯（Miley Cyrus）在内的众多名人都声称要抵制或者烧掉他们的A&F服装。在此番报道宣传之后，A&F 18～34岁的核心市场对该品牌的态度变差，而H&M则获得了提振。到2016年，当美国消费者满意指数发布时，A&F获得了在该评测系统历史上最低的客户满意度评级，销售额持续下降。也许杰弗里斯本该更明智地思考他的行为和商业决策，或者这个以挑战极限而闻名的品牌挑战得太过了。

至于美国服饰公司，无须深入研究它的广告，就足以发现它在性和争议性方面与A&F相当。美国服饰的许多广告都在不同的国家被禁播了，而且好像也备受争议。美国服饰的形象和销售情况与A&F如出一辙，2013年美国服饰公布净亏损1.063亿美元，2012年亏损1.06亿美元。2014年12月，其首席执行官CEO多夫·查尼（Dov Charney）被解雇。也许“性销售”这个老词终究不正确，也或者只是两家公司做得太过分了。

资料来源：Barbara Farfan，“Brand Image vs Brand Reality in Mike Jeffries Led Abercrombie & Fitch，” June 4，2016，www.retailindustryabout.com；Jessica Goldstein，“American Apparel Fires Controversial CEO Accused of Sexual Harrassment，Hires Woman Instead，” December 17，2014，www.thinkprogress.org；Nico Amarca，“20 Controversial Ads That Defined American Apparel (NSFW)，” October 7，2015，www.highsnobiety.com；Barbara Thau，“Why Floundering Abercrombie Should Reconsider Snubbing the Full-Figure Set，” May 10，2013，www.forbes.com；Barbara Thau，“Embattled Abercrombie CEO Backpedals on Exclusionary Comments，” May 17，2013，www.adweek.com；Barbara Thau，“Man Strikes Back at Abercrombie & Fitch by Giving Its Clothes to the Homeless，” May 15，2013，www.adweek.com；Ann Oldenburg，“Jersey Shore Boys Fire Back at Abercrombie，” August 18，2011，www.usatoday.com.

许多广告专家认为，为了使广告备受关注，那些饱受压力的营销商和广告代理公司不得不增加震撼性广告的使用。然而，使用震撼性广告的营销商越多，广告就越需要运用更加具有震撼力的形式来引起受众的关注。而广告主使用这些诉求方式能够走多远取决于公众的反应。如果消费者认为广告主太离谱，那么他们会迫使广告主修改它们的广告，否则让媒体不接收它们的广告。

尽管广告主和广告代理公司承认它们的广告降低了品位，但它们也抱怨，对广告和电视节目存在双重标准。A&F的广告代理公司的创意总监认为，在对震撼性广告的争论上存在伪善和双重标准。他说：“当广告使用性诉求时，人人都抱怨——可是当社论使用它时，却没有人介意。”[26]此外，广告主和广告代理公司的创意总监抱怨，即使最富挑逗性的广告与许多电视节目相比也是小菜一碟。

广告与儿童

广告主必须面对的一个最主要问题是广告对儿童的影响。通过电视和互联网，广告能够很容易地到达儿童。据估计，美国7～16岁的儿童平均每周上网约3小时，其中15～16岁的孩子每周上网4.8小时。[27]英国16～24岁的年轻人每周上网超过27小时。[28]其他国家的孩子甚至更多（见图表21-4）。[29]无商业化童年运动（Campaign for a Commercial-Free Childhood）进行的一项研究估计，年龄在2～11岁的儿童每年仅在电视上收看的商业广告就超过25 000条，更别提他们在互联网、手机、电子游戏等上看到的广告了。[30]公司每年会花费约170亿美元给儿童做广告，其中大多数广告可分为四类：玩具、食品、服装和配饰。[31]儿童之所以成为宣传目标，是因为广告会影响儿童以及其他家庭成员的购买行为。此外，如果儿童在成年后继续使用该产品，他作为顾客的终身价值会显著增加。也许这就是为什么骆驼（Camel）香烟会经常因为对年轻人的营销而受到批评。有趣的是，青少年中最受欢迎的香烟品牌恰好是骆驼，这并不奇怪。[32]人们也十分关注营销商使用的其他促销手段和技巧，如广播广告、售点展示、套餐赠品、产品配售以及用商业卡通造型来做电视节目。一些倡导团体请求FTC调查YouTube上的一个应用程序。该程序给了孩子们观看数百个娱乐和教育节目频道的机会。但这些监督组织称，该程序中混杂了大量宣传麦当劳、美泰和孩之宝品牌内容的节目。在协助这些组织起草投给FTC的投诉时，亚利桑那大学（University of Arizona）的教授戴尔·昆克尔（Dale Kunkel）表示：“这是我所见过商业化程度最高的儿童媒体。”YouTube的一名发言人声称，该公司在开发这款应用程序时，咨询过许多儿童倡导和隐私保护组织，并表示愿意一直接受反馈意见以改善应用程序。[33]

批评者认为，儿童，特别是那些年龄较小的孩子，容易受广告的影响，因为他们缺乏理解

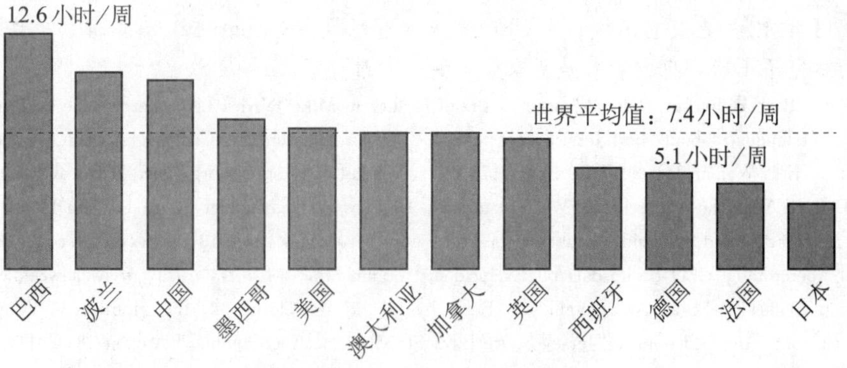

图表 21-4　儿童上网的时间

资料来源：The Marketing Store，"The New Definition of Childhood."

和批判性地评估广告诉求真正目的的经验和知识。研究表明，学龄前儿童不能在商业广告和电视节目之间做出区分，不能洞察商业广告的销售目的，也不能分辨哪些是真实的，哪些是虚幻的。[34]研究还表明，对于广告，儿童不仅需要有一个怀疑的态度，而且必须知道广告是如何运作的，只有这样，才能使他们有能力对广告进行有效的防卫。批评者指出，由于儿童对信息中隐含的商业目的的认识能力以及识别商业广告的能力有限，因此广告从一开始对儿童来说就是不公平的和具有欺骗性的，应该对这些广告加以禁止或者严格控制。

另一种极端意见则是，广告是生活的一部分，儿童必须在**消费者社会化过程**（consumer socialization process）中，即在不断获得在商业环境中所需技巧的过程中学会如何应对这一问题。他们称，对儿童广告的控制而言，现有的限制已经足够了，对市场的了解在对青少年形成对广告的怀疑态度方面起着重要作用。更多的市场知识可以提供给青少年一个评价广告和更好地识别广告主诉求技巧的基础。[35]

网络审查官员以及像美国商业促进局的儿童广告审查联合会（CARU）这样的行业自律机构也保护儿童免受商业广告的潜在影响。CARU有严格的自律指南，这些指南明确地规范了广告的诉求方式、产品表现和承诺、信息公开原则及免责事项，同时，对赠品的使用、安全和诸如特殊效果及卡通制作的技术运用等方面也做了明确的规定。图表21-5展示了广告警示协会（Commercial Alert）的《父母权利法案》（Parents' Bill of Rights）。

正如第20章中提到的，主要的电视网也对那些以儿童为目标观众的广告制定了严格的限制措施。例如，在电视网的广告中，用动画制作和使用了特殊效果的内容只能有10秒钟，最后必须留出5秒钟来展示所有在广告中出现的玩具，并说明它们是否单独出售以及是否包括一些附加物品如电池等。[36]

虽然自20世纪90年代末到现在，针对儿童广告和其他形式促销的社会关注有所减少，然而，随着各种群体要求加强针对儿童的广告和促销监管的呼声不断，这一问题再次引起了相当多的关注。2004年，美国最大的心理学家组织——美国心理协会（American Psychological Association，APA）发布了一份报告，就日益商业化的童年提出批评，并呼吁对儿童的营销实施新的限制。[37]APA报告还指责营销商利用有线电视和网络这类日益碎片化的媒体环境向儿童营销。该报告指出，针对美国青少年的营销活动已达到了前所未有的水平，应对那些以8岁以下儿童为主要收视群体的电视节目加强监管，而对以该群体中的幼儿为目标的广告则完全取缔。报告还发现，由于互联网常常模糊商业和非商业信息，因此在向儿童传递广告信息时特别有效，具有潜在危害。营销和广告贸易团体一直批评该报告，并继续捍卫自己拥有向有年幼孩子的父母，而非儿童本身做广告，帮助其行使做出购买决定的权利。[38]

图表 21-5　　广告警示协会的《父母权利法案》

鉴于，培养儿童的品格和强有力的价值观是每个社会最重要的职能之一；

鉴于，养育子女最首要的责任在父母；

鉴于，带有侵略性的商业文化极大地冲击了父母与子女之间的关系，并阻碍了父母自行培育其子女；

鉴于，企业营销商越来越多地试图绕过父母直接面向儿童，采用广告经理、市场研究员及心理学家所能想到的最复杂精致的方法引诱儿童购买商品；

鉴于，这些营销商往往美化鼓吹多数家长难以接受的物质享受、恶习、享乐主义、暴力和反社会行为；

鉴于，父母们发现自己陷入与这一普遍影响的持续战斗中，努力想要使子女远离商业文化及其堕落价值观的影响；

鉴于，企业营销的目标是把孩子变成家庭中的企业代理人，这样孩子将缠着父母购买广告里的产品，并在家庭中播撒冲突、压力以及痛苦的种子；

鉴于，打广告的商品通常是那些父母不会为其子女选择的商品：带有暴力及性暗示的娱乐消遣、电子游戏、酒精饮品、烟草、赌具以及垃圾食品；

鉴于，此类带有侵略性的商业影响导致了营销相关的疾病在儿童之间传染，例如肥胖、Ⅱ型糖尿病、酗酒、厌食、暴食，同时烟草的销售将导致数以百万计的孩子死亡；

鉴于，企业利用学校和强制性的学校法令绕过父母，直接向孩子这群易受影响且易亲信他人的非自愿听众，兜售自己的产品和价值观；

鉴于，这些企业究其根本是州法律的产物，它们在这些方面用被赋予的权利和力量来损害父母权威是无法容忍的；

兹决议，美国国会与 50 个州立法机构通过颁布《父母权利法案》，协调父母与企业间的关系，在商业对孩子的影响问题上重新赋予父母一定程度的掌控权，这一法案包括：

《儿童广告禁令法案》。该法案禁止播放面向 12 岁以下儿童的电视广告。(联邦法)

《儿童隐私法案》。这一法案重新赋予父母保护其子女隐私的能力。它使父母有权控制子女个人信息的任何商业用途，并有权确切知晓这些信息是如何被利用的。(联邦法，州法)

《儿童广告问责法案》。该法案帮助家长追究那些试图将他们的子女暴露于商业影响下的个体的法律责任。这要求企业公开它们每一条广告的制作人，以及面向 12 岁以下儿童的广告的市场调研人员。(联邦法)

《去商业化校园法案》。企业将公立学校变成了充斥着广告的区域。这一法案禁止企业利用学校和强制性学校法令来绕过家长，将它们的产品放置于易受影响的孩子们面前。(联邦法，州法)

《父母公平原则法案》。这一法案提供给父母反驳媒体和广告商的机会。该法案使公平原则适用于所有面向 12 岁以下儿童的营销活动，给予父母及社区时间以回应向儿童推销的电视节目和广播电台节目。(联邦法)

《植入式广告披露法案》。该法案给父母提供了更多信息用于监控通过媒体侵扰其子女的势力。该法案还特别要求企业在包装上或者影片开始之前披露电视节目、录像、电影、电子游戏以及书本里所有的广告植入。这防止了广告主在父母认为没有广告的媒体中暗中植入广告。(联邦法)

《伤害儿童披露法案》。父母有权了解他们可能为子女购买的商品中存在的任何重要的健康隐患。该法案要求企业履行法律职责，公开所有报道它们产品可能极大损害儿童健康的信息。(联邦法)

《儿童食品标识法案》。父母有权知晓企业向他们子女推销的食品的信息。该法案要求连锁快餐店标识食物成分，并提供食物基本营养信息。(联邦法，州法)

《儿童广告补贴撤销法案》。企业为了给我们的孩子灌输它们的价值观，在营销过程中把钱花在心理学家、市场调查员、广告代理、媒体等身上，而联邦政府竟用一大笔税收来补贴它们，这是不能容忍的。该法案取消了面向 12 岁以下儿童营销活动的所有联邦补贴，减免和优先权。(联邦法)

请复制《父母权利法案》，并将其递交或邮寄给国会议员、州议员和候选人，请求他们通过该法案。将其分发到日托中心、学校、教堂、犹太教会堂、咖啡店、杂货店和其他父母聚集的地方。若你想做志愿者或者找到推动《父母权利法案》颁布进程的方法，请拨打 503-235-8012。

资料来源：Reprinted with permission from Commercial Alert，http：//www.commercialalert.org.

除了对越来越多的广告以儿童为目标这一问题的担心外，消费者团体和监管机构还提出了有关年轻人的很多其他问题。这些问题包括：鼓励孩子拨打900电话的广告增多，电视上展示玩具的节目增加，以及对儿童节目，尤其是儿童节目中暴力问题的普遍关注。向未成年人营销含暴力成分的娱乐产品，以及对广告、电影、音乐、电子游戏业的广告实践和评级系统也被密切关注。自数起校园枪击事件发生后，未成年消费者观看、收听和参与的娱乐形式及所含暴力因素的程度问题，成为受到极大关注的领域。

正如前面章节谈到的，对营销商如何利用互联网向儿童传播信息和销售产品的关注也在增加。多项研究表明，广告主会用互联网和手机代替传统媒体来刊登广告，以避开许多为保护儿童而设立的规定。一项研究指出，由于网络监管不严，广告监管机构未能保护好广告和网络电子游戏营销活动的受众——儿童。[39]另一项研究表明，营销商可以通过游戏、广告、品牌页面和社交网站接触到儿童和青少年，并在这方面加大了力度。[40]该研究认为，鉴于这些线上活动吸引力更强，着力于线上监管会比电视更有效。

儿童广告仍将是富有争议的话题。一些群体认为政府对于保护孩子免受广告和其他促销形式的不良影响负有责任，另一些人则认为这些责任最终应该由父母来承担。

对很多公司来说，与儿童直接沟通是十分重要的。然而，广告主要想有更自由的空间，避免与那些认为应该保护儿童免受广告和其他形式促销危害的人士冲突，就必须谨慎地对待它们天真的儿童顾客。

社会及文化影响

人们经常表达一些有关广告对社会产生影响的关注，特别是对价值观和生活方式的影响。虽然影响一个社会的文化价值观、生活方式和行为的因素很多，但由于广告的铺天盖地及其在大众媒体中的盛行，还是引来了众多的批评。人们指责广告在影响及改变社会价值观过程中起了主要作用。罗纳德·伯曼（Ronald Berman）在其《广告和社会变迁》（*Advertising and Social Change*）一书中写道：

> 在过去的三代中，家庭、宗教和教育的制约力明显下降。整个世界好像更加错综复杂了。在缺乏传统权威的情况下，广告变成了社会的一个行动指南。它为我们勾画出无数个能实现自由选择生活的场景，为时尚、道德、行为提供了新的思想、观念。[41]

马丁广告代理公司（Martin Agency）的总裁兼创意总监迈克·休斯（Mike Hughes）认为，广告对于社会影响重大，“广告帮助人们确定什么是时髦的，广告信息为人们提供了谈资。盖璞公司的广告向人们展示了白人、黑人和拉丁裔孩子在一起跳舞的场景；希尔费格的广告展示了大家在一起是很酷的；宜家的广告展示了一对男同性恋”。他还认为，广告代理公司在为客户制作广告时，会从社会和伦理责任出发去考虑广告信息可能产生的影响。[42]盖璞、彭尼、麦当劳、李维斯和亚马逊都推出了对同性恋、双性恋和跨性别者表示友好的广告。[43]

大多数人都同意广告是影响社会的一个很重要的力量，不过人们往往对这种影响持否定态度。广告常常因为被认为鼓吹物质主义、操纵消费者购买他们并不真正需要的商品、墨守成规，以及控制媒体而受到指责。

广告鼓吹物质主义

许多批评者指责广告通过鼓吹**物质主义**（materialism），从而对消费者的价值观产生消极影响，广告往往充斥着物质的而非理性的和精神的东西。批评者对广告对物质主义盛行的贡献批评如下：

- 试图创造需求而不是仅仅演示产品和服务如何满足需求。
- 用通过获取物质财富能导致幸福和满足并能增加乐趣的美好生活景象对消费者狂轰滥炸。

- 暗示物质财富的拥有是地位、成功和成就的象征，并且它将导致更广泛的认同、更高的名望以及更具性魅力等。

为昂贵的汽车和诸如服装、珠宝及高档酒类等奢侈品所做的广告经常被批评为鼓吹物质主义的价值观（见插图 21-1）。

插图 21-1　批评者认为广告在鼓吹物质主义的价值观

资料来源：Rolls-Royce Motor Cars NA，LLC.

这种对广告的批评假定物质主义是不适宜的，对物质主义的追求是以其他目标的丧失为代价的。但许多人认为，物质主义是**新教伦理**（Protestant ethic）的组成部分，它强调勤奋、个人努力、创业精神，把物质财富的积累看作成功标志。另一些人认为，鼓励消费者在满足其基本需求之后继续消费，并追求物质财富能够对经济产生积极的影响。许多美国人相信经济增长是最重要的，物质主义则是这一过程中必需的不可缺少的组成部分。

有人辩称物质财富的强调并不排斥对精神及文化的追求。广告的捍卫者称，消费者在满足了基本需求之后，可以追求更高层次的目标。消费者在购买物质产品的时候完全可以说是为了追求精神上的目标。例如，你可以为了享受音乐而购买一套豪华音响，而不只是单纯地为了向他人炫耀或仅仅是为了获取物质财富。

即使假定物质主义是不受欢迎的，仍然还有一个疑问，即广告是否应对创造和鼓吹物质主义负责，在很多批评者认为广告是物质主义价值观的最主要推动力之一的同时，也有人认为广告只是反映而不是塑造社会价值观。[44] 他们辩称，消费者的价值观是由他们所生活的社会决定的，是长期的和深刻的社会化或文化适应的产物。

斯蒂芬·福克斯（Stephen Fox）在《魔镜制造者：美国广告及其制造者的历史》（*The Mirror Makers：A History of American Advertising and Its Creators*）一书中，对关于广告应为物质和享乐社会的出现负责的争论进行了描述。福克斯得出结论，广告已经成为我们这个时代的一个主要替罪羊，广告只是社会的反映。就有关广告对文化价值观的影响方面，福克斯说：

> 现在因为那些在美国具有悠久历史且已极为普遍的风气而谴责广告是有失偏颇的。仅谴责信息传播者而不去处理那些糟糕的问题是过于简单化的做法。那些创造现代广告的人并不是为了恶毒目的而隐藏起来劝诱我们的说客。他们只是在制造反映美国生活方式的或好或坏的视觉表现形式。[45]

各行各业的人都在关注推动社会的价值观。他们认为物质主义、贪欲和自私正日益左右着美国人的生活，而广告是导致这些不良价值观的主要原因。有关广告将在多大程度上影响物质主义以及欲望等价值观的深奥哲学问题的探讨，仍将是有关社会价值与广告后果争论的话题。

广告促使人们购买那些他们并不需要的东西

对广告的一个常见的批评是认为广告促使人们去买那些他们并不需要的东西。许多批评者称，广告应当仅向消费者提供对于做出购买决策有用的信息，而不应当企图去说服他们。批评者认为信息型广告（只报道价格、性能及其他客观性内容）是合理的，而说服型广告（针对消费者的情感、焦虑、心理需要以及诸如对地位、自尊和魅力的渴求）是不可接受的。他们指责说服型广告滋生了消费者的不满，并鼓动他们去购买产品及服务以迎合其更高层次的需求。

针对这些批评，广告的拥护者进行了多方面的反驳。首先，他们指出相当多的广告从本质上说是信息型的。同时，要想把合理的信息型广告与不受欢迎的说服型广告相区分是相当困难的。谢尔比·亨特（Shelby Hunt）在研究了信息-说服二分法之后指出，即使那些被大多数观察者归类为具有很强信息性的广告也常常是非常具有说服力的。他说："如果广告的批评家真的认为应当禁止说服型广告，那么他们实际上就是建议禁止所有的广告，因为任何广告的目的都是说服。"[46]

广告捍卫者同时也对所谓广告应仅针对基本需要的论调进行了争辩。在我们的社会里，马斯洛需要层次理论所阐述的基本需要（如对食物、衣物和安全的需要）对大多数人来说已得到了满足，向自尊、自我实现这样更高层次需要的转移便是很自然的。消费者有权自由选择他要满足的需要层次，明智的广告主则把它们的产品和服务与更高层次需要的满足相联系。

广告的支持者还针对广告使人们购买他们并不真正需要的东西的指责提出了另外两种反驳。首先，对广告的这种批评实际上夸大了广告的作用，并且假定消费者缺乏抵制广告的能力。其次，它忽视了消费者面对说服型广告的时候可以自由选择的事实。广告主承认广告行业的说服性目的，但同时指出，要想让消费者购买他们并不想要或对他们来说看不到有什么好处的商品是极其困难的。如果广告像批评者所宣传的那样强有力，我们就不会看到那些花费了数百万元广告预算的商品在市场竞争中失败。现实是：消费者会自己做出选择，他们并没有被强迫去购买任何产品。消费者将忽视那些他们并不真正需要或并不能引起他们兴趣的商品或服务的广告。

广告与陈规

广告经常被指责通过对女性、少数族裔和其他一些团体的描绘造成和延续了许多偏见。

女性 近年来，广告对女性形象的描绘已成为一个颇受关注的问题。广告因对女性形象的刻板描述和未能意识到当今社会中正在变化的女性地位而受到指责。批评者指出，广告经常把女性描绘成美女、家庭妇女和母亲，或把女性当作装饰或性感挑逗人物。近年来许多针对广告对女性描述的研究都发现，广告中对女性的性别偏见并没有随时代的变化发生太大的变化。在美国电视广告和平面广告中，成年女性被刻画成消极的、顺从的、低智商的和缺乏信用的，并且会因获得成就而遭受惩罚。相反，男性则被描述为建设性的、有力量的、自主的和有成就的。[47]

调查发现，针对儿童的广告中性别偏见也和成年人的类似。研究发现，美国和澳大利亚的儿童电视广告都存在性别角色上的成见。[48]广告中男孩通常比女孩更具知性、更积极、更有进取心和更能发挥作用。男孩在决策和控制中的非语言行为比女孩多。儿童广告中的男孩形象也比女孩多，而且男孩扮演更独立、更积极的角色，男声配音也比女声多。[49]最近对特纳卡通电视网（Turner Cartoon Network）儿童广告中儿童的种族和性别的研究发现，儿童广告中出现的大多是活泼的白人男孩，女孩被描绘成传统的形象而且只做一些更消极的室内活动，白人男孩则通常出现在室外，参与更刺激的活动。[50]

女权团体，如全美妇女组织（NOW）和性侵犯预防与警示中心（Sexual Assault Prevention and Awareness Center）指责广告通过把女性描绘成性对象助长了对女性的暴力。这些团体经常就它们发现的那些对女性有侮辱行为的广告或广告代理公司发起抨击，甚至还会号召联合抵制那些令人厌恶的广告主。NOW 也已对那些服装、化妆品等产品的广告主在广告中描述女性的方式提出了批评。该组织认为，因为女性希望按照广告中呈现的方式来控制自己的体重，所以这些广告对女性中常见的饮食紊乱和吸烟负有责任。[51]

尽管性别歧视和偏见仍旧存在，但是广告中的女性形象正在很多领域逐步改善。许多广告主开始认识到如实地描绘女性的重要性。职业女性数量的持续增加不仅使得女性在家庭决策中有更大的影响力，而且产生了越来越多的单身女性家庭，而这无疑意味着更多的独立女性购买者。

研究人员史蒂文·凯茨（Steven Kates）和格伦达·肖-加洛克（Glenda Shaw-Garlock）指出，北美社会女性地位的变革也许是 21 世纪最重要的进步。[52]他们发现随着女性走出家庭进入职场，对女性的期望和女性的形象也发生了改变。许多杂志，诸如《女士先生》（*Ms.*）和《职业母亲》（*Working Mother*）正展现着女性生活中社会文化的变迁。如今，很多广告主开始以多元角色来描绘女性，反映现实生活中女性地位的变化。在很多广告中，对女性弱势的、依赖性的固化偏见已经转变为更强势的、更独立的形象。插图 21-2 展示的是 Network Solutions 公司的一则广告，它是广告主正在改变广告中女性形象的例子。广告中女性形象改变的一个原因，就是在广告代理公司中女性开始扮演重要角色。广告界的女性可能对描绘自身性别的角色更敏感，而且倾向于强化女性的非家庭主妇的刻板印象和非男性从属地位的角色。[53]

插图 21-2　如今许多广告商开始将女性塑造成强大的角色

资料来源：Network Solutions LLC.

非洲裔和拉丁裔　非洲裔和拉丁裔美国人也经常成为广告成见表现的目标对象。多年来，广告主忽视了所有非白色人种群体是重要的亚文化群体，以及他们也是一个实际存在的市场这一事实。很少有针对这些族群的广告，广告中以非洲裔和拉丁裔作为代言人、传播者、模特或演员的也十分有限。

一项针对杂志平面广告中各族裔出现情况的研究显示，83.8%的模特都是白种人，9.5%是非洲裔美国人，6.6%是亚洲裔美国人。虽然这项研究表明，亚洲裔美国人出现的比例高于其在美国人口中所占的比例，但也显示出他们扮演的角色类型有限，并且只出现在部分类型的杂志上。亚洲裔大都扮演的是陪衬性角色，出现在科学、商业和技术性媒体上。[54]这和泰勒（Taylor）等人五年前进行的一项研究的结论是一致的。[55]英国的一项研究表明，尽管黑人、亚洲人或其他少数族裔群体占英国总人口的 13%，但在 3.5 万则商业广告中，他们的出现率仅为 5%。

广告正逐渐向种族融合发展。从数字与社交媒体视点 21-1 可以看出，广告主已经开始打破限制种族融合的禁忌。许多公司现在正冒着风险做跨种族的广告。广告主发现，专门为非洲裔美国人设计广告是接触这一族群的有效方式，如李维斯的广告。考利斯·L. 格林（Corliss L. Green）的一项研究发现，那些针对非洲裔美国人市场，并利用面向少数族裔的媒体来宣传的广告，特别是当在推销与该族裔有关的产品时，会从以非洲裔美国模特为主角的广告片中受益良多。[56]

很少有人怀疑广告应该对过去发生的对女性及种族的偏见，以及从某些方面来说现在仍然如此的这一现象负有责任。但是，随着女性地位的变化，广告正在改变它们的描述方式以保证准确性及迎合它们的目标受众。在避免偏见和消极描述的同时，广告主也努力使广告中出现更多少数族裔。它们十分小心地避免种族偏见，并且努力制作一些能迎合不同种族的特殊广告。随着少数族裔人口规模和购买力的不断增长，很多公司对多元文化市场投入了更多的注意力。

数字与社交媒体视点 21-1

在种族平等上，我们走了多远?

"时代在变"（The times，they are a changing）。40多年前，歌手鲍勃·迪伦（Bob Dylan）创作了这句著名的歌词，以反映当时美国正处在会影响未来的变革时代。当时，迪伦可能希望——但从未意识到，对我们大多数人来说，这句话将成为预言。2013年，在迪伦这首歌发布40年后，Cheerios（通用磨坊建立的一个美国谷物品牌）做了一则相对低调的商业广告，名为"Just Checking"，讲述了一个跨种族家庭的小女孩关心父亲身体健康的故事。是的，麦圈，一种谷类食物，并不是想惹人注目的前卫品牌。（Cheerios的品牌商标自1945年就已建立!）而且，尽管美国出现了一位连任两届的黑人总统，但仍有许多人明显没有理解迪伦的意思。该广告在YouTube上被浏览了200多万次，引发了许多带有种族歧视色彩和尖刻的反馈，以至于通用磨坊不得不关闭帖子的评论功能。正如媒体和流行文化专栏作家芭芭拉·利波特（Barbara Lippert）所指出的那样，"似乎具有前瞻性的商业广告与丑陋的互联网相冲突"。与此同时，也应说明，尽管"穴居人"甚至"种族灭绝"之类的言论过于频繁，但仍有许多积极的反应，对该品牌的进步、适时和体贴表示赞赏。几天之内，Cheerios的脸书主页上充满了赞扬这则广告的积极评论，有超过100万的人点"赞"。YouTube上也收到了超过21 000个"赞"，而只有不到1 500个"踩"。

三年后，老海军品牌的广告也收到了相似的回应。其广告设计之初仅是为了提高整个老海军30%的销售额。但一些人认为这则以跨种族家庭为背景的广告在种族宣传上别有用心。社交媒体用户在推特上称这则广告"非常恶心"，是对"白人种族灭绝"的支持，并威胁要抵制该商店。老海军并没有让步，并给出了这样的回应："我们的品牌一直以来以多样性和包容性为荣。老海军欢迎每个人。"甚至连参议员约翰·麦凯恩（John McCain）的儿子，一名妻子是非洲裔美国人的海军直升机飞行员，也不满种族歧视者对老海军——"种族通婚"、"反白人宣传"和"白人种族灭绝"的指控，他称他们为"无知的种族主义者"。随后，麦凯恩的妻子斯威夫斯（Swift McCain）在推特上发了一张和丈夫的合照，标题是"这周末我刚在@老海军给我和我丈夫买了东西。#LoveWins.（推特热门标签）"。与Cheerios的广告一样，对该广告的积极回应数量远超消极回应的数量，许多人在网上发布了他们跨种族家庭的照片。

如果你是老海军或通用磨坊，你会怎么做？当然是按照大多数营销专家的说法，做正确的事。Cheerios在舆论前线随时待命，并在广播电视及YouTube上继续播放该广告，而不是关闭YouTube视频的评论区。Cheerios营销副总裁卡米尔·吉布森（Camille Gibson）在一封电子邮件中评论："世上有许多种家庭，而Cheerios支持每一种。"吉布森解释道，禁止YouTube视频的评论部分，是因为Cheerios是一个家族品牌，但不是所有的评论都是友好的。老海军坚持自己的立场，称它对该广告引以为傲，称其信息具有多样性和包容性。来自营销界的评论绝对是积极的赞美。（虽然有些人怀疑“Just Checking”的广告只是想引起注意，但这类人很少。）朗涛品牌咨询公司（Landor Associates）的董事总经理艾伦·亚当森（Allen Adamson）在接受CBS新闻采访时表示，他对通用磨坊坚持播出该广告表示赞赏，并指出“传统的描绘旧式‘河狸一族’家庭的方式，尽管不会冒犯任何人，但却是不现实的”。名人时尚专栏作家米根·海切尔-梅斯（Meagan Hatcher-Mays）在一篇文章中评论说：“这个商业广告对于像我这样的跨种族家庭来说是一个巨大的进步。我们想要在公共场合见面，也许还会吃一些有益心脏健康的零食。”许多人也支持这一立场，对Cheerios营销商的行为表示赞赏，为其喝彩。老海军也得到了类似的赞誉。

但在营销中，我们必须考虑底线。广告是如何影响品牌的呢？除了在社交媒体上数百万次的展示品牌之外，围绕广告和品牌的宣传也影响巨大。在很多情况下，博主表示这些广告会让他们更想在商店里购物。但文化战略家丹尼特里亚·刘易斯（Denitria Lewis）似乎暗示说广告可以两面兼顾。刘易斯指出，对于一些人来说，“看到一对夫妇的生活与你认为的健全家庭相背，会令人恐惧。我不知道大众是否准备好让他们的品牌告诉他们如何生活”。刘易斯还说，有很多人认为我们生活在一个后种族主义的社会里，但“如果你稍关注一下新闻，你就知道我们并没有生活在其中”。对于那些仍然不喜欢种族融合的人来说，扬言自己支持种族融合立场的品牌很可能会失去这群人的支持。

因此，尽管广告所产生的所有负面消息实际上都给老海军和Cheerios带来了许多好处，但并非都有如此好的结局。正如Cheerios广告中的父亲查尔斯·马里科·维特菲尔德（Charles Malik Whitfield）所指出的那样，“我们不要假装种族主义不存在，也不要假装我们已经走了很远”。我们好奇鲍勃·迪伦会怎么想。

资料来源：Christopher Heine，“Cheerios' Interracial Ad Spiked Its Online Branding by 77%，” www. adweek. com，June 7，2013；Bruce Horovitz，“Hate Talk Won't Derail Mixed-Race Cheerios Ad，” www. USAtoday. com，June 3，2013；Morgan Whitaker，“Interracial Family in Cheerios Ad Sparks Online Backlash，” www. morganwinn. com，June 3，2013；Sheila Shayon，“General Mills Cheered for Defying Racial Backlash over Cheerios Ad，” www. brandchannel. com，June 6，2013；Stacy Lambe，“An Internet High-Five to Cheerios for Showcasing Diverse Families，” www. qeerty. com，June 2，2013.

其他群体 当我们将焦点放在女性和少数族裔上时，其他一些群体感到他们正在成为广告主偏见的牺牲品。社会中的许多团体正不断地与偏见和歧视做斗争，公司必须考虑它们的广告是否冒犯了他们。广告代理公司的创意人员由于害怕其创意可能冒犯某人或被误解而感到无所适从。但是，出于伦理和商业上的考虑，广告主必须在广告中审慎地描述某些特殊的群体。比如，大众汽车和通用汽车的广告都因无视自杀群体而遭到精神健康组织的抗议。大众汽车的一则广告描述了一个在表达了对现状不满后企图跳楼自杀的年轻人，最终因得知有三款大众汽车价格低于1.7万美元而放弃了自杀的念头。在遭到一些预防自杀组织的抗议后，大众汽车撤下了这则广告。[57]在2007年美国超级碗决赛时首播的通用汽车广告引发了争议，该广告描述了一个机器人因为弄掉了生产线上的一颗螺栓而遭到解雇，在做了一些不太重要的工作后绝望地跳下了桥。在与美国预防自杀基金会讨论后，通用汽车同意对这则本想表现其对高质量的执着追求的广告进行修改。[58]

最近发生深刻变化的是针对LGBT的广告。1995年，宜家家居以一则表现一对男同性恋购买家具的电视广告首开同性恋广告的先河。随后塔吉特公司和斯巴鲁公司也做了同性恋广告，科尔百货公司、泰诺药业和金宝汤公司也是如此。多年来，啤酒公司通过以在地方性的同性恋媒体上做广告的方式支持或发起预防艾滋病运动、同性恋者盛会和同性恋者运动会等瞄准这一市场。不过，一些啤酒商，包括安海斯-布希公司和米勒酿酒公司都已经开始在全国性的同性恋刊物上刊登专为同性恋者设计的特定品牌的广告。

许多广告主在主流广告中开始关注同性恋主题，尽管很隐晦（有趣的是，有时广告并不是针对同性恋的，却被误解为是这样，从而在同性恋群体中产生热烈的反响）。不过，这类广告很少在电视网播出。这些广告主要在对同性恋持友好态度的纽约、洛杉矶、旧金山等城市的电视台播出。米勒酿酒公司通过在电视网播出其第一条同性恋广告而迈出了大胆的一步。广告是为米勒淡啤制作的，展现了在非同性恋酒吧中，两个男同性恋者在两位对他们感兴趣的女性前牵手，令她们十分惊愕。李维斯最近创作了一个可替换结局的广告，其中的一个结局的目标就是同性恋市场。该广告描述的是一个年轻的、有吸引力的男性在他二楼的公寓中穿李维斯牛仔裤，他提牛仔裤的动作令人难以置信地引起了楼下的连锁反应，其魅力穿过楼板引得一位电话亭中的美女随他而去。而在覆盖2 700万个家庭的MTV同性恋有线网中，该广告中被吸引走的则是一位漂亮的男性。[59]

广告和媒体

广告在媒体财务收入上占有如此重要地位的事实，使人们担心广告可能会影响甚至控制媒体。经济审查制度的出现就很好地证明了这一点，因为有些媒体可能回避某些主题的报道，甚至做一些虚假的封面报道来满足广告主的要求。[60]实际上，正如专家劳伦斯·索利（Lawrence Soley）和罗伯特·克雷格（Robert Craig）所说，“断言广告试图影响公众在大众媒体中的所见、所闻和所读可能是所有对广告的指责中最严重的。但是，这一指责却并未被大多数广告学教科书所认可”。[61]在本书中，我们将就考虑支持和反对两方的意见对此重要议题进行讨论。

支持广告控制的观点 广告是美国几乎所有新闻和娱乐媒体的主要收入来源。许多批评者指责，由于对广告主的依赖，媒体自身易于受到来自广告主的各种形式的影响。这些影响包括：对报刊的内容编辑施加控制；歪曲评论意见以利于广告主；限制可能给公司带来负面影响的有争议的报道，以及对电视节目内容的影响。

报刊近70%的收入来自广告，而商业电视和广播几乎全部的收入都来自广告。数字媒体广告正在迅速增长。规模小、财务状况不稳定的报纸、杂志、广播电台对广告主的压力最敏感，特别是对来自那些其广告费占媒体收入较大份额的公司。在一些地方市场，汽车和家具行业的广告主可能包揽了电视台广告总收入的80%。正如你所想象的那样，当报道的新闻对这些行业不利时，电视台可能会谨小慎微。一家地方性的报纸可能不愿意刊登对它所依赖的某汽车经销商或连锁超市不利的文章。例如，多年前，当《圣荷西信使报》（*San Jose Mercury News*）刊登了一篇名为《与汽车导购的斗智斗勇》（A Car Buyer's Guide to Sanity）的文章之后，超过40家汽车经销商撤销了它们在该报的广告。这些汽车经销商都对这篇文章的论调表示反对，认为它暗示在买卖协商过程中，消费者应当将汽车经销商视为不讲道德的对手。[62]苏诺特·安（Soontae An）和洛莉·伯根（Lori Bergen）在对219份美国日报的最新研究后发现，在报纸的运作过程中商业和编辑冲突不断。小报或连锁报的广告总监更可能牺牲编辑的正直以取悦或避免冒犯他们的广告主。[63]

私人电视台甚至主要的电视网也会受广告主的影响。节目安排的决策很大程度上依赖于什么样的节目最能吸引观众、最受广告主欢迎。批评者称这种做法往往导致电视节目质量低下，因为它们往往牺牲教育性、文化性和信息性的节目以换取那些有高收视率及迎合大众口味的节目。众所周知，广告客户往往会回避那些涉及争议问题的电视节目。大多数广告客户也有合同规定，如果媒体前期播出的节目内容让它们感觉不舒服，或它们赞助的节目对其公司反映不佳，它们就有权取消媒体购买。

广告主也被指责对电视网施加影响以改变某些电视节目的安排。许多广告主已经开始从一些有太多关于性或暴力内容的节目中撤出，如果它们在这些节目中做广告，将面临消费者联合抵制的威胁。例如，像美国家庭联合会（American Family Association）这样的团体正在通过号召联合抵制的方式来抗击电视节目中的性和暴力内容。最近，包括宝洁、玛氏和卡夫食品等许多公司都撤出了它们在某些节目中播出的广告，但这一行为并没有得到更多响应。

反对广告控制的观点　商业媒体依靠广告这一事实意味着广告主可以对媒体的特色、内容及某一议题涉及的范围施加影响。不过，媒体主管却提供了几个广告主不能过分对媒体施加影响的理由。

首先，他们指出，保持不受广告主过多影响对媒体来说是最有好处的。要保证公众的信赖，他们就必须公正准确地对新闻进行报道，而不是对节目进行歪曲或者试图去回避某些争议性话题。媒体主管还指出，他们报道的大部分新闻及调查性报道就是媒体客观性的证据。媒体希望建立一支庞大的观众队伍，并因此可以为其广告时间和版面索取更高的价格。

媒体主管还指出，单个广告主对媒体的需求程度远远高于媒体对任何单个广告主的需求程度，特别是当媒体拥有一个庞大的观众群或能够较好地覆盖某一特定目标市场的时候。许多出版物、广播电台和电视台都有一个非常广泛的广告支持体系，因而可以承受得起因失去某个企图过分影响它们的广告主而造成的损失。这一点对一些财务状况较为稳定的大型媒体尤为适用。例如，某个消费品生产商会发现，如果离开电视网，要想影响它的目标观众十分困难，也承受不起由于反对电视台编辑的政策或节目内容而引发的联合抵制。地方性的广告主也会依赖当地的报纸，因为这是它们可以利用的最经济的媒体。

许多报刊的出版商坚持认为它们不会允许广告主影响其内容。它们说自己很早就已认识到确保新闻和商业分离是保持媒体独立性和公众信任的关键。这种分离被称为隔离墙，而且通常人们都以一种崇敬和畏惧的口吻谈论它。[64]许多报刊一般不鼓励发行部门（包括广告、发行和其他商业部门）和编辑部门（采写新闻的部门）接触，通常采用在编辑和广告部门设立独立办公室的方式实现这一隔离。在文章付印前禁止销售人员阅读文章和编辑人员涉足销售。

大多数报刊都非常关注并保持这堵“隔离墙”，以确保新闻的写作、编辑和发布建立在新闻要素而非对广告主的吸引上。不过，出版新经济使这种独立的维系日益困难：来自有线电视、直邮、网络的竞争日益加剧，报纸和杂志的读者数和收入都在减少。近年来出现了好几起主要报刊吹捧迎合广告主的有名案例。[65]不过，在公司因新闻报道有异议来威胁撤销广告，或真的撤下广告来挑战媒体时，媒体通常会坚持自己的立场。比如，2005 年 4 月，平均每年在《时代》杂志上投放 2 100 万美元广告的通用汽车公司就因《洛杉矶时报》的系列报道未对该公司进行吹捧而撤下了在该报的全部广告。通用汽车公司声称，该报各类文章中的事实错误和误导致使公司取消了在该报的广告投放。该报曾刊登了几篇文章对通用汽车的几款车提出批评，同时还暗示通用汽车的一些高管应该因通用汽车的销售和获利困境被解雇了。通用汽车对《洛杉矶时报》的广告抵制持续了 4 个月，最终以双方的执行官会面解决彼此的分歧而告终。[66]与此同时，最近关于起亚、现代等汽车品牌谎报里程数的负面报道并没有对媒体产生强烈影响。

美国的媒体受到广告业的广泛支持，这意味着我们可以免费享受媒体或仅支付其没有广告时所花费的成本的一小部分来享受它们。对由广告主支持的媒体来说，另一种选择办法是通过较高的订阅费或电视收看费来负担其成本。需要注意的是，报纸订阅量的减少已经导致一些报纸减少了发行量，它们开始收取或提高在线订阅的费用。另外的方法是像许多其他国家那样由政府来支持，但这与大多数人的新闻自由愿望相抵触。尽管并不完美，但美国媒体由广告支持，是接收信息和进行娱乐的最好方式。

总结广告的社会效应

我们已就广告社会效应的多项议题进行了考察，并试图分析支持和反对这些观点的一些论点。许多人对广告与促销活动对社会的影响持保留态度。营销商所遵循的一系列条例、规定、政策和指南并没有覆盖广告与促销活动的所有形式。而且，被一些人称作低俗或不道德的内容仍可能被另一些人接受。

那些对广告和其他促销形式持负面意见的观点一直存在于这一领域，并且似乎永远不会消失。然而，行业必须考虑广告和其他促销工具对社会的影响。广告是一种非常有力的工具，但只有在消费者相信自己每天在广告中看到和听到的内容时才能发挥作用。如果决策者把道德作为整合营销传播计划过程中的一个重要因素，那么这里讨论的许多问题就可以避免。

关于广告对社会影响的讨论主要集中在宣传产品和服务时使用（或滥用）的方式上。重要的是，要注意到广告和其他整合营销传播工具，也用于促进一些公益事业以及处理一些很重要的社会问题（如酒后驾驶、毒品泛滥、肥胖危机等）。比如，禁毒合作组织，即前美国禁毒合作委员会，创建了一个网站，并使用社交媒体以及平面广告和电视广告来驱除青少年滥用药物的意识和行动。该组织的资金主要由个人、公司、基金会和公共部门捐款提供。该组织还与美国国家药物管制政策办公室（ONDCP）合作，联合创立了青少年反毒品媒体运动的官方网站（ATI），由于其效益的长期性和可持续性，该网站荣获了艾菲奖。与那些没看过宣传广告的青年相比，看过 ATI 广告的青少年常常会有更强的禁毒意识。然而，对误用或滥用处方药的关注度仍在增加，于是该组织创建了药物滥用项目，并利用广告来解决这个问题。举一个例子，当该组织发现 Urban Outfitters（全国最受青少年欢迎的零售商店）不顾处方药的误用和滥用，销售一种包装像处方药瓶的产品时，就发起了一场宣传和请愿活动，要求该公司从它们的商店和网站上下架这些产品，从而成功地禁止了 Urban Outfitters 对该产品的销售。广告代理公司为非营利组织和公益事业免费制作广告，很多媒体时段和版面也被无偿贡献出来。

广告的经济影响

广告帮助消费者认识产品和服务，并为其决策提供信息，从而在自由市场体系中扮演重要角色。不过，广告的经济角色超越了这些基本职能，它是能影响整个经济系统运作的强大力量。

广告可以刺激消费并促进经济增长，它不仅给消费者提供现有产品和服务的信息，也为公司或新的产品和品牌提供进入市场的便利；促进了生产、营销和分配的规模经济，从而降低了价格；加速了对新产品的接受以及对劣质品的淘汰过程。

广告的批评者把广告视作一种有害的力量，认为它不但没有执行提供充分信息的基本职能，还增加了产品和服务的成本，阻止了竞争和市场进入，导致产业集中并给消费者带来了较高的价格。

经济学家对广告的分析总是从宏观角度出发的：他们往往从整体上考虑广告对整个行业和经济的影响，而不仅仅考虑广告对某一公司或品牌的影响。我们对广告的经济影响的考察集中于这些更为宏观的层次。我们将考虑广告对消费者选择、竞争、产品成本和价格的影响。

对消费者选择的影响

一些批评者认为广告妨碍了消费者选择，因为一些大广告主利用自己的势力把消费者的选择限制在一些广告做得较好的品牌上。经济学家则认为广告被用于获取以下内容：(1) **差异化**（differentiation），即大广告主通过这种方式使其产品和服务被视为独一无二的，或比竞争者更好的；(2) 品牌忠诚，这使大的全国性广告主获得对市场的控制，其结果往往是以牺牲小品牌为代价。

大公司常常在获取市场主导地位后提高产品和服务的价格，小公司则难以对此做出抗争，也负担不起高额的广告预算。当这种情况发生以后，广告不但将消费选择限制在广告大肆宣传的知名品牌上，同时广告竞争也替代了以价格或产品改进为基础的竞争。

在某些种类的产品中，做过大量广告的品牌往往会在市场中占主导地位，如软饮料、啤酒和谷物食品。但通常情况下，广告并不会形成品牌垄断，也不会减少向消费者介绍新产品的机会。在大部分产品类别中，商店的货架上都会摆放一些不同品牌的同类商品，并且每年都有数以千计的新产品投放市场。2015 年，美国出售了超过 150 亿美元的瓶装水（110 亿加仑），人均 34 加仑，远超 1976 年的人均 1.6 加仑。有超过 170 个瓶装水品牌。[67] 广告会激励公司发展新的品牌并改良已有的产品。当一种成功的新产品，如个人电脑被引入市场后，竞争者会迅速效仿并利用广告向消费者宣传它们的品牌产品更优秀，试图让消费者相信它们的产品比原创者的好。诸如维珍大西洋航空公司（Virgin Atlantic Airways）这样的公司已认识到广告是它们获得成功的一个重要部分。

对竞争的影响

经济学家对广告提出的最普遍的批评是它对竞争的影响。他们认为，大公司由于拥有庞大的广告预算而制造了**进入壁垒**（barrier to entry），这使得其他公司很难进入市场，从而导致了更少的竞争和更高的价格。经济学家注意到，市场中的小公司已很难与行业领导者的高额广告预算相抗衡，因此常常不得已退出该行业。以美国无线市场为例，虽然美国有许多无线供应商，市场却主要由 7 家供应商主导。威瑞森和 AT&T 的用户约 2.64 亿，占据了市场的主要份额。它们也是最大的两家广告商，每年花费超过 20 亿美元。正如你所想象的那样，试图打入这个市场是非常困难的，甚至毫无可能。

大广告公司明显占据竞争优势。首先，在广告业中存在**规模经济**（economies of scale），特别是在媒体成本等方面。像宝洁和百事这样的公司每年花费几亿美元用于广告与促销活动，它们有能力在更低的费用基础上从事大量的媒体广告买卖，并将这些媒体广告宣传分配给它们的各种产品。

大广告主通常销售多种产品或服务，这意味着它们有较低的生产成本和更多的广告费用，因此它们能够使用费用更高但效率也更高的媒体，如电视网。它们巨大的广告支出也为自己带来了实现产品差异化和发展品牌忠诚度的更大的机会。就这些因素而言，小的竞争者常常处于不利的竞争地位，而且新的竞争者很难进入市场。

虽然广告可能对市场有反竞争的影响，但没有明显的证据表明广告减少了竞争、制造了进入壁垒，并因此造成了市场集中化。高水平的广告并不总是存在于那些少数公司占有较大市场份额的行业之中。这些发现与许多经济学家的观点不一致，这些经济学家相信，由少数几家公司控制的行业都有高额的广告支出，从而导致了市场领导者的稳定的品牌市场份额。

广告的捍卫者认为，把公司的市场主导地位和进入壁垒仅归于广告是不真实的。这里还有一系列其他影响因素，如价格、产品质量、分销效力、生产效率、竞争策略甚至政府立法。多年来，像康胜啤酒和好时巧克力这样的产品一直处于主导地位，即使它们仅在广告上花很少的费用。好时巧克力直到 1970 年才开始做广告。60 多年来，这个公司依靠其产品质量、在消费者中的良好声誉和形象以及庞大的分销渠道来营销自己的品牌。行业领导者占据市场主导地位往往是因为它们有更好的产品质量和更好的管理与竞争策略，而不是简单地因为有最大的广告预算。[68] SPANX 品牌是另一个很好的例子。由于创始人萨拉·布莱克利（Sara Blakely）没有钱买广告，这家价值 10 亿美元的公司起初没有在广告上花一分钱。5 000 美元起家的 SPANX 公司，靠着口碑和来自奥普拉（Oprah）、波姬·小丝（Brooke Shields）、茱莉亚·罗伯茨（Julia Roberts）和格温妮丝·帕特洛（Gwyneth Paltrow）等名人的推荐，以及包装和产品优势等市场因素进行营销。即使在今天，SPANX 公司也不做广告。[69]

尽管进入市场与那些规模庞大、知名度高的对手竞争困难重重，但只要产品质优价廉，小公司仍有可能打破这种局面。不仅如此，它们常常发现，事实上，广告使它们进入市场更加便利了，因为广告向消费者介绍了新产品或新品牌的优点和特征。

对产品成本和价格的影响

在经济学家、广告主、消费者保护组织以及政策制定者之间，一个最具争议的话题是广告对产品成本和价格的影响。批评者认为，广告提高了消费者为购买产品和服务所付出的价格。首先，他们认为大量的钱被花在为某个品牌做广告上，这些费用的支付则是通过消费者支付高价来实现的。正如前几章讨论的，很多人开始关注越来越多的医药公司直接针对消费者的药品广告已经导致处方药的价格上涨这一现象。批评者认为，这些花费在广告和其他促销形式上的数百万美元是一笔必须由更高的价格来弥补的开支。[70]

其次，广告提高了产品的差异化程度，并增加产品在消费者头脑中的感知价值。其基本前提是广告增加了同类产品之间的可感知的区别，使那些常做广告的产品能因此索取更高的价格，但质量却没有提高。

对广告的批评也指向全国性品牌和私有品牌之间价格的差别，尽管它们的产品如阿司匹林或茶包，物理属性基本相似。这种差别可作为广告创造附加价值的依据。他们把消费者愿意花更多的钱购买做过大量广告的全国性品牌而不愿购买低价的没做过广告的品牌的行为视为浪费的、不理性的。处方药行业就是一个好例子，批评者认为，越来越多的广告正在鼓励消费者购买知名的药品，远离低价的普通药物。[71]（当我们写这一章的时候，有人要求恢复药品广告的禁令。）然而，消费者不总是基于合理和有用的原因进行购买。由购买全国性品牌而产生的情感的、心理的和社会的益处对许多人来说是至关重要的。此外，调研人员阿尔比恩（Albion）和法里斯（ Farris）说：

> 遗憾的是，不存在一个单一的办法来衡量产品差异，更不用说决定多大程度应归因于广告影响……对价格的不敏感，以及品牌忠诚可能源于一系列因素，如更高的产品质量、更好的包装、满意的使用经历以及市场地位。它们可能是相互关联的，但不一定是广告的结果。[72]

插图 21－3　该广告反驳了减少广告支出会导致价格下降的观点

资料来源：The American Association of Advertising Agencies.

广告的支持者提出了其他几个相反的论点来反驳认为广告增加了产品价格的观点。他们承认部分广告成本需要由消费者来负担，但是广告可能帮助公司降低产品的总成本。例如，广告可以通过在大众市场中提供信息和刺激需求的方式来实现生产和分销中的规模经济，规模经济有助于削减生产和营销产品的成本，这能带来较低的价格——如果广告主选择把节约成本的好处让给消费者的话。插图 21－3 中，美国广告代理公司协会赞助的一项活动的广告就论证了这一点。

广告可以激发市场的竞争性，从而降低价格，通常会带来激烈的价格竞争。已经有事实证明广告有助于产品价格下降。而且广告是一种市场进入的方法，而非障碍。它还有助于刺激产品更新换代，这使得市场更具竞争性并有助于降低价格。

总之，很难就广告和价格之间的关系给出定论。在对这方面做了一番广泛的调查以后，阿尔比恩和法里斯得出这样的结论："关于制造业广告和价格之间关系的证据是不完全的，也不具权威性……结果是，在没有进一步研究的情况下，我们不能确定广告是不是市场效率或市场力量的一种工具。"[73]

对广告经济影响的总结

经济学家就广告对经济的影响做出了不同的假设，可分成两个基本的派别。[74] 图表 21 - 6 总结了“广告等于市场力量”和“广告等于信息”这两种看法的主要观点。

图表 21 - 6　　关于广告经济影响的两种看法

广告等于市场力量		广告等于信息
广告影响消费者的偏好和品位，改变产品的属性，使之与竞争产品相区别。	广告	广告告诉消费者产品的属性，但不会改变消费者评价这些属性的方式。
消费者成为品牌忠诚者，缺乏对价格的敏感度，并很少去发现相关替代品。	消费者购买行为	消费者对价格更加敏感，购买最有价值的产品。只有价格和质量的关系才对一个产品的需求弹性有影响。
潜在的竞争者必须打破已建立的品牌忠诚度，并支出更多的广告费用。	进入壁垒	广告使新品牌进入市场变得可能，因为它将产品性能介绍给消费者。
使公司和市场竞争者及潜在对手形成区隔；市场集中加速，使公司拥有更强的市场控制力。	产业结构和市场力量	消费者对竞争产品进行比较很容易。竞争对手会越来越多。有效率的公司生存下来，无效率的则被淘汰，并有新的进入者出现。对市场集中的影响是不明确的。
公司可索取高价，并不再可能就质量和价格进行竞争，创新会减少。	市场行为	具有更多信息的消费者将促进公司改进质量、降低价格；新的市场进入者有利于产品创新。
广告主获得高价和超额利润，这使其更专心于为其产品做广告。在这种情况下的产出与完全竞争相比有所减少。	市场绩效	行业价格下降；由竞争加剧和效率提高产生的对利润的影响不明确。

广告等于市场力量

相信广告等于市场力量的观点反映了传统的经济思想。这种观点把广告看作一种改变消费者品位、降低消费者对价格的敏感度以及在做广告的品牌购买者中建立品牌忠诚度的方法。这给广告主带来了高额利润和市场力量，减少了市场中的竞争，并给消费者带来了更高的价格和更少的选择。支持这种观点的人通常对广告的经济影响持消极态度。

广告等于信息

相信广告等于信息的人对广告的经济影响持积极的态度。这种观点认为广告能为消费者提供有用的信息，增加他们对价格的敏感度（这使他们选择价格较低的产品），并促进市场竞争。广告被视作与消费者交流的工具，它能告诉消费者有关产品及其特征、属性的信息。具备信息和知识的消费者促使公司提供优质低价的产品。有效率的公司会在市场中生存下来，无效率的公司则被淘汰，同时又有新参与者出现。支持这种观点的人相信广告的经济影响是积极的，并认为广告有助于形成更加有效率和竞争性的市场。

相当多的证据表明，广告的确提供了消费者做出购买决策所需的信息。埃弗里·阿伯奈西和乔治·弗兰克进行了一项针对广告内容的元分析，发现在其研究的 9.1 万个广告样本中，84%的广告包含至少一个信息线索。最常见的信息提供类型包括性能、可用性、部件、价格和质量，而所有这些信息都对消费者做出知情选择非常重要。[75]

对广告的经济影响和价值的争论似乎不会立刻结束。许多经济学家对广告及其对经济的影响继续持否定态度，而广告主会继续把广告视作公司与消费者进行交流的有效手段，并将广告看作经济体系的重要组成部分。国际广告协会已经实施了几年的一项运动试图使全世界的消费者相信广告在世界经济中的价值。这场运动的目标是让这些国家的消费者认识到广告为经济的良性发展所做出的贡献。

美国广告行业一直在试图提升广告的价值，主要的广告组织，如美国广告代理公司协会和美国广告联盟以及各种媒体的行业协会等，经常会发起一些运动来提醒公众广告对于经济和消费者福利的贡献。不过有时候广告行业还必须提醒广告主广告的价值。最近，美国广告业中最大的商业组织——美国广告联盟决定采取行动来改变公司看待广告的方式。美国广告联盟认为让营销商认识到证明广告价值的最佳方式就是实践，因此一项旨在让公司的执行官们重新认识广告的整合营销传播运动就此展开。

这项运动的目标群体是负责建立和维持广告预算水平的公司执行官。运动的主题是"广告：优秀品牌的必经之路"，它提醒公司的执行官不要忽视品牌的发展。优秀品牌运动通过展示成功的品牌广告和广告在品牌资产价值中扮演重要角色的公司，显示广告的经济力量。

图表21-7摘录了著名广告人李奥·贝纳的一段讲话，他总结了大多数广告人对广告的经济影响的看法。许多广告与营销专家同意广告与促销在帮助消费者扩大对新产品和服务的需求、帮助营销商实现已有品牌差异化方面都扮演着重要角色。

图表21-7　　这条信息阐述了广告带来的积极经济影响

对我而言，这意味着如果相信所生活的经济体系是高生活水平和高就业率的话，广告实际上是人们已知的卖掉各档次产品的最有效的方法。

我的证据就是，数以百万的商人在开展他们的业务时，都会一而再再而三地选择广告，虽然他们的一些决定可能是错误的，但他们肯定认为自己是正确的，否则也不会退回去让同一种蜜蜂蛰两次。

可以有把握地认为，在未来的10年，许多美国人将会开始使用一些我们现在从未听说过的产品和设备。纯粹以过去的经验来判断，美国广告可以让这些产品和设备为人们所熟知，并在一夜之间以最低的价格被人们接受。

当然，广告使各种各样的杂志、报纸、商业出版物、广播电台、电视台的存在成为可能。

有必要指出的是，如果没有广告，我们将会生活在一个完全不同的世界，在那个世界里，人们不仅在物质生活上，而且在精神生活上都很贫乏。

李奥·贝纳

资料来源：Excerpts from a speech given by Leo Burnett on the American Association of Advertising Agencies's 50th anniversary，April 20，1967.

本章小结

广告是一种力量强大的制度，因为其对社会和经济的影响而成为人们广泛批评的对象。对广告的批评主要源于它所使用的特殊的技术、方式以及它对社会的文化价值观、品位、生活方式和行为的影响。批评者认为广告带有欺骗性，是不可靠的；广告经常让人感到不悦、愤怒或品位低下；广告还会毒害某些特殊群体，如儿童。许多人相信广告应当仅仅是信息型的，而且广告主不应该使用主观性的、不实的承诺或者诱导性的技巧。

广告经常因为它的某种表达方式或诉求而冒犯消费者，性暗示和裸体画面是受抨击最多的。广告主认为它们的广告与流行的价值观和生活方式同步，并与目标客户的价值观和生活方式相符。儿童广告是一个特别受到关注的领域，因为批评者认为儿童缺乏识别和评价诱导性广告合理性的经验、知识和能力。虽然联邦贸易委员会提出的严格限制儿童广告的提案未获通过，但对儿童广告的限制仍将是一个争议的论题。

广告的诱导性和它在大众媒体中的优势地位导致了批评者对它的指责，认为其在影响和转变社会价值观的过程中扮演重要角色。广告受到了以下指责：鼓吹物质主义；诱使消费者购买他们并不需要的商品；通过对某些群体，如女性、少数族裔和老年人的描绘，造成社会对这些群体的偏见；广告还被指责控制媒体。

广告还因为其经济影响而受到审查。广告的基本经济角色是向消费者提供消费决策信息。有些人把广告看作一种对经济不利的力量，认为它们对竞争、生产成本和消费者价格产生了不良影响。在广告的经济影响这个问题上，经济学家的观点基本上可以分为两派：广告等于市场力量和广告等于信息。在分析广告的经济影响时，对这两派的观点都应当予以考虑。

讨论题

1. 公司使用震撼性广告有哪些不同的方式？你认为它们是为了增加销售，还是为了引起人们对某些问题的关注？它们有效吗？请举例说明。

2. 这一章讨论了在广告中为女性赋权问题。请列举出一些使用这种广告形式的公司。你认为它们为什么会这样做？是为了利他主义还是为了经济利益？

3. 本章讨论了许多营销商在努力推广多元文化营销过程中面临重重困难，并指出一个可能的原因是广告公司缺乏多样性。少数族裔，如非洲裔美国人，从事广告业的人数较少的原因是什么？这个行业如何解决这个问题？

4. A&F 和美国服饰公司的首席执行官因其公司宣传的能力被认为是媒体的操纵者或是行为鲁莽的人。但在销售额下降的情况下，他们都失去了工作。他们是天才还是性别歧视者？请论证你的观点。

5. 像老海军和通用磨坊这样的公司使用带有种族融合特征的广告引发了争议。关于我们是否正处于一个后种族主义的时代，说法不一。请为双方提供论据，并解释其对品牌的潜在影响。

6. 对跨种族和同性恋主题广告的使用正在增多。展现这类群体的广告，似乎不再使人产生强烈抵触。请解释这个策略中内在的优缺点。

7. 关于政府是否应该介入诸如肥胖、吸烟等问题，甚至通过法规、限制和税收等来解决这类问题，存在两种冲突的立场。请陈述这两种立场，并选择一方，为你的观点提供支持。

8. 像广告警示协会这样的组织关注的是广告和其他类型的营销信息对消费者生活各方面造成的干扰。请讨论为什么消费者监督组织会对广告或其他类型的营销行为持批评态度？

9. 讨论男性和女性对在广告中使用“性”这一问题的态度有何不同。请讨论对那些正在为每一种性别开发广告的营销商来说，这些态度差异会带来哪些影响。

10. 经济学家认为，由于许多公司没有足够的资金进行有效的广告宣传，因此广告对它们来说是一个进入壁垒。但同时，SPANX 公司没有在广告推销上花费任何资金，却也取得了成功。请说明像 SPANX 这样的很少甚至不投资广告的公司是如何成功的。

George E. Belch, Michael A. Belch
Advertising and Promotion: An Integrated Marketing Communications Perspective, 11th Edition
1-259-54814-7

北京市版权局著作权合同登记号：01-2018-8237

教师反馈表

麦格劳-希尔教育集团（McGraw-Hill Education）是全球领先的教育资源与数字化解决方案提供商。为了更好地提供教学服务，提升教学质量，麦格劳-希尔教师服务中心于2003年在京成立。在您确认将本书作为指定教材后，请填好以下表格并经系主任签字盖章后返回我们（或联系我们索要电子版），我们将免费向您提供相应的教学辅助资源。如果您需要订购或参阅本书的英文原版，我们也将竭诚为您服务。

★ 基本信息					
姓		名		性别	
学校			院系		
职称			职务		
办公电话			家庭电话		
手机			电子邮箱		
通信地址及邮编					

★ 课程信息					
主讲课程-1		课程性质		学生年级	
学生人数		授课语言		学时数	
开课日期		学期数		教材决策者	
教材名称、作者、出版社					

<table>
<tr><th colspan="4">★ 教师需求及建议</th></tr>
<tr><td colspan="2">提供配套教学课件
（请注明作者/书名/版次）</td><td colspan="2"></td></tr>
<tr><td colspan="2">推荐教材
（请注明感兴趣领域或相关信息）</td><td colspan="2"></td></tr>
<tr><td colspan="2">其他需求</td><td colspan="2"></td></tr>
<tr><td colspan="2">意见和建议（图书和服务）</td><td colspan="2"></td></tr>
<tr><td>是否需要最新图书信息</td><td>是、否</td><td rowspan="2">系主任签字/盖章</td><td rowspan="2"></td></tr>
<tr><td>是否有翻译意愿</td><td>是、否</td></tr>
</table>

教师服务热线：800-810-1936
教师服务信箱：instructorchina@mheducation.com
网址：www.mheducation.com

麦格劳-希尔教育教师服务中心
地址：北京市东城区北三环东路36号环球贸易中心A座702室教师服务中心　100013
电话：010-57997618/57997600
传真：010 59575582

教师教学服务说明

中国人民大学出版社管理分社以出版经典、高品质的工商管理、统计、市场营销、人力资源管理、运营管理、物流管理、旅游管理等领域的各层次教材为宗旨。

为了更好地为一线教师服务，近年来管理分社着力建设了一批数字化、立体化的网络教学资源。教师可以通过以下方式获得免费下载教学资源的权限：

在中国人民大学出版社网站 www. crup. com. cn 进行注册，注册后进入“会员中心”，在左侧点击“我的教师认证”，填写相关信息，提交后等待审核。我们将在一个工作日内为您开通相关资源的下载权限。

如您急需教学资源或需要其他帮助，请在工作时间与我们联络：

中国人民大学出版社　管理分社

联系电话：010－82501048，62515782，62515735

电子邮箱：glcbfs@crup. com. cn

通讯地址：北京市海淀区中关村大街甲 59 号文化大厦 1501 室（100872）